Enzyklopädie der Naturheilweisen

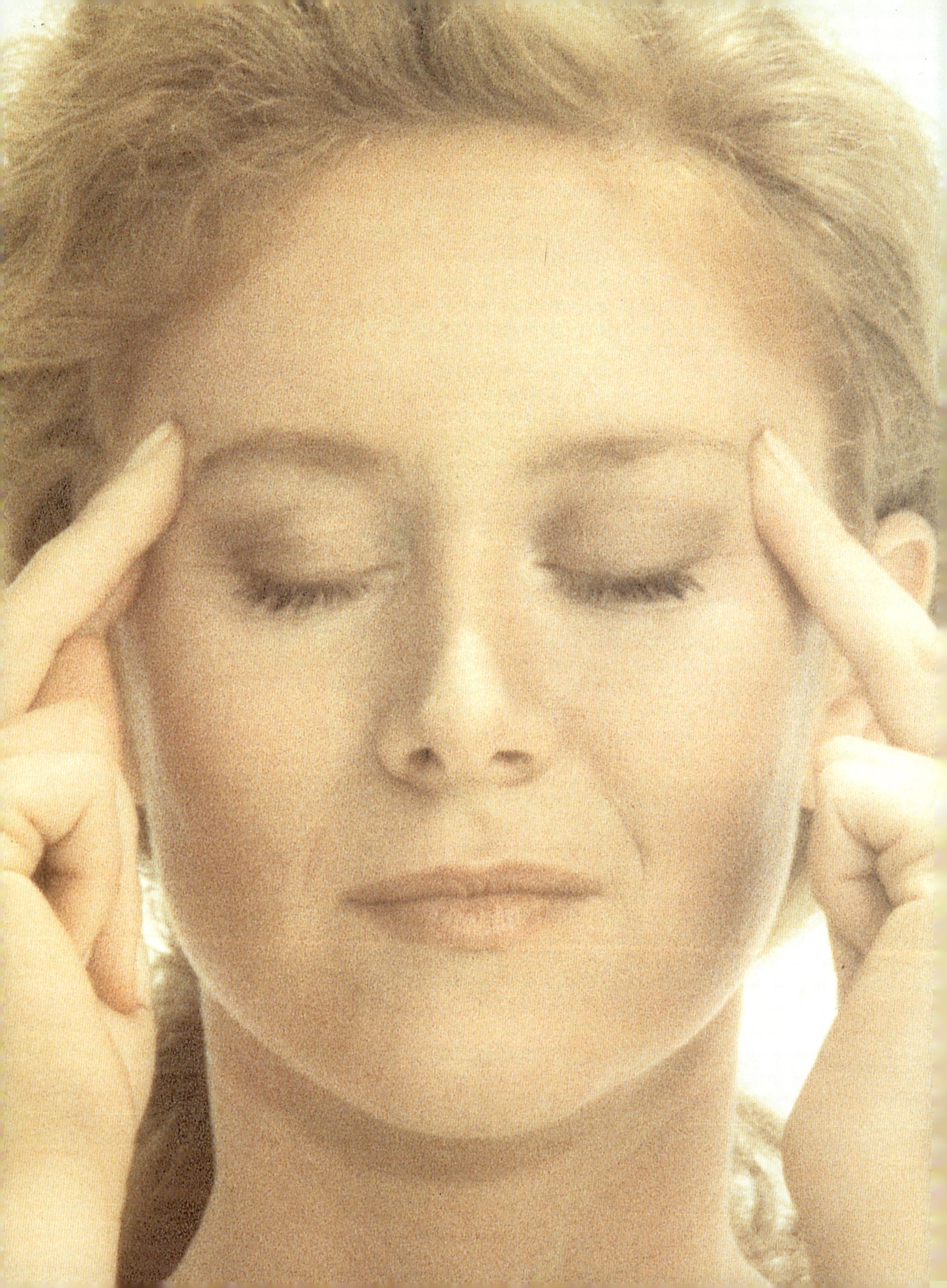

Anne Woodham / Dr. David Peters

Enzyklopädie der Naturheilweisen

Von Akupunktur bis Yoga

Die 90 wirkungsvollsten Therapien für über 200 Krankheiten

Wann sie helfen

Wie sie richtig angewendet werden

Was die Schulmedizin dazu sagt

Mosaik

Originaltitel:
Encyclopedia of Complementary Medicine

Originalverlag:
Dorling Kindersley, London, 1997

Der Mosaik Verlag ist ein
Unternehmen der Verlagsgruppe Bertelsmann

PRODUKTION DER DEUTSCHEN AUSGABE:

Redaktionsbüro Kramer, Weißenfeld/München

Lektorat:
Rolf H. Kramer, Weißenfeld/München
Heike Kramer, Weißenfeld/München

Übersetzungen:
Susanne Isphording, Mag. phil., Isen
Rita Penney, Porto Azzurro
Uwe Penney, Porto Azzurro

Fachliche Beratung:
Susanne Isphording, Mag. phil., Heilpraktikerin
Rita Penney, Yoga-Lehrerin
Uwe Penney, Arzt für Allgemeinmedizin

Satz und dtp:
Anja Kramer, Weißenfeld/München

Druck und Bindung:
New Interlitho, Mailand, Italien

Printed in Italy

ISBN: 3-576-11174-3

WICHTIG

Bitte beachten Sie: Wir haben uns um korrekte und aktuelle Informationen bemüht. Aber alle Informationen können nur den Rat Ihres eigenen Arztes oder Therapeuten ergänzen, sie können niemals seine Behandlung ersetzen! Bevor Sie mit einer Selbstbehandlung beginnen oder eine verordnete Behandlung ändern, sollten Sie Ihren Arzt um Rat fragen. Er wird alle individuellen Probleme mit Ihnen besprechen und gemeinsam mit Ihnen eine Lösungsmöglichkeit finden. Informieren Sie immer sowohl Arzt als auch Therapeuten vor jeder Behandlung oder Medikation. Die Wirksamkeit und Unschädlichkeit vieler Therapien ist noch nicht bewiesen. Die Therapien können bei gleichzeitiger konventioneller Behandlung problematisch sein.

ANMERKUNGEN DES VERLAGS

Ein Teil der Informationen stammt vom Research Council for Contemplementary Medicine, einer 1983 gegründeten Stiftung, die die Forschungen auf dem Gebiet der alternativen Therapien fördert. Die im Buch beschriebenen Wertungen sind aber die Meinung der Autoren und nicht unbedingt die Meinung des RCCM.

EIN DORLING KINDERSLEY BUCH

BERATER

Die folgenden Therapeuten haben wesentlich zur Entstehung dieses Buches beigetragen. Sie haben Autoren und Verlag beraten und alle Texte auf fachliche und medizinische Exaktheit überprüft. Wir sind ihnen zu großem Dank verpflichtet.

ALLGEMEINE BERATUNG
Professor Patrick Pietroni
FRCGP, MRCP, DCH

AKUPUNKTUR
Gerry Harris BA, BAcC

DIE ALEXANDER-TECHNIK
Kate Kelly MSTAT
Joe Searby MSTAT

ANTHROPOSOPHISCHE MEDIZIN
Dr. Michael Evans

ANGEWANDTE KINESIOLOGIE
Clive Lindley-Jones DO, MRO, DipICAK

AROMATHERAPIE
Shirley Price
Robert Tisserand

KUNSTTHERAPIE
Bruce Currie
BA(Hons), DipAT, AdvDipAT, RATh

AUTOGENES TRAINING
Jane Bird RN, MemBAFATT

AYURVEDA
Dr. N. Sathiya Moorthy
BAMS, PhD, MAMA

BIOENERGETIK
John Miller PhD

BIOFEEDBACK
Elizabeth L. Stroebel MEd, PhD

CHINESISCHE PFLANZENHEILKUNDE
Dr. Guang Xu MATCM, MRTCM

CHIROPRAKTIK
Chris Turner DC, CCSP

KLINISCHE ÖKOLOGIE
Dr. Michael Tettenborn

FARBTHERAPIE
Pauline Wills HDipCTh, MIACT

CRANIALE OSTEOPATHIE
Carina A. Petter DO, MRO

TANZTHERAPIE
Bodhi Shaw MA(DMT)

DIE FELDENKRAIS-METHODE
Allan Rudolf PhD
Certified Feldenkrais Practitioner

HEILEN UND HEILUNG
Dr. Daniel Benor

HELLER-ARBEIT
Ms. Terry Petersen MA
Certified Hellerworker

HOMÖOPATHIE & BIOCHEMISCHE GEWEBESALZE
Dr. Nicola Geddes MFHom

HYPNOTHERAPIE
Vera Peiffer BA(Psych), FAAT

LICHTTHERAPIE
Natalie Handley MBSR

MASSAGE
Clare Maxwell-Hudson

PSYCHOTHERAPIE & BERATUNG
Jenny Corrigall PhD

ERNÄHRUNGSTHERAPIEN & ORTHOMOLEKULARE THERAPIE
Dr. Damien Downing

MUSIKTHERAPIE
John Strange DipMTh, RMTh, DipEd

OSTEOPATHIE
Jonathan Le Bon DO, MRO

POLARITÄTSTHERAPIE
Rosamund Webster MFPTR

QI GONG & TAI CHI CHUAN
Michael Tse

FUSSREFLEXZONENMASSAGE
Claire Parker MBSR

REIKI
Chris Parkes
Reiki Master

ROLFING
Prue Rankin-Smith
Certified Rolfer

SHIATSU & DO-IN
Paul Lundberg BAc, BAcC, MRSS

THERAPEUTIC TOUCH
Jean Sayre-Adams RN, MA

TRAGERWORK
Bill Scholl

WESTLICHE PFLANZENHEILKUNDE
Anne McIntyre MNIMH

YOGA
Ruth White

NATURHEILKUNDE & HYDROTHERAPIE
Roger Newman Turner
BAc, ND, MRO, MRN, FBAcC
Leon Chaitow DO, MRO

Inhalt

Einleitung

In Zeiten, in denen eine hochtechnisierte Medizin die Grenzen der Gentherapie, Laserchirurgie und Computertomographie ausweitet, erscheint es paradox, daß auch die Naturmedizin wiederentdeckt wird. Während in den meisten Entwicklungsländern die traditionelle Volksmedizin oft die erste und einzige Behandlungsform ist, ist ein Drittel bis die Hälfte der Bevölkerung in den Industrieländern trotz der vorhandenen Apparatemedizin bereit, auf die Methoden der Heilpraktiker zurückzugreifen. Viele Pharmakonzerne investieren große Summen in die synthetische Herstellung von Pflanzensubstanzen; natürliche Pflanzenextrakte sind in Europa, den USA und Australien zu einer gewinnträchtigen Verkaufsnische geworden.

Das Verhalten der Fachwelt ändert sich

Die starke Nachfrage nach alternativer Medizin hat die Mediziner gezwungen, die „neuen" Therapien ernster zu nehmen. Immer häufiger ergänzen sie herkömmliche Behandlungen. Viele Fachleute in Sachen Gesundheit sind jetzt bereit, diese „ganzheitlicher" zu betrachten, d. h. neben körperlichen Symptomen auch die psychologische, soziale, umweltbedingte und sogar geistige Seite mit einzubeziehen, um auch weniger offensichtliche Krankheitsursachen zu finden. Immer häufiger studieren angehende Mediziner auch alternative Heilmethoden, um ihren Patienten später beide Möglichkeiten anbieten zu können. Eine „integrierte" Medizin beider Richtungen ist ein echter Schritt nach vorn.

Meinungsgrundlage

Vor 50 Jahren vertraute die Öffentlichkeit fast blind der Wissenschaft. Neben gerade entdeckten „Wunderdrogen" wie Penizillin gab es aber schon immer vernünftige Gesundheitsregeln (fettarme Ernährung mit Obst, Gemüse und Getreide, viel Wasser, frische Luft, Bewegung und Ruhe). Die allopathische Medizin hat aber in der Behandlung von streß- und umweltbedingten oder psychischen Krankheiten genauso versagt wie bei chronischen. Zusammen mit der langen Liste chirurgischer Kunstfehler sowie der negativen Nebenwirkung und wachsenden Ablehnung von Antibiotika hat das zu einem neuen Interesse an volkskundlichen Heilmethoden seitens der Mediziner geführt.

Der Patient von heute ist viel besser informiert als die Generationen vor ihm und übernimmt auch bereitwilliger die Verantwortung für seine Gesundheit. Schaut man sich dazu die stetig steigenden Kosten der modernen Intensivmedizin an, wird das lebhafte Interesse an Gesundheitsvorsorge und Selbstheilung immer verständlicher.

Der ganzheitliche Ansatz hat viel zu bieten; dabei wird Wohlbefinden mit einem dreibeinigen Hocker verglichen: das erste Bein sind Pharmaprodukte, das zweite Chirurgie und Behandlungen, das dritte die Pflege des Selbst. Diese Selbstvorsorge, bis heute ein Stiefkind der Medizin, ist eines der Kernstücke alternativer Therapien. Bewußte Ernährung und regelmäßiger Sport sind sicherlich wichtig, aber jetzt wird auch die innere Welt der Gefühle und des Geistes betrachtet – ihr Zusammenspiel und ihr Beitrag zu unserem Wohlbefinden. Gedanken haben einen starken Einfluß auf die Selbstheilung – siehe die Kraft der Hoffnung und den „Plazebo-Effekt" (Seite 17). Wissenschaftler des gerade neu entdeckten Bereichs der Psychoneuroimmunologie (Geist/Körper/Medizin) bestätigen, daß geistige Gesundheit nicht von körperlicher zu trennen ist und daß sie sich gegenseitig beeinflussen.

Neue Forderungen

Dieses Buch gibt den aktuellen Entwicklungsstand alternativer Therapien wieder, eine Antwort auf die Macht der Wissenschaft, die oft die Volksmedizin verbannte und Glauben, Verhalten und Gefühlen eines Menschen bei Erkrankung und Genesung nur wenig Beachtung schenkte. Unkritische Akzeptanz aller „alternativen" Dinge ist aber genauso unvernünftig wie sklavische Abhängigkeit von Technologie. Viele Heilpraktiker berufen sich auf „Energieströme" als Heilungskraft, etwas, das bis heute noch nicht wissenschaftlich definiert werden konnte, oder erzählen von Heilerfolgen, die nur durch Patientenberichte belegt sind. Die gleichen Fragen, die man der herkömmlichen Medizin gestellt hat, sollte man jetzt auch der alternativen Medizin stellen: Wirkt sie? Ist sie gefahrlos? Gibt es dafür Beweise?

Der Einsatz alternativer Heilmethoden

Alle Methoden wollen den Selbstheilungsprozeß aktivieren, um das harmonische Zusammenspiel physischer und biochemischer Substanzen im Körper und die Verbindung von Geist und Gefühlen wiederherzustellen. In diesem Buch werden mögliche Ursachen für Disharmonie erörtert. Wir bieten Ihnen einen Fragebogen an, um Ihren jetzigen Gesundheitszustand zu ermitteln, und geben Ihnen Verbesserungsvorschläge. Alternative Therapien sind seit den 80er Jahren sehr gefragt, und es wird immer dringender, die Erfolge, die diese Methoden für sich beanspruchen, kritisch zu überprüfen. Dieses Buch soll Sie bei der Suche nach der für Sie geeigneten Therapie unterstützen. Es gibt Ihnen auch Tips für die Wahl eines Fachtherapeuten. Über 90 Heilmethoden werden erklärt und bewertet: Therapeuten zeigen die wichtigsten Techniken, und eine Skala mit Studienergebnissen und Informationen über die Glaubwürdigkeit dieser Methode in der Medizinwelt bietet eine schnelle Einschätzungsmöglichkeit. Abschließend geben wir Therapieempfehlungen für über 200 Krankheitsbilder, darunter alltägliche Beschwerden, emotionale Probleme und schwere Krankheiten.

Ziel des Buches

Mittlerweile ist die alternative Medizin ein wichtiger Teil des Gesundheitswesens geworden. Es mangelt ihr jedoch bis heute an Zusammenhalt, Struktur und Beweismitteln, da sie immer noch heiß diskutiert wird und oft von selbstgefälligen und persönlichen Interessen überlagert ist. Wir hoffen mit diesem Buch dazu beizutragen, die Komplexität und Zwiespältigkeit der alternativen Medizin zu entmystifizieren und Sie etwas leichter zu Ihrer idealen Therapie führen zu können.

WAS IST ALTERNATIVE MEDIZIN?

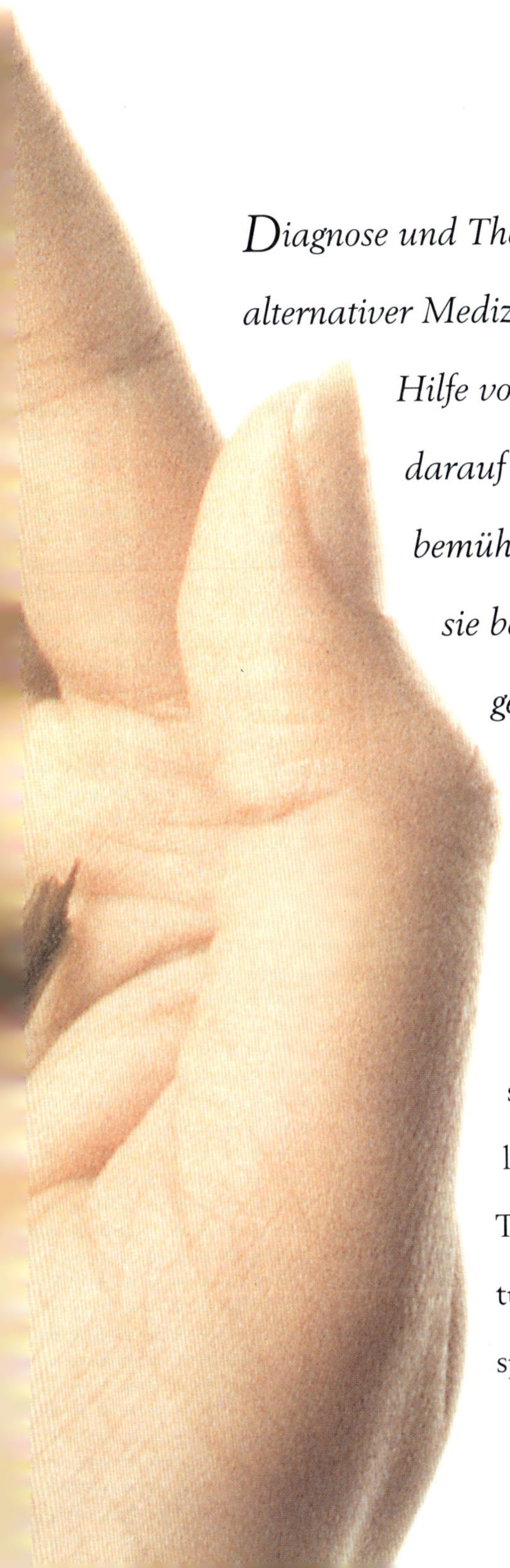

1

Diagnose und Therapieformen sind nicht die gleichen in herkömmlicher und alternativer Medizin. Die konventionelle Medizin versucht, das Problem mit Hilfe von Symptomen und medizinischen Tests einzukreisen und darauf ihre Therapie aufzubauen. Die alternativen Methoden bemühen sich, den Patienten in seiner Gesamtheit zu erfassen, für sie bedeutet Krankheit eine Störung des körperlichen und geistigen Wohlbefindens. Ihre Therapien wecken die Selbstheilungs- und Selbstregulationskräfte des Körpers.

Dieses Kapitel behandelt den „ganzheitlichen“ Gesundheitsaspekt – mit seiner Kernaussage, daß Geist und Körper untrennbar miteinander verknüpft sind. Es beschreibt auch wissenschaftliche Forschungen über die Wirkung des Geistes auf den Körper. Die Beliebtheit alternativer Therapien steigt weiter an, daher gewinnt das Thema ihrer Wirksamkeit und Sicherheit immer mehr an Bedeutung. Beide Wege leisten wertvolle Beiträge zur Gesundheit, vieles spricht für eine Kombination beider medizinischer Richtungen.

EINE ERKLÄRUNG ZUR GANZHEITLICHEN HEILWEISE

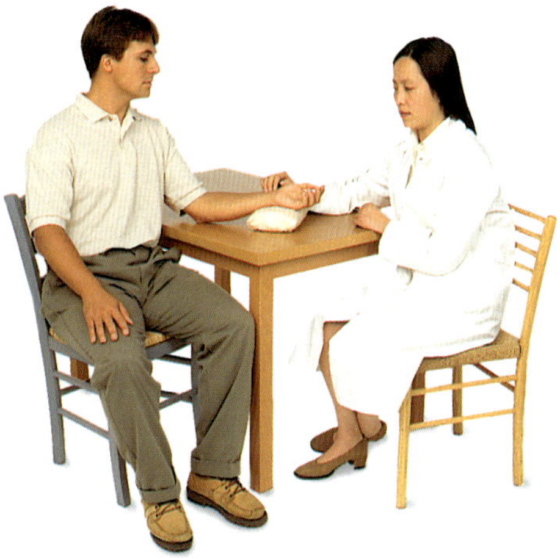

Die meisten Heilpraktiker *betrachten nicht nur die körperlichen Symptome einer Krankheit, sondern erforschen auch mit dem Patienten gemeinsam dessen emotionale und geistige Probleme. Dieser ganzheitliche Ansatz aktiviert die Selbstheilungskräfte des Patienten*

HOLISMUS" (aus dem Griechischen: holos = „ganz") beruht auf der These, daß jeder Teil des Universums größer und anders ist als die Summe seiner Teile. Holistische Therapien behandeln den Patienten als Ganzes, nicht nur seine körperlichen Symptome. Dazu gehören auch Psyche, soziale und umweltbedingte Faktoren und eine Dimension, die als „Geist" bezeichnet wird.

DIE BEHANDLUNG DES GANZEN MENSCHEN

Nach Ansicht vieler ganzheitlicher Gesundheitssysteme, wie Naturheilkunde, Homöopathie und Traditionelle Chinesische Medizin, besitzt der Körper eine natürliche Tendenz, sich immer wieder auszubalancieren bzw. in die „Homöostase" zurückzupendeln. Sie glauben, daß die Bewahrung dieses Gleichgewichts der Schlüssel zum Wohlbefinden ist. Ist die Balance gestört, überprüfen Therapeut und Patient zusammen alle Lebensbereiche, um die Selbstheilung zu aktivieren. Es ist ein weitverbreiteter Irrtum, daß ganzheitliches Heilen nur Heilpraktikern vorbehalten ist. Wenn Ärzte den Patienten in seinem Umfeld betrachten und in der Selbstvorsorge beraten, behandeln sie auch ganzheitlich. Auch Psychologen und Psychiater bejahen den ganzheitlichen Ansatz.

Caduceus

Yin und Yang

Symbole *des Gleichgewichts zwischen entgegengesetzten und doch abhängigen Kräften finden sich in westlichen und östlichen Kulturen. Beim Hermesstab der Ärzte im Westen und beim chinesischen Symbol für Yin und Yang werden Gegenpole in einem heilenden Gleichgewicht gehalten*

Andererseits sind auch nicht alle alternativen Therapien ausschließlich „holistisch" oder „spirituell" – ein häufig gebrauchter Ausdruck, um sich von der „lieblosen" wissenschaftlichen Medizin abzuheben – noch unbedingt „antiwissenschaftlich" oder „anti-intellektuell". Ähnlich wie Ärzte können sich Heilpraktiker auch auf ein bestimmtes Symptom konzentrieren, und Osteopathie oder Chiropraktik sind in vielerlei Hinsicht sehr pragmatisch und fußen auch auf Anatomie und Pathologie. Wegen der Bedeutungskonfusion ziehen es ganzheitlich interessierte Heilpraktiker und Ärzte vor, von „integrierter komplementärer Medizin" zu sprechen.

Ein Ansatz kann – und so ist es auch häufig – die besten Aspekte beider Medizinrichtungen miteinander verknüpfen. Während ein konventioneller Arzt z. B. nur die Symptome von Asthma behandelt und ein allopathisches Mittel zur Unterdrückung verschreibt, behandelt ein Arzt der „komplementären" Richtung die Symptome zwar auch mit Medikamenten, aber er zieht auch darunterliegende Ursachen wie allergische Konstitution oder Angst mit in Betracht. Vielleicht rät er auch zu einer Verhaltenstherapie für die Asthmaanfälle oder zu Hypnose gegen Streß, zum Kauf einer besonderen Bettwäsche oder eines Spezialstaubsaugers zum Schutz gegen Hausstaubmilben, wenn diese die Ursache der Anfälle sind. Ein Heilpraktiker dagegen verschreibt vielleicht ein pflanzliches Mittel zur Beruhigung der Bronchialmuskulatur, eine bestimmte Diät zur Vorbeugung gegen Lebensmittelallergie, oder er setzt Akupunkturnadeln, um den Qi-Fluß („Lebensenergie") wiederherzustellen.

DIE MACHT DES GEISTES

Die epidemische Ausbreitung chronischer und streßbedingter Krankheiten heute scheint nur teilweise durch konventionelle Methoden eingedämmt werden zu können. Daher wird die wissenschaftliche Trennung von Körper und Geist (siehe S. 18) von vielen Medizinern in Frage gestellt. Die Entstehung dieser Spaltung wird dem französischen Philosophen Descartes zugeschrieben, dessen Bestreben es im 17. Jahrhundert war, die Spannung zwischen katholischer Kirche und aufkommender medizinischer Wissenschaft zu lösen: Er übergab die unberührbare Seele in die Obhut der Priester und den „meßbaren" Körper in die Hände der Ärzte. Von da aus war es ein leichtes für die medizinische Fachwelt, Krankheit nur als einen mechanischen Ausfall der körperlichen Maschinerie zu betrachten. Aber können unsere Gefühle unsere körperliche Gesundheit beeinflussen? Immerhin sprechen wir von „Bauchweh" vor einem wichtigen Ereignis und „kalten Füßen". Im Kern der wissenschaftlichen Betrachtung verbirgt sich ein Phänomen, das die ganzheitliche These unterstützt – der Plazebo-Effekt (siehe S. 17). Eine „Pseudobehandlung" erzielt eine positive Wirkung und liefert einen Beweis für die Macht des Geistes über den Körper. Der Glaube an die Behandlung, seitens des Patienten wie des Therapeuten, oder auch nur der Glaube an den Therapeuten kann so stark sein, daß es dem Patienten danach wirklich besser geht. Der Plazebo-Effekt hat schon Blutdruck gesenkt, Geschwüre geheilt, Schwellungen vermindert und Arthritis, Heuschnupfen und Depressionen geheilt.

Prof. Herbert Benson vom Mind/Body Medical Institute der Harvard Medical School erklärt, daß die Erfolgsrate des Plazebo-Effekts bei aktuellen Fallstudien bei 90 Prozent liegen kann. Er meint, daß die Kraft von Glaube und Hoffnung durch einen „Entspannungseffekt" weiter verstärkt werden kann; ein Zustand des Geistes, der wichtige physiologische Veränderungen bewirkt, z. B. niedrigeren Blutdruck, langsamere Atmung, weniger Muskelanspannung und Streßhormone (siehe S. 17). Meditation, Visualisierung, Zwerchfellatmung, Biofeedback, Hypnose, Qi Gong und Yoga gehören zu den sanften Techniken der „Sammlung", die diesen Effekt hervorrufen.

Die spirituelle Dimension

In der ganzheitlichen Medizin zählen auch spirituelle Anliegen. Wir sind Wesen, die nach einem Sinn suchen und sich fragen, woher wir kommen und wohin wir gehen. Ängstlichkeit und Verwirrung gehören zu unserem Menschsein dazu. Vielleicht war die Vergangenheit schmerzhaft, ist die Gegenwart unsicher und die Zukunft ungewiß. Bestimmte Dinge geben uns bei dieser Suche nach dem Sinn Unterstützung und verbinden uns mit unserem „inneren Selbst", mit anderen Menschen und der Welt. Dazu gehören Kunst, Literatur, Musik, Gemeinschaft, Familie, Meditation und Kreativität. Wenn uns eine Krankheit mit unserer Verletzlichkeit, Begrenzung und Abhängigkeit konfrontiert, werden sie lebenswichtig.

In seinen Studien führt Prof. Benson aus, daß sich 23 Prozent seiner Patienten nach Entspannungsübungen „spiritueller" fühlten und daß sie weniger Symptome zeigten als die anderen Patienten. Untersuchungen von 1995 an der Dartmouth Medical School ergaben, daß die Überlebenschancen in den kritischen sechs Monaten nach einer Herzoperation bei Patienten, die Kraft und Trost aus religiösem Glauben schöpften, dreimal so hoch lag wie die bei Patienten ohne religiösem Halt. Die gleichen Überlebenschancen wurden bei Menschen festgestellt, die gläubig waren, ohne jemals eine Kirche betreten zu haben, und bei Menschen, die aktive Mitglieder einer Gruppe waren, sei es Chorgemeinschaft oder politische Partei. Bei einer Kombination von Glauben und Gruppenzugehörigkeit stiegen die Überlebenschancen auf das Neunfache an. Spirituelles Bewußtsein und eine „Verbundenheit" zu den Mitmenschen scheint für unser Wohlbefinden ausschlaggebender zu sein als die Mitgliedschaft in einer religiösen Organisation.

Homöostase

Heilpraktiker gehen davon aus, daß Körper und Geist zu einem Ausgleich, zu einer Homöostase neigen, und eine natürliche Selbstregulationsfähigkeit besitzen. Unter physischem oder emotionalem Streß wird sie jedoch außer Kraft gesetzt (siehe S. 26). Forderungen an einen Teil des „Ganzen" ziehen auch andere Teile in Mitleidenschaft – emotionaler Dauerstreß kann z. B. zu Erschöpfung führen. Für eine optimale Gesundheit bedürfen daher alle Teile des Ganzen der Pflege.

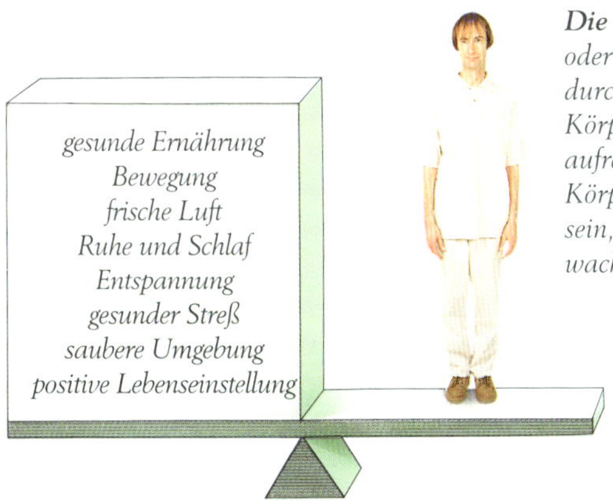

Die Homöostase *oder Balance wird durch die Pflege von Körper und Geist aufrechterhalten. Der Körper sollte gesund sein, und der Geist wach und aktiv*

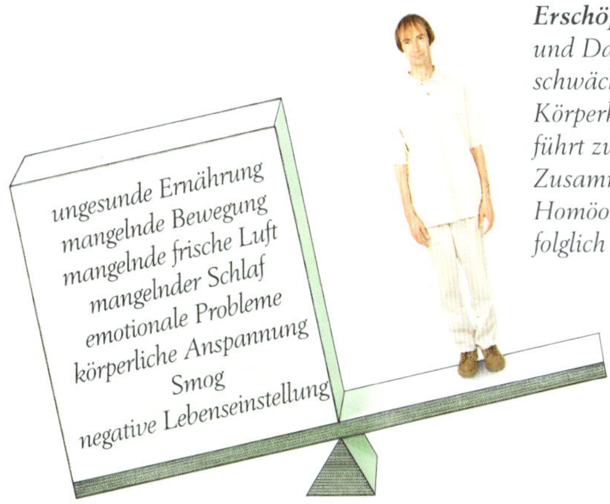

Erschöpfte Reserven *und Dauerstreß schwächen die Körperkraft. Dies führt zu einem Zusammenbruch der Homöostase und folglich zu Krankheit*

WACHSENDE BELIEBTHEIT

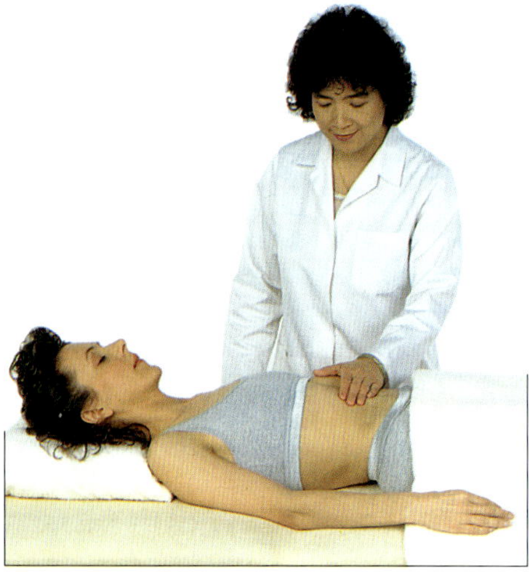

Bei vielen alternativen Methoden *verlangt die Zusammenarbeit zwischen Patient und Therapeut die aktive Teilnahme des Patienten am Heilungsprozeß; sie ist eine der wichtigsten Gründe für die wachsende Beliebtheit der alternativen Medizin*

DAS INTERESSE AN DER alternativen Medizin scheint weltweit zu sein. Im Westen ist die Nachfrage seit den 70er Jahren stetig gestiegen, in den 80er und 90er Jahren sogar rasant. Studien belegen, daß ein Drittel bis die Hälfte der europäischen Erwachsenen schon einmal eine alternative Behandlung erfahren hat. Beliebtheit und Praktizierbarkeit einer Methode sind jedoch von Land zu Land unterschiedlich. In einer Verbraucherumfrage 1995 in England wurden Osteopathie, Chiropraktik, Homöopathie, Aromatherapie und Akupunktur als beliebteste Heilmethoden genannt. Eine Umfrage von 1991 zeigte, daß sich 20–30 Prozent der 30000 Therapeuten im nationalen Gesundheitswesen für eine Anwendung der alternativen Heilmethoden auf Rezept aussprachen. Bis heute werden die meisten wie in Deutschland noch privat finanziert.

Eine Umfrage 1993 in den USA ergab, daß sich jeder dritte amerikanische Erwachsene alternativ behandeln ließ; bis zum Jahr 2000 soll es jeder zweite sein. Sie zeigte auch, daß die Patientenzahl alternativer Behandlungen höher lag als die herkömmlicher Methoden. Traditionelle Chinesische Medizin, Ayurveda und Chiropraktik sind in den USA sehr beliebt, während die am häufigsten in Europa benutzten Methoden wie Homöopathie und Aromatherapie sich schwerer durchzusetzen scheinen. Der Druck der Öffentlichkeit und die Hoffnung auf steigende Umsätze hat einige amerikanische und auch deutsche Krankenversicherungen veranlaßt, die Kostenübernahme für alternative Behandlungen anzubieten – vorausgesetzt sie sind ärztlich empfohlen.

In Indien, China und Afrika sind traditionelle Heilmethoden allgemein üblich, z. T. mit Unterstützung der Regierungen. Zyniker behaupten, daß „Volksmedizin" billiger sei, andere sehen sie als wertvolle Ergänzung zur „Hightech"-Medizinwissenschaft. Indische Universitäten bieten z. B. einen Abschluß in Ayurveda mit westlicher Pathologie – ein Beweis für die Möglichkeit einer guten Zusammenarbeit beider Systeme.

ENTTÄUSCHUNG ÜBER DIE SCHULMEDIZIN

In gewisser Weise ist z. T. gerade der Erfolg konventioneller Medizin für die wachsende Beliebtheit alternativer Methoden verantwortlich. Durch höheren Lebensstandard und Fortschritte in Medizin und Wissenschaft sind unsere Erwartungen an Gesundheit und Gesundheitspflege gestiegen. Massenimpfungen und die Entdeckung chemischer Substanzen wie Penicillin haben die Angst vor ansteckenden, ehemals lebensbedrohlichen Epidemien, vertrieben. Medizinische Technologien wie Röntgen, Computertomographie und Mikrochirurgie, sowie die wissenschaftlichen Wunder bei Herztransplantationen und der Rettung Frühgeborener schienen den Ärzten gottähnliche

Alternative Heilmethoden *gehören seit langem zum öffentlichen Gesundheitswesen vieler Kulturen; für den Westen sind sie relativ neu. Die moderne westliche Medizin wird von Pharmazeutika und Technologie beherrscht, aber es besteht heute ein wachsendes Interesse an Therapien, die den Menschen als Ganzes behandeln*

Macht über Leben und Tod zu verleihen. Aber als die Wunderdrogen unerfreuliche und schädliche Nebenwirkungen zeigten, wurde das blinde Vertrauen vieler Menschen in die wissenschaftliche Medizin erschüttert. Bakterien und Viren entwickelten Resistenzkräfte gegen viele Drogen, die sie vorher vernichtet hatten; Pharmamittel und chirurgische Eingriffe zeigten nicht den 100%igen Heilerfolg, der ihnen blauäugig zugesprochen worden war. Trotz Fortschritte gibt es noch keine Heilung für Krebs und Aids, und die Behandlung chronischer Krankheiten wie Asthma und Arthritis gilt immer noch als schwierig. Viele Menschen sind von der Schulmedizin enttäuscht und fühlen sich mehr zu alternativen Methoden hingezogen. Aber nicht alle flüchten. Wie Studien belegen, ist es selten, daß ein Mensch die konventionelle Medizin ganz aufgibt. Manchmal scheint eine alternative Methode einfach nur reizvoller.

WAS BIETET DIE ALTERNATIVE MEDIZIN?

Eine Umfrage des British Journal of Clinical Psychology von 1995 ergab, daß sich viele Menschen in Europa einer alternativen Heilmethode zuwenden, weil sie sie für wirkungsvoller halten als herkömmliche Medizin. Die nachdrückliche Betonung von ganzheitlicher Behandlung und die Möglichkeit, aktiv zur eigenen Gesundheit beizutragen, scheint viele Menschen anzuziehen. Gesundheitsspezialisten und Medienwelt legen viel Wert auf die Werbung für ein gesundes Leben und Gesundheitsvorsorge – bewußte Ernährung, regelmäßige Bewegung, Streßbewältigung und eigenständige Symptomkontrolle. Dies ermutigt uns, Verantwortung für unser Wohlbefinden zu übernehmen und auch Behandlungsmethoden in Frage zu stellen. Der dazu erforderliche Zeitaufwand und Beratungsrahmen kann von dem durchschnittlich stark belasteten Arzt beim besten Willen nicht angeboten werden. Mit ihrer Betonung auf Zusammenarbeit, Ganzheitlichkeit und Selbstheilung scheint alternative Medizin in jeder Hinsicht der natürlichere Ansatz. Die Tatsache, daß der Patient Kosten und Verantwortung übernimmt, kann den Wert einer Behandlung erhöhen. Eine Grundsatzentscheidung bleibt vielen erspart, da alternative Behandlungen oft konventionelle Methoden und Medikamente ergänzen. Bis jetzt haben erstaunlich wenig Patienten Wirksamkeit und Sicherheit einer alternativen Heilmethode hinterfragt – wahrscheinlich aus Dankbarkeit darüber, möglichen Nebenwirkungen der konventionellen Medizin entkommen zu sein. 1993 appellierte die British Medical Society an ihre Mitglieder, zur besseren Beratung ihrer Patienten mehr über alternative Heilmethoden zu lernen. Auch ein Heilpraktiker sollte darauf vorbereitet sein, kritischere Fragen zu beantworten, z. B. „Funktioniert diese Methode?“ und „Welche Beweise gibt es dafür?“. Alternative Medizin zwingt die Mediziner zu einer Überprüfung ihrer Methoden – genauso sollten auch ganzheitliche Therapeuten Nachweise über Behauptungen und Fähigkeiten erbringen. In Deutschland gibt es bereits 20000 staatlich geprüfte Heilpraktiker.

WER NIMMT DIE ALTERNATIVE MEDIZIN IN ANSPRUCH?

Aus internationalen Umfragen in Industrieländern geht hervor, daß diese Patienten oft über eine bessere Ausbildung und ein überdurchschnittliches Einkommen verfügen. Eine englische Studie teilt diese Patienten in zwei Kategorien ein: Menschen mit einem bestimmten Problem und Menschen, denen die „Lebensphilosophie“ der alternativen Medizin zusagt. Männer bevorzugen im allgemeinen Osteopathie oder Chiropraktik, nicht, weil sie giftige Nebenwirkungen befürchtet hätten, sondern weil konventionelle Methoden ihnen nicht weiterhelfen konnten.
Frauen hingegen geht es mehr um Streßabbau und Vorsorge; sie bevorzugen sanftere Methoden wie Reflexzonen- und Aromatherapie. Oft wird eine körperliche Besserung von anderen positiven Nebenwirkungen begleitet, und der Patient beginnt, sich für die „Philosophie“ der alternativen Medizin zu interessieren.

STAND DER FORSCHUNGEN

Viel mehr Studien *über alternative Medizin sind nötig. Leider eignen sich die wenigsten herkömmlichen Forschungsmethoden zur Bewertung, da sie die Mitarbeit des Patienten an seinem eigenen Heilungsprozeß außer acht lassen*

OFT BERUHT die große Beliebtheit alternativer Heilmethoden nicht auf einem tiefen Verständnis ihrer Möglichkeiten, meist ist es einfach Vertrauen. Dabei mangelt es erstaunlicher- und beängstigenderweise an Beweisstudien. Oft bleiben selbst grundlegendste Fragen unbeantwortet. Welche alternativen Methoden sind erfolgreich? Sind sie so natürlich und unschädlich, wie behauptet wird? Größere Themenkomplexe sind noch schwieriger zu lösen. Fördern diese Methoden die Gesundheit, oder verhindern sie Krankheiten? Könnten sie Gesundheitskosten senken? Ist ihre Wirkung wissenschaftlich fundiert?

KLINISCHE VERSUCHSFORMEN

Verschiedene klinische Tests, die ursprünglich zur Überprüfung von Pharmazeutika und konventioneller Behandlungstechniken entwickelt wurden, werden jetzt zur Erforschung alternativer Therapien eingesetzt. Bei einem klinischen Kontrollversuch werden mindestens zwei Patientengruppen verglichen: eine Versuchsgruppe, die behandelt wird, und eine Kontrollgruppe, die unbehandelt bleibt. Dies heißt noch nicht, daß eine Technik oder ein Mittel „wirkt", da gewöhnlich jede Behandlung, auch nur eine Befragung nach der Krankengeschichte, einen therapeutischen Effekt aufweist. Aus diesem Grund wurde der kontrollierte Plazeboversuch entwickelt, bei dem beide Gruppen scheinbar die gleiche Behandlung erhalten; die Kontrollgruppe aber nur mit Plazebos behandelt wird. (siehe Kästchen gegenüber). Die Wirkung gilt erst als bewiesen, wenn die Patienten der Versuchsgruppe deutlich besser abschneiden als die anderen. Die Forscher sind bemüht, möglichst viele Patienten in den Versuch mit einzubeziehen, um persönliche Faktoren wie verschiedene Krankheitsgrade auszugleichen und mögliche therapeutische Wirkungen nicht dem Zufall überlassen zu müssen.

Wegen mangelnder Aussicht *auf lukrative Patente ist die Motivation der Industrie, in die Erforschung von Heilkräutern zu investieren, gering. Viele pflanzliche Mittel werden schon seit Jahrhunderten verwendet und sind überall erhältlich*

Weitere Vorurteile werden durch eine willkürliche Einteilung der Patienten in beide Gruppen widerlegt. Dieser Kontrollblindversuch gehört seit den 50er Jahren zum wissenschaftlichen Forschungsstandard. Heute gibt es noch die Doppelblindstudie, bei der weder Patient noch Therapeut wissen, ob es sich um eine echte oder um eine Pseudobehandlung handelt. Damit will man sicherstellen, daß eine Verbesserung in der behandelten Gruppe nicht von persönlichem Verhalten beeinflußt wird, wie z. B. durch den starken Glauben eines Therapeuten an seine Methode.

Manchmal werden klinische Versuche mit einer sogenannten systematischen Zweitüberprüfung oder Meta-Analyse bewertet, die die Ergebnisse einer Versuchsreihe zusammenfaßt. Ergebnisse kleinerer Versuche, die allein nichtssagend sind, werden zusammen mit größeren aussagekräftiger. Solange nur wenig alternative Therapieversuche vorliegen, ist eine Meta-Analyse kaum möglich. In den 90er Jahren durchgeführte Analysen haben jedoch die klinische Wirksamkeit von Homöopathie, Akupunktur und manipulativer Therapien bewiesen.

PROBLEME MIT KLINISCHEN VERSUCHEN

Der Einsatz klinischer Versuche zur Überprüfung alternativer Behandlungsformen kann problematisch sein. Kritiker betonen, daß Blindstudien das Wahlrecht des Patienten übergehen und daß der Erfolg einer alternativen Behandlung größtenteils von dem Wissen, Können und Verhalten des Therapeuten abhängt. In vielen Fällen – besonders bei Mental-, Körper- oder Bewegungstherapien – umfaßt eine Behandlung weitaus mehr als eine bloße Mittelgabe, und die Auswahl eines Blindkontrollversuchs kann schwierig sein. Wie gibt man eine Plazebo-Massage oder Plazebo-Akupunktur, geschweige denn

Plazebo-Psychotherapie? Viele klinische Versuche lassen sich auch nicht mit dem Wunsch des Patienten nach aktiver Mitarbeit am Heilungsprozeß vereinbaren.

Die Sparte *Nachweis & Forschung* in den Kapiteln über Therapie- und Diagnoseformen (siehe S. 48–201) gibt den neuesten Stand wissenschaftlicher Forschungen wieder: 1500 Kontrollblindversuche (nicht alle Doppelblindstudien) aus der Datenbank des Research Council for Complementary Medicine in England in Zusammenarbeit mit dem Office for Alternative and Complementary Medicine des National Institute of Health in den USA. Unsere Suche ergab, daß einige alternative Methoden in dieser Form erfolgreich klinisch analysiert werden können, es mangelt jedoch an Versuchen. Das Interesse medizinischer Forscher an alternativen Behandlungen muß erst noch geweckt werden; das gleiche gilt für die Forschungsneugier alternativer Therapeuten. Bisher wurden die meisten Studien von Ärzten durchgeführt, die diese Methoden selbst praktizieren.

Warum so wenig Untersuchungen?

Im Gegensatz zu Pharmatests fehlt es bei der Untersuchung alternativer Methoden an finanziellen Mitteln. Mangels lukrativer Patente ist eine Investition seitens der Pharmakonzerne unwahrscheinlich: Die meisten Heilkräuter z. B. sind seit Jahrhunderten in Gebrauch. Forschungswillige alternative Therapeuten genießen auch nicht die Unterstützung von Universitäten, Kliniken, Statistikern oder professionellen Forschungsteams.

Je mehr die alternative Medizin ihre Fachgremien und akademischen Gruppen bildet, desto besser werden die Forschungsmöglichkeiten und desto mehr Gemeinschaftsprojekte werden entstehen.

Die untersuchten Krankheitsbilder werden sich von denen herkömmlicher Studien unterscheiden. Postoperative Übelkeit z. B. wurde wegen ihrer leichten Bewertungsmöglichkeit getestet und weil in einer Klinik viele Patienten zur Verfügung stehen, aber es ist keine Störung, die häufig mit alternativen Methoden behandelt wird. CMS (Chronisches Müdigkeitssyndrom) dagegen wird oft durch solche Methoden gelindert, aber nur selten stationär behandelt, und es ist schwer einzuschätzen.

Eine allgemeine These über die Wirksamkeit alternativer Heilmethoden bleibt schwierig, dazu sind sie zu unterschiedlich, und es hängt zuviel von dem individuellen Therapeuten ab. Selbst wenn eine Therapie eine klare Behauptung zuläßt, trifft diese vielleicht nur auf eine bestimmte Störung zu: Die Wirkung einer Methode, die sich z.B. bei nervösen Darmbeschwerden als erfolgreich gezeigt hat, kann vielleicht bei anderen Störungen nicht nachgewiesen werden.

Die Umsetzung von Forschungsergebnissen in praktisches Wissen ist auch nicht einfach; so kann sich die Homöopathie bei einem Plazebo-Kontrollversuch an Migränepatienten als wirkungsvoll erweisen, das Ergebnis besagt jedoch nicht, ob sie hier erfolgreicher ist als eine andere Methode. Es gibt zwar auch streng wissenschaftliche Versuchsformen für alternative Behandlungen, die Persönlichkeit und Umfeld des Patienten mit einbeziehen, aber sie sind meist weitaus komplexer.

Der Weg nach vorn

Es ist bemerkenswert, daß viele konventionelle Methoden – die meisten Operationen und Physiotherapien z. B. – niemals Gegenstand klinischer Versuche waren. Und nur ein Viertel der Studienberichte in führenden medizinischen Journalen soll sich auf Kontrollblindversuche beziehen. Gründliche Untersuchungen sind für eine engere Zusammenarbeit von alternativer und herkömmlicher Medizin und die Bewertung neuer Ansätze unerläßlich, und es müssen neue Wege für die Anwendung klinischer Versuche gefunden werden. Eine der schwierigsten Aufgaben hierbei ist die wissenschaftliche Erklärung vieler alternativer Prinzipien. Prof. Edzard Ernst von der University of Exeter faßt den Weg nach vorn wie folgt zusammen: „Wenn die gegenwärtige Beliebtheit alternativer Medizin nicht nur eine Modeerscheinung bleiben soll, ist Raum für konstruktive Kritik, informative Diskussion und Meinungsaustausch notwendig. Wer sich dafür begeistern kann, wird sich als wirklicher Sieger der alternativen Medizin erweisen."

Der Plazebo-Effekt

Ein Plazebo (lat. „ich werde gefallen") ist ein leeres Medikament bzw. eine Pseudobehandlung, die dem Patienten anstelle eines echten Mittels bzw. einer Behandlung gegeben wird. Bei klinischen Versuchen wird eine neue Methode einem Plazebo aus Zucker bzw. einer Pseudobehandlung gegenübergestellt. Durch den Glauben des Patienten an ihre Wirkung kann eine Plazebo-Gabe therapeutisch wirksam sein. Dieser Zusammenhang wird oft von Ärzten abgelehnt, aber es ist sehr bemerkenswert, daß sich 30 Prozent der Versuchspersonen nach einem Plazebo besser fühlen; laut einiger Forscher können es bis zu 90 Prozent sein. Aber auch das Gegenteil scheint zu stimmen: Nach einer groben Behandlung kann sich der Zustand eines Patienten verschlechtern. Die Wichtigkeit von Behandlungsform, Behandler und Umfeld ist offensichtlich; die dazugehörenden körperlichen und emotionalen Prozesse sind weitgehend unerforscht. Bei allen Behandlungen, besonders bei chirurgischen Eingriffen, scheint der Plazebo-Effekt eine große Rolle zu spielen. Studien über das Immunsystem haben den Einfluß von Hoffnung und Gefühlen des Patienten auf seine Heilung bestätigt und gezeigt, wie stark die Körper/Geist-Verbindung besonders bei chronischen Leiden an der Lösung einer Störung beteiligt ist (s. S. 18 und 26).

KÖRPER/GEIST-MEDIZIN

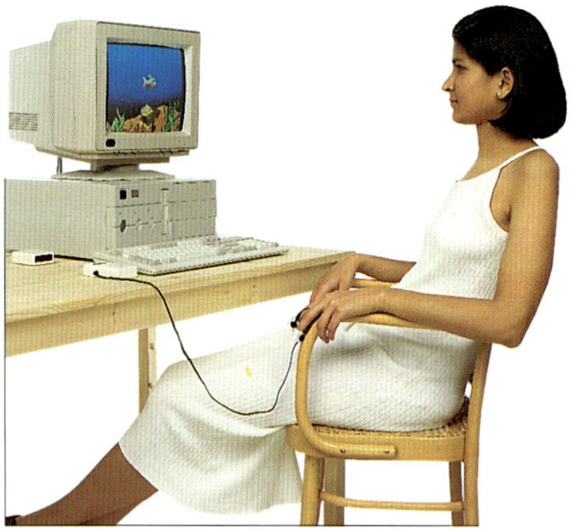

Biofeedback *(siehe S. 169) zeigt die Verbindung Körper/Geist. Mit elektronischen Geräten zur Überwachung ihrer unbewußten biologischen Reaktionen lernen Patienten u. a. Herzschlag und Gehirnwellenmuster zu regulieren*

BIS IN DIE 80ER JAHRE behandelte die konventionelle Medizin Körper und Geist als getrennte Einheiten und überwies beide an unterschiedliche Spezialisten. Heute finden sich immer mehr wissenschaftliche Beweise für den ganzheitlichen Ansatz, d.h. für die These, daß Körper und Geist untrennbar miteinander verknüpft sind und sie sich gegenseitig beeinflussen. Man nennt diesen Forschungsbereich Körper/Geist-Medizin.

Die Vorstellung, daß etwas so wenig Greifbares wie Gefühle auf das Verhalten von Körperzellen einwirken kann, wirft die Frage auf, ob Krankheit durch psychologische Faktoren verursacht, verhindert oder sogar geheilt werden kann – und mit welchen Mitteln?

PSYCHONEUROIMMUNOLOGIE

Gemeint ist die wissenschaftliche Erforschung der Wechselbeziehungen von Geist („Psycho"), Nerven- und Hormonsystem („neuro") und Immunsystem („immunologie"). Sie entstand 1974 bei einem Versuch des amerikanischen Psychologen Robert Ader und des Immunologen Nicholas Cohen: Es gelang ihnen, die Anzahl der erregerabwehrenden T-Zellen von Laborratten durch einen Befehl (gesüßtes Wasser) zu verringern. Damit war die Existenz einer Verbindung von Gehirn und Immunsystem bewiesen.

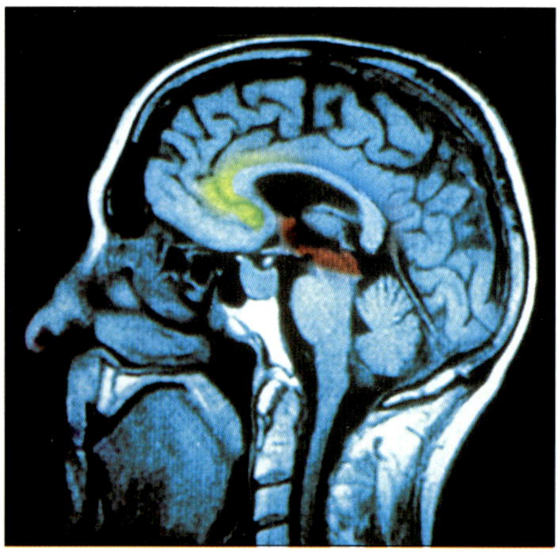

Millionen *elektrischer und chemischer Impulse werden ständig von unserem Gehirn reguliert und von Neurotransmittern an andere Nerven und Muskeln übermittelt. Laut Forschungen können Gefühle dieses Kommunikationsnetz beeinflussen und körperliche Reaktionen hervorrufen*

Wissenschaftler aus den Bereichen Psychologie, Immunologie und Endokrinologie setzten die Forschung gemeinsam fort und lernten mehr über Hormone und Neurotransmitter, die chemischen Botenstoffen an den Nervenenden, die an andere Körperzellen „andocken". Dabei entdeckten sie Verbindungen zwischen Streß, Gehirn und psychologischen Abläufen wie Atmung und Verdauung. So wird z.B. eine Reaktion des Immunsystems durch die beiden Streßhormone Adrenalin und Kortison gedämpft.

CHEMISCHE BOTENSTOFFE

Wie kommuniziert das Gehirn nun mit dem Immunsystem? Eine amerikanische Studie über Neuropeptide, einer Gruppe von Neurotransmittern, unter Leitung von Dr. Candace Pert an der Rutgers University gibt hierauf vielleicht eine Antwort. Neuropeptide sind chemische Botenstoffe des Nervensystems. Dank ihnen können Körpersysteme wie Hormonhaushalt, Verdauungs-, Fortpflanzungs- und Immunsystem via Gewebe und Nervenbahnen miteinander kommunizieren. An allen Zelloberflächen in diesen Systemen sitzen Rezeptoren. Jeder Rezeptor fungiert als ein „Schloß" für ein bestimmtes Neuropeptid, das wie ein Schlüssel hineinpaßt und den entsprechenden Prozeß aktiviert. Wenn Laborratten z. B. mit einem Neuropeptid für Durstgefühle gespritzt werden, trinken sie endlos weiter, auch wenn sie schon in Flüssigkeit baden. Ihre Nieren halten den Urin zurück, weil die Botschaft lautet: „Wasser brauchen – Wasser zurückhalten."

Dr. Pert nimmt an, daß eine Welle von Neuropeptiden durch Gefühle ausgelöst werden kann. Die Entdeckung der Endorphine 1975, einer anderen Gruppe von Neuropeptiden und natürlicher Opiate im Gehirn, die lustvolle Reaktionen hervorrufen – bestätigte die Fähigkeit des Gehirns, chemische Stoffe zu produzieren, die Körperreaktionen verändern können. Bei späteren Forschungen in den 80ern entdeckte man nicht nur Endorphine im Gehirn, sondern überall im Körper, auch im Immunsystem. Dr. Pert vermutet, daß ein Wechselbad der Gefühle, z. B. von Ärger zu Freude, mit der Ausschüttung von Neuropeptiden einhergeht, die körperliche Veränderungen wie höheren Blutdruck oder Muskelentspannung hervorrufen.

Viren benutzen die gleichen Rezeptoren wie Neuropeptide, so daß es von der Menge der entsprechenden Neuropeptide abhängt, ob der Virus bekämpft wird oder in die Zelle eindringt. Dr. Pert zufolge ist die Forschung herausgefordert, die Zugehörigkeit von Neuropeptiden zu bestimmten Gefühlen zu definieren. Theoretisch wäre es dann möglich, eine bestimmte Virusinfektion mit dem korrespondierenden Gefühl zu bekämpfen.

Gefühle & Stress

Es steht bereits fest, daß Angst, Streß, Depression und Einsamkeit die Aktivität der T-Zellen und die Produktion von Antikörpern dämpfen (siehe S. 44 und 308). Die amerikanische Psychologin Janice Kiecolt-Glaser und ihr Ehemann, der Immunologe Ronald Glaser, von der Ohio State University führten zwischen 1984 und 1991 Versuche durch, in denen sie ihren Studenten vor und während Prüfungen Blut entnahmen. Dabei zeigte sich ein deutliches Absinken der Abwehrkraft bei den natürlichen Killerzellen. Andere Studien ergaben eine Verbindung zwischen Streß und einer höheren Anfälligkeit für Erkältungen, Herpes simplex und andere Virusinfektionen. Tatsächlich erhöhte sich auch das Risiko einer Erkältung nach Traumata wie Verlust durch Tod oder Scheidung.

Laut einer Studie von 1987 an der State University of N.Y. in Stony Brook stieg der Antikörperspiegel der Studenten an, wenn sie „gut drauf waren"; fühlten sie sich depressiv, sank er drastisch ab. Depression geht mit ungesunder Lebensweise einher: Depressive Menschen neigen mehr als andere dazu, zu rauchen und zu trinken, Drogen zu nehmen und sich unvernünftig zu ernähren, sie leiden an Schlafstörungen und Bewegungsmangel. Streß kann auch langzeitig wirken. Fast zehn Jahre nach der Fastkatastrophe im Atomkraftwerk von Three Mile Island 1979 litten dort ansässige Menschen noch immer unter Immunschwäche.

Wertvolle Beziehungen

Auch emotionale Unterstützung anderer Menschen kann vor Krankheit und Streß schützen (siehe S. 46). In weiteren Studien der Glasers gehörten auch getrennt lebende und geschiedene Paare sowie frisch Verheiratete nach ihrem ersten Streit zu der Gruppe mit Immunschwäche. Die Anzahl der Antikörper nach einer Impfung mit Hepatitis-B-Viren lag bei „geselligen" Studenten höher als bei „einsamen".

Diese Ergebnisse werden durch epidemiologische Studien (die Erforschung der Beziehung Krankheit/Bevölkerung) unterstützt. Eine Studie von 1992 an Herzpatienten an der Duke University ergab bei Menschen ohne Partner oder Vertrauten eine dreimal so hohe Todesrate innerhalb von fünf Jahren nach Diagnosestellung als bei Verheirateten oder Menschen mit einem engen Vertrauten. Dr. David Spiegel von der Stanford University in Kalifornien entdeckte, daß Frauen mit Brustkrebs im Spätstadium, die an wöchentlichen Unterstützungsgruppen teilnahmen, über weniger Schmerzen klagten und sich ihre Überlebenszeit verdoppelte. Eine Untersuchung von 1993 an der University of California stellte fest, daß sich Patienten mit Melanomen durch die Teilnahme an wöchentlichen Unterstützungsgruppen – mit Gesundheitsschulung, Streß- und Bewältigungsmaßnahmen – besser fühlten und eine positivere Lebenseinstellung gewannen; ihr Immunsystem veränderte sich dabei kaum. Sechs Monate nach den Gruppen hatte sich bei einem Drittel der Patienten die Anzahl natürlicher Killerzellen erhöht und die Immunschwäche verringert. Sechs Jahre später zeigten diese Patienten weniger Rückfälle und eine höhere Überlebenschance. Dieses Ergebnis beweist, wie wichtig psychologische Faktoren bei der Behandlung sind.

Das gilt auch für Autoimmunerkrankungen (siehe Glossar) wie Rheumatoide Arthritis, MS und Morbus Crohn: Streß und mangelnde emotionale Unterstützung verschlimmern sie; kognitive Verhaltenstherapie (siehe S. 164), die Denken und Einstellung verändert, lindert u.a. Gelenkschmerz und -entzündungen bei Arthritis.

Kann der Geist Krankheit verursachen?

Kann ein negatives Gefühl wirklich zu Krankheit führen? Ziehen gewisse Persönlichkeitsstrukturen Krankheiten an? Eine 15-jährige Studie von Dr. Stephen Greer am King's College Hospital in London zeigt bei Frauen mit Brustkrebs im Frühstadium weniger Rückfälle und eine längere Lebensdauer, wenn sie auf die Diagnose mit Aggression oder Widerstand reagieren, anstatt mit Verzweiflung und Hilflosigkeit. Es bleibt unklar, ob wiederholte negative Erfahrungen oder unterdrückte starke Gefühle wie Angst und Frustration zu einer Entartung beitragen. Die These, daß man sich selbst eine Krankheit „auferlegen" kann – daß also Krebs oder Diabetes das Ergebnis von Dingen sind, die man Jahre zuvor gesagt, getan oder unterlassen hat – ruft bei Patienten Schuldgefühle hervor. Bis jetzt fehlen überzeugende Beweise für einen Zusammenhang zwischen aktueller Krankheit und Immunschwäche aufgrund eines bestimmten früheren Ereignisses. Eine Krankheit wie Krebs ist wahrscheinlich eher das Ergebnis einer komplexen Wechselbeziehung genetischer und umweltbedingter Faktoren, auch der Ernährung. Wahrscheinlich spielt die Gefühlswelt bei der Anfälligkeit für ernstere Krankheiten keine große Rolle. Sie kann die Überlebenschancen beeinflussen, aber ihr Einfluß nimmt in späteren Krankheitsstadien ab, z. B. bei großer Immunschwäche wie bei Aids. Gefühle können aber wesentlich auf Lebensqualität und Schweregrad vieler chronischen Erkrankungen einwirken. Unter bestimmten Umständen kann die geistige Reaktion eines Patienten auf vorhandenen Streß ausschlaggebend sein.

DIE MEDIZIN DER ZUKUNFT

Therapeuten beider Richtungen *sollten sich austauschen. Zum Wohle ihrer Patienten sollten sie gemeinsam die besten Mittel, Heilkräuter und andere Methoden kombinieren. Integration ist der Schlüssel für eine optimale Medizin der Zukunft*

DAS INTERESSE DER MEDIZINER an alternativen Methoden wächst stetig; gleichzeitig verliert die Standardmedizin durch steigende Kosten und alarmierende Nebenwirkungen einzelner Medikamente an Beliebtheit. Viele Gesundheitsprogramme bieten bereits alternative Behandlungen und ganzheitliche Ansätze an. Man hofft auf neue Therapien für die Krankheiten, für die herkömmliche Medizin zu teuer, untragbar (wie bei Krebs) oder wirkungslos (wie bei den streßbedingten Störungen in Industrieländern) geworden ist – wird die alternative Medizin hierzu beitragen?

Gesundheit ist mehr als eine Frage von Medizin; Grundbedürfnisse wie ausreichende Ernährung und Schutz, starke Beziehungen und Gemeinschaften gehören auch dazu. Versagen Körper und Geist bei der Anpassung an schwierige persönliche oder soziale Umstände, erhöht sich die Anfälligkeit für Krankheiten (siehe S. 18 und 26). Allmählich erkennt die herkömmliche Medizin diese Verbindungen und bestätigt, daß sich die Suche nach wirkungsvolleren Therapien innerhalb dieses weiten Rahmens abspielen muß. Die Einbindung von Körper/Geist-Methoden wie Biofeedback und Yoga in die herkömmliche Medizin könnte zu einer verbesserten Gesundheitspflege beitragen; aber den größeren Beitrag werden Schulungen, unterstützende Beziehungen und stabile Gruppen leisten.

Körper/Geist-Techniken *wie Yoga gehören schon zu vielen Gesundheitsprogrammen, z. B. dem Ornish-Programm für Herzpatienten (siehe S. 243)*

GESUNDHEIT & ANPASSUNG

Wir beten Gesundheit an und lehnen ihr Fehlen ab, so als ob Krankheit Sünde sei. Grundlage der alternativen Medizin ist die Vorstellung einer Körper/Geist-Verbindung, und daraus folgt die Forderung, selbst die Verantwortung für unsere Krankheiten zu übernehmen. Der Arzt betrachtet Krankheit als ein eigenständiges Problem anstatt als Teil eines Menschen und spricht damit dem Patienten eine eigene Persönlichkeit ab; jedenfalls umgeht er damit die merkwürdige neue Schuldzuweisung, die von „ganzheitlichen" Therapeuten ausgesprochen wird.

Herkömmliche Gesundheitspflege bedarf der Verbesserungen. Dazu brauchen wir neue Wege zur Stimulation unserer Selbstheilungskräfte („Homöostase", siehe S. 13). Trotz mangelnder Beweise sind alternative Therapien hierfür hinreichend bekannt. Die Herausforderung für die Medizin der Zukunft ist die Gratwanderung zwischen einem übertriebenen Appell an die Verantwortung des Patienten und der Neigung der Ärzte, ihn durch eine technologisierte Apparatemedizin zu entmachten. Letztendlich handelt es sich bei der Gesundheit um eine Frage der Anpassungsfähigkeit. Es kann z. B. bedeuten, sich mit einem weniger gut funktionierenden Geist oder Körper zufriedenzugeben. Das kann auch angesichts einer chronischen oder lebensbedrohlichen Krankheit geschehen; aber der Erfolg einer gesunden Anpassung hängt eher von wesentlich menschlicheren Faktoren ab, wie z. B. der Unterstützung von Freunden oder von einem liebevollen Partner, als von Medikamenten oder Methoden. Wir begeben uns in eine Falle, wenn wir von der alternativen Medizin Wunderheilungen erwarten.

NEUE WUNDERWAFFEN

Jede Medizin sucht nach Krankheitsursachen und entwickelt entsprechende Therapien, aber die westliche Medizin fahndet nach chemischen oder zellulären Gründen. Mit militärischer Genauigkeit bekämpft sie eindringende Erreger, vernichtet entartete Zellen und verhindert Gewebszerfall. Ein solcher Technokrieg bedarf eines identifizierbaren Feindes – eines Bakteriums oder Virus, eines Tumors oder einer verstopften Arterie. Nach Entlarvung durch Tests und Röntgenaufnahmen wird er bekämpft. Anästhesie, Überlebensmaßnahmen und Gelenkprothesen sind Beispiele für bewundernswerte medizinische Leistungen. Bei Tumorzellen gehören wir jedoch zu den Verlierern, und der Einsatz von Medikamenten bei Krebs, Herzerkrankungen und geistigen Störungen ist unbefriedigend. Auch bei der Behandlung bekannter Erkrankungen wie Arthritis oder Ekzeme fehlt es seit 15 Jahren an neuen Erkenntnissen. So gesehen sollte sich die Medizin der Zukunft vor allem auf die Verbesserung der körperlichen Abwehr und die Bewahrung von Homöostase konzentrieren.

Die Suche nach neuen, wirkungvolleren „Wunderwaffen" hat ihren Reiz verloren; der Aufwand wird deutlicher, sowohl der finanzielle als auch die Gefahr schädlicher Nebenwirkungen. Daher ist die Medizin jetzt bereit, sich auf ihrer Suche nach neuen, kostengünstigeren und sichereren Methoden wieder der Volksmedizin zuzuwenden. Viele Ärzte empfinden ihre Methoden als zu teuer und unbefriedigend und suchen in der alternativen Medizin nach neuen Therapien. Nachdem die Forschung die erfolgreichen alternativen Methoden definiert hat, wird sich die Medizin der Zukunft zweifellos ihrer bedienen.

VORSTELLUNGEN & METHODEN

Schon immer hat sich die konventionelle Medizin neuen Ansätzen und Methoden angepaßt, und sicherlich wird sie das auch weiter tun. Heute schon achtet sie auf neue Erkenntnisse über die Verbindung von Körper, Geist und Gesellschaft. In Schmerzkliniken, Krebszentren, Hospizen, Psychiatrie- und Rehabilitationsabteilungen versuchen Therapeuten unterschiedlichster Richtungen die besten Aspekte von Medizin, Krankenpflege und Beratung zusammenzubringen, um Patienten den Umgang mit ihrer Krankheit und die Anpassung daran zu erleichtern. Dabei werden in Zukunft sicherlich auch alternative Methoden eine Rolle spielen.

Die Chance der Ärzte, von den verschiedenen alternativen Methoden zu profitieren, wird zum größten Teil davon abhängen, wie groß die Bereitschaft beider Seiten zu einer Zusammenarbeit ist. Kooperation und Austausch verlangen Offenheit. Momentan ist es „in", alternative Heilmethoden kritiklos anzunehmen. Hinzu kommt die weitverbreitete Meinung, daß „natürliche" und „ganzheitliche" Therapien einer hohen Ethik unterliegen; beides zusammen fördert eine gewisse Bequemlichkeit. Für diejenigen, die die Zukunftschancen beider Richtungen gleich hoch einschätzen, ist das kein Problem, aber da Zusammenarbeit und neue Wege das Ziel sind, wäre eine konstruktive kritische Haltung sicher hilfreicher. Wenn beide ihre besten Aspekte integrieren und sich gegenseitig ergänzen sollen, müssen Schulung, Praxis und Forschung einen hohen Standard anvisieren. In Regierungskommittees und an Universitäten hat dieser Gedankenaustausch über Gesundheit bereits begonnen. Moderne Gesundheitsprogramme in Zusammenarbeit mit Ärzten, Psychotherapeuten und Heilpraktikern sind theoretische und praktische Grundsteine für eine neue Form von Medizin.

***Naturzonen** wie der Regenwald am Amazonas werden nach neuen Heilmitteln durchkämmt. Man hofft auf die Entdeckung von Substanzen, die billiger und sicherer sind als Pharmamittel mit ihren Nebenwirkungen*

IDEALE & DER „GANZE" MENSCH

Alternative Medizin lockt mit sanften, natürlichen Methoden und dem Ziel, Krankheiten zu verhindern und geistige, psychische und spirituelle Anliegen zu verbinden. Apparatemedizin kann entmenschlichen, sie behandelt den Patienten wie eine Maschine aus Einzelteilen, die von entsprechenden Spezialisten repariert werden müssen. Angesichts des Zerfalls von Gemeinschaften, Familien und sogar Religionen ist der Wunsch, „heil zu werden", besonders anziehend. Aber selbst die umfassendste Gesundheitspflege hat Grenzen: Die Heilung von Seelen und Gesellschaften geht sicherlich darüber hinaus. Ganzheitliche Bestrebungen haben einen Haken: Sie lassen unsere Verletzbarkeit außer acht – wir werden mit Grenzen konfrontiert und sind nicht immer frei. Findet keine Spontanheilung statt, schlägt offene Begeisterung schnell in Wut und Schuldgefühle um. Im Extremfall artet die Suche nach Wohlbefinden in eine Art Fitneßwahn aus – dann geht es nur noch um einen makellosen Körper, psychologische Balance und spirituelle Erleuchtung. Hier ist jedoch Vorsicht geboten: Derart höchste Höhen sind nur wenigen von uns vorbehalten. Der „ganze" Mensch ist nicht eine übermenschliche Maschinerie, sondern ein ausgeglichenes Wesen, das sich dem Leben anpassen und es genießen kann.

Der Weg zum Wohlbefinden

Wohlbefinden ist das harmonische Zusammenspiel von Körper und Geist: mit viel Energie und Begeisterung, einem leistungsstarken Körper und wachen Geist; man fühlt sich von Familie und Freunden emotional getragen und begegnet den meisten Herausforderungen des Lebens mit Optimismus. Solch ein Zustand ist nicht selbstverständlich: Streß, Alter, Pflichten, falsche Ernährung und viel Sitzen bewirken auf Dauer das Gegenteil.

Meist führen uns bestimmte Symptome – Schmerzen, Verstopfung, Fieber – zum Arzt; aber manchmal ist es auch nur so ein nagendes Unwohlsein. Nach Ansicht alternativer Mediziner hängt Wohlbefinden von der Wechselwirkung verschiedener Faktoren ab, u.a. von Lebensweise, Umfeld, Beziehungen und Handlungsfähigkeit. Wenn wir uns unsere Anfälligkeit oder Abwehr bewußt machen, behaupten sie, können wir unser Leben zu unserem Wohl verändern.

Der Gesundheitsfragebogen in diesem Abschnitt soll Ihnen bei der Bewertung Ihrer Lebensbereiche behilflich sein und verbesserungsbedürftige Themen einkreisen. Tips für Ernährung, Bewegung, Schlaf, Gefühlswelt und Streß schließen sich an.

WAS IST KRANKHEIT?

KRANKHEIT UND LEIDEN ist nicht das gleiche. Man kann leiden, ohne daß ein Arzt anhand körperlicher Symptome eine bestimmte Krankheit diagnostizieren kann; und ohne Diagnose ist die Verordnung einer Therapie schwierig. Heilpraktiker dagegen arbeiten nach dem Grundsatz, daß Gesundheit durch das Zusammenspiel von Körper und Geist entsteht. Weil sie neben körperlichen Symptomen auch Persönlichkeit, Lebensweise und Gefühlswelt des Patienten betrachten, wählen sie eine Therapie, die Selbstheilungskräfte und Abwehrsystem stimuliert.

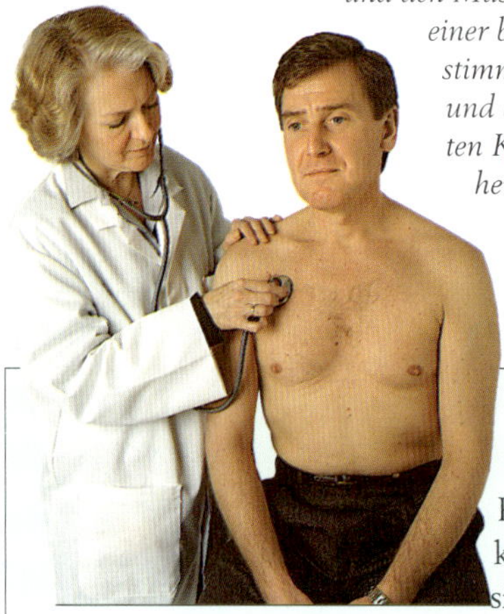

***Der Arzt** untersucht den Körper nach physikalischen Anzeichen und den Mustern einer bestimmten und bekannten Krankheit*

KONVENTIONELLE DIAGNOSE

Konventionelle Ärzte suchen nach sichtbaren klinischen Zeichen einer bestimmten Krankheit, um sie entsprechend zu behandeln. Zum Beispiel:

LEIDEN	SYMPTOME	TEST	KRANKHEIT	THERAPIE
Halsschmerzen	*geröteter Rachen, Fieber, geschwollene Lymphknoten am Hals*	*Blutsenkung zeigt vermehrte Lymphozyten*	*Streptokokkeninfektion*	*Antibiotika*

KRANKHEITSDIAGNOSE

Bei einer Krankheit beschreiben wir dem Arzt unsere Symptome, da er nach klinischen Zeichen wie erhöhter Temperatur, anomalen Lungengeräuschen oder Herzarrythmien sucht, die uns entgangen sein könnten. Wenn Bluttests und Röntgenaufnahmen die Störung bestätigen, versucht der Arzt diese Beobachtungen und Ergebnisse mit bekannten Krankheitsmustern zu vergleichen, um eine bestimmte Erkrankung zu definieren und die entsprechende Therapie zu verordnen.

Es gibt auch Störungen ohne deutliche Symptome, die diagnostizierbar sind; ein erschöpfter Patient z. B., der über Energiemangel, Appetitverlust und frühes Erwachen klagt, wird als klinisch depressiv bezeichnet und mit Antidepressiva behandelt. Bluthochdruck und ähnliche Leiden werden durch Tests entdeckt; obwohl sich der Patient meist wohl fühlt und symptomlos ist.

Bei Leiden ohne definierbare Ursache wird die Behandlung schwieriger. Bei chronischer Müdigkeit oder Dauerschmerzen

***Beim Heilpraktiker** ist die körperliche Untersuchung nur eine von vielen, viele andere Faktoren werden berücksichtigt*

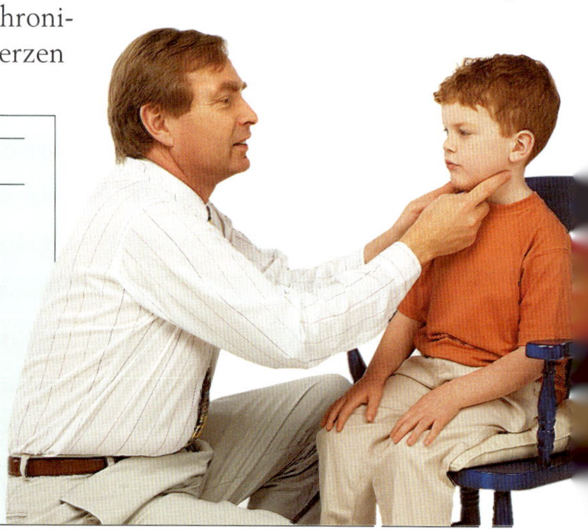

ALTERNATIVE DIAGNOSE

Neben unterschiedlicher Diagnosetechniken gehört auch die Betrachtung von Gefühlslage, Lebensweise und Persönlichkeit dazu. Ein Heilpraktiker würde sich den Symptomen und dem Leiden folgendermaßen nähern:

LEIDEN	SYMPTOME	TEST	ZUSTAND	THERAPIE
Dauererkältung und Halsschmerzen	*erschöpftes Aussehen, schlechte Durchblutung, geschwollene Halsdrüsen, Blähbauch*	*Ernährungsplan und Test-Diät zur Entdeckung von Unverträglichkeiten*	*Mangelerscheinungen durch Lebensmittelunverträglichkeit*	*Diät und Mineralien, Ausschluß allergischer Nahrung*

z. B. ist das Gewebe des Patienten ohne Befund, und die Tests sind negativ, eine frustrierende Tatsache für Arzt und Patient. Ein weiser Doktor, der mit einem „diffusen Leiden" konfrontiert wird, wartet gewöhnlich das Abklingen von Symptomen wie Müdigkeit, Verstopfung oder diffuser Kopfschmerzen ab. Geht es dem Patienten weiterhin schlecht, sucht der Arzt nach Faktoren wie Streß oder schlechte Ernährung, die die Genesung verhindern.

Trotz vieler Nachfragen reicht das manchmal nicht für die Verordnung einer Therapie aus. Die Behandlung solcher Leiden ist für Ärzte eine große Herausforderung: Medikamente kommen nicht in Frage, Psychotherapie ist wahrscheinlich nicht angebracht, und doch fühlt sich der Patient unwohl und erwartet ärztliche Hilfe.

***In jedem Gesundheitssystem** wird Krankheit anders definiert. Ein ayurvedischer Arzt untersucht die Doshas („Lebensenergien") des Patienten und benutzt uns unbekannte Begriffe wie „zuviel Pitta" oder verschreibt eine Mischung aus 10 oder mehr Substanzen gegen eine ungesunde Dosha-Fülle (siehe S. 144)*

EINE NEUE SICHT

Die Stärke der alternativen Medizin liegt in der Behandlung „diffuser Leiden" – meist sind es schmerzende, streßbedingte Störungen, die nicht auf herkömmliche Methoden angesprochen haben. In der Volksmedizin sind diagnostizierbare Symptome unwichtiger als das, was der Therapeut sieht oder fühlt oder der Anamnese, der Krankengeschichte, entnimmt. Jede alternative Methode hat ihre eigene Sprache; es geht beispielsweise um „gestautes Leber-Qi", „Lebensmittelunverträglichkeit", „geopathischen Streß" oder eine „Blockade im sakro-illiakalen Bereich" – Begriffe, die der herkömmlichen Medizin unbekannt sind.

Sollte bewiesen werden, daß diese Art der Diagnose zu schmerzlindernden Therapien führt, die dem Patienten bei seinem Leiden helfen, wird die gängige Medizin die Therapien integrieren, besonders wenn sie erträglicher und kostengünstiger sind.

ALARMSIGNALE

Diese Symptome können eine ernste Erkrankung anzeigen und sollten sofort ärztlich behandelt werden. Das Erkennen dieser Zeichen gehört nicht immer zu allen alternativen Ausbildungen. Das ist bei den üblichen Behandlungsursachen auch nicht wichtig. Auf jeden Fall sollten Sie dem Heilpraktiker Symptome, medizinische Diagnosen oder verschriebene Medikamente angeben.

- ◆ Brustschmerzen
- ◆ Ungewöhnliche Atemnot; wenn mit akuten Schmerzen in Brust, Armen, Hals oder Kiefer verbunden, sofort den Notarzt rufen!
- ◆ Diffuser Schwindel
- ◆ Dauerheiserkeit oder -husten bzw. -halsweh
- ◆ Schluckbeschwerden
- ◆ Anhaltende Bauchschmerzen oder Verstopfung
- ◆ Bluthusten
- ◆ Anhaltender Gewichtsverlust ohne Grund
- ◆ Anhaltende Müdigkeit ohne Grund
- ◆ Veränderung eines Muttermales (Größe, Form, Farbe, Juckreiz oder Blutung)
- ◆ Verändertes Stuhl- und Harnverhalten
- ◆ Hellrotes oder schwarzes Blut im Stuhl
- ◆ Vaginale Zwischenblutungen, nach Sex oder Menopause bzw. ungewöhnlicher Ausfluß
- ◆ Verdickung oder Knoten in der Brust; Sekretion oder Blut aus Brustwarzen; Abflachen der Brustwarzen; Veränderte Brustform oder -größe,
- ◆ Veränderung von Hodenform oder -größe, Hodenknoten oder -schwellung, Erektionsstörung
- ◆ starke Kopfschmerzen; einseitiger Dauerkopfschmerz, Sehstörungen
- ◆ stark verzögerte Wundheilung
- ◆ anhaltende, diffuse Knoten oder Schwellungen
- ◆ Dauerschmerzen im Rücken, sogar in Ruhe
- ◆ diffuse Beinschwellung und -schmerzen

HARMONIE IM KÖRPER

*„**Homöostase**" ist der Aufbau geistiger und körperlicher Gesundheit (siehe S. 13), die eine Pflege beider Bereiche verlangt*

WIR ALLE KENNEN Momente des Unwohlseins. Dabei wird oft deutlich, wie sehr Lebenskrisen, innere Konflikte oder schlechte Ernährung unsere Widerstandskraft schwächen. Meist ist die Ursache für den Zusammenbruch unserer Abwehr jedoch nicht so offensichtlich.

URSACHEN EINER UNAUSGEWOGENHEIT

Unser Körper besteht aus drei miteinander verknüpften Bereichen – dem biochemischen, strukturellen und psychologischen. Ihr Zusammenspiel hält die „Homöostase" aufrecht. Erlebt der Körper eine Herausforderung, paßt er sich durch Rückgriff auf seine Energiereserven in den drei Bereichen an. Einzelne Streßattacken sind gewöhnlich gut zu verkraften; aber die Anpassung an Dauerstreß verbraucht soviel Energie, daß die Homöostase gefährdet ist. Daueranpassung wirkt sich in allen Bereichen gesundheitsschädigend aus. So entwickelt sich z. B. aus einer biochemischen Störung wie Ernährungsmangel oder Lebensmittelunverträglichkeit eine psychologische wie Depression. Ein psychologisches Problem kann seinerseits Appetitverlust und Ernährungsstörungen verursachen, und ein Strukturproblem kann mit körperlichen Schmerzen einhergehen, die zu Ehekrisen führen können.

Dr. Hans Selye, einer der ersten Streßforscher, hat in den 50er Jahren drei Stadien der körperlichen Anpassung während Dauerstreß beschrieben.

KÖRPEREBENEN

***Unser Körper** besteht aus dem Zusammenspiel von biochemischer, struktureller und psychologischer Ebene. Die Störung einer Ebene kann sich durch Krankheit auf die beiden anderen Ebenen ausweiten*

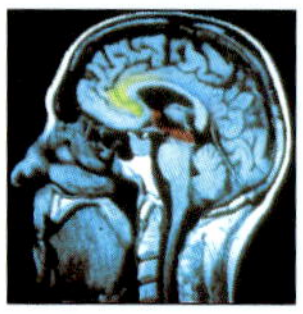

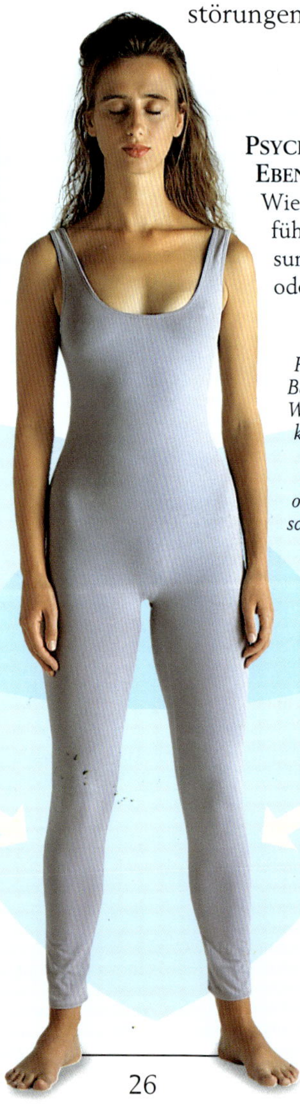

PSYCHOLOGISCHE EBENE
Wie Gedanken und Gefühle körperliche Anpassungsfähigkeit behindern oder unterstützen

Depression u.ä. kann zu Appetitverlust und Funktionsstörungen auf biochemischer Ebene führen

Psychologische Belastungen wie Wut oder Angst können sich in Muskelverspannungen oder Haltungsschwäche zeigen

Schwache Verdauungs- und Entgiftungsfunktionen führen zu Erschöpfung und Depression

Strukturbedingte Verspannungen des Oberkörpers können Angst und psychologischen Druck verstärken

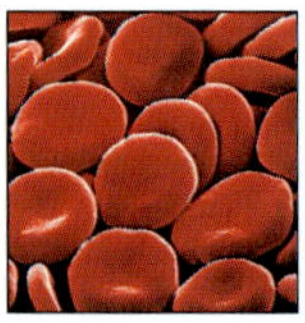

BIOCHEMISCHE EBENE
Wie Zellen, Organe und Systeme (z. B. Atmung und Verdauung) arbeiten, um Körperprozesse auszugleichen

Ungesunde Ernährung schadet der biochemischen Ebene; z. B. erhöhter Fettkonsum führt zu Arteriosklerose

Strukturbedingte Gefäßverengungen können u.a. die Sauerstoffzufuhr zum Gewebe behindern

STRUKTURELLE EBENE
Wie Muskeln, Knochen, Nerven, Blutgefäße und andere Strukturelemente unsere Körpersysteme stützen

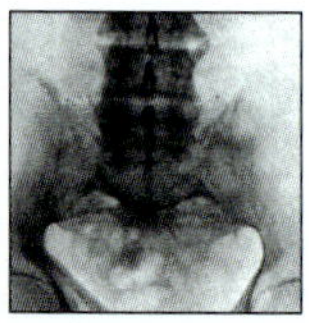

KÖRPERLICHE STRESSBEWÄLTIGUNG

Unser Körper besitzt natürliche Selbstheilungskräfte. Wundheilung und Zellerneuerung sind Beispiele für die kontinuierlichen Auf- und Abbauprozesse im Körper. Erholung und Genesung sind für alternative Therapeuten Selbstheilungsbeweise – eine Therapie stimuliert nur die körpereigenen Kräfte und unterstützt sie bei der Streßbewältigung. Bevor behauptet werden kann, daß alternative Therapien die körperliche Anpassungsfähigkeit erhöhen und den Verlust von Homöostase verhindern können, bedarf der Prozeß der Selbstheilung noch genauerer Untersuchungen.

Ganzheitliche Gesundheitssysteme wie Traditionelle Chinesische Medizin und Ayurveda stimmen mit Dr. Selyes Ansicht über die Ursachen der Erschöpfung überein. Ihre Beobachtungen und Niederschriften über körperliche und geistige Veränderungen im Anpassungskampf gegen Dauerstreß ziehen sich durch die Jahrhunderte und helfen heute bei Diagnose und Therapie psychischer und physischer Störungen.

Östliche Gesundheitslehren, besonders die chinesische und indische, verfügen über entsprechend hochentwickelte Therapieformen; westliche Lehren wie Pflanzen- und Naturheilkunde beruhen auf ähnlichen Prinzipien, sind aber weniger umfassend.

In der herkömmlichen Medizin werden eher chemische Stoffe – nach entstandenem Schaden – auf den biochemischen Aspekt einer Krankheit angesetzt, anstatt Anpassungsfähigkeit und Homöostase zu stimulieren. Je mehr Erkenntnisse die Medizin über die Stimulation von Homöostase und Abwehrsystem gewinnt, desto wahrscheinlicher wird hier ein neuer Ansatz. Es fällt auf, wie sehr die Empfehlungen, die ein Arzt heute seinem Patienten zur Streßbewältigung oder zu bewußter Ernährung mitgibt, den Ratschlägen eines Heilpraktikers Anfang dieses Jahrhunderts ähneln.

HERAUSFORDERUNGEN FÜR DEN KÖRPER

Kleine, mittlere und große Herausforderungen wirken unterschiedlich auf die drei Ebenen	PSYCHOLOGISCHE 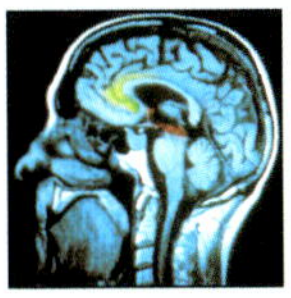	BIOCHEMISCHE 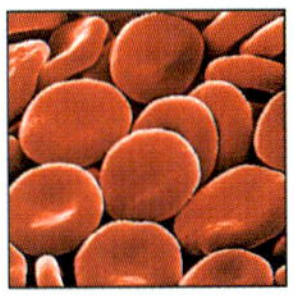	STRUKTURELLE 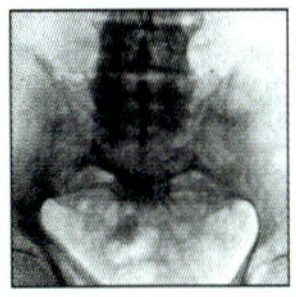
Herausforderungen	**Beispiel**	**Beispiel**	**Beispiel**
Kleine: *Der Körper kann sich noch anpassen: häufen sie sich, verringert sich diese Fähigkeit*	*Berufsstreß*	*Luftverschmutzung*	*Bagatellverletzungen*
Mittlere: *Sie sprengen den Anpassungsrahmen und beeinträchtigen Körperfunktionen*	*Todesfall*	*Schlechte Ernährung*	*wiederholte Berufsverletzungen*
Große: *Der Körper ist ihnen nicht gewachsen und ist oft lebensgefährlich bedroht*	*Depression und Suizidgefahr*	*Vergiftung*	*Ernste Verletzungen*

STADIEN DER ANPASSUNG

In den 50er Jahren definierte Dr. Hans Selye drei Stadien der körperlichen Anpassung an kurz-, mittel- und langfristige Herausforderungen

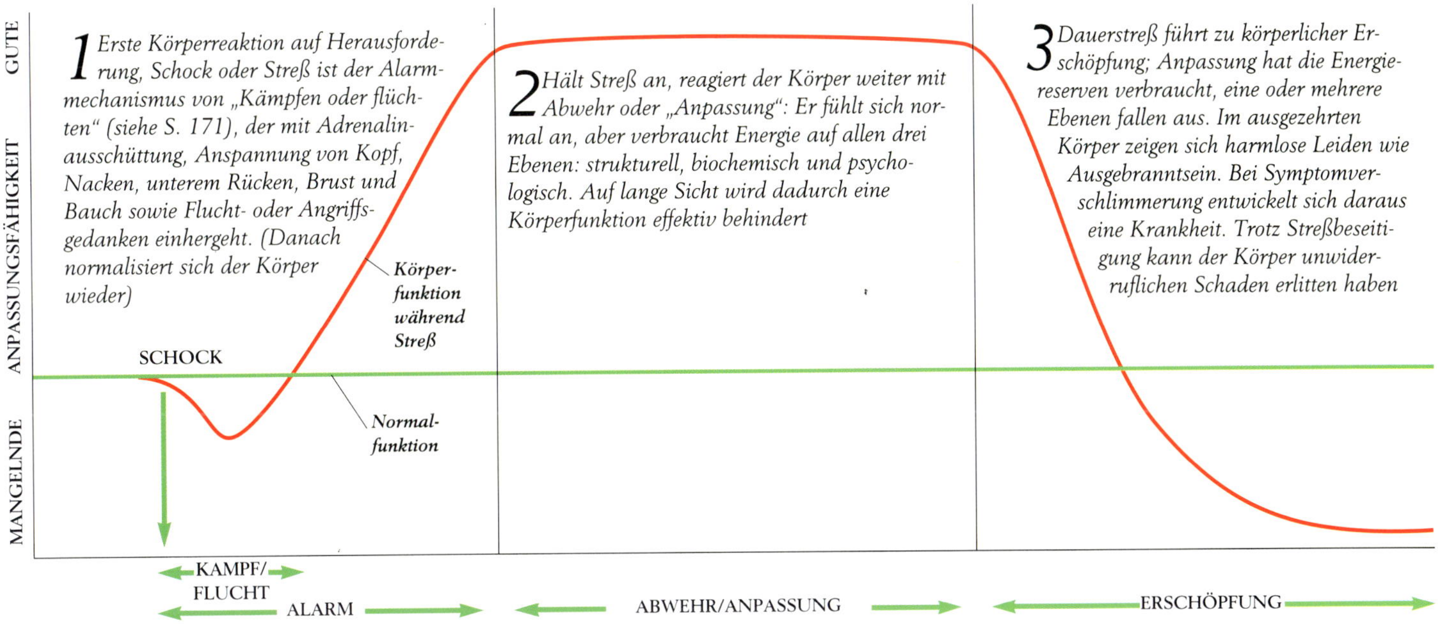

FRAGEBOGEN ZUR GESUNDHEIT

GESUNDHEIT WIRD durch verschiedenste Lebensbereiche beeinträchtigt, unterstützt bzw. gefördert. Körperliche und psychologische Belastungen wie Partnerprobleme können die Krankheitsanfälligkeit erhöhen. Sind Ihnen diese Faktoren bewußt, können Sie sie verändern und damit Ihre Abwehrkraft steigern. Veränderungen können auf der Ebene von „Körper" (Ernährung, Bewegung) oder „Geist" (Umgang mit Streß oder emotionalen Problemen) angezeigt sein. Mit diesem Fragebogen lernen Sie mehr über die Gesundheitsaspekte. Das Farbenrad (siehe S. 33) bietet eine Übersicht über Ihr Gesamtbefinden.

AUSFÜLLEN DES FRAGEBOGENS

Arbeiten Sie den gesamten Fragebogen von Seite 28 bis 32 durch, und kreuzen Sie dabei die für Sie zutreffendsten Farbkästchen an. Nach Beantwortung aller Fragen blättern Sie wieder zum Anfang zurück, addieren die einzelnen Frageabschnitte auf und notieren das jeweilige Ergebnis für A, B und C. Zum Verständnis der Fragen lesen Sie dann abschließend die „Allgemeinen Hinweise" und „Ihr Ergebnis" für jeden Abschnitt.

KÖRPER

KÖRPERLICHES WOHLBEFINDEN *A = gewöhnlich B = manchmal C = nie*

	A	B	C
1 *Fühlen sich sich wohl und dynamisch?*	☐	☐	☐
2 *Sind Sie körperlich fit genug, um das zu tun, was Sie wollen?*	☐	☐	☐
3 *Sind Sie frei von diffusen Körpersymptomen?*	☐	☐	☐
4 *Bekommen Sie Ihren nötigen Schlaf?*	☐	☐	☐
5 *Trainieren Sie mind. 20–30 Minuten dreimal wöchentlich?*	☐	☐	☐
6 *Wärmen Sie sich vor Sport auf, und lassen Sie sich danach abkühlen?*	☐	☐	☐
7 *Sind Sie mit Ihrem Gewicht, Ihrer Figur und Ihrer Kondition zufrieden?*	☐	☐	☐
8 *Steigen Sie gerne Treppen oder fahren Sie lieber mit dem Lift?*	☐	☐	☐
GESAMTERGEBNIS	☐	☐	☐

ALLGEMEINE HINWEISE
Fitneß fördert eine optimale Körperfunktion, beugt ernsteren Krankheiten vor; man ist energiegeladen, hat weniger Streß und fühlt sich wohl. Mangelnde Bewegung und Freßlust führen zu Übergewicht – eine mögliche Ursache u.a. für Diabetes oder Arthritis bzw. Schlaganfall.

IHR ERGEBNIS
- Bei vielen A geben Sie Ihr bestes.
- Meist B: Versuchen Sie mehr Sport in Ihr Leben einzubauen (siehe S. 40–43).
- Viele C: Sie fühlen sich selten richtig fit. Bevor Sie mit Sport beginnen, sollten Sie sich ärztlich untersuchen lassen.

RISIKOBEREITSCHAFT *A = nie B = manchmal C = häufig*

	A	B	C
1 *Rauchen Sie?*	☐	☐	☐
2 *Nehmen Sie Drogen oder Aufputschmittel?*	☐	☐	☐
3 *Trinken Sie täglich mehr als drei (Mann) bzw. zwei (Frau) alkoholische Getränke?*	☐	☐	☐
4 *Fahren Sie riskant (Alkohol am Steuer, zu schnell, ohne Gurt)?*	☐	☐	☐
5 *Rauchen Sie im Bett?*	☐	☐	☐
6 *Benutzen Sie eine Waffe?*	☐	☐	☐
7 *Treiben Sie gefährliche Sportarten?*	☐	☐	☐
8 *Gehen Sie mit giftigen oder entflammbaren Stoffen fahrlässig um?*	☐	☐	☐
GESAMTERGEBNIS	☐	☐	☐

ALLGEMEINE HINWEISE
Unnötige Risiken gefährden nicht nur Ihr eigenes Leben, sondern auch fremdes, und sie verstärken emotionalen Streß.

IHR ERGEBNIS
- Meistens A zeigt eine ausgeglichene Lebensweise.
- Viele B: Vielleicht sollten Sie Ihr Leben in diesen Bereichen neu bewerten.
- Viele C: Entweder sind Sie sich möglicher Gefahren nicht bewußt, gefühlsmäßig labil (gehen Sie bitte zum Arzt) oder sind risikofreudig (siehe Psychologie und Beratung S. 160–165). Bei einem C für 1–3 handelt es sich vielleicht um ein Suchtproblem (siehe S. 296).

KÖRPER

ERNÄHRUNG A = *gewöhnlich* B = *manchmal* C = *nie*

	A	B	C
1 *Ernähren Sie sich ausgeglichen: fettarm mit viel Ballaststoffen, frischem Obst und Gemüse?*	☐	☐	☐
2 *Liegt Ihr Fettkonsum 30 % unter dem Kalorienkonsum? (siehe S. 35)*	☐	☐	☐
3 *Nehmen Sie nur wenig Salz und Zucker?*	☐	☐	☐
4 *Ziehen Sie Geflügel und Fisch rotem Fleisch vor?*	☐	☐	☐
5 *Trinken Sie genügend, damit Ihr Urin hell bleibt?*	☐	☐	☐
6 *Lassen Sie selten eine Mahlzeit ausfallen?*	☐	☐	☐
7 *Vermeiden Sie es, ohne Hunger zu essen?*	☐	☐	☐
8 *Lehnen Sie Fast Food und Konserven ab?*	☐	☐	☐
9 *Vermeiden Sie Modediäten?*	☐	☐	☐
10 *Begrenzen Sie Ihren Koffeinkonsum (auch Tee und Cola?)*	☐	☐	☐
GESAMTERGEBNIS	☐	☐	☐

ALLGEMEINE HINWEISE

Zellwachstum und -erneuerung hängen von unserer Nahrung ab. Geistige Fitneß auch. Fettarme Kost mit viel Ballaststoffen, frischem Obst u. Gemüse schützt vor Krankheiten. Fast Food etc. ist fett- und zuckerreich und hat chemische Zusätze. Mit Modediäten schmelzen die Pfunde nur kurzzeitig; sie sind meist schwierig zu handhaben.

IHR ERGEBNIS

- Bei vielen A ist Ihre Ernährung optimal.
- Meist B: Schenken Sie Ihrem Essen und Trinken mehr Aufmerksamkleit.
- Viele C: Sie ernähren sich ungesund und brauchen mehr Information über dieses wichtige Thema (siehe S. 34–37)

GESUNDHEIT DER FAMILIE A = *nein* B = *ja*

LEIDET EIN NAHER VERWANDTER (ELTERN, GESCHWISTER, KINDER) AN:

	A	B
1 *Bluthochdruck?*	☐	☐
2 *Herzanfall vor 40?*	☐	☐
3 *Sehr hohem Cholesterinspiegel?*	☐	☐
4 *Diabetes?*	☐	☐
5 *Gicht?*	☐	☐
6 *Glaukom?*	☐	☐
7 *Brustkrebs?*	☐	☐
8 *Darmkrebs?*	☐	☐
GESAMTERGEBNIS	☐	☐

ALLGEMEINE HINWEISE

Es gibt genetische Krankheitsveranlagungen. Trotz des hohen Alters von Verwandten kann ungesunde Ernährung auch einen genetischen Vorteil mindern.

IHR ERGEBNIS

- Viele A: Sie haben ein geringes Risiko durch vererbbare Krankheiten. Aber beachten Sie die Alarmsignale auf S. 25, und lassen Sie sich regelmäßig untersuchen.
- Bei angekreuzten B: Fragen Sie Ihren Arzt über notwendige Untersuchungen und nach Symptomen, die Sie beachten sollten.

KÖRPERPFLEGE A = *ja* B = *nein*

	A	B
1 *Benutzen Sie täglich Zahnseide?*	☐	☐
2 *Gehen Sie einmal im Jahr zum Zahnarzt?*	☐	☐
3 *Vermeiden Sie zuviel Sonne und benutzen Sie, wenn nötig, Sonnenschutz?*	☐	☐
4 *Kennen Sie sich in Erster Hilfe aus?*	☐	☐
FRAUEN		
5 *Machen Sie alle drei Jahre einen Zervikalabstrich ?*	☐	☐
6 *Untersuchen Sie monatlich Ihre Brüste auf Knoten und Veränderungen ?*	☐	☐
MÄNNER		
7 *Untersuchen Sie mindestens alle drei Monate Ihre Hoden auf Knoten oder Veränderungen?*	☐	☐
ÜBER 40		
8 *Machen Sie mindestens alle vier Jahre einen Glaukomtest ?*	☐	☐
9 *Wird Ihr Blutdruck jährlich überprüft?*	☐	☐
ÜBER 50		
10 *Haben Sie Ihren Stuhl schon auf Blut untersuchen lassen (siehe S. 325)?*	☐	☐
11 *Machen Sie regelmäßig eine Mammographie?*	☐	☐
GESAMTERGEBNIS	☐	☐

ALLGEMEINE HINWEISE

Regelmäßige Untersuchungen sind für Frühentdeckung und Heilung von Krankheiten wichtig, besonders im Alter und bei Menschen, in deren Familie eine genetisch vererbbare Krankheit vorliegt (siehe oben, Gesundheit der Familie). Umfeld und Lebensweise können genetische Veranlagungen verstärken.

IHR ERGEBNIS

- Bei vielen A schenken Sie Ihrer Gesundheit große Beachtung.
- Meist B: Informieren Sie sich mehr über Risikofaktoren und Selbstuntersuchungen. Fragen Sie Ihren Arzt nach Gesundheitstests.

KÖRPER

ARBEIT & UMWELT A = *normal* B = *manchmal* C = *niemals*

MIT ARBEIT IST JEDE REGELMÄSSIGE TÄGLICHE AKTIVITÄT GEMEINT, AUCH HAUSARBEIT

	A	B	C
1 *Können Sie täglich Ihrer Arbeit nachgehen?*	☐	☐	☐
2 *Bietet Ihr Job Sicherheit und Zufriedenheit?*	☐	☐	☐
3 *Fühlen Sie sich geschätzt und anerkannt?*	☐	☐	☐
4 *Haben Sie die nötigen Kraftreserven?*	☐	☐	☐
5 *Haben Sie guten Kontakt zu Mitmenschen?*	☐	☐	☐
6 *Entwickeln Sie sich ständig weiter?*	☐	☐	☐
7 *Freuen Sie sich auf Ihren Arbeitstag?*	☐	☐	☐
8 *Ist Ihr Umfeld frei von Verschmutzung (Abgase, Lärm, Chemikalien)?*	☐	☐	☐
9 *Können Sie Ihre berufliche Belastung steuern?*	☐	☐	☐
10 *Achten Sie beim Gehen, Stehen, Sitzen auf eine Minimalbelastung von Skelett und Augen?*	☐	☐	☐
11 *Machen Sie genügend Pausen, um geistige Müdigkeit und Verspannungen zu vermeiden?*	☐	☐	☐
12 *Sind Sie mit Ihrem Hin-und Rückweg zur Arbeit zufrieden?*	☐	☐	☐
13 *Fühlen Sie sich im engsten Familienkreis in Ihrer Arbeit unterstützt?*	☐	☐	☐
GESAMTERGEBNIS	☐	☐	☐

ALLGEMEINE HINWEISE

Motivation und Zufriedenheit im Job fördern das emotionale Wohl. Neben der Aufgabe selbst wirken auch die Umstände, unter denen Sie arbeiten, auf Ihr geistiges und körperliches Wohl. Oft können kleine Veränderungen im Job und zu Hause das Krankheitsrisiko mindern, auch wenn Sie globale Umweltprobleme nicht ändern können.

IHR ERGEBNIS

◆ Viele A: Die Arbeit macht Ihnen Spaß, gibt Ihnen Zufriedenheit, und Sie fühlen sich wohl dabei.

◆ Meistens B: Wir empfehlen Ihnen, Job und Arbeitsplatz zu verbessern.

◆ Viele C: Ihre Arbeitsbedingungen liegen außerhalb Ihrer Kontrolle und sind wahrscheinlich gesundheitsschädigend; wir raten zu einem Arbeitsplatzwechsel. Lesen Sie auch die Informationen über Streß (siehe S. 39) und Emotionen (S. 44–47).

GEIST

EREIGNISSE IM LEBEN A = *nein* B = *manchmal* C = *häufig*

EREIGNETE SICH LETZES JAHR IN IHREM LEBEN FOLGENDES:

	A	B	C
1 *Tod eines engen Freundes oder Verwandten?*	☐	☐	☐
2 *Familienveränderungen (auch Heirat und Geburt eines Kindes)?*	☐	☐	☐
3 *Umzug?*	☐	☐	☐
4 *Arbeitswechsel?*	☐	☐	☐
5 *Arbeitslosigkeit oder Pensionierung?*	☐	☐	☐
6 *Wichtige finanzielle Veränderungen?*	☐	☐	☐
7 *Rechtliche Probleme?*	☐	☐	☐
8 *Ernste Gesundheitsprobleme (eigene oder Angehörige?*	☐	☐	☐
9 *Familien- oder Ehekrise?*	☐	☐	☐
10 *Streit mit Freunden oder Nachbarn?*	☐	☐	☐
11 *Dauerstreß, der Sie auslaugt?*	☐	☐	☐
12 *Wie haben Sie diese Ereignisse berührt?* A = *kaum* B = *ein wenig* C = *ernsthaft*	☐	☐	☐
GESAMTERGEBNIS	☐	☐	☐

ALLGEMEINE HINWEISE

Das Maß einer Belastung hängt davon ab, wie Sie Streß wahrnehmen, wie sehr Sie ihn selbst steuern können und wie gut Sie ihn bewältigen können – ob Sie sportlich aktiv sind, sich gesund ernähren und sich genügend Zeit zum Entspannen gönnen.

IHR ERGEBNIS

◆ Viele A: Erfreulicherweise gibt es in Ihrem Leben keine größeren Streßfaktoren. Aber tragen Ihre momentanen Strategien zur Streßbewältigung Sie auch unbeschadet durch eine unerwartete Krise?

◆ Meist B: Die Ereignisse in Ihrem Leben berühren Sie mehr, als Sie vielleicht glauben. Achten Sie auf mögliche Streßsymptome (siehe S. 290–291).

◆ Viele C: Sie brauchenTechniken zur Streßbewältigung. Legen Sie auch mehr Wert auf Faktoren wie Ernährung, Fitneß und emotionale Unterstützung. Lesen Sie dazu die Informationen über Streß (siehe S. 39), Emotionen (siehe S. 44–47), Entspannung und Atmung (siehe S. 170–173), Psychotherapie und Beratung (siehe S. 160–165), autogenes Training (siehe S. 168),Visualisierungen (siehe S. 178–179).

GEIST

WERTVORSTELLUNGEN UND KREATIVITÄT A = *ja* B = *manchmal* C = *nie*

	A	B	C
1 *Interessieren Sie sich für Politik und Umwelt?*	☐	☐	☐
2 *Entspricht Ihre Arbeit Ihren Wertvorstellungen?*	☐	☐	☐
3 *Entspricht Ihre Freizeitbeschäftigung Ihren Wertvorstellungen ?*	☐	☐	☐
4 *Akzeptieren Sie Menschen mit anderen Wert- und Lebensvorstellungen?*	☐	☐	☐
5 *Gibt Ihr spirituelles Leben Ihnen Kraft?*	☐	☐	☐
6 *Hat Ihr Leben für Sie einen Sinn?*	☐	☐	☐
7 *Haben Sie Ihren Platz im Leben gefunden?*	☐	☐	☐
8 *Bietet Ihnen Ihr Leben genügend Kreativität und Motivation?*	☐	☐	☐
9 *Gehen Sie offen auf Neues zu?*	☐	☐	☐
10 *Können Sie mit Unsicherheiten umgehen?*	☐	☐	☐
11 *Können Sie mit Langeweile oder Motivationsmangel umgehen?*	☐	☐	☐
GESAMTERGEBNIS	☐	☐	☐

ALLGEMEINE HINWEISE

Wenn sich Ethik und Lebensweise widersprechen, entstehen Ängste und Unzufriedenheit, die emotionales und schließlich auch körperliches Wohlbefinden beeinträchtigen. Jeder hat die Möglichkeit zu schöpferischer Arbeit, sei es im Garten, in der Küche oder beim Komponieren. Unterdrückte Kreativität führt zu Frustration und Minderwertigkeitsgefühlen. Wenn Sie an sich und Ihr Leben glauben, überstehen Sie Krisen wahrscheinlich leichter und besitzen eine gute Anpassungsfähigkeit.

IHR ERGEBNIS

◆ Viele A: Sie stehen fest mit beiden Füßen im Leben, haben es gut im Griff und erkennen Zusammenhänge– das sind Faktoren, die den Umgang mit Streß begünstigen.

◆ Hohe B- und C-Werte können Selbstzweifel und Traurigkeit bedeuten sowie hohe Anfälligkeit für Streß und Infektionen. Machen Sie eine Liste von den Dingen, die Sie schätzen und genießen, und vergleichen Sie sie mit Ihrer Lebensweise. Überprüfen Sie auch Konfliktbereiche.

STRESSBEWÄLTIGUNG A = *nie* B = *manchmal* C = *gewöhnlich*

	A	B	C
1 *Arbeiten, essen, rauchen, trinken Sie zwanghaft?*	☐	☐	☐
2 *Führen Sie ein chaotisches Leben?*	☐	☐	☐
3 *Leiden Sie bei Streß u. a. unter Schmerzen, Herzrasen, Erschöpfung, Atemnot oder Verdauungsbeschwerden?*	☐	☐	☐
4 *Werden Sie bei Streß ängstlich oder lebensmüde, leiden Sie unter Schlafstörungen oder Konzentrationsschwierigkeiten, oder haben Sie Entscheidungsschwierigkeiten?*	☐	☐	☐
5 *Halten andere Sie für gestreßt?*	☐	☐	☐
6 *Macht es Ihnen Mühe, zu entspannen und zu genießen?*	☐	☐	☐
7 *Ist Kontaktpflege zu anderen oder besonders zu Nahestehenden schwieirg für Sie?*	☐	☐	☐
WENN SIE UNTER DRUCK SIND, WENN SIE „ROT“ SEHEN …			
8 *Suchen Sie die Schuld bei anderen?*	☐	☐	☐
9 *Werden Sie aggressiv?*	☐	☐	☐
10 *Sind Sie innerlich aufgebracht?*	☐	☐	☐
… ODER BLEIBEN SIE „COOL“?			
11 *Gehen Sie in Deckung, und verleugnen Sie Ihr Problem?*	☐	☐	☐
12 *Geraten Sie in Panik?*	☐	☐	☐
13 *Machen Sie sich Selbstvorwürfe?*	☐	☐	☐
GESAMTERGEBNIS	☐	☐	☐

ALLGEMEINE HINWEISE

Umgang mit Streß wird von der Persönlichkeit bestimmt. Manche Menschen reagieren aufgebracht und feindlich, sie toben und geben anderen die Schuld. Das macht sie anfällig für koronare Herzerkrankungen. Die „coolen“ Mitmenschen verbrauchen ihre Energie für Problemverdrängung oder Selbstbeschuldigung, schwächen damit ihr Immunsystem und werden anfällig für Infektionen. Mangelndes Streßmanagement wird auch durch zwanghaftes Verhalten (siehe S. 290), Gefühlsprobleme wie Schlaflosigkeit (siehe S. 291) oder körperliche Störungen wie Verdauungsbeschwerden (siehe S. 232) angezeigt.

IHR ERGEBNIS

◆ Viele A: Sie gehören zum widerstandsfähigen Typ, der Herausforderungen liebt.

◆ Viele B: Sie reagieren unterschiedlich auf Streß. Lesen Sie dazu etwas über Streßbewältigung (siehe S. 38).

◆ Viele C: Streß macht Sie krank. Achten Sie beim Erlernen von Bewältigungsstrategien auf strenge Selbstkontrolle und sorgfältige Praxis.

GEIST

GEFÜHLE *A = gewöhnlich B = manchmal C = selten*

	A	B	C
1 *Belasten Sie Sorgen und Schuldgefühle ?*	☐	☐	☐
2 *Lachen Sie gern?*	☐	☐	☐
3 *Zeigen Sie Ihre Gefühle, anstatt sie zu unterdrücken?*	☐	☐	☐
4 *Erinnern Sie sich an Ihre Kindheit ohne ein ungutes Gefühl?*	☐	☐	☐
5 *Können Sie tiefe Gedanken und Gefühle austauschen?*	☐	☐	☐
6 *Sind Sie mitfühlend?*	☐	☐	☐
7 *Machen Sie sich nichts aus Hetze und Ärger?*	☐	☐	☐
8 *Vermeiden Sie Herabsetzung durch ständige Selbstkritik?*	☐	☐	☐
GESAMTERGEBNIS	☐	☐	☐

ALLGEMEINE HINWEISE
Humor, die Fähigkeit, sich selbst und seinen Gefühlen offen Ausdruck zu verleihen, Mitgefühl und Toleranz anderen Meinungen gegenüber sind Zeichen für ein hohes Maß an Selbstwert.

IHR ERGEBNIS
- Viele A: Sie sind sich Ihrer Stärken und Schwächen bewußt, mit sich selbst zufrieden und können auch Kritik vertragen.
- Meist B: Diese Lebensbereiche sind veränderungsbedürftig.
- Viele C: Machen Sie sich Ihre Kommunikationsschwierigkeiten und Ihr negatives Selbstbild bewußter; beides kann Ihre Gesundheit gefährden.

BEZIEHUNGEN *A = gewöhnlich B = manchmal C = nie*

	A	B	C
1 *Sprechen Sie mit jemandem über Ihre persönlichen Sorgen und Probleme ?*	☐	☐	☐
2 *Hören Sie zu, ohne den Sprecher zu unterbrechen?*	☐	☐	☐
3 *Können Sie mit Beziehungsproblemen umgehen?*	☐	☐	☐
4 *Sind Sie nicht auf die Bestätigung anderer angewiesen?*	☐	☐	☐
5 *Können Sie ohne Angst zeigen, was Sie fühlen oder meinen?*	☐	☐	☐
6 *Sind Sie mit Ihrem Sexleben zufrieden?*	☐	☐	☐
7 *Befriedigt Sie Ihr Maß an sexueller Nähe?*	☐	☐	☐
8 *Befriedigt Sie der Gebrauch empfängnisverhütender Mittel und/oder Safer Sex?*	☐	☐	☐
GESAMTERGEBNIS	☐	☐	☐

ALLGEMEINE HINWEISE
Probleme mit einem Partner teilen zu können, schützt vor Krankheit und beschleunigt die Genesung. Selbstbewußtsein fördert die Nähe zum Partner. Sex bezieht sich auf rein körperliche Befriedigung, während sexuelle Nähe für den geistigen Teil einer Beziehung steht. Daher ist ein A bei einem und ein C beim anderen möglich.

IHR ERGEBNIS
- Unseren Glückwunsch für viele A!
- Viele B: Schauen Sie sich die veränderungsbedürftigen Bereiche Ihrer Partnerschaft genauer an.
- Viele C: Arbeiten Sie an Selbstwert, Entspannungsvermögen und Kommunikationsfähigkeit. Siehe auch Gefühle (S. 44–47) und Streß (S. 39).

LEBENSWEISE *A = ja B = manchmal C = nie*

	A	B	C
1 *Gibt es auch Pausen in Ihrem Tagesablauf?*	☐	☐	☐
2 *Setzen Sie sich realistische Ziele?*	☐	☐	☐
3 *Gibt es in Ihrem Leben Zeit für Dinge, die Ihnen wichtig sind?*	☐	☐	☐
4 *Bereiten Sie sich auf mögliche Streßsituationen vor?*	☐	☐	☐
5 *Können Sie echte Herausforderungen annehmen?*	☐	☐	☐
6 *Akzeptieren Sie Grenzen bei sich und anderen?*	☐	☐	☐
7 *Fällen Sie klare Entscheidungen ?*	☐	☐	☐
8 *Sind Sie Herr Ihrer Wünsche und drücken sie auch offen aus?*	☐	☐	☐
9 *Können Sie Aufgaben und Verantwortung an andere delegieren?*	☐	☐	☐
10 *Sind Arbeits- und Freizeit im Gleichgewicht?*	☐	☐	☐
GESAMTERGEBNIS	☐	☐	☐

ALLGEMEINE HINWEISE
Selbstbewußtsein, Voraussicht, das Gefühl für Prioritäten, Entschiedenheit und die Fähigkeit, auch nein zu sagen, sind Voraussetzungen für ein ausgeglichenes und selbständiges Leben. Dazu gehört auch der Freiraum für Dinge, die Sie innerlich stärken.

IHR ERGEBNIS
- Hauptsächlich A zeigt eine positive Lebenseinstellung.
- Viele B: Überprüfen Sie verbesserungsbedürftige Bereiche dieses Fragenkomplexes.
- Viele C: Vielleicht haben Sie das Gefühl, Ihr Leben sei fremdbestimmt, Sie werden ausgenutzt und sind Alltagsstreß nicht gewachsen. Lesen Sie dazu: Streß (S. 39), Entspannung und Atmung (S. 170–173), Psychotherapie und Beratung (S. 160–165).

IHR ALLGEMEINES WOHLBEFINDEN

Mit diesem Farbkreis erkennen Sie auf einen Blick die verbesserungsbedürftigen Bereiche Ihres Lebens. Tragen Sie das Gesamtergebnis von As, Bs und Cs aus jedem Abschnitt des Fragebogens (S. 28–32) in die entsprechenden Segmente des Farbkreises als Punkte ein. Zur Vereinfachung sind die Segmente in innere, mittlere und äußere Zonen aufgeteilt und den A-, B- und C-Antworten farblich angepaßt.

IHRE ERGEBNISSE

Die beiden Halbkreise – Körper und Geist – ergeben zusammen ein umfassendes Bild Ihrer Gesundheit. Die Punktezahl in jeder Zone gibt Ihnen einen schnellen Überblick über Ihr allgemeines Wohlbefinden und eine mögliche Unausgewogenheit zwischen körperlicher und geistiger Gesundheit.

DAS FARBRAD

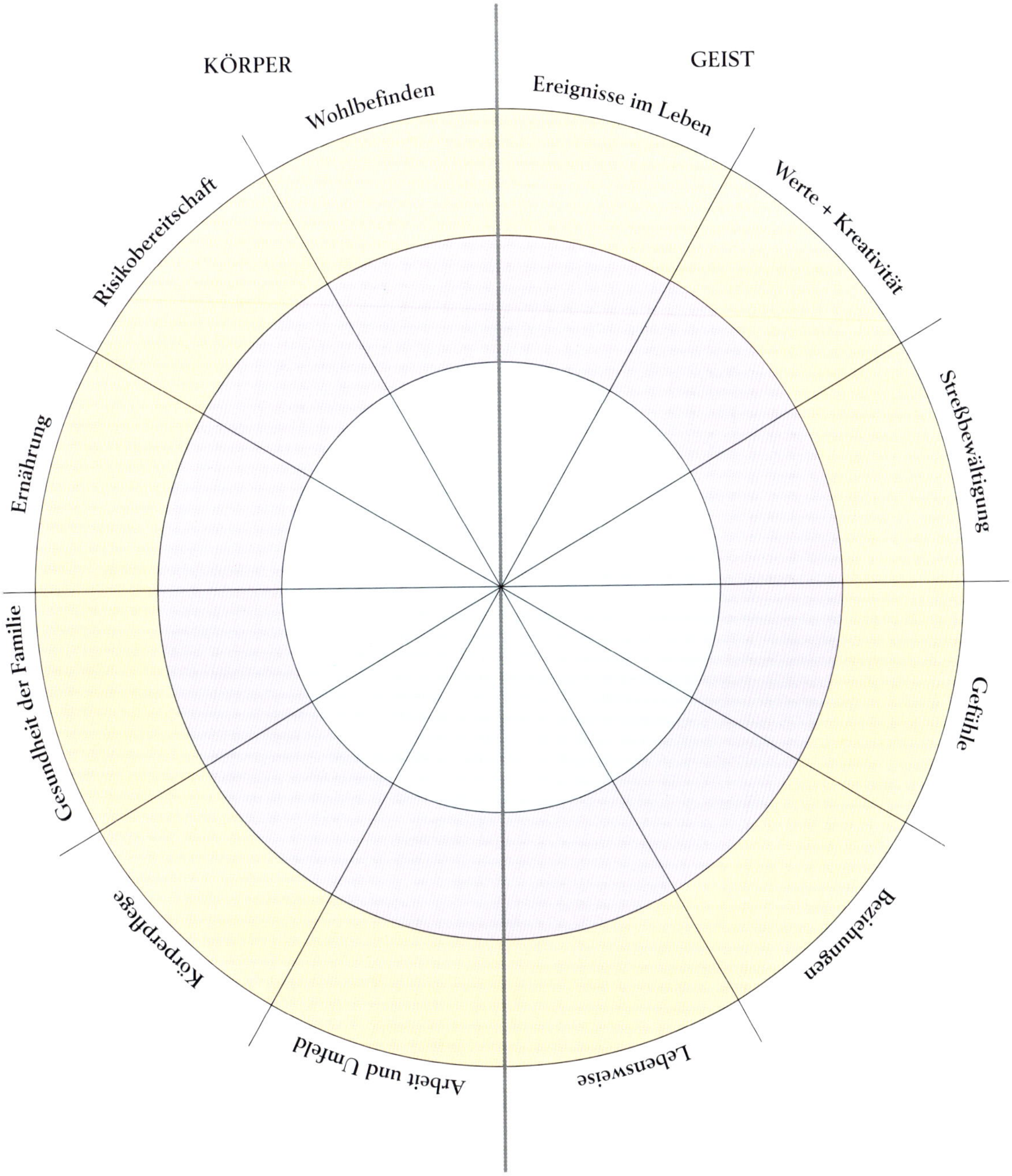

INNERE ZONE A

Die Innenzone stellt das ideale Wohlbefinden dar. Je mehr Punkte Sie in diesem Bereich haben, desto besser sind Sie gegen Streß und Krankheit gewappnet.

MITTLERE ZONE B

Punkte in der mittleren Zone bedeuten, daß es Ihnen sowohl schlechter als auch besser gehen könnte. Überprüfen Sie mögliche Veränderungen in diesen Bereichen.

ÄUSSERE ZONE C

Punkte in dieser Zone verlangen Ihre Aufmerksamkeit, besonders, wenn sie sich in einem Bereich häufen.

AUSGEWOGENE ERNÄHRUNG

***Ihre Ernährung** sollte bis zu 50 Prozent aus Kohlenhydraten bestehen. Essen Sie viel Mehrfachzuckerverbindungen wie Bananen oder Brot mit dem zusätzlichen Angebot an Vitaminen und Ballaststoffen*

EINE AUSGEWOGENE ERNÄHRUNG kann sehr viel zur Gesundheit beitragen. Gesunde Nahrung besteht aus 15 Prozent Proteinen, 50 Prozent Kohlenhydraten und 30 Prozent Fetten. Auch die Aufnahme von genügend Ballaststoffen, Vitaminen, Mineralstoffen und Wasser ist wichtig.

KOHLENHYDRATE

Sie sind unsere größte und schnellste Energiequelle, werden vom Körper in den wichtigsten Brennstoff Glukose umgebaut und als Glykogen in Leber und Muskeln gespeichert, um bei Bedarf wieder in Glukose umgewandelt werden zu können. Es gibt zwei wichtige Kohlenhydratgruppen: Einfachzucker und Mehrfachzucker.

Einfache Kohlenhydrate sind Grundzuckerstoffe. Sie werden vom Körper schnell in Sofortenergie umgewandelt, besitzen aber keinen Nährwert. Man findet sie in Zuckerrohr oder -rüben sowie in den natürlichen Zuckerstoffen von Obst, Honig, Gemüse und Milch.

Mehrfachzucker wird langsamer aufgespalten und meist als Glykogen gespeichert. Er ist in stärkehaltigen Lebensmitteln wie Brot, Nudeln, Reis, Kartoffeln, Hülsenfrüchten und Getreide und auch in Wurzelgemüsen wie Süßkartoffeln enthalten. Mehrfachzucker ist meist reich an Ballast (siehe S. 36) und Mineralstoffen sowie Vitaminen.

VITAMINE

Nur Vitamin D kann vom Körper selbst produziert werden. Alle anderen müssen mit der Nahrung aufgenommen werden. Trotz der benötigten kleinen Menge sind sie lebenswichtig

Vitamin A

Wirkung: *stärkt Sehkraft, erhält Haut und Schleimhäute, schützt als Antioxidant vor bestimmten Krebsleiden*
Quellen: *ölige Fischsorten, Leber, Butter, Käse, Eier, Karotten, Tomaten, Aprikosen, Spinat, Brokkoli*

Vitamin B_1 (Thiamin)

Wirkung: *nötig für die Umwandlung von Nahrung in Energie*
Quellen: *getrocknete Bohnen, Vollkorn, brauner Reis, Nüsse, Bulgur, Vollkornnudeln und -brot, magerer Fisch, Hefeextrakt*

Vitamin B_2 (Riboflavin)

Wirkung: *hilft bei der Umwandlung von Nahrung in Energie*
Quellen: *Linsen, Nüsse, Milchprodukte, Eier, Leber, mageres Fleisch, Hefeextrakt, grünes Blattgemüse*

Niacin

Wirkung: *Teil der DNA-Synthese; wichtig für Nerven- und Verdauungssystem und bei der Umwandlung von Nahrung in Energie*
Quellen: *Milchprodukte, Leber, Geflügel, ölige Fischsorten, Vollkornbrot, brauner Reis, Hefeextrakt, Bierhefe, Nüsse*

Vitamin B_6 (Pyridoxin)

Wirkung: *an Gehirnfunktion, Antikörper- und roter Blutzellen-Produktion beteiligt, hilft bei der Proteinumwandlung*
Quellen: *Bananen, Vollkorngetreide, Trockenbohnen, Eier, Nüsse, Leber, Fisch, brauner Reis, Vollkornbrot, Blattgemüse, Hefeextrakt*

Vitamin B_{12}

Wirkung: *schützt Nerven und wird für Zellteilung und Bildung roter Blutzellen benötigt*
Quellen: *Schell- und Weißfisch, ölige Fischsorten, Innereien, rotes Fleisch, Eier, Milch, Käse, Joghurt*

Biotin

Wirkung: *hilft bei der Energiegewinnung, pflegt Haut, Haare, Knochenmark und Geschlechtsdrüsen*
Quellen: *Vollkornbrot, Hefe, brauner Reis, Milchprodukte*

Folsäure

Wirkung: *nötig für Zellbildung, verhindert Geburtsfehler wie Spina bifida (offener Rücken)*
Quellen: *Brokkoli, Grünkohl, Weizenkeime, Hülsenfrüchte, Nüsse, Hefeextrakt, Leber*

Pantothensäure

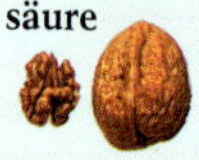

Wirkung: *unterstützt Energiegewinnung und Antikörperbildung; schützt Nervensystem und Haut*
Quellen: *Nüsse, Hefe, Innereien, Weizenkeime, Sojamehl*

Vitamin C

Wirkung: *nötig für Zahnfleisch, Zähne, Knochen, Haut, bildet Neurotransmitter, unterstützt Eisenaufnahme und Heilung, ist Antioxidant und Infektionsschutz*
Quellen: *Tomaten, Zitrusfrüchte, Johannisbeeren, Erdbeeren, Kiwi, Mango, Papaya, Spinat, anderes grünes Blattgemüse, Kartoffeln*

Vitamin D

Wirkung: *nötig für Kalzium- und Phosphoraufnahme und für Knochen- und Zahnwachstum*
Quellen: *Reis, Milch, Fisch, Eier, Butter, Margarine; wird bei Sonne von der Haut hergestellt*

Vitamin E

Wirkung: *schützt Körpergewebe, indem es die Bildung Freier Radikaler verhindert; starker Schutz vor Herzerkrankungen*
Quellen: *Avocados, Nüsse, Keime, pflanzliche Öle, Eier, Vollkorngetreide, Oliven, Spargel, Spinat, Johannisbeeren, Vollkornbrot, brauner Reis, Lachs, Thunfisch*

Vitamin K

Wirkung: *hilft bei der Proteinbildung und verhindert Blutgerinnung*
Quellen: *grünes Blattgemüse, besonders Grünkohl, Brokkoli, Rosenkohl*

PROTEINE

Sie werden als Aminosäuren für Wachstum, Funktion und Erneuerung jeder Zelle und jedes Organs im Körper gebraucht. Sie wirken auch bei der Herstellung von Enzymen mit, die für Verdauung, Antikörper- und Hormonproduktion wichtig sind. Proteine werden nicht im Körper gespeichert (ein Zuviel wird als Energie verbrannt oder in Fette umgebaut), daher sollten wir sie täglich neu zu uns nehmen. Die Menschen im Westen erhalten meist mehr als nötig. Proteinreiche Lebensmittel sind Fleisch, Geflügel, Fisch, Eier, Sojabohnen, Käse, Getreide, Hülsenfrüchte und Nüsse.

***Fleisch,** Fisch, Käse und Eier liefern Proteine, die täglich mit der Nahrung aufgenommen werden sollten, da der Körper sie nicht speichert*

FETTE

Fette bestehen aus Fettsäuren und enthalten doppelt soviel Kalorien wie Kohlenhydrate oder Proteine. Eine gewisse Menge an Fetten ist für eine gesunde Körperfunktion unerläßlich, aber ein Zuviel kann zu schweren Gesundheitsproblemen führen. Es gibt gesättigte, ungesättigte (sowohl einfach als auch mehrfach ungesättigt) und freie Fettsäuren. Gesättigte und einfach ungesättigte stellt der Körper selbst her; sie müssen also nicht unbedingt über die Nahrung aufgenommen werden. Ein Zuviel an gesättigten Fettsäuren (aus fettem Fleisch, Hartkäse oder Butter) erhöht den Blutzuckerspiegel und kann zu Übergewicht und Herzerkrankungen führen. Einfach ungesättigte Fettsäuren z. B. in Oliven, Avocados, Nüssen und Keimen sind gesünder als gesättigte. Mehrfach ungesättigte Fettsäuren enthalten lebenswichtige Substanzen und können nur aus der Nahrung aufgenommen werden (pflanzliche Öle und ölige Fischsorten). Freie Fettsäuren entstehen bei der Umwandlung von ungesättigten pflanzlichen Ölen in gesättigte Fettsäuren und führen zu Herzerkrankungen.

***In kleinen Mengen** sind Fettsäuren lebenswichtig für die Gesundheit. Ungesättigte Fettsäuren finden sich nur in öligen Fischsorten, pflanzlichen Ölen und Nüssen*

MINERALSTOFFE

Die meisten Mineralstoffe wiegen nur 3–4 % unseres Gewichts, und doch sind sie lebensnotwendig. Funktion und benötigte Menge bleiben weiterhin umstritten. Von manchen wie Kalium wird relativ viel benötigt, während von anderen, z. B. Jod, so wenig gebraucht wird, daß man sie als „Spurenelemente" bezeichnet

Kalzium

Wirkung: *unterstützt Butgerinnung und Muskelfunktion, reguliert den Herzschlag und fördert gesundes Knochen- und Zahnwachstum; schützt Frauen vor Osteoporose nach dem Klimakterium*
Quellen: *Kohl und anderes grünes Blattgemüse, Eier, Milchprodukte (auch fettarme), Sardinen aus der Dose und andere Grätenfische*

Chlor

Wirkung: *reguliert den Ionenhaushalt und unterstützt die Bildung von Magensäure*
Quellen: *Salz*

Chrom

Wirkung: *reguliert Blutzucker und Cholesterin*
Quellen: *Käse, Eigelb, rotes Fleisch, Leber, Getreide, Meeresfrüchte*

Kupfer

Wirkung: *Knochen-und Gewebeaufbau, fördert Eisenaufnahme*
Quellen: *Pilze, Fische, Schalentiere, Nüsse, Keime*

Fluor

Wirkung: *schützt vor Zahnverfall*
Quellen: *Tee, Wasser, Zahnpasta*

Iod

Wirkung: *wichtig für die Ausschüttung von Schilddrüsenhormonen*
Quellen: *Meeresfrüchte, jodiertes Tafelsalz, Algen*

Eisen

Wirkung: *transportiert Sauerstoff zu den Blutzellen*
Quellen: *Schalentiere, rotes Fleisch, Trockenobst, Hülsenfrüchte, Blattgemüse, Getreidestärke, Vollkornbrot*

Magnesium

Wirkung: *Knochenwachstum, Nerven- und Muskelfunktion*
Quellen: *Aprikosen, Bananen, Sojabohnen, Weizenkleie, Vollkorngetreide, Mandeln, Cashewkerne, rohes Blattgemüse, Milch, Joghurt*

Mangan

Wirkung: *fördert Knochenwachstum und Zellfunktion; Antioxidant*
Quellen: *Früchte, Nüsse, Vollkorn, Hülsenfürchte, Gemüse, Tee, Eigelb*

Molybdän

Wirkung: *nötig für die DNA*
Quellen: *Hülsenfrüchte, Vollkorn, Fischreste, Hefe, grünes Blattgemüse*

Phosphor

Wirkung: *Bestandteil des Energiestoffwechsels, fördert Nahrungsaufnahme und Knochen und Zähne*
Quellen: *Meeresfrüchte, Weißfisch, Fleisch, Geflügel, Eigelb, Milch, Bohnen, Nüsse, getrocknete Erbsen*

Kalium

Wirkung: *reguliert Herzschlag und Ionenhaushalt, unterstützt Muskelkontraktion und Nervenfunktion, transportiert Nährstoffe*
Quellen: *getrocknete Erbsen und Bohnen, Trockenobst, Zitrusfrüchte, Bananen, Avocados, Erdnußbutter, Kartoffeln*

Selen

Wirkung: *arbeitet mit Vitamin E zusammen als Antioxidant und fördert die sexuelle Entwicklung*
Quellen: *Müsli, Vollkorngetreide, Vollkornbrot, rotes Fleisch, Geflügel, Weißfisch, Thunfisch, Schalentiere, Milchprodukte, Eigelb, Linsen, Avocados, Knoblauch, Tomaten*

Natrium

Wirkung: *reguliert den Flüssigkeitshaushalt und unterstützt Nerven- und Muskelfunktion*
Quellen: *Anchovis, Salz, Hefeextrakt, Schinken, Speck*

Schwefel

Wirkung: *Proteinproduktion*
Quellen: *tierische und pflanzliche Proteine*

Zink

Wirkung: *lebenswichtig für normales Wachstum und sexuelle Entwicklung, unterstützt Immunabwehr und Enzymwirkung*
Quellen: *Erdnüsse, Sonnenblumenkerne, Leber, rotes Fleisch, Geflügel, Eier, Käse, Meeresfrüchte, Austern*

GESUNDE ERNÄHRUNG

Ein nahrhafter Salat *muß nicht eintönig sein – Essen sollte Freude bereiten*

UNSER AUTO bekommt nur erstklassiges Benzin. Geben wir unserem Körper auch nur die beste Nahrung, bleibt er gesund und funktionstüchtig. Erst vor kurzem haben Wissenschaftler entdeckt, daß bestimmte Nahrungsmittel uns wirklich vor Krankheiten schützen können. Karotten und Brokkoli, z. B. enthalten Beta-Carotin, das das Immunsystem bei der Vernichtung von Krebszellen unterstützen soll. Gesunde Ernährung bedeutet aber auch, weniger von dem zu essen, was nicht guttut, und Nahrungsmittel mit möglichen schädlichen Zusätzen oder Giften zu vermeiden.

Modediäten sollten mit Vorsicht und nur unter ärztlicher Aufsicht durchgeführt werden: es werden dabei häufig wesentliche Substanzen weggelassen, so daß es zu Gesundheitsschäden führen kann.

WER BRAUCHT ERGÄNZUNGSNAHRUNG?

Bei einer gut ausgewogenen Ernährung sollten uns eigentlich keine Ergänzungsstoffe fehlen, es wird aber doch immer deutlicher, daß bei der industriellen Nahrungsproduktion Vitamine und Mineralstoffe zerstört werden. Manchmal sind dann Ergänzungsstoffe sehr hilfreich; eine zusätzliche Einnahme von Folsäure bei Schwangerschaft kann etwa das Risiko von Spina bifida oder anderen Geburtsfehlern drastisch verringern.

Auch eine Extra-Menge Selen könnte wertvoll sein, ein Mineralstoff, der Krebskrankheiten verhindert und der in der westlichen Ernährung nur selten vorkommt. Mineral- und Vitaminergänzungen sollten aber mit Vorsicht genommen werden. Ein Überschuß an Vitamin A, B_6 oder Eisen z. B. kann zu Gesundheitsschäden führen. Scheinbar ist die Art, wie einzelne Nährstoffe zusammenarbeiten, wichtiger als das Vitamin oder Mineral selbst.

WICHTIGE BALLASTSTOFFE

Ballaststoffe sind Substanzen, zum größten Teil Kohlenhydrate (siehe S. 34), die nicht vom Körper zur Energiegewinnung aufgespalten werden. Ballaststoffe finden sich nur in pflanzlicher Nahrung. Gegen Verdauungsenzyme resistent, passieren sie unbearbeitet den Verdauungsapparat und unterstützen Stuhlmenge und -konsistenz. Unlösliche Ballaststoffe (in Reis, Nüssen, Weizenkleie, Vollkorngetreide und Trockenobst) beschleunigen die Darmpassage der Nahrung und wirken z. B. dem Entstehen von Darmkrebs entgegen. Wasserlösliche Ballaststoffe (in Haferkleie, Hülsenfrüchte, Obst und Gemüse) senken den Cholesterinspiegel und verhindern eine Glukoseaufnahme ins Blut, d. h. einen plötzlichen Blutzuckeranstieg. Dies ist besonders wichtig bei Diabetikern.

ZUSÄTZE UND GIFTE

Nicht alle Zusätze sind schlecht: Manche schützen die Nahrung vor Pilzbefall, Bakterien und Fäulnis. Ascorbinsäure (Vitmain C) verhindert z.B., daß Fruchtsäfte braun

REGELN FÜR EINE OPTIMALE ERNÄHRUNG

- ◆ 50 Prozent der täglichen Nahrung sollte aus stärkehaltigen Kohlenhydraten bestehen wie Brot, Pasta, Reis, Kartoffeln und Vollkorngetreide.
- ◆ Essen Sie mindestens fünf Portionen Obst und Gemüse am Tag, möglichst aus organischem Anbau.
- ◆ Nehmen Sie lieber Proteine aus Geflügel, Fisch, Hülsenfrüchten, Getreide und fettarmen Milchprodukten zu sich anstatt aus rotem Fleisch.
- ◆ Ziehen Sie entrahmte Milch und fettarme Milchprodukte fettreicher Nahrung vor.
- ◆ Essen Sie öligen Fisch wegen der Fettsäuren.
- ◆ Verwenden Sie zum Kochen und zum Salat Olivenöl oder andere einfach ungesättigte Öle.
- ◆ Essen Sie viel ballaststoffreiche Kost (siehe rechts).
- ◆ Lieber gedünstetes Gemüse als frittiertes oder gekochtes.
- ◆ Trinken Sie ausreichend Wasser oder Säfte für einen hellen Urin.

Ballaststoffreiche Nahrung *wie Reis, Nüsse, Hülsenfrüchte und Vollkorngetreide beugt Verstopfung vor und senkt den Cholesterinspiegel*

***Pestizide werden eingesetzt**, um Ernteschäden zu verhindern, besonders wenn große Mengen eines Produkts große Gewinne versprechen*

und fettreiche Nahrungsmittel ranzig werden. Natürliche und synthetische Zusätze werden auch zur Farb- und Geschmacksgebung von Nahrungsmitteln eingesetzt, z. T. mit erheblichen Nebenwirkungen von Erbrechen bis Asthma. Nitrite und Nitrate, Konservierungsstoffe für Dosenfleisch und Räucherfisch, können sich in karzinogene Nitroaminosäuren verwandeln und sollten nur begrenzt aufgenommen werden. Das gleiche gilt für Pökelware.

Wahrscheinlich nehmen wir mit der Nahrung auch zellschädigende Gifte auf. Obst und Gemüse können Spuren von Pestiziden enthalten; Vieh und Zuchtfische werden zum Schutz und zur Mast mit Antibiotika und Wachstumshormonen gefüttert; Fische und Muscheln aus verschmutzten Gewässern haben oft eine zu hohe Konzentration an Schwermetallen wie Quecksilber, Kadmium oder Blei.

Versuchen Sie, diese Gesundheitsrisiken gering zu halten, und kaufen Sie ungespritztes Obst und Gemüse aus organischem Anbau und Eier und Fleisch vom Bauernhof. Denken Sie beim Kauf hochwertiger Fischsorten wie Schwertfisch und Hecht an eine mögliche schädigende Schwermetallkonzentration.

ANTIOXIDANTIEN

Seit Ende der 80er Jahre haben neue Forschungen über die Rolle von Antioxidantien als Schutz gegen Krebs und Herzerkrankungen immer wieder für Aufregung gesorgt. Aufgabe der Antioxidantien ist die Suche nach Freien Radikalen, um sie zu inaktivieren. Gemeint sind Moleküle, die beim Abwehraufbau gegen Bakterien entstehen. In den wenigen Sekunden ihres Daseins können Freie Radikale die DNA (siehe Glossar) zerstören und den Cholesterinspiegel so stark erhöhen, daß es zur Arterienverklebung kommen kann (Arteriosklerose). Die Anzahl von Freien Radikalen kann sich auch durch Chemikalien, Zigarettenrauch oder Industrieverschmutzung erhöhen. Trotz körpereigener Produktion sind wir für Antioxidantien auch auf unsere Nahrung angewiesen.

Seine wichtigsten Lieferanten sind Vitamin A (als Beta-Carotin), C und E sowie die Mineralstoffe Selen, Zink, Mangan und Kupfer. Bioflavonoide in Obst und Gemüse wie Johannisbeeren, Zitronen, Pflaumen und Kirschen haben auch antioxidante Eigenschaften. Carotenoide können umweltbedingten Giftschäden vorbeugen. Sie finden sich in Tomaten, Spinat, Brokkoli, Rosenkohl, Paprika, Knoblauch, Zwiebeln, Joghurt und Weizenkeimen.

GENUSSMITTEL

Die aufputschende Wirkung von Koffein ist hinreichend bekannt, aber es gibt auch andere Substanzen, die auf das Gemüt wirken. Schokolade enthält aufhellende Chemikalien und Stimulantien. Proteinreiche Nahrungsmittel wie Fleisch, Milch und Eier beruhigen durch die darin enthaltene Aminosäure Trytophan, die den Neurotransmitter Serotonin produziert (siehe Glossar). Stärkehaltige, gesüßte kohlenhydratreiche Nahrungsmittel erhöhen Blutzucker- und Serotoninspiegel. Ein niedriger Serotoninspiegel zeigt sich in Depression und Feindseligkeit; ein niedriger Blutzucker in Gereiztheit, Depression und labiler Gemütslage.

EINSCHRÄNKUNGEN UND VERZICHT

In Fachkreisen ist man sich über folgende Beschränkungen einig:

- Kalorien aus fettreicher Nahrung sollten unter 30 % der täglichen Gesamtkalorien liegen.
- Begrenzen Sie Ihren Konsum an rotem Fleisch oder Käse mit viel gesättigten Fettsäuren.
- Die Aufnahme gesättigter Fettsäuren sollte unter 10 % der Gesamtmenge an Fettkalorien liegen.
- Nehmen Sie anstatt Butter einen fettarmen Aufstrich mit viel mehrfach ungesättigten Fettsäuren.
- Vermeiden Sie Fast Food und Konserven mit Konservierungsstoffen, Farb- und Geschmacksverstärkern.
- Begrenzen Sie Ihre Zuckeraufnahme für einen stabilen Blutzuckerspiegel.
- Begrenzen Sie Ihre Salzaufnahme – salzen Sie nicht nach, und verzichten Sie auf salzige Chips u.ä.
- Reduzieren Sie Ihre Koffeinaufnahme (Kaffee, Tee). Besser sind Kräutertees und Wasser.
- Halten Sie Ihren Alkoholkonsum in Maßen – obwohl ein Glas Rotwein am Tag Herzerkrankungen vorbeugt.

***Plaumen und Beeren** enthalten viele Antioxidantien, die vor Herz- und Krebserkrankungen schützen*

Mit einer Mahlzeit aus Kohlenhydraten und Proteinen wie Pasta mit Fisch oder Vollkornbrot kommt es nicht zum Energieloch am Mittag. Eine schwere Mahlzeit mit gesättigten Fettsäuren dagegen kann zu Schläfrigkeit führen.

STRESSBEWÄLTIGUNG

STREß IST NICHT UNBEDINGT NEGATIV. Er gehört unausweichlich zum Menschsein dazu und ist die normale Antwort auf eine Herausforderung. Ohne ein gewisses Maß an Druck würden wir vielleicht morgens weder aufstehen noch frühstücken wollen. Positiver Streß motiviert uns, unser Bestes zu geben, sei es als Aufregung vor einem wichtigen Ereignis oder als Risikobereitschaft, die erst unseren Ehrgeiz ermöglicht. Ein Leben ohne Herausforderung, mit zuwenig Pflichten und zuviel Freizeit kann genauso viel negativen Streß bedeuten wie zuviel Arbeit und zuviel Termindruck.

***Früher** war eine Streßreaktion („Flüchten oder Kämpfen"-Reflex mit der Ausschüttung von Streßhormonen) mit körperlicher Gefahr wie z. B. dem Angriff eines wilden Tieres verbunden. Heute werden wir eher mit geistigem oder gefühlsmäßigem Streß konfrontiert, und es kommt zu einer Ansammlung schädlicher Streßhormone*

DER STRESSREFLEX

Der amerikanische Psychologe und Streßexperte Dr. Richard Lazarus von der University of California beschreibt Streß als Situations- oder Umfelderfahrung, die uns unsere Reserven bewußt macht und gleichzeitig unser Wohlbefinden gefährdet. Die Ursachen von Streß, auch als „Stressoren" bekannt, rangieren zwischen lebensbedrohlich – etwa einem Raubüberfall – bis zu harmlos und alltäglich wie ein klingelndes Telefon. Zwischen diesen beiden Extremen liegt eine große Bandbreite möglicher Stressoren, sowohl äußerlicher Natur (Schicksalsschläge wie Sterbefälle oder Umweltfaktoren wie Smog) als auch innerlicher (Verhalten, Erinnerungen, Erwartungen, Angst- bzw. Schuldgefühle). Anzahl und Tiefe dieser Ursachen nehmen zu; die Fähigkeit, sie zu bewältigen, nimmt ab.

Eine Studie der US-Psychologin Suzanne Kobasa von 1982 ergab, daß folgende Faktoren im Streß fit halten: Akzeptanz seiner selbst, seiner Arbeit, der Familie und der Gesellschaft; Akzeptanz des Wechsels als Teil des Lebens; das Gefühl sein Leben im Griff zu haben und der Glaube, Situationen steuern zu können.

Stressoren rufen den Streßreflex hervor: eine primitive biochemische Reaktion von „Flüchten oder Kämpfen", die die Organsysteme in Alarmbereitschaft versetzt (siehe S. 117). Früher wurde die dadurch freigesetzte Energie durch Flucht oder Kampf verbraucht, die Streßhormone wurden so vernichtet. Heute findet Streß eher auf psychologischer als auf körperlicher Ebene statt, daher können sich die Streßhormone im Körper ansammeln. Eine schnelle Folge von Situationen mit psychologischem Druck (z. B. vom Verkehrsstau direkt in eine Arbeitsproblematik) verursacht eine schädliche Anhäufung von Streßhomonen (siehe S. 27).

TECHNIKEN ZUR STRESSBEWÄLTIGUNG

- Gehen Sie frühzeitig zur Arbeit.
- Planen Sie Ihren Tag ohne Hetze.
- Treten Sie bestimmt auf; lernen Sie, „Nein" zu sagen.
- Lernen Sie delegieren: Geben Sie leichte Aufgaben an andere weiter.
- Setzen Sie Prioritäten für eine möglichst effektive Zeitnutzung.
- Essen Sie etwas Leichtes – aber nicht am Arbeitsplatz.
- Lassen Sie keine Mahlzeiten aus, ernähren Sie sich gesund (siehe S. 34–37).
- Arbeiten Sie nicht zu lange, gönnen Sie sich etwas Ruhe allein.
- Machen Sie Pausen.
- Schlafen Sie nachts 6–8 Stunden.

SICHTWEISE VERÄNDERN

Jeder reagiert anders auf Streß – und wie wir damit umgehen, hängt zum großen Teil davon ab, wie wir Streß wahrnehmen. Am verletzlichsten sind Menschen, die ihren Ärger ständig herunterschlucken, zwanghafte Sorgenmacher und Pessimisten, die jede unbekannte Situation als bedrohlich empfinden. Optimismus scheint ein besseres Rüstzeug für den Umgang mit Streß zu sein. Erfreulicherweise kann man jedoch Sichtweise und Verhalten ändern und Streß zu einer lebbaren, vielleicht sogar positiven Erfahrung werden lassen.

Vielleicht bedarf es dazu einer grundlegenden Neustrukturierung Ihres Lebens (siehe linkes Kästchen) oder des Einübens von Entspannungstechniken (siehe S. 290). Es könnte aber auch etwas so Einfaches bedeuten, wie Freunde zu gewinnen, mit ihnen Probleme auszutauschen, sich ein Haustier anzuschaffen oder Mitglied in einem Club zu werden.

DER WERT DES SCHLAFS

VIELE VON UNS wissen aus eigener Erfahrung, daß Schlaf oft das beste Mittel ist, Streß zu bewältigen, Probleme zu lösen oder sich von einer Krankheit zu erholen. Schlaf entsteht durch natürliche Bewegungsabläufe im Gehirn und ist in zwei grundsätzliche Phasen aufgeteilt: Schlaf mit schneller Augenbewegung (REM), in dem die meisten Träume stattfinden, und Nicht-REM (NREM)-Schlaf, die Tiefschlafphase.

***Shakespeare** schrieb: „Schlaf, der des Grams verworr'n Gespinst entwirrt …". Regelmäßger Schlaf erhöht unser körperliches und emotionales Wohl*

WARUM SCHLAFEN UND TRÄUMEN WIR?

Neuere Studien haben ergeben , daß der Körper in der traumlosen NREM-Phase Gewebe erneuert, Knochen und Muskeln aufbaut und das Immunsystem stärkt. Je älter wir werden, desto weniger erhalten wir von diesem wertvollen NREM-Schlaf; Menschen unter 30 Jahren genießen ungefähr zwei Stunden regenerativen Schlaf pro Nacht, während unseren Mitmenschen über 65 meist nur noch 30 Minuten vergönnt sind. Fachleute meinen, daß durch Forschungen über eine Verlängerung dieser Schlafphase vielleicht sogar der Alterungsprozeß aufgehalten werden könnte.

Die REM (Traum)-Phase wird als eine Art psychologisches Sicherheitsventil zur Verarbeitung von Unbewußtem betrachtet. Schlafmangel führt erwiesenermaßen zu Vergeßlichkeit und Verwirrung; also müßte die REM-Phase das Erinnerungsvermögen stärken. Daß jeder Träume hat, steht fest, aber es bleibt unklar, warum der Geist diese Phantasiebilder entwickelt. Manche Forscher halten sie nur für den zufälligen bedeutungslosen Ausdruck von Nervenzellaktivität im Stammhirn; andere entgegnen, daß sie durchaus Bezug zum Leben des Träumers haben und durch ihre Verknüpfung vergangener und aktueller Ereignisse zu einer Konfliktlösung beitragen. Psychologen der Freud`schen und Jung`schen Richtung sehen Träume und ihre Deutungen als ein Fenster in das Innenleben des Patienten an: sie empfehlen, ein Traumtagebuch zu führen, in dem man Einzelheiten beim Aufwachen festhält und sie dann auf mögliche Bedeutung hin untersucht.

REM -Schlaf soll nach einer anderen Theorie Nervenvernetzungen im Gehirn trainieren, um einer Atrophie vorzubeugen. Der Schlaf eines Embryos besteht zu 50–90 Prozent aus REM-Phasen, da die Stimulation von außen für eine eigenständige Nervenvernetzung noch zu gering ist. Das typische Schlafmuster eines Erwachsenen besteht dagegen nur noch zu 25 Prozent aus dieser Phase.

WIEVIEL SCHLAF BRAUCHEN WIR?

Das ist individuell unterschiedlich und verringert sich mit zunehmendem Alter. Manche Forscher halten bis zu 10 Stunden Schlaf für nötig, andere halten 6 Stunden Schlaf für ausreichend. Der Durchschnittswert liegt bei 7–8 Stunden.

***15–20 Minuten** nach dem Einschlafen beginnt die NREM-Phase. Sie wechselt sich ständig mit der REM-Traumphase ab, die sich bei jeder der 4–5 Wiederholungen verlängert*

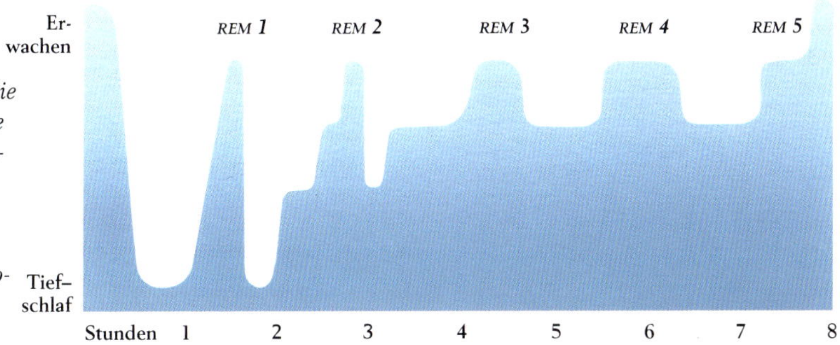

TIPS FÜR DIE NACHT

- Vermeiden Sie üppiges Essen, Koffein, Alkohol und Tabak 2 Stunden vorm Einschlafen.
- Gehen Sie nie hungrig ins Bett; Milchgetränke, Getreide, Vollkorngebäck und Bananen wirken beruhigend.

- Bauen Sie Streßhormone tagsüber durch Sport ab; drei Stunden vorm Einschlafen sollten Sie aber keine Anstrengungen mehr machen. Regelmäßiger Sport kann zu tieferem Schlaf führen.
- Gehen Sie immer zur gleichen Zeit schlafen, und vermeiden Sie Nickerchen am späten Nachmittag.
- Beenden Sie Ihre Arbeit eine Stunde vorm Zubettgehen.
- Denken Sie abends nicht an Probleme oder traurige Dinge.
- Achten Sie auf frische Luft und gute Temperatur (unter 24 Grad C) in Ihrem Schlafzimmer.
- Gehen Sie bei Schlafstörungen in ein anderes Zimmer, lesen Sie ein Buch o.ä., bis Sie schläfrig werden.
- Lernen Sie eine Entspannungstechnik wie autogenes Training (siehe S. 173).
- Werden Sie durch frühes Tageslicht geweckt, nehmen Sie eine Augenbinde oder kaufen Sie dunkle Gardinen.

SPORT TUT GUT

FIT FÜRS LEBEN
Körperliche Fitneß erfordert Herz-Kreislauf- und Muskelleistung sowie Kraft und Elastizität. 20–30 minütige aerobische Übungen 3–5 mal die Woche sind definitiv gesund

Herz-Kreislauf-Leistung *wird durch intensive aerobische Sportarten wie Dauerjoggen über mindestens 12 Minuten entwickelt (Sie sollten zwar außer Atem kommen, aber sich trotzdem noch unterhalten können). Dabei werden die Muskeln mit Sauerstoff versorgt und die Wirkung des Herzschlags verstärkt*

Muskelleistung *entsteht durch Training einzelner Muskelgruppen (Zirkeltraining oder Schwimmen)*

Muskelkraft *entsteht durch anaerobische Übungen wie Gewichte heben oder Tennis, in denen sich Energie in kurzen Schüben entlädt*

Muskeldehnen *bringt Elastizität, die durch Golf, Yoga o.ä. bewahrt wird. Sie verhindert Bindegewebsverklebungen und Muskelzerrungen, erleichtert Schmerzen, steigert Muskelkraft und -tonus und schützt vor Verletzungen. Elastizität verbessert auch das Körperbewußtsein und das Erscheinungsbild, steigert das Energievolumen und stärkt den Kreislauf*

FORSCHUNGSERGEBNISSE über Sport sind überwältigend positiv. Regelmäßiges Training verbessert die Herz- und Lungenfunktion, stärkt die Muskeln und erhöht die Ausdauer. Sport hält die Gelenke beweglich, verstärkt die Durchblutung und gibt der Haut ein gesünderes Aussehen. Sport beugt Herzerkrankungen, Prostata-, Darm- und Brustkrebs vor, senkt Blutdruck und Cholesterinspiegel, verringert das Risiko von Diabetes und unterstützt eine Gewichtsabnahme. Regelmäßiges Training kann auch prämenstruelle Spannungsgefühle u.ä. erleichtern und das Osteoporose-Risiko herabsetzen.

ÜBUNGEN FÜR ENERGIE UND WOHLBEFINDEN

Forscher haben entdeckt, daß Sport die Stimmung heben, Depression vertreiben, ein Selbstwertgefühl aufbauen und Angst verringern kann und uns den Umgang mit Streß erleichtert. Sport führt zu gesundem Schlaf, verbessert die Funktion des Immunsystems und erhöht unsere Lebenserwartung. Für jede Handlung brauchen wir Energie aus der Nahrung und Sauerstoff aus den Lungen. Menschen mit viel „Sitzfleisch" fühlen sich oft weniger energiegeladen als solche, die regelmäßig Sport treiben. Durch Fitneßtraining produziert der Körper mehr Energie. Mit einem beweglichen Körper, trainierten Muskeln, leistungsfähigem Herzen und kräftiger Lunge und Kreislauf fühlt man sich körperlich „top". Das macht fit für die Herausforderungen des Lebens.

KÖRPERLICHE FITNESS

Mit Fitneß ist nicht nur müheloses Treppensteigen gemeint. Fitneß bedingt einen guten Kreislauf, körperliche Kraft und Ausdauer und einen geschmeidigen Körper (siehe links). Die Herz-Kreislauf-Leistung bezieht sich auf die Fähigkeit von Herz, Blutgefäßen und Blut, Sauerstoff in die Zellen zu transportieren und Abfallprodukte aus den Zellen abzuführen. Die Muskelleistung ist die Fähigkeit der Muskulatur, wiederholtes Training auszuhalten, und die Muskelkraft ist das Vermögen, etwas Schweres zu tragen, heben, schieben oder ziehen. Beweglichkeit bezieht sich auf die Fähigkeit der Gelenke, ihren gesamten Bewegungsradius zu vollziehen – bei unelastischen Muskelfasern wird das schwierig sein. Aerobischer Sport ist eine kraftvolle Dauerbewegung, die ein großes Sauerstoffvolumen verlangt. Anaero-

OPTIMALE PULSFREQUENZ

Während des Trainings sollte Ihr Pulsschlag 60–80 Prozent seiner maximalen Frequenz aufweisen, die Sie erhalten, wenn Sie Ihr Alter von 220 abziehen. Sie werden bald merken, wie sich ein idealer Pulsschlag anfühlt. Je fitter Sie werden, desto mehr werden Sie Ihr Training aufstocken müssen, um den idealen Pulsschlag beizubehalten. Zum Pulsmessen legen Sie zwei Finger seitlich an den Hals oder auf Ihr Handgelenk. Zählen Sie die Pulsschläge 15 Sekunden, und multiplizieren Sie das Ergebnis mit 4.

bischer Sport besteht aus kurzen Handlungsmomenten; hier hat das Blut nicht genügend Zeit, die Muskeln mit Sauerstoff zu versorgen; sie behelfen sich mit chemischen Prozessen, in denen u. a. Milchsäure freigesetzt wird, ein Abfallprodukt, das Muskelerschöpfung und Krämpfe verursachen kann.

Eine Studie von 1995 an 10.000 Männern am Cooper Institute for Aerobic Research in Dallas ergab eine Verminderung des Sterberisikos von 44 Prozent bei vorher unsportlichen Menschen, die sich durch aerobische Übungen fit gemacht hatten. Das Risiko verringerte sich mit steigender Fitneß immer mehr.

Wenn Sie mit dem Sport aufhören, kann der gewonnene Nutzen innerhalb von ein paar Wochen verloren sein. Daher ist es besser, bei zuviel Arbeitsdruck oder nach einer Verletzung das Ausmaß Ihres Trainings zu verringern, statt ganz auszusetzen.

FITNESS FÜR KINDER

Schulen können Kindern kein optimales Fitneßtraining mehr bieten; hinzu kommt, daß viele Kinder aus Sicherheitsgründen nicht mehr zu Fuß zur Schule gehen. Gelegenheiten, herumzuklettern oder zu spielen, werden immer seltener. Das zeigt sich später in einer handlungsarmen Lebensweise als Erwachsener. Sport und Turnen unterstützen den Knochen- und Muskelaufbau, körperliche Koordinationsfähigkeit und soziale Interaktion mit anderen Kindern. Wenn Sie Ihr Kind zu Gymnastik- oder Tanzkursen am Nachmittag schicken, achten Sie darauf, daß Lehrer oder Verein nicht übertriebene Anforderungen an Zeit und Energie Ihres Kindes stellen; prüfen Sie auch, ob der Lehrer qualifiziert und bei einer entsprechenden Organisation gemeldet ist. Es gibt auch viele Aktivitäten, die eine Familie gemeinsam unternehmen kann, z. B. Schwimmen, Schlittschuh laufen und Radfahren.

MUTTERSCHAFT & GYMNASTIK

Während der Schwangerschaft können vorsichtig ausgeführte, leichte Übungen hilfreich sein. Risikosport wie Reiten oder Skifahren sollten Sie vermeiden

***Schwangerschaft** kann durch Yoga und sanfte Dehnübungen unterstützt werden. Spaziergänge und Schwimmen sind besonders gut für Elastizität und Kreislauf*

***Nach der Geburt** machen Sie mit Ihrem Baby sanfte Dehn- und Bodenübungen – aber nur nach ärztlicher Absprache*

EIN BOOSTER FÜR DIE GEISTESKRAFT

Sport kann auch das Denkvermögen stärken. Sportliches Training füttert das Gehirn mit Sauerstoff und bewahrt geistige Wachheit im Alter. Eine Studie ergab, daß das Denken älterer Menschen mit sitzender Lebensweise nach vier Monaten leichter Gymnastik flexibler wurde. Für eine effektive Arbeit braucht das Gehirn Glukose und Sauerstoff aus dem Herz-Kreislauf-System. Mangel an diesen Stoffen bewirkt ein Absterben von Gehirnzellen. Eine Sportart, die Koordination und geistige Beweglichkeit verlangt, wie z. B. Tennis, soll die Anzahl von Nervenzellverbindungen erhöhen.

FITNESS UND STIMMUNG

Sport ist ein natürliches Antidepressivum. Physiologische Veränderungen in Körper und Gehirn bringen Freude und Begeisterung, aber Depression und Ängstlichkeit, wenn wir nicht trainieren. Beim Sport steigt die Körpertemperatur um zwei bis drei Grad an, und wir fühlen uns warm und entspannt; Endorphine, natürliche Körperopiate, werden ausgeschüttet, und entspannende Alpha-Wellen dominieren das Gehirn. Wiederholte Übungen verbrennen angesammelte Streßhormone, und der natürliche physische Entspannungseffekt bringt Körper und Geist wieder ins Gleichgewicht. Es kann 6–8 Trainingswochen dauern, bis der Körper sich verändert und seine Kondition verbessert hat, aber die Stimmungslage wechselt sofort. Einem intensiven Training folgen gewöhnlich 1 bis 1 1/2 Stunden Ruhe und Euphorie. Meist hat man schon nach einer Stunde Sport ein stärkeres Selbstbewußtsein. Für einen Stimmungswechsel sind aerobische Sportarten wie schnelles Gehen, Joggen, Radfahren oder Schwimmen am besten. Die Koordination von Bewegung und Atmung verhindert übertriebenes Training und kann sogar zu einem Zustand von „entspannter Wachheit“ (siehe S. 174) führen.

TRAININGSTIPS

- 5–10 Minuten Aufwärmen vor dem Training steigert Pulsfrequenz und Durchblutung, dehnt Muskeln und beugt Verletzungen vor.
- Dehnübungen zum Ausklang des Trainings vermeiden Muskelkrämpfe.
- Setzen Sie sich vernünftige Trainingsziele, besonders nach einer Trainingspause. Bauen Sie ohne Erschöpfung bzw. Entmutigung langsam auf.
- Trinken Sie viel Flüssigkeit zum Ausgleich für verlorenen Schweiß, auch wenn Sie nicht durstig sind.
- Hören Sie bei Schmerzen sofort auf. Anfangs kann Muskelkater vorkommen.
- Tragen Sie passende Trainingsschuhe.

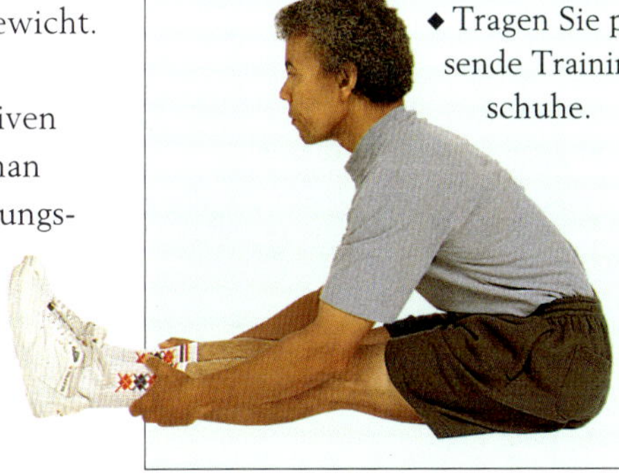

DIE RICHTIGE SPORTART

WELCHE SPORTART?
Sie bleiben länger bei einer Sportart, die Ihnen Spaß macht. Durch Übungsvarianten vermeiden Sie Eintönigkeit; z. B. hüpfen anstatt immer nur laufen

***Gehen** hat viele Vorteile und kann leicht in den täglichen Ablauf eingebaut werden*

***Tennis** fördert Beweglichkeit und Koordination und kräftigt die Muskeln*

***Laufen oder Joggen**, das aerobische Training an sich sollten Sie erst anfangen, wenn Sie mühelos 3 km in flottem Schritt bewältigen. Dazu brauchen Sie gut gepolsterte Schuhe, die am Fußballen flexibel sind*

***Fitneßübungen** reichen vom Dehnen und Gewichtheben bis Step Aerobic, Jazz Dance und dynamisches Yoga*

SUCHEN Sie sich eine Sportart aus, die Ihrer Persönlichkeit entspricht. Das wird die Motivation und Freude am Training steigern. Für gesellige Menschen ist z. B. Streckenschwimmen allein mehr eine Bestrafung als ein Genuß, während es Tagträumer wahrscheinlich nervt, Tennissätze zu verfolgen. Fragen Sie sich, warum Sie trainieren wollen, ziehen Sie alle notwendigen praktischen Erwägungen in Betracht, und entscheiden Sie sich dann für einen Sport, der zu Ihnen paßt.

PRAKTISCHE ERWÄGUNGEN

Versuchen Sie, das Training so gut wie möglich in Ihren Alltag zu integrieren, und achten Sie auch auf Kosten und Ausübungsmöglichkeit: Ein Fitneßclub strapaziert Ihr Budget vielleicht zu stark, während zum Spazierengehen nur ein Paar neue, feste Schuhe nötig sind. Schwimmen ist eine der besten aerobischen Übungen und beansprucht Herz und Lungen sowie zwei Drittel der Körpermuskulatur. Es fördert Muskelkraft, Ausdauer, Haltung und Beweglichkeit und belastet die Gelenke nicht unnötig.

WIE FIT SIND SIE?

1 ***Treiben Sie aerobischen Sport?***

A *Nur manchmal?*

B *Zwei- oder dreimal die Woche?*

C *Wenigstens viermal die Woche?*

2 ***Wenn Sie gebeten werden, drei Stockwerke hinaufzusteigen, würden Sie:***

A *Einen Lift oder eine Rolltreppe suchen?*

B *Japsend oben ankommen?*

C *Ohne Schnaufen oder Anhalten oben ankommen?*

3 ***Gehen Sie täglich im Durchschnitt***

A *So wenig wie möglich?*

B *Ungefähr 1,5 Kilometer?*

C *Ungefähr 3–5 Kilometer?*

4 ***Wenn Sie zur Arbeit gehen oder etwas erledigen wollen:***

A *Nehmen Sie das Auto oder öffentliche Verkehrsmittel?*

B *Gehen Sie einen Teil zu Fuß?*

C *Laufen Sie, um Bus oder Zug noch zu erwischen?*

5 ***Nach der Arbeit oder am Wochenende:***

A *Sehen Sie fern oder lesen Sie?*

B *Erledigen Sie hauptsächlich aktive Arbeiten im Haus und Garten?*

C *Treiben Sie Sport?*

IHR ERGEBNIS

- **Viele A:** Beginnen Sie sobald wie möglich nach Absprache mit Ihrem Arzt mit einem Fitneßprogramm.
- **Meist B:** Der Geist ist willig, aber das Fleisch ein wenig schwach. Geben Sie sich noch mehr Mühe.
- **Mischung aus B und C:** Wahrscheinlich sind Sie einigermaßen gut in Form, aber behalten Sie Ihre Kondition im Auge.
- **Meist C:** Herzlichen Glückwunsch – Sie sind in Top-Form. Weiter so!

Sind Sie über 45 Jahre oder schwanger, sollten Sie sich von einem Arzt untersuchen lassen, bevor Sie ein intensives Trainingsprogramm belegen, besonders, wenn Sie bisher eher unsportlich waren. Das gleiche gilt bei ehemaligen Herz- oder Lungenerkrankungen, Bluthochdruck, hohem Cholesterinspiegel, rezidivierenden Brustschmerzen oder Übergewicht und bei starken Rauchern.

Skifahren *fördert Gleichgewichtsgefühl, Beweglichkeit und Koordination, während beim Langlauf fast alle Muskeln aerobisch trainiert werden*

WIE MOTIVIERE ICH MICH?

Ein Training anzufangen, kostet Überwindung. Je energieloser Sie sind, desto weniger lockt Sie ein einschüchterndes Aktivitätsprogramm. Waren Sie vorher eher passiv, werden Sie jetzt sicherlich Muskelkater und Erschöpfung verspüren, und vielleicht legt sich die Trainingsunlust erst in einigen Wochen.

Bedenken Sie, daß Sie länger bei einer Sportart bleiben, die Sie auch genießen können. Man sagt, die Hälfte der Trainingsanfänger hört nach sechs Monaten wieder auf. Daher sollten Sie Training als Freude, Genuß und Entspannung betrachten und nicht als Verpflichtung oder Aufgabe. Suchen Sie sich eine Sportart, die schnell Erfolge zeigt, z. B. stärkeres Wohlgefühl, Spaß, Entdecken neuer Fähigkeiten oder konstantes Gewicht – auch das hält Sie am Ball.

Ruhige Aktivitäten wie Spazierengehen, besonders in Begleitung, bieten oft mehr Genuß als Kraftsport. Wenn Sie sechs Monate damit durchgehalten haben, werden Sie sicherlich auch weitermachen – dann haben Sie begonnen, sich als aktiven Menschen zu sehen und zu fühlen.

Radfahren *ist Intensivtraining für Herz-Kreislauf ohne Belastung der Gelenke. Es ist eine hervorragende Art, frische Luft zu schnappen. Für manche ist vielleicht ein Heimtrainer sinnvoller*

WELCHE ART VON FITNESS?

1 ***Welche Form von Training gefällt Ihnen:***

A *Bis an die eigenen Grenzen gehen?*

B *Mit einer Begleitung Schritt halten?*

C *Grenzen selbst festlegen?*

2 ***Machen Sie Fitneß, um:***

A *Dampf abzulassen?*

B *mit anderen zusammenzusein?*

C *reflektieren zu können?*

3 ***Die Anwesenheit anderer beim Training ist:***

A *eine Motivation, Ihr Bestes zu geben?*

B *das, worauf Sie sich am meisten freuen?*

C *einschüchternd, verwirrend und ablenkend?*

4 ***Die größte Trainingsfreude ist,***

A *sich mit anderen zu messen?*

B *Ihre letzte Leistung zu steigern?*

C *Freude an körperlicher Bewegung?*

5 ***Ihre Trainingsmotivation ist:***

A *Körperliche Dynamik?*

B *Wohlgefühl und gutes Aussehen?*

C *verbessertes Körperbewußtsein?*

IHR ERGEBNIS

- **Viele A:** Sie brauchen Wettkampf und suchen Ihre Grenzen. Wir empfehlen Tennis, Basketball, Marathonlaufen und Triathlon.
- **Meist B:** Ihnen gefällt auch der menschliche Kontakt. Vielleicht sollten Sie Mitglied in einem Fitneß-, Wander- oder Radfahrclub werden und zwischendurch Tennis oder Badminton spielen, um Ihren Wettkampfgeist herauszufordern.
- **Meist C:** Sie brauchen ein meditatives Fitneßprogramm, das den Geist entspannt und ein ruhiges Genießen erlaubt. Dazu eignen sich regelmäßige Übungen, die Sie alleine machen können, etwa Spazierengehen, Laufen oder Schwimmen.

Tanzen *hält Herz, Lungen und Muskeln in Schwung und hat einen gesellschaftlichen Reiz. Tango, Salsa, Jazz, Ballett o.ä. stehen zur Wahl*

Yoga *ist ausgezeichnet für Beweglichkeit, Atmung, Muskelkoordination, Kreislauf und Entspannung (**siehe S. 108**)*

UMGANG MIT SCHWIERIGEN GEFÜHLEN

Die Art, *mit Wut, Frustration o.ä. umzugehen, kann eine tiefe Wirkung auf die körperliche Gesundheit haben*

WENN WIR GLÜCKLICH SIND, lachen wir, und wenn wir traurig sind, fließen Tränen; wir sprechen von „quälender Trauer", „nagenden Gewissensbissen" und „schäumender Wut". Unsere Gefühle sind ein sichtbarer Ausdruck für die Verbindung von Körper und Geist. Beweise für diese „Verbindung" sind hormonelle Substanzen (Endorphine), die bei Freude ausgeschüttet werden, sowie Streßhormone, die bei Angst und Wut zu Herzrasen führen. Die eigenen Gedanken führen zu Stimmungen, die sich in körperlichen Reaktionen widerspiegeln und einen negativen oder positiven Einfluß auf unser Wohlbefinden haben.

GEFÜHLE AUSDRÜCKEN

Gefühle und der Umgang mit ihnen sind individuell verschieden. Gründe dafür sind die Unterschiedlichkeit in Körper- und Nervenaufbau, Erziehung, Erfahrungen und Kulturkreis, in dem man aufgewachsen ist. In Mittelmeerländern z. B. kann die Trauer über den Verlust eines geliebten Menschen offen und ohne Tabus ausgedrückt werden, während man von einem Trauernden in Nordeuropa erwartet, daß er sich wenigstens in der Öffentlichkeit „stark" zeigt und „seine Tränen unterdrückt", um anderen ungute Gefühle zu ersparen. Im Umgang mit Gefühlen spielt auch unsere körperliche Konstitution eine wichtige Rolle. Individuelle Unterschiede in Körper- und Gehirnstruktur entscheiden, wie der einzelne z. B. mit Streßsituationen oder „inneren Stressoren" umgeht.

Eine Langzeitstudie von 1988 an männlichen Abgängern der Harvard Universität belegt, daß optimistische Studenten im späteren Leben gesünder und pessimistische krankheitsanfälliger sind.

SCHWIERIGKEITEN MIT GEFÜHLEN

Negative und positive Gefühle gehören zum Leben. Es ist vollkommen normal, sich bedroht zu fühlen, Angst vor dem Unbekannten zu haben, bei Hilflosigkeit wütend und bei Verlust traurig zu werden. Eigentlich gehört das Erlernen eines gesunden Gefühlsausdrucks zum Erwachsenwerden.

Manchmal können Gefühle so stark und verwirrend sein, daß es guttut, sich jemandem anzuvertrauen – einem guten Freund oder vielleicht einem Therapeuten (siehe S. 160). Oft werden überwältigende und tabuisierte Gefühle wie Zorn und Ärger aber unterdrückt und sogar ins Unbewußte verdrängt. Sie tauchen dann woanders wieder auf – im unverständlichen Ärger mit Familienmitgliedern oder in übermäßigem Alkoholkonsum etwa. Sich Tränen in einem sicheren Umfeld zu gestatten, ist ein körperliches und emotionales Sicherheitsventil, das auch das Streßhormon Kortison im Körper abbaut.

Das Vorherrschen eines bestimmten Gefühls ist problematisch. Um in allen Lebenslagen zurechtzukommen, brauchen wir eine bunte Gefühlspalette. Nach Ansicht des englischen Psychologen Hans Eysenck und vieler traditioneller Theorien kann ein dominantes Gefühl unser inneres Gleichgewicht stören und die Gesundheit schädigen.

WIE FEINDSELIG SIND SIE?

Dauerfeindseligkeit erhöht das Risiko von Herzerkrankungen. Testen Sie sich:

- Geben Sie bei alltäglichen Frustrationen – langes Anstehen im Supermarkt oder gebremstes Fahren hinter einem LKW – sofort anderen die Schuld? Sind Sie wütend auf sie? Zeigen Sie Ihre Aggressivität?
- Hören Sie sich beim Sprechen zu. Feindselige Menschen sind sehr mit sich beschäftigt und lassen immer wieder „Ich, mir, mein" in die Unterhaltung einfließen. Das ständig gereizte Verhalten wird ihnen zur Gewohnheit.

Wenn jemand in einer bestimmten Stimmung oder Emotion gefangen ist, werden alle Erfahrungen aus dieser Stimmungslage betrachtet und diese damit verstärkt. Bei Depression z. B. neigen Sie dazu, alles pessimistisch zu sehen: Sie erwarten das Schlimmste und geben sich dann dafür die Schuld.

Demnach hat auch unsere Lebensanschauung einen Einfluß auf unser Wohlbefinden. Pessimisten mangelt es meistens an Selbstwert, und das wiederum verstärkt viele andere schwierige Gefühle – u. a. Eifersucht, Feindseligkeit, Schuldgefühl und Angst – und wird so zu einem wichtigen inneren Streßfaktor. Gutes Selbstwertgefühl (s. S. 46) verleiht „Zähigkeit", konstruktiv mit Streßsituationen umzugehen. Sogar minimale Verschiebungen im Selbstbild können tiefe Veränderungen im Leben nach sich ziehen.

Einige Studien behaupten, daß „Kaltblüter", Menschen, die immer wieder mit Rückzug und Schuldgefühlen auf Streßsituationen reagieren, die selten wütend werden, weinen oder andere Gefühle ausdrücken, empfänglicher für Krankheiten des Immunsystems sind. Entsprechend belasten vielleicht „Heißsporne", die unter Druck nur anderen die Schuld geben, andere Körperbereiche.

GEDANKEN-STOP

Diese Methode stammt aus der erkenntnisorientierten Verhaltenstherapie (siehe S. 164) und hilft, negative, belastende Erinnerungen loszulassen.

- Rufen Sie in Gedanken „Stop!", sobald Sie merken, daß Sie etwas Negatives denken.
- Denken Sie bewußt an etwas Schönes, z. B. an einen schönen Platz, den Sie sehr lieben. Der Geist kann nicht mit zwei gegensätzlichen Gefühlen zugleich umgehen, und läßt das erste, negative, los.

WUT & FEINDSELIGKEIT

Manchmal ist Wut ein durchaus angebrachter Gefühlsausdruck. „Typ A" im Verhalten (getrieben, angespannt, kämpferisch, aggressiv und schnell wütend) zeigt ein erhöhtes Risiko für Herzerkrankungen. Forschungen, insbesondere die des amerikanischen Psychiaters Dr. Redford Williams, Direktor für Verhaltensforschung am Duke University Medical Centre in North Carolina, ergaben Feindseligkeit als Ursache. Hierbei handelt es sich nicht um einen cholerischen Anfall oder das Aufkommen von Wut als Überlebenswillen, sondern um ein zersetzendes Dauergefühl von Verärgerung und Gereiztheit gegenüber Menschen und Umfeld. Dr. Williams vergleicht es mit einer täglichen kleinen Prise Gift.

Wenn wütende, feindselige Menschen ernstere körperliche Reaktionen zeigen, z. B. erhöhten Blutdruck und die Ausschüttung von Streßhormonen, und damit ihren Körper noch mehr belasten, neigen sie zu gesundheitsschädigenden Gewohnheiten wie Rauchen, Alkohol und Völlerei. Ihr Verhalten provoziert in anderen Feindseligkeit, und der Konflikt steigert sich. Dies kann bis zu sozialer Isolation führen. Während manche Forscher meinen, daß dafür ein Serotoninmangel verantwortlich ist, sind andere der Ansicht, daß der Mensch Verhaltens- und Gefühlsveränderungen selbst in der Hand hat.

Zynisches Dauermißtrauen, konstante Wut und Aggression schaden nicht nur dem Herzen, sondern werden auch als krebsfördernd angesehen.

GEFÜHLSMUSTER VERÄNDERN

Feindseligkeit, Pessimismus und Ängstlichkeit zehren an der Lebensqualität und können die Gesundheit bedrohen. Eine Veränderung dieser Gedankenmuster ist vielleicht der Schlüssel zu echtem Wohlbefinden. Daher bemühen sich Forscher um Erkenntnisse, negativ gepolten Menschen die Erfahrung positiver Gefühle zu ermöglichen.

Vielleicht heißt das für „Kaltblüter", lernen, wie man „heißer" wird, und für „Heißsporne", wie man sich „abkühlt". Nach Meinung der psychoanalytischen Therapeuten stammt unser Verhalten aus Kindheitserfahrungen; Erkenntnis- und Verhaltenstherapeuten bieten Techniken zum Umgang mit Gedanken, Gefühlen und Verhalten (siehe Kästchen oben), die humanistische Psychologie empfiehlt die Erfahrung einer großen Vielfalt von Ausdrucksmöglichkeiten (siehe S. 160–165).

Versuchen Sie, anderen besser zuzuhören. Dann werden sie Ihnen auch positiver begegnen. Lernen Sie Selbstbehauptung und Kommunikationsfähigkeiten, üben Sie Toleranz, Vertrauen und Verzeihen, öffnen Sie sich einem Freund oder Partner, und engagieren Sie sich in Ihrem Umfeld.

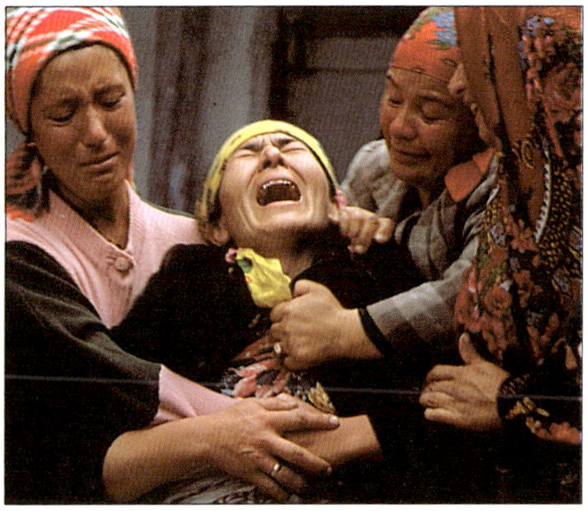

***Das Zurückhalten starker Gefühle** wie Trauer oder Verzweiflung kann einen Menschen körperlich und geistig überwältigen. In südlichen Ländern ist öffentliche Trauer normal*

DIE KRAFT POSITIVER GEFÜHLE

***Eine liebevolle Familie** und gute Freunde fördern körperliches und emotionales Wohlbefinden*

STUDIEN BESTÄTIGEN eine starke Wechselwirkung zwischen Glücklichsein, Optimismus und Gesundheit, erhöhtem Wohlbefinden und der Selbstheilungsfähigkeit des Körpers. Übungen in positivem Denken sind sicherlich hilfreich (siehe gegenüber), aber positive Gefühle wie Hoffnung und Freude bewirken mehr und werden durch eine enge Beziehung zu Familie und Freunden und durch einen Sinn für Humor gefördert. Die Fähigkeit, tiefere Gefühle über Musik und Kunst auszudrücken, trägt zu einem reichen Gefühlsleben und Optimismus bei.

FAMILIE & FREUNDE

Ein Netzwerk von Verwandten und Freunden ist wichtiger, als Sie vielleicht annehmen: Das Wissen, bei anderen Unterstützung zu finden, spielt eine große Rolle für Heilungsprozeß und Gesundheit. Je isolierter wir leben, desto weniger gesund sind wir wahrscheinlich – ein reiches Gefühlsleben zu führen, ist allein schwierig. Auch der Glaube spielt für die geistige und körperliche Gesundheit eine Rolle (siehe S. 13), aber das Gefühl, zu lieben und geliebt zu werden und einer unterstützenden Gemeinschaft anzugehören, ist wichtiger als der Glaube allein. Amerikanische Studien ergaben, daß sich die Überlebensdauer für Patienten mit Herzerkrankungen oder Brustkrebs (siehe S. 19) durch die Unterstützung von Familie und Freunden drastisch erhöhte, auch wenn manche dieser Patienten dadurch nicht körperlich geheilt wurden und schließlich verstarben. Der Ausdruck tiefer Gefühle wie Liebe und Wut ist für die „Heilung der Seele" wichtig und kann es unheilbar kranken Menschen ermöglichen, Sterben als Gnade zu empfinden.

HOFFNUNG & HUMOR

Hoffnung gehört zum Optimismus und muß nicht unrealistisch sein – Hoffnung kann auch bedeuten, ein Problem anzuschauen und Lösungen dafür zu suchen. Dr. Stephen Greer, Spezialist für Krebs und Psychologie, verbindet Hoffnung mit einer Qualität, die er „Kampfgeist" nennt. Seine Untersuchungen am King's College Hospital in London zeigen auf, daß Frauen mit Brustkrebs, die ihre Wut und Angst aggressiv ausdrücken können, länger leben, als die ohne Kampfgeist. Die Fähigkeit, oft und herzhaft zu lachen, erhellt die Gefühlswelt. Humorvolle Menschen leiden bei Streß weniger unter Erschöpfung, Anspannung, Wut und Depression als bitterernste. Lachen löst Muskelverspannungen, vertieft die Atmung, verbessert den Kreislauf und setzt Endorphine frei, die natürlichen schmerzstillenden Körperopiate. Lachen erhöht auch den Immunglobulin-A-Spiegel, eines Antikörpers in den Nasenschleimhäuten, und unterstützt die Ausschüttung sogenannter Interleukine, hormoneller Substanzen, die die Funktion der „natürlichen Killerzellen" unter den weißen Blutkörperchen stimulieren. Diese Zellen bekämpfen

MEHR SELBSTWERTGEFÜHL

Professor Herbert Benson und Eileen Stuart vom Mind/Body Medical Institute in Amerika empfehlen, sich über den Grund des mangelnden Selbstwertgefühls bewußt zu werden.

Stellen Sie sich Ihr Leben als Bus vor, in dem alle wichtigen Menschen aus Ihrer Vergangenheit sitzen. Wenn die anfangen, Sie zu kritisieren – etwa mit Sätzen wie „Warum bist du nur so tolpatschig?" – fragen Sie sich selbst:

- Wer ist hier der Busfahrer?
- Wer hat hier das Sagen?
- Wen will ich als Passagier?

Das Steuer selbst zu übernehmen, könnte bedeuten, daß Sie einige Passagiere bitten, auszusteigen – und zwar für immer.

***Lachen** macht nicht nur froh, sondern löst auch Muskelverspannungen, verscheucht Müdigkeit und stärkt den Kreislauf*

eindringende Bakterien und Viren und zerstören potentielle Tumorzellen.

Manche Krankenhäuser engagieren professionelle Unterhaltungskünstler und bauen auf die therapeutische Wirkung von Fröhlichkeit, aber Humor ist mehr eine grundsätzlich optimistische Betrachtungsweise des Lebens – ein trockenes Lächeln in einer angespannten Lage, und die Weigerung, sich selbst allzu ernst zu nehmen. Ein „Ja" zum Leben ist Ausdruck von Freude, Mitempfinden, Hoffnung, Liebe und spielerischer Leichtigkeit.

Studien aus den 70er und 80er Jahren unter Frauen mit Brustkrebs zeigten, daß 80 Prozent der Patientinnen mit Kampfgeist nach 10 Jahren immer noch lebten, und 45 Prozent sogar noch nach 15 Jahren – aber nur 17 Prozent der Patientinnen, die ihre Diagnose stoisch hingenommen hatten.

WERDEN SIE POSITIVER
Dies sind ganz einfache Mittel, die Ihnen zu einem positiveren Lebensgefühl verhelfen

Anderen zu helfen, *eine ehrenamtliche Arbeit oder nur ein Besuch beim kranken Nachbarn machen zufrieden*

POSITIVE GEFÜHLE STÄRKEN

Ertappen Sie sich dauernd bei negativen, pessimistischen und ängstlichen Gedanken, besteht die Gefahr von Depression, und Sie sollten mit Ihrem Arzt sprechen. Vielleicht liegen Ihre positiven Gefühle direkt unter der Oberfläche, und Sie können diese durch tägliches Üben zum Ausdruck bringen. Bei Mangel an Selbstvertrauen und starker Ängstlichkeit hilft eine Form der Visualierung, in der Sie sich an die glücklichen Momente Ihres Lebens erinnern. Versuchen Sie, die damit verbundenen Gefühle wiederzuerleben. Die Visualisierung fördert auch das Selbstwertgefühl und körpereigene Selbstheilungskräfte und lindert sogar Schmerzen (siehe S. 178).

Eine amerikanische Studie der *Social Science in Medicine* von 1988 entdeckte, daß Menschen, die ihre Gefühle über traumatische Erlebnisse unterdrückt hatten, schneller krank wurden; ihr Zustand besserte sich, als sie über diese Erlebnisse sprachen, aber ihr Wohlbefinden stabilisierte sich erst, als sie diesen Gefühlen einen verbalen oder schriftlichen Ausdruck gaben.

Kunst und Musik sprechen den intuitiven, unbewußten Teil unseres Geistes an und unterstützen den Ausdruck von Gefühlen. Ein Instrument zu spielen, Musik zu hören, zu singen oder zu trommeln setzt tiefe Lebenskräfte frei, die die Gefühle berühren und die Stimmung verändern.

Ein Tagebuch zu führen *gibt innere Festigkeit*

POSITIVES DENKEN

Fühlt man sich gut, sind eigene Unvollkommenheiten leichter anzunehmen. Streß und die Unfähigkeit, damit umzugehen, nagen am Selbstwert, und bei jedem unglücklichen Mißgeschick wird der Weltuntergang heraufbeschworen. Versuchen Sie einen Perspektivenwechsel, indem Sie Ihrem Bild einen neuen Rahmen geben. Machen Sie sich klar, daß Sie im Moment vielleicht gerade keine großen Erfolge haben, aber deswegen noch lange kein Versager sind. Sie haben schließlich Mut zum Versuch bewiesen. Wenn eine Streßsituation Sie zu überwältigen droht, halten Sie inne, und entspannen Sie sich, nehmen Sie Ihren Atem wahr (siehe S. 170), und überlegen Sie eine Lösung. Manchmal hilft es auch, ein Problem kurz zur Seite zu legen, aber daraus sollte keine Gewohnheit werden. Aktives Handeln – etwa ein schwieriges Telefongespräch sofort zu führen – ist oft die beste Lösung. Bei Entscheidungsschwierigkeiten könnte eine Liste der Für und Wider zu Lösungs- und Kompromißvorschlägen führen.

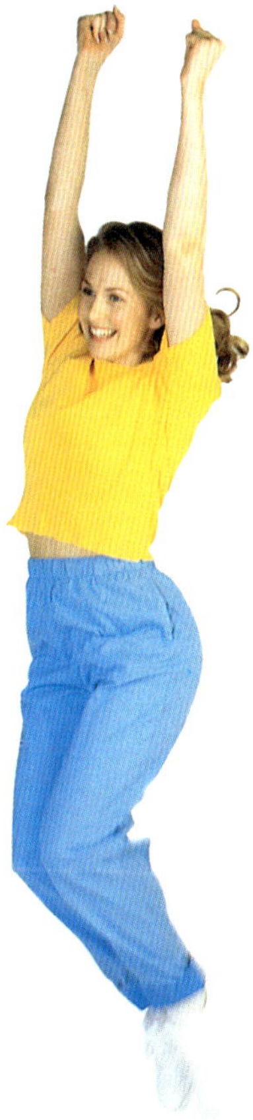

Fitneß, *Tanzen und Sport verbessern Körpergefühl und Erscheinungsbild (siehe S. 40–43)*

Meditation, *Yoga oder Qi Gong beruhigen den Geist und sammeln die Gedanken (siehe S. 174, 108 und 99)*

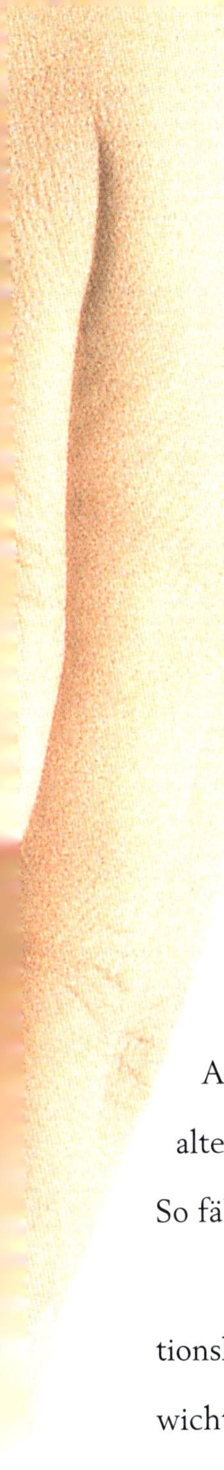

Wichtige Therapien

Auch in der alternativen Medizin wird Gesundheit unterschiedlich betrachtet, oft mit verwirrenden Überlappungen von Einflüssen und Theorien. Eine Vielfalt von Diagnose- und Therapiemethoden steht zur Auswahl. Mit der steigenden Nachfrage ist auch die Anzahl alternativer Therapien gewachsen. Aber wie funktionieren sie? Wie sicher sind sie, und welche ist für Sie die beste?

Ausführliche und praktische Informationen erklären die Methoden näher, von alten östlichen Praktiken wie Akupunktur bis zu modernen Beratungstechniken. So fällt Ihnen die Wahl der für Sie besten Therapie leichter.

Wir beschreiben 90 der am häufigsten eingesetzten Methoden. In Informationskästchen sehen Sie auf einen Blick die hauptsächliche Anwendung und solche wichtigen Bewertungsfaktoren wie Wirksamkeitsbeweise und Meinung und Urteil der medizinischen Fachwelt. Therapeuten zeigen dann den detaillierten Behandlungsablauf; zusätzlich gibt es wichtige Informationen zur Selbsthilfe und Erklärungen über grundlegende Therapieprinzipien. Auch über die jüngsten Forschungen informieren wir Sie und geben Ihnen Tips zur Therapeutenwahl. Ein Frage- und Antwortbogen hilft Ihnen bei der Auswahl Ihrer Therapie.

DIE WAHL DER THERAPIE

WAHRSCHEINLICH reagieren Sie besser auf eine Methode, mit deren Vorstellung Sie übereinstimmen und deren Betrachtungsweise Ihnen zusagt. Dieser Fragebogen hilft Ihnen, sich Ihrer Vorstellungen bewußt zu werden. Es gibt keine richtige oder falsche Antwort, das Ergebnis soll nur auf Therapien hinweisen, die am besten zu Ihnen passen. Benutzen Sie zuerst den Fragebogen auf S. 28, um Ihre Lebensfaktoren zu untersuchen; danach füllen Sie diesen Fragebogen aus, um die Therapien zu ermitteln, die Ihrer Persönlichkeit und Einstellung am besten entsprechen.

FRAGEBOGEN

Kreuzen Sie die Kästchen an, mit denen Sie übereinstimmen, und addieren Sie die A, B und C. Die Schlußfolgerungen gegenüber zeigen Ihnen das Ergebnis. Vergleichen Sie es mit dem Abschnitt über Therapien und den Tips zur Therapeutenwahl (siehe S. 318).

1 ***Wählen Sie sieben Aussagen, die Sie als wichtig für Ihre Gesundheit erachten.***

	A	B
Ausgewogene Ernährung und gesunde Eßgewohnheiten	ja	nein
Viel Sport und frische Luft	ja	nein
Konstruktiver Umgang mit Streß	nein	ja
Entspannungstechniken und Zeit für mich	nein	ja
Materielle Sicherheit	ja	nein
Spirituelles Wachstum	nein	ja
Familie und Freunde	nein	ja
Das Fließen der Heilungsenergie durch mich	nein	ja
Beseitigung von Giften und Abfallprodukten	ja	nein
Leistungsstarker Körper	ja	nein

SCHLUSSFOLGERUNG

◆ **Meist A:** Ihre Gesundheitsvorstellung ist körperorientiert, Körper und Umfeld sind Ihnen sehr wichtig.

◆ **Meist B:** Sie sind psychologisch orientiert; unsichtbare Faktoren wie Gefühle, spiritueller Frieden oder „Lebensenergie" spielen eine wichtige Rolle in Ihrer Sicht von Gesundheit.

2 ***Ihre Verantwortung für Ihre Gesundheit?***

	A	B
Ich habe die Kraft, selbst wieder gesund zu werden	ja	nein
Oft meine ich, wenn ich krank werde, werde ich krank – egal, was ich tue	nein	ja
Wenn ich regelmäßig zu einem Therapeuten gehe, bin ich nicht so krankheitsanfällig	ja	nein
Scheinbar wird meine Gesundheit zum großen Teil von Zufällen beeinflußt	nein	ja
Ich bin selbst für meine Gesundheit verantwortlich	ja	nein
Ich bleibe nur gesund, wenn ich einen Fachmann aufsuche	nein	ja
Mein Wohlbefinden hängt davon ab, daß ich auf mich achte	ja	nein
Ob ich gesund bleibe oder krank werde, liegt in den Händen anderer	nein	ja
Wenn ich krank werde, weiß ich, daß ich zu wenig auf mich geachtet habe	ja	nein
Ich kann gesund bleiben, wenn ich auf mich achte	ja	nein
Selbst wenn ich auf mich achte, werde ich leicht krank	nein	ja
Wenn ich krank werde, werden Natur und Zeit mich wieder heilen	nein	ja

SCHLUSSFOLGERUNG

◆ **Meist A:** Wohlbefinden ist etwas, das Sie in sich selbst unterstützen, und Sie möchten gerne aktiv an einer Behandlung beteiligt sein.

◆ **Meist B:** Für Sie ist Gesundheit im wesentlichen Glückssache. Sie begeben sich gerne in die Hände von Therapeuten und überlassen ihnen die Verantwortung.

3 ***Welchen Einfluß haben persönliche Vorlieben und Abneigungen auf Ihre Therapiewahl? (Bei „nein" beide Kästchen ankreuzen).***

	A	B	C
Ich werde gerne berührt bzw. massiert	ja	nein	nein
Ich kann Pillen schlucken und denke auch an die regelmäßige Einnahme	nein	ja	nein
Ich habe nichts dagegen, anderen meine Gefühle zu zeigen	nein	nein	ja
Mir gefällt es, mit dem Geist die Gesundheit zu beeinflussen	nein	nein	ja
Wenn nötig, würde ich meine Ernährung radikal ändern	nein	ja	nein
Ich ertrage den Gedanken, daß mir jemand Nadeln setzt	ja	nein	nein
Die Einnahme von Mitteln zeigt mir, daß es aufwärts geht	nein	ja	nein
Ich habe nichts dagegen, in einer Gruppe über mich zu sprechen und Erfahrungen zu teilen	nein	nein	ja
Es macht mir nichts aus, mich vor einem Arzt auszuziehen	ja	nein	nein
Ich möchte in einer privaten Atmosphäre offen über Dinge sprechen, die mich berühren	nein	nein	ja
Es macht mir nichts aus, daß ein Therapeut an meinem Körper arbeitet	ja	nein	nein
Ich mag einen innerlich sauberen Körper haben, der gut funktioniert	nein	ja	nein

SCHLUSSFOLGERUNG

◆ **Meist A:** *Zu Ihnen passen Berührungs- und Bewegungstherapien mit Körperarbeit (siehe S. 54–115).*

◆ **Meist B:** *Suchen Sie sich medizinische Therapien, die Ernährung, Medikamente oder Heilmittel anwenden (siehe S. 116–157).*

◆ **Meist C:** *Sie sind offen für Reisen ins Reich der Gefühle; Methoden, die mit Geist und Gefühlen arbeiten (siehe S. 158–190), sind für Sie richtig.*

ERGEBNISANALYSE

Nehmen Sie die Ergebnisse der drei Spalten, um zu bestimmen, welche Therapie Ihnen am meisten zusagt. Es können mehrere sein.

SPALTE 1

- **Meist A:** Sie bevorzugen wahrscheinlich eine körperorientierte Therapie.
  - **SPALTE 2**
    - **Meist A:** Sie bevorzugen wahrscheinlich eine patientengesteuerte Therapie
      - **SPALTE 3**
        - **Meist A:** Wählen Sie eine Berührungs- und Bewegungstherapie (siehe S. 54–115), die Sie später allein anwenden können, z. B. Aromatherapie, Alexander-Technik, Do In, Yoga.
        - **Meist B:** Wahrscheinlich bevorzugen Sie eine medizinische Therapie (siehe S. 116–157), bei der Sie auch Verantwortung tragen, z. B. Naturheilkunde, Hydrotherapie, Ernährungtherapien.
        - **Meist C:** Wählen Sie eine Geist- und Gefühlstherapie (siehe S. 158–190), die Sie allein und in Ihrer Zeit durchführen können, z. B. Entspannung & Atmung, Schweben, Lichtarbeit.
    - **Meist B:** Sie bevorzugen wahrscheinlich eine therapeutengesteuerte Therapie
      - **SPALTE 3**
        - **Meist A:** Wahrscheinlich bevorzugen Sie eine Berührungs- und Bewegungstherapie (siehe S. 54–115) mit viel Einsatz seitens des Therapeuten, z. B. Massage, Chiropraktik, Osteopathie, Shiatsu.
        - **Meist B:** Sie sollten eine medizinische Therapie (siehe S. 116–157) erwägen mit klarer therapeutischer Führung, z. B. westliche Kräuterheilkunde, Orthomolekulartherapie, klinische Ökologie.
        - **Meist C:** Wahrscheinlich bevorzugen Sie eine Geist- und Gefühlstherapie (siehe S. 158–190) mit starker therapeutischer Unterstützung, z. B. Hypnotherapie, autogenes Training, Biofeedback, Kunsttherapie.
- **Meist B:** Sie bevorzugen wahrscheinlich eine spirituell-orientierte Therapie
  - **SPALTE 2**
    - **Meist A:** Sie bevorzugen wahrscheinlich eine patientengesteuerte Therapie
      - **SPALTE 3**
        - **Meist A:** Wählen Sie eine Berührungs- und Bewegungstherapie (siehe S. 54–115) , die Sie später allein weiterführen können, z. B. Aston Patterning, Akupressur, Qi Gong, T'ai Chi Chuan, Polarity.
        - **Meist B:** Sie bevorzugen wahrscheinlich eine medizinische Therapie (siehe S. 116–157), bei der Sie selbst die Verantwortung tragen, z. B. Schüssler-Salze, Bachblüten, Kristalltherapie, Magnetisches Heilen.
        - **Meist C:** Wählen Sie eine Geist- und Gefühlstherapie (siehe S. 158–190), die Sie allein und in Ihrer Zeit weiterführen können, z. B. Selbsthypnose, Meditation, Visualisierung, Silva Mind Methode.
    - **Meist B:** Sie bevorzugen wahrscheinlich eine therapeutengesteuerte Therapie
      - **SPALTE 3**
        - **Meist A:** Wahrscheinlich bevorzugen Sie eine Berührungs- und Bewegungstherapie (siehe S. 54–115) mit starkem therapeutischen Einsatz, z. B. Fußreflexzonenmassage, Rolfing, Bioenergetik, Akupunktur.
        - **Meist B:** Sie sollten eine medizinische Therapie (siehe S. 116–157) erwägen mit klarer therapeutischer Führung, z. B. anthroposophische Medizin, Homöopathie, chinesische Kräuterheilkunde.
        - **Meist C:** Wahrscheinlich bevorzugen Sie eine Geist- und Gefühlstherapie (siehe S. 158–190) mit einer starken therapeutischen Unterstützung, z. B. Psychotherapie, Klangtherapie, Musiktherapie, Farbtherapie.

ANDERE WICHTIGE FAKTOREN

Eigentlich sollten Sie eine vernünftige informierte Therapiewahl treffen können; die Sachinformation ist jedoch häufig begrenzt. Zeigen Sie sich als informierter „Kunde“, und bedenken Sie, daß die Medien oft etwas leichtfertig berichten und daß fantastische Erfolgsgeschichten und Wohlergehen meist nicht durch präzise Studien belegt sind. Alternative Methoden sind auch nicht immer sicher bzw. unschädlich.

Achten Sie bei der Therapie- und Therapeutenwahl auf Ihren Instinkt, Glaube und Vertrauen sind beim Heilen wichtig (siehe S. 17). Achten Sie auf den guten Ruf und die fachliche Qualifikation des Therapeuten. Lesen Sie die Tips auf Seite 318.

Achten Sie auch auf folgende Punkte:

- Ist für Sie ein wissenschaftlicher Therapienachweis wichtig?
- Werden Sie durch die Empfehlung eines Freundes beeinflußt?
- Ist Ihnen die Meinung Ihres Arztes über eine Therapie wichtig?
- Eignet sich eine bestimmte Therapie für Ihr Problem?

HINWEISE ZU DIESEM KAPITEL

DIE FOLGENDEN SEITEN bieten Informationen über mehr als 90 Behandlungsformen, aufgeteilt in drei große Gruppen (siehe Überblick). Diese Kategorien sind etwas vage gehalten, da sich die Ansätze oft überlappen. In einem weiteren Kapitel (siehe S. 191) werden Diagnosetechniken erklärt. Auf Seite 50 finden Sie Tips zu Therapie- und Therapeutenwahl; nützliche Adressen folgen ab Seite 318.

KÖRPER- & BEWEGUNGSTHERAPIEN

Dieser Abschnitt erläutert Therapien, die den Körper vorwiegend als Struktur behandeln. Therapeuten arbeiten an Muskulatur, Knochen und Gelenken, um zu entspannen und zu stimulieren. Einige dieser Techniken scheinen dabei auch emotionale Probleme zu lindern.

MEDIZINISCHE THERAPIEN

Diese Sparte konzentriert sich auf Methoden, die wie Homöopathie oder Kräuterheilkunde auf biochemischer Ebene oder auf einer höheren „Schwingungsebene" arbeiten und die auf Körperzellen einwirken sollen. Oft wird dabei ein Heilmittel eingenommen oder aufgetragen.

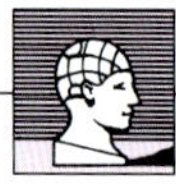

MENTALE & EMOTIONALE THERAPIEN

In dieser Kategorie liegt der Schwerpunkt auf den gefühlsmäßigen, geistigen und psychologischen Aspekten der Gesundheit. Hier werden Therapien angeboten wie Meditation oder Biofeedback, die Funktionen wie Herzschlag, Atmung oder Gehirnströme direkt beeinflussen können.

SICHERHEIT

Wir raten Ihnen dringend, vor dem Beginn einer alternativen Behandlung einen Arzt aufzusuchen. Bei manchen Erkrankungen sind Medikamente, Operationen oder psychiatrische Behandlungen unvermeidbar. Sie sollten auch niemals ein Medikament auf Rat eines alternativen Therapeuten absetzen. Lesen Sie aufmerksam die Vorsichtsmaßnahmen sowie die Alarmzeichen auf S. 25 und die Tips zur Therapeutenwahl auf S. 318.

VORSICHT!

- Wenn Sie Medikamente nehmen oder Krankheitssymptome entdecken, gehen Sie vor Beginn einer alternativen Behandlung zu einem Arzt
- Setzen Sie keine verordneten Mittel ohne vorherige Absprache mit Ihrem Arzt ab
- Sagen Sie Ihrem Therapeuten, ob Sie ein Mittel einnehmen und ob Sie gerade bei einem anderen Therapeuten in Behandlung sind
- Informieren Sie Ihren Arzt über laufende alternative Behandlungen
- Lassen Sie sich vor einem Fitneßprogramm von einem Arzt auf Probleme wie Rückenschmerzen, Bluthochdruck, Herzerkrankungen untersuchen
- Informieren Sie Ihren Therapeuten, wenn eine sexuell übertragbare Krankheit bei Ihnen vorliegt
- Lassen Sie sich vor einer alternativen Behandlung von Ihrem Arzt wegen einer möglichen Schwangerschaft beraten
- Lassen Sie sich von Ihrem Arzt bei der Wahl einer alternativen Behandlung für Ihr Baby beraten. Methoden wie Klistiere oder gewisse Heilkräuter sind für Kleinkinder ungeeignet
- Gehen Sie zum Arzt, wenn sich Symptome verschlechtern oder nicht verschwinden

THERAPIE-AUSWERTUNG

Die Therapien werden nach fünf Kategorien mit folgenden Bewertungssymbolen beurteilt:

BEWERTUNG
FORSCHUNG
FACHURTEIL
THERAPEUT
SELBSTHILFE
VERTRÄGLICHKEIT

FORSCHUNG

Gute wissenschaftliche Versuche mit positivem Resultat: *Die Wirkung dieser Therapie ist glaubhaft belegt*

Einige Studien: *Es gibt nur wenig veröffentlichte Untersuchungen und keine gut ausgearbeiteten klinischen Beweise*

Nicht fundiert: *Die Wirkung ist nur mündlich belegt; Forschungen haben keine Beweise erbracht*

FACHURTEIL

Positiv: *Ärzte stehen dieser Therapie wohlwollend gegenüber und empfehlen sie ihren Patienten*

Offen: *Ärzte sind nicht ganz von der Wirkung überzeugt, räumen aber ein, daß die Behandlung manchmal helfen kann*

Negativ: *Ärzte sind über die Wahl dieser Behandlung nicht glücklich. Sie bezweifeln ihre Wirkung bzw. betrachten sie als schädlich*

Gespalten: *Manche Ärzte sind positiv, andere eher skeptisch*

THERAPEUT

Unentbehrlich: *Diese Therapieform sollte und kann nicht ohne Anleitung eines erfahrenen Therapeuten durchgeführt werden*

Empfohlen: *Hier ist eine Anleitung vielleicht nicht nötig; sollte aber anfangs in Betracht gezogen werden*

Nicht nötig: *Diese Heilmethode läßt sich leicht aus Büchern, Videos o.ä. erlernen. Anleitung ist hilfreich, aber nicht nötig*

SELBSTBEHANDLUNG

Selbstbehandlung möglich: *Diese Methode kann selbst angewandt werden, entweder autodidaktisch oder nach Anleitung*

Keine Selbstbehandlung: *Keine Behandlung ohne Therapeuten*

VERTRÄGLICHKEIT

Mit konventioneller Medizin

Keine Probleme: *Verträgt sich mit herkömmlichen Methoden*

Vorsicht: *Sprechen Sie mit Ihrem Therapeuten, da diese Methode manchmal nicht mit herkömmlichen Behandlungen vereinbar ist (siehe auch Vorsicht!)*

Mit alternativen Heilmethoden

Keine Probleme: *Verträgt sich mit anderen Heilmethoden*

Vorsicht: *Sprechen Sie mit Ihrem Therapeuten, da diese Methode manchmal nicht mit anderen alternativen Heilmethoden vereinbar ist (siehe auch Vorsicht!)*

TYPISCHE DARSTELLUNG EINER THERAPIE

Dies ist das Muster einer typischen Therapiebeschreibung. Die Anmerkungen erklären die Aufteilung der Seiten und die Präsentation der Informationen.

EINFÜHRUNGSSEITEN

Die ersten zwei Seiten bieten eine allgemeine Einführung und erklären die zugrundeliegenden Theorien.

Anwendung
gibt die Leiden an, für die die Therapie besonders wirksam sein soll

Die Theorie der Therapie
Hier werden die Ideen hinter der Technik erklärt

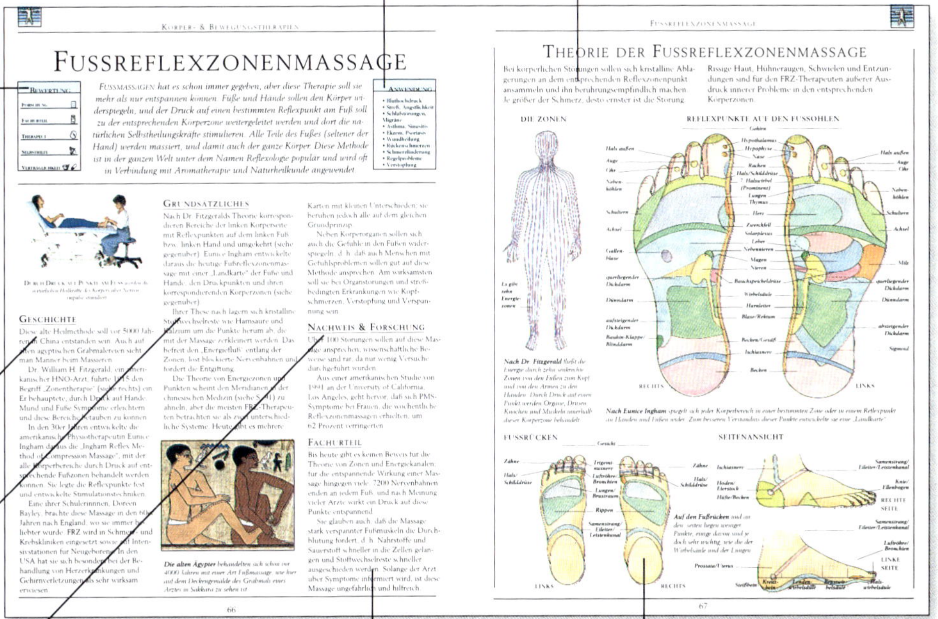

Bewertung
Symbole bewerten die Methode, geben unterstützende Beweise und Meinung der Mediziner wieder, nennen Einsatz des Therapeuten und Selbsthilfemöglichkeiten und informieren über ihre Vereinbarkeit mit anderen Methoden

Geschichte
beschreibt Ursprung, Entwicklung und aktuellen Stand

Grundsätzliches
behandelt die theoretischen Grundlagen der Therapie

Nachweis & Forschung
gibt einen Überblick über vorhandene Studien, die diese Methode bestätigen

Fachurteil
spiegelt die gängige Meinung der medizinischen Fachwelt wider

Aufwendige Illustrationen
machen Theorien und Konzeptionen leichter verständlich

Patientenerfahrung
Hier stehen Beispiele und Fallgeschichten

FOLGESEITEN

Diese Seiten beschreiben Funktion und typische Techniken der Therapie.

Selbsthilfe
zeigt, wie man die Therapie bei alltäglichen Leiden einsetzen kann

Konsultation eines Therapeuten
erklärt genau, was Sie bei einer Sitzung erwartet

Vorsicht!
Hier wird vor kontraindizierten Leiden und gefährlichen Aspekten der Therapie gewarnt

Ein Zusatz-Kasten
nennt verwandte Techniken, die der Therapie ähneln bzw. sich aus ihr entwickelt haben

Typische Behandlung
Speziell angefertigte Fotos zeigen die jeweiligen Techniken

Ihre Fragen
beantwortet die am häufigsten gestellten Fragen zu der Therapie

Körper- & Bewegungs-therapien

Qi-Gong-Übung

Haut und Berührung. Muskulatur und Bewegung. Nerven, die fühlen und koordinieren. Unser frühestes Bewußtsein von Leben ist tief mit diesen Dingen verknüpft. Berühren und Berührtwerden, Greifen und Halten, unsere ersten Schritte: Diese grundlegenden Erfahrungen formten unsere heutigen Gefühle und Verhaltensmuster.

Eine therapeutische Berührung löst in Körper und Geist eine vielschichtige Antwort aus: Neben einer rein sinnlichen Reaktion wirken Drücken und Dehnen von Haut und Muskulatur durch die dabei ausgelöste Veränderung von Atem- und Kreislaufrhythmus und der Ausschüttung bestimmter Nervenstoffe auch auf Körperverspannungen, sowohl entspannend als auch belebend. Diese Arbeit wird unter dem Begriff „Körpertherapien" zusammengefaßt.

Körperbewegungen sind genauso wirksam. Unsere Art zu stehen, zu sitzen, zu gehen oder zu gestikulieren ist Ausdruck unserer Persönlichkeit und unseres Selbstwertgefühls. Das zeigt sich auch in der Sprache. Bewegung ist so instinktiv mit unserem Lebenssinn verbunden, daß wir das Leben als „Reise“ bezeichnen und von „Gefahr laufen“ oder „einen schmalen Pfad betreten“ sprechen. Reden wir von „Verspannung“ oder von dem Wunsch nach mehr „Freiheit“, assoziieren wir damit unbewußt ein Gefühl von Dehnen und Biegen, von genügend Bewegungs- und Handlungsraum. Therapien mit viel Bewegung können diese lebenswichtige Verknüpfung beeinflussen.

Selbsthilfe mit Akupressur

Rolfing-Behandlung

Therapieformen

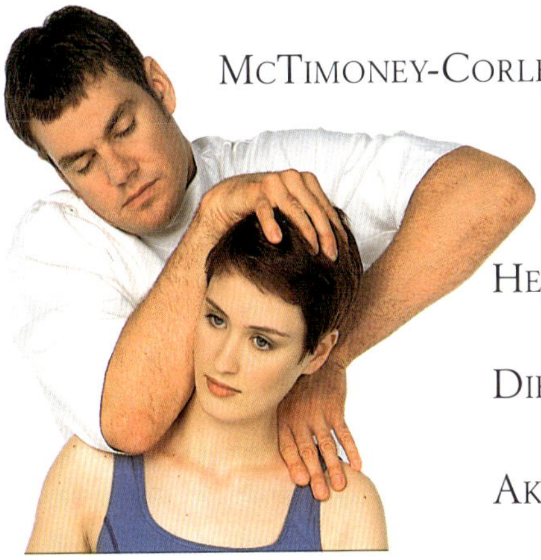

Osteopathische Manipulation

Yoga-Position

MASSAGE

BEWERTUNG
FORSCHUNG
FACHURTEIL
THERAPEUT
SELBSTHILFE
VERTRÄGLICHKEIT

SEIT TAUSENDEN von Jahren ist Massage eine einfache und wirkungsvolle Gesundheitsmethode, deren Nutzen in vielen Kulturkreisen der Welt anerkannt wird. Therapeutische Massage fördert das allgemeine Wohlbefinden, stärkt das Selbstwertgefühl und regt Kreislauf- und Immunsystem an, was sich wiederum positiv auf Blutdruck, Durchblutung, Muskeltonus, Verdauung und Hautbeschaffenheit auswirkt. Massage wurde in viele Gesundheitssysteme integriert, unterschiedliche Massagetechniken wurden entwickelt, die heute Bestandteil vieler alternativer Heilmethoden sind.

ANWENDUNG

- Schlaflosigkeit und Kopfschmerzen
- Muskel-, Gelenkbeschwerden wie Arthritis und Rückenschmerzen
- Schmerzlinderung
- Bluthochdruck
- Depression, Angst
- Verdauungsbeschwerden

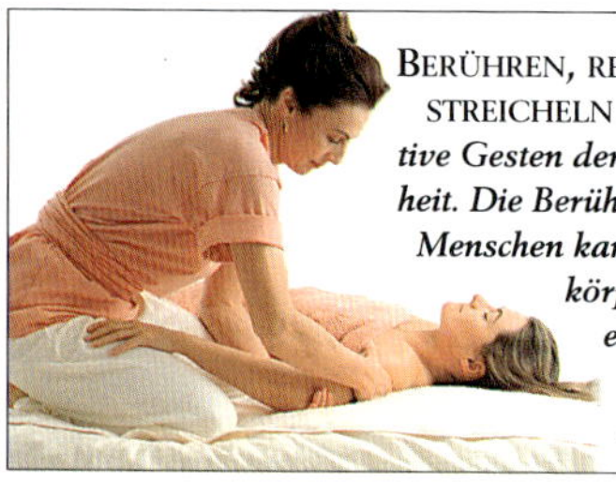

BERÜHREN, REIBEN UND STREICHELN *sind instinktive Gesten der Geborgenheit. Die Berührung eines Menschen kann eine starke körperliche und emotionale Wirkung haben*

GESCHICHTE

Massage ist wohl die älteste und einfachste Gesundheitspflege. Alte ägyptische Tempelmalereien zeigen schon Menschen bei der Massage, in alten chinesischen und indischen Schriftrollen wird ihr Nutzen bei Krankheiten und Verletzungen beschrieben. Griechische und römische Ärzte schätzten sie als wichtigste Schmerzbehandlung: Julius Cäsar erhielt täglich eine Massage wegen seiner Neuralgien.

Im 5. Jahrhundert v. Chr. schrieb Hippokrates, der Stammvater der Medizin: „Ein Arzt sollte in vielerlei Hinsicht erfahren sein, aber ganz gewiß im Reiben ... denn Reiben kann ein lockeres Gelenk zusammenhalten und ein verkrampftes wieder lösen."

Indische Ayurveda-Medizin kennt die erstaunliche Wirkung einer Massage mit Aromaölen und Gewürzen. Da Massage die Sinne stimuliert und natürlich auch zu einem interessanteren Sexualleben beitragen kann, hat die Kirche im Westen die Massage schon seit Jahrhunderten als etwas Anrüchiges, wenn nicht gar Sündiges angesehen.

Erst Ende des 19. Jahrhunderts entdeckte der schwedische Masseur Per Henrik Ling wieder die therapeutischen Möglichkeiten der Massage. Mit der Gründung der Society of Trained Masseurs in England 1894 war die Physiotherapie geboren, ein Abkömmling der Ling-Methode.

Während des ersten Weltkriegs wurden den Patienten mit Nervenverletzungen o. ä. massiert – bis 1934 besaß das St. Thomas Hospital in London eine Massagestation. Der Erfolg medizinischer Technologie verdrängte sie bald aber wieder, die Therapeuten bevorzugten immer mehr elektrische Instrumente zur Gewebsstimulation.

Gleichzeitig gingen Bordelle als „Massagesalons" getarnt auf Kundenfang und brachten die Massage in Verruf.

Heute wächst das Bewußtsein für ihren Wert und therapeutischen Nutzen wieder. In England und in den USA binden Krankenschwestern sie in die herkömmliche Gesundheitspflege ein, Massage gehört heute zu vielen Ausbildungsprogrammen für Krankenpflege.

Auch auf Intensivstationen wird sie beliebter: bei Kindern, älteren Menschen, Frühgeborenen, Patienten mit Krebs, Aids, Herz- oder Schlaganfällen. Mehr als 90 Prozent der englischen Hospize bieten Körpertherapie an (siehe Glossar), Gesundheitszentren, Sucht- und Schmerzkliniken folgen ihrem Beispiel.

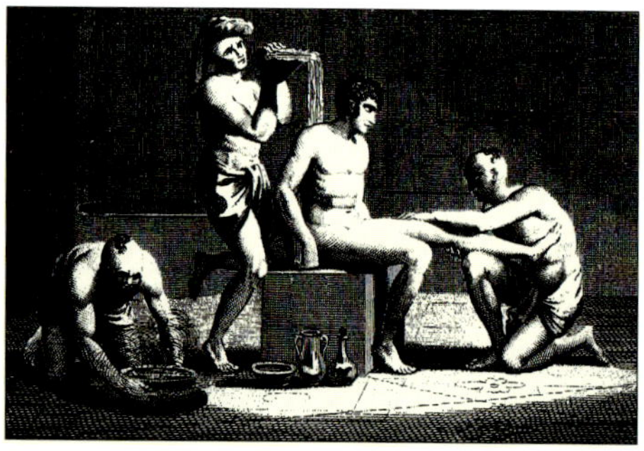

Alte Kulturen *betrachteten Massage als sehr wohltuend. Hippokrates empfahl ein tägliches Duftbad und eine Ölmassage*

Auch bei der Aromatherapie, Heller-Arbeit, Fußzonenreflexmassage, Rolfing und Osteopathie wird massiert.

GRUNDSÄTZLICHES

Berührung wird immer über die Haut erfahren, unserem größten Sinnesorgan. Im Embryo entwickelt sich zuerst der Tastsinn, es gibt nichts Schöneres für einen Säugling als den mütterlichen Kontakt.

Unzählige Spezialrezeptoren auf der Dermis, der zweiten Hautschicht, reagieren auf äußerliche Reize wie Hitze, Kälte und Druck und senden Botschaften über das Nervensystem zum Gehirn.

Sanftes Streicheln bewirkt die Ausschüttung von Endorphinen, unserer körpereigenen Schmerzmittel, und erzeugt ein Gefühl von Geborgenheit und Wohlbefinden. Eine stärkere, kräftigere Massage kann verkrampfte und schmerzende Muskeln dehnen und steife Gelenke bessern und ihre Beweglichkeit und Flexibilität erhöhen.

Der direkte Einfluß von Massage auf Herzschlag, Blutdruck, Atmung und Verdauung fördert die Entspannung. Die Massage ist zwar kein Heilmittel gegen bestimmte Leiden, durch ihre wohltuende Wirkung veringern sich aber schädliche Streßhormone wie Kortison und Norepinephrin.

Massage löst auch psychische Verspannungen und gibt dem Patienten das Gefühl, besser für die Herausforderungen des Lebens gewappnet zu sein. Therapeu-

DIE THEORIE DER MASSAGE

Die „Schwedische Massage" von Per Henrik Ling, entwickelt aus der Anatomie, bildet die Grundlage unserer heutigen Massagetechniken im Westen. Bei der Stimulation des Körpers legte Ling besonderen Wert auf die therapeutische Massage oder „medizinische Gymnastik".

KREISLAUF-SYSTEM

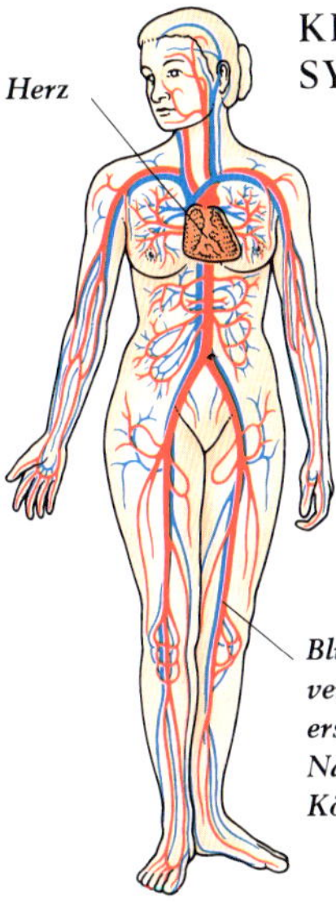

Massage fördert die Durchblutung (siehe S. 242), erhöht den Sauerstoff- und Nährstofftransport zum Gewebe und verbessert das Hautbild

LYMPHATISCHES SYSTEM

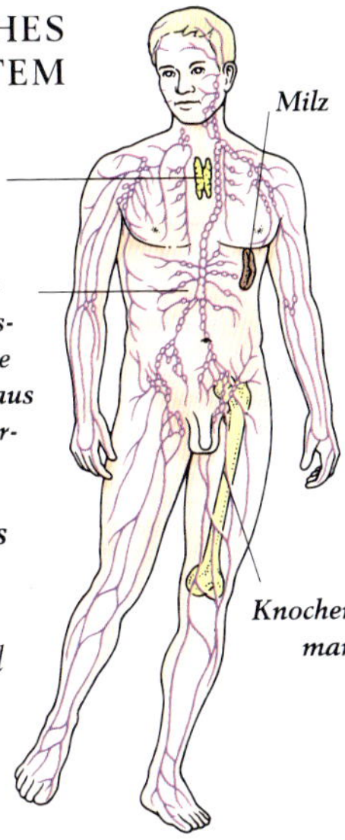

Massage des Lymphsystems (siehe S. 308) erhöht die Ausscheidung biochemischer Abfallstoffe, die Schmerzen und Steifheit in Gelenken und Muskulatur verursachen

GRUNDTECHNIKEN

Streichen („Effleurage") ist eine sanfte Ganzkörperbehandlung zur Kreislaufstimulation und zur Lösung von Verspannungen. Kneten („Petrissage") dehnt und entspannt die Muskulatur. Reiben („Frottage") ist ein tiefer direkter Druck zur Lösung von Verspannungen entlang der Wirbelsäule und an den Schultern.

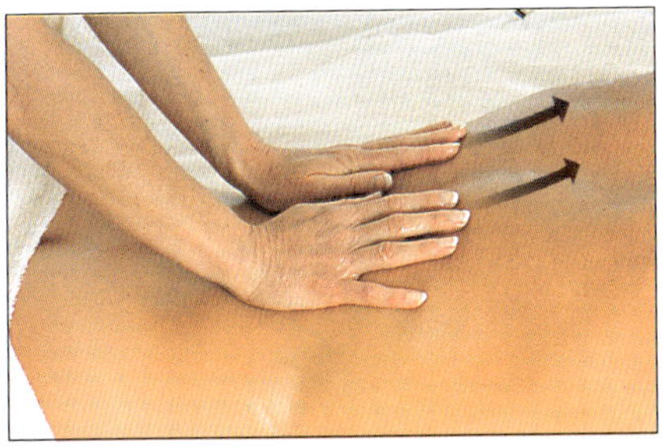

***Streichen:** Die Hände gleiten rhythmisch über die Haut, abwechselnd oder in langsamen Kreisbewegungen*

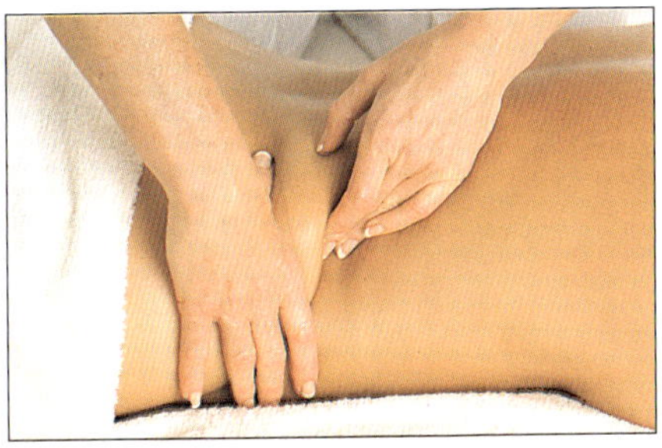

***Kneten:** wie Teigkneten. Das Fleisch wird zwischen Fingern und Daumen rhythmisch zusammengedrückt und wieder losgelassen*

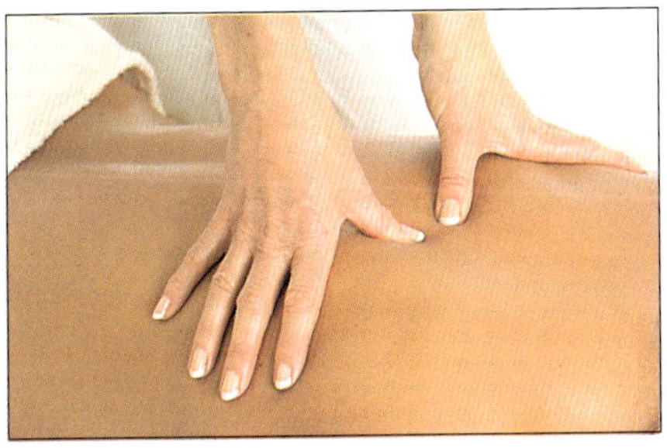

***Reiben:** zur Tiefenwirkung. Beide Daumen drücken auf einen festen Punkt neben der Wirbelsäule oder kreisen langsam darüber*

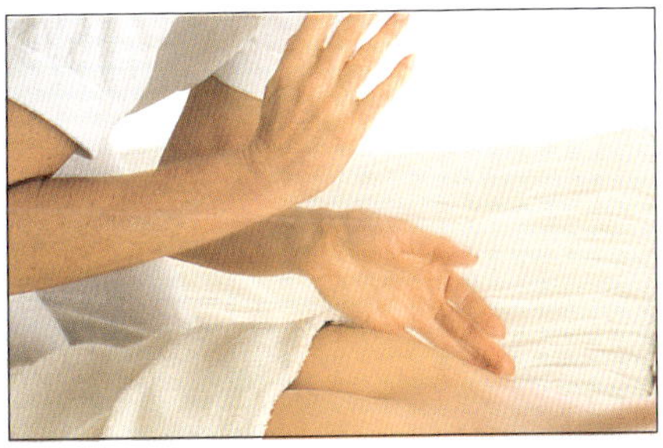

***Hacken:** Die Hände bewegen sich in schnellem Rhythmus, wobei die Handkanten hart auf den Körper auftreffen*

tische Massage fördert auch die bewußte Wahrnehmung der Körper/Geist-Verbindung und gibt dem Patienten größeres Selbstvertrauen.

NACHWEIS & FORSCHUNG

Heute gibt es genügend Beweise für ihren therapeutischen Nutzen. Studien von 1995 an Krebspatienten im Royal Marsden Hospital in London bestätigen, daß Massage Ängste verringert und die Lebensqualität verbessert. Auch das Touch Research Institute (TRI) der University of Miami in Florida, USA, hat Studien veröffentlicht.

1993 verzeichnete man dort bei männlichen HIV-positiv-Patienten nach täglichen Massagen einen Anstieg der natürlichen Killerzellen. Es wurde auch entdeckt, daß die Atmung asthmatischer Kinder nach einer Massage durch ihre Eltern leichter wurde und die Asthmaanfälle zurückgingen, bei Kindern mit Diabetes normalisierte sich nach vier Wochen Massagen der Blutzuckerspiegel.

Büroangestellte, die in ihrer Mittagspause eine fünfzehnminütige Rücken- und Schultermassage erhielten, hatten weniger Streßhormone und fühlten sich wesentlich wacher und frischer. Ein Bericht von 1992 hält fest, daß Teenager, die wegen Anorexie oder Bulimie eingeliefert wurden, nach Massagen über einen besseren Bezug zu ihrem Körper und weniger Angst und Depression berichteten. Eine frühere Studie zeigte, daß Frühgeborene nach täglichen Streicheleinheiten 47 Prozent mehr an Gewicht zunahmen, aktiver wurden und das Krankenhaus im Durchschnitt sechs Tage früher verlassen konnten.

Massage tut auch dem Massierenden gut. In einer Untersuchung von 1993 berichteten Pflegegroßeltern nach Schultermassagen an mißhandelten Kleinkindern von stärkerem Selbstwertgefühl und weniger Depressionen.

FACHURTEIL

Die Beweise ihres therapeutischen Nutzens sind so überzeugend, daß die meisten Ärzte die Massage bejahen. Massage wird gerne als Ergänzung verschrieben, viele Ärzte lehnen es jedoch ab, sie routinemäßig zu verschreiben oder den Patienten an einen Massagetherapeuten zu überweisen.

Konsultation eines Therapeuten

Bei Ihrem ersten Besuch werden Sie kurz über Krankheiten, Lebensweise, Gesundheitszustand und Medikamente befragt.

Für die Schwedische Massage gibt es eine besondere Liege, aber eine Futonmatte o. ä. auf dem Boden geht auch. Für eine Ganzkörpermassage entkleidet man sich, auf Wunsch können Sie die Unterwäsche anbehalten. Sie werden mit einem Handtuch zugedeckt, nur der jeweils massierte Körperteil bleibt frei. Danach werden Sie kurz allein gelassen, um die Behandlung nachklingen zu lassen.

Je nach Technik, Druckstärke und Rhythmus wirkt eine Massage entweder belebend oder beruhigend, manchmal sogar einschläfernd.

Eine Massage kann auch spontan Trauer oder Verwirrung hervorrufen, das sind dann meist Zeichen für ein emotionales Loslassen.

Die hier beschriebene Massage beruht auf den Methoden von Per Henrik Ling, aus denen über die Jahre immer mehr Variationen entwickelt wurden. Eine Heilmassage z. B. konzentriert sich auf bestimmte Leiden wie Muskelzerrung, während eine Lymphdrainage ein schnelleres Ausscheiden von Giftstoffen bewirkt. Eine Biodynamische Massage (siehe S. 61) befreit Gefühle oder „Bio-Energie", die im Körper gefangen sein soll.

Zu den östlichen Massageformen gehören Akupressurtechniken wie Shiatsu, Tuina und Do-In (siehe S. 95–98). Hier wird mehr gedrückt als gestrichen mit dem Ziel, gemäß östlicher Philosophie die Körperenergien auszugleichen.

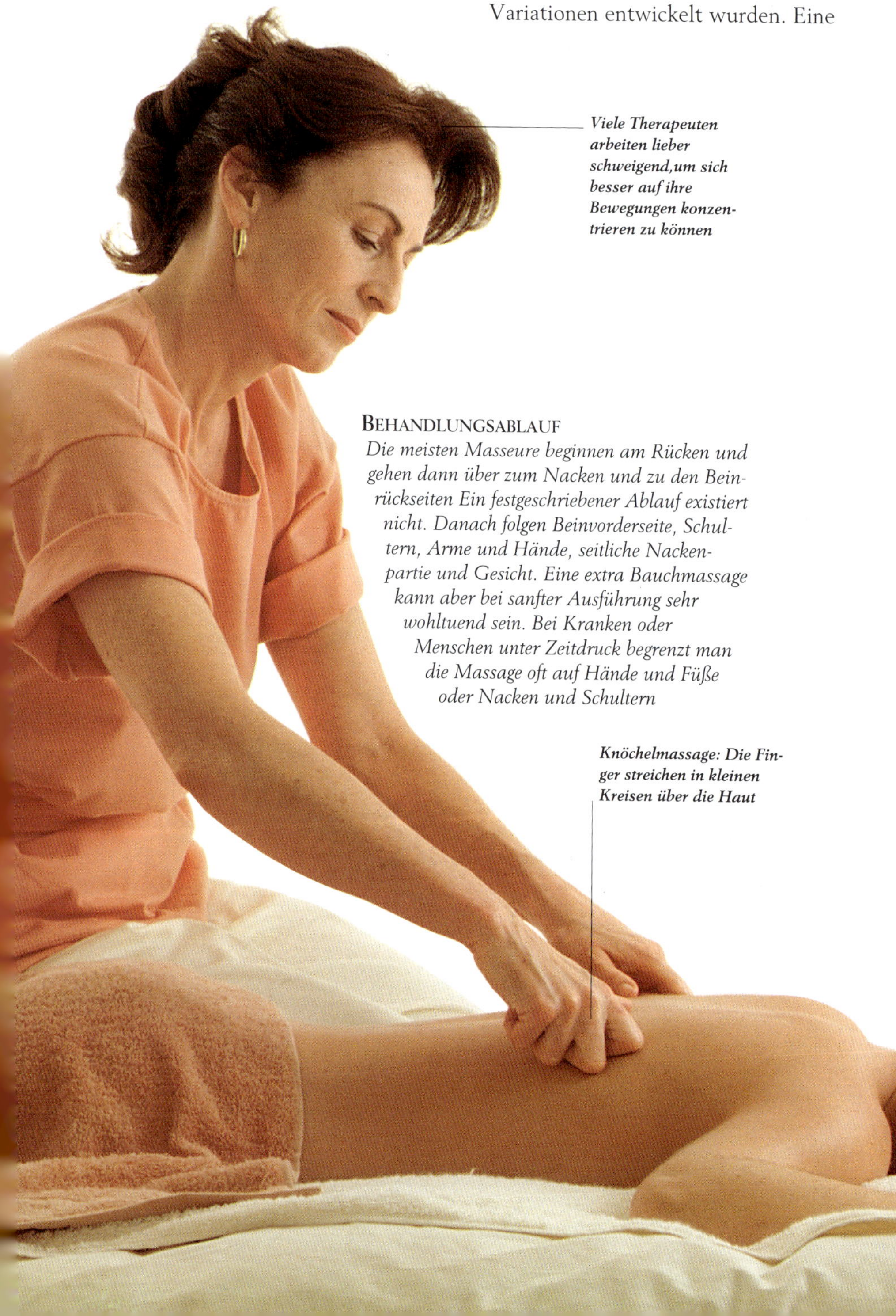

Viele Therapeuten arbeiten lieber schweigend,um sich besser auf ihre Bewegungen konzentrieren zu können

Behandlungsablauf

Die meisten Masseure beginnen am Rücken und gehen dann über zum Nacken und zu den Beinrückseiten Ein festgeschriebener Ablauf existiert nicht. Danach folgen Beinvorderseite, Schultern, Arme und Hände, seitliche Nackenpartie und Gesicht. Eine extra Bauchmassage kann aber bei sanfter Ausführung sehr wohltuend sein. Bei Kranken oder Menschen unter Zeitdruck begrenzt man die Massage oft auf Hände und Füße oder Nacken und Schultern

Knöchelmassage: Die Finger streichen in kleinen Kreisen über die Haut

Verwendung von Ölen

Gewöhnlich wird Talkum oder Pflanzenöl benutzt, damit die Hände besser über die Haut gleiten. Auch ätherisches Öl kann zugefügt werden (siehe S. 62–65).

1 *Etwa ein Teelöffel des gewählten Öls auf die Handfläche geben*

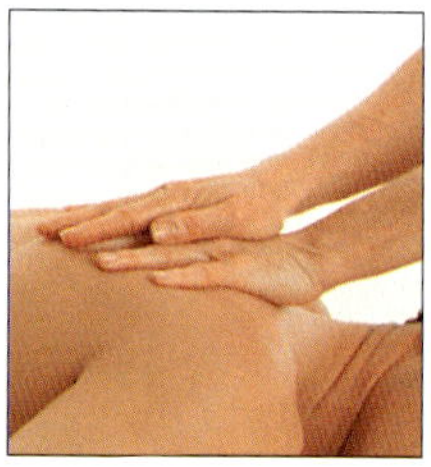

2 *Das von der Haut erwärmte Öl wird sanft auf dem Körper verrieben*

Vorsicht!

- Bei Venenentzündung, Thrombose, Krampfadern, Rückenschmerzen oder Fieber sollten Sie vor einer Massage mit einem Arzt sprechen
- Schwellungen, Brüche, Beulen oder Hautentzündungen dürfen nicht massiert werden. Knoten und Schwellungen sollten ärztlich untersucht werden
- Während der ersten drei Monate einer Schwangerschaft sollten Bauch, Beine und Füße nicht massiert werden
- Krebspatienten sollten zu speziellen Therapeuten gehen, die wissen, welche Zonen verboten sind und welche Massagetechniken geeignet sind
- Siehe auch Seite 52

RÜCKENMASSAGE

Eine Rückenmassage beginnt meist mit sanften Strichen, gefolgt von weiteren Entspannungstechniken wie kreisendem oder fächerförmigem Streichen an Rücken und Nacken; später fahren beide Hände in Form einer Acht kreuz und quer über den Rücken und gehen an den Körperseiten zum Nacken hoch. Auf die Wirbelsäule sollte niemals direkter Druck ausgeübt werden.

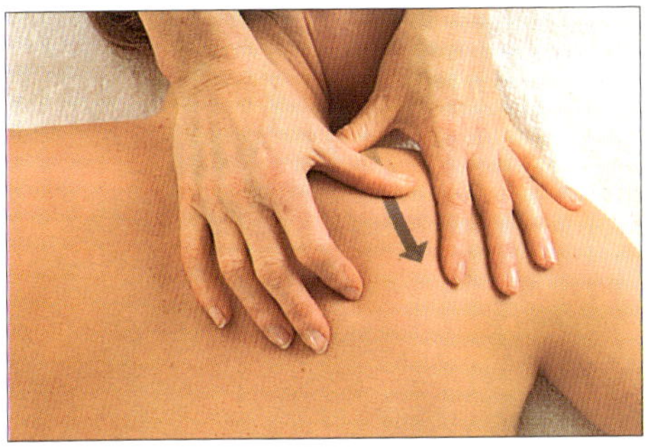

1 Zum Lösen von Muskelspannungen arbeiten die Hände beide Seiten des Nackens herunter bis zum Schultergelenk. Dabei folgt ein Daumen dem anderen mit festem Druck

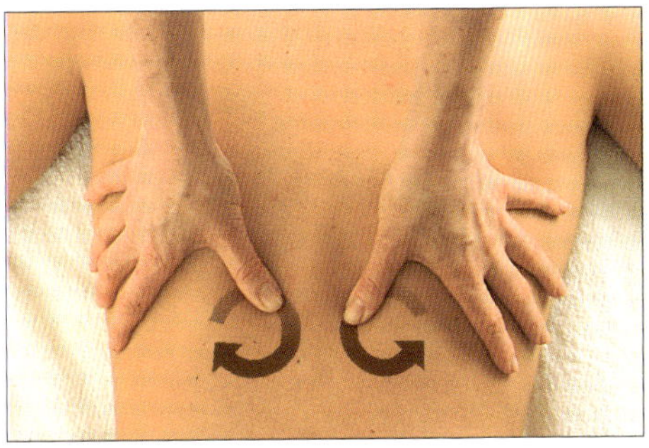

2 Beide Daumen massieren in großen flachen Kreisen von der Schulter bis zum Becken seitlich der Wirbelsäule entlang. Bei verspannten Zonen zieht die Therapeutin kleinere Kreise und verstärkt den Druck

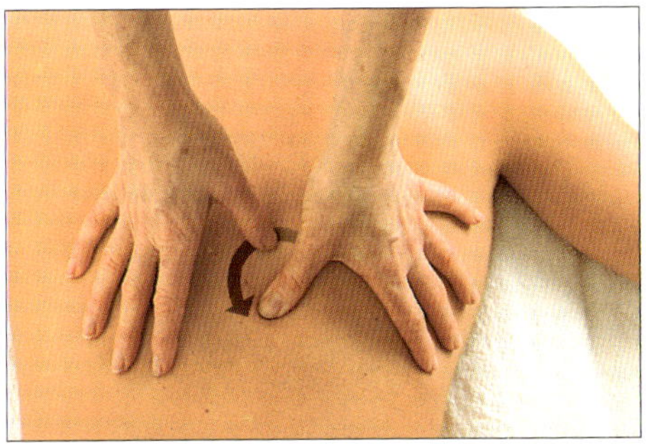

3 Jetzt wird jede Seite der Wirbelsäule einzeln behandelt. Dabei zieht ein Daumen einen ganzen Kreis, der andere folgt mit einem Halbkreis. Die Hände wechseln sich ab und streichen von der Wirbelsäule nach außen

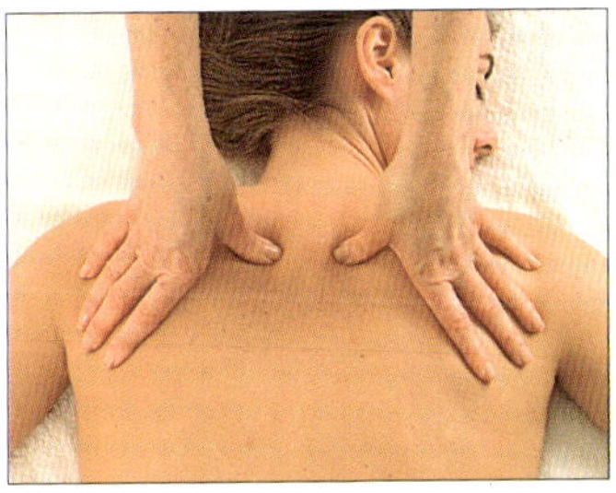

4 Jetzt folgt ein statischer Druck auf beide Seiten der Wirbelsäule, d.h. vom Nacken bis zum Becken und über die Schultern bis in den Schädel. Dabei legt die Therapeutin ihr ganzes Gewicht auf die Daumen, drückt kurz und fest in das Gewebe hinein und löst den Druck dann wieder

Die Massage endet mit einer sanften Rüttelbewegung den Rücken hinunter

5 Die Behandlung endet mit leichtem, langsamen Abstreichen des Rückens – dabei wechseln sich die Hände ab. Abschließend legt die Therapeutin eine Hand über die andere und fährt mit sanftem Rütteln den Rücken hinunter. Es ist darf kein direkter Druck auf die Wirbelsäule ausgeübt werden

IHRE FRAGEN

Wie lange dauert eine Behandlung?
Eine Ganzkörpermassage dauert ca. 60 Minuten; 90 Minuten, wenn eine Gesichtsmassage dazu kommt.

Wie viele Behandlungen brauche ich?
So viele Sie mögen.

Kann es unangenehm sein?
Massage sollte eine genußvolle Erfahrung sein. Sollten Sie sich dabei unwohl fühlen, sagen Sie es, damit der Therapeut den Druck verändern kann.

Gibt es Nachwirkungen?
Direkt nach der Massage kann es zu Müdigkeit kommen, trinken Sie ein Glas Wasser. Am nächsten Tag können sich auch leichte Schmerzen einstellen.

Patientenerfahrung

Die Journalistin Vicky hing früher Stunden am Telefon, wobei sie den Hörer zum besseren Mitschreiben zwischen Kopf und Schultern eingeklemmt hatte. „Plötzlich bekam ich ständig Kopfschmerzen und fühlte mich sehr unter Druck. Bald folgten Dauerschmerzen in Nacken und Schultern. Eine Freundin empfahl mir Massagen. Der Therapeut meinte, daß sich die Streßjahre auf meine Schultern gelegt hätten – und anfangs war die Behandlung auch unangenehm, besonders beim starken Kneten. Nachdem ich alle 14 Tage Massagen bekommen hatte, lösten sich die Verspannungen, und die Kopfschmerzen wurden leichter. Ich lernte tiefe körperliche und geistige Entspannung kennen."

BEINMASSAGE

Der Rest des Körpers ist bedeckt, die Therapeutin arbeitet an Beinen und Füßen. Zuerst an einem Bein, dann am anderen. Viele der Bewegungen sind sowohl für Vorder- als auch Rückseite gedacht.

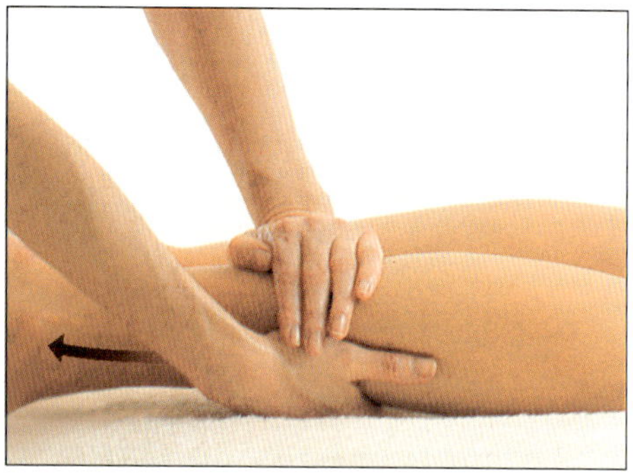

1 Mit einer Hand auf jeder Seite der Wade streicht sie mit festem Druck und nach vorn gerichteten Fingern das Bein hinauf. Dann gleiten ihre Hände wieder hinunter, wobei sie ihre Aussenhand unter und die andere auf das Bein legt

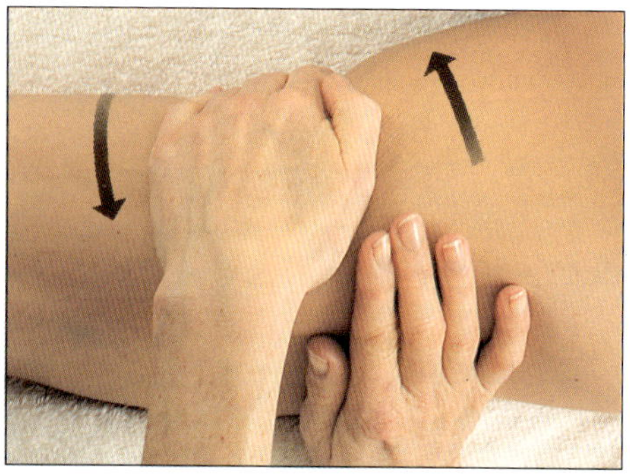

2 Mit je einer Hand an den Seiten des Oberschenkels wird das Fleisch mit beiden Händen nach oben gedrückt, bis sich die Hände berühren. Dann ziehen beide Hände in Zickzackbewegungen zur jeweils anderen Beinseite

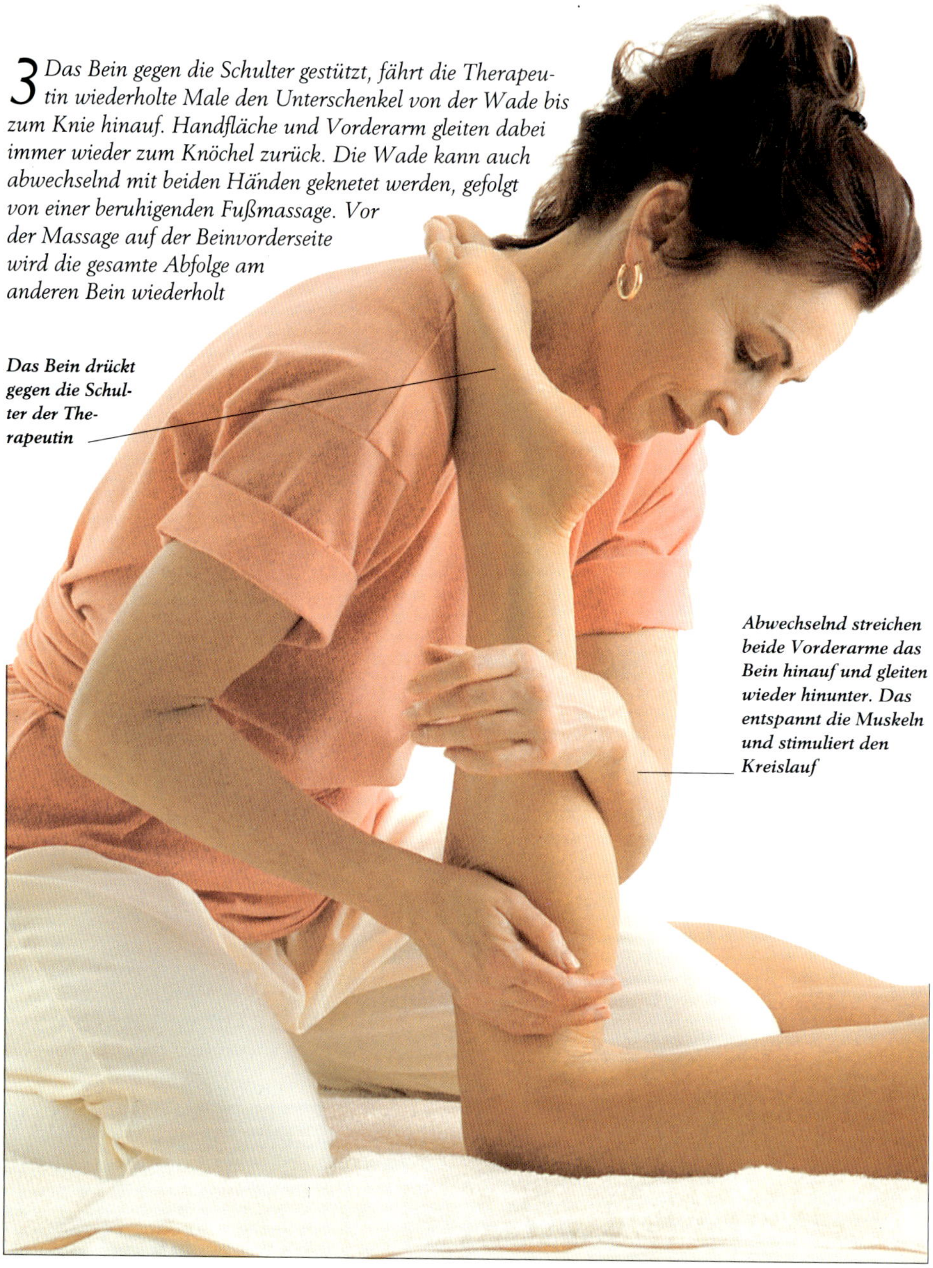

3 Das Bein gegen die Schulter gestützt, fährt die Therapeutin wiederholte Male den Unterschenkel von der Wade bis zum Knie hinauf. Handfläche und Vorderarm gleiten dabei immer wieder zum Knöchel zurück. Die Wade kann auch abwechselnd mit beiden Händen geknetet werden, gefolgt von einer beruhigenden Fußmassage. Vor der Massage auf der Beinvorderseite wird die gesamte Abfolge am anderen Bein wiederholt

Das Bein drückt gegen die Schulter der Therapeutin

Abwechselnd streichen beide Vorderarme das Bein hinauf und gleiten wieder hinunter. Das entspannt die Muskeln und stimuliert den Kreislauf

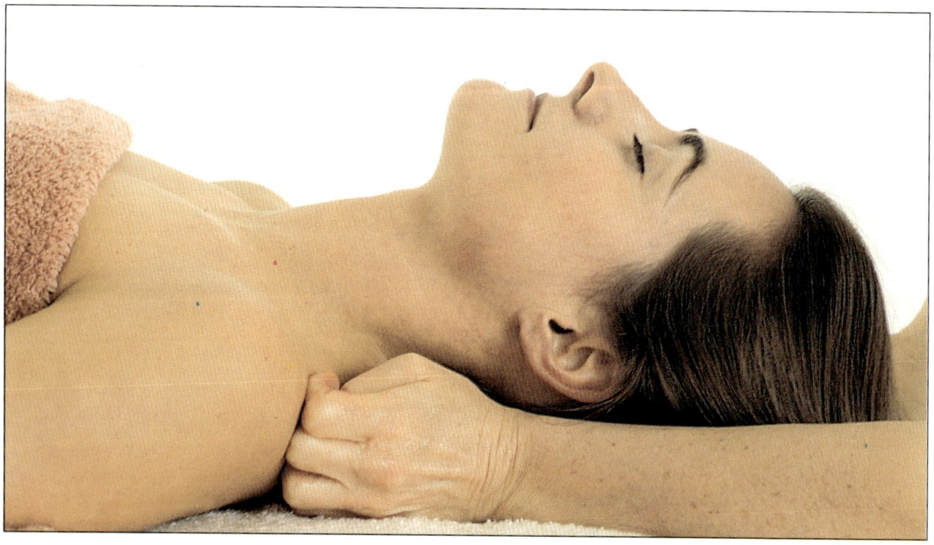

SCHULTERMASSAGE

Zum Lösen der Schulterverspannungen beginnt die Therapeutin mit Fächerbewegungen auf Schlüsselbein und Schultern, dann streicht sie langsam mit den Händen den hinteren Nacken hinauf, und arbeitet mit kreisendem Druck auf dem hinteren Nackenbereich und am Schädelansatz. Danach fährt sie mit kreisendem Knöcheldruck die Brust hinunter, über Schlüsselbein, Brustmuskeln und Schultern zur Seite hinaus.

***Mit ihren Knöcheln** löst die Therapeutin die verspannte Nackenmuskulatur. Dabei liegen ihre Vorderarme auf, und ihre Finger kreisen sanft am Nackenansatz entlang*

SELBSTHILFE

Selbstmassage ist sehr einfach, aber nicht so wohltuend wie eine Massage von jemand anderem. Wenn Sie langsam und rhythmisch arbeiten, werden Sie auf jeden Fall Körperverspannungen lösen und Schmerzen lindern können.

OBERSCHENKELMASSAGE

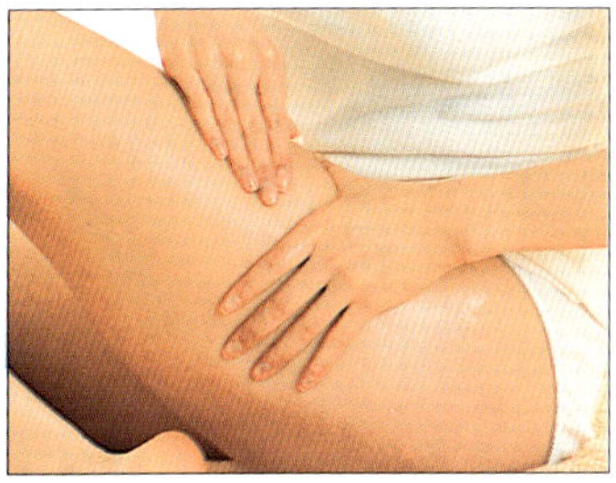

1 Kneten Sie Ihren Oberschenkel mit festem Druck vom Knie zum Beinansatz hinauf. Das fördert den Kreislauf und beseitigt vorhandene Cellulitezonen, weil auch das Lymphsystem zu einer schnelleren Entgiftung angeregt wird

2 Kreisen Sie mit festem Druck Ihrer Knöchel über den Oberschenkel. Dann legen Sie eine Hand an die Außen- und die andere an die Innenseite, ziehen beide hoch und überkreuzen sie in einer Acht. Abschließend streichen Sie sanft vom Knie zum Beinansatz hinauf

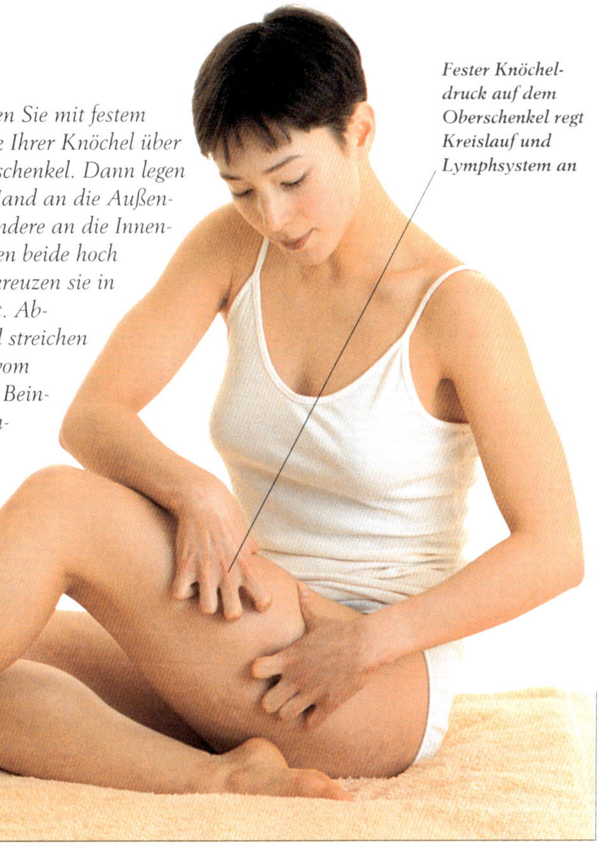

Fester Knöcheldruck auf dem Oberschenkel regt Kreislauf und Lymphsystem an

HANDMASSAGE

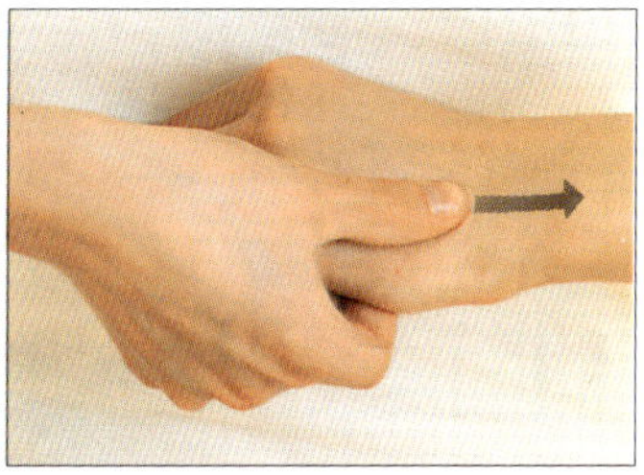

1 Nachdem Sie zum Aufwärmen und Entspannen ein paarmal sanft über die Hand gestrichen haben, fahren Sie mit dem Daumen die Sehne jedes Fingers vom Knöchel bis zum Handgelenk hinauf

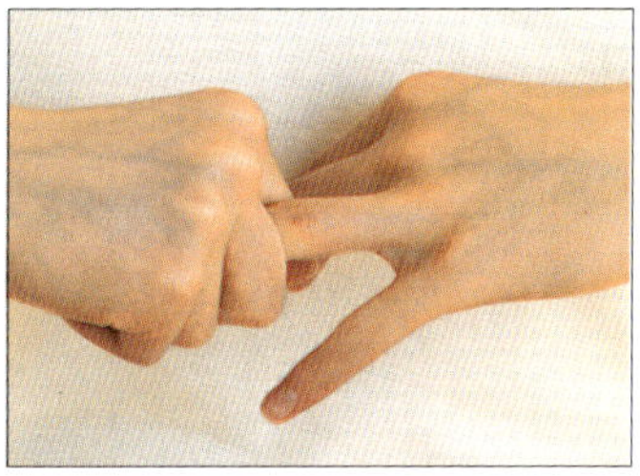

2 Nehmen Sie einen Finger zwischen die Knöchel Ihrer zwei ersten Finger der anderen Hand. Gleiten Sie langsam den Finger hinunter. Wiederholen Sie das zweimal an jedem Finger. Bearbeiten Sie dann Ihre Handfläche mit den Knöcheln, streichen Sie sie sanft aus

Biodynamische Massage

Ziel ist das Freisetzen von Energie, die in Muskulatur und Darm festsitzt und körperliche und emotionale Schmerzen verursacht. Die Techniken sind beruhigend und einschläfernd oder auch belebend.

GESCHICHTE

Diese Massage wurde in den 60er Jahren von Gerda Boyesen, einer norwegischen Psychologin und Physiotherapeutin, begründet. Bald merkte sie, daß sich ihre Vorstellungen mit denen von Wilhelm Reich (siehe S. 89) deckten. Nach seiner Theorie des „Körperpanzers" können unterdrückte Gefühle Muskelverspannungen hervorrufen, in denen Energie festgehalten wird. Durch eine gleichzeitige Arbeit an Körper und Geist kann sie wieder befreit werden. Gerda Boyesen gründete 1975 ein Ausbildungs- und Behandlungsinstitut in London. Weitere Zentren folgten.

BESUCH BEIM THERAPEUTEN

Nach Ansicht der Therapeuten verdaut der Darm nicht nur Nahrung, sondern auch Streß und Traumata. Diesen Prozeß nennen sie „Psychoperistaltik", er soll mit Massage gefördert werden. Der Patient liegt unbekleidet auf einer Liege unter einer Decke. Mit Schwedischer Massage und eigenen Techniken wie „Liften" der Extremitäten wird festgehaltene „Bio-Energie" gesucht und befreit und später über den Darm ausgeschieden. Ein Stethoskop auf dem Bauch des Patienten überwacht den Prozeß – je mehr gurgelnde Geräusche, desto besser.

BEWERTUNG	
FORSCHUNG	🗒
FACHURTEIL	⚱
THERAPEUT	☑
SELBSTHILFE	✗
VERTRÄGLICHKEIT	⚗

ANWENDUNG

- Körperliche Leiden, auch streßbedingte wie Rücken- oder Kopfschmerzen und Depression
- Verdauungsbeschwerden

FACHURTEIL

Daß der Darm auf Gefühle reagiert, ist bekannt, aber viele Psychoanalytiker und Ärzte finden es ungewöhnlich, psychologische Veränderungen durch Darmgeräusche zu steuern.

VORSICHT!

- Siehe Massage (Seite 58) und Seite 52

AROMATHERAPIE

BEWERTUNG
FORSCHUNG
FACHURTEIL
THERAPEUT
SELBSTHILFE
VERTRÄGLICHKEIT

VORLÄUFER DER HEUTIGEN AROMATHERAPIE waren in vielen alten Kulturen bekannt und beliebt. Dabei kombinierte man bekannte Heilpflanzen und traditionelle Ölmassagen. Die heutige Form beruht zum großen Teil auf medizinischen Forschungen in Frankreich, wo ätherische Öle manchmal als Alternative zu herkömmlichen Medikamenten verschrieben werden. Außerhalb Frankreichs wurde die Aromatherapie zuerst als Schönheitsbehandlung in der Kosmetik bekannt; ihre therapeutische Wirkung wird erst seit kurzem gewürdigt.

ANWENDUNG

- Schlaflosigkeit und Kopfschmerzen
- Ekzeme, Akne
- Verdauungsstörungen
- Asthma
- Erkältungen
- Blasenentzündung
- Schwangerschaft
- Menstruationsprobleme

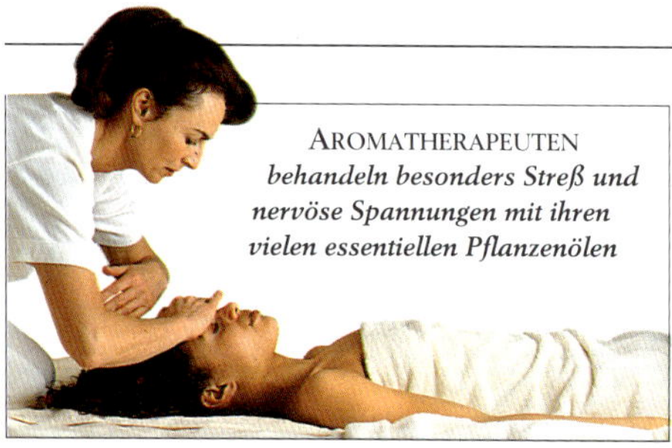

AROMATHERAPEUTEN *behandeln besonders Streß und nervöse Spannungen mit ihren vielen essentiellen Pflanzenölen*

GESCHICHE

Heilkräuterrezepte gegen Krankheiten und für Wohlbefinden und Schönheit gab es schon in den ältesten Kulturen. Die Ägypter benutzten sie zur Einbalsamierung ihrer Toten, und die Bibel berichtet, daß Moses ein gesalbtes Öl aus Myrrhe, Kalmus, Zimt und Kassie herstellte.

Anfangs legte man die Heilkräuter in Rhizinus- oder Olivenöl ein, aber schon 1000 n.Chr. entwickelte der persische Arzt und Philosoph Ali Ibn Sina (oder Avicenna) die Destillationsmethode, so wie wir sie heute kennen. Mit den Kreuzrittern kam sie nach Europa, wo ätherische Öle im Mittelalter als Medizin und Parfum gefragt waren.

1910 verbrannte sich der französische Chemiker Réné Maurice Gattefossé zufällig seine Hand. Er behandelte die Brandwunde mit Lavendelöl, und sie heilte erstaunlich schnell und fast narbenfrei ab. Daraufhin forschte er weiter. Sein Werk wurde 1936 veröffentlicht und in den 60er Jahren von Dr. Jean Valnet (siehe S. 65) und der Biochemikerin und Kosmetikerin Marguerite Maury weiterentwickelt. Bald begannen französische Ärzte neben allopathischen Mitteln auch ätherische Öle zu verschreiben. Der weltweite Gebrauch als Ergänzung zu herkömmlichen Medikamenten ist jedoch noch sehr begrenzt.

GRUNDSÄTZLICHES

Ätherische Öle werden aus Pflanzenteilen und bestimmten Bäumen gewonnen. Die häufigste Methode des Extrahierens ist Destillation (das Erhitzen der Pflanze, bis sie verdampft ist), weitere Formen sind Einweichen (siehe unten), Auspressen (die Rinde einer Zitrusfrucht wird zur Gewinnung von Öl zerdrückt) und „Enfleurage" (eine selten benutzte Methode, bei der Pflanzen auf eingefettete Glasplatten gepreßt werden).

Pflanzliche Öle können weiter chemisch zerlegt werden, wie z. B. in Alkohole, Ketone und Phetone, die eine therapeutische Wirkung haben sollen. Daher ist das Wissen über chemische Prozesse ein wichtiger Teil in der Ausbildung zum Aromatherapeuten; besonders da viele Pflanzen bei Mißbrauch Giftstoffe entwickeln.

Der Duft eines ätherischen Öls wirkt auf den Hypothalamus, der das Hormonsystem reguliert; theoretisch kann also ein Duft Libido, Gemüt, Stoffwechsel und Streß beeinflussen.

NACHWEIS & FORSCHUNG

Nur wenig Studien bestätigen klinische Reaktionen auf ätherische Öle. Es bleibt ungeklärt, wie Ölmoleküle in die Organsysteme eindringen. Aber für ihre psychologische Duftwirkung gibt es überzeugende Beweise, u.a. von der Smell und Taste Treatment and Research Foundation in Chicago. Britische Wissenschaftler entdeckten 1993, daß Epileptiker weniger Anfälle hatten, wenn sie sich mit ätherischen Ölen entspannen konnten.

Versuche von 1994 am Middlesex Hospital in London belegen, daß sich Herzpatienten nach einer Massage mit verdünntem Neroliöl ruhiger fühlten als nach einer Behandlung mit Pflanzenöl allein. Zu ähnlichen Ergebnissen kam man bei einer Studie mit Krebspatienten am Royal Marsden Hospital in London – zu den angewandten Ölen zählten Muskatnuß, Neroli und Baldrian.

In einer Studie von 1993 an Krebspatienten erwies sich eine Lavendelsorte wirksamer als andere, ein Beweis, daß der Patient nicht nur auf die Massage reagiert.

***Dieser Stich** aus dem 18. Jahrhundert zeigt die kommerzielle Produktion von Rosenöl in Grasse in Südfrankreich*

***Bei der Maceration,** der Einweichung, wird das Pflanzenmaterial in heißes Öl gelegt und gibt Duft und Essenz an das Öl ab*

THEORIE DER AROMATHERAPIE

Theoretisch gelangen ätherische Öle entweder während einer Massage durch die Hautporen in den Körper, oder man inhaliert sie durch die Nase. Dabei sollen Ölmoleküle über die Blutbahnen zum Nervensystem transportiert werden und auf das Wohlbefinden einwirken.

DER GERUCHSSINN

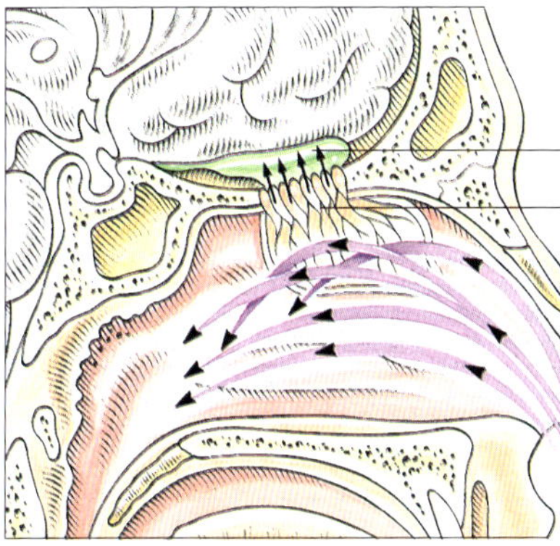

Winzige Riechfäden, sogenannte Geruchsrezeptoren, nehmen die Duftmoleküle auf. Diese stimulieren den Riechkolben, der mit den Riechzentren im Gehirn verbunden ist

DAS GEHIRN

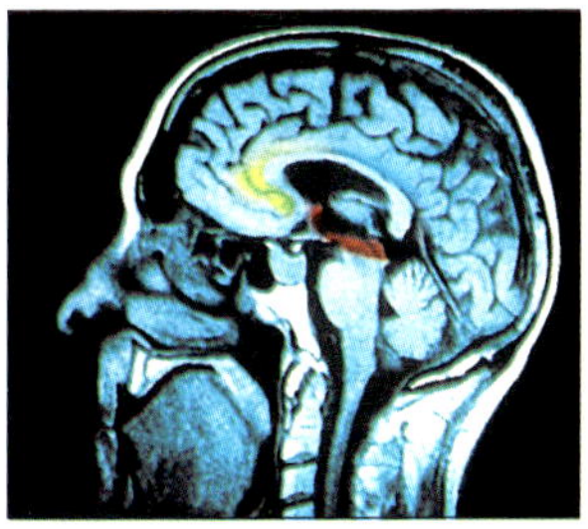

Dieses Foto zeigt, wie ein Duft die Riechzentren im Gehirn stimuliert: den Hippokampus (rot) und den Thalamus (gelb). Beide sind mit dem Hypothalamus verbunden, der die Stimmung beeinflußt

FACHURTEIL

Die Aromatherapie wird zwar immer stärker bei der stationären Pflege in Kliniken und Hospizen verwendet, aber viele Ärzte schätzen ihren Nutzen nicht höher als den einer therapeutischen Massage. Für sie gibt es zuviel widersprüchliche Aussagen über Eigenschaften und Verwendungsmöglichkeiten von Pflanzen. Menschen reagieren sehr persönlich auf Düfte, daher sind individuelle Assoziationen zu beachten. Glaubt ein Patient an die belebende Wirkung von Rosmarin, wird er sich nach einer solchen Massage auch entsprechend motiviert fühlen.

Ärzte erkennen zwar, daß ein tiefes, wohliges Gefühl der Entspannung mit einem ganz bestimmten Duft verbunden sein kann, und verstehen, daß ein Patient sich beruhigter fühlt und sich schneller erholt, wenn er diesen Duft in seinem Haus riecht. Trotzdem erhoffen sich die Ärzte noch mehr überzeugende Beweise über die Wirkstoffe ätherischer Öle.

GEBRÄUCHLICHE ÄTHERISCHE ÖLE

Hier ist eine Auswahl der beliebtesten Düfte. Meist werden ätherische Öle mit einem Trägeröl verdünnt, z. B. mit Aprikosenkern-, Sonnenblumen- oder Süßmandelöl. Eine Verdünnung besteht aus 10 Tropfen ätherischem Öl und 20 ml Trägeröl. Für empfindliche Haut und bei Schwangerschaft sind 5 Tropfen ätherisches Öl auf 20 ml Trägeröl zu empfehlen.

ÖL	WIRKUNG	ANWENDUNG	VORSICHT *siehe auch Seite 64 und 52*
Echte Kamille	◆ entkrampfend ◆ beruhigend ◆ entzündungshemmend ◆ antiallergisch	◆ Verdauungsschwäche, Blähungen, Koliken ◆ Nervöse Spannungen: Schlafstörungen, Kopfschmerzen, PMS ◆ Hautprobleme: Akne, Ekzem ◆ Allergien: Heuschnupfen, Asthma	◆ nicht bei Schwangerschaft benutzen ◆ kann manchmal zu Hautentzündungen führen
Wiesensalbei	◆ entkrampfend, ◆ schmerzlindernd ◆ beruhigend	◆ Verdauungsbeschwerden: Verdauungsschwäche, Blähungen ◆ Frauenleiden: Menstruationsschmerzen, PMS ◆ Spannungen: Depression, Ängstlichkeit, geistige Erschöpfung	◆ nicht bei Schwangerschaft benutzen, außer zur Weheneinleitung ◆ kein Alkohol gleichzeitig
Lavendel	◆ beruhigend ◆ antidepressiv ◆ entkrampfend ◆ antiseptisch	◆ Atemnot, Herzklopfen, Kopfschmerzen ◆ Durchfall, Koliken, Verdauungsschwäche, Blähungen ◆ Hautprobleme: Akne, Verbrennungen, Insektenstiche	
Pfefferminze	◆ entkrampfend ◆ beseitigt Blähungen ◆ und Blutandrang	◆ Verdauungsbeschwerden: Verdauungsschwäche, Blähungen, verdauungsbedingte Kopfschmerzen und Migräne ◆ Atemwegsentzündungen: Katarrhe	◆ nur in niedriger Verdünnung nehmen ◆ nicht für Kinder unter 12 Jahren ◆ nicht in Verbindung mit homöopathischen Mitteln nehmen
Rosmarin	◆ belebend ◆ beseitigt Blutandrang ◆ schmerzlindernd	◆ Kreislaufprobleme, Muskelziehen und -schmerzen ◆ Atembeschwerden: verstopfte Nasennebenhöhlen, Katarrh ◆ Verdauungsschwäche, Blähungen, Darmentzündung ◆ Kopfschmerzen, geistige Erschöpfung, PMS	◆ nicht bei Schwangerschaft benutzen; auch nicht bei hohem Blutdruck oder Epilepsie
Sandelholz	◆ beruhigend ◆ antiseptisch ◆ beseitigt Blutandrang	◆ Nervöse Spannungen: Depression, Schlafstörungen ◆ Probleme im Urogenitalbereich: Blasenentzündung ◆ Hautprobleme: Akne, Ekzem ◆ Halsschmerzen, Kehlkopfentzündung, Bronchitis	
Teebaum	◆ antiseptisch ◆ beseitigt Pilze ◆ und Bakterien	◆ Atemwegsbeschwerden: Husten, Erkältungen, Katarrh ◆ Frauenleiden, Blasenentzündungen, Mundfäule ◆ Hautprobleme: Akne, Fieberblasen, Fußpilz, Insektenstiche	

KONSULTATION EINES THERAPEUTEN

Bei Ihrem ersten Besuch wird sich ein Therapeut nach Krankengeschichte und Lebensweise erkundigen. Dazu gehören auch Hautbild, Ernährung, Schlafgewohnheiten und Fitneß. Er wird fragen, ob die Behandlung ein bestimmtes Gesundheitsproblem erleichtern oder eher der allgemeinen Belebung dienen soll. Entweder trifft der Aromatherapeut dann selbst die Wahl der Öle oder lädt Sie ein, sich die Düfte herauszusuchen, die Ihnen am besten gefallen. Ein ausgebildeter Therapeut verwendet nur gute Öle ohne synthetische Zusätze, die den Eigenschaften des Öls schaden könnten. Die ätherischen Öle werden entweder mit einem pflanzlichen Trägerstoff verdünnt, wie z. B. Mandel- oder Grapefruitkernöl, oder zur äußerlichen Anwendung mit einer Lotion oder Creme vermischt.

Manche Therapeuten benutzen auch Akupressurtechniken, aber eigentlich stützt sich die Therapie auf die Schwedische Massage (siehe S. 57) mit dem Ziel, Körperverspannungen zu lösen und den Kreislauf zu verbessern. Die Therapeuten sind der Ansicht, daß die Ölmoleküle durch die Massage besonders gut das Nervensystem erreichen. Sie wirkt auch auf das lymphatische System, das zuständig ist für die Ausscheidung von Stoffwechselresten.

Bei Inhalationsempfehlungen wird Ihnen der Therapeut entsprechende Öle bzw. Mischungen mitgeben.

Für Massage und Hautpflege *werden ätherische Öle mit einem pflanzlichen Trägeröl vermischt. Diese Verdünnung sollte innerhalb einiger Monate verbraucht werden, sonst verlieren sich die therapeutischen Wirkstoffe*

VORSICHT!

- Bei Asthma oder Neigung zu Nasenbluten vorsichtig mit Inhalationen umgehen
- Fragen Sie Ihren Therapeuten bei Schwangerschaft, Epilepsie oder Bluthochdruck
- Öle nie oral einnehmen
- Die Haut sollte nie mit reinen ätherischen Ölen in Berührung kommen (außer Lavendelöl bei Verbrennungen und Teebaumöl bei Insektenstichen). Öle auch nicht in der Nähe des Ohres auftragen
- Halten Sie ätherische Öle von Kindern und von offenen Flammen fern
- Siehe auch Massage (S. 58) und Seite 52

IHRE FRAGEN

Wie lange dauert eine Behandlung?
Eine Ganzkörpermassage 60 Minuten, eine Gesichtsmassage 30 Minuten.

Wie viele Behandlungen brauche ich?
So viele Sie mögen.

Kann es unangenehm sein?
Die Massage darf nicht schmerzen; sprechen Sie mit dem Therapeuten.

Gibt es Nachwirkungen?
Vielleicht sind sie kurz danach müde oder spüren ein Muskelziehen.

GESICHTSBEHANDLUNG MIT AROMATHERAPIE

Für viele Menschen ist das die erste Begegnung mit dieser Therapieform. Nach der Hautreinigung legt der Therapeut oder die Therapeutin vielleicht ein heißes Gesichtstuch auf, um die Poren für eine Massage mit duftenden Ölen oder Cremes zu öffnen.

1 Zuerst entspannt die Therapeutin das Gesicht. Dazu streicht eine Handfläche nach der anderen mit leicht rollender Bewegung sanft die Stirn hinauf. Diese entspannende Grundbewegung kann jederzeit während der Gesichtsmassage wiederholt werden

Die Handflächen werden über die Stirn nach oben gerollt

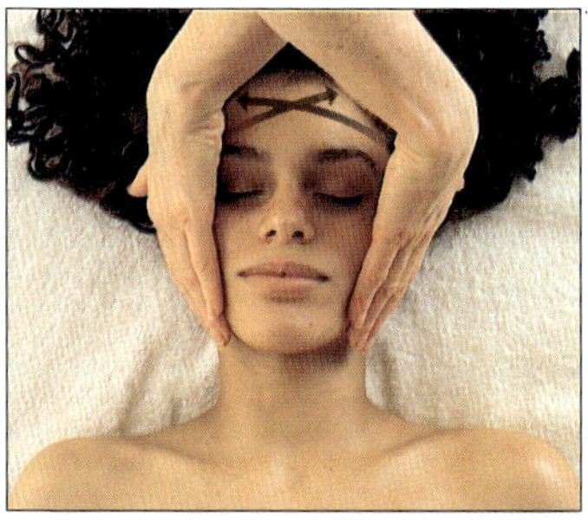

2 Um Spannungen zu lösen, streicht die Therapeutin von der Stirnmitte in kreisenden Bewegungen zum Kinn hinunter und mit überkreuzten Händen wieder zurück. Diese Sequenz wird ein paarmal wiederholt

3 Die Kiefermuskulatur ist oft sehr verspannt und kann durch eine Knöchelmassage gelockert werden. Dabei arbeitet die Therapeutin rhythmisch kreisend von den Wangen nach außen zu den Kiefergelenken

SELBSTHILFE

Sie sollten nur reine ätherische Öle ohne chemische Zusätze verwenden. Achten Sie auf die Verdünnungsanleitung. Öle können auch inhaliert werden, in einer Duftlampe verdampfen oder als Badeöle verwendet werden. Inhalationen sind sehr wirksam, da die Riechfäden der Nase direkt mit dem Gehirn verbunden sind. Öle eignen sich für die Hautpflege und gegen Atemwegsbeschwerden. Bei Asthma ist Vorsicht geboten! Duftlampen und -bäder können beruhigen oder beleben, je nach Wahl des Öls.

Inhalationen: *Geben Sie 4 Tropfen Öl (2–3 bei Pfefferminz oder Eukalyptus) in eine Schüssel mit dampfendem Wasser. Legen Sie ein Handtuch über Ihren Kopf, und beugen Sie sich mit geschlossenen Augen max. 10 Minuten darüber. Sie können auch 4 Tropfen Öl auf ein Tuch geben und daran riechen. Nicht aus der Flasche inhalieren!*

Duftbäder: *Geben Sie 6 Tropfen Öl in ein warmes Bad, und entspannen Sie sich mindestens 10 Minuten darin. Hierzu eignen sich besonders Geranium, Lavendel, Sandelholz und Neroli. Rosenblüten bilden eine schöne Ergänzung*

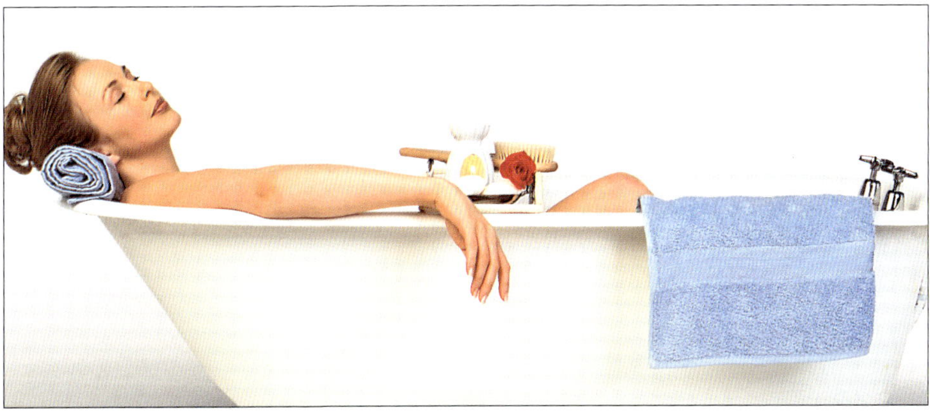

Duftlampen: *Geben Sie 2–3 Tropfen eines ätherischen Öls in eine Schale mit etwas Wasser, und stellen Sie ein brennendes Teelicht darunter*

Medizinische Aromatherapie

Im Gegensatz zur Aromatherapie werden Öle hier zur oralen Einnahme verschrieben, ähnlich wie bei den Phytotherapeuten. Die Öle sind durch Destillation konzentriert, sollen wirksamer sein als Heilkräuter.

In Frankreich *werden sogar Knoblauch-, Zimt- und Ingweröl als Antibiotika eingenommen*

GESCHICHTE

Die Untersuchung von Eigenschaften und Wirkstoffen ätherischer Öle ist ein relativ junger Zweig der medizinischen Wissenschaft. Er wird Medizinische Aromatherapie genannt oder Aromatologie. Ätherische Öle wurden zwar bereits im ersten Weltkrieg bei Verwundeten benutzt, aber erst in den 60er Jahren erforschten französische Ärzte wie Dr. Jean Valnet ihren Einsatz bei Verbrennungen, Krebs, Diabetes und Tuberkulose. Heute werden ätherische Öle von vielen französischen Ärzten verschrieben; in England, Australien und Neuseeland wächst das Interesse an ihnen.

BESUCH BEIM THERAPEUTEN

Die Diagnose beruht auf einer ausführlichen Anamnese und einer genauen medizinischen Untersuchung. Verschrieben werden ätherische Pflanzenöle, die entweder oral, rektal oder vaginal genommen oder inhaliert bzw. einmassiert werden. In einigen französischen Krankenhäusern benutzt man ein Aromatogramm, eine Labortechnik zur Ermittlung des richtigen Öls für bestimmte Krankheitsbilder.

BEWERTUNG
FORSCHUNG
FACHURTEIL
THERAPEUT
SELBSTHILFE
VERTRÄGLICHKEIT

ANWENDUNG

- Entzündungen im Urogenitaltrakt: Blasenentzündungen, Mundfäule
- Verstopfung
- Hautprobleme
- Streß, Ängstlichkeit (besonders nach Operationen)
- Schlafstörungen
- Depression

FACHURTEIL

Außerhalb Frankreichs ist diese Methode selten anzutreffen. Die Einnahme von Pflanzenauszügen wird von Ärzten mit Vorsicht betrachtet. Zur Zeit behandelt ein medizinischer Aromatherapeut mit französischer Ausbildung im britischen National Health Service Allgemeinbeschwerden.

VORSICHT!

- Die Einnahme ätherischer Öle sollte nur unter medizinischer Aufsicht erfolgen
- Siehe auch Aromatherapie (S. 64) und Seite 52

FUSSREFLEXZONENMASSAGE

BEWERTUNG
FORSCHUNG
FACHURTEIL
THERAPEUT
SELBSTHILFE
VERTRÄGLICHKEIT

FUSSMASSAGEN hat es schon immer gegeben, aber diese Therapie soll sie mehr als nur entspannen können. Füße und Hände sollen den Körper widerspiegeln, und der Druck auf einen bestimmten Reflexpunkt am Fuß soll zu der entsprechenden Körperzone weitergeleitet werden und dort die natürlichen Selbstheilungskräfte stimulieren. Alle Teile des Fußes (seltener der Hand) werden massiert, und damit auch der ganze Körper. Diese Methode ist in der ganzen Welt unter dem Namen Reflexologie populär und wird oft in Verbindung mit Aromatherapie und Naturheilkunde angewendet.

ANWENDUNG

- Bluthochdruck
- Streß, Ängstlichkeit
- Schlafstörungen, Migräne
- Asthma, Sinusitis
- Ekzem, Psoriasis
- Wundheilung
- Rückenschmerzen
- Schmerzlinderung
- Regelprobleme
- Verstopfung

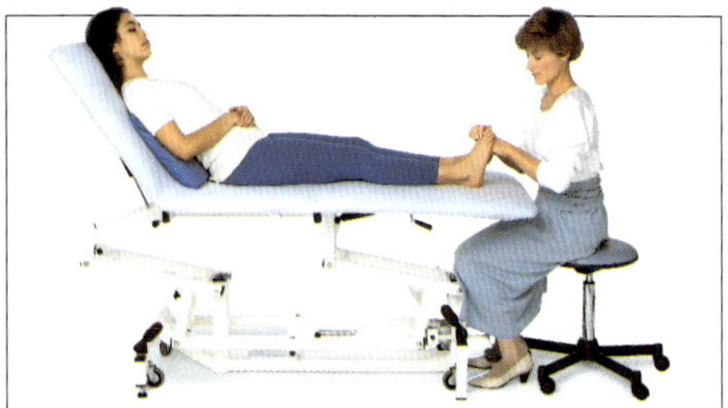

DURCH DRUCK AUF PUNKTE AM FUSS *werden die natürlichen Heilkräfte des Körpers über Nervenimpulse stimuliert*

GESCHICHTE

Diese alte Heilmethode soll vor 5000 Jahren in China entstanden sein. Auch auf alten ägyptischen Grabmalereien sieht man Männer beim Massieren.

Dr. William H. Fitzgerald, ein amerikanischer HNO-Arzt, führte 1915 den Begriff „Zonentherapie" (siehe rechts) ein. Er behauptete, durch Druck auf Hände, Mund und Füße Symptome erleichtern und diese Bereiche betäuben zu können.

In den 30er Jahren entwickelte die amerikanische Physiotherapeutin Eunice Ingham daraus die „Ingham Reflex Method of Compression Massage", mit der alle Körperbereiche durch Druck auf entsprechende Fußzonen behandelt werden können. Sie legte die Reflexpunkte fest und entwickelte Stimulationstechniken.

Eine ihrer Schülerinnnen, Doreen Bayley, brachte diese Massage in den 60er Jahren nach England, wo sie immer beliebter wurde. FRZ wird in Schmerz- und Krebskliniken eingesetzt sowie auf Intensivstationen für Neugeborene. In den USA hat sie sich besonders bei der Behandlung von Herzerkrankungen und Gehirnverletzungen als sehr wirksam erwiesen.

GRUNDSÄTZLICHES

Nach Dr. Fitzgeralds Theorie korrespondieren Bereiche der linken Körperseite mit Reflexpunkten auf dem linken Fuß bzw. linken Hand und umgekehrt (siehe gegenüber). Eunice Ingham entwickelte daraus die heutige Fußreflexzonenmassage mit einer „Landkarte" der Füße und Hände, den Druckpunkten und ihren korrespondierenden Körperzonen (siehe gegenüber).

Ihrer These nach lagern sich kristalline Stoffwechselreste wie Harnsäure und Kalzium um die Punkte herum ab, die mit der Massage zerkleinert werden. Das befreit den „Energiefluß" entlang der Zonen, löst blockierte Nervenbahnen und fördert die Entgiftung.

Die Theorie von Energiezonen und Punkten scheint den Meridianen in der chinesischen Medizin (siehe S. 91) zu ähneln, aber die meisten FRZ-Therapeuten betrachten sie als zwei unterschiedliche Systeme. Heute gibt es mehrere Karten mit kleinen Unterschieden; sie beruhen jedoch alle auf dem gleichen Grundprinzip.

Neben Körperorganen sollen sich auch die Gefühle in den Füßen widerspiegeln, d. h. daß auch Menschen mit Gefühlsproblemen sollen gut auf diese Methode ansprechen. Am wirksamsten soll sie bei Organstörungen und streßbedingten Erkrankungen wie Kopfschmerzen, Verstopfung und Verspannung sein.

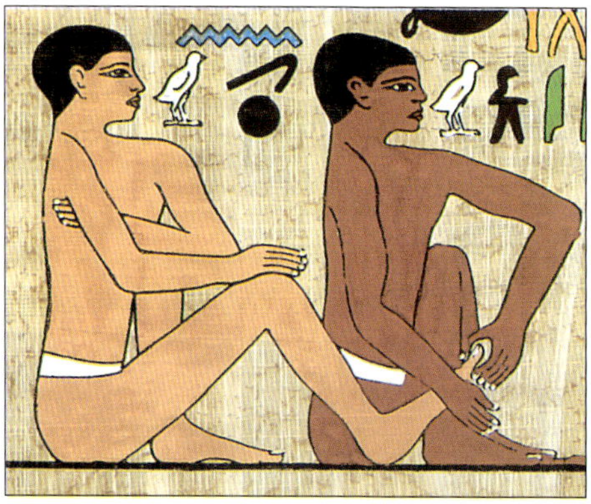

***Die alten Ägypter** behandelten sich schon vor 4000 Jahren mit einer Art Fußmassage, wie hier auf dem Deckengemälde des Grabmals eines Arztes in Sakkara zu sehen ist*

NACHWEIS & FORSCHUNG

Über 100 Störungen sollen auf diese Massage ansprechen; wissenschaftliche Beweise sind rar, da nur wenig Versuche durchgeführt wurden.

Aus einer amerikanischen Studie von 1991 an der University of California, Los Angeles, geht hervor, daß sich PMS-Symptome bei Frauen, die wöchentliche Reflexzonenmassagen erhielten, um 62 Prozent verringerten.

FACHURTEIL

Bis heute gibt es keinen Beweis für die Theorie von Zonen und Energiekanälen; für die entspannende Wirkung einer Massage hingegen viele. 7200 Nervenbahnen enden an jedem Fuß, und nach Meinung vieler Ärzte wirkt ein Druck auf diese Punkte entspannend.

Sie glauben auch, daß die Massage stark verspannter Fußmuskeln die Durchblutung fördert, d. h. Nährstoffe und Sauerstoff schneller in die Zellen gelangen und Stoffwechselreste schneller ausgeschieden werden. Solange der Arzt über Symptome informiert wird, ist diese Massage ungefährlich und hilfreich.

THEORIE DER FUSSREFLEXZONENMASSAGE

Bei körperlichen Störungen sollen sich kristalline Ablagerungen an dem entsprechenden Reflexzonenpunkt ansammeln und ihn berührungsempfindlich machen. Je größer der Schmerz, desto ernster ist die Störung.

Rissige Haut, Hühneraugen, Schwielen und Entzündungen sind für den FRZ-Therapeuten äußerer Ausdruck innerer Probleme in den entsprechenden Körperzonen.

DIE ZONEN

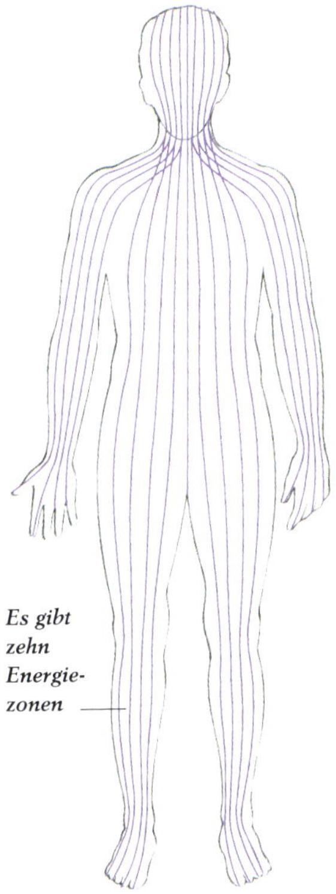

Nach Dr. Fitzgerald fließt die Energie durch zehn senkrechte Zonen von den Füßen zum Kopf und von den Armen zu den Händen. Durch Druck auf einen Punkt werden Organe, Drüsen, Knochen und Muskeln innerhalb dieser Körperzone behandelt

REFLEXPUNKTE AUF DEN FUSSOHLEN

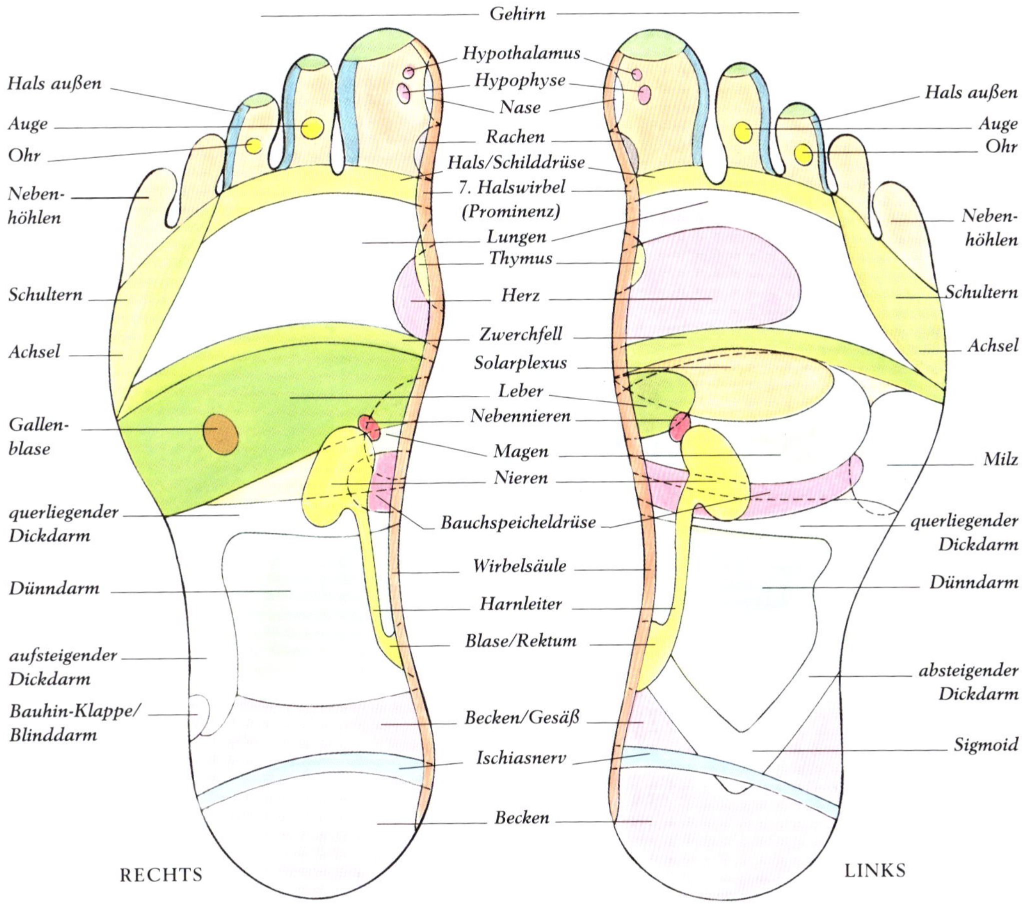

Nach Eunice Ingham spiegelt sich jeder Körperbereich in einer bestimmten Zone oder in einem Reflexpunkt an Händen und Füßen wider. Zum besseren Verständnis dieser Punkte entwickelte sie eine „Landkarte"

FUSSRÜCKEN

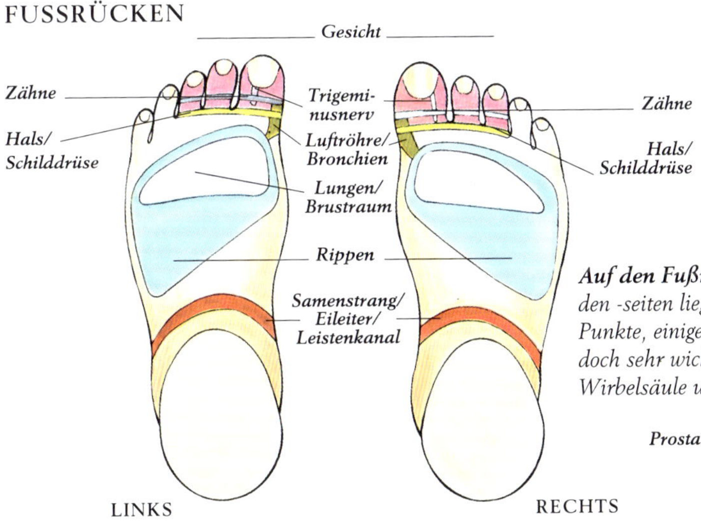

SEITENANSICHT

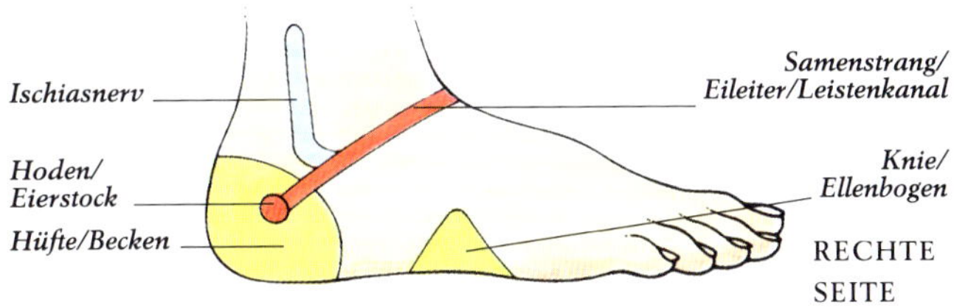

Auf den Fußrücken und an den -seiten liegen weniger Punkte, einige davon sind jedoch sehr wichtig, wie die der Wirbelsäule und der Lungen

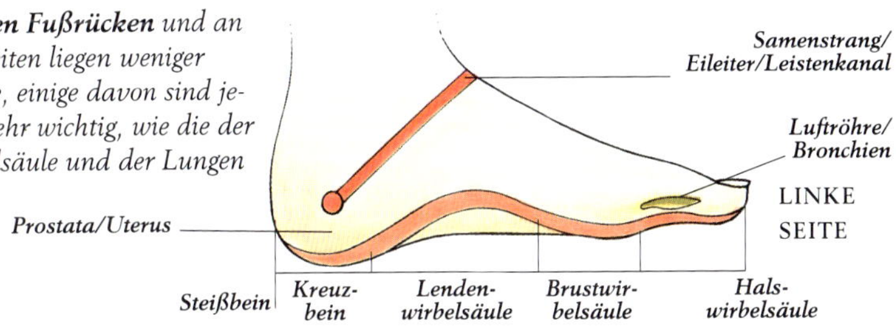

Konsultation eines Therapeuten

Zuerst werden vergangene bzw. aktuelle Krankheiten und Ihre Lebensweise besprochen. Nachdem Sie die Schuhe ausgezogen haben, werden Sie gebeten, auf einer Liege Platz zu nehmen und die Füße für eine Grunduntersuchung hoch zu legen. Während der Massage aller Reflexzonenpunkte wird sehr aufmerksam auf Schmerzreaktionen oder Berührungsempfindlichkeit geachtet. Ursache hierfür sind kristalline Ablagerungen unter der Haut, die Hinweise auf eine Störung in der korrespondierenden Körperzone geben; je größer diese ist, desto empfindlicher reagiert der Patient auf diesen Punkt. Solche Schmerzpunkte werden besonders lange massiert, um Ablagerungen zu lösen und den Energiefluß zu befreien. Vakuflex-Reflexzonenmassage ist eine verwandte Methode, bei der die Reflexzonenpunkte mit einer Unterdruckpumpe und Spezialstiefeln bzw. Schröpfgläsern auf bestimmten Körperbereichen stimuliert werden.

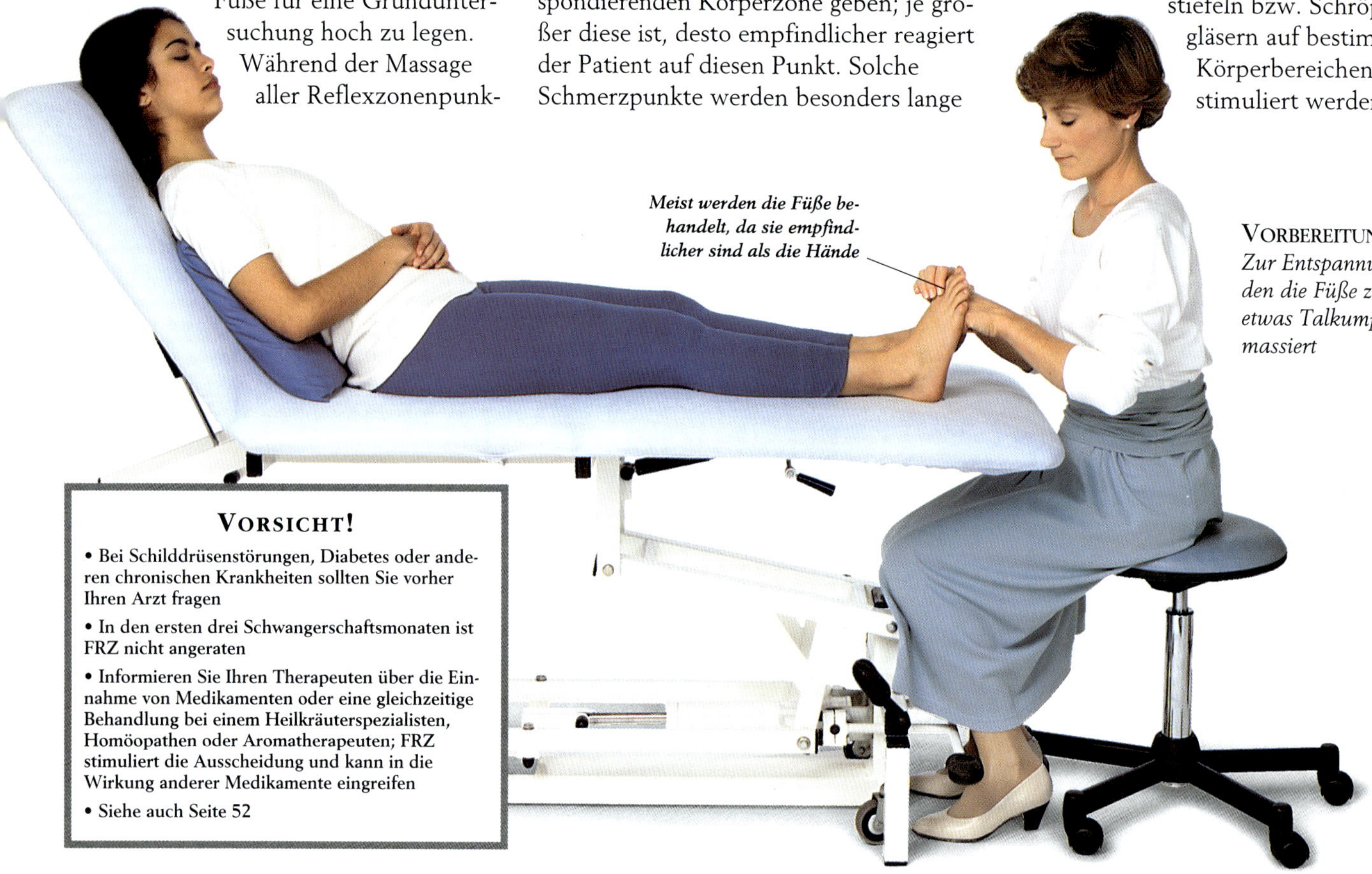

Meist werden die Füße behandelt, da sie empfindlicher sind als die Hände

Vorbereitung
Zur Entspannung werden die Füße zuerst mit etwas Talkumpuder massiert

Vorsicht!

- Bei Schilddrüsenstörungen, Diabetes oder anderen chronischen Krankheiten sollten Sie vorher Ihren Arzt fragen
- In den ersten drei Schwangerschaftsmonaten ist FRZ nicht angeraten
- Informieren Sie Ihren Therapeuten über die Einnahme von Medikamenten oder eine gleichzeitige Behandlung bei einem Heilkräuterspezialisten, Homöopathen oder Aromatherapeuten; FRZ stimuliert die Ausscheidung und kann in die Wirkung anderer Medikamente eingreifen
- Siehe auch Seite 52

Behandlung

Nach einer Entspannungsphase werden die Punkte des ganzen Fußes mit Händen und Daumen stimuliert. Zu den angewandten Techniken gehört auch die „Raupenbewegung", mit der man sich sanft Punkt für Punkt vorarbeitet: Die Daumenkuppen fahren über die Haut, drücken und lassen wieder los, bevor sie ein Stück weiter die Bewegung wiederholen. Eine weitere Technik ist die „Baggerbewegung", die u.a. beim Druck zwischen den einzelnen Zehen angewendet wird.

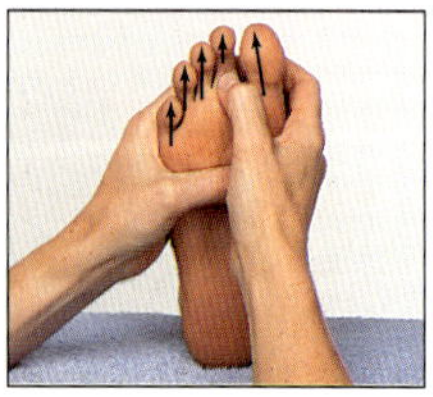

Nebenhöhlen: *Mit Raupenbewegungen arbeitet sich der Daumen von jedem Zehengrundgelenk bis zur Zehenspitze hinauf. Diese Bewegung wird einige Male wiederholt, um Blutandrang und Schmerzen zu lindern*

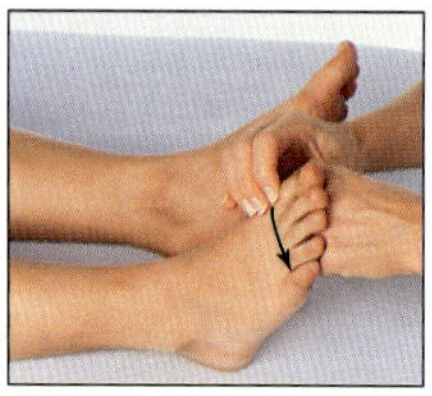

Hals und Schilddrüse: *Die Therapeutin arbeitet mit ihrem Daumen unter den ersten drei Zehen jedes Fußes. Danach massiert sie mit dem Zeigefinger über den Fußrücken, um Hals und Schilddrüse zu stimulieren*

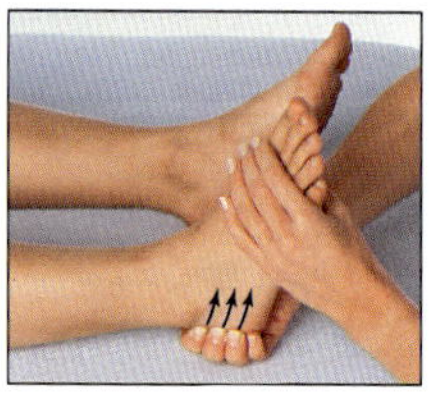

Hüfte und Becken: *Alle vier Finger massieren von der Fußsohle die Außenkante der Ferse hinauf. Der Fuß wird von der anderen Hand gestützt, damit sich die Muskulatur entspannen kann und Gelenkentzündungen gelindert werden*

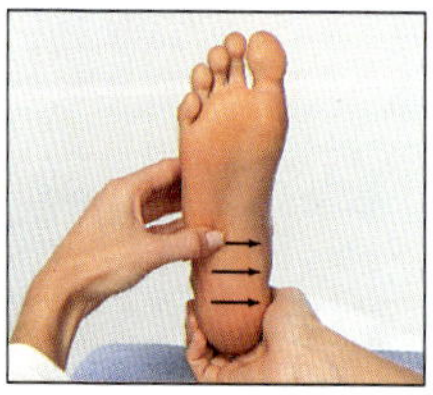

Dickdarm und Dünndarm: *Der Daumen schiebt ein paarmal mit Raupenbewegungen über die untere Hälfte der rechten Fußsohle. Danach wiederholt er das gleiche am linken Fuß. Das stimuliert den Verdauungstrakt*

Ihre Fragen

Wie lange dauert eine Behandlung?
Gewöhnlich 45–60 Minuten.

Wie viele Behandlungen brauche ich?
Je nach Problem können mehrere wöchentliche Behandlungen nötig sein.

Kann es unangenehm sein?
Ein Reflexzonenpunkt kann berührungsempfindlich sein. Der Therapeut paßt seinen Druck Ihrer Sensibilität an. Kitzeligkeit stellt kein Problem dar.

Gibt es Nachwirkungen?
Es kann zu einer „Heilungskrise" (z. B. Husten oder Hautausschlag) kommen, bei der nach Ansicht der Therapeuten der Körper Gifte ausscheidet, die durch die Massage gelöst wurden.

Patientenerfahrung

Miranda, 35, ist Landschaftsgärtnerin: „Nach einem traumatischen Jahr, in dem meine Mutter starb, mein Mann arbeitslos wurde und wir unser Haus verkaufen mußten, bekam ich ein Symptom, das als nervöse Darmbeschwerden diagnostiziert wurde. Die Ärzte waren hilflos; also versuchte ich eine FRZ-Massage in einem nahen Zentrum für Naturheilkunde. Meine erste Behandlung war ziemlich schmerzhaft, ich bekam Kopfschmerzen. Nach ein paar Wochen wurde es besser, die Symptome brauchten länger, um wiederzukommen, schließlich waren sie ganz verschwunden."

SELBSTHILFE AN DEN FÜSSEN

Der Fuß ist empfindlicher als die Hand. Zur Selbsthilfe können nur begrenzte Techniken angewandt werden. Die Innenkante korrespondiert mit der Wirbelsäule, daher kann eine Massage beider Füße in diesem Bereich bei Rückenschmerzen und -verspannungen helfen.

SELBSTHILFE

FRZ-Therapeuten arbeiten meist an den Füßen, da sie sensibler sind, aber für die Selbsthilfe eignen sich die Hände besser. Handmassage ist jederzeit – am Arbeitsplatz oder im Zug – möglich, um Streß oder Schmerzen zwischen zwei Fußmassage-Terminen zu behandeln.

SELBSTHILFE AN DEN HÄNDEN

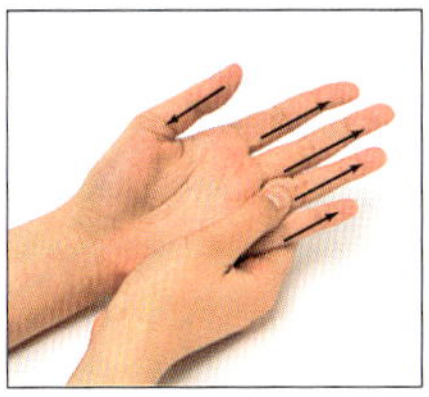

Nebenhöhlen: *Arbeiten Sie mit dem Daumen in wiederholten Raupenbewegungen jeden Finger hinauf und jeden Daumen hinunter, um den Blutandrang zu lindern*

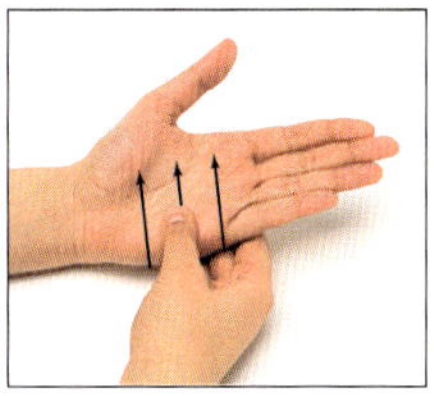

Darm: *Arbeiten Sie mit Ihrem Daumen siebenmal über die Handfläche. So werden Darm und Dünndarm stimuliert, und nervöse Darmbeschwerden gelindert*

Die Metamorphische Methode

Diese sanfte Fuß-, Hand- und Kopfmassage versucht pränatale „körperliche und emotionale Blockaden" zu lösen. Dabei soll der Patient zu schöpferischen und positiven Veränderungen im Leben ermutigt werden.

GESCHICHTE

Der britische Naturarzt und Reflexzonentherapeut Robert St. John entwickelte diese Methode in den 60er Jahren bei seiner Arbeit mit lernbehinderten Kindern. Einer seiner Schüler, Gaston St.-Pierre, gründete 1979 in London die Metamorphic Association.

BESUCH BEIM THERAPEUTEN

Der Therapeut sieht sich als „Katalysator", der distanziert bleibt, keine Kommentare abgibt und auch keine Beratung anbietet. Wie bei der FRZ, aus der sie sich entwickelte, ist man hier auch der Ansicht, daß sich der Körper in Händen und Füßen widerspiegelt. Darüber hinaus wird behauptet, daß körperliche, emotionale und geistige Lebensmuster – und sogar zukünftige Erkrankungen – im Foetus in der Gebärmutter entwickelt werden und sich an Fuß- und Handkanten (Wirbelsäulenpunkte) zeigen. Heilungsversprechen werden nicht gegeben. Ziel dieser Methode ist die Förderung einer positiven Lebenseinstellung und die Unterstützung von „Transformationen", die eingefahrene Denk- und Verhaltensmuster lösen und Raum für Neues schaffen.

Für diese Behandlung ziehen Sie die Schuhe aus und machen es sich auf einem Stuhl bequem, während der Therapeut an jedem Fuß mit leichten Kreisbewegungen arbeitet und dabei den Fußkanten besondere Aufmerksamkeit schenkt. Der Vorgang wird an Händen und Kopf wiederholt. Viele Patienten berichten danach von einem Gefühl der Entspannung und Belebung.

BEWERTUNG
FORSCHUNG
FACHURTEIL
THERAPEUT
SELBSTHILFE
VERTRÄGLICHKEIT

ANWENDUNG
• Chronische Krankheiten • Körperliche und geistige Behinderungen

FACHURTEIL

Der Ansatz ist nicht bewiesen. Einige Ärzte sind skeptisch, ob Massage wirklich so tiefgehend wirken kann. Die Methode ist gefahrlos, solange dem Arzt mögliche Symptome mitgeteilt werden. Andere Ärzte meinen, es sei falsch, ohne Beweise Hoffnung auf Heilung chronischer Krankheiten zu erwecken.

VORSICHT!

• Siehe FRZ (Seite 68) und Seite 52

CHIROPRAKTIK

BEWERTUNG
FORSCHUNG
FACHURTEIL
THERAPEUT
SELBSTHILFE
VERTRÄGLICHKEIT

DIESE METHODE wurde Ende des 19. Jahrhunderts von Daniel D. Palmer entwickelt. Sie will Probleme der Wirbelsäule, Gelenke und Muskulatur manuell diagnostizieren und behandeln und dadurch das zentrale Nervensystem und die Organe gesund halten. Chiropraktiker gehen davon aus, daß der Körper sich selbst heilen kann, wenn seine Systeme harmonisch miteinander arbeiten. Wegen ihres Erfolges bei der Behandlung von Rückenleiden, Kopfschmerzen und Verletzungen ist Chiropraktik die gebräuchlichste Methode der westlichen alternativen Medizin.

ANWENDUNG

- Wirbelsäulenprobleme
- Muskel- und Gelenkprobleme
- Ischialgien
- Kopfschmerzen
- Magen-Darmbeschwerden
- Tinnitus, Schwindel
- Menstruationsschmerzen
- Asthma

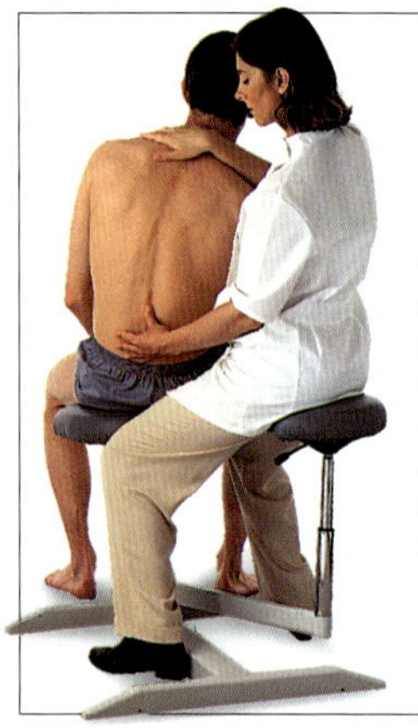

SORGFÄLTIG *werden Wirbelsäule und Wirbel untersucht, da die Wirbelsäule die „Verbindungsstraße" zwischen Gehirn und Körper ist*

GESCHICHTE

Chiropraktik, aus dem altgriechischen *cheiro* (Hand) und *praktikos* (tun), heißt wörtlich übersetzt „mit der Hand getan" oder „Manipulation". Eine manuelle Wirbelsäulenbehandlung gibt es schon seit Hippokrates im 5. Jahrhundert v. Chr; sie war in abgewandelter Form weltweit verbreitet, z. B. als „Rückenlaufen" bei den amerikanischen Indianern.

Die heutige Methode wurde 1895 von dem Kanadier D. Palmer entwickelt, der zur Bestätigung seiner Theorie seinen Hausverwalter damit behandelte, der nach einer Rücken- und Nackenverletzung 17 Jahre lang taub gewesen war. Dabei soll es zu einem „Klick" gekommen sein, und sein Patient konnte wieder hören.

Bereits Anfang der 20er Jahre hatte sich die Methode etabliert und breitete sich weltweit aus. Die Ärzte blieben jedoch skeptisch, und in den 60er Jahren verurteilte die American Medical Association (AMA) die Chiropraktik als „unwissenschaftliches Ritual". Es folgte ein zwölfjähriger Gerichtsprozeß, den die AMA schließlich 1987 verlor. Heute gehört Chiropraktik zum amerikanischen und auch deutschen Gesundheitswesen. Englische Chiropraktiker sammelten unterstützende wissenschaftliche Beweise und mit dem Chiropractors' Act von 1994 erhielten sie die staatliche Anerkennung als professionelle Gesundheitsmethode.

GRUNDSÄTZLICHES

Für den Chiropraktiker gleicht der Körper einer Maschine. Neben Motor, Schmierung und Verkabelung hat auch er eine mechanische Struktur: Knochen, Gelenke und Muskulatur. Kern dieser Maschine ist die Wirbelsäule, die Gehirn und Körper miteinander verbindet, d. h. daß jeder Wirbelsäulenschaden auch die Funktion anderer Körperteile beeinträchtigt.

Chiropraktiker sehen den Menschen nicht nur als eine Ansammlung von Muskeln, Nerven und Knochen. Sie behaupten, daß eine Behandlung streßbedingte Muskelverspannungen lösen kann, oder solche, die mit einer Organstörung (Darm, Uterus etc.) verbunden sind. Funktioniert die Skelettstruktur, regulieren natürliche Selbstheilungskräfte das gesamte System.

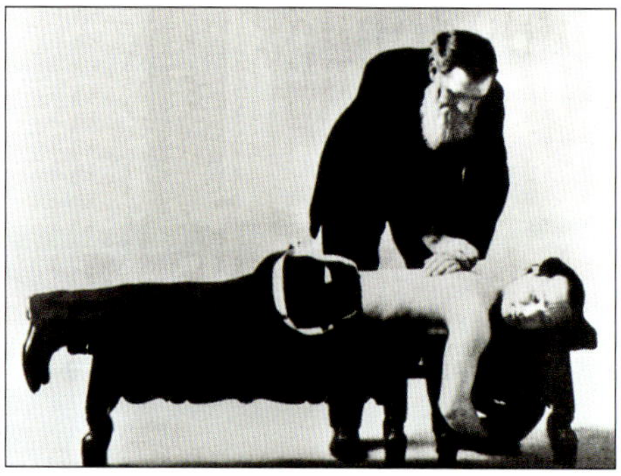

***1897 gründete** Palmer eine Chiropraktiker-Schule in den USA, aber die erste Arbeitserlaubnis wurde erst 1913 in Kansas ausgestellt*

NACHWEIS & FORSCHUNG

Erfolge von Chiropraktik bei akuten Problemen an der Lendenwirbelsäule sind hinreichend belegt.

1990 und 1995 berichtete das *British Medical Journal* von einer Studie an mehreren Krankenhäusern, bei der sich Patienten nach chiropraktischen Behandlungen schneller von ihren Problemen an der Lendenwirbelsäule erholten als nach einer konventionell ambulanten Pflege. In den Richtlinien der Clinical Standards Advisory Group von 1994 wird Chiropraktik den Ärzten zur Behandlung von Rückenproblemen empfohlen.

Das Australian Centre for Chiropractic Research bestätigte 1991, daß Chiropraktik bei Rückenschmerzen doppelt so wirksam ist wie Standardmethoden und daß damit bei Berufsverletzungen hohe Kosten gespart werden können. Zu ähnlichen Ergebnissen kamen das Florida Department of Labor, die Rand Corporation in Los Angeles (1992) und das kanadische Gesundheitsministerium in Ontario (1993).

FACHURTEIL

Dank der positiver Studienberichte in anerkannten Medizinjournalen sind Ärzte dieser Methode wohlgesonnen. Die meisten wissen jedoch sehr wenig darüber und integrieren sie nicht in ihre Arbeit. Außerhalb der USA ist die Mitarbeit eines Chiropraktikers in einem medizinischen Umfeld immer noch selten.

DIE THEORIE DER CHIROPRAKTIK

Die Wirbelsäule ist die wichtigste Stütze des Skeletts und schützt das Nervensystem, die Verbindung zwischen Gehirn und Körper. Haltungsschäden an der Wirbelsäule zeigen sich nicht nur in Rückenschmerzen, sondern können auch die gesamte Körperfunktion betreffen. Die Behandlung konzentriert sich auf Gelenkmanipulation und umfaßt ähnliche Techniken wie Osteopathie (siehe S. 77).

WIRBELSÄULE UND NERVENSYSTEM

***Das Rückenmark** ist die Verbindung zwischen Nerven und Körper. Eine Störung hier betrifft nicht nur Muskeln, Nerven und Bänder des Rückens, sondern auch die an Hals, Schultern, Armen und Beinen.*

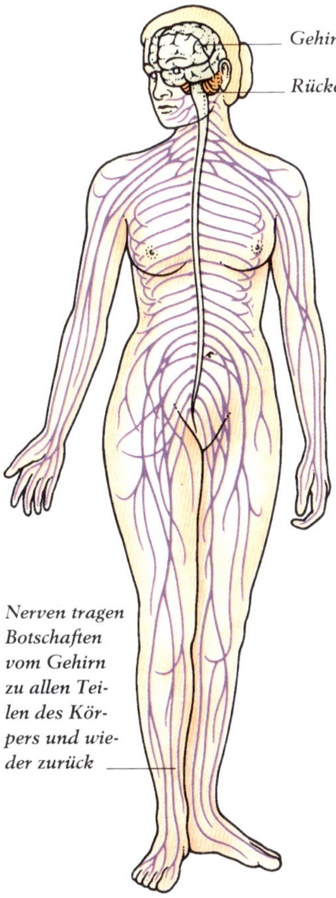

KÖRPERFUNKTIONEN & AUTONOMES NERVENSYSTEM

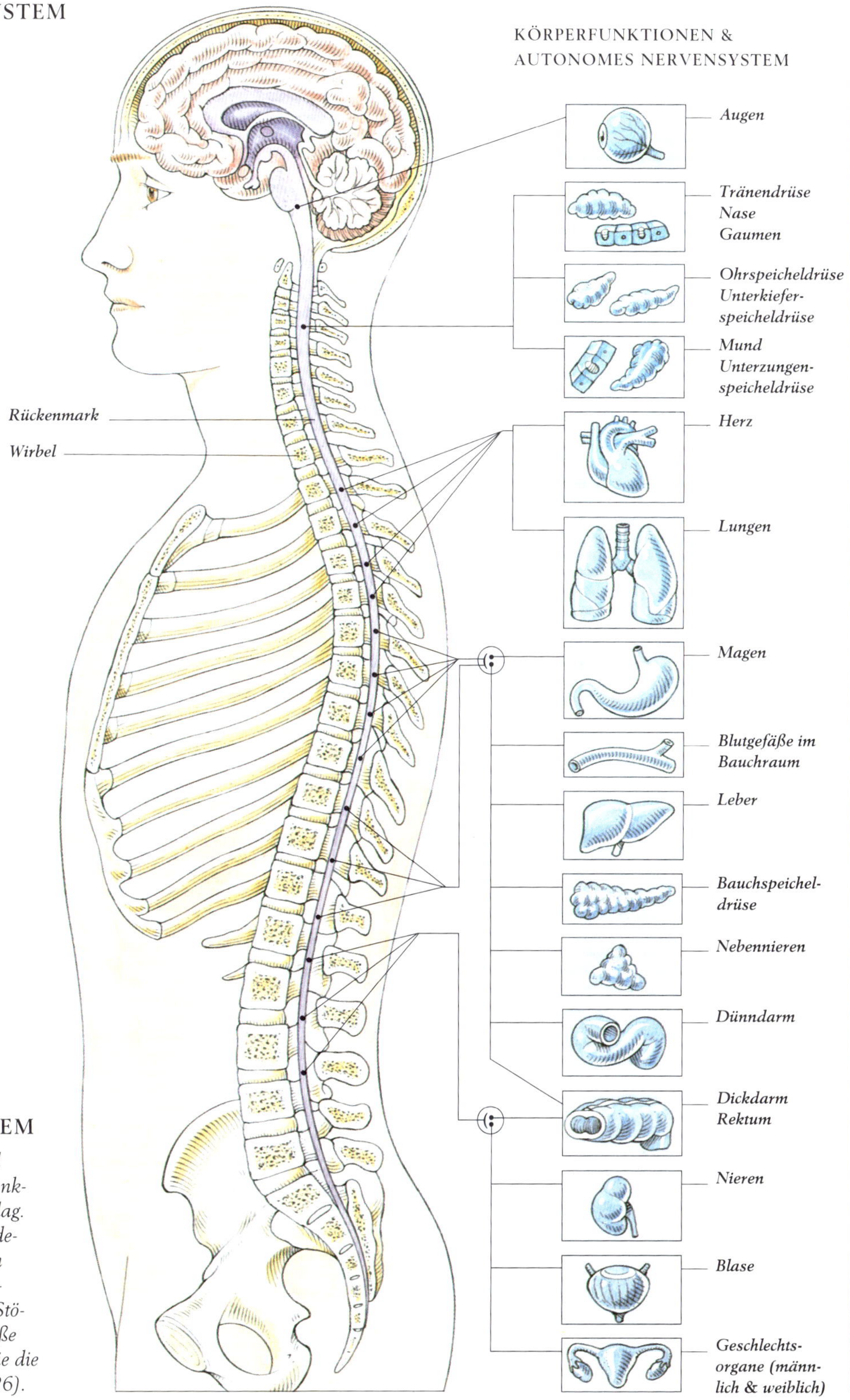

DAS AUTONOME NERVENSYSTEM

***Es liegt geschützt** im Wirbelsäulenkanal und reguliert nicht willkürlich steuerbare Körperfunktionen wie Schweiß, Verdauung und Herzschlag. Die Nerven dieses Systems treten an verschiedenen Stellen der Wirbelsäule aus. Verletzungen oder Schäden dort beeinträchtigen die entsprechenden Nervenfunktionen und verursachen Störungen der inneren Organe, Drüsen, Blutgefäße und des Herzens. Vor allem beeinträchtigen sie die Selbstheilungskräfte des Körpers* *(siehe Seite 26)**.*

KONSULTATION EINES THERAPEUTEN

Ein Chiropraktiker erwartet detaillierte Angaben über vergangene oder akute Krankheiten, frühere Verletzungen oder Operationen, die zu Ihrem aktuellen Zustand beigetragen haben können. Er wird sich nach Lebensweise und Beruf erkundigen und Haltung und Gang betrachten; manchmal macht er auch Tests. Ernährung und Vorliebe für Genußmittel (Koffein oder Tabak) werden genauso notiert wie Sitzgewohnheiten, sportliche Aktivitäten und Art des Bettes.

Abschließend wird er Sie in unterschiedlichen Positionen hin- und herbewegen, um die Funktion von Wirbelsäule, Gelenken und Muskulatur zu überprüfen. Er wird Sie bitten, aufzustehen, sich hinzusetzen oder sich auf eine speziell verstellbare chiropraktische Liege zu legen.

Meist beginnt die eigentliche Behandlung erst bei der zweiten Sitzung, nachdem mögliche Diagnosetests ausgewertet wurden. Dabei benutzt der Therapeut genaue und gut kontrollierte Techniken, sogenannte „Einrenkungsmethoden". Manchmal arbeitet er auch mit weniger kräftigen Techniken oder sanften Berührungen entlang der Wirbelsäule, des Schädels und des Beckens.

Operiert wird nicht, und sollten Medikamente oder andere Behandlungen nötig sein, wie z. B. bei ernsten Entzündungen, werden Sie an einen Arzt oder entsprechenden Spezialisten verwiesen.

VORSICHT!

- Informieren Sie Ihren Therapeuten, wenn Sie an Osteoporose, starken Entzündungen, Tumoren oder Kreislaufstörungen (besonders Aneurysmen) leiden bzw. sich kürzlich einen Bruch zugezogen haben. Manche Chiropraktiker lehnen bei diesen Störungen eine Behandlung ab; begleitende Schmerzen werden sie aber immer lindern
- Siehe auch Seite 52

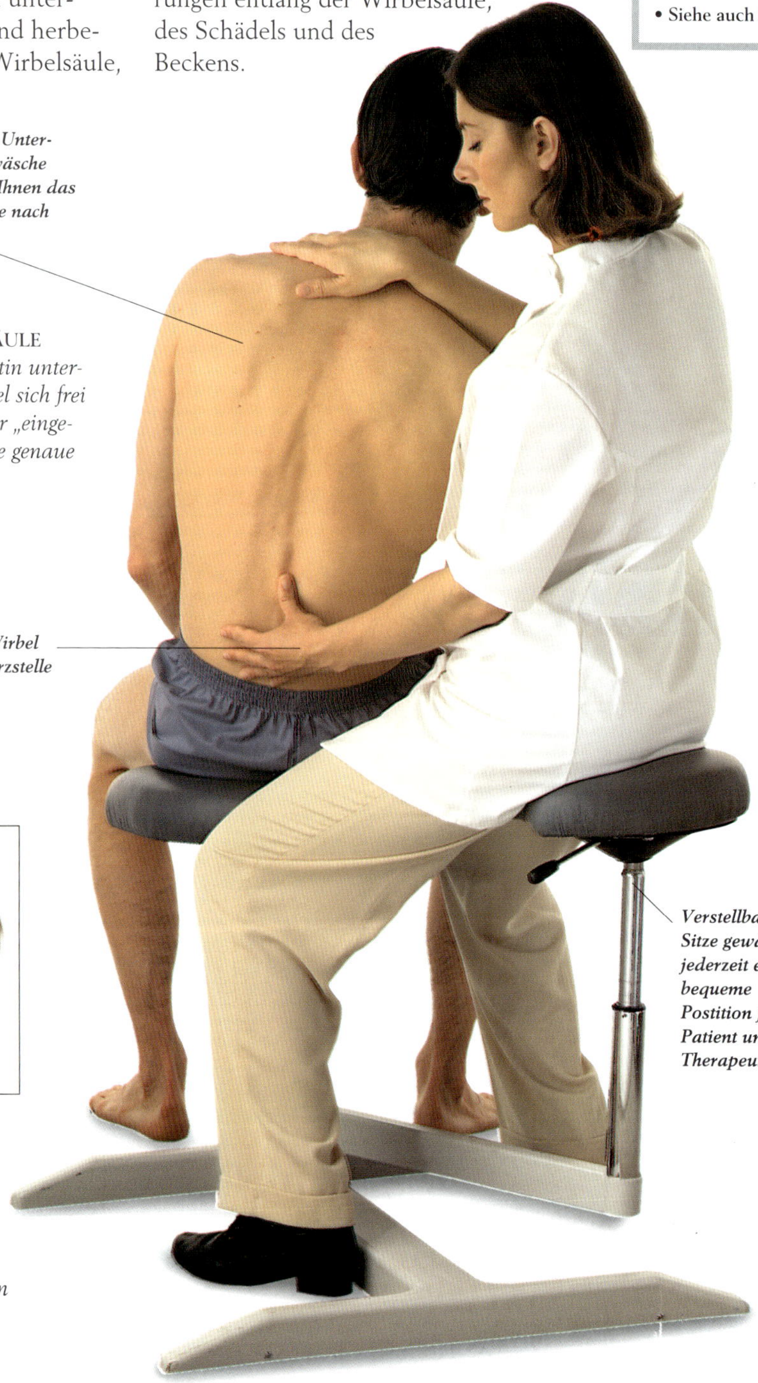

Sie werden sich für die Untersuchung bis zur Unterwäsche entkleiden müssen. Ist Ihnen das unangenehm, fragen Sie nach einem Umhang

UNTERSUCHUNG DER WIRBELSÄULE
Der Patient sitzt, und die Therapeutin untersucht mit ihrer Hand, welche Wirbel sich frei bewegen lassen und welche steif oder „eingeklemmt" sind. Dadurch kann sie die genaue Schmerzstelle lokalisieren.

Durch Druck auf die Wirbel kann die exakte Schmerzstelle gefunden werden

Verstellbare Sitze gewähren jederzeit eine bequeme Postition für Patient und Therapeutin

SPEZIALAUSRÜSTUNG

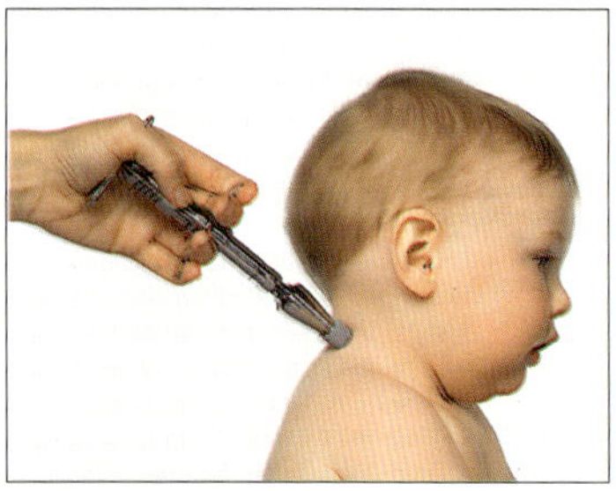

***Zur Wirbelbehandlung** wird manchmal auch statt der Hand ein Instrument mit Gummispitze, ein sogenannter Aktivator, eingesetzt. Er sendet einen kleinen meßbaren Impuls aus und ist besonders bei älteren Patienten und bei Säuglingen angebracht, weil diese für eine manuelle Behandlung zu empfindlich sind*

STANDARDTESTS

Es wird Wert auf eine korrekte Diagnose gelegt. Daher gehören auch die üblichen medizinischen, neurologischen oder orthopädischen Tests dazu.

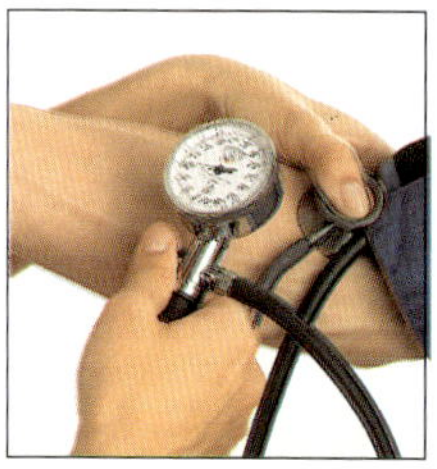

***Oft** wird Blutdruck gemessen*

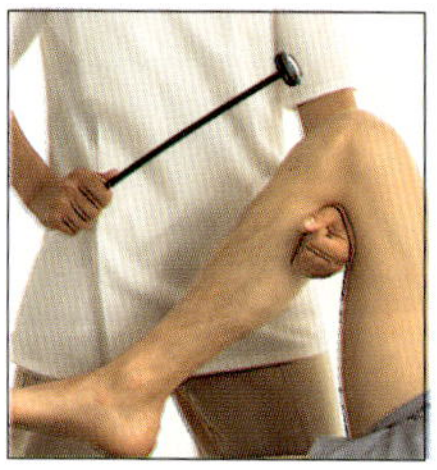

***Auch die Reflexe** werden getestet*

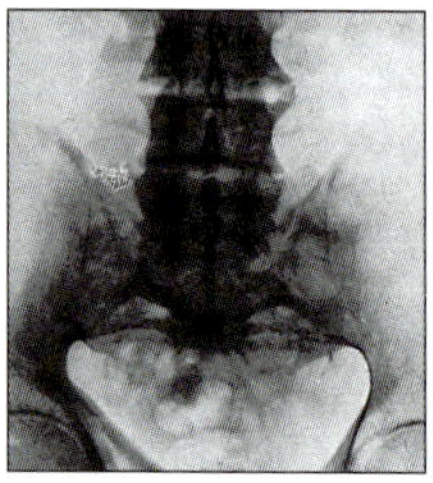

***Wenn nötig** werden auch Röntgenaufnahmen gemacht*

UNTERSUCHUNG VON HÜFTE, BECKEN & WIRBELSÄULE

Mit den Händen prüft die Therapeutin die Beweglichkeit des Beckens und des Kreuzbein-Darmbein-Gelenks. Die Untersuchung kann auch auf andere Gelenke im Beckenbereich ausgedehnt werden.

***Marschieren** zeigt die Funktion des Beckens*

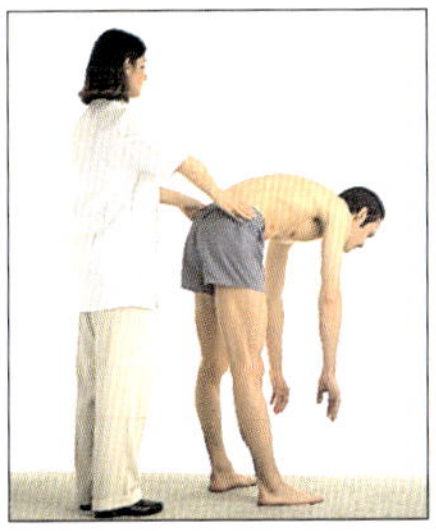

***Häufig müssen** Sie sich vorbeugen*

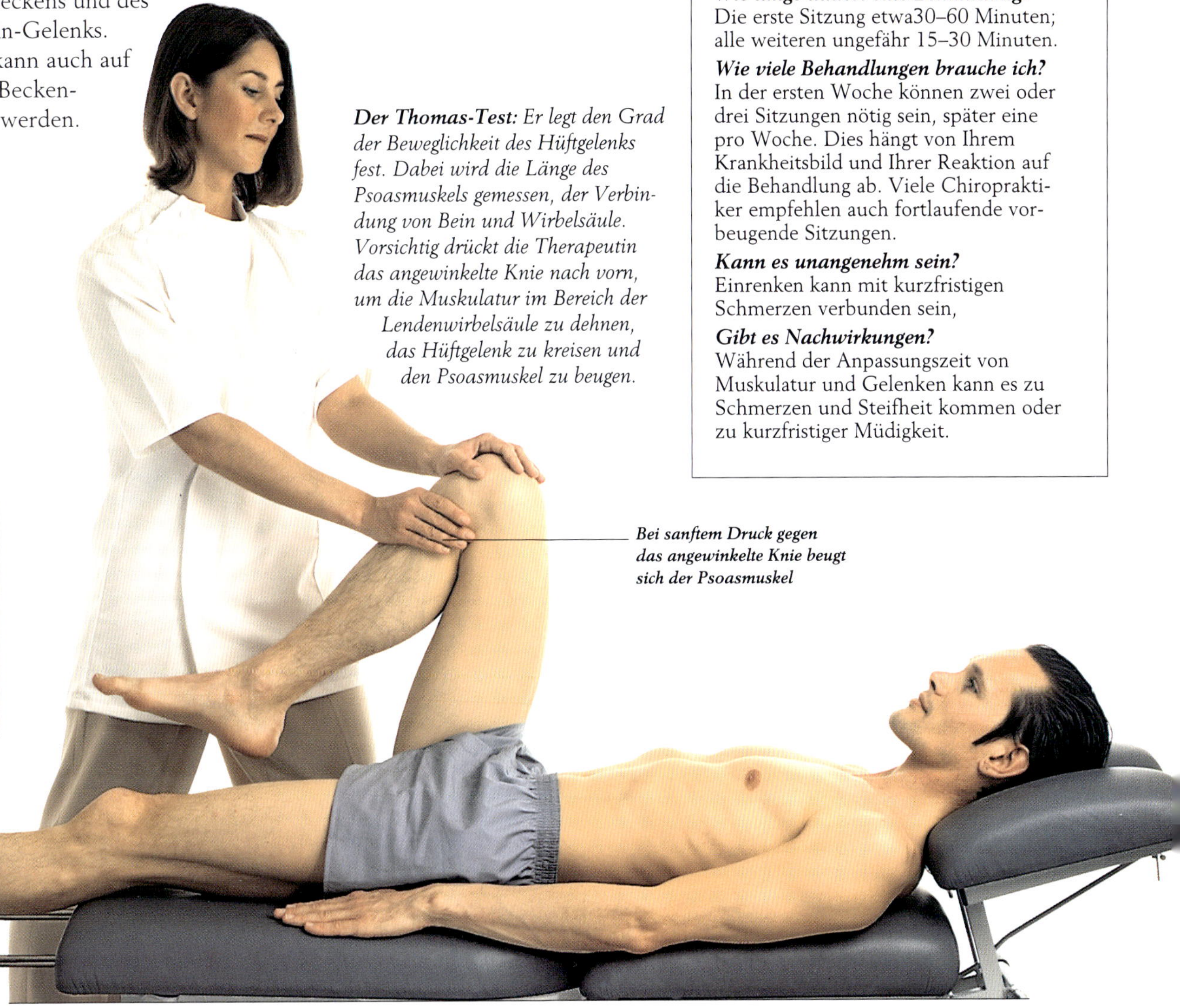

***Der Thomas-Test:** Er legt den Grad der Beweglichkeit des Hüftgelenks fest. Dabei wird die Länge des Psoasmuskels gemessen, der Verbindung von Bein und Wirbelsäule. Vorsichtig drückt die Therapeutin das angewinkelte Knie nach vorn, um die Muskulatur im Bereich der Lendenwirbelsäule zu dehnen, das Hüftgelenk zu kreisen und den Psoasmuskel zu beugen.*

Bei sanftem Druck gegen das angewinkelte Knie beugt sich der Psoasmuskel

IHRE FRAGEN

Wie lange dauert eine Behandlung?
Die erste Sitzung etwa30–60 Minuten; alle weiteren ungefähr 15–30 Minuten.

Wie viele Behandlungen brauche ich?
In der ersten Woche können zwei oder drei Sitzungen nötig sein, später eine pro Woche. Dies hängt von Ihrem Krankheitsbild und Ihrer Reaktion auf die Behandlung ab. Viele Chiropraktiker empfehlen auch fortlaufende vorbeugende Sitzungen.

Kann es unangenehm sein?
Einrenken kann mit kurzfristigen Schmerzen verbunden sein,

Gibt es Nachwirkungen?
Während der Anpassungszeit von Muskulatur und Gelenken kann es zu Schmerzen und Steifheit kommen oder zu kurzfristiger Müdigkeit.

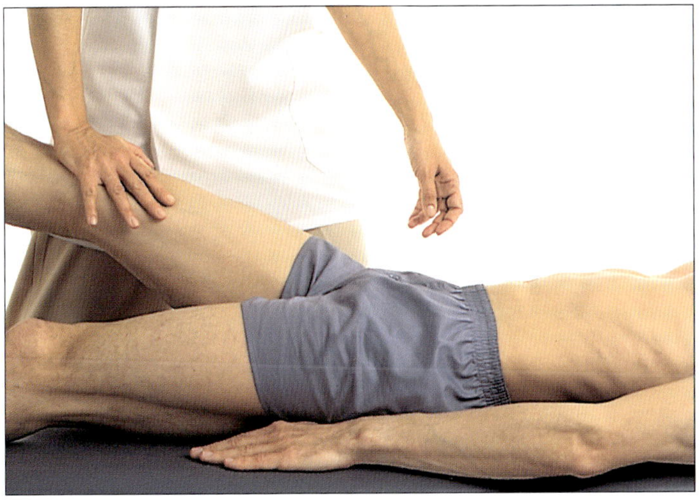

***Der Psoasmuskel-Test**. Der Patient wird gebeten, sein Bein zu heben, und die Therapeutin drückt dagegen, wobei Leisten- und Oberschenkelmuskulatur eine leichte Spannung im Bereich der unteren Wirbelsäule erzeugen. Empfindet der Patient dabei Schmerzen, können Wirbel entzündet sein.*

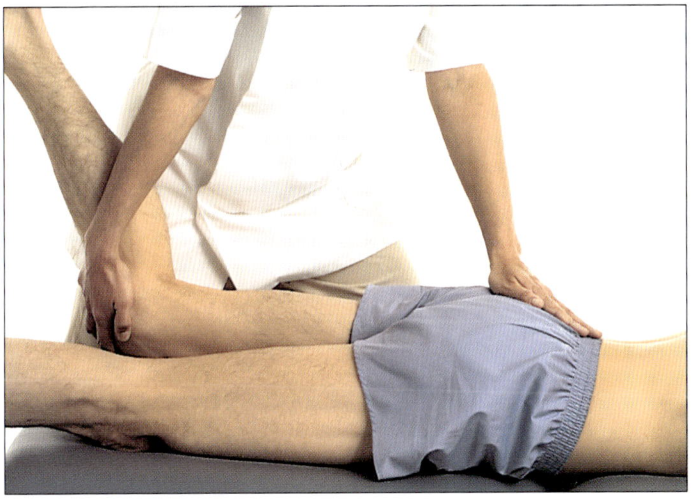

***Der Yeoman-Test:** Wenn das Kreuzbein-Darmbein-Gelenk verspannt ist, hat der Patient Schmerzen im unteren Rücken und im Gesäß. Die Therapeutin beugt das Bein des Patienten nach hinten und dehnt den Oberschenkel, um die Gelenke auf Beweglichkeit zu überprüfen.*

BEHANDLUNG DES UNTEREN RÜCKENS

Rückenschmerzen sind ein weitverbreitetes Übel, bei dem sich die Chiropraktik als besonders erfolgreich erwiesen hat. Gewöhnlich ist das „Einrichten" eines Gelenks nicht schmerzhaft und bringt sofortige Erleichterung und größere Beweglichkeit. Es wird oft von einem hörbaren, schmerzlosen „Klickgeräusch" in den Wirbeln begleitet, das durch eine winzige Gasblase bei der plötzlichen Dehnung eines Gelenks und der damit verbundenen Druckveränderung entsteht.

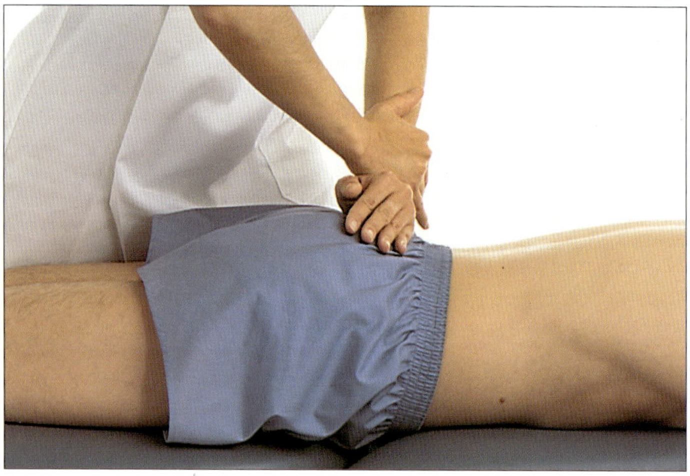

Toggle Drop: *Mit dieser Technik kann man die Beweglichkeit der Wirbelgelenke zwischen Kreuzbein und Becken verbessern. Um einen bestimmten Wirbel wieder einzurichten, wird ein genau plazierter Druckimpuls gegeben*

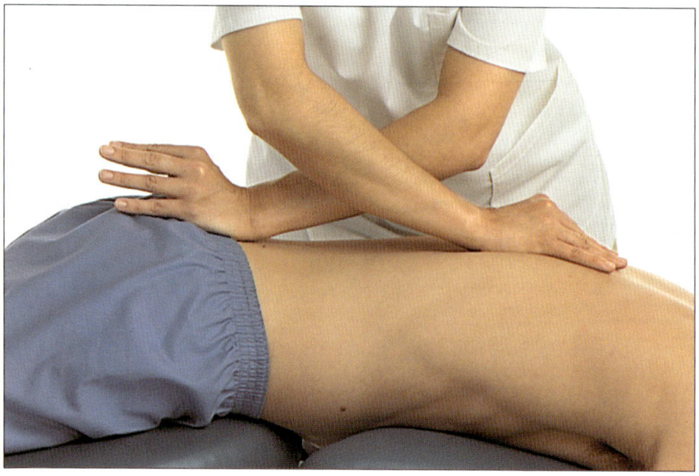

Dehnung der Wirbelsäule: *Hierzu wird die Liege so verändert, daß die Wirbelsäule eine leichte Krümmung erhält. Mit einer sanften Dehnung zieht die Therapeutin die Wirbel auseinander*

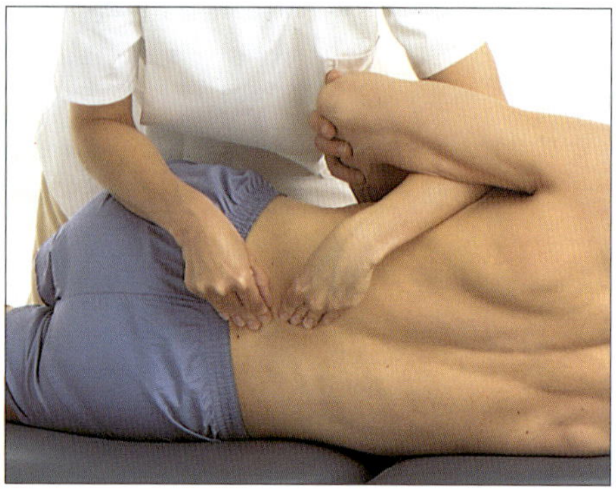

Bonyun-Griff: *Mit einer sanften Dehnbewegung richtet die Chiropraktikerin die Wirbelsäule wieder ein, wobei sie die einzelnen Wirbel vorsichtig mit ihren Fingern auseinanderbiegt*

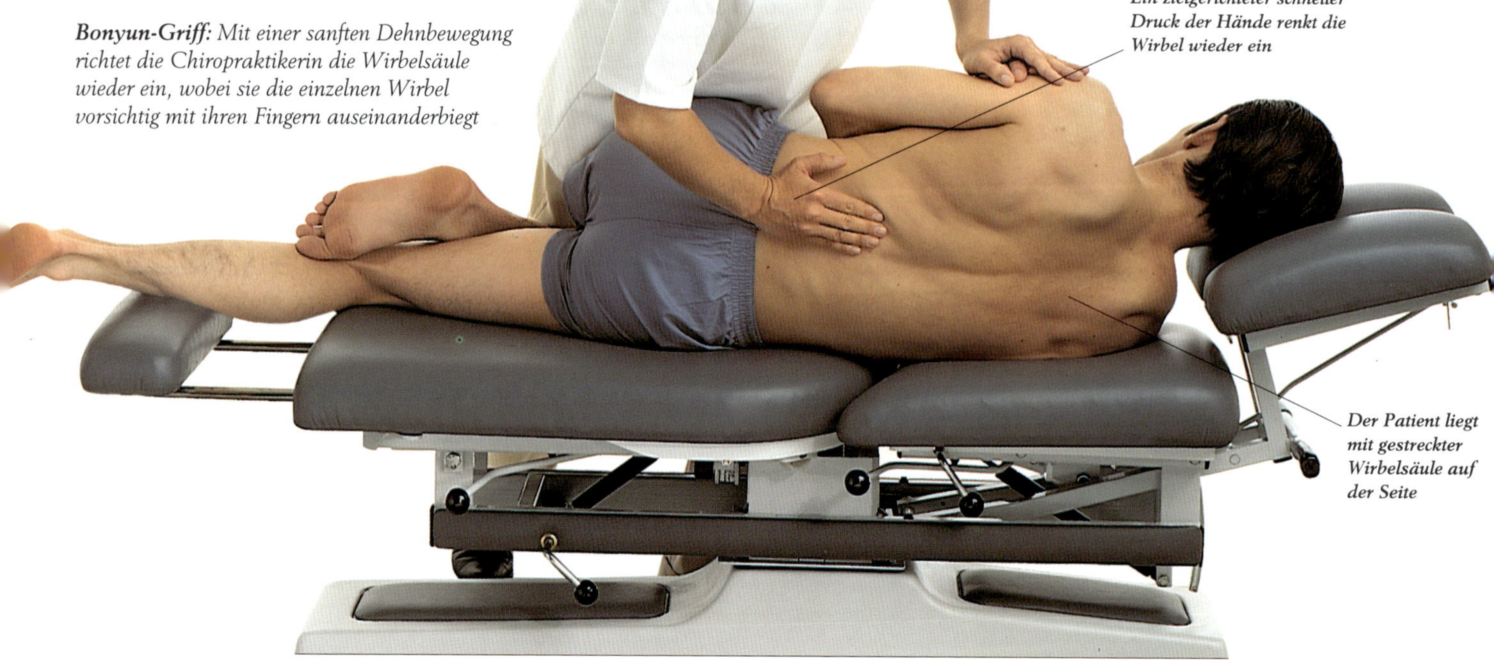

Lumbalrolle: *Bei dieser häufig benutzten Technik arbeitet die Therapeutin im Lendenbereich. Nachdem sie den in Frage kommenden Wirbel so weit wie möglich bewegt hat (Mobilisation), gibt sie ihm einen schnellen zielgerichteten Impuls, um ihn noch ein Stückchen weiter zu schieben (Einrichten)*

Patientenerfahrung

Jenny, 45 Jahre alt, ist Lehrerin. Seit geraumer Zeit litt sie an Rücken- und Kopfschmerzen: „Als mich der Chiropraktiker nach früheren Unfällen fragte, erinnerte ich mich, daß ich mit zehn Jahren von einem Auto angefahren worden war. Bei der ersten Sitzung nahm er kleinere Eingriffe an der Lendenwirbelsäule vor, und ich fühlte mich viel wohler, obwohl ich am nächsten Tag sehr müde war, und die Schmerzen allmählich wiederkehrten. In den nächsten zwei Sitzungen kamen weitere Eingriffe hinzu, aber erst die vierte Sitzung erwies sich als Durchbruch. Heute habe ich kaum noch Schmerzen."

NETWORK SPINAL ANALYSIS

Seit 1979 arbeitet der amerikanische Chiropraktiker Dr. Donald Epstein an dieser Analyseform und gibt sie nun weltweit an Chiropraktiker weiter. Seine Theorie kombiniert die traditionelle Technik des Einrenkens und die Prinzipien der Chiropraktik mit einem Spezialsystem zur Bewertung der Wirbelsäule.

Aufgrund klinischer Erfahrung ist Dr. Epstein der Ansicht, daß es zwei Sorten von Subluxation gibt. Eine strukturelle Subluxation, z. B. ein eingeklemmter Nerv, entsteht durch körperlichen Streß; eine leichtere Subluxation, z. B. eine Überdehnung oder Verdrehung der Wirbelsäule, wird dagegen durch geistigen bzw. emotionalen Streß verursacht. Zur Behebung der Subluxationen folgt der Therapeut einem 12stufigen Konzept bzw. „Netzwerk", das körperliche und emotionale Spannungen löst. Die Behandlung ist in drei „Pflegeebenen" aufgeteilt. Ebene 1 stellt die Funktion der Wirbelsäule wieder her, während Ebene 2 nicht nur die Wirbelsäule, sondern den gesamten Körper entspannt. Es braucht ungefähr sechs Monate, um Ebene 1 und 2 vollständig abzuschließen. Manche Patienten gehen weiter zur vorbeugenden Ebene 3. Eine Behandlung aller drei Ebenen kann bis zu einem Jahr dauern.

McTimoney- & McTimoney-Corley-Chiropraktik

Diese Varianten der Chiropraktik wurden im 20. Jahrhundert von zwei britischen Chiropraktikern entwickelt. Sie glauben, daß der Körper bei jeder Sitzung vollständig ausgerichtet werden sollten und arbeiten daher jedesmal mit sanften, relativ einfachen Techniken auf dem ganzen Körper.

BEWERTUNG
FORSCHUNG
FACHURTEIL
THERAPEUT
SELBSTHILFE
VERTRÄGLICHKEIT

ANWENDUNG

- Probleme der Skelettmuskulatur
- Ischialgien, eingeklemmte Nerven
- Sportverletzungen
- Kopfschmerzen, Migräne
- Körperliche Behinderungen
- Emotionale Probleme

GESCHICHTE

John McTimoney praktizierte in den 50er Jahren als Chiropraktiker in England. In dieser Zeit entwickelte er seine Theorie, daß der Körper Haltungsfehler durch eine kontinuierliche strukturelle Anpassung ausgleicht. Daher sollte bei jeder Sitzung der gesamte Körper neu ausgerichtet werden. 1972 gründete er seine Schule der McTimoney-Chiropraktik in England. Er bezeichnet sich auch als den ersten Therapeuten, der eine erfolgreiche chiropraktische Behandlung für Hunde entwickelt hat.

Hugh Corley, einer seiner Schüler, ging noch einen Schritt weiter, entwickelte eigene Techniken und gründete 1984 seine eigene Schule, um die McTimoney-Corley Methode zu lehren. Von ihm stammen auch eine Reihe vorbeugender Übungen zur Selbsthilfe.

BESUCH BEIM THERAPEUTEN

Bei jeder Sitzung untersucht der Therapeut die Knochen an Wirbelsäule, Schädel, Brustkorb, Becken und Extremitäten und richtet sie vorsichtig neu aus, um mögliche Haltungsfehler zu beseitigen, die die Nervenbahnen des Körpers beeinträchtigen könnten. Die Therapeuten sind der Ansicht, daß eine Fehlstellung des Skeletts die Hauptursache für Krankheit und Schmerzen ist. Obwohl dieser Schaden nur an einer Stelle auftritt, wirkt er doch auf den gesamten Körper.

Bei beiden Varianten sind Genauigkeit und Schnelligkeit Voraussetzung. Die entsprechende Methode heißt „Toggle Recoil" und wurde von B. J. Palmer, dem Sohn des Begründers der Chiropraktik, Daniel D. Palmer (siehe S. 71) entwickelt. Das Gelenk wird mit einem schnellen Druck, der sofort wieder gelöst wird, eingerenkt. Dabei bedient man sich der Elastizität von Sehnen und Bändern, um fehlgestellte Knochen in ihre Position „zurückzuhebeln" bzw. zurückschwingen zu lassen.

Diese Chiropraktiker benutzen auch eine sanfte Fingerspitzentechnik. Sie heißt „Reflex Recoil Adjustment" und ist eine leichte Form der Wirbelmanipulation.

In der ersten Sitzung wird die vollständige Krankheitsgeschichte aufgenommen und meist zwei bis sechs Behandlungen pro Woche empfohlen. Das hängt jedoch, wie bei der herkömmlichen Chiropraktik, von der Art Ihres Problems ab. Rät der Therapeut zur Selbsthilfe, wird er Ihnen einfache Übungsfolgen für zu Hause zeigen.

Die Sanftheit dieser Methode macht sie sehr beliebt, auch bei Säuglingen und Kleinkindern.

FACHURTEIL

Viele Ärzte sind der Ansicht, daß alle chiropraktischen Methoden ähnlich arbeiten, und machen keine Unterschiede. Wahrscheinlich ist ihnen die wissenschaftlich bewiesene Wirkung kraftvoller Manipulationen in der herkömmlichen Chiropraktik leichter verständlich als die der sanften Bewegungen der McTimoney und McTimoney-Corley-Variante, die noch auf eine klinische Bestätigung wartet.

VORSICHT!

- Siehe Chiropraktik (Seite 72) und Seite 52

OSTEOPATHIE

BEWERTUNG

FORSCHUNG	
FACHURTEIL	
THERAPEUT	
SELBSTHILFE	
VERTRÄGLICHKEIT	

DIESE GANZHEITLICHE DIAGNOSE- und Therapieform entstand Ende des 19. Jahrhunderts in den USA. Durch Berührung und Manipulation der Skelettmuskulatur gibt der Therapeut dem Patienten seine Beweglichkeit und Ausgewogenheit zurück bzw. verbessert sie. Die Palette der Techniken reicht von sanfter Massage bis zu blitzschneller Gelenksmobilisation. Mit ihrer weiten Verbreitung in Amerika, Europa, Australien und Asien gehört Osteopathie zu den anerkanntesten und gebräuchlichsten alternativen Heilmethoden, besonders bei Rücken- und Gelenkschmerzen.

ANWENDUNG

- Rücken- und Gelenkschmerzen
- Ischialgien
- Sportverletzungen
- Kopfschmerzen
- Schlafstörungen, Depression
- Frauenleiden
- Verdauungsbeschwerden
- Asthma

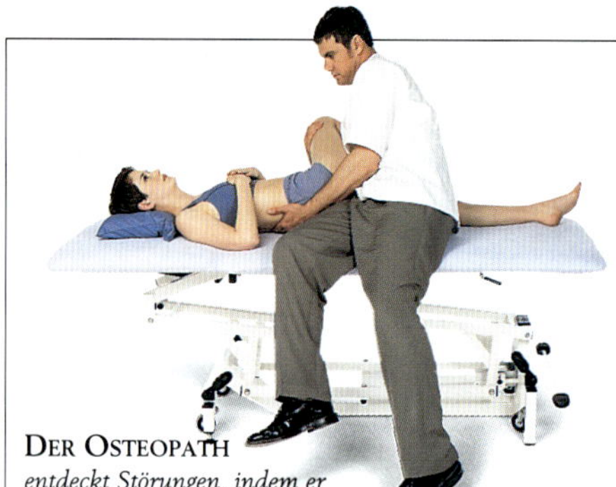

DER OSTEOPATH *entdeckt Störungen, indem er Muskeln, Gelenke und Gewebe untersucht. Durch Berührung nimmt er Veränderungen in Muskeltonus oder Hauttemperatur wahr*

GESCHICHTE

Osteopathie stammt aus dem Griechischen: *osteon* (Knochen) und *pathos* (Krankheit) und wurde von Dr. Andrew Taylor Still aus Virginia, einem Feldarzt im amerikanischen Bürgerkrieg, entwickelt. Schockiert durch den tragischen Tod seiner Frau und drei seiner Kinder durch Meningitis im Jahre 1872, entwickelte er diese Methode, mit der er die Selbstheilungskräfte stimulieren wollte.

1892 gründete Dr. Stills die American School of Osteopathy. Trotz anfänglichen Widerstands seitens der medizinischen Gesellschaft erwies sich die Therapieform als beliebt. Während der Grippe-Epidemie von 1919 war sie besonders begehrt, denn die Sterberate der Patienten in osteopathischen Krankenhäusern war erheblich niedriger als in herkömmlichen.

In den USA sind Osteopathen seit 1972 offiziell Ärzte. In England wurde die Osteopathie mit den Osteopathy Acts von 1993 offiziell anerkannt und genießt hohes Ansehen.

GRUNDSÄTZLICHES

Die Körperorgane werden von der Skelettmuskulatur gestützt und geschützt (siehe gegenüber). Ist dieses Gelenk- und Muskelsystem korrekt ausgerichtet und funktionstüchtig, werden auch die Körpergewebe – Gehirn und Nerven mit eingeschlossen – gesund sein und Kreislauf-, Lymph- und Verdauungssysteme ihre Dienste tun. Ziel der Osteopathie ist die Verbesserung der Beweglichkeit von Gelenken und Muskelgewebe durch Massage und Manipulationstechniken.

Ein Osteopath wird sich um die Ursache einer Fehlstellung in der Skelettmuskulatur genauso kümmern wie um das körperliche Problem selbst und nach tieferliegenden Gründen forschen. In diesem ganzheitlichen Ansatz werden Lebensweise sowie geistige und emotionale Gesundheit als wichtige Einflüsse auf körperliches Wohlbefinden betrachtet.

***Dr. Andrew Taylor Stills** entwickelte die Osteopathie. Seiner Meinung nach steht jede Krankheit in Zusammenhang mit der Skelettmuskulatur*

NACHWEIS & FORSCHUNG

In den USA wurden viele Osteopathiestudien durchgeführt. Die meisten Erfolgsberichte stammen allerdings aus Fallgeschichten, und der Wunsch nach mehr klinischen Untersuchungen wächst. In England haben Forschungen begonnen, u.a. auch Pilotprojekte des Gesundheitsministeriums, die das Angebot von Osteopathie und Chiropraktik für Krankenkassenpatienten überprüfen. 1994 wurden osteopathische Techniken von der Clinical Standards Advisory Group für Patienten mit akuten Rückenschmerzen empfohlen.

Zwei voneinander unabhängige Forschungen, 1988 in USA und 1990 in England, ergaben, daß sich Patienten mit Schmerzen im Bereich der Lendenwirbelsäule nach osteopathischen Manipulationen schneller erholen. In den 40er Jahren bestätigte ein amerikanischer Physiologe mittels elektrischer Meßapparate erhöhte Muskelaktionen nach osteopathischer Behandlung.

FACHURTEIL

Osteopathen werden in den USA offziell als Ärzte anerkannt und finden immer mehr Zugang zu medizinischen Fachkreisen in anderen Ländern. Ein Drittel der britischen Ärzte überweist Patienten an Osteopathen, aber viele zögern noch, wenn das Problem des Patienten nicht die Skelettmuskulatur betrifft. 1996 wurde in England der General Council of Osteopaths ins Leben gerufen.

THEORIE DER OSTEOPATHIE

Die Skelettmuskulatur kann durch Streß, Verletzungen oder Haltungsfehler beeinträchtigt werden. Das führt entweder zu lokalen Schmerzen oder betrifft lebenswichtige Organe, den Atemtrakt und das Kreislauf- und Nervensystem. Ziel der Osteopathie ist eine Muskelentspannung und Wiederherstellung der Knochen- und Gelenkfunktion. Dabei wird der Körper gestärkt und seine Selbstheilungskraft aktiviert. Während Chiropraktiker sich auf Gelenke konzentrieren, behandeln Osteopathen vor allem Muskelgewebe.

MUSKULOSKELETTALES SYSTEM

***Dieses mechanische System** aus Knochen, Gelenken, Muskeln, Bändern und Bindegewebe bildet nicht nur das Körpergerüst, sondern spielt auch bei der Erhaltung der Gesundheit eine große Rolle. Eine Störung in diesem System kann zu Schmerzen führen und auch andere Körpersysteme beeinträchtigen (siehe auch S. 71).*

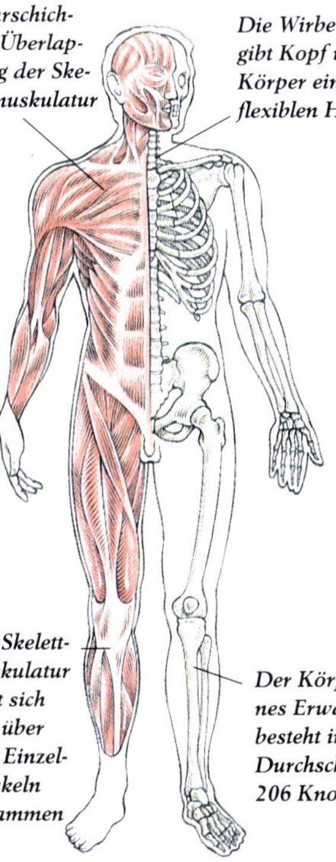

WIE DAS GEHIRN SCHMERZ WAHRNIMMT UND DARAUF REAGIERT

***Muskel-, Knochen- und Gelenkschmerzen** werden auf der Hirnrinde registriert, aber wie der Geist diese Schmerzen wahrnimmt und sich ihnen anpaßt, bestimmen andere Bereiche des Gehirns. Ein Osteopath behandelt Verspannungen und Schmerzen mit der Manipulation von Muskelgewebe und der Wirbelmobilisation in dem entsprechenden Bereich. Dabei lockert er auch alle verspannten Muskeln, deren Nerven durch das gereizte Gebiet der Wirbelsäule verlaufen und berücksichtigt auch Faktoren wie Haltungsfehler oder Ängstlichkeit.*

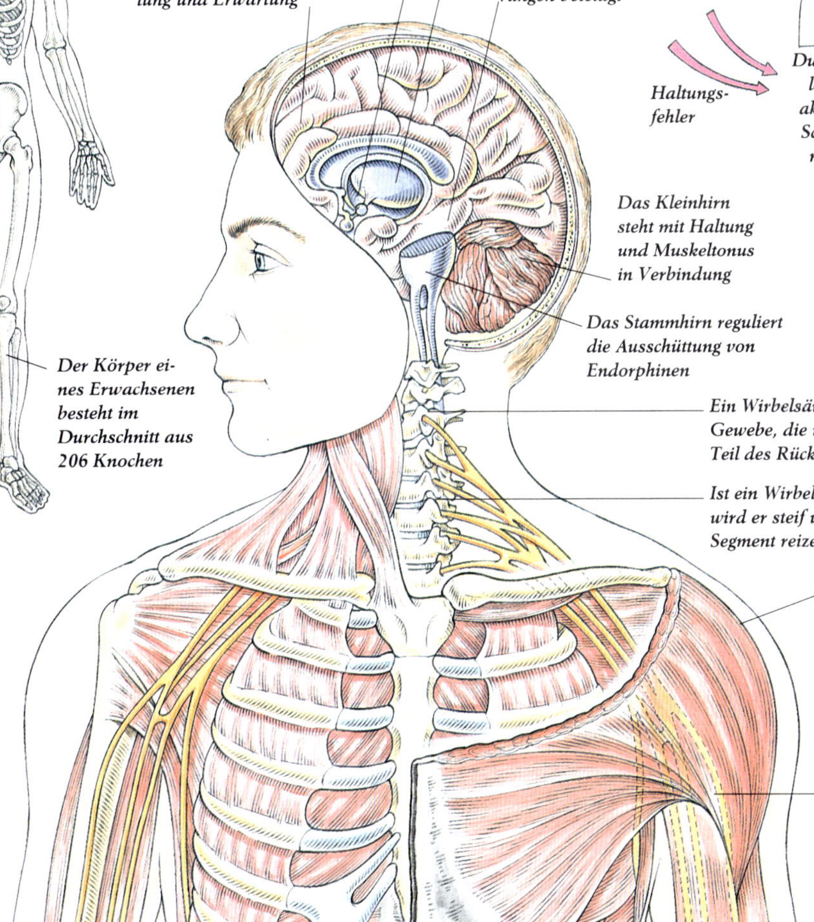

ZYKLUS VON SCHMERZ UND ANSPANNUNG

***Unterschiedliche Schmerzfaktoren** können einen Teufelskreis bilden. Schmerzsignale (durch Verstauchung, Verletzung oder den Aufbau biochemischer Abfallstoffe wie Milchsäure) ziehen von einem Muskel oder Gelenk zu dem zuständigen Wirbelsäulensegment. Das Segment sendet Nervenimpulse zum Muskel zurück, worauf dieser sich noch mehr anspannt. Gleichzeitig wird das Wirbelsäulensegment reizempfindlicher und auf lange Sicht störungsanfälliger.*

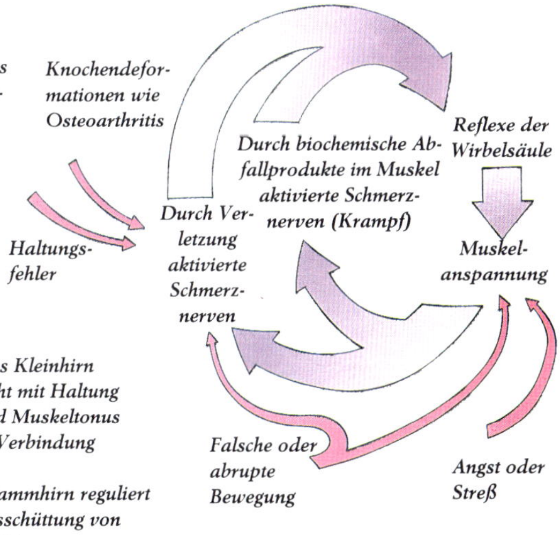

BESUCH BEIM THERAPEUTEN

Bei der ersten Sitzung wird der Therapeut sich nach Ihrer Krankheitsgeschichte erkundigen, besonders nach früheren Verletzungen, ob Sie Medikamente einnehmen, nach Ihrer Lebensweise, Ihrer Arbeit und Ihrem Gefühlsleben.

Wahrscheinlich wird er Sie bitten, sich bis auf die Unterwäsche zu entkleiden, damit er Ihre Skelettstruktur genau betrachten kann. Sollte Ihnen das als Frau unangenehm sein, bitten Sie ihn um einen Umhang. Um Haltung und Gelenkfunktion besser beurteilen zu können, wird er Sie bitten, aufzustehen bzw. sich auf eine Liege zu setzen oder niederzulegen. Wahrscheinlich wird er Ihre Muskeln nach Verletzungen oder Verstauchungen untersuchen und Sie bitten, bestimmte Positionen einzunehmen, während er Ihre Wirbelsäule betastet. Wenn notwendig, führt er auch medizinische Standard- und Blutuntersuchungen durch oder vereinbart eine Röntgenaufnahme.

Nach dieser Untersuchung stellt er seine Diagnose und entscheidet, ob Osteopathie für Sie geeignet ist oder ob er Sie an einen Spezialisten weiterempfiehlt.

Jede osteopathische Behandlung ist genau auf Ihre persönlichen Bedürfnisse zugeschnitten und wird während der Dauer der Therapie immer wieder neu angepaßt. Manchmal wird in einer Sitzung nur das Muskelgewebe mit leichtem Druck und wiegenden Bewegungen behandelt, ein anderes Mal sind kraftvolle Gelenkmanipulationen erforderlich. Schon nach einer Sitzung kann ein Muskelkrampf verschwunden sein; die meisten Patienten brauchen jedoch eine ganze Therapie.

Zu den gebräuchlichsten osteopathischen Techniken gehört eine sanfte Gelenkmanipulation, bei der die Extremitäten durch ihr gesamtes Beweglichkeitsspektrum durchbewegt werden sowie ein plötzlicher blitzschneller Druckimpuls, der das Gelenk schmerzlos „einklicken" läßt. Es gibt auch Stellungen, die Verspannungen in verstauchten oder verletzten Bereichen spontan lösen, und Techniken, bei der sich der Muskel durch Gegendruck entspannt.

STANDARDTESTS

Die Diagnose umfaßt medizinische Tests und eine genaue Betrachtung der Körperstruktur.

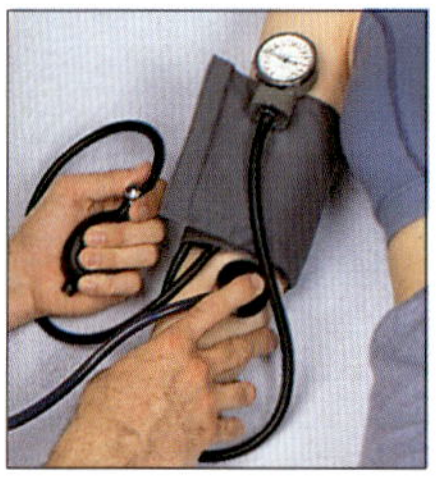

***Der Blutdruck** wird gemessen*

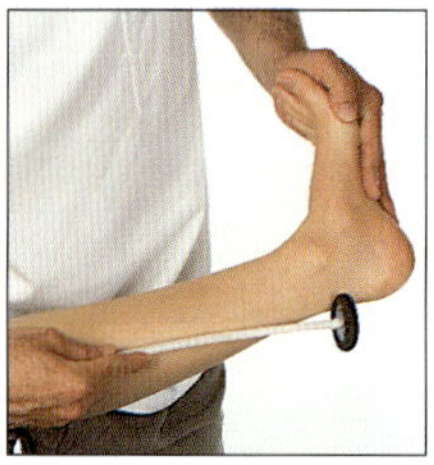

***Die Reflexe** werden getestet*

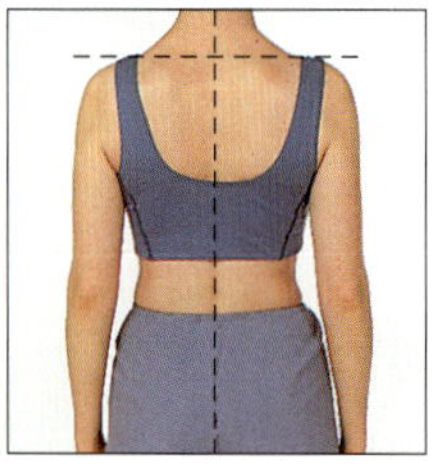

***Die Haltung** wird auf Symmetrie überprüft*

UNTERSUCHUNG DER BECKENSTELLUNG

Mit seinen Händen untersucht der Therapeut die Stellung der beiden Hüftknochen zum Kreuzbein und überprüft einen möglichen Beckenschiefstand.

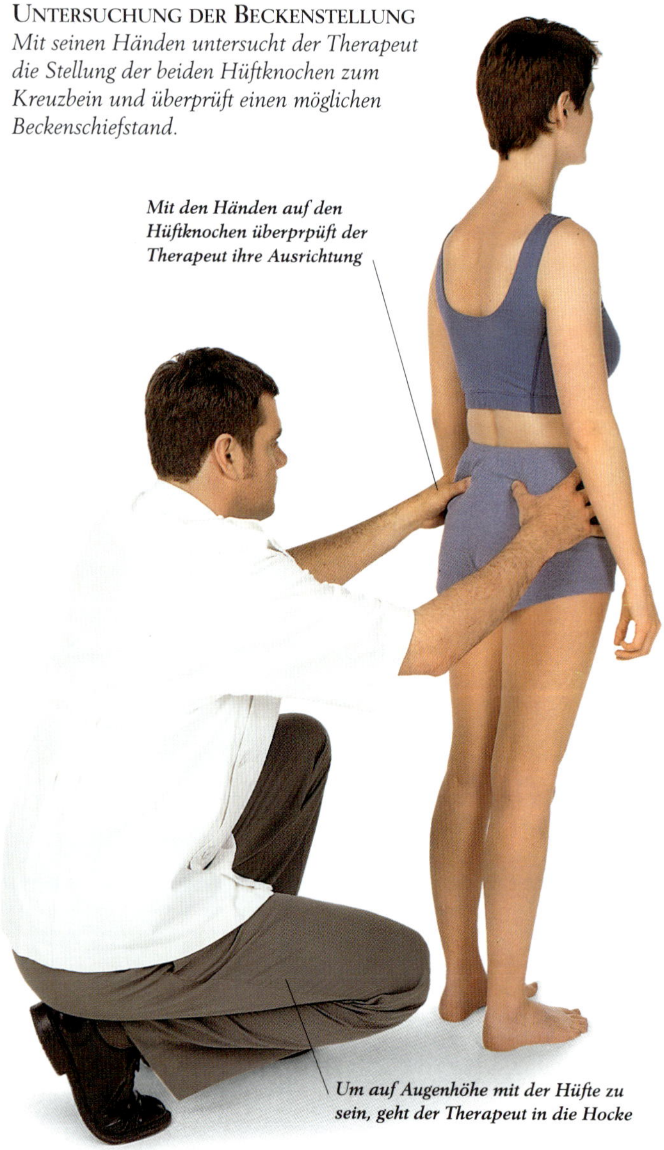

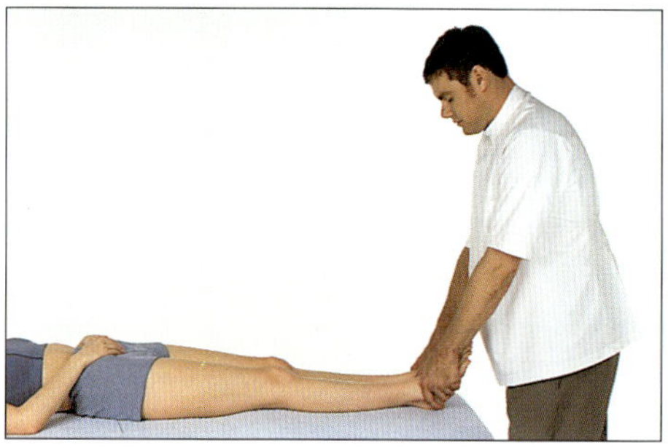

***Beinlänge:** Beide Beine werden verglichen. Ungleiche Längen können ein Hinweis auf Skoliose oder Beckenschiefstand sein. Ein Bein kann aber auch von Geburt an kürzer sein*

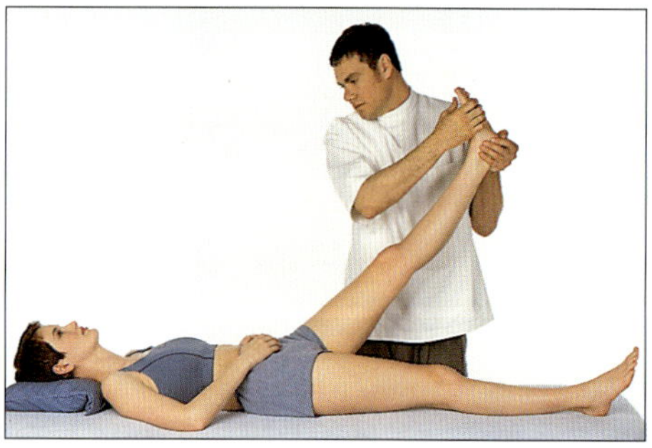

***Anheben des gestreckten Beines:** Der Ischiasnerv wird gedehnt und die Beweglichkeit der Lendenwirbel geprüft. Schmerzen hierbei weisen auf Bandscheiben- oder Gelenksprobleme hin*

VORSICHT!

- Keine Osteopathie bei Knochenkrebs mit Knochen- bzw. Gelenksentzündungen
- Keine kraftvollen Manipulationstechniken bei schweren Bandscheibenvorfällen
- Siehe auch Seite 52

Behandlung des Lumbalbereichs

Schmerzen im Lendenbereich sind ein weitverbreitetes Übel und häufig der Grund für einen Besuch bei einem Osteopathen. Oft liegt die Ursache in einer gekrümmten Sitzweise, in der Art, schwere Dinge falsch zu heben oder in Sportverletzungen.

Zuerst untersucht der Therapeut die Wirbelsäule nach versteiften Bereichen. Mit einer Behandlung des Muskelgewebes entspannt er den Bereich und benutzt dann zielgerichtete Manipulationstechniken, die oft von einem „Klick"-Geräusch begleitet werden, wenn die Gelenke ihre vollständige Beweglichkeit zurückerhalten.

Ihre Fragen

Wie lange dauert eine Behandlung?
Die erste Behandlung dauert zwischen 30 und 60 Minuten; weitere vielleicht 20–30 Minuten.

Wie viele Behandlungen brauche ich?
Manchmal genügt schon eine; aber meist sind es drei bis sechs Behandlungen, je nach Gesundheitszustand.

Kann es unangenehm sein?
Eigentlich ist Manipulation nicht schmerzhaft; aber das hängt von der jeweiligen Störung ab.

Gibt es Nachwirkungen?
Während der ersten zwei Tage nach einer Behandlung fühlt man sich oft steif; anstrengende Tätigkeiten sollten in dieser Zeit vermieden werden.

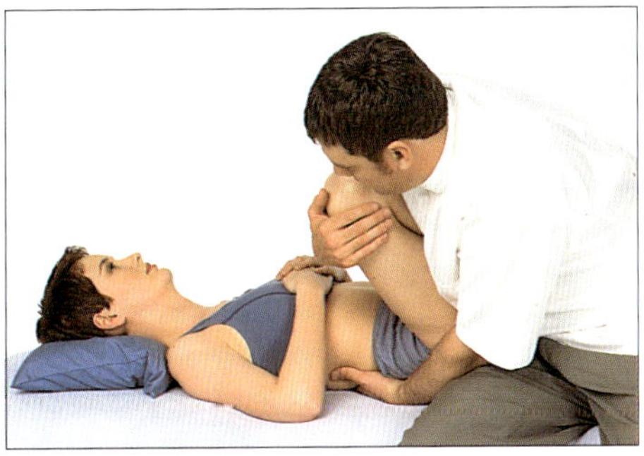

1 Das Bein des Patienten ist angewinkelt und seitlich gebeugt. Der Therapeut dehnt und dreht die Lendenwirbel und erspürt den Bewegungsablauf der einzelnen Wirbel mit seinen Fingern. Falls nötig, dehnt er den Lumbalbereich mit einem präzisen Druckimpuls.

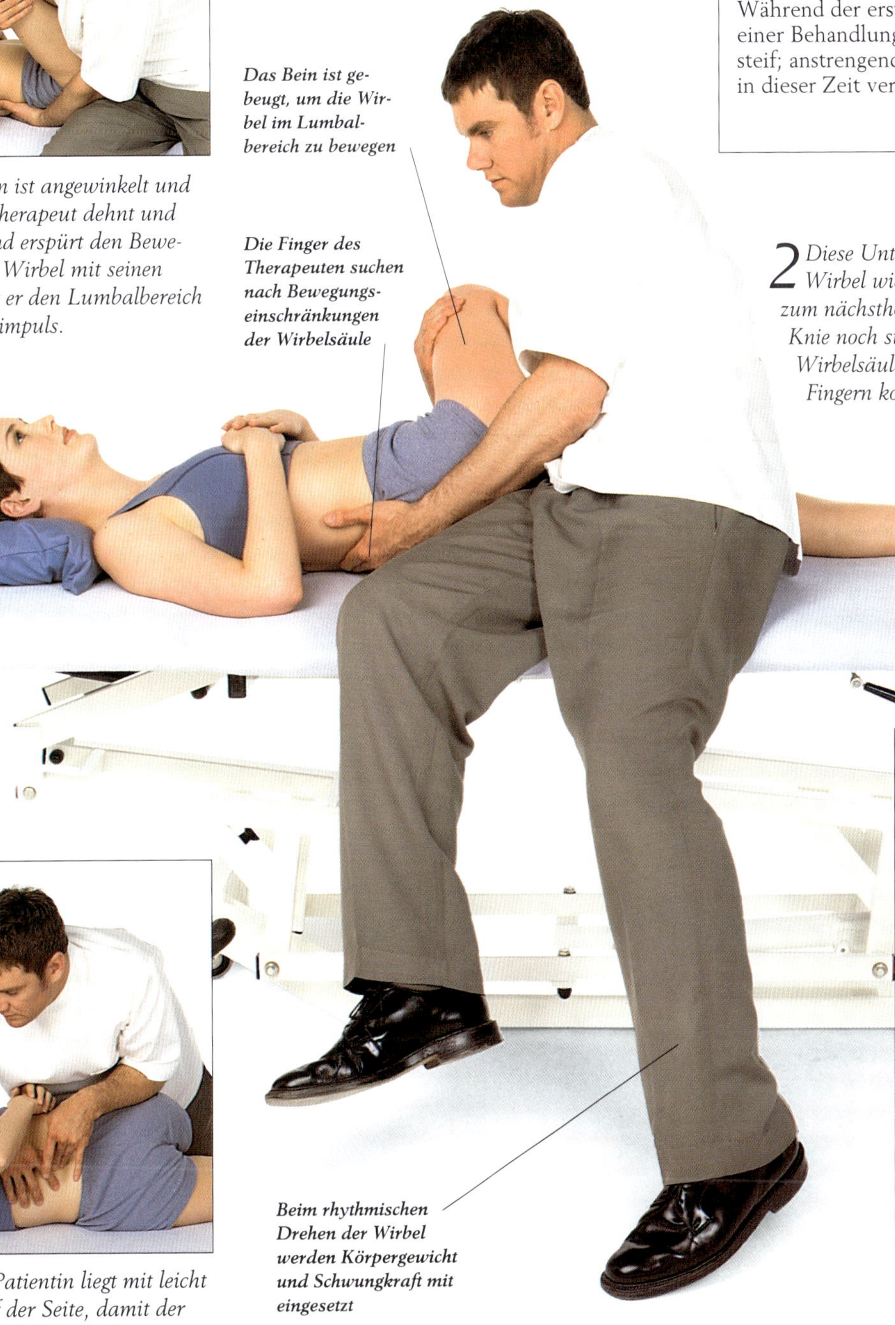

2 Diese Untersuchung wird an jedem Wirbel wiederholt. Bei jedem Wechsel zum nächsthöheren Wirbel beugt er das Knie noch stärker und dreht dadurch die Wirbelsäule immer weiter. Mit seinen Fingern kontrolliert er die Behandlung

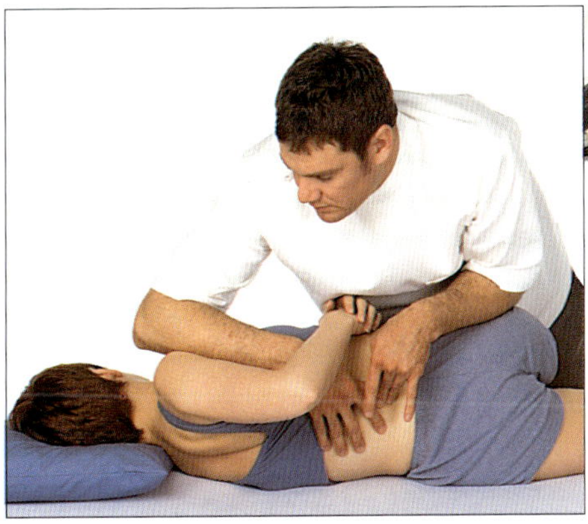

Die seitliche Rolle: *Die Patientin liegt mit leicht gedrehter Wirbelsäule auf der Seite, damit der Therapeut jeden Lendenwirbel genau betasten und entsprechend korrigieren kann*

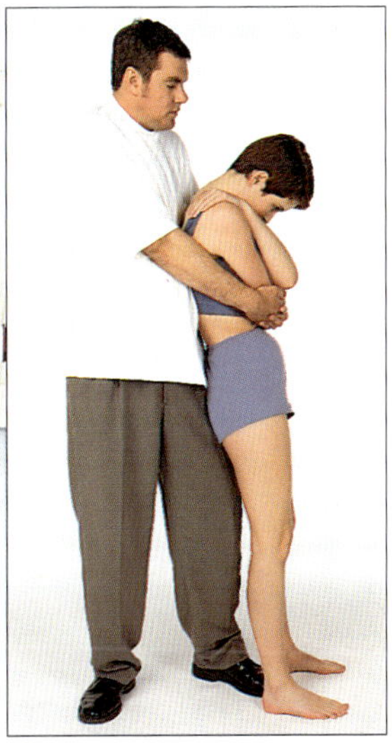

Der Lift: *Der Therapeut zieht die Ellenbogen der Patientin hoch, um ihre Wirbelsäule zu „öffnen"*

Obere Rücken- und Nackenbehandlung

Verstauchungen, Steifheit und Verletzungen wie Schleudertrauma oder eingeklemmte Halswirbel werden mit Manipulation oder mit der hier gezeigten Muskelmassage behandelt. Leichte Massage und rhythmisches Dehnen verbessern die Beweglichkeit der Gelenke, bauen Muskelverspannungen ab und verstärken die Gewebsversorgung.

Korrektur des oberen Rückens: *Der Patient sitzt quer auf der Liege, und der Therapeut arbeitet mit seinem linken Daumen an der Beweglichkeit der oberen Wirbel*

Zerviko-dorsaler Lift: *Die Patientin legt ihre Hände hinter den Kopf. Der Therapeut verklinkt seine Hände in ihre und streckt Hals und Wirbelsäule, um fehlstehende Wirbel einzurenken*

Patientenerfahrung

David, 45 Jahre alt, ist Koch und litt an akuten Rückenschmerzen. „Als ich einen Tisch wegrückte, spürte ich ein Stechen, und am nächsten Tag wäre ich fast vor Schmerzen ohnmächtig geworden. Tom, Osteopath und Stammgast bei uns, hat mich ein Loch in den Bauch gefragt und kreuz und quer untersucht. Er sagte mir, daß sich ein Nerv eingeklemmt hätte. Tom drehte und zog an mir, um den Nerv zu befreien. Dabei machte es ständig ‚Klick' in meinem Kopf, und der Schmerz ließ etwas nach. Zu Hause mußte ich Übungen machen, und danach war ich noch zweimal bei ihm. Meinem Rücken ging es jedesmal besser. Jetzt ist alles wieder o.k., und ich habe keine Probleme mehr."

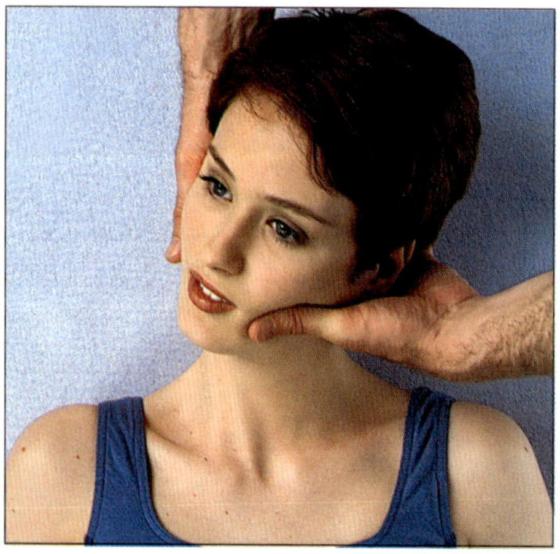

Supinale Korrektur des Nackens: *Die Patientin liegt auf dem Rücken; der Therapeut benutzt das Grundgelenk seines Zeigefingers als Hebel, um auf den Halswirbeln (Zervikalwirbel) zu arbeiten*

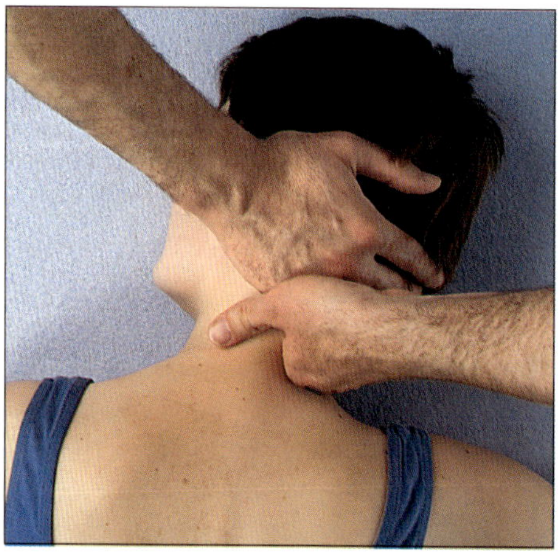

Pronale Korrektur des Nackens: *Manchmal liegt die Patientin dabei auch auf dem Bauch. Der Therapeut benutzt entweder Zeigefingerspitze oder -grundgelenk als Hebel für die Halswirbel*

CRANIALE OSTEOPATHIE

Sie wurde in den 30er Jahren von dem amerikanischen Osteopathen Dr. William Garner Sutherland entwickelt. Entgegen der gängigen Meinung, daß die Knochen des Craniums (der Teil des Schädels, der das Gehirn umgibt) im erwachsenen Alter versteifen, war Dr. Sutherland der Ansicht, daß diese Knochen ihre Flexibilität beibehalten. Er behauptete, daß das Hirnwasser, das Hirnhäute, Rückenmark und Sakrum versorgt und schützt, etwa 6–15 mal pro Minute pulsiert. Dieser craniale rhythmische Impuls (CRI) ist mit Instrumenten kaum meßbar, aber über Berührung anscheinend wahrzunehmen.

Störungen des Hirnwasserflusses bewirken Druckbelastungen auf Schädelknochen oder körperliche Verletzungen bzw. Verspannungen, die durch vorsichtige Manipulation der Schädel- und Wirbelknochen gelöst werden können. Dabei werden CRI und Durchblutung, Lymph- und Nebenhöhlenabfluß stimuliert.

Craniale Osteopathie wird ähnlich wie Osteopathie eingesetzt und kann auch mit weiteren osteopathischen Varianten verbunden werden. Besonders wirksam soll sie bei Kleinkindern mit Koliken, Ohrverklebungen und rezidivierenden Infekten sein. Mit ihr werden auch deformierte Schädelknochen von Säuglingen nach schwierigen Geburten behandelt, die nach Meinung von Osteopathen die Ursache späterer Koliken und Reizungen sein können.

Andere Varianten der Osteopathie konzentrieren sich weniger auf die Knochen als auf andere Teile des cranialen Systems. Ziel ist die Veränderung von Streßmustern durch Stimulation der Nervenenden im Schädel.

Die Sakro-Okzipitale Methode wird von Chiropraktikern bevorzugt. Sie vereint Elemente der Cranialen Osteopathie und der Cranio-Sacral-Therapie.

DER SCHÄDELKNOCHEN

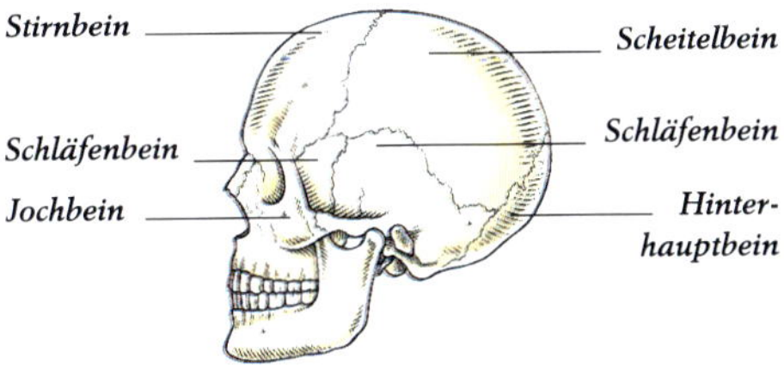

***Die Schädelknochen** sind durch Nähte miteinander verbunden. Craniale Osteopathie behandelt die Knochen entlang dieser Nähte*

***Craniale Osteopathie** eignet sich besonders für Säuglinge und Kleinkinder*

Cranio-Sacral-Therapie

Diese Therapie entstand während der 70er Jahre in den USA. Schädel und Wirbelsäule (Craniosacrales System) werden mittels Druck diagnostiziert und korrigiert. Über die Cranio Osteopathie hinaus behauptet sie, daß die rhythmischen Impulse im Schädel auf jede Körperzelle einwirken.

BEWERTUNG
FORSCHUNG
FACHURTEIL
THERAPEUT
SELBSTHILFE
VERTRÄGLICHKEIT

ANWENDUNG

- Kopf- und Muskelschmerzen
- Arthritis
- Depression
- Legasthenie & andere Lernbehinderungen
- Nach Schlaganfall oder Meningitis
- Nach Streß oder Verletzungen

GESCHICHTE

Der Ansatz wurde Ende der 70er Jahre von dem amerikanischen Osteopathen Dr. John Upledger von der Michigan State University entwickelt. Die Therapie enthält zwar einige Methoden der Cranialen Osteopathie, aber Upledger unterscheidet sie als eine eigenständige „Behandlungsform für weiches Gewebe, Flüssigkeiten und Hirnhäute“. Sie ist in den USA weit verbreitet; in England ist man noch skeptisch.

BESUCH BEIM THERAPEUTEN

Während sich Craniale Osteopathie auf Schädelknochen konzentriert, richtet sich die Cranio-Sacral-Therapie auf die Hirnhäute, die Gehirn und Rückenmark umgeben. Nach Ansicht der Therapeuten bewirken diese Häute den rhythmischen Impuls des Hirnwassers im Schädel (CRI). Dieser wirkt sich auf das Bindegewebe von Organen, Knochen und Muskeln aus. Ziel der Behandlung ist ein gleichmäßiger rhythmischer CRI-Fluß.

Sie liegen bekleidet auf einer Liege, und der Therapeut drückt vorsichtig auf Kopf oder auf Kreuzbein (Sakrum). Viele Patienten berichten von einer tiefen Entspannung während der Behandlung, manche erleben ein spontanes „Loslassen“ von Verspannungen und die Befreiung von körperlichen und emotionalen Traumata. Manchmal genügen zwei einstündige Sitzungen, aber meist sind mehrere Behandlungen nötig.

FACHURTEIL

Im Gegensatz zu Osteopathen oder Cranialen Osteopaten mangelt es manchen Cranio-Sacral-Therapeuten an einer Ausbildung in Anatomie oder Physiologie. Die Methode an sich ist zwar unschädlich, aber viele Ärzte befürchten, daß ernste Krankheiten übersehen werden könnten.

VORSICHT!

- Siehe Osteopathie (Seite 78) und Seite 52

ROLFING

BEWERTUNG	
FORSCHUNG	
FACHURTEIL	
THERAPEUT	
SELBSTHILFE	
VERTRÄGLICHKEIT	

DIESE THERAPIE wurde in den 40er und 50er Jahren von der amerikanischen Biochemikerin Dr. Ida Rolf entwickelt und besteht aus kräftigen Druck- und Manipulationstechniken, um den Körper in der Senkrechten korrekt auszurichten. Nach Dr. Rolf besitzt der Körper eine natürliche Symmetrie, die mit der Schwerkraft harmonisch zusammenarbeitet. Verletzungen, Haltungsfehler oder Streß bringen den Menschen aus diesem natürlichen Gleichgewicht. Rolfing wird von Sportlern, Tänzern und Sängern zur Verbesserung von Atmung und Elastizität benutzt.

ANWENDUNG

- Haltungsfehler
- Sportverletzungen
- Chronische Muskelschmerzen, auch in Nacken, Schultern und Rücken
- Atembeschwerden
- Vorbeugung gegen Haltungsfehler und Streß
- Gesundheitsvorsorge

GESCHICHTE

Dr. Ida Rolf *entwickelte ihre Therapie aus Yoga, Physiotherapie und ihren Studien über die Wirkung der Schwerkraft auf menschliche Körperstrukturen*

Rolfing, auch als „Strukturelle Integration" bekannt, wurde von Dr. Ida Rolf entwickelt, nachdem sie durch eine osteopathische Behandlung wegen einer verschobenen Rippe auf Körpermanipulation aufmerksam geworden war. Sie entdeckte, daß die Körperstruktur physiologische und psychologische Abläufe im Menschen beeinflußt und daher der Schlüssel zum Wohlbefinden ist.

Es dauerte lange, bis ihre Arbeit anerkannt wurde, aber das wachsende Interesse an der Verbindung von Körper und Geist in den 60er Jahren und die Veröffentlichungen einiger ihrer VIP-Patienten sowie die Bewegung des „Persönlichen Wachstums" (siehe S. 160) verhalfen Rolfing zur offiziellen Anerkennung als alternative Behandlungsform. 1971 gründete Dr. Rolf in Boulder, Colorado, das Rolf Institute for Structural Integration, aus dem bis heute über 900 Therapeuten hervorgegangen sind.

GRUNDSÄTZLICHES

Jeder Muskel ist in ein Netz aus dünnem, elastischem Bindegewebe eingebettet und so von den anderen abgetrennt. Rolfer behaupten, daß dieses Gewebe, auch Faszien genannt, unter körperlichem oder emotionalem Streß seine Elastizität verliert, sich zusammenzieht, verhärtet und in seiner Beweglichkeit eingeschränkt wird. Der Mensch paßt sich diesem allmählichen Prozeß unbewußt an, indem er die auferlegten Begrenzungen auszugleichen sucht: Der Atem wird flacher, die Bewegungen steifer, und schließlich verliert er sein natürliches senkrechtes Gleichgewicht. Davon werden auch andere Körpersysteme immer stärker betroffen. Die körperliche und emotionale Gesundheit ist bedroht, das kann sogar zu vorzeitigem Altern führen.

Rolfer vergleichen ihre Arbeit mit der eines Bildhauers; sie gleichen den Körper aus, damit er mit der Schwerkraft und nicht gegen sie arbeitet. In 10 Sitzungen werden alle Faszien mit einem festen Druck von Ellenbogen, Fingern und Knöcheln neu geformt. Zur Korrektur von Kopf, Schultern, Bauchraum, Becken und Beinen wird Muskelgewebe gedehnt. Das neue Ordnungsmuster im Körper beseitigt Schmerzen und Verspannungen.

FUNKTION DER FASZIEN

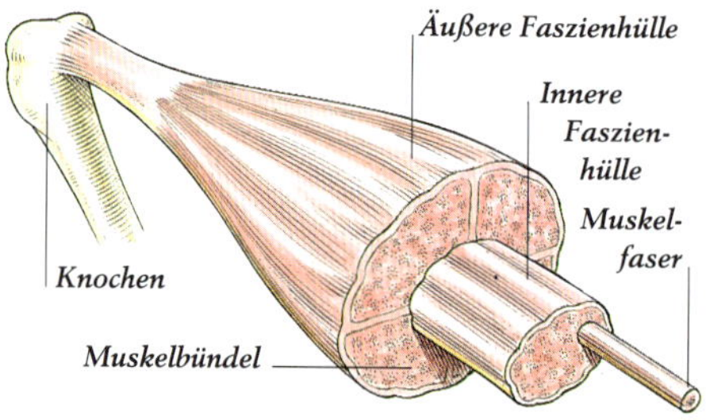

Faszien *sind Muskelumhüllungen aus Bindegewebe. Sie bilden ein Sehnennetz um und in jeder Muskelschicht. Bei zu großer Belastung verkürzen sie und „speichern" Verspannungen, die durch Rolfing wieder gelöst werden können*

STRUKTUR DES KÖRPERS

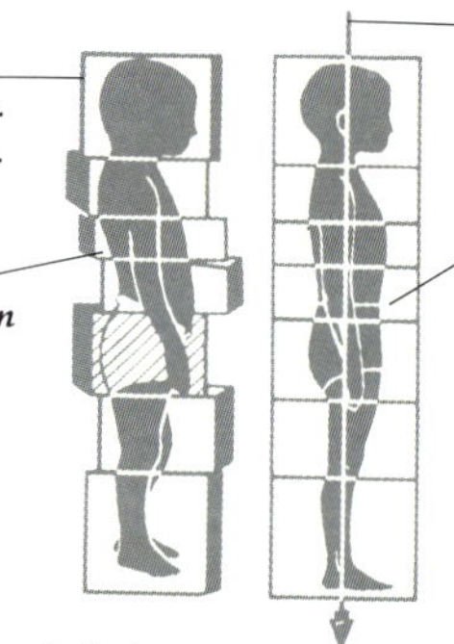

Dr. Rolf *verglich den Körper mit einem Blockgebilde: Jeder Haltungsfehler (oben links) belastet die Struktur, aber wenn die Blöcke neu geordnet werden (siehe rechts), stabilisiert sie sich wieder*

NACHWEIS & FORSCHUNG

Rolfing ist wissenschaftlich kaum untersucht. 1988 bestätigten amerikanische Forscher an der University of Maryland, daß diese Methode Streß reduziert, die Körperstruktur kräftigt und die Funktion des Nervensystems verbessert. In einer Studie von 1977 an der University of California in Los Angeles zeigten Patienten nach Rolfing-Sitzungen eine verbesserte Haltung, mehr Körperkontrolle und weniger verspannte Bewegungen.

Es gilt auch als erwiesen, daß Rolfing bei Angstzuständen wesentlich wirksamer ist als Gymnastik.

FACHURTEIL

Die meisten Ärzte betrachten Rolfing als eine Massagetherapie und überlassen dem Patienten die Wahl, vorausgesetzt er ist geistig und körperlich gesund und der Rolfer kann eine qualifizierte Ausbildung nachweisen.

KONSULTATION EINES THERAPEUTEN

Meist besteht eine Behandlung aus 10 einstündigen Sitzungen pro Woche. Nach der Anamnese entkleiden Sie sich bis zur Unterwäsche, damit die Therapeutin Ihre Haltung und Körperstruktur beurteilen kann. Um Veränderungen festzuhalten, werden Sie vor und nach jeder Behandlung von allen Seiten fotografiert. Während der Behandlung liegen oder sitzen Sie auf einer Massageliege. Die Therapeutin arbeitet mit langsamen Bewegungen und einem kräftigen Druck ihrer Hände, Finger, Knöchel und Ellenbogen auf Ihrem Körper – manchmal ist das sehr schmerzhaft. Sie wird Sie bitten, Ihre Atmung der Behandlung anzupassen und vielleicht auch Arme und Beine in einer bestimmten Weise zu bewegen. Jede Sitzung konzentriert sich auf einen anderen Teil des Körpers; in der Abschlußbehandlung werden Muskeln und Haltung neu geordnet. Manchmal werden in einer Sitzung alte Traumata wiedererlebt. Übungen zur Selbsthilfe folgen nach Abschluß der Therapie.

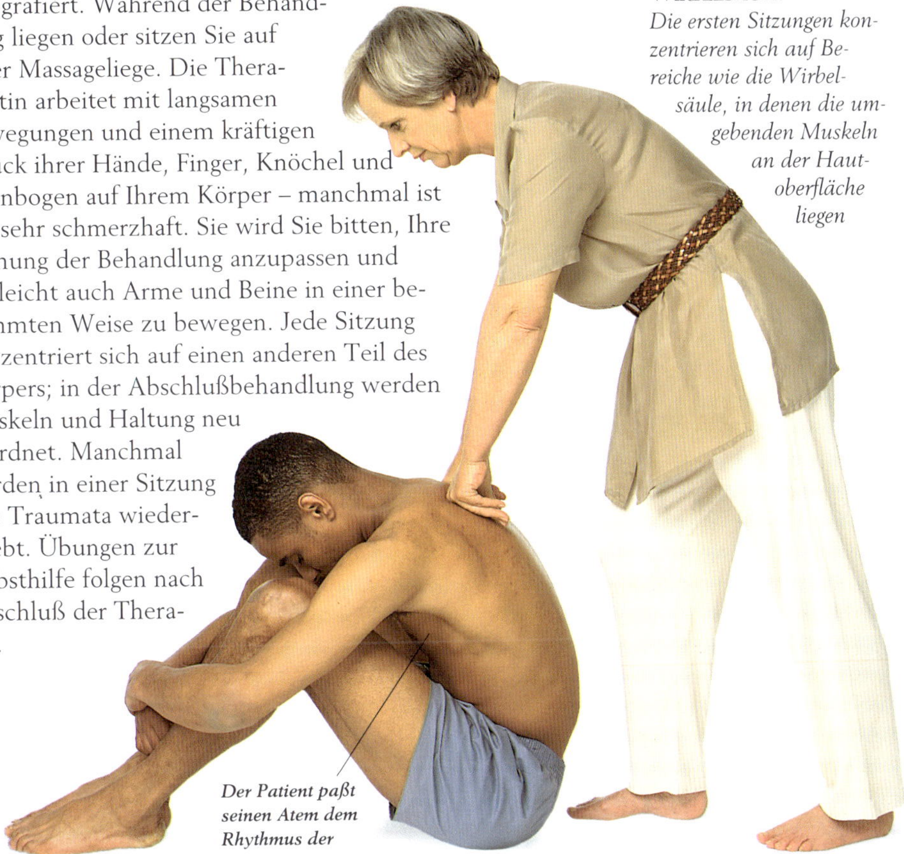

BEHANDLUNG DER WIRBELSÄULE
Die ersten Sitzungen konzentrieren sich auf Bereiche wie die Wirbelsäule, in denen die umgebenden Muskeln an der Hautoberfläche liegen

Der Patient paßt seinen Atem dem Rhythmus der Massage an

HÜFTE & BECKEN

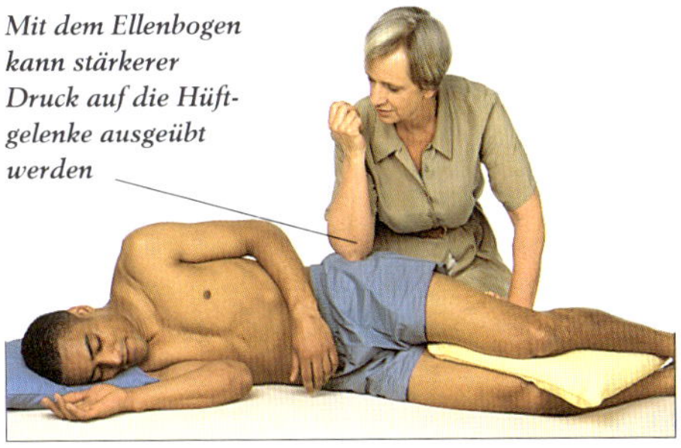

Mit dem Ellenbogen kann stärkerer Druck auf die Hüftgelenke ausgeübt werden

Hüfte: *Ab der dritten Sitzung arbeitet die Therapeutin mit kräftigem Druck auf der Seite, um die Faszien an der Hüfte zu dehnen*

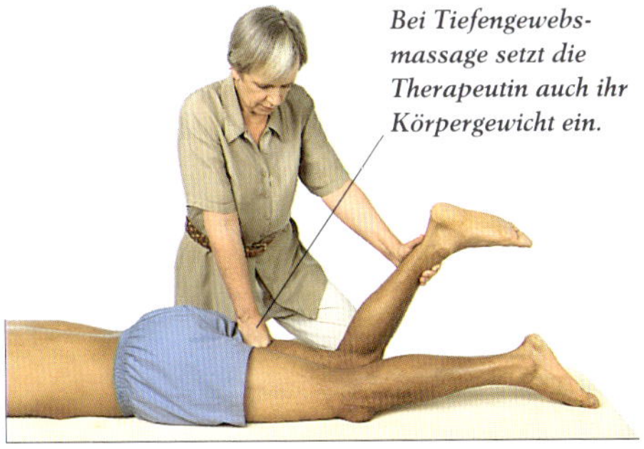

Bei Tiefengewebsmassage setzt die Therapeutin auch ihr Körpergewicht ein.

Becken: *Später wird tieferes Gewebe bearbeitet. Druck auf die Beinrückseite erhöht die Beweglichkeit des Beckens, entspannt die Kniebeuger*

VORSICHT!

- Bei Krebs, Rheumatoider Arthritis o. ä. Entzündungen ist Rolfing nicht geeignet
- Siehe auch Seite 52

Aston Patterning

Diese Methode ist eine Kombination aus Massage und Bewegungslehre. Sie hat sich in den USA aus Rolfing entwickelt. Aston Patterning kann bestimmte Krankheiten lindern, wird aber meist vorbeugend eingesetzt.

GESCHICHTE

Aston Patterning ist nach seiner Begründerin Judith Aston, einer amerikanischen Lehrerin für Tanz, Sport und Schauspiel, benannt, die nach einem Autounfall von Dr. Ida Rolf behandelt wurde. Während die komplette Neuordnung des Körpers für Dr. Rolf ein ganz wesentlicher Gesundheitsfaktor war, glaubte Aston, daß bestimmte Haltungsfehler als annehmbare Anpassungsversuche des Körpers an den Alltagsstreß akzeptiert und gestattet werden sollten.

BESUCH BEIM THERAPEUTEN

Die Behandlung fängt mit einer Betrachtung an, wobei besondere Aufmerksamkeit auf Ihren Gang gelegt wird. Sie teilt sich in vier Bereiche auf: Bewegungslehre, Massage und die Arbeit am Muskelgewebe, Fitneß-Training und ergonomische Wahrnehmung (z. B. den Stuhl oder Schreibtisch Ihrer Körpergröße anzupassen). Die Methode will durch eine gleichmäßige Verteilung des Körpergewichts und fließende freie Bewegungsabläufen Schmerzen lindern und die Haltung verbessern.

BEWERTUNG

- FORSCHUNG
- FACHURTEIL
- THERAPEUT
- SELBSTHILFE
- VERTRÄGLICHKEIT

ANWENDUNG

- Haltungsfehler
- Verbesserung von Koordination und Bewegungsabläufen
- Chronische Muskelschmerzen, auch in Nacken, Schultern und Rücken
- Kopfschmerzen
- Atembeschwerden
- Gesundheitsvorsorge

FACHURTEIL

Die meisten Ärzte akzeptieren diese Behandlung als Körpertherapie.

VORSICHT!

- Siehe Rolfing (oben) und Seite 52

Heller-Arbeit

Bewertung	
Forschung	
Fachurteil	
Therapeut	
Selbsthilfe	
Verträglichkeit	

Diese Kombination aus Massage, Bewegungslehre und Emotionsarbeit wurde in den 70er Jahren von dem amerikanischen Ingenieur Joseph Heller entwickelt. Heller arbeitete mit Dr. Ida Rolf (siehe Seite 82) zusammen und teilte ihre Ansichten, legte aber besonderen Wert auf die emotionale Aufarbeitung. „Der Körper speichert die Traumata des Lebens in Verspannungen", schrieb er. „Sobald wir die Spannungen lösen und uns nach der Schwerkraft ausrichten, bekommen wir im Leben einen neuen Stand." Heller-Arbeit wird weltweit praktiziert, am häufigsten in den USA.

Anwendung

- Haltungsfehler
- Chronische Muskelschmerzen, auch in Nacken, Schultern und Rücken
- Atembeschwerden
- Vorbeugung von Haltungsfehlern oder Streß
- Sportverletzungen
- Gesundheitsvorsorge

Geschichte

Joseph Heller studierte Luftfahrttechnik und untersuchte die Wirkung von Schwerkraft und Belastung auf Weltraumraketen. Aus Interesse an der menschlichen Entwicklung und an manipulativen Techniken ließ er sich zum Rolfer ausbilden und wurde 1975 erster Präsident des Rolf Instituts. Drei Jahre später trennte er sich von Ida Rolf. Seiner Meinung nach kann eine einfache Neuordnung des Körpers keine langfristigen Erfolge bringen. Er wollte die Methode durch Übungen und Erforschung der Körper/Geist-Verbindung ergänzen. Seit der Zeit haben auch die Rolfer selbst Übungen für eine „neue Bewegungslehre" entwickelt. Heller-Arbeit wird von über 160 Therapeuten angeboten; die meisten arbeiten in den USA.

Besuch beim Therapeuten

Eine vollständige Therapie umfaßt 11 Sitzungen zu je 90 Minuten. Tiefe Druck- und Manipulationstechniken, ähnlich denen des Rolfings, werden mit „neuen Bewegungsmustern" kombiniert, um alltägliche Handlungen streßfrei zu gestalten. Wichtig dabei ist der „geführte verbale Dialog", in dem Patient und Therapeut gemeinsam die Gefühle erklären, die durch die Massage befreit werden.

Bei der ersten Sitzung wird Ihre Fallgeschichte notiert, und Sie werden vorher und nachher fotografiert. Jede Sitzung konzentriert sich auf einen bestimmten Körperbereich und seine Gefühle. Mit einer kräftigen Massage wird verklebtes Gewebe um den Muskel herum gelöst (siehe Abb. S. 82). In den ersten Sitzungen werden äußere Muskeln, z. B. in Händen und Füßen, bearbeitet, die oft Fehler aus der Kindheit steuern, etwa beim Stehen und Strecken. Spätere Sitzungen konzentrieren sich auf tiefer liegende „Kernmuskel", wie in Becken und Wirbelsäule, und ihre Gefühle.

Haltungskorrektur *Faszienmassage entlang der Wirbelsäule löst „Knoten", die Haltungsfehler verursachen*

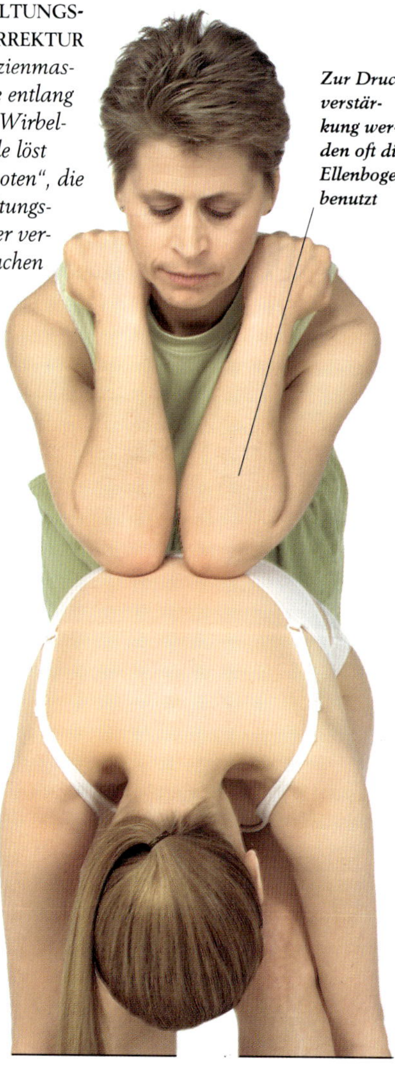

Zur Druckverstärkung werden oft die Ellenbogen benutzt

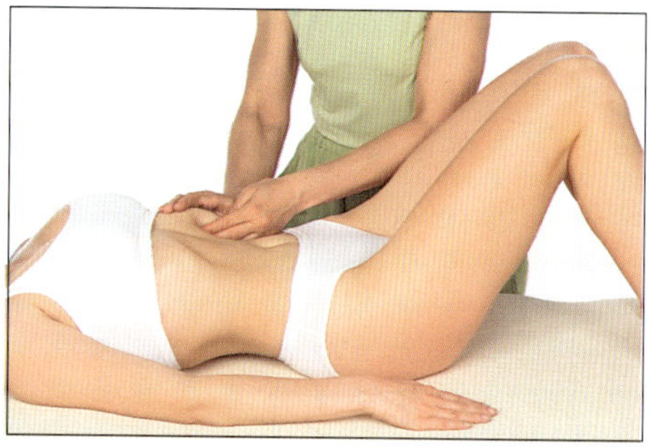

***Haltungsfehler** behindern die Zwerchfellfunktion und schränken die Atmung ein. Eine Massage löst diese Verspannungen und verbessert die Beweglichkeit der Rippen, sie paßt sich dem Atemrhythmus der Patientin an*

Nachweis & Forschung

Vor ein paar Jahren wurden Angestellte einer amerikanischen Computersoftware-Firma in Oregon mit Heller-Arbeit behandelt. Resultat waren bessere Haltung und weniger Streß. Viele berichteten auch von einem besseren Arbeitsklima und weniger Neigung zu Rückenschmerzen. Diese Studie unterlag jedoch keiner klinischen Kontrolle.

Fachurteil

Da es hier kaum klinische Forschungen gibt, ist eine Wirkung bei Behinderungen oder eine Rehabilitation nach Verletzungen nicht bestätigt. Wahrscheinlich beugt die Heller-Arbeit Muskelzerrungen vor, fördert die Gesundheit und erleichtert den Umgang mit Streß.

Vorsicht!

- Siehe Rolfing (Seite 82) und Seite 52

DIE FELDENKRAIS-METHODE

BEWERTUNG

- FORSCHUNG
- FACHURTEIL
- THERAPEUT
- SELBSTHILFE
- VERTRÄGLICHKEIT

DIESE METHODE der körperlichen Neuorientierung ist nach Dr. Moshe Feldenkrais benannt, der sie in den 40er Jahren für mehr Körperbewußtsein, Beweglichkeit und Selbstvertrauen entwickelte. Seiner Ansicht nach weisen bestimmte Haltungs- und Bewegungsmuster auf Störungen des Nervensystems hin. Die Patienten lernen, diese Muster zu identifizieren und zu vermeiden. Es entstanden sanfte Manipulationstechniken, auch für Erkrankungen wie Epilepsie und Multiple Sklerose. Anfangs lehrte Dr. Feldenkrais in Israel und den USA, heute kann man seine Kurse weltweit besuchen.

ANWENDUNG

- Muskelschmerzen
- Rückenschmerzen
- Lernschwierigkeiten
- Neuromuskuläre Störungen wie Epilepsie und MS
- Sportverletzungen
- Schlaganfälle und Lähmungen
- Förderung des Wohlbefindens

GESCHICHTE

Moshe Feldenkrais war ein Israeli russischer Abstammung und arbeitete bis zum zweiten Weltkrieg als Atomphysiker und Ingenieur in Frankreich, später emigrierte er nach England. Als begeisterter Fußballspieler und Träger des schwarzen Judogürtels begann er nach einer schweren Knieverletzung mit dem Studium der menschlichen Bewegung. Anfangs beobachtete er nur die spontane, natürliche Anmut von Kindern. Später folgten ergänzende Anatomie-, Physiologie-, Neurologie- und Psychologiestudien. 1950 zog Feldenkrais nach Israel und arbeitete dort seine Methode weiter aus. Sein Ziel war es, fließende Bewegungen mit „wenig Mühe und größter Wirkung" entstehen zu lassen. 1962 gründete er das Feldenkrais Institute in Tel Aviv und behandelte erfolgreich Patienten mit neuromuskulären Störungen in den USA und Europa. Heute gibt es mehr als 2500 Therapeuten.

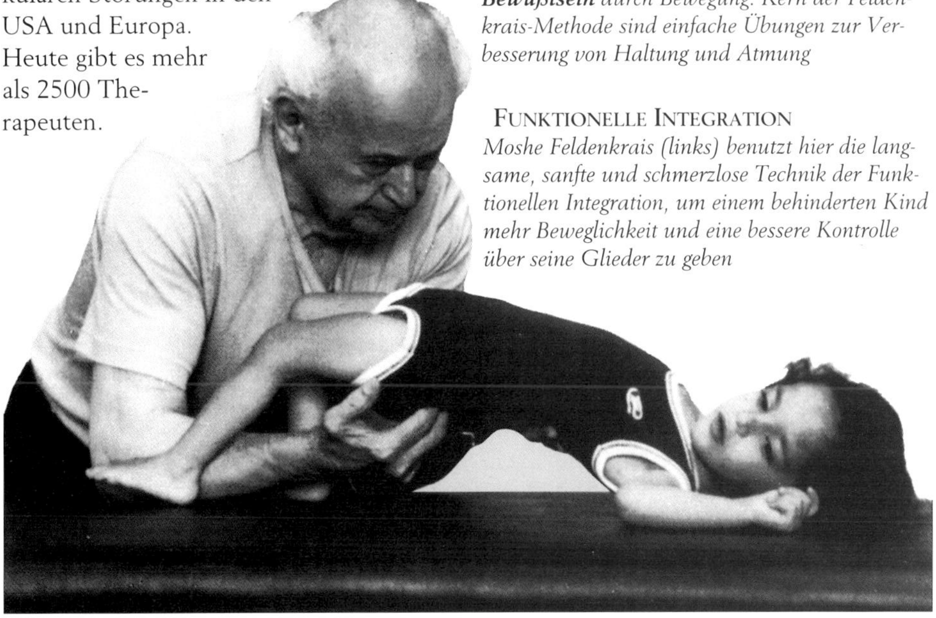

FUNKTIONELLE INTEGRATION
Moshe Feldenkrais (links) benutzt hier die langsame, sanfte und schmerzlose Technik der Funktionellen Integration, um einem behinderten Kind mehr Beweglichkeit und eine bessere Kontrolle über seine Glieder zu geben

BESUCH BEIM THERAPEUTEN

Feldenkrais-Therapeuten sind im wesentlichen Lehrer, die es vorziehen, von Studenten anstatt von Patienten zu sprechen. Nach ihren Erkenntnissen spiegelt sich der Zustand des Nervensystems in Haltung und Bewegung wieder, so läßt etwa ein depressiver Mensch meist seine Schultern hängen. Ziel der Feldenkrais-Methode ist eine verbesserte Gesundheit durch Neuprogrammierung von Bewegungsabläufen. Dazu gibt es zwei Ansätze. Die erste ist als „Bewußtsein durch Bewegung" bekannt: einfache Übungen zur Entwicklung von Körperbewußtsein und Beweglichkeit. Durch Gruppenübungen unter Anleitung eines Therapeuten werden alte Bewegungsmuster durch neue ersetzt und gleichzeitig Atmung und Kreislauf gestärkt. Die Feldenkrais-Methode kommt sowohl der körperlichen als auch der geistigen Leistungskraft zugute und wird daher besonders von Schauspielern, Tänzern und Musikern geschätzt.

Bewußtsein *durch Bewegung: Kern der Feldenkrais-Methode sind einfache Übungen zur Verbesserung von Haltung und Atmung*

Der zweite Ansatz, die „Funktionelle Integration", arbeitet mit Berührung und Manipulationstechniken, einer Behandlung, die speziell auf Ihre persönlichen Bedürfnisse zugeschnitten ist.

NACHWEIS & FORSCHUNG

Feldenkrais war für seine Arbeit mit schweren neuromuskulären Störungen wie Epilepsie bekannt. Die langfristige Wirkung seiner Methode ist bis jetzt jedoch noch nicht wissenschaftlich belegt. Vorhandene Untersuchungen betreffen die Bereiche Erziehungspsychologie und Rehabilitation.

FACHURTEIL

Die meisten Ärzte finden die Theorie plausibel und befürworten ihren Einsatz. Mangels wissenschaftlicher Beweise zögern sie jedoch, schwerbehinderten Patienten diese Methode zu empfehlen.

VORSICHT!

- Siehe Seite 52

DIE ALEXANDER-TECHNIK

BEWERTUNG

- FORSCHUNG
- FACHURTEIL
- THERAPEUT
- SELBSTHILFE
- VERTRÄGLICHKEIT

DIE ALEXANDER-TECHNIK ist weltweit bekannt und besonders unter Schauspielern beliebt. Sie ist eine der anerkanntesten und etabliertesten Körpertherapien. Ihr Ziel ist eine Verbesserung der Haltung, damit der Körper mit möglichst geringer Belastung arbeiten kann. Kleine Kinder besitzen eine natürliche Balance; später, nach jahrelang gekrümmter und schlaffer Haltung, verformen sich Gelenke und Muskeln. Korrektes Stehen und Gehen entlastet den Körper, Fehlhaltungen lösen sich auf, und die Organsysteme werden leistungsfähiger.

ANWENDUNG

- Probleme der Skelettmuskulatur
- Streß, Ängstlichkeit
- Depression
- Kopfschmerzen
- Magen-Darm-Beschwerden
- Zerrungen, Verletzungen, Bursitis
- Haltungsschmerzen in der Schwangerschaft

GESCHICHTE

***In den 30er Jahren** hatte F. M. Alexander viele Persönlichkeiten in London als Schüler. Zu seinen begeisterten Anhängern zählten u.a. Aldous Huxley und George Bernhard Shaw*

Ende des letzten Jahrhunderts bemerkte der australische Schauspieler Frederick Matthias Alexander, daß seine Stimme bei Theatervorstellungen kippte oder sogar ganz versagte. Er stellte sich vor einen Spiegel und hatte bald den Grund dafür entdeckt: Vor dem Sprechen zog er seinen Kopf nach unten, wölbte seinen Rücken und spannte Arme und Beine an. Seine Rachenmuskeln zogen sich deutlich sichtbar zusammen. Alexander ersann Techniken, um diese Reaktionen zu vermeiden, und entwickelte daraus die nach ihm benannte Therapie.

1904 zog Alexander von Australien nach London, später in die USA. In London gründete er 1931 das erste Ausbildungsinstitut für Lehrer der Alexander-Technik. Viele Pädagogen und Wissenschaftler rühmen seine Arbeit. Auch Musiker und Schauspieler schätzen sie sehr. Weltweit arbeiten 1500 Therapeuten nach seiner Methode.

GRUNDSÄTZLICHES

Man braucht nur die Anmut eines Kindes mit den hängenden Schultern seiner Eltern zu vergleichen, um zu erkennen, wie sehr jahrelange schlechte Sitz- und Stehgewohnheiten, falsches Heben und Verspannungen aus Angst oder Schüchternheit dem Menschen schaden können. Laut Alexander beeinflußt die falsche Haltung die Funktionen von Körper und Geist; daher ist es notwendig, Grundbewegungen wie Sitzen oder Stehen neu zu erlernen.

Festgelegte Übungen gibt es nicht. Statt dessen machen die Lehrer ihren Schülern die Fehlmuster in ihren alltäglichen Bewegungsabläufen bewußt. Sie lernen ihren Körper so auszubalancieren, daß sie sich entspannt und flüssig bewegen können.

NACHWEIS & FORSCHUNG

Im Gegensatz zu anderen alternativen Methoden gibt es hinreichend Beweise für die Wirkung der Alexander-Technik.

In einer englischen Studie von 1995 zeigten Musikstudenten nach Alexander-Sitzungen bessere Leistungen und weniger Ängste. Eine aktuelle Untersuchung, die 1994 am Kingston Hospital in London begann, scheint zu bestätigen, daß die Technik chronische Rückenschmerzen bessert. Studien der Columbia University in New York aus den Jahren 1984 und 1992 zeigten, daß die Alexander-Technik die Atmung der Probanden verbesserte. Eine Reihe amerikanischer Studien aus den 60er und 70er Jahren ergab, daß ein Training mit Alexander-Technik die Nackenmuskeln von Testpersonen verlängert. Dieses Ergebnis wurde durch Röntgenaufnahmen an der Tufts University in Boston belegt.

In den 50er Jahren fotografierte Dr. Wiliam Barlow, ein Schüler Alexanders, Studenten vor und nach ihrem Alexander-Training am Royal College of Music in London und fand bei allen eine entschiedene Haltungsverbesserung.

FACHURTEIL

Haltungsfehler, Streß und chronische Rückenschmerzen können mit Alexander-Technik behandelt werden. Ansätze und Ziele erscheinen den Ärzten vernünftig und realisierbar.

KORREKTUR DER FEHLMUSTER

***Mit der Alexander-Technik** können Musiker alltägliche Fehlmuster erkennen und vermeiden. Hier arbeitet eine Lehrerin an der Kopf-Nacken-Wirbelsäulen-Linie und der Stellung von Handgelenken und Ellenbogen. Eine ausgeglichene Haltung beim Musizieren vermeidet das Risiko chronischer Verspannungen*

***Zum Aufdrehen** eines Wasserhahns benutzen viele Menschen mehr Kraft als nötig und verdrehen ihren Rücken. Rücken und Nacken sollten entspannt bleiben; der Arm allein macht die Drehbewegung*

KONSULTATION EINES THERAPEUTEN

Die Alexander-Technik wird als Einzelunterricht für Menschen aller Altersstufen gelehrt und verlangt lockere, bequeme Kleidung. In der Einführungsstunde werden Sie gebeten, ruhig zu stehen und später im Raum umherzugehen, damit der Lehrer Ihre Bewegungsmuster betrachten kann.

Er wird Sie bitten, sich flach und mit angewinkelten Knien hinzulegen und Ihren Kopf auf zwei bis drei Bücher zu legen. Nach einigen Korrekturen wird er Ihnen wieder auf die Füße helfen. Ziel ist es, sich das Gefühl einer optimalen Körperhaltung bewußt zu machen. Die Anfangsphase dieser Neuorientierung findet im Liegen statt: Der Körper ist dann entspannt, die vorgenommenen kleinen Veränderungen wirken so am stärksten. Für weitere Haltungskorrekturen stehen oder sitzen Sie. Der Lehrer zeigt Ihnen, wie Sie Ihre Muskeln mit geringstem Aufwand und größter Wirkung benutzen können. Er wird Sie bitten, immer an Frederick Alexanders Motto zu denken: „Befrei den Nacken; heb den Nacken nach vorn; streck und dehn deinen Rücken".

Er oder sie wird Sie auffordern, auf Ihr Gefühl beim mühelosen Sitzen und Stehen zu achten und stets die Stellung Ihres Körpers zu kontrollieren. In den Folgestunden werden Ihre gesamten Bewegungsmuster überprüft; dazu gehören Stehen, Bewegen, Sitzen, Hinlegen, Gehen, Heben von Dingen – und sogar Bügeln. Wahrscheinlich werden Sie dabei merken, daß Sie beim Drehen eines Türknopfs oder Wasserhahns zuviel Kraft aufwenden oder daß Sie zu abrupt aufspringen, wenn das Telefon klingelt.

Eine Sitzung dauert 30–45 Minuten, und eine Therapie umfaßt 15–30 Sitzungen, je nach Lernfähigkeit.

VORSICHT!

- Siehe Seite 52

WIE FINDE ICH EINE NATÜRLICHE STELLUNG?
Liegen auf einer harten Unterlage dehnt die Wirbelsäule. So kann die Lehrerin Ihren Körper mit sanften Korrekturen in eine natürliche Stellung bringen.

STEHEN LERNEN

Wichtiger Bestandteil ist die geistige Mitarbeit, etwa um das Gefühl zu erfahren, das bei mühelosem Sitzen oder Stehen entsteht.

1 Halten Sie beim Sitzen Kopf und Wirbelsäule aufrecht

2 Lassen Sie Ihren Kopf beim Aufstehen führen

3 Den Kopf hoch halten, damit die Wirbelsäule „frei" ist

SELBSTHILFE

Die Alexander-Technik sollte von einem Lehrer angeleitet werden und erst danach selbständig geübt werden. Es gibt einfache Übungen im Liegen, die zweimal 10–15 Minuten am Tag in Anspruch nehmen, aber Sie sollten das Üben nicht nur auf diesen Zeitraum beschränken, sondern sie jederzeit und überall anwenden. Wenn Sie sich eine Zerrung zugezogen haben, legen Sie sich hin, und folgen Sie Ihren „Anweisungen".

Anfangs werden Sie sich bewußt um eine gute Haltung bemühen müssen – Haltungsfehler können sich so eingeprägt haben, daß sich sogar ein krummer Rücken oder hängende Schultern bereits natürlich anfühlen. Mit etwas Übung wird ein freies Gefühl in Nacken und Wirbelsäule zur zweiten Natur.

TRAGERWORK

BEWERTUNG

- FORSCHUNG
- FACHURTEIL
- THERAPEUT
- SELBSTHILFE
- VERTRÄGLICHKEIT

DIESE SANFTE NEUVERKNÜPFUNG von Körper und Geist ist auch als Trager Psychophysikalische Integration bekannt und wurde von Dr. Milton Trager in den USA entwickelt. Mit leichten, sanften Bewegungen wie Wiegen oder Dehnen kann der Körper in eine tiefe Entspannung gleiten, in der sich unbewußte körperliche und geistige Spannungsmuster vergangener Traumata lösen. Besonders in den USA wird diese Methode immer beliebter. Über 800 Therapeuten behandeln weltweit die unterschiedlichsten Störungen – von Haltungsfehlern bis Asthma.

ANWENDUNG

- Streßstörungen
- Muskelverspannungen, chronische Schmerzen
- Haltungsfehler
- Wirbelsäulenprobleme, Ischialgien
- Bluthochdruck
- Schlaganfälle
- Migräne
- Asthma

GESCHICHTE

Milton Trager wurde 1908 in Chicago geboren und war Berufsboxer. Er entdeckte, daß er durch intuitive Berührung Schmerzen erleichtern und sogar Polio-Patienten zum Gehen verhelfen konnte. Trager ließ sich als Physiotherapeut ausbilden, machte 1955 sein Examen und eröffnete eine Praxis auf Hawaii. Als Ergänzung erlernte er die Transzendentale Meditation (siehe S. 174). 1975 präsentierte er seine Therapie in Kalifornien. Sein Vortrag wurde ein großer Erfolg: Er zog nach Kalifornien und gründete dort 1980 das Trager Institute.

BESUCH BEIM THERAPEUTEN

Eine Sitzung dauert 60–90 Minuten, beginnt mit einer Körperbetrachtung und besteht aus „Körperarbeit" und oft auch aus Anleitungen zu „Mentastics", einer Bewegungstherapie zur Selbsthilfe, die ein Gefühl von Würde und Freiheit vermittelt. Für die Körperarbeit entkleiden Sie sich bis zur Unterwäsche. Öl wird nicht verwendet, da die Haut nicht massiert, sondern gewiegt, gedehnt und geschaukelt wird. Dabei geht der Therapeut in eine entspannte, aktive Meditation und „klinkt sich ein", um die Spannungsmuster des Patienten wahrzunehmen.

Bei einer verspannten Stelle löst er den Druck (in den meisten Körpertherapien wird er verstärkt), damit der Patient sich frei und leicht fühlt. Der subtile Effekt baut sich kontinuierlich weiter auf, da die Massage den Patienten ermutigt, seine Muskelkontrolle aufzugeben und „loszulassen". Es kommt zu einer Wellenbewegung in den Gewebsschichten, die auch sonst nicht zugängliche Organe erreichen soll. Viele Patienten berichten danach von einem leichteren, freieren Gefühl und weniger Schmerzen. Manchmal reicht eine Sitzung.

Der Druck ist ganz leicht

***Aktive Meditation:** In einem Zustand von aktiver Meditation kann der Therapeut verspannte Körperbereiche wahrnehmen*

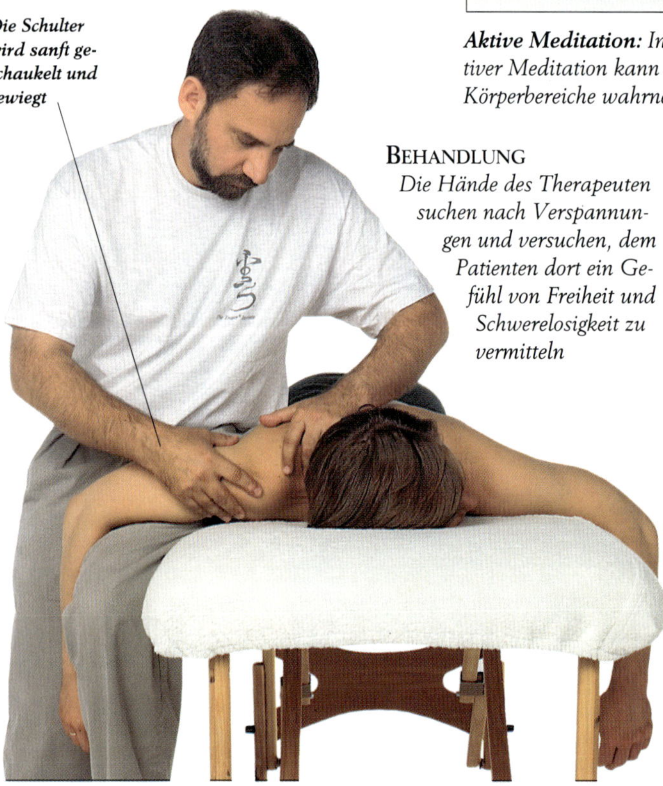

Die Schulter wird sanft geschaukelt und gewiegt

BEHANDLUNG
Die Hände des Therapeuten suchen nach Verspannungen und versuchen, dem Patienten dort ein Gefühl von Freiheit und Schwerelosigkeit zu vermitteln

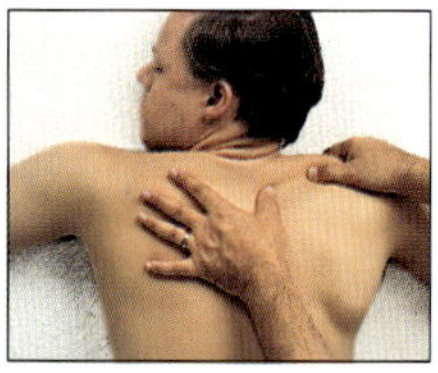

***Sanftes Dehnen** oder Rütteln der oberflächlichen Muskulatur löst Schulterverspannungen*

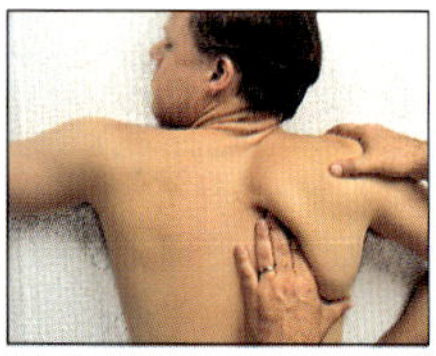

***Beim Wiegen** eines Gelenks gibt der Patient die bewußte Kontrolle auf*

NACHWEIS & FORSCHUNG

Eine Studie der US-Zeitschrift *Spine* von 1933 bestätigt, daß Trager-Arbeit Schmerzen lindert. 1986 stellte man bei Lungenpatienten nach zwei Wochen Therapie weniger Symptome fest.

FACHURTEIL

Die meisten Ärzte stehen dieser Therapie neutral gegenüber. Da sie keine Gefahr darstellt, wird sie als Entspannungsmethode anerkannt.

VORSICHT!

- Informieren Sie Ihren Therapeuten, wenn Sie an Osteoporose oder Thrombose leiden
- Siehe auch Seite 52

BIOENERGETIK

BEWERTUNG

FORSCHUNG	
FACHURTEIL	
THERAPEUT	
SELBSTHILFE	
VERTRÄGLICHKEIT	

DIESE KÖRPERORIENTIERTE FORM der Psychotherapie wurde in den 60er Jahren von Dr. Alexander Lowen in den USA entwickelt. Nach Lowen „programmieren" sich Streß und Traumata in die Muskeln ein, Haltung und Körperverspannungen erlauben also Rückschlüsse auf geistige Verhaltensmuster und Probleme. Zuerst werden die „vollen" Verspannungen verstärkt, dann gelöst und vergangene Traumata befreit und bearbeitet. Die Methode ist in den USA am beliebtesten und dort als Bioenergetische Analyse bekannt. In Europa und Neuseeland wird sie ebenfalls angeboten.

ANWENDUNG

- Streßbedingte Störungen wie Reizdarm, Magengeschwür, Migräne, Asthma & Erschöpfung
- Einige geistige Probleme und Krankheiten
- Dauerschmerzen
- Persönlichkeitsentwicklung

GESCHICHTE

Der Begriff „Bioenergetik" stammt von dem amerikanischen Psychotherapeuten Dr. Alexander Lowen aus den 60er Jahren. Als Schüler Wilhelm Reichs, seinerseits Schüler von Freud, glaubte er an eine tiefe Verknüpfung von Körper, Geist und Gefühlen. Lowen nahm Ansätze von Reich in seine Arbeit auf, u.a. die Theorie des „Körperpanzers" (Aufbau von Abwehrmustern aufgrund vergangener Erlebnisse). Wie Freud ermutigte Lowen die Patienten, unterdrückte Traumata neu zu erleben. Dazu bediente er sich unter anderem etlicher Übungen aus dem chinesischen Tai Chi Chuan (siehe Seite 100).

BESUCH BEIM THERAPEUTEN

Nach einer Einzelsitzung zum Kennenlernen empfiehlt der Therapeut entweder weitere Einzelstunden, die Gruppenarbeit, oder beides zusammen. Eine Sitzung dauert ca. 50 Minuten, Sie sollten dafür bequeme Kleidung tragen.

Eine Gruppe hat 12–20 Teilnehmer und beginnt meist mit Aufwärmübungen vor dem Erfahrungsaustausch. Die Übungen bearbeiten verspannte Körperbereiche wie „eingefrorener" Brustraum, „festgehaltenes Becken" und Kieferverspannungen. Großer Wert wird auch auf das „Grounding" gelegt – die Art, zu stehen und sich auszubalancieren – da guter Bodenkontakt mit gutem Körper- und Gefühlskontakt einhergeht. „Streßpositionen" wie das Hintenüberbeugen über einen Schemel bauen emotionale Energie auf, die sich dann freisetzt. Dabei können sich unterdrückte Erinnerungen entladen.

Erden: *Mit Hilfe des Therapeuten streckt sich die Patientin aus dem Stand nach oben. Dabei konzentriert sie sich auf Bodenkontakt, Körper und Gefühle*

Ein gerolltes Handtuch ziehen oder wringen befreit Gefühle oder Aggressionen

Der Therapeut ermutigt den Patienten, seine Gefühle zu zeigen

GEFÜHLE LOSLASSEN
Körperliche Verspannungen lösen sich durch Übungen – Handtuchwringen oder mit dem Tennisschläger aufs Bett schlagen –, bei denen der Patient seinen Gefühlen Luft machen kann. Wut, Zorn, Frustration oder Trauer lösen sich

NACHWEIS & FORSCHUNG

Fachzeitschriften haben Berichte über Theorie und Praxis der Bioenergetik veröffentlicht, aber die meisten Beweise stammen von den Patienten selbst. Für manche hat sich in sechs Sitzungen ihr ganzes Leben verändert.

FACHURTEIL

Wenn die Verbindung Körper/Geist wirklich so eng ist, ist der bioenergetische Ansatz verständlich. Jeder Arzt weiß, daß sich starke Gefühle auch körperlich zeigen können – z. B. in der Reizblase oder in Spannungskopfschmerzen. Die Abwehrmechanismen, die den Gefühlen den direkten Ausdruck versagen und sie zwingen, sich ein körperliches Ventil zu suchen, sind ein besonderes Anliegen vieler Ärzte.

VORSICHT!

- Siehe Seite 52

AKUPUNKTUR

BEWERTUNG

FORSCHUNG	
FACHURTEIL	
THERAPEUT	
SELBSTHILFE	
VERTRÄGLICHKEIT	

DIESER TEIL DER TRADITIONELLEN CHINESISCHEN MEDIZIN wird seit vielen tausend Jahren in China praktiziert. Im Westen machte die Akupunktur sich erst in den 70er Jahren mit ihrem Einsatz in der Anästhesie einen Namen. Bei dieser Therapie werden dünne, sterile Nadeln in bestimmte Körperpunkte gestochen. Asthma und Suchtprobleme können z. B. damit erfolgreich behandelt werden; im Westen verwendet man sie aber hauptsächlich zur Schmerzlinderung. Akupunktur ist heute eine der anerkanntesten östlichen Therapien, die im Westen von immer mehr Ärzten eingesetzt wird.

ANWENDUNG

- Schmerzlinderung
- Arthritis
- Suchtprobleme
- Asthma, Allergie
- Depression, Angst
- Migräne, Übelkeit
- Bluthochdruck
- Verdauungsbeschwerden
- Frauenleiden
- Vorbeugung

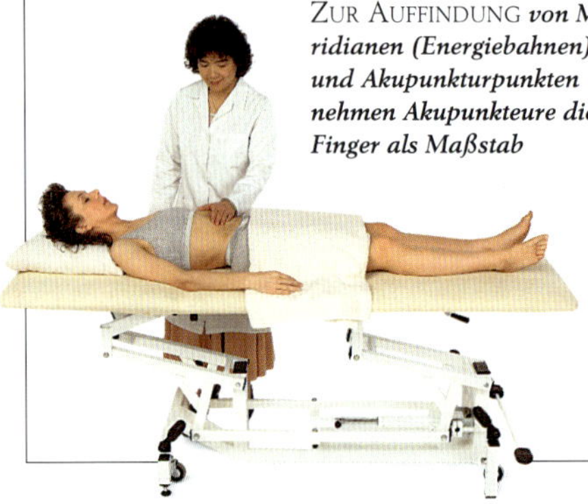

ZUR AUFFINDUNG *von Meridianen (Energiebahnen) und Akupunkturpunkten nehmen Akupunkteure die Finger als Maßstab*

GESCHICHTE

Archäologen haben in der inneren Mongolei steinerne Akupunkturnadeln aus dem Jahr 3000 v. Chr. gefunden; in China wird Akupunktur seit fast 3500 Jahren praktiziert. Im 17. Jahrhundert brachten Ärzte und Missionare sie nach Europa, wo sie aber kaum Fuß fassen konnte. 1972 mußte sich der amerikanische Journalist James Reston von der *New York Times* während eines Chinaaufenthalts einer Notoperation am Blinddarm unterziehen. Danach schilderte er in glühenden Farben die Linderung seiner postoperativen Schmerzen durch Akupunktur. Daraufhin erschienen im Westen spektakuläre Artikel über Akupunktur als Alternative zu herkömmlicher Anästhesie während einer Operation.

Seit der Öffnung Chinas zum Westen in den 70er Jahren haben viele westliche Ärzte Akupunktur studiert und benutzen die „medizinische Akupunktur", wie man sie heute nennt, als Ergänzung zu herkömmlichen Behandlungen in Krankenhäusern und Schmerzkliniken. Als Anästhesieform ist Akupunktur hauptsächlich auf China beschränkt.

GRUNDSÄTZLICHES

Akupunktur ist Teil der Traditionellen Chinesischen Medizin (TCM), zu der auch Heilkräuter (siehe S. 140), Akupressur (siehe S. 95), Übungen (siehe S. 99) und Ernährungslehre gehören. Kern der TCM sind die Begriffe Yin und Yang, die sich gegenüberstehen und gleichzeitig ergänzen und deren vollkommene Ausgewogenheit Wohlbefinden schenkt (siehe auch S. 141). Yin steht für Kälte, Feuchtigkeit, Dunkelheit, Passivität und Zusammenziehen; Yang für Hitze, Trockenheit, Helligkeit, Aktivität und Ausdehnung. Das Zusammenspiel von Yin und Yang erzeugt Qi („chie" ausgesprochen), unsichtbare „Lebensenergie", die in Meridianen durch den Körper fließt (siehe gegenüber). Es gibt 12 paarige Hauptmeridiane, sechs auf der linken und sechs auf der rechten Seite. Viele sind nach den wichtigsten inneren Organen benannt, durch die sie fließen: Sechs sind im wesentlichen Yin und mit „Speicherorganen" wie der Leber verbunden; sechs sind im wesentlichen Yang und mit „Hohlorganen" wie dem Magen verbunden. Alle zwölf Hauptmeridiane werden von zwei weiteren Meridianen, Diener- und Lenkergefäß, gesteuert.

Für die Gesundheit ist ein gleichmäßiger Qi-Fluß wichtig. Ist ein Meridian blockiert, kann es in seinem ganzen Verlauf zu Störungen kommen; z. B. kann stagniertes Magen-Qi zu Zahnschmerzen führen, weil der Magenmeridian durch den oberen Gaumen führt.

Es gibt insgesamt etwas 365 Punkte, in denen sich Qi ansammelt, um entweder

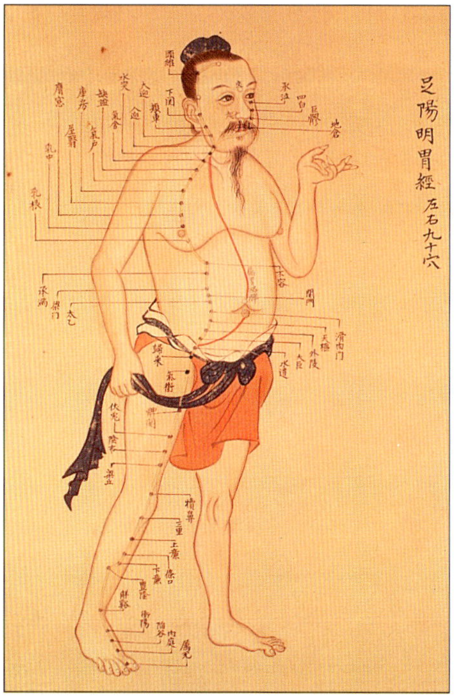

Auf dieser medizinischen Tafel *sind die Punkte des Magen-Meridians zu sehen. Sie ist typisch für die Tafeln chinesischer Ärzte*

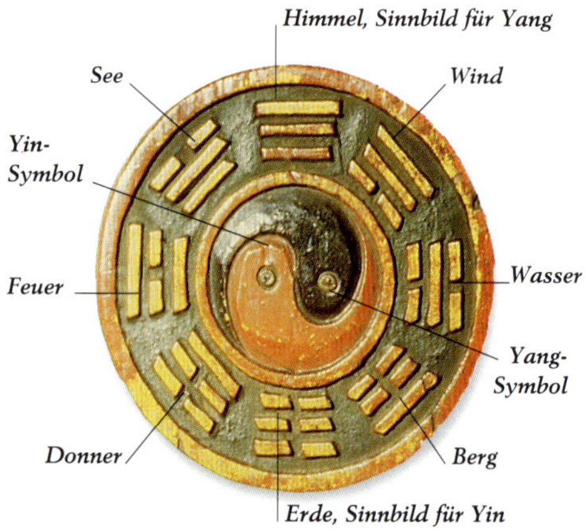

Yin und Yang *werden meist als ineinander verwobene Einheit dargestellt oder als Linien in den acht Trigrammen der Naturelemente*

DIE THEORIE DER MERIDIANE

Qi, die unsichtbare Lebensenergie, fließt in Yin- und Yang-Meridianen durch den Körper. Behinderungen des Flusses beeinträchtigen ihre Balance und führen zur Erkrankung. Akupunkteure verbessern den Qi-Fluß, indem sie Nadeln in bestimmte Körperpunkte setzen.

MERIDIANE & AKUPUNKTE

12 von den 14 Hauptmeridianen sind nach den wichtigsten Körperorganen benannt, durch die sie fließen. Die chinesische Vorstellung von Organ ist allerdings weiter gefaßt. Die zwei anderen Hauptmeridiane stellen wichtige Verbindungen innerhalb des Meridiansystems her

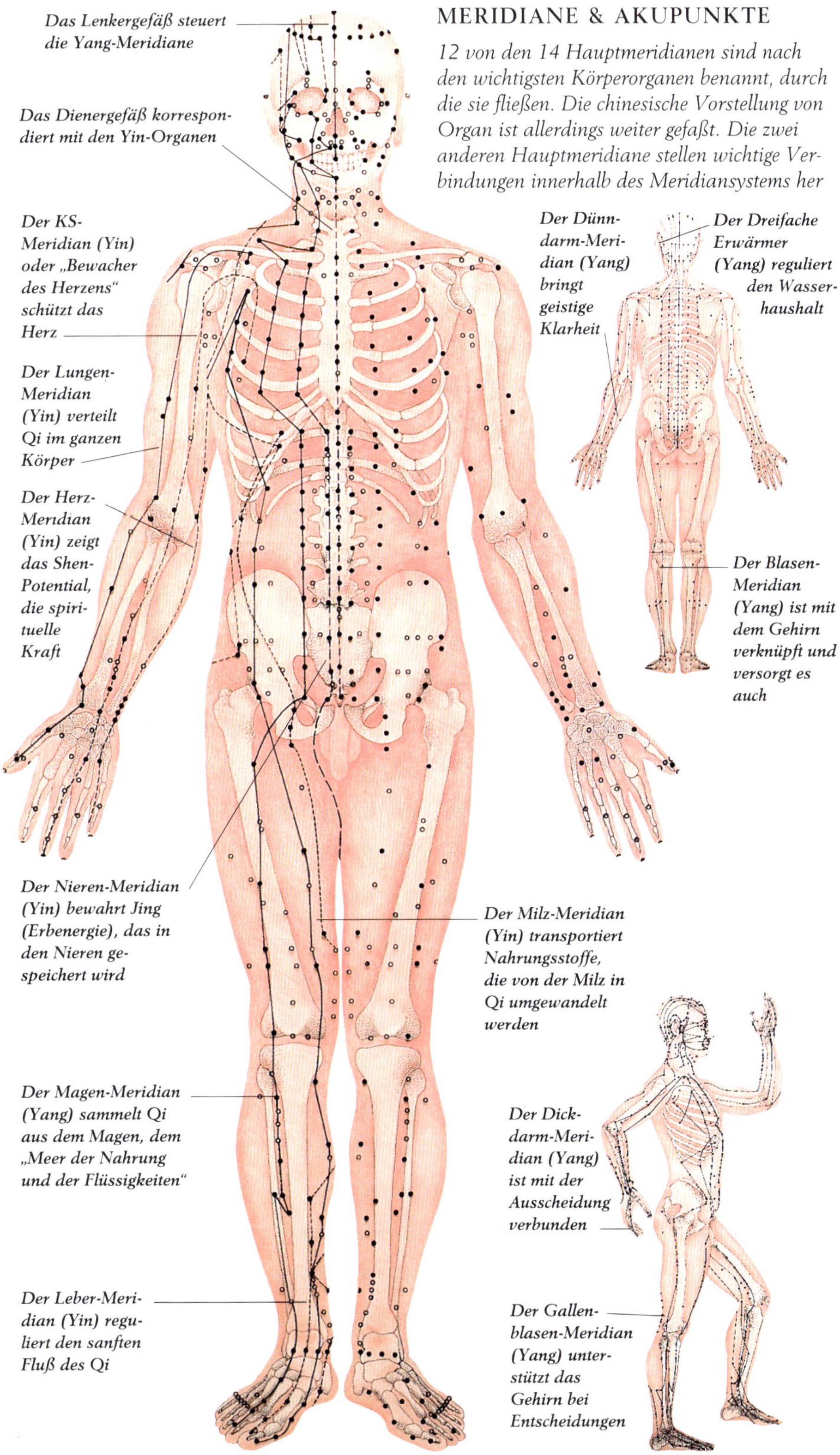

aus dem Körper aus- oder in den Körper einzutreten. Hier wirken Therapeuten durch das Setzen feiner Nadeln zur Belebung bzw. Beruhigung auf den Qi-Fluß ein.

NACHWEIS & FORSCHUNG

Der erfolgreiche Einsatz bei bestimmten Störungen ist hinreichend wissenschaftlich bestätigt. Eine der überzeugendsten Studien wurde von Professor John Dundee von der Queen`s University in Belfast durchgeführt. Seine Untersuchungen belegen, daß die Stimulation eines Punktes ca. 5 cm von der Handgelenksfalte entfernt Schwangerschaftserbrechen linderte, in manchen Fällen sogar vollkommen beseitigte. Laut einer Studie des *British Journal of Anaesthesia* von 1989 zeigte dieser Punkt auch Erfolge bei der Behandlung von Übelkeit nach Anästhesie und Chemotherapien.

Im gleichen Jahr berichtete *The Lancet*, daß Patienten mit Alkoholproblemen gut auf Akupunktur reagierten. Eine schwedische Studie bestätigte die Linderung postoperativer Schmerzen. Aus amerikanischen Untersuchungen von 1982 und 80 geht hervor, daß Akupunktur Nacken- und Kreuzschmerzen bessert.

Bis jetzt hat die Weltgesundheitsorganisation über 40 Störungen genannt, die erfolgreich mit Akupunktur behandelt werden können. Versuche, das Meridianmuster der Energiebahnen mit elektrischen Strömen im Körper in Zusammenhang zu bringen, verliefen ergebnislos, es gibt jedoch Beweise, daß Akupunkturpunkte einen niedrigeren elektrischen Widerstand aufweisen als andere Körperzonen. Eine spanische Untersuchung von 1992 zeigte, daß radioaktive Leitmittel, die in Akupunkturpunkte gespritzt wurden, über meridianähnliche Bahnen flossen.

FACHURTEIL

Obwohl immer mehr Ärzte heute die Akupunktur praktizieren, wird sie immer noch zwiespältig beurteilt. Manche behaupten, ihre Wirkung beruhe auf der Ausschüttung schmerzlindernder Endorphine bzw. auf einer Stimulation der „Gehirnschranke", damit Nerven mit Druckimpulsen das Gehirn schneller erreichen als solche mit Schmerzimpulsen, die dann unregistriert bleiben.

KONSULTATION EINES THERAPEUTEN

Bei Ihrem ersten Besuch werden Sie nach Lebensweise und Krankheitsgeschichte befragt. Dann folgen die „Vier Untersuchungen" der TCM – Befragen, Betrachten, Hören (und Riechen) und Betasten, wobei die Pulsdiagnose am wichtigsten ist. Mit ihr werden Rhythmus und Stärke der 12 Meridianpulse gemessen (sechs auf jedem Handgelenk). Dazu stehen 28 Beschreibungen zur Verfügung, z. B. „drahtig" oder „schlüpfrig" (siehe S. 192). Danach schlägt der Therapeut Ihnen seine Behandlungsmöglichkeiten vor: neben Akupunktur meist auch Empfehlungen für Ernährung und Lebensweise, manchmal auch Heilkräuterrezepturen (siehe S. 140) oder Akupressur (siehe S. 95). Sie werden gebeten, sich auf die Liege zu legen und die Kleidungsstücke abzulegen, die die Akupunkturpunkte bedecken. Die Plazierung der Nadel hängt davon ab, wo die Störung liegt und wie der Qi-Fluß beeinflußt werden soll – ob „erwärmt", „sediert" oder „tonisiert". Am häufigsten werden Fuß- und Handpunkte genadelt oder Punkte auf Rücken, Bauch, Schultern und im Gesicht.

STANDARDTESTS

Zungen- und Pulsdiagnose gehören zu den Vier Untersuchungen.

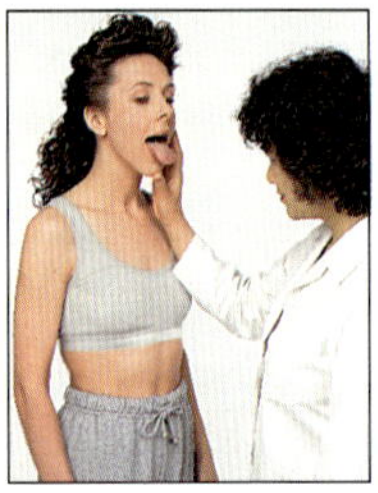

***Die Zunge** enthüllt Unausgewogenheiten von Yin und Yang (siehe S. 193)*

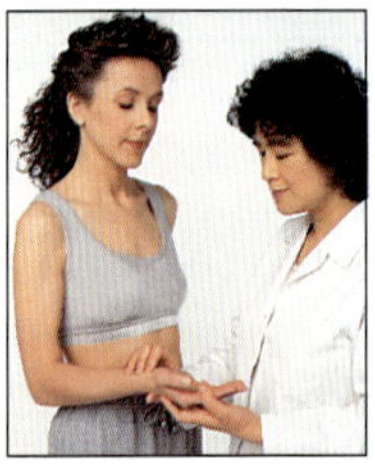

***Der Puls** wird auf Stärke und Rhythmus überprüft (siehe Seite 192)*

AUSRÜSTUNG

***Akupunkturnadeln** sind unterschiedlich lang, aus rostfreiem Stahl mit einer Stahl- oder Kupferspitze. Manchmal werden auch Moxakraut oder mit Moxa gefüllte Schalen auf die Nadel gesetzt, um die Haut zu erhitzen*

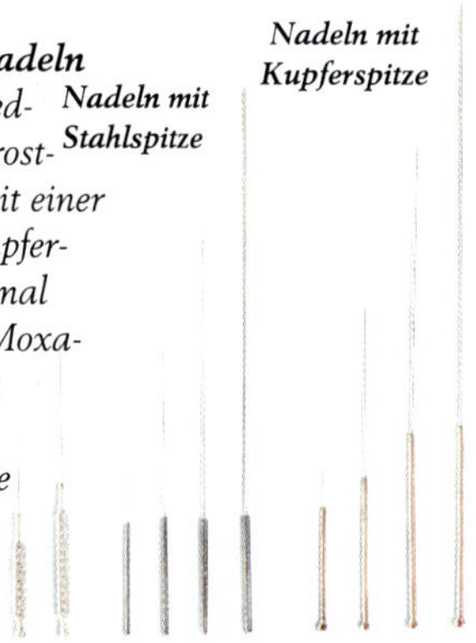

***Moxakraut** wird über einem Akupunkturpunkt verbrannt (Moxibustion). Es wird getrocknet zu einer Zigarre oder einem Kegel zusammengerollt. Beim „Schröpfen" werden Schröpfgläser auf die Haut gesetzt*

VORSICHT!

- Gehen Sie nur zu einem qualifizierten Akupunkteur, da diese Methode nicht ganz risikofrei ist
- Vergewissern Sie sich, daß die Nadeln in einem Autoklaven sterilisiert wurden, oder, noch besser, daß Ihr Therapeut Einwegnadeln verwendet
- Informieren Sie Ihren Akupunkteur über eine Schwangerschaft. In dieser Zeit ist das Nadeln verboten, außer bei Wehen
- Informieren Sie ihn über sexuell übertragbare Krankheiten wie Hepatitis oder Aids
- Alkohol, schwere Mahlzeiten, heiße Bäder und anstrengende Übungen (auch Sex) sollten vor und nach der Behandlung vermieden werden
- Siehe auch Seite 52

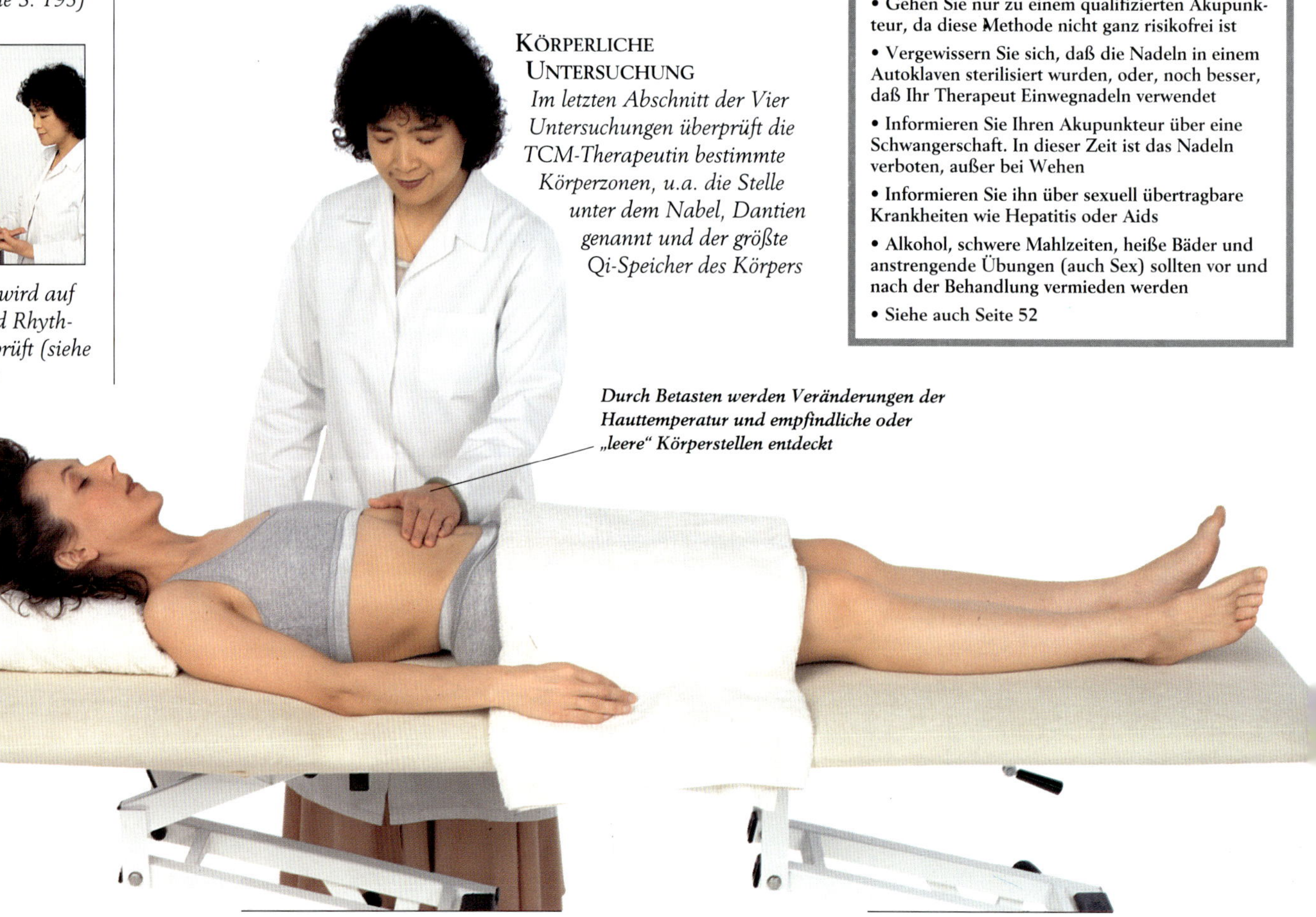

KÖRPERLICHE UNTERSUCHUNG *Im letzten Abschnitt der Vier Untersuchungen überprüft die TCM-Therapeutin bestimmte Körperzonen, u.a. die Stelle unter dem Nabel, Dantien genannt und der größte Qi-Speicher des Körpers*

Durch Betasten werden Veränderungen der Hauttemperatur und empfindliche oder „leere" Körperstellen entdeckt

SETZEN DER NADEL

Eine Nadel wird meist 4–25 mm tief gestochen, je nach Lage des Akupunkturpunktes; einige Akupunkteure stechen aber auch tiefer. Bei einer Behandlung werden 6–12 verschiedene Punkte genadelt, je nach Störungsgrad und „Disharmonie-Muster" (siehe auch Seite 141).

Die Nadeln bleiben für ein paar Minuten, manchmal nur Sekunden (besonders am Rücken), manchmal auch bis zu einer Stunde in dem Punkt. Am Ende der Sitzung werden sie vorsichtig und schnell entfernt. Meist geschieht dies schmerzlos ohne Blutungen oder Narben.

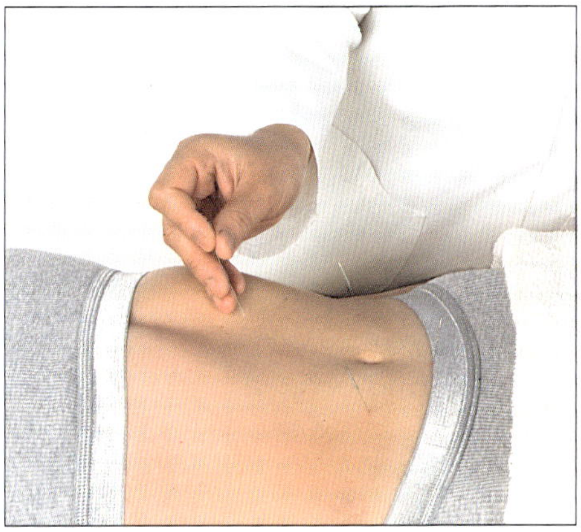

***Das Nadelsetzen** ist schnell und normalerweise schmerz- und blutlos, obgleich es beim Eintritt in die Haut zu einem leichten Stechen kommt. Die Dauer der Nadelung hängt von der Lage des Punktes und der Art der Störung ab*

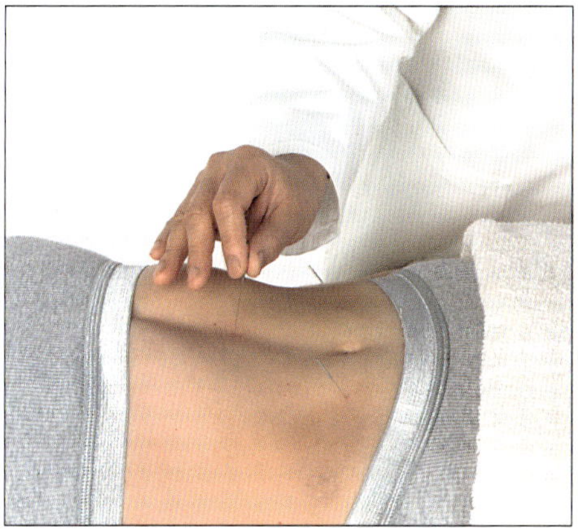

***Um den Qi-Fluß** noch mehr zu stimulieren, wird die Nadel nach dem Setzen vorsichtig zwischen Daumen und Zeigefinger gedreht; die Stimulation sollte schmerzlos sein, kann aber ein kurzes Taubheitsgefühl oder Ziehen verursachen*

MOXIBUSTION

Vor allem bei Qi- oder Yang-Mangel, z. B. bei Schmerzen im Bereich der Lendenwirbelsäule, wird Moxakraut über Akupunkturpunkten verbrannt, um Hitze zu erzeugen.

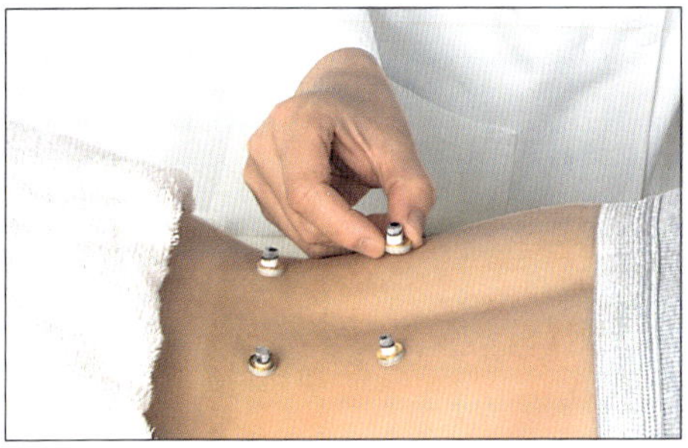

***Moxakegel** auf Nieren- und Milzpunkten verglimmen über der Haut, bis die Hitze unerträglich wird. Moxa in einer Stahlschale oder auf einer Nadel angezündet hat den gleichen Effekt*

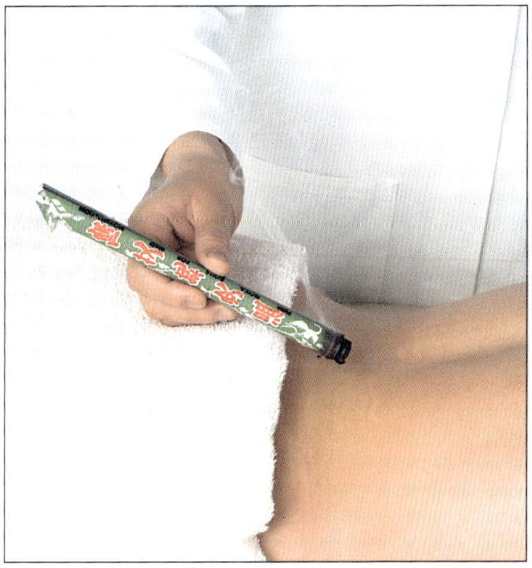

***Moxastäbchen**, die wie eine Zigarre angezündet und über den Akupunkturpunkt gehalten werden, sind eine Behandlungsalternative. Die Stäbchen dürfen natürlich die Haut nicht berühren*

IHRE FRAGEN

Wie lange dauert eine Behandlung?
Das ist sehr unterschiedlich; meist zwischen 30 und 90 Minuten. Wahrscheinlich ist die erste Sitzung die längste.

Wie viele Behandlungen brauche ich?
Im Durchschnitt 10 bis 20 Sitzungen. Nach fünf Sitzungen sollten Sie sich aber schon spürbar besser fühlen.

Kann es unangenehm sein?
Viele Patienten berichten von einem elektrisierenden oder schmerzhaften „Nadelgefühl" beim Einstechen.

Gibt es Nachwirkungen?
Viele fühlen sich nach einer Behandlung müde und brauchen danach Ruhe. Bei anderen verstärken sich die Symptome für kurze Zeit, werden dann aber wesentlich besser. Wieder andere fühlen sich belebt und gestärkt.

SCHRÖPFEN

Zur Sammlung von Qi und Blut werden Schröpfgläser über Akupunkturpunkte gesetzt. Wie bei Nadeln und Moxibustion wird auch hier Qi an einem Meridianpunkt stimuliert, um die Homöostase wiederherzustellen. Die Betrachtung der Hautbeschaffenheit vor und nach der Behandlung verhilft dem Akupunkteur zu weiteren Rückschlüssen: Bei einem gesunden Menschen hat sich die Hautfarbe schnell wieder normalisiert.

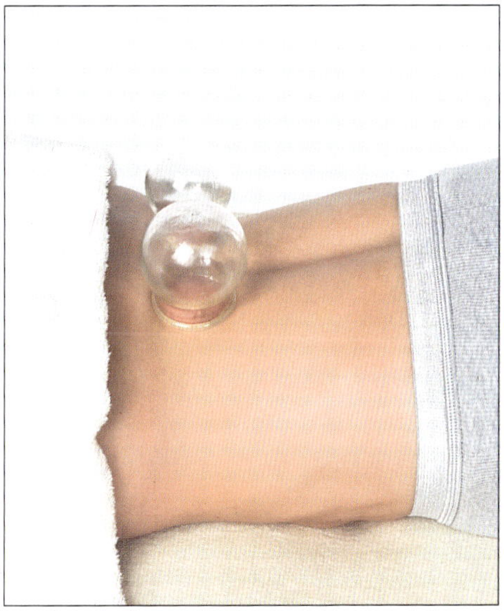

***Schröpfgläser** auf Nierenpunkten: Der Akupunkteur hat einen alkoholgetränkten Wattebausch im Glas verbrannt und es auf die Haut gesetzt. Wenn der Sauerstoff verbrannt ist, wird die Haut durch das Vakuum hochgezogen*

Patientenerfahrung

Tim, ein 35jähriger Computerberater, litt seit seiner Kindheit an Asthma und Bronchitis: „Es ging mir oft schlecht, und ich mußte ständig Antibiotika nehmen. Da wurde mir ein Akupunkteur empfohlen. Der Gedanke, mit Nadeln gespickt zu werden, begeisterte mich nicht gerade. Die Art, wie mich der Akupunkteur nach meiner Ernährung und meinem Gefühlsleben fragte, hat meinem Leben dann einen neuen Sinn gegeben. Zuerst bin ich zweimal wöchentlich hingegangen. Er hat mir Nadeln am Kopf gesetzt. Die Veränderung kam nicht sofort, aber heute bin ich ein neuer Mensch. Ich war in den letzten zwölf Monaten nicht einen Tag krank."

ELEKTRO-AKUPUNKTUR

Diese Variante der traditionellen Akupunktur entstand in den 50er Jahren in China. Nadeln werden an Schwachstrom angeschlossen und leiten diesen weiter an den Akupunkturpunkt. Mit der Elektro-Akupunktur sind viele Punkte gleichzeitig zu erreichen. Sie ist besonders bei der operativen Anästhesie sehr geschätzt.

Bei der Laser-Akupunktur, einer weiteren Variante, wird ein Laserstrahl mit niedriger Energie auf den Akupunkturpunkt gerichtet. Diese Methode eignet sich besonders für Patienten, die allergisch gegen Nadeln sind bzw. sie nicht vertragen.

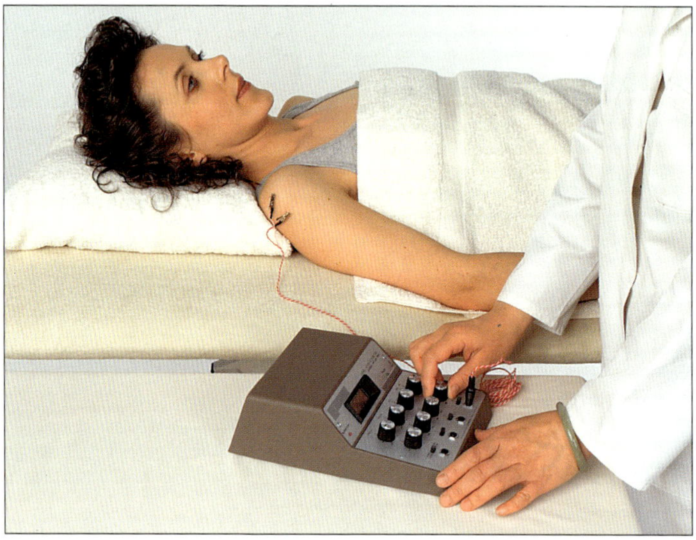

*Mit Hilfe von **Elektro-Akupunktur** werden die Schmerzen einer Schulterversteifung gelindert. Dabei verbindet die Therapeutin die Elektroden eines Elektro-Akupunkturgerätes mit Nadeln an bestimmten Meridianpunkten – hier handelt es sich um den Dickdarm-Meridian, der den Arm hinunterläuft. Beim Einschalten des Gerätes wird ein leichter Elektroimpuls zu den Punkten geschickt*

Ohr-Akupunktur/Aurikulotherapie

Nach der chinesischen Medizintheorie korrespondieren über 120 Akupunkturpunkte an jeden Ohr mit bestimmten Körperzonen. Viele Akupunkteure haben die Aurikulomedizin heute übernommen und behandeln die Ohrpunkte mit Nadeln, Laserstift oder Elektroimpulsen.

BEWERTUNG
FORSCHUNG
FACHURTEIL
THERAPEUT
SELBSTHILFE
VERTRÄGLICHKEIT

ANWENDUNG

- Schmerzlinderung, Anästhesie
- Süchte
- Sportverletzungen
- Akute Schmerzen, auch Ischialgien
- Kopfschmerzen
- Verdauungsbeschwerden, Übelkeit
- Nierenleiden

OHRPUNKTE

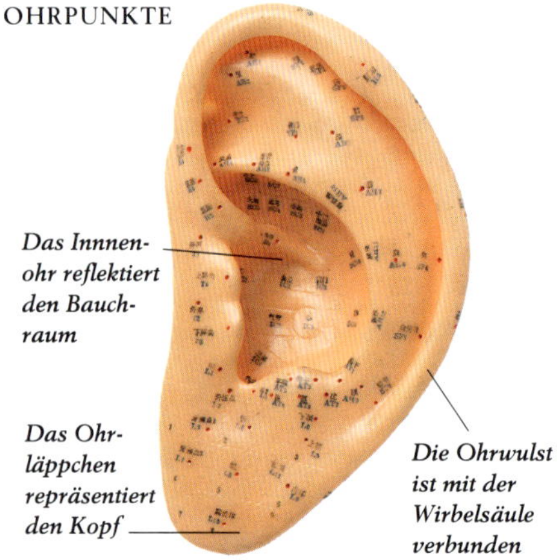

***Das Ohr** zeigt ein auf den Kopf gestelltes Embryo. Eine Stimulation der Punkte wirkt auf die entsprechenden Körperzonen*

GESCHICHTE

Die wichtigsten Meridiane laufen am Ohr entlang, daher war das Ohr für die TCM schon immer von großer Bedeutung. Angehende Akupunkteure studieren das Ohr im Detail, auch Farbe und Hautbeschaffenheit.

Ende der 50er Jahre veröffentlichte der französische Arzt Dr. Paul Nogier eine Studie über Ohr-Akupunktur, die auf seinen Beobachtungen bei einem lokalen Heiler in Lyon beruhte. Er behauptete, daß das Ohr ein auf den Kopf gestelltes Embryo verkörpert, und legte 30 Hauptpunkte fest, die bestimmte Körperzonen zu reflektieren schienen. Er arbeitete seine Theorie in China weiter aus und entwickelte eine neue Pulsdiagnose (siehe S. 192). Dr. Nogier gilt heute als Vater der modernen Ohr-Akupunktur.

BESUCH BEIM THERAPEUTEN

Bei der Ohr-Akupunktur (auch Aurikulotherapie genannt) beschränkt sich die Diagnose nicht nur auf die traditionellen „Vier Untersuchungen" (siehe S. 92), sondern umfaßt auch eine sorgfältige Betrachtung des Ohres selbst.

Der Therapeut notiert jede Abweichung am Ohr, z. B. schuppige Haut oder Blasen, die möglicherweise auf eine generelle Disharmonie hinweist (trockene Haut z. B. gilt als Nierenstörung). Danach werden entsprechende Behandlungspunkte ausgewählt. Mittlerweile sind bereits über 120 Ohrpunkte bekannt.

Entweder werden die Punkte mit den Händen leicht gedrückt, oder es werden winzige Nadeln gesetzt bzw. Schwachstrom, Laserstift oder Infrarotlicht zur Stimulation benutzt. Manchmal bekommt der Patient auch eine Dauernadel, ähnlich wie Heftzwecken, deren Spitze 1,5 mm lang ist, und die für ein paar Tage im Ohr bleibt.

FACHURTEIL

Akupunktur wird immer mehr in der herkömmlichen Medizin eingesetzt und hat sich auch als Schmerz- und Suchttherapie einen Namen gemacht, aber viele Ärzte im Westen bleiben gerade der Ohr-Akupunktur gegenüber skeptisch.

VORSICHT!

- Bei Schwangerschaft ist das Nadeln bestimmter Punkte verboten, außer während der Wehen
- Informieren Sie Ihren Akupunkteur, wenn Dauernadeln schmerzen bzw. sich entzünden
- Siehe auch Akupunktur (S. 92) und Seite 52

AKUPRESSUR

BEWERTUNG

- FORSCHUNG
- FACHURTEIL
- THERAPEUT
- SELBSTHILFE
- VERTRÄGLICHKEIT

WAHRSCHEINLICH IST „Akupunktur ohne Nadeln" noch älter als ihre bekanntere Schwester. Als Bestandteil der TCM (siehe S. 90 und 140) stützt sie sich auf die Theorie von Qi oder „Lebensenergie", die in den sogenannten Meridianen durch den Körper fließt. Mit Finger oder Daumen wird auf Akupunkturpunkte Druck ausgeübt, etwa um Schmerzen zu lindern. In China ist die Akupressur weit verbreitet, im Westen ist sie weniger bekannt, aber ihre Bedeutung wächst. Sie wird auch von vielen Akupunkteuren integriert und zur Selbsthilfe bei kleinen Beschwerden empfohlen.

ANWENDUNG

- Probleme der Skelettmuskulatur, Arthritis
- Streß, Erschöpfung
- Kopfschmerzen
- Depression, Ängstlichkeit
- Bluthochdruck
- Übelkeit
- Frauenleiden
- Gesundheitsvorsorge

GESCHICHTE

***Diese holzgeschnitzte Netsuke** aus Japan zeigt die gebräuchlichste Form von Akupressur, in China Tuina und in Japan Anma genannt*

Diese alte Massage zur Stimulation des Qi-Flußes („Lebensenergie") im Körper existierte wahrscheinlich schon vor der Akupunktur (siehe S. 90). Ob mit Nadeln oder Fingern, das Ziel bleibt gleich: die Stimulation von Qi in den Meridianen (siehe S. 91). Während sich Akupunktur im Westen in den 70er Jahren einen Namen machte, fand Akupressur erst später den Weg zu uns. In China ist sie als Selbsthilfe bei kleineren Beschwerden und zur Stärkung des körperlichen Immunsystems sehr beliebt.

Die bekannteste Form von Akupressur in China heißt Tuina. Weitere Formen sind Shen Tao, wahrscheinlich die älteste Methode manchmal auch „Mutter der Akupunktur" genannt, nur mit einem sehr leichten Druck der Fingerspitzen arbeitet und Jin Shin Do, bei dem nur relativ wenig Akupunkturpunkte benutzt werden und der Patient oft in einen meditativen Zustand gleitet. Aus der japanischen Version von Akupressur, Anma, entwickelte sich das heutige Shiatsu (siehe S. 96).

BESUCH BEIM THERAPEUTEN

Der Therapeut notiert Ihre Krankengeschichte und stellt seine Diagnose nach den „Vier Untersuchungen" der TCM (siehe S. 92). Dabei liegen Sie mit lockerer Kleidung auf einer Liege oder Bodenmatte; entkleiden ist nicht unbedingt notwendig. Eine Sitzung dauert 30–60 Minuten, manchmal sind bis zu 20 wöchentliche Sitzungen empfehlenswert.

Mit den Fingern, Daumen und sogar mit Füßen und Knien werden Akupunkturpunkte stimuliert. Die wörtliche Übersetzung von Tuina lautet „schieb und greife", damit ist eine kräftige Körpermassage mit verschiedenen Techniken gemeint, etwa eine Ein-Finger-Massage oder Reiben, Kneten und eine besondere Rolltechnik, die die Energieebenen des Körpers aufladen soll.

SELBSTHILFE
Bei Verdauungsstörungen hilft es, den Beinpunkt „Drei Meilen" des Magen-Meridians (Ma 36) fünf Sekunden lang zu drücken

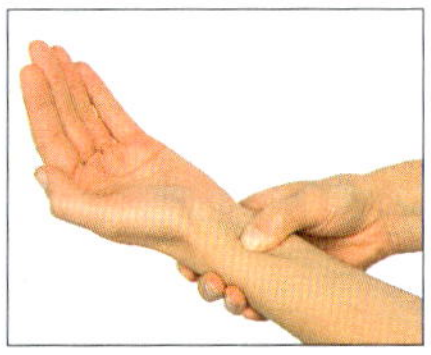

***Bei Schwindel** oder Reiseübelkeit hilft ein Druck auf den Punkt unter der Handgelenksfalte auf Höhe des Ringfingers*

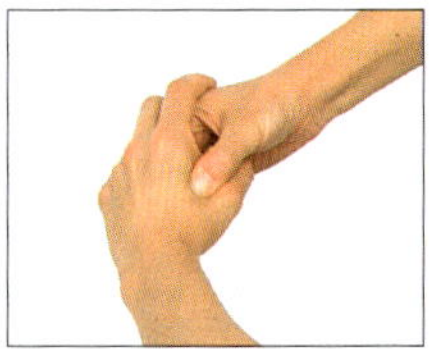

***Drücken Sie den** Punkt in der Mulde zwischen Daumen und Zeigefinger bei Verdauungsproblemen und Kopfschmerzen*

Der Druck wird direkt auf die Haut oder in Richtung des Meridianflusses gesetzt. Zum Ausgleich von Qi werden die Punkte auf beiden Seiten des Körpers behandelt. Das Drücken des Punktes sollte ein leichtes Unwohlsein verursachen. Selbsthilfe eignet sich für viele Beschwerden.

NACHWEIS & FORSCHUNG

Die Wirkung einiger Akupunkturpunkte ist wissenschaftlich bestätigt (siehe S. 91). Versuche, das Meridiansystem der Energiebahnen auf westliche physiologische Begriffe zu übertragen, haben sich jedoch als negativ erwiesen.

FACHURTEIL

Westliche Ärzte halten Akupressur für weniger wirksam als Nadeln. Es fällt ihnen schwer, zu glauben, daß eine Massage so zielgerichtet auf innere Organe wirken kann.

VORSICHT!

- Bestimmte Akupunkturpunkte sollten bei Schwangerschaft nicht behandelt werden
- Siehe auch Akupunktur (S. 92) und Seite 52

Shiatsu

Bewertung	
Forschung	
Fachurteil	
Therapeut	
Selbsthilfe	
Verträglichkeit	

Diese Massage wurde Anfang des 20. Jahrhunderts in Japan entwickelt. Trotz westlichen Einflusses beruht sie hauptsächlich auf TCM und folgt den gleichen Energie- und Meridianprinzipien wie Akupressur (siehe S. 95). Mit unterschiedlichen Techniken von Fingern, Daumen, Ellenbogen, Knien und sogar Füßen werden Punkte zur Stimulation des Energieflusses im Körper gedrückt. Shiatsu ist im Westen sehr beliebt. Es wird von ausgebildeten Therapeuten angeboten oder zur Selbsthilfe für alltägliche Beschwerden.

Anwendung

- Arthritis
- Streß, Erschöpfung
- Kopfschmerzen
- Verdauungsbeschwerden
- Menstruationsschmerzen
- Asthma
- Kreislaufstörungen
- Gesundheitsvorsorge

Geschichte

***Auf diesem Stich** aus dem späten 19. Jahrhundert ist Anma dargestellt, traditionelle Massage der Japaner und Vorläufer von Shiatsu*

Wörtlich übersetzt bedeutet Shiatsu „Fingerdruck" und entstand aus der Traditionellen Chinesischen Medizin, die vor ungefähr 1500 Jahren in Japan eingeführt wurde. Seit Jahrhunderten war dort Anma die bekannteste Entspannungsmassage (Tuina in China).

Anfang des 20. Jahrhunderts wurde der therapeutische Nutzen in Japan wiederentdeckt, ein japanischer Therapeut namens Tamai Tempaku kombinierte traditionelle östliche Methoden mit physiologischem und anatomischem Wissen der westlichen Medizin und nannte es Shiatsu. Etliche neue Therapieschulen entstanden, und 1964 wurde Shiatsu von der japanischen Regierung offiziell anerkannt.

Heute wird Shiatsu von professionellen Therapeuten in Japan als Diagnose – und Behandlungsmethode angewendet, eine Variante davon, Do-In (siehe S. 98), auch zur Selbsthilfe. In England gibt es ungefähr 450 Shiatsu-Therapeuten.

Grundsätzliches

Shiatsu beruht auf den Prinzipien der TCM, nach der die „Lebensenergie" (Ki auf japanisch und Qi auf chinesisch) in Meridianen oder Bahnen durch den Körper fließt und an bestimmten Punkten (Akupunkturpunkte oder Tsubos) beeinflußt werden kann. Die äußere Stimulation der Tsubos, entweder durch Akupunktur (siehe S. 90) oder Fingerdruck bzw. -massage, soll dort, wo der Qi-Fluß blockiert ist oder Fülle zeigt (Jitsu), beruhigen, und dort, wo er zu leer (Kyo) ist, anregen. Ziel des Therapeuten ist das Erkennen und Harmonisieren der Jitsu- und Kyo-Muster im Körper.

Mit der Hara-Diagnose überpüft der Therapeut den Qi-Fluß durch die inneren Organe und deren Meridiane (siehe unten und S. 194). Es gibt unterschiedliche Behandlungsmethoden, manche Therapeuten arbeiten auf bestimmten Tsubos wie bei chinesischer Akupressur, andere stimulieren die Meridiane mit Ganzkörpermassage.

Westliche Therapeuten verwenden physiologische Begriffe, um die Wirkung von Shiatsu zu beschreiben. Sie behaupten, es reguliert Hormonhaushalt, Durchblutung und den Lymphfluß, fördert die Entgiftung und löst Muskelverspannungen. Ihrer Meinung nach ist Shiatsu ein sehr gutes Allgemeintonikum, das die Selbstheilungskräfte des Körpers stärkt.

Nachweis & Forschung

Über Shiatsu selbst gibt es wenig Untersuchungen. Vorhandene Studien über Akupunktur, Akupressur oder Massage können vielleicht weiterhelfen (siehe S. 91, 95 und 57).

Fachurteil

Die Theorie von Akupunkturpunkten und Meridianen in TCM ist für westliche Ärzte und Wissenschaftler nicht greifbar. Es gibt Berichte über starke Empfindungen nach Shiatsu, aber für die meisten Ärzte ist es nur eine hochentwickelte Form der Massage. Die Behauptung, daß die kraftvolle Wirkung von Berührung und Druck Krankheiten lindern kann, bedarf weiterer Studien.

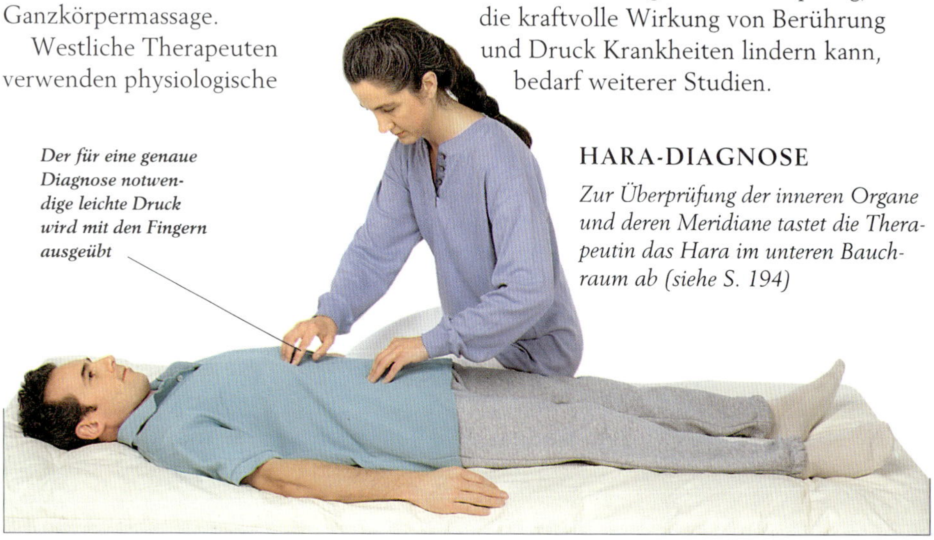

Hara-Diagnose

Zur Überprüfung der inneren Organe und deren Meridiane tastet die Therapeutin das Hara im unteren Bauchraum ab (siehe S. 194)

KONSULTATION EINES THERAPEUTEN

Ein Shiatsu-Therapeut ist in den „Vier Untersuchungen" der TCM ausgebildet: Er fragt nach Krankengeschichte, Gefühlsleben, Lebensweise und Reaktionen auf bestimmte Nahrungsmittel, betrachtet Aussehen, Bewegungen und Haltung und hört Ihrer Stimme zu (eine dünne Stimme z. B. zeigt eine schwache Lungenenergie; eine scharfe Stimme deutet auf Leberprobleme). Er berührt Sie und mißt Ihren Puls, eine der wichtigsten Methoden aus der östlichen Medizin (siehe S. 192).

Außerdem kann er die Hara-Diagnose anwenden. Hara sind „Energiezentren" im Bauchraum, die mit Körperzonen in Verbindung stehen sollen. Durch vorsichtiges Abtasten der Haras entdeckt er Störungen in anderen Körperbereichen.

Zur Behandlung, bei der Sie lockere Baumwollkleidung tragen sollten, liegen Sie auf einer Matte oder einem Futon auf dem Boden, damit der Therapeut auch sein Körpergewicht einsetzen kann. Eine Behandlung dauert ca. eine Stunde, je nach Beschwerden können mehrere empfehlenswert sein. Manchmal gibt der Therapeut Ihnen auch Tips zur Veränderung Ihrer Lebensweise oder Ihrer Ernährung.

In jeder Sitzung wird der gesamte Körper behandelt. Oft beginnt der Therapeut an einem Punkt im Hara, dem Dan Tien, drei fingerbreit unter dem Nabel, wo sich Gleichgewicht und Schwerkraft konzentrieren und Qi sammeln soll.

Shiatsu kennt viele Techniken, u.a. Ellenbogen- oder Kniedruck zur Stimulation von Blut- und Qi-Fluß. Wiegen wird zur Beruhigung von gereiztem Qi eingesetzt und sanftes Halten der Tsubos und Meridiane zur Anregung. Manchmal läuft der Therapeut sogar auf Ihren Fußsohlen – das soll die Nieren anregen. Am Ende der Stunde werden Sie für kurze Zeit alleingelassen, um sich zu entspannen. Es kann allerdings auch zu grippeähnlichen Nachwirkungen kommen, d. h. zu einer „Heilungskrise", in der der Körper Gifte ausscheidet, die durch die Behandlung freigesetzt wurden.

VORSICHT!

- Informieren Sie Ihren Therapeuten über eine Schwangerschaft; die Behandlung bestimmter Tsubos ist in dieser Zeit verboten
- Informieren Sie Ihren Therapeuten über chronische Krankheiten wie Krebs, Aids oder Chronische Müdigkeit (CFS), da bestimmte Shiatsu-Techniken schädlich sein könnten. Das gleiche gilt für Bluthochdruck, Epilepsie, Osteoporose, Thrombose oder Krampfadern
- Alkohol, schwere Mahlzeiten, heiße Bäder sowie Anstrengungen sollten vermieden werden
- Siehe auch Seite 52

KOPFSCHMERZ-MASSAGE

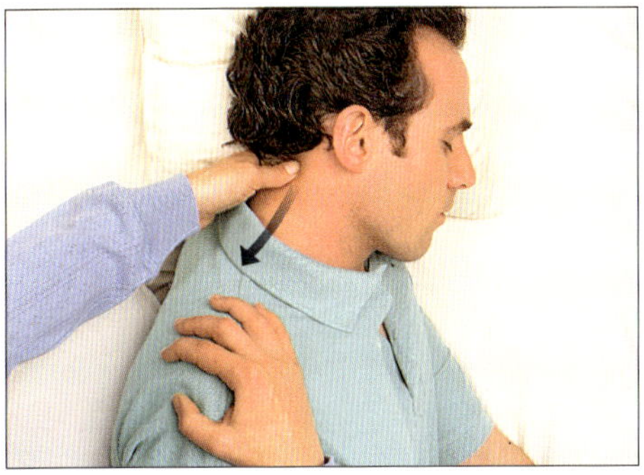

1 Die Therapeutin arbeitet auf dem Gallenblasen-Meridian. Ihre rechte Hand zieht vorsichtig die Schulter vom Kopf weg, während ihr linker Daumen den Nacken hinuntermassiert

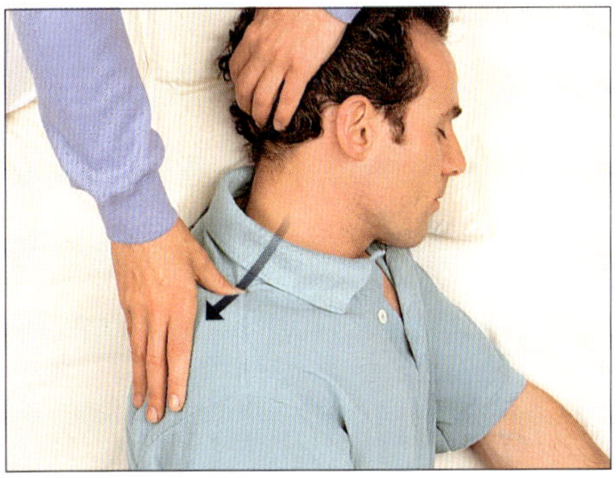

2 Sie dreht sich um, massiert mit dem Daumen die Schulter entlang und wiederholt den Ablauf auf der anderen Seite des Nackens. So werden auch Ohrenschmerzen gelindert

BEHANDLUNG DES LEBER-MERIDIANS

Dieser Meridian verläuft an der Seite des Körpers und sorgt für einen gleichmäßigen Qi-Fluß. Druck entlang des Leber-Meridians wird bei vielen Beschwerden eingesetzt, etwa bei Kopf- und Menstruationsschmerzen

DO-IN

BEWERTUNG	
FORSCHUNG	
FACHURTEIL	
THERAPEUT	
SELBSTHILFE	
VERTRÄGLICHKEIT	

DIESE JAPANISCHE SELBSTMASSAGE ist verwandt mit Shiatsu und Akupressur und regt den Qi-Fluß oder „Fluß der Lebensenergie" im Körper an (siehe S. 91). Do-In, manchmal auch Daoyin geschrieben, war anfangs wie Qi Gong oder Yoga ein Weg zur Bewahrung der Gesundheit; heute wird es als eine Art Shiatsu-Selbsthilfe ausgeübt. Tägliches Behandeln tonisiert Haut und Muskulatur, verbessert Kreislauf und Elastizität, lindert Schmerzen und fördert geistige Wachheit und emotionale Stabilität. Im Westen ist Do-In eher unbekannt.

ANWENDUNG

- Probleme der Skelettmuskulatur, Arthritis
- Streßstörungen
- Depression, Angst
- Bluthochdruck
- Migräne, Übelkeit
- Verdauungsbeschwerden
- Frauenleiden
- Gesundheitsvorsorge

BESUCH BEIM THERAPEUTEN

Oft lernen Shiatsu-Patienten (siehe S. 96) bei der therapeutischen Anleitung zur Selbsthilfe Do-In, ohne es zu bemerken. Es wurde in Japan und China als vorbeugendes Gesundheitsprogramm zur Selbsthilfe entwickelt. Sie lernen Übungen zur Stimulation des Qi-Flusses, u. a. bewußtes Atmen, Meditation, Dehnen, Klopfen und Drücken von Akupunkturpunkten oder Tsubos.

Zum Beispiel umfassen Sie mit einer Hand Ihren Arm und „drücken" Qi über die Fingerspitzen aus dem Körper heraus. Für die Regeneration von Qi ist Gedankenkonzentration und Atmung wichtig.

Augendruck: *Massieren Sie die Tsubos an den Schläfen*

Kopfschmerzen: *Kreisen Sie mit den Daumen am Hinterkopf*

Am besten beginnt Ihr Tag mit Do-In oder hört damit auf.

FACHURTEIL

Viele Ärzte bezweifeln die Meridian- und Qi-Theorie. Die Wirkung von Massage und Entspannungs- und Atemübungen ist jedoch anerkannt.

VORSICHT!

- Siehe Shiatsu (Seite 97) und Seite 52

THAI-MASSAGE

BEWERTUNG	
FORSCHUNG	
FACHURTEIL	
THERAPEUT	
SELBSTHILFE	
VERTRÄGLICHKEIT	

DIESE MASSAGE soll vor 2500 Jahren von Jivaka Kumar Bhacca, dem Arzt Buddhas, in Indien entwickelt worden sein. Buddhistische Weise sollen die ursprünglich ayurvedischen Griffe 300 v. Chr. nach Thailand gebracht haben, von denen einige am Phra Chetuphon Tempel in Bangkok in Stein gemeißelt sind. Chinesische Siedler gaben später Akupressur-Techniken dazu, und so entstand eine einmalige Mischung indischer und chinesischer Heilweisen. Westliche Besucher Thailands haben die Thai-Massage in Europa, USA und Australien verbreitet und auch mit westlichen Griffen ergänzt.

ANWENDUNG

- Schmerzlinderung
- Rückenschmerzen & Arthritis
- Streßbedingte Beschwerden wie Kopfschmerzen und Schlafstörungen
- Haltungsfehler
- Kreislaufstörungen
- Gesundheitsvorsorge

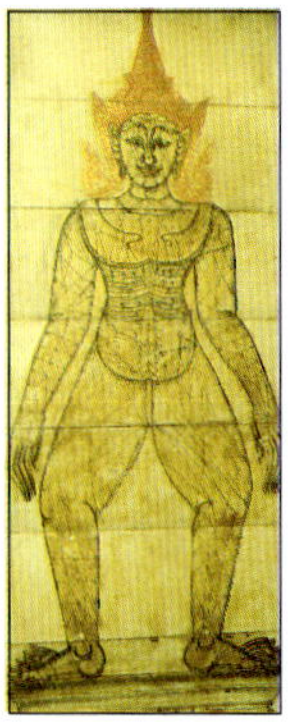

Dieses vergoldete thailändische Manuskript *aus dem 19. Jahrhundert zeigt einige der 72000 Bahnen und Akupunkturpunkte*

BESUCH BEIM THERAPEUTEN

Thai-Massage ist eine Mischung aus chinesischer und ayurvedischer Heilkunst. Mit Händen, Füßen und Ellenbogen werden Bahnen oder Punkte massiert, durch die Prana oder „Lebensenergie" fließen soll (siehe S. 144–145) – ähnlich dem Prinzip der Meridiane in TCM (siehe S. 91).

Mit viel sanftem Dehnen, Beugen und Ziehen wird der Prana-Fluß wiederhergestellt bzw. verbessert und ein tranceähnlicher Zustand erreicht, der für die Psyche heilsam sein soll.

FACHURTEIL

Meridiane und Prana werden von den Ärzten mangels medizinischer Erklärungen bezweifelt. Die Wirkung der Massage selbst ist anerkannt.

VORSICHT!

- Siehe Massage (Seite 58), Akupunktur (Seite 92) und Seite 52

QI GONG

BEWERTUNG

- FORSCHUNG
- FACHURTEIL
- THERAPEUT
- SELBSTHILFE
- VERTRÄGLICHKEIT

WÖRTLICH ÜBERSETZT HEISST QI GONG (ausgesprochen: „Chi-Gong") „Energiearbeit". Als wichtiger Teil der TCM spielen in dieser alten Methode Bewegung, Atemtechnik und Meditation eine große Rolle bei der Entwicklung und Verbesserung des Qi-Flusses im Körper. Qi Gong soll Körper und Geist zu einer optimalen Funktion verhelfen, die Vitalität erhöhen und die Selbstheilungskräfte anregen. Es ist für alle Altersstufen und Konditionen geeignet und wird von über 60 Millionen Menschen in China praktiziert. Auch im Westen wird es immer beliebter.

ANWENDUNG

- Erschöpfung
- Streßbedingte Beschwerden
- Bluthochdruck, Herzprobleme
- Altersbeschwerden
- Schmerzen der Skelettmuskulatur und Steifheit
- Förderung der Gesundheit

GESCHICHTE

***Bewegungen wilder Tiere** inspirierten die Chinesen zu Qi Gong. Dazu gehören auch die „Fünf Tiere", wobei man zur Lösung von Lungenverspannungen die Arme wie ein Tiger nach vorne streckt*

In China wurden schon immer Atmungs- und Bewegungsübungen zur Heilung eingesetzt. Vor 4000 Jahren schon tanzten die Menschen am Gelben Fluß zur Vorbeugung gegen Arthritis. Tierbewegungen sollen ihnen dabei Pate gestanden haben. Ziel der Übungen war mehr Ausgeglichenheit, Kraft und gesunde Organe. Über die Jahrhunderte entwickelte sich daraus Qi Gong. 1955 wurde die erste Qi Gong-Klinik in der Provinz von Heibei eröffnet; während der Kulturrevolution (1966–1969) war Qi Gong verboten.

QI GONG-ÜBUNGEN

***Kind verehrt Buddha** stärkt die Beine, macht den Körper „leichter" und beruhigt*

1 Stehen Sie gerade, öffnen Sie die Arme. Tief einatmen!

2 Bringen Sie die Hände zusammen, heben Sie das linke Bein

Qi wird durch den Körper in die Beine gelenkt

Das Halten dieser Position stärkt die Beinkraft

Das rechte Knie beugt sich, und der Körper sinkt in die neue Position

3 Legen Sie das linke Bein auf das rechte Knie, und beugen Sie es beim Ausatmen

BESUCH BEIM THERAPEUTEN

Ein Therapeut zeigt Ihnen Übungen und Meditationstechniken zur Stimulation von Qi in Meridianen und Akupunkturpunkten (siehe S. 91). Sie werden lernen, Qi-Empfindungen zu erkennen und diese so bewußt zu steuern, daß sich Ihr Geist beruhigt und Ihre Körperfunktionen gestärkt werden. Qi Gong-Übungen haben keine Reihenfolge: Anfangs wird jede Übung sechsmal wiederholt, später können Sie die Zahl nach Ihrem eigenen Ermessen erhöhen. Die Grundpositionen sind leicht zu lernen und für jedermann geeignet, auch für Ältere und Schwache. Sie sind überall durchführbar, selbst in einem Rollstuhl oder im Bett. Sie sollten dazu lockere und bequeme Kleidung tragen und eher flache, weiche Schuhe wählen anstatt Turnschuhe. Manche Meister sollen auch Qi ausstrahlen können.

Regenbogentanz: Qi fließt durch die Arme und wird von der Hand zum Akupunkt an der Oberseite des Kopfes herabgelenkt. Diese Übung kann Kopfschmerzen beseitigen

NACHWEIS & FORSCHUNG

Seit den 80er Jahren soll es chinesische Studien über die Wirkung von Qi Gong geben, u.a. verstärkt es die Durchblutung des Gehirns und anderer lebenswichtiger Organe. Leider sind nur wenige dieser Studien übersetzt, und manche sind unvollständig.

FACHURTEIL

„Qi" und „Ausstrahlung von Qi" scheinen unwahrscheinlich. Trotzdem sind viele Ärzte von Patientenberichten über „heilende" Begegnungen beeindruckt.

VORSICHT!

- Siehe Seite 52

Tai Chi Chuan

Bewertung

Forschung	
Fachurteil	
Therapeut	
Selbsthilfe	
Verträglichkeit	

Angeblich kannten taoistische Mönche diese chinesische Bewegungstherapie bereits im 13. Jahrhundert; ihr genauer Ursprung ist jedoch unbekannt. Sie wird oft mit „Tai Chi" abgekürzt und ist eine dynamische Form des Qi Gong (siehe S. 99). Diese Bewegungskunst mit Atemtechniken und langsamen, anmutigen Übungen stimuliert den Qi-Fluß und die Selbstheilungskräfte und beruhigt den Geist. Tai Chi, auch „Bewegungs-Meditation" genannt, wird täglich von Millionen Chinesen weltweit praktiziert. Im Westen wird Tai Chi zusehends beliebter.

Anwendung

- Streßstörungen
- Altersprobleme
- Verbesserung von Geist- und Körperbewußtsein
- Erhöhung der Vitalität
- Beruhigung des Geistes
- Erschöpfung
- Gesundheitsvorsorge

Geschichte

Tai Chi setzt sich aus den Wörtern „groß", „einzigartig" und „Faust" zusammen und bedeutet frei übersetzt „höchste einzige Kraft". Eine Legende erzählt, daß Chang San Feng, ein taoistischer Mönch aus dem 13. Jahrhundert, diese Bewegungen nach einem Traum über den tanzenden Zweikampf zwischen einer Schlange (Symbol für universales Bewußtsein) und einem Kranich (Symbol für natürliche Regenerationskräfte) erfunden hat. Der Legende nach soll Chang San Feng diese tänzelnden Bewegungen mit traditionellen Atemübungen verbunden haben. In einer anderen Legende erfanden Mönche, denen das Tragen von Waffen verboten war, Tai Chi zu ihrer Verteidigung.

Während der Kulturrevolution (1966–1969) war Tai Chi verboten, wurde aber danach von der chinesischen Regierung als vorbeugende Gesundheitsmaßnahme gefördert. Im Westen ist es mittlerweile die beliebteste Bewegungstherapie in allen Altersstufen.

Grundsätzliches

Als Element der TCM sorgt Tai Chi für einen ruhigen Qi-Fluß in den Körpermeridianen (siehe S. 91). Nach Ansicht der TCM-Therapeuten entsteht eine Krankheit durch disharmonisches Qi. Tai Chi ist eher eine vorbeugende Maßnahme und wird nicht zur Linderung von Krankheiten eingesetzt.

Zum echten Tai Chi gehören „Leere-Hände-Positionen", „Kampfpositionen" (mit Schwert, Speer und Säbel), „Stoßende Hände" und „Stehen wie ein Baum" (zhan zhuang). Als friedliche Kampfkunst wird Tai Chi zur Verteidigung und für spirituelle und geistige Klarheit praktiziert.

Heute gibt es fünf Hauptstile: Chen, Yang, Wu, Woo und Sun. Yang (der im Westen gebräuchlichste) ist ein rhythmischer Stil mit langsamen Positionen, die in langen, weichen Bewegungen ineinander übergehen. Die kurze Form hat 24 Bewegungen, die 5–10 Minuten in Anspruch nehmen. Die lange Form besteht aus 108 Bewegungen, für die zwischen 20 und 40 Minuten nötig sind. Die Sequenzen tragen symbolische Namen wie „Schlange kriecht zum Wasser" und „Der Kranich kühlt seine Schwingen". Ihr Ziel ist die Harmonisierung von Körper und Geist und die Bewahrung eines gleichmäßigen Qi-Flusses.

Nachweis & Forschung

Studien haben bewiesen, daß Tai Chi Muskeln und Nervensystem entspannt, die Funktion anderer Organsysteme verbessert, eine gute Haltung, Gleichgewicht und Elastizität fördert. Bei einer Untersuchung 1996 in Atlanta verbesserte Tai Chi die Gesundheit älterer Menschen. Eine amerikanische Studie im *Journal of Psychosomatic Research* von 1992 berichtete von weniger Streßsymptomen durch Tai Chi; eine andere von 1989 von verbesserter Herzfunktion.

Fachurteil

Viele Ärzte schätzen Tai Chi als Entspannungsübung. Die meisten bezweifeln aber die Qi- und Meridiantheorie.

***In China** wird jeder Platz von Frauen und Männern aller Altersstufen für die täglichen Tai Chi-Übungen genutzt; wie hier vor dem Tempel des Himmels in Peking. Es gibt viele Stile, aber allen sind Anmut, Konzentration und Bewußtsein gemeinsam*

***Diese Position** „Peitsche" zeigt den kämpferischen Aspekt von Tai Chi; die obere Hand hält ein imaginäres Schwert*

Konsultation eines Lehrers

Es gibt zwar auch Videos, aber ein Kurs ist empfehlenswerter, da ein Lehrer auch die zugrundeliegende Philosophie erklären kann und auf das richtige Erlernen der Sequenzen achtet. Es gibt Einzelstunden und Gruppenkurse von 15 bis 30 Teilnehmern. Ihre Krankheitsgeschichte wird zwar nicht notiert, aber aktuelle Beschwerden sollten Sie angeben. Tragen Sie lockere, bequeme Kleidung und flache Schuhe (keine Gymnastikschuhe). Nach sanften Aufwärmübungen werden die Bewegungen einzeln geübt. Sie sollen sich dabei weder überfordern noch Muskelkater verspüren. Die Übungen verlaufen ruhig und ohne Hetze, mit bewußter Atmung und Konzentration gleitet man langsam in einen meditativen Zustand. Tägliches Üben und wöchentliche Kurse bringen sichtbaren Erfolg. Dabei liegt die Betonung auf Wiederholung und Verfeinerungsarbeit.

Stossen

Diese Sequenz stärkt Arme und Beine und weckt Yang Qi (siehe S. 141). Es entsteht im Datien (im Bauchraum) und wird durch die Bewegungen im Körper verteilt.

1 Stehen Sie mit gegrätschten Beinen, die Knie leicht gebeugt. Legen Sie Ihr linkes Handgelenk über das rechte auf Ihr Dantien nahe des Nabels

2 Beschreiben Sie mit den Handflächen nach oben einen Bogen, und bringen Sie sie wieder zurück, die rechte Hand vor der linken Faust

3 Verlagern Sie das Gewicht auf das rechte Bein, und drehen Sie Ihren Körper nach links. Ziehen Sie Ihre linke Hand zurück und Ihre rechte Faust nach vorn; Ihr Gewicht ist gleichmäßig verteilt, der Oberkörper schwingt mit. Die Sequenz kann langsam ausgeführt werden oder schwungvoll

Wolkenhände

Diese Folge weckt Yin Qi (siehe S. 141) und sorgt für eine gleichmäßige Qi-Verteilung. Ihre fließenden Bewegungen können mehrmals wiederholt werden und stärken Arme und Beine.

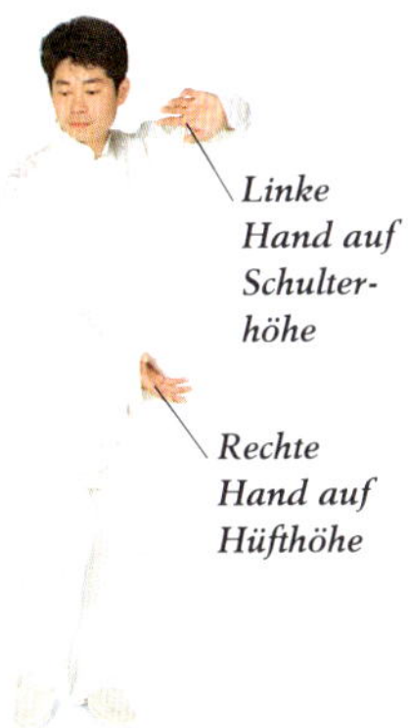

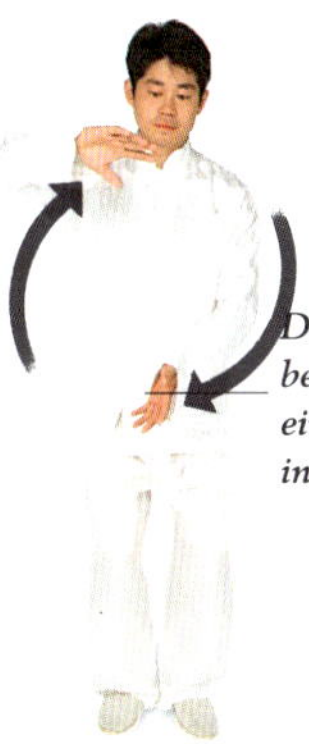

1 Belasten Sie Ihr rechtes Bein, heben Sie Ihr linkes an. Die linke Hand zeigt nach außen und geht nach oben, die rechte Hand auf Hüfthöhe

2 Verlagern Sie das Gewicht auf das andere Bein; beide Hände kreisen gegen den Uhrzeigersinn, bis die rechte Hand oben liegt

3 Machen Sie einen Schritt nach rechts, belasten Sie wieder Ihr linkes Bein, beide Hände kreisen jetzt im Uhrzeigersinn. Öfter wiederholen!

Vorsicht!

- Siehe Seite 52

POLARITÄTSTHERAPIE

BEWERTUNG

- FORSCHUNG
- FACHURTEIL
- THERAPEUT
- SELBSTHILFE
- VERTRÄGLICHKEIT

AUCH DIESE MISCHUNG aus westlichen Therapien, TCM und Ayurveda basiert auf der Theorie, daß Gesundheit das Ergebnis eines freien Energieflusses im Körper ist. Diese „Lebensenergie" entspricht dem Qi in TCM (siehe S. 140) und dem ayurvedischen Prana (siehe S. 144) und soll in Wellen zwischen positiven und negativen Körperpolen hin- und herfließen. Sie wird durch Berührung, richtige Ernährung, Übungen und Beratung ausgeglichen und erneuert. Die Therapie ist in den USA fest etabliert und wird auch in Europa immer bekannter.

ANWENDUNG

- Migräne
- Erschöpfung, Lethargie
- Frauenprobleme
- Streß
- Allergien
- Verdauungsstörungen wie Reizdarm
- Rückenschmerzen
- Arthritis

GESCHICHTE

***Dr. Randolph Stone** entwickelte seine Polaritätstherapie aus östlichen und westlichen Heilweisen. Er glaubte, „Leben als Energieströme zu sehen ... sei der Schlüssel zur natürlichen Gesundheit."*

Die Polaritätstherapie wurde Ende des 19. Jahrhunderts von Dr. Randolph Stone entwickelt, einem gebürtigen Österreicher, der als Naturarzt, Osteopath und Chiropraktiker in den USA arbeitete. Auf der Suche nach einem universellen Heilungsprinzip studierte er östliche Medizin und kam zu dem Schluß, daß jede Form von Schmerz oder Krankheit durch ein Ungleichgewicht der Lebensenergie verursacht wird, und daß eine Harmonisierung dieser Energie Gesundheit und tiefe Selbsterkenntnis mit sich bringt. Dr. Stone hielt viele Ausbildungsseminare, vor allem für medizinische Berufe. 1984 wurde die American Polarity Therapy Association gegründet.

GRUNDSÄTZLICHES

Polaritätstherapie betrachtet den Körper als Energiefeldsystem, in dem die Lebensenergie durch die Anziehung zweier entgegengesetzer Magnetpole kontinuierlich in Bewegung gehalten wird. Kopf und rechte Körperseite bilden den positiven Pol; Füße und linke Körperseite den negativen. Die Körpermitte entlang des Rückenmarks ist neutral. Die Energie fließt im Uhrzeigersinn zwischen den Polen hin und her, entlang des Mittelstroms mit den fünf neutralen „Energiezentren" von Äther, Luft, Feuer, Wasser und Erde. Ihre Lagen korrespondieren mit denen der ayurvedischen Chakren (siehe S. 109) und ihr Wesen mit dem der „Fünf Elemente" in TCM (siehe S. 141). Jedes Zentrum hat eine bestimmte Funktion: Äther reguliert Rachen und Ohren, Luft die Atmung, Lungen, Kreislauf und das Herz, Feuer beherrscht die Verdauung, Wasser die Drüsen und die Gefühle und Erde die Ausscheidungen. Krankheit und Schwäche sind das Ergebnis blockierter oder erschöpfter Energie und soll mit folgenden Methoden verbessert werden können: therapeutische „Körperarbeit", Ernährungstips, „Polaritätsyoga" oder Dehnübungen und Beratung.

ENERGIEFELDER

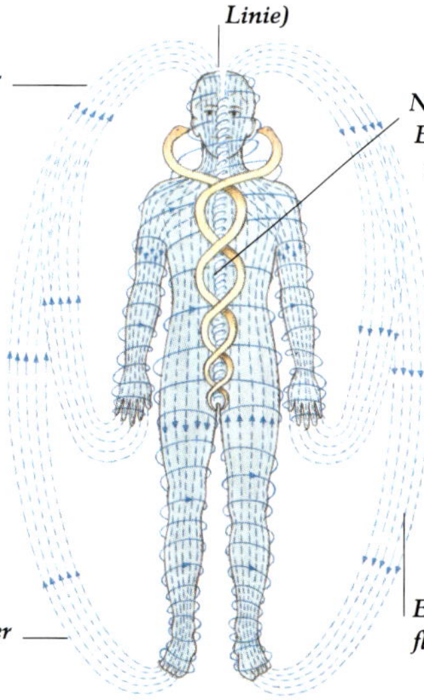

***Der Körper** ist von einem elektromagnetischen Feld umgeben. Fünf neutrale Zentren für Äther, Luft, Feuer, Wasser und Erde bilden den Kern*

Bei der Körperarbeit werden Berührungs- und Manipulationstechniken eingesetzt, um Blockaden zu entdecken und den Energiefluß zu stärken.

Qualität und Quantität der Energie werden durch unsere Nahrung bestimmt. Schlechte Ernährung und Verdauungsstörungen sind Ursache vieler Beschwerden, daher werden oft Entschlackungs – oder Entgiftungskuren verschrieben, um schädliche „Giftansammlungen" auszuscheiden. Darauf folgt eine gesundheitsfördernde Diät (siehe Seite gegenüber) mit viel frischem Obst und Gemüse.

Polaritätsyoga benutzt natürliche Körperbewegungen und besteht aus einfachen Übungen für Muskeltonus, Entgiftung und der Stärkung der Wirbelsäule, die von sanftem Wiegen, Dehnen oder von Tönen zum Wecken der Energie begleitet werden.

Scheint der Energiefluß durch negative Gedanken blockiert, werden Sie therapeutisch beraten. Dr. Stone glaubte an einen direkten Einfluß des Geistes auf Körperfunktionen und arbeitete auch mit Beratung zur Stärkung von Bewußtsein, Selbstwert und Optimismus.

NACHWEIS & FORSCHUNG

Bis jetzt gibt es keine klinischen Untersuchungen. Zum Teil mangelt es an finanzieller Unterstützung.

FACHURTEIL

Bis heute gibt es keine wissenschaftlichen Belege für die Existenz eines „Energieflusses". Die Behandlungen werden als ungefährlich betrachtet, aber bei Entgiftungskuren raten die Ärzte zur Vorsicht.

KONSULTATION EINES THERAPEUTEN

Nachdem Sie über Krankengeschichte und Lebensweise befragt wurden, legen Sie sich auf eine Liege, damit der Therapeut Ihren Energiefluß bestimmt. Falls erwünscht, können Sie die Kleidung auch anbehalten. Er fährt mit den Händen um Ihren Kopf, hinunter zu den Füßen und über die fünf Energiezentren wieder nach oben zum Kopf zurück. Dabei benutzt er unterschiedliche Druckstärken: neutral – eine leichte Berührung mit den Fingerspitzen für Körperbewußtsein und Gleichgewicht, positiv – Streichen, Formen und Wiegen des Körpers zur Energiestimulation und negativ – tiefe, manchmal auch schmerzhafte Gewebsmanipulation für den Energiefluß. Die meisten Patienten empfinden die Körperarbeit als sehr entspannend, wobei es beim Lösen von Stauungen auch zu emotionalen Entladungen (Wut, Trauer, Freude) kommen kann.

Vielleicht werden Ihnen auch Übungen für zu Hause gezeigt oder eine aufbauende Entschlackungskur mit viel frischem Obst und Gemüse (siehe unten) empfohlen. Sind negative Gedanken die Ursache Ihrer Krankheit, kann oft eine Beratung (siehe S. 163) weiterhelfen.

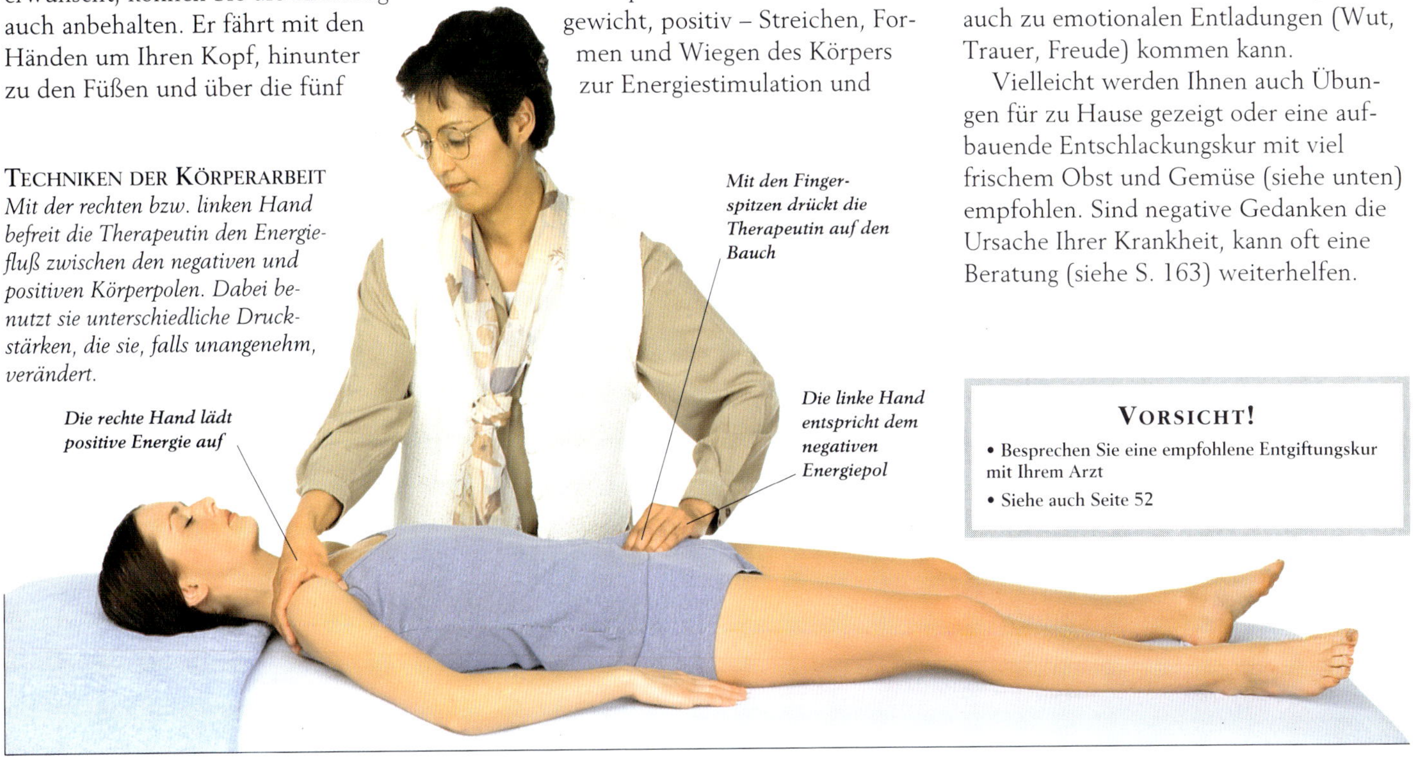

TECHNIKEN DER KÖRPERARBEIT
Mit der rechten bzw. linken Hand befreit die Therapeutin den Energiefluß zwischen den negativen und positiven Körperpolen. Dabei benutzt sie unterschiedliche Druckstärken, die sie, falls unangenehm, verändert.

Die rechte Hand lädt positive Energie auf

Mit den Fingerspitzen drückt die Therapeutin auf den Bauch

Die linke Hand entspricht dem negativen Energiepol

VORSICHT!
- Besprechen Sie eine empfohlene Entgiftungskur mit Ihrem Arzt
- Siehe auch Seite 52

SELBSTHILFFE

Oft werden einfache Yoga-Übungen empfohlen, die täglich nur ein paar Minuten in Anspruch nehmen, zusammen mit einer Diät oder Entgiftungskur. Dr. Stone glaubte an die reinigende, heilende Kraft von frischer Nahrung. Auf einem typischen Diätplan stehen gedämpfte oder gekochte Gemüse, Salate, Suppen, frischgepreßte Säfte und Kräutertees wie Polarity Leberspülung und -tee (rechts).

POLARITÄTSYOGA

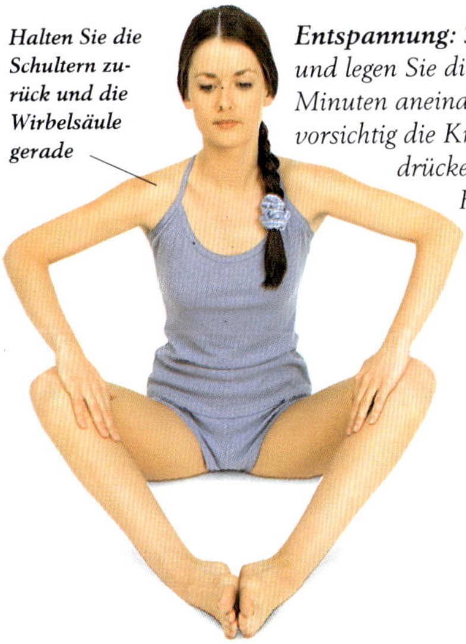

Halten Sie die Schultern zurück und die Wirbelsäule gerade

Entspannung: *Setzen Sie sich hin, und legen Sie die Fußsohlen zwei Minuten aneinander. Schieben Sie vorsichtig die Knie hoch, und drücken Sie mit Ihren Händen dagegen*

Beruhigende Dehnung: *Sitzen Sie mit gebeugten Knien (Bild). Lehnen Sie sich vor, umfassen Sie die Zehen, und schaukeln Sie drei Minuten auf und ab*

Atmen Sie tief durch, um den Geist zu beruhigen

Beugen Sie sich aus der Hüfte nach vorn

LEBERSPÜLUNG UND -TEE

1 Diese Cocktails reinigen Leber, Nieren und Darm. Trinken Sie zuerst die Spülung aus Zitronen-, Orangen- und Grapefruitsäften mit Olivenöl, Knoblauch, Ingwer und Cayenne-Pfeffer

Der Tee sollte 10 Minuten ziehen

2 Danach sollte immer der Tee folgen, eine Infusion aus Leinsamen, Bockshornklee, Anis, Fenchelsamen, Lakritzwurzel, Pfefferminzblätter und Ingwerscheiben, der gut schmeckt

HEILEN ODER HEILUNG

BEWERTUNG

- FORSCHUNG
- FACHURTEIL
- THERAPEUT
- SELBSTHILFE
- VERTRÄGLICHKEIT

„HANDAUFLEGEN", wie Heilen auch genannt wird, gehört zu den religiösen und magischen Ritualen vieler vergangener und heutiger Kulturen. Heiler beschreiben ihre Arbeit als „Gesundung mit nicht-körperlichen Mitteln": Über Handauflegen, Fernheilung oder Gebet senden sie dem Patienten positive Energie zur Aktivierung seines Selbstheilungspotentials. Seit kurzem wird Heilen auch von Ärzten ernsthaft diskutiert und zögernd anerkannt. Vor allem in britischen Krankenhäusern ergänzt es herkömmliche Behandlungen.

ANWENDUNG

- Dauer- und postoperative Schmerzen
- Wundheilung
- Streßbedingte Ängste und Depression
- Spannungskopfschmerz, Migräne
- Bluthochdruck
- Menstruationsprobleme

GESCHICHTE

Die Tradition des Heilens ist in allen Kulturkreisen mit Schamanismus, religiösen Ritualen oder Magie verbunden. Im alten Ägypten sollen Priester durch Handauflegen Kranke geheilt haben, und die Bibel berichtet von unzähligen Wunderheilungen.

Im christlichen Mittelalter verdächtigte man die Arbeit spiritueller Heiler als Hexenzauber. Zu den wenigen erlaubten Praktiken bei Erkrankung gehörten Pilgerfahrten zu Gräbern von Heiligen oder Orten göttlicher Erscheinungen. Auch heute noch zieht ihre heilende Kraft jährlich unzählige Pilger an – wie in Lourdes in Frankreich. Im 20. Jahrhundert haben einige Kirchen die frühchristliche Tradition besonderer Heilungsmessen wieder aufleben lassen.

Seit dem 19. Jahrhundert berichten Heiler von der Behandlung von „Auren" oder psychischer Energiefelder. Aus dem öffentlichen Interesse am „feinstofflichen Körper" entstand damals in Europa und den USA das Auraheilen. Es war „in", an Séancen von Medien teilzunehmen, die angeblich mit der geistigen Welt in Verbindung standen und manchmal die Heilkräfte von Verstorbenen weitergaben. 1977 starb einer der berühmtesten spiritistischen Heiler, das britische Medium Harry Edwards, zu dessen spirituellen Führern nach eigenen Angaben auch Louis Pasteur gehörte.

Englische Heilerverbände verzeichnen heute über 8000 eingetragene Mitglieder. Seit den 70er Jahren sind Heiler auf Anfrage des Patienten oder des medizinischen Personals in britischen Krankenhäusern zugelassen, einige arbeiten regelmäßig in Krankenhäusern, Schmerzkliniken oder auf Krebsstationen. In Deutschland ist Heilen nicht ganz so stark verbreitet.

GRUNDSÄTZLICHES

Nach Meinung der Heiler verändert sich die Seele des Patienten während des Heilens und löst biologische Reaktionen aus. Früher arbeiteten Heiler im Namen eines Geistes oder Gottes, und auch heute glauben viele an eine spirituelle oder göttliche Präsenz und eine dahinterliegende Botschaft. Für einige ist die Kraft „Energie", „Kanal" oder „Führer". Für andere sind es außerirdische Wesen, und wieder andere berufen sich auf Ansätze aus Quantenphysik, Jungianischer Psychologie oder New Age Philosophie. Eine verwirrende Überlappung von Ideen erschwert die Unterscheidung der Methoden, besonders in bezug auf Heilungsquelle und Form der Energieübermittlung.

Die meisten Heiler sind einfache Menschen, ohne besondere Ausbildung, die eher Heilenergie kanalisieren wollen, anstatt sie zu besitzen. Die Energieform entspricht dem jeweiligen Glauben des Heilers. Einige betrachten ihre Heilkräfte als persönliche Gabe, andere als ein natürliches Talent, das jeder von uns besitzt.

Zu den Heilmethoden gehören Therapeutic Touch (siehe S. 106), eine moderne Form des Handauflegens, Reiki (siehe S. 107) und die folgenden:

Auraheilen: Die Heiler behaupten, „Farbbänder" oder „Strahlenfelder" zu sehen, die die sich ständig verändernde nichtmaterielle „Aura" des Patienten bilden, die seinen Gesundheitszustand reflektiert. Auraheiler legen ihre Hände auf oder neben den Patienten und vergegenwärtigen sich im Geiste „heilende" Farben für die Aura; dabei wird auch ayurvedische Chakra-Arbeit (siehe S. 145) und Farbtherapie (siehe S. 186) zu Hilfe genommen.

Spiritistisches Heilen: Der Heiler übergibt seinen Körper in Trance an geistige Wesen, die durch ihn heilend wirken.

***Diese Abbildung** aus dem 19. Jahrhundert zeigt Pilger in Lourdes. Dem Quellwasser aus der Grotte werden Wunderheilungskräfte zugeschrieben. Die Stelle wird jährlich von unzähligen Menschen besucht*

Geistheilung: Wie Spiritisten betrachten sich auch Geistheiler als Kanäle zu übernatürlichen geistigen Kräften, aber nicht zu den Seelen von Verstorbenen.
Gesundbeten: Während sich die meisten Heiler als Kanäle neutraler Kräfte sehen, sind Gesundbeter der Meinung, daß es keine Heilung geben kann ohne den Glauben des Patienten an seine Kräfte oder an die einer Gottheit bzw. dessen Stellvertreter.
Fernheilung: Ein oder mehrere Heiler demonstrieren das Fließen heilender Energie von sich zu einem entfernten Patienten. Manchmal wird dabei auch gebetet.

NACHWEIS & FORSCHUNG

Es soll zwar Beweise für die Wirkung geben, aber keine Erklärung für den Vorgang des Heilens. 1993 überprüfte der amerikanische Heiler Dr. Daniel Benor 155 vorliegende Studien und behauptete, daß 60 Prozent davon wichtige Ergebnisse zeigten, besonders bei Bluthochdruck, Ängstlichkeit und Wundheilung. Sein Test gilt als unsystematisch, und es bleibt offen, ob Heilen bestimmte biologische Veränderungen auslöst.

Eine umstrittene Studie von 1988 an 400 Herzpatienten am San Francisco General Hospital bestätigt, daß Patienten sich bei Fernheilung mit Gebet schneller erholten.

Tier- oder Pflanzenversuche gelten als überzeugender als Menschenstudien, da ihr Ergebnis einen Plazebo-Effekt ausschließt. Der amerikanische Heiler Matthew Manning soll Pflanzenwachstum beschleunigt und die Lebensdauer von Blutzellen im Labor verlängert haben. Labortests aus den 70er Jahren zeigten, daß Mäuse durch eine Heilbehandlung schneller aus der Narkose aufwachten.

FACHURTEIL

Bis jetzt mangelt es an einer wissenschaftlichen Erklärung für „Heilenergie". Es gibt aber gründliche und überzeugende Studien über ihre Wirkung. Ihr Erfolg wird dem Plazebo-Effekt (siehe S. 17) zugeschrieben oder der Autosuggestion (siehe S. 167). Mancher Arzt arbeitet sogar mit einem Heiler zusammen oder leitet seinen Patienten an ihn weiter, weil die Therapie absolut ungefährlich ist.

KONSULTATION EINES THERAPEUTEN

Je nach Heiler findet die Sitzung in einer Kirche, der Wohnung des Heilers, in Ihrer Wohnung, einem Zentrum oder einer Klinik statt. Nach einer kurzen Anamnese setzen oder legen Sie sich hin, und der Heiler setzt sich auch oder stellt sich neben Sie. Bevor er sich geistig „auf Sie einstimmt", „sammelt" er sich meist kurz bzw. entspannt und klärt seinen Geist.

Viele Heiler betrachten ihre Hände als Verstärker oder als Leiter von Heilungsenergie und legen sie zur Anregung des Heilungsprozesses auf die kranke Stelle oder etwas daneben. Mit sanfter Berührung oder mit Fächerbewegungen untersucht er Ihr Energiefeld, um heiße oder kalte Zonen zu entdecken, die auf eine „energetische Störung" weisen. Nach der Einstimmung verbindet er sich bewußt mit der Quelle der Heilungsenergie und läßt diese durch seinen Körper in Ihren fließen.

Brennende Kerzen oder sanfte Musik sorgen für eine ruhige und friedliche Atmosphäre. Ist Heilen Teil einer christlichen Messe, wird auch für die Genesung des Patienten gebetet und gesungen. Je nach Glauben können auch andere Rituale benutzt werden, etwa Beschwörungen.

Eine Heilsitzung dauert zwischen fünf Minuten und einer Stunde. Ungewöhnliche Fallgeschichten berichten von Spontanheilung nach einer einzigen Sitzung; gewöhnlich dauert es länger.

Eine gute Beziehung zum Heiler ist nicht notwendig, aber Sie sollten sich bei ihm wohl fühlen und mit seiner Philosophie übereinstimmen. Bedenken Sie auch, daß Heilung eher auf psychischer als auf körperlicher Ebene stattfindet.

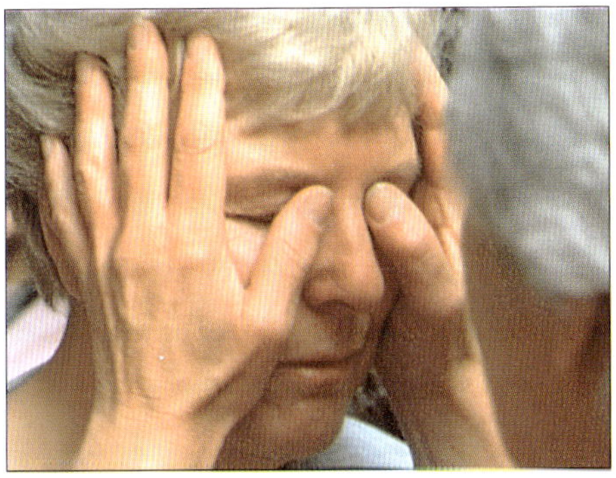

***Viele Heiler** berichten während des Heilens von einem heißen Gefühl an ihren Händen und spüren einen Energieschub. Patienten sprechen von Hitze-, Kälte- oder elektrischen Empfindungen*

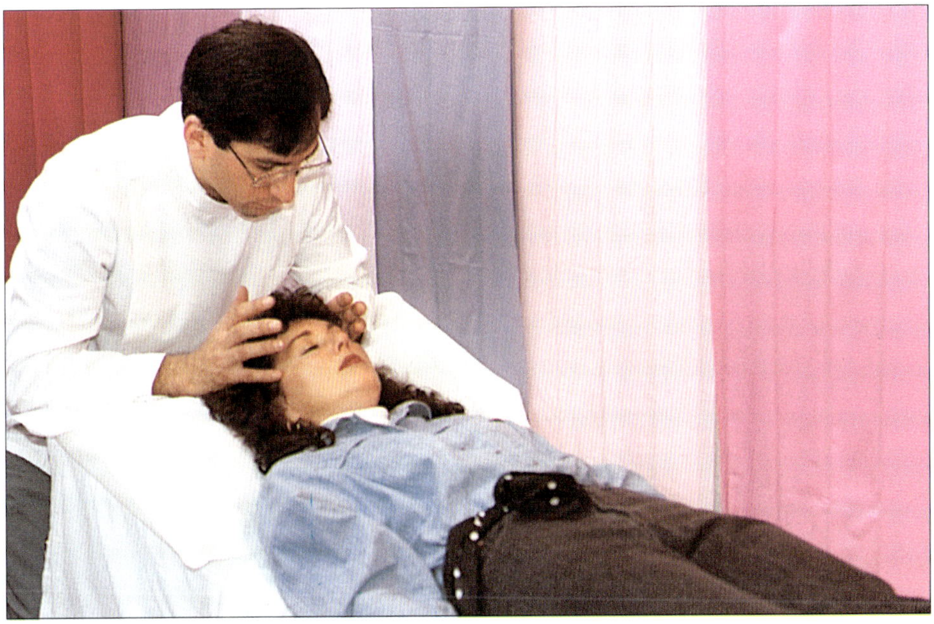

***Ein Heiler** verbindet sich über seine Hände mit dem Energiefeld der Patientin und stimmt sich auf ihren Heilungsprozeß ein. Studien zeigen, daß die Gehirnwellen eines Heilers während der Arbeit oft ähnliche Frequenzen aufweisen wie die von Menschen in Meditation (siehe S. 175). Das kann sich auf den Patienten übertragen*

VORSICHT!

- Vermeiden Sie Heiler, die viel Geld verlangen oder eine Heilung sogar versprechen
- Siehe auch Seite 52

Therapeutic Touch

Bewertung

- Forschung
- Fachurteil
- Therapeut
- Selbsthilfe
- Verträglichkeit

Diese moderne Form des Handauflegens (siehe S. 104) entstand zu Beginn der 70er Jahre in amerikanischen Unikliniken. Nach Meinung der Behandler besitzt der Körper einzigartige Energiefelder, die sie mit Begriffen aus der Quantenphysik belegen. Mit den Händen gleichen sie den Energiefluß aus und regen die Selbstheilungskräfte des Patienten an. Therapeutic Touch wird an über 80 amerikanischen Universitäten gelehrt und in der Krankenpflege oft als Ergänzung zu herkömmlichen Behandlungen eingesetzt. In England und Australien gewinnt die Therapie an Bedeutung.

Anwendung

- Streßbedingte Probleme wie Erschöpfung
- Schmerzlinderung, besonders bei Problemen der Skelettmuskulatur oder nach OP
- Wundheilung
- Menstruationsproblemen
- Lymph- oder Kreislaufstörungen

Geschichte

Ende der 60er lernte Dr. Dolores Krieger, Professorin für Krankenpflege an der New York University, die Technik des Handauflegens von der Heilerin Dora Kunz. Ihr lag sehr viel an einer persönlichen Beziehung zwischen Patient und Pfleger, daher suchte sie nach Wegen, diese Heilmethode in die Krankenpflege zu integrieren. 1977 begann sie ihre Vorlesungen über „Therapeutic Touch" (TT), wie sie es nannte. Heute wenden über 30000 amerikanische Pfleger TT an; in England wächst die Zahl der Studenten kontinuierlich, und 1994 wurde die British Association of Therapeutic Touch gegründet.

Besuch beim Therapeuten

Bei TT wird angenommen, daß jeder von uns individuelle „Energiefelder" besitzt, die als Teil der universellen Energie miteinander und mit dem Umfeld in Kontakt stehen. Diese Felder werden eher wissenschaftlich betrachtet, nicht mystisch.

Bei einer Sitzung versucht die Therapeutin, sich auf Ihr Energiefeld einzustimmen, um Störungen in Ihrem Energiefluß auszugleichen und Ihre Selbstheilungskräfte zu befreien. Sie sitzt neben Ihnen, „sammelt" und entspannt sich und konzentriert sich auf die Pflege, die sie Ihnen geben möchte. Ihre Hände suchen nach Veränderungen oder Blockierungen in Ihrem Energiefeld, die sich als „warme", „kalte", „elektrisierende" Gefühle bzw. Vibrationen zu erkennen geben und mit Fächerbewegungen behandelt werden. Vielleicht vergegenwärtigt sie sich im Geiste dabei das Strömen heilender Energie in Ihren Körper.

Eine Sitzung dauert zwischen 10–15 Minuten. Viele Patienten berichten danach von Entspannung, Schmerzlinderung und Wohlbefinden; manche lassen gestaute Gefühle los und atmen leichter.

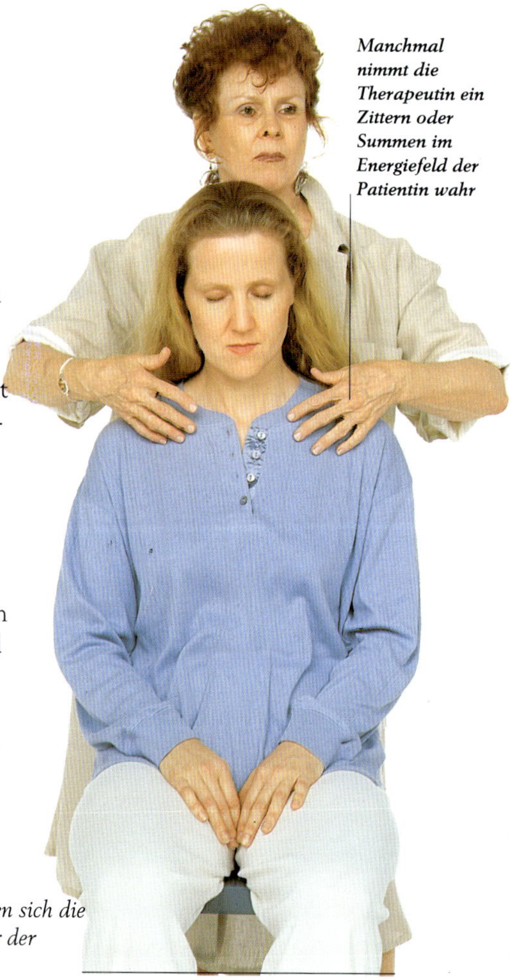

Manchmal nimmt die Therapeutin ein Zittern oder Summen im Energiefeld der Patientin wahr

Überprüfung des Energiefeldes
Zur Feststellung des Energiefeldes bewegen sich die Hände der Therapeutin über den Körper der Patientin, ohne ihn direkt zu berühren

Die Hände gleiten über die Patientin

Neuordnung des Energiefeldes
Die heilende Energie wirkt durch die Hände auf das Energiefeld der Patientin. Manche Heiler legen ihre Hände auf die Körperstelle; andere gleiten nur darüber

Nachweis & Forschung

Untersuchungen aus den 60er Jahren von Dr. Krieger belegen eine Erhöhung des Hämoglobinspiegels nach TT. In weiteren Studien aus den 80er Jahren erwies sich TT bei Ängstlichkeit und Spannungskopfschmerzen wirksamer als Berührung allein. Eine amerikanische Untersuchung von 1997 zeigt, daß TT streßbedingte Störungen des Immunsystems verringert.

Fachurteil

Immer mehr Krankenschwestern arbeiten mit TT. Trotz der vorliegenden Untersuchungen bleibt die medizinische Fachwelt aber skeptisch.

Vorsicht!

- Bei Älteren, Schwangeren oder Patienten mit Unterernährung ist besondere Vorsicht geboten; das gilt auch für Säuglinge und Menschen mit Kopfverletzung, Psychose oder Schock
- Siehe auch Seite 52

REIKI

BEWERTUNG

- FORSCHUNG
- FACHURTEIL
- THERAPEUT
- SELBSTHILFE
- VERTRÄGLICHKEIT

REIKI IST EINE JAPANISCHE FORM der Geistheilung und kommt aus dem alten tibetanischen Buddhismus. Reiki war lange Zeit vergessen und wurde erst im späten 19. Jahrhundert wiederentdeckt. Die Therapeuten verlassen sich auf die „Reiki-Energie" in sich und ihren Patienten und leiten sie dorthin, wo sie gebraucht wird. In Anlehnung an die Physik behaupten sie, daß Reiki auf atomarer Ebene arbeitet, die Schwingungen von Körpermolekülen verstärkt und damit schädliche Energieblockaden beseitigt. Über 200000 Reiki-Meister sind in den USA, Europa und Australien registriert.

ANWENDUNG

- Streßbedingte Probleme wie Kopfschmerzen, Erschöpfung, Schlafstörungen und Ängstlichkeit
- Emotionale Probleme
- Schmerzlinderung
- Jede physische, geistige oder emotionale Störung soll behandelt werden können

GESCHICHTE

***Reiki wurde** von dem japanischen Theologen Dr. Mikao Usui entwickelt, der die Heilkräfte Christi 14 Jahre eingehendst studierte, bis er in einer Vision die Antwort erhielt*

Das japanische Wort Reiki setzt sich aus Rei (universell) und Qi (Energie) zusammen. Lange Zeit schienen die Reikipraktiken der tibetanischen Buddhisten verloren, bis sie Ende des 19. Jahrhunderts von Dr. Usui wiederentdeckt und neu interpretiert wurden. Über einen seiner Schüler wurde dieses Wissen an die Japanerin Hawaio Takata auf Hawaii weitergegeben, die es in den 70er Jahren im Westen vorstellte. 1981 gründeten ihre Schüler die Reiki Alliance, die heute weltweit über 800 Mitglieder zählt.

ENERGIE WEITERLEITEN
Der Therapeut gibt dem Patienten Qi oder „Lebensenergie", um ihn auszugleichen bzw. seine leeren Zonen aufzufüllen. Dabei reinigt er auch sein eigenes Energiefeld und unterstützt sein inneres Wachstum

BESUCH BEIM THERAPEUTEN

Reiki fördert die Gesundheit und erhöht das Bewußtsein. Bevor sich der Therapeut als Energiekanal zur Verfügung stellt, stimmt er seine physischen und feinstofflichen (geistigen oder ätherischen) Körper nach alten und geheimen Symbolen „ein", die er in jahrelangen Meisterstudien gelernt hat. Ist der Heilungskanal einmal geöffnet, steht er das ganze Leben jederzeit zur Verfügung.

Der Meister wird Sie bitten, „Ihre Absicht zu formulieren" (welche Art von Behandlung Sie wünschen), da Reiki „für das Höchste Gut" arbeitet, bietet es nicht unbedingt körperliche Heilung an. Jede Sitzung dauert ca. 1 Stunde. Dabei liegen Sie bekleidet auf einer Liege, und der Therapeut hält seine Hände in 12 Grundpositionen jeweils 5 Minuten auf oder über Ihren Körper; 4 für den Kopf, 4 auf der Vorder- und 4 auf der Rückseite. Das gleicht die Energiezentren oder Chakren (siehe S. 109) aus. Nach einer Sitzung fühlen sich manche entspannt, andere belebt. Reiki kann auch zur Fernheilung benutzt werden (siehe S. 105).

NACHWEIS & FORSCHUNG

Es gibt keine kontrollierten Studien, die die Reiki-These belegen. Auf Wärmefotos von der Hand eines Meisters vor und nach der Sitzung ist jedoch zu erkennen, daß sich während des Heilens die Wärme verstärkt.

FACHURTEIL

Die Grundsätze von Reiki gehen weit über die Grenzen herkömmlicher Wissenschaft hinaus, und viele Ärzte sehen in Reiki nur ein etwas besseres exotisches Heilungsritual. Prinzipien und Terminologie scheinen weit hergeholt, und solange körperliche Störungen mit herkömmlichen Mitteln behandelt werden können, ist Reiki für viele nur ein kunst- und fantasievoller Beitrag zur Gesundheit.

VORSICHT!

- Siehe Seite 52

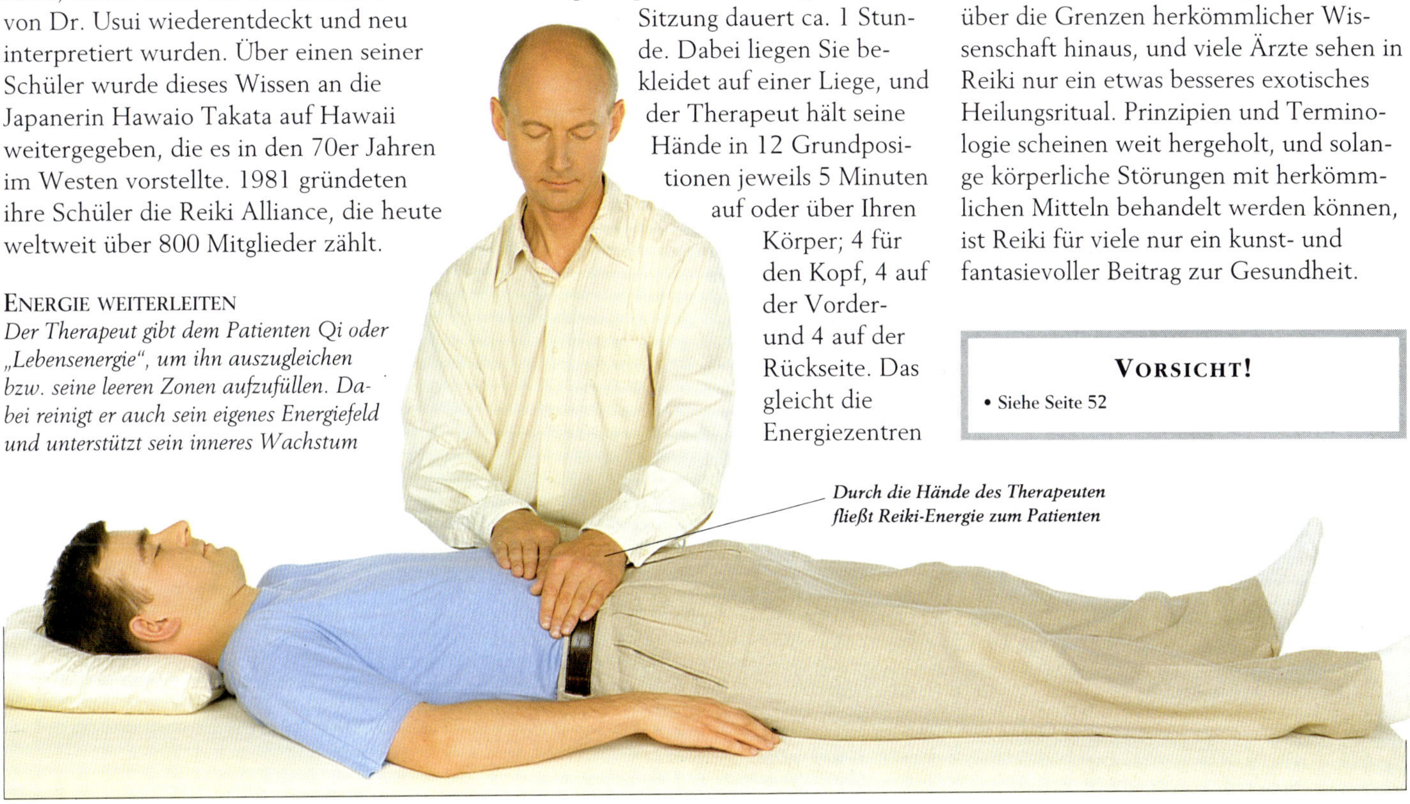

Durch die Hände des Therapeuten fließt Reiki-Energie zum Patienten

YOGA

BEWERTUNG

- FORSCHUNG
- FACHURTEIL
- THERAPEUT
- SELBSTHILFE
- VERTRÄGLICHKEIT

BEI UNS KENNT MAN YOGA als sanfte Übungen mit verschiedenen Körperstellungen und Atemtechniken; in Wirklichkeit ist es ein vollständiges Trainingsprogramm für Körper und Geist, das eigentlich der spirituellen Entwicklung dienen soll. In Indien gehört es seit vielen tausend Jahren zum Ayurveda (siehe S. 144) und gewinnt heute weltweit an Bedeutung. Im Westen wird mehr Wert gelegt auf den praktischen Nutzen, also auf die Verbesserung von Vitalität und Elastizität und den Abbau von Streß, als auf den spirituellen Nutzen.

ANWENDUNG

- Streß, Erschöpfung
- Kopfschmerzen
- Depression
- Kreislaufstörungen
- Asthma, Bronchitis
- Arthritis
- Verdauungsstörungen
- Rückenschmerzen
- Frauenleiden
- Steifheit

YOGA-STELLUNGEN ***erhöhen die körperliche Elastizität und bringen Körper und Geist bewußte Entspannung***

GESCHICHTE

„Yoga", Sanskrit für „Vereinigung", wurde vor 5000 Jahren von Hindu-Asketen oder Yogis entwickelt und praktiziert. Im 3. Jahrhundert v.Chr. (siehe rechts) wurde vom Begründer Patanjali der Weg eines Yogis in den Yoga Sutras (oder Aphorismen) definiert. Durch die Übersetzung religiöser Hindu-Texte kam Yoga im 19. Jahrhundert in den Westen. Anfangs fand es nur wenig Anhänger, aber seit den 60er Jahren erlebt Yoga zusammen mit anderen östlichen Gesundheitsweisen einen ungeheuren Aufschwung im Westen. 1996 wurde es allein in England von 500000 Menschen praktiziert; es ist auch Bestandteil amerikanischer Gesundheitsprogramme, wie z. B. der Dr. Omish-Kur zur Behandlung von Herzerkrankungen (siehe S. 243).

***Auf diesem alten Hindu-Manuskript** aus Nepal sind die sieben Chakras (siehe gegenüber) symbolisch als Blütenblätter dargestellt*

GRUNDSÄTZLICHES

Reines Yoga umfaßt alle Lebensaspekte. In „Die Acht Glieder des Yoga" beschreibt Patanjali die spirituellen Stufen zur Erleuchtung. Er beginnt mit ethischen Richtlinien wie gesunder Ernährungsweise und bewußter persönlicher Hygiene. Danach folgen Asanas (Körperstellungen) und Pranayama (Atemtechniken), die zur Meditation führen, und abschließend folgt der Rückzug auf die höchsten Ebenen reinster Bewußtheit.

Zu den heute angebotenen Yogaformen gehören die Yoga-Therapie zur Bewahrung von Gesundheit und Linderung bestimmter Störungen und Ashtanga- oder Kraft-Yoga. Meditation ist der Kern vieler Yogaformen, die Hingabe üben; im Westen ist Hatha-Yoga mit Asanas und Pranayama am beliebtesten. Der Atem gilt als Prana, die äußere Form der „Lebensenergie", die durch kontrolliertes Atmen im Körper reguliert wird (siehe gegenüber).

Hatha bedeutet „Ausgeglichenheit", gemeint ist die von Körper und Geist. Ein ruhiger Geist verleiht gleichmäßige Atmung und einen entspannten Körper. Umgekehrt unterstützt ein entspannter Körper die gleichmäßige Atmung und geistige Wachheit. Asanas wirken auf Körper und Geist: Die Atmung paßt sich der langsamen und bewußten Ausführung der Körperstellungen an. Jedes Asana hat eine bestimmte Stellung, die genau eingehalten und regelmäßig geübt werden sollte. Die Beherrschung fortgeschrittener Asanas kann bis zu zwei Jahren dauern; ihre wohltuenden Wirkungen sind schon früher spürbar.

NACHWEIS & FORSCHUNG

Die meisten Studien gibt es über die sanfte Form von Yoga. Anerkannte Studien bestätigen die Wirkung von Yoga bei unterschiedlichen Beschwerden. In den 60er Jahren entdeckten Wissenschaftler bei der Arbeit an Biofeedback-Techniken an der Menniger Foundation in Kansas, daß Yoga-Meditation eindeutig Herz und Kreislauf beeinflußt.

Eine Studie von 1990 in *The Lancet* zeigt, daß Pranayama Asthmaanfälle verringert; Psychologen an der Oxford University bestätigten 1993, daß seine Regenerationskraft stärker ist als die von Entspannungs- oder Visualisierungstechniken. In einem Bericht des *British Journal of Rheumatology* von 1994 wurde Yoga als mögliche Hilfe bei Rheumatoider Arthritis genannt.

FACHURTEIL

Die Medizinwelt steht den extremeren Yoga-Erfolgen skeptisch gegenüber (z. B. seine Wirkung auf Nerven- und Hormonsystem). Die meisten Ärzte erkennen Yoga als Übung oder Entspannungstechnik an; viele fordern genauere Untersuchungen von Yoga bei Herzerkrankungen.

DIE THEORIE DES YOGAS

Asanas und Entspannungstechniken wurden für das körperliche und geistige Wohlbefinden entwickelt. Asanas wirken auf den Körper und regen Nervenzentren und Organe an. Atemübungen und Meditation stimulieren die Lebensenergie Prana, die in unsichtbaren „Energiebahnen", sogenannten Nadis, durch den „feinstofflichen" (nicht-physikalischen) Körper fließt. Sind Körper und Geist ausgeglichen, kann sich der Mensch durch die spirituelle Disziplin der Meditation auf geistige Ziele konzentrieren.

DIE CHAKREN

In höheren Yoga-Lehren sind Chakren feinstoffliche Energiezentren und Sitz der Sinne, der Gefühle und des Intellekts. Sieben immer feiner werdende Chakren ziehen sich entlang des Hauptkanalsystems, Sushumna, nach oben. Sie sind mit Nervenzentren im Rückenmark verbunden und können durch Asanas stimuliert werden. Jedes Chakra ist durch eine genaue Anzahl von Lotusblütenblättern symbolisiert und mit einem bestimmten Mantra oder Laut wie „Om" oder „Ram" verbunden, der die Meditation und Atemübungen begleitet.

72000 Nadis („Energiebahnen") *vernetzen den Körper und treffen in den Chakras zusammen. Durch sie wird Prana („Lebensenergie"), äußerlich als Atem sichtbar, im ganzen Körper verteilt. Konzentration auf die Chakras während Yoga oder Meditation soll den Pranafluß regulieren und Blockaden beseitigen, bevor sie sich als körperliche oder geistige Störungen zeigen*

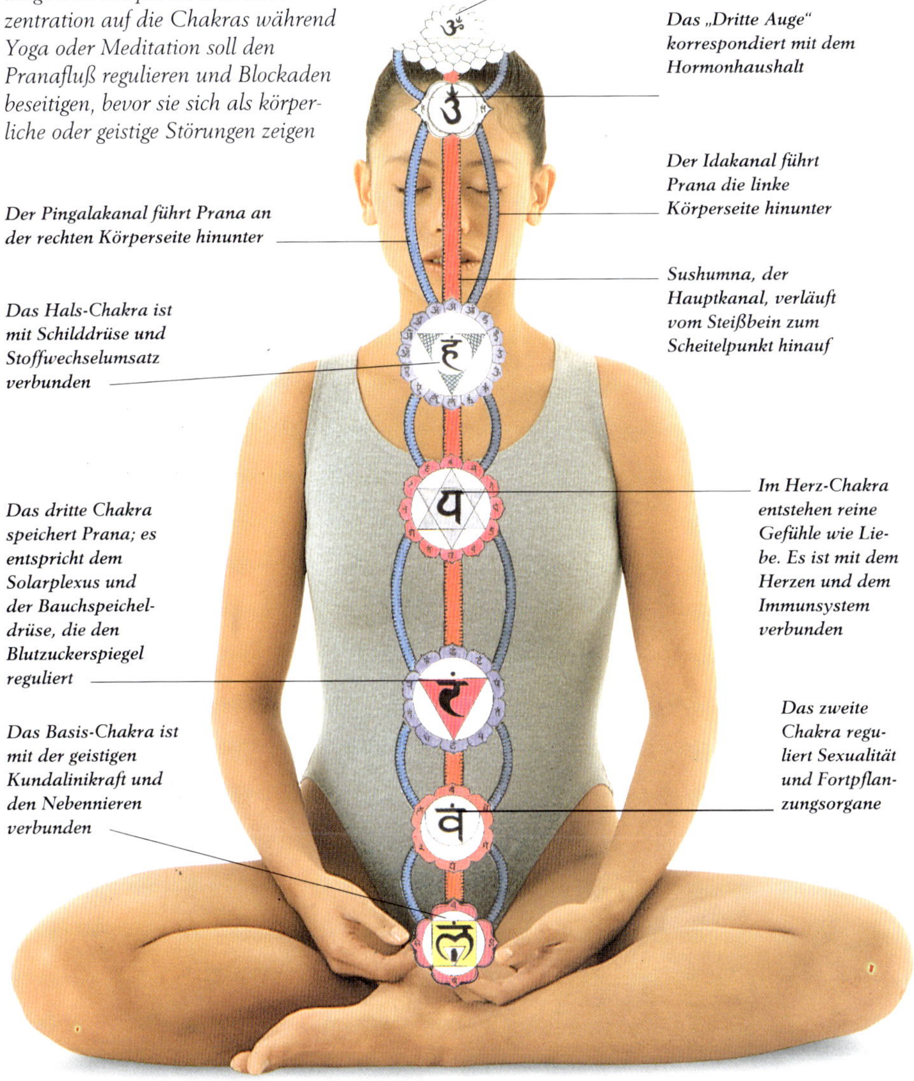

Das Kronen-Chakra ist das siebte und reinste Zentrum. Es wird als 1000-blättriger-Lotus, Symbol für die Unendlichkeit, dargestellt und ist mit der Hypophyse verbunden

Das „Dritte Auge" korrespondiert mit dem Hormonhaushalt

Der Idakanal führt Prana die linke Körperseite hinunter

Der Pingalakanal führt Prana an der rechten Körperseite hinunter

Sushumna, der Hauptkanal, verläuft vom Steißbein zum Scheitelpunkt hinauf

Das Hals-Chakra ist mit Schilddrüse und Stoffwechselumsatz verbunden

Im Herz-Chakra entstehen reine Gefühle wie Liebe. Es ist mit dem Herzen und dem Immunsystem verbunden

Das dritte Chakra speichert Prana; es entspricht dem Solarplexus und der Bauchspeicheldrüse, die den Blutzuckerspiegel reguliert

Das zweite Chakra reguliert Sexualität und Fortpflanzungsorgane

Das Basis-Chakra ist mit der geistigen Kundalinikraft und den Nebennieren verbunden

KÖRPERLICHER NUTZEN

Hatha-Yoga hat einen physiologischen Effekt auf Muskeltonus und Kreislauf. Verschiedene Asanas sollen vegetatives Nervensystem (siehe S. 71) und endokrine Drüsen beeinflussen, die u.a. Herzschlag und Hormonausschüttung regulieren.

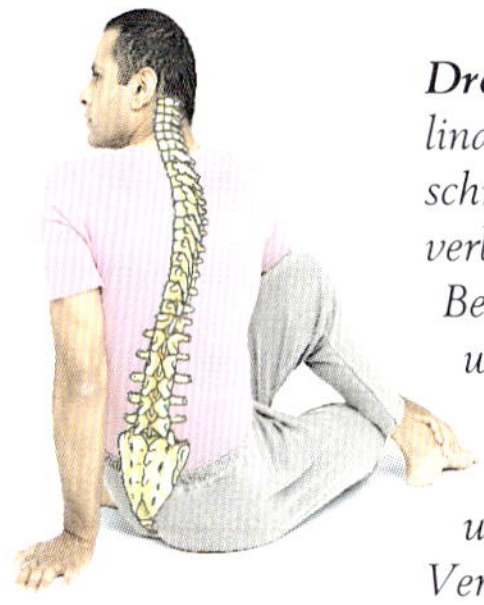

***Drehübungen** lindern Rückenschmerzen und verbessern die Beweglichkeit. Sie wirken auf das vegetative Nervensystem und unterstützen Verdauung und Lymphabfluß*

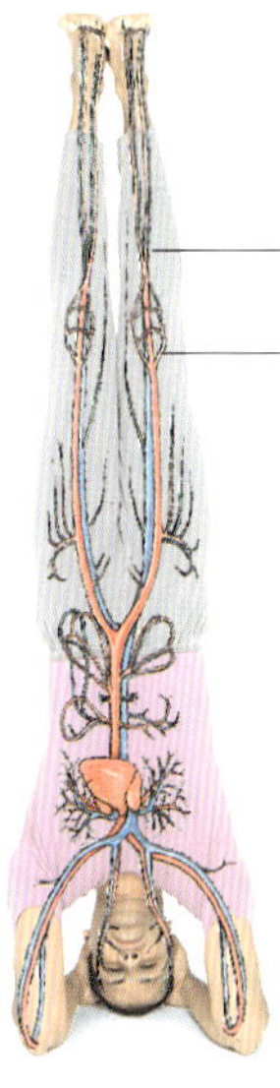

Venen bringen Blut zum Herzen zurück

Arterien führen Blut vom Herzen weg

***Bei einem Kopfstand** fließt Blut von den Beinen in den Oberkörper – das Herz kann entspannen. Solche meditativen Asanas unterstützen Kreislauf und Gehirntätigkeit*

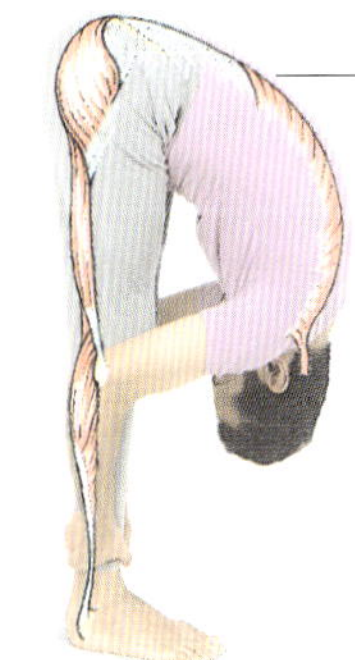

Die Rückenmuskulatur soll auf die Spinalnerven wirken

***Eine Beugung vornüber** verlängert die Wirbelsäule, dehnt die Rückenmuskulatur und erhöht die Sauerstoffzufuhr zum Gehirn*

KONSULTATION EINES LEHRERS

Am besten ist ein Kurs mit einem Yoga-Lehrer, zu dem Sie leichte Kleidung mitbringen sollten – Strumpfhosen, Leggings, Baumwollshorts etc. Gymnastikschuhe sind nicht nötig, da Yoga am besten barfuß gemacht wird. Der Kursraum sollte beheizt sein und zugfrei sein. Für die Entspannungsstellungen werden Sie eine Decke benötigen, bei hartem oder glatten Boden auch eine Übungsmatte.

Die meisten Yoga-Stunden dauern 60–90 Minuten. Nach einigen sanften Aufwärmübungen werden die genauen Stellungen der Asanas gezeigt, die Sie dann mit den anderen Teilnehmern üben. Asanas im Stehen oder Sitzen zur Dehnung und Kräftigung des Körpers werden zwischen 20 Sekunden und 2 Minuten gehalten. Umgekehrte Stellungen, wie der Schulterstand, können länger gehalten werden. Auf eine Asana zur Öffnung des Brustraumes und Befreiung des Nackens folgt meist eine Gegenstellung, z. B. ein Kopfstand.

Bei den Übungen sollten Sie körperlich und geistig entspannt sein und auf Ihre Atmung achten. Denken Sie immer daran, den Atem nicht anzuhalten.

Ein Kurs besteht durchschnittlich aus 5–20 Teilnehmern, die konzentriert, aber entspannt üben. Bei den Übungen sollten Sie sich weder überfordern noch mit anderen messen. Wenn Sie Yoga aus medizinischen Gründen praktizieren, ist ein Lehrer mit zusätzlicher Yoga-Therapie-Ausbildung zu empfehlen. Die therapeutische Wirkung spezieller Asanas und Pranayamas bei bestimmten Leiden ist bewiesen – vorausgesetzt, Sie üben die richtigen.

Menschen aller Altersstufen *profitieren von Yoga: Es kann bei Altersproblemen wie Rheumatoider Arthritis helfen und die Körperhaltung von Kindern verbessern*

Ein ausgebildeter Yoga-Lehrer *korregiert Ihre Stellung und hilft Ihnen bei den Entspannungs- und Konzentrationsübungen*

VORSICHT!

- Beginnen Sie erst drei Stunden nach einer Mahlzeit mit Yoga
- Bei Schwangerschaft oder während der Menstruation sollten Sie bestimmte Asanas wie Kopfstand vermeiden
- Bei Nacken- oder Rückenverletzungen, Bluthochdruck, Kreislaufstörungen, Herzerkrankungen, Gehirnstörungen, Augen- oder Ohrproblemem ist von bestimmten Asanas wie Kopfstand abzusehen
- Siehe Seite 52

GRUNDSTELLUNGEN
Zuerst lernen Sie die Stellungen für Anfänger. Die hier gezeigte „Kriegerdehnung" stärkt den Rücken, erhöht die Beweglichkeit und verbessert die Haltung. Sie sollte beidseitig geübt werden und jedesmal etwas länger gehalten werden

1 Die Beine sind gegrätscht, der rechte Fuß zeigt nach vorn, der linke zur Seite. Strecken Sie beim Ausatmen die Arme aus, und beugen Sie das rechte Knie

2 Atmen Sie gleichmäßig weiter, und legen Sie die rechte Handfläche auf den Boden; der rechte Arm bleibt gestreckt. Ziehen Sie den linken Arm nach außen und den Kopf nach oben; halten Sie diese Stellung für 30 Sekunden

VARIATIONEN DES DREIECKS

DAS SONNENGEBET

Früher wurde diese Übungsfolge bei Sonnenaufgang bzw. -untergang durchgeführt. Sie entspannt und konzentriert den Geist und verleiht dem Körper Elastizität und Stärke. Es ist eine ausgezeichnete Aufwärmübung für Ihre tägliche Yoga-Stunde. Die 12 Asanas sollten weichfließend ineinander übergehen und sich der bewußten Atmung anpassen. Das Sonnengebet kann täglich zu 12mal gemacht werden, sollte aber in der Schwangerschaft oder Menstruation vermieden werden, ebenso bei Rückenschmerzen, Bluthochdruck oder Thrombose.

1 Atmen Sie mit gestrecktem Rücken und entspanntem Körper aus, und falten Sie die Hände zum Gebet

2 Atmen Sie ein, und strecken Sie dabei die Arme über den Kopf; der Körper beugt sich sanft nach hinten

3 Beugen Sie sich beim Ausatmen mit gestreckten Knien nach vorn, und legen Sie die Handflächen neben die Füße auf den Boden

4 Hände unten lassen, beim Einatmen Knie beugen, rechtes Bein nach hinten strecken

5 Ziehen Sie das linke Bein nach hinten, strecken Sie beide Füße nebeneinander aus. Halten Sie während der „Liegestütz"-Postition den Atem an

6 Atmen Sie aus. Knie, Brust und Stirn berühren den Boden, während Ihr Becken oben bleibt

7 Lassen Sie Ihr Becken fallen, und atmen Sie ein. Ziehen Sie Kopf und Brust zurück, die Ellenbogen bleiben gebeugt

8 Nehmen Sie das Becken beim Ausatmen hoch; Arme und Beine bleiben gestreckt, der Kopf hängt, Füße und Hände liegen flach auf dem Boden

9 Ziehen Sie das rechte Bein beim Einatmen nach vorn, und legen Sie das linke Knie ab

10 Ziehen Sie das linke Bein beim Ausatmen nach vorn; Hände weiterhin unten, Knie gestreckt

11 Nehmen Sie beim Einatmen die Hände über den Kopf nach hinten, wie in Schritt 2

12 Atmen Sie aus, und stellen Sie sich aufrecht hin. Nach einem ruhigen Atemzug können Sie die Übung wiederholen

IHRE FRAGEN

Wie lange dauert eine Übungsstunde?
Mindestens 30 Minuten

Wie viele Stunden brauche ich?
Die Wirkung hängt von regelmäßigem und kontinuierlichem Üben ab; selbst wenn es täglich nur ein paar Minuten sind.

Kann es unangenehm sein?
Asanas sollten keine Schmerzen verursachen, auch wenn einige anfangs sehr schwierig sind. Anfänger sollten mit dem Lotussitz und anderen fortgeschrittenen Übungen warten.

Gibt es Nachwirkungen?
Am Anfang kann Muskelkater auftreten.

Patientenerfahrung

William, ein 47jähriger Verkäufer, litt an chronischem Asthma: „Ich habe Tonnen von Antibiotika geschluckt. Jedes Jahr wurde es schlimmer. Mein Arzt wollte mir schon Kortison verschreiben. Damals begann ich eine Yoga-Therapie – es wurde mir gleich besser, und ich konnte das Kortison vermeiden. Jeden Morgen mache ich jetzt 45 Minuten Yoga. Zuerst Übungen zur Koordination von Atmung und Bewegung , dann „Halte"-Stellungen und schließlich Entspannungstechniken. In drei Jahren ist mein Asthma immer besser geworden, und ich habe nur noch ein paar leichte Anfälle im Jahr."

SELBSTHILFE

Wenn Sie Yoga alleine üben, ist es wichtig, maßvoll voranzugehen und Ihren Körper nicht zu früh in schwierige Stellungen zu zwingen. Ob mit oder ohne Kurs, Sie sollten wenigstens 20–30 Minuten täglich üben. Planen Sie dafür eine feste Zeit ein, vor dem Frühstück oder vor dem Abendessen. Regelmäßiges tägliches Yoga stärkt Vitalität, Ausdauer und Muskeltonus, fördert die Verdauung, steigert die Konzentration, macht Sie bewußter und weniger anfällig bei Streß. Nach jeder Asana-Sequenz sollten Sie sich 5 Minuten Entspannung gönnen.

TANZTHERAPIE

BEWERTUNG
FORSCHUNG
FACHURTEIL
THERAPEUT
SELBSTHILFE
VERTRÄGLICHKEIT

BEI DIESER THERAPIE werden Gedanken und Gefühle durch Bewegungen ausgedrückt. Sie entstand in den 40er Jahren in den USA. In wöchentlichen Sitzungen wird der Patient von ausgebildeten Therapeuten zu freien Bewegungen ermutigt, manchmal auch mit Musikbegleitung. Die Therapie eignet sich für alle Altersstufen, fördert das Selbstwertgefühl und gestattet Einblick in emotionale Probleme. Sie wird in den USA immer stärker bei geistiger und körperlicher Behinderung eingesetzt und ist weltweit anerkannt.

ANWENDUNG

- Arbeit mit Blinden, Taubstummen, älteren Menschen und Suchtpatienten
- Körperliche & geistige Behinderungen, Autismus, Lernprobleme
- Depression, Ängste, Psychosen
- Verhaltens- und Eßstörungen

GESCHICHTE

***Die amerikanische Tanzlehrerin** Marian Chace war ein Pionier dieser Therapie in Washington, D.C. Sie entdeckte, daß freie Bewegungen selbst festgefahrene Verhaltensmuster bei Patienten lösen konnten*

Der Zusammenhang von Körperbewegung und Gefühlen ist seit ewigen Zeiten bekannt. Der Tanz diente dazu, Dampf abzulassen, zum Krieg aufzuwiegeln, böse Geister zu vertreiben und Leidenschaft zu erregen.

Anfang dieses Jahrhunderts experimentierten Carl Gustav Jung (siehe S. 160) und Wilhelm Reich (siehe S. 89) mit dem Tanz als psychotherapeutischer Ausdrucksform; der Choreograph und Bewegungsanalytiker Rudolf Laban aus Bratislava entwickelte diese Idee später weiter. Nach dem ersten Weltkrieg stellte er in England die These auf, daß Bewegung und Gesichtsmimik eines Patienten dem Analytiker etwas über sein Gefühlsleben verraten

In den 40er Jahren entwickelten Berufstänzer aus den USA therapeutische Ausdruckstänze. Die bekannteste unter ihnen, Marian Chace, arbeitete damit mit Schizophrenen.

In den USA ist die Tanztherapie überall anerkannt, auch von den Medizinern; in Australien und England gewinnt sie an Bedeutung und wird oft zusammen mit Physio- oder Beschäftigungstherapien in Gesundheitszentren, Schulen und Gefängnissen eingesetzt.

GRUNDSÄTZLICHES

Säuglinge und Kleinkinder drücken sich über den Körper aus, bevor sie sprechen lernen. Ihre Bewegungen verraten ihre Gefühle, etwa Stampfen, vor Wut eine Faust ballen oder sich vor Freude schütteln und in die Höhe hüpfen. Kinder besitzen einen spontanen natürlichen Ausdruck, später werden Gedanken, Gefühle und körperliche Erfahrungen, die ihre Persönlichkeit formen, von ihrem sozialen Umfeld beeinflußt. Die Verbindung zwischen Gefühlen und Ausdruck verliert an Spontanität und wird konditioniert. Als Erwachsener drücken wir uns zwar weiterhin über Körpersprache aus; jedoch meist unbewußt.

Bei der Tanz- und Bewegungstherapie wird die Bewegung, vor allem die sinnlich rhythmische Antwort auf Tanz und Musik, dazu benutzt, das Bewußtsein zu umgehen und einen direkten Kontakt mit der inneren Gefühlswelt herzustellen. Dazu experimentieren die Patienten mit unterschiedlichen Gefühlen und lernen die Überwindung körperlicher Begrenzungen und den Umgang mit Behinderungen.

*„**Spiegeln**" stammt aus der Arbeit von Rudolf Laban und hilft, körperliche und psychische Probleme eines anderen durch Nachahmung von Gestik und Bewegung zu verstehen*

Es entstehen geistige Bilder, die wichtige emotionale Themen hervorlocken, im späteren Verlauf der Behandlung nähern sich Patient und Therapeut diesen Themen durch Tanz. So finden versteckte Gefühle einen non-verbalen Ausdruck und werden vom Bewußtsein anerkannt.

Diese Form der Therapie eignet sich für rhetorisch Begabte genauso wie für Menschen, die Probleme mit dem verbalen Ausdruck haben. Dazu zählen auch Lernschwierigkeiten, geistige Störungen oder psychotische Erkrankungen. Sogar körperlich schwerbehinderten Menschen bringt Tanzen Befreiung.

NACHWEIS & FORSCHUNG

Die Wirkung der Tanz- und Bewegungstherapie ist durch viele Studien belegt. Seit den 70er Jahren werden Fallgeschichten, Videos und Beobachtungen in Psychologie- und Tanzzeitschriften veröffentlicht. Viele Untersuchungen konzentrieren sich auf die Verbindung zwischen Persönlichkeit und Bewegungsausdruck und auf beschwerdetypische Bewegungen

FACHURTEIL

Der Nutzen der Tanztherapie bei körperlicher Behinderung, emotionalen Problemen oder geistigen Störungen ist allgemein anerkannt.

KONSULTATION EINES THERAPEUTEN

Es gibt Einzel- und Gruppentherapie, deren Dauer von den individuellen Bedürfnissen abhängt, die während eines sechswöchigen Diagnosekurses festgestellt werden; die Behandlung chronischer Erkrankungen kann bis zu fünf Jahren dauern.

Aufwärmübungen machen die Gelenke beweglich, erhöhen das Körperbewußtsein und steigern die Konzentration. Musik ist nicht unbedingt notwendig, denn Rhythmus kann mit Händen, Füßen oder Beinen vorgegeben werden. Aus dieser Phase entsteht der nächste Schritt – mit oder ohne therapeutische Hilfe. Oft liegt der Patient auf dem Boden und wartet auf einen Handlungsimpuls, wenn er z. B. einen Traum darstellt. Die Bewegungen sind spontan und frei, können aber auch mit formellen Tanzschritten gemischt werden. Entweder bewegt sich der Therapeut ebenfalls und spiegelt Ihre Bewegungen, oder er feuert Sie als Beobachter an. Manchmal drückt der Therapeut neue Entdeckungen auch in einem Solotanz aus oder will damit den Patienten bzw. die Gruppe auflockern.

EINZELTHERAPIE

In Einzelstunden kann sich ein tiefes Vertrauensverhältnis zum Patienten aufbauen. Erst dann fühlt er sich sicher und findet zu seinem Ausdruck.

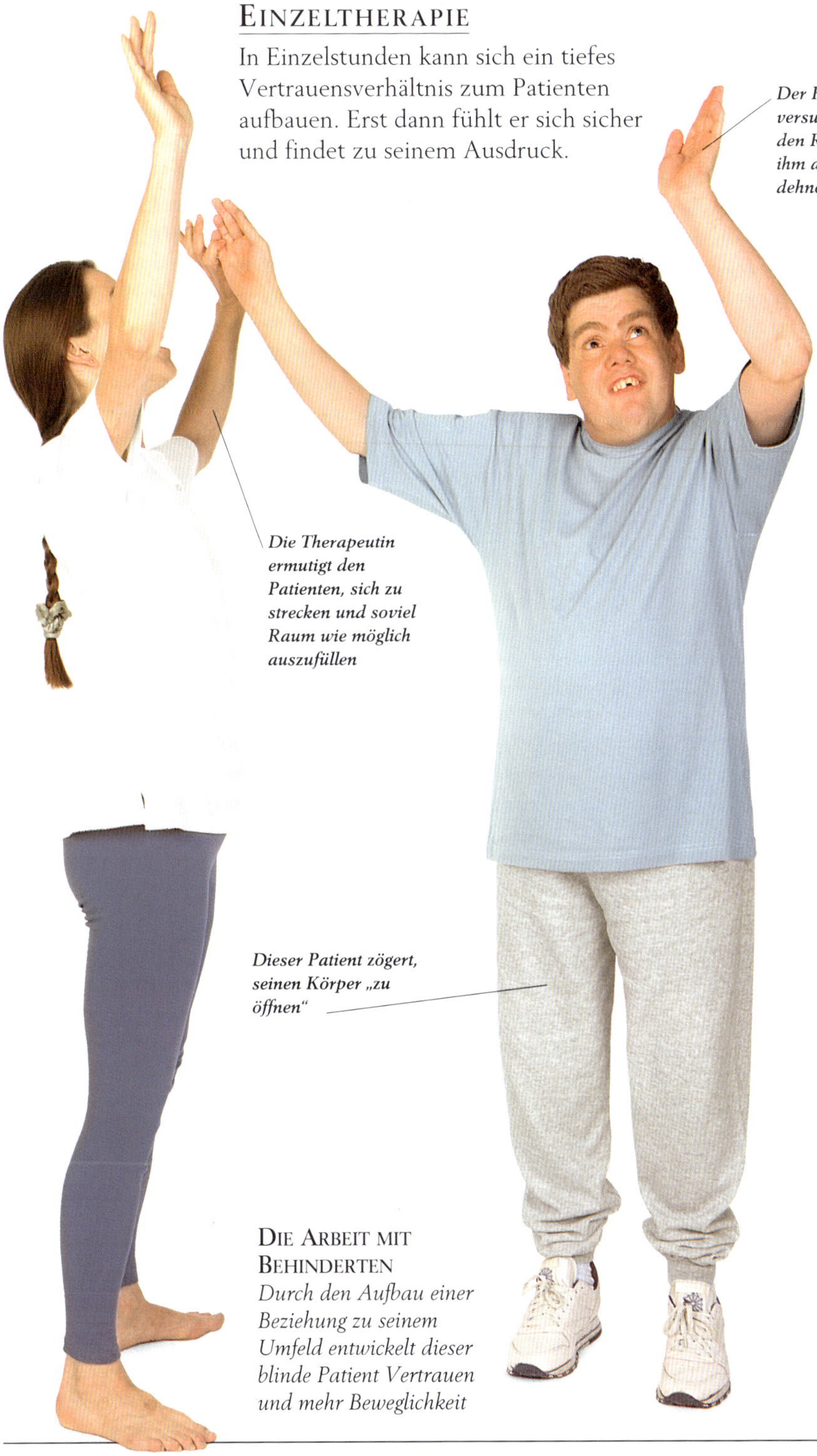

Der Patient versucht, sich in den Raum über ihm auszudehnen

Die Therapeutin ermutigt den Patienten, sich zu strecken und soviel Raum wie möglich auszufüllen

Dieser Patient zögert, seinen Körper „zu öffnen"

DIE ARBEIT MIT BEHINDERTEN

Durch den Aufbau einer Beziehung zu seinem Umfeld entwickelt dieser blinde Patient Vertrauen und mehr Beweglichkeit

GRUPPENTHERAPIE

Bei der Gruppenarbeit kann der Therapeut zwischenmenschliche Probleme erkennen, das Zusammenspiel der Gruppe und ihre Reaktion auf Situationen.

***Die Gruppe** bildet einen Kreis; oft ist das der Anfang oder der Abschluß einer Therapiestunde. Dies unterstützt die Bewegungen und fordert die Teilnehmer auf, sich anzuschauen*

***Manchmal** werden auch für ein neues Thema Requisiten eingesetzt. Bälle, Reissäcke, Laken sind inspiratorische Katalysatoren oder helfen dem Patienten einfach, sich freier und vertrauensvoller auszudrücken*

VORSICHT!

- Bei Rückenschmerzen oder Bluthochdruck sollten Sie vor einer Therapie einen Arzt fragen
- Siehe Seite 52

Die Bates-Methode

Bewertung
Forschung
Fachurteil
Therapeut
Selbsthilfe
Verträglichkeit

Diese Methode wurde Anfang dieses Jahrhunderts von dem amerikanischen Augenspezialisten Dr. William H. Bates entwickelt und soll die Sehschärfe ohne Linsen oder Operation verbessern. Laut Dr. Bates ist eine perfekte Sehschärfe das Ergebnis völlig entspannter Augen, die sich unbewußt selbst regulieren, während verspanntes Sehen für viele Sehstörungen verantwortlich ist. Er glaubte, daß die Augen durch einfache Übungen umgeschult werden können. Die Methode wird weltweit praktiziert und soll jedem guttun, ungeachtet seiner Augenqualität.

Anwendung

- Alle Sehstörungen, für die eine Brille oder Linsen verschrieben wurden, z. B. Kurz- und Weitsichtigkeit, Schielen und Astigmatismus
- Koordinationsstörungen
- Lernschwierigkeiten

Geschichte

Die „Sehschule" wurde Anfang dieses Jahrhunderts von dem Augenspezialisten Dr. William H. Bates aus New York entwickelt. Er glaubte, daß schlechte Gewohnheiten und verspannte Augenmuskeln und -nerven für viele Sehstörungen verantwortlich sind, die durch Augenübungen korrigiert werden können. Nach anfänglicher Skepsis fand seine Methode bald viele Anhänger in den USA, Europa und Indien, die sein Werk nach seinem Tod 1931 weiterführten. Darunter der englische Autor Aldous Huxley, der von erstaunlichen Ergebnissen berichtete. Heute wird die Bates-Methode von Therapeuten der Alexander-Technik, Homöopathie und Naturheilkunde benutzt.

Besuch beim Therapeuten

Ihre Sehschärfe wird geprüft, 6–10 wöchentliche Sitzungen empfohlen, und es werden Ihnen einfache tägliche Übungen gezeigt. Nach Dr. Bates „schalten" schlechte Gewohnheiten wie Starren die Fähigkeit der kontinuierlichen Bildanpassung „aus". Er glaubte, daß Augen durch Übungen umgeschult und eine „optimale zentrale Fixierung" erreichen können. Seine Patienten lernten, Sehnerv und Augenmuskulatur zu entspannen und mit Hilfe von Gedächtnis- und Vorstellungskraft die Zusammenarbeit von Augen und Gehirn zu verbessern.

Da Dr. Bates auch die Lebensweise als Ursache von Sehstörungen verdächtigte, gab er auch Empfehlungen für Atmung, Entspannung, Ernährung und Fitneß. Kunstlicht und Computer fördern das Starren und mindern die Sehschärfe.

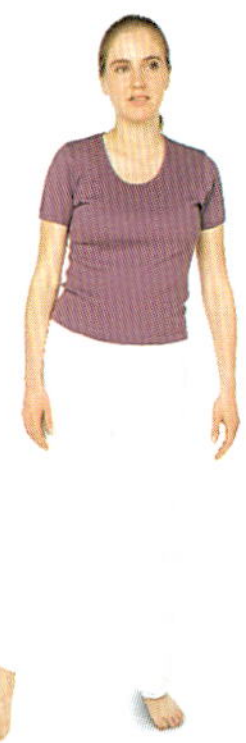

***Schaukeln** für die Augenentspannung. Dr. Bates empfahl ein sanftes Schwingen mit dem Körper, wobei die Augen auf einen entfernten Punkt fixiert sind. Diese Übung sollte täglich 100mal wiederholt werden mit abwechselndem Blinzeln rechts und links zur Reinigung der Augen und gegen schädliches Starren*

***Durchblutung:** Duschen Sie die geschlossenen Augen jeden Morgen 20mal abwechselnd mit kaltem und warmem Wasser. Abends wiederholen*

***Palming:** Bedecken Sie Ihre geschlossenen Augen ohne Druck mit beiden Händen zur Entspannung. Dabei Musik hören oder an etwas Angenehmes denken. Palming 2–3mal täglich 10 Minuten machen*

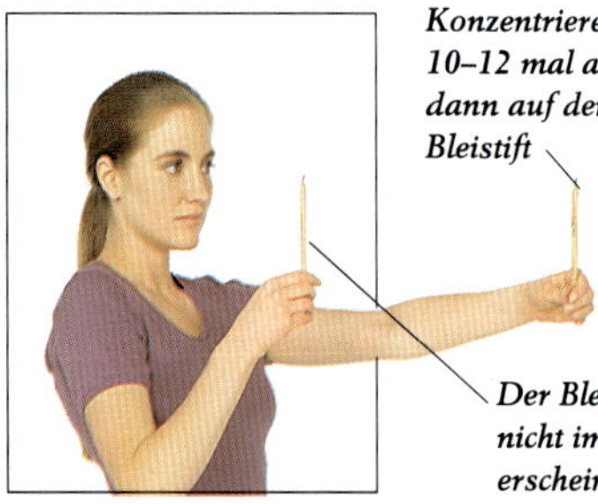

Konzentrieren Sie sich 10–12 mal auf einen, dann auf den anderen Bleistift

Der Bleistift, den Sie nicht im Blick haben, erscheint doppelt

***Sehschärfe üben:** Halten Sie einen Stift weit weg und einen 15 cm vor die Augen. Konzentrieren Sie sich erst auf einen, dann auf den anderen*

Häufige Sehstörungen

Kurzsichtigkeit

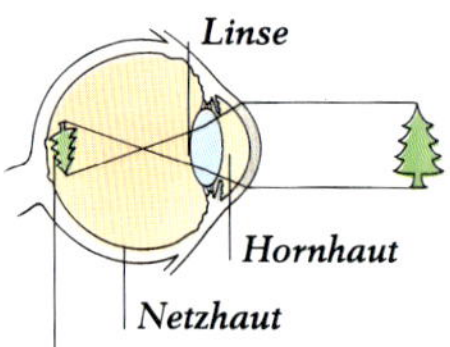

Das Bild trifft vor der Netzhaut auf

Weitsichtigkeit

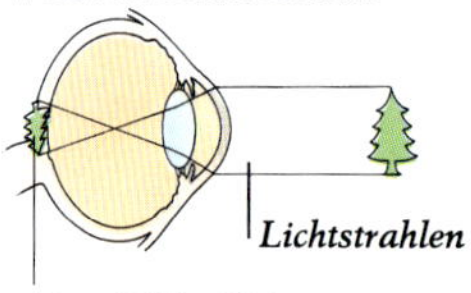

Das Bild trifft hinter der Netzhaut auf.

Die Linse projiziert im Idealfall ein Bild auf die Mitte der Netzhaut, wo die Bildschärfe optimal ist. Zur Fokussierung paßt sich das Auge durch minimale Bewegungsveränderungen, „zentrale Fixierung" genannt, kontinuierlich an. Ist der Augapfel zu kurz bzw. zu lang, wird das Bild unscharf, da es vor oder hinter die Netzhaut fällt

Nachweis & Forschung

Die meisten Studien stammen von Dr. Bates selbst. Fallgeschichten belegen, daß die Sehschärfe verbessert wird, aber es fehlen neuere klinische Bestätigungen.

Fachurteil

Ärzte geben zu, daß das Sehen die Augenmuskulatur und die instinktive Sehfähigkeiten beansprucht, die durch Augenübungen manchmal verbessert werden. Da die Bates-Methode aber Ausdauer verlangt und vielleicht nur minimale Verbesserungen zeigt, kann sie aus medizinischer Sicht weder Linsen noch Operation ersetzen.

Vorsicht!

- Bei Glaukom oder Katarakt sollten Sie mit Ihrem Arzt und einem Bates-Lehrer sprechen
- Die Übungen sollten ohne Brille bzw. Linsen gemacht werden
- Siehe Seite 52

WEITERE THERAPIEN

BOWEN-TECHNIK

Diese nicht-manipulative Körpertherapie wurde in den 50 Jahren von dem australischen Therapeuten Tom Bowen entwickelt. Bowen-Technik soll „Energiefluß" und Selbstheilungskräfte stimulieren.

Für eine Behandlung liegen Sie mit lockerer Kleidung auf einer weichen niedrigen Liege. Leichtes Finger- und Daumenrollen auf Muskeln und Sehnen fördert Durchblutung, Elastizität und Entgiftung. Oft sind nur 2-3 halbstündige Sitzungen nötig.

Die Therapie wird für alle Beschwerden empfohlen, besonders bei Rücken- und Gelenksschmerzen, Sportverletzungen, Bronchitis und Menstruationsproblemen. Die meisten Ärzten finden sie eher amüsant.

ZERO-AUSGLEICH

1975 schuf der amerikanische Arzt, Osteopath und Akupunkteur Dr. Fritz Smith diese Verknüpfung westlicher und östlicher medizinischer Ansätze.

Man ist der Ansicht, daß der Körper ein unsichtbares Energiefeld besitzt, das mit der Muskulatur und Skelettstruktur verbunden ist. Eine Behandlung fördert den gleichmäßigen Energiefluß, verbessert Haltung und Ausgeglichenheit und stärkt die Selbstheilungskräfte. Besonders beachtet werden „Grundgelenke" z. B. des Fußes, die das tragende Skelett vor Schocks schützen, sowie Atemmuster, Augenbewegungen und Magengeräusche (die Energiefluß anzeigen sollen). Sie liegen bekleidet auf einer Liege und werden mit sanftem Fingerdruck gehalten und gedehnt. Meist werden 3 Sitzungen von je 20–40 Minuten empfohlen. Die Therapie soll vergangene emotionale und körperliche Traumata heilen. Ärzte halten sie für unschädlich, sind jedoch skeptisch.

KAHUNA

Ziel dieser alten hawaiianischen Heilmassage ist das Akzeptieren des eigenen Körpers und die Liebe zu sich selbst. Je mehr man sich selbst liebt, desto klarer erkennt man die Schönheit der Welt. Sie liegen nackt auf einer Liege und werden mit rhythmischen Strichen massiert. Eine Sitzung dauert zwei Stunden und kann nach Bedarf alle 2-3 Monate wiederholt werden. Sie soll die „Vibrationsfrequenz" der Körperzellen erhöhen; diese Behauptung wird von den meisten Ärzten abgelehnt.

CHAVUTTI THIRUMAL

Diese Massage gehört zur ayurvedischen Medizin (siehe S. 144) und stammt aus Südindien. Angeblich soll sie entwickelt worden sein, um die Elastizität von Kathakali-Tänzerinnen und Kalaripayattu-Kämpfern zu stärken. In den USA und England wird sie heute als Spezialmassage zur Stimulation von Durchblutung, Lymphabfluß und Verdauung angewendet. Sie liegen mit eingeöltem Körper auf dem Boden, der Therapeut hängt an einem Seil und streicht mit Füßen und Zehen zur Stimulation der Nadis (Energiebahnen) kräftig über Ihren Körper. Eine Sitzung dauert 90 Minuten und wird alle 2–3 Monate wiederholt. Für Ärzte ist die Behandlung eher merkwürdig.

INDISCHE KOPFMASSAGE

Mit dieser ayurvedischen (siehe S. 144) Kopfmassage pflegten indische Frauen ihre Haare. Sie soll die Kopfhaut entspannen, Durchblutung fördern, Haarfollikel nähren und Ängste und Streß verringern. Dazu werden Schultern und Kopf mit warmem Öl (Kokosnuß-, Sesam-, Mandel- oder Olivenöl) abwechselnd kräftig und sanft massiert. Sitzungen sind wöchentlich und dauern 20-30 Minuten. Die meisten Ärzte halten die Behandlung für unschädlich und entspannend.

SHEN-THERAPIE

Diese Körper/Geist-Therapie wurde 1977 von dem amerikanischen Körpertherapeuten Richard R. Pavek entwickelt. Seiner Meinung nach verbleiben unterdrückte Gefühle im Körper und verändern Verhalten und Gesundheit. Liebe und Trauer wirken auf Herz und Brust, Angst und Auftregung auf den Verdauungstrakt, Scham und Unzulänglichkeit auf die Genitalien. Sie liegen bekleidet auf einer Spezialliege; mit den Händen auf Ihrem Körper leitet der Therapeut natürliche „Energiemuster" durch Ihre Gefühlszentren, um unterdrückte Gefühle zu befreien. Meist sind 10 wöchentliche Sitzungen zu 60–90 Minuten notwenig. Behandelt werden u.a. PMS und Eßstörungen. Shen-Therapie ist nur wenigen Ärzten bekannt.

EUTONIE

In den 30er Jahren begann die gebürtige Deutsche Gerda Alexander ihre Studien über natürliche Bewegungen, Haltung und künstlerischen Ausdruck. Daraus entwickelte sich Eutonie, eine Form der Bewegungstherapie, die heute in Kanada und Europa bekannter ist als in den USA und England. Durch Beobachtung und Erkundungen seiner Körperfunktionen erhält der Patient ein klares Selbstbild; manchmal ist Eutonie auch Teil einer Psychotherapie.

Eine Behandlung dauert 60–90 Minuten, die Länge der Therapie ist sehr verschieden. Eutonie soll Störungen der Skelettmuskulatur und psychologische Probleme lindern; Ärzten, denen sie bekannt ist, respektieren sie.

HAKOMI

Die Therapie wurde in den 70er Jahren von dem amerikanischen Psychotherapeuten Ron Kurtz entwickelt und ist heute vor allem in den USA verbreitet. Hakomi ist eine ganzheitliche Behandlung zur Stimulation des Selbstheilungspotentials. Mit Hilfe des Therapeuten übt der Patient „innere Achtsamkeit", um selbstbeschränkendes Verhalten zu erkennen, das sich u.a. in Haltung oder Gesichtsausdruck widerspiegelt.

Mit Hakomi werden vor allem psychosomatische Probleme behandelt; Sitzungen dauern 60–90 Minuten und können sich über Jahre hinziehen. Ärzte halten Hakomi für zu „esoterisch".

VORSICHT!

- **Bei Kopfhautproblemen ist indische Kopfmassage nicht geeignet**
- **Siehe auch Seite 52**

Medizinische Therapien

Chinesische Pflanzenheilkunde

Überall auf der Welt und unabhängig von der Heilmethode nehmen die Menschen Medikamente ein. In jeder Kultur gibt es eigene Traditionen, spezielle Pflanzen, Mineralien oder tierische Substanzen zu Heilmitteln aufzubereiten.

Die alternativen Therapien haben ihre Wurzeln in diesen traditionellen Systemen, in denen die Ursache für eine Krankheit im allgemeinen auf ein Ungleichgewicht innerhalb der betreffenden Person oder auf äußere Faktoren zurückgeführt wird.

Der Mund ist das eigentliche Tor zwischen Außen- und Innenwelt. Der Akt des Hungerns, Essens und das Sattsein danach ebenso wie die Tatsache, daß Nahrung uns einen Großteil der Energie gibt und zu Wachstum und Heilung beiträgt, grenzt manchmal an ein Wunder. Der primitive Wunsch nach Nahrung geht so weit, daß wir Nahrung als Medikament betrachten und Heilmittel schlucken, um uns zu heilen.

Viele medizinische Therapien weltweit gehen von der Theorie aus, daß die inneren Organe eine direkte Wirkung auf die Gesundheit haben. Dies bedeutet,

Pflanzliche Tabletten, Tinktur und Salbe

daß eine Schwäche dieser Organe, eine Überaktivität oder Unkoordination, Krankheiten hervorrufen kann. Es gibt unglaublich viele Behandlungen und Medikamente, die zu dieser großen Therapiegruppe gehören. Diese Behandlungssysteme greifen auf Erfahrungen aus der ganzen Welt zurück, von China bis in den Dschungel von Amazonien. Sie sind Teil eines immensen Wissensvorrats, beginnend bei der traditionellen indischen Ayurvedamedizin bis hin zur letzten biochemischen Untersuchung der Ernährungswissenschaftler in den USA.

Arnika

DIE THERAPIEN

Kristalle

Mischung chinesischer Heilkräuter

NATURHEILKUNDE

BEWERTUNG
FORSCHUNG
FACHURTEIL
THERAPEUT
SELBSTHILFE
VERTRÄGLICHKEIT

DIE NATURHEILKUNDE wurde gegen Ende des 19. Jh. entwickelt und gründet in dem Glauben, daß der Körper die Kraft hat, sich selbst zu heilen. Sie geht aus von einem Gleichgewicht des Körpers, das durch eine ungesunde Lebensführung gestört werden kann. Nicht die Symptome, sondern die Ursachen sollen behandelt werden. Durch eine Kombination von Diät und nicht in den Körper eingreifende Behandlungen wird die Heilung unterstützt. Die Naturheilkunde findet überall im Westen Anwendung, einiges daraus wurde auch von der konventionellen Medizin übernommen.

ANWENDUNG

- Degenerative und Langzeiterkrankungen wie Arthritis & Asthma
- Depressionen
- Müdigkeit, CMS
- Bluthochdruck, Arteriosklerose
- PMS
- Magen-,Darmprobleme (Geschwüre)
- Hautprobleme

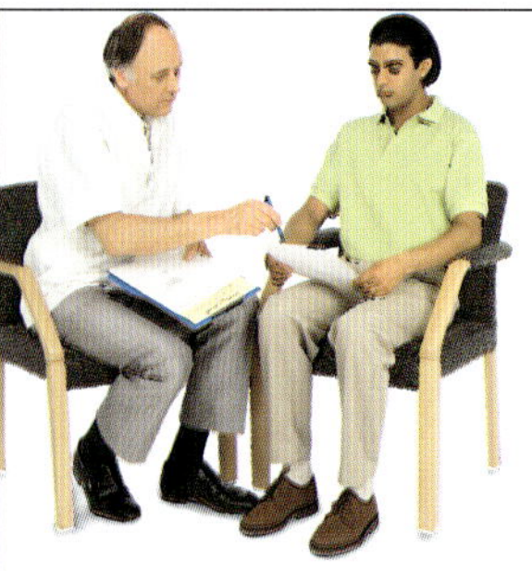

HEILPRAKTIKER *untersuchen die seelischen und körperlichen Beschwerden, bevor sie mit einer Behandlung beginnen, die das Gleichgewicht des Patienten wiederherstellt*

GESCHICHTE

Die Naturheilkunde hat einige Gemeinsamkeiten mit anderen ganzheitlichen Heilweisen wie der Traditionellen Chinesischen Medizin (S. 140) und dem Ayurveda (S. 144), die ebenso davon ausgehen, daß der Körper sich selbst heilen kann. In der Naturheilkunde wird dies „Lebenskraft" genannt. Sehr viele Grundprinzipien finden sich in den Schriften des griechischen Arztes Hippokrates.

Im 5. Jh. v. Chr. schrieb er, daß die Gesundheit erhalten werden kann durch genügend Ruhe, Bewegung und einfache, maßvolle Kost. Die Behandlung sollte natürlich sein, um die Heilkräfte des Körpers anzuregen.

Der Begriff „Naturheilkunde" wurde 1895 von Dr. John Scheel in New York geprägt, die Heilkunde selbst entwickelte sich aber aus den „Heilkuren" des 19. Jahrhunderts in Kurorten in Österreich und Deutschland. Die Heilwirkung von Hydrotherapie (siehe S. 122), Frischluft, Sonne und Körperübungen wurde betont. Weiterhin beeinflußt wurde die Naturheilkunde durch das Werk von Claude Bernard in den 50er Jahren des 19. Jh. Er entwickelte das Konzept „le milieu interieur" (inneres Körpermilieu), dessen Gleichgewicht für ihn ausschlaggebend war für die Gesundheit oder „Homöostase" (siehe gegenüber).

***Hippokrates**, der „Vater der Medizin", schrieb vor 2000 Jahren Gedanken nieder, die zu den Prinzipien der modernen Naturheilkunde wurden*

In den USA wurde die Naturheilkunde durch Benedict Lust, einen Nachfolger des deutschen Pfarrers Sebastian Kneipp eingeführt. Er gründete 1896 die Naturheilkundeschule in New York. 1909 wurde die Naturheilkunde im Bundesstaat Kalifornien zum ersten Mal als Therapie anerkannt. Gegen Ende des 19. Jahrhunderts begann John Kellogg (bekannt für seine Cornflakes), Naturtherapien in seinem Sanatorium in Battle Creek, Michigan, einzusetzen. Von 1918-1919 legte Henry Lindler aus den USA in seiner *Philosophy of Natural Therapeutics* die Prinzipien der Naturheilkunde nieder. Aber die Fortschritte in der Pharmazie und Chirurgie in den 30er Jahren verdrängten die Naturheilkunde in den USA bis in die 60er Jahre.

***Wasserkur** im böhmischen Karlsbad um 1900. Badekurorte mit Hydrotherapie, Frischluft und Körperübungen waren in Europa sehr beliebt*

Naturheilkunde wird inzwischen in vielen Ländern praktiziert. In Deutschland wuchs die Zahl der Heilpraktiker, das sind staatlich lizensierte Naturheilkundler, inzwischen auf mehrere tausend an. Sie können wie in den USA, Kanada, Großbritannnien und den Niederlanden ziemlich unabhängig arbeiten.

GRUNDSÄTZLICHES

In der heutigen Naturheilkunde geht man davon aus, daß der Körper nach Gesundheit oder Homöostase strebt und sich am besten selbst heilt. Verschiedene Faktoren, wie ungesundes Essen, Mangel an Schlaf, Frischluft und Bewegung, jede Art von Streß, Umweltverschmutzung, sogar negative Gedanken, lassen es zu, daß der Körper Abfallprodukte oder „Gifte" ansammelt, die die Selbstregulation stören. Dies wiederum kann das Immunsystem belasten und die Lebenskraft schwächen. Dadurch wird der Körper anfällig für Viren, Bakterien und Allergene. Auch Symptome wie Fieber und Entzündungen sind Zeichen für den Selbstheilungsprozeß des Körpers. Die Unterdrückung

THEORIE DER NATURHEILKUNDE

Die Naturheilkunde nutzt die Heilkräfte von Vollwerternährung, Heilpflanzen, Frischluft und Wasser, um die körpereigene Selbstheilung zu fördern. Die Behandlungen unterstützen das, was die Naturheilkundler das „Dreieck der Gesundheit" nennen: der Bewegungsapparat des Körpers, die innere Biochemie und das emotionale Wohlbefinden (S. 26).

HOMÖOSTASE

Die Naturheilkunde geht davon aus, daß die Selbstheilung von der „Lebenskraft" abhängt, die dem Körper hilft, das Gleichgewicht, die Homöostase, zu erhalten. Eine ungesunde Lebensführung kann die Lebenskraft schwächen.

Ein ausgeglichener Lebensstil unterstützt die Homöostase und stärkt die Selbstheilung des Körpers und das Immunsystem

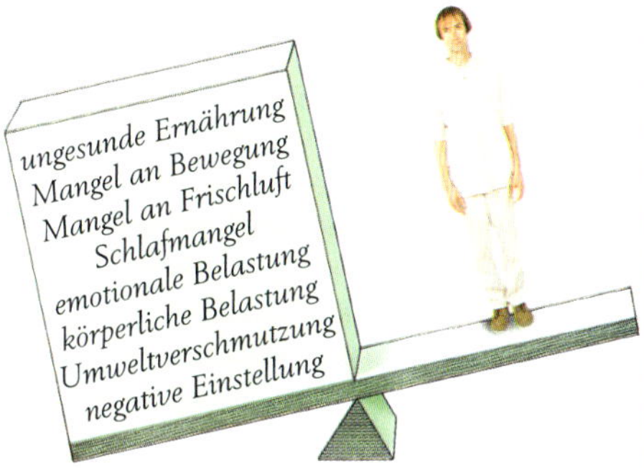

Ein ungesunder Lebensstil kann die körpereigene Selbstregulierung schwächen und dadurch Krankheiten hervorrufen

NATURHEILKUNDLICHE BEHANDLUNG

Die Naturheilkunde wendet mehrere Methoden an, die die Selbstheilung des Körpers unterstützen. Sie verbessern die Verdauung und den Blutkreislauf, unterstützen den Abbau der Abfallprodukte und stärken das Immunsystem.

***Eine gesunde Ernährung** mit frischem unbehandelten Obst und Gemüse ist sehr wichtig (S. 148)*

***Heilkräuter** werden verschrieben, um die natürliche Regeneration des Körpers anzuregen (S. 134)*

***Yogaübungen** und Atemübungen entwickeln körperliche Flexibilität und bringen Entspannung (S. 108)*

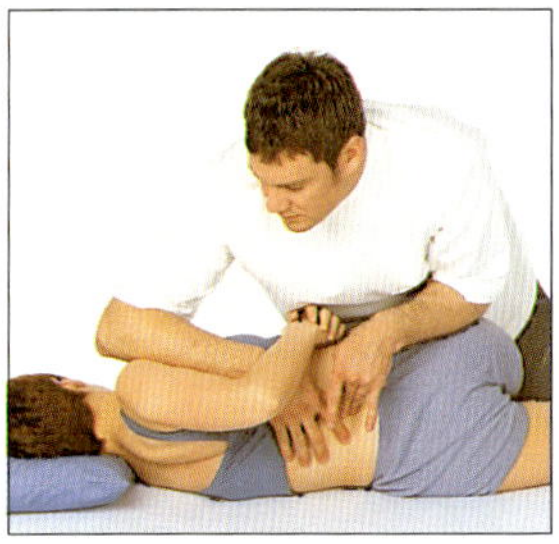

***Osteopathie** ist sehr wichtig für die Gesundheit des Bewegungsapparats und des Wohlbefindens (S. 70)*

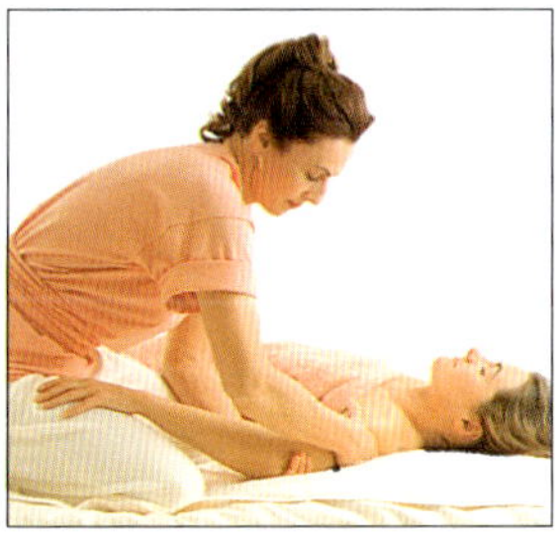

***Massagen** werden oft verschrieben. Sie lockern Muskeln und fördern den Kreislauf (S. 56)*

***Hydrotherapie** ist eine traditionelle Behandlung, die den Kreislauf anregt und die Lebenskraft stärkt (S. 122)*

dieser Symptome ist nicht ratsam, da sich die Störungen nach innen verlagern, wo sie chronisch werden können. Die Symptome werden nicht direkt behandelt, vielmehr werden gesundheitsfördernde Maßnahmen durchgeführt, die die Abwehrkräfte des Patienten stärken.

Die Behandlungen der Naturheilkunde greifen so wenig wie möglich in den Körper ein. Einige Heilpraktiker haben sich auf eine einzelne Methode spezialisiert, andere wiederum bieten mehrere Heiltechniken an. Die wichtigsten Behandlungen sind: Heilkost und Fasten, Hydrotherapie, Physiotherapie, Osteopathie und Chiropraxis, Massage sowie Gesprächstherapie und Änderungen in der Lebensführung, Heilkräuter, Homöopathie, Chinesische Medizin, Lichttherapie, manuelle Therapien wie Massage, Akupressur, Shiatsu und Reflexologie sowie Yoga.

NACHWEIS & FORSCHUNG

Die Wirksamkeit der Vollwerternährung und anderer Therapien wie regelmäßige Bewegung, Entspannung und Massage zur Streßminderung, wurde von der Forschung bestätigt.

1991 wurde in einer Studie über Ohrinfektionen der amerikanischen Vereinigung für naturheilkundliche Ärzte festgestellt, daß die Naturheilkunde eine wirksame Alternative zu Antibiotika und Operationen bietet. In einem Forschungsprojekt zur Behandlung von Aids der Bastyr Universitätsklinik in Seattle, USA, wurden 16 HIV-positive Patienten ein Jahr lang mit Mitteln der Naturheilkunde behandelt, wie Vitaminzugaben, Hydrotherapie und Heilpflanzen. Das Versuchsergebnis zeigte bei 12 der 16 Patienten Wohlbefinden, und bei keinem waren Aidssymptome ausgebrochen.

FACHURTEIL

Viele der naturheilkundlichen Ideen, wie die Betonung einer Ernährung, die salz- und fettarm, aber reich an Ballaststoffen und Antioxidantien sein soll, werden inzwischen in der konventionellen Medizin angewendet. Streßmanagement und Körperübungen waren während des gesamten 20. Jh. Bestandteil der Naturheilkunde und werden inzwischen von allen Ärzten als sehr wichtig für die Gesundheit angesehen.

KONSULTATION EINES THERAPEUTEN

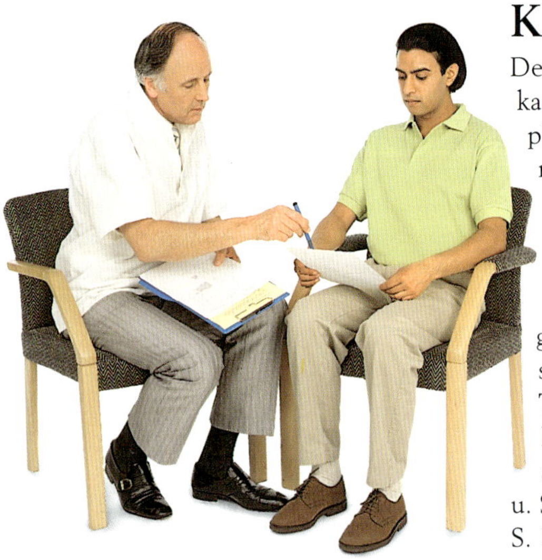

Durch genaue Fragen *nach Ihrer Lebensweise und Ihrer Krankengeschichte versucht der Therapeut die Ursachen der Krankheit herauszufinden*

Der erste Besuch beim Naturheilkundler kann lange dauern, da er sich ein komplettes Bild des physischen und emotionalen Zustandes verschaffen möchte.

Meist wird eine Routineuntersuchung einschließlich Überprüfung von Blutdruck, Lunge, Herz, Reflexen und Wirbelsäule gemacht. Eventuell arrangiert er auch noch eine Röntgenuntersuchung, Blut-, Urin- und andere Tests. Außerdem sind Irisdiagnose (siehe S. 195), Überprüfung der Konsistenz des Schweißes, der Haare (unten u. S. 194) und der Muskelfunktion (siehe S. 196) möglich. Die Behandlung kann in zwei Kategorien aufgeteilt werden:

Katabolisch (reinigend): Diese Behandlung wird angewendet bei Ansammlungen von Abfallprodukten, evtl. wird zur Entgiftung gefastet.

Anabolisch (stärkend): Die Behandlung stärkt eine schwache Konstitution durch Veränderung und Anreicherung der Ernährung.

Der Therapeut kann auch Rat geben in Bezug auf Atmung, Körperübungen und Entspannung. Einige Naturheilkundler sind gesprächtherapeutisch ausgebildet und bieten z. B. Hypnose (siehe S. 166) an. Die Beratung ist individuell; wichtig für die Genesung ist die Mitarbeit und die positive Haltung des Patienten. Die Gesundheit sollte sich sofort verbessern, eventuell nach einem kurzen Rückfall, bekannt als Heilungskrise, wenn die Entgiftung zu wirken beginnt.

STANDARDTESTS

Verschiedene Tests geben ein genaues Bild von der Gesundheit des Patienten.

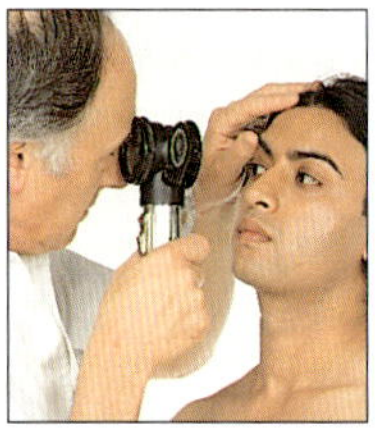

Die Irisdiagnose *zeigt den Zustand der Organe*

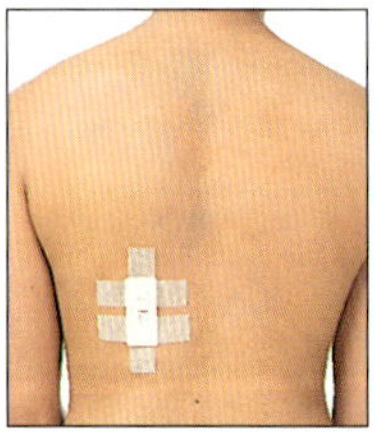

Ein Schweißpflaster *zeigt Mineralienmangel an*

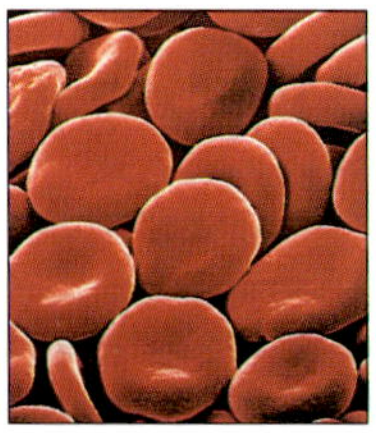

Ein Bluttest *deckt Anämie und Nahrungsallergien auf*

UNTERSUCHUNG VON HERZ UND LUNGE

Der Heilpraktiker überprüft mit einem Stethoskop die Funktion des Herzens und der Lungen. Diese wichtige Methode kann mehrere Störungen aufdecken, die von Asthma über ein Emphysem bis zu Herzbeschwerden reichen können

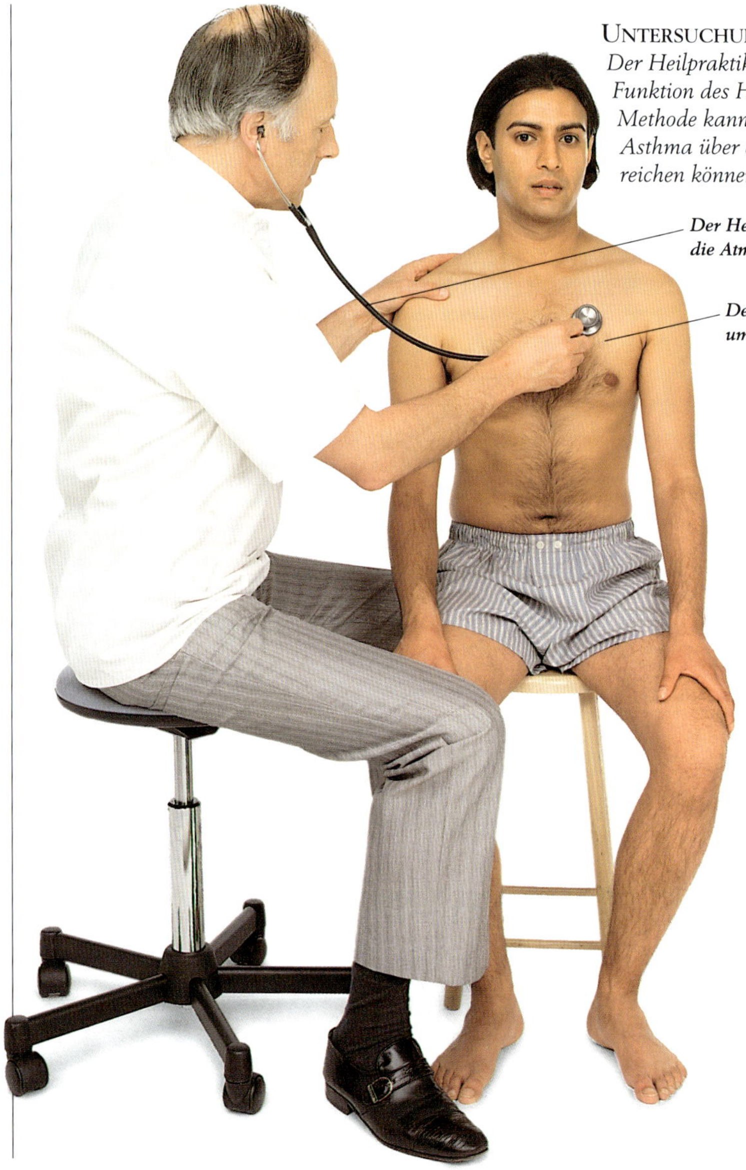

IHRE FRAGEN

Wie lange dauert eine Sitzung?
Die Erstuntersuchung dauert etwa eine Stunde, die nächsten 20–40 Minuten.

Wie oft muß ich hingehen?
Je nach Zustand sind es 4–30 Sitzungen – einmal in der Woche. Ein qualifizierter Heilpraktiker wird Sie zu Ihrem Arzt schicken, wenn er meint, daß eine Operation oder eine andere Behandlung notwendig ist.

Wird es unangenehm sein?
Sie werden vielleicht gebeten, Ihr Lieblingsessen einzuschränken.

Gibt es Nachwirkungen?
Da der Körper versucht, die Gifte zu entfernen, können zu Beginn Verschlimmerungen auftreten.

VORSICHT!

- Fasten Sie oder folgen Sie einer strengen Diät nur unter Aufsicht eines Heilpraktikers
- Siehe auch Seite 52

SINUSITISBEHANDLUNG

Sinusitis ist eine Infektion der Schleimhäute in den luftgefüllten Nasennebenhöhlen (Sinus), die pochende Schmerzen und Fieber hervorruft. Die naturheilkundliche Behandlung wird sich nach den individuellen Bedürfnissen des Patienten richten und entweder katabolisch oder anabolisch ausgerichtet sein.

Der Heilpraktiker fragt erst nach der Lebensweise des Patienten und der Krankengeschichte. Wenn die Sinusitis durch Gifte im Körper oder in der Umwelt hervorgerufen wurde, kann eine katabolische Behandlung wie zum Beispiel Fasten empfohlen werden.

Wenn der Gesundheitszustand des Patienten allgemein schlecht ist und die Selbstheilungskräfte des Körpers nicht ausreichen, um eine Infektion abzuwehren, wird das anabolische Prinzip angewendet, und dem Patient wird eine Vollwertkost und Nahrungsanreicherung verschrieben.

Pumpen der Lymphe: *Der Heilpraktiker massiert sachte im Bereich der Lymphdrüsen und regt sie so zur Ausscheidung der Gifte an. Leichte Vibrationen an den Rippen „befreien“ die Brust und helfen dem Patienten tiefer zu atmen*

BLICK VON OBEN

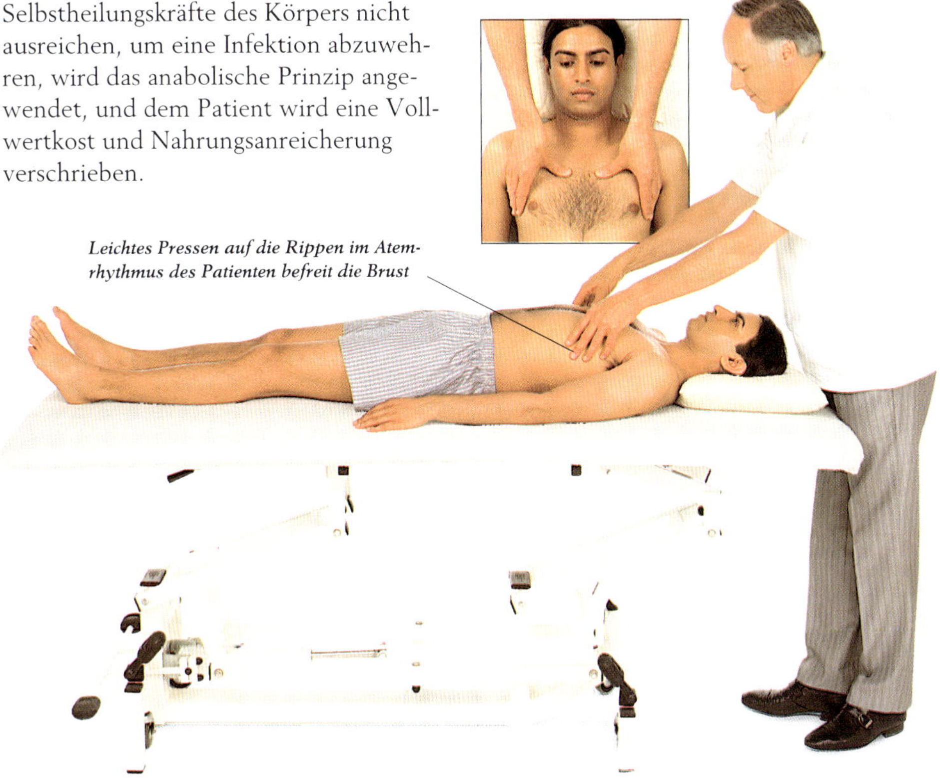

Leichtes Pressen auf die Rippen im Atemrhythmus des Patienten befreit die Brust

Patientenerfahrung

Joan, 31 Jahre alt, Geschäftsführerin, litt unter einer „Schwäche“ und extremer Müdigkeit. „Die Heilpraktikerin diagnostizierte das Chronische Müdigkeitssyndrom und verordnete mir eine Diät mit Früchten, Gemüsesäften und Wasser. Außerdem verschrieb sie Echinacea und andere Zusätze, um mein Immunsystem zu stärken. Sie forderte mich auf, meine Lebensweise zu ändern. Ich war jeden Tag durch einen Tunnel voller Abgase gefahren, ab sofort fuhr ich mit dem Zug zur Arbeit. Nach 18 Monaten Krankheit verbesserte sich mein Zustand innerhalb von drei Wochen.“

SELBSTHILFE

Die Ernährung ist eines der Fundamente der Naturheilkunde. Oft wird eine Saftkur oder Diät verschrieben. Der Heilpraktiker verordnet eventuell Nahrungszusätze, um die Nahrungsumstellung zu ergänzen, möglicherweise auch Hydrotherapie oder Eigenmassage. Die Richtlinien für eine gesundere Lebensweise:

Mineralwasser: 2–8 Gläser am Tag helfen dem Körper, Abfallprodukte auszuwaschen.

Nahrungsergänzung: Es gibt keinen Ersatz für gesunde Nahrung. Allerdings können Vitamin B-, -E und -C- Präparate in Streßzeiten oder während eines Aufenthaltes in einer verschmutzten Gegend helfen.

Atmung: Atmen Sie zweimal am Tag zwei Minuten bis in die Lungenspitzen.

Bürstenmassage: Das Bürsten mit einer Spezialbürste vor dem Baden hilft, Abfallprodukte abzubauen, und verbessert den Kreislauf.

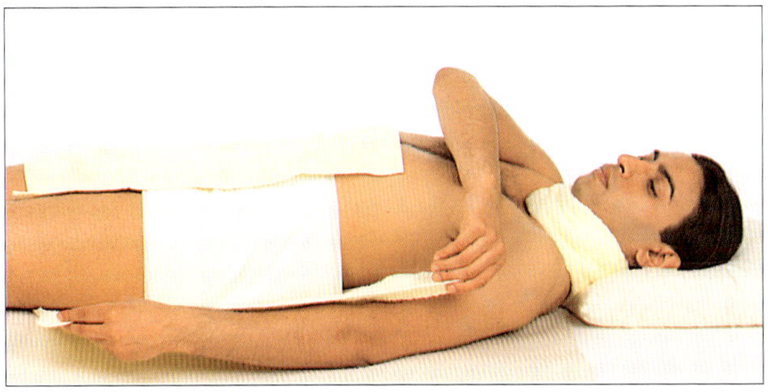

Kalte Kompressen: *In kaltes Wasser getauchte Baumwolltücher können ein paar Stunden auf dem Körper bleiben, um Schwitzen und Entgiftung anzukurbeln (siehe S. 122). Bei Sinusitis eine Kompresse um den Hals und eine um den Bauch legen. Beide mit einem Handtuch oder mit einer Wolldecke bedecken*

Nahrungszusätze: *Zusätzliche Vitamine oder Mineralien können bei Streß das Verdauungssystem stärken und den Abbau von Abfallprodukten unterstützen*

Frischer Saft: *Frischgepreßter Saft ist reich an Vitamin C und Kalium. Bei Sinusitis hilft eine Kombination von Apfel, Karotte, Orange und Grapefruit. Eine dreitägige Saftkur unter Vermeidung schleimproduzierender Nahrungsmittel wie Milchprodukte, Salz und Zucker kann die Engiftung des Körpers vorantreiben*

HYDROTHERAPIE

BEWERTUNG

- FORSCHUNG
- FACHURTEIL
- THERAPEUT
- SELBSTHILFE
- VERTRÄGLICHKEIT

DIE ALTEN GRIECHEN glaubten, daß Wasser die Lebensessenz und das Geheimnis der Gesundheit enthalte. In der Hydrotherapie wird Wasser äußerlich und innerlich in allen Formen angewendet (heiß, kalt, als Flüssigkeit, Dampf oder Eis) zur Reinigung, Belebung und Heilung. Traditionell bestand die Hydrotherapie aus Sauna, Bädern und Kompressen, inzwischen wurden Whirlpool und Wasserdüsen integriert. Bis Anfang des 20. Jahrhunderts war die Hydrotherapie auch ein Bestandteil der konventionellen Medizin. Seit kurzem erlebt sie eine neue Blüte. (siehe S. 118).

ANWENDUNG

- Muskel- und Gelenkschmerzen, Verrenkungen, Verstauchungen
- Kreislaufprobleme
- Asthma, Bronchitis
- Blasenentzündung
- Regelschmerzen
- Fieber
- Ängste, Streß
- Kopfschmerzen
- Müdigkeit

GESCHICHTE

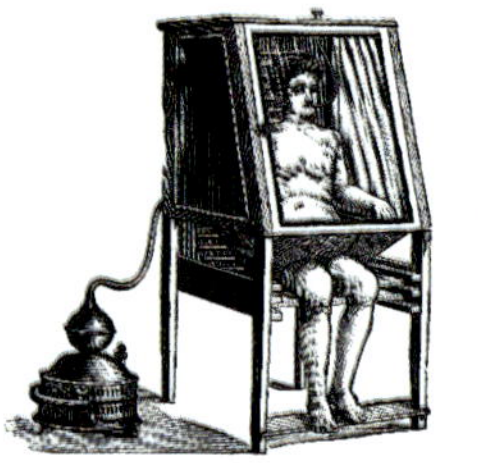

***Dampfbäder** waren im 19. Jh. sehr beliebt und sind es noch heute. Wenn der Körper schwitzt, werden die Giftstoffe durch die Hautporen ausgeschieden*

Die therapeutischen Fähigkeiten des Wassers wurden seit jeher in vielen Völkern, von China bis Amerika, sehr hoch geschätzt. Im antiken Griechenland wurden die Tempel des Äskulap, des Gottes der Medizin, in der Nähe von heißen Quellen erbaut. In Neuseeland werden heiße Quellen seit Jahrhunderten für die Gesundheit genutzt.

Eine römische Stadt galt erst als vollständig mit Bädern, in denen die Bürger heiße, lauwarme und kalte Waschungen genießen konnten. In vielen Städten, wie z. B. Baden-Baden in Deutschland, Spa in Belgien und Bath in Großbritannien, wird bis heute Wasser aus natürlichen Quellen verabreicht. Die Therapie wurde wahrscheinlich erstmals ernsthaft von Vinzenz Prießnitz angewendet, der im frühen 19. Jh. einen Kurort in Gräfenberg, Österreich, gründete.

Der eigentliche Pionier der Hydrotherapie war jedoch Sebastian Kneipp, ein bayrischer Mönch im 19. Jh., der erklärte, Wasser habe eine Heilwirkung, da es die Ausscheidung von Giftstoffen aus dem Körper unterstütze. Seinen Patienten wurden kalte und warme Bäder und Kompressen, Fußbäder, Sitzbäder, Dampfbäder, Duschen und Wickel verabreicht – Techniken, die auch heute noch angewendet werden.

GRUNDSÄTZLICHES

Wasser hat eine bemerkenswerte Fähigkeit, den Blutfluß zu verändern, was durch unterschiedliche Temperaturen gelenkt werden kann. Kaltes Wasser regt an, die Blutgefäße an der Hautoberfläche ziehen sich zusammen, engen so den Blutfluß ein und verhindern die biochemischen Reaktionen, die Entzündungen hervorrufen. Das Blut wird zu den inneren Organen geleitet und regt deren Funktion an. Heißes Wasser wirkt sehr entspannend. Es weitet die Blutgefäße, der Blutdruck wird gesenkt, es fließt weniger Blut in die Haut und Muskeln und lindert das Gefühl von Steifheit. Der verbesserte Kreislauf stärkt das Immunsystem, hilft Abfallprodukte abzubauen und leitet mehr Sauerstoff und Nährstoffe in die Gewebe.

In manchen Therapien wird heißes und kaltes Wasser abwechselnd angewendet. Dadurch wird das Hormonsystem angeregt, Kreislaufstörungen durch Muskelkrämpfe und Entzündungen werden gelindert. Das Schweben im warmen Wasser, frei von Schwerkraft, kann auch geistig sehr guttun (siehe S. 177).

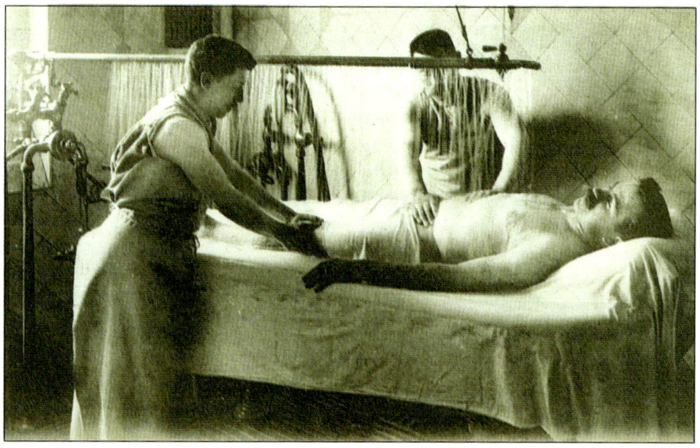

***Badekuren** zum Zeitvertreib und als Heilmethode gibt es seit den Zeiten der Römer. Dieses Foto aus Vichy in Frankreich stammt aus dem 19. Jh. Ein Patient wird massiert und gleichzeitig mit Mineralwasser behandelt*

NACHWEIS & FORSCHUNG

In einer europäischen Studie fand man 1995 heraus, daß die Unterwassermassage mit Düsen die Leistungen von Athleten verbesserte. Ein Versuch in den USA 1991 zeigte, daß Hydrotherapie bei Krampfadern hilft; zwei weitere Studien in Israel stellten fest, daß Schlamm- und Mineralbäder bei rheumatischer Arthritis helfen. 1986 ergab eine Untersuchung, daß Sitzbäder Risse im Analbereich heilen.

FACHURTEIL

Die Wirkung von Wasser als Träger von Hitze und Kälte ist offensichtlich. In letzter Zeit hat die konventionelle Medizin Interesse gezeigt an der Wirkung der Wassertemperaturen auf das Körpergewebe. Die Hydrotherapie steht beispielhaft für Therapien, die der konventionellen Medizin sehr nahe sind.

KONSULTATION EINES THERAPEUTEN

Die Hydrotherapie wird meist in Gesundheitsfarmen und in Badekurorten angeboten. Sie finden unter anderem:
Hochdruckdüsen: Warmes oder kaltes Wasser wird für 2–3 Minuten auf Ihren Rücken gerichtet, während Sie sich an der Wand festhalten. Die Düsen regen den Kreislauf und die inneren Organe an und helfen bei Amenorrhoe, Anämie, Angina, Arthritis und Asthma.
Whirlpoolbäder: Man badet für 15 Minuten in sprudelndem Wasser; hilft bei Entzündungen, infizierten Wunden, Schwellungen und Kreislaufproblemen.
Sitzbäder (s. u.) helfen bei Hämorrhoiden, Menstruationsproblemen, Blasenentzündung, Harninkontinenz und Bandscheibenvorfall.
Heiße oder warme Bäder: Ein 20–30minütiges Bad in heißem Wasser (ca. 38° C) hilft bei Arthritis. Heilkräuter, Öle (S. 65) oder Mineralien können zugefügt werden. Epsomsalz hilft bei geschwollenen Gelenken und und entspannt die Muskeln, gemahlenes Hafermehl oder Kleie macht die Haut weich, und Mineralschlamm und Extrakte wie Salz aus dem toten Meer ernähren die Haut.

Meereswasser („Thalassotherapie"): Das Meerwasser soll heilende Qualitäten besitzen, die Mineralien in Seealgen fördern die Schweißproduktion und Entspannung, reinigen und straffen die Haut. Es können Meereswasserdüsen, Algenwickel oder Bäder mit Meerwasser oder Algen (Kelpbad) angewendet werden.
Wickel (rechts): Kalte, nasse Flanelltücher werden um den Körper gewickelt, dann mit trockenen Handtüchern und zuletzt mit Decken zugedeckt. Nach dem ersten Schock erwärmt sich der Körper sehr schnell und trocknet die Tücher. Die Wickel fördern die Schweißproduktion; Abfallstoffe werden abgebaut. Einsetzbar bei Fieber, Erkältung, Bronchitis, Rükkenschmerzen und Hautproblemen.

Kompressen: Handtücher werden in kaltes oder heißes Wasser getaucht, ausgewrungen und auf die betroffenen Körperpartien gelegt. Heiße Kompressen fördern den Blutfluß und das Schwitzen und helfen bei steifen Muskeln. Kalte helfen bei Entzündungen.
Türkische Bäder, Dampfbäder: In einem heißen, dampfgefüllten Raum hält man sich 20 Minuten auf, in einem Dampfkasten bis zu 1 Std. Diese Bäder fördern das Schwitzen und bauen Hautunreinheiten ab.
Sauna (rechts): Im Prinzip wie ein türkisches Bad, allerdings mit trockener Hitze.

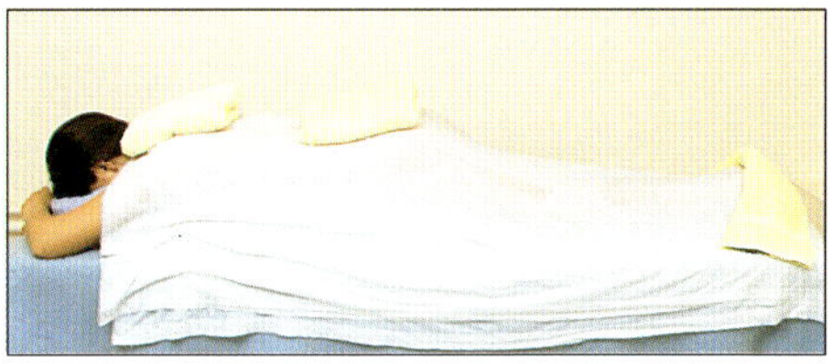

Wickel: *Ein kaltes Flanelltuch wird um den Körper gewickelt, obenauf kommen heiße oder kalte in Tücher eingewickelte Packungen. Danach wird der Patient für 30 Minuten in eine warme Decke gepackt. Dieser Wickel regt den Kreislauf an und stärkt das Immunsystem bei Viruserkrankungen und Langzeitmüdigkeit*

Sauna: *Eine heiße, trockene Umgebung (über 38° C) fördert die Schweißproduktion und dadurch den Abbau von Abfallprodukten. Alle 5–10 Minuten und am Ende sollte man in ein kaltes Becken tauchen oder kalt duschen*

VORSICHT!

- Vermeiden Sie heiße Bäder, Dampfbäder und Saunas bei Bluthochdruck, Angina oder Herzbeschwerden
- Vermeiden Sie Dampfbäder oder Sitzbäder während der ersten drei Schwangerschaftsmonate, danach höchstens 10 Minuten Dampfbehandlung
- Vermeiden Sie heißen Dampf nach einer Operation, bei Epilepsie, Asthma oder bei Thrombosen
- Verzichten Sie auf Algen, wenn Sie allergisch auf Jod reagieren. Kein Algenbad bei Wunden
- Siehe auch Seite 52

Sitzbäder: *Zwei Sitzbecken werden aneinander geschoben; eines mit heißem, das andere mit kaltem Wasser. Der Patient sitzt abwechselnd 3 Minuten im heißen, 1 Minute im kalten Wasser, die Füße im anderen Becken*

SELBSTHILFE

Eine heiße Kompresse hilft bei Rückenschmerzen und Verspannungen. Ein kleines Handtuch wird in sehr heißem Wasser ausgewrungen, gefaltet und auf die schmerzende Stelle gelegt. Kalte Kompressen helfen bei Verstauchungen und geschwollenen Gelenken. Nehmen Sie sehr kaltes Wasser, und lassen Sie es mehrere Stunden wirken.

Ein Eiswickel mindert Schwellungen und Schmerzen bei Notfällen. Um Erfrierungen zu vermeiden, sollte vorher ein Tuch auf die Haut gelegt werden. Das Eis (oder auch gefrorene Erbsen) wird in einem Tuch 10 Minuten auf die schmerzende Stelle gelegt.

ANTHROPOSOPHISCHE MEDIZIN

BEWERTUNG

- FORSCHUNG
- FACHURTEIL
- THERAPEUT
- SELBSTHILFE
- VERTRÄGLICHKEIT

DIE ANTHROPOSOPHIE wurde von dem Österreicher Rudolf Steiner im 19. Jh. gegründet als Antwort auf die zeitgenössische, wissenschaftliche Sicht des Körpers als eine rein physische Einheit. Steiner ging davon aus, daß die gesamte Natur von einem kosmischen Rhythmus gelenkt wird und daß jedes menschliche Wesen ein Individuum mit eigener Bedeutung und eigenem Ziel ist und daß der Verlust dieses Gefühls zu einer Verschlechterung des Wohlbefindens führe. Aus diesem ganzheitlichen Ansatz heraus entwickelte er die anthroposophische Medizin.

ANWENDUNG

- Ängste, Depression
- Müdigkeit, CMS
- Krebs
- Probleme mit dem Bewegungsapparat
- Kinderkrankheiten
- Heuschnupfen, Asthma
- Therapeuten sind Mediziner und können alles behandeln

GESCHICHTE

***Rudolf Steiner**, der Vater der Anthroposophie, war Wissenschaftler und Philosoph. Zu seinem Werk gehörten neben Medizin auch Erziehung, Kunst, Theater, Bewegung, Landwirtschaft und Architektur*

Die Philosophie Steiners leitet sich her aus dem griechischen anthropos (Mensch) und sophia (Weisheit). Steiner betrachtete die Medizin aus einer ganzheitlichen Sicht heraus und verlangte die „Wahrnehmung der Menschlichkeit". Zusammen mit Dr. Ita Wegman, einer niederländischen Ärztin, integrierte er seine Ideen in die Medizin. 1913 errichtete er seinen Sitz in Durlach in der Schweiz. In Europa wird in mindestens zehn Krankenhäusern und von einigen hundert Ärzten die anthroposophische Medizin praktiziert, vor allem in Deutschland, der Schweiz und den Niederlanden.

GRUNDSÄTZLICHES

Steiner ging von christlichen Prinzipien aus, obwohl er zu Beginn mit der Theosophischen Gesellschaft zusammenarbeitete, einer religiösen Bewegung unter dem Einfluß hinduistischer und buddhistischer Traditionen gegen Ende des 19. Jh.

Steiners Theorie, daß die Gesundheit das Ergebnis des Karma oder der „Last" aus vergangenen Leben sei, leitet sich ab aus dem theosophischen Glauben an die Wiedergeburt. Steiner lehrte, daß eine Krankheit die Möglichkeit biete, das Gleichgewicht im Leben des Patienten wiederherzustellen und es vollkommener zu machen. Die anthroposophische Medizin und Steiners therapeutische Techniken sollen den Reinigungsprozeß von innen anregen.

Steiner ging davon aus, daß die Menschen, Tiere und Pflanzen außer dem physischen Körper noch einen ätherischen Körper haben, der die physische Form beeinflußt und der Ursprung des Lebens ist. Menschen und Tiere hätten zudem einen „astralen" Körper, der über Sinne, Impulse und Emotionen herrsche; der Mensch allein habe noch eine vierte Komponente, das „Ego", das Bewußtsein des Selbst. Der Patient wird als Individuum gesehen, in dem sich alle diese vier Körper gegenseitig beeinflussen, d. h. die Krankheit in einem Körper alle anderen Körper beeinträchtigt.

Die Krankheit selbst wird bestimmt durch das Prinzip der Polarität. Der Körper besteht aus zwei „Polen" und einem System, das sie verbindet und harmonisiert. Der obere „zephalische" oder „Kopfpol" besteht aus Gehirn, Nerven und Sinnen und gehört zur Wahrnehmung und zum Denken. Eine Überaktivität dieses Pols führt zu degenerativen Zuständen, die leicht im Alter vorkommen wie Tumoren oder Polyarthritis. Zum unteren „metabolischen" Pol gehören der Stoffwechsel, die Bewegung und die Körperglieder, er ist verbunden mit Handlung und Willen. Zu viel Aktivität in diesem Pol kann zu Entzündungen führen wie Lungenentzündung oder andere Fiebererkrankungen, die in der Kindheit oft auf-

***Eurythmie** ist eine Bewegungstherapie, die von Steiner zu Beginn des 20. Jh. entwickelt wurde. Sie verbindet das Ego mit dem physischen Körper. Die eurythmischen Bewegungen sollen Töne symbolisieren, Sprache und Musik „sichtbar" machen durch Gesten, Formen und Farben*

***Vollkommene Gesundheit** beruht laut Steiner auf einer Harmonie von physischem, ätherischem, astralem Körper und dem Ego*

treten. Die Verbindung dieser zwei Pole ist das „rhythmische" System des Körpers, bestehend aus Herz, Lunge, Atmung und Blutkreislauf und steht in Verbindung mit dem Geist und den Gefühlen. Die Therapeuten wenden anthroposophische Techniken an (siehe rechts), um diese Komponenten zu einem harmonischen Ganzen zu verbinden.

Mistelzweig

Die anthroposophischen Medikamente werden aus Pflanzen, Tieren und mineralischen Substanzen hergestellt, wie z. B. die Mistelpflanze, deren Extrakt, Iscador, bei Krebs gespritzt wird. Die Medikamente werden in homöophatischer Methode potentialisiert (siehe S. 126). Die Pflanzen selbst werden „biodynamisch" angepflanzt, um den kosmischen Einfluß zu gewährleisten. Steiner ging davon aus, daß die Jahreszeiten und die Stellung der Sonne, des Mondes und der Erde die gesamte Natur beeinflussen, einschließlich Landwirtschaft und der Medikamentenzubereitung.

NACHWEIS & FORSCHUNG

Die anthroposophischen Medikamente wurden in sehr vielen Studien überall in Europa untersucht. Im Falle von Iscador fand man z. B. heraus, daß es das ganze Immunsystem stimuliert, die Produktion der weißen Blutkörperchen und der Antikörper steigert und eine milde Wirkung bei Krebs hat. Eine nicht bestätigte Untersuchung des Royal London Homeopathic Hospitals hat 1995 herausgefunden, daß ein Kombinationsmittel gegen Krebs, das Iscador enthält, die Lebensqualität der Patienten erhöht.

FACHURTEIL

Viele Ärzte wissen sehr wenig über das Konzept von Steiner, aber die, die es studiert haben, achten seine Ideen über die Beziehung zwischen Geist und Körper (er korrespondierte mit Jung) und seine psychologischen und pädagogischen Theorien (er kannte Montessori). Einige Ärzte empfehlen anthroposophische Ärzte, aber meist müssen sich die Patienten selbst darum kümmen. Vielen Ärzten fällt es schwer, Steiners Konzept des Karma und seine Nähe zur homöopathischen Medizin zu akzeptieren.

KONSULTATION EINES THERAPEUTEN

Ein anthroposophischer Arzt läßt sich bei der Erstvisite meistens mehr Zeit als ein konventioneller Arzt (oft bis zu einer Stunde). Er fragt nach der Ernährung, der Lebensweise, der Konstitution und legt besonderen Wert auf den Körperrhythmus. Er fragt zum Beispiel nach regelmäßigen Schlaf- und Essenszeiten. Frauen fragt er, ob ihre Menstruationsperiode regelmäßig ist. Er wird für die Diagnose vielleicht auch Standarduntersuchungen durchführen und eine Behandlung verschreiben, die die Pole ausbalanciert und die Körpersysteme reguliert. Meist werden anthroposophische Medikamente verschrieben, wenn nötig in Verbindung mit herkömmlichen. Die Therapeuten sind ausgebildete Mediziner und können die gesamte moderne Technologie und Pharmazie ausnutzen. Steiner wollte die existierende Medizin vervollständigen und weiterentwickeln, nicht unbedingt ein alternatives System aufbauen. Die praktizierenden Ärzte vesprechen sich von diesem ganzheitlichen Ansatz ein vollständigeres Bild über Krankheit und Therapie.

Malen: *Farben haben einen Einfluß auf den Astralkörper oder die inneren Gefühle und indirekt auf die Gesundheit*

Eine umfassende Behandlung schließt meist eine Kunsttherapie mit ein (unten und S. 182), um die emotionale Verfassung zu harmonisieren, sowie Gesprächstherapie (siehe S. 163), um herauszufinden, inwieweit die Krankheit helfen kann, das Ego oder individuelle Selbst zu entwickeln. Auch Massage, Hydrotherapie (siehe S. 122) und Eurythmie (siehe gegenüber) können bei Langzeitproblemen angewendet werden.

Die anthroposophische Medizin ist ein ganzheitliches System; sie will das spirituelle und physische Selbst in Harmonie bringen. Man sagt deshalb, daß diese Medizin oft hilft, wenn die konventionelle Medizin versagt. Steiner glaubte, daß eine Therapie, die in der Gegenwart nicht hilft, trotzdem nutzbringend sein kann in einem späteren Leben.

Modellieren: *Das Arbeiten mit Ton kann das Selbstvertrauen stärken und der Patientin ein Gefühl für ihren Körper geben. Das Ziel ist, das Ego oder individuelle Selbst stärker mit dem physischen Körper zu verbinden*

VORSICHT!

- Siehe Seite 52

HOMÖOPATHIE

BEWERTUNG

FORSCHUNG	
FACHURTEIL	
THERAPEUT	
SELBSTHILFE	
VERTRÄGLICHKEIT	

DIE HOMÖOPATHIE entstand im 18. Jh. in Deutschland und basiert auf dem Grundsatz „Ähnliches heilt Ähnliches". Ein Stoff, der Krankheitssymptome bei einem Gesunden hervorruft, kann die gleichen Symptome bei einem Kranken heilen. Die Substanzen werden mehrere Male verdünnt, damit das Heilmittel sicher angewendet werden kann. Man geht davon aus, daß genügend „Gleichheit" bestehen bleibt, um die Selbstheilungskräfte des Körpers zu stimulieren. Die Homöopathie ist eine der bekanntesten alternativen Therapien. Sie ist sehr verbreitet in Europa, Australien und Indien.

ANWENDUNG

- Langzeiterkrankungen und Rückfälle
- Asthma, Allergien
- Ängste, Angespanntheit und Schock
- Ekzeme
- Menstruation und Wechseljahre
- Schwangerschaftsprobleme

DIE HOMÖOPATHIE *wendet über 2000 Heilmittel nach Charakteristik und Krankheitssymptomen der Patienten an*

GESCHICHTE

Das Prinzip „Ähnliches heilt Ähnliches" wird schon in den Schriften von Hippokrates, dem „Vater der Medizin", im 5. Jh. v. Chr. aufgeführt. Seit dieser Zeit fand es immer wieder Anwendung in der Volksmedizin, z. B. in der Behandlung von Frostbeulen mit Schnee.

Der deutsche Arzt Samuel Hahnemann entdeckte es wieder im 18. Jh. Er lehnte die starken Medikamente, die Blutegel, die gewaltsamen Abführmittel und andere Methoden der damaligen Zeit ab und entwickelte die Homöopathie, die sich aus den griechischen Worten homoios (gleich) und pathos (leiden) ableitet. Sein Ausgangspunkt war die damalige Anwendung von Chinin zur Bekämpfung der Malaria angeblich wegen seiner bitteren Qualitäten. Er machte sich selbst zum Versuchskaninchen, nahm regelmäßig Chinin ein und entwickelte malariaähnliche Symptome. Er schloß daraus, daß die Wirksamkeit des Chinin auf seine Ähnlichkeit mit Malaria zurückzuführen sei. Er überzeugte gesunde Personen, Substanzen wie Arsen oder Belladonna zu „testen", und begann, diese Heilmittel bei der Behandlung von Krankheiten mit ähnlichen Symptomen einzusetzen.

Hahnemanns Ideen verbreiteten sich schnell in Europa, Asien und Amerika. Gegen 1820 erweiterten zwei amerikanische Ärzte seine Theorien: Dr. Constantine Hering entwickelte die „Heilungsgesetze" (siehe rechts), die erklären, wie die Krankheiten in der Homöopathie geheilt werden. Dr. James Tyler Kent entwarf das Konzept der konstitutionellen Typen (siehe S. 129). Das amerikanische Institut der Homöopathie wurde 1844 gegründet, konnte aber nicht mit der „rationalen" modernen Medizin konkurrieren; gegen 1930 war die Homöopathie in den USA fast verschwunden.

***Samuel Hahnemann,** ein deutscher Arzt, lehnte die harten Methoden seiner Kollegen ab und veröffentlichte 1810 die Theorie der Homöopathie im „Organon der Heilkunst"*

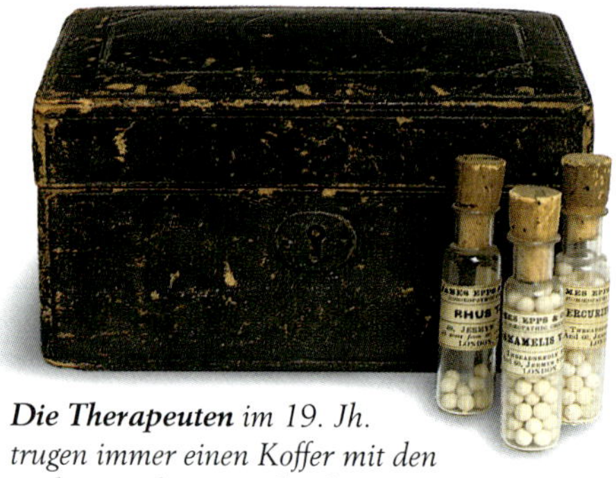

***Die Therapeuten** im 19. Jh. trugen immer einen Koffer mit den wichtigsten homöopathischen Mitteln mit sich*

GRUNDSÄTZLICHES

In der Medizin des 17. Jh. stand die Theorie einer „Lebenskraft", die den Körper reguliert, im Vordergrund. Krankheitssymptome wie Fieber oder Entzündungen waren Zeichen dafür, daß die Lebenskraft gegen eine Infektion ankämpft. Moderne Homöopathen wählen die Heilmittel immer noch nach dem „Gesetz der Ähnlichkeit" (s. gegenüber) aus, um diese Lebenskraft zu stärken.

Die Patienten werden nach konstitutionellen Typen eingeordnet, die Symptome werden gruppiert, unübliche sind wichtiger als allgemeine. Die Behandlung läuft nach den drei Grundregeln der Heilung ab: Die Symptome sinken im Körper von oben nach unten, von innen nach außen und von den wichtigsten Organen zu den weniger wichtigen; längerfristige Beschwerden brauchen länger, bis sie verschwinden. Hahnemann stellte fest, daß ein Heilmittel an Wirkung zu gewinnen scheint, je mehr es verdünnt wird. Daraus leitet er das Potenzierungsgesetz ab (siehe gegenüber).

„Nosoden" sind von Hahnemann erfundene Heilmittel, um gegen „Miasmen" zu wirken, Schwächen, die die Reaktion des Patienten auf die Behandlung blockieren. Er stellte sie her aus Körpersekreten in Verbindung mit Substanzen der Krankheit (Krätze wurde z. B. mit Nosoden aus dem Krätzeschorf behandelt).

Die isopathische Behandlung wendet Heilmittel an, die aus den Substanzen hergestellt werden, die die Krankheit hervorrufen und gegen die sie wirken sollen. Ein Beispiel ist Gemischte Pollen C6 gegen Heuschnupfen, hergestellt aus Frühlingspollen.

DIE THEORIE

Die Homöopathie geht von einer Lebenskraft im Körper aus, die diesen gesund erhält. Wird sie zu sehr beansprucht, können Krankheiten auftreten. Krankheitssymptome sind in der Homöopathie Zeichen dafür, daß die natürliche Selbstheilung aktiv wird. Die Behandlung will nicht die Symptome unterdrücken, sondern diesen Heilungsprozeß unterstützen.

DAS GESETZ DER ÄHNLICHKEIT

Nach dem Gesetz der Ähnlichkeit sind die Symptome der Patienten ein wichtiger Wegweiser zu dem Heilmittel, das den Heilungsprozeß anregt. Hahnemann wandte dieses Prinzip bei der Herstellung seiner homöopathischen Mittel an: Um die Lebenskraft zum Selbstheilungsprozeß anzuregen, werden Heilmittel aus Substanzen hergestellt, die ähnliche Krankheiten verursachen. So wird z. B. Euphrasia, eine reizerzeugende Pflanze als Mittel gegen entzündete Augen angewendet, während Belladonna bei Scharlach angewendet wird, da dieses Pflanzengift ähnliche Symptome hervorruft.

Augentrost

Belladonna

DAS POTENZIERUNGSGESETZ

Durch die wiederholte Verdünnung der Mittel werden Nebenwirkungen verringert und sogenannte „Erstverschlimmerungen" vermieden, obwohl manche Patienten diese doch spüren. Hahnemann stellte fest, daß die Verdünnung einer Lösung ihre Wirkung anscheinend erhöht. Ein Heilmittel wird „potenziert" durch eine Dezimallösung (D) mit einem Lösungsfaktor von 1:10 oder durch eine Zentesimallösung (C) mit einem Faktor von 1:100.

1 Die Heilmittel werden aus fein gehackten, pflanzlichen, tierischen oder mineralischen Extrakten hergestellt

2 Das Gemenge wird in einer Mischung aus 90 % Alkohol und 10 % dest. Wasser für 2–4 Wochen eingeweicht

3 Das Glas wird luftdicht verschlossen und ab und zu geschüttelt, um das Gemenge zu vermischen

4 Die aufgegossene Mischung wird in eine dunkle Glasflasche gegeben und „Muttertinktur" genannt

5 Ein Tropfen dieser Tinktur wird in 99 Tropfen Alkohol gelöst und sehr oft bewegt – die „Dynamisierung"

6 Nach Lösung und Bewegung bis zur gewünschten Potenz werden einige Tropfen auf Laktosetabletten gegeben

7 Das Glas wird dann sanft bewegt, damit alle Tabletten in dem potenzierten Heilmittel getränkt werden

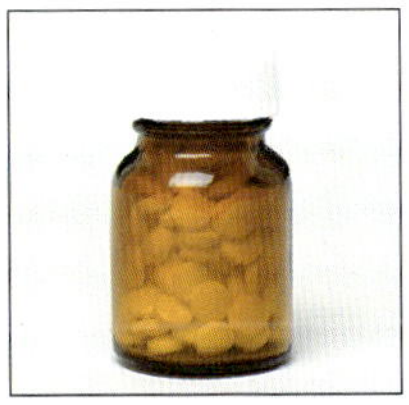

8 Die Tabletten werden in eine luftdichte, dunkle Flasche gefüllt und an einem dunklen Platz aufbewahrt

NACHWEIS & FORSCHUNG

Es gibt einige wissenschaftliche Beweise zugunsten der Homöopathie. 1994 wurde eine wichtige Studie in der Zeitschrift *The Lancet* veröffentlicht. Dr. David Taylor Reilly von der Universität Glasgow führte drei separate, klinische Versuche nach dem Doppelblindsystem durch (weder Arzt noch Patient wissen, wer die Medikamente bekommt, siehe S. 16). Heraus kam, daß die homöopathischen Mittel bei der Behandlung von Heuschnupfen und allergischem Asthma besser abschnitten als die Placebo-Gaben.

1991 wurde in einem Bericht des *Britisch Medical Journal* über 107 kontrollierte Studien beanstandet, daß die Studien nicht so durchgeführt worden seien, daß man Schlüsse hätte daraus ziehen können. Ein Bericht von 73 homöopathischen Ärzten in Großbritannien, der 1989 im *Journal of the Royal College of General Practitioners* veröffentlicht wurde, gab eine 35%ige Erfolgsrate bei der Behandlung mit homöopathischen Medikamenten an.

1988 führte der französische Wissenschaftler Jacques Benveniste einen Versuch mit homöopathischen Verdünnungen durch. Er stellte fest, daß eine Substanz, obwohl solange verdünnt, bis sie im Labor nicht mehr nachgewiesen werden konnte, eine andere Wirkung auf lebende Zellen hat als normales Wasser. Andere Wissenschaftler konnten dieses Experiment jedoch nicht bestätigen, und der Versuch blieb umstritten.

FACHURTEIL

Das heutige wissenschaftliche Verständnis kann die Homöopathie nicht erklären. Während allgemein akzeptiert wird, daß sogar ein geringer Teil einer Substanz eine Wirkung hervorrufen kann, bezweifeln viele Ärzte dies bei einer Lösung, in der kaum ein Molekül der Substanz übriggeblieben ist. Eine C12-Potenz entspricht z. B. einer Prise Salz im Atlantischen Ozean.

Die Theorie des „Wassergedächtnisses" geht davon aus, daß elektromagnetische „Fußspuren" in der Lösung verbleiben, auf die der Körper reagiert, auch wenn keine Moleküle mehr vorhanden sind. Es müßte allerdings noch viel geforscht werden, um die Behauptungen der Homöopathie zu beweisen.

KONSULTATION EINES THERAPEUTEN

Ein Homöopath hat nicht unbedingt eine konventionelle medizinische Ausbildung absolviert. Außerdem gibt es Unterschiede zwischen klassischen und komplex arbeitenden Therapeuten (siehe S. 130).

Gefragt wird nach Ihrer Krankengeschichte, nach Ernährung, Lebensweise, nach Launen, Neigungen und Abneigungen. Ein klassischer Homöopath wird versuchen, Ihren konstitutionellen Typ herauszufinden (siehe gegenüber). Dann wird er ein „Symptombild" mit Ihren Schwächen und Stärken anfertigen.

Danach wird er dieses Symptombild mit den über 2000 katalogisierten Heilmitteln im homöopathischen „Repertoire" vergleichen. Die Schwierigkeit liegt darin, das Mittel herauszufinden, das Ihrem individuellen Typ und Ihrer Konstitution entspricht. Er kann Ihnen auch raten, Lebensweise und Ernährung zu ändern.

Sie sollten sich jede Reaktion oder Veränderung der Symptome aufschreiben, damit das Mittel eventuell beim nächsten Besuch korrigiert werden kann.

Bei kurzzeitigen Krankheiten wie Erkältungen geht man davon aus, daß eine Verbesserung nach den ersten Gaben des richtigen Medikaments erfolgt. Langzeitkrankheiten brauchen eine längere Behandlung. Sobald der Körper Verbesserungen aufzeigt, kann das Mittel abgesetzt werden.

VORSICHT!

- Besprechen Sie unerklärliche Symptome mit einem Arzt, falls Ihr Homöopath kein Mediziner ist
- Falls Sie ätherische Öle benutzen, sagen Sie es Ihrem Homöopathen, da einige sich mit den Heilmitteln nicht vertragen
- Fragen Sie nach laktosefreien Tabletten, wenn Sie allergisch auf Milchprodukte reagieren
- Siehe auch Seite 52

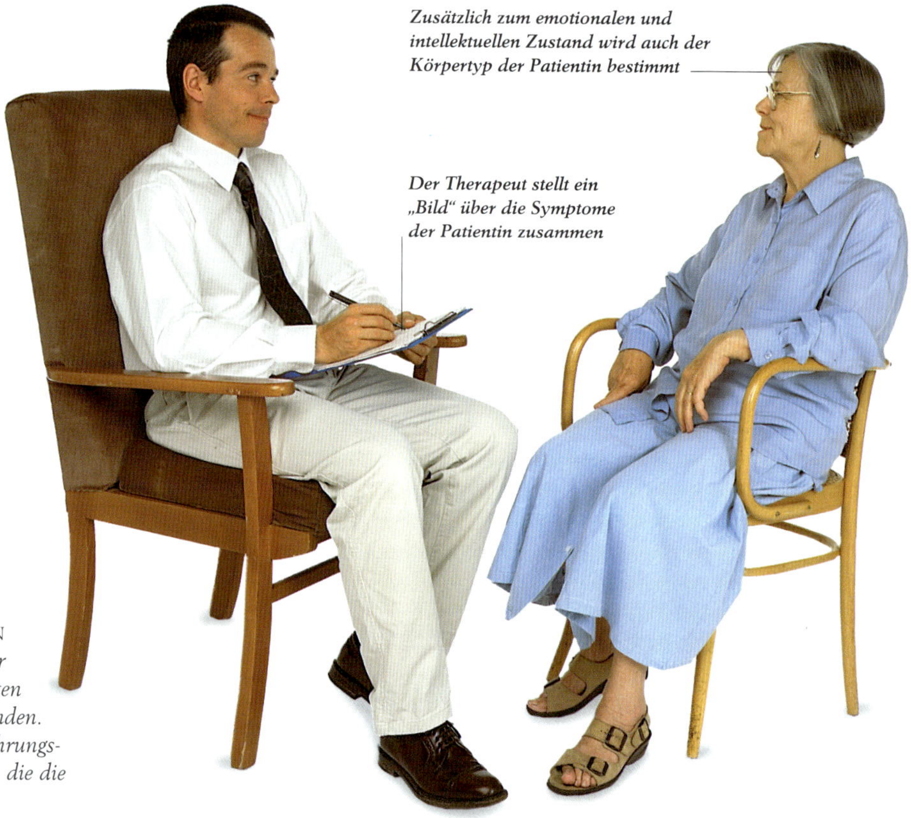

Zusätzlich zum emotionalen und intellektuellen Zustand wird auch der Körpertyp der Patientin bestimmt

Der Therapeut stellt ein „Bild" über die Symptome der Patientin zusammen

EINE HOMÖOPATHISCHE KONSULTATION
Der Homöopath wird eine Stunde oder länger Fragen stellen, um die Verfassung des Patienten und das entsprechende Heilmittel herauszufinden. Zur Diagnose gehören auch Fragen nach Nahrungsvorlieben oder unüblichen Gemütszuständen, die die Krankheit vielleicht begleiten

EINNAHME DER HEILMITTEL

Je größer der Lösungsfaktor, umso stärker ist die Wirkung laut homöopathischer Theorie. Die Medikamente sollten frühestens eine halbe Stunde nach der Mahlzeit eingenommen werden, vor oder nach der Einnahme sollte man für 10–15 Minuten nichts trinken oder essen. Eventuell müssen Sie auf geschmacksintensive Dinge wie Süßigkeiten, Tabak, Zahnpasta, würziges Essen oder auch Kaffee, Kampfer, Pfefferminz, Alkohol und Menthol verzichten, da diese die Wirkung der Mittel beeinträchtigen können. Der Homöopath wird Sie eventuell auch vor ätherischen Ölen warnen, die in der Aromatherapie oder in der Kräutermedizin benutzt werden.

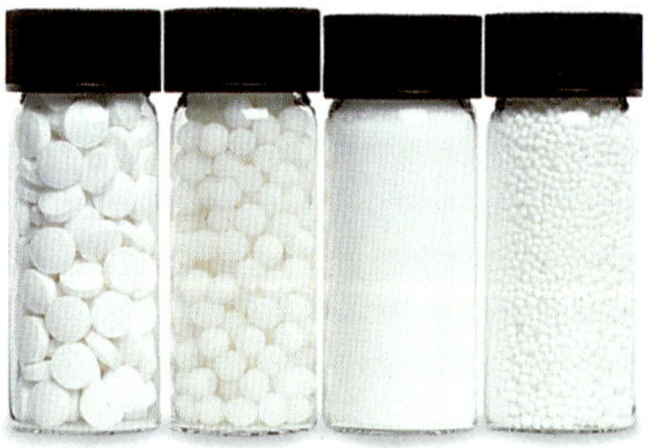

***Die Heilmittel** werden in Form von Laktosetabletten, Pillen, Pulver oder Globuli hergestellt*

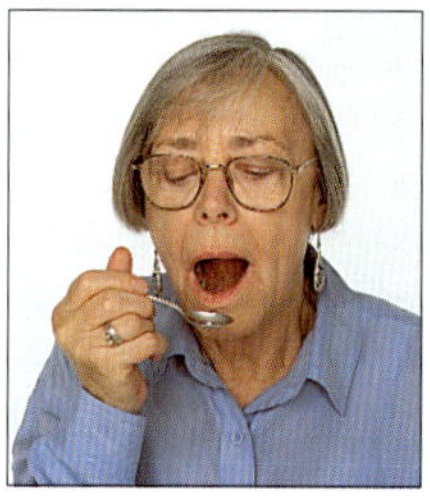

***Die Heilmittel** dürfen nicht mit den Händen oder Fingern angefaßt werden. Die richtige Dosis sollte mit einem Löffel eingenommen und unter der Zunge gelassen werden, bis sie sich aufgelöst hat*

IHRE FRAGEN

Wie lange dauert die Behandlung?
Der erste Besuch kann 1-2 Stunden dauern, die folgenden sind meist kürzer.

Wie oft muß ich hingehen?
Kurzfristige Erkrankungen können schon nach einer Dosis verschwinden, einige Langzeiterkrankungen brauchen einige Monate, bis sie geheilt sind.

Schmeckt es unangenehm?
Die meisten Heilmittel schmecken nach Zucker.

Gibt es Nachwirkungen?
Die Symptome können sich nach der Einnahme kurzfristig verschlimmern. Die Homöopathen sagen, daß tiefsitzende Krankheiten kurzfristig durch äußere ersetzt werden können, da der Körper sich von innen nach außen heilt. Bei der Heilung von Asthma kann z. B. kurzfristig ein Ekzem auftauchen.

KONSTITUTIONELLE TYPEN

In der Homöopathie ist eine Krankheit das Ergebnis eines inneren Ungleichgewichts. Der klassische Homöopath (siehe S. 130) ordnet den Patienten einem der vielen konstitutionellen Typen zu – die bekanntesten sehen Sie unten. Die verschiedenen Typen haben bestimmte physische, intellektuelle und emotionale Veranlagungen.

Der Homöopath schätzt das Auftreten des Patienten ein, die Symptome, die Persönlichkeit, Gewohnheiten, die bevorzugte Nahrung sowie Abneigungen und Ängste, er fragt nach Wetterfühligkeit und welche Tageszeiten dem Patienten liegen. Ihn interessiert, was die Leiden verringert oder verstärkt und das unübliche Symptom, das scheinbar nichts mit der Krankheit zu tun hat. Jeder Typ gehört zu einem bestimmten Heilmittel und trägt dessen Namen. Für die gleiche Krankheit können also, je nach Typ, verschiedene Mittel verschrieben werden.

***Argent. nit.**-Typen sind hitzig, bleich, extrovertiert und erkranken schnell an den Nerven*

***Arsen. alb.**-Typen sind ruhelose, ehrgeizige Perfektionisten, die zu Ängsten und Unsicherheit neigen*

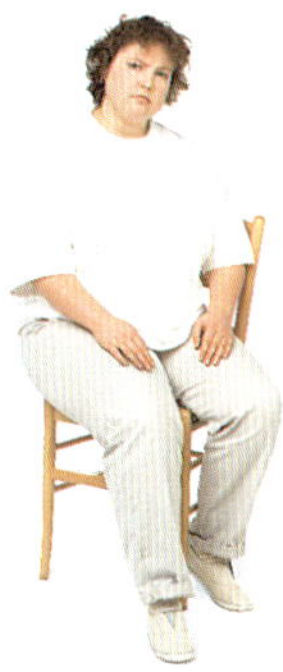

***Calc. carb.**-Typen sind ruhig, vorsichtig, leicht fettsüchtig. Sie tendieren zu Gelenkschmerzen*

***Graphit**-Typen sind oft unentschieden und faul. Sie sind schwer gebaut und tendieren zu Hautbeschwerden*

***Ignacia**-Typen sind meist dunkelhaarige Frauen, künstlerisch, idealistisch, oft mit emotionalen Problemen*

***Lycopodium**-Typen sind oft erfolgreich, aber unsicher. Intolerant bei Krankheiten, häufig Verdauungsprobleme*

***Merc. sol.**-Typen sind leicht beleidigt und hitzig, introvertiert und leiden oft unter Atembeschwerden*

***Natrium mur.**-Typen sind ernst, kritikempfindlich und introvertiert. Oft Kopfschmerzen und Launen*

***Phos.**-Typen lieben Spaß, sind leicht nervös, zappelig und nett, leiden aber, wenn sie unter Druck geraten*

***Pulsatilla**-Typen sind meist warmherzige Frauen, anfällig für Erkältungen und CMS. Sie weinen leicht*

***Sepia**-Typen sind elegant, reizbar, extrovertiert, schnell müde und tragen nicht gern Verantwortung*

***Silicea**-Typen arbeiten viel, sind aber nicht zuverlässig. Sie sind meist dünn und bleich und oft erkältet*

***Nux vomica**-Typen sind sehr reizbar und ungeduldig. Sie sind ehrgeizig und überarbeiten sich oft*

***Sulphur**-Typen sind intellektuell und unordentlich mit viel Einbildungskraft. Oft schuppige Haut*

***Lachesis**-Typen sind kreativ, launisch, schwierig in Verhalten und Emotionen. Oft Kreislaufprobleme*

KLASSISCHE & KOMPLEXE HOMÖOPATHIE

Zwischen klassischer und komplexer Schule der Homöopathie wird genau unterschieden, obwohl einige Homöopathen beide Systeme benutzen und die Praxis von Land zu Land verschieden ist.

Die klassischen Homöopathen ziehen es vor, nach dem einen Mittel zu suchen, das genau zum konstitutionellen Typen- und Symptombild des Patienten paßt. Sie behandeln mit einzelnen Gaben dieses Mittels. Die „richtige“ Herangehensweise besteht darin, das Similimum – das einzig Passende – zu finden, was aber nicht beim ersten Mal gelingen muß. Es können zwei, drei Mittel ausprobiert werden, bevor das richtige gefunden wird.

Der britische Homöopath Richard Hughes entwickelte gegen Ende des 19. Jh. die komplexe Homöopathie. Er verordnete die Mittel nach den organischen Ursachen der Krankheiten, nicht nach dem "Temperament". Auch heute versucht die komplexe Homöopathie immer noch kranke Organe zu heilen, wie die Niere oder die Leber. Sie verwenden meist Heilmittel mit niedrigen Potenzen oder auch Kräuterextrakte.

Die Methode von Hughes wurde vor allem in Frankreich und Deutschland populär und wird noch heute praktiziert.

Patientenerfahrung

Mit vier Jahren hatte Yvonnes Tochter Asthma. „Der Arzt verschrieb Medikamente, die drei- bis viermal am Tag eingenommen werden mußten, und riet zu einem Asthmaspray. Ich sträubte mich gegen all die Medikamente, aber mein Mann bestand darauf, Claire unter ärztlicher Aufsicht zu lassen, also versuchten wir es mit der Homöopathie. Der Homöopath setzte die Medikamente nicht ab, aber brachte mir bei, einen kommenden Asthmaanfall zu erkennen und homöopathisch zu behandeln. Es ging ihr langsam besser, und heute, vier Jahre danach, hat sie seit sechs Monaten kein Medikament mehr benutzt.“

SELBSTHILFE

Die grundlegenden, niedrigpotenzierten homöopathischen Mittel, die bei Erkältungen, Husten, Sodbrennen, Übelkeit und Streß benötigt werden, sind nicht rezeptpflichtig und in der Apotheke erhältlich. Sie bestehen entweder aus einem Heilmittel, das bei verschiedenen Krankheiten angewendet werden kann, oder aus einer Kombination verschiedener Heilmittel. Vertrauenswürdige Hersteller legen Anleitungen bei, die genau befolgt werden sollten.

HAUSAPOTHEKE

Eine gute, homöopathische Erste-Hilfe-Ausstattung sollte ca. zehn Heilmittel enthalten, einschließlich Salben, Tabletten und Tinkturen. Andere Mittel, die nicht bei Notfällen angewendet werden, sind unten angegeben. Langzeitbeschwerden wie Arthritis oder Ekzeme sollten am besten individuell von einem qualifizierten Homöopathen behandelt werden.

***Arnika C6** wird aus Arnica montana hergestellt und bei Schock in Form von Tabletten eingenommen. Die Salbe und Tinktur wird bei Verletzungen und bei Schwellungen benutzt*

***Aconit C6** wird aus der sehr giftigen Pflanze Aconitum napellus hergestellt, wirkt schmerzlindernd und beruhigend und findet Anwendung bei plötzlichen Symptomen wie Fieber, Erkältung und Grippe, bei Schock nach Verletzungen, Panikattacken und bei Streß*

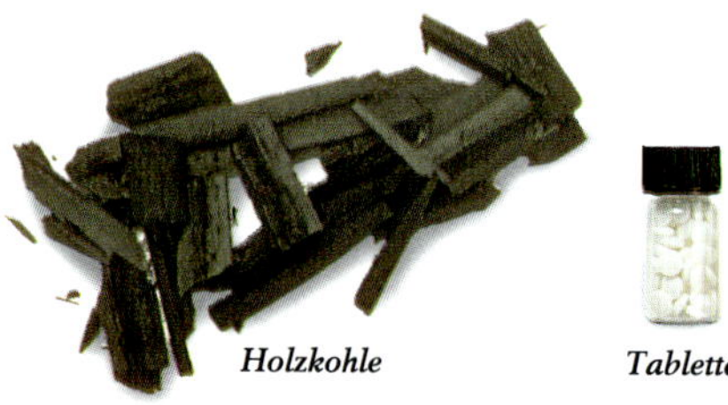

***Carbo veg. C6** wird aus der Holzkohle der Silberbirke, Buche oder Pappel hergestellt und meist bei Verdauungsbeschwerden wie Blähungen, Verstopfung und Sodbrennen gegeben, außerdem bei Kopfschmerzen und Völlegefühl*

***Apis C6** wird aus ganzen Bienen mitsamt Stachel hergestellt. Es wirkt bei Entzündungen mit brennendem, stechenden Schmerz und bei Blasenentzündung, Nesselausschlag, Bissen und Stichen*

***Hypericum C6** aus dem Johanniskraut (Hypericum perforatum) wird als Tablette bei Nerven- und Rückenschmerzen gegeben. Creme oder Tinktur wird bei Neuralgie, Schrammen oder schmerzhaften Wunden aufgetragen*

BIOCHEMISCHE GEWEBESALZE

BEWERTUNG

- FORSCHUNG
- FACHURTEIL
- THERAPEUT
- SELBSTHILFE
- VERTRÄGLICHKEIT

DIE BIOCHEMISCHEN GEWEBESALZE, bekannt auch als „Schüssler-Salze", werden homöopathisch aus Mineralien wie Steinsalzen und Quarzen hergestellt. Sie wurden 1870 von dem deutschen homöopathischen Arzt Dr. Wilhelm Schüssler entwickelt. Er versuchte damit einen Mangel an Mineralien auszugleichen, von dem er annahm, daß er zur Schwächung des Körpers und einer größeren Anfälligkeit führe. Biochemische Salze werden weltweit von Homöopathen verordnet. Sie können zur Selbstbehandlung bei geringen Beschwerden und erkennbaren Symptomen eingesetzt werden.

ANWENDUNG

- Erkältung, Katarrh, Husten, rauher Hals
- Heuschnupfen
- Kopfschmerzen
- Ängste
- Verstopfung, Sodbrennen
- Krämpfe, Neuralgie, Muskelschmerz
- Kleinere Hautprobleme

GESCHICHTE

1873 veröffentlichte der deutsche Arzt Dr. Wilhelm Schüssler einen Artikel, in dem stand, daß viele Krankheiten aufgrund eines Mangels an essentiellen anorganischen Mineralien im Körper auftreten. Um dies auszugleichen, empfahl er Nahrungszugaben in Form von 12 Mineralien oder „biochemischer" Gewebesalze, die entweder einzeln oder kombiniert eingenommen werden konnten.

BESUCH BEIM THERAPEUTEN

Homöopathen und Naturheilkundler raten oft zu Gewebesalzen als Teil eines Ernährungsprogramms, aber die Salze werden auch in der Selbsthilfe verwendet. Viele Reformhäuser, Drogerien und homöopathische Apotheken bieten Gewebesalze an, die Packungsbeilage informiert über die richtige Menge.

Die Salze sind homöopathische Zubereitungen und hoch verdünnt (oder potenziert, siehe S. 127). Ein Teil des Mineralsalzes wird mit 9 Teilen Laktose (Milchzucker) vermischt, und dieser Prozeß wird sechsmal wiederholt. Die Salze werden als Tabletten eingenommen, die unter der Zunge aufgelöst werden.

***Ferrum Phos.**, so wird das Gewebesalz genannt, das aus Eisenphosphatpulver hergestellt wird. Vivianit ist die Grundform des Eisenphosphats*

NACHWEIS UND FORSCHUNG

Einige von Dr. Schüsslers Theorien wurden bestätigt. Es ist z. B. inzwischen bekannt, daß ein Kalziummangel Knochenkrankheiten und Probleme bei der Nährstoffaufnahme verursachen kann. Es gibt aber keine Beweise dafür, daß Gewebesalze diesen Mangel beheben.

FACHURTEIL

Es gibt zu wenig Forschung und darum kein Urteil. In diesen kleinen Mengen sind die Salze unschädlich.

VORSICHT!

- Siehe Homöopathie (S. 128) und Seite 52

DIE 12 BIOCHEMISCHEN GEWEBESALZE

NAME	URSPRUNG	ANWENDUNG
Calc. fluor.	Kalziumfluorid	Hernie, Vorfall, Hämorrhoiden, schlechte Zähne, Krampfadern und andere Kreislaufprobleme
Calc. phos.	Kalziumphosphat	Knochendeformierung, schlechte Zähne, Frostbeulen, Krämpfe, Erkältungen, Katarrh, schlechte Verdauung
Calc. sulph.	Kalziumsulphat	Geschwüre und Abszesse, Katarrh, Schuppen, Kopfschmerzen, Nierenbeschwerden, Neuralgie, Pusteln
Ferrum phos.	Eisenphosphat	Beginnende Entzündungen, Husten und Erkältung, Ohrenschmerzen, Rheumatismus, Blutungen
Kali mur.	Kaliumchlorid	Entzündungen, Katarrh, Ohrinfektionen, Mandelentzündung, Windpocken, Masern, Mumps
Kali phos.	Kaliumphosphat	Ängste, emotionale Belastung, Phobien, Frigidität, Schüchternheit, Inkontinenz, eitriger Stuhl
Kali sulph.	Kaliumsulphat	Asthma, Bronchitis, Schuppen, Ekzeme, Mundgeruch, Kopfschmerzen, Menstruationsprobleme, Herzklopfen
Mag. phos.	Magnesiumphosphat	Verstopfung, vergrößerte Prostata, Blähungen, Schluckauf, Koliken, Krämpfe, Regelschmerzen, Neuralgie
Nat. mur.	Natriumchlorid	Ängste, Depressionen, laufende Nase, Migräne, Kältebläschen, Mundgeschwür, Akne
Nat. phos.	Natriumphosphat	Zuviel Magensäure, Sodbrennen, Verstopfung, Durchfall, Übelkeit, Rheumatismus, Bindehautentzündung
Nat. sulph.	Natriumsulphat	Asthma, Bronchialkatarrh, Heuschnupfen, Verdauungsprobleme, Blähungen und Koliken, Übelkeit
Silica	Siliziumdioxid	Grippe, Ohrinfektion, Geschwüre, Pusteln, Bronchitis, neurologische Beschwerden, Mangel an Vitalität

BACHBLÜTEN

BEWERTUNG	
FORSCHUNG	📖
FACHURTEIL	
THERAPEUT	
SELBSTHILFE	
VERTRÄGLICHKEIT	

DR. EDWARD BACH, ein englischer Arzt, zog aus der Patientenbeobachtung den Schluß, daß negative Gefühle zu physischen Krankheiten führen können. Er war auch davon überzeugt, daß Blumen eine Heilungskapazität besitzen, die genutzt werden könnte zur Behandlung emotionaler Probleme und zur Harmonisierung von Körper und Geist. In den 30er Jahren begann Dr. Bach, seine Heilmittel herzustellen, indem er die Pflanzen in Quellwasser aufkochte oder aufgoß. Die Bachblüten und andere Blütenessenzen sind inzwischen weltweit bekannt.

ANWENDUNG

- Negative, emotionale Zustände wie Furcht, Unsicherheit, Desinteresse, Einsamkeit, Überempfindlichkeit, Verzweiflung und zu große Sorgen um andere
- Alle Beschwerden, die auf emotionale Probleme zurückgeführt werden können

GESCHICHTE

Zu Beginn des 20. Jh. stellte der Londoner Arzt und Homöopath Dr. Edward Bach fest, daß schmerzhafte Gefühle wie Verzweiflung und Ängste zu physischen Krankheiten führen können. Da er überzeugt davon war, daß Blumen den Gemütszustand verändern können, und er das homöopathische Gesetz der Potenzierung (siehe S. 127) kannte, begann er, die Bachblüten zu entwickeln. Er identifizierte die Pflanzen, indem er seine Hand darüber hielt und so intuitiv die Heilungsmöglichkeit zu erkennen hoffte. Seit 1936 werden die Bachblüten kommerziell hergestellt.

BESUCH BEIM THERAPEUTEN

Bach hat seine Blüten vorrangig für die Selbsthilfe entwickelt, doch auch Therapeuten aus anderen Gebieten, wie der Homöopathie, der Naturheilkunde oder Aromatherapie, verschreiben Bachblüten. Es können mehrere Heilmittel auf einmal genommen werden. Einige Anwender wählen die Mittel aus, indem sie über jedes ein Pendel halten (siehe S. 198).

Oak (Eiche)

Die Bachblüten versprechen nicht, die physischen Symptome einer Krankheit zu heilen. Dr. Bach ging davon aus, daß die eigentlichen Ursachen der Krankheiten in den Emotionen liegen, und versuchte daher, solche Stimmungen wie Furcht, Ärger, Schuld und Depressionen aufzulösen und damit Körper und Geist wieder in Harmonie zu bringen.

Dr. Bach teilte die verschiedenen Stimmungen in sieben Kategorien ein, die er dann weiter unterteilte in 38 negative Gefühle, denen er jeweils eine Blüte zuordnete. Er entwickelte auch ein Kombinationsmittel, Rescue Remedy, das bei Schock, Panik und Hysterie genommen werden soll.

Gorse (Stechginster)

Die Heilmittel werden durch Aufgießen gewonnen; der Blütenkopf wird in reines Quellwasser gelegt und drei Stunden im vollen Sonnenlicht gelassen; es kann aber auch ein Sud mit kurzen Zweigen, Blüten etc. 30 Minuten aufgekocht werden. Nach beiden Prozeduren wird dem Wasser Alkohol als Konservierungsmittel zugemischt.

Die Bachblüten werden in konzentrierter Form angeboten und sollten entweder in Fruchtsaft oder Stillem Wasser gelöst auf die Lippen oder hinter die Ohren gerieben oder direkt auf die Zunge getropft werden. Normalerweise werden viermal am Tag vier Tropfen eingenommen.

***Die Bachblüten** werden als einzelne, konzentrierte Lösungen in 10 oder 20ml „stockbottles" (Vorratsfläschchen) verkauft. Sie sollten an einem kühlen, dunklen Platz aufbewahrt werden*

NACHWEIS UND FORSCHUNG

Es wurden bisher keine klinischen Versuche mit Bachblüten durchgeführt; bei chemischen Proben konnten nur Quellwasser und Alkohol nachgewiesen werden. Eine Theorie spricht die Wirkung einer „molekularen Prägung" zu, aber diese Idee ist sehr umstritten (siehe S. 126).

FACHURTEIL

Es überrascht nicht, daß die unorthodoxe Methode, mit denen Dr. Bach die Heilmittel identifizierte und herstellte, bei den meisten Ärzten Skepsis hervorruft. Die Mediziner schreiben die Wirkung der Blüten meist dem Plazebo-Effekt zu (siehe S. 17).

BLÜTEN & EDELSTEINESSENZEN

Als Ausweitung der Arbeit von Dr. Bach hat der Amerikaner Richard Katz in den 70er Jahren 70 kalifornische Blütenessenzen entwickelt. Diese sollten die „Schwingungen der Sonnenenergie" enthalten, die in sonnengewärmtem Wasser durch die Blütenblätter aufgenommen wurde. Die Heilmittel werden ähnlich dosiert wie die Bachblüten und auch nach Stimmungen ausgewählt, um Körper und Geist zu harmonisieren. Weitere Essenzen wurden vor allem im Himalaya und in den australischen Wäldern identifiziert. Auch Edelsteinessenzen sind erhältlich, sie werden ähnlich hergestellt, indem die Edelsteine und Halbedelsteine in Quellwasser getaucht werden.

VORSICHT!

- Siehe Seite 52

DIE SIEBEN GEFÜHLSKATEGORIEN & DIE ENTSPRECHENDEN BACHBLÜTEN

GEISTESZUSTAND	BACHBLÜTEN	
Ängstlichkeit	• *Rock rose* bei innerer Panik und Alpträumen • *Mimulus* bei bekannten Ängsten und Schüchternheit	• *Cherry Plum* bei Wut und Kurzschlußhandlungen • *Aspen* bei vagen Ängsten und Sorgen • *Red Chestnut* bei Sorge um Familie und Freunde
Unsicherheit	• *Cerato* bei wenig Vertrauen in die eigene Meinung • *Scleranthus* bei Unentschlossenheit und Launen • *Gentian* bei Zögern und Zweifel wegen vergangener Enttäuschungen	• *Gorse* bei Verzweiflung und Hoffnungslosigkeit • *Hornbeam* bei „Montagmorgen-Gefühlen" und Trödelei • *Wild Oat* bei Unzufriedenheit und Unlust
Gleichgültigkeit gegenüber momentanen Umständen	• *Clematis* bei Konzentrationsmangel • *Honeysuckle* bei Nostalgie und Heimweh • *Wild Rose* bei Apathie und Resignation • *Olive* bei schwacher Energie und Erschöpfung	• *White Chestnut* bei grüblerischen Gedanken • *Mustard* bei Schwermut • *Chestnut Bud*, wenn aus Fehlern nicht gelernt wird
Einsamkeit	• *Water Violet* bei Zurückhaltung und Unnahbarkeit • *Impatiens* bei Ungeduld	• *Heather* bei Selbstbezogenheit und ständigem Wunsch nach Publikum
Überempfindlichkeit	• *Agrimony* bei versteckten Problemen • *Centaury* bei übertriebenem Entgegenkommen	• *Walnut* in Zeiten der Veränderung • *Holly* bei negativen Gefühlen wie Haß oder Neid
Niedergeschlagenheit und Verzweiflung	• *Larch* bei Mangel an Selbstvertrauen • *Pine* bei Schuldgefühlen und Vorwürfen • *Elm* bei Angst vor zuviel Verantwortung • *Sweet Chestnut* bei unerträglichen Qualen	• *Star of Bethlehem* bei Schock und Trauer • *Willow* bei Groll und Bitterkeit • *Oak* bei Verlust an Kampfkraft • *Crab Apple* bei Scham und Gefühl der Unreinheit
Übertriebene Sorge um das Wohl anderer	• *Chicory* bei besitzergreifender Persönlichkeit, Selbstbezug und Selbstmitleid • *Vervain* bei Anmaßung und Streitsucht	• *Vine* bei Rücksichtslosigkeit und Herrschsucht • *Beech* bei überkritischen Reaktionen und Intoleranz • *Rock Water* bei Selbstverleugnung und Starrsinn

EDELSTEINTHERAPIE

BEWERTUNG
FORSCHUNG
FACHURTEIL
THERAPEUT
SELBSTHILFE
VERTRÄGLICHKEIT

SCHAMANISTISCHE KULTUREN überall in der Welt, von den Eskimos in der Arktis bis zu den Indianern am Amazonas, haben den Wert von Edelsteinen und Halbedelsteinen wegen ihrer magischen Fähigkeiten immer hoch geschätzt. Es wird angenommen, daß Kristalle – vor allem Quarzkristalle wie der Amethyst und der Rosenquarz – heilende „Lebensenergie" besitzen, die sie laden und entladen können wie eine Batterie. Trotz der Skepsis konventioneller Mediziner nutzen New-Age-Therapeuten oft diese Fähigkeiten zur Heilung verschiedenster physischer und emotionaler Probleme.

ANWENDUNG

- Zur Stärkung des Heilungsprozesses bei der Behandlung von physischen und emotionalen Beschwerden

Topas

Rosenquarz

Granat

***Zu den vielen Edelsteinen** mit Heilungskraft gehören auch Topas (Bluthochdruck), Rosenquarz (Streß) und Granat (Depressionen)*

BESUCH BEIM THERAPEUTEN

Einige Therapeuten arbeiten nur mit Edelsteinen, andere verbinden sie z. B. mit den Chakren (S. 109), der Akupunktur (S. 91) oder mit der Auratherapie (S. 104). Die Methoden sind unterschiedlich, aber alle versuchen, die „Heilungsenergie" aus den Edelsteinen freizusetzen.

Oft halten die Therapeuten den Stein in der einen Hand, während sie die andere auf die kranke Stelle des Körpers legen. Oder die Steine werden direkt auf den betreffenden Körperteil gelegt. Patienten werden auch aufgefordert, sich diese Heilenergie vorzustellen, einen Edelstein am Körper zu tragen oder in ihrem Zimmer aufzubewahren.

FACHURTEIL

Da es keinen wissenschaftlichen Nachweis gibt und zur Erklärung verschiedene Theorien herangezogen werden, sind die Ärzte meist skeptisch. Der Glaube daran könnte dank des Plazebo-Effekts (S. 17) die Genesung beschleunigen.

VORSICHT!

- Siehe Seite 52

WESTLICHE PFLANZENHEILKUNDE

BEWERTUNG

FORSCHUNG	
FACHURTEIL	
THERAPEUT	
SELBSTHILFE	
VERTRÄGLICHKEIT	

MEHR ALS 80 PROZENT DER WELTBEVÖLKERUNG verlassen sich auf die Heilwirkung von Pflanzen. Verschiedene Kulturen benutzen Heilpflanzen zur Behandlung von Krankheiten und Stärkung des Wohlbefindens. Sehr viele Arzneien werden auch im Labor aus Pflanzen hergestellt, aber die Pflanzenheilkunde benutzt die ganze Pflanze, sie isoliert nicht nur einen Wirkstoff. In den vergangenen 200 Jahren sind Pflanzen aus Nordamerika, Afrika, Asien und Australien in die westliche Pflanzenheilkunde integriert worden. Heilen mit Pflanzen wird heute immer populärer.

ANWENDUNG

- Die meisten Krankheiten
- Verdauungs-, Atmungs- und Kreislaufprobleme
- Hautprobleme
- Leichte Depressionen
- Schlaflosigkeit
- Blasenentzündung, CMS & Beschwerden in den Wechseljahren

DIE WESTLICHE KRÄUTERHEILKUNDE ***arbeitet mit der traditionellen Kenntnis über Pflanzen und ihre Fähigkeiten zu heilen und vorzubeugen***

GESCHICHTE

Erste Hinweise einer medizinischen Anwendung von Pflanzen finden sich auf ägyptischen Papyrusrollen von 1500 v. Chr. Es werden zahlreiche Heilmittel be-schrieben, die heute noch benutzt werden.

Alte Zivilisationen in China (siehe S. 140), Persien, Indien (siehe S. 144) und ganz Amerika nutzen die Kräuterheilkunde; durch Schriften der Ärzte verbreitete sich das Wissen weiter. Texte und Rezepte wie *De Materia Medica*, verfaßt im 1. Jh. von dem Militärarzt Dioscorides, der durch das ganze römische Imperium gereist war, und *De Simplicibus*, geschrieben von Galen im 2. Jahrhundert, wurden von den islamischen Ärzten bis ins Mittelalter angewendet. Die Kreuzfahrer brachten dieses Wissen dann zurück nach Europa, wo es wieder ins Lateinische übersetzt wurde.

***Manuskripte** wie dieses von Dioscorides waren die einzigen Quellen der Kräuterheilkunde bis zur Erfindung des Buchdrucks*

Die volkstümliche Kräuterheilkunde wurde in Europa mündlich weiterverbreitet, während die griechische und arabische Kräuterkunde ausschließlich den Mönchen vorbehalten blieb. Erst die Erfindung der Druckpresse machte dieses Wissen zugänglich für alle, die lesen konnten – die Kräuterheilkunde erlebte die nächsten 200 Jahre einen großen Aufschwung. Paracelsus, ein Gelehrter aus dem 16. Jh., vertrat die antike Theorie der „Erkennungszeichen“, die davon ausging, daß jede Pflanze Merkmale zeigt, die auf die Krankheit hinweisen, die sie heilen kann. Seine Arbeit beeinflußte John Gerard, dessen *Herball* 1597 erschien und Nicholas Culpeper, den Autor von *The English Physician* (1653).

Durch die wissenschaftliche Entwicklung im 18. Jh. sank die Bedeutung der Heilpflanzen, obwohl viele Siedler der Kräuterkunde in der Neuen Welt treu blieben und einheimische Pflanzen integrierten. Samuel Thomson, ein Nachfahre der Pilgerväter, gründete im frühen 19. Jh. Heilpflanzenschulen in den USA. Die konventionelle Medizin blieb aber von den pharmazeutischen Durchbrüchen bis in die 70er Jahre unseres Jahrhunderts geblendet; ein Bericht der Weltgesundheitsorganisation von 1985 sprach der Pflanzenheilkunde aber bereits wieder eine sehr wichtige Rolle in der modernen Gesundheitsfürsorge zu.

***Paracelsus**, der „Vater der Chemie“, entwickelte eine Kräutermedizin nach genauer Beobachtung und mit exakter Dosierung*

***Nicholas Culpeper**, schrieb sein Buch* The English Physician *im 17. Jh. nach persönlichen und praktischen Erfahrungen*

GRUNDSÄTZLICHES

Die Pflanzenheilkunde ist ein ganzheitliches System, das versucht, die Selbstheilungskraft des Körpers zu aktivieren. Die Therapeuten behandeln nicht Symptome, sondern versuchen die Ursache zu finden, die das subtile Gleichgewicht des Körpers gestört haben könnte. Dazu gehören u.a. falsche Ernährung, eine ungesunde Lebensweise oder zuviel Streß.

Die Therapeuten gehen davon aus, daß Krankheiten durch eine Störung der „Homöostase“ (S. 26) verursacht werden. Die Heilmittel sollen den Körper bei dessen Wiederherstellung unterstützen. Die Fähigkeit des Kräuterheilkundlers liegt vor allem darin, zu wissen, welche Pflanze auf welches Körpersystem wirkt. Eine Pflanze stimuliert z. B. den Kreislauf, eine andere beruhigt das Verdauungssystem.

Die „Pflanzensynergie“ (siehe rechts) ist der Schlüssel zur Kräuterheilkunde. Diese Theorie besagt, daß Teile der ganzen Pflanze effektiver sind als isolierte Wirkstoffe.

DIE THEORIE DER SYNERGIE

Pflanzliche Heilmittel werden aus Teilen der ganzen Pflanze hergestellt. Dies gewährleistet eine komplexe Mischung aller aktiven Bestandteile, die die medizinische Wirkung einer Pflanze ausmachen. Die Kräuterkundler gehen davon aus, daß diese Mischung eine Synergie schafft, da die therapeutische Wirkung der kombinierten Bestandteile größer ist, als wenn sie einzeln verwendet würden wie in der Herstellung pharmazeutischer Produkte.

HEILKRÄUTERSYNERGIE

Mädesüß

Fingerhut

In der Pharmazie werden aktive Wirkstoffe isoliert und synthetisch weitererarbeitet. Digoxin wird z. B. bei der Herstellung von Herzmedikamenten benutzt und findet sich im Fingerhut, einem traditionellen Heilmittel bei Herzbeschwerden. Kräuterheilkundler behaupten, daß durch die Mischung der Pflanzenbestandteile Wirksamkeit und Sicherheit erhöht werden. Echtes Mädesüß wirkt bei Verdauungsstörungen, da es Salicylsäure enthält, die Grundlage des Aspirin. Während Aspirin jedoch bei einer empfindlichen Magenwand innere Blutungen auslösen kann, schützen andere Wirkstoffe des Echten Mädesüß wie Tannin und Schleim den Magen.

ZUBEREITUNG DES PFLANZENMATERIALS

Verschiedene Teile einer Pflanze, z. B. die Blüten und die Samen, können unterschiedlich wirken, deshalb ist es wichtig, die richtigen Pflanzenteile auszuwählen. Nach der Ernte wird die Pflanze so schnell wie möglich weiterverarbeitet, um eine hohe Konzentration der aktiven Wirkstoffe zu gewährleisten (siehe S. 137).

***Die Blütenblätter** großer Blüten werden vor der Aufbewahrung vom getrockneten Blütenkopf gezupft*

***Samen** wird geerntet, indem die Pflanze umgekehrt zum Trocknen aufgehängt und danach ausgeschüttelt wird*

***Die oberirdischen Teile** wie Blätter und Blüten werden im Strauß getrocknet und dann abgerieben*

***Wurzelteile** werden klein gehackt und dann einige Stunden in einem warmen Ofen mit geöffneter Tür getrocknet*

***Beeren oder Früchte** werden auf Löschpapier im warmen Ofen mit angelehnter Tür einige Stunden getrocknet*

***Gel** aus Pflanzen wie der Aloe Vera wird durch Ausschaben der Blätter gewonnen und muß sofort verarbeitet werden*

NACHWEIS UND FORSCHUNG

Nachweise für die Wirksamkeit der Kräuterheilkunde finden sich immer häufiger und sind inzwischen so sicher wie die der herkömmlichen Medikamente. In Europa und Australien muß die Wirksamkeit der Pflanzenprodukte erst wissenschaftlich geprüft werden, bevor sie als Arzneimittel zugelassen werden. Eine Auswahl:

Echinacea: Diese Pflanze wurde traditionell von den Ureinwohnern Amerikas benutzt und soll die Bildung der weißen Blutkörperchen steigern und damit das Immunsystem stimulieren und vorbeugend gegen Infektionen wirken.

Knoblauch: Es wurden über 1000 Untersuchungen gemacht, mit dem Ergebnis, daß Knoblauch Cholesterin, Blutfette und den Blutdruck senkt. In Untersuchungen in den USA, Japan und Deutschland konnte auch seine antibiotische und antiseptische Wirkung nachgewiesen werden und seine Fähigkeit, mehrere Krebsarten zu bekämpfen.

Ingwer: In Großbritannien konnte nachgewiesen werden, daß Ingwer postoperative Übelkeit lindert.

Gingko: Eine der ältesten Pflanzen und in Frankreich und Deutschland die am meisten verkaufte Heilpflanze. In Studien in Frankreich wurde ihre Wirkung in der Behandlung von Ohrensausen nachgewiesen; eine Untersuchung, die 1992 in *The Lancet* veröffentlich wurde, ergab eine Verbesserung der Blutzirkulation.

Johanniskraut: In einer Studie, die 1996 in *The Lancet* publiziert wurde, konnte nachgewiesen werden, daß Johanniskraut bei Depressionen so wirksam ist wie synthetische Medikamente, aber ohne Nebenwirkungen.

FACHURTEIL

Viele Ärzte betrachten die Pflanzenheilkunde als überholt, obwohl sie wissen, daß die meisten synthetischen Medikamente aus Pflanzen hergestellt werden. Sie betonen, daß nicht alle Heilpflanzen unbedenklich sind, daß die Bestandteile nicht genormt werden können und daß pflanzliche Arzneimittel nur unter fachlicher Aufsicht eingenommen werden sollten. Wenn die Wirkung der Heilkräuter bekannter wäre, wären sicher mehr Ärzte bereit, sie anzuwenden, vor allem, da sie neuerdings als Massenproduktion in Tabletten angeboten werden.

KONSULTATION EINES THERAPEUTEN

Die Therapeuten kennen sich aus in Biologie, Anatomie, Physiologie und in der Pharmakologie der Pflanzen. Ihr Zugang zur Behandlung einer Krankheit ist aber ganzheitlich, d.h. sie werden nach allen Lebensaspekten fragen, bevor sie mit der Behandlung beginnen. Während des ersten Besuches, der etwa eine Stunde dauert, wird der Therapeut eine genaue Krankengeschichte anlegen. Er wird nach der Lebensweise fragen, nach Streßfaktoren, Ernährung, Arbeit, nach emotionalem und geistigem Zustand und nach kürzlich erlebten Ereignissen. Falls Sie konventionelle Medikamente einnehmen, wird er die Verträglichkeit mit den Pflanzenheilmitteln überprüfen. Er wird einige einfache Tests und Untersuchungen durchführen (siehe unten). Die pflanzlichen Heilmittel werden meist sofort verordnet. Zur Behandlung können auch eine Diät oder Körperübungen gehören. Eventuell müssen Sie nach ein, zwei Wochen nochmals kommen, bei akuten Beschwerden schon früher. Wenn nötig, wird Ihnen der Therapeut auch die Konsultation eines konventionellen Arztes empfehlen. Bei pflanzlichen Medikamenten tritt die Wirkung meist etwas später ein, und sie sollten noch ein, zwei Wochen eingenommen werden, nachdem die Symptome verschwunden sind.

IHRE FRAGEN

Wie lange dauert eine Konsultation ?
Beim ersten Mal etwa eine Stunde, später 15–30 Minuten.

Wie viele Sitzungen sind nötig?
Bei leichten Beschwerden ein bis zwei, bei langandauernden Krankheiten kann pro Jahr mit einem Monat Behandlungszeit gerechnet werden.

Schmecken die Heilmittel unangenehm?
Obwohl viele Mittel Lakritze oder Honig enthalten, bleiben einige doch unangenehm.

Gibt es Nachwirkungen?
Wenn die pflanzlichen Heilmittel vorsichtig und unter Anleitung eines Experten angewendet werden, gibt es sehr selten Nachwirkungen.

STANDARDTESTS

Die Therapeuten führen ähnliche Tests durch wie die konventionellen Ärzte.

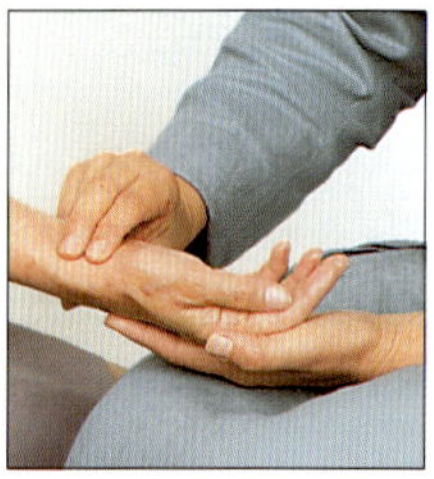

Am Handgelenk *wird der Pulsschlag gemessen*

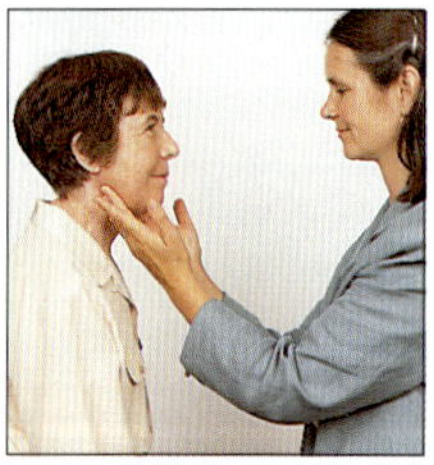

Die Lymphknoten *werden auf Schwellungen überprüft*

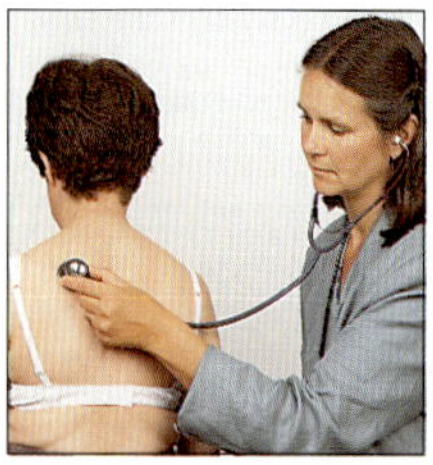

Lunge *und Herz werden mit einem Stethoskop abgehört*

DIAGNOSE

Die Therapeutin wird die Diagnose aufgrund der Untersuchung der Körpersysteme stellen. Wichtig sind dabei die Verdauung, die Atmung, der Kreislauf und die Ausscheidung der Abfallprodukte, die auf eine Schwäche als Ursache der Krankheit hinweisen könnten. Die Pflanzenheilmittel sollen die Selbstheilungskraft des Körpers stimulieren

Die Therapeutin notiert sich alle Details aus dem Leben der Patientin

Die Haut und der Gesichtsausdruck können Hinweise geben auf den Gesundheitszustand

VORSICHT!

- Fragen Sie einen qualifizierten Pflanzenheilkundler, bevor Sie Pflanzenmittel mit konventionellen Medikamenten kombinieren. Setzen Sie kein Medikament ab, ohne Ihren Arzt zu fragen
- Fragen Sie einen Heilkundler, wenn Sie schwanger sind oder unter Herzbeschwerden, Bluthochdruck oder grünem Star leiden
- Epilepsie und insulinabhängige Diabetes sollten mit konventioneller Medizin behandelt werden
- Siehe auch Seite 52

DIE ZUBEREITUNG PFLANZLICHER HEILMITTEL

Die medizinischen Teile der Pflanze können auf sehr verschiedene Weise zubereitet werden, die häufigsten werden hier erklärt. Aufgüsse und Sude sollten innerhalb eines Tages verwendet werden, Tinkturen können bis zu zwei Jahre, Öle, Cremes und Salben einige Monate aufbewahrt werden.

SUDE

Hartes Pflanzenmaterial, wie Rinde, Wurzeln und Beeren, wird in Wasser aufgekocht, frisch oder getrocknet, einzeln oder zusammen. Der Sud wird warm oder kalt getrunken.

1 Die Pflanzenteile werden mit Wasser bedeckt und zum Kochen gebracht. Danach läßt man sie sieden, bis die Flüssigkeit auf ein Drittel reduziert ist

2 Die Flüssigkeit wird in eine Karaffe gesiebt, bedeckt und an einem kühlen Platz aufbewahrt

TINKTUREN

Durch das Einweichen der Pflanze in Wasser und Alkohol werden die Wirkstoffe extrahiert und konserviert. Es können mehrere Tinkturen zusammen mit Wasser eingenommen werden.

1 Pflanzen zwei Wochen in Alkohol und Wasser einweichen, durch ein Tuch in eine Weinpresse sieben

2 Die Flüssigkeit wird in eine Karaffe gepreßt und danach in dunkle Flaschen gegossen – Aufbewahrung bis zu zwei Jahren. Die Pflanzenreste werden weggeworfen

AUFGÜSSE

Der Aufguß wird hergestellt wie Tee. Die Blätter und Blüten werden aufgegossen und warm oder kalt, als Medizin oder als wohlschmeckendes Getränk getrunken.

1 Pflanzen in einer Teekanne mit kochendem Wasser aufgießen. Teekanne mit dem Deckel verschließen und 10 Minuten ziehen lassen

2 Der Aufguß wird durch ein Teesieb in die Tasse gegeben. Zum Süßen kann Honig verwendet werden. Der Rest wird in eine Karaffe gegossen und an einem kühlen Platz aufbewahrt

AUFGEGOSSENE ÖLE

Heilpflanzen in Öl aufgießen, um ihre fettlöslichen Wirkstoffe zu gewinnen. Heiße Aufgüsse durch Sieden herstellen, kalte im Sonnenlicht. Sie werden verwendet für Massagen, Cremes oder Salben.

1 Gehackte Kräuter und Öl in einer Glasschüssel in kochendes Wasserbad stellen. Dort 2–3 Stunden leicht sieden lassen

2 Man läßt die Mischung erkalten, siebt sie durch eine Weinpresse und gießt den Ölaufguß dann durch einen Trichter in dunkle Flaschen ab; diese werden gut verschlossen

CREMES

Zur Herstellung einer Creme Wasser langsam mit Öl oder Fett verrühren. Die Cremes ziehen in die Haut ein und lassen sie atmen. Cremes sollten luftdicht im Kühlschrank aufbewahrt werden.

1 Wachs in einer Glasschüssel im kochendem Wasserbad schmelzen. Kräuter, Glyzerin und Wasser einrühren und ca. 3 Stunden sieden lassen

2 Kräutermischung durch eine Weinpresse oder ein feinmaschiges Tuch gießen und rühren, bis sie kalt ist und sich setzt

3 Danach die Creme mit einem kleinen Spatel in dunkle Glasbehälter abfüllen

SALBEN

Die Salben werden aus heißen Ölen oder Fetten mit Heilpflanzen hergestellt. Sie bilden eine Schutzschicht auf der Haut und schützen vor Feuchtigkeit, z. B. bei aufgerissenen Lippen.

1 Olivenöl, Bienenwachs und die getrockneten Kräuter in einer Glasschüssel im kochenden Wasserbad sieden

2 Durch ein feinmaschiges Tuch die Mischung in eine Karaffe sieben und die Flüssigkeit sammeln

3 Die geschmolzene Heilsalbe schnell in dunkle Glasbehälter gießen und auskühlen lassen. Deckel aufsetzen

VERABREICHUNG DER HEILMITTEL

Die meisten Kräuterkundler haben eine eigene Apotheke, in der sie die Heilmittel für jeden einzelnen Patienten zubereiten. Das Medikament kann aus einer einzigen Pflanze oder aus mehreren bestehen. Die Heilkräuter werden meist in Alkohol angesetzt als Tinktur verabreicht (siehe unten). Heilmittel für die innere Anwendung sind Tabletten, Aufgüsse oder Sude, für die äußere Anwendung benutzt man Cremes, Lotionen, Öle und Salben.

__Tinkturen werden hergestellt__, indem frische oder getrocknete Heilkräuter in Alkohol gelegt werden, damit die Wirkstoffe sich lösen. Die Gläser werden 14 Tage dunkel und kühl gestellt, bevor die Tinktur extrahiert wird

__Nach der Extraktion__ kann die Tinktur in sterilisierten, dunklen Gläsern bis zu zwei Jahren aufbewahrt werden. Hier mißt die Therapeutin die Dosis für eine Patientin ab. Man kann die Tinkturen auch selbst herstellen (siehe S. 137)

ARTHRITISBEHANDLUNG

Arthritis ist meist ein Alterungsprozeß, kann aber auch durch schlechte Verdauung oder mangelhaften Abbau von Abfallprodukten verursacht werden und äußert sich in steifen und entzündeten Gelenken. Ein traditionelles Heilmittel für geschwollene und schmerzende Gelenke ist eine Packung aus Kohlblättern. Die Kohlblätter werden in heißem Wasser blanchiert, bis sie weich sind, dann ausgedrückt und auf der betreffenden Stelle mit Gaze oder Baumwollbinden befestigt. Die Packung wird nach 2–4 Stunden wieder entfernt.

Der Therapeut kann aber auch einen Aufguß oder eine Tinktur für die innere Anwendung verschreiben. Zu den entgiftenden Heilpflanzen gehören entwässernde Selleriesamen oder bittere Kräuter wie Teufelskralle, die die Verdauung anregen.

__Kohlblätter__ wirken entzündungshemmend und helfen, Abfallprodukte des Körpers abzubauen

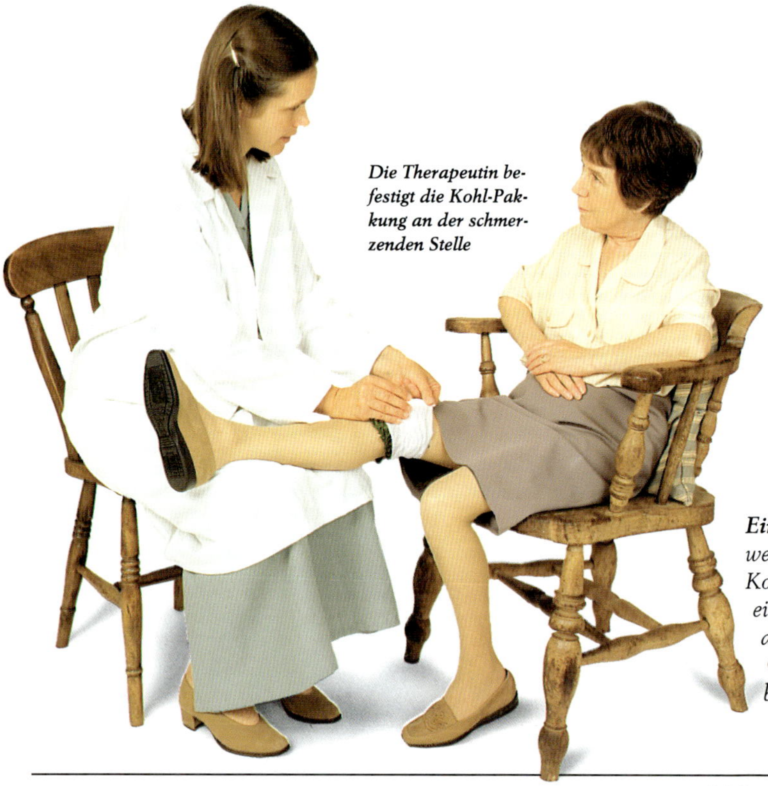

Die Therapeutin befestigt die Kohl-Packung an der schmerzenden Stelle

__Eine Packung__ aus weichen, blanchierten Kohlblättern wird mit einer Gazebinde auf dem arthritischen Gelenk der Patientin befestigt

Patientenerfahrung

Marilyn, 48 Jahre alt, ging zum ersten Mal zur Kräuterkundlerin, als ihre Periode ausblieb. „Sie löste das Problem, und als ich vier Jahre später Hitzewallungen bekam, ging ich wieder hin. Während der Arbeit war mir heiß, ich schwitzte, und nachts wachte ich öfter in Panik auf. Die Therapeutin gab mir ein Mittel, das ich drei Wochen lang nahm, aber es nützte nichts. Sie korrigierte es, und seitdem ist es viel besser geworden. Das Medikament enthielt Salbei, Echtes Herzgespann, Lakritze und Johanniskraut und schmeckte fürchterlich, aber ich bin froh, daß ich mich nicht mit synthetischen Hormonen vollgepumpt habe."

SELBSTHILFE

Sehr komplexe oder starke pflanzliche Arzneimittel sollten von Experten zubereitet werden, aber es gibt sehr viele Produkte – wie Tinkturen, Öle, Salben, Cremes, Tabletten, Kapseln und Tees –, die für die Selbstbehandlung allgemeiner Erkrankungen geeignet sind.

Die moderne Massenproduktion und die standardisierten Techniken garantieren eine gleichbleibende Zusammensetzung der Wirkstoffe. Sie werden in Drogerien, Apotheken und Bioläden angeboten. Lassen Sie sich bei der Auswahl vom Apotheker beraten, und befolgen Sie die Dosierungsanweisungen genau. Eine ganzheitliche Einstellung zur Gesundheit ist sehr wichtig, und auf richtige Ernährung, Lebensweise und Körperübungen sollten Sie achten.

ARZNEIMITTEL BEI ARTHRITIS

Eine Tinktur *aus Teufelskralle und Selleriesamen wirkt gut bei Arthritis. Die Selleriesamen haben eine entgiftende Wirkung, und Teufelskralle hemmt Entzündungen und regt das Verdauungssystem an*

Ätherische Öle *aus Rosmarin, Majoran und Lavendel helfen bei Entzündungen und werden in schmerzende Gelenke einmassiert. Ätherische Öle sollten vor Gebrauch immer in einem Trägeröl (z. B. Sonnenblumenöl) gelöst werden, um Reizungen zu vermeiden*

Durch Massage werden die Öle sanft in die Haut eingerieben

ERSTE HILFE MIT PFLANZEN

Pflanzliche Arzneimittel sind bei kleineren Unfällen und Erkrankungen so wirksam wie pharmazeutische Produkte. Die folgenden Heilpflanzen und Arzneimittel sind in der Hausapotheke sehr nützlich und werden in Drogerien, Apotheken und Reformhäusern angeboten. Überprüfen Sie vor dem Gebrauch die Dosis, und lesen Sie die Packungsbeilage. Weitere hilfreiche Arzneimitttel sind Fieberkrautkapseln bei Migräne, Ulmus-fulva-Tabletten bei Magenproblemen, Myrrhentinktur bei rauhem Hals und Teebaumöl bei Schnittwunden, Blasen, Pickeln und Insektenstichen.

Schwarzwurz *wirkt beruhigend, heilend und adstringierend, hilft bei Wunden, Verbrennungen, Verrenkungen, Quetschungen und Brüchen*

Lavendel *wirkt antiseptisch und beruhigend. Die Tinktur hilft bei Schlaflosigkeit, das Öl bei Verbrennungen, Insektenstichen und Kopfschmerzen*

Ringelblume *wirkt antiseptisch und heilend. Öl und Salbe helfen bei entzündeter Haut, Quetschungen, Wunden und Verbrennungen; der Aufguß bei Verdauungsproblemen und Infektionen*

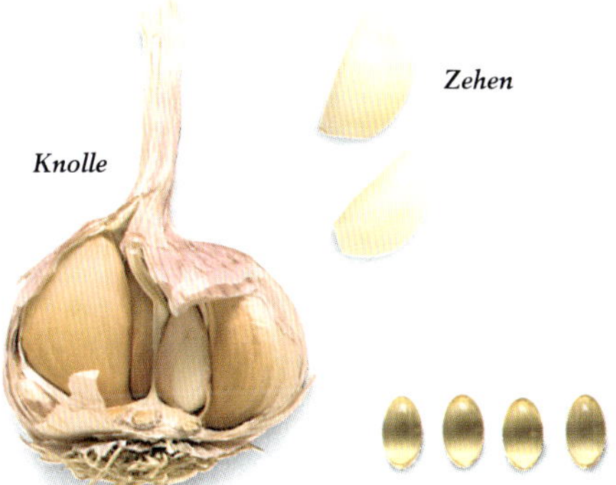

Knoblauch *wirkt antibiotisch und wird als Kapsel bei Erkältungen, Husten, Schnupfen und Verdauungsproblemen genommen. Die Zehen helfen bei Akne oder als Ölaufguß bei Ohrenschmerzen*

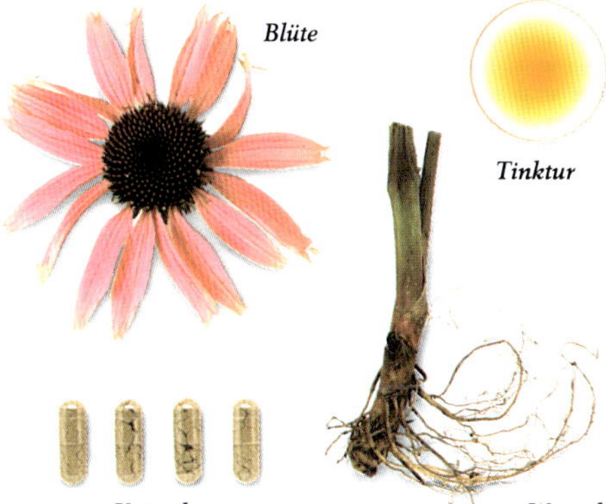

Echinacea *wirkt antibiotisch und regt das Immunsystem an. Zubereitungen aus der Wurzel helfen bei Infektionen jeder Art und bei Erkältungen, Grippe und bei rauhem Hals*

Chinesische Pflanzenheilkunde

Bewertung

- Forschung
- Fachurteil
- Therapeut
- Selbsthilfe
- Verträglichkeit

Die Traditionelle Chinesische Medizin (TCM) ist ein sehr altes Heilsystem, in dem die Diagnose aufgrund individueller Symptome gestellt und nicht nur nach dem Namen einer bekannten Krankheit gesucht wird – darin unterscheidet sie sich sehr von der westlichen Medizin. Die chinesische Pflanzenheilkunde ist nur ein Element dieser Medizin, die sehr viele Therapien umfaßt, von Akupunktur bis zum Qi Gong (siehe S. 90 und S. 99). Die Akupunktur ist im Westen zwar besser bekannt, in China spielt die Pflanzenheilkunde aber eine bedeutendere Rolle.

Anwendung

- Ekzeme, Psoriasis und andere Hautbeschwerden
- Migräne
- Frauenkrankheiten, einschließlich PMS
- Unbestimmte Schmerzen
- Müdigkeit, CMS
- Verdauungsprobleme, wie Reizdarm

Die chinesische Pflanzenheilkunde *ist wie Qi Gong, Tai Chi, Akupunktur und Akupressur Teil des ganzheitlichen traditionellen chinesischen Gesundheitssystems*

Geschichte

Das *Nei Jing* (Klassiker der inneren Medizin), verfaßt 200 v.–100 n.Chr., ist die erste bekannte Schrift über die Prinzipien der Traditionellen Chinesischen Medizin. Sie ist in Dialogform zwischen dem Gelben Kaiser, der als der Vater der TCM gilt, und seinem Nachfolger Ji Buo gehalten. Betont werden die wichtigsten Punkte der chinesischen Philosophie des Taoismus: Mäßigkeit, Gleichgewicht und Harmonie. In Zusammenfassungen wie dem *Shen Nong Bencaojing* (Klassische Wurzeln und Kräuter des Shen Nong), finden sich die ersten Beschreibungen von pflanzlichen Arzneimitteln.

Das Pulsmessen *ist die wichtigste Diagnosemethode der TCM; bei weiblichen Patienten war dem Arzt früher nichts weiteres gestattet*

Die erste Enzyklopädie der chinesischen Kräuter, das *Bencao Gangmu* (Grundlagen der Wurzel- und Kräuterstudien) wurde von Li Shizhen im 16. Jh. verfaßt. Aus dieser Zeit stammen auch die ersten Anwendungen für den Hausgebrauch.

Die westliche Medizin, eingeführt von Missionaren im 16. Jh., drängte die TCM etwas in den Hintergrund; nach der Gründung der Volksrepublik im Jahr 1949 wurden Pflanzenheilkunde, Akupunktur und andere medizinische Fähigkeiten wieder gefördert. In China wird TCM an der Universität gelehrt und parallel zu westlichen Methoden an allen Krankenhäusern praktiziert.

Grundsätzliches

Ganzheitlichkeit, das Konzept desYin und Yang und der Fünf Elemente sind die drei wichtigsten Prinzipien der TCM.

Die TCM betrachtet den Körper ganzheitlich; lokale Beschwerden wirken auch an anderen Stellen, und die Behandlung eines spezifischen Problems hilft dem ganzen Körper. Durch den Körper verlaufen die Meridiane, ein Netzwerk von Kanälen, die das Qi (die „Lebensenergie“, S. 91) transportieren. Die Körperorgane werden von den „Lebenssubstanzen“ ernährt: Qi, Blut, Körperflüssigkeiten und „Nierenessenzen“, die über Wachstum und Sexualität herrschen und die Konstitution jedes einzelnen bestimmen.

Yin („Mond“oder „bedeckt“) und Yang („Sonne“ oder „Sonnenschein“) symbolisieren gegensätzliche, aber sich ergän-

Pflanzliche Heilmittel *werden in China auch in Straßenapotheken angeboten. Zu den Pflanzenmitteln zählt man auch Substanzen tierischen oder mineralischen Ursprungs*

zende Kräfte in der Natur (siehe gegenüber u. S. 91). Jede Kraft wird zur Gegenkraft, so wie der Tag zur Nacht wird; durch die eine kann die andere definiert werden: ohne Tag wüßten wir nicht, was Nacht ist. Wird diese Dynamik des Yin und Yang im Körper gestört, können Krankheiten und emotionale Probleme auftauchen. Als Störfaktoren gelten: Infektionen, Unfälle, Vergiftungen, schlechte Ernährung, Jahreszeit und Wetter.

Yin und Yang können weiter unterschieden werden durch Inneres (Yin)/Äußeres (Yang) Mangel (Yin)/Übermaß (Yang) und kalt (Yin)/heiß (Yang). Diese Kategorien bestimmen wiederum acht Grundprinzipien, denen Krankheitssymptome zugeordnet werden. Ein langsamer Puls ist ein „kaltes“ Symptom, durch das Behandlungsprinzip „die Kälte zerstreuen“ werden Yin und Yang wieder ins Gleichgewicht gebracht.

Ein weiteres Grundprinzip der TCM sind die Fünf Elemente – Feuer, Erde, Metall, Wasser und Holz. Die Qualitäten, die durch diese fünf Elemente symbolisiert werden, können auf alles im Universum, auch auf die Organe, angewendet werden. Das chinesische Konzept eines Organs ist weiter gefaßt als in der westlichen Denkweise. So wie ein Element ein anderes unterstützt oder hemmt (Wasser

DIE THEORIE DER CHINESISCHEN MEDIZIN

Während in der westlichen Medizin zuerst nach den Symptomen und dann nach den Ursachen gesucht wird, betrachtet die TCM die Symptome als ein „Zeichen des Ungleichgewichts". Yin/Yang und die Theorie der Fünf Elemente helfen, die richtige Behandlungsmethode zu finden.

YIN & YANG

Yang-Organe (unten links) „leiten" Energie – akuter Schmerz, Krämpfe und Kopfschmerzen weisen hin auf zuviel Yang. Yin-Organe (unten rechts) „sammeln" Energie – dumpfer Schmerz, Kälte und Müdigkeit sind Zeichen für zuviel Yin. Meist sind die Yin/Yang-Symptome gemischt, der Therapeut muß diese Zeichen deuten können. Yin und Yang werden traditionell als durchbrochene und durchzogene Linien, als Triagrame, gekennzeichnet (siehe unten).

YANG
HÖCHSTER ZUSTAND *Himmel*
KÖRPERTEILE: *Hinten*
Körperoberfläche
Dickdarm
Dünndarm
Gallenblase
Magen
Blase

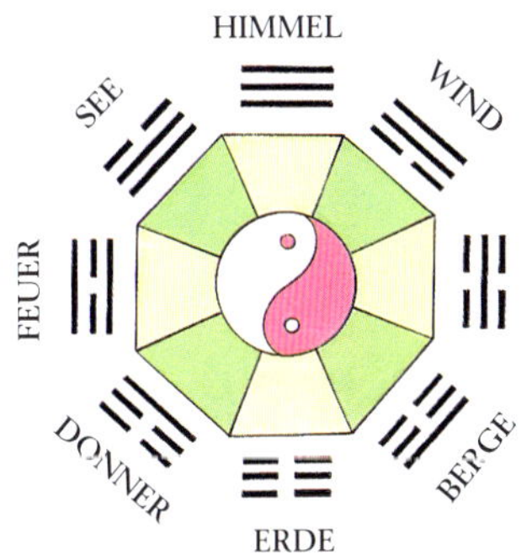

YIN
HÖCHSTER ZUSTAND *Erde*
KÖRPERTEILE: *Vorne*
Innere Organe
Lunge
Herz
Leber
Nieren
Milz

Durchzogene Linien symbolisieren Yang; drei Linien stehen für das höchste Yang oder Himmel.

Durchbrochene Linien sind Yin; drei Linien stehen für das höchste Yin oder Erde

DIE FÜNF ELEMENTE

Zu jedem Element gehören ein Yin-Organ und ein Yang-Organ, bestimmte Geschmacksrichtungen, Emotionen und Jahreszeiten. Qualitäten des gleichen Elements unterstützen sich gegenseitig. Zur Behandlung der Leber, einem Yin-Organ mit dem Element Holz, werden sauer schmeckende Pflanzen verordnet, da „sauer" dem Holz zugeordnet wird.

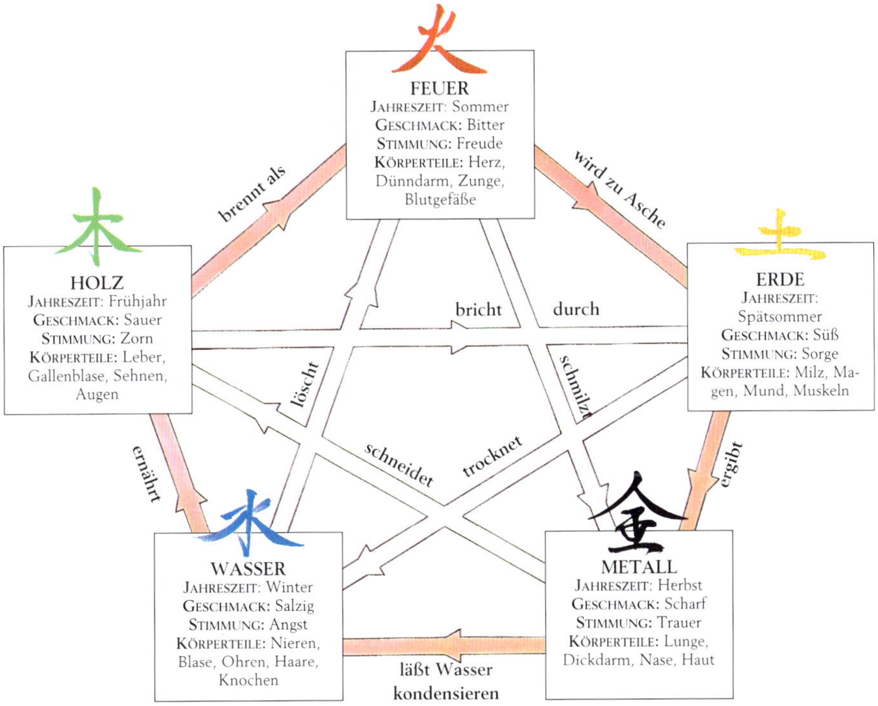

löscht Feuer, Feuer schmilzt Metall), kann auch ein Organ das andere beeinflussen. Die Nieren (Wasser) kontrollieren das Herz (Feuer); das Herz kontrolliert die Lungen (Metall).

Die pflanzlichen Heilmittel sollen diese Kräfte im Körper wieder ausgleichen. Die Heilpflanzen werden je nach Geschmack in die fünf Wirkungskategorien eingeordnet: süß, sauer, bitter, scharf und salzig. Auch die gegensätzlichen Qualitäten von Yin/Yang, also heiß und kalt, stehen in Verbindung mit der Wirkung der verschiedenen Heilpflanzen: Scutellaria baicalensis (Huang Quin) ist z. B. eine bittere „kalte" Pflanze und wirkt fiebersenkend.

Jede Pflanze wirkt in bestimmten Organen und Meridianen mit verschiedenen „Tendenzen": fließend und sickernd, ansteigend oder absinkend. Eine Pflanze mit einer „steigenden" Wirkung wird bei einer „sinkenden" Krankheit wie Durchfall verwendet.

NACHWEIS & FORSCHUNG

In China wurde viel geforscht. Im Westen ist der kürzliche Erfolg chinesischer Heilpflanzen relevant, der 1992 im *British Journal of Dermatology* beschrieben wurde. Dr. David Atherton und Dr. Mary Sheehan, Fachärzte für Dermatologie im Kinderkrankenhaus in London, führten eine Studie an 47 Kindern mit einem schweren, atopischen Ekzem durch.

Zwei chinesische Heilkundler ermittelten entsprechende Kräuterrezepte. Die Ekzeme der meisten Kinder wiesen nach vier Wochen eine 60%ige Heilung ohne Nebenwirkungen auf (bleibt nur die Befürchtung, daß einige Pflanzen eventuell die Leber beeinträchtigen).

Ein weiterer Versuch mit atopischen Hauterkrankungen bei Erwachsenen am Royal Free Hospital in London, der 1992 in *The Lancet* veröffentlicht wurde, bestätigte dieses Ergebnis.

FACHURTEIL

Obwohl durch Versuchsergebnisse wie die oben beschriebenen Interesse geweckt wurde, ist es schwer für konventionelle Ärzte Konzepte wieYin, Yang und Qi zu akzeptieren. Einige Arzneimittelfirmen versuchen chinesische Heilpflanzen zu vermarkten, aber viele Ärzte sorgen sich um mögliche Nebeneffekte (S. 142).

KONSULTATION EINES THERAPEUTEN

Der erste Besuch kann eine Stunde dauern. Ihre Gesundheit wird mit den „Vier Untersuchungen" der TCM geprüft:
Schauen: Der Therapeut untersucht alle sichtbaren Zeichen des Gesundheitszustandes, vor allem die Zunge (siehe rechts und S. 193), den Hautton, das Haar und die Bewegungen.
Hören und Riechen: Stimme und Atem werden auf Geräusche überprüft, besondere Körpergerüche werden notiert.
Fragen: Gefragt wird nach Familiengeschichte, Gewohnheiten, Körperfunktionen und nach Krankheitssymptomen.
Pulsfühlen und Tasten: Der Puls wird nach Qualität, Rhythmus und Stärke überprüft (S. 192). Schmerzende Stellen werden durch Tasten untersucht (rechts).

Die Diagnose wird gestellt aufgrund spezifischer Zeichen eines Ungleichgewichts. Während ein westlicher Arzt sich häufig mit dem Bluthochdruck befaßt, legt der TCM-Therapeut mehr Wert auf Faktoren wie Puls, Zustand der Zunge, der Zähne und des Urins sowie Eß- und Schlafgewohnheiten. Aufgrund dieser Diagnose wird er dann ein pflanzliches Heilmittel, evtl. in Kombination mit Akupunktur, verschreiben, das ganz individuell abgestimmt ist.

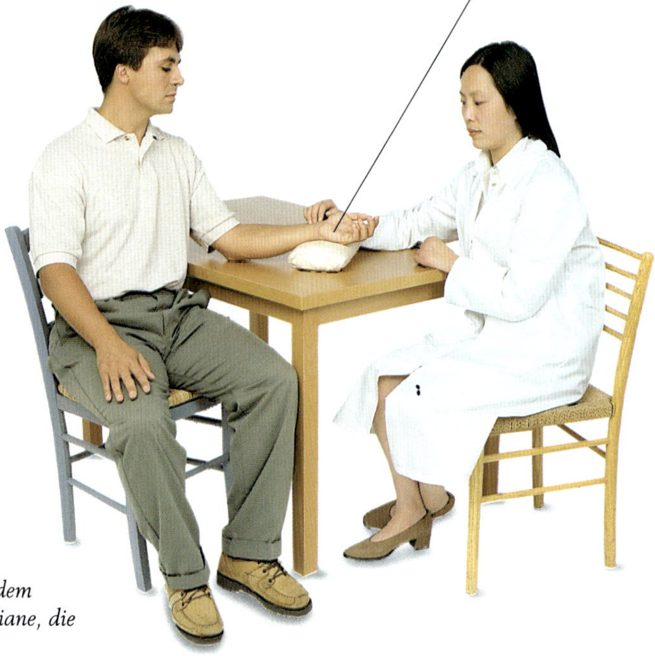

Nur durch das Tasten werden 28 verschiedene Pulse bestimmt, wie z. B. „tief" oder „schlüpfrig"

PULSMESSEN
Die TCM kennt drei verschiedene Pulspunkte auf jedem Handgelenk. Die Stellen beziehen sich auf die Meridiane, die Energiekanäle, durch die das Qi fließt (siehe S. 91).

STANDARDTESTS

Beim ersten Besuch eines Therapeuten der TCM werden vier Untersuchungsmethoden angewendet, hier sind zwei beschrieben:

Die Zunge *gibt wichtige Hinweise auf die Krankheit*

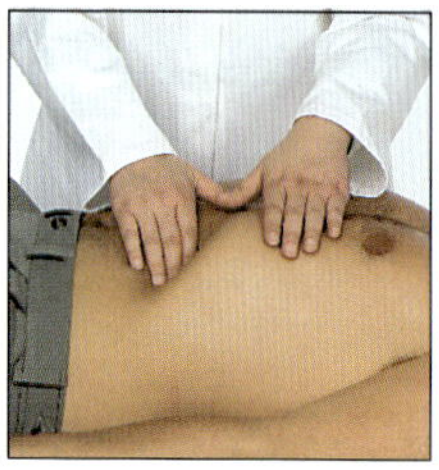

Tasten *sagt etwas über die Festigkeit des Körpers aus*

GEBRAUCH VON CHINESISCHEN HEILPFLANZEN

In der TCM werden die Pflanzen selten einzeln, sondern meist als Mischung – meist 10–15 Kräuter – für eine bestimmte Störung verordnet. Jede Heilpflanze in der Mixtur hat eine bestimmte Funktion und wird durch Geschmack und Temperatur (S. 141) klassifiziert. Die Therapeuten wenden meist ein Grundrezept an und fügen dann Pflanzen hinzu, die dem Alter, der Konstitution und den Störungen entsprechen. Die Heilmittel werden meist als Tee verordnet, es können aber auch Pillen, Pulver, Pasten, Salben, Cremes und Lotionen verschrieben werden.

VORSICHT!

- Konsultieren Sie nur einen Kräuter-Therapeuten mit qualifizierter Ausbildung
- Bei Schwangerschaft oder Leberkrankheiten wie Hepatitis vor einer Kräutertherapie ärztlichen Rat einholen!
- Siehe auch Westliche Kräuterkunde (siehe S. 136) und Seite 52

Diese chinesische Therapeutin hat die Wahl unter fast 6000 Heilpflanzen, einigen Substraten mineralischen und animalischen Ursprungs und hundert verschiedenen Rezepten, die alle Teil des traditionellen chinesischen Arzneimittelvorrats sind

BEHANDLUNG VON EKZEMEN

Laut TCM werden Ekzeme hervorgerufen durch zuviel „Hitze“ (Yang). Um die Harmonie wiederherzustellen, wird mit „kühlenden“ (Yin) Heilpflanzen behandelt, wie z. B. Rehmannia (Bai Xian Pi), Bambusblätter und weiße Gerste – als Pillen, Pulver oder Aufguß der getrockneten Pflanzen. Trockene, flockige Ekzeme weisen auf einen Überschuß an „Windhitze“ hin (Wind, Kälte, Feuer, Feuchtigkeit, Trockenheit und Sommerhitze sind die „sechs bösartigen Einflüsse“ – Umweltfaktoren, die eine Krankheit hervorrufen). Es kann auch eine Salbe für zu Hause verordnet werden. Bei nässenden Ekzemen („feuchte Hitze“), wird eine Kräuterkompresse gemacht. In beiden Fällen würde der Therapeut empfehlen, kein scharfes Essen, keinen Alkohol und keine „erhitzende Nahrung“ wie Rind und Lamm zu sich zu nehmen, sondern „kühlende“ Nahrung wie Melone, Gurke und Süßwasserfische.

***Ekzeme** behandelt man mit Pillen, Pulvern, Suden, Salben und Waschungen*

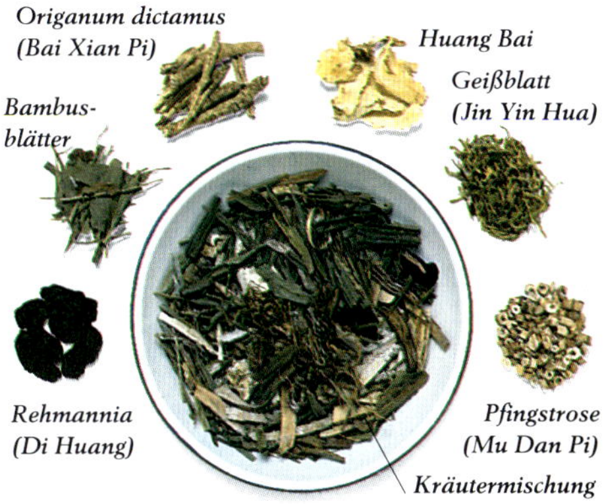

***Ein pflanzliches Arzneimittel** für die Behandlung von Ekzemen kann die oben abgebildeten Zutaten enthalten. Oft wird ein Standardrezept verwendet und je nach Patient abgewandelt*

***Anwendung von Kompressen:** Baumwollgazebinden werden in einem Kräuteraufguß getränkt und bei juckenden, nässenden Ekzemen auf die Haut gelegt*

IHRE FRAGEN

Wie lange dauert eine Sitzung?
Die Erstuntersuchung dauert ca. eine Stunde, die nachfolgenden 30 Minuten.

Wie oft werde ich hingehen müssen?
Bei langanhaltenden und wiederkehrenden Erkrankungen kann die Behandlung einige Monate dauern, mit Sitzungen alle 4–6 Wochen. Manchmal tritt Besserung nach der ersten Sitzung auf.

Schmecken die Mittel unangenehm?
Chinesische Tees können für den westlichen Geschmack unangenehm sein.

Gibt es Nachwirkungen?
In wenigen Fällen treten Allergien auf. Bei Übelkeit, Durchfall oder grippeähnlichen Symptomen nach der Einnahme sollten Sie sofort Ihren Therapeuten anrufen.

Patientenerfahrung

Anja, 48 Jahre alt, litt unter Migräne und hatte eine Brustoperation hinter sich: „Nach der Operation wollte ich meinen Körper von den Chemikalien reinigen. Ein Nebeneffekt der Behandlung war Arthritis, die sich jeder Behandlung widersetzte. Die chinesische Ärztin korrigierte die Kräuter jede Woche. Es ging mir nicht sofort besser – zuerst stellte ich fest, daß die Kopfschmerzen nachließen. Vor drei Monaten fühlte ich mich um 80 Prozent besser, jetzt, ein Jahr nach Behandlungsbeginn, sind es 99,9 Prozent. Sie gab mir immer die Kräuter für eine Woche und achtete streng darauf, wie ich sie einnahm. Sie schmecken etwas bitter oder sauer, wie Hustensaft. Bei der Einnahme fühle ich, daß etwas passiert. Die Arthritis ist geheilt, und jetzt arbeitet sie an meinem Immunsystem.“

SELBSTHILFE

Die Kräutertees, Pillen, Salben und Tinkturen, in denen „stärkende“ chinesische Kräuter wie Ginseng verwenden werden, können rezeptfrei in der Drogerie, in Kräutergeschäften oder in Apotheken gekauft werden. Sie sind aber sicher nicht so wirksam wie die individuellen Rezepte, die ein Therapeut aufgrund der Diagnose zusammenstellt.

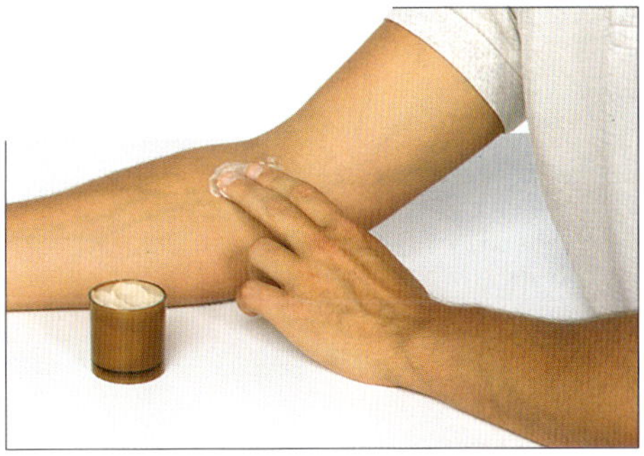

***Cremes und Salben**, die eine fertige Kräutermischung enthalten, können bei kleineren Hautproblemen verwendet werden. Bei langanhaltenden Beschwerden gehen Sie besser zum Arzt*

***Kräutertees** werden für verschiedene Erkrankungen angeboten. Auch eine Überprüfung der erhitzenden oder kühlenden Lebensmittel in Ihrer Nahrung kann hilfreich sein*

AYURVEDA

BEWERTUNG
FORSCHUNG
FACHURTEIL
THERAPEUT
SELBSTHILFE
VERTRÄGLICHKEIT

AYURVEDA, das wichtigste traditionelle, ganzheitliche Heilsystem des indischen Subkontinents, deckt alle Aspekte der Gesundheit ab, indem es das physische, geistige, emotionale und spirituelle Wohlbefinden stärkt. Im Ayurveda ist der Gesundheitszustand abhängig von den drei Doshas oder „Energien", die sich stetig verändern. Durch Reinigungstechniken, Diät, Yoga-Positionen und Atemübungen (siehe S. 108), Massagen und Kräuterarzneien wird das Gleichgewicht der drei Doshas und damit der Gesundheit wiederhergestellt. Heute ist Ayurveda sehr populär.

ANWENDUNG

- Verdauungsprobleme, Magengeschwür
- Herzkrankheiten
- Arthritis
- Allergien, Asthma
- Hautkrankheiten
- Angstzustände, Schlaflosigkeit
- Wundheilung
- Virusinfektionen, speziell Hepatitis

AYURVEDISCHE THERAPEUTEN ***stellen pflanzliche Heilmittel her, um die Doshas der Patienten zu regulieren und deren Gesundheit zu unterstützen***

GESCHICHTE

Ayurveda („Wissenschaft des Lebens" in Sanskrit) wird in Indien seit ca. 2500 v. Chr. praktiziert. Es ist ein umfassendes Heilsystem, vergleichbar mit der Traditionellen Chinesischen Medizin (S. 140). Der Ursprung liegt in den Veden, den antiken Schriften der indischen Heiligen.

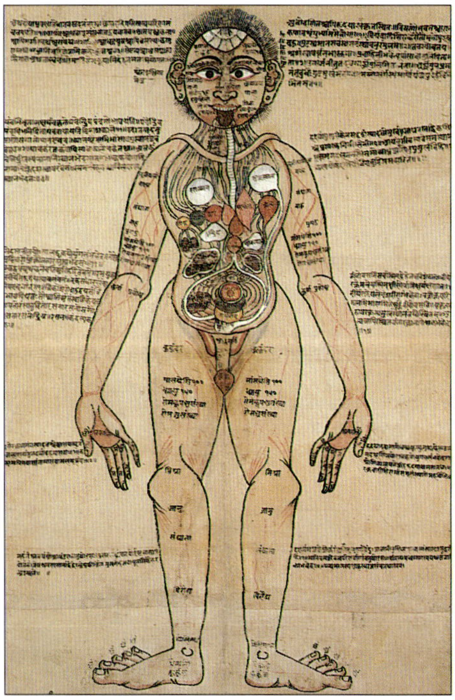

***Diese anatomische Tafel** in Sanskrit stammt aus Nepal, wo Ayurveda seit tausenden von Jahren praktiziert wird*

Ayurveda wurde tausende von Jahren mündlich überliefert und war bis ins 19. Jh. für alle zugänglich. Die britische Kolonialregierung versuchte dieses Gesundheitssystem abzuschaffen, mit dem Resultat, daß es immer mehr schlecht ausgebildete Ärzte gab. Nach der Unabhängigkeit Indiens 1947 begann der Ayurveda wiederaufzuleben. Ein Zentralverband überwacht die Ausbildung und Praxis der Therapeuten und bietet Kurse an, in denen auch das Basiswissen der westlichen Medizin gelehrt wird. In den USA wird vor allem der „Maharishi Ayur-Ved" praktiziert, ein System, das die Nachfolger des Yogi Maharishi Mahesh (siehe S. 174) entwickelt haben.

GRUNDSÄTZLICHES

Der Ayurveda geht von fünf großen Elementen aus – Äther, Luft, Feuer, Wasser und Erde – die in allen Lebewesen vorkommen und sich ständig verändern und miteinander reagieren. Sie können zusammengefaßt werden in den drei Doshas oder Energien (siehe gegenüber), die in wechselnden Proportionen in der gesamten Natur vorhanden sind.

Im menschlichen Körper steigt und fällt der Anteil der Doshas täglich, abhängig von der Nahrung, den Tages- und Jahreszeiten, von Streß und unterdrückten Emotionen. Ein Ungleichgewicht der Doshas unterbricht den Fluß des Prana, der „Lebensenergie", die über Nahrung und Atmung (siehe S. 109) aufgenommen wird, und hemmt Agni, das „Verdauungsfeuer" des Körpers, das Nahrung und Eindrücke verarbeitet. Bei niedrigem Agni werden giftige Substanzen, Ama, produziert, die Ursache von Krankheiten. Wichtig im Ayurveda sind deshalb Ernährung und Entgiftungstechniken, die den Körper über Schweiß, Urin und Stuhl – die drei Malas – von Ama reinigen. Kräuterarzneien, Yoga, Massage und Meditation helfen, die Doshas ins Gleichgewicht zu bringen und das Prana zu erhöhen.

NACHWEISE & FORSCHUNG

In Indien wurde sehr viel zum Ayurveda geforscht. In einem Versuch am Government Medical College in Jammu in den 80er Jahren trat bei 122 von 175 Rheumapatienten nach der Behandlung mit der Heilpflanze Boswellia serrata eine Besserung auf. In einer Studie an der Ohio State University 1990 konnten durch die Behandlung mit einer Maharishi Ayur-Ved-Heilpflanze, die Antioxidationsmittel enthalten soll, Tumoren bei Ratten reduziert werden. Eine Studie der Federation of American Societies of Experimental Biology fand heraus, daß durch Panchakarma (siehe S. 147) Cholesterin und Angstzustände bei Herzpatienten reduziert werden konnte.

FACHURTEIL

Viele westliche Ärzte akzeptieren inzwischen, daß sie die medizinischen Systeme anderer Kulturen nicht unbeachtet lassen können. Die ayurvedischen Heilpflanzen werden seit Jahrhunderten im Alltag „getestet", Qualität und Wirkung können jedoch nicht garantiert werden, da kaum wissenschaftlich geforscht wurde. Die Betonung der Gesundheitsvorsorge und die Ansicht, daß Krankheit durch falsche Ernährung und Lebensweise verursacht wird, wird eher akzeptiert als einige Behandlungen.

DIE THEORIE DER DOSHAS

Die Doshas sind drei sich stetig verändernde Energiequalitäten, die alles auf der Erde definieren. Jedes ist zusammengestellt aus zwei der fünf großen Elemente des Ayurveda: Vata besteht aus Luft und Äther, Pitta aus Feuer und Wasser und Kapha aus Wasser und Erde. Obwohl die Doshas nicht körperlich gemessen werden können, gibt es doch spezielle Eigenschaften, die sie in Lebewesen und Umgebung erkennen lassen.

KONSTITUTIONELLE TYPEN

Jeder Mensch hat eine einzigartige Kombination der Doshas, Prakriti genannt, die durch die Doshas der Eltern bei der Zeugung bestimmt werden. Die körperlichen Stärken und Schwächen, die intellektuellen Fähigkeiten und die Persönlichkeit werden von einem oder zwei Doshas beherrscht.

AUSGLEICHEN DER DOSHAS

Eine vollkommene Gesundheit kann nur erreicht werden, indem ein Überschuß der Doshas „ausgeglichen" wird und Schwankungen vermieden werden. Jedes Dosha hat einen „Sitz" im Körper, der kleinere Überschüsse ausgleichen kann; Krankheiten entstehen, wenn dieser Sitz überlastet ist.

VATA

- **Vata-Typen** *sind entweder groß oder klein und schlank. Sie sind kreativ, bewegen sich nervös und vergeuden leicht Energie*
- **Vorherrschendes Element:** *Luft, Äther*
- ***Sitz von Vata:*** *Dickdarm*
- ***Gleiche Qualitäten mit Kapha:*** *Kälte*
- ***Geschmack, der Vata erhöht:*** *scharf, bitter, adstringierend*
- ***Geschmack, der Vata beruhigt:*** *süß, sauer, salzig, feuchtes wärmendes Essen wie Schmortöpfe*

Die Jahreszeiten von Vata sind Herbst und früher Winter

Vata sitzt im Dickdarm

Karotten beruhigen erhöhtes Vata

PITTA

- ***Pitta-Typen*** *sind normal proportioniert und durchschnittlich groß, sie sind selbstsicher, ehrgeizig, manchmal sehr konkurrenzbetont*
- **Vorherrschendes Element:** *Feuer, Wasser*
- ***Sitz von Pitta:*** *Magen und Dünndarm*
- ***Gleiche Qualitäten mit Vata:*** *Behendigkeit*
- ***Geschmack der Pitta erhöht:*** *sauer, salzig, scharf; rohes Fleisch vermeiden*
- ***Geschmack, der Pitta beruhigt:*** *süß, adstringierend, bitter; kühlende Nahrung, Salate, Hühnchen, Fisch, Tofu und Pilze*

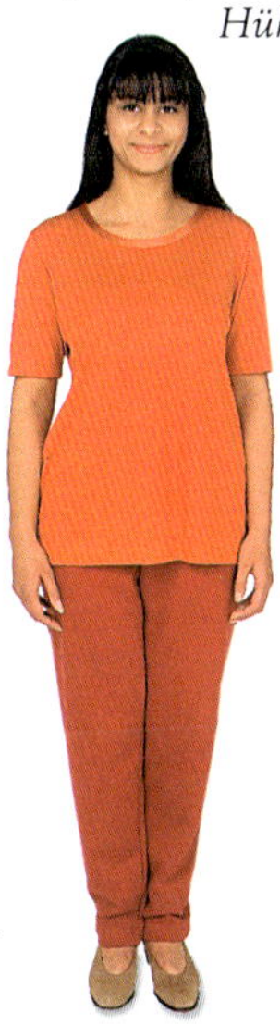

Die Jahreszeit von Pitta ist der Sommer

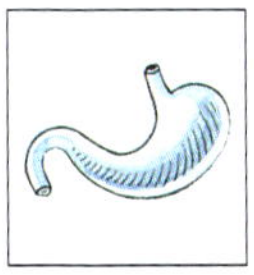

Pitta sitzt im Magen

Pilze beruhigen erhöhtes Pitta

KAPHA

- ***Kapha-Typen*** *sind schwer gebaut und stark, sie bewegen sich langsam, sind stabil und geduldig, aber oft besitzergreifend*
- **Vorherrschendes Element:** *Wasser, Erde*
- ***Sitz von Kapha:*** *Magen und Lungen*
- ***Gleiche Qualitäten mit Pitta:*** *Geschmeidig*
- ***Geschmack, der Kapha erhöht:*** *süß, sauer, salzig, Milchprodukte vermeiden*
- ***Geschmack, der Kapha beruhigt:*** *scharf, bitter, adstringierend, heiße und würzige Nahrung; Äpfel und Birnen, Blattgemüse*

Die Jahreszeit von Kapha ist die Wintermitte

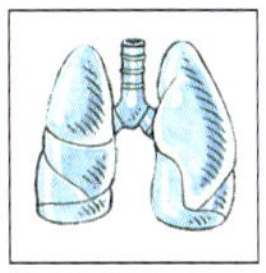

Kapha sitzt in den Lungen

Äpfel beruhigen erhöhtes Kapha

TAGESZEITEN DER *DOSHAS*

Vata, Pitta und Kapha *haben ihren größten Einfluß jeweils im Morgengrauen, am Mittag und am Abend; jedes Dosha hat eine zweite, schwächere Einflußperiode. Heilende Nahrung und Arzneien sollten zur richtigen Tageszeit eingenommen werden, um das entsprechende Dosha zu beruhigen. Eine durch Vata verursachte Krankheit kann morgens schlimmer sein und sollte durch beruhigende Mittel in der Nacht behandelt werden, wenn Kapha – für Ruhe sorgend – ansteigt.*

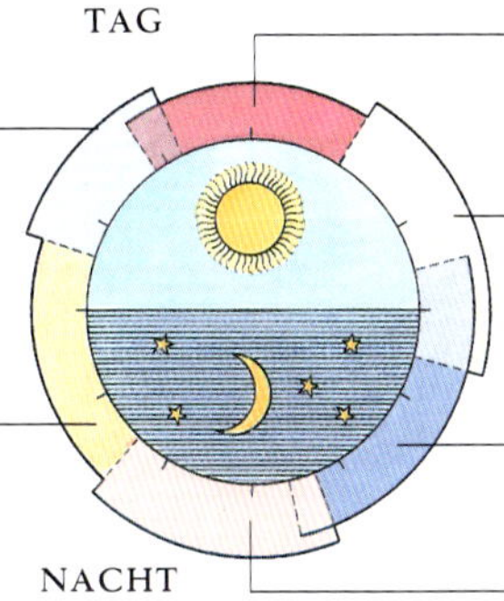

Konsultation eines Therapeuten

Bei Ihrem ersten Besuch bestimmt der Therapeut Ihre Doshas (Tridosha) und mögliche Störungen. Er stellt genaue Fragen nach Ihrer persönlichen und familiären Geschichte, nach Lebensweise, Eßgewohnheiten, Verdauung bis hin zur Arbeitssituation. Wie in der Traditionellen Chinesischen Medizin ist auch hier das Pulsmessen eine wichtige Diagnose.

Der Therapeut mißt an drei Stellen auf dem Handgelenk, die jeweils einem Dosha entsprechen und den Zustand der inneren Organe wiedergeben (S. 192). Er kann auch nach einer Urinprobe aus dem morgendlichen Mittelstrahl fragen und deren Farbe und Geruch überprüfen. Der Therapeut wird Sie bitten, bestimmte Nahrungsmittel zu essen, um die Doshas auszugleichen. Er wird Ihnen je nach Verfassung, Alter, Jahreszeit und Ihrem Konstitutionstyp bestimmte Essenszeiten empfehlen (siehe gegenüber).

Wenn er die Qualifikation hat, pflanzliche Heilmittel zu verschreiben, wird er Ihnen Pflanzen und Mineralien verordnen (siehe gegenüber). Und wenn der Therapeut Sie für kräftig genug hält, wird er mit einer reinigenden und entgiftenden Behandlung beginnen, die Shodan genannt wird, auch bekannt als Panchakarma. Sie beinhaltet Einläufe, Abführmittel, Brechtherapie und Nasenwaschungen (siehe gegenüber). Einige Therapeuten bieten ayurvedische Massagen mit Ölen an.

Diese dauern ungefähr eine Stunde und werden von zwei Masseuren ausgeführt, die auf jeder Seite die Marma-Punkte des Körpers stimulieren (entsprechen den Akupunkturpunkten, S. 91) und den Prana-Fluß verstärken. Er kann auch Chavutti Thirumal anbieten, eine Massage mit den Füßen (S. 115).

Schließlich gibt es noch Rasayana, eine Stärkungstherapie, zu der pflanzliche Arzneimittel, Yoga, Singen, Meditation (Satvajaya) und Sonnenbaden gehören.

Standardtests

Der Therapeut kann mit diesen Diagnosetechniken Ihre inneren Organe überprüfen.

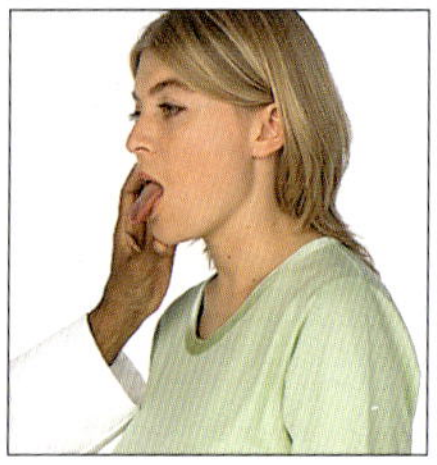

An der Zunge *erkennt er, ob Gifte im Körper vorhanden sind*

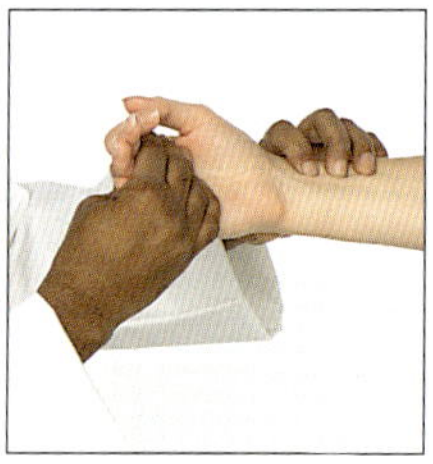

Am Puls *erkennt er den Zustand der Doshas*

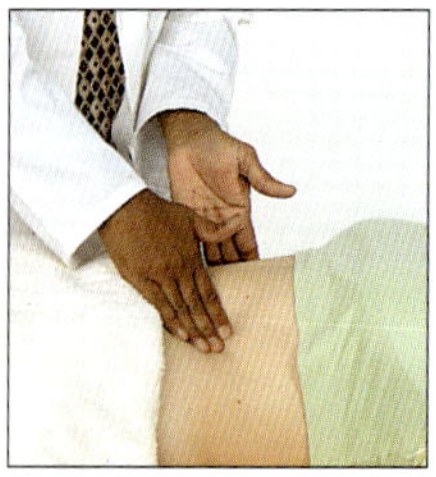

Das Abtasten *gibt Hinweise auf Störungen der Doshas*

Das Einschätzen der Doshas

Die Körperstatur des Patienten und die Art, sich zu bewegen, helfen bei der Diagnose. Auch die Augen und Nägel geben Hinweise auf den Konstitutionstyp. Pitta-Typen haben z. B. funkelnde, leuchtende Augen

Der Therapeut untersucht die Augen der Patientin, um das Gleichgewicht der Doshas einzuschätzen

Ihre Fragen

Wie lange dauert eine Sitzung?
Die erste wird ca. eine Stunde dauern, nachfolgende 15–30 Minuten.

Wie oft werde ich hingehen müssen?
Kleinere Erkrankungen heilen meist nach zwei, drei Sitzungen; bei langanhaltenden Beschwerden müssen Sie wöchentlich über einige Monate zum Therapeuten gehen.

Wird es unangenehm sein?
Kräftige Reinigungsmethoden, wie Einläufe oder Brechtherapien, können kurz unangenehm wirken.

Gibt es Nachwirkungen?
Bei einem erfahrenen Therapeuten dürften keine Nachwirkungen auftreten.

Vorsicht!

- Versichern Sie sich, daß Ihr Therapeut auch die Qualifikation hat, Arzneimittel zu verschreiben
- Vermeiden Sie Einläufe oder andere Reinigungstechniken, wenn Sie schwanger oder älter sind oder wenn Sie Herzprobleme haben. Einläufe sind auch nicht ratsam bei sehr jungen Menschen
- Siehe Westl. Pflanzenkunde (S. 136) und S. 52

MEDIZINISCHE HEILMITTEL

Ayurvedische Heilmittel werden aus vielen verschiedenen Pflanzen, Mineralien und Gemüsen hergestellt und sollten nur von qualifizierten Therapeuten verordnet werden. Jede Verordnung ist abhängig von Umgebung, Jahreszeit, Konstitutionstyp und der Störung der Doshas. Die Heilmittel können über Nase, Mund und anal eingenommen oder auch in die Haut eingerieben werden, damit sie nicht von den Verdauungsenzymen zerlegt werden.

Heilmittel werden in Pulverform, als getrocknete Kräuter, Pillen oder Pasten angeboten, manchmal auch als medizinische Weine oder Marmeladen. Wenn das Pulver eingenommen werden soll, empfiehlt der Therapeut eventuell einen „Träger" in Form von Wasser, Honig oder Ghee (geklärte Butter). Getrocknete Kräuter werden als Tee oder Sud zubereitet. Traditionelle Therapeuten wiederholen ein Mantra bei der Zubereitung, um die Wirkung zu erhöhen.

Patientenerfahrung

Karen, eine 29jährige Schauspielerin, litt unter Schlaflosigkeit. „Ich war schon immer etwas nervös. Die Therapeutin fragte nach meiner Lebensweise und maß den Puls. Ich bin ein typischer Vatatyp, und die Schlaflosigkeit entstand durch zuviel Vataenergie, verstärkt durch berufliche Probleme. Sie empfahl mir, gekochtes Gemüse, Milchprodukte, Fisch und Haferflockenbrei zum Frühstück zu essen. Vor dem Schlafengehen sollte ich mich mit Öl einmassieren – Sesamöl oder auch Traubenkernöl – und warme Milch mit Ingwer, Zimt oder Kardamon trinken. Seither hatte ich keine Probleme mehr mit dem Schlafen."

***Der Therapeut mischt** die Zutaten, die dem Konstitutionstyp des Patienten entsprechen. In ein ayurvedisches Rezept gehören mindestens zehn verschiedene Heilpflanzen*

PANCHAKARMA

Panchakarma bedeutet „fünf Handlungen" und ist ein Reinigungsprozeß, der das Ama, die Schadstoffe im Körper, entfernt und die Doshas wieder ausgleicht. Die Behandlung sollte von einem Therapeuten beaufsichtigt werden.

Traditionell wird Panchakarma nach einer Diät in drei Stufen durchgeführt. Auf die Massage mit medizinischen Ölen folgt eine Schwitztherapie, die die Doshas an ihren Sitz im Körper zurückbringt (siehe S. 145). Die hauptsächliche Reinigung geschieht durch Einläufe, pflanzliche Abführmittel oder Brechtherapie. Durch Panchakarma werden Geist und Körper behandelt, es kann auch Shirodhara verabreicht werden (siehe unten). Rasayana, das in Form von pflanzlichen Arzneimitteln oder Lebensveränderungen durchgeführt wird, hilft dem Körper, sich zu erholen.

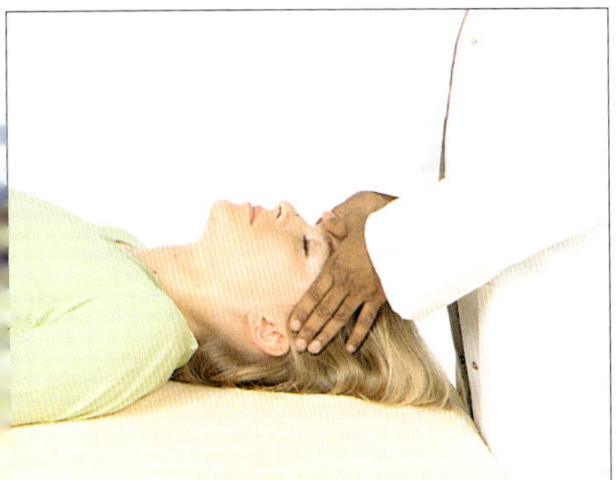

***Bei der Kopfmassage** (siehe S. 115) werden die Marma-Punkte (Akupunkturpunkte) stimuliert, um den Prana-Fluß zu fördern*

***Shirodhara** ist eine Entspannungstechnik, die oft beim Panchakarma angewendet wird. Nach einer Kopfmassage wird warmes Sesamöl bis zu einer Stunde auf die Stirn der Patientin gegossen*

SELBSTHILFE

Ayurveda-Praktiken wie Yoga oder Diäten können in die Tagesroutine aufgenommen werden, Tees und pflanzliche Heilmittel können zu Hause zubereitet werden. Allein das Ersetzen einer Tasse Tee oder Kaffee durch eine Tasse Ingwertee hilft dem Körper bei der Entgiftung.

Leichte Beschwerden können zu Hause mit Kräutern und Gewürzen behandelt werden. In Indien nimmt man etwa reife Bananen und geröstetes Kreuzkümmelpulver gegen Schlaflosigkeit und Kurkumamilch bei Grippesymptomen.

***Ingwer** hilft allen Konstitutionen bei Verdauung und Blutkreislauf. Geriebener Ingwer wird einer Tasse Tee oder Milch zugefügt*

ERNÄHRUNGSTHERAPIEN

BEWERTUNG
FORSCHUNG
FACHURTEIL
THERAPEUT
SELBSTHILFE
VERTRÄGLICHKEIT

IST MAN, WAS MAN ISST? Alle Gesundheitssysteme, die alternativen und die konventionellen, legen Wert auf richtige Ernährung. In den 20er Jahren begann man, die Wirkung der Nahrung auf den Körper zu erforschen, und erkannte, daß Mineralien und Vitamine sehr wichtig sind für die Gesundheit. Verschiedene Alternativtherapien versuchen physische und psychische Beschwerden durch Diäten und Nahrungsergänzungen zu behandeln. Die konventionellen Ärzte schätzen eine ausgewogene Ernährung, sind aber skeptisch hinsichtlich der Heilung von Krankheiten durch Diäten.

ANWENDUNG

- Kopfschmerzen
- Müdigkeit, CMS
- Blähungen, Reizdarm
- Verdauungsprobleme
- Arthritis
- Bluthochdruck
- Kreislaufprobleme
- Frauenprobleme
- Asthma, Ekzeme
- Allergien

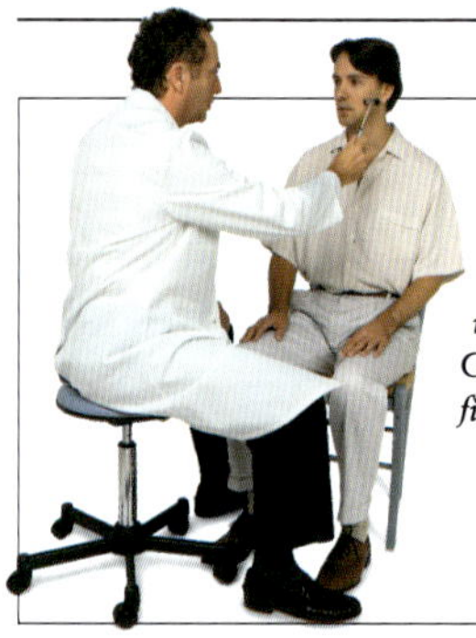

ERNÄHRUNGSTHERAPEUTEN *versuchen mit Nahrungsergänzungen und speziellen Diäten Gesundheit und Wohlbefinden zu stärken.*

GESCHICHTE

Ernährung und Diäten spielen seit Tausenden von Jahren eine wichtige Rolle in der Gesundheitsvorsorge. Knoblauch wurde z. B. schon im antiken Ägypten und Griechenland bei verschiedenen Problemen genutzt. Neuere Forschungen haben gezeigt, daß Knoblauch den Blutdruck und den Cholesterinspiegel senkt und Bakterien und Viren bekämpft. Im 18. Jh. gewann die britische Marine den Kampf gegen Skorbut, indem sie der Mannschaft Zitrusfrüchte gab, obwohl das vorbeugende Vitamin C erst gegen 1928 entdeckt wurde.

Im 19. Jh. proklamierten die Anhänger des „Natürlichen Lebens" (aus der später die Naturheilkunde entstand, siehe S. 118), daß Nahrungsmittel als Medizin genutzt werden können. Fortschritte in der Biochemie im 20. Jh. ergaben, daß eine ausgewogene Ernährung, die Vitamine und Mineralien enthält, sehr wichtig ist. Den Begriff „Vitamine" oder „vital amines" prägte Casimir Funk, ein polnischer Biochemiker in London, der 1912 feststellte, daß kleinste Mengen von Substanzen, die in Nahrungsmitteln gefunden werden, notwendig sind für die Gesundheit. Kurz darauf fand man heraus, daß die Krankheit Pellagra, mit ähnlichem Krankheitsbild wie die Schizophrenie, durch eine große Gabe an Nikotinsäure (ein Vitamin B) geheilt werden kann. In weiteren Untersuchungen wurden die fettlöslichen Vitamine A, D, E und K und die wasserlöslichen Vitamine C und B isoliert.

Die Rolle der Antioxidationsmittel (S. 37) wurde erst in letzter Zeit wirklich verstanden. Andere Fragen der Ernährung machten Schlagzeilen in den 80ern und 90ern, wie die Bedeutung der Ballaststoffe in der Verdauung, die schädigende Wirkung von Lebensmittelzusätzen, von Cholesterin und anderen Fetten und von Spritzmitteln auf den Körper (S. 34–37) – auch die Entdeckung des natürlichen Östrogens oder Phytöstrogen in Soja.

***Mit Zitrusfrüchten** für die Mannschaft hat der Entdecker James Cook im 18. Jh. den Skorbut besiegt, eine gefährliche Krankheit, die die Seeleute auf langen Reisen immer befiel*

GRUNDSÄTZLICHES

Eine Verbindung zwischen Krankheit und schlechter Ernährung ist schon lange bekannt, einige Ärzte haben sich auf Ernährung spezialisiert. Zusammen mit Ernährungstherapeuten, die keine medizinische Qualifikation haben müssen, nutzen sie Diäten und Nahrungsergänzungen in der Gesundheitsvorsorge und Behandlung von Krankheiten. Sie gehen davon aus, daß eine vollkommene Gesundheit in direktem Zusammenhang steht mit der richtigen Ernährung. So fehlen z. B. der Nahrung, die auf schlechtem Boden wächst, die Nährstoffe; Pflanzen, die mit Pestiziden gespritzt werden, können Gifte enthalten, und Antibiotika, das dem Vieh gefüttert wird, kann Eingang finden in den menschlichen Blutkreislauf. Obwohl es im Westen einen Überfluß an frischer Ware gibt, bevorzugen viele Menschen industrielle Nahrung ohne Nährstoffwert.

Die Ernährungsspezialisten versuchen jeden Weg zu erkunden, über den die Ernährung ihrer Patienten verbessert und die Gesundheit erhalten werden kann. Meist wirkt sich die Behandlung auf Stimmung, Form und Wohlbefinden der Patienten aus und verzögert den Alterungsprozeß. Die Therapeuten suchen nach Ernährungsdefiziten, nach Allergien oder Unverträglichkeiten (siehe S. 302–303) und nach Umweltfaktoren, die eine schlechte Verdauung oder die Nährstoffaufnahme im Verdauungssystem behindern könnten. Weitere Faktoren sind „Überbelastung an Giftstoffen" durch zuviel Schwermetalle, Umweltgifte (siehe S. 154) oder Probleme mit der Darmflora, von den Therapeuten auch „Dysbiose" genannt.

DIE THEORIE VON GESUNDHEIT & VERDAUUNG

Verdauung und Ausscheidung sind Eckpfeiler des Wohlbefindens. Ist der Körper geschwächt, werden ihm Nährstoffe entzogen, und Giftstoffe sammeln sich an. Eine ausgewogene Diät und wenig Belastung sind Voraussetzungen für das Funktionieren des Verdauungssystems.

DAS VERDAUUNGSSYSTEM

***Die Nahrung** wird durch das Verdauungssystem transportiert, von Enzymen und Säuren zersetzt und im Dünndarm in den Blutstrom aufgenommen. Die Abfallprodukte werden verarbeitet und als Kot (S. 230) oder über die Nieren als Urin ausgeschieden*

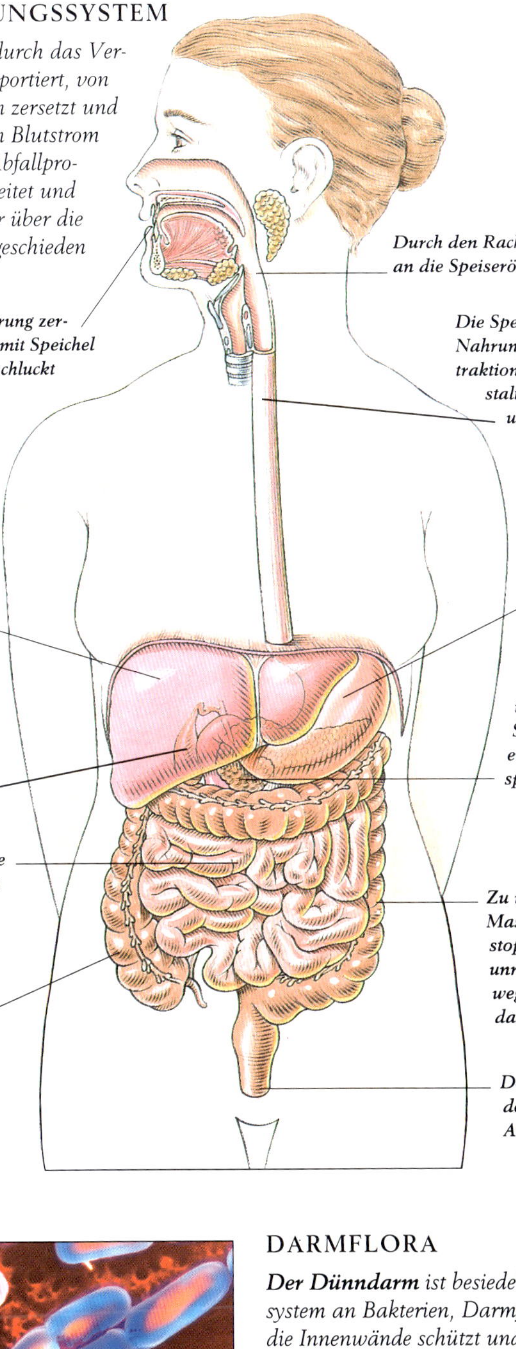

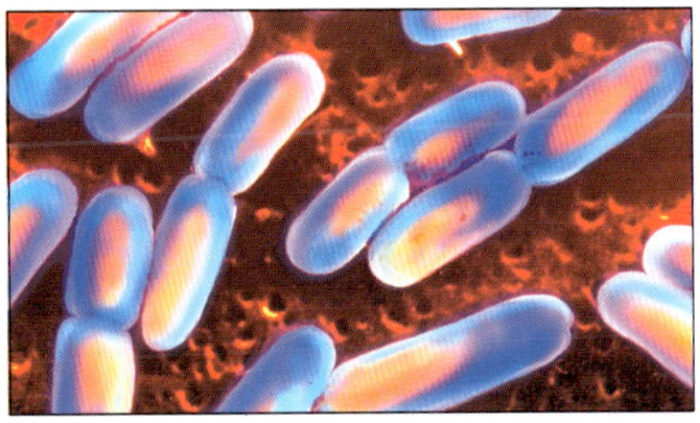

DARMFLORA

***Der Dünndarm** ist besiedelt von einem Ökosystem an Bakterien, Darmflora genannt, das die Innenwände schützt und das empfindliche chemische Gleichgewicht aufrechterhält. Dieses Gleichgewicht kann durch Krankheit oder Medikamente wie Antibiotika gestört werden und zu einem Zustand führen, den die Therapeuten Dysbiose nennen (siehe S. 303)*

NACHWEIS & FORSCHUNG

Viele Untersuchungen weisen eine Beziehung nach zwischen zuviel Fettaufnahme und Krebs an Brust, Prostata, Dickdarm und Mastdarm. Speziell Krebs am Mastdarm wird verursacht durch zuwenig Ballaststoffe in der Nahrung.

In *The Lancet* wurde 1996 eine Studie der Universität von Cambridge und des Papworth Hospitals veröffentlicht, die feststellte, daß das Antioxidationsmittel Vitamin E das Fortschreiten von Arterienerkrankungen bei Patienten mit Herzbeschwerden verlangsamte.

Eine weitere Studie, veröffentlicht in *The Lancet* 1994, ergab, daß die „mediterrane Kost Kretas" das Risiko eines zweiten Herzinfarkts um 70 Prozent reduzierte. Diese Ernährung ist arm an gesättigten Fettsäuren und rotem Fleisch und reich an pflanzlicher Nahrung, Olivenöl (das den Cholesterinspiegel senkt) und öligem Fisch (enthält eine essentielle Fettsäure).

Durch die Gabe von Antioxidationsmittel an 30000 Menschen in der Provinz Linxian in China über fünf Jahre konnte ein 20%iger Rückgang an Magen- und Speiseröhrenkrebs erzielt werden (*Journal of the National Cancer Institute*, 1993).

Eine weitere Untersuchung am Epsom District Hospital in Surrey zeigte eine Verbindung auf zwischen rheumatischer Arthritis und Nahrungsunverträglichkeiten (*British Joural of Rheumatology*, 1993).

Weitere Nahrungsergänzungen, die jedoch klinisch überwacht werden müssen, sind Folsäure (während der Schwangerschaft zur Vorbeugung gegen Neuralröhrendefekt und Kiefernspalte); Magnesium (lindert Präeklampsie während der Schwangerschaft); und Vitamin B_6 (wirkt gegen PMS).

FACHURTEIL

Fast alle Ärzte wissen, wie wichtig die Ernährung in der Krankheitsvorsorge ist und daß das Krebsrisiko durch bestimmte Diäten reduziert wird. Skeptisch sind sie aber hinsichtlich der Behandlung von Krankheiten durch Diäten, außer bei Gicht, Diabetes, hohem Blutcholesterin, bei Migräne, Reizkolon und Ekzemen. Die meisten Ärzte akzeptieren auch die Wirkung einer mediterranen Diät in der Vorsorge von Herzkrankheiten.

KONSULTATION EINES THERAPEUTEN

Einige Ärzte haben sich aufgrund ihres Interesses an klinischer Ökologie (siehe S. 154) auf die Behandlung von Krankheiten durch Ernährungsmethoden spezialisiert. Die nicht medizinisch ausgebildeten Ernährungsspezialisten sind unterrichtet in Ernährung, Physiologie, Biochemie, Pathologie, naturheilkundlichen Methoden und in den Prinzipien der klinischen Ökologie. Vielleicht gehen Sie zu einem Ernährungsspezialisten, weil Sie unerklärliche, langandauernde Beschwerden haben, die die konventionelle Medizin nicht erklären kann – etwa Müdigkeit, Kopfschmerzen, Blähungen und Haut- oder Verdauungsprobleme.

Es kann sein, daß Ihnen essentielle Nährstoffe fehlen, auch wenn Sie sich gesund ernähren. Vor der Behandlung müssen Sie vielleicht einen Fragebogen zu Ihrer Ernährung, Ihrer Krankengeschichte und den Symptomen ausfüllen. Sie werden gefragt nach Ihren Körperübungen, nach Ihrer emotionalen Verfassung, nach den Medikamenten, die Sie einnehmen, und wieviel Sie trinken oder rauchen. Vielleicht wird der Therapeut Sie bitten, ein Tagebuch zu führen über die Nahrung, die Sie während drei Tagen einnehmen.

Der Therapeut wird auch Ihre Haut und Hände auf Besonderheiten untersuchen, aber auch andere Methoden einsetzen, um Nährstoffdefizite und Allergien festzustellen. Dazu gehören die Untersuchung von Haaren (siehe S. 194), Urin und Schweiß und ein Muskeltest oder auch angewandte Kinesiologie (siehe S. 196). Sie müssen vielleicht eine Ausschlußdiät befolgen, in der Sie über mehrere Wochen nacheinander bestimmte Lebensmittel auslassen, bis die Nahrungsallergie oder Unverträglichkeit herausgefunden wurde (siehe S. 199). Einige Ernährungsspezialisten benutzen die Vega-Methode, bei der Sie an ein elektrisches Gerät angeschlossen werden, um Allergien herauszufinden (siehe S. 200). Danach wird der Therapeut eine Diät für Sie zusammenstellen.

VORSICHT!

- Konsultieren Sie Ihren Arzt, bevor Sie Nahrungsergänzungen einnehmen, da sie sich vielleicht nicht mit Ihren Medikamenten vertragen
- Eine zu große Dosis an Vitamin A, D, E, B_6 und Zink kann schädlich sei: Nehmen Sie keine großen Mengen an Vitaminen oder Mineralien ein, ohne vorher Ihren Arzt zu fragen
- Machen Sie keine strenge Diät über lange Zeit ohne Aufsicht eines Arztes oder eines Ernährungsspezialisten
- Siehe auch Seite 52

STANDARDTESTS

Körperliche Symptome werden notiert; eventuell werden Labortests durchgeführt.

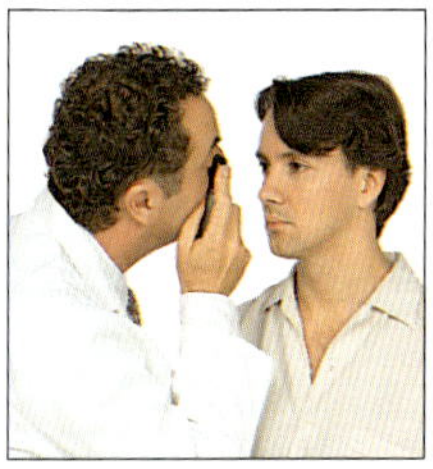

Die Hornhaut *des Auges kann Vitamin-A-Mangel anzeigen*

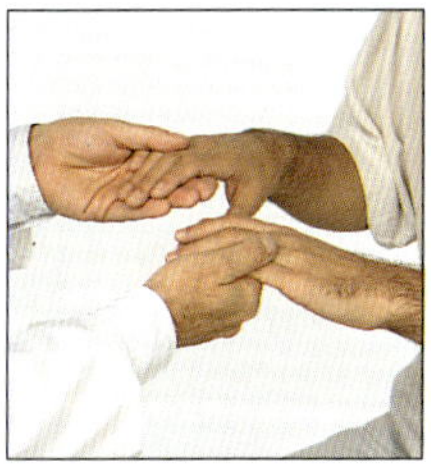

Weiße Flecken *auf den Fingernägeln zeigen Zinkmangel an*

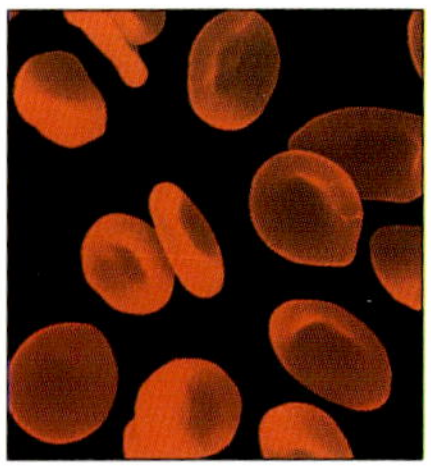

Bluttests *weisen auf Nährstoffmangel hin*

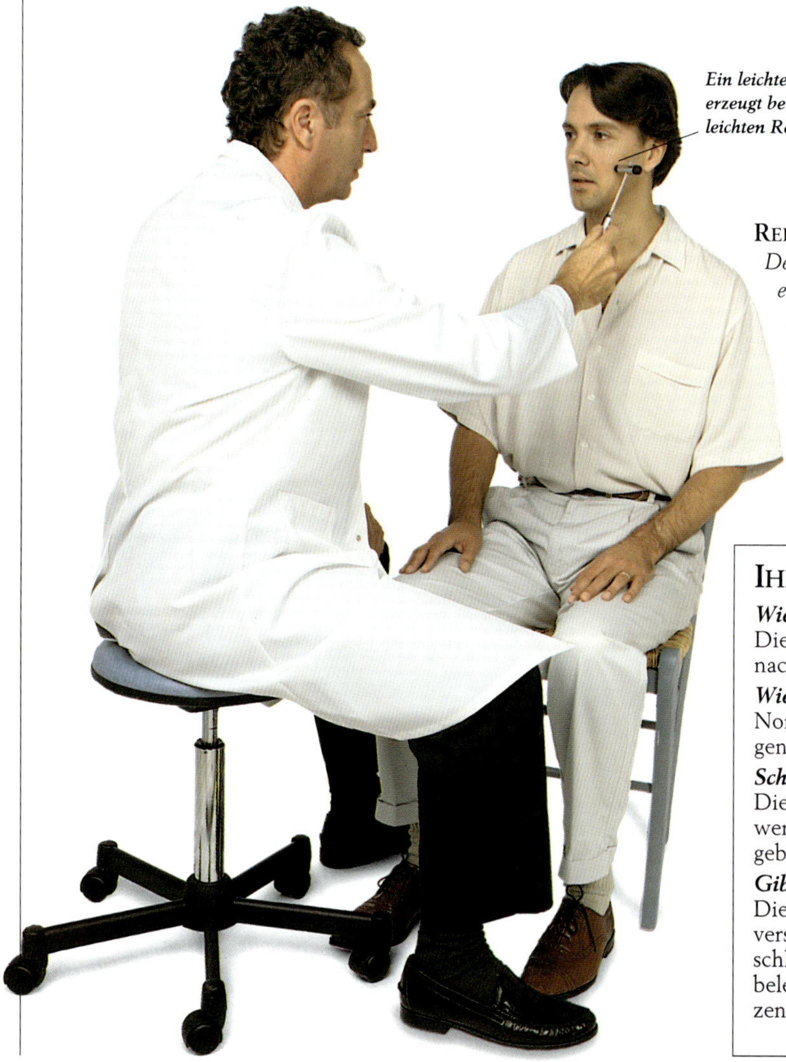

Ein leichtes Klopfen auf die Wangen erzeugt bei gesunden Personen einen leichten Reflex

REFLEXTEST

Der Therapeut überprüft die Kieferreflexe eines Patienten mit einem Reflexhammer. Ein zu starker Reflex kann auf einen Magnesiummangel hinweisen, der die Übertragung von Nervenimpulsen verhindert

IHRE FRAGEN

Wie lange dauert eine Sitzung?
Die erste Konsultation eine Stunde, die nachfolgenden 15–20 Minuten.

Wie oft werde ich hingehen müssen?
Normalerweise werden mehrere Sitzungen benötigt.

Schmecken die Heilmittel unangenehm?
Die meisten Nahrungsergänzungen werden als Tabletten oder Kapseln angeboten und sind schmackhaft.

Gibt es Nachwirkungen?
Die Symptome können sich zu Beginn verschlechtern, wenn Sie eine Ausschlußdiät machen. Ihre Zunge kann belegt sein, und es können Kopfschmerzen auftreten.

BEHANDLUNG

Der Ernährungsspezialist wird aufgrund seiner Analyse eine Behandlung für Sie zusammenstellen. Bei einem Nährstoffmangel wird er eine Diät empfehlen und diese beaufsichtigen (siehe S. 152). Er kann diese auch mit Enzymen, pflanzlichen Heilmitteln, Vitaminen oder Mineralien anreichern (unten), die zusammen mit den Mahlzeiten als Tabletten, Kapseln, Pulver oder Flüssigkeit eingenommen werden (einige Therapeuten verabreichen auch Spritzen). Gegen Ende der Behandlung wird er Ihnen dabei helfen, eine ausgewogene Ernährung zusammenzustellen, damit Sie ge-sund bleiben, und Ihnen vielleicht empfehlen, körperlich aktiver zu werden.

***Eine Erfassung** der Nahrungsaufnahme und jede Veränderung ist wichtig.*

Eventuell werden Sie gebeten, Ihre Lebensweise zu ändern oder eine andere Alternativtherapie anzuschließen.

Viele Therapeuten gehen davon aus, daß wir Giftstoffe aufnehmen, auch wenn wir uns gesund ernähren und einen guten Stoffwechsel haben. Aufgrund von Faktoren wie Industrialisierung und starkem Autoverkehr enthält die Umwelt heute mehr Blei, Kadmium, Quecksilber und Aluminium als jemals zuvor. Die Auseinandersetzung mit diesen Giftstoffen kann den Körper belasten und Beschwerden wie häufige Infektionen und unbestimmte Schmerzen bis hin zu schweren Erkrankungen wie dem Chronischen Müdigkeitssyndrom (CMS), Depressionen, Entwicklungsstörungen, Bluthochdruck, Nierenerkrankungen und Krebs verursachen.

Sie werden gebeten, den Schadstoffgehalt zu reduzieren, indem Sie viele Ballaststoffe und biologisch angebautes Gemüse und Obst essen und an verkehrsreichen Straßen keine Lebensmittel kaufen. Weiterhin wird Ihnen geraten, keine Lebensmittel zu kaufen, die in ungeeigneten Behältern aus Aluminium, Plastik oder anderen synthetischen Stoffen gekocht wurden, und den Aufenthalt in verqualmter Umgebung zu meiden.

Patientenerfahrung

Wendy, 35 Jahre, ging zu einem Ernährungsspezialisten, nachdem sie 18 Monate unter Depressionen gelitten hatte: „Ich hatte Hitzewallungen, Herzklopfen, Sehprobleme und wollte nur noch schlafen – ich dachte an die Wechseljahre. Mein Arzt verschrieb Antidepressiva, aber ich dachte, es ist eher physisch als mental. Der Ernährungstherapeut diagnostizierte eine Unverträglichkeit und Candida. Er verordnete Vitamin- und Mineralergänzungen und eine strenge Diät – keine Süßigkeiten, Essig, Alkohol oder Kuhmilch. Nach drei Monaten bemerkte ich eine Verbesserung, und später verschwanden alle Symptome."

NÄHRSTOFFMANGEL & -ERGÄNZUNG

Auch bei einer ausgewogenen Ernährung kann Nährstoffmangel auftreten, und deshalb verschreiben die Therapeuten Vitamine und Mineralergänzungen gegen verschiedene Beschwerden. Die empfohlene tägliche Dosis an Nährstoffergänzungen ist auf der Packungsbeilage angegeben. Aber jedes Land hat eigene Bestimmungen, und Ernährungsspezialisten halten die empfohlene Dosis für unzuverlässig, da der Nährstoffbedarf von Mensch zu Mensch verschieden ist. Sie verschreiben die Nährstoffergänzungen nach den individuellen Bedürfnissen.

***Vitamin B** findet sich in grünem Gemüse, Bohnen, Pilzen, Getreide und Hefeextrakt. Ein Mangel tritt auf bei Rauchern und Trinkern und kann Depressionen verursachen*

***Vitamin C** ist in Zitrusfrüchten, Tomaten, Beeren, Kartoffeln und Gemüse. Ein Mangel schwächt das Immunsystem und bringt Haut-, Knochen- und Bindegewebsprobleme*

***Vitamin E** findet sich in kaltgepreßtem Pflanzenöl, Nüssen, Getreide und Leber, ein Mangel ist selten. Dieses Antioxidationsmittel schützt vor degenerativen Erkrankungen*

***Ballaststoffe** befinden sich in Vollkorn und Hülsenfrüchten. Sie geben dem Kot mehr Konsistenz und verbessern die Darmtätigkeit. Ein Mangel führt zu Verstopfung*

***Eisen** findet sich in Leber, Fisch, grünem Gemüse, Petersilie und getrockneten Aprikosen. Dieses Mineral ist lebenswichtig für die Produktion von Hämoglobin, das den Sauerstoff zu den Körperzellen transportiert. Ein Mangel führt zu Anämie und kommt häufig vor bei schwangeren Frauen*

***Zink** ist enthalten in Fisch, Fleisch, Geflügel, Hülsenfrüchten und Nüssen wie Cashew und Erdnüssen. Ein Mangel tritt häufig auf bei älteren Personen, starken Trinkern und Heranwachsenden. Es führt zu Tast- und Geruchsproblemen und schwächt das Immunsystem*

***Magnesium** findet sich in Vollkorn, getrockneten Früchten und fettarmer Milch, Yoghurt, Nüssen und Samen. Ein Mangel kann Müdigkeit, Muskelschwäche und Krämpfe auslösen, da Magnesium nötig ist für die Übertragung der Nervenimpulse, die die Muskelkontraktion auslösen*

ERNÄHRUNGSTHERAPIEN

Medizinische Forschungen bestätigen heute, was die Ernährungswissenschaft seit Jahren behauptet: Eine Ernährung mit wenig Fertiggerichten und arm an Fetten, tierischem Eiweiß, dafür aber reich an Früchten, Gemüsen, Ballaststoffen und komplexen Kohlenhydraten, ist gut für die Gesundheit. Besorgnis über das Füttern von Antibiotika an Mastvieh und Zweifel an der Tierhaltung haben dazu geführt, daß immer mehr Menschen den Fleischkonsum ganz aufgeben. Es gibt sehr viele unterschiedliche Theorien über die richtige Ernährung.

Einige Diäten sind für spezielle Krankheiten entwickelt worden wie Herzkrankheiten und Krebs, andere wiederum schließen auch Fastentage mit ein. Strenge Diäten und lange Fastenzeiten können jedoch zu Mangelernährung führen, deshalb ist besonders bei Kindern, Schwangeren und älteren Menschen eine ärztliche Aufsicht notwenig.

VEGETARISCHE ERNÄHRUNG

Kein Fisch und kein Fleisch, aber Milchprodukte sind erlaubt. Untersuchungen haben ergeben, daß vegetarische Ernährung vorbeugt gegen Herzerkrankungen, Probleme mit der Gallenblase, Diabetes, Bluthochdruck, Osteoporose, Dickdarmkrebs und Divertikel.

ROHKOSTERNÄHRUNG

Wurde Ende des 19. Jh. von dem Schweizer Arzt Max Bircher-Benner entwickelt und besteht zu 70 Prozent aus rohem Gemüse und Obst und zu 30 Prozent aus Getreide, Nüssen, Milchprodukten und Fleisch. Ungekochte Nahrung hat ihre „chemische Aktivität" beibehalten.

MAKROBIOTISCHE ERNÄHRUNG

Diese Vollwertkost wurde in den 50ern von dem Japaner George Oshawa entwickelt. Die Nahrung wird nach Yin oder Yang ausgewählt (S. 140). Yin-Nahrungsmittel wie grünes Gemüse, Früchte und Nüsse beruhigen; Yang-Nahrungsmittel wie Fisch und Wurzelgemüse stärken.

VEGANISCHE ERNÄHRUNG

Diese Diät schließt Eier, Milchprodukte und Honig aus. Proteine werden über Hülsenfrüchte, Nüsse, Getreide und Samen aufgenommen. Mit dieser Ernährung wurde schon Bluthochdruck, Angina Pectoris, rheumatische Arthritis und Asthma behandelt; oft Vitamin B_{12}-Mangel.

ENTGIFTENDE DIÄT

Früchte, rohes Gemüse, Wasser und Yoghurt helfen Giftstoffe aus dem Körper zu entfernen und bei mangelhaftem Abbau von Abfallprodukten, schlechter Verdauung oder Umweltgiften. Bei Kopfschmerzen, Allergien, Arthritis und Atembeschwerden und hormonellen Problemen.

GERSON-THERAPIE

Diese umstrittene Diät wurde in den 20ern von Dr. Max Gerson als Therapie bei Krebs (S. 307) entwickelt. Sie basiert auf salzarmer, biologischer, veganischer Kost, ergänzt durch stündliche Gaben von Gemüse- und Fruchtsäften und Kaffeeinläufen, wodurch der Alkalispiegel im Körpergewebe erhöht werden soll.

ORNISHS „UMKEHRDIÄT"

Sie wurde in den 80ern von Dr. Dean Ornish entwickelt, ist reich an Ballaststoffen und Kohlenhydraten, arm an Fett und Cholesterin und erlaubt Öle und tierische Produkte nur in Magermilch und Yoghurt. Kombiniert mit Übungen, Yoga und Meditation ist dies eine Behandlung von Herzerkrankungen (siehe S. 243).

TRENNKOST

Der amerikanische Arzt Dr. William Hay entwickelte diese Diät zu Beginn des 20. Jh. Er betrachtete Kohlenhydrate und Proteine als „Nahrungsmittel, die kämpfen" und nicht zusammen gegessen werden dürfen, da Proteine den Magen zur Säureproduktion anregen und Kohlenhydrate eine basische Umgebung brauchen. „Neutrale" Lebensmittel können mit jeder Gruppe kombiniert werden. Die Trennkost hat viele Anhänger, aber keine wissenschaftliche Basis. Viele Pflanzen haben Proteine und Kohlenhydrate, und die Verdauung muß damit fertigwerden.

Protein

Kohlenhydrate

„Neutrale" Lebensmittel

ORTHOMOLEKULARE THERAPIE

BEWERTUNG	
FORSCHUNG	📖
FACHURTEIL	⚕
THERAPEUT	✓
SELBSTHILFE	✗
VERTRÄGLICHKEIT	✓✗

DIE ORTHOMOLEKULARE THERAPIE, auch bekannt als Megavitamin-Therapie, wurde in den 70ern von Dr. Linus Pauling in den USA entwickelt. Große Mengen an Vitaminen, Mineralien und Aminosäuren werden verschrieben, um physische und psychische Beschwerden zu lindern. Die Therapeuten gehen davon aus, daß jeder Mensch eine biochemische Einheit ist und einige Menschen von Nährstoffmangel stärker betroffen sind als andere. Durch verschiedene Nahrungsergänzungen wird versucht, den einzelnen Patienten zu behandeln. Die Therapie ist in den USA weit verbreitet.

ANWENDUNG

- Angstzustände, Depressionen
- Schizophrenie
- Anämie
- Herzerkrankungen einschließlich Angina Pectoris
- Bluthochdruck
- Krebs

GESCHICHTE

Dr. Linus Paulings *Forschung zur Molekularstruktur, für die er den Nobelpreis erhielt, brachte ihn dazu, die Rolle des Vitamin C in der Immunstärkung und zur Vorbeugung von Erkältungen zu untersuchen*

In den 50er Jahren wendeten die Psychiater Dr. Abram Hoffer und Dr. Humphrey Osmond in Kanada in der Behandlung von Schizophrenie hohe Dosen Nikotinsäure (ein Vitamin B) an. Dr. Osmond ging davon aus, daß Schizophrene nicht ausreichend Nährstoffe aufnehmen können und deshalb Substanzen wie Adrenalin nicht abbauen können, was zu psychischen Störungen führt.

Der Biochemiker Dr. Pauling prägte den Begriff „orthomolekular" (aus dem griechischen ortho oder „richtig"). In den 70ern veröffentlichte er das Buch *Vitamin C and the Common Cold*, in dem er sich dafür aussprach, hohe Dosen an Vitamin C einzunehmen (siehe S. 225). Auch Dr. Pauling geriet dann in die Debatte über die umstrittene Behandlung von Krebs mit Vitamin C. Die Orthomolekulare Therapie ist vor allem in den USA bekannt; die Therapeuten sind oft Ärzte.

BESUCH BEIM THERAPEUTEN

In der Orthomolekularen Therapie werden Vitamine als Medikamente angewendet, nicht als Nahrungsergänzungen, wie in der Ernährungstherapie (siehe S. 148). Betont wird der Bedarf an Antioxidationsmitteln wie Vitamin C zur Vernichtung von freien Radikalen, die Zellstörungen verursachen. Ausgehend davon, daß manche Menschen mehr Nährstoffe brauchen als die täglich empfohlene Dosis (siehe S. 151), verschreiben die Therapeuten bei Herzerkrankungen, Krebs und anderen Leiden hundertmal so große Mengen an Vitaminen und Mineralien.

Die Therapeuten nehmen die Krankengeschichte auf, machen physische Untersuchungen und veranlassen Blut-, Urin- und Gewebetests. Die Ergänzungen werden auf den individuellen Bedarf zugeschnitten und mehrere Male am Tag eingenommen: z. B. 5000–20000 mg Vitamin C am Tag oder 25000 IE (internationale Einheiten) an Betakarotin (Vitamin A). Die Nährstoffe können auch intravenös über Tropfinfusion oder Spritze gegeben werden, um den Prozeß zu beschleunigen. Bei Nebenwirkungen reduziert der Therapeut die Dosis, bis die Symptome verschwinden.

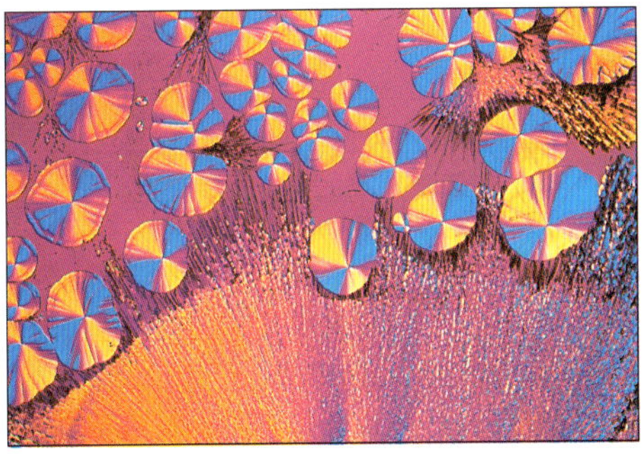

Pantothensäure*, ein Vitamin B, unter dem Mikroskop: Vitamin B wurde in großen Mengen zur Behandlung von Geisteskrankheiten gegeben*

Vitamin-C-Kristalle *als polarisiertes Mikroskopbild: Krebspatienten wird nach einer Chemotherapie oft Vitamin C gegeben*

NACHWEIS & FORSCHUNG

Es gibt nur wenig Nachweise über die Wirkung der orthomolekularen Überdosen, aber Studien haben ergeben, daß in einigen Fällen nur eine höhere Dosis als die empfohlene eine Wirkung hervorruft. Eine Studie, die 1992 in *The Lancet* veröffentlicht wurde, zeigte, daß Patienten nach Herzattacken schneller heilen durch die Gabe von großen Mengen Magnesium und Sulfaten. In den frühen 90ern ergab eine Studie von Dr. Pauling, daß eine hohe Dosis an Vitamin C half, Arteriosklerose umzukehren (Hauptursache für Herzattacken).

FACHURTEIL

Die Entdeckung der wichtigen Rolle der Antioxidationsmittel lassen an die orthomolekulare Therapie glauben, aber Nebenwirkungen bei hohen Vitamin-C-Dosen und Mangel an Forschungen hinterlassen bei vielen Ärzten Skepsis.

VORSICHT!

- Verordnen Sie sich nichts selbst: Überdosen an Vitaminen können toxische Reaktionen auslösen
- Siehe auch Ernährungstherapien (Seite 150) und Seite 52

KLINISCHE ÖKOLOGIE

BEWERTUNG

- FORSCHUNG
- FACHURTEIL
- THERAPEUT
- SELBSTHILFE
- VERTRÄGLICHKEIT

DIE KLINISCHE ÖKOLOGIE oder Umweltmedizin entstand zu Beginn des 20. Jh. im Rahmen von Allergieforschungen. Viele Beschwerden sollen durch Umweltfaktoren wie bestimmte Nahrungsmittel, Pollen, Staub, Abgase und Pestizide verursacht werden. Dies kann zu vollentwickelten allergischen Reaktionen oder zu leichteren Sympomen wie „Unverträglichkeiten" oder „Empfindlichkeiten" führen (siehe S. 302–303). Die Behandlung versucht über Tests die Reizfaktoren herauszufinden. Die klinische Ökologie verbreitet sich schnell als Folge der steigenden Umweltverschmutzung.

ANWENDUNG

- Asthma
- Kopfschmerzen
- Verdauungsprobleme
- Wasseransammlung
- starke Gewichtsschwankungen
- Depressionen
- Müdigkeit, CMS
- Arthritis
- Ekzeme
- Infektionen

GESCHICHTE

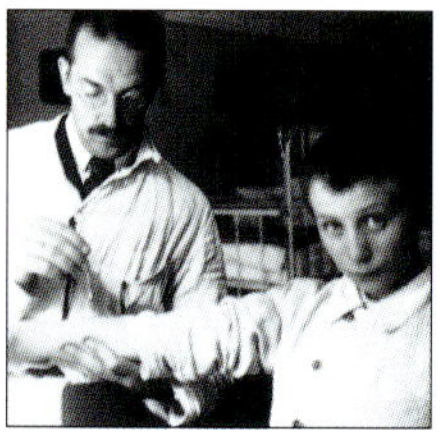

Baron Clemens von Pirquet *studierte die Reaktionen seiner Patienten auf Umweltfaktoren und definierte Allergien als „veränderte Reaktivität"*

Abnorme Reaktionen auf Nahrungsmittel wurden schon von Hippokrates, dem „Vater der Medizin", vermerkt, aber der Begriff „Allergie" wurde erst 1906 durch den Wiener Kinderarzt Baron Clemens von Pirquet geprägt. Er hatte festgestellt, daß einige Patienten auf bestimmte Nahrungsmittel, Pollen oder Insektenstiche reagierten, und benutzte den Begriff, um unübliche Reaktionen auf die Umwelt zu beschreiben. Eine Allergie wurde definiert als Reaktion des Immunsystems auf die Umwelt, identifizierbar durch einen positiven Hauttest.

Seit den 20er Jahren haben Ärzte in den USA „verspätete" oder „versteckte" Reaktionen auf Nahrungsmittel untersucht. Diese werden erst später sichtbar, und die Symptome sind schwächer. Da die meisten Ärzte diese sogenannten Nahrungsmittelunverträglichkeiten nicht akzeptierten, wurde in der konventionellen Medizin sehr wenig dazu geforscht.

In den späten 40ern stellte der amerikanische Allergiespezialist Dr. Theron G. Randolph fest, daß eine Nahrungsempfindlichkeit Symptome wie Kopfschmerzen und Arthritis verursachen kann und daß Umweltchemikalien schädlich sein können. Ein Bestseller aus dem Jahr 1962, *Silent Spring* (Stummer Frühling), von der amerikanischen Biologin Rachel Carson warnte die Welt vor Insektiziden. Seit dieser Zeit begann man den Begriff „Klinische Ökologie" für diesen Bereich der Medizin zu benutzen.

GRUNDSÄTZLICHES

Die klinischen Ökologen gehen davon aus, daß Nahrungsmittel die wahrscheinlichste Quelle für „Gifte" sind, und behaupten, daß jemand, der ungefiltertes Leitungswasser trinkt und sich normal ernährt, täglich ca. 100 synthetische Chemikalien aufnimmt. Dazu gehören Pestizide auf Obst und Gemüse, Medikamente, die an Mastvieh verfüttert wurden, und Konservierungsstoffe in Dosen und Fertiggerichten. Luftverschmutzung, Reinigungsmittel und Hausstaub bergen weitere Risiken.

Der Körper versucht trotz des Ansturms an Umweltgiften gesund zu bleiben. Für Menschen jedoch, die sensibel sind für Allergien oder unter einer Infektion oder Nährstoffmangel leiden (siehe S. 35), wird es schwieriger, damit umzugehen. Sie sind anfälliger für Entzündungen oder sogar chemische Veränderungen im Gehirn, was sich auf Stimmung und Vitalität auswirkt. Die Therapeuten versuchen anhand verschiedener Tests, diese Störfaktoren herauszufinden, so daß sie vermieden oder eingeschränkt werden können. Es gibt auch die Möglichkeit, den Patient zu „desensibilisieren".

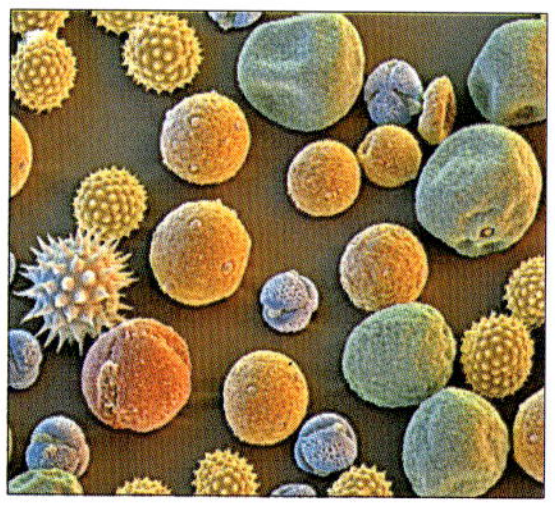

Diese Pflanzenpollen *in der Luft können eine schwere Allergie auslösen, wenn sie eingeatmet werden*

Die Abgase *enthalten soviele Chemikalien, daß die Fähigkeit des Körpers, damit fertigzuwerden, überfordert ist*

Pestizide *und Herbizide, die auf die Felder gesprüht werden, sind bekannt für ihre gesundheitsgefährdende Wirkung*

NACHWEIS & FORSCHUNG

Es gibt nur eine schmale wissenschaftliche Basis für die klinische Ökologie, die Diagnosetests werden als unzuverlässig angesehen. Die schädigende Wirkung der Umweltverschmutzung auf die Gesundheit wird aber immer offensichtlicher, und weitere Forschungen sind nötig.

FACHURTEIL

Die Annahme, daß Umweltreize die Gesundheit beeinträchtigen können, macht Sinn, aber viele Ärzte bezweifeln die Fähigkeit der klinischen Ökologie, diese genau festzulegen. Die Idee, daß Tests zwischen Streßfaktoren und Umweltfaktoren unterscheiden können, täuscht über die Komplexität der Patientenprobleme hinweg. Es ist zu einfach, die Ursachen immer in der Umwelt zu suchen.

KONSULTATION EINES THERAPEUTEN

Der Therapeut fragt nach der Krankengeschichte, nach Ernährung und Lebensweise. Danach sucht er nach Zeichen für die Empfindlichkeit, z. B. geschwollene Drüsen. In einem Haar- oder Bluttest können die Mineralien und Nährstoffe überprüft werden. Weitere Tests sind:
Haut-Test: Kleine Proben der möglichen Reizsubstanz werden in die Haut geritzt oder gespritzt. Darauffolgende Entzündungen indizieren eine Allergie.
Puls-Test: Eine Pulsveränderung nach bestimmten Nahrungsmitteln soll einen Hinweis geben auf die Unverträglichkeit. Einige Therapeuten wenden die Ohren-Herz-Reflexmethode an (S. 192), indem sie die Substanzen am Ohr auftragen und einen möglichen Pulsanstieg notieren.
Muskel-Test: Eine Lösung der Substanz wird auf die Zunge oder auf den Körper gegeben. Die Unfähigkeit, dem Druck eines Körpergliedes zu widerstehen, zeigt die Unverträglichkeit (siehe S. 196).
RAST (Radio Allergo Sorbent Test): Dieser Bluttest weist den Antikörper Immunoglobulin E nach, ein Zeichen für allergische Reaktionen.
Zytotoxin-Test: Eine Blutprobe wird mit einem Extrakt des möglichen Reizfaktors vermischt. Die Vernichtung weißer Blutzellen zeigt eine Allergie an (S. 199).
Vega-Test: Eine Sonde mit Niedrigstrom wird auf Akupunkturpunkte gehalten. Die Reizfaktoren werden in die Vegamaschine gelegt, bei einer Empfindlichkeit verändern sich die Meßzahlen (S. 200).
Sublingualer Tropftest: Nach fünf Tagen reiner Flüssigkeitsaufnahme wird ein Tropfen des Reizfaktors unter die Zunge gegeben und die Reaktion getestet.
Ausschluß-Diät: Nach einer Diät mit „neutralen" Lebensmitteln werden die verdächtigen Substanzen nach und nach eingeführt (siehe S. 199).

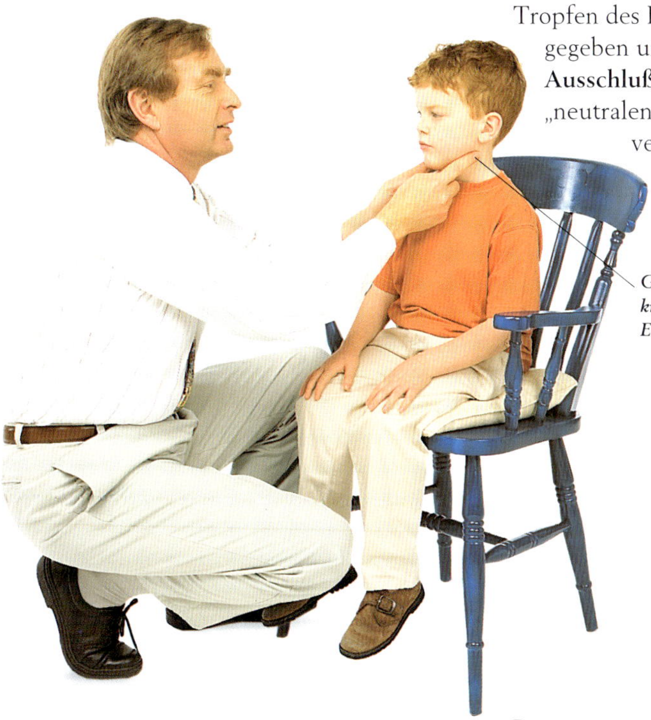

Geschwollene Lymphknoten können auf eine Empfindlichkeit hinweisen

ZEICHEN DER EMPFINDLICHKEIT
Indizien sind bleiche Hautfarbe, Augenringe und geschwollene Drüsen

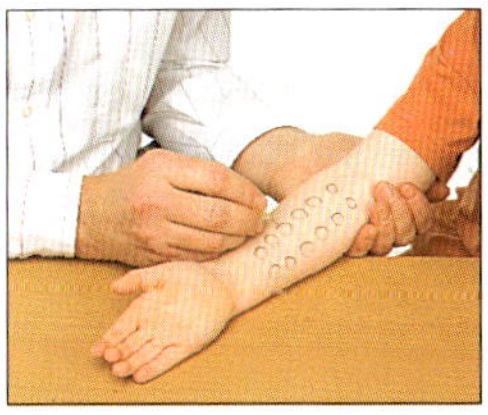

In einem Haut-Test wird eine Lösung des vermuteten Reizfaktors auf angeritzte Hautstellen gegeben

VORSICHT!

- Lassen Sie die Symptome von einem Arzt überprüfen, falls Ihr Therapeut kein Mediziner ist
- Führen Sie eine strenge Diät nur unter ärztlicher Aufsicht durch (Gefahr von Nährstoffmangel!)
- Siehe Seite 52

BEHANDLUNG

So wird der Körper „desensibilisiert", um den Reizfaktoren zu widerstehen:
Auslaß- oder Vermeidungsdiät: Verdächtige Produkte wie Milchprodukte, Weizen, Zucker, Zitrusfrüchte werden 10–14 Tage ausgelassen, damit die Symptome verschwinden. Oder die Nahrungsaufnahme wird für 5 Tage auf ein, zwei Produkte begrenzt, danach werden die Lebensmittel eingeführt, die die Symptome ausgelöst haben sollen. Das verdächtigte Mittel wird wieder ausgelassen, und nach einer Woche wieder gegessen, um zu sehen, ob die Symptome wiederkehren.
Enzympotenzierte Desensibilisierung: Der Reizfaktor wird mit einem Enzym vermischt und für einige Tage in der Nähe der Haut aufbewahrt.
Reizneutralisation: Eine Konzentration des Reizfaktors wird in kleiner werdenden Dosierungen injiziert oder als Tropfen unter die Zunge gegeben. Die Neutralisierungsdosis ist erreicht, wenn keine Reaktion mehr auftaucht.

***Oft wird** empfohlen, ein Tagebuch über die allergischen Reaktionen, die Zeit und die Umgebung zu führen, damit der Therapeut sich ein Bild machen kann*

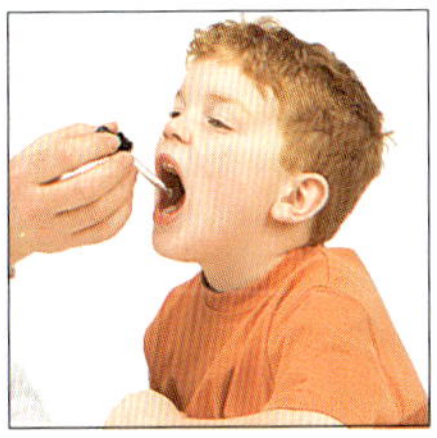

***Für die Reizneutralisation** werden Tropfen von bis zu neun verschiedenen Lösungen des Reizfaktors mit einer Pipette unter die Zunge gegeben*

Neun Standardlösungen

SELBSTHILFE

Ihr Therapeut wird Ihnen vorschlagen, im Alltag bestimmten Reizfaktoren, wie Hausstaub, Pollen, Benzindämpfe, Desinfektionsmitttel und Chemikalien in der Nahrung und im Wasser zu meiden. Hausstaub kann vermieden werden durch regelmäßiges Bettenlüften und Staub saugen. Die Wohnung sollte gut gelüftet, aber ein Luftfilter benutzt werden. Leichte Reaktionen auf Chemikalien können durch Antioxidationsmittel wie Vitamin C, Zink und Selen gelindert werden.

***Leitungswasser filtern** ist ein einfacher und effektiver Weg, die Unreinheiten zu reduzieren, die vom Körper aufgenommen werden*

MAGNET-THERAPIE

BEWERTUNG

- FORSCHUNG
- FACHURTEIL
- THERAPEUT
- SELBSTHILFE
- VERTRÄGLICHKEIT

ELEKTOMAGNETISCHE FELDER (EMF) gibt es überall. Die Erde hat ein Magnetfeld, ausgerichtet vom Nord- zum Südpol, und auch menschliche Körperzellen haben feine magnetische Kräfte. In der konventionellen Medizin werden zu Heilungszwecken EMF mit elektrischen Geräten erzeugt und die natürlichen, elektromagnetischen Strömungen verstärkt. Die Alternativtherapeuten gehen davon aus, daß normale Magnete dieselbe Wirkung haben, und behandeln vor allem Knochenprobleme mit magnetischen Armringen oder Betten. Die Magnet-Therapie ist populär in Japan und Osteuropa.

ANWENDUNG

- Knochenprobleme,
- Arthritis, entzündete Gelenke
- Rücken- & Nackenprobleme
- Schlaflosigkeit, Müdigkeit
- Kopfschmerzen,
- Hormonstörungen
- Kreislaufprobleme
- Wundheilung

GESCHICHTE

Es wird gesagt, daß die therapeutische Wirkung von Magneten schon den griechischen, ägyptischen und chinesischen Ärzten im Altertum bekannt war. Kleopatra soll angeblich einen Magneten auf ihrem Kopf getragen haben, um ihre Schönheit zu erhalten. Aspekte der heutigen Therapie können zurückverfolgt werden bis zu dem Wiener Arzt Franz Anton Mesmer (siehe S. 168) im 18. Jh., der behauptete, Magnete könnten den „tierischen" Magnetismus, eine universelle Kraft im Körper, verstärken. Mesmers Methoden waren dubios, er hielt z. B. eine Metallwand über seine Patienten, aber seine Ideen setzten Maßstäbe.

Die Magnet-Therapie, auch bekannt als Magnetotherapie oder biomagnetische Therapie, ist vor allem in Japan und Osteuropa populär, hat sich im Westen aber noch nicht so verbreitet. Starke EMF, die mit elektrischen Geräten erzeugt werden, finden heute Anwendung in den USA, Großbritannien und Australien, z. B. bei Orthopäden, die damit Knochenbrüche heilen. Magnetische Resonanzbilder, die EMF für die Diagnose benutzen, sollen besser und sicherer sein als Röntgenstrahlen.

BESUCH BEIM THERAPEUTEN

Nach Meinung der Therapeuten reagieren Eisenatome in den roten Blutkörperchen auf die Magnete. Wenn ein Magnet in die Nähe des Körpers gebracht wird, verstärkt sich der Blutstrom an dieser Stelle. Dadurch soll die Sauerstoffzufuhr zu den Zellen verbessert, der Stoffwechsel stimuliert und der Abbau von Abfallprodukten beschleunigt werden.

Die Therapie wird oft als Selbsthilfe mit normalen „statischen" Magneten und schwachen EMF durchgeführt. Magnetische Schuhsohlen, Bänder, Matrazen, Kissen und Autositzbezüge sind im Angebot. Die Anwendung erklärt entweder ein Therapeut, oder Sie richten sich nach den Anweisungen des Herstellers. Ein Therapeut wird versuchen, die beste Methode für Sie herauszufinden. „Supermagnete" werden an bestimmte Körperstellen gehalten, oft an Lymphknoten oder Akupunkturpunkte (siehe S. 90).

Die Therapeuten schlagen vielleicht auch elektrische Geräte vor, die pulsierende Felder erzeugen und auf bestimmte Körperstellen gerichtet werden. Dazu gehören Betten, Spezialgürtel oder zylindrisch geformte Maschinen, in die man sich hineinsetzt.

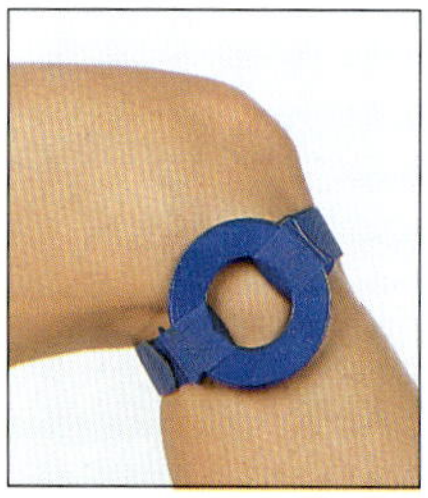

Magnetische Bänder *werden am Knie, an den Ellbogen, Fuß- oder Handgelenken getragen. Sie helfen bei Muskelschmerz und bei Arthritis oder rheumatoider Arthritis*

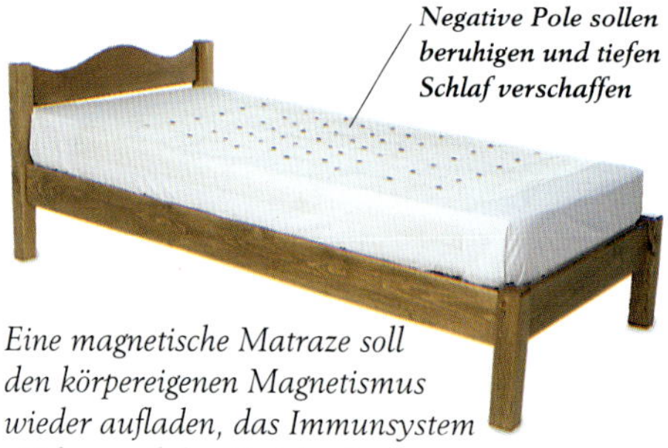

Negative Pole sollen beruhigen und tiefen Schlaf verschaffen

Eine magnetische Matraze soll den körpereigenen Magnetismus wieder aufladen, das Immunsystem stärken und den Kreislauf anregen

Wasser ist negativ geladen

Magnetisiertes Wasser *soll die Verdauung anregen. Eine Karaffe Wasser wird 24 Std. auf einen Magneten gestellt*

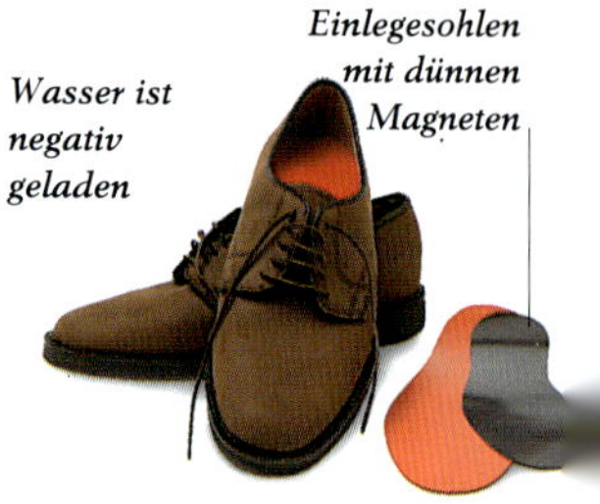

Einlegesohlen mit dünnen Magneten

Magnetische Einlegesohlen *verströmen schwache magnetische Strahlen und sollen Kreislauf, Energie und Ausdauer fördern*

NACHWEIS & FORSCHUNG

The Lancet stellte 1996 fest, daß magnetische Stimulierung bei der Behandlung von Depressionen hilft. 1959 entdeckten amerikanische Chirurgen, daß gebrochene Amphibienglieder mit EMF geheilt werden können, und begannen danach menschliche Knochen zu heilen. Eine Studie an der Universität von Hawaii 1990 ergab, daß EMF die Behandlung von Osteoporose unterstützt. Chirurgen behandeln weltweit Knochenbrüche, schwer heilende Wunden, Ödeme und tiefe Venenthrombosen mit EMF.

FACHURTEIL

Die konventionelle Medizin erkennt die Wirkung starker EMF an; im Einsatz schwacher Magnetfelder sieht sie aber nicht viel mehr als einen Plazebo-Effekt.

VORSICHT!

- Keine Therapie, wenn Sie einen Schrittmacher haben oder schwanger sind
- Siehe auch Seite 52

WEITERE THERAPIEN

CHELAT-THERAPIE

Die Chelat-Therapie wurde erstmals in den 40er Jahren von der amerikanischen Marine zur Behandlung von Bleivergiftungen angewendet und ist immer noch hauptsächlich in den USA verbreitet. Sie besteht aus der Gabe einer synthetischen Form der Aminosäure EDTA, mit der Schwermetalle und Gifte chemisch aus dem Blut entfernt und Kalziumanlagerungen von den Arterienwänden gelöst werden.

Der Patient wird an einen intravenösen Tropf mit der EDTA-Lösung, Vitaminen und Mineralien angeschlossen. Die Behandlung wird von qualifizierten Ärzten durchgeführt, und währenddessen werden der Kreislauf, der Blutdruck, Cholesterin- und Blutzuckerspiegel und die Nieren- und Organfunktion gemessen. Eine Behandlung dauert etwa 3 Stunden und wird 1–3mal pro Woche wiederholt. Empfohlen werden 20–30 Sitzungen.

Mit der Chelat-Therapie werden Kreislaufprobleme behandelt, vorbeugend sorgt sie für einen gesunden Blutstrom. Es wurden sehr viele Untersuchungen dazu durchgeführt, jedoch nur wenige unter wissenschaftlicher Kontrolle.

SAUERSTOFF-/OZONTHERAPIE

Im letzten Jahrhundert begannen Ärzte, Infektionen mit Sauerstoff zu behandeln; nachweislich das erste Mal von dem französischen Arzt Dr. J. A. Fontaine. Die Ozontherapie soll die Zellen mit Sauerstoff anreichern und durch die Auslösung chemischer Reaktionen Viren und Bakterien zerstören.

Die Behandlung wird von einem medizinisch ausgebildeteten Therapeuten durchgeführt; das Ozon wird über die Arterien oder intravenös, oral, anal oder vaginal, durch Inhalation oder durch Injektion in die Gelenke oder Muskeln gegeben. Die Behandlung kann 2–3 Sitzungen umfassen bei einer kleineren Infektion oder 30–40 Sitzungen bei schlimmeren Entzündungen.

Die Sauerstofftherapie soll Krebszellen zerstören und bei Schlaganfällen, Arthritis, Multipler Sklerose und Allergien helfen. Die Ozontherapie dagegen soll Wunden und bakterielle und virale Erkrankungen heilen.

COLON-HYDROTHERAPIE

Diese entgiftende Methode, auch Darmspülung genannt, war schon im antiken Ägypten, in China und Indien bekannt. Die Methode, die heute im Westen angewendet wird, hat ihren Ursprung allerdings in den europäischen Kurorten des 19. Jh. Man geht davon aus, daß Fäkalien an der Wand des Dickdarms hängenbleiben und so in den Blutstrom zurückgeführt werden. Die Therapeuten versuchen diese Abfallprodukte durch gereinigtes Wasser zu entfernen.

Dem Patient wird auf dem Behandlungstisch eine Röhre mit leichtem Druck in den Dickdarm eingeführt, und gereinigtes Wasser (evtl. mit homöopathischen Mitteln, Vitaminen oder Mineralien angereichert) wird eingelassen. Der Patient hält das Wasser ca. 2 Minuten im Dickdarm, bevor er dem Druck nachgibt. und das Wasser und die Abfallprodukte abfließen. Der Prozeß muß wiederholt werden, die Behandlung besteht meist aus 4–8 Sitzungen von 40–50 Minuten.

Sie wird angewendet bei Verdauungsstörungen, chronischer Müdigkeit, Kopfschmerzen, Hautproblemen, Fibromen und Rückenschmerzen. Von der konventionellen Medizin wird diese Therapie nicht sehr geschätzt.

TIBETANISCHE MEDIZIN

Diese Heilmethode, die bis ins 7. Jh. zurückgeführt werden kann, hat Ähnlichkeiten mit Ayurveda (siehe S. 144) und der Traditionellen Chinesischen Medizin (siehe S. 140). Sie ist im Westen nicht sehr bekannt, gewinnt aber immer mehr Anhänger.

Die Therapeuten gehen davon aus, daß alle Körperfunktionen von drei „Temperamenten" (Luft, Galle und Schleim) beherrscht werden, und wenden die Puls- und Zungendiagnose (siehe S. 192–193), Urinanalyse und Beobachtung an, um Krankheiten zu diagnostizieren. Zur Behandlung gehören auch pflanzliche Heilmittel, Diäten und Ratschläge, Massage und Akupunktur (siehe S. 90) sowie religiöse Rituale. Die Sitzungen dauern 60–90 Minuten. Alle Erkrankungen können behandelt werden.

RADIONIC

Diese Art der Fernheilung (siehe S. 105) wurde gegen 1900 von dem amerikanischen Neurologen Dr. Albert Abrams entwickelt. Es gab viele Gegenstimmen, und Radionic ist in den USA auch heute noch nicht erlaubt.

Die Therapeuten versuchen die Schwingungsfrequenzen der Bioenergie der Patienten zu erfassen und die Krankheitsursache herauszufinden. Die Patienten sehen ihre Therapeuten vielleicht gar nicht. Sie füllen einen Fragebogen über ihre Krankengeschichte aus und schicken einen Tropfen Blut oder ein Haar (als „Beweis"). Der Therapeut legt den Beweis auf eine radionische „Black Box", die ausgestattet ist mit Frequenzen, die den Schwingungsebenen verschiedener Krankheiten entsprechen. Er kann den Fragebogen des Patienten auch mit einem Pendel befragen (siehe S. 198). Nach der Diagnose benutzt der Therapeut ein Gerät, um die heilende Energie dem Patienten zu „senden", oder er schlägt homöopathische Mittel, Bachblüten oder Farbtherapie (siehe S. 126/132/186) vor. Theoretisch kann mit Radionic alles behandelt werden, obwohl die Ärzte sehr skeptisch darauf reagieren.

PSIONIC

Psionic hat viele Ähnlichkeiten mit Radionic und wurde 1968 entwickelt. Es soll die Störungen der Bioenergie der Patienten herausfinden. Die Therapeuten pendeln die Krankheit aus und verschreiben dann homöopathische oder anthroposophische Medikamente (S. 126 /124).

VORSICHT!

- Die Chelat-Therapie kann durch niedrigen Blutzucker Schwäche oder Schwindel auslösen
- Sauerstoff-/Ozontherapie kann Atemlosigkeit, Brustschmerzen, Ohnmacht, Blutprobleme oder eine Darmentzündung auslösen
- Konsultieren Sie Ihren Arzt, bevor Sie mit einer Colon-Hydrotherapie beginnen
- Siehe auch Seite 52

Mentale & Emotionale Therapien

Der französische Philosoph Descartes stellte 1637 die Theorie auf, daß der Körper eine Art Maschine sei, die vom Geist getrennt ist – ein Konzept, das die spätere Entwicklung der westlichen Medizin stark geprägt hat. Über dreihundert Jahre danach haben Forschungen allerdings eindeutig erwiesen, daß Geist und Körper auf vielfältigste Weise miteinander verwoben sind. Hinzu kommt heute ein neues Interesse an der Ganzheitlichkeit, dem Bewußtsein, daß Geist und Körper immer untrennbar sind und daß bei einer Krankheit der ganze Mensch behandelt werden muß und nicht nur isolierte Teile von ihm.

Immer mehr Therapeuten berücksichtigen in ihrer Behandlung, daß nicht einzelne Zellen oder Organe von einer Krankheit befallen werden, sondern der ganze Mensch, und daß das, was dieser Mensch denkt und fühlt und wie er sich verhält, bei der Erkrankung eine sehr große Rolle spielt. Die verschiedenen Behandlungen, die unter mentalen und emotionalen Therapien zusammengefaßt sind,

Atemübung

zielen darauf ab, die Kraft der Gedanken, Gefühle, der Phantasie und der körperlichen Aktionen zu nutzen und dadurch die biologischen Prozesse des Patienten zu beeinflussen. Bis vor kurzem haben sich nur wenige konventionelle Ärzte im Westen mit dem Bewußtsein des Patienten und seinem Einfluß auseinandergesetzt. Viele haben deshalb frustriert Hilfe gesucht in östlichen Philosophien und Therapien, die diesen Fragen seit Jahrtausenden nachgehen. Die Tatsache, daß diese Traditionen jetzt auch für die westliche Medizin an Bedeutung gewinnen, verspricht der ganzheitlichen Medizin eine große Zukunft.

Hypnotherapie

Die Therapien

Psychotherapeutische Behandlung

PSYCHOTHERAPIE & BERATUNG

BEWERTUNG	
FORSCHUNG	
FACHURTEIL	
THERAPEUT	
SELBSTHILFE	
VERTRÄGLICHKEIT	

DIE PSYCHOTHERAPIE UND BERATUNG umfaßt viele verschiedene Methoden zur Heilung von psychischen Problemen; sie beruft sich auf die Arbeit des österreichischen Psychiaters Sigmund Freud zu Beginn des 20. Jh. In den Therapien sollen geistige und emotionale Probleme gelöst und die Entwicklung des Selbstbewußtseins gefördert werden, indem man vor einem ausgebildeteten Zuhörer über bedrückende Gedanken, Situationen und Gefühle spricht. Schon in sehr vielen Krankenhäusern arbeiten Psychologen und Psychotherapeuten mit den Patienten.

ANWENDUNG

- Streß, Angstgefühle
- Zwangsvorstellungen
- Eßstörungen
- Trauer, Leiden
- Beziehungsprobleme
- Sexuelle Probleme
- Unsicherheit
- psychosomatische Krankheiten
- Persönlichkeitsentwicklung

GESCHICHTE

***Sigmund Freud** war der Vater der Psychoanalyse, der Vorreiterin der Psychotherapie. Er glaubte, daß Sexualität, Hunger und andere Triebe, die in der Kindheit unbewußt erfahren werden, unser gesamtes, späteres Leben formen*

Der Ursprung der Psychotherapie, die wir heute kennen, kann zurückverfolgt werden bis zur Arbeit von Sigmund Freud, der von 1880 bis 1930 in Wien Psychoanalyse praktizierte. Er entwickelte die Idee des Unbewußten und versuchte verdrängte Ursachen für die Probleme seiner Patienten aufzudecken, indem er sie frei darüber reden ließ.

Um 1914 löste sich einer seiner Schüler, Carl Gustav Jung, von ihm und entwickelte eine eigene Richtung der analytischen Psychotherapie, die auf der Idee eines menschlichen Triebes in Richtung einer inneren Welt der Ganzheit beruhte.

Eine weitere einflußreiche Psychoanalytikerin war Melanie Klein. Zwischen den Weltkriegen führte sie Studien durch über kindliche Verhaltensmuster. Sie ging davon aus, daß die Außenwelt die Kinder genauso formt wie die Auseinandersetzung mit dem eigenen Körper. Ihre Theorien beeinflußten viele Psychoanalytiker.

Während der ersten Hälfte des 20. Jh. kritisierten Verhaltenspsychologen wie John Watson und Burrhus Frederic Skinner die Betonung des Unbewußten in der Psychoanalyse. Sie behaupteten, daß nicht meßbare Geisteszustände unwichtig seien, während Hunger und andere biologische Reize vorhersehbares Verhalten konditionieren, das durch Therapie korrigiert werden kann.

Als Reaktion auf diese Theorie der negativen Konditionierung und auf die klinische Herangehensweise der Freudianer entwickelten die Psychologen Abraham Maslow, Carl Rogers, Fritz Perls und andere einen „humanistischen" Ansatz, der die positiven und nicht die funktionsgestörten Aspekte des Verhaltens betonte. Gegen 1960 wurden Methoden angewendet, die die „persönliche Entwicklung" der Patienten ermutigen und bei der Verwirklichung ihrer „menschlichen Fähigkeiten" helfen sollte.

Die Psychoanalyse blieb in Zentraleuropa und an der Ostküste der USA populär, während an der Westküste die „Persönlichkeitentwicklung" und die Arbeit von Virginia Satir und Milton Erickson die Methoden stark beeinflußten. Sie entwickelten eine Psychotherapie, die kürzer und abgeschlossener ist als die Psychoanalyse. Um 1970 wurde die Psychotherapie und ihre Schwester, die Beratung, auch außerhalb der USA bekannt.

***Carl Jung**, ein Schweizer Psychoanalytiker und ehemaliger Schüler von Freud, entwickelte eigene Theorien über die Suche des Menschen nach seinem „wirklichen Selbst" und der Existenz eines „kollektiven Unbewußten"*

GRUNDSÄTZLICHES

Analytische und psychodynamische Therapien gehen davon aus, daß Erinnerungen und Gefühle „unterdrückt" oder vergessen werden und so Geist und Körper negativ beeinflussen. Der Patient soll über unterdrückte Erfahrungen und Gefühle sprechen. Kognitive und Verhaltenstherapien setzen sich dagegen überhaupt nicht mit dem Unbewußten auseinander. Der Patient beginnt das Gespräch und entscheidet, worüber gesprochen wird.

Ausgebildete Therapeuten sollten nicht nur erkennen können, über was der Patient spricht, sondern auch, über was er nicht spricht, und sein jetziges Verhalten mit vergangenen Ereignissen in Beziehung setzen. Die meisten Therapeuten haben in ihrer Ausbildung selbst an einer Therapie teilgenommen, sollten sich aber auch danach regelmäßig von anderen Therapeuten beaufsichtigen lassen. Die Unterschiede zwischen den einzelnen Therapien sind meist gering, im allgemeinen wird jedoch unterschieden in:

Psychoanalyse: Die Therapeuten erhalten eine 5–7jährige Ausbildung in der Lehre von Freud, C. G. Jung oder Melanie Klein. Einige sind außerdem Mediziner (siehe S. 162).

Psychologie: Nach einer wissenschaftlichen Ausbildung an der Universität wählen die Therapeuten einen Spezialisierungsbereich. Eine persönliche Therapie gehört nicht zur Ausbildung. Klinische Psychologen wenden oft kognitive oder Verhaltensmethoden an und arbeiten selten mit dem Unbewußten (S. 164).

Psychotherapie: Die Therapeuten machen eine vierjährige Ausbildung durch,

die nicht unbedingt mit einem wissenschaftlichen Grad abgeschlossen wird. Danach spezialisieren sie sich in unterschiedlichen Gebieten (S. 162–165).
Psychologische Beratung: Es gibt Therapeuten, die nur einen Wochenendkurs absolviert haben, die besseren haben eine 2–3jährige Ausbildung hinter sich (siehe Seite 163).

Psychotherapeuten und Berater wenden verschiedenste Methoden an, darunter auch psychodynamische und humanistische.

NACHWEIS & FORSCHUNG

Psychologische Therapien sind sehr schwer erforschbar. Die Methoden sind unterschiedlich und beruhen außerdem auf Theorien über die menschliche Verfassung, die unmöglich wissenschaftlich nachgewiesen werden können. Die Fähigkeiten des Therapeuten sind oft ausschlaggebender für den Erfolg als die Methode. Kognitive und Verhaltenstherapien wurden sehr oft untersucht – z. B. in amerikanischen Studien, die in den 90ern im *Journal of Consulting and Clinical Psychology* veröffentlicht wurden. Sie zeigten Erfolge bei Angstgefühlen, Phobien, leichten und mittleren Depressionen, Beziehungs- und sexuellen Problemen.

1994 veröffentlichte das *British Journal of Psychiatry* Forschungen, die nahelegten, daß kognitive Therapien bei Panikattacken wirksamer seien als konventionelle medizinische Behandlung oder Entspannungstechniken. Vergleicht man die Ergebnisse dieser Studien, stellt sich heraus, daß die Patienten auf längere Sicht genesen, es ist jedoch schwierig festzustellen, welche Therapie wirksamer ist. Im Fall der länger andauernden Psychoanalyse gibt es weniger Forschungen, aber einige Studien lassen erkennen, daß auch nach drei Jahren wenig Veränderungen eintreten.

FACHURTEIL

Die Ärzte wissen, wie wichtig gutes Zuhören ist, vor allem nach einer seelischen Erschütterung. Die meisten Mediziner legen Wert auf eine offizielle Ausbildung. Kürzere Psychotherapien werden oft angeboten, Skepsis besteht jedoch in bezug auf extremere Theorien und Therapien.

KONSULTATION EINES THERAPEUTEN

Es gibt viele Gründe, einen Psychotherapeuten oder Berater zu konsultieren. Ein Ereignis kann Sie aus der Bahn geworfen haben, oder Sie werden von Problemen gequält, deren Ursachen Sie nicht kennen.

Es kann sehr schwierig sein, die richtige Methode zu finden, weil viele Therapeuten verschiedene Techniken anwenden. Versuchen Sie so klar wie möglich zu entscheiden, was Sie durch die Therapie verändern möchten.

Die erste Konsultation gibt Ihnen die Möglichkeit, herauszufinden, ob Sie mit der Art der Therapie und dem Therapeuten klarkommen. Man wird Sie fragen, warum Sie Hilfe benötigen, und der Therapeut wird entscheiden, ob er Ihnen helfen kann. Manche Therapeuten bieten einen kostenlosen Erstbesuch an, vor allem, wenn die Therapie länger dauert. Es ist sehr wichtig, vor dem Therapeuten frei sprechen zu können. Wenn Ihnen das beim ersten Mal nicht gelingt, scheuen Sie sich nicht davor, den Therapeuten zu wechseln. Fragen Sie immer, wie lange die Therapie dauern wird und ob die Fortschritte regelmäßig besprochen werden.

VORSICHT!

- Beim Besuch eines Therapeuten fragen Sie nach Ausbildung und Qualifikationen und ob er/sie einer beruflichen Vereinigung angehört (S. 318)
- Es ist wichtig, Ihrem Therapeuten zu vertrauen. Denken Sie immer daran, daß Sie für die Behandlung bezahlen und jederzeit aufhören können
- Vermeiden Sie Psychoanalyse, Psychotherapie oder Beratung, wenn Sie unter Geisteskrankheiten wie Schizophrenie leiden
- Siehe auch Seite 52

VERBALE KOMMUNIKATION
Durch die Aufforderung an den Patienten, über sich selbst zu sprechen, kann der Therapeut ihm helfen, die Ursachen für seine Probleme herauszufinden

Die Therapeutin unterbricht ihn nur, um ihm zu helfen, sich auf die Probleme zu konzentrieren

Der Patient wird ermutigt, frei zu sprechen

IHRE FRAGEN

Wie lange wird eine Sitzung dauern?
50–60 Minuten.

Wie oft muß ich hingehen?
Die Sitzungen finden meist einmal pro Woche statt. Die Dauer der Behandlung variiert stark und kann einige Monate oder auch Jahre betragen.

Wird es sehr anstrengend sein?
Die Therapie kann störende Gefühle freiwerden lassen. Der Therapeut muß Ihnen bei deren Verarbeitung helfen.

Gibt es Nachwirkungen?
Wenn Ihr Therapeut eine gute Ausbildung erhalten hat und eine Langzeitbehandlung gut beaufsichtigt wird, sollten keine Nachwirkungen auftreten.

Patientenerfahrung

Agnes, 34 Jahre alt, begann eine Psychotherapie wegen ihrer Probleme mit dem Chef: „Es wurde nie über Belangloses geredet, der Therapeut wartete, bis ich sprach. Ich dachte, ich hätte nur Probleme mit meinem Vorgesetzten, aber nachdem ich über meine Kindheit gesprochen hatte, stellte ich fest, daß mein Vater ganz ähnlich war. Er hat mich immer angeschrien, und ich habe nie gekontert. Beim Therapeuten weinte ich vor Zorn. Weil mein Vorgesetzter mich an meinen Vater erinnerte, mußte ich meine Arbeit kündigen. Inzwischen fühle ich mich viel stärker, wenn ich meinen Vater sehe."

THERAPIEFORMEN

Die Psychoanalyse, die psychodynamische Therapie und die Gesprächstherapie arbeiten mit dem Austausch von Emotionen und Gedanken. Die kognitiven und Verhaltenstherapien (S. 164) helfen, durch Gedanken und Verhaltensmuster Gewohnheiten zu verändern. Die humanistische Psychotherapie (S. 165) konzentriert sich auf die kreative Wahrnehmung der Gegenwart.

PSYCHOANALYSE

***Der Patient** „überbringt" tief vergrabene Gefühle. Möglicherweise zeigt er dem Therapeuten die gleiche Abwehr wie seinen Eltern gegenüber*

Die Grundlagen der Psychoanalyse basieren auf dem Werk von Freud. Auch wenn unangenehme Gefühle der frühen Kindheit in das Unbewußte verbannt werden, haben sie weiterhin Einfluß auf Gedanken, Gefühle und Verhalten. „Unterdrückte" Gefühle können später im Leben in Form von Konflikten, Ängsten, Depressionen und quälenden Gedanken an die Oberfläche kommen oder sich in Träumen oder Aktivitäten ausdrücken.

Man liegt auf einem Sofa oder sitzt auf einem Stuhl und spricht über das, was einem in den Sinn kommt. Die Behandlung ermutigt die „Übertragung" von Gefühlen gegenüber Personen im Leben des Patienten auf den Therapeuten, der dann versucht, diese Gefühle zu identifizieren. Die Patienten, die eine Psychoanalyse beginnen, haben meist großen Kummer. Drei bis fünf 50minütige Sitzungen pro Woche über einen Zeitraum von zwei bis fünf Jahren sind möglich.

DIE ANALYTISCHE PSYCHOTHERAPIE NACH C. G. JUNG

Carl G. Jung glaubte an ein menschliches Streben nach „Selbstverwirklichung" und einer spirituellen Suche nach dem „kollektiven Unbewußten", der mythenbildenden Geistesebene der gesamten Menschheit. Er entwickelte eine Form der Psychoanalyse, in der die Patienten vergangene Erfahrungen untersuchen, um tiefsitzende Probleme zu lösen. Die Übertragung ist ein entscheidendes Element, die Therapie kann tiefgreifende Veränderungen auslösen. Jung ging davon aus, daß wir Teile von uns nicht akzeptieren; diese unterdrückten „Schatten" müssen wir integrieren, um zu unserem wahren Selbst zu finden. Mindestens sechs Monate lang müssen ein bis zwei Sitzungen pro Woche abgehalten werden – die normale Behandlung dauert zwei Jahre.

PSYCHODYNAMISCHE THERAPIE

Die Therapie arbeitet mit dem Unbewußten und stellt Verbindungen her zwischen vergangenen und gegenwärtigen Ereignissen. Auch hier wird mit der Übertragung gearbeitet, die Betonung liegt jedoch auf Wechsel und Entwicklung.

Wenn Sie z. B. mehrere gescheiterte Beziehungen erlebt haben, werden Sie vielleicht prägende Kindheitserlebnisse analysieren. Das Wissen um bestimmte Schwierigkeiten kann Sie frei machen für Veränderungen. Die Behandlung hat traditionell ein offenes Ende, die Therapie für ein bestimmtes Problem kann auf 15–40 Sitzungen beschränkt werden.

***In der Kindertherapie** wird Spielen als Kommunikationsmittel eingesetzt*

THERAPIE BEI KINDERN

Bei schwerwiegenden Problemen wie Kindesmißbrauch oder Autismus wird meist psychoanalytisch gearbeitet. Dem Kind soll geholfen werden, in Beziehungen einen Sinn zu sehen und daraus zu lernen. Es wird meist einzeln, aber auch mit Gruppen oder der Familie gearbeitet. Bei weniger gravierenden Problemen wie Bettnässen kann ein Berater oder Spieltherapeut mit Kindern einzeln oder in Gruppen arbeiten. Oft wird gespielt.

GRUPPENTHERAPIE

In der Gruppenarbeit können psychoanalytische, humanistische oder verhaltenspsychologische Ansätze integriert werden. Dies hilft Menschen, die abhängig sind oder Schwierigkeiten haben, anderen zu vertrauen. In Kleingruppen wird über mehrere Monate gearbeitet. Ein Therapeut agiert als „Vermittler", interpretiert die Prozesse.

***In der Gruppentherapie** treffen sich die Patienten in kleinen Gruppen bis zu zehn Personen*

Wenn sie ihre Gedanken mit anderen teilen, lernen die Teilnehmer sich selbst kennen

Der Therapeut hilft den Teilnehmern, ihre Gefühle auszudrücken

FAMILIENTHERAPIE

In der Familientherapie geht es um die Beziehungen zwischen den einzelnen Familienmitgliedern. Die ersten Beziehungen im Leben spielen sich im Familienkreis ab. Gewohnheiten, die sich so früh entwickeln, haben einen sehr großen Einfluß auf unser späteres Verhalten. In einer gestörten Familie kann ein Mitglied krank werden, wenn es spürt, daß über gewisse Erfahrungen nicht frei gesprochen werden kann. Wenn die ganze Familie mit einem Therapeuten zusammensitzt, kann über Probleme, die alle betreffen, wie z. B. Komunikationsstörungen, geredet werden, ohne jemanden speziell anzusprechen. Wichtig ist die Bereitschaft aller, bei der Therapie mitzuarbeiten. Die Familientherapie hilft sehr gut bei jugendlicher Magersucht. Die Behandlung ist recht kurz und umfaßt meist10–20 Sitzungen von 50minütiger Dauer.

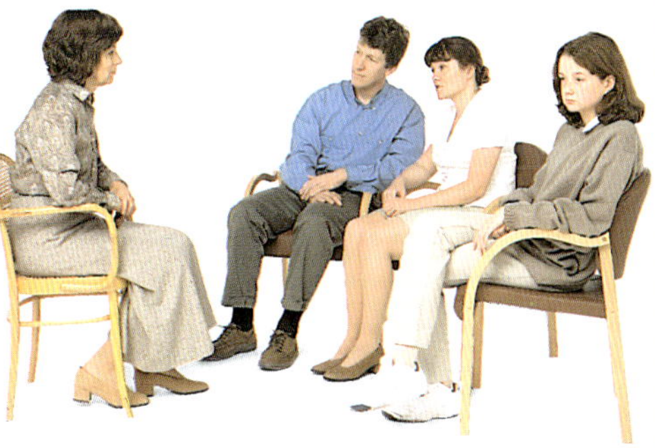

***Die Familientherapie** hilft bei Kommunikationsstörungen zwischen einzelnen Familienmitgliedern und hilft Verhaltensmuster zu ändern*

PSYCHOLOGISCHE BERATUNG

Die Beratung konzentriert sich meist auf spezielle Probleme wie einen Trauerfall oder Arbeitslosigkeit. Der Berater wirkt unterstützend und ermuntert Sie, frei zu reden. Er wird aber Ihre persönlichen Probleme nicht so erforschen wie ein Psychotherapeut und wenig direkte Ratschläge geben. Statt dessen werden Ihnen Ihre eigenen Gedanken widergespiegelt und so die Selbsterkenntnis gefördert. Der Therapeut hilft Ihnen auch, Ihre Situation aus verschiedenen Perspektiven zu betrachten und eigene Lösungen zu finden. Wenn Sie bedrückt sind oder wenig Selbstvertrauen haben, lernen Sie, für sich selbst geradezustehen oder schwierige Gefühle wie Zorn, Traurigkeit oder Angst auszudrücken.

Die Ausbildung für die Berater ist meist kürzer und weniger akademisch als bei Psychotherapeuten. Ein guter Berater sollte erkennen, wenn jemand tiefgreifender behandelt werden muß. Die Grenze zwischen Beratung und Psychotherapie ist schwer zu bestimmen.

Einige „psychodynamische Berater“ bieten das an, was andere Psychotherapie nennen, während ein Psychotherapeut in einer Privatpraxis vor klinischem Hintergrund oft psychologischer Berater genannt werden könnte. Die Behandlungsdauer sollte nur Wochen oder Monate umfassen.

EHEBERATUNG

In der Eheberatung geht es weniger darum, die Ehe oder Partnerschaft zu retten, als dem Paar die Schwierigkeiten vor Augen zu führen, damit sie besser damit umgehen lernen. Man kann an der Eheberatung allein, als Paar oder in einer unterstützenden Gruppe teilnehmen. Da die Beratung oft tiefere, psychologische Probleme aufdeckt, können Sie danach zu einem Psychotherapeuten oder Sexualberater geschickt werden. Die Eheberater arbeiten auch mit unverheirateten oder homosexuellen Paaren. Die Sitzungen werden meist wöchentlich für 50 Minuten gehalten und dauern einige Monate.

SEXUALBERATUNG/ PSYCHOSEXUELLE THERAPIE

Diese Therapie ist unter beiden Namen bekannt und hilft Menschen mit sexuellen Problemen. Die Paare lernen ihre verbale und körperliche Kommunikation zu verbessern und erhalten Ratschläge bei verbreiteten Problemen wie Impotenz, Erektionsschwierigkeiten oder vorzeitigem Samenerguß. Andere Bereiche, bei denen Psychotherapie oder Beratung helfen können, sind Vaginismus (Muskelspannung, die die Penetration verhindert) und schmerzhafter Geschlechtsverkehr; Verlust der Libido, Orgasmusprobleme, Abneigung gegen Geschlechtsverkehr und Fruchtbarkeitsprobleme. Sie können sich einzeln oder als Paar beraten lassen. Die Behandlungsdauer kann einige Wochen oder Monate umfassen mit wöchentlichen Sitzungen von 50 Minuten.

LÖSUNGSORIENTIERTE KURZTHERAPIEN

Diese beratende Therapie hilft eher, einen positiven Wechsel einzuleiten, als vergangene Probleme zu bearbeiten. Der Therapeut ermutigt Sie, sich positiv auf Dinge zu konzentrieren, die Sie gut können, und Ziele aufzustellen und an deren Erreichung zu arbeiten. Sie können z. B. gefragt werden: „Wenn durch ein Wunder alle Ihre Probleme gelöst würden, was würde sich in Ihrem Leben ändern?“ Die Therapeuten behaupten, daß die Patienten in nur drei bis vier Sitzungen große Fortschritte machen.

***Eheberatung:** Paare mit Beziehungsproblemen können mit Hilfe eines psychologischen Beraters ihre Schwierigkeiten erkennen und lernen, damit in Zukunft umzugehen*

VERHALTENSTHERAPIE

Gegen Ende des 19. Jh. stellte der russische Wissenschaftler Ivan Pavlov fest, daß Tiere durch Belohnung oder Bestrafung bestimmte Situationen wiedererkennen lernen. Dies führte zu der Annahme, daß Verhalten als Reaktion auf vergangene Erfahrungen gelernt wird und wieder vergessen werden kann, wenn die Gründe für dieses Muster nicht analysiert werden. Die Therapie zielt darauf ab, bestimmte ungewollte Gewohnheiten durch geistige und physische Übungen und mit Hilfe von Bestrafung und Belohnung zu verändern.

Die Therapie wirkt gut bei streßbedingten Krankheiten, zwanghaftem Verhalten, irrationalen Ängsten, Phobien und Suchtverhalten. Flugangst wird z. B. mit vielen Informationen über das Fliegen, mit einem Flughafenbesuch, einem Schnupperflug und Entspannungsübungen abgebaut.

KOGNITIVE THERAPIE

In der kognitiven Therapie soll über die Geisteskraft das Verhalten beeinflußt werden. Vergangene Erfahrungen können sich nachteilig auswirken auf die Selbstwahrnehmung und auf Einstellungen, Gefühle und die Fähigkeit, mit bestimmten Situationen umzugehen. Durch das Erkennen, Hinterfragen und Verändern von negativen oder selbstzerstörerischen Gedanken ist es möglich, das Verhalten zu verändern.

Wenn Sie z. B. pessimistisch oder depressiv sind, werden Sie ermutigt, die Situation einmal aus einer anderen, nicht so düsteren Perspektive zu betrachten. Wöchentliche Sitzungen von 50 Minuten können einige Monate dauern.

KOGNITIVE ANALYSE

Die Kombination von kognitiver Therapie und Psychoanalyse soll Ihnen die Möglichkeit geben, mit eigenen Mitteln die Fähigkeit zu entwickeln, destruktive Verhaltensmuster zu verändern. Negative Gedanken und Verhaltensweisen werden mit einem Psychotherapeuten untersucht. Die Behandlung ist gelenkt und umfaßt 16 Sitzungen à 50 Minuten. Gearbeitet wird mit Tagebuch, Erfolgsberichten und Diagrammen, die die emotionalen Probleme aufzeigen.

KOGNITIVE VERHALTENSTHERAPIE

Dieser Ansatz kombiniert kognitive und Verhaltensmethoden und wurde in den 60ern von klinischen Psychologen entwickelt. Es werden z. B. Entspannungstechniken gelehrt, mit denen Gedanken und Erwartungen verändert werden. Diese Therapie hilft bei streßbedingten Krankheiten, Phobien, zwanghaftem Verhalten, Eßstörungen und mit Medikamenteneinnahme auch bei schweren Depressionen. Die Behandlung umfaßt 10–15 wöchentliche Sitzungen.

PERSONALE KONSTRUKT-THERAPIE

Diese Therapie wurde 1955 von dem amerikanischen Psychologen George Kelly entwickelt und hilft, die Selbstwahrnehmung und dadurch die Einstellung zu verändern. Mit einem Fragebogen wird Ihre Einstellung erforscht. Eine Technik besteht darin, für eine Woche einen fiktiven Charakter anzunehmen, der die Welt anders sieht. Die Behandlung umfaßt 50minütige Sitzungen über mehrere Monate.

DAS 12-SCHRITTE-PROGRAMM

Dieses Programm wurde 1930 in den USA entwickelt für die Behandlung von Alkoholkranken. Inzwischen wird es bei jeder Art von Abhängigkeit angewendet. In Gruppenarbeit helfen diese Schritte, neue Verhaltensweisen und eine neue Sicht von sich selbst zu entwickeln. Der erste Schritt besteht darin, das Problem anzuerkennen. Die wöchentlichen Sitzungen werden über Jahre durchgeführt.

KURZTHERAPIE

Diese kognitive Verhaltenstherapie besteht aus drei einstündigen Sitzungen und einer Nachfolgebehandlung drei Monate später. In der ersten Sitzung wird das Problem erkundet, und in den nachfolgenden hilft der Therapeut Lösungsstrategien zu entwickeln. In den Monaten bis zur Nachbehandlung sollen diese Strategien befolgt werden. Diese Therapie kann bei genau definiertem Streß oder Angstbeschwerden, wie Panikattacken, helfen.

NEUROLINGUISTISCHES PROGRAMMIEREN(NLP)

NLP, als Kombination von kognitiven Verhaltenstechniken, humanistischer Psychotherapie (siehe S. 165) und Hypnotherapie (siehe S. 166), wurde in den 70ern von den US-Psychotherapeuten John Grindler und Richard Bandler entwickelt. Sie gingen davon aus, daß alle Erfahrungen unsere Lebenssicht prägen. Ein Psychotherapeut hilft Ihnen herauszufinden, wie Sie gelernt haben zu denken und zu fühlen und dadurch Kontrolle über Ihr Tun zu erreichen. Sie werden immer wieder aufgefordert, Sprechweise und Körperhaltung zu verändern, um besser kommunizieren und persönliche Veränderungen herbeiführen zu können. NLP verspricht sogar eine „10minütige Phobienheilung".

***Neurolinguistisches Programmieren (NLP)** zeigt den Patienten ihre Verbindung zur Welt in sechs Stufen, hier dargestellt durch die Scheiben. Das Verstehen dieser Stufen bringt positive Veränderungen*

Der Patient wird physisch und psychisch vom Therapeuten geleitet

HUMANISTISCHE PSYCHOTHERAPIE

Diese Therapie umfaßt mehrere Methoden der „Persönlichkeitsentwicklung" in den 60ern, wurde aber größtenteils von dem Amerikaner Abraham Maslow entwickelt. Die Patienten lernen Gefühle auszudrücken und Verantwortung für Gedanken und Handlungen zu übernehmen. Betont werden nicht Fehlverhalten oder Neurosen, sondern Selbstentwicklung und Erreichen der eigenen Höchstform („höchstes Wohlbefinden"). Mehrere humanistische Methoden beruhen auf einem „klientenzentrierten" und „nicht gelenkten" Ansatz. Ausgehend davon, daß die Patienten selbst mit ihren persönlichen Problemen umgehen können, bietet der Therapeut einen urteilsfreien „Raum".

GESTALTTHERAPIE

Der Therapeut analysiert die gewohnheitsmäßigen Reaktionen des Patienten. Die Gestalttherapie wurde in den 60ern

Der Therapeut analysiert die gewohnheitsmäßigen Reaktionen

In einer der Gestalt-Techniken *stellt die Klientin sich selbst auf dem leeren Stuhl vor und spricht mit sich über ihr Problem*

von dem deutschen Psychoanalytiker Fritz Perls entwickelt. Der Name spiegelt die Annahme wieder, daß sich die Reaktion auf Erfahrungen in Gedanken, Gefühlen und Handlungen in der ganzen Gestalt summiert. Man erlangt Selbstbewußtsein durch das Analysieren des eigenen Verhaltens und der Körpersprache und lernt unterdrückte Gefühle herauszulassen. Behandelt wird wöchentlich in Einzel- oder Gruppensitzungen. Schon nach wenigen Monaten soll es Fortschritte geben.

TRANSPERSONALE THERAPIE

Wie auch bei Jung werden hier die geistigen Aspekte untersucht, die die Menschheit verbinden – etwa Mythen, Spiritualität, Geburt und Verlust. Die menschliche Fähigkeit, „innere Visionen" zu entwickeln, Geschichten und Rituale zu erfinden, wird genutzt , um sich selbst zu „transzendieren" und „eins zu fühlen" mit dem Universum.

PSYCHOSYNTHESE

Diese Therapie wird auch die „Psychologie der Seele" genannt und wurde von dem italienischen Psychiater Dr. Roberto Assagioli zu Beginn des 20. Jh. entwickelt. Es wird versucht, die Bewußtseinsebene, in der Gedanken und Gefühle erfahren werden, mit einer höheren, spirituellen Ebene zu verbinden oder zu „synthetisieren". Durch Malen, Bewegung, Schreiben und andere Techniken lernt man die verschiedenen Seiten der eigenen Persönlichkeit kennen und schätzen. Gearbeitet wird in Einzel- oder Gruppensitzungen über einen längeren Zeitraum.

TRANSAKTIONSANALYSE

Die Transaktionsanalyse wurde von dem kanadischen Psychiater Eric Berne entwickelt. Sie setzt voraus, daß jeder ein Kind-, Erwachsenen- oder Eltern-Selbst in sich trägt und in jedem sozialen Austausch eines davon dominiert. Durch das Erkennen dieser Rollen fällt es leichter, sich in der jeweiligen Situation für eine zu entscheiden und so das Verhalten zu ändern. Die Therapie hat das Schlagwort „inneres Kind" hervorgebracht, womit unerfüllte Wünsche in der Kindheit beschrieben werden. Es gibt Einzel- oder Gruppensitzungen als Kurz- (sechsmal) oder Langzeitbehandlung.

PSYCHODRAMA

Diese Therapie geht zurück auf den österreichischen Psychoanalytiker Jacob Moreno. Innere Konflikte werden ausgelebt, indem die Gefühle herausgelassen werden. Gearbeitet wird in Gruppensitzungen; die Teilnehmer stellen abwechselnd ihre persönlichen Dramen auf einer „therapeutischen Bühne" dar. Die erste Szene spielt in der Gegenwart, und nach und nach werden die Probleme des „Hauptdarstellers" bis in die Kindheit zurückverfolgt. Der Therapeut agiert als „Vermittler". Es braucht mehrere Sitzungen, um Ergebnisse zu erzielen – sehr extreme Gefühle können hervorgerufen werden. Die Gruppen treffen sich wöchentlich.

URSPRUNGSTHERAPIE

Die Prismal Therapy wurde in den 60ern von dem Amerikaner Arthur Janov entwickelt, der davon ausging, daß sich der Geburtsschock oder frühkindliche Trau-

Die Hauptdarstellerin läßt ihre Frustration an einem Kissen heraus

In diesem Psychodrama *zeigt die Hauptdarstellerin ihrem „Vater" eine Zeichnung und fordert von ihm das Lob und die Aufmerksamkeit, die er ihr in der Kindheit vorenthalten hat. Die anderen Teilnehmer spielen ihre Mutter und ihren Ehemann*

mata zu Neurosen entwickeln können. Versucht wird, den Patienten zurückzubringen zur allerersten Erfahrung, also bis zum „Urschrei". Die Traumata können so auf eine sehr reinigende Weise neu erfahren werden. Die Therapie kann mehrere Jahre dauern.

RE-BIRTHING

Man nimmt an, daß emotionale oder körperliche Schmerzen während der Geburt zu Gefühlen wie Einsamkeit oder Angst im späteren Leben führen können. Rebirthing, entstanden 1970 in den USA, versucht mit Atemtechniken Spannungen zu lösen und traumatische Gefühle neu zu erleben. Es werden 10 Sitzungen empfohlen.

Beim Re-Birthing *soll die Klientin im Spiegel, in ihr linkes Auge schauen, in den „Spiegel der Seele", während sie sich auf den Atem konzentriert*

HYPNOTHERAPIE

BEWERTUNG

- FORSCHUNG
- FACHURTEIL
- THERAPEUT
- SELBSTHILFE
- VERTRÄGLICHKEIT

Seit Jahrhunderten versucht man in verschiedenen Kulturen, Menschen durch Hypnose und Trance zu heilen. Der Begründer der „modernen“ Hypnotherapie im 18. Jh. war Franz Anton Mesmer, die Behandlung wird auch „Mesmerismus“ genannt. Der Patient wird in einen Zustand gebracht, der dem Tagträumen ähnlich ist. Er befindet sich in völliger Entspannung, ist offen für Suggestion und kann von Ängsten, Phobien oder Schmerzen befreit werden. Die Hypnotherapie hat sich von ihrem schlechten Ruf der Quacksalberei befreien können. Sie ist in der Medizin anerkannt.

ANWENDUNG

- Schmerzbehandlung
- Ängste, Phobien
- Streß, Depressionen
- Schlaflosigkeit
- Verdauungsprobleme
- Sucht
- Gewichtsprobleme
- Frauenleiden
- Asthma, Allergien
- Hautbeschwerden

GESCHICHTE

***Franz Anton Mesmer** führte seine Hypnosen mit Magneten durch, um den „animalischen Magnetismus“ im Körper auszubalancieren. Mesmers Methoden waren umstritten, aber das Interesse an ihnen hat nie nachgelassen.*

Schon die alten Griechen und Ägypter haben mit Trancezuständen geheilt, und viele Kulturen in Afrika und Amerika nutzen Tanzen und Trommeln zur Hypnose. Die Hypnotherapie entstand aus der Arbeit des österreichischen Arztes F. A. Mesmer im 18. Jh. Er selbst wurde letztlich als Scharlatan abgestempelt, und der Mesmerismus wurde verboten.

1843 versuchte James Braid, ein schottischer Chirurg, die Trance in wissenschaftlichen Begriffen zu erklären. Selbst Operationen wurden unter Hypnose ausgeführt, aber das Interesse daran erlosch, als 1840 die Narkose mit Äther entdeckt wurde. Die Publizierung von Braids Schriften in Frankreich und Deutschland weckte aber gegen 1890 neues Interesse.

Auch Sigmund Freud nutzte anfangs die Hypnose, später arbeitete er mit den Patienten jedoch bei vollem Bewußtsein (siehe S. 162). In den 50er und 60er Jahren entwickelte der amerikanische Psychotherapeut Milton H. Erickson die moderne Form der Hypnotherapie, die im Westen angewendet wird. Allerdings werden immer noch sehr wenige Studenten darin unterrichtet.

GRUNDSÄTZLICHES

Die Therapeuten gehen davon aus, daß der Geist verschiedene Bewußtseinsebenen hat. Unter Hypnose wird die Vernunftsebene zeitweise stillgelegt, und der unterbewußte Teil, der geistige und körperliche Funktionen beeinflußt, wird dadurch überaus aufnahmefähig für Suggestion. Im allgemeinen wird eine mittlere Trance angewendet, in der der Stoffwechsel, die Atmung und der Herzschlag verlangsamt sind und das Gehirn Alphawellen produziert (siehe S. 175).

Man geht davon aus, daß 90 Prozent der Menschen fähig sind, einen Trancezustand zu erreichen. Darunter sind 10 Prozent stark hypnotisierbar und können in tiefe Trance gebracht werden, währenddessen leichtere Operationen ohne Narkose ausgeführt werden können. Phantasiereiche Menschen, die sich leicht in das, was sie tun, versenken können, sind am besten geeignet. Hypnotherapeuten behaupten, daß es unmöglich ist, jemand gegen seinen Willen zu hypnotisieren.

***Mesmer** hat seine Patienten oft in therapeutische Krisen geschickt, in denen sie keuchende Krämpfe bekamen. Danach fühlten sie sich besser*

NACHWEIS & FORSCHUNG

Es gibt keinen Zweifel daran, daß die Hypnose funktioniert, man weiß aber bis heute nicht, warum. Einige Forscher behaupten, daß der Patient sich selbst „erlaubt“, hypnotisiert zu werden, und daß der Schlüssel dazu die Beziehung zwischen Therapeut und Patient ist. In den 60er Jahren wurden Labors für Hypnoseforschung in den USA, Kanada, Europa und Australien ins Leben gerufen.

Einige Forschungen haben Besserung bei Reizdarm nachgewiesen (*The Lancet*, 1989). In einer australischen Studie konnte 1984 festgestellt werden, daß Angstzustände durch Hypnose gelindert wurden; amerikanische Studien wiesen eine beruhigende Wirkung bei Zahnoperationen nach.

Zwei Versuche in den 60er Jahren zeigten Erfolge bei Asthma *(British Medical Journal)*, und 1953 wurde in einer Studie der British Medical Association nachgewiesen, daß Hypnose bei psychosomatischen und psychoneurotischen Beschwerden hilft und Schmerzen verringert bei Operationen, Zahnbehandlung und bei Geburten.

FACHURTEIL

Die Hypnotherapie erfährt mehr wissenschaftliche Unterstützung als andere Alternativtherapien. Die meisten Ärzte befürworten die Autohypnose als Entspannungsmethode.

Konsultation eines Therapeuten

Normalerweise wird eine einstündige Sitzung pro Woche durchgeführt. Der Therapeut fragt nach geistiger und physischer Gesundheit und wie Sie normalerweise Probleme lösen. Die Hypnose beginnt vielleicht erst in der zweiten Stizung. Es gibt verschiedene Hypnoserichtungen:

Klassische Einführung: Sie liegen auf einer Couch, und der Therapeut spricht mit sanfter, leiser Stimme zu Ihnen. Sie werden vielleicht aufgefordert, sich einen Spaziergang auf einem Feldweg vorzustellen, auf ein Licht oder einen Stift zu schauen oder monotonen Ansagen zuzuhören. Der Therapeut wird Sie auffordern, sich schwer und entspannt zu fühlen und die Augen zu schließen. Um Sie tiefer zu versenken, wird er von zehn auf null zählen oder Sie bitten, sich eine Liftfahrt nach unten vorzustellen. Wie in einem entspannten Tagtraum bleibt die Umgebung noch bewußt.

Hypnotherapie nach Erickson: Diese Hypnotherapie wendet statt der klassischen Einführung eine „strategische" Beeinflußung während der „täglichen Trance" der Tagträume und Phantasien des Patienten an.

Suggestive Hypnotherapie: Mit dieser Therapie werden oft Suchtkrankheiten behandelt. Der Therapeut versucht, positive Vorstellungen „einzupflanzen".

Analytische Hypnotherapie: Der Therapeut führt mit dem Patienten eine „Rückwärtsentwicklung" durch, indem er ihn auffordert, sich an verdrängte Ereignisse zu erinnern.

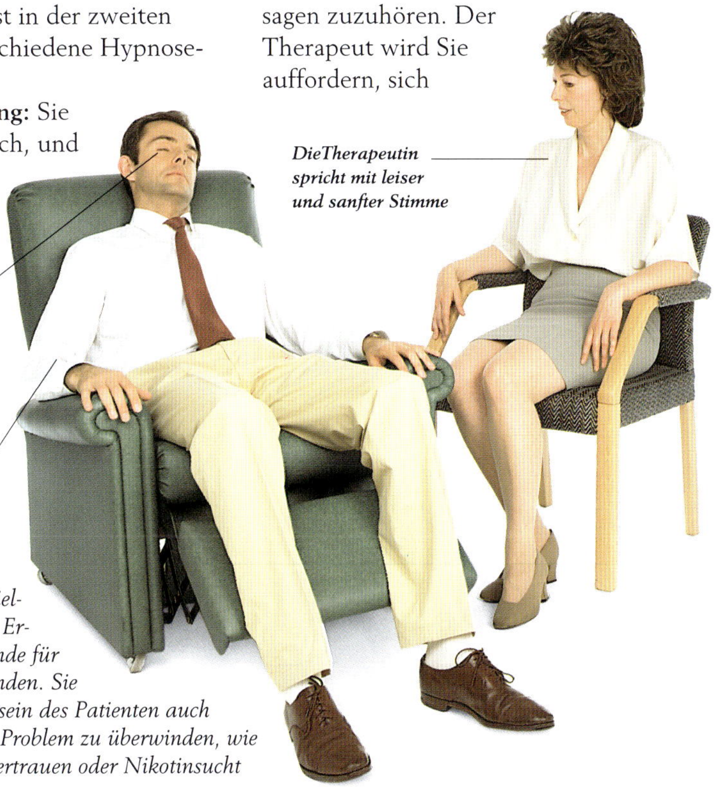

UNTER HYPNOSE
Die Therapeutin fragt vielleicht nach vergangenen Erfahrungen, um die Gründe für das Problem herauszufinden. Sie kann dem Unterbewußtsein des Patienten auch Bilder eingeben, um ein Problem zu überwinden, wie z. B. Mangel an Selbstvertrauen oder Nikotinsucht

VORSICHT!

- Es ist sehr wichtig, einen vertrauenswürdigen, qualifizierten Therapeuten zu finden
- Keine Hypnotherapie, wenn Sie unter schweren Depressionen, Psychosen oder Epilepsie leiden!
- Siehe auch Seite 52

Selbsthilfe

Die meisten Menschen können sich selbst hypnotisieren. Dadurch können Schmerzen gelindert, das Selbstvertrauen und andere positive Eigenschaften gestärkt und Asthma und Bronchitis gelindert werden. Obwohl die Technik auch über Bücher und Kassetten erlernt werden kann, ist es doch hilfreich, zuerst einen Hypnotherapeuten zu besuchen. Die meisten Therapeuten bringen ihren Patienten bei, sich selbst zu hypnotisieren.

Es ist sehr wichtig, genau zu wissen, was man durch die Autohypnose erreichen will. Wenn Sie z. B. selbstsicherer sein wollen, fragen Sie nach dem Grund Ihrer Unsicherheit. Dann versuchen Sie sich von Ablenkungen zu befreien, indem Sie einfache Sätze wie „Es geht mir von Tag zu Tag besser" wiederholen.

Diese Technik, bekannt als „Autosuggestion" wurde 1920 von dem französischen Apotheker Emile Coué entwickelt.

Autohypnose

1 Nehmen Sie sich jeden Tag mindestens 20–30 Minuten Zeit für die Selbsthypnose. Legen oder setzten Sie sich an einen bequemen, ruhigen Platz, wo Sie nicht gestört werden. Entspannen Sie sich

2 Um sich zu entspannen, stellen Sie sich vor, einen langen Weg oder eine Treppe hinunterzugehen, zählen Sie dabei von zehn bis null

3 Wiederholen Sie Schlüsselsätze, die beschreiben, wie Sie werden möchten. Wichtig ist die positive Aussage, z. B. „Ich bin selbstsicher", nicht „Ich will nicht mehr unsicher sein". Sie können auch eine Kassette mit dem Satz abspielen

4 Wenn Sie die Hypnose beenden wollen, drehen Sie die Vorstellung, mit der Sie sich in die Hypnose gebracht haben, um, indem Sie z. B. den Weg zurücklaufen oder die Treppe wieder hochsteigen und von null auf zehn zählen

AUTOGENES TRAINING

BEWERTUNG

FORSCHUNG	
FACHURTEIL	
THERAPEUT	
SELBSTHILFE	
VERTRÄGLICHKEIT	

DAS AUTOGENE TRAINING (AT) wurde in den 20er Jahren in Berlin entwickelt. Es soll bei physischen und geistigen Problemen helfen und auch die Arbeitsleistung, Kreativität und persönliche Beziehungen verbessern. Es umfaßt sechs Übungen, die den Geist beruhigen, indem sie die „Angriff- oder-Flucht"-Streßreaktion des Körpers stillegen. Die Therapie besteht aus einer willentlichen Entspannung, die die Selbstheilungskräfte des Körpers aktiviert. Das AT hat sich als Selbsthilfebehandlung bei streßbedingten Beschwerden etabliert und wird weltweit praktiziert.

ANWENDUNG

- Streß, Migräne, Schlaflosigkeit, Depressionen, nervöse Anspannung, Geschwüre
- Bluthochdruck
- Reizdarm
- PMS
- Ekzeme
- Sucht
- Linderung bei AIDS

GESCHICHTE

***Dr. Schultz,** der Begründer des autogenen Trainings, wurde angeregt von Forschungen im 19. Jh., die nachwiesen, daß Selbsthypnose Anspannung und Müdigkeit lindern kann*

Das autogene Training wurde in den 20er Jahren von dem deutschen Neurologen und Psychiater Dr. Johannes Schultz entwickelt. „Autogen" hat im Griechischen die Bedeutung „von innen heraus". Dr. Schultz entwarf sechs stille, verbale Übungen für den Geist, die weiterentwickelt wurden von seinem kanadischen Kollegen Dr. Wolfgang Luthe.

STANDARD-POSITIONEN

***Während der Arbeit** kann das AT aufrecht sitzend durchgeführt werden. Es hilft Nacken und Schultern zu entspannen*

BESUCH BEIM THERAPEUTEN

Autogenes Training wird in Gruppen von 6–8 Personen unterrichtet oder einzeln in 8 wöchentlichen 90minütigen Sitzungen.

Vor dem Unterricht werden Sie nach Ihrer Krankengeschichte und nach physischer und psychischer Eignung befragt. Die sechs Übungen werden sitzend oder liegend durchgeführt, bequeme Kleidung ist deshalb angebracht. Jede Übung bringt verschiedene Körperbereiche zur Entspannung: Schwere im Nacken, den Schultern und den Gliedern; warme Glieder, ruhiger Herzschlag, entspannter Atem, Wärme im Bauch und eine kühle Stirn. Während der Übungen werden Sie gebeten, Sätze wie „Mein rechter Arm ist schwer" zu wiederholen. Mit einiger Übung werden Sie einen anderen Bewußtseinszustand, das „passive Bewußtsein", erreichen. Dies gleicht der Meditation (siehe S.174) und stärkt die Selbstheilungskräfte des Körpers.

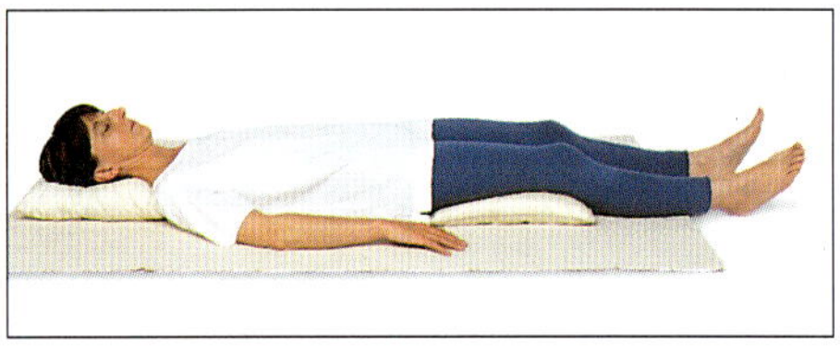

***Vor dem Schlafen** kann man sich im Liegen entspannen. Sie können Kissen unter die Beine und unter den Kopf legen*

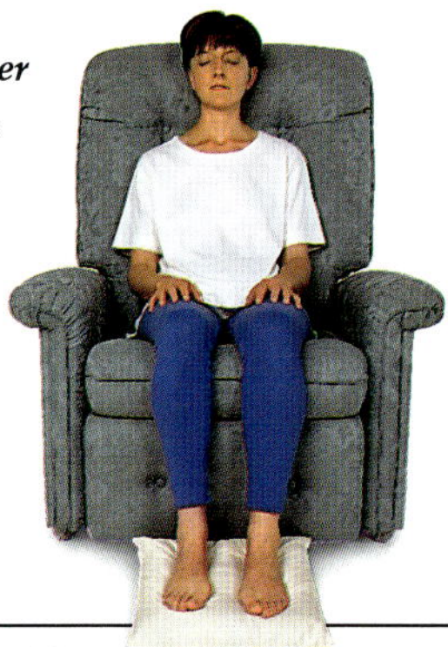

***Während einer Reise** im Bus, Zug oder Flugzeug, kann man sich sitzend entspannen*

Später werden „autogene Veränderungen" bestimmter Probleme eingeführt; jemand mit Asthma wird z. B. den Satz wiederholen „Meine Nasenhöhlen sind kühl, meine Brust ist warm". Sie werden auch lernen, mit Zorn, Trauer oder Angst umzugehen, da unterdrückte Gefühle („autogene Entladungen") während der Behandlung hochkommen können.

Es ist sehr wichtig, autogenes Training auch zwischen den Sitzungen zu praktizieren. Geraten werden dreimal am Tag 15 Minuten und das Notieren der Reaktionen für die nächste Sitzung. Sie können AT auch zur Selbsthilfe anwenden.

NACHWEIS & FORSCHUNG

Die therapeutische Wirkung von AT wird in über 3000, allerdings nicht bestätigten wissenschaftlichen Studien nachgewiesen. Die Veränderungen im Körper und den Hirnwellen gleichen dem Zustand in der Meditation. Führende Forschungsinstitute sind das Schultz Institut in Berlin und das Oskar Vogt Institut in Japan.

FACHURTEIL

AT hat sich als Entspannungstechnik gut etabliert; etliche Ärzte raten ihren Patienten dazu.

VORSICHT!

- Fragen Sie Ihren Arzt, bevor Sie mit AT beginnen, wenn Sie einmal psychische Probleme hatten
- Informieren Sie Ihren Therapeuten bei Schwangerschaft, Herzbeschwerden und Diabetes
- Siehe auch Seite 52

BIOFEEDBACK

BEWERTUNG
FORSCHUNG
FACHURTEIL
THERAPEUT
SELBSTHILFE
VERTRÄGLICHKEIT

SCHON IN DEN 60ER JAHREN unterrichteten USA-Wissenschaftler ihre Patienten, ihren Herzschlag und andere unbewußte Körperfunktionen durch „Biofeedback"-Instrumente zu kontrollieren. Elektroden oder Sonden verbinden die Patienten mit dem Biofeedbackgerät. Über Pieptöne, Lichtsignale oder Nadelausschlag werden Informationen über Veränderungen im Körper wiedergegeben („feed back"). Durch die Reaktion auf diese Signale lernen die Patienten, ihre Körperfunktionen selbst zu regulieren. Diese Methode wird oft bei streßbedingten Krankheiten angewendet.

ANWENDUNG

- Streß, Angstzustände, Schlaflosigkeit
- Kopfschmerzen
- Bluthochdruck
- Reizdarm
- Asthma
- Muskelschmerzen & Schwäche nach Operationen
- Inkontinenz
- Raynaud-Krankheit

GESCHICHTE

In den 30er Jahren entwickelten Wissenschaftler in den USA und England elektronische Geräte, die genaue physische Reaktionen wiedergaben. Zuerst standen nur die elektronischen Wellen, die vom Gehirn übertragen werden können, im Mittelpunkt, aber die Arbeit der Wissenschaftler bestätigte bald die therapeutische Wirkung des Biofeedback. Die beiden Ärzte Elmer und Alyce Green von der Menninger Stiftung in Kansas überprüften mit dieser Methode den Zustand des Gehirns während der Yoga-Meditation.

BESUCH BEIM THERAPEUTEN

Der Therapeut wird Sie in der Handhabung der Biofeedbackgeräte unterrichten. Ein Hauttemperaturmesser registriert Wärmeveränderungen in der Haut; ein galvanischer Hautmesser mißt die elektrische Leitfähigkeit der Haut über die Schweißmenge bei Streß; ein Elektromyograph gibt die Muskelkontraktionen über akustische oder visuelle Signale wieder; ein Elektroenzephalograph zeigt die Aktivität der Gehirnwellen und ein Elektrokardiograph gibt die Herzschläge wieder. Nach der Plazierung der Sonden werden Sie lernen, die Entspannungssignale zu erkennen. Atem und Muskelentspannung (siehe S. 170) helfen, die erwünschte Wirkung zu erzielen (z. B. niederer Blutdruck). Die Entspannung zeigt sich in warmer Haut, weniger Schweiß, Alphawellen im Gehirn und einem ruhigen Herzrhythmus. Biofeedback muß geübt werden, mindestens sechs halbstündige Sitzungen sind nötig.

Galvanischer Sensor

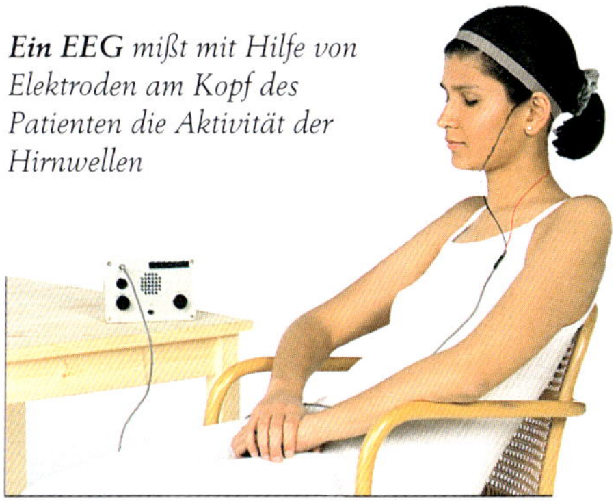

Ein EEG mißt mit Hilfe von Elektroden am Kopf des Patienten die Aktivität der Hirnwellen

NACHWEIS & FORSCHUNG

Die Wirkung von Biofeedback wurde schon oft nachgewiesen. Eine Studie in den USA 1996 zeigte die positive Wirkung auf Kopfschmerzen bei der Entspannung der Schultermuskeln. 1992 wurde festgestellt, daß auch Muskelverspannungen im unteren Rücken mit Hilfe von Biofeedback gelöst werden können.

Ein Regierungsbericht der USA bestätigte den positiven Effekt bei Inkontinenz. An der Yale University werden damit Herzschlag und Blutdruck überprüft, und einige Ärzte behandeln damit Epilepsie.

FACHURTEIL

Wenige Ärzte haben früher geglaubt, daß man lernen kann, den Blutdruck zu beeinflussen, geschweige denn die Hirnwellen. Heute ist dies nachgewiesen, und Biofeedback wird mit Sicherheit immer häufiger eingesetzt werden.

Die Bilder und Farben auf dem Bildschirm verändern sich, wenn der Patient sich entspannt

Elektroden, die an den Fingern der Patientin befestigt werden, geben die Hautreaktion bei Streß wieder

INTERAKTIVE SOFTWARE *Mit einem hochentwickelten Computerprogramm überprüft der Patient sein Biofeedback auf einem Monitor*

VORSICHT!

- Verändern Sie während einer Biofeedbackbehandlung nicht Ihre Medikation, ohne vorher Ihren Arzt zu fragen
- Siehe auch Seite 52

ENTSPANNUNG & ATMUNG

BEWERTUNG

FORSCHUNG

FACHURTEIL

THERAPEUT

SELBSTHILFE

VERTRÄGLICHKEIT

DIE KONTROLLIERTE ATMUNG und die Fähigkeit, willentlich zu entspannen, sind Grundbedingungen in der Streßbekämpfung. Ihre Bedeutung wird in vielen Alternativtherapien anerkannt. Schon einfache Atemübungen und Muskelentspannungstechniken reduzieren die physische und geistige Wirkung von Streß und bringen therapeutischen Nutzen wie die Reduzierung des Blutdrucks und die Senkung von Streßhormonen. Entspannungstechniken werden von konventionellen Ärzten immer mehr geschätzt und oft in Krankenhäusern und Kursen gelehrt.

ANWENDUNG

- Ängste, Depressionen
- Bluthochdruck
- Schlaflosigkeit, Müdigkeit
- Phobien, Panikattacken
- Asthma, Ekzeme
- Schmerzlinderung
- Reizdarm
- PMS, Wechseljahre

BAUCHATMUNG *ist der Schlüssel zur Entspannung. Sie sorgt für das optimale Verhältnis zwischen Sauerstoff und Kohlendioxid im Blut und hilft dem Körper, physische und mentale Anspannungen zu lösen*

GESCHICHTE

In östlichen Gesundheitssystemen werden Atemtechniken seit Jahrtausenden angewendet, um Körper und Geist von Belastungen freizuhalten. In der westlichen Medizin hat der US-Physiologe Dr. Edmund Jacobson eine der ersten Entspannungstechniken entwickelt, die „progressive Muskelrelaxation" (S. 173). In den 60er Jahren untersuchte Dr. Herbert Benson von der Harvard Medical School in Boston die therapeutische Wirkung der Transzendentalen Meditation (S. 174). Die Ergebnisse bestätigten, daß allein das Sitzen an einem ruhigen Platz und die Konzentration des Geistes einen Einfluß auf wichtige Körpersysteme hat und Streßsymptome verringert. Dr. Benson nannte diesen Zustand „Entspannungsreaktion". In vielen Alternativtherapien werden diese Techniken angewendet.

Dr. Herbert Benson *führte umfangreiche Forschungen über Entspannung durch, nachdem er gehört hatte, daß durch Transzendentale Meditation der Blutdruck vermindert werden kann*

GRUNDSÄTZLICHES

Die Atmung erfolgt automatisch und unfreiwillig, aber da sie auch willentlich kontrolliert werden kann, bildet sie eine Brücke zwischen Geist und Körper. In der Traditionellen Chinesischen Medizin (siehe S. 141) ist der Gesundheitszustand abhängig vom harmonischen Zusammenspiel zwischen dem Qi („Lebensenergie") in der Luft und dem Qi, das über die Lunge in den Körper transportiert wird. In Therapien wie dem Qi Gong (siehe S. 99) wird das Qi über Atemtechniken kontrolliert. Indische Yogis praktizieren Pranayama, um Geist und Körper zu beruhigen (siehe S. 108).

Die konventionelle Medizin akzeptiert zwar nicht die „Lebensenergie", erkennt aber die Bedeutung der richtigen Atmung in der Streßverarbeitung an. Wenn Streß im Körper die „Kampf-oder-Flucht"-Reaktion auslöst, wird der Atem schnell und leicht und verstärkt dadurch die Alarmsignale, die zum Gehirn gesendet werden. Durch anhaltendes „Überatmen" wird zuviel Kohlendioxid aus dem Blut entfernt – es wird basisch. Dies wiederum beeinflußt die Nerven und Muskeln und löst Symptome wie Ohnmacht, Herzklopfen und Panickattacken aus (siehe S. 288). Diese Zustände können durch langsame Bauchatmung, eventuell in Verbindung mit Muskelentspannung und Visualisierung (siehe S. 178) gelindert werden. Die Techniken beruhigen Geist und Körper und helfen die Angriff-oder-Flucht-Reaktion „auszuschalten".

NACHWEIS & FORSCHUNG

Seit den 70er Jahren werden am Mind/Body Medical Institute of Harvard Medical School (gegründet von Dr. Benson) Forschungen durchgeführt, die nachweisen, daß Entspannungstechniken in Verbindung mit Ernährungsratschlägen und Körperübungen streßbedingte Krankheiten lindern.

Wissenschaftler in Großbritannien, die Studien an Kindern mit Asthma durchführten, stellten fest, daß Entspannungstechniken die Anzahl der Attacken verringern (*Journal of Psychosomatic Research*, 1993). Bei 8 von 10 Kindern besserten sich anhaltende Kopfschmerzen durch Entspannungsübungen (*American Journal of Occupational Therapy*, 1992).

Eine weitere Studie ergab, daß Entpannungsübungen Angstzustände lindern können (*British Journal of Psychiatry*, 1986). In einer Studie in den USA konnten epileptische Anfälle durch progressive Muskelentspannung um 30 Prozent reduziert werden (*Psychological Reports*, 1985).

Andere Forschungen sind nicht so eindeutig. In einem Bericht des *British Medical Journal*, 1980, hatten Entspannungsübungen bei Menschen mit Bluthochdruck während 24stündiger Beobachtung keine Wirkung erbracht.

FACHURTEIL

Entspannungsübungen können nicht schaden und helfen oft, Leiden und Hilflosigkeit zu lindern. Die Ärzte gehen jedoch nicht davon aus, daß Entspannungsübungen die absolute Lösung sind bei streßbedingten Krankheiten. Psychologische Probleme müssen beachtet werden, und der Therapeut muß herausfinden, warum der Patient sich nicht mehr entspannen kann.

DIE THEORIE VON ENTSPANNUNG & ATMUNG

Jeder Atemzug bringt dem Blut Sauerstoff und ermöglicht die Produktion von Energie, die für jede Körperfunktion nötig ist. Streß läßt die Atmung schneller werden, nur die obere Hälfte der Lunge wird genutzt. Dadurch verliert das Blut Kohlendioxyd, und der Säuregehalt des Blutes sinkt. Das kann zu Müdigkeit, Angstzuständen und Spannungen im oberen Rücken, Schultern und Nacken führen. Die Bauchatmung, bei der die Lungen ganz gefüllt werden, ist eine wirksamere und ruhigere Art zu atmen und stärkt Körper und Geist.

BAUCHATMUNG

***Bei der Bauch- oder Zwerchfellatmung** wird mit dem Zwerchfell geatmet. Das ist der Muskel, der den Boden des Brustkorbs und die Decke der Bauchhöhle bildet. Bei der Einatmung kontrahiert sich das Zwerchfell und zieht nach unten wie der Kolben einer Fahrradpumpe. Gleichzeitig heben sich Bauch und Brust, da Luft eingeatmet wird. Bei der Ausatmung entspannt und hebt sich das Zwerchfell, der Brustraum wird dadurch kleiner, die Lunge entleert sich*

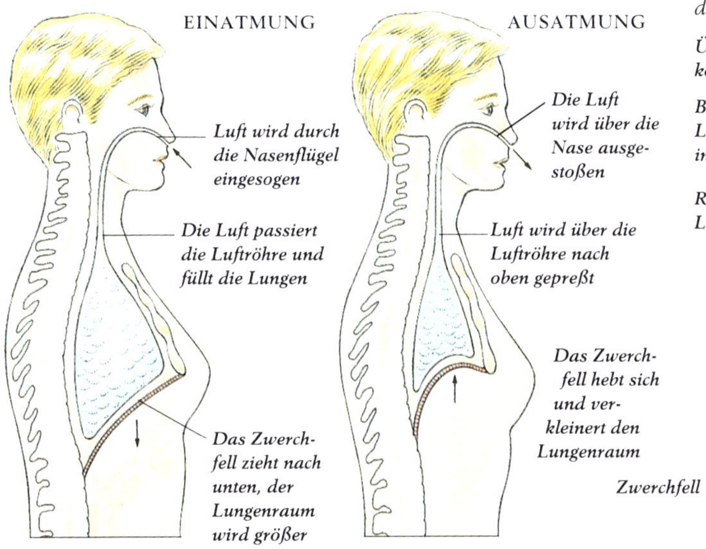

AUFNAHME DES SAUERSTOFFS

***Ist die Luft** in den Lungen angekommen, geben die Lungenbläschen den Sauerstoff an das Blut weiter und nehmen Kohlendioxid auf*

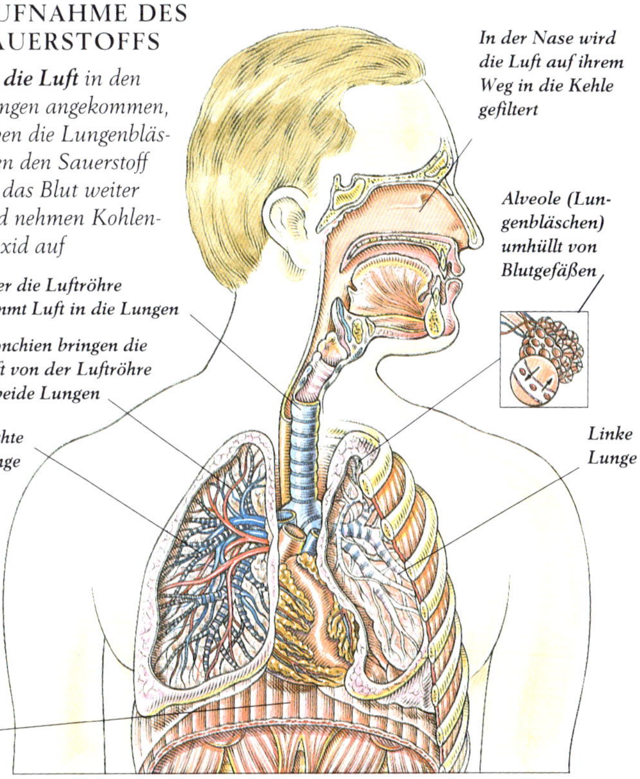

DIE PHYSIOLOGISCHE WIRKUNG VON STRESS & ENTSPANNUNG

Streß löst im Körper die Kampf-oder-Flucht-Reaktion aus (siehe unten links und S. 38). Anhaltender Streß schadet der körperlichen und geistigen Gesundheit, da die Streßhormone Adrenalin und Kortisol ausgeschüttet werden und Blutkreislauf und Immunsystem stören (siehe unten Mitte und S. 27). Entspannung verringert diese Wirkung (siehe unten rechts).

REAKTION AUF STRESS
Adrenalin wird in das Blut ausgeschüttet; Herzschlag und Blutdruck steigen an
Die Leber gibt Energie (Glykogen) ab; Blutzucker- und Cholesterinspiegel steigen an
Schnellere Atmung; erhöhter Stoffwechsel
Muskelanspannung; erhöhte Produktion von Milchsäure
Magensäure steigt an oder sinkt; Verdauung und Darm können nicht mehr arbeiten
Schweißproduktion steigt
Erhöhter Kortisolspiegel; Hemmung des Immunsystems
Emotionale Anspannung, da die Aufmerksamkeit auf Notmaßnahmen ausgerichtet ist

LANGZEITWIRKUNG VON STRESS
Hoher Blutdruck; Angstzustände, Schlaflosigkeit, Gereiztheit
Hoher Cholesterinspiegel
Atemlosigkeit, Hyperventilation, Herzklopfen
Muskelschmerzen, einschließlich Kopfschmerzen und Rückenbeschwerden
Übelkeit, Magenverstimmung, Verstopfung, Geschwüre, Nahrungsunverträglichkeiten
Hautausschlag, Ekzeme
Ansteigender Kortisolspiegel erhöht Risiken in der Funktion des Immunsystems
Gefühlsausbrüche, Depressionen

REAKTION AUF ENTSPANNUNG
Niedriger Adrenalinspiegel; niedriger Blutdruck, wenig Herz-Kreislauf-Belastung
Niedriger Blutzucker- und Cholesterinspiegel
Langsamere Atmung, verbesserte Lungenfunktion und Stoffwechsel
Entspannte Muskeln, weniger Milchsäure in den Muskeln
Verbesserte Verdauung
Verbesserte körperliche Stabilität
Erhöhte Funktion des Immunsystems, weniger Krankheitsanfälligkeit
Emotionale Ruhe, gesteigerte Wachsamkeit und Energie

KONSULTATION EINES THERAPEUTEN

Es kann schwierig sein, allein mit einem Entspannungsprogramm zu beginnen; ein Therapeut kann Sie in Einzel- oder Gruppensitzungen mit den Übungen vertraut machen und für eine ruhige, angenehme Atmosphäre sorgen.

Bei Ihrem ersten Besuch wird der Therapeut nach Ihrer Krankengeschichte und nach Faktoren fragen, die eventuell Streß oder Ängste verursachen. Abhängig von der Therapie werden Sie entweder auf einem Stuhl sitzen oder auf einer Couch oder Matte liegen. Mit ruhiger, langsamer Stimme wird der Therapeut Sie durch die Techniken führen. Nach der Sitzung wird er Sie bitten, einige Übungen zu Hause durchzuführen und Ihnen evtl. eine Video- oder Tonkassette mitgeben.

Auch in anderen Therapien wie Yoga oder Visualisierung (S. 108 und 178) können Sie Entspannungsübungen lernen.

IHRE FRAGEN

Wie lange wird eine Sitzung dauern?
Eine Sitzung mit Konsultation kann etwa 60 Minuten dauern.

Wie oft muß ich hingehen?
Die meisten Übungen können in 5–10 Sitzungen gelernt werden.

Ist es unangenehm?
Einige Menschen haben ein sehr verspanntes Zwerchfell und werden deshalb Probleme mit der Bauchatmung haben. Therapien wie Yoga (siehe S. 108) können dabei helfen.

Gibt es Nachwirkungen?
Entspannungstechniken können unterdrückte Gefühle freisetzen. Der Therapeut wird Halt und Unterstützung geben.

ATMUNG

Die erste Übung, die Ihnen der Therapeut beibringen wird, ist die Bauch- oder Zwerchfellatmung. Dies ist eine sanfte Entspannungstechnik, es muß nicht sehr „tief" geatmet werden, um die Lungen mit wenig Aufwand ganz zu füllen und zu leeren. Einmal gelernt, können Sie es jeden Tag für 10–15 Minuten praktizieren. Wenn Sie Schwindel oder Ohnmachtsgefühle während der Übung bekommen, übertreiben Sie wahrscheinlich. Sie sollten dann aufhören und einige Minuten normal weiteratmen.

Die Bauchatmung wird in vielen Alternativtherapien praktiziert, aber auch ein konventioneller Arzt kann Ihnen entspannende Atemübungen zeigen.

VORSICHT!

• Siehe Seite 52

ATEMÜBUNG

1 Ziehen Sie Schuhe und enge Kleidung aus. Setzen Sie sich in eine aufrechte Position, eine Unterlage unter dem Po. Sie können auch die Beine überkreuzen, sich auf einen Stuhl setzen oder auf ein hartes Bett oder eine Matte legen und ein kleines Kissen unter den Kopf schieben. Sie können die Augen schließen

2 Legen Sie eine Hand auf Ihre Brust, die andere auf Ihren Bauch, direkt unter dem Brustbein. Achten Sie darauf, welche Hand sich bewegt, wenn Sie atmen. Wenn sich die obere Hand mehr bewegt als die untere, dann atmen Sie in die Brust. Versuchen Sie so zu atmen, daß sich nur die untere Hand bewegt

3 Legen Sie beide Hände auf den Bauch unter die Rippen. Atmen Sie langsam durch die Nase. Spüren Sie, wie sich der Bauch hebt und das Zwerchfell nach unten geht

4 Halten Sie den Atem kurz an, und atmen Sie dann tief und langsam durch die Nase wieder aus. Spüren Sie, wie der Bauch nach innen fällt, wenn das Zwerchfell sich entspannt

5 Wiederholen Sie die Übung 3–4 mal. Versuchen Sie während der ganzen Zeit entspannt zu bleiben und sich dabei nur auf Ihren Atem zu konzentrieren. Denken Sie an nichts anderes, und achten Sie darauf, ob Ihre Brust sich während des Atmens bewegt; sie sollte ganz ruhig bleiben, wenn Sie in den Bauch atmen

ENTSPANNUNG

Wenn Körper und Geist unter Druck sind, verspannen sich die Muskeln (siehe S. 26). Ein Therapeut, der Massagen (siehe S. 56) oder Osteopathie (siehe S. 76) gibt, kann Ihnen helfen, verspannte Muskeln durch Griffe und Bewegungen zu erkennen. In Gymnastikstunden werden oft Dehnungsübungen unterrichtet, die die Anspannungen lösen.

In der Übung unten werden alle wichtigen Muskelgruppen systematisch angespannt und entspannt. Ziehen Sie Schuhe und enge Kleidung aus. Legen Sie sich auf eine Matte oder auf ein hartes Bett, mit einem kleinen Kissen unter dem Kopf. Kopf, Rücken und Beine sollten in einer Linie liegen, die Füße sind leicht gespreizt, die Hände liegen an der Seite.

Während der ganzen Übung sollen Sie auf den Unterschied zwischen An- und Entspannung achten. Der Therapeut wird Sie vielleicht auffordern, bei der Entspannung der einzelnen Muskeln einen Satz wie „Loslassen und entspannen" zu wiederholen. Anfangs ist es schwer, sich länger zu entspannen, aber nach einiger Zeit werden Sie diese Übung auch sitzend im Zug oder am Schreibtisch durchführen können; vor dem Schlafengehen erleichtert sie das Einschlafen. Machen Sie die Übung 5–10 Minuten am Tag.

Patientenerfahrung

Arnold, 45 Jahre alt, führt eine Baufirma: „Ich wachte müde auf und konnte mich nur schwer konzentrieren. Meine Finger und Zehen kribbelten, ich hatte taube Hände und Arme und Herzklopfen. Meine Ärztin sagte, ich atme zu schnell – eine Folge von Streß. Sie zeigte mir die Bauchatmung, aber ich hatte Probleme damit, bis ich zu einem Osteopathen ging, der mich nun behandelt. Ich arbeite mit einer Entspannungskassette und folgte dem Rat, Ziele zu setzen und mir Zeit zu nehmen. Meine Symptome haben sich gebessert, sie kommen aber wieder, sobald ich zuviel arbeite."

PROGRESSIVE MUSKELRELAXATION

1 Schließen Sie Ihre Augen, und spüren Sie das Gewicht Ihres Körpers. Konzentrieren Sie sich auf Ihren Atemrhythmus und das Heben und Senken des Bauchs. Versuchen Sie, langsam zu atmen, mit Betonung auf der Ausatmung und einer kleinen Pause vor der Einatmung

Der Bauch hebt und senkt sich langsam mit jedem Atemzug

Ein kleines Kissen kann unter den Kopf gelegt werden

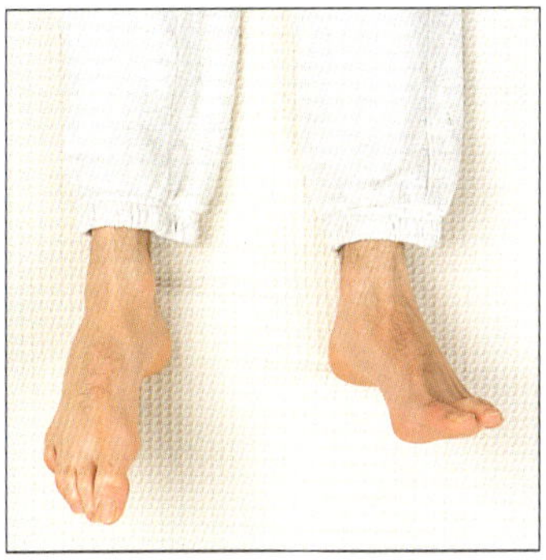

2 Spannen Sie die Muskeln des rechten Fußes einige Sekunden lang an, und entspannen Sie dann. Fahren Sie fort mit Wade und Oberschenkel. Wiederholen Sie links

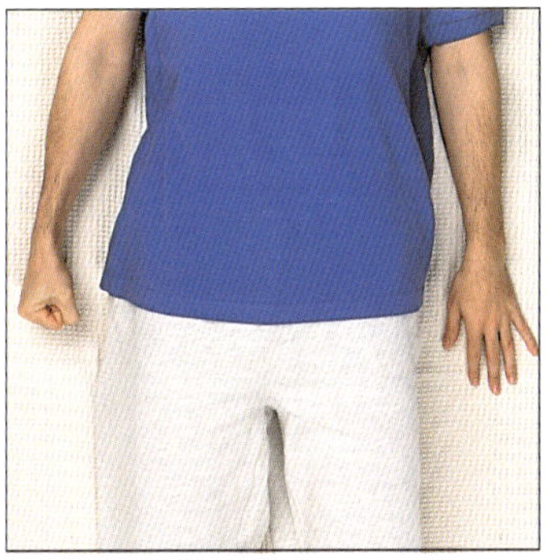

3 Danach das Gesäß an- und entspannen, ebenso den Bauch. Ballen Sie rechts eine Faust, entspannen Sie, und fahren Sie fort mit den Armen. Wiederholen Sie links

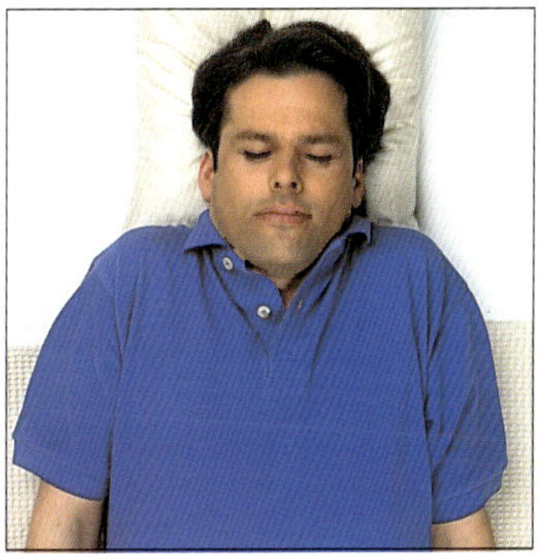

4 Heben Sie die Schultern einige Sekunden lang bis an die Ohren, lassen Sie dann los. 2–3mal wiederholen. Drehen Sie den Kopf von einer Seite zur anderen

5 Gähnen, dann enstpannen. Legen Sie Stirn und Nase in Falten, loslassen. Heben Sie die Augenbrauen, dann entspannen Sie das ganze Gesicht

6 Konzentrieren Sie sich auf Ihren Atem, und sagen Sie sich, daß Sie Ruhe und Wärme spüren. Danach bewegen Sie zuerst Ihre Zehen und Finger und lockern den Rücken. Die Knie leicht beugen und auf die Seite rollen, bevor Sie aufstehen

Die Knie sind leicht angewinkelt, um dem Körper Halt zu geben

Die Augen bleiben geschlossen

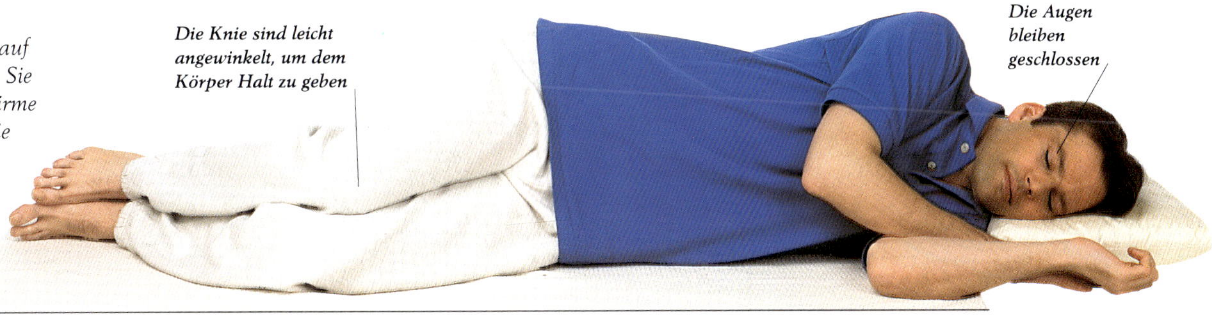

MEDITATION

BEWERTUNG
- FORSCHUNG
- FACHURTEIL
- THERAPEUT
- SELBSTHILFE
- VERTRÄGLICHKEIT

DIE MEDITATION verleiht einen Zustand völliger Entspannung, innerer Harmonie und gesteigerten Bewußtseins. Sie wird als geistige Disziplin in vielen Weltreligionen durchgeführt. Es gibt verschiedene Meditationstechniken, gemeinsam ist allen die Konzentration auf ein bestimmtes Objekt oder auf eine Handlung und das Ignorieren von Ablenkungen. Meditation kann die Kampf-oder-Flucht-Reaktion des Körpers auf Streß aufheben. In den östlichen Religionen dient die Meditation der spirituellen Erleuchtung, im Westen wird sie vorrangig nichtreligiös als Streßausgleich angewendet.

ANWENDUNG
- Streß, Angstzustände
- Bluthochdruck
- Kopfschmerzen
- Müdigkeit, Depression, Schlaflosigkeit
- Schmerzen
- Suchtkrankheiten
- Stärkung des Immunsystems
- Persönlichkeitsentwicklung

DIE MEDITATION ***ist ein Zustand des höheren Bewußtseins und inneren Friedens, der geistigen, physischen und spirituellen Nutzen bringt. Sie kann selbst ausgeführt werden ohne Zugehörigkeit zu einer Religion oder Philosophie***

GESCHICHTE

Meditative Techniken werden in allen wichtigen Weltreligionen wie Christentum, Judentum, Islam, Buddhismus und Hinduismus praktiziert. Im Westen hat die Meditation traditionell die Form des Gebets oder der inneren Einkehr angenommen. Die mittelalterlichen christlichen Mystiker wie Hildegard von Bingen und Meister Eckehart sprachen vom Zurückziehen unter die normale Bewußtseinsebene. Die östliche, orthodoxe Kirche wiederholt das „Jesusgebet" wie ein Mantra (Gesang aus einem Wort oder Satz zur Konzentration des Geistes).

Im Osten war die Meditiation schon immer eine Möglichkeit, Seligkeit zu finden und das Bewußtsein zu erforschen. Die indische Praxis des Yoga (siehe S. 108) kam über die Theosophen (siehe S. 124) im späten 19. Jh. nach England. Dem folgte die Einführung buddhistischer Rituale, vor allem des Zen-Buddhismus, in die USA. In den 60er Jahren kam der indische Yogi Maharishi Mahesh in den Westen und führte die Transzendentale Meditation (TM) ein. Diese Meditation in Form eines Mantras beruht auf der hinduistischen Philosophie und fand im Westen großen Anklang. Bald wurde ihr therapeutischer Wert auch in den USA wissenschaftlich untersucht. Dr. Herbert Benson von der Harvard Universität definierte die „Entspannungsreaktion" (siehe S. 171), nachdem er die physiologische Wirkung der TM untersuchte hatte. Seine Arbeit ermutigte die Entwicklung einer nichtreligiösen Art der Meditation.

GRUNDSÄTZLICHES

Die Meditation kann unterschiedlich interpretiert werden. Entweder als Zustand, in dem der Geist auf einen Gedanken oder ein Bild konzentriert ist oder als urteilslose Annahme all dessen, was einem in den Sinn kommt – als Zustand des „entspannten Bewußtseins" oder als „Leere" des Geistes. Wichtig ist immer

***Auf diesem tibetischen Than-ka,** einer Fahne für heilige Tempel, wird Buddha in Meditationshaltung, umgeben von Gottheiten, dargestellt*

***Ein religiöses Bild** wie diese griechische Ikone des Hl. Demetrius aus dem 15. Jh. oder jede andere spirituelle Darstellung kann helfen, den Geist von der alltäglichen Realität zurückzuziehen und diese zu transzendieren*

das Zurückziehen von der äußeren Realität, um tiefe Entspannung und geistige Klarheit zu erhalten.

Die Meditation kann die Wirkung von Streß aufheben. Bei Gefahr sendet das Gehirn Signale aus, die die Ausschüttung bestimmter Hormone und damit die „Kampf-oder-Flucht"-Reaktion bewirken. Das führt zu höherem Blutdruck und Muskelanspannung, das Herz beginnt zu hämmern, und die Atmung wird schnell und flach (siehe S. 171). Bei einigen Menschen tritt diese Reaktion nicht nur bei wirklicher Gefahr auf, sondern in jeder Streßsituation. In der Meditation produziert das Gehirn Alphawellen, die für tiefe Entspannung und geistige Aufmerksamkeit sorgen. Menschen, die regelmäßig meditieren, können sich willentlich in diesen Zustand versetzen und so streßbedingten Beschwerden wie Bluthochdruck und Muskelschmerzen vorbeugen.

Es gibt verschiedene Meditationsrichtungen, aber bei allen geht es darum, einen Konzentrationspunkt zu finden, zu dem der Geist zurückfinden kann, wenn er abgelenkt wurde (siehe S. 176). Dies kann der Rhythmus eines Mantras sein, ein religiöses Bild oder wiederholte Bewegungen wie im Tai Chi (siehe S. 100).

DIE THEORIE DER MEDITATION

Die tiefe Entspannung und das veränderte Bewußtsein während der Meditation entstehen durch eine elektrische Aktivität in der Hirnrinde, dem „denkenden“ Teil des Gehirns. Diese Aktivität kann als Hirnwelle auf einem Bildschirm aufgezeichnet werden. Die Hirnwellen während der Meditation haben eine positive Wirkung auf Körper und Geist.

DIE HIRNRINDE

Die Hirnrinde ist der größte Teil des Gehirns. Bewußte Gedanken entstehen dort, und Sinneswahrnehmungen, einschließlich Sprache und Bewegung, werden zu Handlungen transformiert. Die Hirnrinde ist auch das Zentrum der Vorstellungen und der Träume. Die Hälften sind durch das Mittelhirn verbunden, das Gefühle hervorbringt. Beide Teile sind für verschiedene Aktivitäten zuständig.

***Die zwei Hirnhälften** bestehen aus einer äußeren Schicht, reich an Nervenzellen, graue Zellen genannt, und einer inneren Schicht, reich an Nervenfasern, weiße Zellen genannt. Die „dominante“ Hälfte – bei den meisten Menschen die linke Seite – verarbeitet logische Funktionen, wie rationales Denken, Rechnen, Sprechen und Schreiben. Die „nicht-dominante“ Hälfte – bei den meisten Menschen die rechte Seite – ist intuitiver und zuständig für Kreativität, Einbildungskraft und Gefühlsreaktionen. Meistens ist die Hirnrinde mit Kommunikation beschäftigt, dh. die linke Seite arbeitet mehr als die rechte Seite*

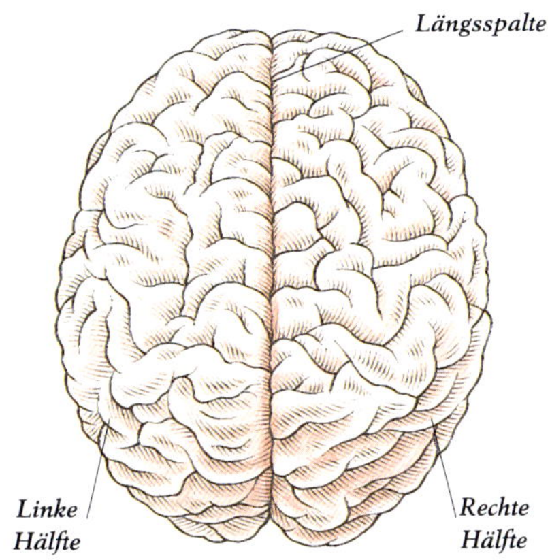

ALPHAWELLEN

Die normalen Bewußtseinszustände – Schlaf, Traum, Wachsein – können über Wellen, die das Gehirn produziert, aufgezeichnet werden. Der meditative Zustand unterscheidet sich von allen dreien. Mit einem EEG können durch den Schädel hindurch alle Hirnwellen registriert werden. Die Alphawellen werden in einem ruhigen, aufnahmefähigen Zustand produziert. Die EEG-Aufzeichnungen unten zeigen, daß die Alphawellen während der Meditation eine weit höhere Intensität aufweisen als während des Schlafs. Im Alphazustand entspannt der Körper zusehends, da das parasympathische Nervensystem vorherrscht.

***Während der Meditation** werden Alphawellen mit einer sehr hohen Intensität produziert. Die Hirnhälften sind fast synchron und ausgeglichen*

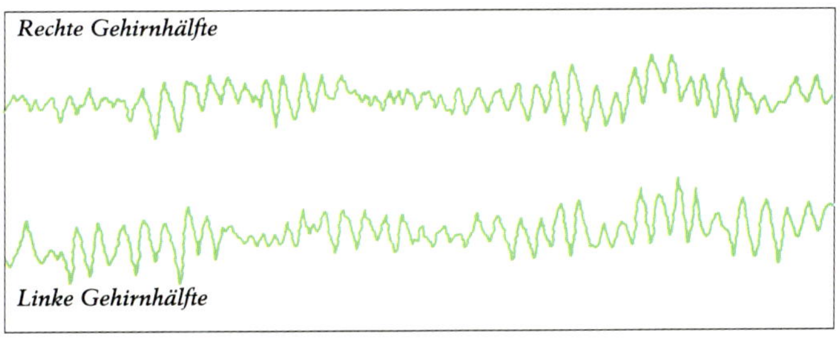

***Während des Schlafs** ist die Frequenz der Alphawellen nicht so häufig wie in der Meditation, dh. die Entspannung ist nicht so tief*

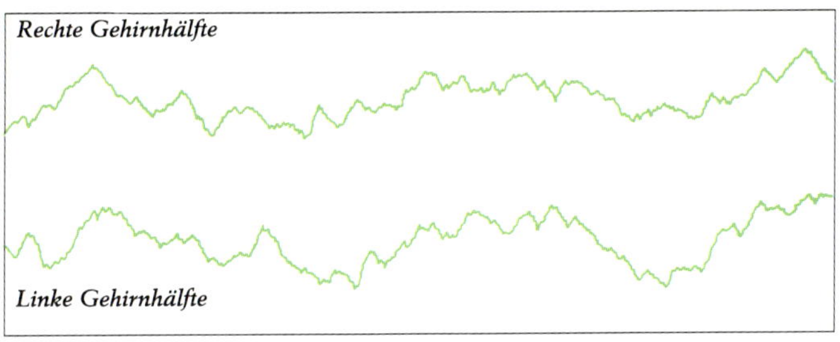

NACHWEIS & FORSCHUNG

Allein über die TM wurden schon einige hundert Studien angefertigt. 1987 wurden in den USA 2000 meditierende Menschen mit Nichtmeditierenden verglichen (*Psychosomatic Medicine*, 1987). Die TM Gruppe besuchte weniger als halb so oft einen Arzt und verbrachte 50 Prozent weniger Zeit im Krankenhaus; einige Skeptiker meinten jedoch, dies sei eher auf soziale Gründe als auf die TM zurückzuführen.

In den späten 60ern entdeckte Dr. Keith Wallaye von der University of California in Los Angeles, daß das Gehirn während der TM wacher wird und der Körper sich entspannt. Dr. Benson stellte in seinen Studien zur Entspannungsreaktion fest, daß Menschen, die viel meditieren, über eine außerordentliche Körperbeherrschung verfügen.

Obwohl jede Meditationstechnik eine andere Wirkung auf Körper und Geist hat, ist allen gemeinsam, daß die Praktizierenden klarer denken, ruhiger werden und mit Zeit und Energie besser umgehen lernen. Der amerikanische Arzt Dr. Dean Ornish bewies 1992, daß Herzerkrankungen durch eine Lebensführung mit Meditation rückgängig gemacht werden können (siehe S. 243).

Ergebnisse anderer Studien ergaben besser geordnete Hirnfunktionen, sichtbar in der Synchronisation der Gehirnwellen der rechten und linken Hirnhälfte. Weiterhin ergaben sie einen verbesserten Blutkreislauf in Fingern und Zehen, gesteigerte Zirkulation im Gehirn und eine verminderte Ausschüttung von Streßhormonen. Auch ein Nachlassen von Angstzuständen, milden Depressionen, Schlaflosigkeit, Spannungskopfschmerzen, Migräne, Reizdarm und PMS konnte verzeichnet werden.

Eine Studie im *American Journal of Psychiatry*, 1992, wies nach, daß die buddhistische Meditationspraxis *Vipassana* (siehe S.176), Ängste, Panik und Platzangst lindern kann.

FACHURTEIL

Immer mehr Ärzte akzeptieren, daß nicht nur Gymnastik und gesunde Ernährung wichtige Faktoren sind in der Vorbeugung von Krankheiten, sondern daß auch Entspannung und Meditation Zugang in die konventionelle Medizin finden sollten.

KONSULTATION EINES THERAPEUTEN

Es ist möglich, die Meditation über Bücher, Tonbänder oder Videokassetten zu erlernen, aber einfacher ist es, sich einen Lehrer zu suchen, der auch die Fortschritte beaufsichtigt. Es können Einzelsitzungen oder Gruppensitzungen durchgeführt werden. Die Lehrer wenden verschiedene Techniken an; wenn Sie mit einer Methode nicht zurechtkommen, versuchen Sie es mit einer anderen.

Unabhängig von der Methode sollten Sie einige Grundvoraussetzungen beachten: Eine ruhige Umgebung, in der Sie nicht gestört werden, eine bequeme Stellung, meist sitzend, damit Sie nicht müde werden oder einschlafen, und ein Konzentrationspunkt, der dem Geist hilft, sich von der äußeren Wirklichkeit zurückzuziehen. Das Ziel der Meditation ist ein Zustand des „passiven Bewußtseins", in dem der Geist leicht zu dem Konzentrationspunkt zurückgebracht werden kann, wenn er zu wandern beginnt, was öfter passieren wird. Langsames und bewußtes Ein- und Ausatmen fördert eine tiefe Entspannung.

Ihr Therapeut wird vielleicht in der Sprache und Lehre eines bestimmten Glaubens, z.B des Buddhismus, unterrichten; es ist für Sie aber nicht notwendig, daran zu glauben. Viele Lehrer, auch die der TM, werden Sie bitten, innerlich ein Mantra zu wiederholen, während Sie meditieren. Zu Beginn der Meditation spüren Sie vielleicht Müdigkeit, aber die wird bald wieder vergehen, und sie werden ganz wach werden.

Man wird Ihnen raten, täglich etwa 15–20 Minuten zu meditieren, wenn möglich zur selben Tageszeit. Am besten ist es, frühmorgens zu meditieren.

IHRE FRAGEN

Wie lange wird eine Sitzung dauern?
Das hängt von der Methode ab, meist 15–20 Minuten.

Wie oft muß ich hingehen?
Auch das ist abhängig von der Methode.

Ist es unangenehm?
Einigen Menschen fällt es sehr schwer, für lange Zeit ruhig zu sitzen, sie ziehen vielleicht eine aktive Meditation vor.

Gibt es Nachwirkungen?
Manchmal können Angstgefühle hochkommen. In seltenen Fällen sind bei Menschen, die schon lange meditieren, Depressionen vorgekommen.

VORSICHT!

- Sprechen Sie mit Ihrem Arzt, falls Sie unter psychiatrischen Problemen leiden
- Siehe auch Seite 52

MANTRA-MEDITATION

Ein Wort oder ein Satz wird leise oder laut wiederholt. Er kann aus Ihrem Glauben stammen oder eine einfache positive Aussage sein.

Rosenkranz: *Mit den Perlen des Rosenkranzes können Sie Gebetswiederholungen zählen*

Tibetanische Gebetsmühle: *Bei jeder Drehung des Zylinders wird das Mantra wiederholt*

Om: *Bei den Hindus das heiligste Mantra. Es wird vor allem in der Yoga-Meditation benutzt (S.109)*

Die Schultern sind gerade und entspannt

Die Handflächen liegen leicht ineinander

SITZENDE STELLUNG
Eine Stellung mit gekreuzten Beinen und leicht gefalteten Händen hilft dem Meditierenden, ruhig, aber wach zu bleiben. Die Augen sind offen oder geschlossen, je nach Methode

ATEM-BEWUSSTSEIN

Ziel ist Ihre Atmung. Sie zählen „eins" oder wiederholen ein friedliches Wort bei jeder Ausatmung.

VIPASSANA (GEISTESFÜLLE)

Sie befinden sich in „allgemeiner Offenheit" – bewußt und doch losgelöst von allen Erfahrungen.

AKTIVE MEDITATION

Beim Tai Chi, Gehen, Schwimmen und vielen rhythmischen Aktivitäten kann sich der Geist konzentrieren.

GEGENSTÄNDLICHE MEDITATION

Ein der Meditation dienliches Objekt wird ausgesucht. Sie fühlen seine Gegenwart und konzentrieren sich auf seine Beschaffenheit.

Frische Blumen: *Diese können eine beruhigende und erhebende Wirkung ausstrahlen*

Porträt: *Das Bild eines geistigen Vorbildes kann bei der Konzentration helfen*

Kerze: *Die Flamme ist ein Symbol für das innere Licht der reinen Spiritualität, die gesucht wird*

SELBSTHILFE

Mit einiger Disziplin und Motivation kann man Meditation auch selbst erlernen.

1 Suchen Sie sich einen ruhigen und warmen Platz, an dem Sie nicht gestört werden. Tragen Sie bequeme Kleidung.

2 Fangen Sie mit einer kurzen Sitzung an, und erhöhen Sie nach und nach. Mit einiger Übung sollten Sie einmal, besser noch zweimal am Tag vor der Mahlzeit15–20 Minuten sitzen bleiben können. Sie sollten sich der Zeit bewußt bleiben und lieber ab und an auf eine leicht einsehbare Uhr schauen, als einen Wecker zu stellen, der Sie unsanft zurückholt.

3 Die Stellung mit gekreuzten Beinen (gegenüber) ist nicht unbedingt notwendig. Sie können sich auch aufrecht auf einen Stuhl setzen, mit den Füßen fest auf dem Boden. Stellen Sie sich eine gerade Linie von Ihrem Bauchnabel bis zur Nasenspitze vor oder einen Faden, der Ihren Kopf nach oben zieht. Schließen Sie die Augen, und entspannen Sie sich.

4 Atmen Sie langsam und rhythmisch durch die Nase ein. Verfolgen Sie Ihren Atem bis in den Bauch. Spüren Sie nach, welche Körperteile angespannt sind, und stellen Sie sich beim Ausatmen vor, wie sich die Muskeln entspannen.

5 Fixieren Sie Ihren Konzentrationspunkt: Ihren Atemrhythmus, ein Bild oder ein religiöses Symbol oder auch ein Wort oder einen Satz, der mit der Ausatmung wiederholt wird.

6 Lassen Sie Ihre Aufmerksamkeit passiv werden. Wenn Ihr Geist zu wandern beginnt, bringen Sie ihn zum Konzentrationspunkt zurück.

7 Versuchen Sie so ruhig wie möglich zu bleiben. Wenn Sie ein Jucken verspüren, kratzen Sie nicht, sondern kehren Sie zur Konzentration zurück. Das Gefühl wird meist schwächer und verschwindet bald.

8 Nach Beendigung warten Sie eine Minute, bevor Sie die Augen öffnen, und eine weitere Minute, bis Sie sich Ihrer Umgebung bewußt werden. Strecken Sie sich, und stehen Sie langsam auf. Bei Unterbrechung meditieren Sie später noch einmal kurz und kehren langsam in das normale Bewußtsein zurück.

Flotationstherapie

Diese Therapie wurde in den 70er Jahren in den USA entwickelt. Körper und Geist werden von äußeren Reizen isoliert, um tiefe Entspannung zu erreichen. Während der Behandlung liegt man in einem geschlossenen und lärmisolierten Tank mit salz- und mineralhaltigem Wasser, in dem der Körper ohne Anstrengung schwimmt.

BEWERTUNG
FORSCHUNG
FACHURTEIL
THERAPEUT
SELBSTHILFE
VERTRÄGLICHKEIT

ANWENDUNG

- Streß, Ängste, Geschwüre
- Kopfschmerzen
- Bluthochdruck
- Suchtkrankheiten
- Herzkrankheiten
- Rückenschmerzen
- Muskelermüdung
- Stärkung des Immunsystems

GESCHICHTE

Die Flotationstherapie wurde von dem amerikanischen Neurophysiologen und Psychoanalytiker Dr. John C. Lilly entwickelt. Er untersuchte 1954 die Wirkung einer reizlosen Umgebung auf das Gehirn. Der Flotationstank ist in den USA, Europa und Australien gut bekannt, oft als Zusatz bei der Meditation, Hypnotherapie und der Visualisierung (siehe S. 166, 174, 178).

BESUCH BEIM THERAPEUTEN

Die meisten Flotationstanks befinden sich in Gesundheitszentren, „Flotationszentren" oder in privaten Räumen mit einer Dusche, die davor und danach benutzt wird. Die Tanks sind etwa 2,5m lang und 1,25m breit mit 25cm Wasserhöhe. Die meisten Menschen legen sich nackt hinein, Sie können aber auch Badekleidung tragen. Der Therapeut wird Ihnen Ohrstöpsel geben. Die Flotationstherapie wird im Dunkeln oder Halbdunkeln durchgeführt, Sie können aber jederzeit das Licht anmachen und die Tür öffnen.

Während der Behandlung treten Körper und Geist in einen Zustand tiefster Entspannung. Das Gehirn schüttet Endorphine aus, die als natürliche Schmerzmittel wirken. Sie können auch eine leichte Euphorie verspüren. Ihr Geist wird empfänglich für Tagträume und Suggestionen. Über Lautsprecher im Tank kann Entspannungsmusik abgespielt werden. In vielen Tanks können Sie über Mikrophon mit einem Hypno- oder Psychotherapeuten sprechen; einige verfügen auch über eine Videoanlage. Die Sitzungen dauern 1 bis 2 1/2 Stunden und können unbegrenzt wiederholt werden.

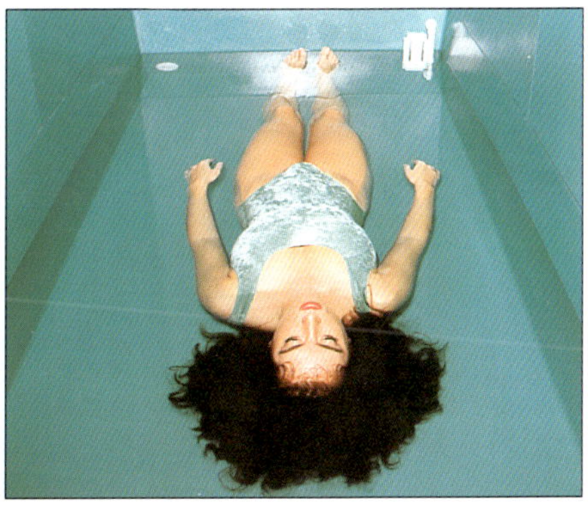

***Während der Flotationstherapie** sind äußere Reize wie Licht oder Geräusche ausgeschaltet. Das Wasser hat Hauttemperatur (34,2°C)*

FACHURTEIL

Die meisten Ärzte akzeptieren die heilende Wirkung der Flotationstherapie, vor allem seit Forschungen die Reduzierung von Streßhormonen und den positiven Einfluß auf die Psyche nachgewiesen haben.

VORSICHT!

- Wenn Sie unter Angstzuständen, Depressionen oder Phobien, vor allem Klaustrophobie leiden, suchen Sie eine professionelle Beaufsichtigung
- Menschen mit Psychosen sollten nicht an einer Flotationstherapie teilnehmen
- Siehe auch Seite 52

VISUALISIERUNG

BEWERTUNG
FORSCHUNG
FACHURTEIL
THERAPEUT
SELBSTHILFE
VERTRÄGLICHKEIT

IN DIESER THERAPIE lernen die Patienten mit Hilfe der Vorstellungskraft Streß abzubauen, ihre Möglichkeiten ganz zu nutzen und die körpereigene Selbstheilung zu aktivieren. Die Visualisierung wird seit den 70er Jahren therapeutisch angewendet. Die Patienten verarbeiten physische und emotionale Probleme, indem sie sich positive Bilder und das gewünschte Ergebnis allein oder mit Hilfe eines Therapeuten „geleitete Imagination" vorstellen. Die Visualisierung ist Bestandteil vieler Entspannungstherapien und wird manchmal zusätzlich zur Krebsbehandlung eingesetzt.

ANWENDUNG

- Schmerzlinderung
- Allergien
- Herzbeschwerden
- Ängste, Phobien
- Krebs
- Autoimmunerkrankungen
- Streßbedingte Krankheiten
- Persönlichkeitsentwicklung

GESCHICHTE

In traditionellen, vor allem schamanistischen Gesellschaften (S. 190), ist die Kraft der Vorstellung sehr gut bekannt. Auch in vielen Religionen wird mit der Imagination gearbeitet: Im tibetanischen Buddhismus werden Symptome durch die Konzentration auf eine Gottheit geheilt.

In Forschungen zum Biofeedback in den 60er Jahren wurde festgestellt, daß viele Personen mit Bildern auf die Reize des Biofeedbackgerätes reagierten (siehe Seite 169). 1969 untersuchte das Psychologenehepaar Matthews-Simonton die Visualisierung in der Krebsbehandlung. Sie baten die Patienten, sich weiße Blutkörperchen vorzustellen, die die Krebszellen zerstören, und fanden heraus, daß die Patienten durchschnittlich doppelt so lange lebten wie vergleichbare Krebspatienten. Einige Krebsspezialisten wenden die Visualisierung inzwischen in der Behandlung an.

Seit Mitte des 20. Jh. nutzen Psychologen weltweit die Visualisierung als Motivationsförderung, z. B. im Sport oder bei der Verhaltensveränderung.

***Australische Aborigines** bestrafen jemanden, indem sie rituell auf ihn „deuten" und damit die Todesvorstellung in ihm erwecken*

***Viele Sportler** arbeiten mit der Visualisierung in der Vorbereitung eines Wettkampfes. Hochspringer Dick Fosbury war einer der ersten*

GRUNDSÄTZLICHES

Die Funktion der Visualisierung ist nicht genau bekannt, aber man geht davon aus, daß die rechte Gehirnhälfte, die für Kreativität und Gefühle zuständig ist (siehe S. 175), aktiviert wird. Studien, in denen ein Positronemissionstomograph (PET) das Gehirn während der Visualisierungsübung überwachte, stellten fest, daß bei einer Bildimagination die Sehrinde aktiviert wurde, bei einer Lautimagination die Hörrinde und bei der Vorstellung einer Berührung die Tastrinde.

Eine lebhafte Vorstellung kann eine Botschaft senden von der Hirnrinde über das untere Hirn zum Hormonsystem und zum autonomen Nervensystem (siehe S. 71), das zuständig ist für Körperfunktionen wie Herzschlag und Schweißproduktion. Die Nutzung dieser Bilderkraft kann diese Körperprozesse beeinflußen und dem Körper helfen, mit verschiedenen Beschwerden umzugehen.

Wird die Visualisierung oft genug wiederholt, beginnt der Mensch sich zu verhalten, als wäre das Bild die Realität. Bekannt sind zwei Arten der Imagination: **Aktive Imagination:** Hier wird ein bestimmtes Bild genutzt, um ein Symptom oder eine Situation zu kontrollieren oder Körper und Geist zu entspannen. **Empfangende Imagination:** Der Patient macht sich empfänglich für bestimmte Bilder, die in ihm hochsteigen und vielleicht die Ursachen bestimmter Probleme aufzeigen.

NACHWEIS & FORSCHUNG

Forschungen seit den 60er Jahren zeigen, daß Visualisierung in Verbindung mit anderen streßabbauenden Methoden Körperprozesse wie Atmung, Magen-Darm-Aktivität, Herzschlag, Blutdruck, sexuelle Erregung und die Ausschüttung von Neurotransmittern beeinflussen kann.

Eine Studie in der italienischen Zeitschrift *Pediatrics* stellte fest, daß Mütter von Frühgeborenen durch das Abspielen einer Entspannungs- und Visualisierungskassette 63 Prozent mehr Milch produzieren als andere Mütter. Eine andere Studie legt nahe, daß die psychologische Wirkung von Entspannung mit Visualisierung auf Frauen mit Brustkrebs im Frühstadium besser wirkt, als Entspannung allein *(British Medical Journal)*.

FACHURTEIL

Viele Ärzte glauben, daß positives Denken hilfreich sein kann für die Gesundheit, und unterstützen die Visualisierungstechniken bei der Behandlung. Nicht jeder Mensch hat jedoch eine lebhafte Vorstellungskraft; die Unfähigkeit, sich die Überwindung einer Krankheit geistig vorstellen zu können, sollte nicht als Mangel angesehen werden.

KONSULTATION EINES THERAPEUTEN

Die Visualisierung kann in Einzel- oder Gruppensitzungen durchgeführt werden, oft innerhalb einer psycho- oder hypnotherapeutischen Behandlung (siehe S. 160 u. 166). Der Therapeut fragt nach, welche Krankheiten Sie hatten und was Sie sich von der Therapie erhoffen – dies beeinflußt die Wahl der Imagination. Zu Beginn wird eine einfache Entspannungsübung wie die progressive Muskelrelaxation (siehe S. 173) durchgeführt.

Wenn Sie bereit sind und eine bequeme Position eingenommen haben, beginnt der Therapeut, Sie durch die Visualisierung zu leiten. Er wird Sie ermutigen, das von Ihnen gewählte Bild so lebhaft wie möglich zu gestalten, Ihnen helfen, konzentriert zu bleiben, und Sie von Gedanken wegführen, die diesen Prozeß unterbrechen könnten. Er bittet Sie vielleicht auch, „positive Affirmationen" – Sätze wie „Ich bin ganz ruhig" oder „Ich bin ganz sicher" – zu wiederholen. Es ist gut, negative Gedanken durch positive zu ersetzen.

Gegen Ende der Sitzung wird er Sie bitten, langsam die Augen zu öffnen und zurückzufinden.

Die Sitzungen dauern ungefähr 30–60 Minuten, die Behandlungsdauer hängt ab von Ihrer Verfassung. Sie sollen täglich üben, eventuell mit Kassetten oder einem Buch.

VORSICHT!

- Beginnen Sie nicht mit einer Visualisierung ohne Rat eines erfahrenen Therapeuten, wenn Sie krank sind. Es können Bilder auftauchen, die die Symptome verschlechtern können
- Siehe auch Seite 52

BEQUEM SITZEN
Es ist wichtig, eine Stellung einzunehmen, in der der Körper sich entspannen und der Geist „loslassen" kann.

Stühle mit hoher Rückenlehne unterstützen den ganzen Körper und den Kopf

SELBSTHILFE

Die Visualiserung wirkt auch gut als Selbsthilfe. Suchen Sie sich einen ruhigen Platz, und schließen Sie die Augen. Atmen Sie langsam und entspannt, bevor Sie sich auf das gewählte Bild konzentrieren. Wiederholen Sie diese Übung 1–3mal am Tag.

KAMPF GEGEN KRANKHEITEN

Stellen Sie sich Ihre Krankheit bildlich vor. Schmerz wird oft als ein Stück Eisen oder als heiße Nadel beschrieben. Versuchen Sie dann zu sehen, wie die Behandlung den Schmerz lindert.

Den Schmerz „herunterdrehen". *Eine Schaltuhr in Ihrer Phantasie kann Ihnen helfen, den Schmerz zu kontrollieren und mit der Krankheit besser umzugehen*

Das Wegschließen von Sorgen, *Schmerz oder Krankheit in ein Phantasiekästchen hat in einigen Fällen geholfen*

ERFOLG HABEN

Stellen Sie sich eine Erfolgssituation vor. Sagen Sie sich, daß Sie selbstsicher sind. Wenn Sie merken, daß Sie beim Gedanken an bestimmte Schwierigkeiten nervös werden, atmen Sie langsam, entspannen Sie sich, und lösen Sie sich von dem Bild.

Um die Angst *vor Publikum zu überwinden, stellen Sie sich vor, zu einem Raum voller Menschen zu sprechen, und hören Sie den Applaus nach der Rede*

Um sich für ein *Bewerbungsgespräch vorzubereiten, stellen Sie sich vor, wie Sie die Gesprächspartner ruhig begrüßen und selbstsicher auf deren Fragen antworten*

Auf eine sportliche Leistung *können Sie sich vorbereiten, indem Sie sich geistig die Bewegungen für die perfekte Ausführung vorstellen*

STRESSBEKÄMPFUNG

Stellen Sie sich etwas Wunderschönes vor, vielleicht einen Ort, an dem Sie sehr entspannt waren. Bringen Sie sich geistig dorthin, und versuchen Sie alles real wahrzunehmen. Wiederholen Sie Sätze wie „Ich bin entspannt und zufrieden".

Stellen Sie sich *einen Strand vor, an dem Sie sich entspannen und loslassen können. Lassen Sie alles ganz real auf sich wirken: Sonne, Sand, Meeresluft und Wellen*

Ein tropischer Wasserfall *kann Ihnen bei der Beruhigung helfen. Hören Sie das plätschernde Wasser, und erkunden Sie die grünen Ufer*

Ein Bergpanorama *kann Harmonie vermitteln. Stellen Sie sich den Raum und das Licht um sich herum vor, und spüren Sie die frische Luft, die durch Ihre Lungen strömt*

KLANGTHERAPIE

BEWERTUNG
FORSCHUNG
FACHURTEIL
THERAPEUT
SELBSTHILFE
VERTRÄGLICHKEIT

DIE THERAPEUTISCHE WIRKUNG von Klängen wurde zum ersten Mal gegen Ende des 19. Jh. entdeckt. Klang vibriert in verschiedenen Frequenzen und kann Gefühle und bestimmte Körperfunktionen wie Herzschlag und Atmung beeinflussen. Auch Frequenzen, die das menschliche Ohr nicht mehr hören kann, haben eine Wirkung. Die Therapeuten erzeugen mit der Stimme oder mit elektronischen oder musikalischen Instrumenten Klangwellen, die das Gleichgewicht des Körpers und dessen Selbstheilungkräfte aktivieren. Klangtherapeuten gibt es in der westlichen Welt und in Japan.

ANWENDUNG

- Streß, Angstzustände
- Bluthochdruck
- Depressionen
- Autismus, Lernschwierigkeiten
- Schmerzlinderung, vor allem bei der Geburt
- Muskel- und Gelenkschmerzen

GESCHICHTE

Buddhistische Mönche und indische Yogis nutzen Klänge zur Bewußtseinserweiterung. Auch das Trommeln als Vorbereitung auf den Kampf ist in vielen Kulturen bekannt. Das medizinische Interesse an Klängen wurde zum ersten Mal 1896 geweckt, als amerikanische Ärzte feststellten, daß verschiedene Musikarten den Blutfluß stimulieren und geistige Klarheit bewirken können.

In den 50/60er Jahren wurden Geräte entwickelt, die Klangwellen zu Therapiezwecken erzeugen. Der englische Osteopath Dr. Peter Manners entwickelte die Cymatics Therapie, die in den USA angewendet wird. Die französischen Ohrenspezialisten Dr. Berard und Dr. Tomatis arbeiteten mit dem Hörintegrationstraining (AIT) und der Tomatis-Methode, die inzwischen in den USA und Europa angewendet werden. Eine andere Technik, die Physio-Akustik-Methodologie (PAM) wurde in Finnland entwickelt.

BESUCH BEIM THERAPEUTEN

Klänge bewegen sich als Druckwellen fort, jeder schwingt in einer eigenen Frequenz und wird über die Hörnerven zum Gehirn weitergeleitet. Akustische Signale sollen auch das autonome Nervensystem beeinflussen, das die Körperfunktionen reguliert (siehe S. 71). Einige Therapeuten behaupten, daß auch die inneren Organe und Zellen in einer eigenen Frequenz vibrieren. Diese Frequenzen sind im gesunden Körper konstant, jede Störung weist auf eine Krankheit hin. Die Klangtherapie versucht, gestörte innere Rhythmen zu ihrer natürlichen Harmonie zurückzubringen.

Es gibt verschiedene Ansätze:

Cymatics: Ein Gerät sendet über die Haut Klangwellen zu einer bestimmten Körperpartie. Dies soll die Körperzellen in eine gesunde Schwingung bringen.

AIT und die Tomatis-Methode: Mit diesem Gerät sollen Patienten wie Autisten oder Legastheniker, die Schwierigkeiten haben, bestimmte Frequenzen zu verarbeiten, das genaue Hören erlernen. Man hört einer Musik zu, die bestimmte Frequenzen betont, und versucht das Gehirn dazu zu bringen, diese zu hören und neu zu verarbeiten.

PAM: Vom Computer erzeugte Klangwellen werden über Lautsprecher übertragen. Sie sollen den Blutdruck senken und Muskelanspannungen lösen.

Chanting: Mit der eigenen Stimme wird ein klarer Klang erzeugt, der hilft, einen meditativen Zustand zu erreichen (siehe S. 174). Die Behandlung wird meist wöchentlich in einstündigen Sitzungen über mehrere Monate durchgeführt. Das Chanting kann an einem Wochenende oder in Abendkursen erlernt werden.

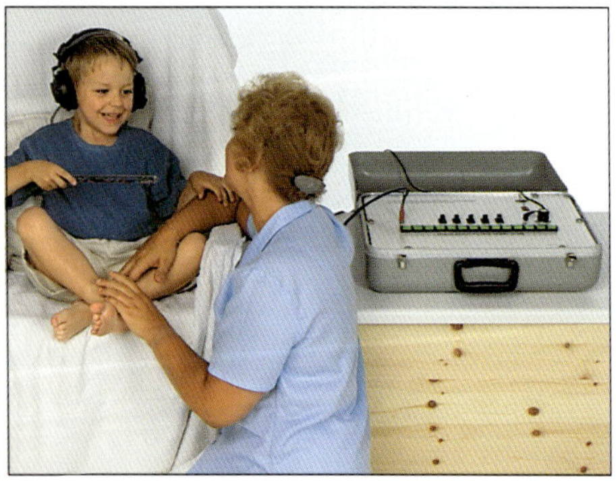

***Das AIT-Gerät** wird an einen CD-Player angeschlossen. Der Patient hört elektronische Musik, die bei schwierigen Klangfrequenzen leiser oder lauter gestellt wird. Die Therapie kann autistischen oder legasthenischen Kindern helfen*

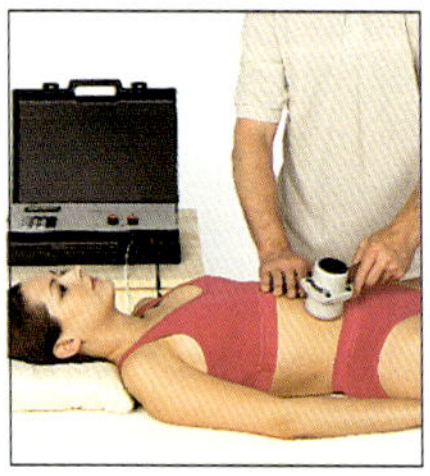

***Das Cymatics-Gerät** wird auf die zu behandelnde Körperstelle gehalten – hier die Leber. Dann werden Klangfrequenzen wie bei gesunden Körperzellen produziert*

***Chanting-Therapeuten** lehren ihre Patienten, langgedehnte Vokale zu singen, die im ganzen Körper schwingen und physisches und emotionales Wohlbefinden bringen*

NACHWEIS & FORSCHUNG

Pilotstudien zur AIT und Tomatis-Methode haben Fortschritte bei Verhaltensproblemen gezeigt. Es gibt aber keine überzeugenden Studien, die die Vibration von Zellen oder die therapeutische Wirkung des Klangs auf den Körper bestätigen.

FACHURTEIL

Verschiedene Körpergewebe regieren unterschiedlich auf Klangwellen; die konventionelle Medizin nutzt diesen Effekt in der Ultraschalluntersuchung. Die meisten Ärzte sind jedoch skeptisch hinsichtlich der Klangtherapie.

VORSICHT!

- Bei Herzschrittmachern keine Cymatics-Therapie
- Siehe auch Seite 52

MUSIKTHERAPIE

BEWERTUNG
FORSCHUNG
FACHURTEIL
THERAPEUT
SELBSTHILFE
VERTRÄGLICHKEIT

DIE VERBINDUNG zwischen Musik und Heilung ist schon sehr alt, aber Musik als Therapie hat sich im Westen erst in den 40er Jahren entwickelt. Sie wird eingesetzt bei schweren Behinderungen, Geisteskrankheiten und psychischen Störungen. Beim Musikhören oder Musikmachen können Gefühle ausgedrückt werden, die zu tief oder zu primitv sind, um sie in Worte zu kleiden. In der konventionellen und alternativen Medizin werden weltweit Patienten ermutigt, Musik zu hören, um den Schmerz zu lindern, die Angst zu nehmen und die Gesundung zu fördern.

ANWENDUNG

- Autismus, Lernschwierigkeiten
- Geistige, emotionale & Verhaltensprobleme
- Depressionen
- Streß, Angstzustände
- Altenpflege
- Während der Wehen und bei unheilbaren Krankheiten

GESCHICHTE

***Im Alten Testament** steht geschrieben, daß David die Harfe spielte, um einen bösen Geist aus König Saul zu vertreiben, und „der Geist ließ von ihm"*

Musik wird schon lange benutzt, um Emotionen zu wecken. Beweise ihrer Heilkraft gibt es in der Bibel und in Homers Odyssee. Die moderne Praxis der Musiktherapie wurde nach dem Zweiten Weltkrieg in den USA entwickelt, um die psychischen Probleme der Kriegsveteranen zu behandeln. Durch deren Erfolg wurden Ärzte veranlaßt, Musiker in Krankenhäusern einzustellen.

1958 gründete die englische Konzertcellistin Juliette Alvin, die bekannt wurde durch ihre Arbeit mit lernbehinderten Kindern, die British Society for Music Therapy. Der amerikanische Konzertpianist Paul Nordoff und der englische Sonderschullehrer Clive Robbins, bekannt für ihre Arbeit mit autistischen und emotional gestörten Kindern, begannen 1974 in London mit den ersten Ausbildungskursen.

BESUCH BEIM THERAPEUTEN

Die Behandlung wird einzeln oder in der Gruppe durchgeführt. Es kommen Menschen mit emotionalen Problemen bis hin zu geistigen oder körperlichen Behinderungen. Die Sitzungen dauern meist eine Stunde, die Behandlungsdauer ist abhängig von der Verfassung. Die Therapie zielt darauf, Spannungen zu lösen und Probleme durch den nonverbalen Ausdruck der Gefühle zu verarbeiten. Auch der Aufbau einer vertrauten Beziehung zum Therapeuten oder anderen Gruppenmitgliedern liegt im Sinn der Therapie.

Zu Beginn der Sitzung spielt oder singt der Therapeut ein Lied. Die Patienten antworten darauf, indem sie mit Percussionsinstrumenten oder mit der Stimme improvisieren. Man muß nicht musikalisch vorgebildet sein, lernt aber auch kein Instrument zu spielen, sondern ist vielleicht später einfach in der Lage, Gefühle anders auszudrücken.

Bei streßbedingten Krankheiten und zur Schmerzlinderung wird der Patient gebeten, einen Musiktitel herauszusuchen, der ihm gefällt. Bei älteren Menschen und Todkranken kann dies Erinnerungen stimulieren, was allein schon eine therapeutische Wirkung hat. Der Musikrhythmus kann auch Körperprozesse wie den Herzschlag beeinflussen und die Ausschüttung von Endorphinen, körpereigenen Schmerzmitteln, bewirken.

***Kinder mit Lernschwierigkeiten** – auch stumme – können durch die Reaktion auf die Musik und die Musiktherapeutin zur Kommunikation ermutigt werden*

***Trommeln** kann das Freisetzen überschwenglicher Gefühle bewirken. Die Musiktherapie wirkt vor allem bei Kindern, deren Reaktion auf Musik noch ganz spontan ist*

NACHWEIS & FORSCHUNG

Es gibt weltweit Forschungen zur Wirkung von Musik auf das Immunsystem. Studien in den USA, Großbritannien und Deutschland, die 1991 veröffentlicht wurden, zeigen, daß Patienten, die Musik hören, sehr viel schneller genesen als der Durchschnitt und daß sie weniger Angst und Unbehagen verspüren. Einige Forschungen in den 80/90ern, wie die von Dr. Ralph Spintge in Deutschland, legen nahe, daß ein bestimmter Rhythmus den Herzschlag, Blutdruck und die Atmung beruhigt. Forschungen in Europa, Australien und den USA in den 80ern bestätigen, daß die Musiktherapie bei körperlichen und geistigen Behinderungen hilft.

FACHURTEIL

Die Ärzte bestätigen, daß Musiktherapie hilft, Emotionen freizusetzen, sich zu entspannen, und daß sie in der Behandlung von körperlichen und geistigen Behinderungen eine wichtige Rolle spielt. Von der Fähigkeit der Musik, Krankheiten zu heilen, sind die meisten Ärzte aber nicht überzeugt.

VORSICHT!

- Siehe Seite 52

KUNSTTHERAPIE

BEWERTUNG

- FORSCHUNG
- FACHURTEIL
- THERAPEUT
- SELBSTHILFE
- VERTRÄGLICHKEIT

IN DER ZEIT NACH DEM ZWEITEN WELTKRIEG versuchte man auf beiden Seiten des Atlantiks mit kreativer Kunst Menschen zu helfen, die traumatische Erlebnisse verarbeiten und sich im Leben neu orientieren mußten. Die Kunsttherapie ist Teil der konventionellen und der Alternativmedizin und wird weltweit von Psychiatern und Psychotherapeuten als Diagnose- und Behandlungstechnik bei geistigen und emotionalen Krankheiten eingesetzt. Kreative Aktivitäten wie Malen, Zeichnen und Bildhauern bieten auch therapeutische Hilfe bei Leid und Kummer etwa nach einem Todesfall.

ANWENDUNG

- Geistige und emotionale Beschwerden
- Lernschwäche
- Eßstörungen
- Suchtverhalten
- Streß
- Trauerfall
- Unheilbare Krankheiten
- Persönlichkeitsentwicklung

GESCHICHTE

Der Schrei *von Edvard Munch zeigt, daß durch die Kunst Gefühle ausgedrückt werden können, die nur schwer in Worte zu fassen sind*

Antike Höhlenmalereien belegen, daß Gefühle schon lange visuell ausgedrückt werden. Mit der Entwicklung der Anthroposophie im 19. Jh. integrierte Rudolf Steiner die Kunst als Heiltherapie (siehe S. 24). Im frühen 20. Jh. schrieben S. Freud und C. G. Jung visuellen Bildern die Fähigkeit zu, das Unterbewußtsein der Patienten zu reflektieren. Andere Psychologen wie Anna Freud und Melanie Klein betonten den Wert der kreativen Kunst in der kindlichen Entwicklung.

Nach dem Zweiten Weltkrieg wurde die Kunsttherapie in der Rehabilitierung von Kriegsveteranen eingesetzt. Unter dem Einfluß der Kunsttherapeutin Margaret Naumberg begann sie in den USA ernsthaft Fuß zu fassen. Heute wird die Kunsttherapie in den USA als Behandlungstechnik bei psychiatrischen Störungen und zur persönlichen Entwicklung sehr oft angewendet.

In Großbritannien entwickelte sich die Kunsttherapie in den 40er Jahren durch die Auseinandersetzung des Künstlers Adrian Hill mit Sanatoriumspatienten.

GRUNDSÄTZLICHES

Die Patienten werden ermutigt, ihre Gefühle über Farben, Kreide, Ton, Leinwand oder Zeitschriften, aus denen sie Collagen formen, auszudrücken. Es wird kein „besonderes" Kunstwerk erwartet, die Patienten sollen nur ihre bedrohlichen oder verwirrenden Gefühle zwei- oder dreidimensional wiedergeben. Schon allein das Ausdrücken dieser Gefühle im sicheren Rahmen der therapeutischen Praxis hat einen heilenden Effekt, denn der Patient lernt, die Angst vor dem Selbstausdruck zu überwinden, und gewinnt Selbstvertrauen und Selbstachtung.

KUNSTWERKE INTERPRETIEREN

Die Formen und Farben *eines Kunstwerks können symbolische Bedeutungen enthalten und damit Hinweise liefern auf die emotionale Verfassung des Patienten. Kunsttherapeuten gehen davon aus, daß der Patient – nicht der Therapeut – den Interpretationsschlüssel für das Kunstwerk hat. Die Interpretation dieser Arbeiten wird die psychologischen Probleme nicht „lösen", gibt dem Patienten aber die Möglichkeit, sie zu verstehen, zu akzeptieren und sich vielleicht davon freizumachen*

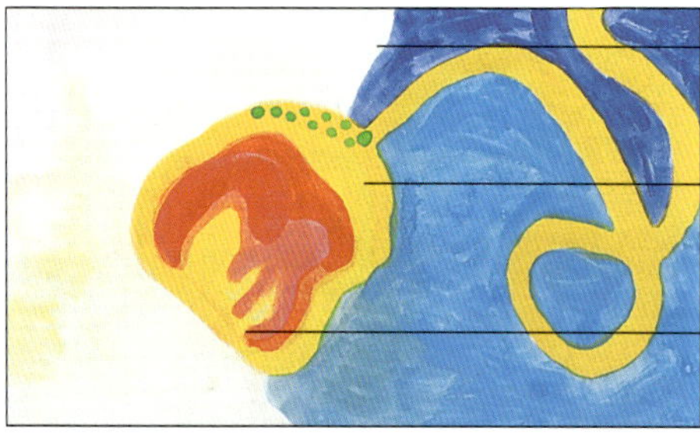

Die Grenze läßt einen Übergang vom Dunkel ins Helle vermuten

Dies könnte eine knospende Tulpe oder ein Fötus mit Nabelschnur sein

Leuchtende Farben verweisen auf Wiedergeburt und neues Leben

Der ferne Mond drückt die Gefühle der Patientin zur Mutter aus

Die drei Kreise repräsentieren die Patientin und ihre Geschwister

Der Schlüssel zu diesem Bild könnte das zornige Gesicht der Katze sein

Die Masken stehen für die verschiedenen Rollen, die der Patient einnimmt

Die Farbbänder weisen auf eine Isolierung zur Außenwelt hin

Gedanken und Gefühle sind in einem kreativen Akt schon lange sichtbar, bevor sie verbal in einer „Gesprächs"-Therapie ausgedrückt werden können. Auch sozial nicht akzeptierte Gefühle wie Eifersucht und Zorn können ohne Angst vor Kritik aufgedeckt und bearbeitet werden .

Sehr viele Menschen versuchen ihre Probleme zu unterdrücken und glauben trotzdem, sie haben ihr Leben vollkommen in der Hand. Die Herausforderung für diese Patienten besteht zu Beginn der Kunsttherapie darin, sich soweit zu öffnen, daß ein therapeutisch nutzbares Bild entstehen kann. Oft müssen zuerst zerstörerische Energien freigesetzt werden, bevor Kreativität oder psychologische Einsichten folgen können. Einige Patienten malen erst sorgfältig ein Bild und zerstören es danach wieder, um einen Durchbruch zu erreichen.

Ein weiterer Effekt der Kunsttherapie sind die Symbole, die in kreativen Arbeiten auftauchen und vom Therapeuten wie die Träume in der Psychoanalyse (siehe S. 162) interpretiert werden können. In der Kunsttherapie leitet jedoch der Patient die Interpretation. Man geht davon aus, daß der Patient den Schlüssel zu den produzierten Symbolen in sich trägt und der Therapeut nur eine unterstützende oder führende Funktion bei der Entschlüsselung hat.

NACHWEIS & FORSCHUNG

Umfangreiche Falluntersuchungen in Nordamerika und Europa seit den späten 80er Jahren haben den Wert der Kunsttherapie in der Behandlung emotionaler und psychologischer Beschwerden bestätigt. Auch psychotische Krankheiten, schwere Lernschwächen, Eßstörungen und Alkohol- und Drogenabhängigkeit wurden damit therapiert. Heute werden neue Gebiete erforscht wie Aids und Alzheimer-Krankheit.

FACHURTEIL

Die Kunsttherapie wird oft eingesetzt in Krankenhäusern, Gefängnissen und anderen Institutionen bei psychologischen Störungen und Abhängigkeiten. Die meisten Psychiater und Ärzte glauben an ihren Nutzen in der Behandlung von Lernschwäche und der Verarbeitung innerer Konflikte.

KONSULTATION EINES THERAPEUTEN

Vor der Therapie bestimmt der Therapeut Ihre Verfassung und fragt nach einer vorhergehenden Behandlung. Er fragt nach emotionalen Problemen, nach der Lebenssituation und was Sie von der Therapie erwarten. Sie sollten diese Gelegenheit nutzen und eventuelle Fragen nach der Methode stellen.

Der Therapeut wird vermeiden, Sie während der Sitzung zu sehr anzuleiten. Er wird auf das, was Sie machen, mit Fragen oder Kommentaren reagieren, um die Interpretation und Ihre Weiterentwicklung zu fördern. Falls während der Arbeit unerwartete Bilder und Assoziationen auftauchen, wird der Therapeut Ihnen helfen, deren Bedeutung und die Gefühle, die dabei hochkommen, zu ergründen. Wenn Sie mit einem bestimmten Material nicht arbeiten können, wird er Ihnen eine andere, geeignetere Technik vorschlagen.

***Den Patienten** wird eine große Auswahl an Arbeitsmitteln wie Farben, Kreide, Buntstifte und Ton angeboten. Der Therapeut ermutigt sie dann, ihre Gefühle kreativ auszudrücken*

***Kindern** fällt es leichter, ihren emotionalen Zustand über Bilder als über Worte auszudrücken. Die Kunsttherapie hilft Kindern, die emotionale Probleme oder Lernschwächen haben*

Die Erwachsenentherapie findet normalerweise einmal pro Woche statt und dauert 60–90 Minuten; die Sitzungen mit Kindern dauern 30 Minuten. Ratsam ist eine Behandlung von mindestens 6 Monaten. Es werden Einzel- oder Gruppensitzungen mit 8–10 Personen durchgeführt. In der Gruppenarbeit schlägt der Therapeut eventuell themenbezogene Übungen vor auf der Basis von Traum-, Entspannungs- und Visualisierungstechniken (siehe S. 170 und 178).

Die Kunsttherapie wird in Krankenhäusern manchmal als Ergänzung zur Psychotherapie angeboten. Bis zu 75 Prozent der Therapeuten arbeiten in sozialen Bereichen, in Gefängnissen und erzieherischen Institutionen. Einige unterhalten auch eine Privatpraxis.

VORSICHT!

- Siehe Seite 52

SELBSTHILFE

Die Kunsttherapie gibt die Möglichkeit, zu entspannen und hilft, Probleme natürlich zu lösen. Es ist nicht wichtig, Talent oder Erfahrung zu haben, wichtig ist vor allem, Selbstkritik und Hemmungen zu ignorieren. Wählen Sie die Technik, die Ihnen am besten gefällt. Hier noch einige Tips:

- Beginnen Sie ganz gelöst, und lassen Sie Spontaneität und Intuition zu. Machen Sie z. B. die ersten Striche mit der linken Hand, falls Sie Rechtshänder sind (oder mit der rechten Hand bei Linkshändern).
- Arbeiten Sie schnell, denken Sie nicht an das, was Sie tun. Malen Sie die ersten Umrisse, Formen und Farben, die Ihnen in den Sinn kommen.
- Wenn Sie nicht mit Farben oder Ton arbeiten möchten, machen Sie eine Collage mit Zeitschriftenschnipseln.
- Wenn Sie fertig sind, schauen Sie Ihre Arbeit genau an. Sind in den Symbolen, Formen oder Farben irgendwelche Bedeutungen versteckt? Was für Gefühle rufen sie hervor?

FENG SHUI

BEWERTUNG

- FORSCHUNG
- FACHURTEIL
- THERAPEUT
- SELBSTHILFE
- VERTRÄGLICHKEIT

FENG SHUI ist die Kunst, Räume auf ihre physische und spirituelle Wirkung hin zu gestalten, und wird in China seit über tausend Jahren praktiziert. Sie entstammt der gleichen Philosophie wie Akupunktur und andere traditionelle chinesische Therapien und versucht, den Fluß des Qi (Lebensenergie) in einem Raum oder Gebäude zu harmonisieren. Dadurch wird Gesundheit, Glück und Erfolg derer gestärkt, die darin leben und arbeiten. Feng Shui hatte großen Einfluß auf die Entwicklung von Städten wie Hong Kong und Taipei. Auch in Europa wächst das Interesse an Feng Shui.

ANWENDUNG

- Persönlichkeitsentwicklung
- Streßbedingte Beschwerden
- Emotionale Probleme wie Beziehungsprobleme, Entscheidungsschwäche, Einsamkeit und Mangel an Selbstvertrauen

GESCHICHTE

***Der Luo-Pan-Kompaß** ist ein traditionelles Werkzeug des Feng Shui zur Bestimmung der „Energiemuster" und anderer Informationen*

Die Wurzeln des Feng Shui, übersetzt als „Wind" und „Wasser", liegen im alten chinesischen Glauben, daß menschliche Geschicke durch Umweltkräfte geformt werden. Eine Legende erzählt, daß der chinesische Herrscher Fu Hsi eine Schildkröte aus dem Fluß Lo aufsteigen sah und bemerkte, daß die Muster auf ihrem Panzer universelle Prinzipien symbolisierten. Er nutzte diese Muster, um acht verschiedene energetische Kräfte zu unterscheiden. Diese Trigramme (siehe S. 90) sind die Grundlage für das maßgebliche Werk der Wahrsagung, das *I Ging* (Buch der Änderungen). Den Feng-Shui-Meistern an den kaiserlichen Höfen diente es als Orakel.

Feng Shui wird im Osten so ernst genommen, daß Westfirmen, die sich dort niederlassen, oft ihre neuen Büros danach gestalten müssen. Dadurch wurde diese Kunst auch im Westen bekannt.

GRUNDSÄTZLICHES

Feng Shui beruht auf den gleichen Prinzipien wie die Traditionelle Chinesische Medizin (siehe S. 140). So wie ein Ungleichgewicht zwischen Yin und Yang im Körper die Gesundheit beeinträchtigt, hat eine Disharmonie in der Umgebung eine negative Wirkung auf alle Lebensbereiche.

Landschaften, Gebäude, Räume, sogar die Tischoberfläche hat demnach einen eigenen Qi-Fluß. Durch die Veränderung der Umgebung gibt Feng Shui dem blockierten Qi die freie Bewegung zurück. Um den Fluß des Qi aufzuzeichnen, benutzt man einen achteckigen Plan, das Ba-Gua, der auf den Grundriß des Gebäudes oder Raumes gelegt wird (unten). Wenn ein Teil dieses Ba-Gua fehlt oder schlecht angeordnet ist, können im entsprechenden Lebensbereich der Bewohner Probleme auftreten.

DAS BA-GUA

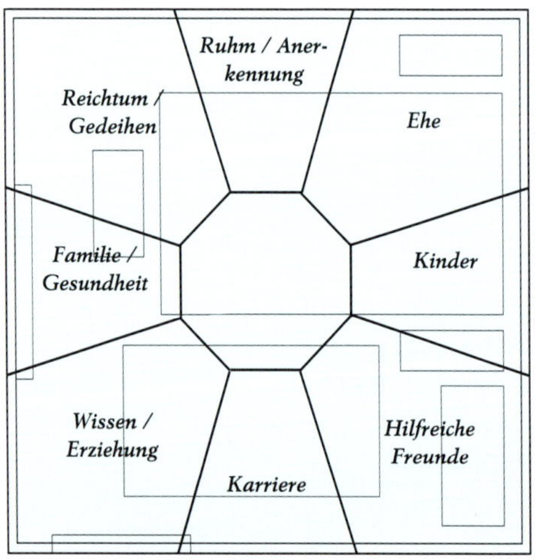

Qi kommt durch die Tür

***Die acht „Häuser"** des Ba-Gua beziehen sich auf jeweils einen Lebensbereich. Im Feng Shui werden Gebäude und Räume nach diesem Plan konstruiert*

Auch die chinesischen Prinzipien der Trigramme und der „Fünf Elemente" – Erde, Feuer, Wasser, Holz und Metall – sind Schlüsselfaktoren im Feng Shui. Abhängig von der Schule, zu der der Spezialist gehört, wird jedes Element mit einer Himmelsrichtung, einer Farbe, Jahreszeit oder Nummer in Verbindung gebracht. Diese Beziehung hilft, Feng Shui zu Hause oder am Arbeitsplatz anzuwenden. Oft wird auch das Geburtsdatum des Bewohners berücksichtigt, denn auch dieses kann den fünf Elementen zugeordnet werden. Einige Spezialisten benutzen einen Plan mit fünf symbolischen Tieren, um den Raum zu analysieren.

Zusätzlich oder anstelle des Feng Shui werden in anderen Teilen der Welt „raumreinigende" Maßnahmen durchgeführt mit Glockengeläut, Räucherstäbchen, Beschwörungsformeln und Kristallen. Sie entstammen den Ritualen der Indiander, Zulu, Maori oder auch balinesischer Völker und sollen Gebäude „reinigen" und weihen.

NACHWEIS & FORSCHUNG

Feng Shui wurde im Westen bisher noch nicht untersucht. Die Studien verwandter Therapien wie Akupunktur konnten die Existenz von Qi nicht nachweisen.

FACHURTEIL

Feng Shui scheint weit weg von der konventionellen Medizin. Ärzte bestätigen jedoch, daß soziale und psychologische Faktoren einen Einfluß auf die Gesundheit haben.

KONSULTATION EINES THERAPEUTEN

Zur Konsultation eines Feng-Shui-Experten gehört normalerweise der Besuch der Wohnung und des Arbeitsplatzes. Die Besuchszeit ist abhängig von der Größe des Gebäudes, dauert im allgemeinen aber 1–2 Stunden. Während des Besuchs wird der Experte nach Bereichen Ihres Lebens oder der Arbeit fragen, die Ihrer Meinung nach verbessert werden müßten. Er möchte vielleicht auch die Geburtsdaten der Bewohner und der wichtigsten Arbeitskollegen wissen.

Dann wird er eine detaillierte Skizze von jedem Raum anfertigen. Nach der Konsultation wird er Ihnen einen Bericht mit Veränderungsvorschlägen schicken. Dazu gehören neue Farben und das Neuanordnen von Pflanzen oder Möbeln. Ein Waschbecken im Ehebereich könnte z. B. die eheliche Harmonie stören, der Experte wird Ihnen deshalb von der Benutzung abraten. Alle späteren Fragen können per Telefon besprochen werden.

Sie können einen Feng-Shui-Experten auch per Post konsultieren, indem Sie ihm einen Grundriß Ihrer Wohnung oder Ihres Arbeitsplatzes schicken.

VORSICHT!

- Siehe Seite 52

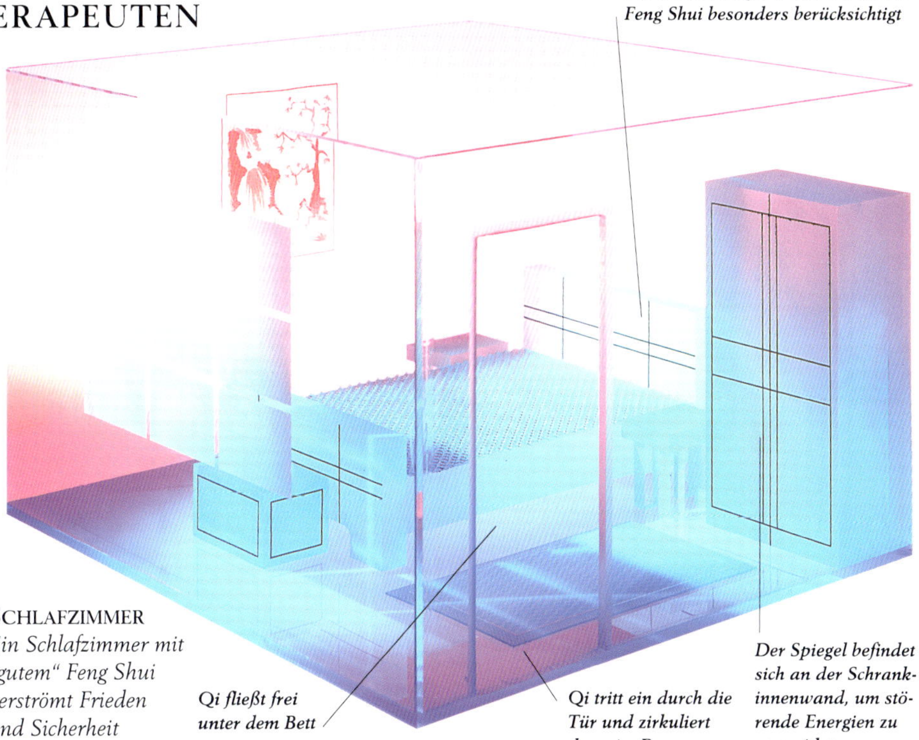

Die Ausrichtung des Bettes wird im Feng Shui besonders berücksichtigt

SCHLAFZIMMER
Ein Schlafzimmer mit „gutem“ Feng Shui verströmt Frieden und Sicherheit

Qi fließt frei unter dem Bett

Qi tritt ein durch die Tür und zirkuliert dann im Raum

Der Spiegel befindet sich an der Schrankinnenwand, um störende Energien zu vermeiden

SELBSTHILFE

Einfache Mittel können das Feng Shui in Ihrer Umgebung verbessern. Damit das Qi frei fließen kann, sollte Unordnung entfernt und um die Möbel herum viel Platz gelassen werden. Reparieren Sie kaputte Geräte und Möbel. Gesunde Pflanzen ziehen Qi an und können die elektromagnetischen Felder um Monitore herum neutralisieren. Vermeiden Sie Pflanzen mit scharfen Blättern, da sie das Qi „zerschneiden“. Langstielige Pflanzen und Bilder von „luftigen“ Dingen, wie ein Ballon, leiten den Fluß des Qi nach oben. Spiegel sollten mit Vorsicht genutzt werden, da sie Qi reflektieren und Energie zerstören können.

Geomantie

Geomantie (auch Geopathische Medizin oder Therapie) basiert auf verschiedenen Theorien über die nachteilige Wirkung der Umgebung auf die Gesundheit. Die Therapeuten nennen diese elektromagnetischen Ursachen „geopathischen Streß“ und versuchen die störende Wirkung aufzuheben.

GESCHICHTE

So unterschiedliche Kulturen wie die Aborigines in Australien und die Chinesen glauben an die Existenz unsichtbarer „Energiepfade“. Im Westen wurde in den 20er Jahren die Theorie der „ley lines“ bekannt, die durch Orte von spiritueller Bedeutung wie die Steinkreise in Stonehenge verlaufen sollen.

Das Interesse an Geomantie steigt in Ländern, in denen die Besorgnis über elektromagnetische Felder zunimmt.

BESUCH BEIM THERAPEUTEN

Einige Therapeuten führen Energiefelder in der Umwelt auf geologische Bedingungen zurück wie unterirdische Wasserläufe oder vom Menschen geschaffene wie Stromkabel. Der moderne Mensch verbringt sehr viel Zeit in Problemzonen zu Hause oder am Arbeitsplatz. Der Therapeut kann durch Pendeln (S. 198) schädliche Energiefelder herausfinden und wird versuchen, sie zu harmonisieren – durch Verschieben der Möbel oder durch das „Auffangen“ schädlicher Energien mit einem Kristall.

BEWERTUNG
FORSCHUNG
FACHURTEIL
THERAPEUT
SELBSTHILFE
VERTRÄGLICHKEIT

ANWENDUNG

- Angstzustände, Depressionen
- Schlaflosigkeit
- Müdigkeit, CMS
- Kopfschmerzen, Migräne
- Rheumatoide Arthritis

FACHURTEIL

Die Gefährlichkeit starker elektromagnetischer Felder ist immer noch sehr umstritten, die meisten Ärzte beurteilen Geomantie als reine Schrulle.

VORSICHT!

- Siehe Seite 52

FARBTHERAPIE

BEWERTUNG

- FORSCHUNG
- FACHURTEIL
- THERAPEUT
- SELBSTHILFE
- VERTRÄGLICHKEIT

ES IST ALLGEMEIN BEKANNT, daß Farben die Stimmung beeinflussen können. In der Farbtherapie wird sogar versucht, mit verschiedenen Farben Krankheiten zu behandeln, Farbschwingungen sollen einen direkten Einfluß auf Organe und Zellen haben. Jeder Körper soll eine bestimmte „Aura“ oder ein Energiefeld um sich haben, dessen Farben die Gesundheit der betreffenden Person widerspiegeln. Zur Heilung wird oft farbiges Licht verwendet. Die Therapie ist in europäischen New-Age-Kreisen schon lange bekannt, das Interesse steigt.

ANWENDUNG

- Verhaltensprobleme
- Streßbeschwerden
- Depressionen, Schlaflosigkeit
- Müdigkeit, CMS
- Kopfschmerzen
- Bluthochdruck
- Arthritis
- Hautbeschwerden
- Frauenleiden

GESCHICHTE

***Farben und ihre** Bedeutung. Während des indischen Festes Somavati Amavasya wird Gelbwurzpulver als Symbol der Sonne ausgeschüttet*

Symbolische Bedeutung hatten Farben schon in prähistorischer Zeit. Grün war die Farbe des Wachstums, Blau stand für den Himmel und himmlischen Frieden. Aber es gab auch kulturelle Unterschiede: Rot, die Farbe des Blutes, bedeutete Unglück für die Kelten, während sie für die Chinesen in Verbindung mit der Sonne stand und dadurch günstig erschien.

Im Westen wurde das Heilen mit Farben auf der Basis von Kristallen und Edelsteinen sehr lange als Aberglaube abgetan, bis im 19. Jh. das Lichtspektrum und die elektromagnetischen Wellen entdeckt wurden. Der indische Wissenschaftler Dinshah P. Ghadiali war der erste, der 1933 versuchte, die Farbtherapie wissenschaftlich zu begründen. Er behauptete, daß Farben heilende Schwingungen verströmen, und erfand für diesen Zweck zwei Maschinen.

Die moderne Therapie beruht auf dem alten Volksglauben, der östlichen Mystik und westlichen psychologischen Untersuchungen.

GRUNDSÄTZLICHES

Sonnenstrahlen enthalten das ganze Spektrum der elektromagnetischen Schwingungen, die als weißes Licht oder Licht des ganzen Spektrums sichtbar werden. Das Licht bewegt sich in Wellen fort, die vom Gehirn als unterschiedliche Farben wahrgenommen werden. Wenn das Licht durch ein Prisma oder im Regenbogen gebrochen wird, sieht man das ganze Spektrum (unten).

Farben haben auch bestimmte Frequenzen, in der die Welle vibriert. Farbtherapeuten gehen davon aus, daß auch die Zellen Vibrationsfrequenzen besitzen. Sie versuchen, mit anderen Farben die aus dem Gleichgewicht geratenen Farbschwingungen zu korrigieren.

Eine große Rolle spielt auch die vedische Theorie der Chakren, das sind Strudel von Lebensenergie im Körper, in die das Licht strömt (siehe S. 109). Jedes Chakra steht für einen bestimmten Körperteil und wird assoziiert und stimuliert durch bestimmte Gefühle und Farben. Die Therapeuten stellen fest, welche Farben fehlen und welche benötigt werden, um das Chakra zu harmonisieren. Auch die „Aura“ einer Person steht in Verbindung mit den Chakren, es ist ein „feinstofflicher“ (nichtphysischer) Körper aus vielfarbigen Schichten, der jeden Menschen umgibt. Obwohl sie für die meisten Menschen unsichtbar ist, behaupten einige Therapeuten, die Aura einer Person zu „sehen“.

***Wenn weißes Licht** in einem Prisma gebrochen wird, „zerfällt“ es in die Farben des Spektrums: rot, orange, gelb, grün, blau, indigo und violett*

NACHWEIS & FORSCHUNG

Es gibt keinen wissenschaftlichen Nachweis für die Chakren, die Aura oder die Heilung durch Farbschwingungen, obwohl bestätigt wurde, daß die Farben einen Einfluß auf Stimmungen haben. 1984 bewies Professor Harry Wohlfarth von der University of Edmonton in Kanada, daß die Farben Gelb und Rot am stärksten stimulieren und Schwarz und Blau beruhigend wirken. Gelb soll die Lernfähigkeit von Kindern erhöhen. Forschungen in den USA ergaben 1973, daß ein 30minütiges Bad in rotem Licht Herzschlag und Blutdruck erhöht, während er durch blaues Licht gesenkt wird. In den 40er und 50er Jahren entwickelte der Schweizer Psychologe Dr. Max Lüscher Tests, die die physische und psychische Verfassung durch die Reaktion auf Farben aufdecken. 1948 wurde in Westdeutschland festgestellt, daß die Farben Gelb, Orange und Rot im Klassenzimmer den IQ der Schüler erhöhen.

FACHURTEIL

Die Ärzte akzeptieren eher die psychologische Wirkung der Farben als ihren physischen Einfluß. Es wurde festgestellt, daß ultraviolettes Licht (UV) Depressionen heilen kann (S. 188). Den Ärzten würde es jedoch sehr schwer fallen, farbiges Licht als Therapie zu verschreiben.

KONSULTATION EINES THERAPEUTEN

Der Therapeut fragt nach Ihrer Krankengeschichte und Ihren Lieblingsfarben. Therapeuten, die mit Aura und Chakren arbeiten, werden sagen, sie „sehen“, welche Farbe Ihr Körper benötigt. Es gibt noch zwei andere Methoden der Diagnose:
Deutung der Farbwahl: Der Therapeut bittet Sie, unter acht verschiedenen Farbkarten drei auszusuchen. Aufgrund Ihrer Wahl wird Ihre physische und psychische Verfassung festgestellt. Die Farbwahl zeigt auch an, welche Körperstellen nicht mehr im Gleichgewicht sind.
Farbskala der Wirbelsäule: Hier werden Stellen der Wirbelsäule mit verschiedenen Farben und Körperteilen in Verbindung gebracht. Eine Technik besteht darin, die Farbskala nach dem Ungleichgewicht zu „befragen“ (siehe S. 198). Der Therapeut konzentriert sich auf die Informationen, die Sie gegeben haben, und fährt mit dem Finger die Skala hinunter, bis ihm die Problemstelle und die entsprechenden Farben aufgezeigt werden.

Die Behandlung wird oft als Farbbeleuchtungstherapie durchgeführt. Sie sitzen entweder unter der Lichtquelle, oder das farbige Licht wird mit einer „Kristalltaschenlampe“ direkt auf eine Körperstelle gestrahlt. Die Farbtöne werden nach Schwingungsfrequenzen und ihrer Wirkung auf die inneren Organe ausgesucht. Oft werden die betreffende Farbe und ihre Komplementärfarbe in der gleichen Behandlung benutzt. Sie werden z. B. zuerst mit Violett und dann mit Gelb angestrahlt. Dadurch soll ein gesundes Farbgleichgewicht im Körper aufrechterhalten werden. Die Sitzungen dauern eine Stunde, die Behandlung erstreckt sich meist über einige Wochen. Die Farbtherapie kann auch in der Reflexologie oder Akupunktur angewendet werden.

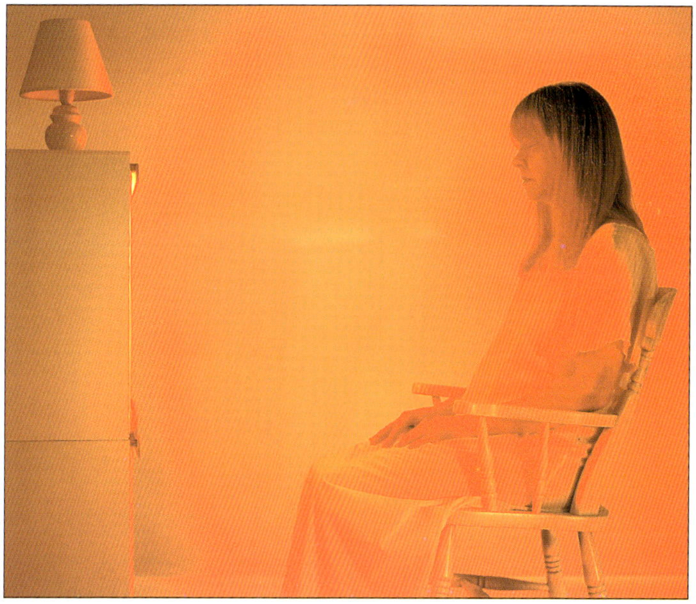

ILLUMINATIONS-THERAPIE
Eine computerkontrollierte Farbtherapiemaschine bescheint den Patienten, der in einem dunklen Raum sitzt, mit farbigem Licht. Die Behandlungsfarbe – hier Orange – wird mit der Komplementärfarbe Blau gewechselt

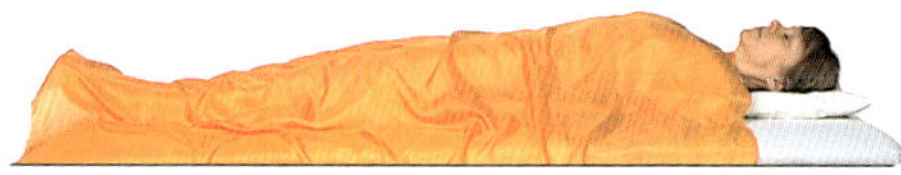

***Seide** wird auf den Körper gelegt. Gegen Depressionen nimmt der Therapeut orangefarbene Seide für 20 Minuten und danach blaue Seide – die Komplementärfarbe – für 10 Minuten*

VORSICHT!

- Siehe Seite 52

SELBSTHILFE

Sie können z. B. visualisieren, daß Sie in einer bestimmten Farbe baden oder diese einatmen. Sie können die Farben auch in der Kleidung, der Umgebung oder der Nahrung benutzen. Oder Sie können „solarisiertes“ Wasser trinken, d. h. Wasser wurde in einem gefärbten Glas dem Sonnenlicht ausgesetzt.

***Solarisiertes Wasser** gegen Schlaflosigkeit*

***Kleidung** in der Behandlungsfarbe*

FARBEN UND DIE CHAKREN

FARBE	CHAKRA	PHYSISCHER EINFLUSS	SPIRITUELLER EINFLUSS	IM ÜBERMASS
(Magenta)	**Sahasrara** (**Farbe**: Magenta) **Ort**: Schädeldecke	**Heilt**: Zwangsverhalten **Reizt**: Zirbeldrüse	Spirituelle Entwicklung, Ehrfurcht, Verbindlichkeit	Fanatismus, Dominanz
(Violett)	**Ajna** (**Farbe**: Violett) **Ort**: Stirn	**Heilt**: Sucht **Reizt**: Hypophyse	Wahrnehmung, Intuition, Würde, Selbstrespekt, Toleranz	Korruption, Stolz, Arroganz
(Blau)	**Vishuddha** (**Farbe**: Blau) **Ort**: Kehle	**Heilt**: Schlaflosigkeit **Reizt**: Schilddrüse	Kreativität, Inspiration, Frieden, Entspannung, Hingabe, Glaube	Zweifel, Mißtrauen, Apathie, Melancholie
(Türkis)	Mit der Farbe Türkis wird kein Chakra assoziiert	Türkis stimuliert das Immunsystem	Unabhängigkeit, erhöhtes Bewußtsein, Ausdruckskraft	leichte Beeinflußbarkeit, Unreife
(Grün)	**Anahata** (**Farbe**: Grün) **Ort**: Herz	**Heilt**: Nervenanspannung **Reizt**: Thymus	Freiheit, Gleichgewicht, Harmonie, Sympathie, Liebe	Lethargie, Motivationsmangel, Unsicherheit, Eifersucht
(Gelb)	**Manipura** (**Farbe**: Gelb) **Ort**: Solarplexus	**Heilt**: ungelöste Gefühle **Reizt**: Pankreas	geistige Energie und Wachheit, Entschlußkraft	Konzentrationsmangel, Bosheit, Verschlagenheit
(Orange)	**Swadisthana** (**Farbe**: Orange) **Ort**: Unterer Bauch	**Heilt**: Depressionen **Reizt**: Geschlechtsorgane	Glück, Optimismus, sexuelle Energie	Konfusion, Müdigkeit, Pessimismus
(Rot)	**Muladhara** (**Farbe**: Rot) **Ort**: Steißbein	**Heilt**: Trägheit **Reizt**: Nebennieren	Mut, Willenskraft, physische Energie und Vitalität	Dominanz, physische Grausamkeit, Zorn, Vulgarität

LICHTTHERAPIE

BEWERTUNG

- FORSCHUNG
- FACHURTEIL
- THERAPEUT
- SELBSTHILFE
- VERTRÄGLICHKEIT

SONNENLICHT UND KÜNSTLICHES LICHT werden seit über einem Jahrhundert zur Wiederherstellung der physischen und psychischen Gesundheit genutzt. Erst spät hat die medizinische Wissenschaft herausgefunden, daß das Licht eine sehr wichtige Rolle in der Regulierung der biologischen Uhr spielt, die den Schlaf, die Hormonproduktion und andere Funktionen kontrolliert. Die Lichttherapie wird heute angewendet zur Steigerung der Vitalität und zur Behandlung von Hautbeschwerden wie Psoriasis. Vor allem bei Depressionen im Winter hat die Lichttherapie Erfolg.

ANWENDUNG

- Wintertraurigkeit
- Hautkrankheiten
- Depressionen
- Schlaflosigkeit
- Gestörter Schlafrhythmus, Jetlag

GESCHICHTE

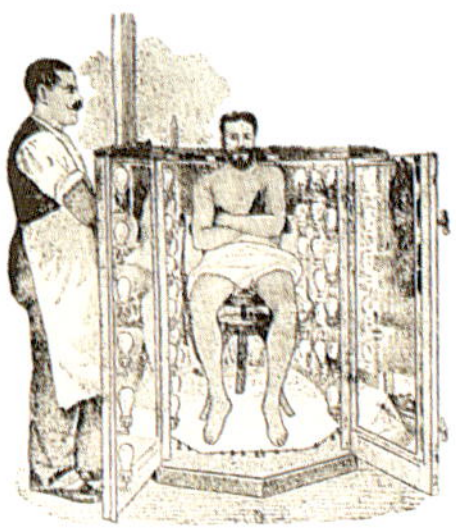

Mit „glühenden elektrischen Lichtbädern" *wurden im 19. Jh. in europäischen Sanatorien physische und mentale Krankheiten behandelt. Die Patienten sollten sich auch regelmäßig körperlich in der Sonne betätigen*

Die Wirkung des natürlichen Sonnenlichts wird in der Naturheilkunde schon lange genutzt (S. 118). Der dänische Arzt Niels Finsen erhielt 1903 den Nobelpreis für seine Forschungen über die Nutzung ultravioletten Lichts (UV) zur Behandlung von Tuberkulose. Etwa fünfzig Jahre später erklärte der amerikanische Photobiologe Dr. John Ott, daß der Körper das Licht des ganzen Spektrums benötigt, um wichtige Nährstoffe aufzunehmen, was durch Luftverschmutzung, Fenster und Sonnenbrillen blockiert werden könne. Danach kam die Entdeckung, daß zu wenig Sonnenlicht schwere Depressionen verursachen kann (siehe S. 293).

BESUCH BEIM THERAPEUTEN

Licht, das durch das Auge eintritt, stimuliert den Hypothalamus, der Stimmung, Appetit, Schlaf, Temperatur und Sexualtrieb reguliert. Diese Nervenimpulse werden dann zur Zirbeldrüse im Gehirn weitergeleitet, die das hormonelle Gleichgewicht reguliert und Serotonin produziert, ein Hormon, das die Stimmung kontrolliert. In der Dunkelheit schüttet die Drüse Melatonin aus; dies löst Schläfrigkeit aus und beeinflußt das Immunsystem. Wenn die innere Uhr des Körpers durch Jetlag, Schichtarbeit oder jahreszeitlichen Wechsel aus dem Gleichgewicht gebracht wird, können physische und psychische Beschwerden auftreten.

Angeregt durch das Tageslicht, produziert der Körper auch Vitamin D, das wichtig ist bei der Aufnahme von Mineralien wie Kalzium, das die Knochen stärkt. Die UV-Strahlen des Tageslichts haben eine antibakterielle Wirkung und helfen bei Hautinfektionen wie Akne und Psoriasis.

Bei der Therapie liegen Sie bis zu einer Stunde unter einem fluoreszierendem, vollspektralem oder hellem, weißem Licht. Sie können auch mindestens 20 Minuten am Tag ein Solarium zu Hause benutzen. Das Licht entspricht dem Tageslicht ohne die schädigenden UV-Strahlen. Helles, weißes Licht enthält keine UV-Strahlen, sie sind nicht notwendig für die antidepressive Wirkung.

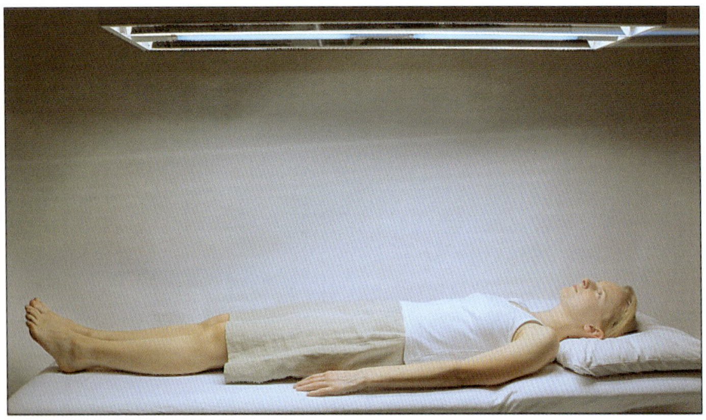

Die Patientin *wird mit offenen Augen von vollspektralem UV-Licht oder hellem, weißem Licht bestrahlt. Die Lichteinheit wird Lux genannt. Für einen therapeutischen Effekt sind mindestens 2500 Lux nötig; das Tageslicht hat 5000 Lux, in den meisten Büros sind es nur 500–100 Lux*

NACHWEIS & FORSCHUNG

Dr. Norman E. Rosenthal hat in den 80er Jahren die jahreszeitlichen Beschwerden und deren Linderung durch die Lichttherapie nachgewiesen *(American Journal of Psychiatry)*. Festgestellt wurde auch, daß UV-Licht eine antivirale, antibakterielle und antimykotische Wirkung hat und in der Behandlung von Psoriasis hilft. Die Behauptung, daß auch Herzkrankheiten, Krebs, Osteoporose und Menstruationsbeschwerden damit geheilt werden können, wurde noch nicht wissenschaftlich nachgewiesen.

FACHURTEIL

Die jahreszeitlichen Beschwerden können im Winter Depressionen auslösen. Bei Krankheiten wie Psoriasis ist die Behandlung mit UV-Licht verbreitet, bei Krebs wurde die Wirkung noch nicht nachgewiesen. Die Bestrahlung mit UV-Strahlen kann auch Hautkrebs auslösen.

VORSICHT!

- Vermeiden Sie wegen der Gefahr von Hautkrebs eine zu lange Bestrahlung mit UV-Licht
- Während einer Lichttherapie dürfen Sie kein Vitamin D einnehmen. Hohe Dosen sind schädlich
- Wenn Sie Beschwerden mit den Augen haben, konsultieren Sie vorher einen Augenarzt
- Siehe auch Seite 52

BIORHYTHMUS

BEWERTUNG

- FORSCHUNG
- FACHURTEIL
- THERAPEUT
- SELBSTHILFE
- VERTRÄGLICHKEIT

AN EINIGEN TAGEN fühlen wir uns in Höchstform, sind voller Energie, kreativ und können klar denken, aber an anderen Tagen sind wir lethargisch, reizbar und unkonzentriert. Dies kann zurückgeführt werden auf innere Zyklen oder „Biorhythmen", die im frühen 20. Jh. entdeckt wurden und physische, emotionale und intellektuelle Funktionen regulieren. Individuelle Zyklustabellen sollen den Menschen helfen, die Tage der Höchstleistungen zu erkennen und Vorsorge zu treffen für emotionale und physische Krisen. Der Biorhythmus dient in erster Linie der Selbsthilfe.

ANWENDUNG

- Planung von Ferien, chirurgischen Eingriffen, geschäftlichen Unternehmungen und Projekten, die Höchstleistungen erfordern, und zur Vermeidung von Risiken

GESCHICHTE

Der erste Biorhythmus wurde in Berlin gegen 1900 aufgezeichnet. Dr. Wilhelm Fleiss, ein bekannter HNO-Spezialist und Kollege von Freud, stellte bei der Analyse von Krankengeschichten fest, daß jeder Mensch von einem männlichen „Sonnenzyklus" (Kontrolle der physischen Gesundheit) und einem weiblichen „Mondzyklus" (Kontrolle der Emotionen) bestimmt wird und diese die meisten Lebenserfahrungen prägen. Unterstützt wurde er von dem österreichischen Psychologen Hermann Swoboda, der feststellte, daß Asthmaanfälle zyklisch wiederkehren.

Der Zyklus des Intellekts wurde zum ersten Mal in den 20er Jahren festgehalten von dem österreichischen Mathematikprofessor Alfred Teltscher, der herausgefunden hatte, daß die studentischen Leistungen periodische Hochs und Tiefs aufwiesen. Die Benutzung von Biorhythmustabellen ist heute in der ganzenWelt verbreitet.

BESUCH BEIM THERAPEUTEN

Ihre Biorhythmuszyklen können von speziellen Firmen aufgezeichnet werden. Sie können sie aber auch selbst ausarbeiten mit einer Biorhythmustabelle oder einem Computerprogramm.

Der Biorhythmus wird anhand des Geburtsdatums errechnet und teilt sich auf in drei Zyklen: der 23tägige physische Zyklus, verantwortlich für Stärke, Immunität, Ausdauer, Sexualtrieb und Koordination; der 28tägige emotionale Zyklus, der Stimmung und Kreativität bestimmt; und der 33tägige intellektuelle Zyklus, der das Gedächtnis und die Konzentration reguliert.

In der Monatstabelle formt jeder Zyklus eine Welle entlang einer horizontalen Linie. Da die Zyklen unterschiedliche Längen haben, treffen sie nur zufällig zusammen. Am Gipfel des Zyklus ist der Einfluß am stärksten, die tiefe Phase ist die Erholungsphase, die Kraft wird passiv. Die Spitze des intellektuellen Zyklus ist gekennzeichnet durch erhöhte Rationalität, während im Wellental die Intuition stärker ist.

„Kritische" oder „Vorsichtstage" treten auf, wenn die Zyklen die horizontale Linie kreuzen. Besondere Vorsicht ist geboten, wenn mehrere Zyklen gleichzeitig diese Linie kreuzen. Obwohl der Biorhythmus keine Krisen vorhersagen kann, besteht die Möglichkeit, schwierige Situationen zu vermeiden.

BIORHYTHMUSTABELLE

***Die Tabelle** zeigt ein typisches Muster der Biorhytmuszyklen*

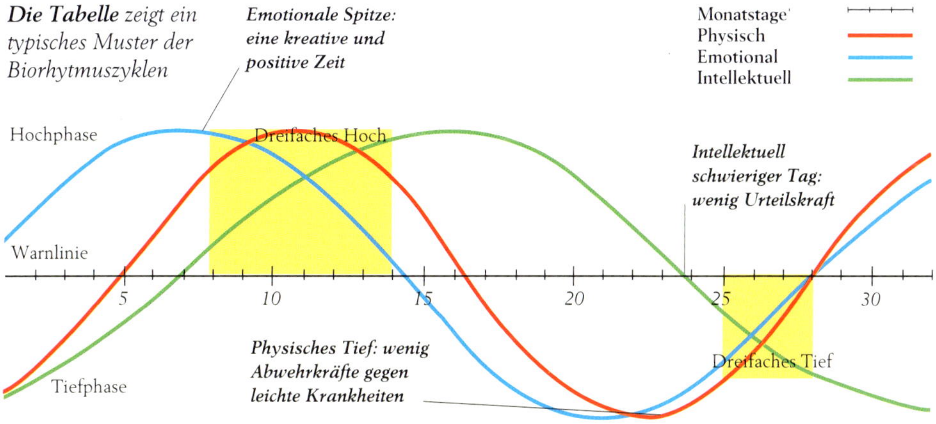

NACHWEIS & FORSCHUNG

Die Chronobiologie (die Erforschung rhythmischer Körperprozesse wie Hormonproduktion, Temperatur und Blutdruck) hat sich entwickelt, nachdem festgestellt wurde, daß tägliche Rhythmen einen Einfluß auf Körperreaktionen bei der Medikamenteneinnahme, bei Asthma und Herzattacken haben.

Professor Harold Willis, Psychologe am Southern State College in Missouri (USA), fand heraus, daß über die Hälfte der Patienten im lokalen Krankenhaus an ihren kritischen Tagen starben. Eine Studie in Tokio zeigte, daß Bus- und Taxiunfälle an den kritischen Tagen der Fahrer deutlich zunehmen. Das British Transport and Road Research Laboratory fand 1979 jedoch keinen nennenswerten Zusammenhang zwischen Biorhythmus und Unfallhäufigkeit.

FACHURTEIL

Die Theorie des Biorhythmus gefällt zwar, aber es gibt noch zu wenig Beweise.

VORSICHT!

- Siehe Seite 52

WEITERE THERAPIEN

SCHAMANISMUS

Das Wort Schamane entstammt der Sprache der sibirischen Tungu und bezeichnet jemanden, der in die spirituelle Welt „reisen" und mit ihr kommunizieren kann. Die Schamanen, auch als Hexenmeister, Medizinmänner oder fromme Männer benannt, gab es in Kulturen von den Kelten bis zu den australischen Aborigines.

Schamanismus bedeutet ganz allgemein eine Heilungsart und spirituelle Führung mit Hilfe der Trance. Der Schamane benutzt Drogen oder kontinuierliche Klänge von Trommeln oder Rasseln, um in einen Zustand höheren Bewußtseins zu kommen, in dem er die Ursachen der Krankheit und die Heilweise erkennen kann. Einige Therapeuten behaupten auch, Kontakt zu spirituellen Führern aufzunehmen. Der zeitgenössische oder Neo-Schamanismus kombiniert traditionelle Methoden mit modernen Therapien wie psychologische Beratung und Visualisierung (siehe S. 163 u. 178). Eine Sitzung kann eine Stunde oder ein ganzes Wochenende dauern. Die Schamanen behaupten, den „Seelenzustand", der die emotionale und physische Gesundheit beeinträchtigt, zu heilen. Ärzte tun den Neo-Schamanismus als ein Durcheinander von Psychotherapie und New-Age-Ideen ab.

STIMMTHERAPIE

Der deutsche Gesangslehrer Alfred Wolfsohn entwickelte in den 20er und 30er Jahren die Grundlage der Stimmtherapie. Als er 1962 starb, führte sein Schüler, der südafrikanische Schauspieler Roy Hart, seine Arbeit fort.

Man geht davon aus, daß die Geschwindigkeit, der Ton, Rhythmus und die Höhe der Stimme wichtige Anhaltspunkte für die mentale, emotionale und physische Gesundheit eines Menschen sind. Mit Pianotönen lernt man, die stimmhafte und emotionale Bandbreite der Stimme zu erweitern. Betont wird das Erlernen von Schreien, Seufzern und Flüstern: Dies soll eine tiefe, psychologische Wirkung haben und den Ausdruck steigern. Die Stimmtherapie kann Menschen mit Gefühlshemmungen und Sprachproblemen wie Stottern helfen.

Die Behandlung besteht aus 4–12 einstündigen Einzelsitzungen oder auch Gruppenworkshops über ein Wochenende. Die meisten Ärzte sehen in der Stimmtherapie eine Möglichkeit, Selbstausdruck, Entspannung und Sprechflexibilität zu erweitern.

SILVA-MIND KONTROLLMETHODE

Diese Methode wurde von José Silva in den 60ern entwickelt. Die Geisteskraft soll durch Übungen, in denen man sich auf die verschiedenen Gehirnwellen oder „Ebenen" einzustellen lernt, entwickelt und kontrolliert werden. Die Übungen werden im Klassenverband gelehrt.

Die Silva-Übungen, die dem autogenen Training (S. 168) gleichen, helfen, das Bewußtsein des meditativen Zustands (siehe S. 174) zu erreichen und darüber hinaus zu gehen. In den Übungen lernt man, verschiedene Bewußtseinsebenen zu erkennen und zu nützen. In der Silva-Mind Kontrollmethode entspricht Beta dem wachen Zustand, Theta und Delta sind unbewußte, intuitive Ebenen. „In den Alpha-Zustand zu gehen" schärft den Geist, erleichtert die Selbstheilung und verstärkt die außersinnliche Wahrnehmung, die Telepathie und das Hellsehen. Es werden auch Visualisierungstechniken (siehe S. 178) angewendet, um die linke, analytische Hälfte des Gehirns mit der kreativen, rechten Hälfte zu verbinden.

Der Unterricht besteht aus einem 40stündigen Seminar über zwei Wochenenden. Die meisten Ärzte sehen in der Silva-Methode im Grunde eine Autohypnosetechnik und zweifeln an deren diagnostischen Möglichkeiten.

REINKARNATIONSTHERAPIE

Seit den 50er Jahren wenden einige Hypnotherapeuten (siehe S. 166) und Psychotherapeuten (siehe S. 160) Rückführungstechniken an, mit denen der Patient Erinnerungen an frühere Leben ausdrücken kann. Solche Rückführungen werden oft als Beweis für die Reinkarnation gesehen, aber einige Therapeuten sehen darin die Möglichkeit des Geistes, verdrängte Gedanken und Emotionen darzustellen.

Meist werden Rückführungen unter Hypnose durchgeführt, sie können aber auch bei vollem Bewußtsein vollzogen werden, eventuell auch in einer Gruppe. Sie werden nach vergangenen Ereignissen gefragt, die noch von Bedeutung sind, und Sie werden Zeiten und Orte sehen, von denen Sie eigentlich nichts wissen. Woher sie auch immer stammen, diese „Erinnerungen" können eine therapeutische Wirkung haben. Sie helfen, emotionale oder nervliche Beschwerden, wie Ängste, Phobien und Panikattacken zu lösen. Die Sitzungen dauern etwa eine Stunde, die Behandlung kann einige Monate dauern. Die meisten Ärzte sehen in der Reinkarnationstherapie eher ein Ventil für die Phantasie.

AURA-SOMA

Aura Soma ist eine Art Farbtherapie (siehe S. 186) und wird von ihrer Erfinderin als „unaufdringliche, selbstwählende Seelentherapie" beschrieben. Sie wurde 1984 von der amerikanischen Fußpflegerin Vicky Wall „gesehen", die nach ihrer Erblindung angeblich außersinnliche Fähigkeiten entwickelt hat.

Der Patient wird gebeten, aus 90 „Balancefläschchen" vier auszusuchen. Jedes enthält zwei farbige Flüssigkeiten: eine Mischung ätherischer Öle auf einer Schicht Quellwasser mit Kräuterextrakten. Die ausgewählten Farben weisen auf die physische und emotionale Verfassung hin. Die vier Flaschen werden geschüttelt, und die Mischung wird täglich auf die Haut aufgetragen. Dadurch sollen die Farben in den Körper eindringen und gestörte Chakren (S. 109) ausgleichen. Die Behandlungsdauer ist unterschiedlich, die Therapie wird bei emotionalen Problemen und Streß angewendet. Sie wird von der Medizin nicht anerkannt.

VORSICHT!

- Falls Sie unter psychischen Problemen leiden, fragen Sie Ihren Arzt, bevor Sie mit einer Therapie beginnen, die Ihren Bewußtseinszustand verändert.
- Siehe Seite 52.

DIAGNOSE-TECHNIKEN

Alternative Diagnosetechniken beruhen auf drei Hauptprinzipien: auf der Krankengeschichte des Patienten, auf außersinnlichen Wahrnehmungen oder auf der Untersuchung eines Körperteils, der für das Ganze steht, wie bei der Irisdiagnose oder der chinesischen und ayurvedischen Zungen- und Pulsdiagnose. Wahrsagen und energetische Medizin sind Beispiele für Methoden, die nicht wissenschaftlich nachgewiesen sind. Sie sollen Symptome aufdecken, die die fünf Sinne allein nicht erkennen. Alternative Therapeuten behaupten, Schwächen finden zu können, die die konventionelle Medizin nicht erkennt, weil sie nur Symptome bekannter Krankheiten bewertet.

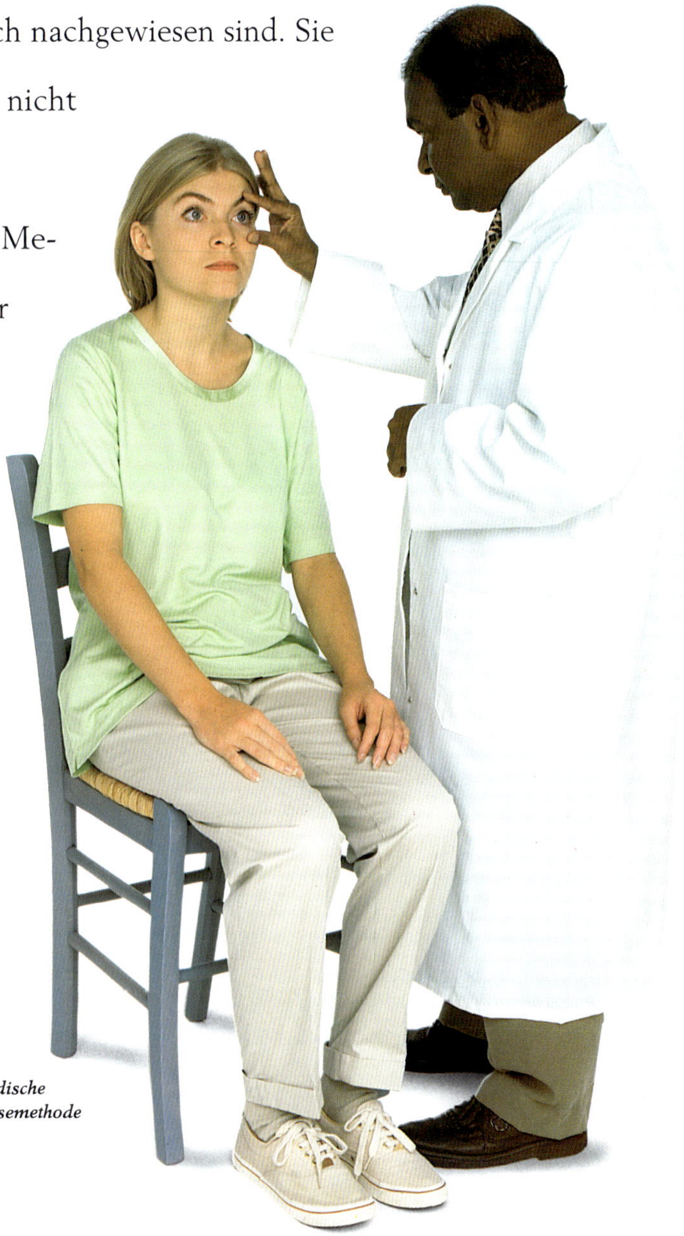

Ayurvedische Diagnosemethode

TECHNIKEN

PULSDIAGNOSE

BEWERTUNG	
FORSCHUNG	
FACHURTEIL	
THERAPEUT	
SELBSTHILFE	
VERTRÄGLICHKEIT	

SOWOHL IN DER ÖSTLICHEN ALS AUCH IN DER WESTLICHEN MEDIZIN wird der Gesundheitszustand über die Pulsschlagader am Handgelenk beurteilt. Chinesische und ayurvedische Ärzte unterscheiden neun verschiedene Pulse an jedem Handgelenk, die den Zustand der inneren Organe und den Fluß der „Lebensenergie" im Körper wiedergeben. Westliche Ärzte benutzen nur einen Punkt des Pulses, um über die Anzahl der Herzschläge Kreislaufprobleme herauszufinden. Einige Altenativmediziner nutzen die Pulsdiagnose, um Nahrungsunverträglichkeiten oder Allergien festzustellen.

***Auf diesem Bild** von 1632 prüft ein asiatischer Arzt den Puls*

WESTLICHE DIAGNOSE

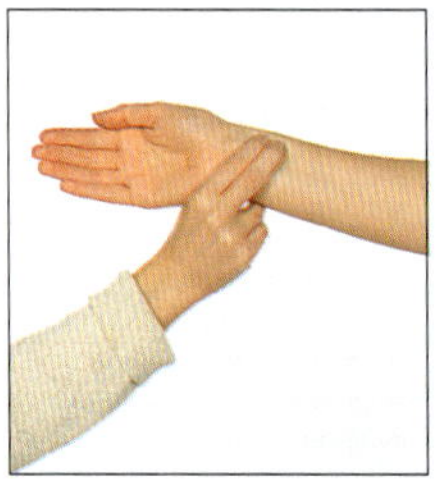

***Ein Arzt oder Therapeut** aus dem Westen legt zwei Finger auf die Innenseite des Handgelenks. Der Puls eines Erwachsenen schlägt 60–80mal pro Minute*

Die Therapeuten der westlichen Alternativmedizin nutzen die Pulsdiagnose meist wie die konventionellen Ärzte. Mit zwei Fingerspitzen wird der Puls an der Schlagader des Handgelenkes gefühlt. Ein zu schneller oder zu langsamer Puls kann auf eine Krankheit hinweisen. Weitere Variationen sind:

Pulsdiagnose auf Nahrungsmittelallergie: Diese Methode wurde in den 40er Jahren von dem US-Allergologen Dr. Arthur Coca entwickelt und soll Nahrungsmittelunverträglichkeiten herausfinden. Der Puls wird vor dem Verzehr eines Nahrungsmittels und dann 10, 20, 40 und 60 Minuten danach gemessen. Ein Anstieg oder Abfall von 10 oder mehr Schlägen weist auf eine anomale Reaktion hin.

Auriculokardiale Reflexmethode: Der französische Arzt Dr. Paul Nogier, der in den 50ern die aurikuläre Akupunktur entwickelte, behauptet, daß bestimmte Punkte auf dem Ohr bestimmten Körperteilen entsprechen. Werden diese Punkte mit einem elektomagnetischen Lichtanzeiger oder dem stumpfen Ende einer Akupunkturnadel stimuliert, so soll ein Ansteigen des Pulses auf eine Störung im entsprechenden Körperteil hinweisen.

CHINESISCHE DIAGNOSE

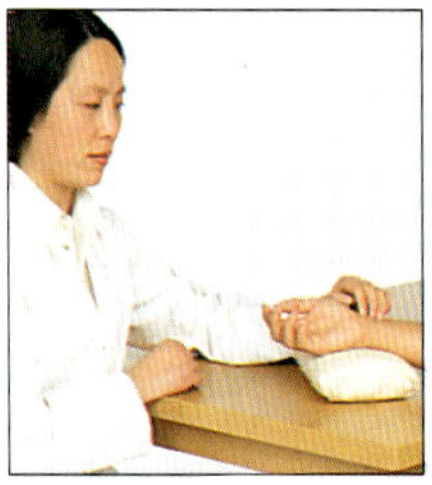

***In der Chinesischen Medizin** mißt der Arzt mit drei Fingern den Puls an jedem Handgelenk und bestimmt dadurch den Fluß des Qi und den Zustand der Körperorgane*

In der Chinesischen Medizin (TCM) ist das Pulsmessen eine wichtige Diagnosemethode. Drei Pulspunkte – Cuen, Guan und Chi – werden mit Zeige-, Mittel- und Ringfinger auf der Schlagader beider Handgelenke gemessen.

Über Stärke und Rhythmus des Pulses bestimmt der Arzt den Fluß des Qi, der „Lebensenergie" und das Zusammenspiel von Yin und Yang (siehe S. 91 u. 141) im Körper. Das Qi wird über Kanäle durch den ganzen Körper zu Organen wie Herz, Nieren, Leber, Lunge, Dick- und Dünndarm, Galle und Magen geleitet. Die Analyse des Qi-Flusses gibt Informationen über den Zustand dieser Organe.

Durch leichten, mittleren und festen Druck auf die Pulspunkte kann der Therapeut neun verschiedene Pulse messen. Der unterschiedliche Druck gibt die drei Qualitäten eines gesunden Pulses wieder. Ist der Puls unter leichtem Druck ruhig und regelmäßig, so weist das auf Magen-Qi, also auf eine gute Konstitution hin. Ist er gleichmäßig und kräftig unter mittlerem Druck, hat der Patient Shen, d. h. Lebenskraft. Ist der Puls unter starkem Druck noch spürbar, hat er Geng, er ist „verwurzelt". Es gibt 28 verschiedene Grundpulsarten, wie „fließend", „matt", „langsam", „schnell" und „schlüpfrig".

AYURVEDISCHE DIAGNOSE

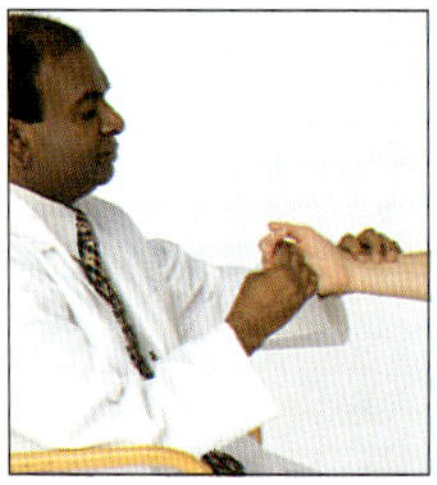

***Der ayurvedische Arzt** mißt mit dem Zeige-, Mittel- und Ringfinger drei verschiedene Pulspunkte, die den Fluß des Prana und die drei Doshas widerspiegeln*

Die ayurvedische Pulsdiagnose beruht auf ähnlichen Prinzipien wie die der TCM. Die Ärzte überprüfen drei tiefe und drei äußerlich gelegene Punkte auf jedem Handgelenk, die Stärke und Lebenskraft widergeben und den Zustand der Organe und der Nadi, der Kanäle, durch die die Lebensenergie Prana fließt (siehe S. 109).

Jeder Pulspunkt steht für eines der drei Doshas, die jeden Menschen definieren (siehe S. 145). Meist dominiert ein Dosha und ein Puls. Der Puls nahe am Handgelenk (der schnelle, schlüpfrige „Schlangenpuls) ist Vata, der mittlere Puls (springend, oft „der Frosch" genannt) ist Pitta, und der entfernteste Punkt (der langsame, schwebende „Schwanenpuls") ist Kapha.

FACHURTEIL

Ein Allergietest über Pulsdiagnose gilt als nicht zuverlässig. Keine Laborausrüstung ist empfindlich genug, um den Puls zu messen, den chinesische und ayurvedische Ärzte zu spüren behaupten. Westliche Ärzte glauben kaum, daß solche Feinheiten existieren.

VORSICHT!

- Siehe Seite 52

ZUNGENDIAGNOSE

BEWERTUNG
FORSCHUNG
FACHURTEIL
THERAPEUT
SELBSTHILFE
VERTRÄGLICHKEIT

„ZEIGEN SIE MIR BITTE IHRE ZUNGE" ist eine bekannte Aufforderung bei Ärzten auf der ganzen Welt. Der Zustand der Zunge soll in allen medizinischen Traditionen, vor allem aber den östlichen, den Gesundheitszustand der Patienten wiedergeben. Die chinesischen und ayurvedischen Ärzte untersuchen die Oberfläche der Zunge ganz genau, um das Gleichgewicht der „Lebensenergie" im Körper und den Zustand der inneren Organe festzustellen. Auch konventionelle Ärzte untersuchen die Zunge, beschränken sich dabei aber auf ganz spezielle Diagnosen.

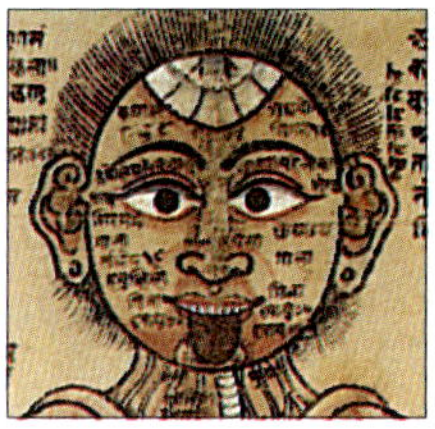

***Die Zunge** auf einer Diagnosetafel aus Nepal*

WESTLICHE DIAGNOSE

***Eine westliche Alternativmedizinerin** untersucht die Zunge der Patientin, um Anzeichen für verschiedene Krankheiten wie Verstopfung oder Eisenmangel zu finden*

In der konventionellen Medizin wird die Zunge des Patienten regelmäßig auf Krankheitsanzeichen hin untersucht. Eine entzündete Zunge ist z. B. ein Zeichen für schweren Eisenmangel.

Auch Wassermangel kann diagnostiziert werden, während nervliche Beschwerden die Bewegung der Zunge beeinträchtigen.

In der Alternativmedizin wird die Zunge ähnlich diagnostiziert. Eine glatte, wunde Zunge weist beispielsweise auf einen Mangel an Vitamin B_{12}, Folsäure (ein Vitamin B) oder Eisen hin. In einigen Fällen kann auch eine Hefe- oder Pilzinfektion der Grund dafür sein. Wunde Geschmacksknospen an der Zungenspitze stammen von einem Vitamin B_2- oder B_6-Mangel; blaue Flecken oder eine Vergrößerung der Venen unter der Zunge können durch einen Mangel an Vitamin C entstehen.

In der Homöopathie (siehe S. 126) ist eine rote Zungenspitze, vor allem wenn sie trocken und gerissen ist, ein Schlüsselsymptom für Rhus. tox., das bei Rheumatismus und Hautproblemen verschrieben wird. Ein Patient mit einem chronischen Katarrh und einer roten, dick belegten Zunge wird wahrscheinlich Antim tart. bekommen.

CHINESISCHE DIAGNOSE

***In der Traditionellen Chinesischen Medizin** untersucht der Arzt die Zungenoberfläche auf Farbe, Größe, Belag und feuchte oder trockene Stellen*

In der TCM ist die Zunge über die Meridiane, die als Kanäle für die Lebensenergie Qi (siehe S. 91) fungieren, mit allen Körperorganen verbunden. Ein Ungleichgewicht im Körper soll sich erst auf der Zunge zeigen, bevor es sich im Körper manifestiert.

Ein Arzt der TCM wird Form, Farbe, Größe, Beschaffenheit und Belag der Zunge überprüfen. Eine gesunde Zunge sollte leicht rot und ziemlich feucht sein, gut in den Mund passen und einen dünnen, weißen Belag haben. Eine rote Zunge weist auf „Hitze" oder überschüssiges Qi hin, und eine blasse Zunge zeigt „Kälte", d. h. Mangel an Qi an.

Die Zunge wird auch begutachtet, wenn das Verhältnis von Yin und Yang (siehe S. 141) festgestellt wird. Eine aufgedunsene Zunge mit Zahnabdrücken entsteht durch Wasserzurückhaltung, was durch einen Mangel an Yang verursacht sein kann. Fehlt der Zungenbelag, in der TCM eine „geschälte" Zunge genannt, bedeutet dies einen Mangel an Yin, der durch zuwenig Gewebeflüssigkeit und Sekrete ausgelöst wird.

Verschiedene Stellen der Zunge weisen auf verschiedene Körperteile hin und verändern sich in Farbe, Form oder Beschaffenheit bei inneren Beschwerden.

AYURVEDISCHE DIAGNOSE

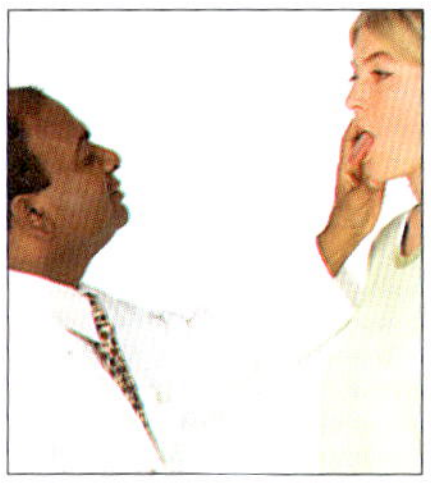

***Ein ayurvedischer Arzt** kann durch die Farbe, Form und Beschaffenheit der Zunge feststellen, ob die drei Doshas ausgeglichen sind*

Ein ayurvedischer Arzt untersucht die Zunge in ähnlicher Weise wie in der TCM. Anomalitäten auf der Oberfläche weisen auf Störungen der drei Energiezustände oder Doshas (siehe S. 145) hin. Eine weißliche Zunge zeigt eine Störung von Kapha, eine rote oder gelbgrüne Zunge Probleme mit Pitta, und eine braune Zunge weist auf gestörtes Vata hin.

Verfärbungen oder Unregelmäßigkeiten an verschiedenen Stellen der Zunge stehen in Verbindung mit Störungen von Körperorganen. Der Zustand der Lunge steht z. B. in Verbindung mit den Seitenflächen der vorderen Zunge.

FACHURTEIL

Zu Diagnosezwecken wird oft die Zunge untersucht, auch wenn die Ärzte einen Bluttest als zuverlässiger einschätzen. Der Anspruch der Alternativmediziner, auf der Zunge Ernährungsmangel feststellen zu können, widerspricht dem also nicht. Konventionelle Ärzte akzeptieren jedoch nicht die Zungendiagnose in der TCM und im Ayurveda.

VORSICHT!

- Siehe Seite 52

HARA-DIAGNOSE

BEWERTUNG
FORSCHUNG
FACHURTEIL
THERAPEUT
SELBSTHILFE
VERTRÄGLICHKEIT

HARA IST das japanische Wort für Bauch. Das Hara zu „erfühlen" ist in Japan eine sehr wichtige Diagnosetechnik und wird weltweit in der Shiatsu-Massage angewendet (siehe S. 96). Diese Diagnosetechnik ist jedoch viel älter als Shiatsu, ihre Wurzeln finden sich in der Traditionellen Chinesischen Medizin und der Theorie der Meridiane (siehe S. 91). In der Hara-Diagnose werden Stellen im Bauch in Beziehung gesetzt zu Körperorganen und Meridianen. Das Hara kann auf verschiedene Weisen interpretiert und „geortet" werden, die einfachste ist unten angegeben.

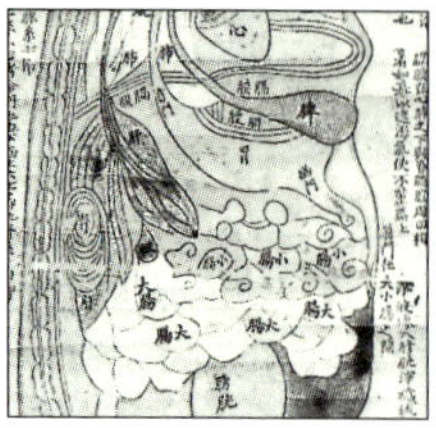

Diese chinesische Karte *zeigt die Organe für die Diagnose*

BESUCH BEIM THERAPEUTEN

Das Qi tritt über den Atem in den Körper ein und wird über die Meridiane zu den einzelnen Organen geleitet. Im Bauch wird es knapp über dem Bauchnabel, im Tanden, „gelagert". In der Hara-Diagnose wird der Patient aufgefordert, tief zu atmen, damit das Qi frei zirkulieren kann. Dann drückt der Therapeut leicht auf das Tanden und andere Stellen im Bauch, um die Zirkulation des Qi zu überprüfen. Störungen rufen Krankheiten hervor.

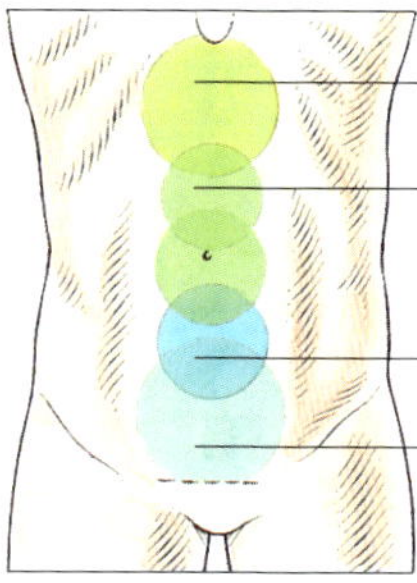

Der Bauch *wird in die Gebiete des „Dreifachen Erwärmers" aufgeteilt, die für die Organe des oberen, mittleren und unteren Körpers stehen*

FACHURTEIL

Westliche Ärzte können die Theorie von Qi und den Energiekanälen nicht akzeptieren. Sie finden es sehr weit hergeholt, daß das Qi gemessen werden kann und der Zustand der Organe durch Abtasten des Bauchs beurteilt werden kann.

VORSICHT!

- Siehe Shiatsu (S. 97) und Seite 52

HAARMINERALANALYSE

BEWERTUNG
FORSCHUNG
FACHURTEIL
THERAPEUT
SELBSTHILFE
VERTRÄGLICHKEIT

SEIT DEM 19. JH. werden Laboranalysen von Haarsträhnen durchgeführt, um den Mineraliengehalt des Körpers zu messen. Mineralien werden aus der Nahrung und der Umwelt aufgenommen; viele sind lebenswichtig, andere wie Quecksilber und Blei haben eine giftige Wirkung. Mineralmangel oder giftige Ansammlungen können Allergien, Verdauungsprobleme, Depressionen und andere Krankheiten hervorrufen. Ernährungstherapeuten und klinische Ökologen (siehe S. 148 und S. 154) verwenden oft die Haaranalyse.

In einer deutschen Apotheke *wird Haar abgeschnitten (1894)*

BESUCH BEIM THERAPEUTEN

Das Haar besteht aus dem Protein Keratin. Dieses enthält Schwefel, das Mineralien aus dem Blut abfängt, um die Haarwurzel zu ernähren. Die Mineralien bleiben im Haar, auch nachdem es abgeschnitten wurde. Das Haar wächst im Monat ca. 1 cm, die Haarmineralanalyse wird an 3 cm langen Haaren nahe der Kopfhaut durchgeführt. Das Muster wird zum Labor geschickt und dort mehrmals gewaschen und gespült, danach verbrannt, um die Asche zu analysieren. Der Gehalt an Mineralien wie Kalzium, Natrium, Magnesium, Phosphor und Kalium und giftigen Mineralien wie Blei, Arsen und Quecksilber wird gemessen.

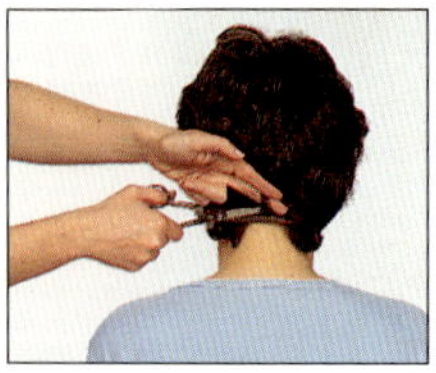

Die Probe *wird am Nacken entnommen; das Haar enthält die Mineralien, die in den letzten drei Monaten absorbiert wurden*

FACHURTEIL

Die konventionellen Ärzte glauben, daß durch die Haarmineralanalyse höchstens die Langzeitwirkung von giftigen Chemikalien, aber nicht die Mineralienkonzentration im Körper oder Allergien und andere Krankheiten ermittelt werden kann.

VORSICHT!

- Siehe Seite 52

IRISDIAGNOSE

BEWERTUNG

- FORSCHUNG
- FACHURTEIL
- THERAPEUT
- SELBSTHILFE
- VERTRÄGLICHKEIT

DIE IRISDIAGNOSE wurde im 19. Jh. in Ungarn entwickelt. Durch das Aussehen des Auges, speziell der Iris, wird die geistige und körperliche Gesundheit eingeschätzt. Die Therapeuten behaupten, anhand von Farbe, Beschaffenheit und Merkmalen der Iris vergangene und gegenwärtige Beschwerden feststellen und zukünftige Probleme voraussagen zu können. Sie diagnostizieren allerdings nicht akute Krankheiten, sondern finden die Schwachstellen im Körper, an denen Probleme auftreten könnten. Die Irisdiagnose wird auch in der Homöopathie und der Naturheilkunde angewendet.

Dr. Bernard Jensen *entwickelte die Iriskarte für die Diagnose*

GESCHICHTE

Klare, strahlende Augen werden seit jeher mit vollkommener Gesundheit assoziiert. Schon der griechische Arzt Hippokrates im 5. Jh. v. Chr. hat wahrscheinlich eine Art Irisdiagnose angewendet. Die moderne Irisdiagnose wurde aber erst im späten 19. Jh. vom ungarischen Arzt Ignaz von Péczely entwickelt. Als Kind versuchte er eine Eule aus einer Falle zu befreien, wobei sich das Tier das Bein brach. In diesem Moment sah er, wie ein dunkler Fleck in der Iris auftauchte, der mit der Genesung wieder verschwand. Später als Arzt widmete er sich der Erforschung von Krankheiten anhand der Irisflecken.

In den 50er Jahren entwarf der US-Arzt Dr. Bernard Jensen eine detaillierte Karte der Iris, die heute in der Irisdiagnostik benutzt wird (unten).

AUGENUNTERSUCHUNG
Der Therapeut kann mit Speziallinsen und seitlichem Licht von jeder Iris ein Dia anfertigen. Die Dias werden später für die genaue Analyse mit einem Projektor vergrößert

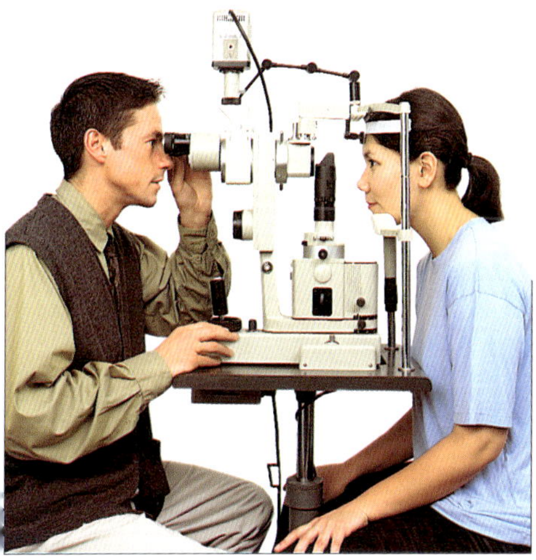

BESUCH BEIM THERAPEUTEN

In der Iris befinden sich tausende Nervenenden; die Irisdiagnostiker glauben deshalb, daß die Iris mit dem ganzen Körper verbunden ist. Neuro-optische Reflexe sollen in den entsprechenden Teilen der Iris die Störungen im Körper widergeben, sichtbar durch Flecken oder Farbänderungen.

Die erste Sitzung dauert etwa eine Stunde. Manche Diagnostiker fertigen Dias von der Iris an (unten), andere untersuchen das Auge mit einem Augenspiegel, einer Taschenlampe oder einer Lupe.

Die Fasern, die von der Pupille ausgehen, und die Iris werden genau untersucht. Weiße Flecken weisen z. B. auf eine Entzündung im entprechenden Körperteil hin, ein dunkler Rand um die Iris kann „Gifteansammlung" bedeuten. Die Augenfarbe steht in Beziehung zur Konstitution; Blauäugige sind anfällig für Arthritis, Braunäugige haben einen langsamen Stoffwechsel, und eine mehrfarbige Iris weist auf eine schwache Verdauung hin.

NACHWEIS & FORSCHUNG

In klinischen Versuchen konnten Irisdiagnosen bisher nicht bestätigt werden, obwohl in Großbritannien die Irisphotographie untersucht (*Complementary Therapies in Medicine*, 1996), die Diagnose anhand von Gallenblasenerkrankungen getestet (*British Medical Journal*, 1988) und auch die Diagnose von Nierenerkrankungen in den USA (*Journal of the American Medical Association*, 1979) überprüft wurden.

FACHURTEIL

Die meisten Ärzte sehen in der Irisdiagnose eine irreleitende Technik. Sie befürchten, daß Patienten durch unsachgemäße Diagnosen erschreckt werden.

VORSICHT!

• Siehe Seite 52

IRISKARTEN

Jede Iris wird in Gebiete unterteilt, die für die verschiedenen Bereiche des Körpers stehen

Schlüssel
Haut, Arterien, Lymphe, Skelett, Muskeln, Venen, Därme, Magen

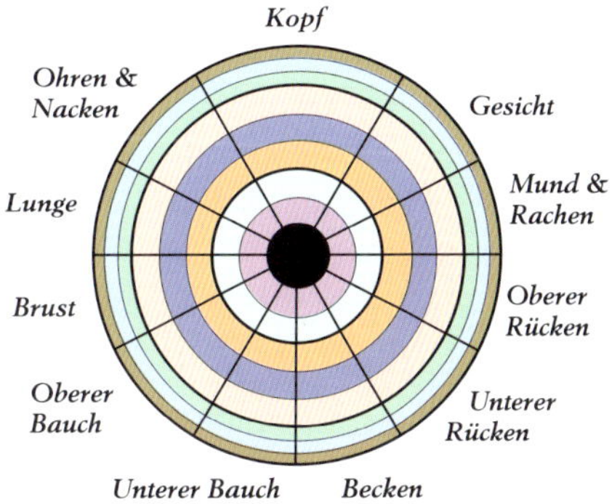

Die rechte Iris *repräsentiert die rechte Körperseite*

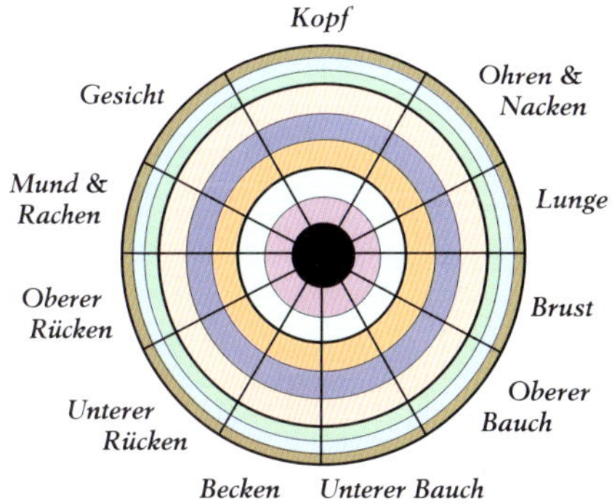

Die linke Iris *repräsentiert die linke Körperseite*

ANGEWANDTE KINESIOLOGIE

BEWERTUNG
FORSCHUNG
FACHURTEIL
THERAPEUT
SELBSTHILFE
VERTRÄGLICHKEIT

MAN SAGT, der Körper „weiß", warum wir krank sind oder Schmerzen haben. Die Angewandte Kinesiologie geht davon aus, daß dieses Wissen in den Muskeln reflektiert wird. Sie wurde entwickelt von dem US-Chiropraktiker Dr. George Goodheart und verbindet Elemente der östlichen und westlichen Medizin. Die Muskeln werden auf körperliche Beschwerden und auf Empfindlichkeiten gegenüber Nahrungsmitteln oder Umweltgiften überprüft.

Die Angewandte Kinesiologie wird vor allem von Chiropraktikern, Osteopathen, Homöopathen und Ernährungstherapeuten angewendet.

***Dr. Goodheart** entwickelte die Angewandte Kinesiologie*

GESCHICHTE

Die Angewandte Kinesiologie, abgeleitet aus dem griechischen Wort kinesis (Bewegung), wurde von dem amerikanischen Chiropraktiker Dr. George Goodheart entwickelt. Dr. Goodheart behandelte 1964 einen jungen Mann, dessen Schultergelenk wegen eines schwachen Muskels ausgerenkt war. Er stellte fest, daß der Muskel gestärkt wurde, wenn er die Punkte drückte, an denen er mit dem Rippenkäfig verbunden war. Später fand er heraus, daß man Muskeln durch die Massage von Stellen stärken kann, mit denen sie anscheinend gar nicht in Verbindung stehen. Er entwickelte die Theorie der „Energiekreise" im Körper, ähnlich den chinesischen Meridianen (S. 91).

Das International College of Applied Kinesiology (ICAK), das 1974 gegründet wurde, unterhält Zentren in der ganzen Welt.

GRUNDSÄTZLICHES

Die Therapeuten der Angewandten Kinesiologie sehen im Körper ein vollständiges, interaktives Ganzes. Die Muskeln, Organe und Drüsen sollen über ein komplexes Netzwerk von Energiekreisen oder Kanälen, einschließlich der Nerven-, Lymph- und Herz-Kreislauf-Systeme, miteinander verbunden sein, vergleichbar den Meridianen der Traditionellen Chinesischen Medizin. Der Stärke- oder Schwächegrad eines Muskels soll in Verbindung stehen zum entsprechenden Körpersystem und Auskunft geben über die „strukturelle" (physische), „(bio)chemische" und geistige Gesundheit, dies wird das „Triad of Health" (Dreieck der Gesundheit) genannt. Der Energiekreis eines

DREIECK DER GESUNDHEIT

***Dieses Gesundheitsdreieck** nach Dr. Goodheart zeigt einige Faktoren, die die geistige, physische und chemische Gesundheit beeinträchtigen können.*

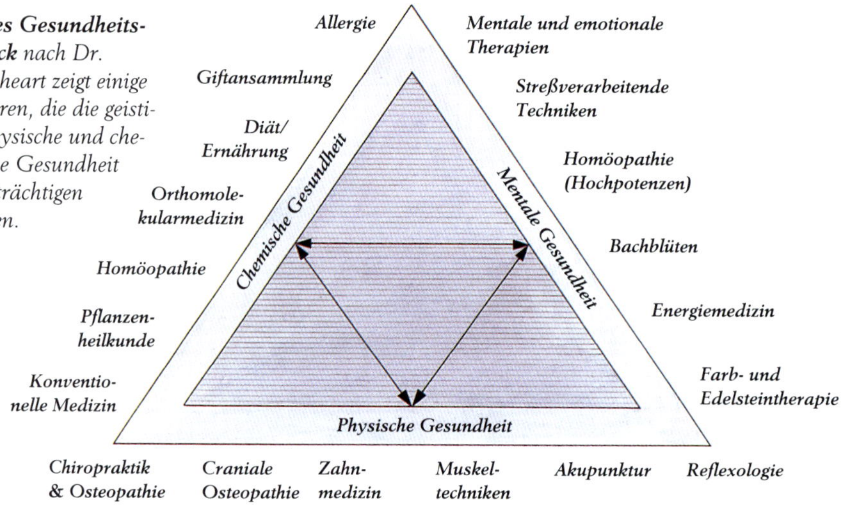

Muskels wird „abgeschaltet", wenn eine Störung wie Verletzung, Krankheit oder eine „Intoxifikation" (Vergiftung) einen bestimmten Energiekanal unterbricht. Die Muskeln werden ständig zusammengezogen und gedehnt. Wenn aber ein Muskel geschwächt ist, versucht sein Antagonist (der Muskel, der sich zusammenzieht, wenn der andere sich entspannt, und umgekehrt) dies auszugleichen und wird durch diese Mehrarbeit entweder steif oder verspannt sich.

Die Therapeuten testen die Muskelstärke, um Störungen der Körpersysteme herauszufinden. Der Körper wird physisch, chemisch oder geistig „herausgefordert", indem der Patient gebeten wird, einem Druck gegen ein Körperteil standzuhalten. Nahrungsmittel oder chemische Substanzen werden direkt auf die Zunge oder Haut oder auch homöopathisch verdünnt in einer Ampulle auf den Körper des Patienten gelegt. Sie sollen die Nervenenden stimulieren, die Energiekanäle beeinflussen und so die Muskeln zum „An- oder Abschalten" reizen.

NACHWEIS & FORSCHUNG

Kinesiologen betonen oft die Möglichkeit, schwierige und langanhaltende Gesundheitsprobleme zu erkennen, die durch andere Methoden nicht diagnostiziert wurden. Einige der Behauptungen, z. B. daß Veränderungen im Nervensystem mit „schwachen" Muskeln zusammenhängen, wurden durch Forschungen bestätigt, andere konnten jedoch nicht nachgewiesen werden.

FACHURTEIL

Nur sehr wenige medizinisch ausgebildete Therapeuten nutzen die Angewandte Kinesiologie als Diagnoseinstrument. Da sie bisher wissenschaftlich nicht untermauert wurde, bleiben viele Ärzte skeptisch.

KONSULTATION EINES THERAPEUTEN

Der Therapeut fragt nach Ernährung und Lebensweise. Ihr Körperbau, ihr Gang und körperliche Störungen, wie ein Hüftproblem, werden notiert.

Zur Messung der Muskelstärke dient ein relativ großer Muskel als „Indikatormuskel", wie Bizeps oder Oberschenkelmuskel. Sie müssen Ihren Arm oder Ihr Bein in einer bestimmten Position halten, während der Therapeut dagegen preßt. Wenn der Muskel „schwach" wird, werden weitere Tests durchgeführt, um die Ursache herauszufinden.

Physischer Probereiz: Wird ein organisches Problem vermutet, übt der Therapeut an allen Knochen und Muskeln Druck aus.

Chemischer Probereiz: Nahrungsmittel oder homöopathische Lösungen von Chemikalien, Viren, Bakterien oder Parasiten in Ampullen werden zur Überprüfung von Giften und Allergien benutzt.

Testampullen

Mentaler Probereiz: Während Sie sich auf Gedanken oder Gefühle konzentrieren, überprüft der Therapeut einen großen Muskel. Gelenkbehandlung, Akupunktur, homöopathische Mittel oder Ernährungsratschläge sind möglich; der Erfolg wird durch den Muskeltest überprüft.

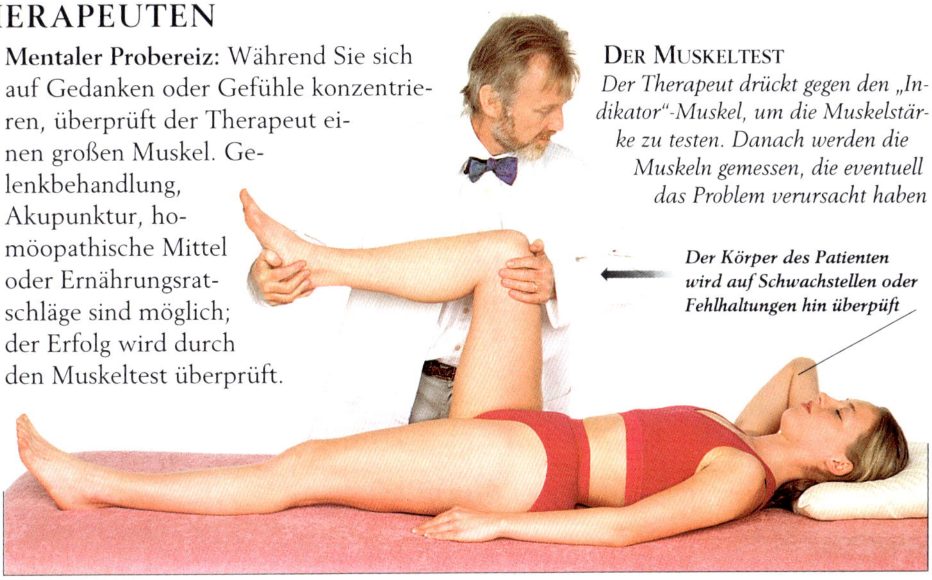

DER MUSKELTEST

Der Therapeut drückt gegen den „Indikator"-Muskel, um die Muskelstärke zu testen. Danach werden die Muskeln gemessen, die eventuell das Problem verursacht haben

Der Körper des Patienten wird auf Schwachstellen oder Fehlhaltungen hin überprüft

> **VORSICHT!**
>
> - Vergewissern Sie sich, ob Ihr Therapeut Sie auch zu einem Spezialisten überweisen wird, falls das Problem außerhalb seiner Kompetenz liegt
> - Siehe auch Seite 52

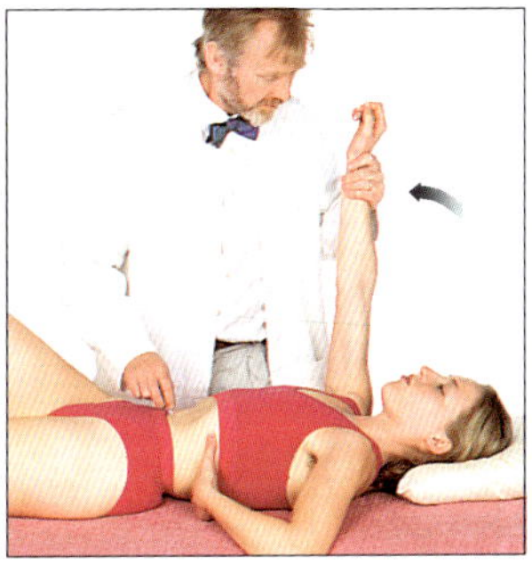

1 *Beim chemischen Test wird eine Ampulle mit verdächtiger Lösung auf den Bauch gelegt und ein Muskel getestet*

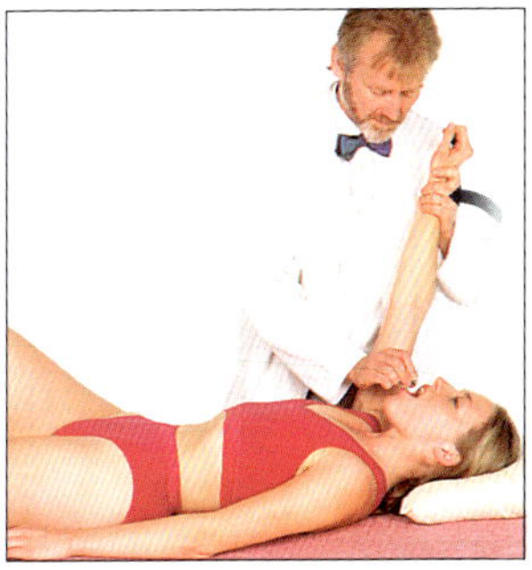

2 *Bei einem genaueren Test wird die Substanz unter der Zunge plaziert, bevor der Muskel noch einmal getestet wird*

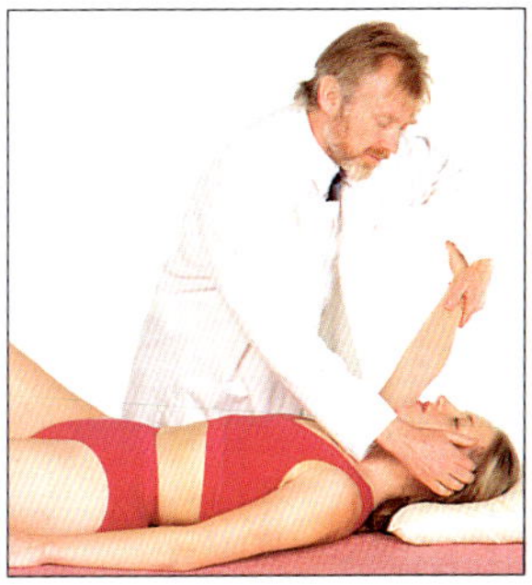

3 *Klopfen auf die Schläfe „reinigt" den Körper von einer Substanz, bevor die nächste ausprobiert wird*

Touch for Health

Diese Selbsthilfetechnik wurde in den 70er Jahren aus der Applied Kinesiology entwickelt. Auf eine einfache und sichere Art soll Wohlbefinden erreicht werden.Touch for Health diagnostiziert und behandelt keine Krankheiten, sondern gleicht „Energien" im Körper aus. Die Laienkinesiologie Touch for Health wird von über zwei Millionen Menschen in der ganzen Welt praktiziert.

BEWERTUNG
FORSCHUNG
FACHURTEIL
THERAPEUT
SELBSTHILFE
VERTRÄGLICHKEIT

GESCHICHTE

Der amerikanische Chiropraktiker John Thie war ein Kollege von Dr. Goodheart und der Gründer des ICAK. Trotz der Zweifel von Dr. Goodheart glaubte er, die Angewandte Kinesiologie könne auch Laien als gesundheitsfördernde Maßnahme gelehrt werden. 1973 schrieb er *Touch for Health*, die Anwendung der Kinesiologie in Selbsthilfe.

BESUCH BEIM THERAPEUTEN

Der Unterricht wird von der Touch for Health Foundation in Kursen für Laien organisiert. Die Kursteilnehmer lernen, Muskel- und Nahrungsmitteltests durchzuführen und durch einfache Kinesiologieübungen für Ausgleich im Körper zu sorgen. Dazu gehört die emotionale Streßbefreiung, bei der die Stirn leicht gepreßt wird, und das Kreuzkriechen, eine Technik zur Verbesserung der Koordination, bei der das linke Knie den rechten Ellbogen berührt und umgekehrt.

Ehemalige Kursteilnehmer haben durch eigene Erfahrungen mit der Aromatherapie oder anderen Techniken neue Richtungen gebildet. Erziehungskinesiologie wird z. B. zum leichteren Lernen angewendet.

FACHURTEIL

Da die meisten Ärzte von der professionellen Kinesiologie nicht viel halten, sind sie noch skeptischer, wenn diese von Laien ausgeführt wird.

> **VORSICHT!**
>
> - Siehe Angewandte Kinesiologie und S. 52

PENDELN

BEWERTUNG

FORSCHUNG	
FACHURTEIL	
THERAPEUT	
SELBSTHILFE	
VERTRÄGLICHKEIT	

DAS PENDELN UND RUTENGEHEN ist eine alte Wahrsagetechnik, die sich auf die „Energieschwingungen" konzentriert, die durch jede Materie einschließlich des menschlichen Körpers pulsieren soll. Auf diese Schwingungen soll das Pendel reagieren und ein eventuelles Ungleichgewicht, das eine Krankheit verursachen könnte, aufzeigen. In Europa wird das Pendel in mehreren Therapien, vor allem in Radioniks und in der Farbtherapie (siehe S. 157 u. S. 186) schon lange als Diagnosetechnik eingesetzt. In Australien ist es weniger bekannt, und in den USA ist die medizinische Anwendung verboten.

***Traditionell** wird Haselnuß als Wünschelrute benutzt*

GESCHICHTE

Wünschelrutengänger erforschen seit Jahrhunderten unterirdische Wasserläufe und Mineraleinlagerungen, indem sie auf die Ausschläge eines gegabelten Stocks oder zweier parallel gehaltener Ruten reagieren. Im alten Ägypten und auch in einem deutschen Dokument aus dem 15. Jh. wird diese Methode erwähnt.

In den 20er Jahren begann ein französischer Priester, Abbé Mermet, das Pendeln als medizinische Diagnose einzusetzen. Wünschelrutengänger behaupten, nachweisen zu können, ob ein unterirdischer Wasserlauf schädliche Wirkungen auf die anliegenden Bewohner hat. Abbé Mermet versuchte mit einem Pendel, „bösartige Schwingungen" im Körper zu entdecken. Seine Theorie ist die Grundlage für Radioniks, aber sie ist bis heute sehr umstritten.

BESUCH BEIM THERAPEUTEN

Die Therapeuten gehen davon aus, daß alle Materie, Menschen und Gegenstände bis hin zu Zellen und Atomen in einer bestimmten „Energiefrequenz" schwingen. Sie beschreiben das menschliche Gehirn und Nervensystem als einen Sender und sagen, daß Pendler eine besondere Sensibilität – entweder angeboren oder antrainiert – für diese Schwingungen haben. Ein Pendel soll dieses Signal verstärken; der Pendler wird so auf die Energiefrequenzen eingestimmt und kann eventuelle Krankheitsursachen herausfinden.

Das Pendeln wird oft in Therapien angewendet, die mit „Energieschwingungen" arbeiten – wie die Farbtherapie, Homöopathie, Bachblüten- und Edelsteintherapie. Mit dem Pendel wird eine Diagnose erstellt oder bestätigt oder auch ein Reizstoff oder Heilmittel überprüft. Die Farbtherapeuten pendeln manchmal über der anatomischen Zeichnung der Wirbelsäule, um Probleme zu finden, oder sie pendeln über Chakren, um ihre Energie zu bestimmen. Pendler, die geopathische Belastungen (siehe S. 185) und Erdenergien herausfinden möchten, pendeln über einem Grundriß oder einer Landkarte.

In Radioniks wird ein Haarbüschel oder Hautgewebe, das sogenannte „Muster", ausgependelt. Das Pendel muß schwer genug sein, um an einer Kette oder Schnur hin- und herzuschwingen. Es wird über die Person oder Sache gehalten, und innerlich stellt der Therapeut dann Fragen, die mit Ja oder Nein beantwortet werden können, z. B. „Ist dieses Organ funktionstüchtig?". Das Pendel antwortet im Uhrzeigersinn für Ja und gegen den Uhrzeigersinn für Nein; einige Pendler haben auch andere Intepretationen.

Die Pendel sind oft aus Kristall, aber auch aus Metall, Glas, Holz oder Plastik

NACHWEIS & FORSCHUNG

Das Wünschelrutengehen hat eine lange Tradition, manche Gemeinden und Wasserbehörden setzen Rutengänger ein, zum Teil mit spektakulären Ergebnissen. Mit verschiedenen Theorien wurde versucht, dieses Phänomen zu erklären, aber bisher gibt es noch keine wissenschaftlichen Ergebnisse.

Die Pendler und Rutengänger haben selbst selten versucht, das Phänomen unter klinischen Bedingungen zu untersuchen, bisher wurde in keinen Studien die Diagnosefähigkeit nachgewiesen. Skeptiker behaupten, daß die Schwingung des Pendels durch Geisteskraft und unbewußte, kaum wahrnehmbare Bewegungen der Hände und Arme verändert werden können.

FACHURTEIL

Die Ärzte sind sehr skeptisch gegenüber Diagnosen und Therapien, die auf Energieschwingungen beruhen. Das Auspendeln von Haarmustern gilt als besonders irreführend.

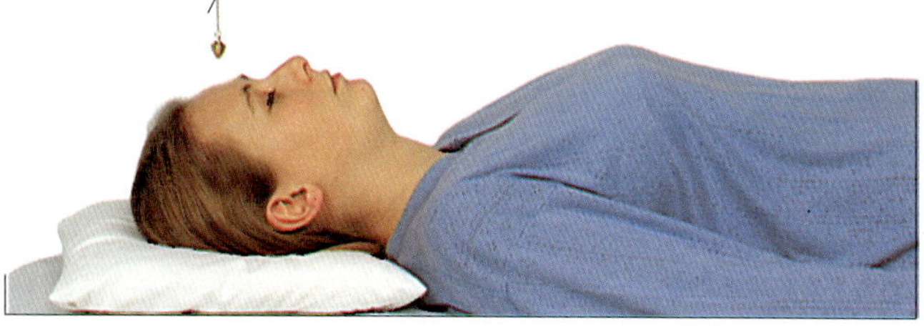

***Das Pendel** wird für die Diagnose über den Körper des Patienten gehalten. Der Therapeut hilft der Patientin, zu entspannen und den Geist zu reinigen, um für das Pendel empfänglich zu werden*

VORSICHT!

- Lassen Sie alle Diagnosen von einem konventionellen Arzt überprüfen, da die Pendeldiagnosen oft irreführend sind
- Siehe Seite 52

NAHRUNGSTESTS

BEWERTUNG

FORSCHUNG	
FACHURTEIL	
THERAPEUT	
SELBSTHILFE	
VERTRÄGLICHKEIT	

DER ZUSAMMENHANG ZWISCHEN ALLERGENEN (Substanzen, die allergische Reaktionen auslösen) und den Symptomen, die sie auslösen, ist meist offensichtlich, wie z. B. bei Pollen und Heuschnupfen. Weniger leicht zu identifizieren sind Unverträglichkeiten oder „versteckte" Reaktionen, die von Depressionen bis zu Ekzemen reichen. Diese Symptome treten nicht sofort auf und sind weniger extrem als bei Allergien (siehe S. 302–303). Die beschriebenen Tests werden von Ernährungstherapeuten und Klinischen Ökologen angewendet, um Unverträglichkeiten herauszufinden (S. 148, 154 u. 192).

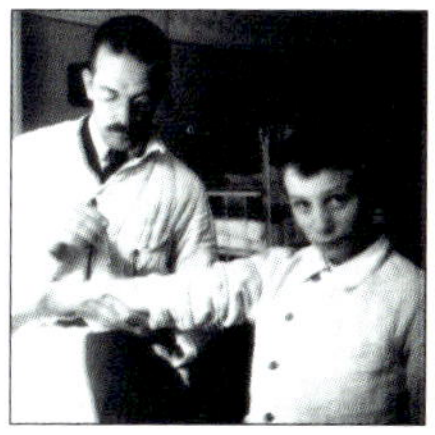

***Allergien** wurden zum ersten Mal im frühen 20. Jh. erforscht*

AUSLASSDIÄT

***In einer Auslaßdiät** werden zu Beginn nur „neutrale" Lebensmittel gegessen, etwa Kohl, Karotten, Birnen, Reis, Sonnenblumenöl und Lamm*

Die Patienten erhalten eine Diät aus Nahrungsmitteln, die sehr wahrscheinlich keine Reaktion auslösen. Sind die Symptome verschwunden, werden verdächtige Lebensmittel im Abstand von 72 Stunden wieder eingeführt. Lösen sie erneut Symptome aus, so werden sie mindestens sechs Monate lang vermieden, bei schwacher Reaktion können sie alle vier Tage gegessen werden.

ZYTOTOXISCHER TEST

Die weißen Blutkörperchen aus einem Bluttest werden isoliert und dann mit einem verflüssigten Konzentrat des verdächtigen Nahrungsmittels vemischt und unter dem Mikroskop analysiert. Wenn die Zellen anschwellen und verklumpen, deutet dies auf eine anomale Reaktion hin. Dieser Test ergibt jedoch keine konstanten Ergebnisse und wurde größtenteils vom ELISA-Test abgelöst.

ELISA-TEST

Einige Therapeuten gehen davon aus, daß richtige Allergien von einem Antikörper im Blut, dem Immunoglobulin E (IgE) ausgelöst werden, einige verspätete, schwächere Reaktionen durch den Antikörper IgG. Der ELISA (enzyme-linked immuno-sorbent assay) -Bluttest wurde als ein Indikator auf „versteckte" Unverträglichkeiten entwickelt und wird bei Beschwerden wie Asthma, Ekzemen, Arthritis, Reizdarm, Candidose, Darminkontinenz und Migräne angewendet. Kleine Blutproben werden auf verschiedene Lebensmittel gegeben, diese werden dann 12 Stunden im Kühlschrank aufbewahrt. Jedes IgG wird mit einem Spektrophotometer (unten) untersucht. Den Patienten wird empfohlen, Nahrungsmittel mit einer starken positiven IgG-Reaktion zu vermeiden; bei schwacher Reaktion können die Lebensmittel alle vier Tage gegessen werden.

ANDERE BLUTTESTS

Es gibt verschiedene Bluttests, um Nahrungsmittel zu testen:

Blutvitaminanalyse: Eine Blutprobe wird mit dem HPLC (high performance liquid chromatography) auf 12 Vitamine hin untersucht. Vitaminmangel wird veantwortlich gemacht für verschiedene Beschwerden. So wird Anämie z. B. zurückgeführt auf einen Mangel an Folsäure, Dermatitis und Schwachsinn auf einen Mangel an Nikotinsäure (Vitamin B).

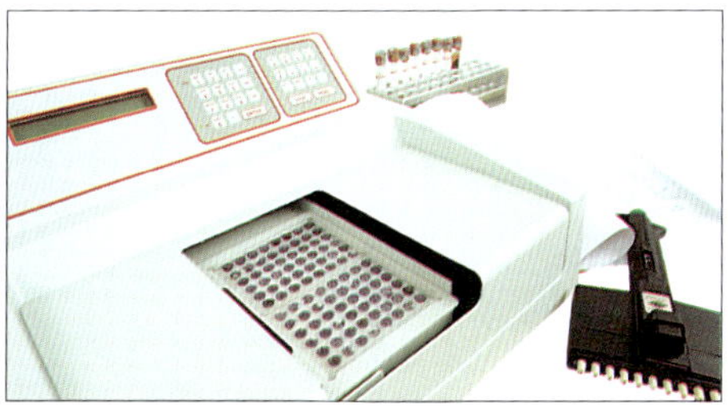

***Das Spektrophotometer** mißt die Antikörper, die durch eine positive Reaktion auf den ELISA-Test entstanden sind. Sie sind gelb*

Vollständige Blutanalyse: Damit wird der Mineralgehalt des Blutes überprüft. Eine optimale Konzentration von 24 Mineralien ist notwendig für korrekte Körperfunktionen. Mangel an Zink kann Infektionen verursachen, ein Kalziummangel löst Störungen im Muskel- und Nervensystem aus.

Blutaminosäurentest: Eine Blutprobe wird entnommen, um die Aminosäuren, die Grundstoffe der Proteine, zu bestimmen. Es gibt acht essentielle Aminosäuren, die aus der Nahrung aufgenommen werden müssen, da der Körper sie nicht selbst produzieren kann.

FACHURTEIL

Die Ärzte schätzen die Auslaßdiät als zuverlässigen Nachweis für Allergien und Unverträglichkeiten ein, aber sie kann sehr anstrengend sein für den Patienten. Die Genauigkeit des Zytotoxischen Tests wird angezweifelt; in einer neueren Studie wurden Substanzen identifiziert, die die Testpersonen nie gegessen hatten. Der ELISA-Test gilt als zuverlässiger in der Diagnose von Unverträglichkeiten, ist aber in der Ausführung sehr teuer. Viele Ärzte bezweifeln, daß die Nahrungsmittelmängel, die durch Vitamin- der Mineralientests herausgefunden wurden, wirklich Ursache der Krankheiten sind.

VORSICHT!

- Siehe Ernährungstherapie (S. 150) und Seite 52

ENERGETISCHE MEDIZIN

BEWERTUNG
FORSCHUNG
FACHURTEIL
THERAPEUT
SELBSTHILFE
VERTRÄGLICHKEIT

DIESE METHODE wurde in den 50er Jahren in Deutschland entwickelt und beinhaltet Elemente der westlichen Wissenschaft sowie Prinzipien der Traditionellen Chinesischen Medizin (TCM). Mit elektronischen Geräten wird der elektrische Widerstand an verschiedenen Stellen des Körpers gemessen: Eine Schwankung der Normalwerte weist auf eine eventuelle gesundheitliche Störung hin. Die Energetische Medizin wird vor allem in Deutschland von Ernährungstherapeuten, Klinischen Ökologen (S. 148 u. 154) und in der Elektroakupunktur und der Homöopathie (S. 94 u. 126) angewendet.

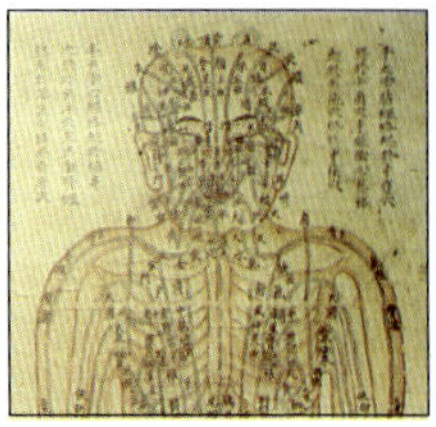

***Energiekanäle** auf einer chinesischen Diagnosetabelle*

GESCHICHTE

In den 50er Jahren entdeckten deutsche Ärzte unter der Leitung von Dr. Reinhold Voll, daß Akupunkturpunkte (siehe S. 91) elektrische Eigenschaften aufweisen. Dr. Voll entwickelte ein Gerät, um diese Punkte zu messen und aufzulisten. Dabei entdeckte er neue Punkte, die auch mit Organen verbunden sein sollen.

Spätere Forschungen brachten ihn dazu, das Gerät mit homöopathischen Lösungen auszuprobieren. Er entwickelte eine Technik, die an mehreren hundert Punkten Krankheiten diagnostiziert und mit schwacher, elektrischer Stimulierung behandelt. Diese Methode heißt „Elektroakupunktur nach Voll" oder EAV.

Zeitgleiche Studien in Rußland, China und Japan brachten ähnliche Ergebnisse. Dies führte zu einer Elektroakupunktur in China (S. 94) und zu einer Systematisierung dieser Punkte in Japan, dem Ryodoraku. Mit ihm arbeiten über 40000 Therapeuten im Fernen Osten. In den 70ern entwickelte Dr. Hiroshi Motoyama in Japan ein Gerät, das als „Gerät zur Meridianuntersuchung" bekannt wurde und mit Computeranalysen arbeitet.

Zur gleichen Zeit entwickelte der deutsche Arzt Dr. Helmut Schimmel eine vereinfachte Version des Gerätes von Dr. Voll, das Vegagerät. Dieses wurde wiederum in den 80ern von Dr. Franz Morell, einem Kollegen von Dr. Voll, zum MORA-Gerät weiterentwickelt.

BESUCH BEIM THERAPEUTEN

Bestimmte Körperstellen haben einen geringeren Widerstand als die umgebende Haut. Das Vegagerät und andere Geräte sollen die unterschiedliche Leitfähigkeit dieser Punkte messen und so den Zustand der inneren Organe wiedergeben können.

Manche Therapeuten erklären diese Energie- Medizin mit der TCM. Die Geräte sollen die „Lebensenergie" Qi messen, die durch die Meridiane fließt und die Akupunkturpunkte mit den Organen verbindet. Andere glauben, daß Frequenzen der Körperzellen von den Geräten erkannt werden können: Störungen in der Frequenz weisen auf Beschwerden hin.

Bei einer Konsultation wird eine elektronische Sonde auf bestimmte Stellen an den Händen, den Füßen und am Kopf gehalten. Die elektrische Aktivität an diesen Punkten soll Beschwerden der einzelnen Organe wiedergeben. Verschiedene homöopathische Lösungen, auch von Allergenen, Bakterien und Viren, werden an den Energiekreislauf angeschlossen um die Reaktion zu messen. Es gibt verschiedene Geräte:

Vegagerät: Dieses Gerät testet die Reaktionen auf homöopathische Lösungen. Die Lösungen, die den elektrischen Widerstand normalisieren, werden dann in der Behandlung genutzt.

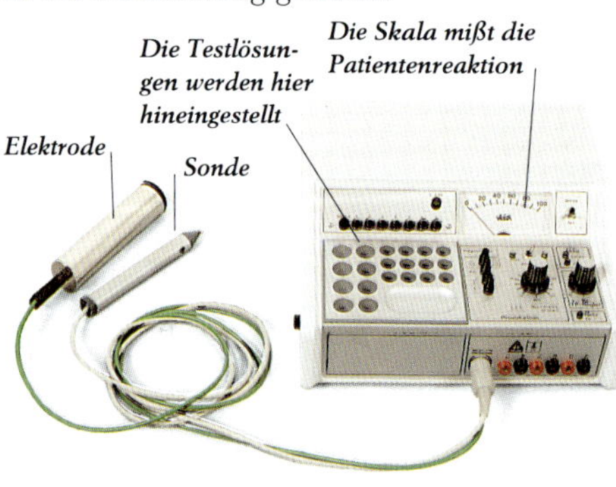

***Mit dem Vegagerät** entsteht ein Stromkreis. Der Strom fließt durch die Sonde in den Körper und über die Handelektrode wieder hinaus*

MORA-Gerät: Wird bei Diagnose und Behandlung eingesetzt. Damit sollen abweichende, elektromagnetische Signale im Körper wieder eingestimmt werden, indem sie durch die jeweiligen Akupunkturpunkte zu den Meridianen und entsprechenden Organen zurückgesendet werden.

Okklusionsgerät: Ein Computer mißt die elektrischen Impulse, während er 3015 homöopathische Lösungen absucht und die Krankengeschichte analysiert. Je weniger Lösungen reagieren, desto gesünder ist man.

Abhängig von Diagnose und Therapeut wird mit Elektroakupunktur, homöopathischen Heilmitteln oder Nahrungsumstellung behandelt.

NACHWEIS & FORSCHUNG

1990 wurden an der Universität Heidelberg 745 Patienten mit Atmungsbeschwerden mit gesunden Testpersonen verglichen. Die Energetische Medizin konnte mit 97 Prozent Sicherheit die kranken Personen identifizieren; sie konnte allerdings nicht zwischen verschiedenen Krankheiten unterscheiden.

FACHURTEIL

Elektrische Messungen des Körpers werden z. B. auch beim Elektrokardiogramm angewendet; die Ärzte betonen jedoch, daß dies nichts mit Energetische Medizin zu tun habe, die sie als eine Art Magie mit wissenschaftlichem Anspruch abtun.

VORSICHT!

- Siehe Seite 52

KIRLIAN-PHOTOGRAPHIE

BEWERTUNG
FORSCHUNG
FACHURTEIL
THERAPEUT
SELBSTHILFE
VERTRÄGLICHKEIT

MIT DER KIRLIAN-PHOTOGRAPHIE, die 1939 durch Zufall in einem russischen Labor entdeckt wurde, können Energiefelder im Körper abgelichtet werden. Diese Felder variieren je nach emotionalem und physischem Zustand. Ein strahlendes, regelmäßiges Muster soll eine gesunde, ausgeglichene Person widerspiegeln, während Störungen den Ausbruch einer Krankheit ankündigen. Diese Technik wird vor allem in Rußland und Osteuropa angewendet, oft in Verbindung mit Therapien, die auf energetischer Basis arbeiten, wie die Akupunktur oder Homöopathie.

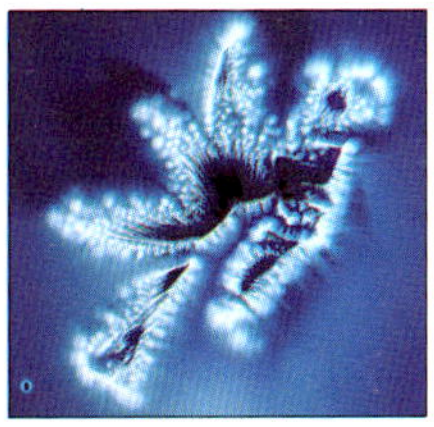

***Die Kirlian-Photographie** eines gesunden Blattes*

GESCHICHTE

Die Kirlian-Photographie wurde 1939 zufällig von dem russischen Ingenieur Semyon Kirlian und seiner Frau Valentina entdeckt. Während der Reparatur einer Elektrotherapiemaschine zur Behandlung von Lähmungen bemerkte Semyon Kirlian ein schwaches Glühen zwischen seiner Hand und dem Teil der Maschine, der die Elektrizität leitet. Eine Photographie des Phänomens auf lichtempfindlichem Papier zeigte ein Leuchten, das aus seinen Fingerspitzen kam.

Das Ehepaar Kirlian verbrachte die nächsten 40 Jahre mit der Erforschung der von ihnen „elektrobiologisch" genannten Photographie. In den 60er Jahren wurde ihre Arbeit in Rußland bekannt, und einige Forscher nahmen an, mit dieser Technik könnten Krankheiten diagnostiziert werden.

BESUCH BEIM THERAPEUTEN

Alle unbelebten und belebten Dinge sind von einem schwachen, elektromagnetischen Feld umgeben. Die Kirlian-Photographie bringt dieses elektromagnetische Feld in Kontakt mit einer elektrischen Ladung mit hoher Spannung und hoher Frequenz; aus dem entstehenden „Überlagerungsmuster" wird dann ein Bild gemacht. Das dabei produzierte sichtbare Feld wurde von einigen Therapeuten als „Aura" oder farbiges Lichtband interpretiert, das auch Heiler um Menschen herum sehen wollen (siehe S. 104).

Einige Therapeuten arbeiten mit den Füßen, aber meist wird ein Photo von der Hand gemacht. Sie wird auf ein Photopapier oder einen Film gelegt, der auf einem Schutzglas über einer Aluminiumplatte liegt. Die Belichtung dauert eine Minute. Während dieser Zeit wird die Platte mit Elektrizität geladen, was ein kribbelndes Gefühl in der Hand verursacht. Die Photographie wird meist sofort entwickelt.

Dia Diagnose beruht auf dem Vergleich mit anderen Kirlian-Photographien oder auf der Intuition des Therapeuten. Abhängig von der Form und der Klarheit kann das Feld die emotionale und physische Verfassung anzeigen, von nervlichen Belastungen über Medikamente im Körper bis zum Stand des Menstruationszyklus. Einige Photographien zeigen eine abgeschwächte Energie an den Akupunkturpunkten von kranken Menschen, die nach der Akupunktur (siehe S. 90) verstärkt wird. Dies wurde z. T. als Bestätigung der Theorie des Qi (siehe S. 91) in der Traditionellen Chinesischen Medizin gewertet. Nach der Diagnose wird der Therapeut Sie zu einem Arzt oder einem Alternativtherapeuten überweisen.

AUFNAHME EINER KIRLIAN-PHOTOGRAPHIE
Die Hand wird auf ein plastikbeschichtetes Photopapier auf einer Aluminiumplatte gelegt, die mit einer Stromeinheit, der Tesla-Spule, verbunden ist

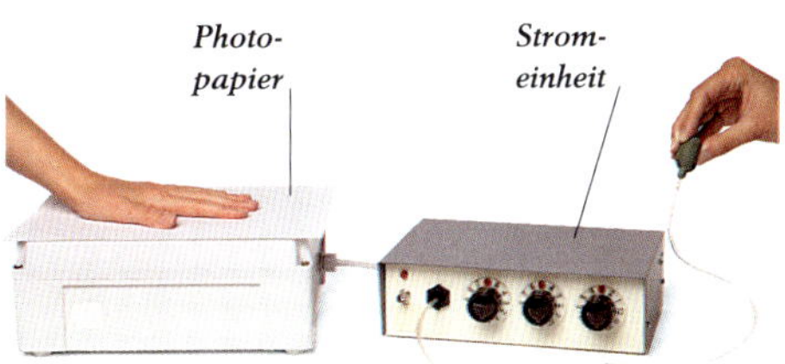

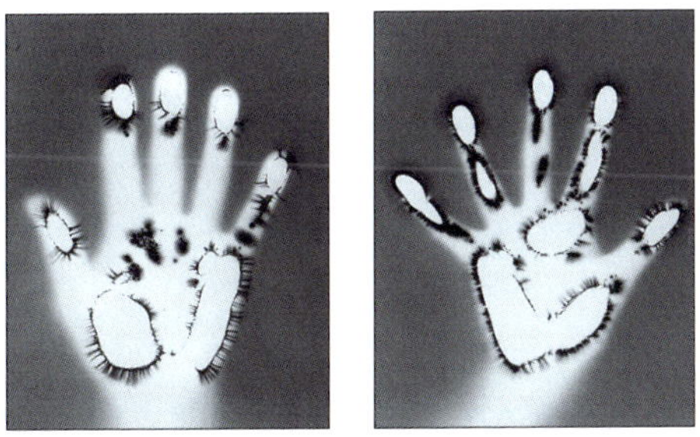

***Eine gesunde Hand** (rechts) zeigt ein klares, regelmäßiges Muster. Ein dünnes, ungleichmäßiges Feld (links) weist auf Beschwerden hin*

NACHWEIS & FORSCHUNG

Zur Unterstützung der Kirlian-Photographie werden oft Beobachtungen zitiert, wie z. B. das verstärkte Strahlen bei Menschen, die Yoga, Entspannung oder Meditation praktizieren. Es gab bisher aber wenige Versuche, diese Technik wissenschaftlich zu untersuchen, abgesehen von den Tausenden von Photographien, die gemacht wurden. Faktoren wie der Druck der Hand auf die Platte, die Körpertemperatur, äußere Bedingungen und die Spannung und Frequenz der elektrischen Ladung haben einen Einfluß auf das Muster. Skeptiker machen allein sie für die Muster verantwortlich.

FACHURTEIL

Wenn die Kirlian-Photographie eine so aussagekräftige Diagnostik liefern würde, wie behauptet wird, hätte sie sicher schon Eingang in die konventionelle Medizin gefunden. Ärzte sagen, dies ist nicht geschehen, weil die Technik unzuverlässig ist, nicht erforscht wurde und Bluttests und Röntgen nicht ersetzen könne.

VORSICHT!

- Siehe Seite 52

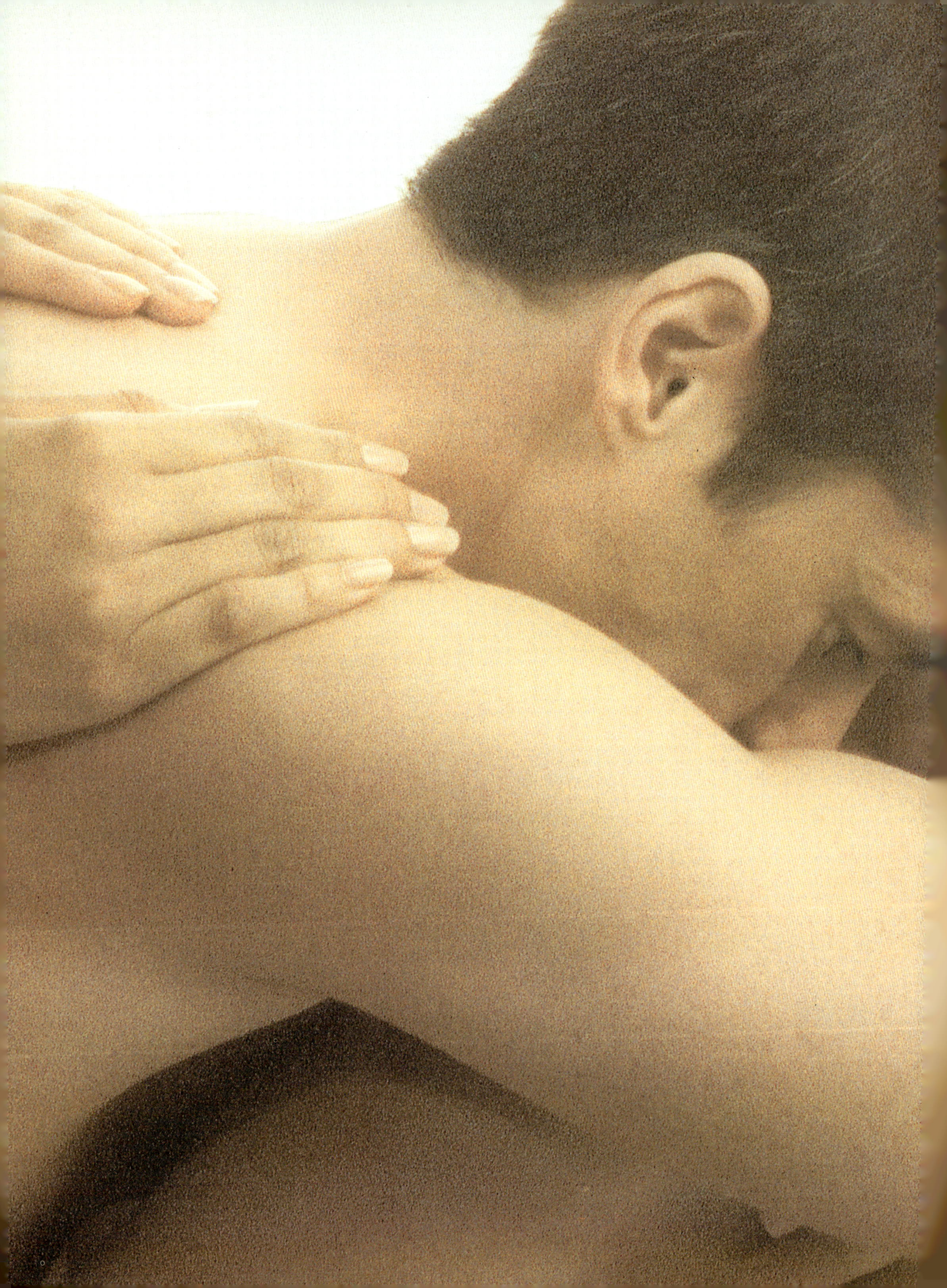

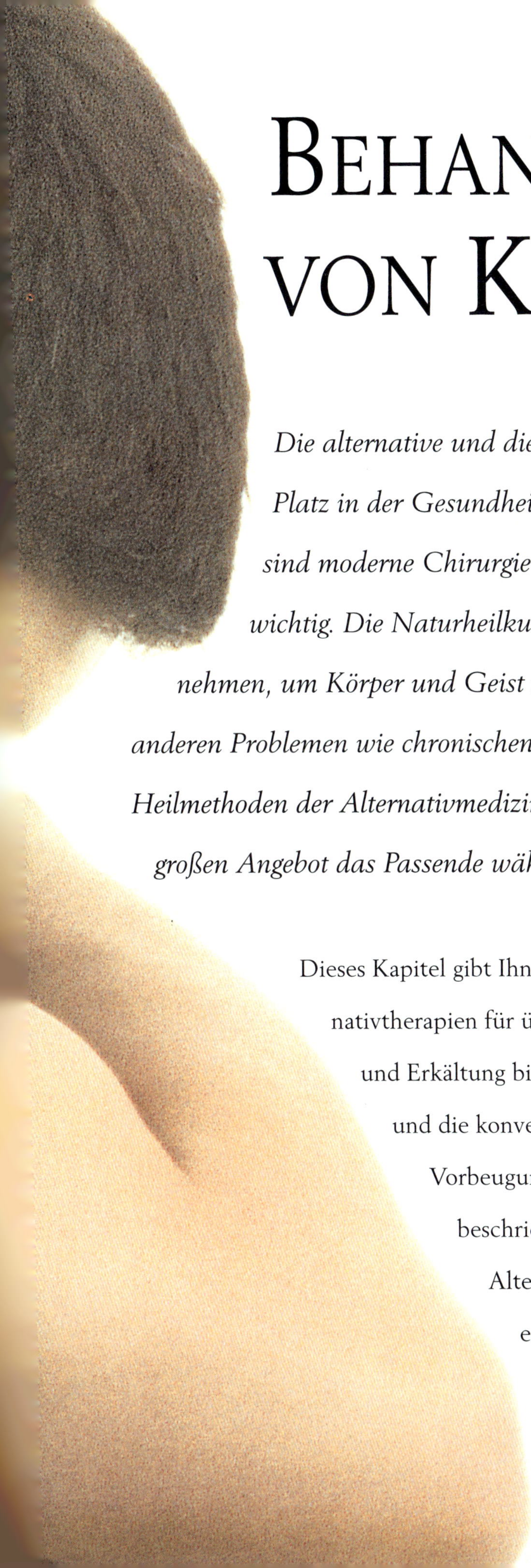

Behandlung von Krankheiten

Die alternative und die konventionelle Medizin haben beide ihren Platz in der Gesundheitspflege. In lebensbedrohlichen Situationen sind moderne Chirurgie und stark wirksame Medikamente lebenswichtig. Die Naturheilkunde kann hier eine unterstützende Rolle einnehmen, um Körper und Geist zu größerer Spannkraft zu verhelfen. Bei anderen Problemen wie chronischen und wiederkehrenden Leiden können Heilmethoden der Alternativmedizin jedoch sehr effektiv sein. Wie aber aus dem großen Angebot das Passende wählen?

Dieses Kapitel gibt Ihnen eine fundierte Auswahl der besten Alternativtherapien für über 200 Gesundheitsprobleme, von Kopfschmerz und Erkältung bis zu Herzleiden und Krebs. Ursachen, Symptome und die konventionelle Behandlung der Krankheit sowie Vorbeugung und Selbstbehandlung werden von Experten beschrieben. Für jedes Leiden werden die wesentlichen Alternativmethoden aufgezählt und ihre Wirkung erklärt. Dazu werden Forschungsergebnisse aufgeführt, die ihre Effektivität belegen.

HINWEISE ZU DIESEM KAPITEL

AUF DEN FOLGENDEN SEITEN werden Alternativtherapien für über 200 Beschwerden, von Erkältung und Akne bis zu Krebs und Herzkrankheit, angeboten. Jedes Leiden und seine konventionelle Therapie wird kurz erklärt, gefolgt von einer Auflistung der gebräuchlichsten Alternativmethoden. Wo möglich, werden Forschungsergebnisse und klinische Erfahrungen aufgeführt. Um herauszufinden, welche Therapie zusagt, benutzen Sie den Fragebogen auf Seite 50–51; die Seiten 318–328 helfen bei der Suche nach Therapeuten und nützlichen Adressen.

FRAGEN ZUR SICHERHEIT

Zusätzlich zum Therapieansatz (siehe S. 48– 190) und den Richtlinien zur Auswahl des Therapeuten (siehe S. 318) sollten Sie vor Beginn einer Therapie die Vorsichtsmaßregeln (unten) und Alarmsymptome (rechts) lesen und beachten.

VORSICHT!

- Diagnostizieren Sie nie selbst ein Gesundheitsproblem
- Gehen Sie sofort zum Arzt, wenn Alarmsymptome auftreten
- Konsultieren Sie einen Arzt, wenn keine Besserung innerhalb von 2–3 Wochen eintritt (Kinder unter fünf nach 48 Stunden)
- Setzen Sie keine Medikation ab, ohne vorher Ihren Arzt zu fragen
- Berichten Sie Ihrem Therapeuten von jeder verordneten Medikation und von anderen alternativen Therapien
- Berichten Sie Ihrem Therapeuten, welche alternativen Medikamente und Heilmittel Sie einnehmen
- Holen Sie immer die Zustimmung Ihres Arztes, bevor sie eine alternative Therapie beginnen, wenn Sie Krankheitssymptome aufweisen
- Beginnen Sie mit keinen Körperübungen, ohne vorher einen Arzt konsultiert zu haben, wenn Sie unter Rückenschmerzen, Bluthochdruck, einer Herzkrankheit leiden oder schwanger sind
- Geisteskrankheiten können sich durch Hypnose, Visualisierung und Meditation verschlimmern
- Berichten Sie Ihrem Therapeuten von jeglicher Geschlechtskrankheit
- Beginnen Sie keine Alternativtherapie, ohne vorher Ihren Arzt zu fragen, wenn Sie schwanger sind oder es werden wollen
- Nehmen Sie ohne Aufsicht eines erfahrenen Therapeuten in den ersten drei Monaten der Schwangerschaft und in der Stillzeit keine Kräuter- oder Aromatherapieprodukte ein
- Manche Methoden wie Einläufe oder bestimmte Kräuterheilmittel sind für kleine Kinder nicht geeignet, konsultieren Sie vorher Ihren Arzt
- Kinder unter 12 Jahren sollten nur unter erfahrener Aufsicht und mit Zustimmung des Arztes alternativ behandelt werden
- Kinder unter 12 Jahren sollten nicht fasten
- Nehmen Sie keine Eisen- oder Vitamin-A-Präparate, ohne vorher Ihren Arzt konsultiert zu haben. Erhöhen Sie nicht die empfohlene Dosis
- Nehmen Sie keine Nahrungszusätze ohne erfahrene Aufsicht ein
- Beginnen Sie kein Fasten, das länger als zwei Tage dauert, ohne erfahrene Aufsicht

ALARMSYMPTOME

Konsultieren Sie den Arzt sofort bei:

- ◆ Kurzatmigkeit, akuten Schmerzen in Brust, Armen, Kiefer, Kehle (Infarkt!)
- ◆ Unerklärlichem Schwindel
- ◆ Heiserkeit, Husten, Halsschmerzen
- ◆ Schluckbeschwerden
- ◆ Bauchschmerzen, Magenverstimmung
- ◆ Bluthusten
- ◆ Gewichtsverlust oder Müdigkeit
- ◆ Muttermalen, die sich in Form oder Farbe verändern, die jucken oder bluten
- ◆ Störungen in Blase oder Darm
- ◆ Blut im Stuhl
- ◆ Scheidenblutungen nach Geschlechtsverkehr, nach den Wechseljahren; bei Vaginalausfluß und Zwischenblutungen
- ◆ Verdickung oder Geschwulst in der Brust, Ausfluß oder Blutung aus der Brustwarze, Veränderung einer Brust
- ◆ Schwellung oder Geschwulst eines Hodens; anhaltendes Versagen der Erektion
- ◆ Ernste Kopfschmerzen, einseitiger Dauerschmerz, Sehstörungen
- ◆ Wunden, die nicht heilen
- ◆ Wiederkehrende Rückenschmerzen
- ◆ Unerklärlichen Schmerzen der Beine

BEWERTUNG DER THERAPIE

Jede Therapie wird nach den drei folgenden Kategorien beurteilt:

FORSCHUNG

Gute wissenschaftliche Versuche mit positivem Resultat: *Die Wirkung dieser Therapie ist glaubhaft belegt*

Einige Studien: *Es gibt nur wenige veröffentlichte Untersuchungen und keine gut ausgearbeiteten klinischen Beweise*

Nicht fundiert: *Die Wirkung ist nur mündlich belegt; Forschungen haben keine Beweise erbracht*

THERAPEUT

Unentbehrlich: *Diese Therapieform sollte und kann nicht ohne Anleitung eines erfahrenen Therapeuten durchgeführt werden*

Empfohlen: *Hier ist eine Anleitung vielleicht nicht nötig; sollte aber anfangs in Betracht gezogen werden*

SCHLÜSSELSYMBOLE

FORSCHUNG	THERAPEUT
Gute wissenschaftliche Versuche mit positivem Resultat	Unentbehrlich
Einige Studien	Empfohlen
Nicht fundiert	Nicht nötig
	SELBSTBEHANDLUNG
	Selbstbehandlung möglich
	Keine Selbstbehandlung

Nicht nötig: *Diese Heilmethode läßt sich leicht aus Büchern, Videos o.ä. erlernen. Anleitung ist hilfreich, aber nicht nötig*

SELBSTBEHANDLUNG

Selbstbehandlung möglich: *Diese Methode kann selbst angewandt werden, entweder autodidaktisch oder nach Anleitung*

Keine Selbstbehandlung: *Keine Behandlung ohne Therapeuten*

TYPISCHE DARSTELLUNG EINER KRANKHEIT

Dies ist das Muster einer typischen Krankheitsbeschreibung. Die Anmerkungen erklären die Aufteilung der Seiten und die Präsentation der Informationen.

NACH ORGANSYSTEM
Erkrankungen werden dem Organsystem zugeordnet, welches sie beeinflussen

Schlüsselsymbole *zeigen schnell, was wichtig ist*

Einfache Symbole *bewerten die Wirksamkeit einer Therapie, die Notwendigkeit eines Therapeuten und die Möglichkeiten zur Selbstbehandlung*

Klare Texte *beschreiben die für jede Krankheit wichtigsten Therapien*

Warnhinweise *nennen mögliche schädliche Nebenwirkungen*

Eine Liste weiterer Heilmethoden *zur Behandlung der Erkrankung*

Farbbalken *trennen die Krankheiten voneinaner ab*

Fotografien *illustrieren die wichtigsten Heilmethoden*

Alternative und konventionelle Therapien *werden zum Vergleich gegenübergestellt*

Aufwendige Graphiken *zeigen die Funktion der Organsysteme*

HAUPTSEITEN
Zehn Doppelseiten zeigen detailliert die besten Möglichkeiten zur Behandlung gängiger Erkrankungen (z. B. Kopfschmerz)

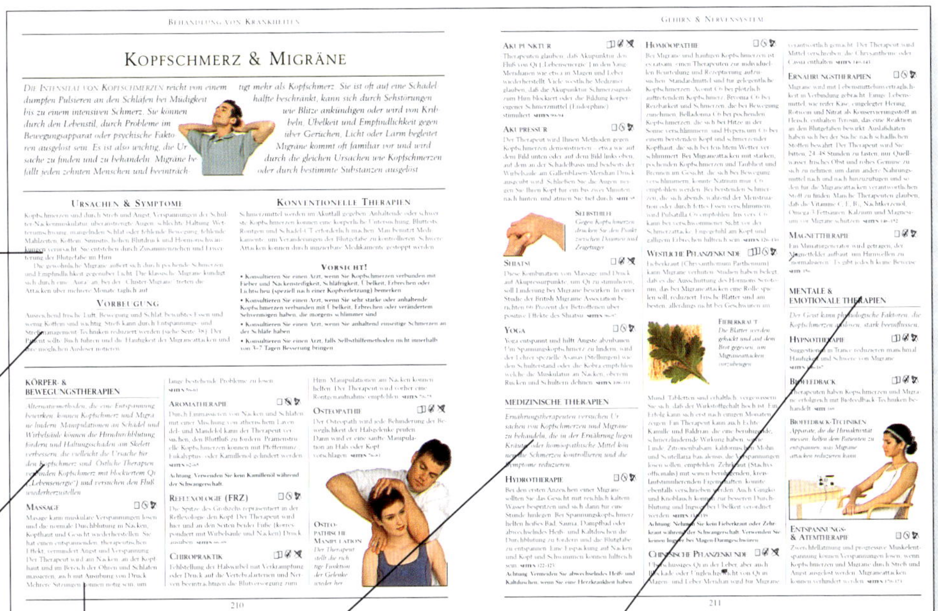

Ursachen & Symptome *Kurze Übersicht zur Entstehung einer Erkrankung*

Vorbeugung *Ratschläge zur Vorbeugung und Selbsthilfe*

Körper- & Bewegungstherapien *arbeiten mit dem Körper, um z. B. die Wirbelsäulenfunktion zu verbessern*

Die Therapien *sind aufgelistet in der Reihenfolge, in der sie im Buch auftauchen*

Medizinische Behandlungen, *meist Heilkräuter und Ernährungshinweise, gleichen Störungen aus*

Mentale & emotionale Therapien *fördern direkt die Körperfunktionen, indem sie zur Selbstkontrolle und Ruhe finden lassen*

KRANKHEITSGRUPPEN

GEHIRN & NERVENSYSTEM

DAS GEHIRN MIT SEINEN 100 MILLIARDEN miteinander verbundenen Zellen ist die komplexeste bekannte Struktur. Obwohl es nur 2 Prozent des Körpergewichts ausmacht, verbraucht es 20 Prozent der Körperenergie. Über das Rückenmark ist das Gehirn durch ab- und aufsteigende periphere Nervenbahnen mit jedem Organ verbunden. Seine Neurotransmitter kommunizieren mit jeder Körperzelle. Das Gehirn ist das Zentrum der Sinne, Gedanken und Gefühle und koordiniert alle Bewegungen und Körperprozesse. Im Nervensystem können Erkrankungen von einer leichten Nervenreizung bis hin zum Schlaganfall auftreten.

SCHLÜSSELSYMBOLE

FORSCHUNG	THERAPEUT
Gute wissenschaftliche Versuche mit positivem Resultat	Unentbehrlich
Einige Studien	Empfohlen
Nicht fundiert	Nicht nötig
	SELBSTBEHANDLUNG
	Selbstbehandlung möglich
	Keine Selbstbehandlung

ALTERNATIVE BEHANDLUNGSWEISEN

Alternativ-Therapeuten arbeiten mit Geist und Körper. Entspannungstechniken können z. B. bei Störungen in Gehirn und Nervensystem helfen, indem sie den Geist beruhigen und Heilungsprozesse aktivieren. Körper- und Bewegungstherapien bewirken eine Muskelentspannung und Freisetzung von Endorphinen, der körpereigenen Schmerzstiller. Diäten können die chemische Funktion des Gehirns und der Nerven aufbessern.

KONVENTIONELLE BEHANDLUNGSWEISEN

Ärzte behandeln Schmerzen mit Analgetika. Andere Medikationen sind fallabhängig.

Vorsicht: Vor Beginn einer Behandlung siehe S. 204

FUNKTIONSWEISE DES NERVENSYSTEMS

Das Zentralnervensystem umfaßt Gehirn und Rückenmark. Das Gehirn besteht aus vier Teilen: Hirnstamm, Kleinhirn, Mittelhirn und Großhirn. Hirnstamm und Kleinhirn kontrollieren unwillkürliche Vorgänge. Das Mittelhirn, zwischen Hirnstamm und Großhirn gelegen, ist Ort des Ausdrucks von Emotionen. Das Großhirn besteht aus zwei miteinander über Nervenbahnen verbundenen Hemisphären. Die linke, „rationale" Hemisphäre ist auf logisches Denken spezialisiert. Die rechte, „intuitive" Hemisphäre fühlt, nimmt Emotionen wahr und erkennt visuelle Muster und Musik. Absteigend aus dem Hirnstamm verläuft das Rückenmark in einem Kanal der Wirbelsäule, vergleichbar einer Daten-Autobahn.

GEHIRN & RÜCKENMARK

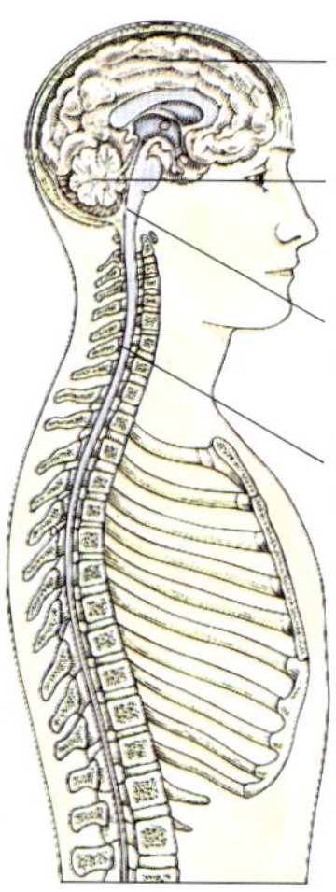

QUERSCHNITT DES GEHIRNS: VORDERANSICHT

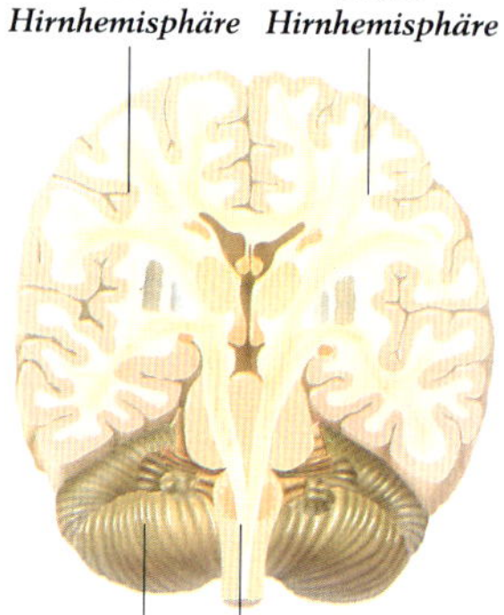

KARPALTUNNELSYNDROM

KARPALTUNNEL *an der Vorderseite des Handgelenks*

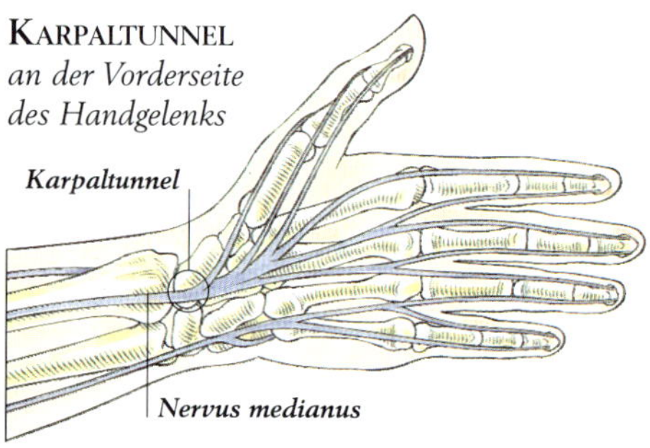

TAUBHEIT, SCHMERZ und Brennen in Handfläche, Daumen und den ersten beiden Fingern sind die Symptome des Karpaltunnelsyndroms. Sie werden verursacht durch eine Kompression des Nervus Medianus und können eine oder beide Hände befallen.

Ursachen Betroffen sind oft Menschen, die ständig sich wiederholende Bewegungen machen, z. B. bei der Computerarbeit (siehe S. 252). Dieses Syndrom kommt häufig vor bei Schwangeren, Frauen mit prämenstruellem Syndrom, in den Wechseljahren, bei Einahme der Antibabypille und bei Menschen mit Unterfunktion der Schilddrüse.

Konventionelle Therapie Der Arzt wird Ihnen Medikamente, das Anlegen einer Gipsschiene oder eine Operation empfehlen, um die Kompression des Nervs zu beheben.

Selbstbehandlung Erleichterung bringt das Hängenlassen des Armes aus dem Bett oder das Anlegen einer Schiene.

ALTERNATIVE THERAPIEN

Körper- und Bewegungstherapien fördern die Beweglichkeit des betroffenen Gelenks, während medizinische Methoden das System als Ganzes heilen.

CHIROPRAKTIK (SIEHE OSTEOPATHIE)

OSTEOPATHIE

Hilft durch Manipulation die Beweglichkeit zu verbessern und verteilt überschüssige Flüssigkeit im Bindegewebe. SIEHE SEITEN 70–81

AKUPUNKTUR

Um Spannungen in den Weichteilen zu lösen, werden Nadeln an Akupunkturpunkten an den Handgelenken eingestochen.
SIEHE SEITEN 90–94

HOMÖOPATHIE

Versuchen Sie Natrium mur. C6 bei Flüssigkeitseinlagerung, oder Aconit C6, wenn Sie vor Schmerz nachts nicht schlafen können. SEITEN 126–130

ACONIT
Verdünnt kann Aconit Schmerzen lindern

ERNÄHRUNGSTHERAPIE

Therapeuten vermuten eine falsche Ernährung als Ursache vieler Erkrankungen. Einige Menschen mit Karpaltunnelsyndrom haben einen Vitamin B_6-Mangel. Besonders bei Schwellungen am Handgelenk durch Wasseransammlung werden ihnen die Nahrungszusätze angeraten. Auch Lebensmittel wie Vollkornbrot, Weizenkeime, angereicherte Müslis, Leber, Bananen, Fisch, Nüsse und Hefeprodukte werden empfohlen. SEITEN 148–152

ANDERE HEILMETHODEN

Akupressur	SEITE 95
Hydrotherapie	SEITEN 122–123

NEURALGIE

NEURALGIEN sind Schmerzen, die durch Entzündung oder Schädigung eines Nervs (z. B. Nervus trigeminus) entstehen. Sie können als vorübergehendes Brennen oder als wiederkehrende, heftige Schmerzen auftreten. Manchmal werden sie von Taubheit und Muskelschwäche begleitet. Ursache kann exessiver Medikamentenkonsum oder eine Virusinfektion wie die Gürtelrose sein. Konventionell wird mit Schmerzmitteln oder der TENS-Therapie behandelt. In schweren Fällen wird der Nerv durch Injektion oder Operation blockiert.

JOHANNISKRAUT
Dieses Heilkraut wird traditionell bei Nervenleiden verwendet

ALTERNATIVE THERAPIEN

Körper- und Bewegungstherapien lindern den Schmerz und beugen einem Rückfall vor, indem sie die Muskeln entspannen, Gelenke öffnen und „Lebensenergie" strömen lassen. Andere Therapien haben diätetische und psychologische Ansätze.

AKUPUNKTUR

Kann den Schmerz lindern. Therapeuten stimulieren dabei den Fluß von Qi („Lebensenergie") im Körper. SEITEN 90–94

HANDAUFLEGEN

Handauflegen lindert manchmal den andauernden Neuralgieschmerz. In Großbritannien arbeiten Heilkundige in mehreren vom Staat gegründeten Schmerzkliniken. SEITEN 104–105

HYDROTHERAPIE

Heiße und kalte Packungen an den betroffenen Stellen können eine einfache Methode der Schmerzlinderung sein. SEITEN 122–123

WESTLICHE PFLANZENKUNDE

Um das Nervensystem zu regenerieren und Schwellungen zu reduzieren, kann der Therapeut Johanniskraut als Aufguß mit Lavendel oder als Kompresse mit Eisenkraut empfehlen. Passionsblume, Fieberkraut und Zehrkraut lindern ebenfalls Schmerzen. SEITEN 134–139

Vorsicht: Zehrkraut, Fieberkraut und Eisenkraut nicht in der Schwangerschaft verwenden

VISUALISIERUNG

Man kann sich den Schmerz als etwas Überwindliches vorstellen (z. B. Eis, das schmilzt) und so ein Gefühl der Schmerzkontrolle erhalten. SEITEN 178–179

ANDERE HEILMETHODEN

Massage	SEITEN 56-61
Chiropraktik	SEITEN 70–75
Osteopathie	SEITEN 76–81
Akupressur	SEITE 95
Naturheilkunde	SEITEN 118–121
Psychotherapie & Beratung	SEITEN 160–165
Hypnotherapie	SEITEN 166–167
Entspannungs- & Atemtherapie	SEITEN 170–173

NEUROPATHIE & BELLSCHE LÄHMUNG

DIE NEUROPATHIE, auch Neuritis genannt, betrifft die peripheren Nerven, die Gehirn und Rückenmark mit dem Körper verbinden. Hierbei sind die Nervenfasern oder die Nervenhüllen geschädigt. Es treten Symptome wie Taubheit, Brennen, Muskelschwäche oder Störungen der Körperfunktionen auf. Bei der Bellschen Lähmung kommt es aufgrund einer Entzündung des Gesichtsnervs zur halbseitigen Muskelschwäche oder Lähmung.

Ursachen der Neuropathie können Diabetes, Alkoholismus, Anämie, Vitaminmangel, Krebs oder Autoimmunerkrankungen sein. Die konventionelle Therapie hängt von der Ursache ab. Eine Besserung ohne Behandlung ist möglich, manchmal sind Medikamente oder sogar Operationen nötig.

ALTERNATIVE THERAPIEN

Körper- und Bewegungstherapien können helfen sowie medizinische Behandlungen und Methoden, die entspannen und die Durchblutung fördern.

AKUPUNKTUR

Die Stimulation entsprechender Punkte kann lindernd wirken, da die Harmonie und der Fluß von Qi („Lebensenergie") im Körper wiederhergestellt werden. SEITEN 90–94

NATURHEILKUNDE

Eine ausgewogene Diät mit Vollwertkost, Obst und Gemüse wird empfohlen. Wird Nährstoffmangel vermutet, so wird eine spezielle Diät angeordnet. SEITEN 118–121

EISENHALTIGE NAHRUNG
Eine eisenhaltige Diät kann bei Änamie-bedingter Neuropathie helfen

BIOCHEMISCHE GEWEBESALZE

Kaliumphosphat wird bei Nervenproblemen empfohlen, Magnesiumphosphat bei Krämpfen und Zuckungen. SEITEN 131

ANDERE HEILMETHODEN

Massage	SEITEN 56–61
Homöopathie	SEITEN 126–130
Ernährungstherapien	SEITEN 148–152

BENOMMENHEIT

BENOMMENHEIT resultiert aus einer kurzfristigen Minderdurchblutung des Gehirns bei schnellem Aufstehen. Andere Ursachen können Müdigkeit, Streß, Hyperventilation (zu schnelles Atmen), Fieber, Anämie oder niedriger Blutzucker sein. Legen Sie sich hin, oder bringen Sie den Kopf im Sitzen auf die Knie. Langsam und gleichmäßig atmen. Wiederholen sich diese Anfälle, konsultieren Sie Ihren Arzt, da dies Symptome für hormonelle oder Herz-Kreislaufstörungen oder Nervenleiden sein können.

INGWER
Traditionelles Heilmittel bei schlechter Durchblutung

ALTERNATIVE THERAPIEN

Manche Therapeuten bearbeiten Verspannungen im Muskel-Skelett-System, andere versuchen den „Energiefluß" zu stärken oder einen Mangel an Nährstoffen auszugleichen.

CHIROPRAKTIK (SIEHE OSTEOPATHIE)

OSTEOPATHIE

Benommenheit ist manchmal ein Zeichen für Verspannung der Gelenke im oberen Hals, wobei die Nerven und die Blutgefäße im Kopf mitbeteiligt sind. Um die Verspannungen zu beheben, arbeitet der Therapeut an Hals und Wirbelsäule. **SEITEN 70–81**

AKUPRESSUR

Der Therapeut demonstriert Massagetechniken an Punkten der Fußsohle, hinter den Ohrläppchen, zwischen Nase und Oberlippe, die Benommenheit lindern können. **SEITE 95**

WESTLICHE PFLANZENKUNDE

Ginkgo kann bei Minderdurchblutung des Gehirns helfen. Ingwer hilft bei Benommenheit und morgendlichem Erbrechen. **SEITEN 134–139**
Achtung: Kein Ingwer bei Magen-Darmgeschwüren!

CHINESISCHE PFLANZENKUNDE

Benommenheit wird mit „Leberhitze", Nierenproblemen oder „Überschuß an Winden" in Verbindung gebracht. Neben anderen Kräutern wird hier Ingwer und Maulbeere gegeben.

ERNÄHRUNGSTHERAPIEN

Bei niedrigem Blutzuckerspiegel wird ein Therapeut mehrere kleine Mahlzeiten am Tag empfehlen, die reich an Proteinen sind. Bei Anämie wird eisenhaltige Nahrung und eine Kost reich an Vitamin B_2 und B_3 zur Vorbeugung von Müdigkeit empfohlen. **SEITEN 148–152**

ANDERE HEILMETHODEN

Akupunktur **SEITEN 90–94**
Naturheilkunde **SEITEN 118–121**

SCHWINDEL

SCHWINDEL ist das Gefühl, als ob die ganze Welt sich um einen dreht, und wird verursacht durch Störungen in Innenohr, Gehörnerv, Hirnstamm, an den Augen und durch Hirntumoren, aber auch durch triviale Ursachen wie Karussellfahren. Magenprobleme, Infektionen, Streß, Migräne, Epilepsie oder Herzkrankheiten können ebenfalls zu Schwindel führen. Ein Arzt kann Ihnen Medikamente verordnen und eine zugrundeliegende Infektion behandeln.

ALTERNATIVE THERAPIEN

Änderung der Eßgewohnheiten, Kräutertees und Einreibungen können helfen.

NATURHEILKUNDE

Die Reduzierung von Koffein, Zucker, Gebratenem, Salz, Nikotin und Alkohol soll Besserung bringen. **SEITEN 118–121**

WESTLICHE PFLANZENKUNDE

Hier werden Aufgüsse von Kreislaufstimulantien wie Zehrkraut und Ingwer oder entspannende Mittel wie Zitronenbalsam verordnet.
Achtung: Nehmen Sie kein Zehrkraut ein in der Schwangerschaft. Nehmen Sie keinen Ingwer bei Magen-Darmgeschwüren. SEITEN 134–139

AYURVEDA

Nachdem der Therapeut nach Ernährungsgewohnheiten und Lebensstil gefragt hat, wird er eine Mischung aus Sesamöl, Kampfer, Kardamom und Zimt auf dem Kopf auftragen, um die Sinne zu stärken. **SEITEN 144–147**

ANDERE HEILMETHODEN

Akupunktur **SEITEN 90–94**
Akupressur **SEITE 95**

LEGASTHENIE

FAST 10 PROZENT DER BEVÖLKERUNG soll eine Lese- und Rechtschreibschwäche haben, bei der Wörter falsch gelesen oder geschrieben werden. Bei einigen Betroffenen kommt es zu emotionalen Störungen und Verhaltensproblemen. Eine neuere Theorie vermutet eine verschlechterte Kommunikation beider Großhirnhemisphären.

Man sollte Legasthenie frühzeitig behandeln und einen Kinderpsychologen konsultieren, der Tests ausführen wird. Dem Kind wird dann spezielle Hilfe geboten.

ALTERNATIVE THERAPIEN

Etliche Therapien fördern Koordination, Konzentration und Selbstvertrauen.

CRANIO-SACRAL-THERAPIE

Sanfte Korrekturen an Schädel und Wirbelsäule können Fehlstellungen korrigieren. **SEITE 81**

ANTHROPOSOPHISCHE MEDIZIN

Eurythmie, eine Bewegungstherapie, in der Klänge durch Gesten ausgedrückt werden, kann die Kommunikation beider Großhirnhemisphären harmonisieren. **SEITEN 124–125**

ENTSPANNUNGS- & ATEMTHERAPIE

Zu wissen, wann und wie man richtig entspannt, kann Streß und Frustration reduzieren. Der Therapeut wird Ihnen Atemtechniken vermitteln, um Spannungen zu lösen. **SEITEN 170–173**

ATEMÜBUNG
Zwerchfellatmung hilft bei der Entspannung

VERGESSLICHKEIT

ÄLTERE MENSCHEN neigen zu Vergeßlichkeit. Gedächtnisprobleme können jedoch in jedem Alter auftreten, bei Depression, Streß, Angst, Schlafmangel oder Mangel an geistiger Anregung. Allergien, Hormonstörungen, Pilzinfektionen und Fehlernährung werden auch dafür verantwortlich gemacht. Hirnverletzungen oder Schlaganfälle können zu irreversiblem Gedächtnisverlust führen. Der Verlust des Kurzzeitgedächtnisses kann die Alzheimer-Krankheit ankündigen (unten). Gehen Sie zum Arzt, wenn Vergeßlichkeit mit Verwirrtheit und Konzentrationsschwäche einhergeht.

GINGKO
Dieses Heilkraut wird in Europa bei Gedächtnisproblemen und Schwachsinn genommen

ALTERNATIVE THERAPIEN

Sanfte Übung kann die Durchblutung und evtl. die Funktion des Hirns steigern. Die Hirnaktivität kann auch mit Heilmitteln, Zusätzen oder einer Ernährungsumstellung sowie geistiger Konzentration durch Meditation gesteigert werden.

QI GONG

Diese Therapie kombiniert Atmung mit Körperübungen, um den „Energiefluß" und das Gehirn in seiner Leistung zu fördern. SEITE 99

HOMÖOPATHIE

Standardmittel sind Sulphur C6 bei Gedächtnisproblemen und Calcarea C6 bei Konzentrationsschwäche. SEITEN 126–130

BLÜTENESSENZEN

Rosmarin, Schwarzwurz, Besenginster, Eibe, Vergißmeinnicht und Teakholz können hier helfen. SEITE 132

WESTLICHE PFLANZENKUNDE

Der Therapeut wird evtl. Ginkgo verordnen. Studien haben gezeigt, das Ginkgo die Hirndurchblutung und Nervenleitgeschwindigkeit fördert und Schäden durch freie Radikale ausgleicht (Glossar). SEITEN 134–139

ERNÄHRUNGSTHERAPIEN

Der Therapeut wird Ihnen Lezithin empfehlen, das die Wirkung von Acetylcholin, einem Neurotransmitter, verstärken soll. Auch Nahrungsmittelallergien, Nahrungsunverträglichkeiten und Anämie werden mit Vergeßlichkeit in Verbindung gebracht, eine entsprechende Diät oder Nahrungszusätze werden empfohlen.
SEITEN 148–152

ENTSPANNUNGS- & ATEMTHERAPIE

Das Erlernen von Methoden zur Entspannung von Körper und Geist kann das Gedächtnis verbessern. SEITEN 170–173

ANDERE HEILMETHODEN

Tai Chi	SEITEN 100–101
Yoga	SEITEN 108–111
Meditation	SEITEN 174–177
Visualisierung	SEITEN 178–179

ALTERSSCHWACHSINN & ALZHEIMER-KRANKHEIT

DER ALTERSSCHWACHSINN ist gekennzeichnet durch Gedächtnisverlust, Verwirrtheit, emotionalen Schwankungen und geistigem Verfall. Er trifft 10 Prozent der über 65-jährigen und 20 Prozent der über 75-jährigen. Einigen Fällen liegt verminderte Hirndurchblutung zugrunde, aber ca. 50 Prozent haben die Alzheimer-Krankheit, bei der Hirnzellen fortschreitend degenerieren. Die Diagnose wird aufgrund der Verhaltenssymptome und manchmal mit einer Hirn-Computertomographie erstellt. Die Erkrankung mag vererbt sein. Auch eine Empfindlichkeit gegenüber Umweltgiften wie Aluminium und Quecksilber, die in den Hirnzellen einiger Erkrankter in abnorm hoher Konzentration gefunden wurden, mag eine Rolle spielen.
Konventionelle Therapie Altersschwachsinn durch Mangelernährung oder Medikamentenmißbrauch kann in manchen Fällen rückgängig gemacht werden. Es gibt zur Zeit kein Heilmittel bei der Alzheimer-Krankheit, man versucht die Lebensqualität der Patienten zu erhalten.

ALTERNATIVE THERAPIEN

Verschiedene Heilmethoden bringen psychische Erleichterung, vorausgesetzt, der Patient ist zur Teilnahme bereit.

AROMATHERAPIE

Aromen beleben oft das Erinnerungsvermögen. Ergebnisse zeigen, daß Öle von Kamille und Rose beruhigend wirken, während Zitrone und Pfefferminze stimulieren. SEITEN 62–65

KAMILLE
Das ätherische Öl dieser Pflanzen hat eine beruhigende Wirkung

TAI CHI CHUAN

Millionen älterer Chinesen praktizieren regelmäßig Tai Chi, eine Serie meditativer Bewegungen. Sie glauben, daß diese sanfte Methode die geistige Aktivität unterstützt.
SEITEN 100–101

WESTLICHE PFLANZENKUNDE

Um Vergeßlichkeit zu behandeln, wird ein Therapeut Gingko empfehlen, das die Hirndurchblutung verbessern soll. In deutschen Studien von 1991 und 1994 wurde eine Verbesserung des Gedächtnisses und der sozialen Funktion bei Patienten mit beginnender Alzheimer-Krankheit festgestellt. SEITEN 134–139

CHINESISCHE PFLANZENKUNDE

Die vitialisierenden Mittel Ginseng und chinesische Angelika (dang gui) werden empfohlen.
SEITEN 140–143

ERNÄHRUNGSTHERAPIEN

Therapeuten bringen die Alzheimer-Krankheit mit einem Mangel an diversen Vitaminen, Mineralien und Enzymen in Verbindung. Sie werden Zusätze wie Folsäure und den Vitamin-B-Komplex empfehlen. SEITEN 148–152

KLINISCHE ÖKOLOGIE

Der Therapeut wird eine Entfernung der Amalgam-Füllungen empfehlen und vor Umweltgiften warnen. SEITEN 154–155

CHELAT-THERAPIE

Diese Therapie soll die Hirndurchblutung verstärken und bei Alzheimer-Krankheit Schwermetalle entfernen. SEITE 157

KOPFSCHMERZ & MIGRÄNE

DIE INTENSITÄT VON KOPFSCHMERZEN reicht von einem dumpfen Pulsieren an den Schläfen bei Müdigkeit bis zu einem intensiven Schmerz. Sie können durch den Lebenstil, durch Probleme im Bewegungsapparat oder psychische Faktoren ausgelöst sein. Es ist also wichtig, die Ursache zu finden und zu behandeln. Migräne befällt jeden zehnten Menschen und beeinträchtigt mehr als Kopfschmerz. Sie ist oft auf eine Schädelhälfte beschränkt, kann sich durch Sehstörungen wie Blitze ankündigen oder wird von Kribbeln, Übelkeit und Empfindlichkeit gegenüber Gerüchen, Licht oder Lärm begleitet. Migräne kommt oft familiär vor und wird durch die gleichen Ursachen wie Kopfschmerzen oder durch bestimmte Substanzen ausgelöst.

URSACHEN & SYMPTOME

Kopfschmerzen sind durch Streß und Angst, Verspannungen der Schulter-Nackenmuskulatur, überanstrengte Augen, schlechte Haltung, Wetterumschwung, mangelnden Schlaf oder fehlende Bewegung, fehlende Mahlzeiten, Koffein, Sinusitis, hohen Blutdruck und Hormonschwankungen verursacht. Sie entstehen durch Zusammenziehen und Erweiterung der Blutgefäße im Hirn.

Die gewöhnliche Migräne äußert sich durch pochende Schmerzen und Empfindlichkeit gegenüber Licht. Die klassische Migräne kündigt sich durch eine „Aura“ an, bei der „Cluster-Migräne“ treten die Attacken über mehrere Monate täglich auf.

VORBEUGUNG

Ausreichend frische Luft, Bewegung und Schlaf, bewußtes Essen und wenig Koffein sind wichtig. Streß kann durch Entspannungs- und Streßmanagement-Techniken reduziert werden (siehe Seite 38). Der Patient sollte Buch führen und die Häufigkeit der Migräneattacken und ihre möglichen Auslöser notieren.

KONVENTIONELLE THERAPIEN

Schmerzmittel werden im Akutfall gegeben. Anhaltende oder schwerste Kopfschmerzen können eine körperliche Untersuchung, Bluttests, Röntgen und Schädel-CT erforderlich machen. Man benutzt Medikamente, um Veränderungen der Blutgefäße zu kontrollieren. Schwere Attacken können durch injizierbare Medikamente gestoppt werden.

VORSICHT!

- **Konsultieren Sie einen Arzt, wenn Sie Kopfschmerzen verbunden mit Fieber und Nackensteifigkeit, Schläfrigkeit, Übelkeit, Erbrechen oder Lichtscheu (speziell nach einer Kopfverletzung) bemerken**
- **Konsultieren Sie einen Arzt, wenn Sie sehr starke oder anhaltende Kopfschmerzen verbunden mit Übelkeit, Erbrechen oder verändertem Sehvermögen haben, die morgens schlimmer sind**
- **Konsultieren Sie einen Arzt, wenn Sie anhaltend einseitige Schmerzen an der Schläfe haben**
- **Konsultieren Sie einen Arzt, falls Selbsthilfemethoden nicht innerhalb von 3–7 Tagen Besserung bringen**

KÖRPER- & BEWEGUNGSTHERAPIEN

Alternativmethoden, die eine Entspannung bewirken, können Kopfschmerz und Migräne lindern. Manipulationen an Schädel und Wirbelsäule können die Hirndurchblutung fördern und Haltungsschäden am Skelett verbessern, die vielleicht die Ursache für den Kopfschmerz sind. Östliche Therapien verbinden Kopfschmerz mit blockiertem Qi („Lebensenergie“) und versuchen den Fluß wiederherzustellen.

MASSAGE

Masage kann muskuläre Verspannungen lösen und die normale Durchblutung in Nacken, Kopfhaut und Gesicht wiederherstellen. Sie hat einen entspannenden, therapeutischen Effekt, vermindert Angst und Verspannung. Der Therapeut wird am Nacken, an der Kopfhaut und im Bereich der Ohren und Schläfen massieren, auch mit Ausübung von Druck. Mehrere Sitzungen können nötig sein, um lange bestehende Probleme zu lösen. SEITEN 56–61

AROMATHERAPIE

Durch Einmassieren von Nacken und Schläfen mit einer Mischung von ätherischem Lavendel- und Mandelöl kann der Therapeut versuchen, den Blutfluß zu fördern. Prämenstruelle Kopfschmerzen können mit Pfefferminz-, Eukalyptus- oder Kamillenöl gelindert werden. SEITEN 62–65

Achtung: Verwenden Sie kein Kamillenöl während der Schwangerschaft.

REFLEXOLOGIE (FRZ)

Die Spitze des Großzehs repräsentiert in der Reflexologie den Kopf. Der Therapeut wird hier und an den Seiten beider Füße (korrespondiert mit Wirbelsäule und Nacken) Druck ausüben. SEITEN 66–69

CHIROPRAKTIK

Fehlstellung der Halswirbel mit Verkrampfung oder Druck auf die Vertebralarterien und Nerven beeinträchtigen die Blutversorgung zum Hirn. Manipulationen am Nacken können helfen. Der Therapeut wird vorher eine Röntgenaufnahme empfehlen. SEITEN 70–75

OSTEOPATHIE

Der Osteopath wird jede Behinderung der Beweglichkeit der Halsgelenke prüfen. Dann wird er eine sanfte Manipulation an Hals oder Kopf vorschlagen. SEITEN 76–81

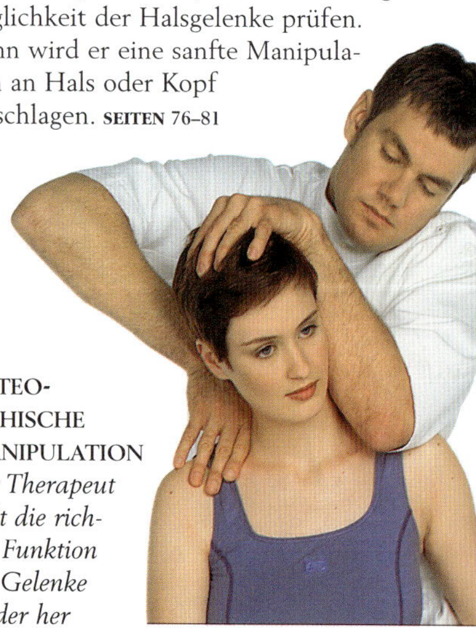

OSTEOPATHISCHE MANIPULATION *Der Therapeut stellt die richtige Funktion der Gelenke wieder her*

AKUPUNKTUR

Therapeuten glauben, daß Akupunktur den Fluß von Qi („Lebensenergie") in den Yang-Meridianen wie etwa in Magen und Leber wiederherstellt. Viele westliche Mediziner glauben, daß die Akupunktur Schmerzsignale zum Hirn blockiert oder die Bildung körpereigener Schmerzmittel (Endorphine) stimuliert. **SEITEN 90–94**

AKUPRESSUR

Der Therapeut wird Ihnen Methoden gegen Kopfschmerzen demonstrieren – etwa wie auf dem Bild unten oder auf dem Bild links oben, auf dem an der Schädelbasis und beidseits der Wirbelsäule am Gallenblasen-Meridian Druck ausgeübt wird. Schließen Sie die Augen, neigen Sie Ihren Kopf für ein bis zwei Minuten nach hinten, und atmen Sie tief durch. **SEITE 95**

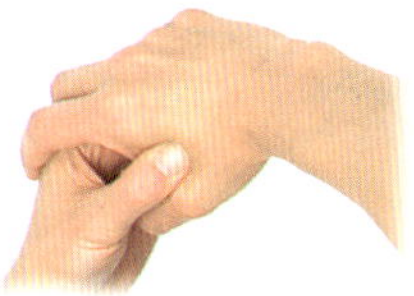

SELBSTHILFE
Gegen Kopfschmerzen drücken Sie den Punkt zwischen Daumen und Zeigefinger

SHIATSU

Diese Kombination von Massage und Druck auf Akupressurpunkte, um Qi zu stimulieren, soll Linderung bei Migräne bewirken. In einer Studie der British Migraine Association berichten 66 Prozent der Betroffenen über positive Effekte des Shiatsu. **SEITEN 96–97**

YOGA

Yoga entspannt und hilft Ängste abzubauen. Um Spannungskopfschmerz zu lindern, wird der Lehrer spezielle Asanas (Stellungen) wie den Schulterstand oder die Kobra empfehlen, welche die Muskulatur an Nacken, oberem Rücken und Schultern dehnen. **SEITEN 108–111**

MEDIZINISCHE THERAPIEN

Ernährungstherapeuten versuchen Ursachen von Kopfschmerzen und Migräne zu behandeln, die in der Ernährung liegen. Kräuter oder homöopathische Mittel können die Schmerzen kontrollieren und die Symptome reduzieren.

HYDROTHERAPIE

Bei den ersten Anzeichen einer Migräne sollten Sie das Gesicht mit reichlich kaltem Wasser bespritzen und sich dann für eine Stunde hinlegen. Bei Spannungskopfschmerz helfen heißes Bad, Sauna, Dampfbad oder abwechselndes Heiß- und Kaltduschen die Durchblutung zu fördern und die Blutgfäße zu entspannen. Eine Eispackung auf Nacken und Kopf und Schwimmen können hilfreich sein. **SEITEN 122–123**

Achtung: Vermeiden Sie abwechselndes Heiß- und Kaltduschen, wenn Sie eine Herzkrankheit haben.

HOMÖOPATHIE

Bei Migräne und häufigen Kopfschmerzen ist es ratsam, einen Therapeuten zur individuellen Beurteilung und Rezeptierung aufzusuchen. Standardmittel sind für gelegentliche Kopfschmerzen: Aconit C6 bei plötzlich auftretendem Kopfschmerz, Bryonia C6 bei Reizbarkeit und Schmerzen, die bei Bewegung zunehmen, Belladonna C6 bei pochenden Kopfschmerzen, die sich bei Hitze in der Sonne verschlimmern, und Hypericum C6 bei einem berstenden Kopf und schmerzender Kopfhaut, die sich bei feuchtem Wetter verschlimmert. Bei Migräneattacken mit starken, pochenden Kopfschmerzen und Taubheit und Brennen im Gesicht, die sich bei Bewegung verschlimmern, könnte Natrium mur. C6 empfohlen werden. Bei berstenden Schmerzen, die sich abends, während der Menstruation oder durch fettes Essen verschlimmern, wird Pulsatilla C6 empfohlen. Iris vers. C6 kann bei verschwommener Sicht vor der Schmerzattacke, Engegefühl am Kopf und galligem Erbrechen hilfreich sein. **SEITEN 126–130**

WESTLICHE PFLANZENKUNDE

Fieberkraut (Chrysanthemum Parthenium) kann Migräne verhüten. Studien haben belegt, daß es die Ausschüttung des Hormons Serotonin, das bei Migräneattacken eine Rolle spielen soll, reduziert. Frische Blätter sind am besten, allerdings nicht bei Geschwüren im Mund. Tabletten sind erhältlich, vergewissern Sie sich, daß der Wirkstoffgehalt hoch ist. Ein Erfolg kann sich erst nach einigen Monaten zeigen. Ein Therapeut kann auch Echte Kamille und Baldrian, die eine beruhigende, schmerzlindernde Wirkung haben, sowie Linde, Zitronenbalsam, kalifornischen Mohn und Scutellaria baicalensis, die Verspannungen lösen sollen, empfehlen. Zehrkraut (Stachys officinalis) mit seinen beruhigenden, kreislaufstimulierenden Eigenschaften, könnte ebenfalls verschrieben werden. Auch Gingko und Knoblauch können zur besseren Durchblutung und Ingwer bei Übelkeit verordnet werden. **SEITEN 134–139**

FIEBERKRAUT
Die Blätter werden gehackt und auf dem Brot gegessen, um Migräneattacken vorzubeugen

Achtung: Nehmen Sie kein Fieberkraut oder Zehrkraut während der Schwangerschaft. Verwenden Sie keinen Ingwer bei Magen-Darmgeschwüren.

CHINESISCHE PFLANZENKUNDE

Überschüssiges Qi in der Leber, aber auch Blockade oder Ungleichgewicht von Qi in Magen- und Leber-Meridian wird für Migräne verantwortlich gemacht. Der Therapeut wird Mittel verschreiben, die Chrysantheme oder Cassia enthalten. **SEITEN 140–143**

ERNÄHRUNGSTHERAPIEN

Migräne wird mit Lebensmittelunverträglichkeit in Verbindung gebracht. Einige Lebensmittel, wie reifer Käse, eingelegter Hering, Rotwein und Nitrat als Konservierungsstoff in Fleisch, enthalten Tyrosin, das eine Reaktion an den Blutgefäßen bewirkt. Auslaßdiäten haben sich bei der Suche nach schädlichen Stoffen bewährt. Der Therapeut wird Sie bitten, 24–48 Stunden zu fasten, nur Quellwasser, frisches Obst und rohes Gemüse zu sich zu nehmen, um dann andere Nahrungsmittel nach und nach hinzuzufügen und so den für die Migräneattacken verantwortlichen Stoff zu finden. Manche Therapeuten glauben, daß die Vitamine C, E, B_3, Nachtkerzenöl, Omega-3-Fettsäuren, Kalzium und Magnesium vor Migräne schützen. **SEITEN 148–152**

MAGNETTHERAPIE

Ein Miniaturgenerator wird getragen, der Magnetfelder aufbaut, um Hirnwellen zu „normalisieren". Es gibt jedoch keine Beweise. **SEITE 156**

MENTALE & EMOTIONALE THERAPIEN

Der Geist kann physiologische Faktoren, die Kopfschmerzen auslösen, stark beeinflussen.

HYPNOTHERAPIE

Suggestionen in Trance reduzieren manchmal Häufigkeit und Schwere von Migräne. **SEITEN 166–167**

BIOFEEDBACK

Therapeuten haben Kopschmerzen und Migräne erfolgreich mit Biofeedback-Techniken behandelt. **SEITE 169**

BIOFEEDBACK-TECHNIKEN
Apparate, die die Hirnaktivität messen, helfen dem Patienten zu entspannen, was Migräneattacken reduzieren kann

ENTSPANNUNGS- & ATEMTHERAPIE

Zwerchfellatmung und progressive Muskelentspannung können Verspannungen lösen, wenn Kopfschmerzen und Migräne durch Streß und Angst ausgelöst werden. Migräneattacken können verhindert werden. **SEITEN 170–173**

MULTIPLE SKLEROSE

DIE MULTIPLE SKLEROSE (MS) ist eine fortschreitende Erkrankung des Gehirns und Rückenmarks. Sie ist die häufigste Erkrankung des zentralen Nervensystems (1:1000, Altersgipfel 20–40 Jahre). Die MS ist gekennzeichnet von Besserungen und Rückfällen mit unterschiedlich schnellem Fortschreiten der Erkrankung. Frühe Symptome sind vorübergehende Lähmung der Hände und Füße sowie kurze Sehminderung. Zittrige Handschrift, Blasenprobleme, Schwindel und stockende Sprache können in späteren Stadien dazukommen, die Lähmungen werden ausgeprägter. Die Ursache der MS ist unbekannt. Studien weisen aber auf genetische oder virale Faktoren, Unregelmäßigkeiten in Ernährung und Immunsystem hin.

Konventionelle Therapie Da es keine Heilung gibt, zielt die Therapie auf eine Linderung der Symptome. Durch Gabe von Interferon kann das Fortschreiten der MS verlangsamt werden, während der Schübe kann Kortison verschrieben werden. Physiotherapie verbessert Muskeltonus, Flexibilität und Koordination.

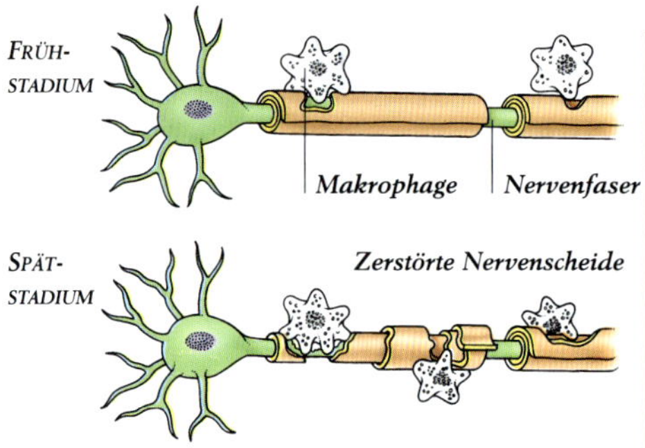

ZERSTÖRUNG DER NERVENFASERN
Bei der MS wird die Nervenscheide der Nervenfasern durch Makrophagen (Freßzellen) zerstört

ALTERNATIVE THERAPIEN

Einige Methoden versuchen die Mobilität und Körperkontrolle des Patienten zu erhalten. Ernährungstherapeuten versuchen die Mängel zu beheben, die sie als Ursache der MS ansehen.

MASSAGE

Durch Anregung des Kreislaufs, Dehnung verspannter Muskeln und möglicherweise Senkung der Konzentration von Streßhormonen im Blut kann die Massage Flexibilität und Wohlbefinden steigern. SEITEN 56–61

FELDENKRAIS-METHODE

Der Lehrer leitet bei dieser „funktionellen Integration" den Körper durch Serien von Bewegungen, um wichtige Reflexantworten zu stimulieren. SEITE 85

ERNÄHRUNGSTHERAPIEN

Nach Dr. R. Swank von der Oregon Medical School in den USA reduziert eine Diät mit wenig gesättigten Fette die Rückfallquote. Die Therapeuten empfehlen den Zusatz von essentiellen Fettsäuren, Vitaminen, Mineralien und kurzes Fasten zum „Schonen der Leber" und zur „Wiederherstellung der Darmschleimhaut". Es wird angenommen, daß einige MS-Patienten unter Nahrungsunverträglichkeiten leiden und Nährstoffe nicht ausreichend aufnehmen. SEITEN 148–152

SAUERSTOFFTHERAPIE

Die Therapeuten berichten über Erfolge mit Sitzungen in der Hochdruck-Sauerstoffkammer, wodurch der Sauerstoffgehalt im Gewebe erhöht werden soll. Die Effekte wurden nicht überprüft. SEITE 157

ANDERE HEILMETHODEN

Yoga SEITEN 108–111
Naturheilkunde SEITEN 118–121
Psychotherapie & Beratung SEITEN 160–165
Visualisierung SEITEN 178–179

SCHIZOPHRENIE

DIE SCHIZOPHRENIE ist gekennnzeichnet durch Wahn, Halluzination und Paranoia. Sie ist eine ernsthafte Geisteserkrankung und entwickelt sich meist bei jungen Erwachsenen. Die Ursachen sind unbekannt, jedoch wird ein Ungleichgewicht von Chemikalien im Gehirn vermutet. Familiäres Auftreten ist häufig, jedoch ist die Rolle genetischer und psychologischer Faktoren und von Umwelteinflüssen unklar. Mit aller Wahrscheinlichkeit wirken mehrere Faktoren beim Entstehen der Erkrankung mit. Einige Fälle werden durch Drogenkonsum ausgelöst.

Konventionelle Therapie Nach der Diagnose wird bei Schizophrenie anfangs möglicherweise eine Krankenhausbehandlung empfohlen. Antipsychotische Medikamente werden zur Kontrolle der Symptome eingesetzt, und eine Psychotherapie wird angeraten. Mit professioneller Hilfe können ein Drittel der Patienten ihr normales Leben wiederaufnehmen.

ALTERNATIVE THERAPIEN

Einige Fälle von Schizophrenie sollen mit Mangel an den Mineralien und Vitaminen zusammenhängen. Ernährungstherapeuten empfehlen Änderungen der Ernährung und Zusätze, um die Nährwertspiegel zu normalisieren. Mentale und emotionale Therapien zeigen gute Ergebnisse bei der Verarbeitung von Gedanken und Ängsten.

ERNÄHRUNGSTHERAPIEN

Einige Fälle von Schizophrenie wurden mit einem Kupferüberschuß im Körper in Verbindung gebracht. Der Therapeut kann Gaben von Vitamin C und B-Komplex, Zink und Mangan empfehlen, welche die Kupferausscheidung anregen sollen. Weiterhin können Folsäure, Magnesium, Chrom, essentielle Fett- und Aminosäuren vorgeschlagen werden. SEITEN 148–152

PSYCHOTHERAPIE & BERATUNG

Gespräche, oft mit der ganzen Familie, können die Komplikationen, die eine Schizophrenie begleiten, verringern. SEITEN 160–165

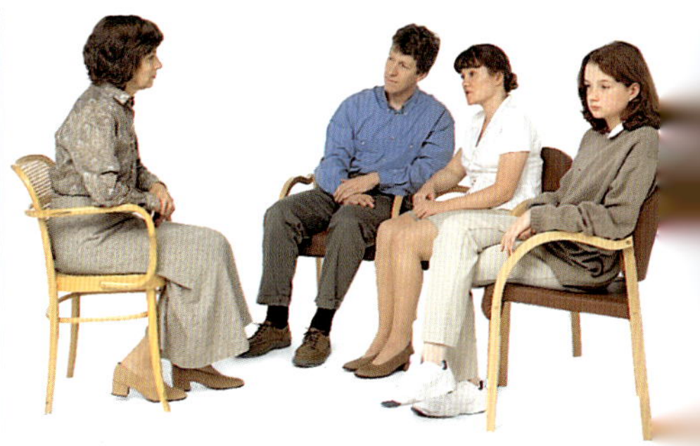

FAMILIENTHERAPIE
Psychotherapie kann einer Familie helfen, die Schwierigkeiten bei Erkrankung eines Mitglieds zu bewältigen

KUNSTTHERAPIE

Menschen mit Schizophrenie haben oft Schwierigkeiten, effektiv zu kommunizieren. Zeichnen oder andere Formen der Kunsttherapie können das Ausdrücken von Gedanken und Emotionen erleichtern. SEITEN 182–183

ANDERE HEILMETHODEN

Orthomolekularmedizin SEITE 15
Musiktherapie SEITE 18

SCHLAGANFALL

EIN SCHLAGANFALL wird meist durch ein Blutgerinnsel oder eine Blutung verursacht, die die Zufuhr von Sauerstoff im Gehirn unterbindet. Dabei kann es zu Sprachverlust oder einseitiger Lähmung in Gesicht, Arm oder Bein kommen. Hinzu kommen taube Gliedmaßen, verschwommene Sicht, epileptische Anfälle, Inkontinenz, Benommenheit, Verwirrtheit und Bewußtlosigkeit für Stunden oder Wochen. Ein Drittel der Schlaganfälle endet tödlich, ein Drittel hat bleibende Lähmungen, der Rest erholt sich.
Konventionelle Therapie Zerstörte Hirnzellen können sich nicht erholen, aber andere Hirnareale können Funktionen übernehmen. Betont wird die Rehabilitation mit Physiotherapie. Um einen weiteren Schlaganfall zu verhindern, kann der Arzt gerinnungshemmende Mittel wie Aspirin verschreiben, um das Blut zu verdünnen und die Bildung von Blutgerinnseln zu vermeiden. Auch eine neue Lebensweie zur Senkung des Blutdrucks wird verordnet. (siehe S. 244–246).

Achtung: Rufen Sie den Rettungsdienst, wenn Sie einen Schlaganfall vermuten. Fragen Sie Ihren Arzt, bevor Sie mit einer Therapie beginnen.

TAI CHI
Die sanften, fließenden Bewegungen von Tai Chi stimulieren die vom Schlaganfall betroffenen Muskeln

KÖRPER- & BEWEGUNGSTHERAPIEN

Körperliche Stimulation hilft Gehirn und Nerven bei der Rückbildung. Sie unterstützt die Rehabilitation.

MASSAGE

Eine Verbesserung der Blutzirkulation und der Beweglichkeit in beeinträchtigten Gliedern kann Verspannungen und Schmerzen lindern. SEITEN 56–61

REFLEXOLOGIE (FRZ)

Um die Erholung nach einer Lähmung zu fördern, wird der Therapeut spezielle Punkte am Fuß stimulieren, z. B. die Spitze des Großzehs, die mit dem Gehirn korrespondieren soll. SEITEN 66–69

FELDENKRAIS-METHODE

Bei dieser „funktionellen Integration" versucht der Lehrer in Einzelsitzung die gelähmten Gliedmaßen mit sanften Bewegungen zu reprogrammieren und eine normale Funktion wiederherzustellen. SEITE 85

AKUPUNKTUR

Tägliche Akupunktursitzungen haben bei Schlaganfall-Patienten eine Besserung des neurologischen und körperlichen Zustands bewirkt. SEITEN 90–94

TAI CHI CHUAN

Die sanften, rhythmischen Bewegungen dieser östlichen Bewegungstherapie sollen den Fluß von Qi („Lebensenergie") ausbalancieren und die Zirkulation der Körperflüssigkeiten regulieren. SEITEN 100–101

MEDIZINISCHE THERAPIEN

Änderungen in der Ernährung sowie homöopathische oder pflanzliche Heilmittel können die Rehabilitation beschleunigen.

NATURHEILKUNDE

Neben einer cholesterinarmen Kost wird der Therapeut Lebensmittel wie Knoblauch, Zwiebeln, Vitamin B_6 und möglicherweise Vitamin E empfehen, die ein Verklumpen des Blutes verhindern sollen. SEITEN 118–121

HYDROTHERAPIE

Um die Bewegung, Koordination und physische Kraft wiederherzustellen, wird der Therapeut Schwimmen in beheiztem Wasser unter Aufsicht empfehlen. SEITEN 122–123

WESTLICHE PFLANZENKUNDE

Zur Anregung des Kreislaufs, zur Blutdrucksenkung, Vermeidung von Blutgerinnseln und Tonisierung der Blutgefäße wird ein Aufguß von gemeiner Schafgarbe verschrieben. Andere Pflanzen wie Buchweizen, Linde, schwarzer Holunder, Rosmarin und Kamille stimulieren den Kreislauf. Pflanzen, die das Nervensystem unterstützen, sind Lavendel, Turnera aphrodisiaca und Johanniskraut. SEITEN 134–139

Achtung: Keine Schafgarbe in der Schwangerschaft!

CHINESISCHE PFLANZENKUNDE

Der Schlaganfall heißt Zhong Feng, „Attacke durch den Wind". Der Therapeut wird pflanzliche Mittel nach dem Muster der Disharmonie verschreiben. SEITEN 140–143

ERNÄHRUNGSTHERAPIEN

Antioxidantien, speziell Vitamin E, Nachtkerzenöl und Mineralien wie Magnesium können zur Genesung empfohlen werden. Der Therapeut könnte auch eine Substanz mit dem Namen Citicholin veordnen, die, frühzeitig eingenommen, bei Schlaganfall helfen soll. Vitamin B_{12}, B_6 und Folsäure könnten gegeben werden, um Homozystein, eine Aminosäure mit erhöhtem Schlaganfall-Risiko, zu eliminieren. SEITEN 148–152

ANDERE HEILMETHODEN

Homöopathie SEITEN 126–130
Biochemische Gewebesalze SEITE 130

MENTALE & EMOTIONALE THERAPIEN

Im Kampf mit den Folgen eines Schlaganfalls – schwere Behinderung oder Todesangst – können diese Therapien helfen. Biofeedback kann zusätzlich bei der körperlichen Genesung helfen.

BIOFEEDBACK

Studien haben gezeigt, daß Biofeedback bei der Rehabilitation nach einem Schlaganfall helfen kann, das Gehen, das Greifen und andere Funktionen zu verbessern. SEITE 169

MEDITATION

Dem Schlaganfall folgt oft eine Depression, insbesondere, wenn der Kranke linksseitig gelähmt ist. Meditation kann dem Patienten helfen, die Situation zu akzeptieren. Sie kann aber auch Streß reduzieren, Blutdruck senken und Schmerzen lindern. SEITEN 174–177

ANDERE HEILMETHODEN

Psychotherapie & Beratung SEITEN 160–165
Entspannungs- & Atemtherapie SEITEN 170–17

HAUT

DIE HAUT ist die Außenbegrenzung des Körpers und das größte Organ. Sie schützt die inneren Organe, beseitigt Abfallstoffe, hilft bei der Regulierung von Körpertemperatur und Stoffwechsel. Berührungs-, Temperatur- und Schmerzempfinden werden über Nervenrezeptoren in der Haut ermittelt. Die Haut entsteht aus dem gleichen Embryonalgewebe wie das Nervensystem. Hauterkrankungen können viral, bakteriell, durch Pilzinfektionen, allergisch oder durch Verletzungen bedingt sein. Mit Ausnahme von Krebs sind sie selten lebensbedrohlich, aber oft quälend. Äußerliche und innerliche Behandlung können helfen.

SCHLÜSSELSYMBOLE

FORSCHUNG	THERAPEUT
Gute wissenschaftliche Versuche mit positivem Resultat	Unentbehrlich
Einige Studien	Empfohlen
Nicht fundiert	Nicht nötig
	SELBSTBEHANDLUNG
	Selbstbehandlung möglich
	Keine Selbstbehandlung

ALTERNATIVE BEHANDLUNGSWEISEN

Die Haut gibt den Therapeuten wichtige Hinweise auf die Gesundheit des Körpers, etwa motionale Störungen und Probleme mit Kreislauf, Verdauung und Ausscheidung. Vor der Behandlung einer Akne oder eines Ekzems wird der Therapeut nach der Ursache suchen. Die östliche Heilkunde berücksichtigt bei der Diagnose die Haut ganz besonders.

KONVENTIONELLE BEHANDLUNGSWEISEN

Die meisten Ärzte werden eine gesunde Lebensweise befürworten und Medikamente gegen Schmerzen, Infektionen, Entzündung und Juckreiz verordnen. Einige innere Erkrankungen wie Diabetes mellitus oder Aids haben auch Hauterscheinungen.

Achtung: Vor einer Behandlung siehe Seite 204.

AUFBAU DER HAUT

Die Haut besteht aus zwei Schichten von Zellen, die ständig ersetzt werden. Die dünnere, äußere Schicht, die Epidermis, besteht aus Schichten flacher, schuppiger Zellen. Ihre Festigkeit bezieht sie aus dem Eiweiß Keratin, das auch Bestandteil von Haaren und Nägeln ist. Einige Zellen der Epidermis produzieren Melanin, welches der Haut ihre Farbe gibt und vor Sonnenlicht schützt. Die Epidermis enthält eine fetthaltige Substanz, die die Haut wasserundurchlässig macht. Unter der Epidermis liegt die Dermis, eine bindegewebige Schicht von Zellen, die Nerven, Haarfollikel, Blutgefäße und Schweißdrüsen enthält. Die Haut schützt die inneren Organe vor Infektion und Verletzung und ist ein wichtiges, sensorisches Organ für Wärme und Kälte, Schmerz, Sonnenlicht und Druck. Die Haut ist notwendig zur Temperaturregulation. Wenn der Körper zu warm wird, weiten sich Blutgefäße in der Dermis, und Schweißdrüsen werden aktiv. Wenn es zu kalt wird, ziehen sich die Blutgefäße zusammen und halten die Wärme zurück. An der Haut zeigen sich auch innere Erkrankungen, bei Lebererkrankungen kommt es z. B. zur Gelbfärbung.

QUERSCHNITT DURCH DIE HAUT

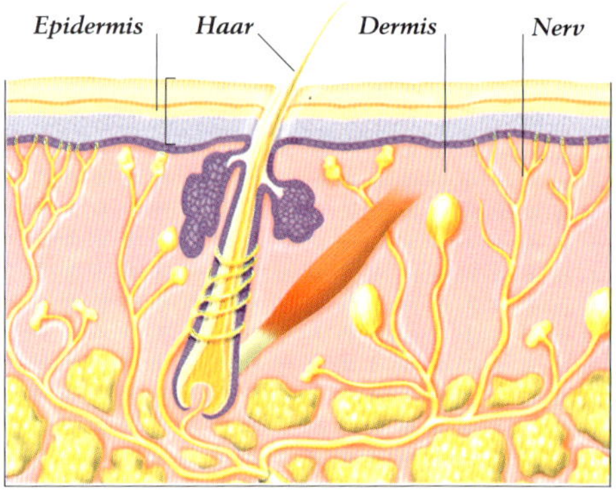

ABSZESSE & FURUNKEL

Ein Abszeß ist eine gerötete, geschwollene und schmerzhafte Ansammlung von Eiter im Gewebe. Furunkel sind geschwollene, eitergefüllte Bezirke der Haut, normalerweise an den Haarwurzeln. Ursache ist eine bakterielle Infektion, die durch weiße Blutkörperchen bekämpft wird. Konventionelle Ärzte versuchen Abszesse und Furunkel mit Salben oder Wickel zum Aufbrechen zu bringen oder aufzustechen. Manchmal sind Antibiotika oder ein chirurgischer Eingriff nötig.

Achtung: Konsultieren Sie einen Arzt, wenn Abszesse oder Furunkel wiederholt auftreten.

ALTERNATIVE THERAPIEN

Die Naturheilkunde will den Körper entgiften. Für Chinesen sind Furunkel „überschüssige Hitze".

NATURHEILKUNDE

Für die Entgiftung wird der Therapeut ein zweitägiges Wasser-Obst-Fasten und eine Rohkostdiät empfehlen. SEITEN 118–121

HYDROTHERAPIE

Bäder mit Epsomsalzen werden zur Kreislaufstimulierung und zur Ausscheidung von Abfallprodukten empfohlen. Heiße und kalte Kompressen „ziehen" den Eiter. SEITEN 122–123

Achtung: Keine Epsomsalz-Bäder bei Schwäche!

CHINESISCHE PFLANZENKUNDE

Die Behandlung zielt auf eine Reduktion „überschüssiger Hitze". Empfohlene Rezepturen beinhalten chinesischen Nieswurz, Löwenzahn, Chrysantheme und Veilchen. SEITEN 140–143

Achtung: Verwenden Sie keinen chinesischen Nieswurz während der Schwangerschaft.

ANDERE HEILMETHODEN

Aromatherapie	SEITEN 62–65
Reflexologie (FRZ)	SEITEN 66–69
Homöopathie	SEITEN 126–130
Westliche Pflanzenheilkunde	SEITEN 134–139
Ayurveda	SEITEN 144–147
Ernährungstherapien	SEITEN 148–152
Klinische Ökologie	SEITEN 154–155

HAUT- UND FUSSPILZ

DIE AUCH ALS TINEA bekannte Pilzinfektion der Haut verursacht ringförmige, rötliche, schuppende und juckende Veränderungen. Beim Fußpilz schält sich die Haut zwischen den Zehen und wird brüchig. Die hochinfektiösen Pilze gedeihen in warmem, feuchtem Milieu. Von Ärzten werden normalerweise Antibiotika gegen Pilze (Griseofulvin) und Cremes verordnet. Wichtig ist das Sauber- und Trockenhalten der Bezirke.

ALTERNATIVE THERAPIEN

Heilpraktiker glauben, daß eine Pilzinfektion auf eine Schwäche im Immunsystem hinweist. Sie werden eine Änderung der Nahrungsgewohnheiten anraten und Heilmittel und Zusätze empfehlen. Auch äußerliche Behandlung kann effektiv sein.

AROMATHERAPIE

Eine australische Studie von 1992 zeigte, daß ätherisches Teebaumöl wirksamer als andere Pilzmittel die Symptome lindert. Empfohlen als Zusatz ins Bad oder 1–2 Tropfen direkt auf die Haut. **SEITEN 62–65**

NATURHEILKUNDE

Die Therapeuten werden vom Genuß von Koffein und Zucker abraten, um der Pilzinfektion Einhalt zu gebieten. **SEITEN 118–121**

WESTLICHE PFLANZENKUNDE

Ein Fußbad mit Gelbwurz, anschließendem Abtrocknen und Einpudern mit Gelbwurz kann angeraten sein. Ringelblumensalbe kann den Juckreiz lindern. **SEITEN 134–139**

WARZEN

WARZEN SIND KLEINE, feste Gewächse, die oft an Kinderhänden, aber insgesamt bei 10 Prozent der Bevölkerung vorkommen. Plantarwarzen an den Fußsohlen wachsen gern nach innen und können dann schmerzen. Ein weiterer Typ ist die Feigwarze. Warzen werden vom HPV (Human Papilloma Virus) hervorgerufen und durch Hautkontakt weitergegeben. Etwa 50 Prozent verschwinden nach 6–12 Monaten ohne Behandlung. Warzen werden chirurgisch oder mit flüssigem Stickstoff entfernt. Eine Lösung mit Podophyllin oder Salicylsäure kann helfen, aber trotz Behandlung treten Warzen oft wieder auf.

Achtung: Konsultieren Sie einen Arzt bei Feigwarzen, da sie mit Genitalkrebs auftreten können.

ALTERNATIVE THERAPIEN

Viele innerliche oder äußerliche Mittel helfen Warzen zu entfernen. Warzen können „weggesprochen" werden.

AROMATHERAPIE

Das Auftragen von ätherischem Teebaumöl auf die Warze kann helfen. **SEITEN 62–65**

HOMÖOPATHIE

Verschiedene Standardmittel können helfen. Der Therapeut könnte Calcium carbonicum C6 bei kleinen, juckenden Warzen, Thuja C6 bei Warzen am Kopf und Causticum C6 bei langen, leicht blutenden Warzen empfehlen. **SEITEN 126–130**

WESTLICHE PFLANZENKUNDE

Empfohlen wird, die Warzen mit dem Saft frischer Löwenzahnwurzeln, Schöllkraut, zerriebenem Knoblauch oder Zwiebel zu behandeln. **SEITEN 134–139**

HYPNOTHERAPIE

Patienten werden in leichter Trance vom Therapeuten beeinflußt und von ihren Warzen befreit, obwohl man bisher nicht weiß, warum. **SEITEN 166–167**

HYPNOSE *Manchmal hilft die Suggestion, daß die Warze verschwinden wird*

ROSACEA

BEI DIESER ERKRANKUNG kommt es zur Gesichtsröte durch Stauung des Blutes in den Gefäßen unter der Hautoberfläche. In schweren Fällen ist die Nase deutlich geschwollen. Exzessiver Alkoholgenuß, die Antibabypille, die Wechseljahre, Kortisonsalben und Infektionen können Auslöser sein. Ärzte behandeln Rosacea mit Antibiotika, speziell Tetracyklin.

RINGELBLUME *Die antiseptische Ringelblume wirkt bei Hautproblemen*

ALTERNATIVE THERAPIEN

Viele Therapeuten vermuten hormonelle und Verdauungsprobleme als Ursache der Rosacea und werden versuchen danach zu behandeln. Entspannungstechniken können ebenfalls helfen.

NATURHEILKUNDE

Heilpraktiker bringen Rosacea mit einem Mangel an Vitamin B, Lipase (ein Enzym der Bauchspeicheldrüse), zu wenig Magensäure oder Nahrungsunverträglichkeiten in Verbindung. Sie versuchen das System mit einer Diät und Nahrungszusätzen wiederherzustellen und raten von Tee, Kaffee, Alkohol, heißen Getränken und scharfen Gewürzen ab, da sie eine Rosacea begünstigen könnten. **SEITEN 118–121**

WESTLICHE PFLANZENKUNDE

Therapeuten vermuten Störungen im Hormonstoffwechsel oder Probleme mit der Verdauung oder der Leber. Sie könnten Aufgüsse mit Ginseng, Mönchspfeffer, wilder Yamswurzel oder Ringelblumensalbe für das Gesicht empfehlen. **SEITEN 134–139**

Achtung: Keine Yamswurzel während der Schwangerschaft und kein Ginseng bei hohem Blutdruck!

ENTSPANNUNGS- & ATEMTHERAPIE

Techniken zum Streßmanagement können besonders bei Wechseljahresproblemen wirken oder wenn versucht wird, von Alkohol und Koffein loszukommen. **SEITEN 170–173**

ANDERE HEILMETHODEN

Homöopathie **SEITEN 126–130**

AKNE

AKNE BETRIFFT sieben von zehn Jugendlichen. Verursacht wird sie durch die Infektion der Talgdrüsen in den Haarfollikeln der Haut. Ein Talgpfropfen bildet sich im Haarfollikel, kann sich schwarz färben und wird zum Mitesser. Kommt es zur Infektion, bildet sich ein Eiterpickel.

Ursachen Die Veranlagung zur Akne kann vererbt sein. Hormone spielen eine Rolle. So kann z. B. die Produktion des Hormons Testosteron, speziell in der Pubertät, eine Überproduktion von Talg mit Verstopfen der Follikel bewirken. Während die konventionelle Medizin keinen Zusammenhang zu Ernährung und Streß sieht, glauben einige Ärzte, daß fetthaltiges „Junkfood" und Streß Akne verschlimmern können.

Konventionelle Therapie Wenn Standardmittel für die Haut und Antibiotika nicht helfen, verordnen Ärzte weibliche Hormone oder Tretinoin, ein Derivat des Vitamins A. Bei Narbenbildung könnte eventuell ein Abschälen der obersten Hautschicht mittels Abrasion oder Laser empfohlen werden.

Selbsthilfe Es ist wichtig, betroffene Gebiete durch täglich zweimaliges Waschen mit einem medizinischen Reiniger und warmem Wasser sauber zu halten. Drücken Sie Mitesser nicht aus, das Ausdrücken kann Narben hinterlassen.

DAMPFBEHANDLUNG
Heißer Dampf öffnet blockierte Poren

Nehmen Sie ein Dampfbad für 5 Minuten

Ziehen Sie ein Handtuch über den Kopf

ALTERNATIVE THERAPIEN

Zwei Wege gibt es in der Aknebehandlung: die Mitesser direkt mit Gesichtsreinigern und Heilsubstanzen zu behandeln und die Hautgesundheit durch Diät zu verbessern.

AROMATHERAPIE

Eine australische Studie von 1990 zeigte, daß Teebaumöl zwar langsamer wirkt, aber ebenso effektiv ist und weniger Nebenwirkungen zeigt als konventionelle Behandlungen. Lavendelöl oder Öl der Echten Kamille können die Heilung unterstützen. SEITEN 62–65

Achtung: Kein Kamillenöl in der Schwangerschaft verwenden!

NATURHEILKUNDE

Die Therapeuten glauben, daß Akne durch eine Störung im Hormonstoffwechsel, in der Verdauung oder bei der Ausscheidung verursacht wird. Sie empfehlen Obst und Gemüse zu essen und Milchprodukte zu meiden. Regelmäßiges Fasten und Rohkost helfen Abfallprodukte zu eliminieren.
SEITEN 118–121

HYDROTHERAPIE

Gesichtsdampfbäder öffnen die Poren für den blockierten Talg. Zur Reinigung wird ein heißes Bad mit Epsomsalz empfohlen. Die Thalassotherapie (Meerwasserbäder) eignet sich ebenfalls zur Reinigung und Tonisierung der Haut. SEITEN 122–123

Achtung: Keine Bäder mit Epsomsalz bei Gebrechlichkeit!

WESTLICHE PFLANZENKUNDE

Akne soll durch Hormonstörung oder Giftansammlung im Körper verursacht werden. Angeraten wird, reinigende Pflanzen wie Löwenzahnwurzel oder Brennessel evtl. mit dem immunstimulierenden Echinacin einzunehmen. Zur Regulierung der Hormonproduktion kann wilder Yams verordnet werden. Gesichtsdampfbäder mit diversen Kräutern und das Auftragen von Hamamelis virginiana (Zauberstrauch) oder Kräuteraufgüsse reinigen die Poren. SEITEN 134–139

Achtung: Kein Yams verwenden in der Schwangerschaft!

ANDERE HEILMETHODEN

Homöopathie	SEITEN 126–130
Chinesische Pflanzenheilkunde	SEITEN 140–143
Ayurveda	SEITEN 144–147
Ernährungstherapien	SEITEN 148–152
Entspannungs- und Atemtherapie	SEITEN 170–173
Lichttherapie	SEITE 188

URTIKARIA

20 PROZENT DER BEVÖLKERUNG haben einmal im Leben eine Urtikaria (Nesselausschlag). Es kommt zu einem intensiv juckenden Ausschlag mit flammend roten oder rot-weißen Streifen auf der Haut. Meist dauert dies ein paar Stunden, aber nicht länger als einen Tag. Die Ursache ist nicht immer bekannt, oft liegt eine allergische Reaktion vor (Allergien S. 298). Auslösende Faktoren können Proteine in Fleisch, Fisch und Schalentieren sein oder auch Medikamente, Pflanzen, Hitze, Kälte oder Insektenstiche. Auch Streß kann Urtikaria provozieren. Es ist wichtig, die Allergene zu identifizieren und zu meiden. Der Arzt kann gegen den Juckreiz Calamina-Lotion verordnen, jedoch wirken orale Antihistaminika am schnellsten.

ALTERNATIVE THERAPIEN

Homöopathische Zubereitungen, Ölessenzen u.a. können den Juckreiz stillen. Um die Ursache herauszufinden, ist eine gründliche Befragung nötig.

NATURHEILKUNDE

Um die Ursache der Reaktion zu finden, wird der Therapeut eine Ausschlußdiät verordnen, bei der bekannte Auslöser wie Schalentiere, Erdbeeren, Tomaten, Schokolade, Eier, Fleisch, Weizen, Nüsse und Milch vermieden werden.
SEITEN 118–121

HYDROTHERAPIE

Gegen den Juckreiz empfiehlt der Therapeut die Zugabe von Natriumbikarbonat oder Hafermehl in ein heißes Bad. Essig kann den pH-Wert der Haut normalisieren. SEITEN 122–123

HOMÖOPATHIE

Zu den Mitteln, die helfen, gehört Urtika C6, aus der Brennessel hergestellt. Es soll speziell bei durch Schalentiere und Pflanzen hervorgerufenen Juckreiz das adäquate Mittel sein. SEITEN 126–130

BRENNESSE
Homöopathen verwende Brennessel gegen Urtikari

ANDERE HEILMETHODEN

Westliche Pflanzenheilkunde	SEITEN 134–13
Chinesische Pflanzenheilkunde	SEITEN 140–14
Ernährungstherapien	SEITEN 148–15
Klinische Ökologie	SEITEN 154–15

HERPES LABIALIS, GENITALHERPES & HERPES ZOSTER (GÜRTELROSE)

MITEINANDER VERWANDTE HERPESVIREN sind verantwortlich für diese drei Krankheitsbilder, die gekennzeichnet sind durch schmerzhafte Bläschen an Haut oder Schleimhäuten. Bei Befall der Lippen spricht man von Herpes labialis. Die Herpesbläschen können auch an den Genitalien, an den Augen und selten im Gehirn vorkommen. Die Gürtelrose entwickelt sich als schmerzhafter, juckender Ausschlag entlang einer Nervenbahn, meist entlang der Rippen am unteren Stamm oder am oberen Gesicht, am Nacken oder den Gliedern. Rote Punkte gehen über in sehr schmerzhafte, gelbliche Bläschen, die mehrere Wochen zum Abklingen brauchen. Die Nervenschmerzen können nach Abheilen der Bläschen noch Monate oder Jahre anhalten.

Ursachen Herpes labialis und Herpes genitalis werden durch das Herpes simplex-Virus hervorgerufen und werden durch Körperkontakt übertragen. Einmal im Körper, verweilt das Virus dort lebenslang, meist symptomlos. Ausbrüche werden durch Krankheit, geschwächte Immunlage, übermäßige Sonneneinstrahlung, Mangelernährung und andere Faktoren begünstigt. Die Gürtelrose wird durch das verwandte Varizella-Zoster-Virus verursacht, welches auch die Windpocken hervorruft (siehe S. 283). Die meisten Ewachsenen mit Gürtelrose hatten als Kinder auch Windpocken. Das Virus bleibt für Jahre inaktiv, taucht bei Immunschwäche oder Streß wieder auf und ruft dann die Gürtelrose hervor.

Konventionelle Therapie Lippen- und Genitalherpes können mit antiviralen Salben behandelt werden. Schwere Fälle benötigen eine orale, antivirale Medikation, z. B. Aciclovir, das die Ausprägung und Häufigkeit des Auftretens reduziert. Der Arzt wird bei Augenbefall mit Herpes simplex den Augenarzt zu Rate ziehen. Der Schweregrad einer Gürtelrose und die Wahrscheinlichkeit anhaltender Schmerzen können ebenfalls mit Aciclovir gemindert werden. Lokale Betäubungsmittel, Atropinsalben und orale Schmerzmittel können die Schmerzen lindern. TENS-Therapie kann chronische Nervenschmerzen nehmen, die sonst über Jahre anhalten.

KÖRPER- & BEWEGUNGSTHERAPIEN

Nach einer Gürtelrose können Aromatherapie und Akupunktur nützlich sein.

AROMATHERAPIE

Um die Abheilung von Lippenbläschen zu beschleunigen, kann eine sanfte Massage mit verdünnten ätherischen Ölen wie Geranie und Lavendel oder mit antiseptischen Ölen wie Teebaum oder Eukalyptus nützlich sein.
SEITEN 62–65

Achtung: Kein Öl auf die Gürtelrose!

AKUPUNKTUR

Sie kann eine effektive Form der Behandlung chonischer Schmerzen sein. Westliche Wissenschaftler glauben, daß die Akupunktur Nervenbahnen zum Gehirn blockiert und die körpereigenen Schmerzmittel Endorphine freisetzt. SEITEN 90–94

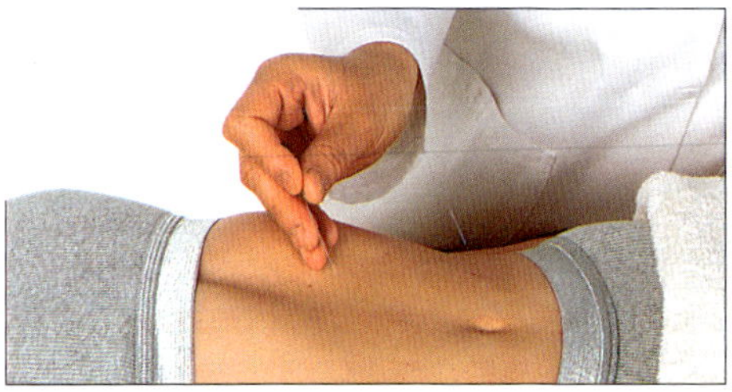

SCHMERZLINDERUNG
Um die Schmerzen zu lindern, sticht der Akupunkteur feine Nadeln in die Akupunkte

MEDIZINISCHE THERAPIEN

Medizinische Therapien sollen die Schmerzen lindern und das Immunsystem stimulieren, um Rückfälle zu verhindern.

NATURHEILKUNDE

Das Immunsystem soll gestärkt werden, um eine Infektion zu bekämpfen. Meiden Sie Kohlenhydrate, Kaffee, Alkohol und Tabak, die die Körperabwehr schwächen. Knoblauch wirkt immunstärkend und könnte helfen.
SEITEN 118–121

HYDROTHERAPIE

Ihnen könnte geraten werden, Eispackungen und kalte Umschläge auf die Gürtelrose zu legen. SEITEN 122–123

HOMÖOPATHIE

Als Standardmittel gelten Herpes C30, in Abständen eingenommen, um Rückfälle zu vermeiden, und Natrium mur. C6, wenn die Infektion durch Streß oder Kummer begünstigt wurde. SEITEN 126–130

WESTLICHE PFLANZENKUNDE

Italienische Forscher fanden heraus, daß Glycyrrhizin, ein Bestandteil der Lakritze, mit Herpes-simplex-Virus infizierte Zellen deaktiviert. Das Betupfen des Ausschlags mit dieser Substanz kann helfen. In einer anderen Studie fand man, daß Capsicain, ein Bestandteil des Chilli, bei 80 Prozent der Patienten die Nervenschmerzen nach Gürtelrose linderte.
SEITEN 134–139

CHILLI
Capsicain aus dem Chilli lindert Schmerzen

ERNÄHRUNGSTHERAPIEN

Die Aminosäure Lysin, die in Kidneybohnen, Kartoffeln, Eiern, Hühnchen, Fisch und Fleisch vorkommt, soll das Herpes-simplex-Virus hemmen. Es wird empfohlen, diese Nahrungsmittel zu essen. Antioxidantien wie Vitamin C und E können dem Befall vorbeugen. SEITEN 148–152

ANDERE HEILMETHODEN

Chinesische Pflanzenheilkunde SEITEN 140–143

MENTALE & EMOTIONALE THERAPIEN

Der Ausbruch von Herpes wird mit Streß in Verbindung gebracht. Therapien, die Geist und Körper entspannen, können dem begegnen, Rückfälle vermeiden und Schmerzen vermindern.

ENTSPANNUNGS- & ATEMTHERAPIE

Der Therapeut wird Ihnen Übungen zeigen, die Ihnen helfen, sich zu entspannen und stressige Situationen zu meistern. SEITEN 170–173

VISUALISIERUNG

Die Vorstellung von ruhigen, besänftigenden Szenen kann beim Entspannen helfen und körperliche und geistige Verspannungen lösen. Den Schmerz sollte man sich als etwas vorstellen, das sich verringert, z. B. schmelzendes Eis. SEITEN 178–179

ANDERE HEILMETHODEN

Autogenes Training SEITE 168
Meditation SEITEN 174–177

EKZEME & DERMATITIS

EIN EKZEM ist eine Hautreaktion auf viele Reizmittel und Allergien (siehe S. 298). Symptome sind Rötung, Juckreiz, Blasenbildung und Nässen. In schweren Fällen verdickt sich die Haut zu Schorf. Das Wort „Dermatitis" wird oft anstelle von „Ekzem" benutzt.

Ursachen Atopisches Ekzem (Neurodermitis). Tritt am häufigsten auf, kann vererbt sein und kommt besonders bei Kindern vor, oft mit Heuschnupfen und Asthma. Kontaktekzem, auch als Kontaktdermatitis bekannt, ist eine lokalisierte und vorübergehende, allergische Antwort auf einen Reizstoff. Das seborrhoische Ekzem tritt auf bei Überproduktion körpereigener Hautfette.

Konventionelle Therapie Meist Kortisoncremes zur Entzündungshemmung, Antihistaminika zur Kontrolle des Juckreizes und Antibiotika gegen die Infektion. Feuchtigkeitscremes und Seifenersatz werden für trockene Haut empfohlen. Das seborrhoische Ekzem kann auf antimykotische Behandlung ansprechen. Bekannte Allergene wie Hausstaub und Reinigungsmittel sollten vermieden werden.

Achtung: Testen Sie die Mittel auf gesunder Haut, bevor Sie sie auf das Ekzem auftragen.

ALTERNATIVE THERAPIEN

Die Behandlung der Haut, Stärkung der Verdauungs- und Ausscheidungsprozesse und Anleitungen zur Streßbewältigung können helfen.

LAVENDELÖL
Entspannt und lindert Juckreiz

AROMATHERAPIE

Verdünnte ätherische Öle von Lavendel, Bergamotte und Geranie können Juckreiz und Entzündung lindern. Ein Bad mit Lavendelöl wirkt gegen Streß. SEITEN 62–65

Achtung: Nur ein qualifizierter Aromatherapeut sollte ein Ekzem behandeln.

NATURHEILKUNDE

Ekzeme werden als Zeichen schlechter Verdauung gesehen, deshalb können Fasten und Diäten empfohlen werden. Zur Identifizierung von Allergien könnten Tests durchgeführt werden. SEITEN 118–122

CHINESISCHE PFLANZENKUNDE

Studien im Londoner Great Ormond Street Kinderhospital belegten die Wirkung einer Mischung chinesischer Kräuter bei der Behandlung von Neurodermitis bei Kindern. Der Therapeut könnte Mittel wie chinesisches Wurmkraut, chinesischer Enzian, Pfingstrosenwurzel und Rehmannia verschreiben. SEITEN 140–143

Achtung: Keine Pfingstrosenwurzel in der Schwangerschaft!

ERNÄHRUNGSTHERAIE

Möglicherweise wird Schlüsselblumenöl verschrieben. Einige Studien, u. a. in *Lancet* 1981 und 1982, zeigten eine Linderung der Neurodermitis. SEITEN 148–152

KLINISCHE ÖKOLOGIE

Ursächlich für Ekzeme könnten Chemikalien und Schadstoffe aus der Umwelt sein. Um diese zu finden, werden verschiedene Tests durchgeführt. SEITEN 154–155

PSYCHOTHERAPIE & BERATUNG

Eine deutsche Studie zeigte, daß eine Psychotherapie, möglicherweise durch Reduktion von Streß die Ausprägung eines Ekzems vermindern kann. SEITEN 160–165

HYPNOTHERAPIE

Diese Therapie könnte gegen den Juckreiz helfen. Sie hat sich besonders bei Neurodermitis bewährt. SEITEN 166–167

ANDERE HEILMETHODEN

Homöopathie SEITEN 126–130
Westliche Pflanzenheilkunde SEITEN 134–139
Autogenes Training SEITE 68

SCHUPPENFLECHTE (PSORIASIS)

DIE URSACHE der Schuppenflechte ist unbekannt, es gibt kein Heilmittel. Es bilden sich zu schnell neue Hautzellen, was zu einer erhabenen, rauhen, rötlichen, mit silbrig-grauen Schuppen belegten Haut führt. Schuppenflechte ist zu 50 Prozent vererbt. Ursache könnte eine Störung im Stoffwechsel sein. Verbesserung kann nach Bestrahlung mit UV-Licht, Auftragen von Teersalben und Dithranol-Lotionen oder Shampoos eintreten. Ein Arzt wird zu gesunder Ernährung, wenig Alkohol und Streß raten.

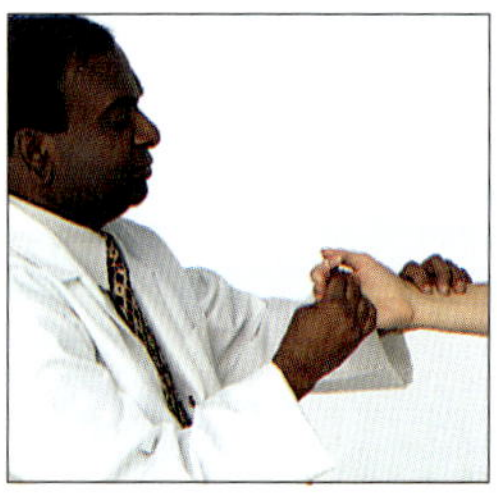

AYURVEDISCHER PULSTEST
Der Therapeut wird diesen und andere Tests durchführen, um die Beschaffenheit Ihrer Doshas festzustellen

ALTERNATIVE THERAPIEN

Der Therapeut wird versuchen, auslösende Faktoren zu finden. Viele Alternativtherapeuten glauben, daß eine Ansammlung von Abfallprodukten im Körper dafür verantwortlich ist.

NATURHEILKUNDE

Durch Diäten können Abfallstoffe entfernt und das Immunsystem stimuliert werden. Die Schuppenflechte wird auch mit einem Überschuß an Darmbakterien in Zusammenhang gebracht; ballaststoffreiche Kost und Bakterienlysate sollen hier helfen. SEITEN 118–121

HYDROTHERAPIE

Der Therapeut wird heiße Bäder mit Epsomsalzen anraten, um den Kreislauf zu stimulieren und Giftstoffe zu eliminieren. SEITEN 122–123.

Achtung: Alte und gebrechliche Menschen sollten Bäder mit Epsomsalzen vermeiden!

AYURVEDA

Man glaubt, daß die Schuppenflechte durch Blutverunreinigungen und emotionale Faktoren verursacht ist. Pflanzliche Mittel wie Guggulu tiktaka ghrita (Gummiharz mit fünf bitteren Kräutern) reinigen Darm und Blut, unterstützen die Verdauung und stimulieren die Leber. SEITEN 144–147

LICHTTHERAPIE

Sonnenlicht, speziell UV-Strahlen, mildert die Schuppenflechte. SEITE 188

Achtung: Eine Überdosis von UV-Strahlen kann schädlich sein.

ANDERE HEILMETHODEN

Akupunktur SEITEN 90–94
Akupressur SEITE 95
Westliche Pflanzenheilkunde SEITEN 134–139
Chinesische Pflanzenheilkunde SEITEN 140–143
Klinische Ökologie SEITEN 154–155
Psychotherapie und Beratung SEITEN 160–165
Hypnotherapie SEITEN 166–167
Visualisierung SEITEN 178–179

KOPFSCHUPPEN

FEINE WEISSE SCHUPPEN AUF der Kopfhaut sind ein Problem aller Altersstufen, obwohl Kopfschuppen am häufigsten bei Heranwachsenden vorkommen. Bei Babys sind sie als Milchschorf bekannt. Als Variante des seborrhoischen Ekzems können Kopfschuppen mit medizinischen Shampoos behandelt werden. In schweren Fällen kann der Arzt kortisonhaltige Lotionen oder Antimykotika verschreiben.

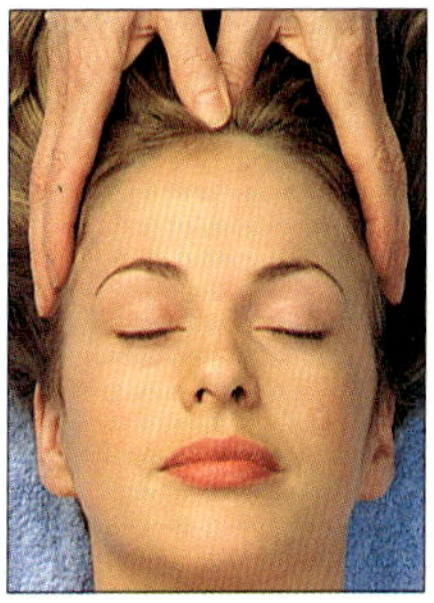

KOPFHAUTMASSAGE *Sanfte Massage verbessert die Durchblutung, vermindert Kopfschuppen*

ALTERNATIVE THERAPIEN

Eine bessere Durchblutung der Kopfhaut sowie Therapien, die auf eine bessere Ausscheidung zielen, können zur Reduzierung der Kopfschuppen beitragen.

MASSAGE

Die Therapeuten glauben, daß die Stimulation der Kopfhautdurchblutung Kopfschuppen reduziert. Sie werden Ihnen Techniken zeigen, die Sie selbst durchführen können. SEITEN 56–61

AROMATHERAPIE

Einige ätherische Öle wie Zedernholz, Rosmarin und Teebaum können, auf die Kopfhaut einmassiert und über Nacht belassen, zur Behandlung der Kopfschuppen beitragen. SEITEN 62–65

NATURHEILKUNDE

Man glaubt, daß Kopfschuppen einen Überschuß an giftigen Abfallprodukten und schlechter Verdauung anzeigen. Auch übermäßiger Genuß von Zitrusfrüchten soll eine Ursache sein. Vitamin-E-Lotionen werden empfohlen. Um festsitzende Kopfschuppen zu entfernen, wird zu einer Haarwäsche mit Sauermilch geraten. SEITEN 118–121

HOMÖOPATHIE

Es gibt Standardmittel wie Arsenicum C6 bei trockener, juckender Kopfhaut, Sepia C6 bei feuchten, fettigen Schuppen und Sulfur C6 bei ausgeprägten Kopfschuppen, die nachts jucken. SEITEN 126–130

ANDERE HEILMETHODEN

Westliche Pflanzenheilkunde SEITEN 134–139
Ernährungstherapien SEITEN 148–152

RISSIGE HAUT

KALTES, FEUCHTES UND WINDIGES WETTER kann die Haut an Händen und Gesicht rauh, entzündet und rissig werden lassen. Sie verliert an Elastizität und reißt ein, wenn sie etwa aus warmem Wasser in die Kälte kommt. Feuchtigkeitcremes, Handschuhe und Schutzkleidung, sorgfältiges Abtrocknen vor Verlassen des Hauses, das Anfeuchten der Luft im Haus und Fitneßübungen können hier helfen.

GRAPHIT *Diese Form des Kohlenstoffs ist die Basis für einen homöopathischen Puder gegen Hautprobleme*

ALTERNATIVE THERAPIEN

Seit dem Altertum werden lindernde Öle und andere Heilmittel auf gereizte Haut aufgetragen. In jüngerer Zeit werden bei Hautproblemen auch Diäten empfohlen. Es wird geraten, die Eßgewohnheiten zu ändern, um die Körperbalance auszugleichen.

AROMATHERAPIE

Falls Ihr Gesicht betroffen ist, könnte ein Gesichtsdampfbad mit ätherischem Geranienöl angeraten sein. SEITEN 62–65

NATURHEILKUNDE

Heilpraktiker behandeln anhaltend rissige Haut durch Gaben von essentiellen Fettsäuren, Vitamin E und B-Komplex, Flavonoide und Seetang. Auch das Einreiben der Haut mit Vitamin-D- und Vitamin-E-Öl könnte empfohlen werden. SEITEN 118–121

HYDROTHERAPIE

Das Auflegen von heißen und kalten Kompressen auf die betroffenen Areale kann die Durchblutung fördern. SEITEN 122–123

HOMÖOPATHIE

Bei anhaltend rissiger Haut wird ein Therapeut Petroleum C6 bei tiefen Einrissen und nässenden Absonderungen, Graphit C6 bei Rissigkeit mit gelben Krusten und Natrium mur. C6 bei Rissigkeit der Lippen durch Meerwasser empfehlen. SEITEN 126–130

WESTLICHE PFLANZENKUNDE

Zur Linderung der Beschwerden und Abheilung der Haut kann Ringelblumensalbe oder -creme empfohlen werden. SEITEN 134–139

NAGELPROBLEME

GEWÖHNLICHE NAGELPROBLEME sind Spaltung, mangelndes Wachstum, Nagelbettinfektionen durch Pilze oder Bakterien, Reizungen durch Abbeißen oder Verletzung und Einwachsen der Zehennägel. Nagelprobleme können auf andere Gesundheitsprobleme hinweisen wie Mangelernährung oder eine innere Erkrankung. Bei eingewachsenen Zehennägeln kann eine Operation nötig sein.

ALTERNATIVE THERAPIEN

Diäten und Heilpflanzen können den Zustand der Nägel verbessern.

AROMATHERAPIE

Das Auftragen von antibakteriell wirkendem Teebaumöl kann angeraten werden. SEITEN 62–65

AYURVEDA

Die Nageldiagnose ist ein wichtiger Betandteil der ayurvedischen Medizin. Die Therapeuten könnten das Auftragen von Aloe vera und Kurkuma bei Pilzinfektionen von Nagel und Nagelhaut empfehlen. SEITEN 144–147

ERNÄHRUNGTHERAPIEN

Nahrung und Zusätze mit Zink und Vitamin B_6 werden empfohlen. SEITEN 148–152

ANDERE HEILMETHODEN

Westliche Pflanzenheilkunde SEITEN 134–139

AUGEN

WENN LICHT AUF DAS AUGE trifft, kommt es zu elektrischen und chemischen Veränderungen an der Netzhaut, die das Auge innen auskleidet. Nervenfasern leiten die Informationen von der Netzhaut zur Sehrinde des Gehirns weiter, die sie als Bilder interpretiert. Regelmäßige Augentests sind wichtig, um Probleme wie Kurzsichtigkeit rechtzeitig zu entdecken. Die häufigste Erkrankung der Augen sind die Bindehautentzündung und altersbedingte Veränderungen. Alternative Therapien können Entzündungen der Augen lindern und Ernährungsprobleme beheben, die die Sehkraft verschlechtern.

SCHLÜSSELSYMBOLE

FORSCHUNG
- Gute wissenschaftliche Versuche mit positivem Resultat
- Einige Studien
- Nicht fundiert

THERAPEUT
- Unentbehrlich
- Empfohlen
- Nicht nötig

SELBSTBEHANDLUNG
- Selbstbehandlung möglich
- Keine Selbstbehandlung

ALTERNATIVE BEHANDLUNGSWEISEN

Alternative Therapeuten bringen Augenprobleme mit Fehlernährung, Muskelüberlastung, Umweltverschmutzung, Nebenwirkungen von Medikamenten und mangelndem Augenmuskeltraining in Verbindung. In der Traditionellen Chinesischen Medizin gehören die Augen zur Leber, die mit Kräutermitteln und Ernährungsänderungen gestärkt werden soll.

KONVENTIONELLE BEHANDLUNGSWEISEN

Die Ärzte behandeln normalerweise ernsthafte Augenprobleme wie das Glaukom mit Medikamenten oder Operation.

Achtung: Konsultieren Sie dringend einen Arzt, wenn Sie Augenschmerzen haben oder sich die Sehkraft verschlechtert. Siehe auch Seite 204.

FUNKTION DES AUGES

Das Auge ist von einer Schutzhülle, der Lederhaut, umkleidet. Sie ist vorn transparent (Hornhaut), um den Lichteinfall zu gestatten. Die Hornhaut bündelt das Licht durch die Pupille auf die Linse, die es dann auf die Netzhaut am Augenhintergrund fokussiert. Die einfallende Lichtmenge wird durch Öffnen und Zusammenziehen der Irismuskeln (farbiger Anteil des Auges) reguliert. Von der Netzhaut werden die Informationen über den Sehnerv zum Gehirn weitergeleitet. Die Bindehaut, eine Membran, die das Augenweiß und die Lider innen auskleidet, befeuchtet das Auge mit einem schützenden Film von Tränen, sichert so eine klare Sicht und vermindert Austrocknung und Infektion. Der Augapfel ist innen mit einer wäßrigen Flüssigkeit gefüllt.

QUERSCHNITT DES AUGES

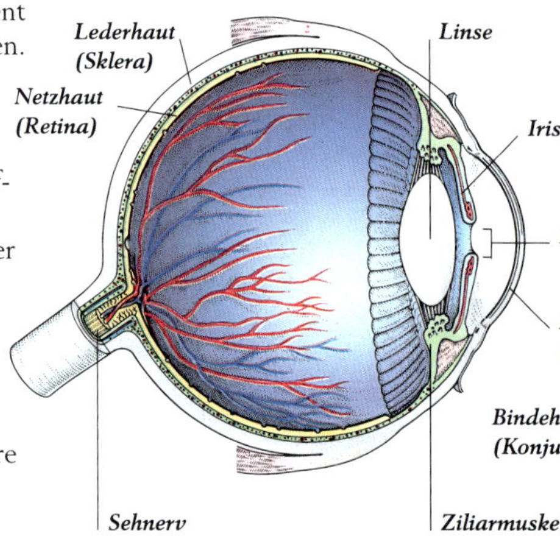

KATARAKT (GRAUER STAR/LINSENTRÜBUNG)

GRAUER STAR entsteht, wenn transparente Eiweiße in der Linse eintrüben und die Sicht verschwommen wird. Dies ist meist ein Alterungsprozeß, kann aber auch durch Augenerkrankungen, Verletzungen, Kortisongebrauch, Stoffwechselstörungen, Vergiftungen oder Strahleneinwirkung entstehen. Ein Katarakt kann nicht rückgängig gemacht werden. In einer einfachen Operation wird eine künstliche Linse eingesetzt.

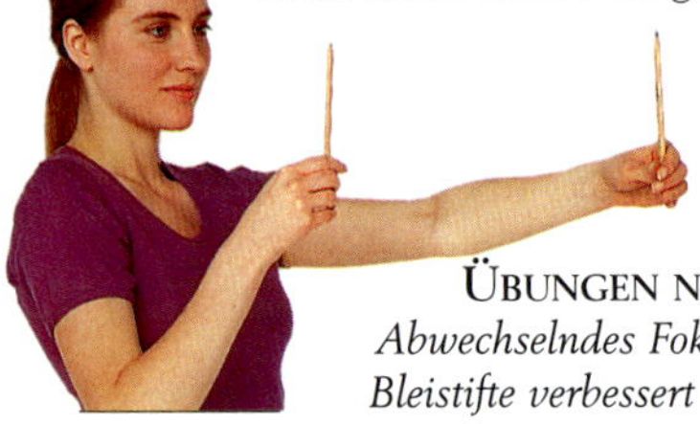

ÜBUNGEN NACH BATES
Abwechselndes Fokussieren der Bleistifte verbessert die Sehkraft

ALTERNATIVE THERAPIEN

Sanfte Augenübungen, pflanzliche Heilmittel und eine gesunde Ernährung können helfen.

AKUPRESSUR

Sie können den Akupunkturpunkt des Magen-Meridians auf dem Knochen unterhalb der Pupille massieren. SEITE 95

BATES-METHODE

Nach der Methode von Bates führen schlechte Gewohnheiten wie das Starren zu Augenproblemen. Der Therapeut wird Ihre Sehkraft prüfen und Ihnen Übungen zum „Sehen lernen" verordnen. SEITE 114

CHINESISCHE PFLANZENKUNDE

In der Traditionellen Chinesischen Medizin werden Augenprobleme als „Mangel an Leber-Yin" angesehen. Eine Änderung der Nahrungsgewohnheiten und die Einnahme von sehkraftstärkenden Bocksdorn-Beeren (Lycium) kann helfen. SEITE 140–143

ERNÄHRUNGSTHERAPIEN

Antioxidantien wie Vitamin C, E und Beta-Karotin sollen die Bildung Freier Radikaler verhindern, die die Eiweiße in der Linse zerstören. In einer britischen Studie hatten Personen mit dem höchsten Nahrungsanteil an Beta-Karotin 39 Prozent weniger Katarakte. Personen, die mehr als 10 Jahre Vitamin-C-Zusätze nahmen, hatten 45 Prozent weniger Linsentrübungen. SEITE 148–152

ANDERE HEILMETHODEN

Akupunktur SEITE 90–94
Homöopathie SEITE 126–130
Ayurveda SEITE 144–147

BINDEHAUTENTZÜNDUNG (KONJUNKTIVITIS) & GERSTENKORN

DIE KONJUNKTIVITIS ist eine Schleimhautentzündung des Auges, auch als „rotes Auge" bekannt. Sie ist gekennzeichnet durch Schwellung, Rötung, Tränen, Ausfluß, Fremdkörpergefühl, Juckreiz und manchmal Lichtempfindlichkeit. Sie kann als Allergiesymptom auftreten wie beim Heuschnupfen oder durch reizende Umweltstoffe oder Viren verursacht sein. Vom Arzt werden antibiotische Salben oder Tropfen bei Infektion und Antihistaminika- oder Kortisontropfen bei Allergien verschrieben. Gerstenkörner sind kleine, eitergefüllte Abszesse an den Augenlidern. Sie heilen meist von selbst ab.

Achtung: Konsultieren Sie einen Arzt, wenn die Bindehautentzündung länger als zwei Tage anhält, wenn Sie eitrigen Ausfluß haben, wenn die Sehkraft vermindert ist oder Sie lichtempfindlich werden.

ALTERNATIVE THERAPIEN

Die Chinesische Medizin versucht die Gesundheit der Leber zu verbessern. Westliche Therapien sehen Infektionen als eine Überbeanspruchung des Immunsystems.

NATURHEILKUNDE

Zur Ausscheidung von Abfallprodukten könnte Rohkost oder Fasten und eine Vollkorn-Obst-Gemüse-Diät empfohlen werden. Um das Aufgehen und das Abheilen eines Gerstenkorns zu beschleunigen, könnte der Therapeut anraten, mit einem in heißem Wasser getränkten Baumwolltuch neben (nicht auf) das Gerstenkorn zu drücken. SEITEN 118–121

HOMÖOPATHIE

Diese Standardmittel gibt man bei Augenproblemen: Euphrasia C6 bei ständigem Augentränen; Pulsatilla C6 bei Juckreiz und gelblichem Ausfluß; Staphysagria C6 gegen Gerstenkörner, die anfangen zu eitern. SEITEN 126–130

WESTLICHE PFLANZENKUNDE

Der Therapeut wird das wiederholte Auftragen von heißen Kompressen mit Augentrost, Klette oder Ringelblume sowie die Einnahme von Knoblauch und Echinacin zur Immunstärkung empfehlen. SEITEN 134–139

CHINESISCHE PFLANZENKUNDE

Ein Therapeut wird die Konjunktivitis auf „heißen Wind" im Leber-Meridian zurückführen und ein Augenbad mit gekochten Bambusblättern, Veilchen und Chrysanthemenblüten anordnen. SEITEN 140–143

ANDERE HEILMETHODEN

Ernährungstherapien	SEITEN 148–152
Klinische Ökologie	SEITEN 154–155

GRÜNER STAR (GLAUKOM)

EIN ZU HOHER AUGENINNENDRUCK zerstört Netzhaut und Sehnerven und führt in schweren Fällen zur Erblindung. Er entsteht durch einen Flüssigkeitsstau bei blockierten Abflußkanälen. Dies kann plötzlich geschehen, beim Weitwinkelglaukom aber auch so langsam, daß die Sehverschlechterung nicht bemerkt wird. Häufige Ursachen sind Alter und angeborene Defekte. Medikamente und Operationen können den Augendruck senken.

Achtung: Konsultieren Sie dringend einen Arzt, wenn Sie Schmerzen oder eine Sehverschlechterung bemerken. Über 40jährige mit Glaukom in der Familie sollten alle zwei Jahre einen Augentest durchführen lassen.

ALTERNATIVE THERAPIEN

Die Therapeuten versuchen den Augeninnendruck zu reduzieren, um die Schäden für die Nerven der Netzhaut gering zu halten.

KRANIALE OSTEOPATHIE

Sanfte Manipulation des Schädels soll die Durchblutung und die Verteilung der Flüssigkeiten im Kopf verbessern. Der Druckanstieg im Auge kann so gemindert werden. SEITE 81

BATES-METHODE

Die Therapeuten behaupten, daß Augenübungen zur Augenentspannung beitragen und so der Sehverschlechterung bei Glaukon entgegenwirken. SEITE 114

CHINESISCHE PFLANZENKUNDE

Ernährungsänderungen zur Druckminderung im Auge und pflanzliche Heilmittel wie Bocksdorn (Lycium) und Rehmannia, die die Leber unterstützen, werden verordnet. SEITEN 140–143

ERNÄHRUNGSTHERAPIEN

Antioxidantien wie Vitamin C und Flavonoide, welche die Blutgefäße im Auge stärken, werden verordnet. Vitamin C soll die Kollagenproduktion (Eiweiß zum Aufbau von Gewebe) steigern. SEITEN 148–152

ANDERE HEILMETHODEN

Naturheilkunde	SEITEN 118–121
Homöopathie	SEITEN 126–130
Westliche Pflanzenheilkunde	SEITEN 134–139

MAKULA-DEGENERATION

BEI DER MAKULA-DEGENERATION verengen sich Gefäße hinter der zentralen Fläche der Netzhaut, die Durchblutung wird vermindert. Es tritt eine Sehverschlechterung ein, Lesen und Feinarbeiten sind nicht mehr möglich. Hauptursache ist das Alter, aber hoher Blutdruck, Arteriosklerose, Rauchen und Mangelernährung kommen auch in Betracht. Frühzeitig festgestellt, kann die Makula-Degeneration mit Laserchirurgie behandelt werden.

ALTERNATIVE THERAPIEN

Therapeuten versuchen die Durchblutung zu stimulieren und die Augen mit Heilmitteln und Zusätzen zu stärken.

ERNÄHRUNGSTHERAPIEN

Antioxidantien sollen den Alterungsprozeß, der zur Degeneration der Netzhaut führt, verzögern. Vitamin A und Beta-Karotin (in Petersilie, Spinat, Möhren und anderem Obst und Gemüse) sollen besonders wichtig sein zur Stärkung der Lutein- und Xanthinschicht der Netzhaut, die schädliches, kurzwelliges Licht filtert. Auch Zink zur Stimulation der Augenenzyme könnte empfohlen werden. SEITEN 148–152

VITAMIN A
Obst und Gemüse sind exzellente Quellen für Vitamin A zur Verhinderung der Makula-Degeneration

OHREN

DIE OHREN sind verantwortlich für Gehör und Gleichgewicht. Das äußere Ohr und das Mittelohr leiten den Schall in das Innenohr weiter, wo er in Nervenimpulse umgewandelt und über den Hörnerv zum Gehirn übertragen wird. Bogengänge im Innenohr kontrollieren das Gleichgewicht. Die Eustachische Röhre vom Mittelohr zum Rachen schafft bei Überdruck durch Lufteintritt den Druckausgleich. Aber hier können auch Viren und Bakterien eintreten und eine Mittelohrentzündung bewirken. Andere Ohrprobleme sind Hörverlust oder Gleichgewichtsstörungen.

SCHLÜSSELSYMBOLE

FORSCHUNG	THERAPEUT
Gute wissenschaftliche Versuche mit positivem Resultat	Unentbehrlich
Einige Studien	Empfohlen
Nicht fundiert	Nicht nötig
	SELBSTBEHANDLUNG
	Selbstbehandlung möglich
	Keine Selbstbehandlung

ALTERNATIVE BEHANDLUNGEN

Anhaltende Ohrentzündungen werden als eine Folge von Racheninfekten gesehen und mit Diät und Kräutern behandelt. In der Traditionellen Chinesischen Medizin besteht eine Verbindung zwischen Ohr und Nieren; Hörprobleme können daher auf Nierenstörungen oder einen Mangel an Nieren-Jing hinweisen.

KONVENTIONELLE BEHANDLUNGEN

Antibiotische oder entzündungshemmende Tropfen werden bei Hautproblemen am äußeren Ohr verschrieben. Mittelohrentzündungen werden mit Antibiotika, Gleichgewichtsprobleme mit Beruhigungsmitteln behandelt.

Achtung: Siehe auch Seite 204.

FUNKTION DES OHRS

Das äußere Ohr (Ohrmuschel) und der Gehörgang schützen das Mittelohr. Ohrenschmalz sammelt sich im Gehörgang und verhindert eine Infektion im Mittelohr. An der Schwelle zum Mittelohr liegt das Trommelfell. Dort auftreffende Schallwellen lösen an den drei Gehörknöchelchen Bewegungen aus, die über eine Flüssigkeit im Innenohr Signale an den Gehörnerv und an das Gehirn weiterleiten.

Die Eustachische Röhre, die den Luftdruck auf beiden Seiten des Trommelfells gleich hält, verläuft vom Mittelohr zum oberen Rachen hinter der Nase.

Die Ohren sind auch Gleichgewichtsorgane. Die drei Bogengänge im Innenohr sind flüssigkeitsgefüllt und enthalten Haarzellen, die auf die kleinste Lage- und Bewegungsänderung reagieren. Diese Informationen werden zum Gehirn geleitet, um dem Körper das Aufrechterhalten der Balance zu gestatten.

QUERSCHNITT DURCH DAS OHR

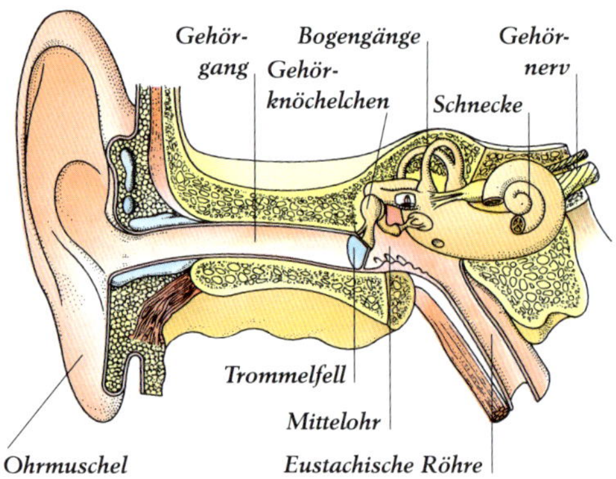

TINNITUS (OHRENKLINGEN)

MENSCHEN mit Tinnitus hören ohne Schallquelle ein ständiges Klingen und Zischen. Viele befürchten, daß es lauter werden oder ein Zeichen für eine ernsthafte Erkrankung sein könnte. Diese Ängste sind unbegründet. Die Überproduktion von Ohrenschmalz, eine blockierte Eustachische Röhre oder ein Schaden in der Schnecke des Innenohrs sind dafür verantwortlich. Auch Medikamente wie Aspirin, Chloroquin und Chinin, dauernder Lärm, Rauchen oder Schock wurden als Ursache vermutet. Tinnitus kann nicht behandelt werden, aber ein „Masker" (wie ein Hörgerät) im Ohr kann das Klingen durch andere Töne unterdrücken.

ALTERNATIVE THERAPIEN

Das Geräusch zu „überhören" ist das Ziel der mentalen Therapien. Akupunktur und Osteopathie versuchen die Körperbalance wiederherzustellen.

AKUPUNKTUR

In der Chinesischen Medizin wird Tinnitus als eine „Disharmonie" gesehen. Ein tiefer Ton weist auf Nierenstörungen, ein hoher auf Leberstörungen hin. Der Therapeut wird mehrere Nadeln entlang der entsprechenden Meridiane setzen.
SEITEN 90–94

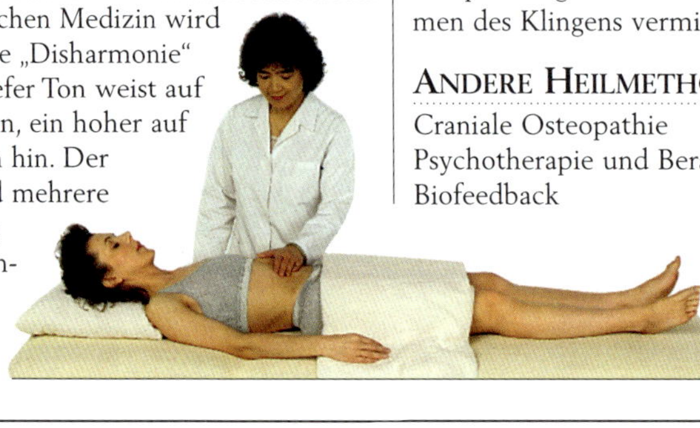

AKUPUNKTUR *Der Therapeut sucht nach Zeichen der Disharmonie*

WESTLICHE PFLANZENKUNDE

Gingko könnte zur Verbesserung der Durchblutung des Innenohrs empfohlen werden.
SEITEN 134–139

ENTSPANNUNGS- & ATEMTHERAPIE

Entspannungstechniken sollen das Wahrnehmen des Klingens vermindern. SEITEN 170–173

ANDERE HEILMETHODEN

Craniale Osteopathie SEITE 81
Psychotherapie und Beratung SEITEN 160–165
Biofeedback SEITE 169

OHRENENTZÜNDUNGEN & OHRENSCHMERZEN

EINE ENTZÜNDUNG des äußeren Ohrs kann durch Schwimmen oder Stochern im Gehörgang verursacht sein. Die Entzündung des Mittelohrs folgt gewöhnlich einer Entzündung des Nasen-Rachenraums, wenn Viren und Bakterien über die Eustachische Röhre aufsteigen. Eine akute Mittelohrentzündung ist mit intensiven, pochenden Schmerzen, Fieber und in schweren Fällen, wenn es zum Einriß des Trommelfells kommt, mit gelblichgrünem Ausfluß verbunden. Eine chronische Entzündung verursacht periodischen Schmerz und Ausfluß. Andere Ursachen für Ohrenschmerzen sind Zahn- oder Kieferprobleme, Schleimhautschwellung im Rachen, Stau von Ohrenschmalz, Furunkel oder eine Neuralgie im Außenohr. **Konventionelle Therapie** Akut werden Schmerzmittel gegeben. Längerfristige Symptome weisen auf eine Entzündung hin, die mit Antibiotika behandelt wird.

Achtung: Konsultieren Sie sofort einen Arzt bei Hörverlust, Benommenheit oder Ausfluß. Führen Sie keine Gegenstände ins Ohr ein. Das Trommelfell kann reißen!

ALTERNATIVE THERAPIEN

Die meisten akuten Ohrenschmerzen beruhigen sich von selbst nach zwei Tagen. Lindernde Kräuterheilmittel, Diätempfehlungen, sanfte Körper- und Bewegungstherapien können helfen und bei chronischen Beschwerden die Widerstandskraft stärken.

KRANIALE OSTEOPATHIE

Manipulation an den Schädelknochen soll helfen, aufgestaute Flüssigkeit im Ohr abzuleiten. SEITE 81

AKUPRESSUR

Zwei Formen der Linderung nichtinfektiöser Ohrenschmerzen werden vorgeschlagen: Festes Drücken mit drei Fingern auf die Region vor dem Ohr oder Drücken mit dem Mittelfinger auf die Vertiefung hinter dem Ohrläppchen. SEITE 95

NATURHEILKUNDE

Eine warme Packung am Ohr kann Schmerzen lindern. Ein Heilpraktiker wird Unverträglichkeiten auf Milch, Weizen und andere Nahrungsmittel testen. Nahrungsunverträglichkeiten sollen Anschwellen und Blockade der Eustachischen Röhre verursachen und so einen Erguß im Mittelohr begünstigen. SEITEN 118–121

HOMÖOPATHIE

Standardmittel zur Behandlung akuter Ohrentzündungen sind Aconit C6 bei Schmerz durch Kälte sowie Belladonna C6 bei pochenden Schmerzen mit Fieber und Druckempfindlichkeit. SEITEN 126–130

BIOCHEMISCHE GEWEBESALZE

Ferrum phos. könnte zur Linderung von Schmerzen, Schwellung und Fieber verordnet werden. SEITE 131

VIVIANIT
Aus diesem Mineral wird Ferrum phos. gegen Ohrentzündungen hergestellt

WESTLICHE PFLANZENKUNDE

Echte Kamille, Echinacea und Scutellaria sind schmerzlindernd und bekämpfen die Infektion. Johanniskraut wirkt antiseptisch und wird tropfenweise in das Ohr gegeben, das dann mit einem Baumwollbausch verschlossen wird. SEITEN 134–139

SCHWERHÖRIGKEIT

ES GIBT ZWEI FORMEN der Schwerhörigkeit: Schalleitungsschwerhörigkeit und Schallempfindungsschwerhörigkeit. **Ursachen** Schalleitungsschwerhörigkeit tritt auf, wenn die Weiterleitung des Schalls im äußeren oder Mittelohr durch Veränderungen gestört ist. Ursache sind Entzündungen, Otosklerose (Versteifung der Gehörknöchelchen im Mittelohr), Fremdkörper und Ohrenschmalz. Die Schallempfindungsschwerhörigkeit tritt nach Veränderungen im Gehörnerv auf. Ursachen sind u. a. Virusinfektionen, Lärmschaden und Altersschwerhörigkeit. **Konventionelle Therapie** Spülung zur Entfernung von Ohrenschmalz und Operationen an Trommelfell und Mittelohr können bei Schalleitungsschwerhörigkeit helfen. Hörgeräte werden bei Schallempfindungsschwerhörigkeit eingesetzt und Schneckenimplantate (elektrische Implantate im Innenohr) bei schwerer Taubheit.

ALTERNATIVE THERAPIEN

Die Steigerung der Durchblutung im Ohr und eine verbesserte Ernährung kann Schwerhörigkeit lindern. Die Akupunktur zielt auf eine Verbesserung des Qi.

KRANIALE OSTEOPATHIE

Die kraniale Osteopathie soll bei der Behandlung einer Schalleitungsschwerhörigkeit effektiv sein. SEITE 81

AKUPUNKTUR

Bei Schwerhörigkeit durch Rachenentzündungen oder bei begleitender Tinnitus werden Nadeln zur Stimulation von Nieren- und Blasen-Meridian gesetzt. SEITEN 90–94

ERNÄHRUNGSTHERAPIEN

Vitamin D kann bei Otosklerose helfen. Ernährungstherapeuten zufolge ist Vitamin A wichtig für die Funktion der Schnecke. Da Vitamin E die Aufnahme des Vitamin A verbessert, könnte die Einnahme beider Zusätze empfohlen werden. Dies soll speziell bei der Altersschwerhörigkeit sehr effektiv sein. Ingwer und Gingko, welche die Durchblutung fördern, sollen ebenfalls die Schwerhörigket mildern. SEITEN 148–152

AYURVEDA

Zusätze und Kräuter wie schwarzer Pfeffer, Ashwaganda und Albad-Öl regen die Durchblutung des Ohrs an und werden gegen Hörverlust eingesetzt. SEITEN 144–147

AYURVEDISCHE HEILMITTEL
Bis zu 20 verschiedene Pflanzen und Mineralien können für ein Heilmittel benötigt werden

ANDERE HEILMETHODEN

Naturheilkunde SEITEN 118–121
Homöopathie SEITEN 126–130
Westliche Pflanzenheilkunde SEITEN 134–139

ATMUNGSSYSTEM

SAUERSTOFF wird in den Blutkreislauf aufgenommen, um dem Körper die Energie für seine Funktion bereitzustellen. Wenn wir einatmen, wird die Luft in der Nase gefiltert und fließt über die Luftröhre und die Bronchien in Millionen kleiner Lungenbläschen. Der Sauerstoff strömt durch die dünnen Wände der Lungenbläschen im Austausch mit Kohlendioxid, das als Abbauprodukt ausgeatmet wird. In wenig belüfteten Gebieten der Lunge kann durch Schleimansammlung das Wachstum von Bakterien begünstigt werden. Luft, die durch Industrie- und Verkehrsabgase belastet ist, kann die Schleimhäute schädigen.

SCHLÜSSELSYMBOLE

Forschung	THERAPEUT
Gute wissenschaftliche Versuche mit positivem Resultat	Unentbehrlich
Einige Studien	Empfohlen
Nicht fundiert	Nicht nötig
	SELBSTBEHANDLUNG
	Selbstbehandlung möglich
	Keine Selbstbehandlung

ALTERNATIVE BEHANDLUNGSWEISEN

Die Behandlung will die Aufnahme von Schadstoffen und Allergenen und ihre Wirkung auf die Lungen reduzieren. Die Stärkung des Immunsystems hilft bei der Abwehr von Erregern in der Atemluft.

KONVENTIONELLE BEHANDLUNGSWEISEN

Atemwegsinfekte sind oft durch Viren ausgelöst. Die Reizung der Schleimhäute kann die Atemwege verengen und die Atmung erschweren. Abschwellende Mittel, Antihistaminika und die Bronchien erweiternde Mittel werden verschrieben. Jede bakterielle Entzündung wird mit Antibiotika behandelt.

Achtung: siehe auch Seite 204.

DER WEG DER LUFT IN DIE LUNGE

DIE ATEMWEGE

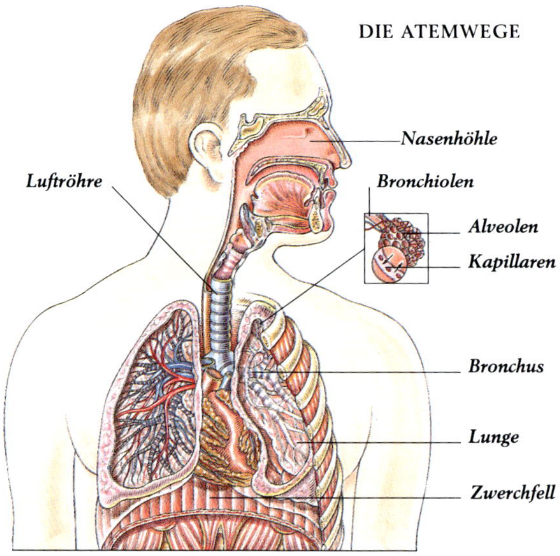

Luft gelangt über Nase oder Mund in die Luftröhre. Die Luftröhre teilt sich in zwei Bronchien, die in die Lunge, ein schwammiges, elastisches und luftgefülltes Organ beidseitig des Herzens, münden. In der Lunge teilen sich die Bronchien in immer kleiner werdende Äste (Bronchiolen) und bis in die Lungenbläschen (Alveolen). Diese sind von kleinsten Blutgefäßen (Kapillaren) umkleidet, deren Wände so dünn sind, daß der Sauerstoff leicht in das Blut diffundieren kann. Hier wird er im Hämoglobin der roten Blutkörperchen bis zu den Geweben transportiert. Die Atemwege sind mit Schleimhaut ausgekleidet.

KATARRH

EIN KATARRH ist eine Überproduktion von Schleim im Atemtrakt. Es bildet sich ein Schnupfen mit blockierten Nasennebenhöhlen und Verlust von Geruch und Geschmack. Ursache ist die Entzündung der Schleimhäute ausgelöst durch Kälte und Viren, andere Infektionen, Allergien oder verschmutzte Luft. Die meisten Fälle heilen schnell ab. Der Arzt verschreibt abschwellende Mittel, Antihistaminika bei Allergie und Antibiotika bei bakterieller Infektion.

Selbsthilfemaßnahmen sind das Meiden von Allergenen wie Pollen und Hausstaub, das Lüften der Wohnräume und die Einschränkung bei Milchprodukten und Zucker.

ALTERNATIVE THERAPIEN

Körper- und Bewegungstechniken und medizinische Therapien werden zur Linderung der Symptome und zur Stärkung des Immunsystems eingesetzt.

AROMATHERAPIE

Um Anschwellungen zu lindern, könnte der Therapeut als Badezusatz einige Tropfen von ätherischem Eukalyptus-, Zitronen- oder Zedernholzöl empfehlen. SEITEN 62–65

NATURHEILKUNDE

Weniger Milchprodukte gegen die Schleimbildung. Fasten mit reichlich Flüssigkeit zur Entgiftung und eine Rohkostdiät mit Zinkzusatz können helfen.
SEITEN 118–121

HYDROTHERAPIE

Ein Hydrotherapeut könnte langes heißes Duschen, Saunagänge und Dampfbäder zur Linderung empfehlen. Senf- und Sitzbäder können ebenso helfen.
SEITEN 122–123

WESTLICHE PFLANZENKUNDE

Zur Schleimlösung werden Kräuter wie Ysop verordnet. Bei anhaltendem Katarrh werden adstringierende Kräuter wie Nessel sowie Knoblauch und Echinacea zur Immunstärkung gegeben. SEITEN 134–139

ANDERE HEILMETHODEN

Akupunktur SEITEN 90–94
Akupressur SEITEN 95
Homöopathie SEITEN 126–130
Ernährungstherapien SEITEN 148–152

SINUSITIS (NASENNEBENHÖHLENENTZÜNDUNG)

DIE NASENNEBENHÖHLEN sind Hohlräume in den Gesichtsknochen, die mit Schleimhaut ausgekleidet sind. Infektion, Entzündung und ein Überschuß an Schleim können den Zugang verlegen. Daraus können Schmerzen an Stirn, Oberkiefer und Wangenknochen resultieren. Die Symptome bessern sich meist nach ein paar Tagen, vom Arzt können Antihistaminika, abschwellende Mittel und Antibiotika verordnet werden. Bei chronischen Beschwerden können Spülungen oder Operationen notwendig sein.

KALIUM-BICHROMAT *Aus diesem Mineral wird das Heilmittel Kali bich. hergestellt*

ALTERNATIVE THERAPIEN

Angestrebt wird die Bekämpfung der Infektion, Reduzierung der Schleimproduktion und ein Öffnen der Nasennebenhöhlen.

AROMATHERAPIE

Der Therapeut wird Dampfinhalationen mit Eukalyptus-, Teebaum- oder Lavendelöl zur Bekämpfung von Infektionen und zum Öffnen verlegter Passagen empfehlen. Das Einmassieren von verdünnten Ölen auf Gesicht und Hals kann ebenfalls helfen.
SEITEN 62–65

Achtung: Vorsicht mit Dampfinhalationen bei Asthma!

AKUPRESSUR

Ein Therapeut könnte das feste Drücken beidseits der Nasenflügel empfehlen. Dies stimuliert Akupunkturpunkte des Dickdarm-Meridians und soll bei Sinusitis helfen. SEITE 95

HOMÖOPATHIE

Die folgenden Standardmittel werden verwendet: Kalium bichromicum C6 gegen Druck an der Nasenwurzel und bei dickem, fädenziehendem Schnupfen; Sticta pulmonaria C6 bei chronischer Sinusitis ohne Schnupfen.
SEITEN 126–130

CHINESISCHE PFLANZENKUNDE

In der TCM ist Sinusitis ein Zeichen für das Eindringen von „Wind und Hitze“ und Mangel an Qi in der Lunge. Pflanzliche Rezepturen wie „kleiner blauer Drachen“, Pueraria „N“ und Asarum werden empfohlen.
SEITEN 140–143

Achtung: „Kleiner blauer Drachen“ enthält Ephedrin, welches das Herz zu sehr stimulieren kann!

ANDERE HEILMETHODEN

Akupunktur SEITEN 90–94
Naturheilkunde SEITEN 118–121
Westliche Pflanzenheilkunde SEITEN 134–139

ERKÄLTUNG

JEDE DER MEHR als 200 Virusarten kann eine Erkältung verursachen. Die Infektion führt zu Schleimhautentzündungen von Nase, Nasennebenhöhlen und Kehle, die sich als verstopfte, verschnupfte Nase mit Niesen, Rachenentzündung, Husten, mildem Fieber und Kopfschmerzen zeigen. **Ursachen** Das Virus wird in kleinen Tröpfchen eingeatmet, die von infizierten Personen abgehustet werden. Die Ansteckung ist wahrscheinlich, wenn das Immunsystem durch Mangelernährung, Überarbeitung oder Streß geschwächt ist. Eine sonst gesunde Person übersteht die Erkältung in einer Woche. Ein Arzt könnte Schmerzmittel wie Aspirin, Paracetamol und Ibuprofen empfehlen.

CHINESISCHE KRÄUTER *Eine Therapeutin wiegt Kräuter für eine Rezeptur ab*

ALTERNATIVE THERAPIEN

Da es keine Heilbehandlung für die Erkältung gibt, richtet sich die Therapie auf die Linderung der Symptome und die Stärkung des Immunsystems.

AROMATHERAPIE

Um eine Erkältung abzuwenden, wird der Therapeut Dampfinhalationen mit ätherischen Ölen wie Eukalyptus, Lavendel und Teebaum, die antiviral wirken sollen, anordnen sowie Pfefferminzöl, das Husten und Schnupfen lindert. Das Einmassieren dieser Öle (in einem Trägeröl) kann ebenfalls nützlich sein.
SEITEN 62–65

Achtung: Vorsicht mit Dampfinhalationen bei Asthma!

NATURHEILKUNDE

Heilpraktiker glauben, daß zwei Erkältungen im Jahr auf ein gestörtes Immunsystem hinweisen. Eine gesunde Ernährung mit frischem Obst, Gemüse und Vollkorn sowie das Trinken von viel Flüssigkeit zum Feuchthalten der Atemwege wird empfohlen, um die Viren zurückzuweisen. Bei entzündetem Hals kann mit heißem Wasser, Honig, Zitronensaft und Knoblauch gegurgelt werden. Dampfinhalationen und Senffußbäder, die die Durchblutung anregen, können ebenfalls hilfreich sein. SEITEN 118–121

Achtung: Vorsicht mit Dampfinhalationen bei Asthma!

WESTLICHE PFLANZENKUNDE

In deutschen Studien von 1994 zeigt Echinacea eine immunstärkende Wirkung. Dieses und andere Kräuter kann zur Linderung der Schmerzen und Minderung von Fieber und Schleimbildung empfohlen werden. Eupatorium perfoliatum verkürzt die Dauer einer Erkältung. Gurgeln mit Salbei, Knoblauch, roh oder in Kapselform könnten die Infektion bekämpfen (siehe S. 226). SEITEN 134–139

Achtung: Nehmen Sie keine medizinischen Dosierungen von Salbei während einer Schwangerschaft. Eupatorium perfoliatum kann in hohen Dosen giftig sein.

CHINESISCHE PFLANZENKUNDE

Therapeuten könnten Astragaluswurzel verschreiben. Chinesischen Studien zufolge soll diese Pflanze die Häufigkeit einer Erkältung und ihre Dauer reduzieren. SEITEN 140–143

Achtung: Nehmen Sie kein Astragalus bei Hautproblemen!

ERNÄHRUNGTHERAPIEN

Hohe Dosen an Vitamin C könnten empfohlen werden. Mehrere Studien zeigen, daß Vitamin C die Dauer einer Erkältung verkürzt. Auch Zinkgluconat soll in Studien seit 1984 die Dauer einer Erkältung zum Teil verkürzt haben. SEITEN 148–152

ANDERE HEILMETHODEN

Akupressur SEITE 95
Homöopathie SEITEN 126–130

BRONCHITIS & HUSTEN

BRONCHITIS ist ein Zustand, bei dem die Schleimhaut der Atemwege akut oder chronisch entzündet ist. Bei akuter Bronchitis bildet sich nach bakterieller oder viraler Infektion zäher, gelb-grüner Schleim. Es kommt zu Fieber, Halsentzündung, schmerzhaftem Husten, Kurzatmigkeit und Pfeifen. Diese Symptome halten meist eine Woche an, der Husten dauert länger. Die chronische Bronchitis betrifft meist Raucher und ältere Menschen. Die Schleimhaut ist verdickt, die Luftwege sind verstopft, es kommt zu anhaltendem Husten und Kurzatmigkeit.

Ursachen Akute Bronchitis beginnt meist mit einer Erkältung oder Grippe und wird schlimmer durch kalte, feuchte oder verschmutzte Luft. Chronische Bronchitis entsteht nach wiederholter akuter Bronchitis, vor allem nach längerer Irritation der Bronchien durch Rauch, Staub und Umweltschmutz.

Konventionelle Therapie Die akute Bronchitis wird mit Bettruhe und Medikamenten wie Aspirin oder Paracetamol behandelt, bei bakteriellen Ursachen werden Antibiotika verordnet. Schleimlösende Mittel unterstützen. Bei chronischer Bronchitis wird empfohlen, mit dem Rauchen aufzuhören, wenn nötig Gewicht zu reduzieren und sich gegen Grippe impfen zu lassen. Zusätzlich werden oft bronchienerweiternde Medikamente und Sauerstoffgeräte verschrieben.

Selbstbehandlung Hören Sie auf mit dem Rauchen, und reduzieren Sie Ihr Gewicht. Vermeiden Sie verschmutzte Luft, nutzen Sie einen Luftbefeuchter.

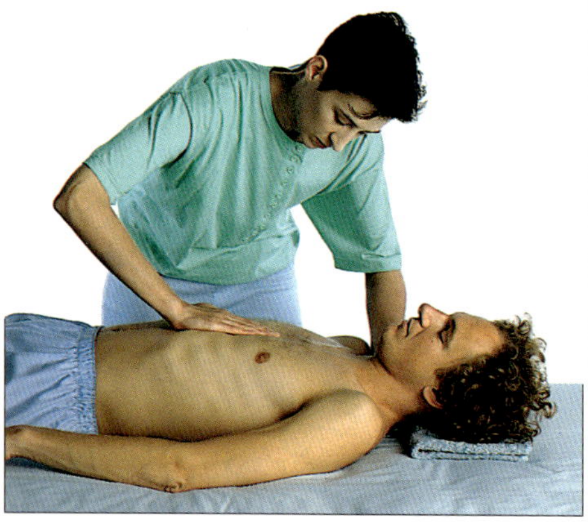

MASSAGE
Beklopfen und Massieren des Brustkorbs lösen den Schleim und verbessern die Atmung

KÖRPER- & BEWEGUNGSTHERAPIEN

Diese Therapien öffnen die Atemwege, um die Atmung zu erleichtern.

MASSAGE

Bei chronischer Bronchitis wird eine Massage empfohlen, bei der durch Beklopfen des Rückens und Brustkorbs Schleim gelöst und das Atmen erleichtert wird.
SEITEN 56–61

AROMATHERAPIE

Der Therapeut wird eine Inhalation mit Teebaumöl (antiseptisch), Eukalyptusöl (schleimlösend), Thymianöl (antiseptisch u. schleimlösend) und Lavendelöl (krampflösend) verordnen. SEITEN 62–65

Achtung: Vorsicht mit Dampfinhalationen bei Asthma!

CHIROPRAKTIK (SIEHE OSTEOPATHIE)

OSTEOPATHIE

Wenn die Atemwege bei chronischer Bronchitis verengt sind, ist die Muskulatur an Schultern, Nacken, Brustkorb und Rücken verspannt. Bindegewebstechniken können die Atemkapazität unterstützen. SEITEN 70–81

MEDIZINISCHE THERAPIEN

Methoden wie Natur- und Pflanzenheilkunde wollen die Immunreaktion des Körpers auf eine Infektion verbessern.

NATURHEILKUNDE

Der Therapeut wird versuchen, das Immunsystem zu stimulieren, um die Infektion zu bekämpfen und die Schleimproduktion zu reduzieren. 1–2tägiges Fasten, danach Rohkost oder Fruchtdiät, könnten empfohlen werden. Er könnte Sie auch bitten, Milchprodukte, Zucker und andere raffinierte Kohlenhydrate zu meiden. Scharfe Speisen zum Öffnen der Atemwege, auch Wärmflaschen und Senfpackungen auf die Brust können empfohlen werden. Eine Kopftieflage löst Schleim und erleichtert das Abhusten. SEITEN 118–121

Achtung: Diäten können zu Mangelernährung führen.

HYDROTHERAPIE

Dampfinhalationen, Dampfbäder oder Sauna bringen Erleichterung bei der Bronchialverlegung, heiße oder kalte Kompressen ebenfalls.
SEITEN 122–123

Achtung: Vorsicht mit Dampfinhalationen bei Asthma!

WESTLICHE PFLANZENKUNDE

Der Therapeut wird eher schleimlösende, das Abhusten fördernde Mittel verordnen, als den Husten zu unterdrücken. Thymian und der Echte Alant gehören dazu. Echinacea, Knoblauch und Golden Seal (Hydrastis Canadensis/wilder Curcuma) bekämpfen zusammen mit wärmenden Mitteln wie Ingwer die Infektion.
SEITEN 134–139

Achtung: Verwenden Sie kein Golden Seal bei Schwangerschaft oder hohem Blutdruck. Verwenden Sie keinen Ingwer bei Magen-Darmgeschwüren.

ECHINACEA
Diese Heilpflanze stimuliert die Immunabwehr

CHINESISCHE PFLANZENKUNDE

Akute Bronchitis wird mit „äußerem Wind", „Kälte" oder „Hitze" in Verbindung gebracht, der Therapeut wird Kräuter wie Wegerich und Platycodon grandiflorus empfehlen. Ein Defizit an Qi in Milz oder Leber wird bei chronischer Bronchitis vermutet. Klassische Mittel sind Platycodon grandiflorus und Fritillaria meleagris.
SEITEN 140–143

Achtung: Nehmen Sie Fritillaria meleagris nur unter professioneller Aufsicht.

ANDERE HEILMETHODEN

Homöopathie	SEITEN 126–130
Biochemische Gewebesalze	SEITEN 131
Ayurveda	SEITEN 144–147
Ernährungstherapien	SEITEN 148–152

MENTALE & EMOTIONALE THERAPIEN

Entspannung erleichtert nicht nur Streß, sondern verbessert auch die Atmung, wichtig besonders bei chronischer Bronchitis.

ENTSPANNUNGS- & ATEMTHERAPIE

Die meisten Menschen nutzen nur die halbe Lungenkapazität. Ihr Therapeut kann Ihnen zeigen, wie Sie durch Zwerchfellatmung besser atmen. Dies kann beruhigen und Ihnen bei chronischer Bronchitis ein Gefühl der Selbstkontrolle geben.
SEITEN 170–173

INFLUENZA (VIRUSGRIPPE)

DIE GRIPPEVIREN verursachen eine Infektion des Atemtrakts. Es finden sich Symptome wie bei einer gewöhnlichen Erkältung, jedoch stärker ausgeprägt: hohes Fieber, Schwitzen und Frösteln, Muskelschmerzen, Müdigkeit, ein Gefühl der Schwere, ein trockener, wunder Hals, schmerzhaftes Atmen und Kopfschmerz. Gelegentlich ist die Verdauung mit betroffen. Die Grippe dauert gewöhnlich eine Woche, kann aber bei sekundärer bakterieller Infektion länger anhalten. Der Kampf gegen die Infektion ist Streß für den Körper und läßt den Erkrankten für Wochen müde und erschöpft sein.

Konventionelle Behandlung Aspirin und Paracetamol nehmen den Schmerz, schleimlösende Mittel und Antihistaminika reduzieren die Schleimbildung. Bei chronischer Bronchitis, Emphysem, Asthma, älteren Menschen und schwachem Immunsystem wird die Schutzimpfung empfohlen (bis zu 70 Prozent Schutz).

ALTERNATIVE THERAPIEN

Therapien wie Aromatherapie, Naturheilkunde und chinesische Kräuterheilkunde sollen die Abwehrkräfte des Körpers stärken.

NATURHEILKUNDE

Therapeuten mögen ein zweitägiges Fasten, viel Flüssigkeit und Ruhe empfehlen, um Gifte zu eliminieren und das Immunsystem zu stärken. Heiße Bäder und Kompressen helfen die Muskelschmerzen zu lindern. Fieber wird als Zeichen der Selbstheilung gesehen und sollte bei Erwachsenen nicht gesenkt werden, solange es nicht über 40°C ist. SEITEN 118–121

HOMÖOPATHIE

Die folgenden Mittel werden empfohlen: Gelsemium C6 bei Müdigkeit, Mattigkeit und Frösteln am Rücken; Rhus tox. C6 bei Unruhe wegen steifer, schmerzhafter Muskulatur; Bryonica C6 bei Durst, Kopfschmerz und Husten. Eine französische Studie von 1989 berichtet, daß das Mittel Oscillococcinum gegenüber einem Placebo eine deutlich effektivere Wirkung zeigt. SEITEN 126–130

WESTLICHE PFLANZENKUNDE

Schwarze Holunderbeere zeigt gute Wirkung gegen Grippe. SEITEN 134–139

CHINESISCHE PFLANZENKUNDE

Grippe ist verbunden mit „Windkälte", „Feuchtigkeit" und „Windhitze". Moxibustion und Zimt können verordnet werden.
SEITEN 140–143

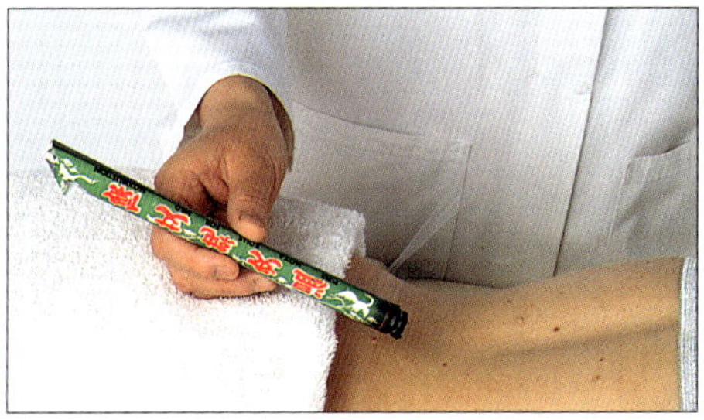

MOXIBUSTION
Moxa wird entzündet und über Akupunkturpunkte gehalten, um Hitze zu entwickeln und den Fluß von Qi zu verbessern

ANDERE HEILMETHODEN

Aromatherapie SEITEN 62–65

LUNGENENTZÜNDUNG (PNEUMONIE)

DIE LUNGENENTZÜNDUNG ist eine vom Bronchialtrakt ausgehende Infektion einer oder beider Lungen. Die Symptome sind Fieber, Schüttelfrost, Atemnot, Brustschmerzen und Husten mit grün-gelbem Schleim, der auch blutig sein kann. Die Infektion folgt einer Erkältung oder Grippe und wird verursacht durch Bakterien oder Viren. Lungenentzündungen können lebensbedrohlich sein für kleine Kinder, ältere Menschen und Personen, deren Immunsystem durch Krankheit, Drogen oder Alkohol geschwächt ist. Normalerweise werden Antibiotika bei bakterieller, im Falle einer möglichen sekundären Infektion auch bei viraler Lungenentzündung verordnet. Schwere Verläufe erfordern Krankenhausbehandlung. Manchmal wird Physiotherapie zum Drainieren des Schleims empfohlen.

Achtung: Rufen Sie Ihren Arzt, wenn Sie eine Lungenentzündung vermuten. Konsultieren Sie Ihren Arzt vor Beginn einer Alternativtherapie.

VOLLWERTKOST
Eine gesunde Ernährung sollte frisches Obst und Gemüse beinhalten

ALTERNATIVE THERAPIEN

Massage und Dampfanwendungen helfen den Schleim zu lösen. Heilpraktiker and Ernährungstherapeuten versuchen die Selbstheilungskräfte des Körpers zu stärken.

CHIROPRAKTIK (SIEHE OSTEOPATHIE)

OSTEOPATHIE

Weichteilgewebetechniken können das Abhusten des Schleims unterstützen und die Selbstheilungskräfte stärken. SEITEN 70–81

NATURHEILKUNDE

Heilpraktiker können eine Vollwertkost mit Frucht- und Gemüsesäften und Knoblauch zur Stärkung des Immunsystems empfehlen. Lagerungsdrainage in Kopftieflage kann beim Abhusten helfen. SEITEN 118–121

HYDROTHERAPIE

Dampfinhalationen mit Eukalyptusöl können den Schleim lösen. Eine Wärmflasche auf Brust und Rücken für 30 Minuten am Tag kann zur Linderung der Entzündung beitragen. SEITEN 122–123

Achtung: Vorsicht mit Dampfinhalationen bei Asthma!

WESTLICHE PFLANZENKUNDE

Ein Therapeut wird zum Abhusten Mittel wie Lobelie und zur Bekämpfung der Infektion Echinacea oder Knoblauch verordnen.
SEITEN 134–139

Achtung: Verwenden Sie Lobelie nur unter professioneller Aufsicht.

ERNÄHRUNGSTHERAPIEN

Nach Studien in den USA sollen hohe Dosen an Vitamin C, kurz nach der Infektion eingenommen, das Immunsystem stärken und dadurch eine Lungenentzündung bekämpfen. Die empfohlene Dosis liegt bei 500 mg alle zwei Stunden, was aber Übelkeit und andere Nebenwirkungen hervorrufen kann. Auch Beta-Karotin, Flavonoide, Zink und Thymusextrakt werden empfohlen SEITEN 148–152

ANDERE HEILMETHODEN

Homöopathie SEITEN 126–130

MUND & HALS

SPRACHE, GESCHMACK UND DER BEGINN des Verdauungprozesses sind im Mund lokalisiert. Die Zähne zerkleinern die Nahrung, so daß sie mit Speichel gemischt und für den Schluckakt aufgeweicht werden kann. Die Zunge mit ihren Geschmacksnerven befördert die Speise zur Speiseröhre in Richtung Magen. Im Hals nutzt der Kehlkopf die Atemluft, um Töne zu bilden, die von der Zunge, den Zähnen und Lippen zu Sprache moduliert werden. Die häufigsten Munderkrankungen sind Infektionen, Geschwüre und Zahnprobleme. Der Zustand von Zunge und Mundschleimhaut weist auf die Gesamtgesundheit hin.

SCHLÜSSELSYMBOLE

FORSCHUNG
- Gute wissenschaftliche Versuche mit positivem Resultat
- Einige Studien
- Nicht fundiert

THERAPEUT
- Unentbehrlich
- Empfohlen
- Nicht nötig

SELBSTBEHANDLUNG
- Selbstbehandlung möglich
- Keine Selbstbehandlung

ALTERNATIVE BEHANDLUNGSWEISEN

Gesunde Zähne und Zahnfleisch sind wichtig für die Verdauung. Die Chinesische Medizin, der Ayurveda und alle anderen Heilsysteme glauben, daß der Zustand des gesamten Organismus an der Zunge abgelesen werden kann.

KONVENTIONELLE BEHANDLUNGSWEISEN

Regelmäßige Untersuchungen können Zahnverfall und Zahnfleischinfektionen vorbeugen. Bei entzündeten Mandeln und Nasennebenhöhlen werden Schmerzmittel und Antibiotika gegeben, manchmal muß operiert werden.

Achtung: siehe auch Seite 204.

FUNKTION VON MUND UND HALS

Der vordere harte und der hintere weiche Gaumen bilden das Dach der Mundhöhle. Hier wird verhindert, daß beim Schlucken Nahrung in die Nasenhöhle gelangt. Die Zunge ist das größte Organ der Mundhöhle. Sie besteht hauptsächlich aus Muskeln und ist an ihrer Oberfläche mit Geschmacksknospen besetzt. Die Zunge hat eine Funktion beim Sprechen, beim Kauen und Schlucken der Nahrung. Die im Kiefer verankerten Zähne zerkleinern die Nahrung in Stücke, die von Verdauungsenzymen weiter angedaut werden. Der Rachen ist ein Kanal für Atemluft und Nahrung. Hier strömt die Luft hinunter durch den Kehlkopf zu den Lungen. Beim Schlucken verschließt der Kehldeckel den Kehlkopf, so daß die Speise nur in die Speiseröhre gelangt.

STRUKTUR VON MUND UND HALS

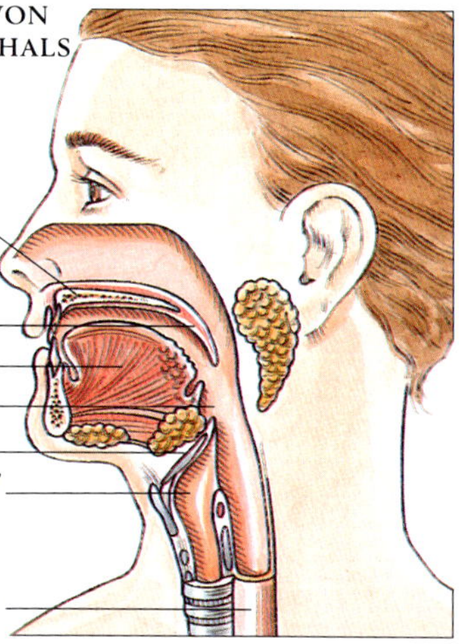

HALS- & MANDELENTZÜNDUNG

HALSENTZÜNDUNGEN werden meist durch Viren, manchmal durch Bakterien verursacht. Die Symptome dauern nur einige Tage, können aber erste Anzeichen für eine Tonsillitis, eine Mandelentzündung, sein. Die Mandeln sind zwei mandelförmige Drüsen am hinteren Rachen und gehören zum Immunsystem des Körpers. Die Entzündung verursacht grippeähnliche Symptome, Schluckbeschwerden und Heiserkeit. Bei Anfälligkeit für Hals- und Mandelentzündungen sollte man das Immunsystem mit Vitamin C, Knoblauch und Vollwertkost reich an frischem Obst und Gemüse stärken. Schmerzmittel, antiseptische Pastillen und Gurgeln können die Halsentzündung lindern. Vom Arzt werden bei bakterieller Infektion Antibiotika verschrieben.

ALTERNATIVE THERAPIEN

Die meisten Alternativtherapien versuchen die Entzündung zu lindern und die Körperabwehr zu stärken.

AROMATHERAPIE

Um die Beschwerden zu lindern, wird der Therapeut das Gurgeln mit in Wasser verdünntem Geranien- oder Teebaumöl oder eine sanfte Nackenmassage mit verdünntem Eukalyptusöl empfehlen. SEITEN 62–65

NATURHEILKUNDE

Kurzes Fasten entgiftet, Knoblauch lindert und bekämpft die Infektion, und Vitamin-C-haltige Fruchtsäfte beruhigen gereizte Schleimhäute. SEITEN 118–121

OBST & KNOBLAUCH
Zitrusfrüchte, reich an Vitamin C, und Knoblauch helfen bei Halsentzündungen

HYDROTHERAPIE

Da trockene Luft eine Halsentzündung verschlimmert, könnte der Therapeut einen Luftbefeuchter empfehlen. Kalte Bauchwickel und Halskompressen stützen den Kreislauf und stimulieren das Immunsystem.
SEITEN 122–123

WESTLICHE PFLANZENKUNDE

Beim Auftreten der Symptome wird Gurgeln oder ein Aufguß mit einer antiseptischen Pflanze wie Ringelblume oder Salbei empfohlen. Echinacea könnte zur Bekämpfung der Infektion eingesetzt werden.
SEITEN 134–139

ANDERE HEILMETHODEN

Homöopathie SEITEN 126–130
Biochemische Gewebesalze SEITE 131

MUNDGESCHWÜRE (APHTEN)

MUNDGESCHWÜRE sind kleine, weiß-graue Stellen mit entzündetem Rand, die an der Wangenschleimhaut, dem Zahnfleisch, den Lippen oder auf der Zunge auftreten. Mangelernährung, Nahrungsallergien, Virusinfektionen, Verletzungen, Streß und Überanstrengung können die Ursache sein. Ärzte verordnen schmerzstillende, antiseptische Mundspülungen und Pastillen, bei anhaltenden Beschwerden auch Kortison und Antibiotika.

ALTERNATIVE THERAPIEN

Behandlungziel ist die Behebung einer möglichen Mangelernährung.

NATURHEILKUNDE

Heilpraktiker bringen Mundgeschwüre mit einer Nahrungsunverträglichkeit in Verbindung und könnten eine Auslaßdiät zum Auffinden der Auslöser anraten. Bei vermutetem Vitamin-B-Mangel könnte eine Diät mit Vollkorn, Milch und Kartoffeln empfohlen werden. SEITEN 118–121

WESTLICHE PFLANZENKUNDE

Zur Unterstützung der Abheilung ist eine Mundspülung mit Myrrhe oder Salbei anzuraten. Echinacea stärkt die Infektionsabwehr.
SEITEN 134–139

Achtung: Keine Myrrhe in der Schwangerschaft!

MYRRHE
Die Mundspülung kann beim Abheilen von Mundgeschwüren helfen

KEHLKOPFENTZÜNDUNG (LARYNGITIS)

EINE KEHLKOPFENTZÜNDUNG verursacht Heiserkeit, trockenen Husten und manchmal Sprachverlust. Ursache ist eine Entzündung, aber auch Überbeanspruchung der Stimme, starkes Rauchen und Trinken oder Streß. Schmerzmittel, Gurgeln und Pastillen können die Symptome lindern und Antibiotika bakterielle Infektionen bekämpfen.

Achtung: Zum Arzt, wenn die Heiserkeit anhält!

ALTERNATIVE THERAPIEN

Die westliche und chinesische Pflanzenheilkunde können die Symptome gut behandeln. Sie stärken beide den Heilungsprozeß.

WESTLICHE PFLANZENKUNDE

Die Therapeuten könnten Echinacea zur Infektabwehr, weißen Andorn zur Linderung des trockenen Hustens und das Gurgeln mit Ringelblume verordnen. SEITEN 134–139

CHINESISCHE PFLANZENKUNDE

Laryngitis wird mit Giften und „Hitze in der Lunge" in Verbindung gebracht. Geißblatt und Pfefferminze werden gegeben. SEITEN 140–143

Achtung: Keine Pfefferminze an Kinder unter fünf Jahren!

ANDERE HEILMETHODEN

Aromatherapie — SEITEN 62–65
Naturheilkunde — SEITEN 118–121
Homöopathie — SEITEN 126–130

ZAHNSCHMERZEN

DIE HÄUFIGSTE URSACHE von Zahnschmerzen ist Karies, bei der das Dentin und die Pulpa des Zahns von Bakterien angegriffen werden. In schweren Fällen dringt die Infektion in den Kiefer und bildet Abszesse. Schmerzmittel können die Beschwerden bis zur zahnärztlichen Behandlung lindern. Bei Abszessen werden Antibiotika verschrieben.

ALTERNATIVE THERAPIEN

Körper- und Bewegungstherapien, besonders die Aromatherapie und die Akupunktur, können zeitweilig Linderung bringen.

AROMATHERAPIE

Als Notfallmaßnahme wird traditionell der Zahn mit ätherischem Nelkenöl betupft.
SEITEN 62–65

AKUPRESSUR

Der Akupunkturpunkt zur Linderung von Zahnschmerzen befindet sich am Handrücken zwischen Daumen und Zeigefinger. SEITE 95

ANDERE HEILMETHODEN

Akupunktur — SEITEN 90–94
Hydrotherapie — SEITEN 122–123
Homöopathie — SEITEN 126–130
Westliche Pflanzenheilkunde — SEITEN 134–139

ZAHNFLEISCHENTZÜNDUNG & MUNDGERUCH

ENTZÜNDETETES, BLUTENDES ZAHNFLEISCH (Gingivitis) ist ein Zeichen für Infektion durch Zahnverfall oder Zahnplaque. Ärzte verschreiben in schweren Fällen Antibiotika. Mundgeruch kann durch Gingivitis oder Verdauungsprobleme entstehen.

MUNDHYGIENE
Zähneputzen kann Gingivitis vermeiden

ALTERNATIVE THERAPIEN

Die Ausscheidung soll verbessert und die Zahngesundheit erhalten bleiben.

NATURHEILKUNDE

Beta-Karotinhaltige Säfte wie Möhren- und Cantaloupe-Melonensaft können helfen, gesundes Zahnfleisch wiederherzustellen. Die Therapeuten glauben, daß Mundgeruch ein Zeichen schlechter Ausscheidung ist, und könnten eine ballastreiche Kost mit viel Rohkost und Wasser zur Verbesserung der Verdauung anraten. Kohletabletten sollen Abfallstoffe im Darm absorbieren. SEITEN 118–121

AYURVEDA

Der Therapeut könnte verdünnten Zitronensaft zum Trinken und Kokosnuß, Gelbwurz oder Myrrhe zum Einmassieren des Zahnfleisches und zur Infektionsbekämpfung und Beschleunigung der Abheilung empfehlen.
SEITEN 144–147

Achtung: Verwenden Sie keine Myrrhe oder Gelbwurz bei Schwangerschaft und kein Gelbwurz bei Bluthochdruck.

ANDERE HEILMETHODEN

Homöopathie — SEITEN 126–130
Westliche Pflanzenheilkunde — SEITEN 134–139

VERDAUUNG

BEIM VERDAUUNGSPROZESS wird die Nahrung soweit zersetzt, daß die Nährstoffe ins Blut gelangen und zur Energiegewinnung und zum Aufbau und Erhalt des Körpers verwendet werden können. Die Verdauung beginnt im Mund mit dem Einwirken des Speichels auf die Nahrung, jedoch geschieht die Hauptarbeit in Magen und Dünndarm. Die Therapeuten sind sich einig, daß eine gute Verdauung wesentlich ist für die körperliche und geistige Gesunderhaltung. Störungen in der Verdauung entstehen durch Mangelernährung, emotionale Probleme, Erbkrankheiten, Allergien und Infektionen.

SCHLÜSSELSYMBOLE

FORSCHUNG	THERAPEUT
Gute wissenschaftliche Versuche mit positivem Resultat	Unentbehrlich
Einige Studien	Empfohlen
Nicht fundiert	Nicht nötig
	SELBSTBEHANDLUNG
	Selbstbehandlung möglich
	Keine Selbstbehandlung

ALTERNATIVE BEHANDLUNGWEISEN

Die alternativen Therapien beachten die Ernährung und den Zustand des Darms bei fast allen Erkrankungen. Sie versuchen die Ausscheidung von Abfallstoffen zu verbessern, die Leber zu stützen, den Dickdarm zu reinigen und die natürliche Darmflora wiederherzustellen. Reizende Nahrungsmittel werden vermieden.

KONVENTIONELLE BEHANDLUNGWEISEN

Medikamente und Operation können bei einigen Darmerkrankungen lebenserhaltend sein. Sie sind jedoch weniger effektiv bei streßbedingten Störungen.

Achtung: **siehe auch Seite 204.**

VERDAUUNG DER NAHRUNG

Die Verdauung beginnt im Mund, wo der Speichel die Speise anfeuchtet, das Kauen erleichert und Enzyme schon Zucker zersetzen. Der Speisebrei passiert die Speiseröhre und gelangt in den Magen, wo er weiter von Säuren und Enzymen zersetzt wird und dann in den Dünndarm gelangt. Hier wird er zur Aufnahme in das Blut von Enzymen der Bauchspeicheldrüse und von Sekreten der Leber und Gallenblase zu Zuckern, Eiweißen und Fetten zersetzt. Die Leber unterstützt die Fettverdauung und beseitigt fettlösliche Toxine. Unverdautes passiert den Dickdarm und wird ausgeschieden.

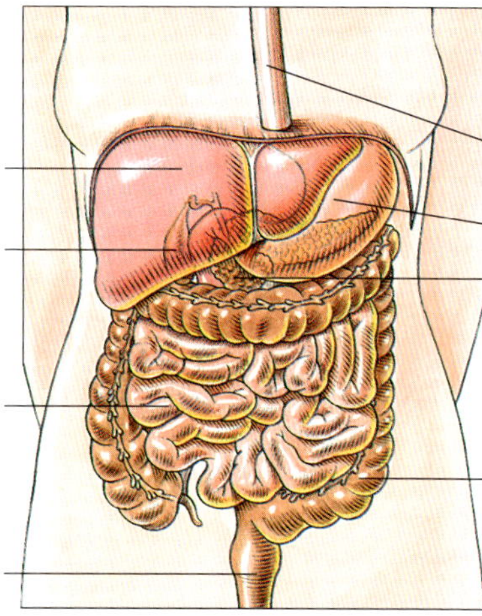

DAS VERDAUUNGSSYSTEM

GASTROENTERITIS

DIE GASTROENTERITIS ist eine Entzündung der Schleimhäute von Magen und Dünndarm, meist verursacht durch Bakterien in verdorbenen Speisen, durch Viren oder durch Unverträglichkeit einer Nahrung. Symptome wie Übelkeit, Erbrechen, Durchfall, Magenkrämpfe und mildes Fieber können sechs bis 36 Stunden anhalten. Sie sollten nur trinken, bis die Beschwerden vorüber sind. Bei Besserung können kleine Mahlzeiten mit Banane, weißem Reis, Äpfel und Toastbrot gegessen werden; schrittweise kann eine normale Ernährung wieder aufgebaut werden.

Achtung: Konsultieren Sie einen Arzt, wenn Durchfälle mehr als drei Tage anhalten (24 Stunden bei Babys) und bei Schleim oder Blut im Stuhl.

ALTERNATIVE THERAPIEN

Die Heilmittel können helfen, einen gestörten Verdauungstrakt wiederherzustellen.

NATURHEILKUNDE

Heilpraktiker werdenTrinken und Fasten empfehlen, bis das Schlimmste vorüber ist. Zur Wiederherstellung der Darmflora könnte „lebendiger" Joghurt oder der Zusatz von Acidophiluspuder verordnet werden. Wahrscheinlich werden Sie Milchprodukte eine Zeitlang meiden müssen, da eine Laktoseintoleranz (Milchzucker) zu einem Reizdarm führen kann und bei entzündetem Darm wahrscheinlich ist.

SEITEN 118–121

JOGHURT
Die Bakterien in „lebendigem" Joghurt sind nützlich für das Verdauungssystem

WESTLICHE PFLANZENKUNDE

Gegen Übelkeit und zur Entsäuerung kann ein Therapeut zu einem Aufguß oder einer Tinktur von Mädesüß oder Zimt raten. Weitere Heilmittel sind Ingwer, Pfefferminze oder Kamille gegen Krämpfe und Thymian oder Fenchel gegen die Infektion. Pfeilwurz, mit etwas Wasser gemischt, kann den Darm beruhigen. **SEITEN 134–139**

Achtung: Nehmen Sie keine medizinischen Mengen von Zimt, Thymian oder Fenchel während einer Schwangerschaft, keinen Ingwer bei Magen-Darmgeschwüren, kein Mädesüß bei Aspirinallergie ein!

ÜBELKEIT & ERBRECHEN

ÜBELKEIT UND ERBRECHEN sind häufig. Erbrechen befreit den Körper von verschluckten schädlichen Substanzen. Es tritt auch als Reaktion auf Medikamente und Toxine bei Erkrankung auf. Lebensmittelvergiftungen, Hormonumstellungen in der Schwangerschaft, Schock, Migräne, Nervosität, Kopfverletzungen, Störungen im Innenohr und Gehirn können weitere Ursache sein. Bei Lebensmittelvergiftung wird der Arzt ein Fasten für 24 Stunden anraten, manchmal auch das Trinken einer Salz-Glucose-Lösung. Medikamente zur Unterdrückung des Brechreizes werden in schweren Fällen verschrieben.

Achtung: Konsultieren Sie einen Arzt bei anhaltendem Erbrechen über 12 Stunden, besonders bei Kindern und bei begleitenden Bauchschmerzen, bei hohem Fieber, Benommenheit, Kopfschmerzen und Lichtscheu. Nehmen Sie keine Medikamente gegen Übelkeit und Erbrechen während der ersten drei Monate einer Schwangerschaft.

ALTERNATIVE THERAPIEN

Therapien wie die Akupressur und die Pflanzenheilkunde können sehr effektiv das Verdauungssytem beruhigen.

AKUPRESSUR

In der Traditionellen Chinesischen Medizin werden Übelkeit und Erbrechen mit „aufsteigendem Magen-Qi" in Verbindung gebracht. Klinische Studien von 1990–1996 berichten über Linderung bei Erbrechen nach Narkose, während einer Chemotherapie, bei morgendlichem Erbrechen in der Schwangerschaft und bei Reisekrankheit, nachdem der Akupunkturpunkt „Perikard 6" stimuliert wurde. (Bild). Der Therapeut wird Ihnen zeigen, wie man ihn drückt. Sie können auch spezielle elastische Handgelenksbandagen benutzen. SEITE 95

SELBSTHILFE
Das Drücken des Akupunkturpunktes an der Arminnenseite kann Übelkeit bei Schwangerschaft, nach Narkose und Chemotherapie lindern

WESTLICHE PFLANZENKUNDE

Studien haben gezeigt, daß mehr noch als Medikamente das schluckweise Trinken eines Ingweraufgusses gegen Übelkeit wirkt. Pfefferminz-, Fenchel- und Kamillentee können ebenfalls empfohlen werden. Wenn Übelkeit durch Infektion oder Lebensmittelvergiftung verursacht wird, könnte der Therapeut Knoblauch oder verdünnten Zitronensaft empfehlen. SEITEN 134–139

Achtung: Nehmen Sie keine medizinischen Mengen von Fenchel während einer Schwangerschaft ein, keinen Ingwer bei Magen-Darmgeschwüren. Geben Sie Kindern unter fünf Jahren keine Pfefferminze.

HYPNOTHERAPIE

Vorsorgliche Hypnotherapie kann das Erbrechen bei Schwangeren und nach einer Chemotherapie verhüten. SEITEN 166–167

PEPTISCHE GESCHWÜRE & MAGENSCHLEIMHAUTENTZÜNDUNG (GASTRITIS)

GESCHWÜRE IM MAGEN und Zwölffingerdarm werden gewöhnlich als peptische Geschwüre bezeichnet. Es liegt eine Wunde in der Schleimhaut von Magen oder Darm vor, die Schmerzen, Aufstoßen, Blähungen, Erbrechen, Gewichtsverlust und, in schweren Fällen, innere Blutungen mit Teerstuhl verursachen kann. Eine Gastritis, die Entzündung der Magenschleimhaut, verursacht ähnliche Symptome. Das Bakterium Helicobacter pylori soll bei der Entstehung beider Erkrankungen eine Rolle spielen, ebenso Mangelernährung und Streß.

Konventionelle Therapie H2-Blocker vermindern die Säureproduktion und unterstützen die Abheilung, Antibiotika töten Bakterien ab, und Antacida neutralisieren die Magensäure. Operationen werden nur bei Magendurchbruch durchgeführt. Ähnliche Medikamente werden bei Gastritis gegeben. Große Mahlzeiten, scharfe Speisen, Aspirin, Koffein, Tabak und Alkohol sollten gemieden werden.

Achtung: Konsultieren Sie einen Arzt, wenn Sie Blut im Stuhl bemerken oder einen schwarzen, teerigen Stuhl haben.

ALTERNATIVE THERAPIEN

Einige Therapien versuchen den Säuregrad zu reduzieren. Andere, wie Akupunktur und Entspannung, behandeln Streß.

AKUPUNKTUR

Das Stimulieren der entsprechenden Akupunkturpunkte kann als Therapie bei peptischen Geschwüren hilfreich sein und führt zur Entspannung. Die Sekretion von Magensäure wird vermindert. SEITEN 90–94

NATURHEILKUNDE

Therapeuten empfehlen mehrere, kleine Mahlzeiten, um den Magen nicht zu überlasten. Eine ballastreiche Kost, die die Produktion schützenden Schleims anregen soll, könnte angeraten werden. Saft aus rohen Kohlblättern ist ein traditionelles Heilmittel bei peptischen Geschwüren. SEITEN 118–121

WESTLICHE PFLANZENKUNDE

Studien haben gezeigt, daß speziell zubereitete Süßholztabletten peptische Geschwüre effektiv heilen (Süßholz regt die Schleimproduktion an). Ein Heilpraktiker könnte auch rote Ulme zur Minderung des Säuregrads oder beruhigende und stärkende Mittel wie Zitronenbalsam und Scutellaria verordnen. SEITEN 134–139

Achtung: Nehmen Sie kein Süßholz während einer Schwangerschaft, bei Bluthochdruck oder Anämie.

SÜSSHOLZ
Diese Pflanze erzielt ebenso gute Heilungsergebnisse wie einige konventionelle Methoden

ERNÄHRUNGSTHERAPIEN

Einige Nahrungsmittel verstärken durch Reizung der Schleimhäute die Säureproduktion im Magen. Die Therapeuten werden zu einer Auslaßdiät raten, um verantwortliche Speisen herauszufinden. Folgende Zusätze könnten empfohlen werden: Vitamin A (Behandlung von Geschwüren), Vitamin C (ein Mangel kann zu Blutungen führen), Vitamin E (Schutz der Schleimhäute) und Zink (schaltet Chemikalien aus). SEITEN 148–152

ENTSPANNUNGS- & ATEMTHERAPIE

Viele Techniken helfen bei Streß und reduzieren die Magensäureproduktion. SEITEN 170–173

ANDERE HEILMETHODEN

Hypnotherapie SEITEN 166–167

MAGENVERSTIMMUNG, MAGENÜBERSÄUERUNG & SODBRENNEN

MAGENVERSTIMMUNG ist ein Überbegriff für alle Beschwerden im oberen Bauch, nomalerweise nach dem Essen. Auch die Namen Dyspepsie oder übersäuerter Magen werden verwendet. Symptome wie Sodbrennen (brennendes Gefühl in der Brust), saures Aufstoßen, Rülpsen, Schluckauf, Übelkeit und Blähungen können auftreten. Anhaltende Beschwerden können auf ein peptisches Geschwür , Leber -, Gallenblasen- oder Pankreaserkrankungen hinweisen.

Ursachen Eine gesteigerte Produktion von Magensäure mit Reizung der Schleimhaut kann verursacht sein durch zu schwere, fette, scharfe Speisen und zu viel Alkohol, durch unreifes Obst, zu schnelles Essen und Luftschlucken. In einigen Fällen kann die Säure in die Speiseröhre aufgestoßen werden (Reflux). Schwangere und Übergewichtige sind anfälliger für Reflux, da ihre inneren Organe auf den Darm drücken.

Konventionelle Therapie H2-Blocker werden oft zur Reduktion der Säure im Magen verschrieben. Antacida können vorrübergehende Linderung bringen.

Selbsthilfe Essen Sie regelmäßig, in Ruhe und in kleinen Portionen möglichst ballastreiche Kost. Meiden Sie Tabak, Alkohol, scharfe oder saure Speisen, starken Kaffee und Sprudel.

Achtung: Konsultieren Sie einen Arzt, wenn die Symptome länger als einige Tage dauern oder Sie über 40 sind und plötzlich über Magenverstimmungen klagen.

ALTERNATIVE THERAPIEN

Wichtig ist, die Ursachen zu behandeln. Pflanzentherapeuten werden auch Mittel verordnen, die einer Magenverstimmung vorbeugen und die Symptome behandeln.

CHIROPRAKTIK (SIEHE OSTEOPATHIE)

OSTEOPATHIE

Manipulationen im unteren Bereich der Brustwirbelsäule, wo Nerven und Blutgefäße zum Verdauungssystem abzweigen, können Symptome lindern. SEITEN 76–81

AKUPUNKTUR

In der Traditionellen Chinesischen Medizin wird der Verdauungs- und Aufnahmeprozeß der „Milz" zugeordnet. Um Beschwerden zu lindern, wird der Therapeut Blockaden von Qi am Milz-, Magen- und Dickdarm-Meridian lösen. SEITEN 90–94

NATURHEILKUNDE

Die Heilpraktiker glauben, daß ein Mangel an Salzsäure im Magen die Ursache für Magenverstimmungen und andere Verdauungsprobleme ist, und könnten eine Kur mit Betainhydrochloridkapseln anraten. Magenverstimmungen können auch Nahrungsunverträglichkeiten und Allergien anzeigen. Eine Auslaßdiät könnte die auslösenden Lebensmittel identifizieren. „Lebender" Joghurt kann bei Dysbiose (Ungleichgewicht der Mikroorganismen im Darm) helfen. Es kann auch zu einer Vollwertkost ohne Zucker und anderen raffinierten Kohlenhydraten geraten werden. Zucker aktiviert die Magensäureproduktion. Siehe auch Nahrungsunverträglichkeiten (Seite 303). SEITEN 118–121

WESTLICHE PFLANZENKUNDE

Tabletten mit roter Ulme könnten zum Schutz der Magenschleimhaut empfohlen werden. Löwenzahn und Klette sollen die Verdauung steigern. Gelbwurz verstärkt den Fluß der Verdauungssäfte, während Pfefferminze und Fenchel beruhigend wirken. SEITEN 134–139

Achtung: Nehmen Sie keinen Fenchel oder Gelbwurz in der Schwangerschaft, keinen Gelbwurz bei Bluthochdruck. Geben Sie Kindern unter fünf Jahren keine Pfefferminze.

ERNÄHRUNGSTHERAPIEN

Die Haysche Diät könnte empfohlen werden, bei der Kohlenhydrate und Eiweiße separat verspeist werden, da sie unterschiedliche Verhältnisse in der Verdauung benötigen, außerdem Vitamin C, Zink und Beta-Karotin. SEITEN 148–152

HAYSCHE DIÄT *Obst und Gemüse können zusammen mit Kohlenhydraten und Eiweißen gegessen werden*

ENTSPANNUNGS- & ATEMTHERAPIE

Übungen gegen Verspannungen und Streß helfen. SEITEN 170–173

ANDERE HEILMETHODEN

Reflexologie (FRZ) SEITEN 66–69
Akupressur SEITE 95
Homöopathie SEITEN 126–130
Chinesische Pflanzenheilkunde SEITEN 140–143

APPETITSTÖRUNGEN

DER APPETIT ist abhängig von Geruch, Geschmack und Aussehen einer Speise und vom körperlichen und seelischen Befinden. Man verliert den Appetit während einer akuten Erkrankung, wegen einer Verdauungsstörung oder als Erstsymptomatik einer Depression. Auch Zinkmangel, andere Ernährungsfaktoren und einige Medikamente können Appetitverlust bewirken. Verstärkter Appetit tritt bei Schilddrüsenüberfunktion, niedrigem Blutzucker oder auch bei emotionalem Streß auf.

Achtung: Konsultieren Sie einen Arzt, wenn Appetitstörungen anhalten.

ALTERNATIVE THERAPIEN

Therapien, die das körperliche und emotionelle Wohlbefinden stärken, können einen normalen Appetit wiederherstellen.

ERNÄHRUNGSTHERAPIEN

Zinkmangel soll den Geschmacks- und Geruchssinn schwächen, der für die Appetitanregung wichtig ist. Ein Therapeut wird daher eine zinkreiche Kost, z. B. mit Austern, Geflügel oder Eiern, empfehlen. Ein Kaliummangel, häufig bei älteren Menschen und nach Einnahme von wassertreibenden Medikamenten, beeinflußt ebenfalls den Appetit. Kaliumreiche Lebensmittel sind Broccoli, Hefeextrakt und Bananen. SEITEN 148–152

PSYCHOTHERAPIE & BERATUNG

Falls ein Appetitverlust durch emotionale Störungen verursacht ist, können Sitzungen nützlich sein. SEITEN 160–165

PSYCHOLOGISCHE BERATUNG *kann bei Appetitverlust helfen*

HEPATITIS

DIE HEPATITIS ist eine Entzündung der Leberzellen. Sie kann akut (meistens abheilend) oder chronisch (führt zu bleibenden Leberschäden) verlaufen. Symptome der akuten Hepatitis sind Gelbsucht, Müdigkeit, Fieber, Übelkeit, Erbrechen, Appetitverlust, Bauchschmerz und Druckempfindlichkeit der Leber. Bei der chronischen Hepatitis zeigt sich oft nur ein allgemeines Unwohlsein.

Ursachen Die akute oder auch infektiöse Hepatitis wird durch ein Virus verursacht und über Nahrungsmittel und durch verunreinigtes Wasser übertragen. Hepatitis B und C werden über Körperflüssigkeiten, Transfusionen, Geschlechtsverkehr und Injektionskanülen beim Drogenmißbrauch oder Tätowieren übertragen. Chronische Hepatitis kann aus einer akuten Form entstehen oder sich z. B. als Resultat von Alkoholkonsum ausbilden, die Leber zerstören und in eine Zirrhose übergehen.

Konventionelle Therapie Akute Hepatitis wird mit Bettruhe, viel Flüssigkeit, Vermeiden von Fleisch, Fett und Alkohol behandelt. Chronische Hepatitis ist schwierig. Kortison, zytotoxische und antivirale Medikamente oder eine Lebertransplantation kommen in Frage.

ALTERNATIVE THERAPIEN

Strenge Diät und Einnahme einiger Nahrungszusätze können bei der Heilung der akuten Hepatitis helfen. Die chronische Form ist schwer zu behandeln, professionelle Hilfe ist notwendig.

NATURHEILKUNDE

Eine ballaststoffreiche Diät soll die Ausscheidung der Gallensäure und Toxine der Leber steigern. Ein Heilpraktiker könnte zu einer proteinreichen, vegetarischen Vollwertkost mit viel Flüssigkeit (besonders Gemüsesäfte) und Nahrungszusätzen raten. Manche Therapeuten empfehlen zur Beschleunigung der Abheilung Vitamin E, B_{12} und Folsäure. SEITEN 118–121

WESTLICHE PFLANZENKUNDE

Alle Formen der Hepatitis werden mit sanften Heilmitteln behandelt. Löwenzahn ist ein entgiftendes Mittel und eine Quelle von Vitaminen, Mineralien und Beta-Karotin, das den Gallefluß (ein Verdauungssaft) verstärken soll. Studien belegen, daß das in der Milchdistel enthaltene Silymarin Leberschäden verhindert und die Regeneration der Leberzellen verstärkt. Der aktive Bestandteil der Artischocke, ein traditionelles Hausmittel, ist Cynarin, das sowohl die Leber schützt und die Abheilung beschleunigt als auch die Verdauung stimuliert. Süßholz und Katechin, ein Extrakt der Pflanze Uncaria gambir, sollen ebenfalls sehr wirksame Heilmittel sein. SEITEN 134–139

Achtung: Verwenden Sie kein Süßholz während einer Schwangerschaft, bei Anämie oder Bluthochdruck. Nehmen Sie Uncaria gambir nur unter professioneller Aufsicht.

MILCHDISTEL
Studien belegen die Wirksamkeit der Milchdistel zum Schutz der Leber

ORTHOMOLEKULARE THERAPIE

Einigen Studien zufolge sollen hohe Dosen an Vitamin C (4000–10000 mg oral oder injiziert) eine Virushepatitis lindern. Der Zusatz von 1000–5000 mg/Tag oder soviel, daß noch kein Durchfall auftritt, wird empfohlen. Auch zusätzliches Vitamin B_{12} könnte empfohlen werden. SEITE 153

ANDERE HEILMETHODEN

Hydrotherapie SEITEN 122–123
Homöopathie SEITEN 126–130
Chinesische Pflanzenheilkunde SEITEN 140–143
Ayurveda SEITEN 144–147
Ernährungstherapien SEITEN 148–152

GALLENSTEINE

GALLENSTEINE lagern sich in der Gallenblase ein. Die Galle, eine zähe, bittere Flüssigkeit, enthält Abfallprodukte der Leber, Cholesterin und Salze, die Fette auftrennen. Die Gallensteine enthalten Cholesterin, Gallenfarbstoffe und Calcium und bilden sich, wenn sich die Zusammensetzung der Galle ändert. Sie verursachen starke Bauchschmerzen mit Blähungen, Winden und Übelkeit. Wenn ein Stein die Gallenblase verstopft, treten Schmerzen, Entzündung und möglicherweise eine Gelbsucht mit schwerer Infektion der Leber auf. Gallensteine bilden sich bevorzugt bei Fettleibigkeit, bei Diabetikern, bei Schwangeren und bei Einnahme von Antibabypillen. Konventionelle Medikamente können kleinere Steine auflösen, andere werden mit Ultraschall oder Operation beseitigt.

ALTERNATIVE THERAPIEN

Heilpraktiker werden diätetische Maßnahmen und Heilmittel empfehlen, um den Abgang der Gallensteine zu fördern und das Verdauungssystem zu unterstützen.

NATURHEILKUNDE

Gallensteine sollen durch schlechte Verdauung oder gestörte Nahrungsaufnahme und -ausscheidung entstehen. Diätetische Maßnahmen und Heilmittel werden empfohlen, um den Abgang der Gallensteine zu fördern. Saftfasten mit anschließender fettarmer, löslicher, faserreicher Kost und viel Trinken kann nützlich sein. Olivenöl und andere ungesättigte Fette sollen der Gallenblase bei der Selbstreinigung helfen. SEITEN 118–121

OLIVENÖL
Olivenöl kann Gallensteinen vorbeugen

WESTLICHE PFLANZENKUNDE

Pflanzliche Gallenmittel heißen Cholagoga und könnten zur Verbesserung des Galleflusses und Auflösung von Gallensteinen verordnet werden. Dazu zählen Chelone Glabra, ein Heilmittel nordamerikanischer Indianer, Artischocke, Rosmarin, Salbei, Boldo und Löwenzahn. SEITEN 134–139

Achtung Verwenden Sie kein Boldo oder Salbei während einer Schwangerschaft.

CHINESISCHE PFLANZENKUNDE

Gallensteine werden mit „feuchter Hitze der Gallenblase" in Verbindung gebracht. Li Dan ist ein bekanntes, patentiertes chinesisches Heilmittel dagegen. SEITEN 140–143

ANDERE HEILMETHODEN

Ernährungstherapien SEITEN 148–152

MORBUS CROHN

BEI MORBUS CROHN, einer von zwei Formen chronischer Entzündung des Verdauungstrakts (unten Colitis ulcerosa), ist der Dünndarm betroffen. Der Morbus Crohn tritt im Westen immer öfter auf, besonders häufig bei 15 bis 35jährigen. Er kann Schmerzen, Blutungen, Fieber, Müdigkeit,Gewichtsverlust, Vitamin- und Mineralmangel verursachen. Im schlimmsten Fall kann es zum Darmverschluß kommen. Gelenke, Haut und Augen können ebenfalls entzündet sein.

Ursachen Der Morbus Crohn könnte eine Autoimmunreaktion sein, bei der der Körper nach einer vorangegangenen Infektion sein eigenes Gewebe angreift, oder eine Reaktion auf Streß und Umweltfaktoren. Auch eine Verbindung zu Masernimpfung, Nahrungsunverträglichkeiten und Ernährung wurde diskutiert. Es können auch genetische Faktoren eine Rolle spielen.

Konventionelle Therapie Gegen Infektion und Entzündung werden Antibiotika und Kortison verschrieben. In schweren Fällen muß das erkrankte Gewebe operativ entfernt werden.

ALTERNATIVE THERAPIEN

Die Therapeuten meinen, daß eine schlechte Verdauung die Ursache ist. Sie verwenden Diäten und Zusätze, um dies zu korrigieren. Therapien wie Pflanzenheilkunde versuchen die Entzündung zu lindern.

NATURHEILKUNDE

Die Behandlung zielt auf Darmreinigung sowie auf Schutz und Unterstützung der Leber. Ein anfängliches Saftfasten mit anschließender Aufbauernährung mit faserreicher Kost (frische oder getrocknete Früchte und grünes Blattgemüse) sowie der Zusatz von Vitaminen, Mineralien und Verdauungsenzymen könnte empfohlen werden. Auch „lebender" Joghurt soll die Darmflora wiederherstellen. Das Addenbrooke's Hospital in Cambridge, England, hat nachgewiesen, daß 50 Prozent der Morbus-Crohn-Patienten von Auslaßdiäten profitieren. Eine Intoleranz auf Milchprodukte und Weizen wird am häufigsten gefunden. Ein Bakterium, das sogar nach der Pasteurisation der Milch noch nachweisbar ist, macht Milch besonders suspekt. SEITEN 118–121

WESTLICHE PFLANZENKUNDE

Robert's Rezeptur ist eine traditionelle Mischung gegen entzündliche Darmerkrankungen. Sie enthält echten Eibisch und rote Ulme, um das Gewebe zu schützen, wilden Indigo gegen gastrointestinale Infektionen, Echinacea und Gelbwurz, um Bakterien zu unterdrücken, Scharlachbeere zur Abheilung der Geschwüre und Schwarzwurz zur Linderung der Entzündung.
SEITEN 134–139

Achtung: Nehmen Sie die Kräuter nur unter professioneller Aufsicht!

ENTSPANNUNGS- & ATEMTHERAPIE

Techniken, die eine Entspannung bewirken, sind gut für alle Körperfunktionen.
SEITEN 170–173

STRESSMANAGEMENT
Entspannungstechniken können bei Streß helfen, einer möglichen Ursache von Morbus Crohn

ANDERE HEILMETHODEN

Yoga SEITEN 108–111
Ernährungstherapien SEITEN 148–152
Autogenes Training SEITE 168

COLITIS ULCEROSA

DIE ANDERE FORM der entzündlichen Darmerkrankungen ist die Colitis ulcerosa. Sie betrifft vorwiegend Menschen zwischen 20 und 25. Dabei kommt es zu geschwürigen Entzündungen der Schleimhäute des Dick- und Enddarms und damit zu Bauchschmerzen, Durchfall, blutigem, schleimigem Stuhl, Übelkeit und Fieber. Komplikationen sind Anämie durch Blutverlust und Toxine, die vom Darm ins Blut eindringen, das kann zu Darmkrebs führen.

Ursachen Die Ursache ist unbekannt, es könnte eine Autoimmunerkrankung sein. Ein Zusammenhang mit ballastarmer Ernährung und Streß wird vermutet. Ein Arzt wird Diät und Kortison verordnen. Intravenöse Ernährung oder Fasten könnte zur Ruhigstellung des Dickdarms angeraten werden. Die Herausnahme des entzündeten Darms ist eine letzte Möglichkeit.

ALTERNATIVE THERAPIEN

Die bei Morbus Crohn genannten Behandlungen können hier ebenfalls helfen. Akupunktur will das Gleichgewicht von Qi wiederherstellen.

AKUPUNKTUR

Ein Therapeut wird insbesondere die Akupunkturpunkte des Gallenblasen-Meridians mit Nadeln oder Moxibustion stimulieren, um Störungen im Qi-Fluß zu beseitigen. SEITEN 90–94

AKUPRESSUR

Ein Therapeut wird mehrere Wege zur Linderung der Symptome zeigen, wie etwa das feste Pressen von Akupunkturpunkten am Magen- und Milz-Meridian. SEITE 95

NATURHEILKUNDE

Siehe Morbus Crohn. Auslaßdiäten sind weniger hilfreich. SEITEN 118–121

WESTLICHE PFLANZENKUNDE

Siehe Morbus Crohn. SEITEN 134–139

CHINESISCHE PFLANZENKUNDE

Ein Überschuß an „Feuchtigkeit" soll die Ursache der entzündlichen Darmerkrankung sein. Löwenzahn und Astragalus balancieren das System aus. SEITEN 140–143

Achtung: Verwenden Sie kein Astragalus bei Hauterkrankungen.

LÖWENZAHN
Löwenzahn hat eine gute blutreinigende Wirkung

ERNÄHRUNGSTHERAPIEN

Omega-3-Fettsäuren (in Fischöl) sollen die Symptome lindern. Heilpraktiker könnten auch Beta-Karotin (Vitamin A) und Vitamin E empfehlen. Die entzündlichen Darmerkrankungen führen zu massivem Verlust von wesentlichen Nährstoffen, so daß die kontrollierte Gabe von Zusätzen nötig ist.
SEITEN 148–152

ZÖLIAKIE

BEI DIESER ERKRANKUNG zerstört das Eiweiß Gluten (in Weizen, Roggen und anderen Getreiden) die Schleimhaut des Dünndarms, so daß keine Nährstoffe aufgenommen werden können. Die Zöliakie tritt meist in der frühen Kindheit auf, kann aber auch Erwachsene betreffen. Symptomatisch sind massige Stühle, Durchfall oder Verstopfung, Gewichtsverlust, Blähungen und Müdigkeit. Erwachsene können depressiv und unfruchtbar werden, Hautprobleme und Mundgeschwüre bekommen. Zöliakie wird vererbt, kann aber auch nach Gastroenteritis entstehen. Auch Kuhmilch ist in Verdacht geraten. Eine lebenslange glutenfreie Ernährung muß eingehalten werden.

ALTERNATIVE THERAPIEN

Zöliakie wird meist in der Kindheit festgestellt. Eine weniger ernsthafte Form kann bei manchen auch in späteren Jahren auftreten, besonders bei Verwandten von Zöliakie-Patienten. Heilpraktiker werden diätetische Führung und Wege zur Unterstützung des Verdauungssystems anbieten.

NATURHEILKUNDE

Der Therapeut wird Ihnen helfen, zu einer glutenfreien Kost ohne Getreide überzuwechseln, Ausnahmen sind brauner Reis, Hirse und Mais. Eine Einschränkung des Kuhmilchkonsums könnte angeraten werden. Papain, ein die Eiweißverdauung förderndes Enzym aus der Papaya, soll das Weizengluten deaktivieren. Deshalb könnte zum Genuß von reichlich Papaya sowie dem Zusatz von Vitaminen und Mineralien zum Ausgleich des Nährstoffverlusts geraten werden.

SEITEN 118–121

PAPAYA
Frische Papaya soll die Eiweißverdauung fördern

ERNÄHRUNGSTHERAPIEN

Eine Reihe wesentlicher Nährstoffe wird bei Zöliakie mangelhaft aufgenommen. Der Therapeut wird die Gabe von Vitaminen, Mineralien und anderer Substanzen überwachen, um Mängel zu beseitigen und den Allgemeinzustand zu verbessern. SEITEN 148–152

CANDIDIASIS

CANDIDA ALBICANS ist ein Hefepilz, der normalerweise auf der Haut, im Mund, im Darm und in der Scheide vorkommt. Er wird von anderen „freundlichen" Bakterien unter Kontrolle gehalten. Wenn aber das Immunsystem durch Entzündungen, Streß oder Ernährungsmängel geschwächt ist oder die schützenden Bakterien durch Antibiotika zerstört sind, vermehrt sich Candida rasant und verursacht eine Entzündung. Dieser Zustand wird Candidiasis und bei Befall von Mund oder Scheide Soor genannt (siehe Scheidensoor S. 273). Alternativtherapeuten glauben, daß das Wuchern von Candida ein weitverbreitetes Problem ist und für Symptome wie chronische Müdigkeit, Reizbarkeit, Muskel- und Gelenkschmerzen, unregelmäßige Monatsblutungen, Durchfälle und Verstopfung verantwortlich ist. Sie vermuten, daß die Hefepilze im Dünndarm eine Gärung auslösen und die Darmschleimhaut schädigen, so daß Abfallprodukte in das Blut geraten können (siehe auch Nahrungsunverträglichkeiten S. 303).

Konventionelle Therapie Viele Ärzte glauben, daß Candidiasis nur ein Problem bei Immunschwäche ist, z. B. bei Aids, unter Kortisontherapie oder bei Einnahme von Hormonpräparaten. Sie behandeln nur selten Darmcandidiasis.

ALTERNATIVE THERAPIEN

Das Wuchern von Candida albicans im Darm ist eine von Therapeuten weit verbreitete Diagnose. Sie werden versuchen, die Infektion mit Diäten, Heilpflanzen und Nahrungszusätzen zu behandeln.

NATURHEILKUNDE

Der Therapeut wird Ihnen raten, jede Form von Hefe in der Nahrung sowie Lebensmittel mit Schimmel- oder anderen Pilzen und raffinierten Zucker, der das Hefewachstum fördert, zu meiden. Viele werden „lebendigen" Joghurt mit Lactobacillus acidophilus oder Zusätze mit Acidophiluspuder zur Wiederherstellung der Darmflora empfehlen, von anderen Milchprodukten und süßen Früchten aber abraten. Immunstärkende Nahrungszusätze könnten hilfreich sein.

SEITEN 118–121

Achtung: Einschränkende Diäten können zu Fehlernährung führen.

WESTLICHE PFLANZENKUNDE

Zur Kontrolle des Wachstums von Candida albicans werden Heilmittel wie Berberitze eingesetzt. Sie enthält den Inhaltsstoff Berberin, ein Alkaloid, das übermäßiges Hefewachstum hemmen und das Immunsystem stimulieren soll. Pau d'Arco, ein südamerikanischer Baum, enthält Lapachol, das einen Anti-Candida-Effekt haben soll.

SEITEN 134–139

Achtung: Verwenden Sie Berberitze nur unter professioneller Aufsicht.

AYURVEDA

Eine Candidiasis soll durch Ama (Gifte) und fehlerhafte Ernährung verursacht sein. Ihr Therapeut wird versuchen, die Verdauung zu verbessern und die Abwehrkräfte mit Kräutern zu stärken. Panchakarma, ein Entgiftungsprozeß, könnte angeraten sein.

SEITEN 144–147

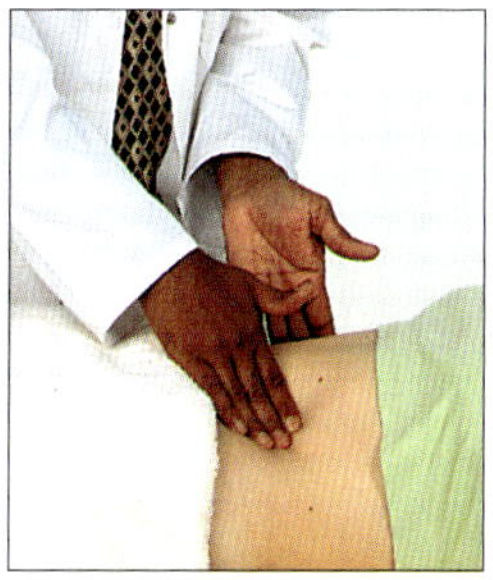

DIAGNOSE
Ein Therapeut tastet den Bauch ab, um Störungen im Körper zu finden

ERNÄHRUNGSTHERAPIEN

Therapeuten könnten „lebendigen" Joghurt oder Acidophiluspuder zur Bekämpfung der Infektion empfehlen. Natürliche Antimykotika wie Knoblauch, Aloe-vera-Saft und Caprilsäure, ein Extrakt der Kokosnuß, könnten ebenfalls verordnet werden. Vitamin B-Komplex, die Vitamine A und E und andere Antioxidantien, aber auch Zink, Selen, Magnesium, essentielle Fettsäuren und Folsäure werden als Nahrungszusätze zum Wiederaufbau des Immunsystems verwandt. SEITEN 148–152

Achtung: Verwenden Sie kein Aloe Vera in der Schwangerschaft und Stillzeit und bei Hämorrhoiden oder Nierenerkrankungen.

ANDERE HEILMETHODEN

Aromatherapie SEITEN 62–65
Colon-Hydrotherapie SEITE 157

REIZDARM

DER REIZDARM, früher als spastisches Kolon oder muköse Kolitis bekannt, ist eine der häufigsten gastrointestinalen Beschwerden. Man nimmt an, daß jeder zehnte Mensch betroffen ist, insbesondere Frauen zwischen 20 und 45 Jahren. Die wellenförmigen Bewegungen des Darms (Peristaltik) geraten durcheinander, und es kommt zu Verstopfung, Durchfällen und Bauchschmerzen. Das Reizkolon tritt ohne ersichtliche Ursache auf und kann über lange Zeit anhalten. Es besteht keine Entzündung, Infektion oder Bösartigkeit. Die Symptome können quälend sein und sind in schweren Fällen schwierig unter Kontrolle zu bringen, für eine Therapie aber generell zugänglich.

URSACHEN & SYMPTOME

Beim Reizdarm wird der Kot entweder zu schnell oder zu langsam in den Enddarm befördert, was Durchfälle bzw. Verstopfung verursacht. Es kommt zu Blähungen, schleimigem Stuhl, Krämpfen und einem Völlegefühl. Die genauen Ursachen des Reizkolons sind unbekannt, jedoch können Streß oder eine ballaststoffarme Kost auslösend und verstärkend wirken. Die Beschwerden beginnen manchmal nach einer Darminfektion oder Antibiotikatherapie.

VORBEUGUNG

Essen Sie ballaststoffreiche Kost. Speisen Sie ruhig und langsam, und kauen Sie die Nahrung gut durch. Verwenden Sie Streßbewältigungstechniken (siehe S. 38), und machen Sie Übungen, um alle Muskeln, aber speziell die Bauch- und Rückenmuskulatur zu entspannen.

KONVENTIONELLE THERAPIEN

Es ist wichtig, andere, ernstere Beschwerden auszuschließen. Der Arzt wird eine Dickdarmspiegelung (Koloskopie; Untersuchung mit flexiblem Glasfaserschlauch durch den Anus) oder Röntgen mit Barium-Kontrasteinlauf und eine Stuhluntersuchung veranlassen. In seltenen Fällen wird die Häufigkeit der Kontraktionen gemessen. Es gibt keine spezielle Behandlung bei Reizkolon, die Symptome können aber gelindert werden durch eine ballaststoffreiche Kost oder Quellmittel, um einen weichen Stuhl zu bekommen, und mit Medikamenten gegen Durchfall und Krämpfe. Psychologische Beratung könnte empfohlen werden.

VORSICHT!

- **Konsultieren Sie einen Arzt, wenn Sie Darmprobleme haben und über 40 Jahre alt sind**
- **Konsultieren Sie einen Arzt, wenn Sie Blut im Stuhl bemerken**

KÖRPER- & BEWEGUNGSTHERAPIEN

Massage, Reflexologie (FRZ), Qi Gong und Yoga können Spannungen lösen. Die Akupunktur versucht das Energiegleichgewicht wiederherzustellen. Diese Methoden förden eine normale Darmfunktion.

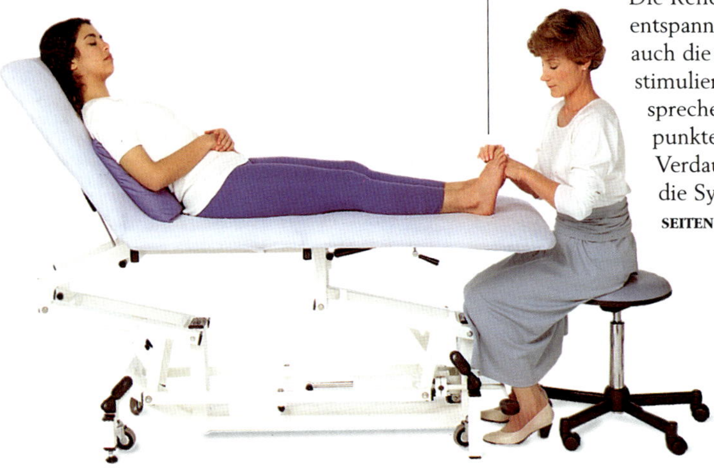

FUSSMASSAGE
Die Massage bestimmter Punkte soll das Verdauungssystem stimulieren

MASSAGE

Massage kann ein Gefühl des Wohbefindens herstellen sowie geistige und körperliche Spannungen lösen. Der Therapeut könnte Ihnen sanfte Massagemethoden zur Regulierung der Darmfunktion zeigen. **SEITEN 56–61**

REFLEXOLOGIE (FRZ)

Die Reflexologie soll nicht nur entspannend wirken, sondern auch die Selbstheilungskräfte stimulieren. Massage der entsprechenden Akupunkturpunkte an den Füßen soll die Verdauung verbessern und die Symptome lindern.
SEITEN 66–69

AKUPUNKTUR

Der Therapeut wird Sie nach Ihren Symptomen behandeln und versuchen, das Gleichgewicht im autonomen Nervensystem wiederherzustellen. Die Meridiane der Milz werden bei Blutung, des Magens bei Durchfall, Blähungen und Krämpfen und die Meridiane des Darms bei Verstopfung stimuliert.
SEITEN 90–94

QI GONG

Ein Lehrer wird Ihnen Übungen zur Entspannung und Verbesserung des Qi-Flusses („Lebensenergie“) zeigen. Dadurch sollen alle Organsysteme effektiver arbeiten.
SEITE 99

YOGA

Ein Lehrer der Yogatherapie wird Ihnen Positionen zeigen, die das Verdauungssystem und die Ausscheidung von Abfallprodukten anregen. Sanfte Yoga-Übungen können den Körper entspannen, den Geist beruhigen und so den Streß bewältigen, der oft der Auslöser eines Reizkolons ist. **SEITEN 108–111**

MEDIZINISCHE THERAPIEN

Heilpraktiker und Ernährungstherapeuten werden Ernährungsfaktoren suchen, die in mindestens 50 Prozent der Fälle beim Reizdarm eine Rolle spielen. Pflanzliche und homöopathische Heilmittel können helfen.

KRÄUTERTEE
Aufgüsse von beruhigenden Kräutern wie Kamille und Fenchel beruhigen den Verdauungstrakt

NATURHEILKUNDE

Heilpraktiker bringen das Reizkolon in Verbindung mit Nahrungsunverträglichkeiten (siehe S. 303), Candidiasis (siehe S. 235) und Störungen der nützlichen Bakterien in der Darmbesiedlung, die den Darm vor toxinproduzierenden Organismen schützen. Wenn keine Durchfälle vorliegen, könnte eine faserreiche Kost und das Trinken von zwei Litern Wasser am Tag zum normalen Stuhlgang verhelfen. Wasserlösliche Fasern (in Blattgemüse, Obst und Haferkleie) sind leichter verdaulich als wasserunlösliche Fasern (in Weizenkleie, Bohnen und Linsen), die den Darm reizen und Blähungen verursachen können.

Streß und Medikamente können die nützlichen Bakterien im Darm zerstören. Da fast die Hälfte der Stuhlmasse aus Mikroorganismen besteht, kann deren Zerstörung die Darmfunktion gefährden. Der Therapeut wird versuchen, das Gleichgewicht mit Zusätzen aus „freundlichen" Bakterien wie Lactobacillus acidophilus, L. bulgaricus und Bifidobacillus wiederherzustellen.

Einige Praktiker meinen, daß zwei Drittel der an Reizkolon Erkrankten mindestens ein Lebensmittel nicht vertragen, und raten daher zu einer Auslaßdiät zur Identifizierung. Oft sind es Weizen oder Milchprodukte, aber auch Zitrusfrüchte, Tee, Kaffee und Alkohol, die nicht vertragen werden. Eine spezielle Diät (siehe Haysche Trennkost S. 152) kann in einigen Fällen hilfreich sein. SEITEN 118–121

HOMÖOPATHIE

Ein Homöopath wird Sie nach Ihren Konstitutionstyp behandeln. Als Standardmittel können helfen: Argentum nit. C6 bei Verstopfung im Wechsel mit Durchfällen; Cantharis C6 bei brennenden Schmerzen; Nux vomica C6 bei Blähungen und Krämpfen mit ineffektivem Stuhldrang; Colchicum C6 bei wäßrigen Stühlen, krampfenden Schmerzen und Übelkeit; Arsen alb. C6 bei starken Durchfällen und Angst. SEITEN 126–130

WESTLICHE PFLANZENKUNDE

Pfefferminze wird traditionell zur Linderung von Darmkrämpfen und Blähungen verwendet. Mehrere Studien belegen, daß spezielle Pfefferminzöl-Kapseln, die erst im Kolon den Wirkstoff freisetzen, die Aktivität der Darmmuskulatur herabsetzen. Auch Pfefferminztee und Ingwer könnte empfohlen werden. Andere pflanzliche Spasmolytika, die krampflösend, entblähend, magentonisierend und schmerzlindernd wirken, sind Kamille, Fenchel, Baldrian, Rosmarin und Zitronenbalsam. Eine Teemischung aus Yams, Gelbwurz, Kamille, Odermennig und echtem Eibisch, außerdem Hopfen und Kamille bei Streß als auslösendem Faktor, beruhigt den Darm. SEITEN 134–139

Achtung: Verwenden Sie kein Yams, medizinische Dosen von Fenchel oder Gelbwurz während einer Schwangerschaft und keinen Gelbwurz bei Bluthochdruck. Nehmen Sie keinen Ingwer bei peptischen Geschwüren und keinen Hopfen bei akuter Depression.

CHINESISCHE PFLANZENKUNDE

In der Traditionellen Chinesischen Medizin werden die Symptome des Reizkolons als „Schwäche von Nieren und Milz", „überschüssige Feuchtigkeit im Darm" oder „Blockade von Qi" in der Leber gedeutet. Der Therapeut wird Rezepturen verschreiben, die Löwenzahn und Magnolienrinde zur Linderung von Blähungen, chinesischen Rhabarber und chinesische Angelika (Dang Gui) zur Vorbeugung gegen Verstopfung und Poria gegen Durchfall enthalten. SEITEN 140–143

Achtung: Nehmen Sie keinen chinesischen Rhabarber oder chinesische Angelika während einer Schwangerschaft und keinen chinesischen Rhabarber bei Neigung zu Gicht oder Nierensteinen.

ANDERE HEILMETHODEN

Ernährungstherapien SEITEN 148–152
Colon-Hydrotherapie SEITEN 157

MENTALE & EMOTIONALE THERAPIEN

Psychologische Faktoren spielen beim Reizdarm eine wichtige Rolle. Mag sein, daß hier eine Antwort des Körpers auf chronischen Streß und subtile Ängste vorliegt. Der Verdauungsprozeß und die Darmperistaltik werden gestört. Studien belegen, daß Streßmanagement-Techniken bei der Therapie der Beschwerden sehr gut helfen.

PSYCHOTHERAPIE & BERATUNG

Die meisten an Reizkolon Erkrankten berichten über gleichzeitig bestehende emotionale und geistige Probleme wie Angst, Feindseligkeit, Depression und Schlafstörungen. Sie scheinen mehr Streß als andere Menschen zu erfahren, ein Faktor, der die Dickdarmaktivität steigert. Psychotherapien können helfen, Verhalten und Denken zu ändern. SEITEN 160–165

BERATUNG
Ein Berater wird Ihnen helfen, auf Streß der zum Reizkolon beiträgt, anders zu reagieren

HYPNOTHERAPIE

Eine Studie berichtete 1989 in *The Lancet*, daß Hypnotherapie erfolgreich die Symptome des Reizkolons linderte, nachdem medikamentöse Therapien erfolglos blieben. Der Therapeut wird versuchen, Sie in einen Zustand tiefer Entspannung mit einem Wärmegefühl im Bauch zu versetzen. SEITEN 166–167

AUTOGENES TRAINING

Wie die Meditation eignet sich das autogene Training sehr gut bei Streßbeschwerden wie dem Reizkolon. Der Therapeut wird Ihnen mehrere Übungen zur willkürlichen Entspannung von Geist und Körper zeigen. SEITE 168

BIOFEEDBACK

Biofeedback beruht auf dem Prinzip der Kontrolle der Körperfunktionen durch elektronische Überwachung. Mehrere Formen des Biofeedbacks haben besonders in Verbindung mit anderen Verhaltens- und Psychotherapien ihren Nutzen in der Behandlung des Reizkolons gezeigt. SEITE 169

ENTSPANNUNGS- & ATEMTHERAPIE

Atemtechniken, die eine geistige und körperliche Entspannung bewirken, können bei der Bewältigung von Streß und Ängsten helfen. Eine Studie im Schweizer Journal *Digestion* berichtete 1991 über eine Reduktion der Häufigeit und Schwere bei zwei Drittel der an Reizdarm Erkrankten nach Streßmanagement und Entspannungstechniken. SEITEN 170–173

ANDERE HEILMETHODEN

Meditation SEITEN 174–177

BLÄHUNGEN (FLATULENZ)

BLÄHUNGEN SIND Gasansammlungen im Darmtrakt, verbunden mit Bauchschmerzen, die durch Luftaufstoßen oder Wind über den Anus ihren Abgang finden. Oft ist ein nervöses Luftschlucken, zu schnelles Trinken und Essen oder aber auch eine schlechte Ernährung die Ursache. Blähungen können auch ein Symptom von Störungen wie Verstopfung, Reizkolon, Geschwüren oder Divertikulose sein. **Konventionell** wird der Arzt Kohletabletten zur Gasabsorbtion verschreiben, gutes Durchkauen der Speisen und das Meiden gasbildender Nahrung wie Hülsenfrüchte anordnen. Jede zugrundeliegende Ursache sollte behandelt werden.

ALTERNATIVE THERAPIEN

Massage und medizinische Methoden versuchen die Balance im Darm wiederherzustellen und Beschwerden zu lindern.

AROMATHERAPIE

Die Massage des Bauchs mit Ölen von Zimt, Ingwer oder Nelken im Uhrzeigersinn kann den Windabgang erleichtern. SEITEN 62–65

NATURHEILKUNDE

Eine Nahrungsunverträglichkeit oder Candidiasis sind mögliche Ursachen, eine Auslaßdiät wird vorgeschlagen. SEITEN 118–121

CHINESISCHE PFLANZENKUNDE

Blähungen werden einem „stagnierenden Magen-Qi („Lebensenergie") oder „feuchter Hitze" zugeschrieben. Rezepturen, die Orangenschalen und Magnolienrinde enthalten, oder Standardmittel mit Bupleurum und Zimt kommen zur Anwendung.
SEITEN 140–143

MAGNOLIE
Magnolie, in China Hou Po genannt, kann Blähungen lindern

ANDERE HEILMETHODEN

Yoga SEITEN 108–111
Entspannungs- & Atemtherapie SEITEN 170–173
Westliche Pflanzenheilkunde SEITEN 134–139
Ernährungstherapien SEITEN 148–152

DURCHFALL (DIARRHOE)

DURCHFÄLLE mit wäßrigem Stuhl haben viele Ursachen, z. B. Gastroenteritis, Ruhr oder Nahrungsmittelallergien. Langanhaltende oder wiederholte Durchfälle treten bei Morbus Crohn und Colitis ulcerosa, beim Reizkolon und – seltener – bei Darmkrebs auf. Hohe Dosen Vitamin C oder Magnesium sowie Streß und Angst können Durchfälle verursachen. Kurze Anfälle sind nicht ernst, aber der langanhaltende Verlust von Flüssigkeit und Salzen kann lebensbedrohlich werden.

Achtung: Konsultieren Sie einen Arzt, wenn Durchfälle länger als drei Tage anhalten (24 Stunden bei Babys oder älteren Personen), oder wenn Sie Schleim und Blut im Stuhl bemerken.

ALTERNATIVE THERAPIEN

Kurzanhaltende Durchfälle werden als Reinigungsprozeß gesehen. Wiederholte und länger anhaltende Durchfälle weisen auf andere Probleme hin, die der Therapeut zu beheben versucht. Mentale und emotionale Therapien wollen Streß reduzieren.

NATURHEILKUNDE

Heilpraktiker sehen in Durchfällen ein Symptom von Nahrungsmittelallergie oder -unverträglichkeit und werden zu Tests und einer Auslaßdiät raten. Falls nichts gefunden wird, wird eine Anti-Mangel-Diät zur Steigerung der Bauchspeicheldrüsenfunktion und der Aktivität der Verdauungsenzyme gegeben.
SEITEN 118–121

ENTSPANNUNGS- & ATEMTHERAPIE

Emotionen wie Angst können vom Körper als Alarmsituation gedeutet werden. Als unwillkürliche Antwort passiert die Nahrung den Darm ungewöhnlich schnell, es kommt zu Durchfall. Der Therapeut wird Ihnen Techniken zeigen, die bei regelmäßiger Ausübung dazu beitragen, die Streßhormone zu reduzieren und ein gut arbeitendes Verdauungssystem wiederherzustellen. SEITEN 170–173

ANDERE HEILMETHODEN

Homöopathie SEITEN 126–130
Westliche Pflanzenheilkunde SEITEN 134–139
Chinesische Pflanzenheilkunde SEITEN 140–143
Ernährungstherapien SEITEN 148–152
Meditation SEITEN 174–177

HÄMORRHOIDEN

HÄMORRHOIDEN sind geschwollene, sich vorwölbende Venen im Enddarm. Es kommt zu blutig-schleimigem Ausfluß beim Stuhlgang. Die Venen können mit dem Stuhlgang aus dem Anus hervortreten, sich entzünden und starke Schmerzen verursachen. Übliche Ursache ist chronische Verstopfung, verstärkt durch ballaststoffarme Kost, Kreislaufstörungen und mangelnde Bewegung. Konventionell wird mit Diät und Körperübungen sowie Zäpfchen und Cremes behandelt. Eine Operation kann in schweren Fällen nötig sein.

ALTERNATIVE THERAPIEN

Praktiker behandeln mit Diät und pflanzlichen Heilmitteln. Die Hydrotherapie kann die Beschwerden lindern.

NATURHEILKUNDE

Diäten zur Darmreinigung und Stimulation werden angeraten. Gegen die Entzündung gibt es eine Mischung von Zinkoxid, Vitamin E und Aloe-vera-Gel oder Olivenöl. SEITEN 118–121

HYDROTHERAPIE

Der Therapeut könnte das Anlegen kalter Kompressen oder warme Sitzbäder empfehlen.
SEITEN 122–123

HOMÖOPATHIE

Hamamelis C6 ist ein Standardmittel bei Hämorrhoiden. SEITEN 126–130

WESTLICHE PFLANZENKUNDE

Hamamelis Virginiana oder Ranunculus ficaria (Feigwurz) mindern Schmerzen und Schwellung. Papayasaft, äußerlich angewendet, soll hilfreich sein. SEITEN 134–139

HAMAMELIS VIRGINIANA
Die adstringierenden Eigenschaften helfen bei Hämorrhoiden

VERSTOPFUNG (OBSTIPATION)

UNTER VERSTOPFUNG versteht man einen unregelmäßigen und schwierigen Abgang von kleinen, harten Stühlen. Hämorrhoiden, Analfissuren und andere schmerzhafte Störungen können folgen.

Ursachen Gewöhnlich ist eine ballaststoffarme Kost die Ursache. Flüssigkeitsmangel, Darmblockade, mangelnde Bewegung, das Alter (verminderter Muskeltonus), chronische Einnahme von Abführmitteln, Schilddrüsenprobleme oder Hormonumstellung bei Schwangerschaft können ebenfalls dafür verantwortlich sein. Verstopfung kann auch durch Reizkolon, Leber- und Gallenblasenstörungen, Divertikulose oder im Alter durch Darmkrebs verursacht sein.

Konventionelle Therapie Regelmäßige körperliche Aktivität und ballaststoffreiche Diät mit reichlich Flüssigkeit und milde Abführmittel werden angeraten. Bei chronischer Verstopfung könnte eine rektale Untersuchung, ein Barium-Einlauf (Darmröntgen) oder eine Spiegelung durchgeführt werden.

Achtung: Konsultieren Sie einen Arzt, falls die Verstopfung länger als zwei Wochen anhält.

ALTERNATIVE THERAPIEN

Körper- und Bewegungstechniken können helfen. Medizinische Methoden wie die Naturheilkunde und der Ayurveda versuchen das Verdauungssystem mit Diät und Körperübungen zu stimulieren.

MASSAGE

Um Verstopfung schnell zu lindern, könnte Ihnen der Therapeut eine Technik zeigen, bei der der Bauch vorsichtig in kleinen Kreisen massiert wird. SEITEN 56–61

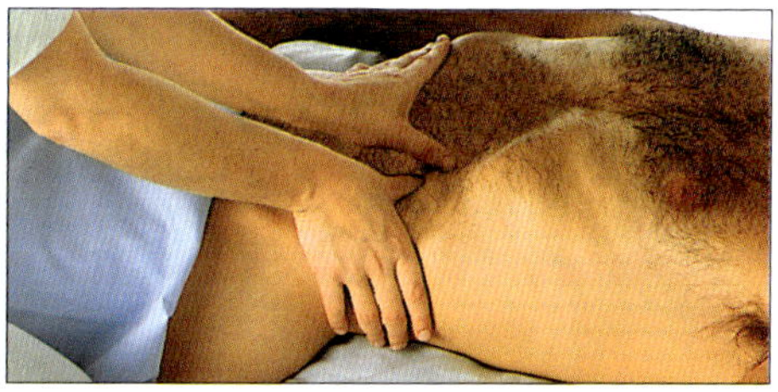

KÖRPERTHERAPIE
Das Massieren des Bauchs stimuliert den Darm und kann bei Verstopfung Erleichterung bringen

AKUPUNKTUR

Der Praktiker wird versuchen, die Darmperistaltik durch Stimulation von Akupunkturpunkten entlang des Dickdarm- und Leber-Meridians wiederherzustellen. SEITEN 90–94

AKUPRESSUR

Der Therapeut könnte an einem Punkt drei Querfinger unterhalb des Nabels sanften Druck ausüben. SEITE 95

NATURHEILKUNDE

Besondere Aufmerksamkeit wird der Ausscheidung gewidmet, da der Darm eine potentielle Quelle für Toxine ist. „Fasern, Flüssigkeit und Körperübung" ist der Hauptansatz bei Verstopfung. Nicht alle Fasern werden als nützlich angesehen: Schalen von Psyllium, Hafer- und Maiskleie reizen weniger als Weizenkleie. Wenn ein Abführmittel nötig ist, könnten Leinsamen, Senna oder Cascara gegeben werden. SEITEN 118–121

AYURVEDA

Wohlbefinden wird mit einem gesunden Verdauungstrakt in Verbindung gebracht. Triphala-Puder wird oft als abführendes Mittel verordnet. Eine Kost mit reichlich Obst, grünem Blattgemüse, Kleie und Vollkornmehl kann sehr von Nutzen sein. Auch Yoga-Techniken könnten empfohlen werden. SEITEN 144–147

ANDERE HEILMETHODEN

Homöopathie SEITEN 126–130
Westliche Pflanzenheilkunde SEITEN 134–139
Ernährungstherapien SEITEN 148–152

DIVERTIKULOSE

DAS AUFTRETEN von kleinen, beutelartigen Ausstülpungen (Divertikel) in der Wand des Dickdarms wird Divertikulose genannt. Es brauchen keine Symptome aufzutreten, aber manche Betroffene klagen über Schmerzen, Blähungen, Verstopfung und Durchfall. Eine Divertikulitis tritt auf, wenn sich die mit Kot gefüllten Divertikel infizieren und entzünden. Dies verursacht Schmerzen im Unterbauch, Durchfall und Fieber.

Ursachen Divertikel entstehen durch einen Druckaufbau und eine Schwäche in der Darmwand als Folge einer ballaststoffarmen Kost und einem Übermaß an raffinierter Nahrung. Auch Verstopfung, Streß und ein schwacher Tonus der Bauchmuskulatur können dazu beitragen.

Konventionelle Therapien Ein Arzt wird Bettruhe, viel Flüssigkeit sowie Antibiotika und krampflösende Mittel gegen Entzündung und Schmerzen verordnen.

ALTERNATIVE THERAPIEN

Eine Diät kann die Verstopfung bekämpfen. Pflanzentherapeuten bieten beruhigende Heilmittel zur Linderung von Entzündung und Schmerzen an.

NATURHEILKUNDE

Beim Wechsel zu einer ballaststoffreichen Kost sollen 90 Prozent der Divertikulose-Erkrankungen rückläufig sein. Dieser Wechsel muß langsam, in 6 bis 8 Wochen, erfolgen. Empfohlen wird ein Saft- und Wasserfasten, bis die Beschwerden abklingen, gefolgt von einer aufbauenden, halbfesten Kost mit passierten Bananen und pürrierten, gedünsteten Möhren. Schließlich sollte dann eine ballaststoffreiche Ernährung z. B. mit braunem Reis folgen, um einen weichen Stuhlgang zu erzielen und Verstopfung zu vermeiden. Von harten Früchten und Gemüse mit Kernen, die sich in den Divertikeln ablagern könnten und diese entzünden, wird abgeraten. Auch Kleie kann reizend wirken. Ernährungszusätze gegen die Infektion und zum Wiederaufbau des Immunsystems könnten empfohlen werden. SEITEN 118–121

HYDROTHERAPIE

Der Wechsel von heißem und kaltem Wasser soll die Entzündung lindern, Wechselsitzbäder sowie feucht-heiße Kompressen werden angeordnet. SEITEN 122–123

Achtung: Meiden Sie kalte oder heiß-kalte Dusch- und Wechselbäder bei Herzkrankheiten.

WESTLICHE PFLANZENKUNDE

Um der Entzündung Einhalt zu gebieten und den Darm zu beruhigen, könnte der Therapeut Kräuter und Knoblauch verordnen. Ulme, die die Darmschleimhaut schützt und beruhigt, soll besonders nützlich sein. Kamille, echter Eibisch und Pfefferminze gehören zu den Pflanzen, die ebenfalls gegeben werden könnten. SEITEN 134–139

KNOBLAUCH
Knoblauchöl hat ausgeprägte antibiotische und antiseptische Eigenschaften

UROGENITALSYSTEM

DIE NIEREN FILTERN jeden Tag 140 Liter Flüssigkeit und geben sie in den Blutkreislauf zurück. Nur 0,5 bis 1 Liter überschüssiges Wasser, Salze und Abfallstoffe werden ausgeschieden. Neben dem Filtrieren von Abfallstoffen regulieren die Nieren auch den Blutdruck und führen essentielle Substanzen wie etwa Mineralien zurück. Die abfiltrierte Flüssigkeit, der Urin, wird durchschnittlich drei- bis viermal am Tag ausgeschieden. Bei Männern ist die Harnröhre fünfmal länger als bei Frauen. Daher haben Männer seltener Harnwegsinfekte. Nierensteine kommen bei Männern dagegen siebenmal häufiger vor.

SCHLÜSSELSYMBOLE

FORSCHUNG
- Gute wissenschaftliche Versuche mit positivem Resultat
- Einige Studien
- Nicht fundiert

THERAPEUT
- Unentbehrlich
- Empfohlen
- Nicht nötig

SELBSTBEHANDLUNG
- Selbstbehandlung möglich
- Keine Selbstbehandlung

ALTERNATIVE BEHANDLUNGSWEISEN

Der Zustand der Nieren soll die Konstitution und Abwehrkraft anzeigen. Viele Heilmittel verstärken die Urinproduktion. In der Traditionellen Chinesischen Medizin sollen die Nieren Jing, die Essenz des Lebens, speichern.

KONVENTIONELLE BEHANDLUNGSWEISEN

Viele Medikamente wirken auf die Nieren, um den Blutdruck, den Flüssigkeits- und Mineralhaushalt zu beeinflussen. Anhaltende geringfügige Niereninfektionen werden als Hauptgrund für spätere Nierenschäden gesehen, so daß jede Infektion sorgsam überwacht werden sollte.

Achtung: **siehe auch Seite 204.**

FUNKTION DES HARNAPPARATS

Filtrierte Flüssigkeit (Urin) fließt von den Nieren über die Harnleiter (Urethren) in die Harnblase. Die Harnblase ist ein Hohlmuskel, der sich ausdehnen kann. Bei Druckanstieg in der Blase sendet das Nervensystem ein Signal zum Gehirn. Als Antwort sendet das Gehirn ein Signal an die Blase, den Schließmuskel am Blasenausgang und an die Beckenbodenmuskeln. Gewöhnlich wird dieses Signal willkürlich unterdrückt, bis ein Ort zum Wasserlassen gefunden wird. Dann kontrahiert sich der Blasenmuskel. Schließ- und Beckenbodenmuskel entspannen, der Urin kann über die Harnröhre ausgeschieden werden, und überschüssige Flüssigkeit sowie Abfallstoffe werden beseitigt.

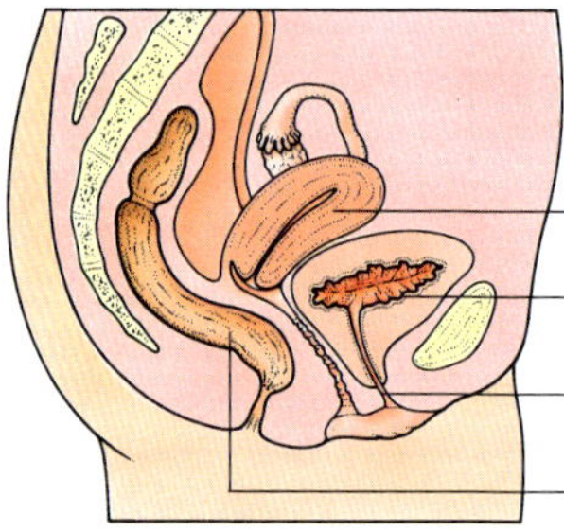

WEIBLICHES UROGENITALSYSTEM

Gebärmutter (Uterus)
Blase
Harnröhre (Urethra)
Enddarm (Rektum)

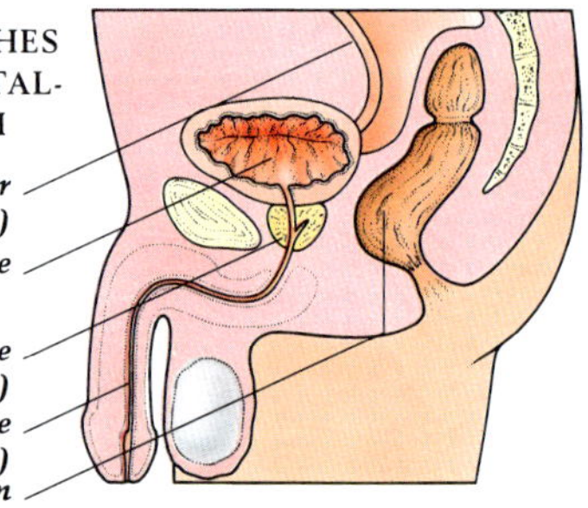

MÄNNLICHES UROGENITALSYSTEM

Harnleiter (Ureter)
Blase
Vorsteherdrüse (Prostata)
Harnröhre (Urethra)
Enddarm (Rektum)

NICHTGONORRHOISCHE/UNSPEZIFISCHE URETHRITIS (NGU)

75 PROZENT DIESER ENTZÜNDUNG der Harnröhre betreffen Männer. Es kommt zu einem Wundgefühl im Penis, Ausfluß und manchmal zu Schmerzen nach dem Wasserlassen. Frauen können symptomfrei sein, manche haben einen ungewöhnlich starken Ausfluß. NGU wird meist durch Chlamydieninfektion verursacht und mit Antibiotika behandelt.

Achtung: Gehen Sie zum Arzt, wenn Sie eine NGU vermuten.

PREISELBEERSAFT
Preiselbeersaft soll bei NGU helfen

ALTERNATIVE THERAPIEN

Bei Erkrankungen wie NGU, die zu Rückfällen neigen, bietet die Alternativmedizin wertvolle Hilfen zur Immunstärkung.

NATURHEILKUNDE

Heilpraktiker empfehlen Fasten und danach eine Vollkorn-Gemüse-Diät, um die Immunkräfte zu stärken. Auch ausreichender Schlaf und viel Flüssigkeit sowie eine Vitamin A-reiche Kost und nach einer Antibiotikatherapie „lebendiger" Joghurt für die Darmflora könnten empfohlen werden. Wassertreibende Pflanzen wie Spargel und Sellerie wurden lange Zeit zur Behandlung der NGU benutzt. Preiselbeersaft, ebenfalls wassertreibend, mag die Ansiedlung von Bakterien im Harnapparat verhindern. SEITEN 118–121

CHINESISCHE PFLANZENKUNDE

Urethritis wird mit "feuchter Hitze" in Nieren und Blase in Verbindung gebracht. Oft wird die Dianthus-Rezeptur gegeben. SEITEN 140–143

ERNÄHRUNGSTHERAPIEN

Vitamin B_1 soll die Reizung lindern, Zink und die Antioxidantien Vitamin A und E die Abwehrkräfte stärken und Natron den Harnapparat alkalisieren. SEITEN 148–152

WESTLICHE PFLANZENKUNDE

Kräuter wie Selleriesamen, Bucco oder Bärentraube werden wegen ihrer antiseptischen Eigenschaften empfohlen. SEITEN 134–139

ANDERE HEILMETHODEN

Homöopathie SEITEN 126–130
Orthomolekulare Therapie SEITE 153

HARNINKONTINENZ

DER UNWILLKÜRLICHE HARNABGANG kann vom leichten Tröpfeln bis zum völligen Verlust der Kontrolle über die Harnblase reichen. Bei der Streßinkontinenz führen Husten und plötzliche Bewegungen zum Abgang geringer Mengen Urins. Die Dranginkontinenz mit überwältigendem Harndrang vor der völligen Blasenentleerung kommt oft bei Blaseninfektionen vor (siehe S. 273).

Die Überlaufinkontinenz tritt auf, wenn der normale Harnfluß z. B. durch eine vergrößerte Prostata gestört ist. **Konventionelle Therapie** Einlagen können Sicherheit geben, und Übungen können die Beckenbodenmuskeln stärken, die für den Urinfluß verantwortlich sind. Die Therapie ist abhängig von Art und Ursache der Erkrankung. Bei Infektion oder Erkrankungen des Nervensystems werden Medikamente gegeben.

Inkontinenz während der Wechseljahre kann sich durch Hormonersatz bessern. In schweren Fällen kann eine Katheterisierung nötig sein.

ALTERNATIVE THERAPIEN

Therapeuten werden versuchen, die Ursachen einer Inkontinenz zu finden und zu beseitigen. Dann stärken sie durch Gaben tonisierender Mittel den Harnapparat.

WESTLICHE PFLANZENKUNDE

Zypressenöl soll die Urinproduktion reduzieren, Schachtelhalm den Harnapparat tonisieren. SEITEN 134–139

Achtung: Verwenden Sie Schachtelhalm nicht länger als sechs Wochen. Verwenden Sie kein Zypressenöl während einer Schwangerschaft.

NATURHEILKUNDE

Ein Heilpraktiker wird Faktoren wie Übergewicht, das eine Inkontinenz verschlimmern kann, angehen. Koffein wirkt wassertreibend. Künstliche Süßstoffe, kohlensäurehaltige Getränke und Speisen auf Tomatenbasis können die Blase reizen und sollten gemieden werden. SEITEN 118–121

HOMÖOPATHIE

Folgende Standardmittel können helfen: Causticum C6 bei unfreiwilligem Wasserlassen nach Husten, Schneuzen, Lachen oder erzwungenem Zurückhalten; Pulsatilla C6 bei unfreiwilligem Wasserlassen beim Hinlegen oder bei nassen Füßen. SEITEN 126–130

CHINESISCHE PFLANZENKUNDE

Therapeuten bringen Inkontinenz mit einem Mangel an „Nieren-Yang" und „innerer Kälte" in Verbindung und könnten die Rehmannia-Acht Plus-Rezeptur verschreiben. Gingkosamen sind Nieren- und Blasentonika, die bei Inkontinenz und häufigem Wasserlassen verordnet werden. SEITEN 140–143

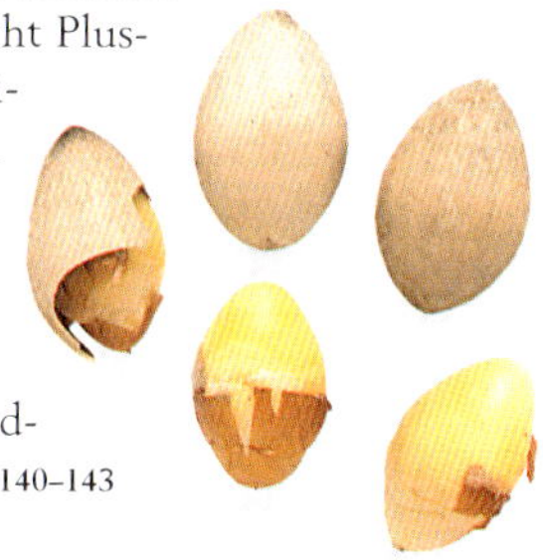

GINGKOSAMEN
Chinesische Therapeuten verschreiben zur Tonisierung des Harnapparats Gingkosamen

BIOFEEDBACK

Sensoren können den Betroffenen helfen, die Muskeln für die Blasenkontrolle zu lokalisieren und zu stärken. Das US Department of Health and Human Services hat 22 Studien analysiert und festgestellt, daß das Erlernen der Muskelkontrolle mittels Biofeedback Erfolgsraten von 54–95 Prozent bringt. SEITE 169

ANDERE HEILMETHODEN

Akupunktur SEITEN 90–94
Akupressur SEITE 95

NIERENSTEINE

MINERALE können in Nieren und Blase zu Steinen auskristallisieren und Schmerzen oder sogar Nierenversagen auslösen. Ursachen sind Niereninfektionen, Stoffwechsel- und Ernährungsprobleme (z. B. Gicht) sowie mangelhafte Flüssigkeitszufuhr. Mit Ultraschall werden große Steine zerkleinert, manchmal wird operiert.

Achtung: Gehen Sie zum Arzt, wenn Sie Nierensteine befürchten.

PFLANZENHEILKUNDLICHE BERATUNG
Eine Beratung hilft, die beste Therapie bei Steinleiden auszuwählen

ALTERNATIVE THERAPIEN

Änderung der Ernährungsgewohnheiten, Ergänzungen und pflanzliche Heilmittel können dem Wiederauftreten von Steinen vorbeugen. Einige Substanzen sollen vorhandene Steine auflösen.

NATURHEILKUNDE

Der Therapeut wird versuchen, Zucker und Salz in der Ernährung zu reduzieren, da sie bei der Entstehung von Steinen mitwirken. Auch wird er eine Flüssigkeitszufuhr von 2–3 Litern/Tag und grünes Gemüse empfehlen, dessen Magnesiumgehalt Kalzium verdrängt, die Ballaststoffe beschleunigen zudem die Ausscheidung. Viele Steine bestehen aus Kalziumoxalat. Daher ist es nötig, die Zufuhr an Oxalat einzuschränken, einer Substanz, die man in roter Beete, Rhabarber, Spinat, Erdbeeren und Schokolade findet. Spargel könnte wegen des darin enthaltenen Asparagins, das Oxalatkristalle auflösen soll, empfohlen werden. Preiselbeersaft soll den Urinkalziumgehalt bei einigen Menschen reduzieren helfen. SEITEN 118–121

WESTLICHE PFLANZENKUNDE

Der Urin wird mit wassertreibenden Pflanzen wie Collinsonia Canadensis, Eupatorium purpureum, Frauenmantel, Löwenzahn, Labkraut und Schachtelhalm verdünnt. Eibisch und Quecke könnten den entzündeten Harntrakt beruhigen. Visnaga, eine Heilpflanze bei Nierensteinen, entspannt den Harnleiter, so daß Steine passieren könnten. SEITEN 134–139

Achtung: Nehmen Sie Visnaga nur unter professioneller Aufsicht. Verwenden Sie Schachtelhalm nicht länger als sechs Wochen.

ERNÄHRUNGSTHERAPIEN

Nierensteine bestehen häufig aus Kalzium und Oxalat. Um ein Auskristallisieren dieser Elemente zu verhindern, könnten Vitamin B_6 und K sowie Magnesium gegeben werden. Die Aminosäure Lysin, Vitamin A, einige Enzyme und Zitrat (Salz, das sich mit Kalzium verbindet) werden verordnet, um die Kalziumausscheidung zu senken. SEITEN 148–152

ANDERE HEILMETHODEN

Chinesische Pflanzenheilkunde SEITEN 140–143
Homöopathie SEITEN 126–130

HERZ & KREISLAUF

DAS HERZ, ein Hohlmuskel etwa in der Größe einer geballten Faust, pumpt Blut zu den Geweben und versorgt diese mit Sauerstoff und Nährstoffen. Herz-Kreislauf-Probleme werden in zwei Kategorien unterteilt: Herzleistungs- und -rhythmusstörungen sowie Unterbrechungen im Blutfluß durch verengte oder verschlossene Arterien. Die Ärzte stimmen mit den Alternativtherapeuten überein, daß bei der Behandlung von Herzleiden eine Änderung der Ernährung und Lebensgewohnheiten wichtig ist. Unterschiedlich ist aber die Einschätzung, wann eine medikamentöse oder operative Therapie unumgänglich ist.

SCHLÜSSELSYMBOLE

FORSCHUNG	THERAPEUT
Gute wissenschaftliche Versuche mit positivem Resultat	Unentbehrlich
Einige Studien	Empfohlen
Nicht fundiert	Nicht nötig
	SELBSTBEHANDLUNG
	Selbstbehandlung möglich
	Keine Selbstbehandlung

ALTERNATIVE BEHANDLUNGSWEISEN

Änderung der Eß- und Lebensgewohnheiten (mehr Sport, Rauchen aufgeben) sind die Hauptansatzpunkte der Alternativmedizin. Eine normale Herzfunktion hängt auch von der Gesundheit anderer Organe wie Leber und Nieren ab.

KONVENTIONELLE BEHANDLUNGSWEISEN

Die konventionelle Medizin wird eine Änderung von Ernährung und Lebensgewohnheiten zur Senkung des Blutdrucks und der Blutfettwerte befürworten. Zur Besserung des Herzrhythmus und des Blutflusses können Medikamente gegeben werden. Eine Operation wird bei schweren Gefäß- und Herzmuskelschäden empfohlen.

Achtung: siehe auch Seite 204.

DIE HERZFUNKTION

Das Herz pumpt Blut durch ein Geflecht von Arterien (rechts, rot) und Venen (blau) durch den Körper. Diese sind mit kleinsten Blutkapillaren verbunden, durch deren dünne Wände Sauerstoff und Nährstoffe aus dem Blut zu den Zellen gelangen und Abbauprodukte wie Kohlendioxid wegtransportiert werden. Das Herz hat getrennte Hälften: zwei Vorhöfe und zwei Herzkammern. Sauerstoffarmes Blut fließt über die zwei Hauptvenen, obere und untere Hohlvene, in das rechte Herz. Es fließt dort über die Pulmonalarterien in die Lungen. Sauerstoffreiches Blut fließt von den Lungen in das linke Herz und wird über die Aorta in den Körper gepumpt. Das Herz selbst wird über die Koronararterien versorgt.

DAS HERZ

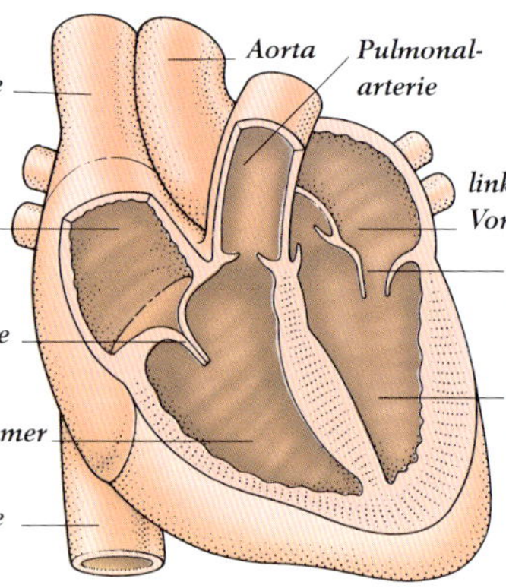

DAS HERZ-KREISLAUFSYSTEM

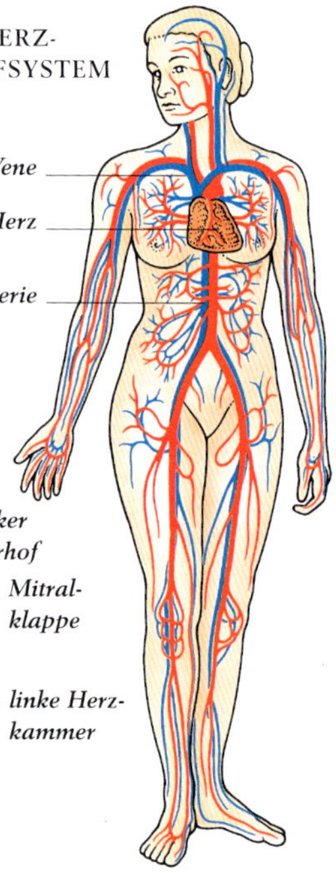

ANGINA PECTORIS

ANGINA PECTORIS bedeutet „Brustenge“, eine bildliche Darstellung der krampfartigen Symptome. Durch verengte Arterien kommt es zu einem Sauerstoffmangel im Herzen. Konventionell werden Medikamente wie Nitrate zur Verbesserung der Durchblutung des Herzens und andere zur Blutdrucksenkung gegeben. Ein abgestuftes Übungsprogramm kann das Herz stärken. Eine Angioplastie (Aufweitung verengter Arterien mit Ballonkatheter) oder eine Bypass-Operation kann als letzter Ausweg nötig sein.

ALTERNATIVE THERAPIEN

Östliche Therapien können in der Behandlung von Angina-pectoris-Anfällen nützlich sein. Studien zeigen, daß die westliche Pflanzenheilkunde die Gesundheit von Herz und Kreislauf verbessern kann.

AKUPUNKTUR

Skandinavische Studien von 1986–1992 zeigen, daß Akupunktur Herzkraft und -kapazität steigern kann sowie die Beschwerden und den Bedarf an Medikamenten mindert. Akupunktur auf falschen Meridianen war jedoch manchmal ebenso effektiv. SEITEN 90–94

WESTLICHE PFLANZENKUNDE

Ihnen könnte Weißdorn zur Beruhigung und Stärkung des Herzen verschrieben werden. Deutsche Studien zeigen, daß die Flavonoide im Weißdorn die Herzkranzarterien erweitern, die Blut- und Sauerstoffversorgung des Herzens verbessern und die Beschwerden bei Angina pectoris mindern. SEITE 134–139

Achtung: Verwenden Sie Weißdorn nur unter professioneller Aufsicht.

ANDERE HEILMETHODEN

Tai Chi Chuan SEITEN 100–101
Yoga SEITEN 108–111
Naturheilkunde SEITEN 118–121

ARTERIOSKLEROSE & KORONARE HERZKRANKHEIT (KHK)

BEI DER ARTERIOSKLEROSE sammeln sich an den Innenwänden der Arterien allmählich Fettablagerungen (Atherome), der Blutfluß wird beeinträchtigt. Wenn die Herzkranzarterien betroffen sind, wird die Sauerstoff- und Nährstoffzufuhr zum Herzmuskel vermindert und seine Pumpkraft geschwächt. Dieser Zustand ist bekannt als Koronare Herzkrankheit und kann zu Angina pectoris oder zum Herzinfarkt führen.

Ursachen Die Arteriosklerose beginnt mit einem Schaden an den Arterienwänden, verursacht durch Abnutzung, Virusinfektionen oder chemische Wirkstoffe, der durch Rauchen, Streß und hohen Blutdruck verschlimmert wird. Weiße Blutkörperchen haften an den geschädigten Gefäßwänden, Fettröpfchen (Cholesterin) lagern sich an. Diese Fettablagerungen behindern den Blutfluß und können schlimmstenfalls eine Arterie blockieren.

Konventionelle Therapie Ein Arzt kann Medikamente zur Verbesserung des Blutflusses, zur Senkung des Cholesterins und zur Entlastung des Herzens verschreiben. Operative Möglichkeiten sind der koronare Bypass oder die Aufweitung verengter Gefäße durch einen Ballonkatheter.

Selbsthilfe zur Vorbeugung:

- Essen Sie fettarme Kost. Die mediterrane Küche mit Gemüse, Obst, Fisch, Knoblauch, Olivenöl und 1–2 Gläsern Rotwein am Tag zeigt gute Wirkung.
- Geben Sie das Rauchen auf, und lernen Sie, mit Streß umzugehen. Beides erhöht den Blutdruck. Machen Sie mindestens dreimal pro Woche Aerobicübungen, um die Herzkraft zu stärken.
- Nehmen Sie zweimal pro Woche eine halbe Tablette Aspirin, besonders wenn Sie schon einen Herzinfarkt hatten. Aspirin verdünnt das Blut.
- Frauen sollten nach den Wechseljahren eine Hormontherapie in Betracht ziehen, besonders wenn in der Familie Herzkrankheiten aufgetreten sind. Tests haben gezeigt, daß so das Risiko eines Herzanfalls um 44 Prozent gemindert werden kann.

KÖRPER- & BEWEGUNGSTHERAPIEN

Massagetherapien und Übungen der Chinesischen Medizin lindern Streß, bewirken Entspannung und entlasten das Herz.

AROMATHERAPIE

Eine entspannende Aromatherapiemassage vermindert Streß und regt den Kreislauf an. Die Massage mit Ölen von Lavendel, Pfefferminze, Majoran und Rose soll zur Stärkung des Herzens beitragen. SEITEN 62–65

Achtung: Konsultieren Sie einen erfahrenen Praktiker, wenn Sie ein Herzproblem haben. Verwenden Sie kein Majoranöl in der Schwangerschaft.

PFEFFERMINZE
Pfefferminzöl kann den Kreislauf anregen

TAI CHI CHUAN

Die Bewegungs- und Atemübungen des Tai Chi sollen einen geregelten Fluß von Qi im Körper bewirken. Kardiologen raten Patienten zu Tai Chi als einer Form sanfter Körperübungen, die das Herz nicht belasten. SEITEN 100–101

ANDERE HEILMETHODEN

Massage SEITEN 56–61
Yoga SEITEN 108–111

MEDIZINISCHE THERAPIEN

Diese Therapien zielen auf eine Verbesserung der Nahrungsgewohnheiten und eine Beseitigung von Ernährungsmängeln.

NATURHEILKUNDE

Die Verbesserung der Ernährung und Lebensgewohnheiten bei KHK hat vielversprechende Ergebnisse erbracht. In den USA hat Dr. Dean Ornish ein Programm entwickelt, bei dem die KHK ohne Medikamente und Operation rückgängig gemacht werden kann. Es beinhaltet eine ballaststoffreiche, fettarme Kost, Körperübungen dreimal pro Woche, Gruppentherapie und Streßbewältigung. In einer Studie hatten 82 Prozent der Dr. Ornish Patienten eine verbesserte, arterielle Durchblutung und weniger Brustschmerz, während sich in der Kontrollgruppe die Symptome bei 53 Prozent verschlimmerten. SEITEN 118–121

ERNÄHRUNGSTHERAPIEN

Neben einer Vollwertkost wird der Therapeut Lebensmittel empfehlen, die das Herz schützen: Antioxidative Früchte und Gemüse sowie öliger Fisch (z. B. Makrele), der Omega-3-Fettsäuren enthält. Nahrungsergänzungen wie Vitamin B zur Reduzierung des Homozysteinspiegels (schädigt die Gefäßwände), Karnitin, Niacin, Kalzium, Chrom und Lezithin zur Senkung des Cholesterinspiegels, Magnesium zur Erweiterung der Arterien und Pantothen zur Senkung des Blutfettspiegels können vorgeschlagen werden. Eine englische Studie von 1996 zeigte, daß Vitamin E das Risiko eines Herzinfarkts bei Patienten mit Arteriosklerose um 77 Prozent senken konnte. SEITEN 148–152

Achtung: Nehmen Sie Nahrungsergänzungen bei Herzleiden nur unter professioneller Aufsicht.

MENTALE & EMOTIONALE THERAPIEN

Menschen mit mißtrauischer, negativer Lebenseinstellung sind besonders anfällig für KHK. Meditation und andere Therapien wollen negative Stimmungen zu reduzieren.

MEDITATION

In Perioden mit anhaltendem Streß produziert der Körper übermäßig viele Streßhormone und Fette. Diese lassen das Cholesterin im Blut, ein Risikofaktor für KHK, ansteigen. Der Therapeut zeigt Ihnen, wie Sie durch „entspannte Aufmerksamkeit" die Streßreaktionen reduzieren können. SEITEN 174–177

ENTSPANNUNG
Konzentration des Geistes kann tiefe Ruhe bewirken und dem Streß entgegenwirken

ANDERE HEILMETHODEN

Biofeedback SEITE 169

BLUTHOCHDRUCK

DER BLUTDRUCK schwankt ständig. So ist er zum Beispiel morgens niedrig und steigt bei körperlicher Aktivität oder als Antwort auf Streß. Manchmal ist er ständig erhöht, auch in Ruhephasen. Das zeigt an, daß die Artierien verengt sind und das Herz mehr arbeiten muß, um das Blut durch den Körper zu pumpen. Bluthochdruck (Hypertonie) schädigt schließlich die Blutgefäße, was zu Schlaganfall, KHK, Herzversagen und anderen Erkrankungen führen kann. Alternative Therapien wollen den Blutdruck mit natürlichen Mitteln senken, was in manchen Fällen die Reduzierung oder das Absetzen von konventionellen Medikamenten ermöglicht.

URSACHEN & SYMPTOME

Symptome treten nur auf, wenn der Blutdruck sehr hoch ist. Dann kommt es zu Schwindel, Kopfschmerz, Müdigkeit, Ohrensausen, Sehstörungen, Atemnot und Schlaflosigkeit. Die Lebensgewohnheiten scheinen eine Rolle zu spielen. Menschen in entlegenen Gegenden kennen praktisch keinen Bluthochdruck. Kommen sie aber in Industrieländer, steigt ihr Bluthochdruck dramatisch an.

VORBEUGUNG

Obwohl Bluthochdruck am häufigsten zwischen 50 und 60 Jahren auftritt, ist er kein Bestandteil des Alterungsprozesses. Zur Vorbeugung sollten Sie Ihre Gewohnheiten ändern: Geben Sie das Rauchen auf, reduzieren Sie Übergewicht, trainieren Sie regelmäßig, reduzieren Sie Streß, essen Sie fettarm, und vermindern Sie den Konsum von Alkohol, Salz und Koffein (S. 23–48).

KONVENTIONELLE BEHANDLUNGSWEISE

Lassen Sie Ihren Blutdruck mindestens einmal jährlich kontrollieren, wenn Sie über 40 Jahre alt sind. Änderungen der Lebensgewohnheiten können bei der Senkung eines milden Bluthochdrucks helfen. Falls dies nicht ausreicht, werden Diuretika, Betablocker, Vasodilatatoren und Mittel, die auf das Nervensystem wirken, verschrieben. Die medikamentöse Therapie kann lebenslang nötig sein und Nebenwirkungen haben.

VORSICHT!

- **Setzen Sie keine verschriebenen Medikamente oder Therapie ab, ohne vorher den Arzt zu konsultieren**
- **Konsultieren Sie wegen möglicher Wechselwirkungen Ihren Arzt, bevor Sie Nahrungsergänzungen oder pflanzliche Heilmittel einnehmen**
- **Konsultieren Sie Ihren Arzt, bevor Sie mit Körperübungen beginnen**

KÖRPER- & BEWEGUNGSTHERAPIEN

Streß löst die Freisetzung des Hormons Adrenalin aus. Kleine Arterien kontrahieren, der Blutdruck steigt. Östliche und westliche Therapien konzentrieren sich auf Entspannung und Streßreduzierung.

MASSAGE

Langsame Streichbewegungen lösen Verspannungen und können auch bei denen, die sich schwer entspannen können, sehr effektiv sein. Mehrere Studien belegen, daß Massage den Blutdruck kurzfristig, aber nicht bleibend senken kann. **SEITEN 56–61**

AROMATHERAPIE

Der Therapeut könnte Sie mit ätherischen Ölen von Lavendel, Geranie, Sandelholz, Rose oder Salvia sclarea massieren, die alle beruhigende Eigenschaften haben. **SEITEN 62–65**

Achtung: Verwenden Sie kein Salvia sclarea während einer Schwangerschaft.

AKUPUNKTUR

Heilpraktiker könnten Akupunkturpunkte stimulieren, die exzessives Leber-Yang beruhigen, die Nieren stärken und eine mit Bluthochdruck verbundene „Schleim-Feuchtigkeit-Disharmonie" auflösen. **SEITEN 90–94**

QI GONG

Man glaubt, daß Qi Gong, eine Kombination sanfter Übungen und Meditation, durch einfache fließende Bewegungen den Fluß von Qi im Körper verbessert. Es wird angenommen, daß dies den Blutdruck senken hilft und negative Gefühle besänftigt.

SEITE 99

BERUHIGEND
Die sanften, kontrollierten Bewegungen von Qi Gong fördern die innere Ruhe

TAI CHI CHUAN

Tai Chi kann Ihnen helfen, Streß zu bewältigen, den Blutdruck unter Kontrolle zu halten und den Körper zu bewegen, ohne das Herz zu überlasten. **SEITEN 100–101**

YOGA

Man wird Ihnen die passenden Asanas (Stellungen) und Atemtechniken zeigen. Yoga ist ein wirksamer Weg, Streß zu reduzieren, da es Atmungs-, Entspannungs- und Meditationstechniken sowie Dehnungsübungen kombiniert. Eine Studie in *The Lancet* 1973 fand heraus, daß die Kombination von Yoga, Meditation und Biofeedback es 25 Prozent der Patienten ermöglichte, ihre Medikamente abzusetzen und 35 Prozent der Patienten, sie zu reduzieren.

SEITEN 108–111

Achtung: Versuchen Sie keinen Kopfstand.

ANDERE HEILMETHODEN

Chiropraktik **SEITEN 70–75**
Osteopathie **SEITEN 76–81**
Alexandertechnik **SEITEN 86–87**

MEDIZINISCHE THERAPIEN

Die Praktiker versuchen den Bedarf an konventionellen Medikamenten zu reduzieren, indem sie eine bessere Ernährung oder Heilmittel empfehlen, die einen positiven Effekt auf Blutgefäße und Gewebe haben.

NATURHEILKUNDE

Es gibt einen starken Zusammenhang zwischen Bluthochdruck und Ernährung, so daß Ihr Therapeut Verbesserungen vorschlagen wird. Eine ausgewogene Kost sollte reichlich Vollkorn, Obst, Gemüse und fettarme Milchprodukte enthalten. Sie ist dann reich an Kalium, komplexen Kohlenhydraten, mehrfach ungesättigten Fettsäuren, Ballaststoffen, Kalzium, Magnesium, Vitamin C und Beta-Karotin. Eine ballaststoffreiche Kost, besonders Haferkleie und Psyllium-Samen, soll einen hohen Blutdruck senken und vorbeugen. Ähnliches gilt für Knoblauch und Zwiebeln. Eine englische Studie zeigt, daß Personen mit mildem Bluthochdruck, die regelmäßig Knoblauch aßen, nach drei Monaten eine Senkung des diastolischen Blutdrucks von 102 auf 89 aufwiesen. Zusätzliche Studien zeigten, daß Vegetarier eher einen niedrigeren Blutdruck und seltener Herzkreislauferkrankungen hatten als Fleischesser. **SEITEN 118–121**

ERNÄHRUNG FÜR EIN GESUNDES HERZ
Bei Bluthochdruck und zur Vorbeugung wird eine Kost empfohlen, die reich ist an komplexen Kohlenhydraten, öligem Fisch und Obst und Gemüse

HOMÖOPATHIE

Zur Auswahl des Heilmittels, das Ihrer Konstitution entspricht, wird der Homöopath eine individuelle Beurteilung durchführen. Baryta carb. C6, Adrenalin C6, Aal serum C6 und Baryta mur. C6 sind typische Mittel bei Bluthochdruck. In einer Studie zeigten einige Personen eine stark positive Reaktion auf Baryta carb. C6, andere Studien waren unterschiedlich.
SEITEN 126–130

WESTLICHE PFLANZENKUNDE

Der Heilpraktiker wird Weißdorn, Linde, Buchweizen und Schafgarbe zur Erweiterung verengter Blutgefäße und zur Drucksenkung in den Arterien verschreiben. Wassertreibende Mittel wie Löwenzahn oder Petersilie können zur Unterstützung der Nieren gegeben werden. Beruhigende Mittel wie Kamille, Zitronenbalsam, Lavendel und Rosmarin werden zur Entspannung empfohlen.
SEITEN 134–139
Achtung: Verwenden Sie keine Schafgarbe oder Petersilie während einer Schwangerschaft. Nehmen Sie Weißdorn nur unter professioneller Aufsicht.

CHINESISCHE PFLANZENKUNDE

In der TCM wird Bluthochdruck mit mehreren Disharmonien wie „aufsteigendem Leber-Yang", „Nieren-Yin-Mangel" und „Schleim-Feuchtigkeit" in Verbindung gebracht. Ihr Therapeut wird Rezepte verschreiben, die Pflanzen wie Tian ma und Gou teng zur Beruhigung des Leber-Yang, Rehmannia zur Stärkung des Nieren-Yin und Chen pi sowie Fu ling zur Auflösung der „Schleim-Feuchtigkeit" enthalten. **SEITEN 140–143**

ERNÄHRUNGSTHERAPIEN

Der Therapeut wird Veränderungen und Nahrungsergänzungen anraten. Kalziumreiche Lebensmittel werden oft empfohlen, da es einen Zusammenhang zwischen geringer Kalziumaufnahme und Bluthochdruck zu geben scheint. Zu den Nahrungszusätzen, die Sie nehmen sollten, gehören Omega-3-Fettsäuren, Magnesium, Kalium, Vitamin C und eine Substanz mit dem Namen Koenzym Q10.
SEITEN 148–152
Achtung: Nehmen Sie Kalium oder Magnesium nur unter professioneller Aufsicht.

MENTALE & EMOTIONALE THERAPIEN

Die Fähigkeit, sich willkürlich zu entspannen ist ein Weg, Streß zu reduzieren, sie hat eine direkte Auswirkung auf den Blutdruck.

PSYCHOTHERAPIE & BERATUNG

Die Therapeuten helfen, Verhaltensweisen, die mit aufregenden Situationen in Zusammenhang stehen, zu erkennen und zu ändern. Die Kognitive Verhaltenstherapie hilft besonders bei negativen Neigungen (ungeduldige, zynische Menschen, die schnell mißtrauisch und zornig werden und leicht andere Gesundheitsprobleme entwickeln, wenn sie Bluthochdruck haben). **SEITEN 160–165**

HYPNOTHERAPIE

Der Therapeut zeigt Ihnen, sich unter Hypnose zu entspannen. Die Erinnerung an den in der Hypnose erreichten Zustand der Entspannung soll Ihnen helfen, sich in aufregenden Situationen und zur Konfliktbewältigung wieder zu entspannen. **SEITEN 166–167**

AUTOGENES TRAINING

Mit geistigen Übungen lernen Sie streßhafte Situationen schnell zu erkennen und entspannt darauf zu reagieren.
SEITE 168

BIOFEEDBACK

Beim Biofeedback werden Geräte benutzt, die physiologische Körperreaktionen wie Puls oder Gehirnwellen anzeigen. So lernen Sie, zu erkennen, wann Sie entspannt sind, und können diesen Zustand willkürlich hervorrufen. Biofeedback hilft bei Menschen mit mildem Bluthochdruck.
SEITE 169

ENTSPANNUNGS- & ATEMTHERAPIE

Unter Streß wird die Atmung schnell und flach. Das Erlernen einer langsamen, gleichmäßigen Atmung (Zwerchfellatmung) wirkt dem entgegen und löst damit eine progressive Muskelentspannung aus. Dadurch sinken Blutdruck und Grundumsatz, der Herzschlag verlangsamt sich vorübergehend.
SEITEN 170–173

MEDITATION

Techniken, die beruhigen und den Geist konzentrieren, können dazu beitragen, tiefe entspannende Alphawellen zu erzeugen.
SEITE 174–177

VISUALISIERUNG

Ein Praktiker kann Ihnen zeigen, wie Sie Streß reduzieren können, indem Sie beruhigende Szenen visualisieren.
SEITEN 178–179

BESÄNFTIGENDE SZENEN
Übungen, bei denen man sich einen positiven Ausgang der Geschehnisse vorstellt, helfen ruhig zu bleiben und Streß zu bewältigen

MUSIKTHERAPIE

Studien belegen, daß Musik einen vorübergehenden, wohltuenden Effekt auf den Blutdruck haben kann. Musikhören kann Verspannungen lösen und entspannen.
SEITE 181

NIEDRIGER BLUTDRUCK

WENN DER BLUTDRUCK fällt, ziehen sich die Arterien als Antwort nicht immer schnell genug zusammen. Die Blutversorgung des Gehirns wird vermindert und kann Schwindel oder Ohnmacht auslösen. Ursachen der Hypertonie können sein: Schwangerschaft, Zuckerkrankheit, Unterernährung, Hitzeerschöpfung, antidepressive Medikamente oder eine Überdosierung von Mitteln gegen Bluthochdruck. Menschen mit anhaltend niedrigem Blutdruck neigen eher zu Depressionen, Müdigkeit und Schlafsucht als jene mit normalem Blutdruck. Die konventionelle Therapie ist abhängig von der Ursache.

ALTERNATIVE THERAPIEN

Die Naturheilkunde stärkt die Gesundheit, die Hydrotherapie regt den Kreislauf an.

NATURHEILKUNDE

Ihr Therapeut wird eine Vollkornkost und Körperaktivität in frischer Luft empfehlen, um das Wohlbefinden und einen normalen Schlafrhythmus wiederherzustellen. SEITEN 118–121

HYDROTHERAPIE

Die Therapeuten glauben, daß kaltes Duschen und Baden die Blutgefäße tonisiert und eine normale Zirkulation und Sauerstoffversorgung im oberen Körper gewährleistet. SEITEN 122–123

Achtung: Vermeiden Sie heiß-kalte Wechselduschen oder -bäder, wenn Sie ein Herzproblem haben.

SITZBAD
Der Kreislauf wird durch ein Sitzbad angeregt. Zuerst sitzt man in kaltem Wasser mit den Füßen in warmem Wasser, dann umgekehrt

ANDERE HEILMETHODEN

Westliche Pflanzenheilkunde SEITEN 134–139
Ernährungstherapien SEITEN 148–152

HERZKLAPPENFEHLER

DIE HERZKLAPPEN verhindern, daß Blut bei der Herzkontraktion zurückfließt. Wenn sie sich entzünden oder undicht werden, können sie ihre Arbeit nicht richtig ausüben. Klappenfehler können Rhythmusstörungen, Angina pectoris, Infarkt oder Herzversagen hervorrufen. Eine Operation kann nötig sein.

Achtung: Vor einer Therapie den Arzt befragen!

ALTERNATIVE THERAPIEN

Bei Herzschäden muß jede weitere Belastung vermieden werden. Entspannungstechniken sind ein wichtiger Teil der Heilung.

ERNÄHRUNGSTHERAPIEN

Praktiker empfehlen eine ausgewogene, fettarme Diät. Sie könnten Karnitin zur Cholesterinsenkung, Pantethin zur Senkung der Blutfette und Koenzym Q10, eine wichtige Substanz zur Energieproduktion, empfehlen. SEITEN 148–152

ENTSPANNUNGS- & ATEMTHERAPIE

Zwerchfellatmung bewirkt ein ruhiges, gleichmäßiges Atmen. Progressive Entspannung löst Verspannungen und fördert den Schlaf. SEITEN 170–173

HERZINSUFFIZIENZ/HERZVERSAGEN

MANCHMAL LÄSST die Herzleistung nach, dann spricht man von Herzinsuffizienz. Wenn die rechte Herzseite betroffen ist, staut sich das vom Körper zum Herzen fließende Blut und preßt Flüssigkeit in die Gewebe. Müdigkeit, Schwäche und Herzklopfen sind die Folge. Wenn das linke Herz betroffen ist, kann Blut aus den Lungen schlecht in das Herz zurückfließen. Diese stauen sich, und es kommt zu Kurzatmigkeit und Husten, besonders im Liegen. Ursachen könnenAnämie, Bluthochdruck und andere Herz-Lungen-Erkrankungen sein. Konventionell können Diuretika und Digoxin zum Abbau des Flüssigkeitsstaus und zur Herzkräftigung verschrieben werden.

Achtung: Vermeiden Sie anstrengende Übungen, ein Übermaß an Flüssigkeit und extreme Temperaturschwankungen. Konsultieren Sie einen Arzt, bevor Sie mit einer alternativen Therapie beginnen.

ALTERNATIVE THERAPIEN

Die Aromatherapie und Ernährungsumstellung versuchen eine Herzinsuffizienz zu lindern. Zusätzlich können pflanzliche Heilmittel den Herzschlag stabilisieren.

MASSAGE

Die manuelle Lymphdrainage ist eine sanfte, streichende Massagetechnik, die das Lymphsystem anregt, den Flüssigkeitsstau abzubauen und Abfallstoffe zu beseitigen. SEITEN 56–61

Achtung: Konsultieren Sie einen Arzt, wenn Sie ein Herzproblem haben.

NATURHEILKUNDE

Ein Heilpraktiker wird Ihre Lebensgewohnheiten beurteilen und Veränderungen vorschlagen. Wenn Flüssigkeitsstau das Problem ist, könnte Ihnen geraten werden, Salz zu meiden, das den Stau begünstigt. Tee, Kaffee und süße Speisen, die viel Wasser für den Stoffwechsel benötigen, sollten ebenfalls gemieden werden. SEITEN 118–121

WESTLICHE PFLANZENKUNDE

Ein Therapeut könnte Herzinsuffizienz mit Fingerhut, Grundlage für das Medikament Digoxin, oder mit Weißdorn oder Maiglöckchen behandeln. SEITEN 134–139

Achtung: Nehmen Sie Fingerhut, Weißdorn und Maiglöckchen nur unter professioneller Aufsicht.

FINGERHUT
Fingerhut enthält Herzglykoside, die das Herz gleichmäßiger und langsamer schlagen lassen

ANDERE METHODEN

Chin. Pflanzenkunde SEITEN 140–143

HERZINFARKT

DER HERZINFARKT ist die schlimmste Folge einer Koronaren Herzkrankheit (Seite 243) und kann tödlich enden. Er tritt auf, wenn ein Teil des Herzmuskels abstirbt, da die Blutversorgung über eine Herzkranzarterie durch Verengung oder ein Blutgerinnsel unterbrochen ist. Symptome wie intensive Brustschmerzen mit Ausstrahlung in den linken Arm, Hals oder Unterkiefer, die bis zu einer Stunde anhalten, kalter Schweiß, Blässe oder Kollaps können auftreten. Ältere Menschen haben bei Herzinfarkt manchmal nur geringe oder gar keine Schmerzen.
Konventionelle Therapie Infarktpatienten werden zur Überwachung und Pflege auf Intensivstationen betreut. Ein Arzt wird Morphium zur Schmerzlinderung, Medikamente gegen Herzrhythmusstörungen, Herzversagen und Schock geben. Die Rehabilitation konzentriert sich auf eine Verbesserung der Ernährungs- und Lebensgewohnheiten mit regelmäßiger Körperaktivität als wesentlichem Faktor. Aspirin verbessert den Blutfluß.
Achtung: Rufen Sie sofort den Rettungsdienst, wenn Sie einen Herzinfarkt vermuten. Fragen Sie den Arzt, bevor Sie danach eine Alternativtherapie beginnen.

ALTERNATIVE THERAPIEN

Mehrere Arten der Behandlung können bei der Rehabilitation helfen. Sanfte Bewegungstherapien können den Streßpegel senken, mentale Therapien lehren Streßbewältigung. Ernährungstherapeuten empfehlen dringend eine Änderung der Eßgewohnheiten und Nahrungsergänzungen.

TAI CHI CHUAN

Diese alten chinesischen Bewegungsübungen versuchen, innere Ruhe zu entwickeln und Entspannung herbeizuführen. In einer englischen Studie von 1996 bewirkte Tai Chi Chuan bei Herzinfarktpatienten eine Blutdrucksenkung. SEITEN 100–101

NATURHEILKUNDE

Ein Heilpraktiker wird Ihre Ernährungs- und Lebensgewohnheiten beurteilen und Änderungen anordnen. Machen Sie dreimal wöchentlich Körperübungen in frischer Luft, meiden Sie gesättigtes Fett, und essen Sie antioxidantives Obst und Gemüse. Einige Lebenmittel wie öliger Fisch, Chili, Knoblauch und Ingwer helfen, das Herz zu schützen, und werden deshalb besonders empfohlen. SEITEN 118–121

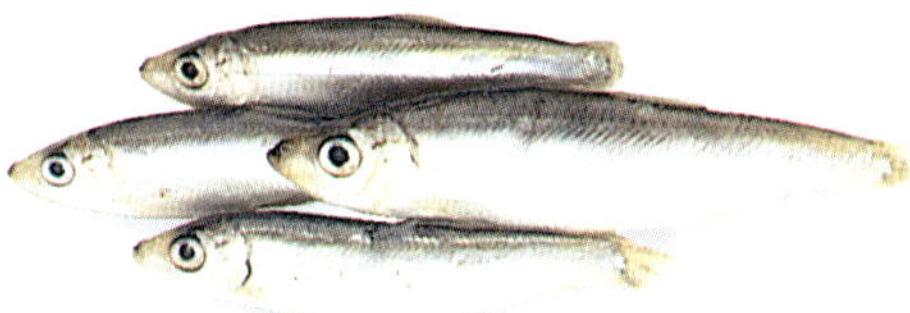

ÖLIGER FISCH
Fische wie der Weißfisch enthalten essentielle Omega-3-Fettsäuren, die das Herz schützen

ERNÄHRUNGSTHERAPIEN

Therapeuten vermuten, daß ein Mangel an Magnesium und Kalium dazu führt, daß sich die Herzkranzgefäße verkrampfen und einen Herzinfarkt auslösen. Sie könnten Nahrungsergänzungen verordnen, die die Herzkraft stärken. Obwohl es nicht bewiesen ist, glauben manche Praktiker, daß Milch Herzprobleme verursachen kann, weil sie die Aufnahme von Magnesium ins Blut beeinflußt. Deswegen könnten sie dazu raten, Milch und Milchprodukte zu meiden. SEITEN 148–152
Achtung: Nehmen Sie Magnesium- oder Kaliumergänzungen nur unter professioneller Aufsicht.

ENTSPANNUNGS- & ATEMTHERAPIE

Richtiges Atmen ist ein Schritt zur Entspannung. Der Therapeut wird Ihnen Techniken zeigen, die, regelmäßig praktiziert, Streß reduzieren und eine gelassene Lebenseinstellung verschaffen. SEITEN 170–173

ANDERE HEILMETHODEN

Qi Gong SEITE 99
Westliche Pflanzenheilkunde SEITEN 134–139
Visualisierung SEITEN 178–179

HERZKLOPFEN (PALPITATIONEN)

HERZKLOPFEN wird empfunden, wenn das Herz unregelmäßig oder stärker als gewöhnlich zu schlagen scheint. Das kann beängstigend sein, ist meist aber harmlos. Emotionen wie Angst, Schock und Ärger sind übliche Ursachen. Andere auslösende Faktoren können Verdauungsstörungen, übermäßige Aktivität, Hyperventilation (schnelles Atmen), Rauchen, zuviel Alkohol, Kaffee, Tee, Medikamente, eine Schilddrüsenüberfunktion und die koronare Herzkrankheit sein. Zur Behandlung können Mittel gegen Herzrhythmusstörungen oder Betablocker gegeben werden. Bei psychischen Störungen können Enspannungstechniken oder eine Psychotherapie angeordnet werden.
Achtung: Konsultieren Sie einen Arzt, wenn das Herzklopfen anhält, wiederholt auftritt oder von Schwindel, Brustschmerzen, Kurzatmigkeit oder Übelkeit begleitet ist.

ALTERNATIVE THERAPIEN

Herzklopfen hat oft emotionale Ursachen, darum sind Entspannungstherapien gut geeignet. Körperliche Ursachen werden mit Diät und pflanzlichen Mitteln behandelt.

MASSAGE

Regelmäßige Massage bringt Entspannung, senkt den Blutdruck und reduziert den Streßpegel. SEITEN 56–61

AKUPRESSUR

Ein Therapeut zeigt Ihnen den Druck auf die Punkte für den Herzbeutel- und Herz-Meridian an der Brust. Dies soll einen beruhigenden Effekt haben. SEITE 95

NATURHEILKUNDE

Der Allgemeinzustand soll verbessert werden. Herzklopfen soll mit Nahrungsunverträglichkeiten in Verbindung stehen, eine Auslaßdiät wird empfohlen. SEITEN 118–121

CHINESISCHE PFLANZENKUNDE

Herzklopfen wird mit "Mangel an Herzblut" in Verbindung gebracht. Dagegen werden „nahrhafte" Pflanzen gegeben. SEITEN 140–143

AUTOGENES TRAINING

Wenn Herzklopfen psychische Ursachen hat wie Angst, kann der Therapeut Ihnen Techniken zeigen, diese zu kontrollieren. Dazu gehören Übungen, die Ihnen helfen, das Alarmsystem des Körpers willentlich abzuschalten. SEITEN 168

ENTSPANNUNGS- & ATEMTHERAPIE

Übungen zur progressiven Muskelentspannung und Atemübungen aus dem Yoga (Pranayama) sollen bei Herzklopfen helfen. SEITEN 170–173

ANDERE HEILMETHODEN

Yoga SEITEN 108–111
Homöopathie SEITEN 126–130
Westliche Pflanzenheilkunde SEITEN 134–139
Biofeedback SEITE 169

ANÄMIE

BEI DER ANÄMIE ist der Hämoglobinspiegel reduziert. Hämoglobin ist die Substanz, die Sauerstoff bindet und zu den Zellen trägt. Es kann zu Schwindel, Ohnmacht, Blässe, Müdigkeit, Reizbarkeit, wiederkehrenden Infektionen, Konzentrationsschwäche, Herzklopfen, Kurzatmigkeit, Sehstörungen, einer wunden Zunge und Appetitverlust kommen.

Ursachen Eine Anämie wird meist durch einen Mangel an Eisen verursacht. Eine geringe Eisenzufuhr, Blutverlust durch Unfälle, starke Menstruationsblutungen oder Operationen, Hämorrhoiden oder peptische Geschwüre können alle eine Anämie verursachen. Andere Formen sind die megaloblastische Anämie und die perniziöse Anämie, bei denen ein Mangel an Folsäure und Vitamin B_{12} vorliegt, die Sichelzellenanämie und die Thalassämie, beides angeborene Störungen. Konventionell wird neben einer Diät Eisen oder Vitamin B_{12} gegeben

Achtung: Nahrungsergänzungen nur unter Aufsicht!

ALTERNATIVE THERAPIEN

Es wird versucht, die Eisenzufuhr und -aufnahme ins Blut zu verbessern.

WESTLICHE PFLANZENKUNDE

Un einen Eisenmangel zu beheben, könnten eisenhaltige Pflanzen wie Petersilie, Löwenzahn und Wasserkresse zu Suppen und Salaten empfohlen werden. Aufgüsse von Himbeere, Klette und Brennessel könnten ebenso verschrieben werden. SEITEN 134–139

Achtung: Verwenden Sie keine Himbeeren als Medizin in der Schwangerschaft.

HIMBEERE
Blätter und Beeren wirken adstringierend und stoppen Blutungen

CHINESISCHE PFLANZENKUNDE

Man wird Ihnen eisenreiche Kost und Heilmittel verordnen, die die Eisenaufnahme verbessern. Eine mangelhafte Aufnahme soll mit einem Versagen der Milz bei der Produktion von Qi in Verbindung stehen, so daß Sie gebeten werden können „Zurück zur Milz"-Tabletten zu nehmen. Die Tang Kuei Vier-Rezeptur könnte bei Blutverlust zusammen mit einem Qi-Tonikum wie Ginseng gegeben werden. SEITEN 140–143

Achtung: Nehmen Sie kein Ginseng während einer Schwangerschaft oder bei Bluthochdruck.

AYURVEDA

Im Ayurveda wird Anämie einem Ungleichgewicht von Pitta, einer der „Vitalenergien", zugeschrieben. Abführmaßnahmen mit Punarnava Mandura, einem milden Abführmittel mit viel Eisen, sind üblich. Saure und frittierte Speisen, die die Leberfunktion beeinträchtigen können, sind verboten, während eisenreiche, grüne Gemüse und Sesamsamen empfohlen werden. SEITEN 144–147

ERNÄHRUNGSTHERAPIEN

Die Praktiker behandeln Anämie mit Ernährungsempfehlungen und Ergänzungen von Eisen, Folsäure oder Vitamin B_{12}. Zusätzlich gibt es Vitamin C und Zink. SEITEN 148–152

ANDERE HEILMETHODEN

Naturheilkunde SEITEN 118–121
Homöopathie SEITEN 126–130
Biochemische Gewebesalze SEITE 131

KRAMPFADERN (VARIKOSIS)

KRAMPFADERN sind blaue, geschwollene Venen, meist an den Beinen, die direkt unter der Haut liegen. Sie können einseitig auftreten, sind aber gewöhnlich beidseits und kommen bei Frauen viermal häufiger vor als bei Männern. Geschwollene Knöchel, Müdigkeit, Ekzeme und Geschwüre über den betroffenen Stellen können begleitend auftreten. Krampfadern treten auf, wenn die Venenklappen undicht werden, so daß das Blut nicht wirksam zum Herzen zurückfließen kann und sich anstaut. Begünstigende Faktoren sind Vererbung, Fettleibigkeit, Schwangerschaft, Verstopfung, Wechseljahre, langes Stehen und Sitzen. Konventionell werden Körperaktivität und Stützstrümpfe empfohlen und das Hochlagern der Beine über Herzniveau, um den Blutfluß zum Herzen zu unterstützen. In schweren Fällen wird eine Chemikalie zur Verödung in die Venen gespritzt, oder sie werden operativ entfernt.

Achtung: Krampfadern können bei Verletzung massiv bluten.

ALTERNATIVE THERAPIEN

Die Durchblutung und Spannung in den Venen soll verbessert werden.

AROMATHERAPIE

Der Therapeut wird ätherische Öle auswählen, die die Durchblutung stärken. Zypresse wirkt adstringierend und wassertreibend und wird oft verwendet. SEITEN 62–65

Achtung: Kein Zypressenöl in den ersten drei Monaten der Schwangerschaft!

YOGA

Positionen wie Kopfstand oder schiefe Ebene (auf dem Rücken liegend, Beine in 45 Grad an der Wand) können Krampfadern lindern. SEITEN 108–111

Achtung: Machen Sie keinen Kopfstand während einer Schwangerschaft oder bei Bluthochdruck.

KOPFSTAND
Empfohlen, um den Blutdruck in den Beinen zu senken

NATURHEILKUNDE

Ernährungsberatung soll Verstopfung vermeiden und die Elastizität der Venenwände verbessern. Zitrusfrüchte, Aprikosen, Kirschen und Heidelbeere, die Bioflavonoide enthalten, könnten zur Stärkung der Blutgefäße empfohlen werden. SEITEN 118–121

HYDROTHERAPIE

Heiß-kalte Wechselbäder, Duschen oder Kompressen können die Durchblutung verbessern. SEITEN 122–123

Achtung: Vermeiden sie heiß-kalte Wechselbäder oder Duschen, wenn Sie Herzprobleme haben.

WESTLICHE PFLANZENKUNDE

Hamamelis virg. oder Ringelblume zur Stärkung der Venenwände und zur Linderung der Beschwerden werden empfohlen. Studien lassen erkennen, daß oral eingenommener Gotu-Kola-Extrakt das Bindegewebe und die Durchblutung stärkt. Aescin aus der Roßkastanie und Besenginster haben eine entzündungshemmende tonisierende Wirkung. Aescin reduziert die Flüssigkeitsansammlung. SEITEN 134–139

Achtung: Verwenden Sie keinen Besenginster bei Bluthochdruck.

VENENENTZÜNDUNG (PHLEBITIS)

PHLEBITIS ist die Entzündung einer oberflächlichen Beinvene, manchmal begleitet von Blutgerinnselbildung (Thrombophlebitis). Sie kann durch Verletzung, Infektion oder Venenreizung verursacht sein und findet sich oft bei Schwangerschaft und Krampfadern. Konventionell werden Schmerzmittel, Stützstrümpfe, entzündunghemmende Mittel und Antibiotika gegeben. Bei Blutgerinnseln werden blutgerinnungshemmende Mittel verordnet.
Achtung: Konsultieren Sie einen Arzt, wenn Sie eine Venenentzündung vermuten. Blutgerinnsel können gefährlich sein.

ALTERNATIVE THERAPIEN

Äußerliche Behandlung soll die Elastizität der Venenwände verbessern, Ernährungsratschläge die Gerinnselbildung vermeiden.

HOMÖOPATHIE

Entsprechend Ihres Konstitutionstyps bekommen Sie Mittel, die die Widerstandskraft stärken und den Abbau von Blutgerinnseln steigern. Arnica C6 kann bei Venenentzündung nach Verletzung, Lachesis C6 bei bläulicher Haut und Pulsatilla C6 bei Verschlimmerung der Beschwerden durch Hitze empfohlen werden. SEITEN 126–130

WESTLICHE PFLANZENKUNDE

Sie könnten gebeten werden, Kompressen und Lotionen mit Arnika, Weißdorn und Ringelblume auf die betroffenen Gebiete aufzutragen. Roßkastanienextrakt (Aescin), Besenginster, Hamamelis virg. und andere Pflanzen sollen eine wohltuende Wirkung auf die Venen haben (siehe Krampfadern, S. 248).
SEITEN 134–139

ERNÄHRUNGSTHERAPIEN

Ein Therapeut könnte Bromelain, ein Verdauungsenzym aus der Ananas, empfehlen. Es gibt Beweise dafür, daß es bei der Auflösung von Blutgerinnseln hilft. SEITEN 148–152

FROSTBEULEN

EINIGE MENSCHEN sind besonders anfällig für Frostbeulen, die juckenden rötlichblauen Schwellungen an den Fingern und Zehen bei kaltem Wetter. Ursache ist eine Minderdurchblutung durch extremes Zusammenziehen der oberflächlichen Blutgefäße. Schlechte Ernährung, ungenügend warme Kleidung und ein Mangel an Bewegung begünstigen dies. Wärme und Durchblutung durch Körperübungen kann Frostbeulen verhindern, mit Cremes und Tabletten können sie behandelt werden. Der Arzt könnte älteren Menschen, Diabetikern und Menschen mit Arthritis an Händen oder Füßen Medikamente für die Durchblutung verordnen.

ALTERNATIVE THERAPIEN

Methoden, die die Durchblutung anregen, können Frostbeulen vorbeugen.

MASSAGE

Regelmäßige Massage regt die Durchblutung an und verhindert Frostbeulen. SEITEN 56–61

AKUPRESSUR

Zur Linderung wird Ihnen der Therapeut zeigen, wie man den Akupunkturpunkt des Perikard-Meridians am Handgelenk preßt. SEITE 95

NATURHEILKUNDE

Eine Vollkornkost mit Knoblauch und Ingwer könnte richtig sein. SEITEN 118–121
Achtung: Kein Ingwer bei peptischen Geschwüren.

HYDROTHERAPIE

Heiß-kalte Hand- und Fußwechselbäder regen den Kreislauf an. Warme und kalte Kompressen zwischen den Schulterblättern verbessern die Durchblutung in der Peripherie. SEITEN 122–123

FUSSBAD
Ein heiß-kaltes Wechselbad regt die Durchblutung an

ERNÄHRUNGSTHERAPIEN

Der Zusatz von Vitamin E und C, von Bioflavonoiden und Rutin könnte empfohlen werden. SEITEN 148–152

RAYNAUD-KRANKHEIT & RAYNAUD-PHÄNOMEN

HIERBEI WERDEN die Blutgefäße der Finger und Zehen derart sensibel gegenüber Kälte, daß die Durchblutung eingeschränkt ist. Die betroffenen Regionen werden sehr kalt, weiß und sind taub. Bei Aufwärmung werden sie bläulich-rot und schmerzen. Wenn keine zugrundeliegende Ursache gefunden wird, spricht man von Raynaud-Krankheit. Findet man aber Ursachen wie Bluthochdruck, Arteriosklerose, Diabetes oder Neuralgien, spricht man vom Raynaud-Phänomen oder -Syndrom. Batteriebeheizte Strümpfe und Handschuhe sind für Betroffene zum Warmhalten erhältlich, außerdem können entspannende, gefäßerweiternde Medikamente gegeben werden.

ALTERNATIVE THERAPIEN

Manipulationen, Ernährungsänderungen und mentale Therapien können die Durchblutung unterstützen.

CHIROPRAKTIK

(SIEHE OSTEOPATHIE)

OSTEOPATHIE

Die Manipulation an Nacken und Wirbelsäule kann die periphere Durchblutung fördern. SEITEN 70–81

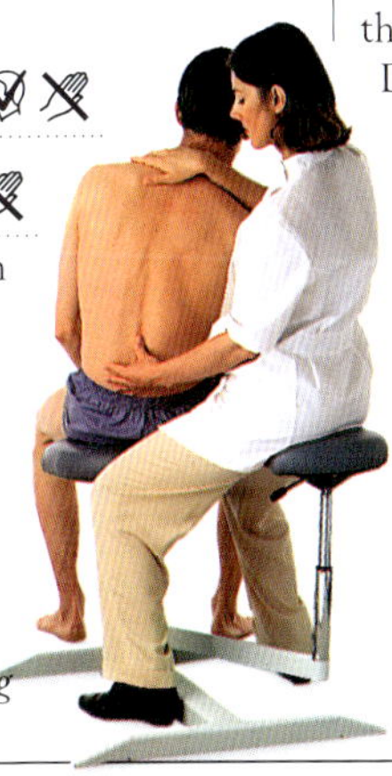

MANIPULATION DER WIRBELSÄULE
Das Einrichten der Wirbelsäule fördert die Durchblutung

NATURHEILKUNDE

Der Therapeut könnte zu Lebensmitteln mit viel Vitamin E wie Weizenkeime und Nüsse oder viel Magnesium wie Sojabohnen raten, um die Blutgefäße zu erweitern. Die Hydrotherapie (S. 122–123) kann ebenfalls die Durchblutung fördern. SEITEN 118–121

BIOFEEDBACK

Die Therapeuten glauben, daß Sie lernen können, Ihre Hauttemperatur zu kontrollieren. Sie werden Ihnen zeigen, wie Sie sich mit Hilfe von Temperatursensoren geistig auf die Aufwärmung von Fingern und Zehen konzentrieren können. SEITE 169

ANDERE HEILMETHODEN

Westliche Pflanzenheilkunde SEITEN 134–139
Autogenes Training SEITE 168

BEWEGUNGSAPPARAT

MUSKELN, KNOCHEN, GELENKE UND DAS BINDEGEWEBE um die Gelenke herum bilden den Bewegungsapparat. Das Skelett besteht aus mehr als 200 Knochen. Knochenverbindungen werden Gelenke genannt. Sie können entweder fest wie am Schädel oder beweglich wie am Ellenbogen sein. Muskeln sind Gewebe, die sich zusammenziehen können und so den Körper befähigen, sich zu bewegen. Manche Muskeln arbeiten willkürlich, andere unwillkürlich. Störungen des Bewegungsapparats sind heute eine der häufigsten Gesundheitsprobleme und verantwortlich für weitverbreitete Behinderungen.

SCHLÜSSELSYMBOLE

FORSCHUNG	THERAPEUT
Gute wissenschaftliche Versuche mit positivem Resultat	Unentbehrlich
Einige Studien	Empfohlen
Nicht fundiert	Nicht nötig
	SELBSTBEHANDLUNG
	Selbstbehandlung möglich
	Keine Selbstbehandlung

ALTERNATIVE BEHANDLUNGSWEISEN

Osteopathen, Chiropraktiker und andere Alternativtherapeuten glauben, daß ein Defekt in einer Körperregion Auswirkungen auf den gesamten Organismus hat. Auslösepunkte (Triggerpunkte) sind verhärtete Muskeln, die als harte, zuckende Knötchen auftreten. Sie können durch Verspannung in anderen Regionen, speziell entlang der Wirbelsäule, entstehen. Bedeutend ist, daß sich diese Punkte sehr oft entlang der Akupunktur-Meridiane befinden (siehe S. 91).

KONVENTIONELLE BEHANDLUNGSWEISEN

Entzündung und Schmerzen werden mit entzündungshemmenden Medikamenten behandelt. Eine physikalische Therapie ist ebenso wichtig. Gelenkersatz (speziell am Hüftgelenk) kann sehr effektiv sein.
Achtung: siehe auch Seite 204.

FUNKTION DES BEWEGUNGSAPPARATES

DER OBERE RÜCKEN

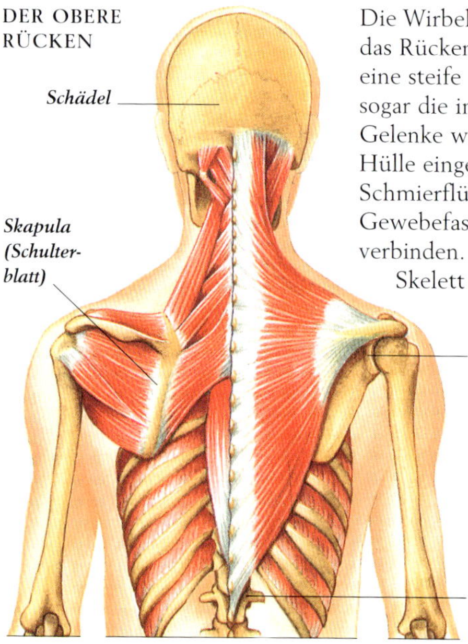

Die Wirbelsäule besteht aus 33 bogenförmigen Wirbeln, die das Rückenmark schützen. Viele Therapeuten glauben, daß eine steife oder verkrümmte Wirbelsäule andere Körperteile, sogar die inneren Organe, ungünstig beeinflußt. Bewegliche Gelenke wie die Fingerknöchel sind in eine bindegewebige Hülle eingebettet. Die Hüllenmembran produziert eine Schmierflüssigkeit. Die Hülle endet in Bändern, festen Gewebefasern, die mit den Knochen verschmelzen und sie verbinden. Muskeln sind durch Sehnen mit dem Skelett und anderen Muskeln verbunden.

DIE HAND

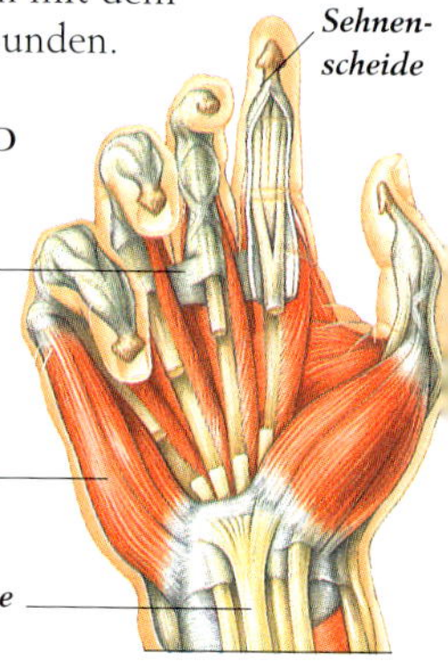

KRÄMPFE

SCHMERZHAFTE MUSKELKRÄMPFE sind häufig bei Kindern, älteren Menschen und Schwangeren. Krämpfe können durch Körperaktivität, sich wiederholende Bewegungen oder längere Unbeweglichkeit ausgelöst werden. Reiben und Dehnen des Muskels hilft meist. Eine andere Ursache ist Salzverlust durch Schwitzen, der einfach vermieden und behandelt werden kann, indem man Mineralwasser trinkt. Eine schlechte Durchblutung der Beine kann Nachtkrämpfe bewirken. Der Arzt kann sie mit Chinin- oder Kalzium-Medikamenten behandeln.

ALTERNATIVE THERAPIEN

Die meisten manuellen Therapien sind geeignet, Muskelverspannungen zu lindern und zu vermeiden. Medizinische Therapien sehen in falscher Ernährung wesentliche Ursachen und behandeln entsprechend.

MASSAGE

Massage stimuliert die Durchblutung und beschleunigt den Abbau von Milchsäure. Diese Substanz sammelt sich nach Überanstrengung im Gewebe und löst Krämpfe aus. Ihr Therapeut wird Ihnen zeigen, wie Sie das Gebiet durchkneten, ausstreichen und dehnen müssen. **SEITEN 56–61**

WESTLICHE PFLANZENKUNDE

Schneeball wird gerne zur Muskelentspannung benutzt. Man wird Ihnen eine Lotion zum Einreiben empfehlen. **SEITEN 134–139**

ERNÄHRUNGSTHERAPIEN

Zink- oder Magnesiumergänzungen können bei Krämpfen helfen. Klinischen Beobachtungen in den USA der 70er Jahre zufolge soll Vitamin E-Zusatz ebenfalls Linderung verschaffen. **SEITEN 148–152**

ANDERE HEILMETHODEN

Akupressur **SEITE 95**
Yoga **SEITEN 108–111**
Homöopathie **SEITEN 126–130**

MUSKELSCHMERZEN

MUSKELSCHMERZEN variieren dramatisch in Schweregrad, Lokalisation und Ursache. Einige Formen sind einfach mit Schmerzmitteln zu behandeln, andere können jahrelang anhalten. Zusätzliche Informationen finden Sie in den Kapiteln Schmerz (siehe S. 314–315), Rückenschmerzen (siehe S. 254–255) und Sportverletzungen (siehe S. 261).

Formen des Schmerzes Wenn Muskelfasern reißen, entstehen innere Blutergüsse mit Schmerzen und Schwellung. Solche Verletzungen sind im Sport häufig. Wenn der Muskel überdehnt wird, wird er verspannt und gereizt. Es kann sich ein „Triggerpunkt" entwickeln, der Schmerzen in andere Regionen ausstrahlt und myofaszialer Schmerz genannt wird. Dieser Schmerz tritt nicht überall auf, kann aber zu anderen Beschwerden der Weichteile einschließlich des RSI (siehe S. 252) und der steifen Schulter (siehe S. 253) beitragen. Allgemeiner Muskelschmerz und Steifheit ohne ersichtliche Ursache, aber mit typischem Schmerzmuster sind als Fibromyalgie bekannt. Sie tritt häufig mit dem Chronischen Müdigkeitssyndrom, Menstruationsbeschwerden und dem Reizkolon auf.

Konventionelle Therapie Muskelschmerzen nach Verletzungen sprechen gut auf Schmerzmittel und entzündungshemmende Medikamente an, bei myofaszialem Schmerz und Fibromyalgie können sie versagen. Geringe Mengen von Antidepressiva wirken in einigen Fällen von Fibromyalgie. Aerobic-Übungen für 20 Minuten, dreimal pro Woche, können zur Freisetzung körpereigener Schmerzmittel (Endorphine) beitragen.

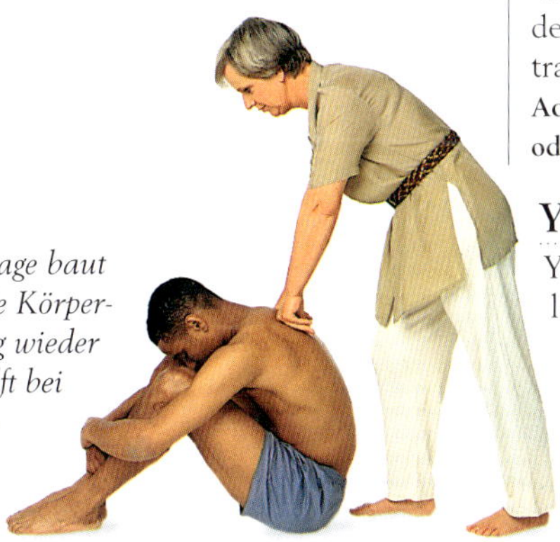

ROLFING
Tiefenmassage baut die normale Körperausrichtung wieder auf und hilft bei Muskelproblemen

KÖRPER- & BEWEGUNGSTHERAPIEN

Bei der Behandlung von Muskelschmerzen benutzen Osteopathen, Chiropraktiker und andere Therapeuten manuelle Techniken, um Triggerpunkte, Steifheit und Haltungsschäden zu verbessern.

MASSAGE

Massage regt die Durchblutung an und kann helfen, Triggerpunkte und Schmerzregionen im Muskel zu entspannen und Schmerzen zu lindern. Wenn man die schmerzhafte Region erreichen kann, kann man sie auch selbst durchkneten und ausstreichen. SEITEN 56–61

AROMATHERAPIE

Ähterische Öle von Lavendel, Rosmarin, mit einem Trägeröl vermengt, können verspannte Muskeln entspannen und ein Gefühl des Wohlbefindens vermitteln. SEITEN 62–65

CHIROPRAKTIK (SIEHE OSTEOPATHIE)

OSTOEPATHIE

Es gibt Belege, daß eine Weichteilbehandlung mit Dehnung und Längen der Muskeln bessere Resultate zeigt als eine Manipulation an Gelenken. SEITEN 70–81

ROLFING

Bei dieser Technik werden Muskeln energisch gedehnt und tiefsitzende Triggerpunkte aufgebrochen. Dies kann den Schmerz lindern, die Behandlung selbst kann aber unangenehm sein. SEITEN 82–83

AKUPUNKTUR

Einer Schweizer Studie zufolge, die 1992 im *British Medical Journal* veröffentlicht wurde, kann Elektroakupunktur die Symptome der Fibromyalgie lindern.
SEITEN 90–94

HYDROTHERAPIE

Eispackungen, heiß-kalte Kompressen und Warmbäder mit Epsomsalzen können zur Linderung von Steifheit und Beschwerden beitragen. SEITEN 122–123
Achtung: Vermeiden Sie Epsomsalzbäder im Alter oder bei Gebrechlichkeit.

YOGA

Yoga entspannt die Muskeln. Der Atem wird langsamer, der Geist ruhig, und Spannungen lösen sich. Sanfte Dehnungsübungen (Asanas) sollen bei Fibromyalgie lindernd wirken und Haltungsschäden, die zum Muskelschmerz beitragen, ausgleichen.
SEITEN 108–111

MEDIZINISCHE THERAPIEN

Die Therapeuten versuchen die Durchblutung zu fördern, Entspannung zu bewirken und die Selbstheilungskräfte des Körpers zu unterstützen.

HOMÖOPATHIE

Schmerzen, die bei der ersten Bewegung schlimmer werden und sich in Wärme bessern, könnten mit Rhus tox behandelt werden. SEITEN 126–130

HOMÖOPATHISCHE BEURTEILUNG
Homöopathische Heilmittel haben sich bei der Behandlung der Fibromyalgie bewährt

ERNÄHRUNGSTHERAPIEN

Bei chronischem Schmerz soll Rohkost oder eine Obstdiät das System „entgiften". Muskelschmerz wird mit einem Mangel an Serotonin in Verbindung gebracht, einer chemischen Substanz, die die Stimmung beeinflußt. Um die Serotoninproduktion des Körpers zu unterstützen, könnte der Therapeut Ihnen Ergänzungen von B-Vitaminen, Magnesium und der Aminosäure Tryptophan verschreiben.
SEITEN 148–152

MENTALE & EMOTIONALE THERAPIEN

Entspannungstherapien können bei der Behandlung von Muskelschmerzen helfen.

PSYCHOTHERAPIE & BERATUNG

Kognitive Verhaltenstherapie kann die Zyklen der Depression und Inaktivität, die zu den Schmerzen beitragen, aufbrechen. SEITEN 160–165

HYPNOTHERAPIE

In einer Studie von 1991 berichteten Patienten mit Fibromyalgie, daß sie nach Hypnotherapie weniger Schmerz, Müdigkeit und Steifheit verspürten. SEITEN 166–167

TENDINITIS (SEHNENENTZÜNDUNG) & TENNISELLENBOGEN

EINE TENDINITIS verursacht Schmerzen, Empfindlichkeit und eingeschränkte Beweglichkeit in der betroffenen Region. Sehr anfällig sind die Achillessehne, die die Wadenmuskeln mit dem Fersenknochen verbindet, und die Sehnen der Schulter, des Daumens, des Knies und der Fußseiten. Eine Tendinitis an der Verbindungsstelle der Unterarmmuskeln mit dem Ellenbogen ist bekannt als Tennisellenbogen. Wenn die Tendinitis anhält, können sich Kalziumablagerungen bilden.

Ursachen Menschen, die unregelmäßig oder ohne richtiges Aufwärmen Sport treiben, sind anfällig für eine Tendinitis. Außerdem kann sie durch eine bakterielle Infektion entstehen.

Konventionelle Therapie Ruhe, Schmerz- und entzündungshemmende Mittel sind Erstmaßnahmen. Wenn dies keine Linderung bringt, wird die betroffene Region bandagiert oder geschient, um das Gelenk ruhig zu stellen. Lokale Kortisonspritzen hemmen die Entzündung. Bei heftigem Schmerz kann die TENS-Therapie zur Schmerzblockierung verordnet werden. Ultraschall steigert die Durchblutung. Verkalkte Tendinitiden oder eine gerissene Sehne verlangen eine Operation.

ALTERNATIVE THERAPIEN

Körpertherapeuten werden sowohl die Triggerpunkte (siehe S. 250) als auch die Sehne selbst bearbeiten, um die Schmerzen zu lindern. Zur Beseitigung der Ursache der Entzündung werden Heilpflanzen, Diäten und homöopathische Mittel verordnet.

CHIROPRAKTIK (SIEHE OSTEOPATHIE)

OSTEOPATHIE

Eine Weichteilbehandlung betroffener Sehnen, Muskeln und dazugehöriger Rückenmarksegmente kann Schmerzen lindern und die Beweglichkeit steigern. SEITEN 76–81

AKUPUNKTUR

Eine Studie von 1990 im *The Clinical Journal of Pain* und eine andere von 1994 im *British Journal of Rheumatology* berichten von erfogreicher Akupunktur bei Tennisellenbogen. SEITEN 90–94

NATURHEILKUNDE

Heilpraktiker glauben, daß eine lokale Entzündung eine körperliche Antwort auf innere Abfallstoffe ist. Man wird versuchen, die Entzündung, mit einer fettarmen Diät (tierische Fette) und mit einem hohen Anteil an Antioxidantien zu reduzieren. SEITEN 118–121

ANTIOXIDANTIEN
Helfen die Schwellung zu reduzieren

HYDROTHERAPIE

Generelle Ratschläge können sein: Ruhe für den betroffenen Körperteil, Eispackungen, Bandagen zur Reduzierung der Schwellung und Hochlagerung. Whirlpool-Bäder können zur Entspannung beitragen. SEITEN 122–123

ERNÄHRUNGSTHERAPIEN

Wie die Heilpraktiker werden auch Ernährungstherapeuten versuchen, die körpereigenen, entzündungshemmenden Mechanismen zu stärken. Zur Bildung entzündungshemmender Prostaglandine könnten Ergänzungen von essentiellen Fettsäuren (in Flachssamen, Nachtkerzenöl, Öl der schwarzen Johannisbeere und Fischölen) empfohlen werden. Antioxidative Stoffe wie Selen, Vitamin C und E reduzieren die Schwellung. SEITEN 148–152

ANDERE HEILMETHODEN

Massage SEITEN 56–61
Aromatherapie SEITEN 62–65
Homöopathie SEITEN 126–130
Westliche Pflanzenheilkunde SEITEN 134–139

RSI (REPETITIVE STRAIN INJURY)

SEHNENENTZÜNDUNG und Triggerpunkte (siehe S. 250) können beides Faktoren beim RSI sein, einer Erkrankung mit Schmerzen und Schwäche in Händen, Handgelenken und Unterarmen (siehe auch Karpaltunnelsyndrom S. 206). RSI entsteht durch Überbeanspruchung und ist eine anerkannte Berufserkrankung bei Musikern und Personen, die an Computertastaturen arbeiten.

Konventionelle Therapie Ruhe, Schmerzmittel, Bandagen und entzündungshemmende Medikamente werden zuerst gegeben. In hartnäckigen Fällen kann der Arzt das Anlegen einer Schiene oder eines Gipsverbandes anraten.

Selbsthilfe Wenn Sie an einer Tastatur arbeiten, benutzen Sie eine Handgelenkunterlage. Stehen Sie alle 20 Minuten auf, strecken Sie sich, und massieren Sie regelmäßig Hände und Unterarme.

ALTERNATIVE THERAPIEN

Bewegungstherapien, die die Körperhaltung verbessern, können wesentlich helfen, ebenso wie Theorien zur Streßbewältigung.

MASSAGE

Massage kann die Durchblutung der betroffenen Region fördern, sie aufwärmen und entspannen . SEITE 56–61

ALEXANDER-TECHNIK

Die Lehrer schauen nach Anhaltspunkten für berufliche und persönliche Belastungen oder Haltungsstreß und werden Ihnen bewußt machen, wie dies Ihren Körper beeinträchtigt. SEITEN 86–87

KÖRPERBEWUSSTHEIT
Alexander-Lehrer korrigieren die Körperhaltung

AKUPRESSUR

Ihr Therapeut wird Ihnen zeigen, wie Sie spezifische Akupressurpunkte pressen müssen, z. B. den Dreifachen Erwärmer-Meridian oberhalb des Handgelenks. SEITE 95

PSYCHOTHERAPIE & BERATUNG

Beratung und kognitive Therapie können Ihnen helfen, Ihre Arbeitsgewohnheiten zu verbessern und Streß zu bewältigen, der Muskelverspannung verursacht. SEITEN 160–165

ENTSPANNUNGS- & ATEMTHERAPIE

Tiefes, gleichmäßiges Atmen kann Ängste und Muskelverspannung lösen. SEITEN 170–173

ANDERE HEILMETHODEN

Akupunktur SEITEN 90–94
Yoga SEITEN 108–111
Naturheilkunde SEITEN 118–121

BURSITIS (SCHLEIMBEUTELENTZÜNDUNG)

SCHLEIMBEUTEL sind dünne, flüssigkeitsgefüllte Säcke, die unter Druck oder Zug stehende Punkte schützen. Sie befinden sich an Stellen, an denen Sehnen oder Muskeln gegen andere Muskeln oder Knochen reiben, z. B. am Knie-, Ellenbogen- oder Schultergelenk. Schleimbeutel erhöhen die freie Beweglichkeit. Wenn sie entzündet oder verletzt sind, kann sich Flüssigkeit sammeln, Schwellung und Schmerzen verursachen. Das Hausmädchenknie, bei dem sich der Schleimbeutel über der Kniescheibe durch stetes Hinknien entzündet, ist hierfür ein Beispiel. Seltener sind Schleimbeutelentzündungen durch bakterielle Infektion.
Konventionelle Therapie Infektionen reagieren auf Antibiotika. Schleimbeutelentzündungen mit mechanischer Ursache werden mit Ruhe, Schmerzmitteln, Bandagen, entzündungshemmenden Medikamenten oder Abpunktieren der Flüssigkeit mit einer Spritze behandelt.

ALTERNATIVE THERAPIEN

Therapeuten werden versuchen, die Schmerzen zu lindern und die Schwellung im betroffenen Gelenk zu reduzieren. Zu den vielen Möglichkeiten gehören Manipulationen oder medizinische Heilmittel.

AROMATHERAPIE

Ätherisches Lavendelöl als Badezusatz oder verdünnt in die Haut massiert, ist eines der Öle, die das entzündete Gewebe beruhigen können. SEITEN 62–65

AKUPUNKTUR

Der Therapeut wird die entsprechenden Akupunkturpunkte stimulieren, um Schmerzen zu reduzieren und den Heilungsprozeß und die Beweglichkeit der betroffenen Region zu verbessern. SEITEN 90–94

HYDROTHERAPIE

Die Anwendung heiß-kalter Wechselbäder könnte empfohlen werden, um ein Abschwellen und eine Schmerzlinderung zu bewirken. SEITEN 122–123

HOMÖOPATHIE

Bryonia C6 ist ein Standardmittel bei Bewegungsschmerz. Rhus tox. C6 wird gegeben, wenn die ersten Bewegungen am Tag schmerzhafter sind. SEITEN 126–130

RHUS TOX.
Dieses Mittel wird aus Efeu hergestellt und hilft bei Beschwerden des Bewegungsapparats

WESTLICHE PFLANZENKUNDE

Der Therapeut könnte Kompressen mit Schwarzwurz oder Ulmus fulva empfehlen, welche die Entzündung lindern sollen. SEITEN 134–139

ANDERE HEILMEHODEN

Massage SEITEN 56–61
Chiropraktik SEITEN 70–75
Osteopathie SEITEN 76–81
Hydrotherapie SEITEN 122–123
Ernährungstherapien SEITEN 148–152

PERIARTHROPATHIA HUMERO-SCAPULARIS (DUPLAY-SCHULTERSTEIFE)

PHS IST EINE ENTZÜNDUNG der Kapselauskleidung des Schultergelenks, was heftige Schmerzen und Steifheit verursacht. Besonders die seitliche Armbewegung ist schwierig und kann das Ankleiden zur Tortur werden lassen. Da jede schmerzhafte Bewegung vermieden wird, verstärkt sich die Steifheit, die Muskeln werden schwach und verkürzen sich. Eventuell trocknet die Schmierflüssigkeit im Gelenk aus. Betroffen sind meist Menschen zwischen 50 und 70 Jahren. Auslösend ist oft eine leichte Verletzung, eine Bursitis oder eine Sehnenentzündung.
Konventionelle Therapie Sanfte Übungen, Schmerzmittel und entzündungshemmende Medikamente. Wenn dies nicht hilft, können Kortisonspritzen, Ultraschalltherapie oder Remobilisierung des Gelenks unter lokaler Betäubung angeraten werden. Völlige Wiederherstellung kann 12–18 Monate dauern.
Selbsthilfe Halten Sie das Gelenk mit Übungen beweglich, besonders bei den ersten Anzeichen von Schmerz. Moderates Schwimmen kann helfen, die Gelenke geschmeidig zu halten.

ALTERNATIVE THERAPIEN

Manuelle Therapien versuchen die Gelenke beweglich zu halten und gleichzeitig Schmerzen zu lindern. Heilmittel, die die Durchblutung fördern, können ebenso helfen.

MASSAGE

Eine kraftvolle Massage der Triggerpunkte, schmerzhafte Punkte der Verspannung nahe der betroffenen Schulter, kann die Beweglichkeit verbessern. SEITEN 56–61

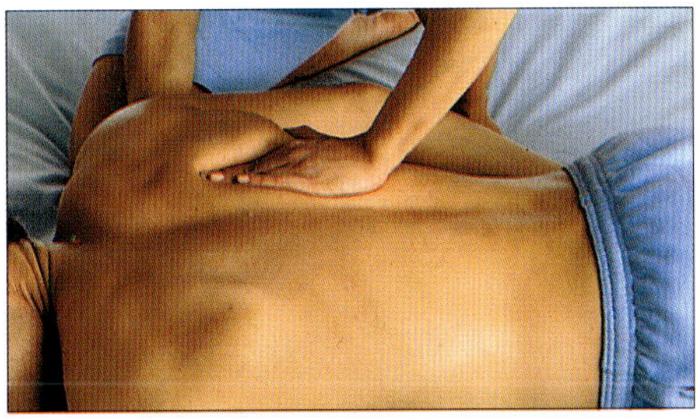

LÖSEN VON MUSKELVERSPANNUNG
Die Heilpraktiker werden versuchen, die Triggerpunkte und Muskelpartien zu entspannen

AROMATHERAPIE

Das Einmassieren von Rosmarin- und Salbeiöl in einem Trägeröl kann die Durchblutung der Region verbessern. SEITEN 62–65

CHIROPRAKTIK (SIEHE OSTEOPATHIE)

OSTEOPATHIE

Ihr Therapeut wird versuchen, die Beweglichkeit des Schultergelenks durch tiefe Bindegewebsbehandlung, Dehnung der Muskeln und Manipulationen an der Wirbelsäule zu verbessern. Besondere Beachtung wird den Triggerpunkten und jeder damit verbundenen Muskelfaserverkürzung geschenkt. SEITEN 70–81

AKUPUNKTUR

Die Traditionelle Chinesische Medizin bringt Schulterschmerzen mit einer schwachen „Yang Qi" und „äußerlicher Kälte und Feuchtigkeit" in Verbindung. Praktiker arbeiten an den Akupunkturpunkten der Schulter und auf den in Verbindung stehenden Meridianen. SEITEN 90–94

WESTLICHE PFLANZENKUNDE

Das Einmassieren des Gelenks mit einer Lotion aus entzündungshemmender Schafgarbe oder Johanniskraut kann die Schwellung in der Gelenkkapsel reduzieren. SEITEN 134–139

ANDERE HEILMETHODEN

Hydrotherapie SEITEN 122–123
Homöopathie SEITEN 126–130
Chinesische Pflanzenheilkunde SEITEN 140–143
Magnet-Therapie SEITE 156

RÜCKENSCHMERZEN

IM WESTEN hatten fast 60 Prozent der Erwachsenen in ihrem Leben schon einmal akute, plötzliche Rückenschmerzen. Bei 33 Prozent sind sie anhaltend oder kehren immer wieder. Rückenschmerzen sind der häufigste Grund zur Krankschreibung und die Hauptursache der Behinderung bei Menschen unter 45 Jahren. Besonders anfällig sind Handwerker und Büroangestellte, Sportler, Frauen,

Übergewichtige sowie große und ältere Menschen. Nach ein paar Wochen der Behandlung bessern sich sogar schwere Fälle. Rückfalle sind jedoch häufig. Daher sollte bei Wiederauftreten professionelle Hilfe gesucht werden. Für Osteopathen und Chiropraktiker sind Rückenschmerzen das am häufigsten zu behandelnde Leiden.

URSACHEN & SYMPTOME

Nur wenige Rückenprobleme werden durch einen Bandscheibenvorfall (Prolaps) verursacht (siehe S. 256). Gewöhnlich treten Rückenschmerzen auf, wenn ein Zwischenwirbelgelenk durch Heben schwerer Gewichte überbeansprucht wird. Schwangerschaft, verspannte Muskeln, überanspruchte Bänder, schlechte Körperhaltung, abgenutzte oder verletzte Gelenke, Infektionen, Gallen- und Nierensteine, Streß und Übergewicht können ebenfalls Rückenschmerzen hervorrufen.

VORBEUGUNG

Eine bessere Haltung und Körperübungen wie Schwimmen vermeiden viele Rückenprobleme. Ihr Stuhl muß das Kreuz stützen. Kaufen Sie Rückenstützen für die Autositze und eine rückenschonende Matratze für Ihr Bett. Beugen Sie beim Heben Hüft- und Kniegelenke, und halten Sie den Rücken dabei gerade.

KONVENTIONELLE THERAPIE

Gewöhnlich werden Ruhe und Schmerzmittel verordnet, aber neuerdings empfehlen Experten nicht mehr als 2–3 Tage Bettruhe. Bevorzugt werden sanfte Körperübungen, Manipulation und Rehabilitation. Ein Physiotherapeut kann mit Ultraschall, Laser oder Wärmeanwendung unterstützte Mobilisierungstechniken anwenden. Außerdem können entzündungshemmende und muskelentspannende Medikamente, Zug, Stützkragen und -korsetts, schmerzstillende epidurale Spritzen, Antidepressiva oder TENS eingesetzt werden. Bei einem Bandscheibenvorfall wird eine Operation nötig.

VORSICHT!

- **Konsultieren Sie einen Arzt, wenn Rückenschmerzen von Übelkeit, Erbrechen, Fieber, Muskelschwäche, Schmerzausstrahlung in Arme oder Beine, Problemen beim Wasserlassen und Stuhlgang begleitet sind oder die Schmerzen nach 2–3 Tagen Ruhe keine Besserung zeigen**

KÖRPER- & BEWEGUNGSTHERAPIEN

Westliche Therapien konzentrieren sich auf die muskuloskelettale Struktur und versuchen die Muskeln zu entspannen, die Körperhaltung zu korrigieren und die Beweglichkeit wiederherzustellen. Manipulative Methoden wie Chiropraktik oder Osteopathie haben eindrucksvolle Erfolge in der Behandlung akuter Rückenschmerzen. Chronische Beschwerden können mit Akupunktur und Körperübungen gebessert werden.

MASSAGE

Massage kann Verspannungen lösen und Schmerzen lindern. Ihr Therapeut könnte feste, streichende Bewegungen beidseits der Wirbelsäule bis hoch zu den Schultern ausführen. Kreisende Bewegungen mit dem Daumen über den kleinen Muskeln entlang der Wirbelsäule können ebenfalls Beschwerden bessern. Bei gelegentlichem, leichten Rückenschmerz könnte Sie ein Bekannter in ähnlicher Weise massieren. Jedoch sollte vor jeder Massage ein Bandscheibenvorfall oder ein Rückenmarksproblem ausgeschlossen werden, da eine tiefe Massage die Beschwerden verschlimmern könnte. SEITEN 56–61

CHIROPRAKTIK

Den Heilpraktikern zufolge kann eine fehlerhafte Ausrichtung der Wirbel bewirken, daß Gelenke auf Nerven drücken und dort oder an anderer Stelle des Körpers Schmerzen auslösen. Ihr Therapeut wird Untersuchungen (Röntgen o.ä.) veranlassen, um die Ursache der Schmerzen zu finden. Er wird dann versuchen, die Beweglichkeit der Gelenke und Wirbel an Rücken und Nacken durch Manipulation wiederherzustellen. Es gibt aussagekräftige Beweise für die Wirksamkeit der Chiropraktik. In einer englischen Studie von 1990 zeigte Chiropraktik verglichen mit normaler Physiotherapie bessere Therapieerfolge. 1994 wurde die Anwendung der Chiropraktik durch spezialisierte Therapeuten im englischen Gesundheitsdienst befürwortet. In mehreren US-Studien von 1994 wurde die Chiropraktik bei Rückenschmerzen als so effektiv befunden, daß sie von den nationalen Gesundheitsbehörden anerkannt wurde. SEITEN 70–75

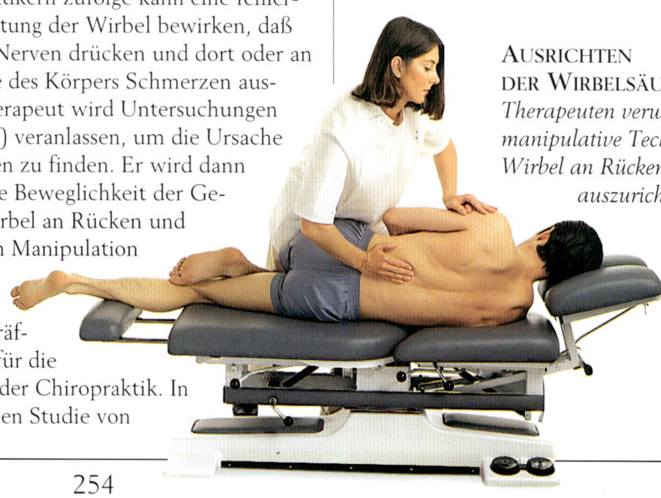

AUSRICHTEN DER WIRBELSÄULE
Therapeuten verwenden spezielle manipulative Techniken, um Wirbel an Rücken und Nacken auszurichten

OSTEOPATHIE

Osteopathen und Chiropraktiker verwenden gleiche Diagnosetechniken und Behandlungsmethoden. Sie wenden Manipulation und spezielle Stöße zur Wiedererlangung der Mobilität in der muskuloskelettalen Struktur des Körpers an. Die Methode der Behandlung akuter oder chronischer Rückenschmerzen ist abhängig von deren Ursache. Es kann eine sanfte Massage zur Muskelentspannung oder eine dehnende und druckausübende Technik zur Wiedererlangung der Gelenksbeweglichkeit ausgeführt werden. SEITEN 76–81

ALEXANDER-TECHNIK

Ein Alexander-Lehrer wird Sie trainieren, die Körperhaltung und eigene Bewegungen besser wahrzunehmen und sie zu korrigieren. Dieses Wiederausrichten der muskuloskelettalen Strukturen löst Regionen mit Muskelverspannungen und Nervenkompression in Rücken und Hals und erlaubt dem Körper eine effektivere Bewegung. SEITE 86–87

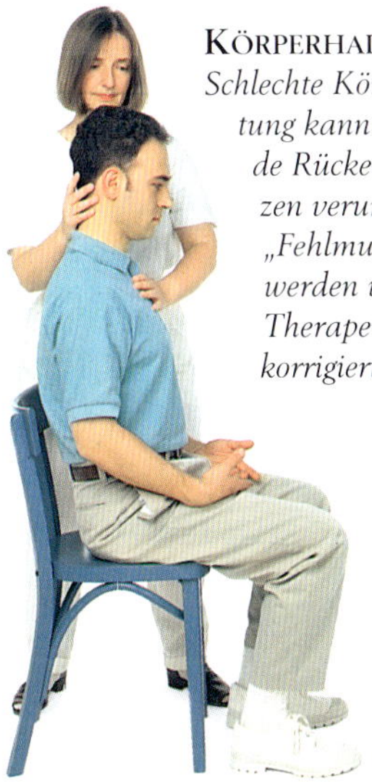

KÖRPERHALTUNG *Schlechte Körperhaltung kann anhaltende Rückenschmerzen verursachen. „Fehlmuster" werden vom Therapeuten korrigiert*

AKUPUNKTUR

Die Heilpraktiker benutzen Nadeln, Moxibustion oder Schröpfung, um Akupunkturpunkte auf den Dünndarm-, Blasen- und Nieren-Meridianen und Yang-Kanälen, die am Rücken und den Beinen herunterfließen, zu stimulieren. Die Zirkulation von Qi wird wiederhergestellt, Schmerzen werden gelindert. Viele englische Schmerzkliniken benutzen die Akupunktur regelmäßig. In den 80er Jahren konnten Forscher der University of California in Los Angeles zeigen, daß die Akupunktur den Blutfluß wiederherstellt, Muskelkrämpfe löst und schwache Muskeln stärkt. In anderen US-Studien, die 1980 und 1982 veröffentlicht wurden, hatten Patienten nach Akupunktur weniger Rücken- und Nackenschmerzen als die Kontrollgruppen. SEITEN 90–94

AKUPRESSUR

Um anhaltende Schmerzen des unteren Rückens zu behandeln und den Fluß von Qi zu stimulieren, wird fester Druck auf Akupunkturpunkte am Blasen- und Gallenblasen-Meridian ausgeübt. SEITE 95

QI GONG

Dieses alte, chinesische Übungssystem verbindet Bewegung mit "Bewußtheit", einer Form der Meditation, die auch Atmung und Körperbewußtheit einschließt, um Muskeln zu entspannen und Streß zu mindern. SEITE 99

YOGA

Atemübungen im Yoga (Pranayama) bearbeiten die oberen Rückenmuskeln auf sanfte Weise. Ein erfahrener Lehrer kann ein Programm nach Ihren Bedürfnissen erstellen. Die Totenstellung, auf dem Rücken liegend, hilft Spannungen zu lösen und Schmerzen zu lindern. Der Drehsitz mit Drehung der Wirbelsäule löst Verspannung im oberen Rücken und an den Schultern. Die rückbeugende Kobra oder Katze kann die Flexibilität der Wirbelsäule vergrößern. In einer Untersuchung von 1985 erlebten 96 Prozent der Yoga-Praktizierenden eine Besserung ihrer anhaltenden Rückenschmerzen im Vergleich zu 23 Prozent der Patienten nach neurochirurgischer Behandlung. SEITEN 108–111

ANDERE HEILMETHODEN

Aromatherapie SEITEN 62–65
Reflexologie (FRZ) SEITEN 66–69
Rolfing SEITEN 82–83
Heller-Arbeit SEITE 84
Feldenkrais-Methode SEITE 85
Trager-Arbeit SEITE 88
Shiatsu SEITEN 96–97
Do-In SEITE 98
Thai-Massage SEITE 98

MEDIZINISCHE THERAPIEN

Die Heilpraktiker versuchen die Entzündung zu bekämpfen, die zu den Rückenschmerzen beiträgt. Dazu geben sie Medikamente zur inneren oder äußerlichen Anwendung.

HYDROTHERAPIE

Bei akuten Rückenschmerzen werden heiß-kalte Wechselkompressen auf die schmerzhaften Gebiete gelegt – drei Minuten heiß, eine Minute kalt – und alle 20 Minuten wiederholt. Die heißen Kompressen steigern die Durchblutung und entspannen, während die kalten Kompressen eine Entzündung reduzieren. SEITEN 122–123

WESTLICHE PFLANZENKUNDE

Eine Massage mit Öl des Schneeballs (viburum opulus) reduziert Krämpfe in der Rückenmuskulatur. Weiße Weide oder Teufelskralle hemmen Entzündungen, und Johanniskraut und Lavendel entspannen. SEITEN 134–139

Achtung: Keine Teufelskralle in der Schwangerschaft!

ANDERE HEILMETHODEN

Homöopathie SEITEN 126–130
Chinesische Pflanzenheilkunde SEITEN 140–143

LAVENDEL *Die Blüten dieser Pflanze können in Rezepturen zur Nervenberuhigung und Reduzierung von Muskelverspannungen eingesetzt werden*

EMOTIONALE & MENTALE THERAPIEN

Rückenschmerzen können durch Fehlhaltungen infolge von emotionalen oder streßbedingten Problemen verursacht sein.

PSYCHOTHERAPIE & BERATUNG

Techniken der kognitive Verhaltenstherapie können verständlich machen, wie Gedanken und Emotionen zu Schmerzen führen. SEITEN 160–165

BIOFEEDBACK

Falsche Gewohnheiten, die zu anhaltendem Schmerz führen, werden bewußt gemacht. SEITE 169

ENTSPANNUNGS- & ATEMTHERAPIE

Das Erlernen von Entspannung und richtiger Atmung kann die Wirkung von Streß reduzieren. Laut einer US-Studie von 1986 können Entspannungstechniken die Muskelschmerzen und -verspannungen besser lösen als die Biofeedback-Behandlung. SEITEN 170–173

ANDERE HEILMETHODEN

Hypnotherapie SEITEN 166–167
Visualisierung SEITEN 178–179

BANDSCHEIBENVORFALL (PROLAPS)

DIE BANDSCHEIBEN liegen zwischen den Wirbeln der Wirbelsäule. Sie fungieren als Stoßdämpfer. Wenn eine Bandscheibe aufreißt, kann der weiche Kern aus der Hülle hervorquellen und Spinalnerven abdrücken, das ist der Bandscheibenprolaps. Die Schmerzen können heftig sein. Sie sind meist einseitig und strahlen entlang des betroffenen Nervs aus. Die Muskeln, die dieser Nerv versorgt, können schwach werden. Meist wird der Rücken steif, da sich die Rückenmuskulatur verspannt, um weitere Bewegungen zu vermeiden. Bandscheibenvorfälle kommen gewöhnlich bei Menschen unter 50 Jahren vor.

Ursachen Die Ursache kann eine plötzliche Überbeanspruchung oder ein Sturz sein. Schmerzen und Steifheit sind heftig und halten über mehrere Wochen an.

Konventionelle Therapie Schmerzmittel und -spritzen, entzündungshemmende und muskelentspannende Medikamente, sowie Physiotherapie oder Operation.

Achtung: Gehen Sie zum Arzt, wenn Sie einen Bandscheibenvorfall vermuten. Legen Sie sich sofort flach hin, wenn Schmerzen auftreten. Wenn der Schmerz mit Muskelschwäche, Prickeln oder Verlust der Kontrolle über Blase und Darm auftritt oder sich durch Hinlegen nicht bessert, rufen Sie den Rettungsdienst. Dann können die Nerven am Ende des Rückenmarks komprimiert sein, was zu Dauerschäden führen kann.

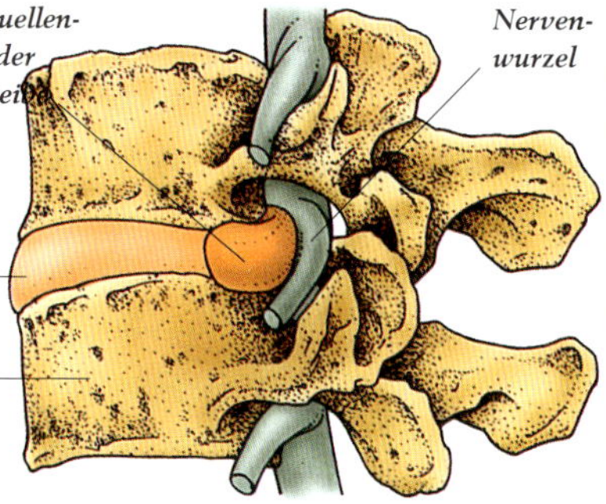

BANDSCHEIBENVORFALL
Die Bandscheibe zwischen den Wirbeln reißt, fällt vor und drückt auf Rückenmarksnerven

ALTERNATIVE THERAPIEN

Die Schmerzlinderung ist das wichtigste Ziel. Körpertherapeuten versuchen die Beweglichkeit der Wirbelsäule mit Manipulationen wiederherzustellen. Östliche Therapeuten versuchen den Fluß von Qi zu verbessern. Medizinische Therapeuten werden die Selbstheilungskräfte des Körpers mit Heilmitteln zu stärken versuchen.

CHIROPRAKTIK (SIEHE OSTEOPATHIE)

OSTEOPATHIE

Manipulationen an der Wirbelsäule können die vorgefallene Bandscheibe nicht wieder positionieren. Sie können aber die Beweglichkeit der Wirbelsäule während des Heilungsprozesses wiederherstellen. Man wird mehrere Ausrichtungen vornehmen. SEITEN 70–81

AKUPUNKTUR

Zur Schmerzlinderung und Ausbalancierung des Flusses von Qi werden lokale Akupunkturpunkte sowie Punkte am Blasen- und Gallenblasen-Meridian stimuliert. SEITEN 90–94

HYDROTHERAPIE

Der Praktiker wird Ihnen heiß-kalte Wechselkompressen auf den betroffenen Regionen empfehlen, um die Durchblutung anzuregen und Schmerzen zu lindern. SEITEN 122–123

HOMÖOPATHIE

Homöopathen können die Selbstbehandlung mit Arnika C6 zur Bewältigung des Schmerzschocks empfehlen. SEITEN 126–130

BACHBLÜTEN-THERAPIE

Notfalltropfen (Rescue Remedy), die Sonnenröschen, doldigen Milchstern, Springkraut, Kirsch-Pflaume und weiße Waldrebe enthalten, werden bei Schock empfohlen. SEITEN 132–133

NOTFALLTROPFEN (RESCUE REMEDY)
Dieses Heilmittel wird durch einen dreistündigen Aufguß der Blüten in Quellwasser hergestellt

ANDERE HEILMETHODEN

Akupressur SEITE 95

ISCHIASSYNDROM

BEINSCHMERZEN sind kennzeichnend für das Ischiassyndrom. Es wird verursacht durch Kompression oder Reizung des Ischiasnervs, des Hauptnervs des Beins. Der Schmerz wird entlang des Verlaufs des Nervs, am Gesäß, Oberschenkel und manchmal bis zum Fuß gespürt. In schweren Fällen ist der Schmerz auch von Muskelschwäche begleitet. Die Ursachen können ein Bandscheibenvorfall, Überlastung des unteren Rückens oder Muskelkrämpfe sein. In seltenen Fällen kann der Druck auch von einem Bluterguß, einem Tumor oder Abszeß verursacht sein.

Konventionelle Therapie Sie behandelt die Ursache und lindert den Schmerz, der bis zu mehreren Wochen anhalten kann.

ALTERNATIVE THERAPIEN

Die Ursache des Ischias muß zusammen mit dem Schmerz behandelt werden.

CHIROPRAKTIK (SIEHE OSTEOPATHIE)

OSTEOPATHIE

Bei Verspannungen im unteren Rücken oder Überdehnung der Bänder des Kreuzbeins können Manipulationen helfen. Außerdem wird versucht, Triggerpunkte (siehe S. 250) am Gesäßmuskel zu lösen, die eine übliche Ursache für Ischialgie sind. SEITEN 70–81

AKUPUNKTUR

Der Therapeut kann Triggerpunkte entlang des Blasen- und Gallenblasen-Meridians am unteren Rücken, Gesäß und Oberschenkel punktieren. SEITEN 90–94

SHIATSU

Diese tiefe Weichteiltechnik hilft versteifte und schmerzhafte Gebiete zu lockern, besonders, wenn Triggerpunkte vorliegen. SEITEN 96–97

ENTSPANNUNGS- & ATEMTHERAPIE

Entspannungstechniken helfen Ängste abzubauen und Verspannungen zu lösen, die zum Schmerz beitragen. SEITEN 170–173

ANDERE HEILMETHODEN

Reflexologie (FRZ)	SEITEN 66–69
Alexander-Technik	SEITEN 86–87
Trager-Arbeit	SEITE 88
Akupressur	SEITE 95
Heilen	SEITEN 104–105
Hydrotherapie	SEITEN 122–123
Westliche Pflanzenheilkunde	SEITEN 134–139
Visualisierung	SEITEN 178–179

OSTEOPOROSE

BEI DER OSTEOPOROSE verlieren die Knochen an Masse und Dichte, sie werden schwach und brüchig. Im Frühstadium ist sie nicht einfach zu diagnostizieren; das erste Zeichen kann ein Knochenbruch nach einem banalen Sturz sein, etwa an Wirbelsäule, Hüft- oder Handgelenk. Wenn der Knochenabbau voranschreitet, können die Wirbel in sich zusammenfallen, die Wirbelsäule verkürzt sich und bildet einen Buckel. Eine von vier Frauen hat nach den Wechseljahren einen gewissen Verlust der Knochensubstanz. 89 Prozent aller Frauen nach dem 75. Lebensjahr sind osteoporotisch. Männer sind nicht vor dem 70. Lebensjahr betroffen.

Ursachen Verlust an Knochensubstanz ist ein normaler Alterungsprozeß. Bei der Osteoporose ist dieser Vorgang beschleunigt, besonders bei Frauen nach den Wechseljahren, wenn die Eierstöcke die Produktion von Östrogen einstellen, das die Aufnahme von Kalzium aus der Nahrung und den Einbau in die Knochen unterstützt. Andere Risikofaktoren sind: erbliche Belastung, vor dem 45. Lebensjahr einsetzende Wechseljahre, geringe Kalziumzufuhr, Rauchen, exessiver Alkohol- und Kaffeekonsum, Bewegungsmangel und längere Kortisonbehandlung.

Konventionelle Therapie Ein weiterer Abbau soll verhindert werden. Bei Frauen kann eine Hormonersatztherapie die Kalziumaufnahme verbessern und die Knochen stärken. Die Wirkung der Hormone hält nur an, solange man sie einnimmt. Andere Medikamente wie Biphosphonate scheinen vielversprechend.

Selbsthilfe Eine Osteoporose vor den Wechseljahren wird am besten mit kalziumreicher Kost und Vitamin D vermieden. Nach den Wechseljahren profitieren Frauen, die keine Hormone nehmen, von Kalziumergänzungen.

KNOCHENSTÄRKUNG
Gewichtreduzierende Übungen wie Gehen sind ideal zur Knochenstärkung

KÖRPER- & BEWEGUNGSTHERAPIEN

Die Steifheit und die Schmerzen, die eine Osteoporose oft begleiten, können mit Körper- und Bewegungstherapien gelindert werden.

TAI CHI CHUAN

Diese chinesische Bewegungstherapie nutzt Atemtechniken und Sequenzen von langsamen, anmutigen Bewegungen, um den Fluß von Qi zu verbesern. Zusätzlich bessert es die Körperhaltung und vergrößert die Flexibilität in den Gelenken. SEITEN 100–101

YOGA

Ein Lehrer wird Ihnen spezielle, stärkende Stellungen zeigen, die Ihre Flexibilität vergrößern und das allgemeine Wohlbefinden fördern. SEITEN 108–111

ANDERE HEILMETHODEN

Reflexologie (FRZ)	SEITEN 66–69
Chiropraktik	SEITEN 70–75
Osteopathie	SEITEN 76–81
Akupunktur	SEITEN 90–94
Qi Gong	SEITE 99

MEDIZINISCHE THERAPIEN

Die Therapeuten versuchen einen weiteren Verlust an Knochendichte mit Pflanzen und anderen Heilmitteln zu verhindern.

HOMÖOPATHIE

Eine Behandlung nach Bestimmung des Konstitutionstyps kann Knochenverlust reduzieren. Aber auch Standardmittel wie Calcium carb. C6 und Calcium phos. C6 können verordnet werden. SEITEN 126–130

WESTLICHE PFLANZENKUNDE

Praktiker empfehlen Pflanzen, die reich an Kalzium sind, etwa Petersilie, Schachtelhalm, Löwenzahnblätter und Brennessel. Auch Pflanzen mit östrogenähnlichen Inhaltsstoffen wie chinesischer Engelwurz (Dang gui), Süßholz, Veratrum luteum, Wanzenkraut, blauer Hahnenfuß, wilder Yams und Salbei können verschrieben werden. Sie sollen nicht so stark wirken wie synthetische Hormone, haben aber weniger Nebenwirkungen. Löwenzahnwurzel erleichter die Aufnahme von Mineralien. SEITEN 134–139

Achtung: Verwenden Sie keinen Engelwurz, Süßholz, Veratrum luteum, Wanzenkraut, Hahnenfuß, Yams und medizinische Dosierungen von Salbei während einer Schwangerschaft. Nehmen Sie kein Süßholz bei Anämie oder Bluthochdruck.

CHINESISCHE PFLANZENKUNDE

Die Gesundheit der Knochen ist mit den Nieren verbunden. Daher wird versucht, den Fluß von Qi entlang des Nierenkanals zu stärken. Heilmittel ist z. B. chinesischer Engelwurz. SEITEN 140–143

Achtung: Verwenden Sie keinen chinesischen Engelwurz während einer Schwangerschaft.

AYURVEDA

Ein Therapeut könnte eine Rezeptur mit Sesam, Asparagus racemosus (Shatavari, die ayurvedische Verjüngungspflanze für Frauen), Ingwer und Zucker empfehlen, die alle die Osteoporose aufhalten sollen. SEITEN 144–147

Achtung: Nehmen Sie keinen Ingwer bei peptischen Geschwüren.

ERNÄHRUNGSTHERAPIEN

Lebensmittel, die reich an Kalzium und Bor (schützt vor Kalziumverlust) sind, werden empfohlen, während kohlensäurehaltige Getränke, Spinat und Kleie die Kalziumaufnahme hemmen und zu meiden sind. Kalziumzitratergänzungen, extra Vitamin C und Bioflavonoide, stärken das Kollagen, das zellverbindende Eiweiß im Knochen. Die Vitamine B_6, B_{12} und K sowie Folsäure könnten zur Knochenbildung verschrieben werden. Magnesium, ein Mineral, das bei der Knochenbildung eine Rolle spielt, soll bei Osteoporosekranken fehlen, so daß Ergänzungen gegeben werden können. In einer 1990 veröffentlichten US-Studie zeigten Vegetarier weniger Verlust an Knochensubstanz als Fleischesser, was mit dem höheren Kalziumgehalt der Speisen zusammenhängen kann. SEITEN 148–152

KALZIUM
Büchsenfisch, Käse und andere Milchprodukte helfen beim Aufbau der Kalziumdepots im Körper

MAGNET-THERAPIE

In einer Forschungsstudie der University of Hawaii, USA, konnten pulsierende, elektromagnetische Felder die Knochendichte bei osteoporotischen Frauen verbessern. Ob dies mit Instrumenten außerhalb der Klinik wiederholt werden kann, wurde bisher nicht demonstriert. SEITEN 156

ARTHROSE (OSTEOARTHRITIS)

DIES IST die häufigste Form der Gelenkserkrankungen. Sie tritt bei 80 Prozent der über Fünfzigjährigen und besonders bei Frauen nach den Wechseljahren auf. Bei der Arthrose verkümmert der schützende Knorpel an den Kontaktstellen der Knochenenden, und es bilden sich knöcherne Auswüchse. Die Symptome reichen von mildem Schmerz, Steifheit, Schwellung und „Knirschen" bis zum völligem Funktionsverlust der Gelenke. In schweren Fällen verkümmern die benachbarten Muskeln, und die Knochen können sich verformen. Arthrose befällt die großen Gelenke wie Hüft- und Kniegelenke, aber auch die kleinen Gelenke der Füße, Hände, Finger und der Wirbel im Nacken und unteren Rücken.

Ursachen Eine Arthrose kann durch altersbedingte Abnutzung, Überbeanspruchung von Gelenken und nach Verletzung enstehen. Sie kann sich auch nach Entzündung bei rheumatoider Arthritis (S. 260) oder Gicht ausbilden.

Konventionelle Therapie Da es für die Arthrose keine Heilung gibt, werden Schmerzmittel, entzündungshemmende Medikamente, Wärmebehandlung und Physiotherapie zur Schmerzlinderung und Aufrechterhaltung der Beweglichkeit verordnet. In fortgeschrittenen Fällen wird gelegentlich Kortison gespritzt. Letzte Möglichkeit ist ein Gelenkersatz.

Selbsthilfe Halten Sie Ihr Gewicht niedrig, um die Gelenke zu schonen. Schwimmen stärkt die umgebende Muskulatur. Vermeiden Sie Aktivitäten, die Druck auf Gelenke ausüben etwa schweres Heben.

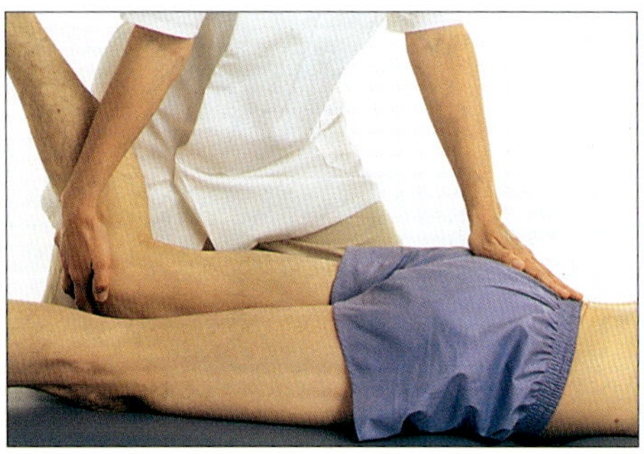

OSTEOPATHISCHE MANIPULATION
Durch Dehnen der Weichteile wird versucht, die Beweglichkeit von erkrankten Gelenken zu vergrößern. Die Durchblutung wird stimuliert, und Muskelverspannungen werden gelöst

KÖRPER- & BEWEGUNGSTHERAPIEN

Mit Massagen, Manipulation und Übungen soll die Degeneration verlangsamt werden.

CHIROPRAKTIK (SIEHE OSTEOPATHIE)

OSTEOPATHIE

Der Therapeut wird versuchen, das umgebende Gewebe zu entspannen sowie die Durchblutung und Beweglichkeit der befallenen Gelenke durch Manipulation zu verbessern. In benachbarten Muskeln können Triggerpunkte (S. 250) entstehen, die er mit Weichteil- und Dehntechniken behandeln kann. SEITEN 70–81

AKUPUNKTUR

Der WHO zufolge ist die Arthrose eine von 104 Erkrankungen, welche die Akupunktur effektiv behandeln kann. Ihr Therapeut wird entsprechende Akupunkturpunkte mit Nadeln oder Moxibustion stimulieren, um Schmerzen und Entzündung zu lindern. SEITEN 90–94

YOGA

Ein Lehrer wird Asanas (Positionen) empfehlen, die sanft dehnen, die gelenknahen Muskeln stärken und die Beweglichkeit und Durchblutung steigern. Die Einbeinhebung z. B. soll speziell bei Kniegelenksbeschwerden hilfreich sein. SEITEN 108–111

ANDERE HEILMETHODEN

Massage	SEITEN 56–61
Aromatherapie	SEITEN 62–65
Heller-Arbeit	SEITE 84
Akupressur	SEITE 95
Shiatsu	SEITEN 96–97
Tai Chi Chuan	SEITEN 100–101

MEDIZINISCHE THERAPIEN

Einige Therapeuten glauben, daß die Ernährung Einfluß auf das Entstehen und Fortschreiten der Arthrose hat. Sie versuchen, Ernährungsmängel zu korrigieren.

NATURHEILKUNDE

Eine Verbesserung der Ernährung, der Verdauung und Ausscheidung wird mit Diätmaßnahmen angestrebt. Dazu gehören das Absetzen von raffinierten Lebensmitteln, gesättigten, tierischen Fetten, Zucker und Salz, während Vollkorn, frisches Obst und Gemüse bevorzugt gegessen werden sollten. SEITEN 118–121

HYDROTHERAPIE

Wenn Sie ansonsten gesund sind, könnten kalte Kompressen zur Schmerzlinderung und zum Abschwellen oder heiß-kalte Wechselkompressen zur Steigerung der Durchblutung und Flexibilität über 4–8 Stunden angewendet werden. Sanfte Übungen in warmem Wasser werden auch empfohlen. SEITEN 122–123

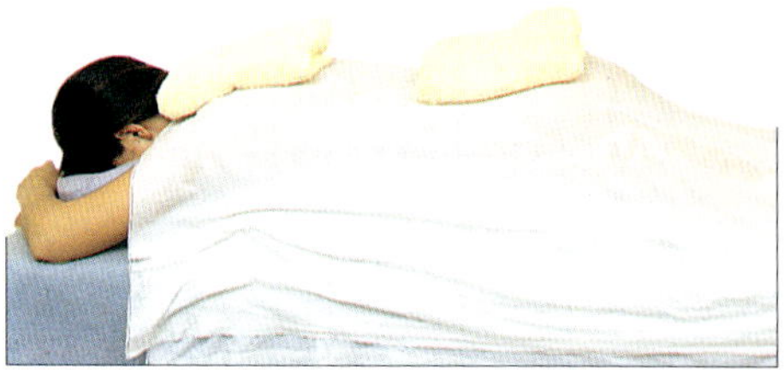

HYDROTHERAPIE
Kompressen und Packungen reduzieren die Entzündung und lindern den Schmerz

WESTLICHE PFLANZENKUNDE

Um die Schwellung zu reduzieren, könnte der Therapeut Aufgüsse von Selleriesamen, Lignum vitae, Wacholder und Teufelskralle und zur Anregung der Durchblutung Zimt empfehlen. SEITEN 134–139

Achtung: Kein Wacholder, Teufelskralle oder medizinische Dosierungen von Selleriesamen oder Zimt während einer Schwangerschaft!

ERNÄHRUNGSTHERAPIEN

Einige Forscher behaupten, daß die Aminosäure Methionin eine Schwellung besser reduziert als das Medikament Ibuprofen. Studien belegen, daß Glucosaminsulfat, ein Hauptbestandteil der Gelenksflüssigkeit, als Zusatz hilfreich sein kann. Chondroitin, Vitamin E und C (die bei Älteren oft unzureichend sind) und Pantothensäure sollen einen positiven Einfluß auf den Knorpel haben. Ergänzungen der Vitamine A und B_6, Zink und Magnesium, die bei der Kollagenproduktion gebraucht werden, könnten ebenfalls empfohlen werden. SEITEN 148–152

ANDERE HEILMETHODEN

Homöopathie	SEITEN 126–130
Chinesische Pflanzenheilkunde	SEITEN 140–143

MENTALE & EMOTIONALE THERAPIEN

Therapeuten glauben, daß der Schmerz auch geistig gelindert werden kann.

ENTSPANNUNGS- & ATEMTHERAPIE

Entspannung kann der Muskelverspannung entgegenwirken, die oft die steifen und schmerzhaften Gelenke begleitet. SEITEN 170–173

ANDERE HEILMETHODEN

Visualisierung	SEITEN 178–179

ZERVIKALE SPONDYLOSE

BEI DIESER ART DER ARTHROSE, die vor allem Menschen ab der Lebensmitte befällt, degenerieren die Gelenke und Bandscheiben der Halswirbelsäule und verursachen Schmerzen und Steifheit. Diese Krankheit ist ein Teil des Alterungsprozesses und betrifft fast jeden bis zu einem gewissen Grad, meist mit wenig oder keinen Symptomen. Wenn die betroffene Stelle auf einen benachbarten Nerv drückt, kann dies zu Kribbeln, Taubheit, Stechen oder Schmerzen in Händen und Füßen führen. Weitere Symptome, meist hervorgerufen durch den Druck auf angrenzende Blutgefäße, sind Kopfschmerzen, doppelte Sicht und Schwindelgefühl oder Schwanken beim Kopfdrehen. **Konventionelle Therapie** Nackenübungen, Physiotherapie, Schmerzmittel und eine Halskrawatte werden verordnet. Auch Ultraschall und Körperübungen werden vorgeschlagen. In wenigen Fällen wird zu einer Operation geraten, wenn der Druck auf einen Nerv zu groß ist.

Achtung: Konsultieren Sie einen Arzt, wenn Sie Symptome der zervikalen Spondylosis bemerken.

ALTERNATIVE THERAPIEN

Chiropraktiker und Osteopathen können helfen, den Druck auf die betroffenen Nerven und Gelenke zu erleichtern. Die Stimulierung von Akupunkturpunkten in östlichen Therapien ist eine weitere Möglichkeit, die Schmerzen zu lindern.

MASSAGE

Feste Streichbewegungen den Nacken und den Rücken hinunter lösen Muskelverspannungen und fördern den Blutkreislauf in der betroffenen Region. SEITEN 56–61

AROMATHERAPIE

Massage mit verdünntem Lavendelöl und warme Bäder mit Rosmarin, Zedernholz und Benzoe mit Vanillegeruch können helfen, die Beweglichkeit zu erhöhen. SEITEN 62–65

CHIROPRAKTIK (SIEHE OSTEOPATHIE)

OSTEOPATHIE

1991 wurde im *British Medical Journal* eine Studie veröffentlicht, die feststellte, daß manipulative Therapien über einen Zeitraum von 12 Monaten eine bessere Wirkung erzielten als die Physiotherapie. SEITEN 70–81

AKUPUNKTUR

Nacken- und Schulterschmerzen werden mit „Kälte und Feuchtigkeit" oder einem Ungleichgewicht an Qi assoziiert. Die Stimulierung der entsprechenden Akupunkturpunkte entlang des Gallenblasen-Meridians hilft, das Qi auszugleichen und Entzündung und Schmerzen zu reduzieren. SEITEN 90–94

AKUPRESSUR

Feste Stimulierung der Akupunkturpunkte entlang des Gallenblasen- und Dickdarm-Meridians kann die Schmerzen lindern. SEITE 95

HOMÖOPATHIE

Folgende Mittel werden empfohlen: Arnika C6 bei Schmerzen, die durch Hitze verschlimmert und nach Bewegung verlängert werden; Rhus tox. C6 bei Schmerzen, die durch kaltes, nasses Wetter und beim Aufstehen verschlimmert werden. SEITEN 126–130

ARNIKA
Aus dieser blühenden Bergblume wird das homöopathische Heilmittel hergestellt

GICHT

GICHT IST eine Art Arthritis, in der Harnsäurekristalle – ein Abfallprodukt des Proteinabbaus – sich in Gelenken sammeln und zu schmerzhaften Entzündungen führen, oft mit Fieber. Die Attacken treffen meist erst den großen Zeh, treten in kleiner werdenden Abständen auf und greifen eventuell Knie, Fingerknöchel und Ellenbogen an. Am meisten anfällig sind Männer ab 35. Die genaue Ursache ist unbekannt, aber Gicht kommt oft in der gleichen Familie vor und kann auch zu Nierensteinen führen (S. 241). Störungen im Blutbild, Fettleibigkeit und bestimmte Medikamente können die Anfälligkeit erhöhen; fetthaltiges Essen und Alkohol können auslösende Faktoren sein. **Konventionelle Therapie** Schmerzmittel (kein Aspirin, da es Gicht verschlimmert) und Entzündungshemmer werden verordnet, gefolgt von anderen Medikamenten, die den Harnsäurespiegel reduzieren. Das Trinken von viel Wasser kann etwas vorbeugen.

ALTERNATIVE THERAPIEN

Der natürliche Ausscheidungsprozeß des Körpers wird zur Reduzierung des Harnsäurespiegels ausgenutzt, eventuell in Verbindung mit Heilkräutern, homöopathischen Mitteln oder Diät.

NATURHEILKUNDE

Wie bei allen chronischen Entzündungen wird auch hier eine Ursache gesucht, die in Zusammenhang mit der Verdauung steht. Lebensmittel, die Purine enthalten (öliger Fisch, Schalentiere, Innereien, Wild, Geflügel, Hülsenfrüchte, Koffein und Alkohol) sollten vermieden werden, da sie den Harnsäuregehalt des Blutes erhöhen. Unbestätigte klinische Beobachtungen ergaben, daß Kirschen, frisch oder aus der Dose, bei regelmäßigem Genuß den Harnsäuregehalt senken. SEITEN 118–121

KIRSCHEN
Das Essen von 225 g Kirschen täglich hilft bei Gicht

HOMÖOPATHIE

Folgende Standardmittel können empfohlen werden: Ledum C6 bei Gelenkschmerzen, die durch Kälte gemildert werden; Colchicum C6, wenn die Gelenke vor allem nachts schmerzen, Arnika C6, wenn die Gelenke anschwellen; Urtica C6, wenn sie jucken oder brennen; und Pulsatilla C6, wenn der Schmerz sich zwischen den Gelenken hin- und herbewegt. Urtica-urens-Tinktur soll die Ausscheidung der Harnsäure fördern. SSEITEN 126–130

WESTLICHE PFLANZENKUNDE

Selleriesamen soll die Ausscheidung der Harnsäure vorantreiben. Teufelskralle als Entzündungshemmer ist umstritten, aber sie soll schmerzlindernd wirken und den Harnsäure- und Cholesteringehalt des Blutes reduzieren. SEITEN 134–139

Achtung: Keine Teufelskralle und keinen Selleriesamen in der Schwangerschaft!

ANDERE HEILMETHODEN

Akupunktur	SEITEN 90–94
Hydrotherapie	SEITEN 122–123
Ayurveda	SEITEN 144–147
Ernährungstherapien	SEITEN 148–152

RHEUMATOIDE ARTHRITIS

BEI DER RHEUMATOIDEN ARTHRITIS schwillt die Membran, die die Gelenkkapsel umschließt, schmerzhaft an und wird steif, besonders nach der Nachtruhe.

Symptome Zuerst kann sich ein vager Muskelschmerz und ein allgemeines Unwohlsein zeigen, später kommen Gelenkschmerzen und Schwellungen hinzu. In anderen Fällen setzt die Krankheit plötzlich und schmerzhaft ein. Kleine Gelenke wie die Fingerknöchel und Zehen sind am gefährdesten, aber auch Hand- und Fußgelenke, Knie und Hals können betroffen sein. Die Krankheit wird meist von einer leichten Anämie begleitet, greift in schweren Fällen auch die benachbarten Knorpel und Knochen an und führt zu Verformungen und Behinderungen. Auch Lungen, Augen, Därme und andere Organe können betroffen sein. Die Krankheit beginnt meist zwischen 40 und 50; Frauen tragen ein dreifaches Risiko.

Ursachen Die rheumatoide Arthritis ist anders als die Arthrose (siehe S. 258) eine Immunerkrankung, bei der das Immunsystem die eigenen Körpergewebe angreift (siehe S. 308–309). Die eigentliche Ursache ist unbekannt, aber Vireninfektion, Streß, Ernährung und zu starkes Bakterienwachstum im Darm tragen möglicherweise dazu bei.

Konventionelle Therapie Diagnostiziert wird nach einer genauen körperlichen Untersuchung und nach Bluttests, die rheumatoide Faktoren nachweisen. Röntgenbilder zeigen das Ausmaß des Gelenkschadens. Zur Behandlung gehören Physiotherapie, Wärmebehandlung, schmerzstillende und entzündungshemmende Medikamente. Wenn das Gelenk stark beschädigt ist, kann ein operativer Ersatz erwogen werden.

NACHTKERZENÖL
Das Öl, das aus der Oenothera biemisge gewonnen wird, kann die Gelenkschwellung reduzieren

KÖRPER- & BEWEGUNGSTHERAPIEN

Sanfte Bewegungstherapien und Manipulationen helfen die Beweglichkeit der Gelenke zu erhalten.

MASSAGE

Massiert wird mit einer leichten Creme oder einem Öl. Mit Streichbewegungen Richtung Herz kann der Masseur den Blutkreislauf in und um die Gelenke herum anregen und den Abtransport von Abfallprodukten beschleunigen. SEITEN 56–61

AROMATHERAPIE

Eine Massage mit Rosmarin, Benzoe, Kamille, Kampfer, Wacholder oder Lavendel kann die Schmerzen verringern. Die ätherischen Öle von Zypresse, Fenchel, Zitrone und vor allem Wintergrün sollen entgiftend und entzündungshemmend wirken. SEITEN 62–65

Achtung: Während der Schwangerschaft kein Kamille-, Wacholder- oder Zypressenöl benutzen!

AKUPUNKTUR

Die Stimulierung spezieller Akupunkturpunkte kann den Schmerz wirksam lindern. SEITEN 90–94

CHIROPRAKTIK (SIEHE OSTEOPATHIE)

OSTEOPATHIE

Gelenkmanipulationen können nicht angewendet werden, aber Dehnen und vorsichtige Therapie der Triggerpunkte (S. 250) können die Beweglichkeit verbessern. SEITEN 70–81

MEDIZINISCHE THERAPIEN

Alternativtherapeuten glauben, daß die Ernährung bei der rheumatoiden Arthritis eine sehr wichtige Rolle spielt. Sie werden eine Ernährungsumstellung vorschlagen oder Nahrungsergänzungen empfehlen, um das Immunsystem zu stärken.

NATURHEILKUNDE

Generell wird Vollwertkost empfohlen, mit reichlich Ballaststoffen, wenig Zucker, wenig tierischen Fetten und raffinierten Kohlenhydraten. *The Lancet* veröffentlichte 1991 eine Studie, die herausfand, daß Diätfette und Nahrungsempfindlichkeiten dazu beitragen, rheumatoide Arthritis auszulösen. Diätprodukte, Eier und Getreide werden als Risiko angesehen. Zur Feststellung der Reizstoffe können Angewandte Kinesiologie (S. 196–197) und andere Diagnosemethoden wie die Auslaßdiät angewendet werden. Das *British Journal of Rheumatology* berichtete 1993, daß Fischöl eine entzündungshemmende Wirkung besitzt. Auch Nachtkerzenöl, Sojabohnen und grünlippige Muscheln aus Neuseeland sollen diese Eigenschaft aufweisen. Bei einigen Patienten konnte auch Kupfermangel nachgewiesen werden. Kupferarmbänder, die das Element in kleinsten Mengen durch die Haut abgeben, helfen – laut einer Studie – bei arthritischen Schmerzen und Steifheit. Aber diese Behauptungen sind noch umstritten. SEITEN 118–121

HYDROTHERAPIE

Empfohlen werden Anwendungen, bei denen die betroffenen Gelenke im warmen Wasser bewegt werden. SEITEN 122–123

HOMÖOPATHIE

In einer schottischen Studie schnitt 1980 die homöopathische Behandlung im Vergleich zu Aspirin oder einem Placebo besser ab. Nach einer persönlichen Anamnese kann der Therapeut die entsprechenden Heilmittel verordnen. SEITEN 126–130

WESTLICHE PFLANZENKUNDE

Bupleurumwurzel, Kurkuma und Scutelaria baicalensis sind bekannte entzündungshemmende Pflanzen, die gegen die Schwellung verordnet werden können. SEITEN 134–139

CHINESISCHE PFLANZENKUNDE

Rheumatoide Arthritis wird oft mit „exzessiver innerlicher Kälte" und „Stagnation von Qi, Blut und feuchter Kälte" assoziiert. Zu den Rezepturen, die empfohlen werden können, gehört das Zi Yi-Stärkungsmittel, das neben anderen Zutaten chinesisches Engelwurz (Dang gui), Lakritze, Ingwer und Zimt enthält. Schmerzhafte Gelenke können auch mit „Windkälte" assoziiert werden. Zimt kann empfohlen werden, um Qi zu lösen, auch Aconite, Engelwurz und Ingwer, um „Kälte" und „Feuchtigkeit" zu reduzieren. SEITEN 140–143

Achtung: Während der Schwangerschaft sollten Sie keine Engelwurz, Aconite, Lakritze und medizinische Dosierungen von Zimt einnehmen. Bei Anämie und Bluthochdruck sollten Sie Lakritze und bei peptischen Geschwüren Ingwer vermeiden.

ERNÄHRUNGSTHERAPIEN

Flavonoide, pankreatische Enzyme und Bromelain, ein Enzym, das in Ananas gefunden wird, können aufgrund ihrer entzündungshemmenden Wirkung verordnet werden. Eine Studie berichtet, daß Patienten, die Zinkergänzungen eingenommen haben, weniger Schwellungen und Probleme hatten (*The Lancet*, 1976). SEITEN 148–152

ANKYLOSIERENDE SPONDYLITIS (WIRBELENTZÜNDUNG)

ANKYLOSIERENDE SPONDYLITIS ist eine Autoimmunerkrankung, die vorwiegend bei jungen Männern vorkommt. Sie betrifft die Gelenke der Wirbelsäule und die, die zwischen Kreuzbein und Becken liegen, und verursacht dort eine Entzündung mit Schmerzen und Steifheit. Schließlich werden die Gelenke permanent steif, und die Wirbelsäule krümmt sich. Die Krankheit beginnt meist mit Schmerzen im unteren Rücken und Steifheit, vor allem nach dem Schlaf.

Ursache Die Ursache ist unbekannt, aber Vererbung spielt eine wichtige Rolle. Eine Überbevölkerung der Darmbakterien soll auch dazu beitragen.

Konventionelle Therapie Da es keine Heilung gibt, ist eine frühe Behandlung sehr wichtig, um die Beweglichkeit der Wirbelsäule zu erhalten. Zur Linderung der Schmerzen und Erhöhung der Mobilität wird der Arzt Schmerzmittel, entzündungshemmende Medikamente und Physiotherapie verordnen. Sanfte tägliche Körperübungan, am besten im Wasser, sind hilfreich.

ALTERNATIVE THERAPIEN

Die Körpermanipulation kann in jedem Stadium der Krankheit zur Beweglichkeit des Körpers beitragen. Es wird versucht die Krankheit durch Diät, Heilmittel und Nahrungsergänzungen zu stoppen.

YOGADEHNUNG
Das Steifwerden der Wirbelsäule kann durch Stellungen wie diese ausgeglichen werden

FELDENKRAIS-METHODE

In dieser Therapie, die die Gesundheit durch eine „Reprogrammierung" der Bewegungsmuster zu verbessern sucht, werden Übungen für den speziellen Bedarf entwickelt. SEITE 85

ALEXANDER-TECHNIK

Der Therapeut wird Ihnen helfen, die Haltung zu verbessern, um Schmerzen und Steifheit zu lindern, die Atmung zu erleichtern und die Krümmung der Wirbelsäule zu vermeiden. SEITEN 86–87

AKUPUNKTUR

Die Schmerzen können durch die Stimulierung der entsprechenden Akupunkturpunkte mit Nadeln oder Moxibustion gelindert werden. SEITEN 90–94

YOGA

Ein qualifizierter Lehrer wird Ihnen sanfte Dehnungspositionen (Asanas) beibringen, die Ihre Flexibilität und Geschmeidigkeit verbessern. Durch regelmäßige Praxis können Sie der Versteifung entgegenwirken. SEITEN 108–111

ENTSPANNUNGS- & ATEMTHERAPIEN

Empfohlen werden Atem- und Dehnübungen, die das Zwerchfell entspannen und den Brustkorb öffnen. Dies wirkt der Versteifung entgegen und löst Spannungen vor allem im Oberkörper. SEITEN 170–173

ANDERE HEILMETHODEN

Massage	SEITEN 56–61
Aromatherapie	SEITEN 62–65
Chiropraktik	SEITEN 70–75
Osteopathie	SEITEN 76–81
Naturheilkunde	SEITEN 118–121
Westliche Pflanzenheilkunde	SEITEN 134–139
Ernährungstherapien	SEITEN 148–152

SPORTVERLETZUNGEN

VERLETZUNGEN an Gelenken, Muskeln, Sehnen und Bändern kommen beim Sport oft vor (S. 251 u. S. 252). Meist kommt es auch zu Prellungen, blutenden Wunden, Schwellungen und Schmerzen.

Konventionelle Therapie Eine sofortige Behandlung ist wichtig für die schnelle Gesundung. Wenn kein Knochen gebrochen ist, wird der Arzt für 24 Stunden das Auftragen von Eisbeuteln in Abständen von 10 Minuten empfehlen, um die Schwellung gering zu halten. Die Stelle sollte hoch gelagert und mit einem Druckverband versehen werden. Schmerzmittel, entzündungshemmende Medikamente und Physiotherapie, vor allem Ultraschall, können helfen. Sobald der Schmerz nachläßt, sollte mit leichter Bewegung begonnen werden. Aufwärmübungen vor dem Sport und Dehnübungen danach können Verletzungen verhindern.

Achtung: Bei starken Schmerzen muß ein Röntgenbild gemacht werden.

ALTERNATIVE THERAPIEN

Zur Behandlung von Muskelschmerzen, die durch Verletzungen entstanden sind, wird viel Ruhe verordnet, eine Ernährung, die die Heilung unterstützt, und die entspechenden Heilmittel für die betreffende Stelle.

MASSAGE

Eine sanfte Massagebehandlung kann einige Tage nach dem Unfall begonnen werden, um die betroffene Stelle zu wärmen, den Blutkreislauf zu stärken und so den Heilungsprozeß zu beschleunigen. SEITEN 56–61

AKUPUNKTUR

Wenn eine Sportverletzung nur langsam heilt und weiterhin schmerzt, kann die Stimulierung der lokalen Akupunkturpunkte und der Triggerpunkte (S. 250) helfen. SEITEN 90–94

HYDROTHERAPIE

Zusätzlich zum Auftragen von Eispackungen und kalten Kompressen können Übungen in einem hydrotherapeutischen Becken empfohlen werden, zur Kräftigung und für die Beweglichkeit der verletzten Stelle. SEITEN 122–123

ERNÄHRUNGSTHERAPIEN

Untersuchungen in den 60er Jahren stellten fest, daß sich die Rekonvaleszenzzeit von Sportverletzungen halbierte bei Patienten, die zusätzlich Bioflavonoide der Zitrusfrüchte einnahmen. Der Zusatz von Bromelain, ein Enzym, das sich in frischen Ananas findet, kann die Heilung von Körpergewebe beschleunigen und wird bei Sportverletzungen empfohlen. Auch essentielle Fettsäuren und die Antioxidantien Vitamin C und E sind ratsam. SEITEN 148–152

ANANAS
Bromelain, ein Enzym der Ananas, kann hilfreich sein beim Heilungsprozeß von Weichteilverletzungen

ANDERE HEILMETHODEN

Chiropraktik	SEITEN 70–75
Osteopathie	SEITEN 76–81

HORMONE

DER MENSCHLICHE KÖRPER hat eine unglaubliche Fähigkeit, erfolgreich mit Umweltveränderungen, Anstrengungen und einem wechselnden Angebot an Schlaf und Nahrung umzugehen. Das resultiert aus der Zusammenarbeit von Gehirn und Nerven- und Hormonsystem. Die endokrinen Drüsen sondern Hormone in den Blutstrom ab, die die verschiedenen Körperfunktionen regulieren. Sie halten den Blutzuckerspiegel konstant, regulieren Stoffwechsel, Blutgerinnung, Streßreaktionen und den Menstruationszyklus. Eine Hormonstörung führt zu weitreichenden Beschwerden, einschließlich des Diabetes.

SCHLÜSSELSYMBOLE			
FORSCHUNG		**THERAPEUT**	
Gute wissenschaftliche Versuche mit positivem Resultat		Unentbehrlich	
Einige Studien		Empfohlen	
Nicht fundiert		Nicht nötig	
		SELBSTBEHANDLUNG	
		Selbstbehandlung möglich	
		Keine Selbstbehandlung	

ALTERNATIVE BEHANDLUNGSWEISEN

Alternative Therapien nehmen einen indirekten Weg zur Behandlung der Hormonstörungen. Anstatt direkt zu stimulieren oder den Ausstoß der Hormone zu verhindern, versuchen die Therapeuten das Immunsystem zu stärken und damit ein Gleichgewicht zu schaffen. Sie werden Veränderungen der Lebensweise, leichte Körperübungen und natürliche Heilmittel vorschlagen, um die Gesundheit aller Organe zu fördern.

KONVENTIONELLE BEHANDLUNGSWEISEN

Die Entwicklung von Therapien bei Hormonstörungen ist einer der großen Erfolge der konventionellen Medizin. Inzwischen gibt es wirksame Medikamente gegen Krankheiten, die vorher unkontrollierbar waren, etwa Diabetes mellitus und Schilddrüsenüber- bzw. unterfunktion.

Achtung: siehe auch Seite 204.

FUNKTION DES ENDOKRINEN SYSTEMS

Der Hypothalamus im Gehirn kontrolliert die Hirnanhangdrüse, die Hormone produziert und alle Hormonfunktionen reguliert. Die Schilddrüse produziert ein Hormon, das den Stoffwechsel reguliert. Die Nebennieren koordinieren die Reaktionen auf Streß, körperliche Verletzungen oder Infektionen. Die äußere Schicht produziert bei Männern und Frauen männliche Hormone (Androgene) und ein Hormon, das den Stoffwechsel beeinflußt, Blutvolumen und Blutdruck kontrolliert. Die innere Schicht produziert die Streßhormone Adrenalin und Noradrenalin. Der Pankreas schüttet Insulin aus zur Regulierung des Blutzuckerspiegels. Bei den Frauen produzieren die Eierstöcke die weiblichen Sexualhormone Östrogen und Progesteron; bei den Männern produzieren die Hoden das Testosteron. Andere Hormonquellen sind die Zirbeldrüse im Gehirn, die Melatonin produziert, verantwortlich für den Körperrhythmus, und die Thymusdrüse in der Brust, die ein Teil des Immunsystems ist.

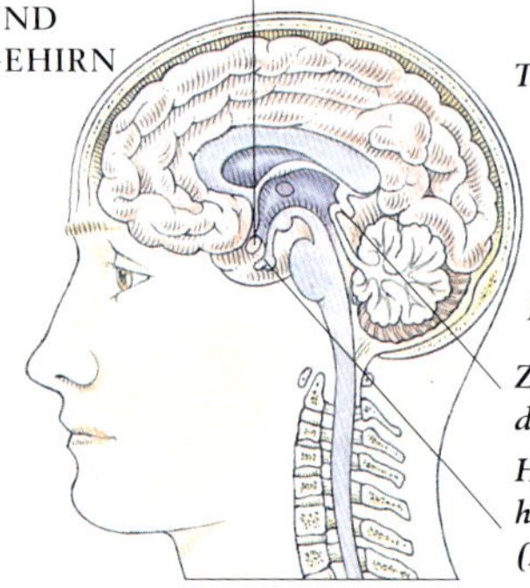

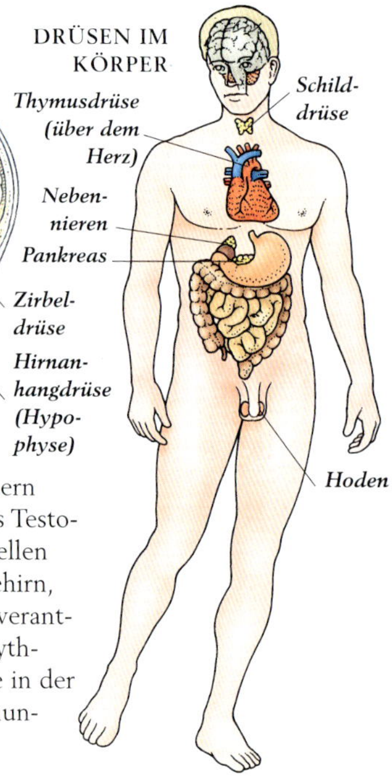

SCHILDDRÜSENUNTERFUNKTION

BEI EINER UNTERFUNKTION DER SCHILDDRÜSE entstehen nicht genug Stoffwechselhormone. Symptome sind ein Kropf, Lethargie, Verstopfung, niedrige Körpertemperatur, trockene Haut und Haare, Gewichtszunahme, Depression, Nachlassen der sexuellen Begierde, starke Monatsblutungen und eine verspätete Entwicklung bei Kindern. Konventionell wird ein Ersatz für das Schilddrüsenhormon Thyroxin verordnet.

Achtung: Konsultieren Sie einen Arzt, bevor Sie mit einer alternativen Therapie beginnen.

ALTERNATIVE THERAPIEN

Ernährungsratschläge können die konventionelle Behandlung bei der Wiederherstellung der Schilddrüsenfunktion ergänzen.

NATURHEILKUNDE

Empfohlen wird jodreiche Nahrung wie Algen, Salzwasserfisch, Eier und Milch, denn Jod ist für die Schilddrüse. Rohen Kohl, Kohlrüben, Erdnüsse und Senf sollten Sie meiden, da sie die Absorptionsfähigkeit des Körpers für Jod einschränken. Auch Lebensmittel mit viel Vitamin B und Selen werden empfohlen. SEITEN 118–121

WESTLICHE PFLANZENKUNDE

Seetang und Meeresfrüchte haben einen hohen Jodgehalt und werden als universales Stärkungsmittel für die Schilddrüse angesehen. SEITEN 134–139

Achtung: Kein Seetang während Schwangerschaft und Stillzeit!

SEEALGEN
Sie sind eine der besten Jodquellen

DIABETES MELLITUS

DAS INSULIN ist ein Hormon, das im Pankreas (Bauchspeicheldrüse) produziert wird und den Körperzellen hilft, Glukose (Zucker) aus dem Blut zu absorbieren. Ungenügendes oder nicht vorhandenes Insulin führt zu Diabetes mellitus, eine Krankheit, bei der der Blutzuckerspiegel hoch bleibt und das Körpergewebe nicht genügend Zucker erhält. Symptome sind Durst und häufiges Wasserlassen, Müdigkeit, Gewichtsverlust und Infektionen. Probleme mit den Augen und dem Kreislauf können folgen. Bei Nichtbehandlung kann Diabetes zu Koma und Tod führen.

Konventionelle Therapie Es gibt keine Heilung, aber die Symptome können kontrolliert werden. Mit einem Urintest wird der Blutzucker überprüft. Es gibt zwei Hauptformen des Diabetes: den insulinabhängigen Diabetes mellitus, der meist in der Kindheit beginnt (Typ I) und den insulinunabhängigen Diabetes mellitus (Typ II), der sich später entwickelt und mit Insulin behandelt werden kann. Manchmal reicht auch eine Ernährungsumstellung aus. Bei allen Formen muß eine Diät befolgt werden.

Achtung: Konsultieren Sie umgehend einen Arzt, bevor Sie mit einer Alternativtherapie beginnen.

ALTERNATIVE THERAPIEN

Streß, schlechte Ernährung und Mangel an Bewegung beeinflussen den Blutzuckerspiegel negativ. Beide Formen des Diabetes profitieren von einer gesunden Lebensweise.

YOGA

Yoga ist nicht nur ein gutes Körpertraining, sondern kann auch helfen, die Pankreasfunktion zu stärken. Ein Yogalehrer wird vor allem Stellungen empfehlen wie das Boot, den Fisch, das halbe Rad und Rückwärts- und Vorwärtsbeugen. SEITEN 108–111

STELLUNG DES FISCHS
Diese Variation des Fischs erweitert die Lungenkapazität und fördert die Entspannung

NATURHEILKUNDE

Empfohlen wird eine Diät reich an komplexen Kohlenhydraten (stärkehaltige Nahrung wie Brot und Teigwaren) und Ballaststoffen und arm an Zucker und Fetten, um einen gleichmäßigen Blutzuckerspiegel zu unterstützen. Diabetiker sind anfälliger für Herzkrankheiten und sollten deshalb prophylaktisch Olivenöl, Knoblauch und Vitamin E zu sich nehmen. Andere Nahrungsmittel sind Hafer, um den Blutzucker zu stabilisieren, Chrom für die Normalisierung des Blutzuckerstoffwechsels und Zwiebeln und Knoblauch, die eine Substanz enthalten, die den Blutzucker senkt.
SEITEN 118–121

AYURVEDA

Es kann Panchakarma empfohlen werden, ein Reinigungsprozeß, der den Verdauungstrakt reinigt und die Lebenskraft stärkt. Auch eine Diät, die reich an komplexen Kohlenhydraten und arm an Fetten ist, wird empfohlen. „Bittere" Nahrungsmittel wie grüne Bananen sollen helfen. SEITEN 144–147

SHIRODHARA
Diese Behandlung ist Teil des Panchakarma: Ein warmer Ölstrahl wird auf die Stirn der Patientin gegossen und wirkt sehr belebend

ANDERE HEILMETHODEN

Westliche Pflanzenheilkunde SEITEN 134–139
Chinesische Pflanzenheilkunde SEITEN 140–143
Ernährungstherapien SEITEN 148–152
Biofeedback SEITE 169
Entspannungs- & Atemtherapien SEITEN 170–173

FETTLEIBIGKEIT

EIN WEITVERBREITETES PROBLEM und vorrangiges Gesundheitsrisiko in den Industrieländern ist die Fettleibigkeit. Wenn mehr Kalorien gegessen als verbraucht werden, werden sie als Fett gespeichert. Fettleibigkeit kann auch durch andere Faktoren verursacht werden wie Mangel an Körperübung, Hormonmangel (etwa Schilddrüsenunterfunktion) psychologische Beschwerden, die zu Frustessen führen, und Vererbung – Kinder von fettleibigen Eltern sind zehnmal anfälliger dafür als andere. Die konventionelle Therapie sieht eine kalorienarme Diät vor und regelmäßige Körperübungen. Appetitunterdrücker können helfen, das Zubinden des Kiefers ist eine extreme Möglichkeit.

Achtung: Machen Sie keine Extremdiät über längere Zeit ohne ärztliche Aufsicht.

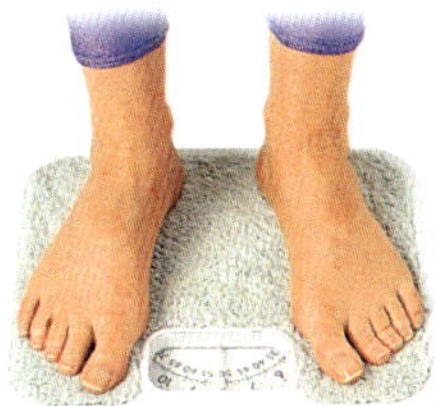

DIÄT-KONTROLLE
Man sollte sich einmal pro Woche wiegen. Versuchen Sie 1 kg pro Woche abzunehmen

ALTERNATIVE THERAPIEN

Beratung steigert die Selbstachtung, und Akupunktur hält Gelüste in Schach.

OHR-AKUPUNKTUR

Nadeln an den Akupunkturpunkten am Ohr unterstützen die Appetitzügelung. SEITE 94

NATURHEILKUNDE

Versucht wird, die Eßgewohnheiten zu verändern, um eine langanhaltende Gewichtsreduzierung zu fördern. Vorgeschlagen wird viel Obst, Gemüse und komplexe Kohlenhydrate (Brot und Teigwaren), kein Zucker, kein Fett. In einigen Fällen vermuten die Therapeuten eine Nahrungsunverträglichkeit (siehe S. 303) und können zu einer Auslaßdiät raten. SEITEN 118–121

PSYCHOTHERAPIE & BERATUNG

In einer Gruppentherapie können emotionale Probleme gelöst werden, die hinter dem Frustessen stehen. Kognitive Verhaltenstherapien können die Einstellung zur Nahrung verändern. SEITEN 160–165

HYPNOTHERAPIE

Hypnotherapie hilft beim Einhalten einer Diät. SEITEN 166–167

ANDERE HEILMETHODEN

Westliche Pflanzenheilkunde SEITEN 134–139
Ernährungstherapien SEITEN 148–152

FRAUEN & GESUNDHEIT

DIE WEIBLICHEN FORTPFLANZUNGSORGANE sind Gebärmutter, Gebärmutterhals, Eierstöcke, Eileiter, Scheide und Scheidenöffnung. Die Gebärmutter ist ein birnenförmiges Organ, in dem das Baby heranwächst, wenn das weibliche Ei von einem männlichen Spermium befruchtet wird. Die Eierstöcke, zwei kleine Drüsen am Ende der Eileiter, speichern den Lebensvorrat an Eiern, mit denen eine Frau geboren wird, und produzieren die weiblichen Hormone Östrogen und Progesteron, die verantwortlich sind für die Veränderungen des weiblichen Körpers, vom Beginn der Menstruation bis hin zur Menopause.

SCHLÜSSELSYMBOLE

FORSCHUNG	THERAPEUT
Gute wissenschaftliche Versuche mit positivem Resultat	Unentbehrlich
Einige Studien	Empfohlen
Nicht fundiert	Nicht nötig
	SELBSTBEHANDLUNG
	Selbstbehandlung möglich
	Keine Selbstbehandlung

ALTERNATIVE BEHANDLUNGSWEISEN

Es wird versucht, das Gleichgewicht der Hormone aufrechtzuerhalten und den Kreislauf zu stärken. Pflanzliche Stärkungsmittel, hormonausgleichende Heilkräuter, Nahrungsergänzungen und muskelentspannende Heilmittel helfen. Entspannung hilft oft bei Streßsymptomen.

KONVENTIONELLE BEHANDLUNGSWEISEN

Hormonbehandlungen helfen, Menstruationsbeschwerden und Probleme der Menopause zu kontrollieren. Eine Hysterektomie (Entfernung der Gebärmutter) wird heute seltener durchgeführt. Durch regelmäßige Abstriche kann Gebärmutterhalskrebs früh erkannt werden.

Achtung: siehe auch Seite 204.

WEIBLICHER FORTPFLANZUNGSAPPARAT

Während des Menstruationszyklus produziert die Hirnanhangdrüse ein follikelstimulierendes Hormon (FSH), das ein Ei in einem der Eierstöcke zur Reifung veranlaßt. Der Östrogenspiegel steigt. Nach etwa 12 Tagen regt das Gelbkörperhormon den Eisprung an, das Ei verläßt den Eierstock und bewegt sich durch den Eileiter zur Gebärmutter. Der Progesteronspiegel steigt, und die Gebärmutterschleimhaut beginnt sich zu verdicken. Wird das Ei befruchtet, nistet es sich in der Gebärmutterwand ein und entwickelt sich zu einem Embryo. Wird es nicht befruchtet, löst es sich auf, und der Progesteronspiegel sinkt. Die Überreste des Eis und die Schleimhaut gehen mit der Menstruation ab.

WEIBLICHE FORTPFLANZUNGSORGANE

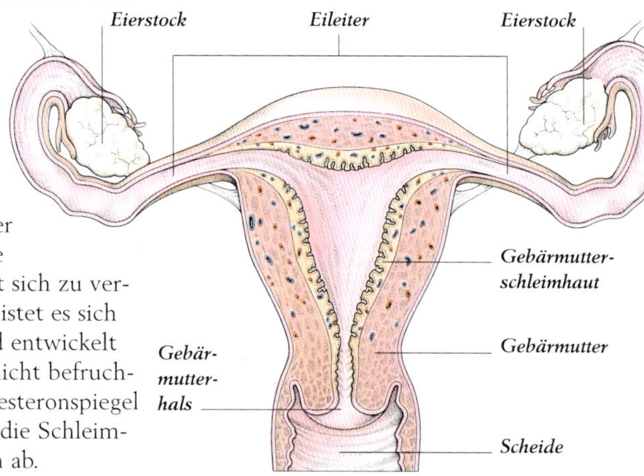

PRÄMENSTRUELLES SYNDROM (PMS)

IN DEN TAGEN VOR DER MENSTRUATION verspüren viele Frauen Unbehagen in Form von körperlichem Schmerz (wie Kopfschmerzen, Brustspannen und Wasseransammlung) sowie psychische Spannungen (Ängstlichkeit, Depressionen und Gereiztheit). Die konventionelle Medizin behandelt mit Nachtkerzenöl, Vitamin B_6 (Vitamin-B_6-Mangel kann zu Ungleichgewicht von Östrogen und Progesteron führen), Progesteron, Einpflanzung von Östrogen, harntreibenden Mitteln, Schmerzmitteln und Antidepressiva. Leichte Körperübungen werden besonders in der Woche vor der Menstruation empfohlen, da sie den Kreislauf anregen, Wasseransammlung reduzieren und Streßzustände mindern.

ALTERNATIVE THERAPIEN

Gesunde Ernährung und Entspannung haben eine große Wirkung auf das PMS.

REFLEXOLOGIE (FRZ)

Eine amerikanische Studie, veröffentlicht 1993 in *Obstetrics and Gynaecology*, zeigte eine Besserung der PMS-Symptome durch Reflexologie. SEITEN 66–67

NATURHEILKUNDE

Viele Frauen mit PMS nehmen zuviel Zucker und raffinierte Kohlenhydrate zu sich und können dadurch einen Vitamin B-Mangel entwickeln. Es wird empfohlen, wenig raffinierte Kohlenhydrate, gesättigte Fette und Salz zu essen und bei Essensgelüsten alle drei Stunden eiweißreiche Nahrung einzunehmen. SEITEN 118–121

WESTLICHE PFLANZENKUNDE

Verschrieben werden Mönchspfeffer, der die Hormone ausgleichen soll, Schneeball, ein Entkrampfungsmittel, Löwenzahn, ein harntreibendes Mittel und Klettenlabkraut, das bei Brustspannen hilft. SEITEN 134–139

CHINESISCHE PFLANZENKUNDE

Die Symptome werden in Zusammenhang gebracht mit einem Ungleichgewicht der Gallen-, Nieren- und Leber-Meridiane. Es wird empfohlen, „kalte" (z. B. Salate), „heiße" (scharfes Essen) und fetthaltige Lebensmittel sowie rotes Fleisch zwischen Eisprung und Menstruation zu meiden. SEITEN 140–143

ANDERE HEILMETHODEN

Massage SEITEN 56–61
Yoga SEITEN 108–111
Psychotherapie & Beratung SEITEN 160–165

MENSTRUATIONSBESCHWERDEN (DYSMENORRHOE)

MENSTRUATIONSBESCHWERDEN äußern sich mit Krämpfen und Kopfschmerzen über zwei bis drei Tage. Die primäre Dysmenorrhoe tritt mit 25 Jahren auf. Ursache ist ein Überschuß von Prostaglandinen. Ist die Periode plötzlich schmerzhaft, wird dies sekundäre Dysmenorrhoe genannt. Ursache ist eine Beckenentzündung, ein Scheidenpessar, ein Fibrom, eine Endometriose oder Verstopfung. **Konventionelle Therapie** Die primäre Dysmenorrhoe wird mit Medikamenten behandelt, die die Muskeln entspannen oder die Kontraktionen der Gebärmutter und die Ausschüttung von Hormonen verhindern. Bei der sekundären Dysmenorrhoe werden die Ursachen behandelt.

Achtung: Konsultieren Sie einen Arzt bei Dysmenorrhoe.

ALTERNATIVE THERAPIEN

Der Kreislauf in der Gebärmutter wird stabilisiert, der Prostaglandinspiegel gesenkt.

CHIROPRAKTIK (SIEHE OSTEOPATHIE)

OSTEOPATHIE

Versuche haben eine positive Wirkung ergeben. SEITEN 70–81

AKUPUNKTUR

Laut einer 1987 in der US-Zeitschrift *Obstetrics and Gynaecology* veröffentlichten Studie hatten 91 Prozent der Testpersonen weniger Schmerzen nach der Akupunktur. SEITEN 90–94

YOGA

Yoga mindert Streß, normalisiert den Hormonhaushalt, entspannt die Muskeln und stärkt das Becken. Es werden Stellungen empfohlen, die die Spannungen im unteren Bauch lösen. SEITEN 108–111

SCHULTERSTAND
Hilft bei Menstruationsbeschwerden

NATURHEILKUNDE

Empfohlen werden essentielle Fettsäuren, die sich in Fisch und im Nachtkerzenöl finden und Prostaglandine verhindern. Außerdem soll man Fleisch, Milchprodukte und Eier meiden, da sie Arachidonsäure enthalten, die die Prostaglandinproduktion anregt. SEITEN 118–121

HYDROTHERAPIE

Abwechselnde heiße und kalte Sitzbäder sollen den Blutfluß in der Gebärmutter anregen und Beckenstauungen lösen. SEITEN 122–123

Achtung: Vermeiden Sie heiße und kalte Bäder oder Duschen, wenn Sie unter Herzbeschwerden leiden.

ANDERE HEILMETHODEN

Alexander-Technik	SEITEN 86–87
Shiatsu	SEITEN 96–97
Westliche Pflanzenheilkunde	SEITEN 134–139

UNREGELMÄSSIGE PERIODE

DIE PERIODE kann während der Schwangerschaft, des Stillens oder der Menopause unregelmäßig werden. Auch Diäten, Hormonstörungen, zuviel Sport oder Erkrankungen können dies bewirken. Ist die Ursache das Ausbleiben des Eisprungs, hilft das Hormon Clomiphen.

Achtung: Konsultieren Sie einen Arzt bei Blutungen zwischen den Perioden oder nach dem Geschlechtsverkehr.

ALTERNATIVE THERAPIEN

Ernährung und Lebensweise können Mitverursacher sein. Beides wird verbessert.

AROMATHERAPIE

Sie werden mit ätherischen Ölen massiert, die die Menstruation auslösen sollen, etwa Basilikum, Salvia sclarea und Fenchel. SEITEN 62–65

Achtung: Suchen Sie einen qualifizierten Therapeuten, falls Sie vermuten, schwanger zu sein.

NATURHEILKUNDE

Siehe „Starke Monatsblutungen". SEITEN 118–121

WESTLICHE PFLANZENKUNDE

Die Heilpflanzen Asparagus racemosus, Mönchspfeffer und Salbei werden empfohlen. SEITEN 134–139

Achtung: Kein Salbei in der Schwangerschaft!

ANDERE HEILMETHODEN

Chinesische Pflanzenheilkunde	SEITEN 140–143

STARKE MONATSBLUTUNGEN

STARKE MONATSBLUTUNGEN können durch ein Scheidenpessar oder hormonelle Störungen, durch Fibrome, Endometriose oder eine Beckenentzündung verursacht sein. Die konventionelle Behandlung ist abhängig von der Ursache, obwohl diese nicht immer offensichtlich ist. Eine Hormonbehandlung kann die Blutungen einschränken; Antibiotika werden gegeben bei einer Infektion. Manchmal wird eine Dilatation und Kürettage empfohlen, bei der die Gebärmutterschleimhaut ausgeschabt wird. Eisenergänzungen können einer Anämie vorbeugen.

Achtung: Konsultieren Sie bei starken Monatsblutungen einen Arzt.

ALTERNATIVE THERAPIEN

Ernährung und Pflanzenheilmittel können bei starken Monatsblutungen helfen.

NATURHEILKUNDE

Ernährung und Lebensweise können verbessert werden. Es wird empfohlen, eisenhaltige Nahrung wie grünes Blattgemüse, getrocknete Aprikosen, Sardinen und Leber zu essen. Bioflavonoide in den Kernen der Zitrusfrüchte fördern die Eisenaufnahme und gleichen den Hormonhaushalt aus. SEITEN 118–121

WESTLICHE PFLANZENKUNDE

Es werden Heilpflanzen verwendet, die den Hormonhaushalt ausgleichen, wie der Mönchspfeffer, und die Gebärmutter stärkende Pflanzen wie das Veratrum luteum. Gelbwurz kontrolliert die Abstoßung der Gebärmutterschleimhaut, Lindenblüten wirken gegen Anämie. SEITEN 134–139

Achtung: Nehmen Sie kein Veratrum, Gelbwurz oder Schafgarbe, falls Sie schwanger sind. Bei Bluthochdruck kein Gelbwurz!

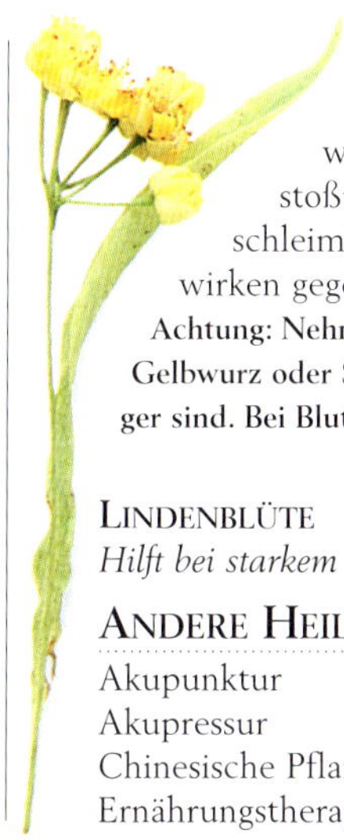

LINDENBLÜTE
Hilft bei starkem Blutverlust

ANDERE HEILMETHODEN

Akupunktur	SEITEN 90–94
Akupressur	SEITE 95
Chinesische Pflanzenkunde	SEITEN 140–143
Ernährungstherapien	SEITEN 148–152

UNFRUCHTBARKEIT

UNFRUCHTBARKEIT ist sehr verbreitet und trifft mindestens eines von acht Paaren. Ein Grund dafür kann die Umweltverschmutzung sein. Beide, Mann (siehe männliche Unfruchtbarkeit S. 277) und Frau, können dafür verantwortlich sein. Manchmal sind beide Partner unfruchtbar und in 10 Prozent der Fälle gibt es keinen offensichtlichen Grund. Die weibliche Unfruchtbarkeit kann durch schlechte Gesundheit, Hormonstörungen, Streß oder blockierte Eileiter verursacht sein. Wenn es keine spezifische Ursache gibt, kann die Frau lernen, den Zeitpunkt des Eisprungs und damit den fruchtbarsten Moment zu erkennen und entsprechend Geschlechtsverkehr zu praktizieren.

URSACHEN

Der Grund für die Unfruchtbarkeit kann eine Hormonstörung sein, die unregelmäßigen Eisprung und unregelmäßige oder gar keine Monatsblutung verursacht (siehe S. 265). Auch das Herannahen der Menopause oder das Absetzen der Antibabypille kann den Eisprung beeinflussen. Wird zu wenig Progesteron produziert, kann sich die Gebärmutterschleimhaut nicht ausreichend verdicken für das Einnisten eines befruchteten Eis. Die Eileiter oder Eierstöcke können vernarbt oder blockiert sein infolge eines Schwangerschaftabruchs, einer sexuell übertragenen Krankheit oder durch ein Pessar. Weitere Ursachen sind genetische Faktoren, Zysten in den Eierstöcken, Schilddrüsenunterfunktion, Endometriose, Fibrome, schlechte Ernährung und Umweltgifte. Auch psychologische Faktoren wie Streß oder unbewußte Angst spielen eine Rolle. Eventuell kann das Sperma die Gebärmutter nicht erreichen, weil der Schleim im Gebärmutterhals zu zähflüssig oder zu sauer ist oder Spermien vernichtende Antikörper enthält.

SELBSTHILFE

Wenn Sie eine regelmäßige Periode haben, praktizieren Sie Geschlechtsverkehr am 13., 14. und 15. Tag vor der nächsten Monatsblutung. Da die Spermienproduktion durch häufigen Geschlechtsverkehr abnimmt, sollten Sie an den anderen Tagen mindestens 30–36 Stunden dazwischen karent bleiben. Bei unregelmäßiger Periode können Sie jeden Morgen vor dem Aufstehen mit einem empfindlichen Thermometer Ihre Temperatur messen. Ein Ansteigen um 0,2–0,5°C zeigt den Eisprung an.

Anstatt künstlicher Gleitmittel beim Geschlechtsverkehr, die die Beweglichkeit der Spermien einschränken, sollten Sie lieber Butter benutzen, und vermeiden Sie eine Dusche danach. Die beste Position für die Empfängnis ist die „Missionarsstellung", in der Ihr Partner auf Ihnen liegt und Sie ein Kissen unter Ihren Hüften plazieren. Sein Penis sollte in Ihnen bleiben, bis er wieder schlaff ist. Das Spermium braucht ungefähr 20–30 Minuten, bis es die Gebärmutter erreicht, bleiben Sie also die nächste halbe Stunde mit angezogenen Knien auf dem Rücken liegen.

KONVENTIONELLE THERAPIE

Es wird versucht, die Ursache der Unfruchtbarkeit durch einen Bluttest zur Kontrolle der Hormone, eine Ultraschalluntersuchung der Eierstöcke, ein Röntgenbild der Gebärmutter und eine Untersuchung der Spermien herauszufinden. Gebärmutter, Eierstöcke und Eileiter können auch mit einer Bauchspiegelung untersucht werden. Medikamente können den Eisprung anregen. Eine Operation des blockierten Eileiters oder künstliche Befruchtung, In-vitro-Fertilisation und Retortenbaby sind der letzte Ausweg.

KÖRPER- & BEWEGUNGSTHERAPIEN

Angst vor Unfruchtbarkeit verursacht Spannungen, die sich wiederum negativ auf die Fruchtbarkeit auswirken. Mit massierenden Therapien kann dieser Teufelskreis durchbrochen werden.

AROMATHERAPIE

Entspannende Öle wie Lavendel, Geranie und Rosmarin werden empfohlen, um Streß und Anspannungen zu lösen. Rosen- und Zitronenbalsam sollen eine besondere Wirkung auf die weiblichen Geschlechtsorgane haben und helfen bei Streß. Zimt, Pfefferminze und Ingweröl sind belebende Mitttel, sie wärmen den Körper und steigern den Kreislauf.

SEITEN 62–65

AKUPUNKTUR

Der Therapeut wird eine individuelle Diagnose stellen und bestimmte Akupunkturpunkte stimulieren, die den Hormonhaushalt ausgleichen und den Energiefluß steigern.

SEITEN 90–94

TAI CHI CHUAN

Sie werden Bewegungsabläufe lernen, die Streß mildern. Die sanften Übungen sollen den Qi-Fluß anregen und natürliche Harmonie bringen.

SEITEN 100–101

TAI-CHI-TECHNIK
Der Lehrer zeigt eine Reihe von Bewegungsabläufen, die die Angst vor der Unfruchtbarkeit lindern

ANDERE METHODEN

Massage SEITEN 56–61
Qi Gong SEITE 99
Yoga SEITEN 108–111

MEDIZINISCHE THERAPIEN

Unfruchtbarkeit kann neben physischen Ursachen auch Gründe haben wie Streß, Umweltverschmutzung und Ernährungsmangel. Die medizinischen Therapien versuchen mit Nahrungsergänzungen und pflanzlichen Heilmitteln die Gesundheit zu verbessern und den Selbstheilungsprozeß anzuregen.

MÖNCHSPFEFFER
Eine der vielen fruchtbarkeitsstärkenden Pflanzen. Sie soll den Eisprung stimulieren

NATURHEILKUNDE

Eine gesunde Ernährung, regelmäßige Körperübungen und eine positive Grundeinstellung sind sehr wichtig für die Fruchtbarkeit. Es wird empfohlen, Koffein zu vermeiden, das einen Einfluß auf den Eisprung haben soll, das Normalgewicht zu halten und nur organisches Obst und Gemüse zu essen. Alkohol ist verantwortlich für die vermehrte Produktion des Hormons Prolaktin, das den Menstruationszyklus stört. Auch Rauchen ist schädlich, da es die Blutzufuhr zum Gebärmutterhals einschränkt und die Arbeit der Zilien stört, die das Ei in den Eileitern zur Gebärmutter hin transportieren. Abwechselnd kaltes und heißes Wasser in der Genitalgegend steigert die örtliche Blutzirkulation. Sie sollten vor dem Geschlechtsverkehr nicht heiß baden, da Spermien nur in niedrigen Temperaturen überleben. SEITEN 118–121

HOMÖOPATHIE

Empfohlen werden kann Sabina C6 gegen Fehlgeburten bis zur 12. Woche oder Sepia C6 bei unregelmäßigen Perioden, Frösteln, weinerlichen und gereizten Stimmungen und Abneigung gegen Sex.
SEITEN 126–130

WESTLICHE PFLANZENKUNDE

Bei Unfruchtbarkeit wird oft Mönchspfeffer empfohlen, der eine Stimulation der eisprungauslösenden Hormone bewirken soll; außerdem Veratrum luteum, das die Eierstöcke selbst stimuliert. Wilder Yams wird traditionell zur Regulation weiblicher Hormone und der Gesundheit der Fortpflanzungsorgane gegeben; auch ein Lebermittel wie Rosmarin kann den Hormonhaushalt regulieren. Kamille kann entspannend wirken. SEITEN 134–139

Achtung: Kein Yams und Veratrum bei einer möglichen Schwangerschaft!

CHINESISCHE PFLANZENKUNDE

In der Traditionellen Chinesischen Medizin wird die Unfruchtbarkeit oft als Ausdruck einer „Disharmonie" in Verbindung mit „feuchter Hitze" und einem Ungleichgewicht des Yin und Yang gesehen. Blut- und hormonstärkende Mittel werden gegeben, sowie Mittel, die chinesischen Engelwurz enthalten (Dang Gui). SEITEN 140–143

Achtung: Bei einer möglichen Schwangerschaft sollten Sie keinen Engelwurz einnehmen.

AYURVEDA

Im Ayurveda wird die Wurzel des Asparagus racemosus als wichtigstes Stärkungsmittel für Frauen angesehen. Spargel, Bockshornklee, Knoblauch, Zwiebel und Lakritze sollen die Fortpflanzungsorgane beleben. SEITEN 144–147

Achtung: Bei einer möglichen Schwangerschaft sollten Sie keine Lakritze und kein Bockshornklee einnehmen.

ERNÄHRUNGSTHERAPIEN

Es können basische Lebensmittel wie Bohnensprossen, Erbsen und Milch empfohlen werden zur Milderung der Säure im Gebärmutterhalsschleim, die die Spermien vernichtet. Saure Lebensmittel wie rotes Fleisch und Tee sollten gemieden werden. Zum Schutz des Fettgewebes (das wichtig für die Fruchtbarkeit sein soll) werden Pflanzenöle, Nüsse und Eier empfohlen.

Nahrungsmittel mit essentiellen Fettsäuren wie Samen, Hülsenfrüchte und öliger Fisch sind angebracht, aber auch Nachtkerzenöl, Leinsamenöl, Borretschsamenöl, das Öl der Trientalis europea und der schwarzen Johannisbeere. Ergänzungen an Folsäure und Vitamin B_{12} werden vorgeschlagen, da ein Mangel zu Anämie und Unfruchtbarkeit führen kann.

Auch das Vitamin B_6, das den Progesteronspiegel bei Frauen mit unregelmäßiger oder ausbleibender Regel steigern soll, wird empfohlen. SEITEN 148–152

VITAMIN-E-DIÄT
Nahrungsmittel mit viel Vitamin E wie Leber, Sonnenblumenöl und Kürbissamen können helfen

MENTALE & EMOTIONALE THERAPIEN

Diese Therapien helfen, Streß zu verarbeiten, der sich negativ auf die Empfängnisfähigkeit auswirkt.

PSYCHOTHERAPIE & BERATUNG

Unbewußte Probleme in der Partnerschaft wie Angst vor der Geburt oder nicht verarbeiteter Zorn auf den Partner können zur Unfruchtbarkeit beitragen. Therapie und Beratung helfen, diese Gefühle aufzudecken und damit umzugehen. SEITEN 160–165

FRAGEN ZUR FRUCHTBARKEIT
Das Gespräch mit dem Berater, allein oder mit dem Partner, kann versteckte Probleme lösen

HYPNOTHERAPIE

Untersuchungen im Chelsea und Westminster Krankenhaus in London 1994 zeigten, daß die Hypnotherapie hilft, Streß zu verarbeiten und damit die Empfängnisbereitschaft erhöht.
SEITEN 166–167

AUTOGENES TRAINING

Diese Methode der Tiefenentspannung hilft, Körper und Geist auszuruhen und die Gesundheit wiederzuerlangen. Es kann dabei auch zu „emotionalen Entladungen" kommen, während derer man unterdrückte Erinnerungen und Gefühle kurz durchlebt. Sie sind Teil des Heilungsprozesses. SEITE 168

ENTSPANNUNGS- & ATEMTHERAPIE

Bei Tieren können ungünstige Bedingungen die Fortpflanzung bremsen, Streß kann auf den Menschen die gleiche Wirkung haben. Obwohl es erst wenige Untersuchungen in dieser Richtung gibt, wurde herausgefunden, daß Streßreduzierung den Prolaktinspiegel (ein Hormon, das Unfruchtbarkeit auslöst) vermindert und manchen Frauen hilft, schwanger zu werden. Entspannungs- und Atemtechniken, die die Angst nehmen und Muskelanspannungen lösen, können nützlich sein. SEITEN 170–173

ANDERE HEILMETHODEN

Meditation SEITEN 174–177
Visualisierung SEITEN 178–179

SCHWANGERSCHAFT

ENTSPANNUNG UND GESUNDHEIT sind während der Schwangerschaft wichtig. Frauen, die schwanger werden möchten, sollten vorher schon versuchen, ihre Gesundheit zu verbessern, jegliche Störung in Ernährung und Lebensweise zu beheben und nicht unnötig Medikamente einzunehmen. Obwohl Schwangerschaft und Geburt ganz natürliche Vorgänge sind, hat die moderne Medizin diese bis vor kurzem als medizinischen Zustand behandelt. Heute gibt es eine Bewegung hin zu einer weniger klinischen Sicht – ein Trend, der ganz im Sinne der Alternativmedizin liegt. Es werden aber nicht nur Beschwerden gelindert, Therapien wie Yoga, Visualisierung und Massage sind hilfreich für alle Schwangeren, da sie beruhigen und ein Gefühl der Selbstkontrolle vermitteln.

ALTERNATIVE BEHANDLUNGSWEISEN

Seit den 60er Jahren wird im Westen die „natürliche" Schwangerschaft und Geburt populär. Um eine Geburt friedlich zu erleben und erfolgreich zu stillen, konzentrieren sich die Alternativmediziner auf vorgeburtliche Ernährung, Wohlbefinden, Fitness während der Schwangerschaft und natürliche Methoden, die der Frau helfen, mit den physischen und emotionalen Belastungen während der Geburt umzugehen.

KONVENTIONELLE BEHANDLUNGSWEISEN

Während der gesamten Schwangerschaft werden Mutter und Kind beobachtet. Regelmäßige Untersuchungen kontrollieren die normale Entwicklung des Kindes und überprüfen jedes Problem, das die Mutter haben könnte. Der Trend, während der Schwangerschaft so wenig Medikamente und Ultraschall wie möglich anzuwenden, wächst weltweit. Trotzdem werden High-tech-Gynäkologen immer einen wichtigen Platz und das Leben vieler Mütter und ihrer Babys retten.

SELBSTHILFE

Sobald Sie erfahren haben, daß Sie schwanger sind, sollten Sie auf eine ausgewogene Diät, Körperübungen und viel Ruhe achten. Mit Visualisierungstechniken können Sie Ihre positiven Gedanken gegnüber dem Baby betonen; versuchen Sie auch, Kunst, Musik und Natur zu genießen. Es hilft, Erfahrungen mit anderen Eltern auszutauschen und sich auf die Geburt in Gesprächen mit Partner, Familie und Hebamme vorzubereiten

VORSICHT!

- **Vermeiden Sie Kontakte zu Menschen mit Röteln, oder lassen Sie sich mindestens drei Monate vor der Schwangerschaft impfen**
- **Nehmen Sie während der ersten drei Monate keine Heilpflanzen in medizinischen Dosierungen ein, danach sollten Sie einen erfahrenen Pflanzenheilkundler fragen**
- **Ätherische Öle sollten nicht innerlich, ätherisches Kamille- oder Thymianöl auch äußerlich nicht angewendet werden**
- **Suchen Sie einen Arzt auf bei folgenden Symptomen: längere Übelkeit oder Probleme bei der Nahrungsaufnahme; häufiges Urinieren über mehr als zwei Tage, vor allem, wenn es schmerzt; längere Erkältungskrankheiten; Wasseransammlung, die länger als drei Tage dauert**

MORGENDLICHE ÜBELKEIT

DIE HÄLFTE ALLER SCHWANGEREN leidet während der ersten drei bis vier Monate unter Übelkeit und Erbrechen, nicht nur am Morgen. Das wird auf niedrigen Blutzucker, Nahrungsunverträglichkeit, schlechte Ernährung und emotionale Faktoren zurückgeführt. Es werden kleine, häufige Mahlzeiten empfohlen. In schlimmen Fällen wird intravenös Flüssigkeit zugeführt.

SELBSTHILFE
Ein trockener Keks am Morgen kann die Übelkeit reduzieren

ALTERNATIVE THERAPIEN

Die Übelkeit wird durch Umstellung der Ernährung, Pflanzenheilmittel und Stimulierung der Akupunkturpunkte gelindert.

AKUPRESSUR

Der Therapeut wird Ihnen zeigen, wie man einen Punkt direkt unterm Handgelenk, auf dem Pericardium-Meridian, stimuliert. Medizinische Versuche haben eine Wirkung bei Übelkeit in der Frühschwangerschaft nachgewiesen. Auch ein Armband mit einem Knopf auf dem Akupunkturpunkt kann helfen. SEITE 95

WESTLICHE PFLANZENKUNDE

Ein klinischer Versuch hat ergeben, daß Ingwer bei Übelkeit und Erbrechen hilft. Auch kleine Schlucke Kräutertee über den Tag verteilt, z. B. Kamille oder Zitronenbalsam, beruhigen den Magen. SEITEN 134–139

Achtung: Nehmen Sie keinen Ingwer bei peptischen Geschwüren!

CHINESISCHE PFLANZENKUNDE

Die Übelkeit wird in Verbindung gebracht mit „exzessiver Kälte" und Schwäche des Magens. „Heiße" Lebensmittel wie Chilli werden empfohlen, „kalte" wie Bananen sollten gemieden werden. SEITEN 140–143

ANDERE HEILMETHODEN

Akupunktur SEITEN 90–94
Naturheilkunde SEITEN 118–121
Homöopathie SEITEN 126–130
Ernährungstherapien SEITEN 148–152
Psychotherapie & Beratung SEITEN 160–165
Hypnotherapie SEITEN 166–167

GEBURT

LEICHTE KONTRAKTIONEN der Gebärmutter können schon Tage vor der Geburt einsetzen. In dieser Zeit kann sich der Schleimpfropf lösen, der den Gebärmutterhals verschließt. Die Fruchtblase kann platzen und das Fruchtwasser abgehen. Wenn die Kontraktionen stärker und häufiger werden, öffnet sich der Muttermund, und das Baby gleitet in die Vagina. Dies kann sehr schmerzhaft sein. **Konventionelle Therapie** Geburtshelfer in der Klinik bieten Schmerzstillung durch Lachgas, Narkose und Epiduralanästhesie (PDA). Einige Ärzte wenden TENS an, um die Schmerzübertragung zu blockieren. Bei zu langer Geburt oder wenn Komplikationen auftauchen, kann das Baby operativ durch einen Kaiserschnitt geholt werden.

ALTERNATIVE THERAPIEN

Massage, Atemtechniken und Akupunktur helfen, Anspannung und Schmerzen zu lösen und können die Anwendung konventioneller Medikamente reduzieren.

MASSAGE

Drucktechniken auf Rücken und Gesäß können den Wehenschmerz lindern, vor allem wenn die Gebärende Anleitungen gibt. **SEITEN 56–61**

SCHMERZLINDERUNG
Druck auf den Rücken lindert Wehenschmerzen

OSTEOPATHIE

Osteopathie während der Schwangerschaft kann einigen Berichten zufolge die Schmerzen während der Geburt lindern. **SEITEN 76–81**

AKUPUNKTUR

Akupunktur lindert den Schmerz. Bei Überschreiten des Geburtstermins können eventuell die Wehen gesteigert werden. **SEITEN 90–94**

WESTLICHE PFLANZENKUNDE

In den letzten Schwangerschaftswochen wird Himbeerblättertee empfohlen, der die Gebärmuttermuskeln stärken soll.
SEITEN 134–139
Achtung: Vermeiden Sie Himbeerblättertee während der ersten drei Schwangerschaftsmonate!

ENTPANNUNGS- & ATEMTHERAPIE

Mehrere Techniken können die Spannungen während der Geburt lösen. **SEITEN 170–173**

STILLPROBLEME

ZU DEN STILLBESCHWERDEN gehört ungenügende Milchproduktion, Milchstau, wunde oder eingerissene Brustwarzen und Mastitis (blockierte Milchkanäle, die zu Infektionen führen). Erschöpfung, Angst, Anspannung und ungenügende Flüssigkeitszufuhr können eine Rolle spielen. Konventionell wird die Mastitis mit Antibiotika und Schmerzmitteln behandelt. Arzt oder Hebamme kontrollieren das richtige Stillen.

ALTERNATIVE THERAPIEN

Pflanzenheilmittel gehen das spezifische Problem an, und mentale Therapien helfen, die Stillschwierigkeiten zu überwinden.

WESTLICHE PFLANZENKUNDE

Geißraute wird zur Verbesserung der Milchproduktion empfohlen; Ringelblumensalbe und Weizenkeimöl sorgen vor und behandeln wunde Brustwarzen.
SEITEN 134–139

VISUALISIERUNG

Der Therapeut wird Sie bitten, sich ein positives Bild vorzustellen (z. B. wie Ihr Baby zufrieden trinkt). Eine Untersuchung von jungen Müttern ergab, daß sie 63 Prozent mehr Muttermilch produzierten, nachdem sie einer 20minütigen Imaginationskassette zugehört hatten. **SEITEN 178–179**

ANDERE HEILMETHODEN

Naturheilkunde **SEITEN 118–121**
Homöopathie **SEITEN 126–130**

POSTNATALE DEPRESSION (WOCHENBETTDEPRESSION)

STIMMUNGSSCHWANKUNGEN, Weinerlichkeit, Ängste, Unmut, Schuldgefühle und Zorn sind weitverbreitet nach der Geburt, verschwinden aber meist nach einigen Wochen. Die postnatale Depression wird ausgelöst durch Hormonveränderungen und Müdigkeit, emotionale oder finanzielle Belastungen verstärken sie. Bei längerer Dauer wird der Arzt Antidepressiva und Hormontabletten verschreiben und eine Beratung empfehlen. In schlimmeren Fällen werden Mutter und Kind in eine Klinik überwiesen.

Achtung: Konsultieren Sie einen Arzt, wenn Sie negative Gefühle Ihrem Kind gegenüber feststellen.

ALTERNATIVE THERAPIEN

Depression und Erschöpfung werden durch Öle und Nahrungsergänzungen gelindert.

AROMATHERAPIE

Der Therapeut wird Sie mit ätherischen Ölen der Salvia sclarea und Jasmin, die eine antidepressive Wirkung haben sollen, massieren. **SEITEN 62–65**

JASMIN
Das ätherische Öl des Jasmin soll Entspannung fördern und postnatale Depressionen heilen

CRANIALE OSTEOPATHIE

Craniale Osteopathie soll die geistigen und körperlichen Anspannungen lindern, die bei der Geburt entstanden sind. **SEITE 81**

NATURHEILKUNDE

Nahrungsmittel mit viel Magnesium, Zink, Vitamin B_2 und B_6 helfen den Hormonhaushalt zu stabilisieren. Unraffinierte Kohlenhydrate wie Vollkornbrot können den Blutzuckerspiegel erhöhen. **SEITEN 118–121**

WESTLICHE PFLANZENKUNDE

Johanniskraut, das eine antidepressive Wirkung hat, kann empfohlen werden. **SEITEN 134–139**

ANDERE HEILMETHODEN

Psychotherapie & Beratung **SEITEN 160–165**

DIE MENOPAUSE

DIE ZEIT, IN DER DIE MONATLICHEN BLUTUNGEN aufhören und damit die Möglichkeit, Kinder zu gebären, wird Menopause oder auch „Wechseljahre" genannt. Die Menopause findet normalerweise zwischen 45 und 55 statt, kann aber auch schon mit 35 eintreten. Die hormonellen Veränderungen, die zu diesem Ereignis führen, dauern einige Jahre an und können viele Symptome mit sich bringen: Kreislaufprobleme, mentale und emotionale Schwierigkeiten, Hautveränderungen, Schmerzen und Unwohlsein. Psychologische Symptome wie Depressionen hängen mehr mit familiären Umstellungen als mit dem physischen Prozeß zusammen. Wer sich positiv auf den Alterungsprozeß einstellt, hat weniger Beschwerden.

URSACHEN & SYMPTOME

Die Verringerung des Östrogenspiegels einer Frau in den Vierzigern läßt weniger Eier reifen. Das verringert die Progesteronproduktion, die Gebärmutterschleimhaut wird dünner, die Perioden werden schwächer und hören schließlich ganz auf. Eine Hysterektomie, bei der die Eierstöcke entfernt werden, bringt die Periode sofort zum Stillstand. Der schwankende Östrogenspiegel schwächt den Kreislauf und kann zu Knoten in der Brust führen (Fibrozystische Brustkrankheit, siehe S. 272). Ein niedriger Östrogenspiegel schwächt die Knochenkalzifizierung, was zu Osteoporose (siehe S. 257) und erhöhtem Knochenbruchrisiko führen kann. Mentale und emotionale Beschwerden der Wechseljahre sind Konzentrationsprobleme und Vergeßlichkeit, Depressionen und Mangel an Selbstachtung und sexueller Lust. Die Hormonveränderungen führen zu Trockenheit in der Vagina, Hautproblemen, Hitzewallungen, Schwitzen und Jucken.

SELBSTHILFE

Eine Ernährung mit viel Kalzium und Vitamin D (zur Kalziumabsorption) wirkt gegen Osteoporose. Regelmäßige Gymnastik fördert Entspannung und baut Streß ab; Sportarten wie Wandern, Tanzen oder Tennis stärken die Knochen. Eine gesunde, fettarme Vollwerternährung, die reich an Ballaststoffen, Gemüse und Obst ist, stärkt die Gesundheit. Nahrungsmittel mit natürlichem Östrogen (Phytoöstrogen) schützen vor Osteoporose, Herzkrankheiten und Brustkrebs. Soja enthält viel Phytoöstrogen. Künstliche Gleitmittel wie Gels oder Kokosnußbutter mindern die Trockenheit in der Vagina während des Geschlechtsverkehrs.

KONVENTIONELLE BEHANDLUNGSWEISEN

Spezifische Probleme wie Depressionen, Schlaflosigkeit und Blasenentzündungen können behandelt werden und verschwinden nach den Wechseljahren – mit Ausnahme der Osteoporose. Einige Symptome können gelindert werden durch eine Hormontherapie in Form von Pillen, Hautimplantaten, Hautpflastern, die den Wirkstoff langsam abgeben oder durch Vaginalcremes. Die Hormontherapie ersetzt Östrogen und Progesteron und mindert so die Hitzewallungen, die Trockenheit in der Vagina und die Brüchigkeit der Knochen. Es gibt immer mehr Nachweise, daß dadurch auch das Risiko von Herzbeschwerden, Schlaganfällen und der Alzheimer-Krankheit verringert wird.

VORSICHT!

• Konsultieren Sie einen Arzt, wenn Sie nach Stillstand der Periode wieder zu bluten anfangen, wenn die Perioden sehr lang oder sehr stark sind, wenn Sie Bauchschmerzen, Blähungen oder eine ständige wechselnde Verdauung haben

KÖRPER- & BEWEGUNGSTHERAPIEN

Massagen bringen Entspannung, Akupunktur balanciert die Hormone aus.

MASSAGE

Eine regelmäßige Massage mit sanften Streichbewegungen kann Symptome lindern, Verspannungen lösen und die Selbstachtung stärken.
SEITEN 56–61

AROMATHERAPIE

Vielen Frauen helfen ätherische Öle, die begleitenden Symptome der Menopause zu lindern. Empfohlen werden Kamille, Sandelholz oder Rosenöl, aufgelöst in einem Trägeröl. Sie gleichen Stimmungen aus und mindern die Hitzewallungen. **SEITEN 62–65**

Achtung: Wenn sie schwanger sind, sollten Sie Kamille vermeiden.

ROSE
Das Rosenöl wird wegen seiner antidepressiven Wirkung in der Massage gern benutzt

REFLEXOLOGIE (FRZ)

Die Stimulierung der Beckenpunkte an den Füßen lindert die Symptome und löst Anspannungen. **SEITEN 66–69**

AKUPUNKTUR

Akupunktur gleicht das Hormonsystem aus und lindert Schmerzen.
SEITEN 90–94

YOGA

Die Ausgeglichenheit von Körper und Geist durch die Asanas (Stellungen) mindert Ängste und fördert das emotionale Gleichgewicht. Sanfte Dehnübungen erhöhen die Flexibilität.
SEITEN 108–111

MEDIZINISCHE THERAPIEN

Viele Therapeuten glauben, daß die Menopause ein Prozeß ist, der ohne Schwierigkeiten ablaufen sollte. Naturheilkundler legen Wert auf gesunde Kost und Lebensweise, Pflanzenheilkundler geben Heilmittel, die dem Körper helfen, sich auf die hormonellen Veränderungen einzustellen.

NATURHEILKUNDE

Viele Naturheilkundler führen die Symptome der Menopause zurück auf eine schlechte Ausscheidung der Abfallstoffe, Mangel an Körperübungen und Nährstoffen und auf die Unfähigkeit, mit Streß umzugehen. Die Menopause sollte ein langsamer Übergang sein, währenddessen die Nebennieren ihren Ausstoß an Östrogen erhöhen, um die verminderte Produktion in den Eierstöcken auszugleichen. Verstärkte Symptome zeigen, daß die Nebennieren wegen schlechter Ernährung, niedrigem Blutzuckerspiegel und Streß nicht richtig funktionieren. Man wird Sie bitten, Salz, Zucker, Koffein, Alkohol und Streß zu meiden und so eine „Überstimulierung von Adrenalin" auszuschließen.

Auch Nahrungsmittel, die reich an Kalzium, Vitamin D, Magnesium und Phosphor sind, wie Milchprodukte, grünes Blattgemüse und öliger Fisch, werden empfohlen, um einen Abbau der Knochenmasse zu vermeiden. Empfohlen werden auch Pflanzen, die natürliche Östrogene (Phytoöstrogene) enthalten und vor Osteoporose, Herzbeschwerden und Brustkrebs schützen. Dazu gehören Karotten, Mais, Äpfel und Hafer und vor allem Soja und Sojaprodukte.

Nahrungsergänzungen wie Leinsamen, Sonnenblumenkerne und -öl, Kürbiskerne und Nachtkerzenöl sind ratsam. Sie enthalten essentielle Fettsäuren und gleichen den Hormonhaushalt aus, senken den Blutdruck und reduzieren Wasser- und Natriumansammlung. SEITEN 118–121

HOMÖOPATHIE

Beschwerden in der Menopause spiegeln lang bestehende Disharmonien im Körper. Es können folgende Standardmittel empfohlen werden: Sepia C6 bei schlechtem Gedächtnis, Stimmungsschwankungen, Gereiztheit, vaginaler Trockenheit und nächtlichem Schwitzen; Sulfur C6 bei Hitzewallungen, die sich in warmen Räumen verstärken, schlechtem Gedächtnis und Depressionen; Natrium mur. C6 bei Depressionen, Weinerlichkeit, vaginaler Trockenheit, Müdigkeit und Schwäche; Calcarea C6 bei Gereiztheit, Panikattacken, Stimmungsschwankungen, Ängsten, Hitzewallungen und Gewichtszunahme; Graphit C6 bei Übernervosität, Konzentrationsschwäche, Gereiztheit, Weinerlichkeit, Furchtsamkeit und Schwächeanfällen in warmen Räumen. SEITEN 126–130

SOJABOHNEN & TOFU
Nahrungsmittel aus der Sojapflanze wie Sojabohnen und Tofu (Bohnengallert) sind reich an natürlichem Östrogen

STEINSALZ
Aus dem Steinsalz wird das Heilmittel Natrium mur. hergestellt, das bei Verzagtheit während der Menopause hilft

WESTLICHE PFLANZENKUNDE

Die Therapeuten versuchen, die Hormonveränderungen so sanft wie möglich zu gestalten. Veratrum luteum stärkt die Eierstöcke, Wanzenkraut , blauer Hahnenfuß, Mönchspfeffer, Hopfen und wilder Yams wirken ähnlich wie Östrogen und können bei Hitzewallungen, nächtlichem Schwitzen und Gebärmutterblutungen gegeben werden. Auch Salbei und Herzgespann wirken wie Östrogene und können als Tee bei vaginaler Trockenheit verschrieben werden, Ringelblumensalbe wird direkt in die Vagina gerieben.

Wenn der Therapeut glaubt, Ihre Symptome werden durch Streß verursacht, der die Produktion von Östrogen in den Nebennieren einschränkt, wird er beruhigende Kräuter wie Scutellaria und Vervaine verschreiben. Bei Depressionen hilft das Johanniskraut am besten. Zur Entspannung können auch einige Tropfen Lavendel-, Rosen- oder Ylang-Ylang-Öl dem Badewasser zugefügt werden. Zitronenbalsam und wilder Hafer helfen das Nervensystem auszugleichen und mildern Ängstlichkeit und Stimmungsschwankungen. SEITEN 134–139

Achtung: Falls Sie schwanger sind, sollten Sie auf Veratrum luteum, wilden Yams, Wanzenkraut, blauen Hahnenfuß, Herzgespann, Vervaine und medizinische Dosierungen von Salbei verzichten.

CHINESISCHE PFLANZENKUNDE

Die Symptome der Menopause werden mit einer „Schwäche der Nieren", „ungenügendem Blut" und einem „Ungleichgewicht der Leber und Nieren" assoziiert. Der Therapeut wird Heilmittel verschreiben, die Engelwurz (dang gui), Ginseng, chinesische Fingerhutwurzel, Pfingstrose und die Wurzel von Buplerum rotundifolia enthalten. SEITEN 140–143

Achtung: Bei einer möglichen Schwangerschaft sollten Sie keines der genannten Heilmittel nehmen; Ginseng nicht bei Bluthochdruck.

ERNÄHRUNGSTHERAPIEN

Die Ernährungstherapeuten gehen davon aus, daß Frauen im Alterungsprozeß eine größere Menge an bestimmten Vitaminen und Mineralien brauchen, vor allem die Vitamine B_6, B_{12}, D und E und Folsäure, Magnesium, Chrom und Zink. Vitamin B_6 ist besonders wichtig, da es harntreibend wirkt und dem Körper hilft, Gift auszuscheiden, außerdem unterstützt es die Produktion von Prostaglandinen, die den Hormonhaushalt ausgleichen.

Studien haben gezeigt, daß Symptome der Menopause wie vaginale Trockenheit, Hitzewallungen, Schweißausbrüche, Schwindel und Müdigkeit durch Zugaben von Vitamin E gelindert werden.

Die Salzsäure im Magen fördert die Verdauung und die Aufnahme von Mineralien, nimmt aber im Alter ab und scheint bei einigen Frauen nach den Wechseljahren ganz verschwunden zu sein. Hier wird Papaya, die reich ist an Salzsäure, empfohlen oder andere Ergänzungen. Nachtkerzenöl, das viel essentielle Fettsäuren enthält, wird oft bei Beschwerden in der Menopause verschrieben, obwohl Studien diesbezüglich nicht überzeugend waren. SEITEN 148–153

MENTALE & EMOTIONALE THERAPIEN

Mentale und emotionale Therapien bauen den Streß ab, der die Symptome der Menopause verstärkt, und bereiten die Frauen auf einen neuen Lebensabschnitt vor.

PSYCHOTHERAPIE & BERATUNG

Manche Frauen sehen die Menopause sehr negativ: Sie erinnert sie an das zunehmende Alter, den Verlust der Fruchtbarkeit und läßt sie den Übergang vom Mutterdasein zum „Großmutterdasein" spüren. Die Hormonveränderungen treffen oft zusammen mit dem „Leeren Nest"-Syndrom, den Verlust, den eine Mutter empfindet, wenn die Kinder das Haus verlassen. Eine Beratung kann helfen, ein positiveres Selbstbild herauszubilden. SEITEN 160–165

ENTSPANNUNGS- & ATEMTHERAPIE

Streß, der entweder aus Überarbeitung oder emotionalen Problemen resultiert, kann die Beschwerden der Menopause verschlimmern. Streßverarbeitende Techniken können hier hilfreich sein. SEITEN 170–173

ANDERE HEILMETHODEN

Meditation SEITEN 174–177
Visualisierung SEITEN 178–179

BRUSTSCHMERZEN

GESCHWOLLENE, WEICHE BRÜSTE (Mastalgie) können vor der Monatsblutung, während der Schwangerschaft, bei Einnahme der Antibabypille oder bei einer Hormonbehandlung vorkommen.

Ursachen Flüssigkeit wird in den fetthaltigen Teilen der Brust gestaut und verursacht Schwellung und Schmerzen. Verstärkt wird dies durch vermehrte Ausschüttung des Hormons Östrogen und des Hormons Aldosteron, das verantwortlich ist für Wasser- und Natriumeinlagerungen. Auch Mastitis, eine bakterielle Infektion, kann schmerzende Brüste verursachen.

Konventionelle Therapie Wird der Brustschmerz durch Schwellungen vor der Menstruation verursacht, werden harntreibende Mittel verschrieben. Hormonhemmer wie Danazol und Bromocriptin gleichen den Östrogenspiegel aus. Antibiotika weden bei Infektionen gegeben.

Achtung: Wenn Sie einen Knoten in der Brust finden, sollten Sie einen Arzt konsultieren.

ALTERNATIVE THERAPIEN

Die Therapien stimulieren das Lymphsystem und gleichen den Hormonhaushalt aus, um die Flüssigkeitsansammlung und damit die Schmerzen zu beheben.

AROMATHERAPIE

Eine Massage mit Geranienöl einige Tage vor der Menstruation erhöht den Blut- und Lymphkreislauf und verringert Flüsigkeitsansammlung und Schmerz. SEITEN 62–65

NATURHEILKUNDE

Es wird versucht, überschüssiges Östrogen und Aldosteron durch eine Nahrungsumstellung zu reduzieren. Eine fettarme Kost mit viel frischem Obst und Gemüse wird empfohlen. Kaffee, Alkohol und Salz wird reduziert, da diese die Flüssigkeitsansammlung verstärken. Empfohlen wird auch, die Brüste einmal am Tag mit kaltem Wasser zu waschen. SEITEN 118–121

WESTLICHE PFLANZENKUNDE

Empfohlen wird der Verzehr von Kohl, der die Flüssigkeitsansammlung reduziert. Die Brustschmerzen können auch gelindert werden, indem Sie ein frisches, sauberes und weiches Kohlblatt im BH auf Ihre Brust legen. SEITEN 134–139

ERNÄHRUNGSTHERAPIEN

Oft wird zur Zugabe von Vitamin E geraten, obwohl es keinen wissenschaftlichen Nachweis dafür gibt. Eine Studie belegte, daß Nachtkerzenöl bei weniger Nebenwirkungen die Brustschmerzen genauso lindern kann wie das Medikament Bromocriptin. SEITEN 148–152

GESUNDE ERNÄHRUNG
Eine fett- und salzarme Kost mit viel frischem Obst und Gemüse soll den Hormonhaushalt ausgleichen

FIBROZYSTISCHE BRUSTKRANKHEIT

KNOTEN IN DER BRUST, bekannt als fibrozystische Brustkrankheit, tauchen zuerst auf als prämenstruelles Syndrom (S. 264), können aber auch ein Dauerzustand werden. Es bilden sich Zysten oder Fasergewebe in einer oder beiden Brüsten, begleitet wird dies von Unbehagen bis zu schweren Schmerzen. Diese Beschwerde ist weit verbreitet und betrifft etwa 40 Prozent der Frauen vor der Menopause.

Ursachen Die fibrozystische Brustkrankheit entsteht durch Überreizung des Brustgewebes durch die Hormone Östrogen und Prolaktin.

Konventionelle Therapie Brustknoten werden immer untersucht, um Brustkrebs auszuschließen. Für die fibrozystische Brustkrankheit gibt es keine spezielle Behandlung; die Zysten können ausgetrocknet werden, harntreibende Mittel können die Symptome lindern.

Selbsthilfe Eine Eigenuntersuchung nach der Menstruation kann Veränderungen frühzeitig feststellen.

Achtung: Wenn Sie einen Knoten in der Brust finden, sollten Sie einen Arzt konsultieren.

ALTERNATIVE THERAPIEN

Der Hormonhaushalt soll ausgeglichen werden; außerdem können Nahrungsergänzungen oder eine Auslaßdiät geraten sein, um eventuelle Nahrungsunverträglichkeiten herauszufinden.

NATURHEILKUNDE

Überschüssiges Östrogen und andere Hormone sollen ausgeglichen werden. Meist wird eine fettarme, ballaststoffreiche Kost vorgeschlagen, um den Östrogenüberschuß abzubauen. Es könnte geraten werden, wenig Kaffee, Tee, Cola und Schokolade zu sich zu nehmen, da diese Methylxanthine enthalten, die die Produktion von Zystenflüssigkeit stimulieren. Der Therapeut könnte Ihnen raten, organisches Fleisch zu essen, um Hormonrückstände zu vermeiden. Auch Nachtkerzenöl und Fischöl können empfohlen werden, da sie den Hormonhaushalt ausgleichen. Einige Therapeuten glauben, daß die fibrozystische Brustkrankheit durch eine Nahrungsunverträglichkeit verursacht wird, die mit einer Auslaßdiät behandelt werden kann. SEITEN 118–121

NACHTKERZE
Nachtkerzenöl enthält essentielle Fettsäuren, die den Hormonhaushalt im Gleichgewicht halten

WESTLICHE PFLANZENKUNDE

Der Hormonhaushalt wird ausgeglichen durch Pflanzen wie Mönchspfeffer und Veratrum luteum. Heilkräuter wie Klette, Löwenzahn und Rumex obtusifolia stärken die Leber und fördern die Ausscheidung von überschüssigem Östrogen und Giften. Ringelblume kann die Lymphdrainage unterstützen. SEITEN 134–139

Achtung: Während der Schwangerschaft sollten Sie kein Rumex oder Veratrum einnehmen.

ERNÄHRUNGSTHERAPIEN

Empfohlen werden Ergänzungen, die Vitamin E enthalten, das den Brustschmerz reduzieren soll; Nachtkerzenöl, Vitamin B_6 für den Stoffwechsel der essentiellen Fettsäuren und zur Reduzierung prämenstrueller Symptome; außerdem Vitamin A (als Beta-Karotin) und Magnesium. Auch Zink wird empfohlen, vor allem bei Frauen mit PMS oder einem hohen Prolaktinspiegel, der die Zinkaufnahme durch den Körper verhindert. SEITEN 148–152

VAGINALER SOOR

VAGINALER SOOR ist eine Infektion mit einem weißen, dickflüssigen Ausfluß, der stark nach Essig oder Hefe riecht. Meist wird er begleitet von Jucken und wunden Stellen auf der weiblichen Scham.

Ursache Vaginaler Soor wird durch die weitverbreiteten, hefeartigen Mikroorganismen Candida albicans verursacht, die in der Vagina, dem Mund und Darm leben (siehe auch Candidiasis S. 235). Normalerweie werden sie von „gutartigen" Bakterien in der Vagina in Schach gehalten, aber geschwächte Immunität, Nährstoffmangel, Antibabypille und Medikamente wie Antibiotika lösen ein vermehrtes Wachstum aus. Auch die ständige Anwendung von Spermiziden und übertriebene Hygiene können das Wachstum fördern. Vaginaler Soor tritt häufig in der Schwangerschaft auf und kann ein Zeichen für Zucker im Urin sein.

Konventionelle Therapie Behandelt wird mit antifungalen Tabletten, Scheidenpessaren oder Cremes. Auch der Partner kann infiziert sein und muß zur gleichen Zeit behandelt werden.

ALTERNATIVE THERAPIEN

Die Therapeuten sehen im häufigen Auftreten des vaginalen Soors ein Zeichen für verminderte Immunität. Empfohlen werden Ernährungsumstellungen und Heilmittel.

AROMATHERAPIE

Vorgeschlagen wird eine Massage des unteren Rückens und Bauchs mit antiseptischen und antimykotischen Ölen von Lavendel, Sandelholz und Teebaum; die Öle können auch ins Bad gegeben werden. SEITEN 62–65

TEEBAUMÖL
Die antiseptische und antimykotische Wirkung des Teebaumöls ist gut bekannt

NATURHEILKUNDE

Candida albicans in der Vagina soll auch auf ein vermehrtes Wachstum in den Därmen hinweisen. Die Ernährung wird wie bei Candidiasis (S. 235) umgestellt. Duschen mit Apfelessig und mit Lactobacillus-Joghurt bestrichene Pessare oder Tampons können die „gutartigen" Bakterien in der Vagina stärken. SEITEN 118–121

WESTLICHE PFLANZENKUNDE

Pflanzen mit antimykotischer Wirkung wie Ringelblume oder Thymian können als Dusche, Aufguß oder Sud empfohlen werden. Wenn eine Störung des Hormonhaushalts vermutet wird, kann auch Veratrum luteum eingenommen werden. SEITEN 134–139

Achtung: Bei einer Schwangerschaft sollten Sie auf Veratrum verzichten.

CHINESISCHE PFLANZENKUNDE

In der Chinesischen Medizin wird vaginaler Soor mit „überschüssiger Feuchtigkeit" oder „feuchter Hitze" assoziiert. Wermut oder Enzian wird empfohlen. SEITEN 140–143

Achtung: Nehmen Sie kein Wermut während der Schwangerschaft.

ENTSPANNUNGS- & ATEMTHERAPIE

Wenn Soor wiederholt auftritt, wird der Therapeut einige Atemübungen zur Entspannung empfehlen. Streßabbau stärkt das Immunsystem gegen schädliche Mikroorganismen. SEITEN 170–173

ANDERE HEILMETHODEN

Yoga SEITEN 108–111
Ernährungstherapien SEITEN 148–152

VAGINITIS & VULVITIS

DIE VAGINITIS ist eine Entzündung der Scheide. Sie kann gereizte Rötungen, Geruch, anomalen Ausfluß und Schmerzen während des Geschlechtsverkehrs oder des Urinierens auslösen. Eine Entzündung der Scham wird als Vulvitis bezeichnet und verursacht Jucken.

Ursachen Eine Verletzung, ein Tampon oder Chemikalien in Medikamenten oder Hygieneprodukten können die vaginale Region entzünden. Vaginitis und Vulvitis können auch Symptome sein für Trichomonas vaginalis, Candida albicans, Gardnerella vaginalis, Herpes simplex oder Gonorrhoe.

Konventionelle Therapien Der Arzt wird Abstriche machen. Vaginitis und Vulvitis werden abhängig von den Ursachen mit Salben und antibiotischen, antiviralen und antimykotischen Medikamenten behandelt.

ALTERNATIVE THERAPIEN

Die Vagina wird normalerweise durch „gutartige" Bakterien und einen schwachen Säuregehalt vor Infektionen geschützt. In den Therapien wird versucht, diese natürlichen Bedingungen wiederherzustellen.

AROMATHERAPIE

Einige Tropfen Teebaumöl, das eine antibakterielle und antimykotische Wirkung hat, können als Badezusatz hilfreich sein. SEITEN 62–65

NATURHEILKUNDE

Der Therapeut wird versuchen, die natürlichen Bedingungen der Vagina wiederherzustellen, das Immunsystem zu stärken und den Verdauungstrakt zu reinigen und zu entgiften. Empfohlen wird eine Rohkostdiät mit Knoblauch und Zwiebeln, die eine antibakterielle, antivirale und antimykotische Wirkung haben, und Preiselbeersaft, um die Infektion abzuwehren. Kaffee und Zucker sollten eingeschränkt werden, da sie den normalen Säuregehalt der Vagina zerstören und dadurch Infektionen verursachen können; auch Alkohol und Tabak sollten gemieden werden, da sie das Immunsystem schwächen. Der Therapeut könnte auch zu Waschungen mit „lebenden" Joghurtkulturen oder zu Tampons und Pessaren mit Lactobacillus raten. Apfelessig als Badezusatz kann den Säuregehalt der Vagina wiederherstellen. SEITEN 118–121

WESTLICHE PFLANZENKUNDE

Empfohlen werden Gelbwurz, Echinacea, Myrrhe oder Ringelblume zur Abwehr der Infektion; Thymian oder Klettenlabkraut entgiften die Fortpflanzungsorgane; Klette reinigt den Verdaungstrakt. Bei starkem Ausfluß wird auch Frauenmantel oder Trillium erectum verabreicht. Gelbwurz, Ringelblume, Rosmarin, Myrrhe oder Thymian können als Creme oder Waschung verwendet werden. SEITEN 134–139

Achtung: Während der Schwangerschaft sollten Sie keine Myrrhe, Gelbwurz, Frauenmantel oder Trillium erectum einnehmen. Gelbwurz sollte bei Bluthochdruck vermieden werden.

ANDERE HEILMETHODEN

Ernährungstherapien SEITEN 148–152

FIBROMYOME DER GEBÄRMUTTER

FIBROMYOME sind gutartige Wucherungen in oder auf der Gebärmutterwand. Wenn sie groß werden, kommt es zu starken Monatsblutungen, Krämpfen, Rückenschmerzen, schmerzhaftem Geschlechtsverkehr und Druck auf Blase und Därme. Fibromyome scheinen in Verbindung zu stehen mit einem erhöhten Östrogenspiegel, verstärkt durch die Antibabypille. Wenn die Symptome problematisch werden, können sie operativ entfernt werden; bei sehr großen und vielen Fibromyomen kann auch eine Hysterektomie erwogen werden.

Achtung: Konsultieren Sie einen Arzt, wenn die Monatsblutungen stärker werden.

ALTERNATIVE THERAPIEN

Alle Methoden versuchen die Blutungen zu reduzieren und den Kreislauf zu stärken.

YOGA

Bestimmte Stellungen regen den Kreislauf im Beckenbereich an und lindern die Symptome. SEITEN 108–111

NATURHEILKUNDE

Fettsucht und fettreiche Kost erhöhen den Östrogenspiegel, der das Wachstum der Fibromyome stärkt. Ein Naturheilkundler wird eine fettarme, ballaststoffreiche Kost empfehlen, um die Ausscheidung überschüssigen Östrogens anzuregen. Eisenhaltige Nahrung beugt Blutarmut vor. SEITEN 118–121

WESTLICHE PFLANZENKUNDE

Empfohlen werden Veratrum luteum zum Ausgleich der Hormone, Wanzenkraut zur Stärkung der Gebärmutter, Schneeball gegen Schmerzen und Löwenzahn zur Entgiftung. S. 134–139

Achtung: Kein Veratrum und Wanzenkraut in der Schwangerschaft!

WANZENKRAUTWURZEL
Eine traditionelle Heilpflanze aus Nordamerika

ENTZÜNDUNG DER INNEREN WEIBLICHEN GENITALE (PID)

DIE PID (Pelvic Inflammatory Disease) ist eine Infektion der Gebärmutter, der Eileiter und Eierstöcke durch sexuell übertragene Erreger wie Chlamydien oder Bakterien, die aufgrund einer Operation oder eines Intrauterinpessars eingedrungen sind. Symptome sind Bauch-, Rücken- und Beinschmerzen, unregelmäßige und starke Blutungen, Ausfluß, schmerzhafter Geschlechtsverkehr, Fieber, Übelkeit und Durchfall. Nichtbehandlung kann zur Unfruchtbarkeit führen. Verschrieben werden Antibiotika.

Achtung: Bei Verdacht auf PID zum Arzt gehen!

ALTERNATIVE THERAPIEN

Neben den notwendigen konventionellen Arzneimitteln können die Alternativmethoden die Genesung unterstützen.

AROMATHERAPIE

Eine Massage des unteren Bauches mit den ätherischen Ölen von Lavendel, Rosenholz, Rosmarin und Geranie kann helfen. SEITEN 62–65

NATURHEILKUNDE

Die Behandlung versucht den Körper zu entgiften und das Immunsystem zu stärken. Eine reinigende Fastenkur und danach gesunde Vollwerternährung sind sinnvoll. SEITEN 118–121

HYDROTHERAPIE

Abwechselnd heiße und kalte Sitzbäder sollen Beckenbodenstauungen lindern. SEITEN 122–123

Achtung: Bei Herzbeschwerden sollten keine heißen und kalten Sitzbäder durchgeführt werden.

ERNÄHRUNGSTHERAPIEN

Vitamine und Mineralien werden zur Stärkung des Immunsystems und zur Heilung des Gewebes empfohlen. Einige Studien zeigten, daß Vitamin-E-Zugaben die Widerstandskraft gegen Chlamydien stärkt. SEITEN 148–153

ANDERE HEILMETHODEN

Westliche Pflanzenheilkunde SEITEN 134–139
Chinesische Pflanzenheilkunde SEITEN 140–143

ENDOMETRIOSE

MANCHMAL WÄCHST Gewebe aus dem Endometrium (Gebärmutterschleimhaut) in oder auf anderen Organen der Bauchhöhle. Das Gewebe reagiert auf den Hormonzyklus und blutet jeden Monat. Dieser Ausfluß sammelt sich an, da er keinen Ausgang findet. Die Frau erlebt starke Menstruationen und Rückenschmerzen. Die Ursache ist unklar, diskutiert wird ein Mangel an Selen, Tampons, zu hoher Östrogenproduktion, verspätete Erstgeburt und Streß. Medikamente sollen den Hormonzyklus unterdrücken. Manchmal ist eine Operation nötig.

Achtung: Gehen Sie zum Arzt bei ungewöhnlichen Menstruationsschmerzen.

ALTERNATIVE THERAPIEN

Angebracht sind Therapien, die den Schmerz stillen und Streß abbauen.

NATURHEILKUNDE

Der Ausgleich des Hormonhaushalts wird unterstützt durch eine gesunde, ballaststoffreiche Vollwertkost und essentielle Fettsäuren aus dem Nachtkerzenöl, aus Leinsamen oder öigem Fisch. SEITEN 118–121

GELBE LEINSAMEN
Leinsamen hat essentielle Fettsäuren, die den Hormonhaushalt ausgleichen

WESTLICHE PFLANZENKUNDE

Der Therapeut wird Heilpflanzen verschreiben, die den Hormonhaushalt ausgleichen und die Leberfunktion stärken. Einige Therapeuten glauben, daß Serenora repens die Wirkung der Hormone blockiert, die eine Verdickung der Gebärmutterwand herbeiführen. SEITEN 134–137

ENTSPANNUNGS- & ATEMTHERAPIE

Streß scheint zu Hormonstörungen beizutragen. Entspannungstechniken helfen, mit dem Schmerz umzugehen. SEITEN 170–173

ANDERE HEILMETHODEN

Akupunktur SEITEN 90–94
Chinesische Pflanzenheilkunde SEITEN 140–143
Ernährungstherapien SEITEN 148–152

ZYSTITIS

DIE ZYSTITIS wird verursacht durch eine Entzündung von Blase und Harnröhre. Zu den Symptomen gehören ein brennendes oder stechendes Gefühl (Dysurie) beim Harnlassen, häufiger Blasendrang, Schmerzen im Bauch und unangenehm riechender Urin. Es kann auch Blut im Urin, Fieber oder Schüttelfrost vorkommen. Über 20 Prozent der Frauen sind einmal im Jahr davon betroffen, bei einigen führt dies zu einer Niereninfektion.
Ursache Bakterien aus Anus und Vagina infizieren Blase und Harnröhre. Frauen sind anfälliger dafür, da die Harnröhre kürzer ist und die Öffnung näher am Anus liegt. Verschiedene Faktoren verstärken die Möglichkeit einer Infektion, etwa unvollständige Blasenentleerung während der Schwangerschaft, Spermizidgels und Verhütungsmittel, die Druck oder einen Reiz auf die Blase ausüben. Auch Hormonmangel während und nach der Menopause trägt dazu bei.
Konventionelle Therapie Meist werden sehr starke Antbiotika gegeben, diese können aber zu vaginalem Soor führen. Wenn die Zystistis wiederholt auftritt, wird eine umfangreiche Untersuchung mit Röntgen und Blasenspiegelung durchgeführt.
Selbsthilfe Vermeiden Sie Schaumbäder, duftende Seifen und Intimsprays. Benutzen Sie Gleitmittel beim Geschlechtsverkehr, um Einrisse zu vermeiden, und entleeren Sie die Blase anschließend. Trinken Sie viel.

ALTERNATIVE THERAPIEN

Wiederholte Zystitis ist ein Zeichen für eine verminderte Widerstandskraft. Es wird versucht durch Nahrungsumstellung, Nahrungsergänzung und beruhigende Kräuter die Selbstheilungskräfte des Körpers zu stärken .

AKUPRESSUR

Das leichte Stimulieren der Akupunkturpunkte entlang des Magen-Meridians bringt Erleichterung. SEITE 95

NATURHEILKUNDE

Bei wiederholten Anfällen wird auf Candidiasis und Nahrungsunverträglichkeit getestet. Empfohlen wird eine gesunde Vollwertkost mit Zwiebeln und Knoblauch, die die Infektion bekämpfen soll. Tee, Kaffee, Zucker und andere raffinierte Kohlenhydrate sollten vermieden werden, ebenfalls scharfe und saure Speisen wie Tomaten, Erdbeeren und Spinat. Bei einem Anfall kann das Trinken von 250ml Wasser mit einem Teelöffel Natriumbikarbonat alle 20–30 Minuten den Säuregehalt des Urins und damit die Schmerzen beim Harnlassen reduzieren. Amerikanische Studien wiesen 1991 und 1994 nach, daß ungesüßter Preiselbeersaft die Ansiedelung von Bakterien im Harntrakt verhindert. SEITEN 118–121

PREISELBEEREN
Der regelmäßige Verzehr von Preiselbeeren reduziert die Anfälligkeit für bakterielle Infektionen im Harntrakt

HOMÖOPATHIE

Folgende Standardmittel kommen in Frage: Cantharis C6 bei unerträglichen Schmerzen vor, während und nach häufigem Harnlassen; Sarsaparilla C6 bei brennendem Schmerz nach dem Harnlassen; und Mer. cor. C6 bei schmerzhaftem Harnlassen mit Blut im Urin.
SEITEN 126–130

WESTLICHE PFLANZENKUNDE

Versucht wird, den Harntrakt zu reinigen und zu beruhigen und die Schmerzen zu stillen. Empfohlen werden große Mengen Wasser und Fruchtsaft sowie Heilpflanzen, die beruhigende und desinfizierende Eigenschaften haben, wie Bucco und seidige Maiskolbenhülle. Sie können kombiniert werden mit Löwenzahnblättern, die eine harntreibende Wirkung haben, Echinacea zur Stärkung des Immunsystems und Scutelaria baicalensis oder Lavendel zur Schmerzlinderung. SEITEN 134–139
Achtung: Nehmen Sie während der Schwangerschaft kein Bucco.

SCUTELARIA BAICALENSIS
Die Pflanze bringt bei Zystitis Erleichterung

CHINESISCHE PFLANZENKUNDE

Zystitis wird assoziiert mit „feuchter Hitze"; stärkende Heilmittel können Wegerichsamen enthalten. SEITEN 140–143

ERNÄHRUNGSTHERAPIEN

Schlechte Ernährung kann die Ursache für viele Erkrankungen sein. Der Therapeut kann große Dosen Vitamin C und andere Nahrungsergänzungen empfehlen. SEITEN 148–153

PROLAPS (UTERUSVORFALL)

DIE BÄNDER, DIE die Gebärmuttter fixieren, können sich im Alter oder durch eine Geburt dehnen; die Gebärmutter verändert ihre ursprüngliche Position und drückt auf Blase und Mastdarm. Symptomatisch ist ein Ziehen im Unterleib, Rückenschmerzen und Inkontinenz. Die Gebärmutter kann durch die Scheidenöffnung drücken und so Wundsein und Infektionen verursachen. Der Prolaps wird verschlimmert durch starken Husten, Verstopfung und Fettleibigkeit. Physiotherapie kann den Beckenboden stärken, eine Operation kann nötig sein.

ALTERNATIVE THERAPIEN

Behandlungen und Pflanzenheilmittel können die Gebärmuttermuskeln stärken.

AKUPUNKTUR

Prolaps wird assoziiert mit einem Mangel an Qi. Stimulierende Punkte auf dem Empfängnisgefäß-Meridian können das unterstützende Gewebe stärken. SEITEN 90–94

NATURHEILKUNDE

Täglich ein 30minütiges Sitzbad im kalten Wassser soll die Muskeln stärken. Der Therapeut wird auch versuchen, eine vorhandene Verstopfung zu heilen. SEITEN 118–121

WESTLICHE PFLANZENKUNDE

Frauenmantel oder Himbeerblätter können empfohlen werden. Die Bänder im Unterleib können sich nach der Menopause zurückbilden, deshalb werden Pflanzen mit östrogenartiger Wirkung verwendet wie Salbei oder wilder Yams. Kräuter wie Myrica cerifera helfen bei Entzündung. SEITEN 134–139
Achtung: Kein Frauenmantel, Yams, Myrica cerifera in der Schwangerschaft, während der ersten drei Monate auch keine Himbeerblätter!

ANDERE HEILMETHODEN

Aromatherapie	SEITEN 62–65
Akupressur	SEITE 95
Chinesische Pflanzenheilkunde	SEITEN 140–143

MÄNNER & GESUNDHEIT

ZU BEGINN DER PUBERTÄT stimuliert eine vermehrte Bildung des männlichen Sexualhormons Testosteron die Reifung der Fortpflanzungsorgane. Das System befindet sich in und außerhalb des Beckens und stellt eine komplexe Gruppe von Schwellgewebe, Drüsen und Gängen dar. Erkrankungen der männlichen Genitalien reichen von Infektionen über Störungen der Spermienproduktion bis hin zu Hodenkrebs. Aber trotz Beschwerden suchen viele Männer keinen ärztlichen Rat. Die meisten Probleme sind leicht zu behandeln. Andere können die Fruchtbarkeit und Sexualfunktion beeinträchtigen.

SCHLÜSSELSYMBOLE			
FORSCHUNG		**THERAPEUT**	
Gute wissenschaftliche Versuche mit positivem Resultat	▯▯▯	Unentbehrlich	
Einige Studien	▯▯	Empfohlen	
Nicht fundiert	▯	Nicht nötig	
		SELBSTBEHANDLUNG	
		Selbstbehandlung möglich	
		Keine Selbstbehandlung	

ALTERNATIVE BEHANDLUNGSWEISEN

Bei guter Gesundheit kann die sexuelle Aktivität ein Leben lang anhalten. Alternative Methoden betonen eine ausgewogene Ernährung und Streßbewältigung als Grundlage sexueller Gesundheit.

KONVENTIONELLE BEHANDLUNGSWEISEN

Erektion und Ejakulation sind Prozesse, die von der Gesundheit des Gefäß- und Nervensystems abhängen. Viele sexuelle und erektile Probleme haben eine therapierbare, körperliche Ursache und sollten nicht als Alterungsprozeß oder rein psychologisches Problem abgetan werden. Dies gilt besonders für Männer mit Zuckerkrankheit und Durchblutungsstörungen oder bei regelmäßiger Medikamentennahme.

Achtung: siehe auch Seite 204.

MÄNNLICHER FORTPFLANZUNGSAPPARAT

Die Hoden, zwei rundliche Drüsen, die im Hodensack liegen, produzieren Spermien (Samenzellen) und das Sexualhormon Testosteron. Sie liegen außerhalb des Körpers, weil die Spermaproduktion etwas unterhalb der Körpertemperatur am optimalsten ist. Nach drei Monaten kommen die Spermien in die sackförmigen Nebenhoden oberhalb der Hoden, wo sie noch 1–3 Wochen heranreifen. Bei sexueller Erregung strömt Blut in die Schwellkörper des Penis, der sich versteift und nun bereit ist für den Geschlechtsverkehr. Muskeln an der Peniswurzel schwellen an und verhindern ein Abfließen des Blutes, so daß die Erektion anhält. Wenn die Vorhaut über der Eichel nicht beschnitten wurde, zieht sie sich bei der Erektion zurück. Kurz vor dem Orgasmus werden die Spermien über den Vas deferens zu den Samenblasen befördert, wo sie in nährstoffreicher Samenflüssigkeit gebadet werden. Die Prostata (Vorsteherdrüse) direkt unterhalb der Harnblase gibt ebenfalls Sekret dazu, bevor etwa 250 Millionen Spermien bei der Ejakulation durch rhythmische Kontraktionen über die Harnröhre ausgestoßen werden.

MÄNNLICHE SEXUALORGANE

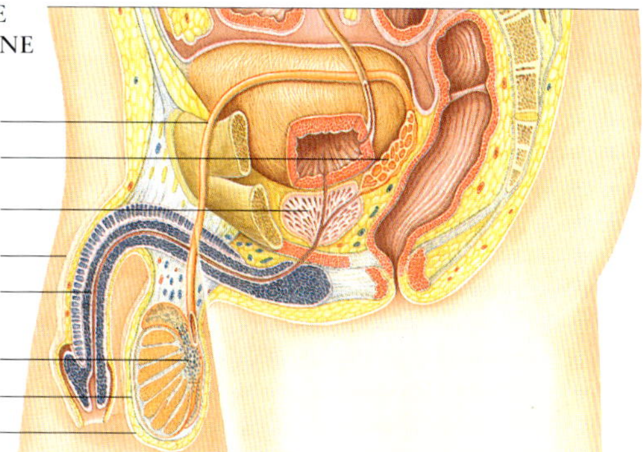

BALANITIS

DIESE JUCKENDE ENTZÜNDUNG der Eichel und der Vorhaut des Penis kann durch Bakterien und Pilzinfektion oder chemische Reizung verursacht werden. Oft ist die Vorhaut anomal eng. Zuckerkranke Männer sind anfällig für Balanitis, da der Zucker im Urin das Wachstum der Mikroorganismen unter der Vorhaut fördert. Ärzte empfehlen den Penis sauber und trocken zu halten. Wenn eine bakterielle Infektion vorliegt, werden Antibiotika verschrieben. Bei anhaltenden Beschwerden wird eine Beschneidung befürwortet.

Achtung: Ziehen Sie Ihren Arzt zu Rate, Entzündungen können eine ernstere Ursache haben.

ALTERNATIVE THERAPIEN

Man wird versuchen, die Ursache der Reizung zu beseitigen und die Selbstheilungskräfte zu stimulieren.

NATURHEILKUNDE

Wenn eine Candida-Infektion vorliegt (Vaginalsoor, S. 273), kann die Einnahme oder das Auftragen von „lebendem“ Joghurt nützen, um die Mikroorganismen in Schach zu halten. Fasten und eine Vollwertdiät zur Stärkung des Immunsystems werden empfohlen. Eine Reduzierung von Zucker und „hefigen“ Lebensmitteln (Pilzen, Schimmelkäse, Wein) könnte ebenfalls angeordnet werden. SEITEN 118–121

WESTLICHE PFLANZENKUNDE

Um die Gewebeheilung zu fördern, könnte der Therapeut eine Waschung der Region mit Ringelblumenextrakt oder ein Bad mit einigen Tropfen des antiseptischen und antimykotischen ätherischen Teebaumöls anraten. Anschließendes Einreiben mit Aloe-vera-Gel kann ebenfalls lindern und heilen. SEITEN 134–139

ERNÄHRUNGSTHERAPIEN

Wenn die Balanitis durch Candida-Infektion verursacht ist, könnten Zuätze der Hefepilz hemmenden Lactobacillus-Bakterien nützen. Antioxidative Vitamine und Mineral-Zusätze können zur Immunstärkung empfohlen werden. SEITEN 148–152

PROSTATITIS

EINE ENTZÜNDUNG der Prostata ist durch Fieber, Schmerzen beim Wasserlassen und blutigen Urin gekennzeichnet. Ursache ist gewöhnlich eine Infektion (NGU, S. 240), es kann aber auch eine Geschlechtskrankheit oder eine Infektion über die Blutwege vorliegen. Ein Arzt wird Ihnen Antibiotika verordnen. In schweren Fällen kann der Eiter chirurgisch entfernt werden.

ALTERNATIVE THERAPIEN

Pflanzliche Heilmittel und Ernährungszusätze sollen die Entzündung bekämpfen.

WESTLICHE PFLANZENKUNDE

Ein Therapeut könnte Harnantiseptika wie echte Bärentraube oder wassertreibende Walddolde (Chimaphila umbellata) verschreiben. **SEITEN 134–139**

ECHTE BÄRENTRAUBE
Diese immergrüne Staude ist ein natürliches Harnantiseptikum

CHINESISCHE PFLANZENKUNDE

Eine Prostatitis wird mit einem Überschuß an „feuchter Hitze“ in Verbindung gebracht. Ihr Therapeut könnte die patentierte Dianthus-Rezeptur empfehlen. **SEITEN 140–143**

ERNÄHRUNGSTHERAPIEN

Zink soll wichtig sein für die Funktion der Prostata und könnte neben Knoblauch, Vitamin C und E sowie essentiellen Fettsäuren verordnet werden. **SEITEN 148–152**

ANDERE HEILMETHODEN

Naturheilkunde **SEITEN 118–121**

PROSTATAVERGRÖSSERUNG (HYPERTROPHIE)

PROSTATAHYPERTROPHIE tritt gewöhnlich bei Männern über 50 Jahren auf und verläuft symptomlos, bis die Prostata auf die Harnröhre drückt. Dann kommt es zu schwierigem, häufigem Wasserlassen und eventuellen Bauchschmerzen. Die Ursache ist unbekannt, das Testosteron mag eine Rolle spielen. Diathermie, Lasertechnik oder die operative Entfernung kommen in Frage oder Medikamente, die die Drüse schrumpfen lassen.

Achtung: Ziehen Sie Ihren Arzt zu Rate, um eine ernstere Ursache auszuschließen.

ALTERNATIVE THERAPIEN

Um eine Vergrößerung zu verhindern, will man Ihren Allgemeinzustand verbessern.

YOGA

Die Dreiecksposition wird empfohlen, um die Harnröhre zu öffnen. **SEITEN 108–111**

NATURHEILKUNDE

Vermehrte Zinkzufuhr (mageres Fleisch, Körner, Hülsenfrüchte, Meeresfrüchte) könnte eine vergrößerte Prostata verkleinern. Heiß-kalte Kompressen hinter dem Hodensack können die Durchblutung steigern. **SEITEN 118–121**

WESTLICHE PFLANZENKUNDE

Das *British Journal of Clinical Pharmacology* bestätigte die positive Wirkung der Beeren der Sägepalme bei Prostatavergrößerung. *Complementary Therapies in Medicine* berichtete 1996 von deutschen Studien über Raygraspollen-Extrakt, bei denen zwei Drittel der Patienten eine Besserung zeigten. In Frankreich wird die Rinde des Pygeum, eines afrikanischen Baums, empfohlen. **SEITEN 134–139**

ANDERE HEILMETHODEN

Chinesische Pflanzenheilkunde **SEITEN 140–143**
Ernährungstherapien **SEITEN 148–152**

MÄNNLICHE UNFRUCHTBARKEIT

DIE MÄNNLICHE FRUCHTBARKEIT ist eingeschränkt, wenn die Zahl der Spermien in einem Milliliter Ejakulat unter 20 Millionen liegt oder wenn diese sich nur langsam bewegen oder mißgebildet sind. Überwärmte oder nicht in den Hodensack hinabgestiegene Hoden, Gangverlegungen, Infektion und Gewichtsprobleme gehören zu den Ursachen einer zu geringen Zahl an Spermien. Eine schlechte Qualität des Spermas kann durch Hormonstörungen, Rauchen oder Medikamente hervorgerufen werden. Die Unfähigkeit zu einer Erektion oder Ejakulation sind weitere Ursachen (siehe S. 295). **Konventionelle Therapie** Einige Fälle können durch Lebensumstellung oder mit Hormonspritzen behandelt werden, andere müssen operiert werden.

ALTERNATIVE THERAPIEN

Heilmittel helfen Infektionen und andere Beeinträchtigungen zu bekämpfen.

WESTLICHE PFLANZENKUNDE

Pflanzen wie Ginseng und Sägepalme könnten verschrieben werden. Der Therapeut könnte eine reinigende Pflanze wie roten Klee geben, um die allgmeine Gesundheit zu stärken. **SEITEN 118–121**

Achtung: Nehmen Sie kein Ginseng bei Bluthochdruck.

WASSERKRESSE
Diese Pflanze enthält reichlich Vitamin C und andere Nährstoffe

ERNÄHRUNGSTHERAPIEN

Vitamin C soll die Zahl und Qualität der Spermien steigern und die Mißbildungsrate senken. *Fertility and Sterility* berichtete 1993 von einer italienischen Studie, bei der die Gabe von Folsäure bei bestimmten Fällen männlicher Unfruchtbarkeit erfolgreich war. Zink steigert Zahl und Beweglichkeit der Spermien sowie den Blutspiegel von Testosteron.Bei milden Fällen kann der Arzt den Zusatz von Arginin, einem Nährstoff, der im Kopf der Samenzelle zu finden ist, empfehlen. **SEITEN 148–152**

AUTOGENES TRAINING

Entspannung mit autogenem Training kann die Spermienzahl steigern. **SEITE 68**

ANDERE HEILMETHODEN

Naturheilkunde **SEITEN 118–121**
Chinesische Pflanzenkunde **SEITEN 140–143**
Psychotherapie & Beratung **SEITEN 160–165**

KINDER & GESUNDHEIT

KINDER HABEN eine natürliche Vitalität und Widerstandskraft, wenn sie gesund ernährt werden und viel Bewegung in einer fürsorglichen Umgebung haben. Die meisten Erkrankungen heilen von allein ab, aber die Symptome können Kinder und Eltern ängstigen. Ein Kind kann mittags spielen, am Abend teilnahmslos und fiebrig und am nächsten Morgen wieder völlig gesund sein. Die Symptome sollten nicht ignoriert werden, da sich schnell eine ernsthafte Erkrankung entwickeln könnte. Säuglinge und Kleinkinder brauchen besondere Beachtung. Durchfälle etwa können bei Kleinkindern zu massivem Wasserverlust führen.

SCHLÜSSELSYMBOLE

FORSCHUNG
- Gute wissenschaftliche Versuche mit positivem Resultat
- Einige Studien
- Nicht fundiert

THERAPEUT
- Unentbehrlich
- Empfohlen
- Nicht nötig

SELBSTBEHANDLUNG
- Selbstbehandlung möglich
- Keine Selbstbehandlung

ALTERNATIVE BEHANDLUNGSWEISEN

Alternativtherapeuten glauben, daß die gewöhnlichen Kinderkrankheiten dazu beitragen, das Immunsystem zu stärken. Die Behandlung besteht hauptsächlich aus Ruhe und Pflege, um den Heilungsprozeß zu unterstützen. Sanfte Heilmittel eignen sich gut für Kinder. Homöopathen meinen, daß ihre Methode gerade für Kinder besonders effektiv ist.

KONVENTIONELLE BEHANDLUNGSWEISEN

Die moderne Kinderheilkunde akzeptiert zunehmend eine natürliche Geburt, das Stillen und den sparsamen Umgang mit Antibiotika. Viele Eltern sind besorgt über die Sicherheit bei Impfungen, obwohl Ärzte dringend zu Impfungen raten, z. B. gegen Masern.
Achtung: siehe auch Seite 204.

WIE EIN KIND WÄCHST

Der Kopf eines Neugeborenen wächst nicht allzu sehr, aber sein Körper verändert seine Proportionen innerhalb von zwölf Jahren dramatisch. Mit einem Alter von zwei Jahren ist aus dem Baby ein Kleinkind geworden, das aufrecht stehen und gehen kann. Das Kind wird immer schlanker bis zur präpubertären Phase mit etwa neun Jahren. Dann lösen Hormone Veränderungen am Körper aus, und das Kind entwickelt sich zum Erwachsenen.

Zwei Monate alt — *Zwei Jahre alt* — *Vier Jahre alt* — *Sieben Jahre alt* — *zwölf Jahre alt*

WINDELAUSSCHLAG

DER AUSSCHLAG kann von ein paar geröteten Punkten bis zur intensiven Reizung der gesamten Windelregion reichen. Flaschenkinder sollen anfälliger sein, Babys, die Einmalwindeln tragen, etwas weniger. Ursachen könnte das Ammoniak im abgestandenen Urin, Fäkaltoxine, Seifen und die Nässe sein.

Konventionelle Therapie Das peinliche Sauber- und Trockenhalten der Haut, vielleicht mit wasserabweisenden Cremes, kann helfen. Wenn ein Ekzem oder Windelsoor vermutet wird, können in schweren Fällen Kortison- und antimykotische Cremes verschrieben werden.

ALTERNATIVE THERAPIEN

Pflanzliche Heilmittel sind eine sanfte Möglichkeit, die Reizung zu lindern.

AROMATHERAPIE

Ein Therapeut könnte empfehlen, beim Waschen von Stoffwindeln 3–6 Tropfen des antiseptischen Teebaumöls bei der letzten Spülung hinzuzugeben. SEITEN 62–65

NATURHEILKUNDE

Bei Kuhmilchallergie könnte dem Baby Ziegenmilch verordnet werden. Wenn Sie stillen, könnte Ihnen empfohlen werden, viel Gemüse zu essen und „toxische" Substanzen, z. B. in Zitrus- und Obstsäften, Tomaten, Gewürzen, Alkohol, Kaffee und Fastfood, zu meiden, da sie über die Muttermilch zum Baby gelangen und nach dem Abbau dessen Haut irritieren können. Traditionelle Heilmittel sind Waschung der gereizten Haut mit verdünntem Essig und das Auftragen mehrerer schützender Schichten von Eiweiß. SEITEN 118–121

WESTLICHE PFLANZENKUNDE

Die Therapeuten empfehlen die regelmäßige Waschung des Babypos mit einem milden, heilenden und reinigenden Aufguß von Lavendel, Thymian, Kamille, Ringelblume oder Rosenwasser. Danach kann eine Creme von Kamille, Ringelblume oder Vogelmiere (Stellaria media) zum weiteren Schutz aufgetragen werden. SEITEN 134–139

KOLIKEN

DIE GEWÖHNLICH im 1.–3. Monat periodisch auftrenden Kolikschmerzen lassen Babys weinen und schreien, die Beine anziehen und Berührungen zurückweisen.
Ursachen Die genaue Ursache ist unbekannt, aber Krämpfe der Darmmuskulatur scheinen der Hauptfaktor zu sein. Sie entstehen durch Luftschlucken, Überfüttern, Anspannung bei der Mutter, Allergie auf Milch oder andere Lebensmittel.
Konventionelle Therapie Ärzte empfehlen sanfte, lindernde Stimuli wie eine in Tuch gehüllte Wärmflasche auf dem Bauch, anhaltende vibrierende Geräusche wie die eines Staubsaugers oder Schaukeln. Es nützt, wenn die Eltern beim Füttern entspannt sind.

ALTERNATIVE THERAPIEN

Therapien, die Babys und Eltern entspannen, werden am ehesten helfen.

CRANIALE OSTEOPATHIE

Die Therapeuten glauben, daß die Neigung zu Koliken durch die Lage des Kindes in der Gebärmutter und durch den Geburtsstreß verursacht wird. Sanfte Manipulationen am Schädel des Babys durch einen erfahrenen Heilpraktiker sollen die Beschwerden mildern. SEITE 81

NATURHEILKUNDE

Weil die Ernährung auch die Muttermilch beeinflußt, könnte Sie der Therapeut bitten, Milchprodukte, Weizen, Eier und Zitrusfrüchte zu meiden. Man könnte Ihnen Ziegenmilch und kalziumreiche Lebensmittel wie Blattgemüse empfehlen. Wenn Ihr Kind bereits abgestillt wurde, wird man Ihnen raten, Ihrem Kind keine Hülsenfrüchte, Kuhmilch, Weizen oder andere schwerverdauliche Speisen zu geben, bis es ein Jahr alt ist. Ziegenmilch, Sojamilch oder synthetischer Muttermilch-Ersatz können weniger reizen, wenn das Baby Kuhmilch nicht verträgt. SEITEN 118–121

KOHL
Statt Milch wird Kohl als Kalziumquelle empfohlen

WESTLICHE PFLANZENKUNDE

Ein paar Tropfen schwacher Aufguß von Dill oder Fenchel, beide gut bei Blähungen, sind traditionelle Heilmittel. SEITEN 134–139

ANDERE HEILMETHODEN

Aromatherapie	SEITEN 62–65
Akupressur	SEITE 95
Homöopathie	SEITEN 126–130
Ernährungstherapien	SEITEN 148–152

PSEUDOKRUPP

BEIM PSEUDOKRUPP bei Kindern unter fünf Jahren kommt es in der Luftröhre zu vermehrter Schleimbildung mit Husten, Heiserkeit und einem stöhnenden Einatmen. Ursache ist eine Infektion. Die Attacken beginnen nachts und verlaufen mild, können aber ernst werden, falls Hustenkrämpfe auftreten. Beruhigung und eine hohe Luftfeuchtigkeit (Badezimmer, laufendes Heißwasser) können zur Linderung beitragen.

Achtung: Konsultieren Sie dringend einen Arzt, wenn die Luftnot quälend wird oder länger als 60 Minuten anhält!

ALTERNATIVE THERAPIEN

Einfache Hausmittel wie Duftinhalationen und Kräuteraufgüsse können die Beschwerden lindern und die Angst nehmen.

AROMATHERAPIE

Verdünnte ätherische Öle werden in einem Trägeröl auf die Kinderbrust gerieben oder über einen Zerstäuber in die Luft gegeben und können den Husten und die Qual lindern. Gewöhnlich werden Öle von Eukalyptus und Thymian, die antiseptisch wirken, entzündungshemmendes Kamillenöl oder Lavendelöl empfohlen, das beruhigende Eigenschaften hat. SEITEN 62–65

HOMÖOPATHIE

Diese typischen Heilmittel gegen Pseudokrupp können hintereinander alle 20 Minuten ausprobiert werden: Aconit C6 im Anfangsstadium, um die Angst zu nehmen; Hepar sulph. C6 bei Hustenanfällen, die sich bei Kälte verschlimmern; Spongia C6, wenn das Kind nach Mitternacht mit einem lauten, rauhen Husten aufwacht. SEITEN 126–130

WESTLICHE PFLANZENKUNDE

Heilpraktiker setzen Sirupe und Aufgüsse aus Pflanzen wie Königskerze, Süßholz, Wildkirsche oder weißen Andorn an, um den Husten zu lindern. Kamille oder echte Katzenminze wirken beruhigend. SEITEN 130–131

ZAHNEN

DIE MILCHZÄHNE kommen bei Kindern zwischen sechs Monaten und drei Jahren, es kommt zu Gereiztheit, Weinen, Speichelfluß, Appetitverlust und Schlafstörungen. Ein Arzt kann Zahnungsgels verschreiben, in schweren Fällen auch Paracetamol.
Selbsthilfe Kauen auf einem kühlen Zahnungsring kann Linderung verschaffen, das sanfte Massieren des Zahnfleisches mit einem Finger ebenfalls.

Achtung: Gehen Sie zum Arzt, wenn das Zahnen mit Durchfall, Fieber oder Ausschlag verbunden ist.

ALTERNATIVE THERAPIEN

Heilpraktiker verwenden beruhigende und schmerzstillende Heilmittel.

NATURHEILKUNDE

Therapeuten glauben, daß Verdauungsprobleme die Beschwerden verschlimmern können, und raten Ihnen, das Kind abzustillen und an leichte Kost wie Babyreis zu gewöhnen, aber Zucker zu meiden. SEITEN 118–121

HOMÖOPATHIE

Homöopathen verordnen Chamomilla C6, wenn das Baby verzweifelt ist; Aconit C6 bei akutem Unbehagen und Fieber und Pulsatilla C6, wenn das Kind weinerlich ist. SEITEN 126–130

WESTLICHE PFLANZENKUNDE

Eibisch-Sirup kann zum Abschwellen gegeben weren. Ein Tropfen Nelkenöl in Honig auf das Zahnfleisch massiert, mag ebenfalls helfen. SEITEN 134–139

HONIG
Er ist antiseptisch und macht das schmerzbetäubende Nelkenöl genießbar

KOPFLÄUSE

KOPFLÄUSE SIND stecknadelkopfgroße, blutsaugende Parasiten, die sich in den Haaren festsetzen. Sie verursachen eine Rötung der Kopfhaut und anhaltenden Juckreiz. Die Läuse verbreiten sich krabbelnd von Kopf zu Kopf oder über Bettwäsche, Matratzen und Handtücher. Lausbefall ist bei Schulkindern häufig. Ärzte empfehlen eine Haarwäsche mit einem Lausmittel für die ganze Familie und nach dem Trocknen Auskämmen mit einem feinen Metallkamm, um die Nissen (Eier) zu entfernen. Kleidung und Gegenstände, die Läuse beherbergen könnten, sollten in heißem Wasser gewaschen werden.

ALTERNATIVE THERAPIEN

Pflanzliche Heilmittel sind eine nützliche Alternative zur chemischen Behandlung bei Lausbefall. Ein Wiederauftreten ist häufig, und viele Eltern sind skeptisch, wiederholt starke Insektizide auf die Köpfe ihrer Kinder auftragen zu müssen. Außerdem werden Läuse zunehmend resistent dagegen.

AROMATHERAPIE

Eine Mischung aus Ölen von Geranie, Teebaum, Rose, Eukalyptus, Zitrone und Lavendel könnte empfohlen werden. Sie wird in die Kopfhaut einmassiert und über Nacht belassen, bevor die Haare ausgewaschen und sorgfältig ausgekämmt werden. SEITEN 62–65

WESTLICHE PFLANZENKUNDE

Die Kopfhaut sollte mit Lavendel- und Olivenöl eingerieben werden. Anschließend das Haar mit Essig spülen, um die Nissen zu entfernen. Die Läuse können aber wieder auftreten, wenn sie nicht vollständig abgetötet werden. Gewöhnliches Wurmkraut in die Kleidung und Bettwäsche gestreut, soll Läuse und Flöhe töten. Vorsicht, Wurmkraut ist giftig! SEITEN 134–139

AUSKÄMMEN
Nach der Haarwäsche die Nissen auskämmen

GESCHWOLLENE MANDELN, MANDELENTZÜNDUNG

DIE MANDELN sind zwei Drüsen im Rachen, die weiße Blutkörperchen produzieren. Die stark belasteten Mandeln von Kindern sind oft entzündet und vergrößert und verlegen dann die Nase und die Eustachischen Röhren, die vom Rachen zum Ohr verlaufen. Dadurch kann das Atmen, die Sprache und das Hören beeinträchtigt sein. Angestaute Sekrete können zu einer Mittelohrentzündung führen. Wenn die Vergrößerung nach antibiotischer Behandlung anhält, empfehlen Ärzte die operative Entfernung.

ALTERNATIVE THERAPIEN

Mandelvergrößerungen betreffen meist Kinder zwischen fünf und sieben Jahren. Mehrere Therapien versuchen die Drüsen zu schützen, indem sie Infektionen vorbeugen.

NATURHEILKUNDE

Das Verdauungs- und Immunsystem soll gestärkt werden. Körperübungen und eine Vollwertkost mit reichlich Vitamin C und anderen Vitamin- und Mineralergänzungen könnten empfohlen werden. Eine Auslaßdiät oder das Meiden von Milchprodukten und Zucker kann angeraten werden. SEITEN 118–121

HOMÖOPATHIE

Heilpraktiker könnten Pulsatilla C6 bei weinerlichen Kindern mit gelblichem Nasensekret oder Calcium phosph. C6 bei einem schmächtigen Kind mit entzündeten Mandeln verordnen. SEITEN 126–130

WESTLICHE PFLANZENKUNDE

Gurgeln mit rotem Salbei soll den Rachen beruhigen. Eine Dampfinhalation mit Friar's Balsam (Styrax benzoin) kann die Verstopfung lösen. Ein Aufguß mit Klettenlabkraut soll die Entzündung reduzieren. SEITEN 134–139

Achtung: Kein Friar's Balsam bei Asthma, kein Salbei für epileptische Kinder!

MITTELOHR- ODER TUBENKATARRH

DURCH EINE VERLEGUNG der Eustachischen Röhren (verbinden Rachen mit dem Mittelohr) sammelt sich Schleim im Mittelohr, oft als Resultat einer chronischen Mittelohrentzündung. Studien beweisen, daß sich die Eustachischen Röhren bei Flaschenernährung wegen der kurzen Sauger und dem dadurch bedingten mangelnden Muskeltraining nicht normal öffnen, um Schleim abfließen zu lassen.

Konventionelle Therapie Wenn abschwellende Medikamente nicht helfen, könnte der Arzt operativ ein Paukenröhrchen zur Drainage implantieren. Antibiotika haben sich als ineffektiv erwiesen.

ALTERNATIVE THERAPIEN

Manipulationen am Schädel, pflanzliche Heilmittel und Ernährungsumstellung sind mögliche Behandlungsweisen.

CRANIALE OSTEOPATHIE

Sanftes Manipulieren am Schädel stimuliert den Abfluß des Schleims aus dem Mittelohr. SEITE 81

MANIPULATION
Craniale Osteopathen wenden sanften Druck auf den Schädel an

NATURHEILKUNDE

Eine Nahrungsunverträglichkeit (siehe S. 303) könnte verantwortlich sein für die übermäßige Schleimbildung. Der Heilpraktiker wird stillenden Müttern und abgestillten Kindern das Meiden von Milchprodukten und Zucker anraten, um die Schleimbildung zu drosseln. Lebertran und Vitamin C könnten zur Immunstärkung verordnet werden. SEITEN 118–121

WESTLICHE PFLANZENKUNDE

Gelbwurztinktur soll Schleim reduzieren, der Therapeut könnte Ihnen empfehlen, sie Ihrem Kind über mehrere Monate zu geben. Eine Mischung aus Echinacea, Süßholz, schwarzem Holunder und Klettenlabkraut könnte zur Immunstärkung zusätzlich empfohlen werden. SEITEN 134–139

FIEBER BEI KINDERN

BEI TEMPERATUREN ÜBER 37° C spricht man von Fieber. Es kann von Frösteln, Durst, Schmerzen und einer warmen Haut begleitet sein. Abhängig von der Höhe des Fiebers und dem Alter des Kindes können Halluzinationen, Krämpfe oder Koma auftreten.

Ursachen Fieber ist ein Symptom vieler Erkrankungen. Meist ist es ein Zeichen dafür, daß der Körper gegen eine bakterielle oder virale Infektion ankämpft, aber Umwelteinflüsse, emotionale Störungen oder Schock können, speziell bei Babys, ebenfalls die Körpertemperatur erhöhen.

Konventionelle Therapie Leichte Kleidung, regelmäßige Kontrolle der Körpertemperatur und die Gabe von reichlich Flüssigkeit werden bei Fieber generell angeraten. Lauwarme Reibebäder und Paracetamol für Kinder werden bei Fieber über 39° C empfohlen, besonders, wenn das Kind Fieberkrämpfe hatte.

RUFEN SIE EINEN ARZT, WENN:

- **die Körpertemperatur eines Babys auf über 39 Grad steigt,**
- **die Temperatur eines älteren Kindes auf über 40 Grad steigt,**
- **das Fieber drei Tage anhält,**
- **das Fieber von Benommenheit, Verwirrtheit, Nackensteife, anhaltendem Erbrechen, Ausschlag, schweren Kopfschmerzen, Rücken- oder Gelenkschmerzen, Lichtscheu oder Krämpfen begleitet wird.**
- **Kein Aspirin für Kinder unter 12!**

ALTERNATIVE THERAPIEN

Alternativtherapeuten sehen Fieber als ein Zeichen der Heilung, da der Körper durch die Temperaturerhöhung die Mikroorganismen zerstört und Abfallstoffe beseitigt. Wenn das Kind älter als 6 Monate ist und das Fieber unter 39° C liegt, sind Heilpraktiker generell gegen fiebersenkende Medikamente. Viele Therapeuten meinen, daß Fieber eine Möglichkeit zur Anpassung und Stärkung der Abwehrkräfte des Kindes ist. Die Behandlung konzentriert sich auf die Unterstützung des Körpers.

NATURHEILKUNDE

Wenn die orale oder axilläre Temperatur des Kindes über 38,8 Grad steigt, empfehlen Therapeuten das Abreiben mit lauwarmem Wasser oder das Anlegen kühler Wickel. Ruhe ist wichtig, und ein 24stündiges Wasserfasten könnte angeordnet werden. Pasteurisierter Honig und Orangen- oder Zitronengetränke sind nützlich, wenn keine andere Nahrung vertragen wird. Wenn das Fieber gesunken ist, wird eine gesunde Kost mit viel Obst und Gemüse, speziell Möhren- und Rote-Beete-Saft, zur Stärkung verordnet. SEITEN 118–121

TEMPERATURMESSUNG
Da ein kleines Kind das Thermometer zerbeißen könnte, sollte man es unter der Achsel plazieren

HOMÖOPATHIE

Folgende Standardmittel können Kindern bei Fieber gegeben werden: Aconit C6 bei Fieber mit Durst, Schüttelfrost, trocken-warmer Haut und Unruhe; Belladonna C6 bei hohem Fieber mit warm-trockener Haut, rotem Gesicht, großen Pupillen und geschwollenen, druckschmerzhaften Drüsen; Arsen alb. C6 bei unruhigen Kindern, die abwechselnd heiß und kalt werden, ängstlich, durstig nach kleinen Trinkmengen sind und deren Fieber sich nach Mitternacht verschlimmert; Bryonia C6, wenn Kinder frösteln und schwitzen, über lange Zeit sehr durstig sind und Kopf- und Gliederschmerzen haben; Ferrum phos. C6 bei mildem Fieber mit langsamem Beginn, regelmäßigen Schweißausbrüchen, Schüttelfrost und Kopfschmerzen. SEITEN 126–130

WESTLICHE PFLANZENKUNDE

Wenn die Temperatur über 38,8 Grad steigt, könnte der Therapeut ein Bad im lauwarmen Aufguß von Linde, schwarzem Holunder und Schafgarbe oder Kamille empfehlen, die alle den Organismus „normalisieren“ sollen. Aufgüsse oder Tinkturen von Katzenminze, Ysop, Zitronenbalsam, Kamille, Lavendel, Linde und Eisenkraut können gegeben werden. Diese Pflanzen senken die Temperatur, verstärken das Schwitzen, entspannen und beruhigen den Organismus. Echinacea und Knoblauch könnten zur Infektionsbekämpfung verordnet werden. SEITEN 134–139

ANDERE HEILMETHODEN

Aromatherapie	SEITEN 62–65
Akupressur	SEITE 95
Biochemische Gewebesalze	SEITE 131
Bachblüten	SEITEN 132–133
Ernährungstherapien	SEITEN 148–152

RÖTELN

DIE RÖTELN (RUBELLA) sind eine milde, ansteckende Viruserkrankung mit Fieber, geschwollenen Drüsen und einem rosa Ausschlag. Für Ungeborene kann es ernsthafte Folgen haben, wenn die Mutter daran erkrankt. Augen und Ohren können geschädigt werden. Die Röteln dauern 4–5 Tage, der Patient ist fünf Tage vor Fieberanstieg und fünf Tage nach dem Abklingen infektiös. Ärzte verordnen Bettruhe und viel Flüssigkeit.

Achtung: Frauen sollten in den ersten 16 Wochen einer Schwangerschaft sofort ihren Arzt konsultieren, wenn sie Kontakt mit Röteln hatten.

ALTERNATIVE THERAPIEN

Da die Röteln normalerweise eine mild verlaufende Kinderkrankheit sind, ist Fieber das schlimmste Symptom. Heilpraktiker werden das Fieber behandeln (s. o.).

AROMATHERAPIE

Um Fieber zu senken, werden kalte Kompressen unter Hinzugabe einiger Tropfen Pfefferminzöl empfohlen. SEITEN 62–65

NATURHEILKUNDE

Therapeuten werden Sie bitten, dafür zu sorgen, daß das Kind ausreichend Ruhe hat. Kühle Kompressen und das Abreiben mit lauwarmem Wasser bringen Linderung bei Fieber. Gemüsesäfte und eine gesunde Kost werden helfen, die natürliche Körperabwehr zu stärken. SEITEN 118–121

HOMÖOPATHIE

Siehe oben „Fieber bei Kindern“. SEITEN 126–130

WESTLICHE PFLANZENKUNDE

Um mildes Fieber zu behandeln, wird der Therapeut Aufgüsse mit schwarzem Holunder oder Schafgarbe zum Schwitzen empfehlen. Katzenminze wirkt sanft und ist besonders geeignet zur Behandlung von Fieber bei Kindern.
SEITEN 134–139

MASERN

FRÜHER WAREN DIE MASERN eine übliche Kinderkrankheit, seitdem die Masernimpfung eingeführt wurde, kommen sie seltener vor. Die Erkrankung beginnt mit grippeähnlichen Symptomen. Dann bilden sich an der Mundschleimhaut weiße Flecken, und am Körper kommt es zu einem Ausschlag mit rötlichen Punkten. Weitere Symptome sind hohes Fieber, ein geschwollenes Gesicht, Lichtscheu, Husten, Bauchschmerzen, Erbrechen, Durchfall, Brust- und Ohrenentzündung und vorübergehender Gehörverlust.
Ursachen Das Masernvirus wird durch direkten Kontakt oder Tröpfcheninfektion übertragen. Die Inkubationszeit dauert 8–14 Tage, das Kind ist bis sieben Tage nach Auftreten der Symptome infektiös.
Konventionelle Therapie Ärzte verordnen Paracetamol und viel Trinken. Bei Infektionen werden Antibiotika verschrieben.
Vorbeugung Masern können – selten – zur Hirnentzündung führen. Die Impfung wird bei Kindern von 12–18 Monaten empfohlen. Sie bietet zu 95 Prozent Schutz, eine Nachimpfung wird mit 4–5 Jahren empfohlen.

Achtung: Rufen Sie einen Arzt bei hohem Fieber!

ALTERNATIVE THERAPIEN

Viele Therapeuten glauben, daß Kinderkrankheiten ihren berechtigten Sinn zur Immunstärkung haben. Die Behandlung zielt darauf, das Fieber zu kontrollieren (siehe S. 281), das Unwohlsein zu lindern und die Selbstheilungskräfte zu stärken.

NATURHEILKUNDE

Die Praktiker werden das Fieber mit einer leichten Diät – zuerst hauptsächlich mit Flüssigkeit – und bei sinkender Temperatur mit Gemüse behandeln. Lauwarme Bäder mit Backsoda lindern den Ausschlag. SEITEN 118–121

HOMÖOPATHIE

In der Homöopathie wird nach dem Prinzip „Ähnliches heilt Ähnliches" behandelt. Eine kleine Menge der Substanz, die in größeren Mengen krank macht, soll gegen die Erkrankung „immunisieren". Es gibt keine Belege dafür, daß die homöopathische „Immunisierung" effektiv ist, obwohl folgende Heilmittel zur begleitenden Therapie der Masern und der Behandlung grippeähnlicher Symptome hilfreich sein können: Aconit C6, Belladonna C6 und Euphrasia C6. SEITEN 126–130

WESTLICHE PFLANZENKUNDE

Der Therapeut könnte Ihnen empehlen, Ihr Kind zur Fiebersenkung in lauwarmem Wasser mit Kamille zu baden. Aufgüsse von Lavendel und Hamamelis virginiana als Waschung können den Juckreiz nehmen. Gerötete Augen können mit einem Aufguß von Augentrost gebadet werden. Pflanzen wie Ysop lösen den Schleim, und Echinacea unterstützt das Immunsystem bei der Bekämpfung der Infektion.
SEITEN 134–139

CHINESISCHE PFLANZENKUNDE

In der Traditionellen Chinesischen Medizin werden die Masern mit einem „Überschuß an Hitze im Blut und Magen" in Verbindung gebracht. Kühlende, pflanzliche Heilmittel sind u.a. Saflor, Pfefferminze und Jelängerjelieber. SEITEN 140–143

Achtung: Geben Sie keine Pfefferminze an Kinder unter 5 Jahren!

ERNÄHRUNGSTHERAPIEN

Der Therapeut könnte Vitamin A empfehlen, da die Masern Berichten zufolge auf hohe Dosen Vitamin A reagieren sollen. In einer Studie im *Journal of the American Medical Association* 1993 wurde bei masernkranken, hospitalisierten Kindern in Entwicklungsländern festgestellt, daß die Todesrate durch Behandlung mit Vitamin A sinkt. SEITEN 148–152

ANDERE HEILMETHODEN

Aromatherapie SEITEN 62–65
Bachblüten SEITEN 132–133

MUMPS

MUMPS IST EINE ENTZÜNDUNG der Ohrspeicheldrüsen. Es kommt zu schmerzhaften Schwellungen, Fieber, Kopfschmerzen und Schluckbeschwerden. Obwohl Komplikationen selten sind, kann eine Bauchspeicheldrüsen- oder Hirnhautentzündung auftreten. Nach der Pubertät kann die Krankheit die Hoden betreffen und zu Unfruchtbarkeit führen.
Ursache Das Mumpsvirus wird per Tröpfcheninfektion übertragen. Die Kinder sollten bis zum siebten Tag nach Abklingen der Schwellung isoliert bleiben.
Konventionelle Therapie Ärzte empfehlen Bettruhe, kühle Kompressen und Flüssigkeit. Kortisonpräparate können bei männlichen Jugendlichen verschrieben werden. Eine Impfung wird bei Kindern über zwölf Monaten empfohlen.

Achtung: Rufen Sie einen Arzt, falls Ihr Kind über starke Kopfschmerzen und Lichtscheu klagt, schläfrig oder verwirrt ist.

ALTERNATIVE THERAPIEN

Die Behandlung wird sich auf die Fiebersenkung (siehe S. 281), Schmerzlinderung und Immunstärkung konzentrieren.

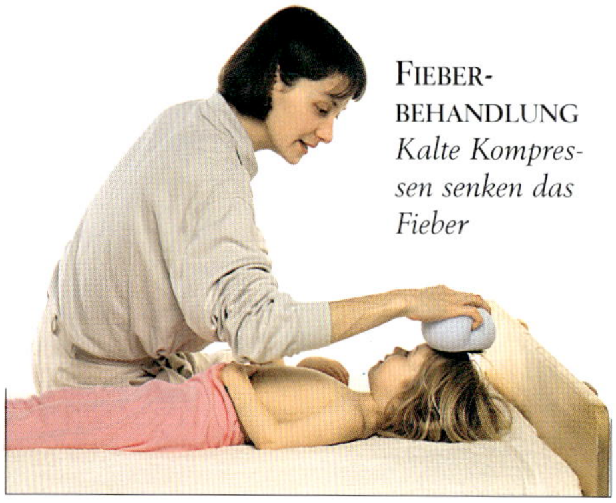

FIEBERBEHANDLUNG *Kalte Kompressen senken das Fieber*

HOMÖOPATHIE

Folgende Heilmittel können gegeben werden: Rhus tox. C6 und die Nosode Parotidinum, wenn die Erkrankung sehr früh erkannt wird; Aconitum C6 bei Schmerzen und Fieberanstieg; Belladonna C6 bei Fieber und pochenden Drüsen; Lachesis C6 bei Schwierigkeiten, Flüssiges zu schlucken; Merc. sol. C6 bei Nackensteife, geschwollenen Drüsen und starkem Speichelfluß. SEITEN 126–130

WESTLICHE PFLANZENKUNDE

Die Therapeuten versuchen die Lymphdrainage zu fördern und das Immunssystem zu stärken. Empfohlene Pflanzen sind u. a. Klettenlabkraut, Ringelblume und Echinacea. Gurgeln mit antiseptischem Thymian könnte ebenfalls verordnet werden.
SEITEN 134–139

CHINESISCHE PFLANZENKUNDE

Mumps wird mit „Wind und feuchter Hitze" in Verbindung gebracht. Praktiker können kühlende, pflanzliche Heilmittel wie Löwenzahn, Jelängerjelieber, Scutellaria und chinesischen Rharbarber empfehlen. SEITEN 140–143

ANDERE HEILMETHODEN

Aromatherapie SEITEN 62–65
Biochemische Gewebesalze SEITE 131

WINDPOCKEN

DIESE SEHR ANSTECKENDE ERKRANKUNG beginnt mit mildem Fieber, gefolgt von einem Ausschlag an Kopf und Körper, der sich zu juckenden Bläschen entwickelt, die platzen und verschorfen. Wenn die Bläschen aufgekratzt werden, können sie sich infizieren und vernarben. Die Infektion hinterläßt Immunität, aber das Virus bleibt inaktiv und kann später als Gürtelrose wieder auftreten (siehe S. 217).

Ursache Das Varizella-zoster-Virus wird per Tröpcheninfektion übertragen. Nach einer Inkubationszeit von 14–21 Tagen ist das Kind zwei Tage vor dem Ausschlag bis zu sieben Tagen nach Abheilen der Bläschen infektiös.

Konventionelle Therapie Ärzte empfehlen zur Fiebersenkung Paracetamol für Kinder und Calamina-Zinklotion gegen den Ausschlag.

Achtung: Rufen Sie einen Arzt, wenn das Fieber hoch ist, das Kind erschöpft wirkt oder Kopfschmerzen mit Schläfrigkeit aufweist.

ALTERNATIVE THERAPIEN

Die Behandlung wird sich auf die Fiebersenkung (siehe S. 281) und die Linderung des Juckreizes konzentrieren.

AROMATHERAPIE

Man könnte Ihnen raten, in Kamillentee verdünnte Öle von Lavendel, Teebaum oder Bergamotte auf die Haut aufzutragen. Dies hat einen lindernden Effekt. Lavendel, Bergamotte oder Kamillenöl können einem Bad zugesetzt werden. SEITEN 62–65

ÄTHERISCHE ÖLE
Verdünnte Öle lindern die Beschwerden bei Windpocken

NATURHEILKUNDE

Zum Lindern des Juckreizes befürworten Therapeuten lauwarme Bäder unter Zusatz von Stärke, Backsoda, Apfelessig oder Hafermehl. Bei vermuteten Windpocken könnte ein heißes Bad den Ausschlag hervorbringen. Das soll den Verlauf der Erkrankung beschleunigen. SEITEN 118–121

HOMÖOPATHIE

Rhus tox. C6 und Varicella C30 sind Mittel zur Vorbeugung. Während der Erkrankung könnten die folgenden Mittel helfen: Antim. tart. C6, wenn das Kind reizbar ist; Pulsatilla C6, wenn das Kind weinerlich und anhänglich ist; Aconit C 30 gegen das anfängliche Fieber; Sulphur C6, wenn das Kind hungrig und durstig ist, aber nichts ißt; Mercurius iodatus C6 während der Genesung. SEITEN 126–130

WESTLICHE PFLANZENKUNDE

Vogelmiere als Lotion oder Waschung wird zur Behandlung der Hautreizungen empfohlen. Aufgüsse von schwarzem Holunder, Hamamelis virg., Rosmarin und Ringelblume lindern ebenfalls. SEITEN 134–139

ANDERE HEILMETHODEN

Bachblüten SEITEN 132–133
Chinesische Pflanzenheilkunde SEITEN 140–143

KEUCHHUSTEN

HEFTIGE HUSTENANFÄLLE mit dem charakteristischen Keuchen beim Einatmen können Kinder und auch Eltern erschöpfen. Keuchhusten beginnt mit Müdigkeit, Katarrh, Schnupfen, geröteten Augen, mildem Fieber und Husten. Der Husten kann so heftig sein, daß er zu Nasenbluten, Platzen von Äderchen in den Augen, Erbrechen und Blaufärbung von Lippen, Fingern und Zehen führt. Lungenentzündung, Krämpfe und Gehirnschäden sind Komplikationen.

Ursachen Keuchhusten wird durch das Bakterium Bordetella pertussis hervorgerufen, daß durch Tröpfcheninfektion übertragen wird und die Atemwege entzündet. Symptome treten nach 1–3 Wochen auf und können bis zu 14 Wochen andauern.

Konventionelle Therapie Der Arzt wird dem Kind regelmäßige, kleine Mahlzeiten sowie reichlich Flüssigkeit verordnen. Antibiotika sind sinnvoll, bevor der Husten beginnt. Eine Impfung im ersten Lebensjahr gibt 60–80 Prozent Schutz.

Achtung: Rufen Sie den Rettungsdienst, wenn das Kind nicht atmen kann, hohes Fieber hat oder anhaltend erbricht.

ALTERNATIVE THERAPIEN

Therapeuten versuchen die Abwehrkräfte des Kindes zu stärken und die belastendsten Symptome der Krankheit zu lindern.

AROMATHERAPIE

Der Therapeut könnte ätherische Öle von Lavendel, das lindernd wirkt, und von Rosmarin und Eukalyptus empfehlen, die die Infektion bekämpfen. Ein paar Tropfen können in eine Duftlampe gegeben werden. SEITEN 62–65

DUFTLAMPE
Das Verdampfen von Lavendel- und Eukalyptusöl in einer Duftlampe kann helfen

NATURHEILKUNDE

Wenn die Erkrankung ihren Höhepunkt erreicht, ist eine leichte Kost aus Obst- und Gemüsesäften und Brühe angeraten. Zur Bekämpfung der Infektion sind Knoblauch und Lebensmittel mit viel Zink,Vitamin A und C hilfreich. SEITEN 118–121

HOMÖOPATHIE

Die Nosode Pertussin kann verschrieben werden. Obwohl viele meinen, daß sie bei der „Immunisierung" gegen Keuchhusten hilft, konnte es bisher nicht bewiesen werden. Standardmittel sind: Aconite C6 im Frühstadium bei hartem, trockenem Husten, Fieber, Durst, warmer Haut, schnellem Puls und Angst; Belladonna C6 bei bellendem, wiederkehrendem Husten, der nachts schlimmer wird, und bei roter, trockener Haut, Weinen und Unruhe; Drosera C6 bei heftigem, krampfenden Husten; Ipecac. C6, wenn der Husten Erbrechen hervorruft.
SEITEN 126–130

WESTLICHE PFLANZENKUNDE

Ihr Therapeut könnte husten- und schleimlösende Pflanzen wie Alant, Wildkirsche, Königskerze und Ysop, antiseptische und krampflösende Pflanzen wie Thymian (mit Honig vermengt) und Süßholz zur Beruhigung der Bronchialschleimhaut verordnen. Manche Heilpraktiker empfehlen wilden Salat zur Beruhigung, wenn Angst die Hustenanfälle verschlimmert. SEITEN 134–139

Achtung: Geben Sie Kindern unter einem Jahr nur pasteurisierten Honig.

ANDERE HEILMETHODEN

Bachblüten SEITEN 132–133

HYPERAKTIVITÄT/HYPERKINETISCHES SYNDROM

DIESES SYNDROM BEINHALTET Überaktivität, Rastlosigkeit, Unaufmerksamkeit, Impulsivität, Gestörtheit und Kontrollverlust. Ungefähr 3 Prozent der Schulkinder sollen davon betroffen sein.

Ursachen Es gibt keine einzelne Ursache, es scheint eine Kombination biologischer, neurologischer, psychologischer und Umweltfaktoren zu sein. Nährstoffmangel, Nahrungsunverträglichkeiten und Lebensmittelzusätze, Koffein, übermäßiger Zuckerkonsum, Lernschwierigkeiten, Umweltverschmutzung und instabile häusliche Verhältnisse wurden verantwortlich gemacht, aber die Forschungen haben keine Belege dafür erbracht.

Konventionelle Therapie Bei einigen Kindern scheint das Meiden von raffinierten Lebensmitteln und Koffein zu helfen. Ärzte könnten ebenso ein dem Amphetamin ähnliches Medikament verschreiben, manche meinen aber, dies sei wegen der ungünstigen Nebenwirkungen nicht angebracht. Forscher empfehlen jetzt eine psychologische und pädagogische Herangehensweise, möglicherweise in Kombination mit Medikamenten.

ALTERNATIVE THERAPIEN

Manche Therapeuten suchen Ernährungs- oder Umweltfaktoren, die zu Hyperaktivität führen können. Andere suchen nach psychologischen Auslösern.

NATURHEILKUNDE

Ein Heilpraktiker wird eine Vollwertkost mit Mineralwasser und das Meiden von raffinierten Lebensmitteln und Zusätzen wie Tartrazin (E 101) und Benzoesäure (E 210–219) anordnen. Mögliche Nahrungsunverträglichkeiten werden untersucht, besonders nach Salicylaten (Chemikalie in Aspirin und vielen Früchten wie Äpfeln, Mandeln, Aprikosen, Pfirsichen, Tomaten, Beeren und Rosinen) wird gesucht. Dr. Benjamin Feingold behauptete in den USA in den frühen 80er Jahren, daß die Entfernung von Lebensmittelfarben, Konservierungsstoffen, Zucker, Zusätzen und Salicylaten aus der Ernährung bei 70 Prozent der hyperaktiven Kinder eine Besserung erbringen würde. SEITEN 118–121

WESTLICHE PFLANZENKUNDE

Die Therapeuten werden entspannende Kräuteraufgüsse aus Eisenkraut oder Kamille empfehlen. Wenn nötig, werden „entgiftende" Pflanzen wie roter Klee, Seetang, Nessel oder kleine Braunelle gegeben.
SEITEN 134–139

ERNÄHRUNGSTHERAPIEN

Bei manchen hyperaktiven Kindern wurde ein Mangel an essentiellen Fettsäuren, Zink, Vitamin C, B_6 und Niacin entdeckt. Die Therapeuten werden Ergänzungen empfehlen. Wenn Umweltverschmutzung als Faktor vermutet wird, könnte Seetang zur „Entgiftung" des Körpers gegeben werden. SEITEN 148–152

PSYCHOTHERAPIE & BERATUNG

Mehrere Therapien, einschließlich der kognitiven Verhaltenstherapie, Kindertherapie und Beratung, können psychosoziale Faktoren oder Erziehungsprobleme, die bei der Hyperaktivität eine Rolle spielen, lösen. SEITEN 160–165

KINDERTHERAPIE
Konstruktives Spielen kann die Konzentrationsfähigkeit bei hyperaktiven Kindern verbessern

ANDERE HEILMETHODEN

Craniale Osteopathie	SEITE 81
Homöopathie	SEITEN 126–130
Entspannungs- & Atemtherapie	SEITEN 170–173

SCHLAFPROBLEME

BEI BABYS kann Schlaflosigkeit durch Hunger, Blähungen, verschmutzte Windel, Windeldermatitis, Kolik, erhöhte Temperatur oder Frieren verursacht sein. Ältere Kinder können durch Überreizheit und Unruhe, unregelmäßige Bettzeiten, Angst, Bewegungs- und Frischluftmangel, einem überheizten oder kalten Schlafzimmer oder durch Krankheit im Schlafrhythmus gestört sein.

Selbsthilfe Überprüfen Sie, ob sich Ihr Kind wohlfühlt und nicht z. B. eine frische Windel braucht. Halten Sie sich an feste Bettzeiten, geben Sie dem Kind ein warmes Getränk (keinen Kakao, er enthält Koffein), und folgen Sie einem Ritual, z. B. mit einer Gute-Nacht-Geschichte. Schauen Sie ein-, zweimal nach dem Kind, wenn es schreit.

ALTERNATIVE THERAPIEN

Es kann anstrengend sein, ein Kind zu haben, das nicht schlafen kann. Unter den Behandlungen finden sich beruhigende Nahrungsmittel und Pflanzenheilmittel, die vor dem Zubettgehen gegeben werden, oder aromatische, ätherische Öle, die das Kind beruhigen und entspannen.

AROMATHERAPIE

Heilpraktiker empfehlen zur Beruhigung den Zusatz einiger Tropfen von ätherischem Kamillen-, Lavendel-, Rosen-, Neroli- oder Geranienöl ins Bad. Ätherisches Lavendelöl in einer Duftlampe kann beruhigen. SEITEN 62–65

NATURHEILKUNDE

Um eine Überreizung des Kindes zu vermeiden, wird von Nahrung abgeraten, die Zucker und Zusätze enthält. Vor dem Zubettgehen sollte eine Banane, ein Salatsandwich oder ein Milchgetränk gegeben werden, da diese Nahrungsmittel Tryptophan, Kalzium und Vitamin B enthalten, die vom Körper zur Produktion von Serotonin gebraucht werden, das den Schlaf auslöst. SEITEN 118–121

WESTLICHE PFLANZENKUNDE

Aufgüsse beruhigender Pflanzen wie Katzenminze, Zitronenbalsam, Lavendel oder Hopfen, vor dem Zubettgehen als Tee gegeben, verschaffen erholsamen Schlaf. Aufgüsse von Kamille, Linde oder Scutellaria sollen nervöse Anspannung lindern, Rosmarin soll von schlechten Träumen befreien. SEITEN 134–139

ANDERE HEILMETHODEN

Homöopathie	SEITEN 126–130
Bachblüten	SEITEN 132–133

BETTNÄSSEN

KINDER KÖNNEN INS BETT NÄSSEN, bis sie drei oder vier Jahre alt sind. Eines von zehn Kindern näßt bis zum sechsten Lebensjahr und einige, bis sie Teenager sind. Das Bettnässen ist hauptsächlich abhängig von der Entwicklung des Nervensystems, das für die Blasenkontrolle verantwortlich ist, es kann aber auch durch Ängste hervorgerufen werden.

Konventionelle Therapie Manche Ärzte verschreiben antidepressive Medikamente, die aber nur so lange wirken, wie sie eingenommen werden. Automatische Wecker, die, bei den ersten Tropfen, das Kind wecken, damit es zur Toilette gehen kann, können helfen.

Selbsthilfe Es ist wichtig, nicht mit dem Kind böse zu sein. Geben Sie dem Kind abends nicht viel zu trinken. Ein Belohnungssystem für Nächte ohne Einnässen können dem Kind das Gefühl einer großen Leistung geben.

ALTERNATIVE THERAPIEN

Alternativtherapeuten versuchen den Harnapparat mit medizinischen Heilmitteln und Diätmaßnahmen zu stärken.

CHIROPRAKTIK (SIEHE OSTEOPATHIE)

OSTEOPATHIE

Eine „spinale Dysfunktion" soll die Nervenimpulse zwischen Gehirn und Blase unterbrechen. SEITEN 70–81

AKUPUNKTUR

Zwei italienische Studien von 1981 zeigen eine Wirkung von Akupunktur. SEITEN 90–94

HOMÖOPATHIE

Die folgenden Standardmittel können helfen: Plantago C6, wenn kurz nach dem Einschlafen eingenässt wird, und Lycopodium C6 im weiteren Verlauf der Nacht; Pulsatilla C6, wenn das Kind klammert; Causticum C6, wenn sich das Bettnässen bei Husten verschlimmert.
SEITEN 126–130

WESTLICHE PFLANZENKUNDE

Johanniskraut soll entspannen, wenn das Bettnässen durch Ängste ausgelöst wird. Wassertreibende Mittel wie Quecke, seidige Maiskolbenhülle und Eibisch können einen regelmäßigeren Blasenrhythmus schaffen.
SEITEN 134–139

SEIDIGE MAISKOLBENHÜLLE
Tee der Maiskolbenhülle stimuliert das Wasserlassen vor dem Schlafen

PSYCHOTHERAPIE & BERATUNG

Therapeuten werden nach einer zugrundeliegenden Streßursache forschen und versuchen die Angst vor dem Bettnässen zu nehmen. Dem Kind werden realistische Ziele gesetzt.
SEITEN 160–165

ANDERE HEILMETHODEN

Craniale Osteopathie SEITE 81

STOTTERN

ETWA EINES VON zehn Kindern stottert, Jungen dreimal häufiger als Mädchen. 20 Prozent dieser Kinder haben länger Probleme damit. Neuere Studien belegen, daß neben genetischen, emotionalen und psychologischen Faktoren Prozesse der Sprachkoordination des Gehirns gestört sein können. Da Stottern schwierig zu behandeln ist, wird frühzeitig ein Sprachtherapeut einbezogen. Viele Techniken werden verwendet.

ALTERNATIVE THERAPIEN

Methoden, die Entspannung, Atmung und Selbstsicherheit fördern, sind hilfreich.

PSYCHOTHERAPIE & BERATUNG

Ein Gespräch unter vier Augen kann soziale Fähigkeiten und Selbstsicherheit fördern. In einer Gruppenberatung mit anderen Stotterern oder mit der Familie können Streßquellen und mögliche Spannungen in der Umgebung des Kindes gefunden werden. SEITEN 160–165

HYPNOTHERAPIE

Suggestionen waren bei Kindern in bestimmten Fällen erfolgreich. SEITEN 166–167

ENTSPANNUNGS- & ATEMTHERAPIE

Techniken zur Reduzierung von Ängsten und Verspannung können helfen. SEITEN 170–173

MUSIKTHERAPIE

Eine gesteigerte Ausdrucksfähigkeit zu erfahren kann helfen. Stotterer zögern selten, wenn sie allein oder in einem Chor singen. SEITE 181

WUTANFÄLLE

WUTANFÄLLE sind relativ häufig bei Kindern bis fünf Jahren, was sich bei den meisten dann legt. Familienprobleme, die Geburt eines Geschwisterkinds oder inkonsequente Erziehung können zu diesem Verhalten beitragen. Ärzte empfehlen, Wutanfälle zu ignorieren, es sei denn, die Situation ist gefährlich. Das Ablenken der Aufmerksamkeit ist einer Bestrafung vorzuziehen. Wenn Wutanfälle nach dem fünften Geburtstag weiterhin auftreten, könnte eine psychologische Beratung angezeigt sein.

ALTERNATIVE THERAPIEN

Heilpraktiker ermitteln, ob Nahrungsallergien das Problem verschlimmern, während mentale Therapien den Eltern helfen.

NATURHEILKUNDE

Empfindlichkeiten gegenüber Nahrungsmitteln sollen die Stimmung beeinflussen, eine Auslaßdiät wird verordnet.
SEITEN 118–121

HOMÖOPATHIE

Eine Beurteilung Ihres Kindes mit anschließender entsprechender Behandlung ist anzuraten. Nux vomica C6 könnte bei Gereiztheit empfohlen werden
SEITEN 126–130

NUX VOMICA
Diese Samen ergeben das homöopathische Mittel gegen Gereiztheit

PSYCHOTHERAPIE & BERATUNG

Familientherapie kann sowohl dem Kind als auch den Eltern helfen, Situationen mit Wutanfällen zu bewältigen. SEITEN 160–165

GEIST & GEFÜHLE

SEIT DEN 80ER JAHREN haben verschiedene Untersuchungsmethoden wie die Tomographie nachgewiesen, daß bestimmte Teile des Gehirns mit bestimmten Gefühlen und geistigen Funktionen in Verbindung steht. Diese Technologie hilft den Neurologen, Hirntätigkeit und psychiatrische Krankheiten besser zu verstehen und zu lokalisieren. Körper, Geist und Gefühle stehen miteinander in Beziehung über einen Teil des Gehirns, der limbisches System heißt und Gefühle beeinflußt und Hormone kontrolliert. Gedanken und Gefühle haben somit einen direkten Einfluß auf Kreislauf, Verdauung und den Bewegungsapparat.

SCHLÜSSELSYMBOLE

FORSCHUNG	THERAPEUT
Gute wissenschaftliche Versuche mit positivem Resultat	Unentbehrlich
Einige Studien	Empfohlen
Nicht fundiert	Nicht nötig
	SELBSTBEHANDLUNG
	Selbstbehandlung möglich
	Keine Selbstbehandlung

ALTERNATIVE BEHANDLUNGSWEISEN

Körpertherapien konzentrieren sich auf die Muskelentspannung, medizinische Therapien verbessern die Funktionen des Gehirns und der Nerven, psychologische Therapien lösen innere Konflikte.

KONVENTIONELLE BEHANDLUNGSWEISEN

Fortschritte in der Verhaltenstherapie haben die Behandlung von Phobien verbessert. Hirnoperationen und Elektroschocks werden seltener angewendet.

Achtung: siehe auch Seite 204.

DIE ROLLE DES LIMBISCHEN SYSTEMS

Das limbische System ist die wichtigste Verbindung zwischen Geist und Körper. Strukturen wie Gyrus cinguli, Fornix oder Hippocampus regeln Instinkte und Emotionen und kontrollieren Nerven- und Hormonsystem. Das limbische System koordiniert auch die Neurotransmitter, die chemischen „Boten" des Körpers. Ausreichend Serotonin z. B. scheint die Stimmung zu heben, während ein Mangel zu Depressionen führen kann. Einige Geisteskrankheiten werden auf Störungen der Gehirnchemie zurückgeführt. Studien zeigen, daß eine verbesserte Lebenseinstellung die Gehirnchemie beeinflussen kann.

DAS LIMBISCHE SYSTEM

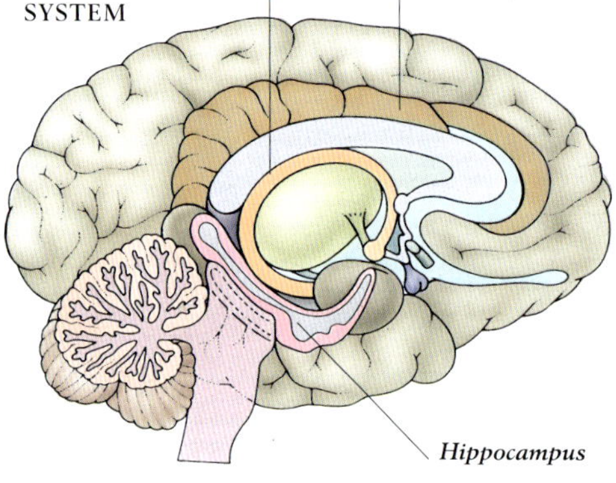

PHOBIEN

EINE PHOBIE IST EINE IRRATIONALE FURCHT vor einer Situation oder einem Gegenstand, die Panikattacken und Depressionen hervorrufen kann. Einige Phobien, wie z. B. die Angst vor großen Plätzen (Agoraphobie), können das tägliche Leben sehr einschränken. Es gibt die Angst vor geschlossenen Räumen (Klaustrophobie) oder vor bestimmten Tieren. Hyperventilation (schnelles Atmen) verschlimmert die Situation. Eine Phobie kann durch schlechte Erfahrung oder durch die Angst von Eltern oder Geschwisters entstehen.

Konventionelle Therapie Meist werden kognitive Verhaltenstherapien vorgeschlagen. Anitdepressiva helfen, brauchen aber 4–6 Wochen, bis sie wirken.

Selbsthilfe Lernen Sie, Ihre Reaktionen durch streßverarbeitende Techniken zu kontrollieren.

ALTERNATIVE THERAPIEN

Mentale Therapien helfen, die Ängste zu kontrollieren. Auch die Homöopathie wirkt bei emotionalen Problemen.

HOMÖOPATHIE

Standardheilmittel sind: Aconitum C6 bei Agoraphobie, Argent. nit. C6 bei Klaustrophobie und Höhenangst und Phosphorus C6 bei Angst im Dunkeln. SEITEN 126–130

ERNÄHRUNGSTHERAPIEN

Einige Therapeuten glauben, daß Agoraphobie durch einen Mangel an Omega-3-Fettsäuren hervorgerufen wird, was bisher nicht bestätigt wurde. Sie empfehlen Fischöle. SEITEN 148–152

PSYCHOTHERAPIE & BERATUNG

Expositionstraining, eine Art der Verhaltenstherapie, ist sehr wirksam. Dem Patienten wird geholfen, sich der Ursache der Phobie direkt gegenüberzustellen. Nach und nach wird dieses Gegenüber gesteigert, bis die Angstzustände verschwinden. Mit Entspannungstechniken werden die Reaktionen kontrolliert. Die kognitive Verhaltenstherapie kann helfen, sich positivere Sichtweisen anzueignen. Therapeuten des NLP (Neurolinguistisches Programmieren) behaupten, dies sei eine sehr wirksame Methode gegen Phobien. SEITEN 160–165

ENTSPANNUNGS- & ATEMTHERAPIEN

Gelehrt wird die Progressive Muskelentspannung und die Zwerchfellatmung, die hilft, Angstzustände zu kontrollieren, und einer Hyperventilation vorbeugt. SEITEN 170–173

KUNSTTHERAPIE

Das Ausdrücken irrationaler Ängste durch Malen oder Zeichnen kann bei deren Bewältigung helfen. SEITEN 182–183

ANDERE HEILMETHODEN

Hypnotherapie SEITEN 166–167
Biofeedback SEITE 169

ANGSTZUSTÄNDE

ANGST IST EIN TEIL DES „Angriff-oder-Flucht“ Syndroms (siehe S. 290–291) und eine ganz natürliche Reaktion auf bestimmte Situationen. Manchmal können diese Ängste jedoch so stark werden, daß sie das alltägliche Leben behindern. Überängstliche Menschen sind gereizt, können sich schwer konzentrieren, schlafen schlecht, werden leicht müde und sind oft depressiv. Die Muskelverspannungen führen zu Kopfschmerzen, Schmerzen in Nacken und Rücken und machen eine Entspannung unmöglich. Die Angst kann sich auch durch Herzklopfen, Brustschmerzen und Verdauungsstörungen manifestieren. Auf die Dauer laugen diese Ängste aus und führen zu Störungen des Immunsystems, zu Bluthochdruck und Reizkolon.

Ursachen Oft ist es schwierig, die genaue Ursache herauszufinden. Einige Menschen sind anfälliger für Ängste, was genetische Gründe haben kann. Tendenziell pessimistische oder neurotische Menschen werden in Streßsituationen leichter ängstlich. Auch schlechte Erfahrungen und Familienmuster spielen eine wichtige Rolle.

Konventionelle Therapie Kurzfristig können Betablocker oder Antidepressiva verordnet werden, meist in Kombination mit einer Psychotherapie oder Beratung.

Selbsthilfe Über die Probleme zu sprechen hilft oft, eine ausgeglichenere Sicht einzunehmen. Versuchen Sie positiv zu denken und die Quelle der Angst als Herausforderung und nicht als Bedrohung zu sehen. In vielen Studien seit den 70er Jahren wurde nachgewiesen, daß Körperübungen einen „beruhigenden“ Effekt auf die Ängste haben und die Muskelanspannung reduzieren.

RÖMISCHE KAMILLE
Die Massage mit dem Öl dieser Pflanze beruhigt

KÖRPER- & BEWEGUNGSTHERAPIEN

Die heilende Wirkung einer Berührung ist erwiesen. Bei vielen Menschen helfen diese Therapien gegen Streß und Angst.

MASSAGE

Regelmäßige Massage löst Muskelverspannungen und reduziert Streß und Ängstlichkeit.
SEITEN 56–61

AROMATHERAPIE

Beruhigende Düfte sollen Angstzustände lindern. In einer englischen Studie wurde 1995 herausgefunden, daß eine Massage mit römischer Kamille bei Krebspatienten eine beruhigendere Wirkung hatte als die Massage mit einem Trägeröl. SEITEN 62–65

ROLFING

Eine US-Studie wies 1979 nach, daß der feste Druck und die Rolfing-Techniken bei den Testpersonen die Ängste besser lindern konnten als einfache Körperübungen. SEITEN 82–83

THERAPEUTIC TOUCH

Durch Handauflegen versucht der Therapeut den Energiefluß des Patienten „auszubalancieren“. Studien konnten nachweisen, daß Therapeutic Touch die Ängste bei Krankenhauspatienten besser reduzierten als gewöhnliche Berührungen oder Gespräche. SEITE 106

ANDERE HEILMETHODEN

Bioenergetik	SEITE 89
Akupressur	SEITE 95
Qi Gong	SEITE 99
Heilung	SEITEN 104–105
Yoga	SEITEN 108–111

MEDIZINISCHE THERAPIEN

Ernährungsumstellung und Homöopathie können bei Angstzuständen helfen.

HOMÖOPATHIE

Standardmittel sind: Gelsemium C6 bei Angst vor zukünftigen Ereignissen, Arsen Alb C6 bei ständiger Angst und Ruhelosigkeit, Phosphorum C6 bei Überempfindlichkeit und Beruhigungsbedarf und Argent. nit. C6, wenn Vorahnungen sich auf die Verdauung auswirken.
SEITEN 126–130

NATURHEILKUNDE

Der Therapeut wird nachprüfen, ob Ihre Ernährung ausreichend Nährstoffe und komplexe Kohlenhydrate (wie z. B. Brot und Teigwaren) enthält, die den Blutzucker stabilisieren. In einigen Fällen werden die Angstzustände durch Hypoglykömie (niedriger Blutzucker) ausgelöst. Auch Depressionen,

STÄRKEHALTIGE NAHRUNGSMITTEL
Nudeln, Reis und Brot stabilisieren den Blutzucker

Panikattacken und Stimmungsschwankungen werden damit in Verbindung gebracht. Stimulantien wie Kaffee und Alkohol sollten vermieden werden. Eine Auslaßdiät kann stimmungsbeeinflussende Nahrungsunverträglichkeiten herausfinden. SEITEN 118–121

MENTALE & EMOTIONALE THERAPIEN

Überängstliche Menschen haben oft eine „Opfer“-Mentalität. Mit den mentalen und emotionalen Therapien wird versucht, die Selbstachtung zu stärken.

PSYCHOTHERAPIE & BERATUNG

Die Psychotherapie kann helfen, die Ursachen der Angstzustände herauszufinden, zu verstehen und damit umzugehen lernen. Kognitive Verhaltenstherapien helfen, Denkmuster und Verhaltensweisen zu verändern, die die Angstzustände verstärken. SEITEN 160–165

HYPNOTHERAPIE

Die Hypnotherapie hilft, konditionierte physiologische Reaktionen wie Übelkeit und Hyperventilation rückgängig zu machen. Sie kann auch bei Prüfungs- oder Redeangst helfen. SEITEN 166–167

ENTSPANNUNGS- & ATEMTHERAPIE

Die Fähigkeit, sich richtig zu entspannen und tiefe Zwerchfellatmung durchzuführen, kann helfen, Angstzustände unter Kontrolle zu bringen. SEITEN 170–173

MEDITATION

In einer US-Studie wurde 1992 nachgewiesen, daß Menschen, die an einem Vipassana-Programm („bewußte Meditation“) teilnahmen, weniger ängstlich und depressiv waren als zuvor. Drei Jahre später zeigten die, die weiterhin meditierten, noch mehr Verbesserung.
SEITEN 174–177

PANIKATTACKEN & HYPERVENTILATION

PLÖTZLICHE ANFÄLLE INTENSIVER ANGST (Panikattacken) treten scheinbar zufällig auf oder werden durch eine bestimmte Situation hervorgerufen, z. B. in einem überfüllten Zug; in diesem Fall wird eine „Phobie" diagnostiziert. Zu den Symptomen gehören Brustschmerzen, Atembeschwerden, Herzklopfen und Schwindel. Sehr schnelles Atmen wird Hyperventilation genannt. Dadurch fällt der Kohlendioxydspiegel im Blut, was zu Schwäche, Taubheit und Muskelanspannung führt. **Konventionelle Therapie** Verordnet wird eine kognitive Verhaltenstherapie, eventuell in Verbindung mit Betablockern zur Kontrolle der physischen Symptome. **Selbsthilfe** Kämpfen Sie nicht gegen die Attacken an, sondern denken Sie daran, daß es bald vorbei sein wird. Bei Hyperventilation können Sie in eine Plastiktüte atmen, das hilft, den Kohlendioxydspiegel zu erhöhen.

ALTERNATIVE THERAPIEN

Durch physiologische und psychologische Methoden kann man sich während einer Attacke sehr schnell selbst helfen.

AROMATHERAPIE

Einige Tropfen Öl von Salvia sclarea, Lavendel, Sandelholz und Rose auf ein Taschentuch tröpfeln und während einer Attacke einatmen. SEITEN 62–65

HOMÖOPATHIE

Folgende Mittel sollte man einnehmen: Arnica C6 als erstes Mittel, Aconitum C6 bei plötzlichem Schock mit Brustschmerzen und Todesangst; Gelsemium C6, wenn man sich danach schwach und zittrig fühlt. SEITEN 126–130

PSYCHOTHERAPIE & BERATUNG

Die kognitive Verhaltenstherapie kann sehr gut helfen, die Angst bei Panikattacken und Hyperventilation zu überwinden.
SEITEN 160–165

ENTSPANNUNGS- & ATEMTHERAPIEN

Techniken zur Muskelentspannung können die Anspannung reduzieren. SEITEN 170–173

MEDITATION

Vipassana („bewußte Meditation") hilft, sich während einer Attacke auf Atmung und positives Denken zu konzentrieren und so ein Ansteigen der Panik zu verhindern. SEITEN 174–177

INNERE RUHE
Die Konzentration auf den Atem oder einen Gegenstand beruhigt

ANDERE HEILMETHODEN

Yoga SEITEN 108–111
Naturheilkunde SEITEN 118–121
Bachblüten SEITEN 132–133
Hypnotherapie SEITEN 166–167
Autogenes Training SEITE 168

ZWANGHAFTES VERHALTEN

DIE PHOBIEN KÖNNEN sich auf zwanghafte Weise manifestieren oder zu zwingenden Ritualen führen, die immer und immer wieder ausgeführt werden müssen, um Angst und Panikattacken abzuwehren. Am meisten verbreitet sind Zwangsvorstellungen in bezug auf Schmutz, Unordnung oder Gewalt. Manche Menschen haben beispielsweise eine abnorme Angst vor Keimen und waschen ständig ihre Hände. Meist wird in diesen Fällen eine Verhaltenstherapie und manchmal Antidepressiva verordnet.

ALTERNATIVE THERAPIEN

Die Therapeuten werden Techniken vorschlagen, die Ihnen helfen, Ihre Verhaltensmuster zu verstehen und zu ändern. In problematischen Situationen kann dies helfen.

PSYCHOTHERAPIE & BERATUNG

Expositionstraining, eine Art der Verhaltenstherapie, kann sehr erfolgreich sein. Sie werden einer Situation ausgesetzt, die Ihr Zwangsverhalten hervorruft, und man hilft Ihnen dabei, dies dann zu unterdrücken.
SEITEN 160–165

HYPNOTHERAPIE

Im Zustand tiefster Entspannng wird Ihnen der Hypnotherapeut Auswege aus schwierigen Situationen suggerieren. SEITEN 166–167

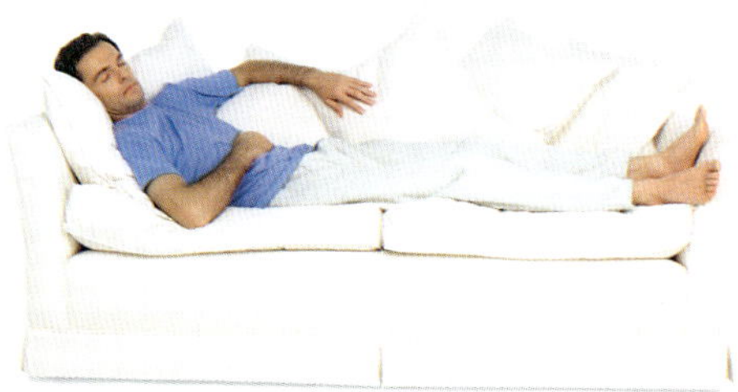

SELBSTHYPNOSE
Tiefste Entspannung kann Ängste vertreiben

POSTTRAUMATISCHE STÖRUNGEN

MENSCHEN, DIE EXTREMSITUATIONEN ertragen mußten wie Krieg oder Vergewaltigung, können noch lange nach diesem Ereignis Angstzustände erleben. Dies kann sich in Schlafstörungen, Halluzinationen und vielen anderen physischen und psychischen Störungen auswirken. Auch Panikattacken und Hyperventilation sind verbreitet. Meist wird in diesen Fällen eine Beratung verordnet.

ALTERNATIVE THERAPIEN

Psychologische Therapien, die Berührungstechniken anwenden, können helfen, traumatische Erlebnisse zu verarbeiten.

CRANIO-SAKRALE THERAPIE

Die Therapeuten führen korrigierende Techniken auf Schädel und Wirbelsäule aus. Sie behaupten, durch diese Techniken „das Körpergedächtnis" des Ereignisses löschen zu können.
SEITE 81

PSYCHOTHERAPIE & BERATUNG

Die kognitive Verhaltenstherapie wird sehr oft empfohlen. Einige Psychologen wenden eine umstrittene Therapie an, die „Desensibilisierung und Wiederherstellung der Augenbewegung" genannt wird. Hierbei geben die Augenbewegungen die informationsverarbeitende Funktion der REM-Phase des Schlafes wieder (siehe S. 39). Das soll Erkenntnisse liefern, die dem Patienten psychologisch weiterhelfen.
SEITEN 160–165

SCHLAFLOSIGKEIT

DIE UNFÄHIGKEIT ZU SCHLAFEN, ist ein weit verbreitetes Problem. Etwa die Hälfte der 40–55jährigen leidet zumindest zeitweilig unter Schlaflosigkeit. Es gibt drei Kategorien der Schlaflosigkeit: die Unfähigkeit einzuschlafen, häufiges Aufwachen oder zu frühes Aufwachen am Morgen. Ein Minimum an Schlaf ist lebenswichtig für viele Körperfunktionen. Zu wenig Schlaf kann zu Müdigkeit und Gereiztheit führen.

Ursachen Die häufigste Ursache sind psychologische Faktoren. Probleme beim Einschlafen stehen in Bezug zu Ängsten, während das ständige Aufwachen durch Depressionen, Krankheit, Dauerschmerzen oder Veränderungen im zirkadianen Rhythmus (körpereigene Uhr) aufgrund von Jetlag oder Schichtarbeit verursacht sein kann. Mangel an Körperübungen, Stimulantien wie Koffein, Alkohol oder Nikotin oder auch eine Veränderung der Umgebung können den Schlafrhythmus beeinträchtigen.

Konventionelle Therapie Meist werden die Ursachen der Schlaflosigkeit mit Beratung oder Entspannungstechniken behandelt, bei Depressionen werden auch Antidepressiva verordnet. Als letzter Ausweg werden kurzfristig Schlaftabletten verschrieben. Auch Schlafeinschränkungen, bei denen die Patienten nicht länger als sechs Stunden in der Nacht im Bett bleiben durften, bis sich neue Schlafrhythmen einstellten, haben in einigen Fällen Erfolg gezeigt.

Selbsthilfe Es gibt viele einfache Maßnahmen, die den Nachtschlaf fördern. Dazu gehören gemäßigte Eß- und Trinkgewohnheiten, regelmäßige Körperübungen und Entspannungspausen (S. 39).

ENTSPANNENDE MASSAGE
Eine Rückenmassage hat eine sehr beruhigende Wirkung und hilft oft beim Einschlafen

ALTERNATIVE THERAPIEN

Entspannende Körpertherapien helfen bei Schlaflosigkeit, da sie das Gehirn dazu bringen, schlaffördernde Chemikalien zu produzieren. Andere Therapien wie die Naturheilkunde helfen, wenn eine andere Ursache zugrundeliegt, etwa eine Verdauungsstörung.

MASSAGE

Eine Massage kurz vor dem Zubettgehen löst Muskelspannungen, reduziert die Angst und stärkt die Produktion schlaffördernder Chemikalien. SEITEN 56–61

AROMATHERAPIE

Lavendelöl als Inhalation, als Zusatz in einem heißen Bad oder bei einer Massage im Massageöl wirkt schlaffördernd. SEITEN 62–65

AKUPUNKTUR

Die Stimulierung der entsprechenden Meridiane durch die Akupunktur bewirkt die Ausschüttung von Endorphinen, der körpereigenen stimmungsstärkenden Chemikalien, und hilft so bei Schlaflosigkeit.
SEITEN 90–94

NATURHEILKUNDE

Gesunde Ernährung, frische Luft und Körperübungen werden empfohlen. Der Therapeut wird allerdings auch auf Nahrungsunverträglichkeiten und Verdauungsprobleme hin untersuchen, die den Schlaf stören könnten. Ein warmes Bad vor dem Zubettgehen kann helfen, da es den Kreislauf verbessert und die Muskeln entspannt. SEITEN 118–121

HOMÖOPATHIE

Eine Konstitutionsbehandlung wird durchgeführt, aber auch folgende Standardmittel können helfen: Coffea C6, wenn der Geist nachts nicht zur Ruhe kommt; Arnica C6, wenn Sie aufgrund von Erschöpfung nicht schlafen können; Arsen alb. C6 bei Ruhelosigkeit und Aufwachen in den frühen Morgenstunden.
SEITEN 126–130

WESTLICHE PFLANZENKUNDE

Milde Kräuter werden empfohlen, die das Nervensystem beruhigen und die Entspannung fördern; wenn nötig werden auch stärkere Beruhigungsmittel verordnet. Europäische Untersuchungen von 1982, 1989 und1994 wiesen nach, daß Baldrian einen schnelleren und tieferen Schlaf förderte als die Placebos und daß es so gut wirkt wie Barbiturate und Benzodiazepine. SEITEN 134–139

Achtung: Baldrian sollte nicht in Kombination mit Schlafmitteln genommen werden.

CHINESISCHE PFLANZENKUNDE

Schlaflosigkeit wird mit einem Mangel an Qi in den Nieren assoziiert und „Hitze" im Herzen, die Shen aufbraucht, die Energie, die Geist und Emotionen stabilisiert. Zu den Heilmitteln gehören Poria cocos, Polygonum multiflorum und Zizyphus spinosa. SEITEN 140–143

POLYGONUM MULTIFLORUM
In der TCM wird diese Wurzel als „kühlend" eingeschätzt und zur Giftauswaschung verordnet

ERNÄHRUNGSTHERAPIEN

Ergänzungen wie Magnesium, Kalzium und Vitamin B_6 und B_{12} werden zur Beruhigung der Nerven empfohlen. Auch eine Ergänzung von Melatonin, dem schlaffördernden Hormon, das im Dunkeln produziert wird, kann erwogen werden. SEITEN 148–152

KLINISCHE ÖKOLOGIE

Die Therapeuten werden auf Rückstände von Schwermetallen oder auf Allergien testen, die schlafstörend wirken können.
SEITEN 154–155

PSYCHOTHERAPIE & BERATUNG

Der Therapeut könnte vorschlagen, sich am Tag etwas Zeit zum Nachdenken und für die Sorgen freizuhalten, so daß der Geist während der Nacht ruhig bleiben kann. SEITEN 160–165

ENTSPANNUNGS- & ATEMTHERAPIE

Progressive Muskelentspannung und Zwerchfellatmung vor dem Zubettgehen können Muskelspannungen lösen, Angst nehmen und den Geist beruhigen. SEITEN 170–173

ANDERE HEILMETHODEN

Akupressur	SEITE 95
Shiatsu	SEITEN 96–97
Qi Gong	SEITE 99
Yoga	SEITEN 108–111
Bachblüten	SEITEN 132–133
Hypnotherapie	SEITEN 166–167
Autogenes Training	SEITE 168
Biofeedback	SEITE 169
Meditation	SEITEN 174–177
Visualisierung	SEITEN 178–179
Lichttherapie	SEITE 188

STRESS

STRESS WURDE DEFINIERT ALS DRUCK, den wir in Situationen empfinden, die unser Wohlbefinden stören und unsere Kräfte erschöpfen. Meist hat dies positive Folgen: Es bringt uns z. B. dazu, einem Auto auszuweichen oder uns auf eine Prüfung gut vorzubereiten. Streß kann allerdings zu einem Problem werden, wenn man davon überrannt wird und unfähig ist, auf die Herausforderungen entsprechend zu reagieren. Es ist wichtig, wie der einzelne die Situation wahrnimmt und wie er mit den alltäglichen Belastungen umgeht. Zwei Personen, die mit der gleichen Situation konfrontiert werden, können völlig unterschiedlich reagieren. Alternative Therapien helfen sehr gut bei der Lösung von streßbedingten Beschwerden.

URSACHEN & SYMPTOME

Die Körperreaktion auf einen Notfall (einen „Streßauslöser") ist bekannt als „Angriff-oder-Flucht"-Syndrom. Streßhormone werden ausgeschüttet, das Herz schlägt schneller, und der Atemrhythmus wird erhöht. Die Reaktion geht der physischen Handlung voraus, die die Streßhormone auflöst. In der heutigen Zeit ist der Streß meist mental oder emotional. Die Anstrengung, sich in einem ständigen Zustand erhöhter Aufmerksamkeit zu befinden, der durch keine physische Aktion gelöst werden kann, verursacht Beschwerden wie Rückenschmerzen, Kopfschmerzen, erhöhten Blutdruck, Verdauungsschwierigkeiten, Schwitzen, Herzklopfen, Gereiztheit und Angstzustände. Zusätzlich kann Streß zu bestimmten Problemen beitragen oder sie sogar auslösen, angefangen bei Lippenherpes bis hin zu Herzkrankheiten. Streßauslöser können „äußerlich" sein – Ereignisse, die wir nicht beeinflussen können, wie Verkehrsstaus, finanzielle Probleme oder ein Trauerfall – oder „innerlich" – unsere persönlichen Emotionen. Chemische Substanzen wie Kaffee, Nikotin, Alkohol, Zucker, Lebensmittelzusätze, Drogen, Medikamente und Umweltgifte sind weitere Streßauslöser.

KONVENTIONELLE BEHANDLUNGSWEISEN

80 Prozent der Arztbesuche können auf streßbedingte Probleme zurückgeführt werden. Es wird nach den Ursachen und nach einem Weg gesucht, damit umzugehen.

VORSORGE & SELBSTHILFE

Der Fragebogen zur Selbsteinschätzung auf Seite 28 kann zeigen, wie groß der Streß in Ihrem Leben ist und wie Sie darauf reagieren. Probieren Sie verschiedene streßverarbeitende Techniken aus (Meditation, Entspannungs- und Atemtechniken), bis Sie eine gefunden haben, die Ihnen zusagt. Vermeiden Sie Alkohol, Drogen und Nikotin. Die Neuorgansitation der Zeit, Sprechen über die Probleme und regelmäßige Körperübungen können helfen, den Streß zu verarbeiten und eine totale Erschöpfung zu vermeiden (siehe S. 38). Am wichtigsten ist es, die Streßauslöser zu erkennen und mit ihnen richtig umzugehen. Wenn Sie total erschöpft sind, kann eine völlige Unterbrechung Ihrer Arbeit und ein Tapetenwechsel notwendig sein. „Durchhalten" hat keinen Sinn, Sie werden nichts verbessern können, solange Sie sich nicht erholt haben.

KÖRPER- & BEWEGUNGSTHERAPIEN

Aromatherapie und Massage können die Streßspirale durchbrechen. Östliche Therapien verbessern den Qi-Fluß im Körper.

GERANIE
Das süßlich riechende Öl der Geranie hat beruhigende Qualitäten und hilft bei der Streßverarbeitung

MASSAGE

Eine regelmäßige Massage ist bei Streß sehr hilfreich. Techniken wie Reiben, Kneten und Klopfen werden angewendet. Diese stärken den Kreislauf, reduzieren den Schmerz und lösen Muskelverspannungen. Massage bewirkt die Ausschüttung der Endorphine, die stimmungsstärkend wirken. SEITEN 56–61

AROMATHERAPIE

Das ätherische Öl des Lavendels kann als Zusatz in einem Massageöl, im Bad oder als Inhalation Angst und Spannungen reduzieren. Auch Rose-, Kamille- oder Geranienöl können entspannend wirken; Weihrauch beruhigt und vertieft die Atmung. SEITEN 62–65

Achtung: Während einer Schwangerschaft sollte keine Kamille benutzt werden.

AKUPUNKTUR

Streß kann den Qi-Fluß unterbrechen und Krankheiten begünstigen. Durch Akupunktur kann die Harmonie wiedergewonnen und Entspannung herbeigeführt werden. SEITEN 90–94

QI GONG

Qi Gong ist ein Teil der Traditionellen Chinesischen Medizin, eine Kombination weicher Bewegungen, kontrollierter Atmung und Meditation. Bei regelmäßiger Praxis soll es den Fluß des Qi im Körper stärken, den Kreislauf anregen und Streß reduzieren. SEITE 99

TAI CHI CHUAN

Diese bekannte chinesische Therapie wurde schon als „Meditation in Bewegung" beschrieben. Ein Lehrer wird Ihnen Übungsabläufe beibringen, die Körper und Geist beruhigen, die Muskeln entspannen und aufreibende Gedanken „ausschalten". SEITEN 100–101

YOGA

Ein therapeutisch ausgebildeter Lehrer wird Ihnen neben Atem- und Entspannungsübungen verschiedene Stellungen (Asanas) beibringen, die den Körper dehnen. Diese Übungen sollen Geist und Körper verbinden, Muskelverspannungen lösen und die physischen Funktionen verbessern. Vor allem die Savasana (Totenstellung) ist sehr effektiv. Eine regelmäßig ausgeführte „Wechselatmung" soll den Körper reinigen und stärken sowie den Geist beruhigen. SEITEN 108–111

ANDERE HEILMETHODEN

Reflexologie (FRZ) SEITEN 66–69
Rolfing SEITEN 82–83
Heller-Arbeit SEITE 84
Feldenkrais-Methode SEITE 85
Akupressur SEITE 95
Shiatsu SEITEN 96–97
Reiki SEITE 107

MEDIZINISCHE THERAPIEN

Andauernder Streß richtet eine gesunde Konstitution zugrunde, was wiederum zu noch mehr Streß führt. Medizinische Therapien wollen diesen Teufelskreis durchbrechen.

NATURHEILKUNDE

Die schlimmste Auswirkung von Streß ist laut Naturheilkundlern die Störung des Verdauungssystems, was wiederum zu Nährstoffmangel, schwankendem Blutzuckerspiegel, Candidiasis und Nahrungsunverträglichkeiten führen kann – Krankheiten, die noch mehr Streß produzieren. Es wird viel Wert gelegt auf frische Luft, Körperübungen und regelmäßige Mahlzeiten, die langsam gegessen werden. Vollwertkost wird empfohlen, die Einnahme von chemischen Streßauslösern wie Koffein, Alkohol, gesättigten Fettsäuren, Lebensmittelzusätzen und Zucker sollte eingeschränkt werden. Eventuell wird eine Kur vorgeschlagen, um das Immunsystem zu stärken, die Verdauung und Ausscheidung zu verbessern und Ernährungsmangel und Schlafstörungen auszugleichen. SEITEN 118–121

HOMÖOPATHIE

Es wird ein Heilmittel verordnet, das zur individuellen Konstitution paßt und die „Lebenskräfte" stärkt. Auch die folgenden Standardmittel können helfen: Ignatia C6 bei emotionalen Belastungen, Trauer und Enttäuschungen; Nux vomica C6 bei hohen Erwartungen, Überarbeitung und Gereiztheit; Sepia C6, wenn Sie der Situation nicht mehr gewachsen sind und weinerlich und gereizt sind. SEITEN 126–130

WESTLICHE PFLANZENKUNDE

Ginseng könnte empfohlen werden, da einige Studien die positive Wirkung auf Streß nachweisen konnten. Aber auch eine Kombination verschiedener Kräuter kann vorgeschlagen werden, die Ihren individuellen Symptomen entspricht. Zur Beruhigung des Nervensystems werden oft Heilpflanzen verordnet, wie Eisenkraut, Scutelaria baicalensis, Turnera aphrodisiaca und Hafer; entkrampfende Mittel zur Beruhigung der Nerven und Muskeln wie Kamille und Passionsblume; aber auch Heilmittel für die Verdauung wie Zimt, Gelbwurz, Petersilie und Thymian. Echinacea kann das Immunsystem stärken. SEITEN 134–139

Achtung: Während einer Schwangerschaft sollten Sie kein Ginseng, Eisenkraut, Gelbwurz oder Zimt anwenden. Bei Bluthochdruck sollten Ginseng und Gelbwurz vermieden werden, und Baldrian sollte nicht zusammen mit Schlaftabletten eingenommen werden.

HAFER
Haferkörner und Stroh sind traditionelle Heilmittel bei vielen Nervenkrankheiten

ERNÄHRUNGSTHERAPIEN

Therapeuten gehen davon aus, daß verschiedene Nährstoffe schneller verbraucht werden, wenn der Körper unter Streß steht. Man wird ergänzend Vitamin B geben für das Nervensystem und Vitamin C und Zink zur Stärkung der Widerstandskräfte. Magnesium und Pantothensäure unterstützen die Nebennieren, die eine wichtige Rolle in der Streßreaktion spielen. Es kann auch vorgeschlagen werden, zur Stärkung des Energiespiegels mehr komplexe Kohlenhydrate wie Brot und Teigwaren zu essen. SEITEN 148–152

ANDERE HEILMETHODEN

Chinesische Pflanzenheilkunde SEITEN 140–143

MENTALE & EMOTIONALE THERAPIEN

Mentale Therapien kombinieren Atem- und Entspannungstechniken, die die „Angriff- oder-Flucht"-Reaktion vermeiden.

PSYCHOTHERAPIE & BERATUNG

In der kognitiven Verhaltenstherapie lernen Sie, herauszufinden, welche Ereignisse, Gedanken und Gefühle die Streßreaktionen in Ihnen auslösen. Man hilft Ihnen, die entsprechenden Warnzeichen zu erkennen, damit Sie anders auf den Druck reagieren können. Man kann Ihnen auch helfen, Ihre Persönlichkeit zu stärken und streßunempfindlicher zu werden. Anfällig sind vor allem ungeduldige oder mißtrauische Menschen und selbstzweiflerische Eigenbrötler. Ein Therapeut kann Sie lehren, den Teufelskreis des Stresses zu unterbrechen, indem Sie nicht mehr daran denken, tief durchatmen und überlegen, warum Sie gestreßt sind. Es hilft oft, ein Tagebuch zu führen und aufzuschreiben, welchen Belastungen Sie ausgesetzt waren, wie Sie darauf reagierten und was Sie fühlten. SEITEN 160–165

TAGEBUCH FÜHREN
Gedanken und Gefühle aufzuschreiben, hilft Streßmuster ausfindig zu machen

HYPNOTHERAPIE

Ein Hypnotherapeut kann Sie in tiefe Entspannung versetzen, in der Sie sich von Streßsituationen erholen können. SEITEN 166–167

AUTOGENES TRAINING

Autogenes Training hilft ausgezeichnet gegen Streß. SEITE 168

BIOFEEDBACK

Durch Biofeedback lernen Sie, Ihre Streßreaktionen zu überwachen. In Verbindung mit Entspannungstechniken und Meditation können Sie diese Reaktionen kontrollieren. SEITE 169

ENTSPANNUNGS- & ATEMTECHNIKEN

Ein Therapeut zeigt Ihnen die langsame Zwerchfellatmung und Muskelentspannung. Diese haben eine Schlüsselfunktion in der Streßverarbeitung, indem sie den Körper beruhigen. SEITEN 170–173

MEDITATION

Regelmäßige Meditation ruft einen Zustand tiefster physischer Entspannung und geistigen Bewußtseins hervor. Der Streß wird reduziert, was sich in einem langsameren Puls, niedrigerem Blutdruck, weniger Streßhormonen im Blut und in einer Erhöhung der Alphawellen zeigt. SEITEN 174–177

MUSIKTHERAPIE

Musik kann sehr beruhigend sein. Eine Studie im *Journal of American Medical Association* von 1994 fand heraus, daß Chirurgen in Streßsituationen besser arbeiteten, wenn sie ihre Lieblingsmusik hörten. SEITE 181

DEPRESSION

DIE MEISTEN MENSCHEN sind bis zu einem gewissen Grad depressiv. Dieser Begriff beschreibt ein Spektrum negativer Gefühle, das von einem leichten, vorübergehenden „Tief" bis zur „klinischen" oder „schwerwiegenden" Depression reicht, von der etwa 30 Prozent der Bevölkerung irgendwann in ihrem Leben betroffen sind.

Symptome Depression zeigt sich oft in physischen Beschwerden, wie Schlafstörungen, Appetitlosigkeit, Launenhaftigkeit, Ruhelosigkeit, unerklärbaren Schmerzen, Müdigkeit und Mangel an sexuellem Interesse. Sie kann sich über Drogenabhängigkeit oder Verhaltensprobleme äußern oder einfach durch konstante Niedergeschlagenheit. Selbstmordgedanken tauchen oft auf bei klinischer Depression.

Ursachen Die tägliche und auch die klinische Depression kann ohne offensichtliche Gründe ausgelöst werden. Dazu beitragen können finanzielle Probleme, Arbeit und Gesundheit, Beziehungsschwierigkeiten oder ein Trauerfall. Eine körperliche Krankheit, aber auch Hormonveränderungen während der Menstruation oder nach einer Geburt können sich seelisch auswirken. Eine von zehn Frauen erlebt nach der Geburt die postnatale Depression (siehe S. 269).

Konventionelle Behandlung In leichten Fällen können Körperübungen und Psychotherapie oder Beratung helfen. Bei schweren Depressionen werden Antidepressiva verordnet.

Selbsthilfe Stauen Sie Ihre Gefühle nicht auf, und brüten Sie nicht darüber – sprechen Sie mit jemandem, der Ihnen nahesteht. Versuchen Sie geistig und körperlich aktiv zu sein; Studien haben nachgewiesen, daß Körperübungen Ängste und Depressionen lindern. Versuchen Sie vernünftig zu essen, und vermeiden Sie Alkohol oder Drogen.

Achtung: Konsultieren Sie einen Arzt, wenn Sie Selbstmordgedanken haben oder die Symptome länger als zwei Wochen anhalten.

ALTERNATIVE THERAPIEN

Viele alternative Therapien können Menschen mit Depressionen helfen. Sie stärken das Wohlbefinden und geben Sicherheit.

MASSAGE

Massage lindert die Depression und stärkt die Selbstachtung. SEITEN 56–61

AROMATHERAPIE

Eine Massage mit folgenden ätherischen Ölen wirkt entspannend und hebt die Stimmung: Bergamotte, Lavendel, Rose, Salvia sclarea, Neroli und Ylang Ylang. SEITEN 62–65

Achtung: Während einer Schwangerschaft sollten Sie kein Salvia sclarea benutzen.

CRANIALE OSTEOPATHIE

Vorsichtige Techniken am Kopf sollen Depressionen lösen, die durch posttraumatische Störungen, Schock, Geburt oder Dauerschmerzen verursacht wurden. SEITE 81

TAI CHI CHUAN

Die fließenden Bewegungen dieser Therapie stärken Lebenskraft und körperliche und geistige Funktionen. SEITEN 100–101

NATURHEILKUNDE

Empfohlen werden streßverarbeitende Techniken, Körperübungen und eine gesunde Ernährung mit viel Vollkorn, biologischem Fleisch, öligem Fisch, Muscheln, Eiern, frischen Früchten und Gemüsen. Diese Lebensmittel sind reich an Nährstoffen, die den chemischen Prozeß des Gehirns beeinflussen. Truthahn, Bananen, Nüsse und Milch werden wegen ihres Gehalts an Tryptophan vorgeschlagen. Diese Aminosäure stimuliert die Produktion von Serotonin, das sich positiv auf die Stimmung auswirkt. Ein wenig Schokolade wirkt stimmungsaufbessernd. SEITEN 118–121

HOMÖOPATHIE

Eine Konstitutionsbehandlung ist am wirksamsten, aber auch folgende Standardmittel können helfen: Ignatia C6 bei Kummer; Aurum met. C6 bei Selbstmordgedanken und einem Gefühl der Wertlosigkeit; Pulsatilla C6 bei Weinerlichkeit und Trostbedürfnis; Natrium Mur. C6 bei Weinerlichkeit und Gefühlsstau und Sulfur C6 bei Niedergeschlagenheit und Verzweiflung. SEITEN 126–130

KÜCHENSCHELLE
In der Homöopathie wird der Saft dieser Pflanze für das Heilmittel Pulsatilla extrahiert

WESTLICHE PFLANZENKUNDE

Empfohlen wird das Johanniskraut. Neuere Studien, veröffentlicht in *The Lancet*, bestätigen die antidepressive Wirkung dieser Pflanze. SEITEN 134–139

CHINESISCHE PFLANZENKUNDE

Depression wird assoziiert mit einer „Stagnation" des Leber-Qi. Die Therapeuten versuchen, diesen Zustand durch pflanzliche Heilmittel zu beheben. Verwendung finden chinesischer Engelwurz (Dang Gui), Pfingstrose, Süßholz und Buplerum rotundifolia. SEITEN 140–143

Achtung: Während einer Schwangerschaft kein Engelwurz oder Süßholz einnehmen. Süßholz bei Bluthochdruck vermeiden.

ERNÄHRUNGSTHERAPIEN

Es werden Nahrungsergänzungen empfohlen, wie Vitamine und Mineralien, die wichtig sind für die chemischen Prozesse des Gehirns. Vitamin B_6 und Magnesium können bei prämenstrueller Depression helfen. Auch die Aminosäure Phenylalanin kann vorgeschlagen werden, es gibt jedoch keine wissenschaftlichen Beweise für ihre Wirksamkeit. SEITEN 148–152

LEBENSMITTEL GEGEN DEPRESSIONEN
Magnesiumhaltige Milchprodukte, Nüsse und Vollkorngetreide können die Stimmung heben

PSYCHOTHERAPIE & BERATUNG

Kognitive Verhaltenstherapie kann so wirksam sein wie antidepressive Medikamente bei leichten Depressionen. Man wird Sie lehren, pessimistische und selbstquälende Gedanken zu erkennen, und Ihnen helfen, positivere Denkansätze zu entwickeln. SEITEN 160–165

ENTSPANNUNGS- & ATEMTHERAPIE

Die Zwerchfellatmung und die progressive Muskelentspannung können Spannungen und Ängste lösen, die zu der Depression beitragen. SEITEN 170–173

ANDERE HEILMETHODEN

Yoga	SEITEN 108–111
Hypnotherapie	SEITEN 166–167
Meditation	SEITEN 174–177
Kunsttherapie	SEITEN 182–183

TRAUER

TRAUER IST EINE NATÜRLICHE REAKTION auf den Verlust einer Person oder einer Sache, die wir lieben. Meist fühlt man zuerst eine Erstarrung und Taubheit, gefolgt von Sehnsucht, aber auch Zorn oder Schuldgefühlen. Unter diese Gefühle mischen sich Traurigkeit und Depression. Psychologen glauben, daß auf Trauer, die nicht richtig verarbeitet werden kann, langfristig Depression und Krankheit folgen.

Konventionelle Behandlung Es werden Antidepressiva verordnet, die aber nur kurzfristig genommen werden können. Es ist besser, die Gefühle auszuleben, wenn es auch sehr schwer fällt.

Selbsthilfe Haben Sie keine Angst davor, überwältigende Gefühle auszudrücken. Sprechen Sie mit Freunden und Ihrer Familie über die Person, die Sie verloren haben, und wie Sie sich fühlen. Suchen Sie Hilfe bei Pastoren, Ärzten oder Selbsthilfegruppen.

ALTERNATIVE THERAPIEN

Alle Therapien, die Depressionen und Streß behandeln, die die Körperfunktionen unterstützen und Hilfe in Krisen geben, sind auch angebracht in Trauerfällen.

HOMÖOPATHIE

Bei Trauer können helfen: Arnica C6 für den ersten Schock; Aconitum C6 bei Ängsten und Gefahr eines Zusammenbruchs; Nux vomica C6 bei Zorn und kritischer Haltung; Pulsatilla C6 bei hilflosem Weinen und Schlaflosigkeit; Natrium mur. C6, wenn die Trauer unterdrückt wird; Ignatia C6 bei unkontrollierbarer Trauer. SEITEN 126–130

BACHBLÜTEN

Eine Mischung für Trauerfälle beinhaltet Star of Bethlehem (Doldiger Milchstern) gegen den Schock, Gentian (Herbstenzian) für Optimismus und Ausdauer, Honeysuckle (Jelängerjelieber) gegen den Trennungsschmerzen und Sweet Chestnut (Edelkastanie) gegen Schmerz und Trauer. Zusätzlich kann Pine (schottische Kiefer) bei Schuldgefühlen, Holly (Stechpalme) bei Zorn und Willow (gelbe Weide) bei Groll gegeben werden. SEITEN 132–133

HONEYSUCKLE
Für Honeysuckle zur Behandlung von Trauer läßt man die Blüten in reinem Quellwasser ziehen

PSYCHOTHERAPIE & BERATUNG

Psychotherapeuten, Trauerhelfer und unterstützende Gruppen können den Trauernden helfen, über schwierige Gefühle zu sprechen und sie zu akzeptieren. SEITEN 160–165

KUNSTTHERAPIE

Malen, Modellieren und Zeichnen kann den Trauernden helfen, ihre Gefühle auszudrücken. SEITEN 182–183

ANDERE HEILMETHODEN

Entspannungs- & Atemtherapie SEITEN 170–173

JAHRESZEITLICHE DEPRESSION (SEASONAL AFFECTIVE DISORDER, SAD)

ETWA 2 PROZENT der Bevölkerung sind von SAD betroffen, etwa 20 Prozent spüren eine leichtere Form, bekannt als „Wintertief". Zu den Symptomen des SAD gehören Schlafstörungen, Lethargie, Mangel an sexueller Lust, Gereiztheit, Angstzustände, Stimmungswechsel und Gelüste nach Kohlenhydraten. Menschen mit SAD sind anfälliger für Infektionen.

Ursachen Ausgelöst wird dieser Zustand durch einen Mangel an Licht, aber die genaue Ursache ist unbekannt. Sie kann mit einer geringen Produktion von Serotonin (Hormon, das die Stimmungen kontrolliert) zusammenhängen. SAD kann aber auch durch einen erhöhten Melatoninspiegel verursacht werden. Melatonin wird von der Zirbeldrüse bei Dunkelheit ausgeschüttet, um den Schlaf herbeizuführen. Bei Menschen mit SAD ist der Melatonin-Spiegel im Winter höher.

Konventionelle Therapie Lichttherapie, Antidepressiva (vor allem Selektive Serotonin-Wiederaufnahmehemmer) Psychotherapie und Beratung haben schon geholfen.

ALTERNATIVE THERAPIEN

Konventionelle und alternative Therapeuten stimmen überein, daß Lichttherapie bei Menschen mit SAD hilft. Zusätzlich können Therapien empfohlen werden, die entspannen und das Wohlbefinden bessern.

AROMATHERAPIE

Eine Massage mit stimmungshebenden und entspannenden ätherischen Ölen kann hilfreich sein; z. B. Ylang Ylang, Rose, Neroli und Lavendel. SEITEN 62–65

PSYCHOTHERAPIE & BERATUNG

Es kann helfen, über das Problem zu sprechen. Vor allem die kognitive Verhaltenstherapie hilft, die Selbstachtung zu stärken und die Versagensangst zu nehmen, von der die Depression begleitet wird. SEITEN 160–165

LICHTTHERAPIE

Tägliches Liegen unter starkem Licht hilft in 85 Prozent der Fälle. Die Dauer variiert von 20 Minuten bis zu zwei Stunden am Tag. Die wohltuende Wirkung zeigt sich meist nach drei bis vier Tagen, läßt aber nach, wenn die Behandlung unterbrochen wird. Spezielle Solarien und Sonnenblenden gibt es für den Heimgebrauch; entweder mit dem vollspektralen Licht (entspricht dem natürlichen Sonnenlicht) oder hellem, weißem Licht, das keine UVStrahlen enthält. SEITE 188

Achtung: Während einer Lichttherapie sollten Sie keine Vitamin-D-Ergänzungen zu sich nehmen. Zuviel UV-Strahlung kann schädlich sein.

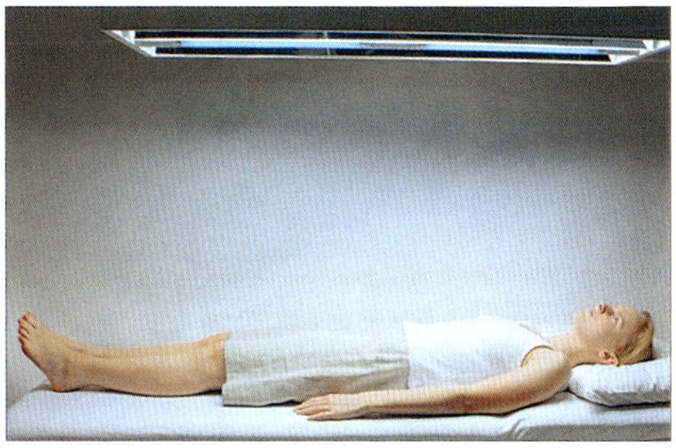

LICHTBEHANDLUNG
Eine schnelle Behandlung des SAD ist ein Lichtbad unter einer therapeutischen Lampe

ANDERE HEILMETHODEN

Reflexologie (FRZ)	SEITEN 66–69
Akupunktur	SEITEN 90–94
Yoga	SEITEN 108–111
Homöopathie	SEITEN 126–130
Hypnotherapie	SEITEN 166–167
Entspannungs- & Atemtherapie	SEITEN 170–173

MANGEL AN SEXUELLER LUST & ORGASMUSSCHWIERIGKEITEN

DER VERLUST DER LIBIDO (SEXUELLES INTERESSE) oder die Unfähigkeit, einen Orgasmus zu erleben, kann physische oder psychische Gründe haben. Der Verlust an sexueller Lust kann mit einem Mangel an Testosteron zusammenhängen (dem männlichen Sexualhormon, das auch bei Frauen in kleiner Menge produziert wird). Der Testosteronspiegel nimmt im Alter ganz natürlich ab, kann aber auch durch eine physische Schwäche gemindert sein. Bei Frauen kann eine Hormonstörung vor der Menstruation, nach einer Geburt oder nach gynäkologischer Operation, bei Anwendung oraler Verhütungsmittel oder bei einer Hormonbehandlung eine Senkung der Libido herbeiführen. Streß, Depression, Alkohol und Drogen, aber auch Medikamente wie Antidepressiva können die Lust bei beiden Geschlechtern nehmen. Zu den emotionalen Faktoren gehören schlechte sexuelle Erfahrungen und Schmerzen beim Geschlechtsverkehr.
Konventionelle Therapie Testosteronimplantate erhöhen die Libido bei Frauen in der Menopause, für Männer gibt es Testosteroninjektionen. Meist wird Partnerberatung empfohlen.
Selbsthilfe Versuchen Sie, Zeit und Ort des Zusammenkommens zu variieren. Regelmäßiger Verkehr erhöht die Produktion von Endorphinen, die die Sinnlichkeit fördern und den Testosteronspiegel heben. Versuchen Sie sich selbst durch Masturbation zu erregen. Sprechen Sie mit Ihrem Partner: Kommunikation ist der Schlüssel für lustvollen Sex.

ALTERNATIVE THERAPIEN

Therapien, die entspannen, den Hormonhaushalt ausgleichen und den Genuß sexueller Reize erhöhen, können alle helfen, die Libido zurückzubringen.

MASSAGE

Eine Massage Ihres Partners kann durch die Stimulierung erogener Zonen (Lippen, Brustwarzen, Genitalien), an denen sich sensible Nervenendungen konzentrieren, die Anspannung nehmen und die Lust erhöhen. SEITEN 56–61

EROGENE MASSAGE
Gegenseitiges Streicheln kann Lust hervorrufen

AKUPUNKTUR

Der Verlust der Libido wird mit einem „Mangel an Nieren-Qi" oder „Stagnation des Leber-Qi" assoziiert. Die entsprechenden Akupunkturpunkte werden stimuliert. SEITEN 90–94

NATURHEILKUNDE

Die Therapeuten glauben, daß der Verzehr von Tieren, die mit Östrogen gefüttert wurden (Hormon, das die Fettproduktion erhöht), die sexuelle Lust nehmen kann. Es wird biologisches Fleisch oder vegetarische Ernährung empfohlen. Kalte Duschen und Bäder regen den Stoffwechsel und damit die Produktion von Testosteron an. SEITEN 118–121
Achtung: Bei Herzbeschwerden sollten kalte Duschen und Bäder vermieden werden.

WESTLICHE PFLANZENKUNDE

Ginseng und die ayurvedische Pflanze Ashwagandha sind bekannte Aphrodisiaka. Himbeerblätter, Mönchspfeffer und Veratrum luteum werden verordnet, um die weiblichen Geschlechtsorgane zu entspannen und Hormonstörungen auszugleichen. Auch Yohimbim, eine westafrikanische Pflanze, die traditionell als Aphrodisiakum benutzt wird, kann helfen, darf aber nur unter professioneller Aufsicht eingenommen werden. SEITEN 134–139
Achtung: Während der Schwangerschaft sollten Sie kein Ginseng oder Veratrum luteum einnehmen. Ginseng sollte auch bei Bluthochdruck vermieden werden und Himbeerblätter während der ersten drei Schwangerschaftsmonate.

ERNÄHRUNGSTHERAPIEN

Ein Mangel an Zink, der sehr wichtig ist für den Stoffwechsel der Sexualhormone, kann die Libido und die Erektion einschränken. Zinkhaltige Nahrungsmittel sind Meeresfrüchte, rotes Fleisch, Erdnüsse und Sonnenblumenkerne. Auch Vitamin-E-Ergänzungen sollen die sexuelle Lust heben. SEITEN 148–152

PSYCHOTHERAPIE & BERATUNG

Ein Sexualtherapeut wird „sinnesbetonte" Techniken empfehlen, während derer Sie sich auf die Kommunikation und nicht auf die Penetration konzentrieren. Emotionale Probleme aus vergangenen Erfahrungen sollen Sie aufdecken und lösen. SEITEN 160–165

ANDERE HEILMETHODEN

Aromatherapie SEITEN 62–65

SCHMERZHAFTER GESCHLECHTSVERKEHR

MANGELNDE FEUCHTIGKEIT IN DER SCHEIDE kann Schmerzen verursachen. Die Stimulierung der Klitoris oder Schamlippen regt die Vaginaldrüsen an, Flüssigkeit abzusondern. Mangelnde Feuchtigkeit kann bedeuten, daß die Frau nicht ausreichend erregt ist. Auch zu wenig weibliche Hormone nach der Menopause können Trockenheit verursachen. Der Schmerz kann auch die Nachwirkung einer Geburt sein oder durch Infektion oder Zysten verursacht werden.

ALTERNATIVE THERAPIEN

Körperliche und psychologische Behandlungen können die Anspannung nehmen.

AROMATHERAPIE

Ätherische Öle können die Anspannung nehmen. Jasminöl kann sensibilisieren, Rose kann Angst überwinden helfen, und Ylang Ylang steigert die Libido. Sie können aufgelöst, bei einer Massage, als Badezusatz oder in einer Duftlampe angewendet werden.
SEITEN 62–65

CHIROPRAKTIK (SIEHE OSTEOPATHIE)

OSTEOPATHIE

Es wird nachgeprüft, ob Rückenschmerzen oder Verspannungen der Beckenmuskulatur den schmerzhaften Geschlechtsverkehr verursachen. SEITEN 70–81

PSYCHOTHERAPIE & BERATUNG

Achten Sie auf ausreichende Erregung, falls der Schmerz durch mangelnde Scheidenflüssigkeit verursacht wird. SEITEN 160–165

SCHEIDENKRAMPF (VAGINISMUS)

WÄHREND DES GESCHLECHTSVERKEHRS können sich die Scheidenmuskulatur und die Beine verkrampfen, was eine Penetration sehr schwierig oder unmöglich macht. Die Angst vor dem Gechlechtsverkehr aufgrund früherer traumatischer Erlebnisse, Schuld oder eine schmerzhafte Geburt können die Ursache sein. Man sollte professionelle Hilfe suchen; meist wird eine Beratung empfohlen.

ALTERNATIVE THERAPIEN

Therapien, die geistig und körperlich entspannen, können helfen.

AROMATHERAPIE

Regelmäßige, sensitive Massage (dabei aber den Genitalbereich vermeiden) durch den Partner mit Zusätzen von Ylang Ylang, Rose, Jasmin, Sandelholz oder Rosmarin im Massageöl kann die Entspannung fördern und vertrauensbildend wirken. SEITEN 62–65

ROSMARIN
Rosmarin soll den Lebenshunger steigern und die Spannungen beim Vaginismus lösen

PSYCHOTHERAPIE & BERATUNG

Meist werden beide Partner in die Beratung einbezogen. Es werden Informationen über sexuelle Reaktionen angeboten, eventuell eine Untersuchung der Scheide und Übungen mit der Scheidenmuskulatur. „Sinnesbetonte" Techniken werden gezeigt, aber auch Entspannungsübungen, Visualisierung und Hypnotherapie werden angeboten. Eine Psychotherapie kann Probleme aus vergangenen Erfahrungen aufdecken und lösen. SEITEN 160–165

ERektionsstörung

DIE UNFÄHIGKEIT, eine Erektion zu bekommen oder halten zu können, kann physische Gründe haben (siehe S. 276), ist aber oft psychologisch verursacht durch Streß, Depression oder mangelndes Vertrauen. Bei psychologischen Gründen kann eine Sexualberatung oder psychosexuelle Therapie zusammen mit streßverarbeitenden Techniken empfohlen werden.

ALTERNATIVE THERAPIEN

Alle Therapien helfen, die Entspannung und sexuelles Vertrauen fördern.

MASSAGE

Ihre Partnerin kann Ihnen durch eine Massage der erogenen Zonen helfen. SEITEN 56–61

AKUPRESSUR

Ein Therapeut kann Ihnen zeigen, wie ein Akupunkturpunkt auf dem Lenkergefäß-Meridian auf dem Kopf stimuliert wird, um Erektionsschwierigkeiten zu beheben. SEITE 95

PSYCHOTHERAPIE & BERATUNG

„Sinnesbetonte" Techniken sollen Ihnen die „Auftrittsangst" nehmen. Sie werden aufgefordert, Ihre Zuneigung durch Worte, Berührungen und Massage (den Genitalbereich vermeiden) zu zeigen und für eine bestimmte Zeit keinen Geschlechtsverkehr zu haben. SEITEN 160–165

VORZEITIGE EJAKULATION

SAMENERGUSS VOR ODER GLEICH nach der Penetration kommt oft vor bei übereifrigen, unerfahrenen jungen Männern, kann aber auch in späteren Jahren passieren. Verursacht wird er durch Streß oder Angst vor dem Zusammenkommen; bei wiederholtem Auftreten kann dies zu einem Problem werden. Die Frau bleibt unbefriedigt, und der Mann wird eine Versagensangst entwickeln, die zu Erektionsstörungen oder zum Verlust der Libido führen kann.

Konventionelle Therapie Der Arzt wird zuerst überprüfen, ob es physische Ursachen gibt wie die Nebenwirkung eines Medikaments, eine Harnröhrenentzündung, eine Prostatitis oder ein Nervenleiden. Bei psychologischen Ursachen wird eine Beratung oder psychosexuelle Therapie empfohlen.

ALTERNATIVE THERAPIEN

Techniken werden empfohlen, die Ihnen mehr Kontrolle über Ihren Körper geben und dadurch auch über Ihre Erektion.

YOGA

Bei der Ausführung des Tantra-Yoga wird mit Hilfe von Atemtechniken die sexuelle Erregung ohne Ejakulation verlängert. Ein qualifizierter Lehrer ist sehr wichtig, aber schwer zu finden. SEITEN 108–111

PSYCHOTHERAPIE & BERATUNG

Zur Kontrolle der Ejakulation wird eventuell „Drücken" empfohlen. Die Partnerin stimuliert den Mann manuell, bis er kurz vor dem Samenerguß steht, dann drückt sie die Penisspitze für Sekunden zusammen, um den Höhepunkt zu verhindern. Andere Empfehlungen sind erogene Berührungen und Massage ohne Penetration. SEITEN 160–165

ENTSPANNUNGS- & ATEMTHERAPIEN

Entspannungsübungen vor und während des Geschlechtsverkehrs können den Streß und die Angst reduzieren, die zum Kontrollverlust führen. Auch langsame Zwerchfellatmung hilft, den Orgasmus aufzuhalten. SEITEN 170–173

PROGRESSIVE ENTSPANNUNG
Die systematische Entspannung vor dem Sex nimmt die Anspannung und hilft beim Verkehr

ANDERE HEILMETHODEN

Akupressur	SEITE 95
Hypnotherapie	SEITEN 166–167
Autogenes Training	SEITE 168
Visualisierung	SEITEN 178–179

SUCHTVERHALTEN

SUCHT IST die Abhängigkeit von einer Substanz oder Aktivität, die das Leben einer Person völlig in Anspruch nimmt, Persönlichkeit, Beruf und Partnerschaft beeinflußt. Abhängigkeit wird meist mit Alkohol und Drogen, wie Beruhigungsmittel oder Heroin, Nikotin oder Spielen in Verbindung gebracht. Alle Abhängigen leiden unter Entzugserscheinungen, wenn sie ihre Sucht aufgeben wollen. Diese gehen vom Schwitzen über Übelkeit und Zittern bis zu wahnhaften Verlangen.

GRUPPENGESPRÄCH
Mit anderen reden, die unter der gleichen Abhängigkeit leiden, kann sehr viel Kraft geben

Ursachen Früher wurde Sucht mit mangelhafter Willensstärke erklärt, aber neuere Forschungen zeigen, daß neurologische, soziale, ernährungsbedingte und Umweltfaktoren sowie genetische Prädisposition dazu beitragen. Geprüft wird auch, ob eine Sucht durch eine „Reprogrammierung" des Teils des Gehirns, der das Verhalten kontrolliert, ausgelöst wird.
Konventionelle Therapie Bei der Heroinsucht entsteht eine chemische Abhängigkeit des Gehirns, zur Therapie wird oral Methadon, eine Ersatzdroge, gegeben. Es gibt einige Organisationen, die durch psychologische Programme den Menschen helfen, von ihrer Abhängigkeit loszukommen. Da Depression ein häufiges Symptom der Sucht ist, werden oft Antidepressiva verschrieben. In schweren Fällen ist ein Krankenhausaufenthalt notwendig.
Selbsthilfe Der erste Schritt besteht darin, zu erkennen, daß man ein Problem hat und Hilfe braucht. Es ist wichtig, sich langsam zu lösen und die Ziele nicht unerreichbar hoch zu stecken.

ALTERNATIVE THERAPIEN

Körper- und Bewegungstherapien sowie medizinische Therapien spielen eine wichtige Rolle zu Beginn des Entzugs, wenn die Entzugserscheinungen groß sind. Mentale Therapien sind langfristig notwendig.

MASSAGE

Berührung wirkt sehr unterstützend, und Massage kann die Selbstachtung stärken und so dem Abhängigen helfen, sich dem Problem zu stellen und selbstzufriedener zu werden. Massage wird in den USA als Therapie in „Schadensbegrenzungs"-Zentren angeboten. Eine unveröffentlichte Studie des Touch Research Institute in Miami fand 1996 heraus, daß Raucher, die beim Verlangen nach einer Zigarette die Hände und Ohren massieren mußten, nach einem Monat 40 Prozent weniger Zigaretten rauchten. SEITEN 56–61

AKUPUNKTUR

Akupunktur ist wahrscheinlich die angesehenste alternative Behandlung bei Abhängigkeit von Alkohol, Nikotin und Kokain. Sie wird auch in konventionellen Entzugskliniken angeboten und ist Thema einer Studie des US National Institute of Drug Abuse. Amerikanische Studien zeigten, daß sie eben so gut oder besser wirkt wie Methadon in der Behandlung entzugsbedingter Beschwerden wie Schlaflosigkeit, Muskelschmerzen, Schwitzen und Übelkeit (*International Journal of the Addictions*, 1980 und *Journal of Psychoactive Drugs*, 1984). Das *Journal of Substance Abuse Treatment* berichtete 1994, daß Akupunktur half, Depressionen, Verlangen und Müdigkeit beim Entzug von Kokain zu lindern, und Durchfall, Bluthochdruck und Anfälle beim Entzug von Alkohol. Der Therapeut stimuliert Akupunkturpunkte auf dem Ohr, die die Produktion natürlicher, schmerzstillender Substanzen anregen sollen. Allerdings gibt es kaum Nachweise, daß Akupunktur vor Rückfällen schützt, obwohl natürlich die Reduzierung der Entzugserscheinungen den Patienten hilft, sich mit den eigentlichen Ursachen der Sucht auseinanderzusetzen. SEITE 90–94

AKUPUNKTUR AM OHR
Die Meridiane mit „Lebensenergie" laufen in den Ohren zusammen. Eine Akupunktur wirkt besonders gut bei Entzugserscheinungen

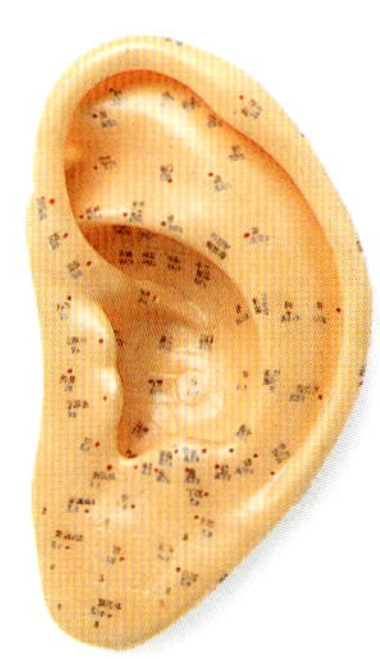

YOGA

Die psychologische und physiologische Disziplin des Yoga hilft, Selbstkontrolle und Selbstachtung zu stärken, und kann so den Entzug erleichtern. Ein Versuch der Harvard Medical School in den USA 1996 ergab, daß Hatha Yoga bei Heroinabhängigen, die auf Methadon gesetzt wurden, so wirksam war wie die Gruppentherapie. Manche Yogalehrer glauben, daß bestimmte Stellungen die Gifte freimachen, die sich in Nieren und Leber angesammelt haben. SEITEN 108–111

ERNÄHRUNGSTHERAPIEN

Der unter Abhängigen weitverbreitete Vitamin- und Mineralienmangel wird ausgeglichen. Eine ausgewogene Ernährung ist wichtig für die ausreichende Produktion chemischer Substanzen im Gehirn wie Endorphine (natürliche Schmerzmittel) und der Neurotransmitter Noradrenalin und Serotonin, die Stimmung und Verhalten regulieren. Einige Therapeuten geben intravenös Vitamin C zur Entgiftung. Ergänzungen an Aminosäuren und eine kohlenhydratreiche Ernährung werden zur Anreicherung des Tryptophan gegeben, das zur Bildung von Serotonin gebraucht wird. Chrom, Nikotinsäure und Magnesium können gegeben werden, um einen schwankenden Blutzuckerspiegel auszugleichen, der oft durch Alkohol und Mißbrauch harter Drogen verursacht wird. Die Aminosäure Glutamin soll das Verlangen nach Alkohol lindern. SEITEN 148–153

PSYCHOTHERAPIE & BERATUNG

Am bekanntesten sind die kognitive Verhaltenstherapie, Gruppentherapie und Methoden wie das 12-Schritte-Programm, das in Entzugskliniken oft angeboten wird. SEITEN 160–165

HYPNOTHERAPIE

Die Hypnotherapie soll bei Angstzuständen und Depressionen, die sehr oft bei Süchten auftreten, helfen und Kraft geben, der Versuchung zu widerstehen. SEITEN 166–167

BIOFEEDBACK

Eine Studie wies nach, daß Alkoholiker während des Entzugs unter weniger Depressionen litten, wenn sie mit Hilfe von Computermonitoren lernten, ihre Alphawellen zu steigern, die den Entspannungszustand wiedergeben, und ihre Thetawellen, die die tiefere Meditation zeigen. SEITE 169

ANDERE HEILMETHODEN

Westliche Pflanzenheilkunde SEITEN 134–139
Chinesische Pflanzenkunde SEITEN 140–143
Meditation SEITEN 174–177

ESSTÖRUNGEN

Anorexie Die Angst vor dem Dickwerden läßt Anorexiekranke hungern bis zur völligen Abmagerung, sogar bis zum Tod. Die Krankheit beginnt meist in der Pubertät und betrifft eines unter 150 heranwachsenden Mädchen. Sie ist, wie die Bulimie, unter Männern weniger verbreitet. Gewichtsverlust, ausbleibende Monatsblutung, starke Verstopfung, Schlaflosigkeit, Bauchschmerzen, verstärktes Wachstum der Körperhaare, Schwindel, extreme Kälteempfindlichkeit und Depression sind Symptome des Hungerns.

Bulimie Diese Krankheit ist gekennzeichnet durch wahre Freßorgien, gefolgt von selbst herbeigeführtem Übergeben und Einnahme großer Mengen Abführmittel. Etwa drei von 100 Frauen sind davon betroffen, meist im Alter von 15 bis 30 Jahren. Viele der Betroffenen haben in der Kindheit unter Eßstörungen und Gewichtsproblemen gelitten; oft entwickeln Menschen mit Anorexie später oder gleichzeitig Bulimie.

Ursachen Anorexie und Bulimie haben viele gemeinsame Ursachen. Manche Spezialisten glauben, sie werden ausgelöst durch ein biochemisches Ungleichgewicht; bei Bulimiekranken könnte die Gier nach Kohlenhydraten in einem Mangel an Serotonin begründet sein. Andere vermuten, die Freßorgien seien ein Versuch, emotionale Spannungen zu lösen; das zwanghafte Essen sei eine Reaktion auf traumatische Erlebnisse wie das Ende einer Beziehung. Anorexie kann auch eine Flucht vor Emotionen sein, denn Hungern gibt ein Gefühl der Kontrolle. Angst vor der Sexualität spielt eine wichtige Rolle bei Anorexie; Gewichtsverlust in der Pubertät kann das Brustwachstum und die erste Monatsregel verzögern. Auch die Persönlichkeit ist maßgebend: Perfektionismus und Zwangsverhalten sind sehr verbreitet unter den Kranken.

Konventionelle Therapie Meist wird die Behandlung von einem Psychiater oder Psychologen durchgeführt, der sich auf Eßstörungen spezialisiert hat. Die Therapie besteht aus Ernährungskontrolle, Antidepressiva und Verhaltenspsychotherapie. In ganz schwerwiegenden Fällen ist ein Krankenhausaufenthalt notwendig.

ALTERNATIVE THERAPIEN

Alternative Therapien können die Selbstachtung stärken, verdrängte Emotionen aufdecken und dadurch helfen, die Eßstörungen zu überwinden.

MASSAGE

Massage fördert die Entspannung und hilft Menschen mit Eßstörungen, mit ihrem Körper „in Berührung" zu kommen und ihn zu akzeptieren. Im Touch Research Institute in Miami wurde nachgewiesen, daß Jugendliche mit Eßstörungen nach einer Massage weniger Depressionen und ein besseres Verhältnis zu ihrem Körper entwickelten. SEITEN 56–61

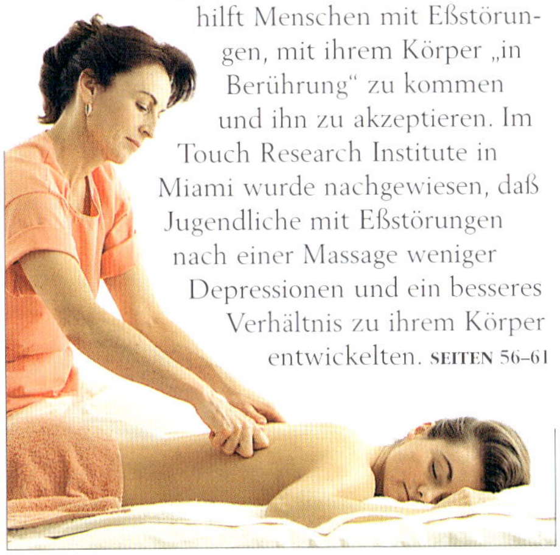

AUFBAUENDE MASSAGE
Massage kann die schwache Selbstachtung vieler Menschen mit Eßstörungen stärken

AROMATHERAPIE

Depression und Angstzustände sind oft Symptome einer Eßstörung. Die Stimmung soll durch eine Massage mit aufbauenden und entspannenden ätherischen Ölen wie Bergamotte, Salvia sclarea, Lavendel, Neroli und Ylang Ylang positiv verändert werden. Die gleichen Öle können auch in einer Duftlampe oder als Badezusatz benutzt werden.
SEITEN 62–65

Achtung: Während einer Schwangerschaft sollten Sie keine Salvia sclarea anwenden.

AKUPUNKTUR

Eßstörungen werden assoziiert mit einem Mangel an Qi in Magen und Milz und einem Mangel an Blut. Die entsprechenden Punkte werden stimuliert. SEITEN 90–94

TANZTHERAPIE

Die Therapeuten glauben, daß Tanz die Möglichkeit gibt, in Kontakt zu treten mit inneren Gefühlen. Man wird Sie ermutigen, sich Ihres Körpers bewußt zu werden und sich frei zu bewegen, um die Gefühle auszudrücken.
SEITEN 112–113

ERNÄHRUNGSTHERAPIEN

Vitamin- und Mineralienmangel soll eine Ursache für Anorexie und Bulimie sein, die durch Ergänzungen behoben werden kann. Einige Bulimiekranke haben positiv reagiert auf eine nährstoffreiche, zuckerfreie Diät mit Tryptophan und Vitamin-B_6-Ergänzungen.
SEITEN 148–152

PSYCHOTHERAPIE & BERATUNG

Die Verhaltenstherapie ist die Hauptstütze in der Behandlung von Eßstörungen. Normales Eßverhalten wird belohnt, Hungern und Freßgelage werden bestraft, unterstützend wirken Sitzungen in der Gruppentherapie. Man versucht so, Menschen mit Eßstörungen zu helfen, sich mit ihren Problemen auseinanderzusetzen. Die kognitive Verhaltenstherapie kann den Betroffenen helfen, ihre Einstellung gegenüber dem Essen und anderen Faktoren, die die Krankheit verursachen, zu verändern. Unterstützende Gruppen geben die Möglichkeit, Gefühle und Erfahrungen auszutauschen. Das NLP (Neurolinguistisches Programmieren) kann helfen, gestörte Wahrnehmung von sich selbst und der Welt zu erkennen und zu verändern. Einige Therapeuten wenden eine Art 12-Schritte-Programm an, um Menschen mit Eßstörungen von ihrem schädigenden Verhalten abzubringen. SEITEN 160–165

HYPNOTHERAPIE

Die Hypnotherapie kann positive Reaktionen der anderen psychotherapeutischen Behandlungen unterstützend begleiten. SEITEN 166–167

ANDERE HEILMETHODEN

Tai Chi Chuan SEITEN 100–101
Meditation SEITEN 174–177
Kunsttherapie SEITEN 182–183

THERAPEUTISCHE BEWEGUNGEN
Das Tanzen in der Gruppe ist eine spontane Kommunikationsmöglichkeit und deckt versteckte Emotionen auf

ALLERGIEN

EINE ALLERGIE ENTSTEHT, wenn der Körper auf eine harmlose Substanz reagiert, als wäre sie schädlich. Der Körper kann mit dieser Substanz über die Nahrung, die Atemluft, über die Haut, durch Insektenstiche oder als Medikament in Kontakt kommen. Die Reaktionen sind etwa allergische Rhinitis, Heuschnupfen, Asthma bronchiale, Urtikaria, atopische Ekzeme oder Nahrungsallergien. In den Industrieländern hat eine von fünf Personen irgendeine Form von Allergie, und die Zahl steigt, besonders unter Kindern. Schadstoffe, Lebensmittelzusätze und Streß sollen auslösende Faktoren sein.

SCHLÜSSELSYMBOLE

FORSCHUNG	THERAPEUT
Gute wissenschaftliche Versuche mit positivem Resultat	Unentbehrlich
Einige Studien	Empfohlen
Nicht fundiert	Nicht nötig
	SELBSTBEHANDLUNG
	Selbstbehandlung möglich
	Keine Selbstbehandlung

ALTERNATIVE BEHANDLUNGSWEISEN

Therapeuten betrachten die Allergie als eine Überbelastung von Verdauung und Ausscheidung, möglicherweise verursacht durch schlechte Ernährung, Umweltverschmutzung und Streß. Sie werden zuerst versuchen, den Kontakt des Patienten mit Reizstoffen aus Umwelt und Nahrung zu reduzieren und die Selbstheilungskräfte des Körpers zu stärken. Dann wird versucht, die Allergene zu identifizieren, damit der Patient sie vermeiden kann. Medizinische Therapien sollen die Verdauung und Stoffwechselfunktion stärken.

KONVENTIONELLE BEHANDLUNGSWEISEN

Die Therapeuten versuchen, das Allergen zu identifizieren. Sie können Medikamente verschreiben, die die Symptome einer allergischen Reaktion reduzieren. Dies können Antihistaminika, Kortisoncremes und -tabletten sowie in schweren Fällen Kortisoninjektionen sein. Eine Desensibilisierungstherapie, bei der der Patient stufenweise immer höheren Dosen eines Allergens ausgesetzt wird, kann hilfreich sein.

Achtung: siehe auch Seite 204.

DIAGNOSE

In der konventionellen Medizin werden zwei Methoden zur Identifizierung eines Allergens angewendet: Hauttests, bei denen Substanzen auf die Haut aufgetragen oder unter die Haut gespritzt werden, und der RAST (Radio Allergo Sorbent Test), der Antikörperbildung im Blut nachweist. Alternative diagnostische Methoden finden Sie auf den Seiten 191–201.

WIE DER KÖRPER AUF ALLERGENE ANTWORTET

Um den Körper vor Viren, Bakterien und anderen schädlichen Mikroorganismen zu schützen, bildet das Immunsystem Antikörper. Bei Menschen mit Allergien reagiert ein Antikörper, das IgE (Immunglobulin E), auf Substanzen, die für die meisten Menschen unschädlich sind (Allergene). Nach ihrer Bildung koppelt sich das IgE an spezialisierte Immunzellen, die Mastzellen, an. Wenn sie dem Allergen nun wiederbegegnen, verbinden sich die Antikörper mit ihm und veranlassen die Mastzellen, chemische Stoffe freizusetzen, die eine allergische Reaktion auslösen. Histamin ist eine der Hauptsubstanzen darunter. Die glatte Muskulatur kontrahiert, die Blutgefäße weiten sich, und die Kapillaren werden „durchlässig", was eine lokale Schwellung verursacht. Antihistaminika sind Hauptstützen der Allergiebehandlung. Beim Asthma entzünden sich die Bronchien und ziehen sich als Antwort auf die Histaminausschüttung zusammen. Kortison und krampflösende Medikamente werden zur Linderung verordnet. Es ist unklar, warum manche Menschen für Allergien anfällig sind. In manchen Familien gibt es eine Neigung, IgE zu bilden (Atopie).

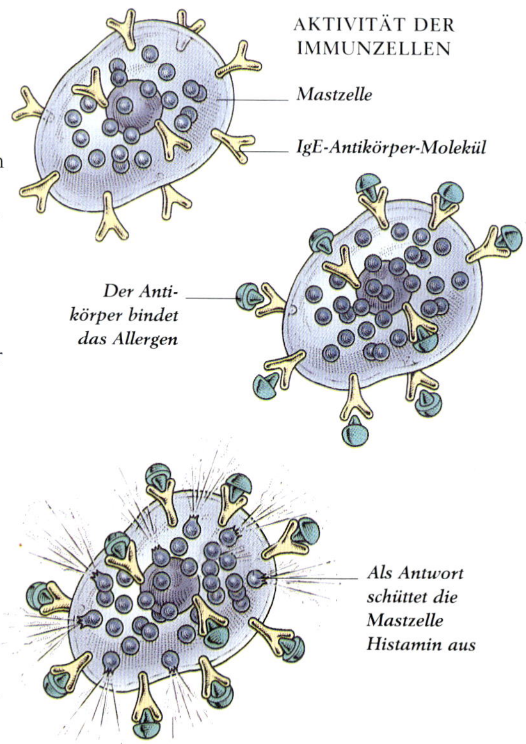

Hauttest Der Prick-Test ist am zuverlässigsten bei der Suche nach Allergien von eingeatmeten Substanzen wie Pollen. Die Läppchenprobe (Patch-Test) wird genutzt, um Kontaktallergien mit bestimmten Substanzen nachzuweisen. Hierbei werden einige suspekte Stoffe mit Klebestreifen auf die Haut geklebt. Nach dem Entfernen der Teststreifen wird jede Rötung, Blasenbildung oder jeder Ausschlag notiert. Die verdächtigen Stoffe können auch unter die Haut gespritzt werden.

RAST (Radio Allergo Sorbent Test) Dies ist der zuverlässigste Test bei Nahrungsmittelallergien. Eine Blutprobe wird entnommen und das Serum, welches die Antikörper enthält, abgetrennt. Dann wird es einem Extrakt des vermuteten Allergens zugesetzt. Wenn das Serum mit Antikörpern gegen das Allergen beladen ist, verbinden sich diese. Diese Bindungen werden mit radioaktiven oder gefärbten Markern kenntlich gemacht und beweisen die Gegenwart einer allergieauslösenden Substanz.

ALLERGISCHE RHINITIS & HEUSCHNUPFEN

DER KÖRPER REAGIERT auf Allergene aus der Luft mit einer Histaminausschüttung. Dies ist eine Substanz, die eine Entzündung der Schleimhäute von Nase, Rachen und Nasennebenhöhlen hervorruft. Folge ist eine vermehrte Schleimproduktion und Verstopfung der Nasennebenhöhlen. Abhängig vom Allergen können die Beschwerden ganzjährig oder jahreszeitlich (bei Heuschnupfen) auftreten. Die Symptome sind eine verstopfte, verschnupfte Nase, juckende, gerötete und tränende Augen, Niesen, ein schwerer Kopf, Konzentrationstörungen, Schläfrigkeit und ein entzündeter Hals.

Ursachen Hausstaubmilben, Schimmelpilze, Tierhaare, Hautschuppen oder Federn und Staubpartikel können alle ganzjährig eine allergische Reaktion auslösen. Pollen von Gräsern, Bäumen und anderen Pflanzen verursachen während ihrer Blüte Heuschnupfen.

Konventionelle Behandlung Allergische Rhinitis und Heuschnupfen können gewöhnlich mit Antihistaminika behandelt werden. Ärzte können auch entzündungshemmende und abschwellende Nasensprays und Augentropfen mit oder ohne Kortison verschreiben.

Selbsthilfe Bleiben Sie in der Wohnung, und halten Sie Türen und Fenster geschlossen, wenn die Pollenbelastung hoch ist, besonders am Vor- und Nachmittag. Entstauben Sie Oberflächen, und saugen Sie regelmäßig den Staub. Halten Sie Haustiere aus dem Schlafzimmer fern. Spezialbettwäsche und Sprays können die Belastung durch Hausstaubmilben reduzieren.

Achtung: Fragen Sie immer den Apotheker, wenn Sie ein Mittel gegen Heuschnupfen kaufen. Der Wirkstoff Terfenadin kann in Verbindung mit bestimmten anderen Medikamenten sowie Grapefruitsaft zu ernsthaften, sogar lebensgefährlichen Nebenwirkungen führen.

HONIGWABEN
Heilpraktiker glauben, daß der Verzehr von Bienenwaben im Winter dem Heuschnupfen im Frühling vorbeugt

ALTERNATIVE THERAPIEN

Einige Therapeuten versuchen die Symptome der Allergie zu lindern. Andere, besonders Pflanzentherapeuten und Heilpraktiker, versuchen, die Selbstheilungskräfte des Körpers aufzubauen. Psychologische Techniken vereinfachen die Schwere der Anfälle.

AROMATHERAPIE

Empfohlen wird das Einmassieren von verdünntem Lavendelöl auf die Region unter den Augen oder die Inhalation einiger Tropfen Zitronenbalsam-, Kamille-, Lavendel- oder Eukalyptusöl aus einem Tuch. SEITEN 62–65

Achtung: Verwenden Sie kein ätherisches Kamillenöl während einer Schwangerschaft.

CHIROPRAKTIK (SIEHE OSTEOPATHIE)

OSTEOPATHIE

Weichteilmanipulation oder craniale Osteopathie können bei chronischer Verstopfung der Atemwege helfen. SEITEN 70–81

AKUPUNKTUR

In der Traditionellen Chinesischen Medizin wird Heuschnupfen als Invasion von „Hitze" und „Wind" angesehen. Praktiker werden an entsprechenden Meridianen arbeiten, um die „Harmonie" wiederherzustellen. SEITEN 90–94

AKUPRESSUR

Der Therapeut wird Ihnen zeigen, wie Sie auf einem als Yintang bezeichneten Punkt zwischen den Augenbrauen und am Dickdarm-Meridian Druck ausüben können, um den Fluß von Qi wiederherzustellen und das Immunsystem zu stimulieren. SEITE 95

NATURHEILKUNDE

Der Verzehr von Knoblauch oder Honigwaben im Winter könnte zur Imunisierung verordnet werden. Rohe Zwiebeln können das Atmen erleichtern, und ein warmer Zitronensaft mit Honig kann eine Rachenentzündung lindern. Ein 24stündiges Fasten könnte Abfallstoffe beseitigen. SEITEN 118–121

HYDROTHERAPIE

Ein Augen- und Gesichtsbad mit kaltem Wasser kann die Symptome lindern, ein Sitzbad beruhigt die Entzündung. SEITEN 122–123

HOMÖOPATHIE

Das gebräuchlichste Mittel bei Heuschnupfen ist Allium C6. Andere Mittel, die empfohlen werden, sind: Euphrasia C6, Arsen. alb. C6, Natrium mur. C6, Nux vomica C6 und Kali iod. C6 bei tränenden Augen und Nase, Calc. sulph. C6 und Hepar sulph. C6 bei zähschleimigem Katarrh. *The Lancet* berichtete 1986 über eine schottische Studie, bei der eine homöopathische Mischung von Graspollen die Symptome reduzierte. SEITEN 126–130

EUPHRASIA (AUGENTROST)
Diese Wildblume ist nach dem griechischen Wort für Freude benannt und ist seit langem als pflanzliches Heilmittel bei Augenproblemen in Gebrauch

WESTLICHE PFLANZENKUNDE

Echinacea kann das Immunsystem stärken. Ein Heilpraktiker könnte eine Tinktur aus Nessel gegen den Katarrh, eine Inhalation von verdünntem Pfefferminzöl gegen die verstopfte Nase und Sirup von Wegerichblättern zur Unterdrückung des Schleims verordnen. SEITEN 134–139

Achtung: Verwenden Sie Pfefferminze als Inhalation nicht über längere Zeit.

PFEFFERMINZÖL
Eine Inhalation des verdünnten Öls lindert die Verschleimung

ERNÄHRUNGSTHERAPIEN

Ergänzungen von Vitamin C und Bioflavonoiden können gegen eine verschnupfte und verschleimte Nase verordnet werden. Pantothensäure, eines der B-Vitamine, kann Streßreaktionen lindern. SEITEN 148–152

KLINISCHE ÖKOLOGIE

Eine Änderung der Ernährung soll die Selbstregulierungsmechanismen des Körpers entlasten und die Symptome abschwächen. Diäten ohne Zusätze, Weizen oder Milchprodukte werden empfohlen. SEITEN 154–155

Achtung: Einschränkende Diäten können zu Mangelernährung führen.

HYPNOTHERAPIE

Hypnose war erfolgreich beim Verhüten von allergischen Reaktionen. Der Therapeut könnte ebenso Atemtechniken demonstrieren, die dabei helfen, die Symptome zu lindern. SEITEN 166–167

ASTHMA BRONCHIALE

MEHR ALS 200 MILLIONEN MENSCHEN auf der Welt leiden unter Asthma bronchiale, einer vorübergehenden Verengung der Bronchien, die zu Kurzatmigkeit, Husten und pfeifendem Atem führt. Diese Erkrankung tritt immer häufiger auf und wird in Industrieländern fünfmal häufiger diagnostiziert als in Entwicklungsländern. Die gleichen eingeatmeten Allergene, die eine allergische Rhinitis auslösen, können einen Asthmaanfall auslösen, andere Auslöser sind Lebensmittel, Medikamente, Streß und Schadstoffe. Asthma kann in jedem Alter auftreten und das Leben stark beeinträchtigen. Schwere Anfälle mit schnellem Puls, Schwitzen und Atemnot sind sehr beängstigend und können unbehandelt gefährlich werden.

URSACHEN & SYMPTOME

Wenn Asthmatiker Allergene oder Reizstoffe inhalieren, zieht sich die Muskulatur der Bronchien zusammen, und die Schleimhäute entzünden sich. Dies beeinträchtigt den Luftfluß und erschwert die Ausatmung. Die üblichen Allergene sind Partikel von Tierhaaren, -haut oder Federn, Hausstaubmilben, Pollen, Schimmel, Tabakrauch und Abgase. Virusinfektionen, der Nahrungszusatz Natriumglutamat, physischer und emotionaler Streß können ebenfalls Asthmaanfälle auslösen. Unter Verdacht geraten sind elektromagnetische Strahlen von Mobiltelefonen, Fernsehgeräten und Computern. Forschungsergebnisse lassen darauf schließen, daß eine Ernährung mit vielen ungesättigten Fetten manche Menschen für Asthma anfällig macht.

KONVENTIONELLE BEHANDLUNG

Chromoglycinsäure oder Kortisonpräparate unterdrücken die Histaminfreisetzung (Stoff, der die Atemwege verengt). Vernebler und Inhalatoren bringen während eines Anfalls Erleichterung. Ein RAST- oder Prick-Test (siehe S. 288) hilft bei der Identifizierung des Allergens.

VORBEUGUNG & SELBSTHILFE

Sie können sich vor dem verbreitesten Allergen, der Hausstaubmilbe, schützen, indem Sie synthetisches Bettzeug, gar keine oder zumindest kurzhaarige, synthetische Teppiche und einen antiallergischen Staubsauger benutzen. Halten Sie keine Haustiere, und meiden Sie Tabakrauch. Meiden Sie im Frühling Flächen mit langem Gras, und halten Sie Ihre Fenster geschlossen, besonders zwischen dem Vor- und späten Nachmittag, wenn der Pollenflug am stärksten ist. Regelmäßige Körperaktivität, speziell Schwimmen, kann die Lungenkapazität steigern und das Herz stärken. Verwenden Sie Luftanfeuchter in zentralbeheizten Räumen, und meiden Sie sehr kalte oder verschmutzte Luft. Wenn Sie an Ihrem Arbeitsplatz Allergenen ausgesetzt sind, sollten Sie einen Arbeitsplatzwechsel in Erwägung ziehen.

VORSICHT

- **Halten Sie immer Notfallmedikamente bereit. Rufen Sie unverzüglich einen Arzt, oder fahren Sie in ein Krankenhaus, wenn sich ein Asthmaanfall nach Gabe von bronchienerweiternden Mitteln nicht kurzfristig bessert**
- **Verwenden Sie Dampfinhalationen mit Vorsicht, wenn Sie Asthma haben**

KÖRPER- & BEWEGUNGSTHERAPIEN

Eine bessere Lungenfunktion soll durch Übungen, Haltungskorrekturen, Stimulierung von „Energieflüssen" oder durch Manipulation von Gelenken und Muskeln erreicht werden.

AROMATHERAPIE

Um das Atmen zu erleichtern, wird Eukalyptusöl als Inhalation (keine Dampfinhalation), in einem Tuch oder als Brusteinreibung in einem Trägeröl empfohlen. SEITEN 62–65

CHIROPRAKTIK (SIEHE OSTEOPATHIE)

OSTEOPATHIE

Der Therapeut könnte zur Entspannung und Dehnung der Muskulatur des Brustkorbs Manipulationstechniken und Weichteilmassage anwenden. Die Behandlung der Brustwirbel, des Rückens und des Rippenkäfigs kann besonders nützlich sein. SEITEN 70–81

ALEXANDER-TECHNIK

Einige Asthmatiker verschlimmern ihr Problem, indem sie die Schultern hoch- und den Nacken nach hinten einziehen. Lehrer der Alexander-Technik können zeigen, wie man sich mit geringer Anstrengung bewegt und steht. Die Korrektur des Brustkorbs erleichtert das Atmen. SEITEN 86–87

VERBESSERUNG DER LUNGENFUNKTION
Der Alexander-Lehrer wird Anweisungen zur Verbesserung der Körperhaltung geben, um die Atemwege freizuhalten und die Lungenkapazität zu vergrößern

AKUPUNKTUR

Einigen Berichten in englischen Zeitschriften zufolge, unter anderem in *The Lancet* (1986) und *Thorax* (1991), gibt es Anhaltspunkte dafür, daß die Punktion entsprechender Akupunkturpunkte an Lungen-, Nieren- und Milz-Meridian die Symptome des Asthma vorrübergehend lindern kann. SEITEN 90–94

AKUPRESSUR

Ein Therapeut wird Ihnen eine Reihe von Akupressurtechniken zeigen, die den Fluß von Qi im Körper verbessern und die Symptome lindern. SEITE 95

YOGA

Yoga-Atmung und dehnende Positionen werden zur Steigerung der Lungenkapazität, zur Entspannung der Brustmuskulatur, Anhebung des Energieniveaus und zur Beruhigung des Körpers genutzt. Während eines Asthmaanfalls kann kontrolliertes Atmen (Pranayama) die Panik reduzieren. Studien zeigen, daß Yoga bei Asthma helfen kann. SEITEN 108–111

ANDERE HEILMETHODEN

Massage SEITEN 56–61
Reflexologie (FRZ) SEITEN 66–69
Rolfing SEITEN 82–83
Shiatsu SEITEN 96–97

MEDIZINISCHE THERAPIEN

Die Ursachen des Asthma variieren von Person zu Person. Die Therapeuten werden versuchen, die verursachenden Faktoren zu finden, und dann Heilmittel verschreiben, die die Symptome kontrollieren.

NATURHEILKUNDE

Heilpraktiker empfehlen gelegentliches Fasten und eine „niedrig-allergene Ernährung", bei der Kuhmilch und Knoblauch, Zwiebeln und Zitrusfrüchte gemieden werden, um die Schleimproduktion zu reduzieren. Tests auf Nahrungsallergien werden gemacht, und es wird geraten, raffinierte Nahrungsmittel und künstliche Konservierungsstoffe, Zusätze und Farben zu meiden. Sulfatsalze, die lange zur Konservierung von Obst und Gemüse verwendet wurden, sollen für eine Reihe fataler Asthmaanfälle verantwortlich sein. Sie könnten immer noch in kleinen Mengen in Fleischprodukten, Marmeladen, verarbeitetem Gemüse, Most und Wein vorhanden sein. Es ist ratsam, diese Lebensmittel zu meiden, wenn man die Inhaltsstoffe nicht kennt, z.B. wenn man auswärts ißt. Öliger Fisch und Fischöl-Ergänzungen können empfohlen werden, da sie reichlich Omega-3-Fettsäuren enthalten, die einen entzündungshemmenden Effekt haben sollen. Einige Asthmatiker könnten unter einem Mangel an Vitamin B_6 (hilft dem Körper bei Streß) und B_3 (Niacin,

MAKRELE
Öliger Fisch wie dieser liefert Vitamine, die durch Streß verursachte Asthmaanfälle lindern

zur Energieproduktion in den Zellen) leiden. Der Verzehr von Speisen, die reich an diesen Stoffen sind, wie Fisch und Geflügel, kann Asthmatikern helfen, bei denen Streß ein Faktor ist. Antioxidantien, besonders Vitamin E und C in Weizenkleie und Zitrusfrüchten, könnten empfohlen werden. Sie sollen die Lunge vor Schädigung durch Freie Radikale schützen, die bei der allergischen Reaktion gebildet werden. In einer Studie der Nottingham University, England, wurden niedrige Magnesiumspiegel mit Asthma in Verbindung gebracht, was darauf schließen ließ, daß der Verzehr von magnesiumreicher Nahrung die Atemwegsmuskulatur entspannt. Koffein erweitert die Atemwege; im Notfall kann das Trinken von zwei Tassen starken Kaffee Linderung verschaffen. Einige Therapeuten wenden heiße Kompressen an Brust und Rücken an, um der Verschleimung zu begegnen. Tägliche Atemübungen könnten angeordnet werden. SEITEN 118–121

Achtung: Meiden Sie Koffein, wenn Sie Theophyllin oder chemisch ähnliche Substanzen einnehmen.

HOMÖOPATHIE

Die Therapeuten werden versuchen, das spezifische Allergen zu finden, um es dann in homöopathischer Dosis als Heilmittel zu geben. In einer in *The Lancet* 1994 beschriebenen Studie hatten Asthmatiker, die homöopathische Heilmittel bekamen, nach 3–4 Wochen einen größeren Therapieerfolg als die Placebo-Gruppe. SEITEN 126–130

WESTLICHE PFLANZENKUNDE

Praktiker werden versuchen, die Empfindlichkeit der Bronchien gegenüber Allergenen zu mindern. Pflanzen wie Huflattich, die entkrampfend, oder wie Ysop und Wolfsmilch, die beruhigend wirken, könnten zur Linderung gegeben werden. Einige Studien belegen, daß Königskerzenblätter, Gingko, Aloe vera und Andrographis paniculata ebenso bei Verkrampfung helfen. In deutschen klinischen Studien von 1986 und 1993 zeigte sich, daß die ayurvedische Pflanze Coleus forksholii die Bronchien fast ebenso gut erweitern kann wie konventionelle Mittel. SEITEN 134–139

YSOP
Die milde beruhigende Pflanze kann Anfälle lindern

ERNÄHRUNGSTHERAPIEN

Die Einnahme von Nahrungsergänzungen unter Meidung potenzieller Allergene kann gute Resultate erbringen. Therapeuten könnten Vitamin A (Beta-Karotin), C, E, den B-Komplex (besonders B_6 und B_{12}), Niacin, Kalzium, Selen, Magnesium, Mangan und Zink zur Immunstärkung und Erhaltung der Schleimhäute verordnen. Einige Asthmatiker sollen zu wenig Magensäure (siehe S. 232) haben, so daß eine Kur mit Salzsäurekapseln und Pepsin empfohlen werden kann. Einer Studie zufolge sollen intramuskuläre Injektionen von Vitamin B_{12} bei vier von fünf sulfidsensitiven asthmatischen Kindern Asthmaanfälle verhindern. Das *Journal of the American Medical Association* berichtete 1989 von einer Studie, bei der Magnesiumgaben die Atmung bei Asthmatikern verbessert. SEITEN 148–152

MENTALE & EMOTIONALE THERAPIEN

Kognitive Verhaltenstherapie und Entspannungstechniken wie das autogene Training und Biofeedback können Asthmatikern dabei helfen, sich zu kontrollieren und Panik zu vermeiden.

PSYCHOTHERAPIE & BERATUNG

Die kognitive Verhaltenstherapie hat sich als hilfreich bei der Reduzierung von Asthmaanfällen bei Kindern erwiesen. SEITEN 160–165

HYPNOTHERAPIE

Mehrere im *British Medical Journal* veröffentlichte Studien fanden heraus, daß durch die entspannende Wirkung der Hypnose die unangenehmen Gefühle eines Anfalls besser bewältigt werden, daß die Symptome gelindert und der Bedarf an Medikamenten deutlich gesenkt werden kann. SEITEN 166–167

ENTSPANNUNGS- & ATEMTHERAPIE

Das Lösen von Muskelverspannungen, besonders in der Schulter- und Bauchregion, und gleichzeitiges, ruhiges Zwerchfellatmen kann die Lungenfunktion verbessern. Diese Fertigkeiten können während eines Asthmaanfalls besonders effektiv sein. Um die Atemfrequenz zu verringern, empfehlen manche Therapeuten, langsam durch die Nase einzuatmen, anschließend die Luft zwei bis drei Sekunden einzubehalten und dann langsam auszuatmen. Bei der Buteyko-Atemmethode wird Asthma der Hyperventilation (schnelles Atmen) zugeordnet. Den Patienten wird eine alternierende, flache Atmung mit Phasen des Luftanhaltens beigebracht. SEITEN 170–173

LEBENSMITTELALLERGIEN

MEHRERE LEBENSMITTEL verursachen Reaktionen, die als Allergie oder Unverträglichkeit bezeichnet werden. Die Symptome einer Lebensmittelallergie treten schneller auf und sind heftiger als die einer Unverträglichkeit. Bei Allergien handelt es sich im Gegensatz zur Unverträglichkeit um eine Reaktion des Immunsystems auf bestimmte Nahrungsmittel, als wären es körperschädigende Stoffe.

Symptome Lebenmittelallergien können Rhinitis, Ekzeme, Asthma und Urtikaria, aber auch Bauchkrämpfe, Durchfälle und Kopfschmerzen hervorrufen. Die Beschwerden können leicht bleiben, bei manchen Menschen nach Verzehr eines Bissens des Allergens aber auch zu einer Extremform, der Anaphylaxie, führen. Innerhalb von Minuten können dann Ausschlag, Atemnot, Erbrechen und eine Schwellung der Lippen, Mund und Zunge entstehen. In schweren Fällen kommt es zum anaphylaktischen Schock mit Kreislaufzusammenbruch und Tod. Nicht alle anaphylaktischen Reaktionen treten sofort auf, einige erst nach Stunden.

Ursachen Nüsse, speziell Erdnüsse, verursachen einige der extremsten Lebensmittelallergien. Eine von zwanzig Personen mit Erdnußallergie reagiert auch auf Soja, Erbsen und Bohnen. Weitere Stoffe sind Milchprodukte, Gluten (siehe Zöliakie, S. 235), Eier, Fisch (speziell Kabeljau, Scholle und geräucherter Fisch), Muscheln, Konservierungsstoffe – speziell Benzoesäure – Farben und andere Lebensmittelzusätze.

Konventionelle Therapie Ein Prick-Test oder RAST (S. 298) identifiziert das Allergen. Anaphylaxie wird mit Injektionen von Adrenalin und Kortison behandelt.

Selbsthilfe Eine Lebensmittelallergie hält gewöhnlich ein Leben an, so daß es wichtig ist, die verantwortlichen Lebensmittel zu meiden. Personen, die durch Anaphylaxie gefährdet sind, sollten ihre Diät gewissenhaft einhalten und einen Notfallausweis bei sich tragen.

Achtung: Rufen Sie den Rettungsdienst, wenn eine anaphylaktische Reaktion droht. Konsultieren Sie einen Arzt, wenn eines der folgenden Symptome auftritt: Juckreiz und Schwellung im Mund oder am ganzen Körper, Übelkeit, Bauchschmerzen, Niesen, Schnupfen, Durchfall und Muskelschwäche.

ALTERNATIVE THERAPIEN

Eine Lebensmittelallergie kann bei Ekzemen (siehe S. 218) eine Rolle spielen, die oft als „allergisch" bezeichnet werden. Die spezifische Ursache kann aber schwieriger zu bestimmen sein. In diesen Fällen versuchen die alternativen Methoden zu „entgiften" und das Verdauungssystem zu stärken, die Ausscheidung zu verbessern und das allgemeine Wohlbefinden zu steigern.

YOGA

Milde oder nicht diagnostizierte Lebensmittelallergien können den Verdauungsvorgang stören und ein allgemeines Krankheitsgefühl hervorrufen. Um die Verdauung zu unterstützen, könnten Yoga-Lehrer Übungen (Asanas) wie den halben Schulterstand oder die Entspannungspose und Atemübungen (Pranayama) empfehlen. SEITEN 108–111

NATURHEILKUNDE

Um die Ursache einer milden Lebensmittelallergie zu bestimmen, kann der Therapeut einen Prick-Test oder RAST befürworten, wird aber eher zu einer Auslaßdiät raten. Sie sollten dafür alle suspekten Nahrungsmittel für mindestens zwei Wochen meiden oder bis sich Zeichen der Besserung andeuten. Wenn die Beschwerden nicht mehr vorhanden sind, setzen Sie nach und nach ein Lebensmittel nach dem anderen wieder ein, bis sich eine Reaktion zeigt. Heilpraktiker könnten auch gelegentliches Saft- und Wasserfasten sowie Rohkostdiäten zur Ausscheidung von Abfallprodukten empfehlen. SEITEN 118–121

AUSLASSDIÄT
Durch systematisches Auslassen von Nahrungsgruppen können Heilpraktiker oft die verantwortlichen Lebensmittel finden

HOMÖOPATHIE

Der Homöopath wird nach Bestimmung Ihres persönlichen Konstitutionstypus und der Beurteilung der Allergiesymptome eine „homöopathische Immuntherapie" empfehlen. Dies ist eine Form der Behandlung, bei der Sie extrem verdünnte Zubereitungen der Allergene einnehmen. SEITEN 126–130

WESTLICHE PFLANZENKUNDE

Zur Ergänzung einer Auslaßdiät könnte der Therapeut folgende Empfehlungen aussprechen: Rotulme und Eibisch zur Beruhigung des Verdauungstrakts, Löwenzahnwurzel zur Stützung der Leber, Hopfen, Scharbockskraut und weißen Andorn zur Anregung der Verdauung, Echinacea und roten Klee zur Immunstärkung. Adstringierende Pflanzen wie Ringelblume und Gelbwurz helfen bei Schäden an den Darmwänden. Nesselsuppe vermag eine allergische Reaktion zu lindern. SEITEN 134–139

ROTER KLEE
Diese Pflanze wird zur Immunstärkung gegeben

Achtung: Nehmen Sie keinen Gelbwurz während einer Schwangerschaft oder bei Bluthochdruck. Verwenden Sie keinen Hopfen bei Depressionen.

ENÄHRUNGSTHERAPIEN

Zur Stärkung der Selbstheilungskräfte werden Nahrungsergänzungen verordnet. Dies können sein: Selen und Zink zur Stützung des Immunsystems, Pantothensäure mit einem antihistaminen Effekt (siehe S. 300), das Antioxidant Vitamin C sowie Magnesium und Mangan, die bei Menschen mit Lebensmittelallergie fehlen sollen. SEITEN 148–152

KLINISCHE ÖKOLOGIE

Die Heilpraktiker wenden umstrittene diagnostische Methoden an, wie den zytotoxischen Test, Pulsdiagnose, Haaranalyse, Vega-Test und Angewandte Kinesiologie (siehe S. 191–201). Viele Forscher und Ärzte bezweifeln die Exaktheit. Die Behandlung kann als enzympotenzierte Desensibilisierung (EPD) vorgenommen werden, bei der dem Patienten ein Enzym und eine verdünnte Mischung von bekannten Allergenen injiziert wird.
SEITEN 154–155

ENTSPANNUNGS- & ATEMTHERAPIE

Hyperventilation (schnelles Atmen) stimuliert die Ausschüttung von Histamin. Die Kontrolle über den Atem kann den Schweregrad der allergischen Reaktionen mindern. SEITEN 170–173

LEBENSMITTELUNVERTRÄGLICHKEITEN

STRESS & LEBENSMITTELUNVERTRÄGLICHKEITEN

Die Unfähigkeit zur Streßbewältigung soll zur schlechten Verdauung beitragen. Unverdaute Nahrung reizt die Darmwand und läßt sie durchlässig werden. Nahrungsmoleküle und giftige Substanzen sollen in das Blut einströmen und Leber, Nieren und Immunsystem beeinträchtigen.

Erkrankungen durch die Gifte führen zu noch mehr Streß

STRESS

Wirkung im Darm
- weniger Verdauungsenzyme
- schlechte Durchblutung
- anomale Peristaltik

Gifte überladen die Leber und Nieren

Gifte verursachen Probleme in anderen Körperregionen (z. B. Gelenke, Haut)

Nahrung wird nicht richtig verdaut und absorbiert

Kann führen zu:
Durchlässiger Darm: Gifte von schlecht verdauter Nahrung strömen vom Darm in den Blutstrom
Dysbiose: Schlecht verdaute Nahrung im Darm bewirkt übermäßiges Wachstum von Darmbakterien oder Hefen (Candidiasis)

IM GEGENSATZ ZU DEN ALLERGIEN werden bei Lebensmittelunverträglichkeiten keine IgE-Antikörper (siehe S. 298) gebildet. Einige Unverträglichkeiten scheinen zu verschwinden, wenn man bestimmte Speisen für einige Monate gemieden hat. Häufige Symptome können sein: Kopfschmerzen, Migräne, Müdigkeit, Depression, Ängstlichkeit, Hyperaktivität, Mundgeschwüre, Muskelschmerzen, Wasseransammlung sowie Störungen an Haut, Gelenken und Verdauung.

Ursachen Außer dem bekannten Enzymmangel (z. B. Laktase für die Milchverdauung) finden viele Ärzte die Vorstellung von Lebensmittelunverträglichkeiten unglaubhaft. Ernährungstherapeuten zufolge können Faktoren wie Streß, „Dysbiose" (Wachstum schädlicher Darmbakterien oder Candida, siehe S. 235) und „Leberverstopfung" zu einer schlechten Verdauung führen, so daß Gifte in das Blut einströmen können. Dies soll zu Erkrankungen in anderen Regionen führen.

Konventionelle Therapie Ärzte, die akzeptieren, daß Unverträglichkeiten bei zumindestens einigen chronischen Krankheiten eine Rolle spielen, werden eine Auslaßdiät zur Identifizierung der auslösenden Lebensmittel anraten.

ALTERNATIVE THERAPIEN

Mit den vielen unterschiedlichen Symptomen sind Lebensmittelunverträglichkeiten sehr schwierig zu diagnostizieren. Eine Reihe von Tests (siehe S. 191–201) hilft den Therapeuten. Streß scheint die Unverträglichkeiten zu verschlimmern.

NATURHEILKUNDE

Eine gestörte Verdauung soll eine Reizung der Darmwände verursachen. Unvollkommen verdaute Nahrungsmoleküle können eventuell durch die Darmschleimhäute treten. Der Heilpraktiker wird sicherlich eine Auslaßdiät anordnen, bei der verdächtige Nahrungsgruppen für zwei Wochen gemieden werden. Anfangs können sich die Symptome verschlimmern. Wenn die Beschwerden abklingen, wird ein Nahrungsbestandteil nach dem anderen wieder hinzugefügt und beobachtet, bis erneut eine Reaktion auftritt. SEITEN 118–121

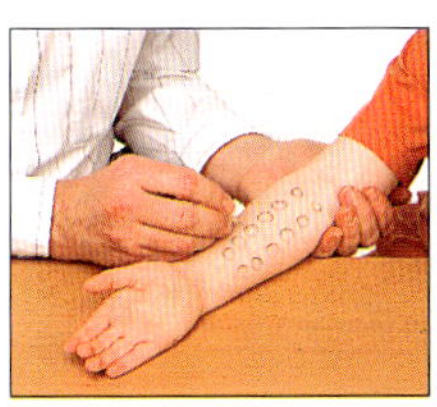

PRICK-TEST
Einige Therapeuten verwenden einen abgeänderten Prick-Test, um Unverträglichkeiten zu identifizieren

ERNÄHRUNGSTHERAPIEN

Nach Meinung von Therapeuten kommt es durch die gereizte, „durchlässige" Darmschleimhaut bei schlechter Verdauung zu einem Verlust von lebenswichtigen Nährstoffen, insbesondere Magnesium und Zink. Die Behandlung ist individuell. Empfohlen werden Nahrungsergänzungen wie Vitamin A (Beta-Karotin) zur Reparatur der Darmwände, Vitamin C und der B-Komplex zur Unterstützung der Nebennierenfunktion (Stoffwechsel, Streßantwort), Vitamin E und Kalzium zur Minderung der allergischen Reaktion, Selen, Magnesium und Zink zur Untertützung des Immunsystems, essentielle Fettsäuren gegen Entzündungen und die Gabe von Verdauungsenzymen. Falls eine Dysbiose vorliegt, könnte die Gabe von Seetang, Bifidobakterien, Lactobacillus und „lebendigem" Joghurt, die alle für die Darmflora nützliche Bakterien enthalten, angeraten werden. SEITEN 148–152

KLINISCHE ÖKOLOGIE

Die Therapeuten meinen, daß jemand, der sich mit der üblichen westlichen Kost ernährt, täglich über 100 synthetische Chemikalien in Speisen und Wasser zu sich nimmt. Dies begünstigt Lebensmittelunverträglichkeiten. Eine Reihe umstrittener Tests kann zur Identifizierung des Auslösers beitragen. Zusätzlich wird eine Auslaßdiät erstellt, und man könnte Ihnen raten, das Leitungswasser zu filtern und Antioxidantien einzunehmen. Als Therapie wird die enzympotenzierte Desensibilisierung (EPD, s. Klinische Ökologie gegenüber) oder eine provozierte Neutralisation empfohlen, bei der kleinste Mengen der reizenden Nahrung als Impfstoff injiziert werden. SEITEN 154–155

PSYCHOTHERAPIE & BERATUNG

Streß und emotionale Probleme scheinen bei der Auslösung von Lebensmittelunverträglichkeiten eine Rolle zu spielen. Manche Menschen können auch Zwangsvorstellungen entwickeln, indem sie sich der Krankheit entsprechend verhalten und Symptome erwarten. Psychotherapie und Beratung können ihnen dabei helfen, diese Denkmuster zu „verlernen". SEITEN 160–165

ENTSPANNUNGS- & ATEMTHERAPIE

Die Lebensmittelunverträglichkeit kann durch Streß verschlimmert werden. Viele Menschen, die darunter leiden, haben Probleme bei der Streßbewältigung. Einige neigen auch zur Hyperventilation (zu schnellem Atmen). Streßbewältigungstechniken können tiefes, langsames Atmen fördern, Muskelspannung reduzieren und Ängste lindern. SEITEN 170–173

KREBS

BEI UNKONTROLLIERTEM ZELLWACHSTUM spricht man von Krebs. Er ist in den Industrieländern die zweithäufigste Todesursache nach den Herzerkrankungen. Schon die Diagnose wird als Todesurteil empfunden, obwohl einige Krebsformen relativ mild verlaufen und eine 100prozentige Überlebensrate haben. Am häufigsten sind Brust, Lunge, Darm, Haut, Magen, Eierstöcke, Bauchspeicheldrüse, Prostata, Harnblase und Lymphdrüsen betroffen. Ein Drittel der Menschen im Westen erkrankt an Krebs, aber fast 70 Prozent der Fälle könnten durch das Meiden der Auslöser wie Tabak oder UV-Licht vermieden werden.

SCHLÜSSELSYMBOLE

FORSCHUNG	THERAPEUT
Gute wissenschaftliche Versuche mit positivem Resultat	Unentbehrlich
Einige Studien	Empfohlen
Nicht fundiert	Nicht nötig
	SELBSTBEHANDLUNG
	Selbstbehandlung möglich
	Keine Selbstbehandlung

ALTERNATIVE BEHANDLUNGSWEISEN

In der Vergangenheit gab es in der alternativen Medizin mehrere „Wunderkuren" gegen Krebs, die sich als unwirksam oder gar betrügerisch erwiesen. Ein verheißungsvoller Weg liegt in der Kombination von konventionellen und alternativen Therapien und wurde schon in führenden Krebszentren, Hospizen und Selbsthilfegruppen verfolgt. Sanfte Therapien wie Massage, Entspannung und Heilen spielen eine Schlüsselrolle in der Palliativbehandlung (Beschwerdelinderung). Alternativtherapeuten versuchen eher Schmerzen und Nebenwirkungen der konventionellen Behandlung zu lindern, als selbst zu heilen. Die Stärkung des Wohlbefindens selbst kann lebensverlängernd wirken.

KONVENTIONELLE BEHANDLUNGSWEISEN

Es gibt drei Richtungen der Krebstherapie, die manchmal einzeln, immer häufiger aber kombiniert angewendet werden. Eine Operation entfernt den Tumor, die Bestrahlung tötet verbliebene Krebszellen ab, und die Chemotherapie (Behandlung mit Medikamenten) zerstört Krebszellen, die in andere Körperregionen fortgeleitet wurden (Metastasen). Diese Methoden haben, abhängig vom Krebstyp, unterschiedliche Erfolgsraten. Konventionelle Behandlungsweisen greifen stark in den Körper ein, wirken nicht immer und haben unangenehme Nebenwirkungen. Trotzdem spielen diese Methoden die wichtigste Rolle im Kampf gegen den Krebs – es bleibt keine Wahl.

DIE ENTSTEHUNG VON KREBS

Es gibt mehr als 200 Formen von Krebs. Alle haben jedoch eines gemeinsam: abnorme Zellen, deren Wachstum außer Kontrolle geraten ist. Alle Zellen vermehren sich, indem sie sich in einem durch Onkogene gesteuerten Prozeß teilen. Normalerweise erlauben diese Gene nur eine bestimmte Anzahl von Zellteilungen zur Erhaltung und Reparatur des Gewebes. Veränderungen innerhalb der Zelle können alles außer Kontrolle bringen und die Zellen sich rasant vermehren lassen. Im Gegensatz zu gutartigen Tumoren zerstören und befallen die Zellen bösartiger Tumore benachbarte Gewebe. Krebszellen können auch über die Blut- und Lymphbahnen an entfernte Stellen im Körper verschleppt werden und dort Tochtergeschwülste bilden.

HAUTKREBS

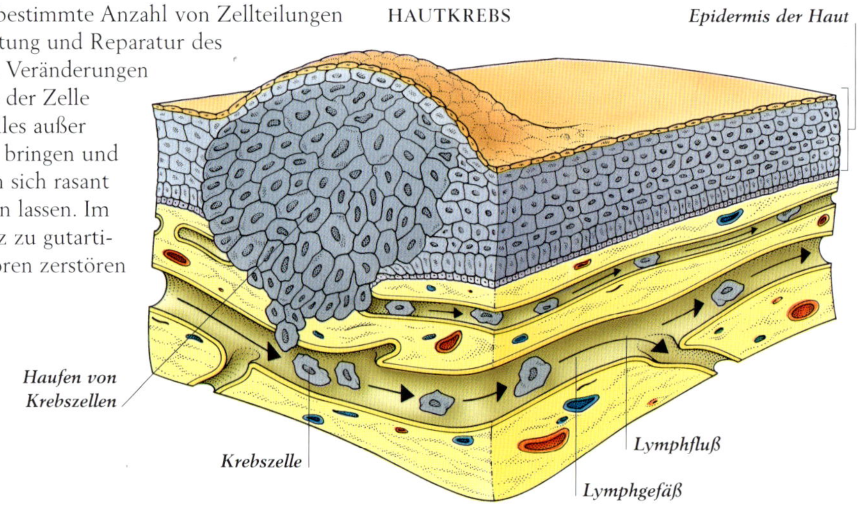

VORSICHT!

Konsultieren Sie einen Arzt, bevor Sie mit einer alternativen Therapie beginnen, und beenden Sie keinesfalls Ihre konventionelle Medikation.

Krebs kann eine Reihe von Symptomen verursachen. Konsultieren Sie sobald wie möglich Ihren Arzt, wenn Sie eine der folgenden Beschwerden haben:

- Unerklärlicher, anhaltender Gewichtsverlust
- Ein Leberfleck, der sich im Aussehen ändert, größer wird, juckt oder blutet
- Wunden, Schorf oder Geschwüre, die nicht abheilen
- Knoten in der Brust; Ausfluß oder Blutung aus der Brustwarze oder Einziehung der Brustwarze; Veränderungen in Form oder Größe der Brust; Einziehung oder Verhärtung der Haut
- Veränderungen in Größe oder Form der Hoden
- Unerklärliche, schwere Kopfschmerzen
- Konstante Heiserkeit; anhaltende Halsentzündungen; Reizhusten; Schluckbeschwerden, wiederholtes Bluthusten
- Anhaltende Bauchschmerzen oder Verdauungsstörungen
- Rotes oder schwarzes Blut in Stuhl oder Urin
- Veränderungen in den Stuhlgewohnheiten, z. B. anhaltende Verstopfung
- Blutungen aus der Scheide zwischen den Monatsblutungen, nach dem Geschlechtsverkehr oder nach den Wechseljahren

Siehe auch Seite 204.

KREBSVORBEUGUNG UND KREBSBEHANDLUNG

DIE NEIGUNG VON ZELLEN zu entarten, kann vererbt sein oder durch Faktoren wie Rauchen, Alkohol, Umweltverschmutzung, Strahlung, Industriechemikalien und unbekannte Virusinfektionen ausgelöst werden.

Selbsthilfe ist recht einfach:

- Untersuchen Sie regelmäßig Haut, Brüste oder Hoden.
- Rauchen Sie nicht: Rauchen ist ein Faktor bei Krebs von Lunge, Mund, Kehlkopf, Speiseröhre, Bauchspeicheldrüse, Blase und Gebärmutterhals.
- Vermeiden Sie Sonnenbrände: UV-Licht kann Hautkrebs auslösen.
- Praktizieren Sie Safer Sex: Gebärmutterhalskrebs und einige Formen des Analkrebs werden durch sexuell übertragene Viren veruracht.
- Machen Sie täglich Körperübungen. Inaktive Menschen entwickeln doppelt so häufig Krebs wie aktive.
- Lernen Sie Streß zu bewältigen (siehe S. 38): Hohe Streßbelastung wird mit Krebs in Zusammenhang gebracht.
- Achten Sie auf Ihr Gewicht: Krebs an Brust, Gebärmutter und Gallenblase tritt häufiger bei Übergewichtigen auf.
- Halten Sie Ihren Alkoholkonsum gering: Im Übermaß kann er das Risiko von Mund-, Speiseröhren-, Kehlkopf- und Leberkrebs erhöhen.
- Ernähren Sie sich mit einer ausgewogenen Vollwertkost mit viel frischen Früchten, Gemüse und Vollkorn. Die Kost sollte fettarm sein, wenig rotes oder verarbeitetes Fleisch, geräucherte oder gesalzene Lebensmittel enthalten. Bei einem Drittel aller Krebsfälle wird eine Verbindung zur Ernährung gesehen, so z. B. zwischen fettreicher Kost und Brustkrebs.
- Essen Sie Lebensmittel, die vor Krebs schützen (siehe Naturheilkunde, rechts)
- Wählen Sie möglichst organische Lebensmittel. Pestizide, Lebensmittelzusätze und andere Chemikalien können die Anfälligkeit für Krebs erhöhen.
- Lassen Sie die Lebensmittel beim Grillen nicht verkohlen, da hierbei krebsauslösende Substanzen gebildet werden .
- Werfen Sie verschimmelte Nahrung weg, einige Schimmelpilze sind karzinogen.

KÖRPER- & BEWEGUNGSTHERAPIEN

Verschiedene Formen der Körpertherapien können bei Krebspatienten das physische und emotionale Wohlbefinden verbessern.

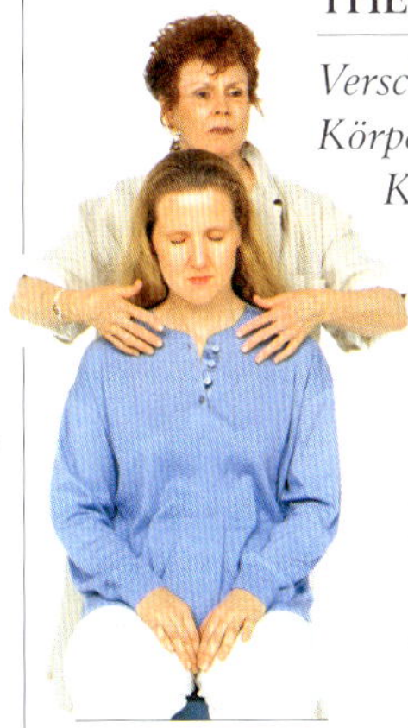

HELFENDE HÄNDE
Therapeutische Berührungen können dem Patienten helfen, mit Schmerz und Ängsten umzugehen

MASSAGE

Therapeutische Massage, in vielen Krebsstationen und Hospizen angeboten, kann helfen, Muskelschmerzen und Verspannungen zu lösen, Ängste zu reduzieren und Entspannung zu vermitteln. Eine 1993 im *Cancer Nursing* veröffentlichte US-Studie zeigte, daß therapeutische Massage die Schmerz- und Angstwahrnehmung bei Krebspatienten mindert. Familienmitglieder und Freunde können den Patienten mit einer Massage Wohlbefinden und Bestätigung geben. SEITEN 56–61

AROMATHERAPIE

In einer Studie von 1995 hatten englische Krebspatienten, die mit dem Öl der römischen Kamille einmassiert wurden, weniger Ängste, körperliche Symptome und ein besseres Lebensgefühl als Patienten, die nur mit einem unparfümierten Öl massiert wurden.
SEITEN 62–65

REFLEXOLOGIE (FRZ)

Therapeuten zufolge sind die Füße der Spiegel des Körpers. Das Ausüben von Druck auf Regionen am Fuß, die mit den erkrankten Organen korrespondieren, könnte helfen, Schmerzen, Verstopfung und Übelkeit zu lindern. SEITEN 66–69

AKUPUNKTUR

Die Stimulation von Akupunkturpunkten kann Übelkeit oder Symptome im Zuammenhang mit einer Chemotherapie nehmen und Schmerzen lindern (siehe S. 325). Akupunktur soll die Freisetzung von natürlichen Schmerzmitteln, der Endorphine, fördern, was das Wohlbefinden steigern kann. Die Akupressur, bei der die gleichen Punkte stimuliert werden, kann fast genauso effektiv sein.
SEITEN 90–94

HEILEN

Es gibt mehrere Formen des Heilens, einschließlich des Handauflegens und der Fernheilung, bei der die Praktiker für die Empfänger beten oder den Transfer von Heilungsenergie visualisieren. Ärzte sind skeptisch, viele Patienten und ihre Familien berichten jedoch, daß das Heilen ihnen eine Stütze war.
SEITEN 104–105

THERAPEUTIC TOUCH

Eine wachsende Zahl von Krankenschwestern, besonders in den USA, wenden die Therapeutische Berührung an, eine Form des Heilens, die die Selbstheilungskräfte des Körpers stimulieren soll. SEITE 106

MEDIZINISCHE THERAPIEN

Es scheint, daß einige Lebensmittel und Nahrungsergänzungen eine schützende Wirkung aufweisen. Homöopathische und Pflanzentherapeuten verwenden medizinische Heilmittel, um die Selbstheilungskräfte des Körpers zu stärken.

NATURHEILKUNDE

Um Krebs zu vermeiden, wird der Heilpraktiker Lebensmittel empfehlen, die reich an folgenden Substanzen sind:

- **Ballaststoffe**, die man in der Kleie von Getreiden findet, helfen bei der Verdauung und Ausscheidung. Unverdaute Nahrung wird entfernt, so daß Gifte und Karzinogene nicht in den Blutkreislauf aufgenommen werden.
- **Antioxidantien** Vitamin A (Beta-Karotin), C, E, das Mineral Selen und Bioflavonoide

BALLASTREICHE KOST
Hülsenfrüchte und Vollkorn sind reich an gesunden Ballaststoffen

(siehe S. 306) sind Antioxidantien. Wenn Nahrung in Energie umgewandelt wird (oxidiert), werden „Freie Radikale" gebildet. Im Übermaß schädigen diese Freien Radikale die Zellhüllen, schwächen das Immunsystem, stören das Hormon- und andere Systeme und fördern das Wachstum von Krebszellen. Antioxidantien helfen beim Neutralisieren der produzierten Freien Radikale.

NATURHEILKUNDE *(Fortsetzung)*

Zu den **Antioxidantien** gehören:

Beta-Karotin findet sich in roten, orangen und gelben Früchten und Gemüsen. Der Konsum hoher Dosen reduziert das Risiko von Krebs an Blase, Brust, Dickdarm, Kehlkopf, Magen, Gebärmutterhals und Gebärmutterschleimhaut. Beta-Karotin kann ebenso vor Sonnenbrand schützen.

Vitamin C schützt vor karzinogenen Nitrosaminen und Nitriten (in geräucherten und salzigen Speisen) und stärkt das Immunsystem. Zitrusfrüchte, schwarze Johannisbeere, Tomaten, Brokkoli, Kohl und Kartoffeln sind alles Vitamin-C-Quellen. Vitamin-C-arme Ernährung wurde mit Krebs an Magen, Speiseröhre, Brust, Leber und Leukämie, bei der sich die weißen Blutkörperchen anomal vermehren, in Verbindung gebracht.

Vitamin E schützt die Zellen und stärkt die Immunität. Weizenkeime, Nüsse, pflanzliche Öle, Samen und Vollkornbrot sind reiche Quellen. Vitamin E kann das Risiko von Mund- und Magenkrebs mindern.

Selen ist ein Mineral, das in Meeresfrüchten, Getreide, brasilianischen Nüssen und Fleisch vorkommt. Es schützt die Zellen und könnte die Krebsentwicklung an Dickdarm, Gebärmutterhals, Brust, Haut und Leber hemmen. Die Ernährung vieler Menschen enthält gefährlich wenig Selen. Studien von 1996 in den USA berichten, das die Gabe von Selen die Sterberate bei Hautkrebs-Patienten um 52 Prozent senken konnte.

Bioflavonoide sind Chemikalien, die in vielen Früchten wie Zitronen, Grapefruit und Kirschen vorkommen. Sie haben antioxidative Eigenschaften und stärken die Kapillaren.

Zink kommt vor in Fischen, magerem Fleisch und Erdnüssen und ist wichtig für ein gesundes Immunsystem.

B-Vitamine Vitamin B_2 (Riboflavin) findet man in Hefeextrakt, Milchprodukten und Eiern. Es trägt zum Schutz vor Speiseröhrenkrebs bei und wirkt zusammen mit Vitamin B_6 (Niacin, in Hefeextrakt, Vollkornbrot, Weizenkleie und Bananen) bei der Zerstörung möglicher Karzinogene. Ein Mangel an Folsäure (ein anderes B-Vitamin, das in Weizenkleie, Brokkoli, Nüssen und Hefe vorkommt), sowie ein Mangel an Vitamin B_6 wird mit Gebärmutterhalskrebs in Verbindung gebracht.

ROTER PAPRIKA & TOMATE
Dies sind reichhaltige Quellen von Stoffen, die vor Krebs schützen

Andere empfohlene Lebensmittel sind Knoblauch und Zwiebeln, die Allicin enthalten, das vor Magen-Darm- und Blasenkrebs schützen soll. Nahrungsmittel wie roter Paprika, die Lycopene enthalten, können das Risiko von Gebärmutterhals- und Prostatakrebs senken. Kruzifer (Mitglieder der Kohlfamilie) enthalten Indole, die vor Brustkrebs schützen sollen. SEITEN 118–121

ANTHROPOSOPHISCHE MEDIZIN

Die Therapeuten wenden bei Krebs eine holistische Behandlungsweise an – unter Einschluß von Ernährungsratschlägen, Beratung und Eurythmie, einer Form von Tanz. Studien über Iscador, einer anthroposophischen Medizin aus Mistelextrakt, haben gezeigt, daß dieses Mittel die Anzahl der weißen Blutkörperchen, die Infektionen bekämpfen, steigern kann und unter Laborbedingungen das Wachstum von Krebszellen beeinflußt. Dennoch gibt es nur wenige überzeugende Beweise für Iscador. SEITEN 124–125

MISTEL
Der Extrakt gegen Krebs

WESTLICHE PFLANZENKUNDE

Die Behandlung kann neben der konventionellen Chemotherapie und Bestrahlung gegeben werden und versucht das Immunsystem zu stärken. Zu Beginn wird ein Reinigungsprogramm mit Pflanzen wie Klette durchgeführt, um die Ausscheidung zu unterstützen. Danach folgen als Stärkungsmittel Pflanzen, die Bitterstoffe für Leber und Verdauung enthalten, und kreislaufanregende Mittel und Pflanzen für das Nervensystem. SEITEN 134–139

Achtung: Verwenden Sie pflanzliche Heilmittel nur unter professioneller Aufsicht und im Einverständnis mit Ihrem Arzt.

CHINESISCHE PFLANZENKUNDE

In der Traditionellen Chinesischen Medizin wird Krebs mit einem „Mangel an Qi oder Blut" oder einem Ungleichgewicht von Yin ud Yang in Verbindung gebracht. Interessante Ergebnisse werden von verschiedenen chinesischen Pflanzenheilmitteln zur Behandlung von Krebs oder zur Linderung der Nebenwirkungen von Chemotherapie und Bestrahlung berichtet. Die Fu-Zheng-Therapie, die auf einer pflanzlichen Rezeptur mit Ginseng und Astragalus basiert, soll die Lebenserwartung bei Patienten mit fortgeschrittenem Krebsleiden verdoppeln. Eine 1988 durchgeführte Studie zeigte, daß Astragalus das Immunsystem bei Patienten, die mit Chemotherapeutika behandelt wurden, stärkt. 1995 zeigte eine koreanische Studie, daß Ginseng, als Puderextrakt eingenommen, ein verringertes Auftreten von Lungen-, Leber-, Mund-, und Kehlkopfkrebs bewirkte. Im gleichen Jahr zeigten Studien über die japanische Rezeptur Syo-saiko-to, die auf der chinesischen Medizin Xia Chai Hu Tang (TJ-9) mit neun Kräutern basiert, daß sie das Auftreten von Leberkrebs bei Patienten mit Zirrhose verhindern oder verzögern kann. SEITEN 140–143

Achtung: Verwenden Sie pflanzliche Heilmittel nur unter professioneller Aufsicht und mit Einverständnis Ihres Arztes.

AYURVEDA

Pharmacology, Biochemistry and Behaviour berichtete 1990 von einer US-Studie, wonach die pflanzliche Rezeptur Maharishi 4 die Häufigkeit des Auftretens von Brustdrüsenkrebs bei Ratten veringern konnte. SEITEN 144–147

ERNÄHRUNGSTHERAPIEN

Mit vielen verschiedenen Ernährungstherapien wird versucht, Krebs zu behandeln. Obwohl die Ernährung zur Vorbeugung dieser Erkrankung wichtig ist und Mangelerscheinungen durch Chemotherapie und Bestrahlung ausgleichen kann, gibt es bis jetzt sehr wenige wissenschaftliche Beweise dafür, daß die Ernährung den Verlauf der Krankheit beeinflußt. Um den Körper von Giften zu befreien, kann zum Fasten, zu vielen Früchten oder viel rohem Gemüse oder zur Einnahme großer Dosen an Vitaminen und Mineralien geraten werden. Konventionelle Therapeuten sind aber besorgt, daß extreme Diäten, die voluminös und arm an Kalorien sind, das Gegenteil von dem bieten, was viele Patienten benötigen und Gewichtsverlust bei schon Untergewichtigen verursachen. Da das Essen keine Freude mehr macht, könnten Depressionen und bei Nichtbefolgen der Anordnungen Schuldgefühle hervorgerufen werden. Manche Heilpraktiker ordnen weniger strenge Diäten an und empfehlen nahrhafte, natürliche und unverarbeitete Lebensmittel zur Wiederherstellung der Energien. Sie raten zu langsamem Essen, bewußter Unterstützung der Verdauung und zur Hauptmahlzeit am Mittag, so daß der Körper nachts ruhen kann.

Die Bristol-Diät, die in den 80ern im Bristol Cancer Help Centre in England entwickelt wurde, hat die ursprünglich veganische Ernährung durch eine weniger strenge Diät ersetzt. Die Verordnungen zur Krebsbehandlung werden auf die individuellen Bedürfnisse des Patienten angepaßt und befolgen die Richtlinien des Commitee of Diet, Nutrition and Cancer in den USA von 1982. Betont wird eine natürliche, unverarbeitete Nahrung: Vollkorn, Vitamin-C-reiches Obst, Gemüse, Hülsenfrüchte, Nüsse, Sesam, Sonnenblumensamen und gefiltertes Wasser. Eier, Milchprodukte, Fisch und weißes Fleisch können in Maßen gegessen werden. Das Zentrum empfiehlt aber, Koffein, rotes Fleisch, Salz, Zucker, gehärtete Margarine, gesättigte Fette, mehrfach ungesättigte Fettsäuren und tiefgefrorene Lebensmittel zu meiden.

Gerson-Therapie Dr. Max Gerson glaubte, daß ein Übermaß an Natrium im Körper die Funktion von Leber, Pankreas, Schilddrüse und Immunsystem stört. Er entwickelte eine salzarme, organische Diät, die viel rohes Gemüse und Fruchtsäfte enthält. Zugleich wurden Ergänzungen und Koffeinklistiere zur „Entgiftung" der Leber und zur Schmerzlinderung gegeben. Diese Methode verlangt viel Engagement vom Patienten und hat potentielle Nebenwirkungen wie Gewichtsverlust und verminderte Widerstandskraft gegen Erkrankungen. Eine Besserung wird nicht garantiert. Dennoch zeigte eine 1995 in Mexiko durchgeführte Studie, daß Patienten durch die Gerson-Therapie eine höhere Überlebensrate hatten als andere.

GERSON-THERAPIE
Säfte aus Früchten, Gemüse und Leber werden verordnet

Antineoplaston-Therapie Anhänger dieser Methode glauben, daß es bei Krebspatienten an natürlich vorkommenden Eiweißen, den Antineoplastonen, mangelt. Die Behandlung besteht aus Zufuhr dieser Eiweiße, als Injektion oder Tabletten, um das Zellwachstum zu normalisieren und Tumoren schrumpfen zu lassen.

Laetril-Therapie Laetril ist ein Extrakt aus Aprikosenkernen, der auch als Amygdalin oder Vitamin B_{17} bekannt ist. Es enthält Zyanid, das nach Meinung dieser Heilpraktiker sehr effektiv Krebszellen zerstört. Eine wissenschaftliche Studie konnte keine Vorteile bei der Einnahme von Laetril aufzeigen und verzeichnete gefährlich hohe Zyanidspiegel im Blut der Patienten.

Andere Heilmethoden Einige Praktiker glauben an verschiedenste Substanzen, die bei der Heilung von Krebs helfen sollen, was aber nicht immer nachgewiesen wurde. Eine skandinavische Studie von 1986 stellte fest, daß Haileber-Öl den Erfolg einer Strahlentherapie bei Gebärmutterkrebs verstärkt, während japanische Studien herausfanden, daß Shiitake-Pilze zur Lebensverlängerung bei Patienten mit Magen-, Brust-, Dickdarm- und Rektumkrebs beitragen können. Hohe Dosen des Hormons Melatonin werden zur Zeit in der Krebsbehandlung erprobt. Einem Bericht im US-Magazin *Cancer* von 1994 zufolge konnte eine Kombination von Melatoningaben und zusätzlicher Pflege die Überlebensdauer bei Patienten mit Gehirntumoren verlängern und das Wachstum von Krebszellen stoppen. SEITEN 148–152

Achtung: Führen Sie diese speziellen Diäten nur unter professioneller Aufsicht und nur mit dem Einverständnis Ihres Arztes durch.

ORTHOMOLEKULARE THERAPIE

Die Therapeuten glauben, daß hohe Dosen von Vitaminen, Mineralien und anderen Substanzen Krankheiten behandeln können. Ob solche Ergänzungen Krebs behandeln können, ist Thema enormer Kontroversen. Die am häufigsten gegebenen Vitamine, auch intravenös, sind Beta-Karotin (Vitamin A) sowie Vitamin C und E, die gegen Karzinogene schützen sollen. Es gibt aber bisher keine schlüssigen Beweise zur Unterstützung dieser Aussagen. Theoretisch kann Beta-Karotin Krebszellen zerstören, eine neuere Studie in den USA zeigte aber, daß Ergänzungen mit diesem Vitamin das Risiko von Lungenkrebs steigen ließ. Das Beta-Karotin in Lebensmitteln ist möglicherweise sicherer und effektiver. Coenzym Q10, das schon als Wundermittel gefeiert wurde, ist ein organisches Antioxydant, das mit anderen Enzymen zusammen den Zellen bei der Energieproduktion hilft. Nach einer dänischen Studie von 1994 hat es bei einer Gabe von 300 mg pro Tag bei Frauen mit Brustkrebs Erfolge gezeigt. SEITE 153

Achtung: Nehmen Sie hohe Dosen von Nahrungsergänzungen nur unter professioneller Aufsicht und im Einverständnis mit Ihrem Arzt.

MENTALE & EMOTIONALE THERAPIEN

Die Diagnose Krebs kann seelische Krisen hervorrufen. Die Therapeuten helfen beim Umgang mit diesen Gefühlen.

PSYCHOTHERAPIE & BERATUNG

Psychotherapie und Beratung werden heute häufig für Krebspatienten und ihre Familien empfohlen. Die Rolle der psychischen Faktoren bei der Krebsentstehung wird sehr kontrovers eingeschätzt. Es gibt keine eindeutigen Beweise dafür, daß Persönlichkeitsstruktur, Gefühle oder Streß die Erkrankung verursachen können, auch nicht, daß Depression und Hilflosigkeit den Tumor schneller wachsen lassen. Dennoch gibt es immer mehr Anzeichen dafür, daß ein unterstützendes, soziales Umfeld und psychische Faktoren die Chancen zur Genesung bessern oder die Überlebenszeit der Patienten verlängern. *The Lancet* berichtete 1989 von einer US-Studie, die zeigte, daß der wöchentliche Besuch einer Selbsthilfegruppe in Verbindung mit Entspannungstechniken und Selbsthypnose die Überlebensdauer von Frauen mit fortgeschrittenem Brustkrebs verdoppelt. In einer anderen US-Studie von 1990 waren Patienten mit Hautkrebs weniger verzweifelt, nachdem sie Beratung und Schulung bekamen. Die Zahl an Killer- und anderen Immunzellen war gestiegen (siehe S. 308). SEITEN 160–165

HYPNOTHERAPIE

Die Hypnotherapie kann bei Schmerzen und anderen Krebssymptomen helfen und die Nebenwirkungen von Chemotherapie und Bestrahlung lindern. SEITEN 166–167

ENTSPANNUNGS- & ATEMTHERAPIE

Muskelverspannungen werden gelöst, Kurzatmigkeit und Angst gelindert und Selbstkontrolle gefördert. SEITEN 170–173

MEDITATION

Die australische Psychiaterin Ainslie Meares entwickelte ein Programm für Krebskranke, das drei Stunden Meditation pro Tag beinhaltet. Tiefe Entspannung und eine spirituelle Geisteshaltung mit Gebeten waren das Ziel. In einigen Fällen wurde von offensichtlichen Tumorrückgängen berichtet, es gab jedoch keine weiterführenden Forschungen. SEITEN 174–177

VISUALISIERUNG

Die Patienten werden aufgefordert, sich in einem Zustand der Entspannung vorzustellen, wie sie sich besser und stärker fühlen oder wie die Tumorzellen zerstört werden. Bei einer Methode versuchen sich die Patienten die am wenigsten beängstigende Behandlung bis hin zur schmerzhaftesten vorzustellen und dabei immer ruhig und entspannt zu bleiben. SEITEN 178–179

KUNSTTHERAPIE

Zeichnen, Malen und Bildhauerei entwickeln Freude an der Kreativität und ermöglicht es den Menschen, eine nonverbale Form zu finden, um ihre Gefühle auszudrücken. SEITEN 182–183

THERAPEUTISCHES MALEN
Kunsttherapie hilft Menschen, Gefühle auszudrücken, die schwierig in Worte zu fassen sind

IMMUNSYSTEM

HAUT UND SCHLEIMHÄUTE, die äußeren Grenzen des Körpers, werden manchmal von Viren durchdrungen. Wenn dies passiert, verschlingen spezialisierte Immunzellen die Eindringlinge oder neutralisieren sie mit „Antikörper"-Chemikalien. Für eine zukünftige, schnelle Reaktion bei Kontakt mit diesen Eindringlingen bildet das Immunsystem Erinnerungszellen und ermöglicht so die Immunität gegenüber bestimmten Krankheiten. Bei zu geringer Reaktion versagt das Immunsystem, bei zu starker Reaktion kommt es zur Allergie. Bei Autoimmunerkrankungen wendet sich das Immunsystem gegen körpereigenes Gewebe.

SCHLÜSSELSYMBOLE

FORSCHUNG	THERAPEUT
Gute wissenschaftliche Versuche mit positivem Resultat	Unentbehrlich
Einige Studien	Empfohlen
Nicht fundiert	Nicht nötig
	SELBSTBEHANDLUNG
	Selbstbehandlung möglich
	Keine Selbstbehandlung

ALTERNATIVE BEHANDLUNGSWEISEN

Ein harmonisches Zusammenspiel von Gehirn, Nervensystem und endokrinen Drüsen ist wichtig für die geregelte Funktion des Immunsystems. Heilpraktiker glauben, daß eine gesunde Lebensführung mit ausgewogener Ernährung, ausreichendem Schlaf und viel Bewegung sowie einer positiven Lebenseinstellung der beste Weg zu einem gesunden Immunsystem ist. Körper- und Bewegungstherapien verbessern den Lymphfluß, der wichtig ist für die Immunfunktion. Pflanzliche Heilmittel und Nahrungsergänzungen können die Immunaktivität stärken.

KONVENTIONELLE BEHANDLUNGSWEISEN

Die konventionelle Medizin kann mehrere Erkrankungen durch Impfungen verhindern. Dieser Prozeß, bei dem tote oder inaktivierte Viren oder Bakterien in den Körper gegeben werden, bewirkt eine Produktion von Antikörpern. Diese reagieren dann bei jeder drohenden Infektion mit der Zerstörung der Eindringlinge oder der Anlockung von Killerzellen. Gesunde Zellen sind ebenso gegen Viren gewappnet. Sie besitzen ein Eiweiß, das Interferon, das inzwischen auch synthetisch hergestellt und bei Leukämie, Aids und anderen Störungen eingesetzt wird. Manchmal ist es nötig, das Immunsystem zu hemmen. Ärzte verschreiben z. B. Kortison, wenn das System überreagiert (Allergie, siehe S. 298–303) oder beginnt, körpereigenes Gewebe zu zerstören (Autoimmunerkrankungen).

Achtung: siehe auch Seite 204.

FUNKTION DES IMMUNSYSTEMS

Knochenmark, Schilddrüse, Milz und Lymphknoten, auch Lymphdrüsen genannt, sind die Hauptbestandteile des Immunsystems. Sie produzieren verschiedene weiße Blutkörperchen, einschließlich der Lymphozyten. Die B-Lymphozyten produzieren Antikörper nach Anforderung durch „T-Helferzellen", um gefährliche Organismen zu neutralisieren, und beenden die Produktion, wenn „T-Suppressorzellen" dies signalisieren. Die „T-Killerzellen" attackieren Tumoren und Viren. Lymphozyten erkennen Organismen wieder, mit denen sie schon einmal Kontakt hatten, und reagieren schnell darauf. Wenn aber ein unbekanntes Bakterium oder Virus auftritt, kann es Tage dauern, bis Antikörper produziert werden. Geschwollene Drüsen werden durch weiße Blutkörperchen verursacht, die in den Lymphknoten die Versorgung mit Antikörpern gewährleisten. Phagozyten, ein anderer Typ der weißen Blutkörperchen, werden bei Verletzung oder Infektion aktiviert. Sie werden durch das Histamin in die geschädigte Region gelockt (siehe S. 298) und „fressen" die Bakterien und Zelltrümmer auf.

TEILE DES IMMUNSYSTEMS

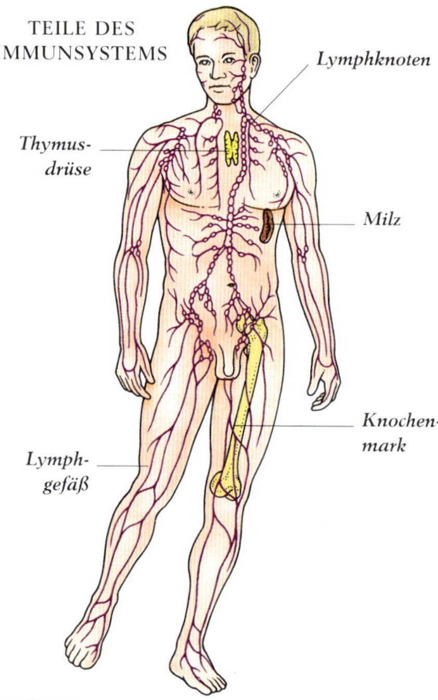

WIE KANN EINE STÖRUNG AUFTRETEN?

Mehrere Faktoren können das Zusammenspiel des Immunsystems stören:

- Bei guter Gesundheit sind T-Helfer- und Suppressorzellen im Gleichgewicht, so daß Antikörper nur bei Bedarf produziert werden. Wenn die Supressorzellen dominieren, wird das System geschwächt. Dies kann bei vererbten Störungen oder bei viralen Infektionen wie bei HIV-Infektion der Fall sein (siehe S. 310–311).
- Wenn die T-Helferzellen dominieren, wird das Immunsystem überaktiv, und seine Fähigkeit, zwischen körpereigenen und fremden Stoffen zu unterscheiden, geht verloren. Das Immunsystem beginnt die körpereigenen Gewebe anzugreifen, was als Autoimmunerkrankung bezeichnet wird. Hierunter fallen die Multiple Sklerose (siehe S. 212) und die rheumatoide Arthritis (siehe S. 260).
- Das Immunsystem kann auch überempfindlich werden und gegen normalerweise harmlose Substanzen wie Staub, Pollen und verschiedene Nahrungsbestandteile reagieren. Das verursacht dann allergische Erkrankungen wie Asthma (siehe S. 300–301), Heuschnupfen (siehe S. 299), Ekzeme (siehe S. 218) und Lebensmittelallergien (siehe S. 302).

„Erschöpftes Immunsystem“

Alternativtherapeuten glauben, daß Menschen, die regelmäßig unter Husten, Erkältungen und genereller Anfälligkeit leiden, aber keine ernsthaften zugrundeliegenden Ursachen aufweisen, ein erschöpftes Immunsystem besitzen. Faktoren aus Umwelt, Familie, Psyche, Ernährung und Lebensstil sollen alle zu diesem Problem beitragen.

Ursachen Falsche Ernährung, Rauchen, Umweltgifte und Luftverschmutzung können das Immunsystem soweit beeinträchtigen, daß es nicht mehr richtig reagieren kann. Auch übermäßige Körperakivität kann den Körper für Infektionen empfänglicher machen. Bestimmte Hormone wie Adrenalin, die bei Streß frei werden, scheinen die Teilungs- und Vermehrungsrate von T- und B-Lymphozyten zu beeinträchtigen, während positive Gedanken ihre Produktion zu fördern scheinen. Schlafmangel könnte ein weiterer Faktor sein, der die Immunfunktion verschlechtert. Einzeln oder in Kombination können diese Einflüsse dazu führen, daß das Abwehrsystem überfordert wird.

Konventionelle Therapie Der Arzt wird Verbesserungen in der Ernährung, ausreichenden Schlaf, das Aufgeben des Rauchens und Streßreduzierung befürworten. Schmerzmittel, Antibiotika und andere Medikamente können verschrieben werden.

ALTERNATIVE THERAPIEN

Praktiker meinen, daß wir unsere Abwehrkräfte durch regelmäßige Körperübungen und mit einer gesunden Ernährung und Entspannung aufrechterhalten können.

Massage

Massage kann das Immunsystem durch seine streßreduzierenden und Entspannung bewirkenden Eigenschaften unterstützen. Heilpraktiker glauben, daß bestimmte Techniken den Lymphfluß stimulieren und Abfallstoffe aus dem Körper entfernen. SEITEN 56-61

Westliche Pflanzenkunde

Echinacea wird empfohlen, das die Immunabwehr stärken soll. Knoblauch, Ingwer, Thymian, Salbei und Rosmarin sollen eindringende Organismen neutralisieren. SEITEN 134–139

Achtung: Nehmen Sie keinen Thymian oder Salbei während einer Schwangerschaft und keinen Ingwer bei peptischen Geschwüren.

Ernährungstherapien

Studien bei älteren Menschen haben gezeigt, daß die Ergänzung mit Vitaminen und Mineralien ihre Immunantwort verbessert. Hilfreiche Substanzen sind Vitamin A (Beta-Karotin), C und E , Zink, Selen und Bioflavonoide, die alle einen antioxidativen Effekt haben und überschüssige Freie Radikale (schädigen die Zellmembran) neutralisieren. Beta-Karotin stärkt außerdem Haut und Schleimhäute und erhöht die Antikörperreaktion. Vitamin C erhöht den Antikörperspiegel, und Vitamin E schützt Körperzellen und Gewebe. Andere empfohlene Nährstoffe sind Vitamin D, B-Komplex, Eisen, Kalzium, Magnesium und Mangan. SEITEN 148–152

Klinische Ökologie

Die Praktiker meinen, daß Menschen, die ohne offensichtlichen Grund wiederholt leichte Krankheiten erleiden, gegenüber bestimmten Lebensmitteln und Umweltfaktoren empfindlich reagieren. Eine Reihe von analytischen Tests werden dazu durchgeführt. SEITEN 154–155

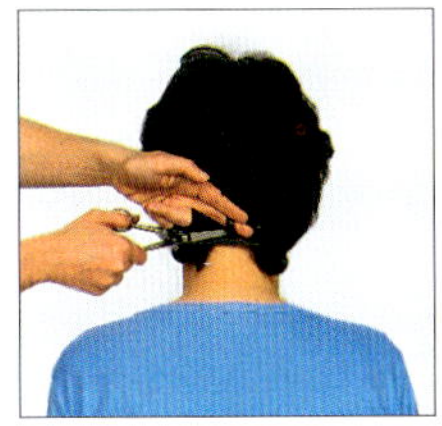

HAARANALYSE
Eine Haarprobe dient zur Analyse von Giften im Körper

Psychotherapie & Beratung

Versteckte Ursachen von Streß, Ängsten oder Depression werden aufgedeckt. Das Ansprechen dieser Probleme und das Entwickeln von Lösungen verbessert die Funktion des Immunsystems und das Wohlbefinden. SEITEN 160–165

Meditation

Praktiker glauben, daß beruhigende, stärkende Meditation nicht nur die Herzfrequenz und den Blutdruck senkt, sondern auch die Fähigkeit zur Streßbewältigung verbessert; ein Faktor, der die Funktion des Immunsystems beeinflussen kann. SEITEN 174–177

Andere Heilmethoden

Naturheilkunde SEITEN 118–121

Pfeiffersches Drüsenfieber

Das Pfeiffersche Drüsenfieber (auch infektiöse Mononucleose) betrifft hauptsächlich junge Erwachsene. Die Symptome sind Fieber, Kopfschmerzen, Lymphknotenschwellung und eine schwere Halsentzündung. Es wird durch das Epstein-Barr-Virus oder das Zytomegalie-Virus verursacht und mit dem Speichel übertragen. Die Erholungszeit beträgt 4–6 Wochen. Ärzte verordnen Bettruhe, Trinken und Schmerzmittel. Nachwirkungen wie Lethargie können viele Monate anhalten.

ALTERNATIVE THERAPIEN

Heilpraktiker werden pflanzliche Heilmittel zur Unterstützung des Körpers in der Erholungsphase geben.

Naturheilkunde

Der Therapeut wird versuchen, das Immunsystem mit leichter Kost wie Suppen, Frucht- und Gemüsesäften zu unterstützen. Knoblauch kann zu antiseptischen Zwecken verordnet werden. SEITEN 118–121

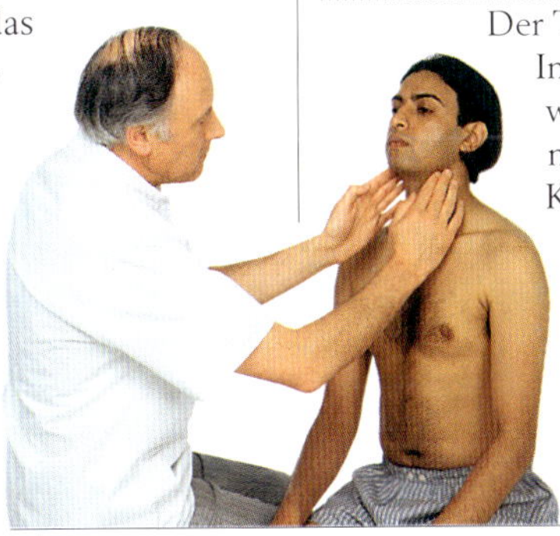

PRÜFEN DER DRÜSEN
Lymphdrüsenschwellungen sind ein Symptom des Pfeifferschen Drüsenfiebers

Homöopathie

Beladonna C6 könnte bei Fieber, Schwitzen und geschwollenen Lymphdrüsen empfohlen werden. Einige Praktiker könnten die Nosode für Drüsenfieber empfehlen.
SEITEN 126–130

Westliche Pflanzenkunde

Gelbwurz kann die Aktivität der weißen Blutkörperchen steigern. Gurgeln mit Salbei, Rosmarin und Echinacea kann bei Halsentzündung helfen. SEITEN 134–139

Achtung: Nehmen Sie kein Gelbwurz während einer Schwangerschaft oder bei Bluthochdruck.

Ernährungstherapien

Vitamin B und antioxidative Ergänzungen können die Antikörperproduktion steigern.
SEITEN 148–152

Aids

Bei Aids (Aquired Immune-Deficiency Syndrome) befällt und zerstört das HIV (Human immunodeficiency virus) die T-Lymphozyten und macht den Körper angreifbar für eine Reihe fataler Erkrankungen. Normalerweise anfangs symptomlos, kann die HIV-Infektion zehn oder mehr Jahre zur Entwicklung von Aids benötigen. Ungeachtet der weltweiten Forschung ist vieles noch unbekannt. Einige Menschen mit seit langem bestehendem postiven HIV-Befund zeigen keine Anzeichen von Aids und in manchen Fällen verschwindet der HIV-Befund sogar wieder. Weil es noch keine Heilung gibt, wenden sich viele Menschen den alternativen Methoden zu in der Hoffnung, daß sie zumindest die Lebensqualität verbessern.

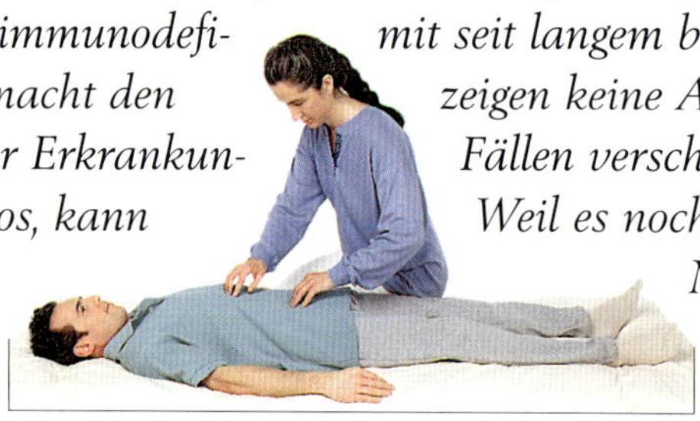

Ursachen & Symptome

HIV wird hauptsächlich über Samen und Blut übertragen. Die meisten Übertragungen passieren beim Geschlechtsverkehr, bei Bluttransfusionen und wenn Drogenabhängige sich ein infiziertes Spritzbesteck teilen. Da HIV das Immunsystem schwächt, treten virale und bakterielle Infektionen, sowie Infektionen mit Protozoen und Pilzen häufiger auf. Bei manifestem Aids kommt es zu grippeähnlichen Symptomen und Gewichtsverlust, gefolgt von einer Reihe von Erkrankungen wie einem anhaltendem Herpes simplex (siehe S. 217). Krebs, Lungenentzündung und auszehrende Durchfälle sind typische Symptome im fortgeschrittenen Stadium. Letztlich kann sich das Gehirn entzünden (Enzephalitis). Es gibt keinen gleichbleibenden Verlauf, ungefähr 28 Erkrankungen treten mit Aids auf.

Vorbeugung

Praktizieren Sie „Safer Sex“ (Sex mit Kondom). Teilen Sie keine Spritzbestecke. Vergewissern Sie sich, daß Zahnärzte, Akupunkteure, Tätowierstudios und Body-Piercer ihre Instrumente sterilisieren oder Einmalnadeln verwenden. Vermeiden Sie Bluttransfusionen in Entwicklungsländern. Wenn Sie auf Spritzen angewiesen sind, nehmen Sie Ihr eigenes steriles Besteck mit.

Konventionelle Therapie

Ab dem Zeitpunkt der Infektion braucht das HIV zwischen drei Wochen und drei Monaten oder mehr, um in Bluttests erkannt zu werden. Bis jetzt gibt es keine Heilung bei Aids. Antivirale, antibakterielle und antimykotische Mittel werden vorbeugend oder zur Bekämpfung von Infektionen gegeben. Das bewährteste Medikament bei HIV, das AZT, hemmt die Vermehrung von HIV. AZT kann zwar eine Lebensverlängerung bewirken, aber es kommt zu unangenehmen Nebenwirkungen: Kritiker meinen, daß es toxisch ist und daß die vermehrte Anzahl an T-Lymphozyten (siehe S. 308) nur vorübergehend ist.

Interleukin 2, ein natürliches Eiweiß, das bisher in zu kleinen Mengen und zu teuer produziert wird, um allgemein verwendet zu werden, kann die Produktion der T-Lymphozyten steigern.

Vielversprechende neue Forschungsansätze sind die kürzlich entwickelten Protease-Inhibitoren. Eine Kombination von drei wirksamen antiviralen Medikamenten (einschließlich AZT und Proteaseinhibitoren), die das HIV auf unterschiedliche Weise bekämpfen, konnte 1997 das Auftreten von Krebs, die Infektionen und die Todesfälle bei Aids-Patienten halbieren.

Körper- & Bewegungstherapien

Die meisten Therapien versuchen Entspannung zu bringen und die Durchblutung und den Lymphfluß zu verbessern.

Wohltuende Berührung
Regelmäßige Massage wirkt beruhigend auf Aids-Patienten und kann durch Förderung der Durchblutung die Körperabwehr stärken

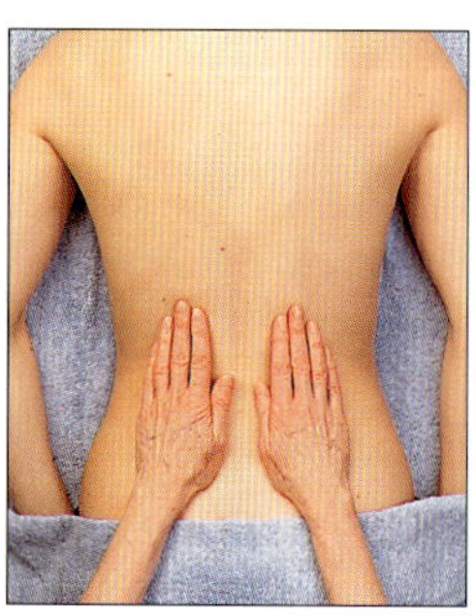

Massage

Ein einfühlsamer Praktiker kann vor allem bettlägerigen Aids-Patienten eine wohltuende Behandlung geben, die ihnen oft verwehrt wird. Massage kann die Selbstachtung stärken und den Kummer lindern sowie Durchblutung, Lymphabfluß, Muskelentspannung und Gelenksbeweglichkeit verbessern. SEITEN 56-61

Akupunktur

Die Akupunktur ist bei Aids-Patienten beliebt. Sie kann Symptome lindern, die Immunfunktion steigern und Heilungsprozesse im Körper unterstützen. Der Therapeut wird entsprechende Akupunkturpunkte für den besseren Fluß von Qi stimulieren. SEITEN 90–94

Qi Gong

Diese Therapie vereint Bewegung, Meditation und Atemkontrolle, um den Fluß von Qi zu erhöhen. Qi Gong kann die Immunfunktion stärken. SEITE 99

Hydrotherapie

Der Therapeut könnte heiße Bäder empfehlen. Forschungen deuten darauf hin, daß das HIV bei Temperaturen über 37 Grad C weniger aktiv ist. SEITEN 122–123

Achtung: Führen Sie diese Behandlung nur unter professioneller Aufsicht durch.

Andere Heilmethoden

Aromatherapie SEITEN 62–65
Reflexologie (FRZ) SEITEN 66–69
Shiatsu SEITEN 96–97

MEDIZINISCHE THERAPIEN

Die Praktiker versuchen die Selbstheilungskräfte des Körpers zu stärken, indem sie ungünstige Faktoren wie schlechte Ernährung oder Umweltgifte angehen. Viele HIV-positive Menschen und Aids-Kranke verwenden die Homöopathie als Teil eines ganzen alternativen Therapie-Pakets.

NATURHEILKUNDE

Um das Immunsystem zu stützen, befürwortet das Healing Aids Research Project (HARP) den täglichen Konsum von 65 Prozent unraffinierten Kohlenhydraten, 15 Prozent Eiweiß und 20 Prozent Fetten aus möglichst vielen Lebensmitteln, um Unverträglichkeiten zu vermeiden. Obst und Gemüse sollten gut abgewaschen werden, um Bakterien und Chemikalien zu entfernen, Gemüse zur leichteren Verdauung gedünstet sein. Weiter sollte man Koffein meiden, Alkoholkonsum reduzieren, regelmäßig Körperübungen machen und ausreichend schlafen. SEITEN 118–121

HOMÖOPATHIE

Der Therapeut wird aus Persönlichkeitsmerkmalen und vielen anderen Faktoren als Basis für die weitere Behandlung Ihren Konstitutionstyp bestimmen. Komplexe Homöopathie zielt auf die direkte Stimulierung von Organen und Gewebe. SEITEN 126–130

WESTLICHE PFLANZENKUNDE

Die Therapeuten verwenden wirksame Pflanzenkombinationen zur Behandlung von Aids. Von Selbsthilfe wird abgeraten. Knoblauch, Ingwer, Zimt, Klee und Aloe-vera-Gel werden wegen ihrer antimikrobiellen Eigenschaften empfohlen. Aloe-vera-Extrakt, der immunstimulierend wirkt, wurde in Kombination mit AZT in der Hoffnung gegeben, die notwendige AZT-Dosis senken zu können. Die Ergebnisse klinischer Studien sind jedoch widersprüchlich. Andere Pflanzen zur Immunstärkung sind: Gelbwurz und Astragalus zur Steigerung der Interferonproduktion (reguliert die Immunzellaktivität), Süßholz, um die Funktion der weißen Blutkörperchen zu normalisieren und die Antikörperproduktion zu fördern, und Knoblauch zur Steigerung der T-Lymphozytenproduktion. Entgiftende Pflanzen wie roter Klee, Klettenlabkraut, Löwenzahnwurzel und Milchdistel könnten zur Stärkung der Leber, die durch die konventionellen Medikamente geschädigt werden kann, empfohlen werden. Außerdem können nervenstärkendes Johanniskraut, nährstoffreiche Pflanzen wie Nessel (Eisen u. a.) sowie verdauungsförderndes Sellerie und Thymian hilfreich sein. SEITEN 134–139

Achtung: Verwenden Sie pflanzliche Heilmittel bei HIV-Infektion und Aids nur unter professioneller Aufsicht.

CHINESISCHE PFLANZENKUNDE

Viele Aids-Patienten meinen, daß chinesische Planzenheilmittel ihr Wohlbefinden verbessern und die Nebenwirkungen der konventionellen Therapie mindern. Stärkende Mittel wie Ginseng und Pflanzen, welche die Durchblutung fördern, wie roter Salbei und die weiße Pfingstrose, werden oft verwendet. Chinesische Bittermelone und Shiitake-Pilze sollen Anti-HIV-Effekte besitzen. SEITEN 140–143

Achtung: Kein Ginseng, Salbei oder Pfingstrose in der Schwangerschaft und keinen Ginseng bei Bluthochdruck!

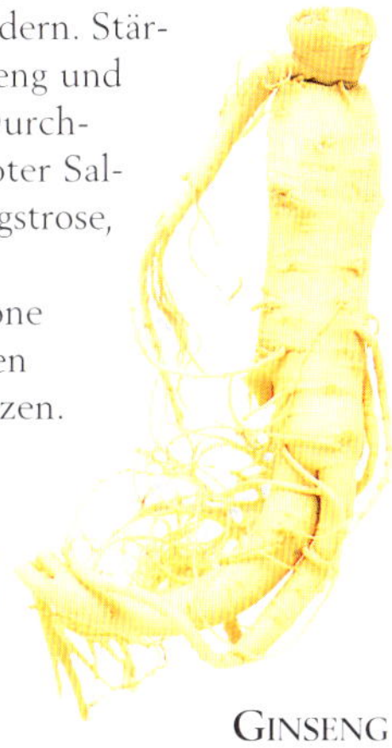

GINSENG
Diese stärkende und wiederaufbauende Pflanze wird in China seit 7000 Jahren eingenommen

ERNÄHRUNGSTHERAPIEN

Praktiker empfehlen Ergänzungen mit Vitamin A, B_6 und B_{12}, C und E, wie auch mit Folsäure, Selen, Zink, und Bioflavonoiden, um das Immunsystem zu stärken. Einer US-Studie von 1993 zufolge soll das im Körper vorkommende Steroidhormon DHEA (Dihydroepiandrosteron) bei Menschen mit fortgeschrittenem Aids vermindert sein, weswegen eine Ergänzung angeraten werden könnte. Zur Verbesserung der Immunabwehr könnte auch Propolis, eine von Bienen hergestellte, antiviral und antibakteriell wirkende Masse, gegeben werden. SEITEN 148–152

OZONTHERAPIE

Labortests haben gezeigt, daß Ozon HIV im Reagenzglas deaktivieren kann. Kritiker bezweifeln, daß dies den gleichen Effekt im Körper hat. SEITE 157

MENTALE & EMOTIONALE THERAPIEN

Mit einem positiven HIV-Befund fertig zu werden, kann sehr schwierig sein. Psychologische Therapien können einen sicheren und stützenden Weg zur Bewältigung der heftigen Emotionen bieten und beim Umgang mit dem weiteren Krankheitsverlauf helfen.

PSYCHOTHERAPIE & BERATUNG

Beratungen sind vor und nach der Diagnosestellung von HIV wichtig, um Sie für die Folgen eines positiven Befunds vorzubereiten. Neben der Vermittlung von Basisinformationen und Ratschlägen für eine gesunde Lebensführung, werden Ihnen die Sitzungen dabei helfen, sich mit Gefühlen wie Zorn, Angst, Abwehr und Depression auseinanderzusetzen. Aids-Selbsthilfegruppen können ein hilfreiches Forum sein, in dem Erfahrungen, Bewältigungsstrategien und Informationen über Forschung und Behandlung ausgetauscht werden. Forschungen der ganzheitlichen Medizin zeigen, daß eine positive Einstellung gegenüber der Krankheit und der Wille zum Überleben die Anzahl der T-Lymphozyten steigen läßt, die Symptome reduziert und möglicherweise das Leben verlängert. 1996 berichtete das englische Magazin *Complementary Therapies in Medicine* von einem Programm, das auf der Visualisierung positiver Gefühle basierte und dadurch half, die Beschwerden zu lindern, Streß und Ängste zu reduzieren, die körperliche Vitalität zu verbessern und ein psychisches Wohlbefinden zu schaffen. SEITEN 160–165

ENTSPANNUNGS- & ATEMTHERAPIE

Durch Streßbewältigung und Lösung von Muskelverspannungen kann man das Immunsystem stärken. Zwerchfellatmung verbessert die Durchblutung.

ZWERCHFELLATMUNG
Als Schlüssel zur Entspannung weitet diese Technik den Brustkorb und versorgt den Körper optimal mit Sauerstoff

Das dabei entstehende Gefühl der Ruhe kann eine positive Haltung fördern. SEITEN 170–173

MEDITATION

Das Erlernen von Entspannung bei gleichzeitiger Konzentration durch regelmäßige Meditation kann helfen, Streß zu bewältigen, die Kraftreserven des Körpers aufzufüllen, die Seele zu erfrischen und die Strapazen der Krankheit auszugleichen. SEITEN 174–177

VISUALISIERUNG

Bei dieser Methode wird der Therapeut Sie lehren, sich in eine Landschaft voller Ruhe und Schönheit zu versetzen oder den Schmerz als ein wegschmelzendes Objekt zu sehen, das wie Eis verschwindet. Die Übungen können auch Atmungs- und Entspannungstechniken einschließen. Voruntersuchungen haben ergeben, daß einige Aids-Kranke diese Techniken zur Steigerung ihrer Immunzellaktivität nutzen können. SEITEN 178–179

ANDERE HEILMETHODEN

Hypnotherapie SEITEN 166–167
Autogenes Training SEITE 168

CHRONISCHES MÜDIGKEITSSYNDROM (CMS)

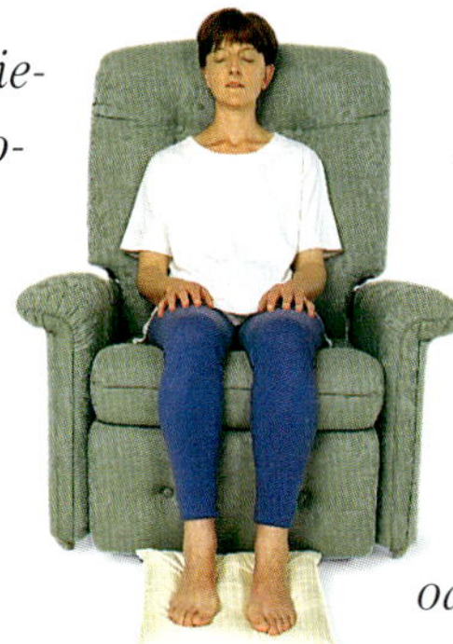

ANHALTENDE MÜDIGKEIT kann ein Symptom vieler Erkrankungen wie Anämie, Depression, chronische Infektionen, Autoimmunerkrankungen und Krebs sein. Für einige Formen von extremer und lähmender Erschöpfung wird oft keine ersichtliche Ursache gefunden, obwohl dieses Problem über Jahre hinweg bestehen kann. Dieses immer häufiger auftretende Syndrom hat mehrere Bezeichnungen, wird aber am häufigsten mit CMS oder englisch CFS (Chronic Fatigne Syndrome) benannt. Es wird offiziel akzeptiert, obwohl einige Ärzte noch meinen, daß alles Einbildung sei. Alternativtherapeuten sind eher bereit, hinter den Symptomen nach möglichen körperlichen oder psychischen Ursachen zu suchen.

URSACHEN & SYMPTOME

Die Symptome eines CMS können plötzlich auftreten, manchmal nach einer Virusinfektion. Gewöhnlich gehören lähmende, anhaltende Müdigkeit, Muskel- und Gelenkschmerzen, Kopfschmerzen, wiederholte Infekte und mildes Fieber, Depressionen, Konzentrationsschwäche, Gedächtnisschwund, Schlafstörungen, Lebensmittelunverträglichkeiten und eine gesteigerte Empfindlichkeit gegenüber der Umwelt dazu. Es scheint, daß Geist und Körper beteiligt sind. Psychologen sprechen von einem „CMS-Persönlichkeitsprofil" – ein introvertierter, hart arbeitender Perfektionist, der schwer entspannen kann und zu Depressionen neigt. Eine unverhältnismäßig hohe Zahl von Menschen mit CMS sind junge berufstätige Frauen.

KONVENTIONELLE BEHANDLUNGSWEISEN

Es gibt keine konventionelle Therapie, obwohl viele Zentren in den USA CMS-Sprechstunden anbieten. Ärzte empfehlen Ruhe, eine ausgewogene Kost, Vitaminergänzungen, Beratung, und geben Antidepressiva, wenn eine Depression vorliegt. Weil längere Inaktivität der Muskeln zu Schmerzen und Steifheit führt, könnte der Arzt sanfte Übungen empfehlen, die langsam gesteigert werden können.

VORBEUGUNG & SELBSTHILFE

CMS scheint das Resultat eines Wechselspiels zwischen Faktoren wie Streß, Virusinfektionen, psychischen Problemen, Gehirnchemie und Sozialverhalten zu sein. Untersuchen Sie Ihren Lebenstil nach Möglichkeiten, Streß zu mindern und Verpflichtungen zu delegieren. Sorgen Sie für ausreichende Ruhe, und kämpfen Sie nicht dagegen an, wenn Sie eine Virusinfektion haben, etwa eine schwere Erkältung oder Grippe. Es ist normal, von Zeit zu Zeit leichtere Erkrankungen zu haben. Husten und Erkältungen sind naturgegebene Zeichen dafür, ein paar Tage kürzer zu treten. Nach der Ruhephase sollen sanfte Körperaktivitäten wie Gehen oder Schwimmen vor Muskelschwund bewahren und die Freisetzung von Endorphinen auslösen, der körpereigenen Schmerzmittel. Dies verbessert die Durchblutung und vermehrt die Anzahl der vom Immunsystem produzierten T-Killerzellen (siehe S. 308). Die meisten Länder haben eine nationale CMS-Vereinigung, die Informationen geben kann und Literatur bereithält.

VORSICHT!

- **Sagen Sie Ihrem Alternativtherapeuten Bescheid, wenn Sie Antidepressiva oder andere konventionelle Medikamente einnehmen**

KÖRPER- & BEWEGUNGSTHERAPIEN

Da CMS schwierig zu behandeln ist, sollten Sie offen und bereit sein, eine Reihe von Methoden auszuprobieren, bis Sie die passende gefunden haben. Und vergessen Sie nicht, daß jegliche Verbesserung mehrere Monate dauern kann. Versuchen Sie sanfte Berührungs- und Bewegungstherapien, die den geschwächten Körper stimulieren.

MASSAGE

Als nützliche Technik zur Stimulierung der Heilungsprozesse fördert die Massage Entspannung und befreit von Ängsten und Muskelverspannung. SEITEN 56–61

AKUPUNKTUR

Praktiker diagnostizieren oft „feuchte Hitze" als ein Problem der CMS. Komplexe Ungleichgewichte sollen vorliegen. Eine Kombination von Akupunktur, chinesischer Pflanzenheilkunde und Tuina, der populärsten Form der Akupressur in China, kann die besten Resultate erzielen. SEITEN 90–94

YOGA

Anders als einige Arten von Körperübungen, die das CMS zu verschlimmern scheinen, verstärkt Yoga mit Atemübungen und sanfter Muskelarbeit die Körperenergien und soll so Lethargie und Müdigkeit beseitigen. SEITEN 108–111

YOGASTELLUNG
Das Dreieck dehnt den gesamten Körper und verbessert die Atmung

ANDERE HEILMETHODEN

Aromatherapie	SEITEN 62–65
Feldenkrais-Methode	SEITE 85
Alexander-Technik	SEITEN 86–87
Trager-Arbeit	SEITE 88
Qi Gong	SEITE 99
Tai Chi Chuan	SEITEN 100–101

MEDIZINISCHE THERAPIEN

Alternativtherapeuten könnten nach dem Vorliegen einer Candidiasis, Ernährungsdefiziten, Lebensmittelallergien und -unverträglichkeiten sowie nach einer Hypoglykämie (niedriger Blutzucker) schauen. Viele alternative Methoden zielen auf eine „Entgiftung" des Körpers durch Meiden suspekter Substanzen in Ernährung und Umwelt. Sie helfen bei der Ausscheidung von Abfallstoffen aus dem Darm. Auch Immunabwehr und Streßbewältigung werden gestärkt.

SAUNA-BEHANDLUNG
Die Hitze in der Sauna entspannt die Muskulatur, lindert Schmerzen und verbessert die Atmung

NATURHEILKUNDE

Die Therapeuten versuchen Streß zu reduzieren und mögliche Lebensmittelallergien und -unverträglichkeiten zu finden. Eine Auslaßdiät könnte empfohlen werden. Verarbeitete Lebensmittel, Alkohol, Koffein, Lebensmittelzusätze und andere potentielle Allergene sollten gemieden werden. Dagegen sollten Obst, Gemüse, Vollkorn, Hülsenfrüchte, Nüsse, Samen und Fisch vermehrt verzehrt werden. Ein Trunk mit Kalzium und Magnesium oder Melatonin vor dem Zubettgehen könnte das Schlafverhalten regulieren und dabei Wachstumshormone freisetzen, die für die Gewebereparatur wichtig sind. Einige Therapeuten verordnen kalte Bäder und Duschen, um das Immunsystem zu stärken, sowie heiße Bäder und Saunagänge zur Linderung von Muskelschmerzen. SEITEN 118–121

Achtung: Vermeiden Sie kalte Bäder und Duschen, wenn Sie herzkrank sind.

HYDROTHERAPIE

Das Absenken der Körpertemperatur durch kalte Bäder scheint die Körperenergien zu steigern. Stufenweise Akklimatisation über mehrere Wochen, beginnend mit einem Fußbad und steigernd bis zu Ganzkörperbädern jeweils für ein paar Minuten, soll die Müdigkeit reduzieren. SEITEN 122–123

Achtung: Vermeiden Sie kalte Bäder und Duschen, wenn Sie herzkrank sind.

HOMÖOPATHIE

Ihr Praktiker wird Ihnen eine individuelle Einschätzung geben, die Ihr Symptomemuster berücksichtigt, und Sie dann entsprechend behandeln. Die komplexe Homöopathie versucht, Virusinfektionen zu bekämpfen und die Funktion der Leber und Nieren zu steigern. SEITEN 126–130

WESTLICHE PFLANZENKUNDE

Echinacea, Ampferwurzel, Klettenlabkraut, wilder Indigo, Astragalus und Gelbwurz zur Immunstärkung und zur Unterstützung der Auscheidung von Abfallstoffen werden empfohlen. Süßholz, sibirisches und chinesisches Ginseng könnten verschrieben werden, da sie die Nebennieren unterstützen sollen. Milchdistel, Berberitze und Löwenzahn werden als nützlich für die Leberfunktion erachtet. Hafer, Eisenkraut und Scutellaria sollen das Nervensystem unterstützen. Johanniskraut wirkt nicht nur antibakteriell, sondern auch antidepressiv und kann zur Stimmungsaufhellung beitragen. Gingko kann bei verschlechterter Gehirndurchblutung nützlich sein. SEITEN 134–139

Achtung: Nehmen Sie keine Ampferwurzel, Gelbwurz, Süßholz, Ginseng, Berberitze und Eisenkraut während einer Schwangerschaft. Verwenden Sie keinen Gelbwurz, Süßholz oder Ginseng bei Bluthochdruck sowie kein Süßholz bei Anämie.

CHINESISCHE PFLANZENKUNDE

Heilmittel können besonders in Kombination mit Akupunktur hilfreich sein. Es gibt mehrere Standardrezepturen, die verschrieben werden können: Isatis-Rezeptur bei Virusinfektion; Astragalus- und Ganoderma-Rezeptur bei Mangel an Qi und Yin; Anem-phello- und Rehmannia-Rezeptur bei Mangel an Yin mit „Hitze". SEITEN 140–143

AYURVEDA

Menschen mit einer Vata-Konstitution sollen anfälliger für CMS sein. Praktiker raten zu Änderungen in der Ernährung und einem Reinigungsprogramm, um die Verdauung zu verbessern, Abfallstoffe zu entfernen und einen normalen Schlafrhythmus zu erzielen. SEITEN 144–147

ERNÄHRUNGSTHERAPIEN

Die folgenden Ergänzungen werden am häufigsten bei CMS verordnet: Beta-Karotin, B-Vitamine (besonders Pantothensäure, B_6, B_{12} und Folsäure), Vitamin C und E, Magnesium, Zink, Selen, Molybdän, Kupfer, essentielle Fettsäuren, Aminosäuren und Coenzym Q10. Klinische Studien in den frühen 90ern zeigten, daß Ergänzungen mit hohen Dosen essentieller Fettsäuren (in Nachtkerzenöl und Fischölen) oder Magnesiumspritzen bei der Behandlung des CMS wirksam waren. Injektionen von Vitamin B_{12} haben gute Resultate erzielt. „Freundliche" Darmbakterien wie Lactobacillus acidophilus, das zur Kontrolle einer Candidiasis beiträgt, kann bei einem Überwuchern durch diese Organismen verordnet werden. SEITEN 148–152

ANDERE HEILMETHODEN

Bachblüten SEITEN 132–133

MENTALE & EMOTIONALE THERAPIEN

Depression und Angst stehen in Zusammenhang mit CMS, jedoch ist es schwer zu sagen, ob sie Ursache oder Resultat sind. Entspannungstechniken können nützlich sein.

PSYCHOTHERAPIE & BERATUNG

Mehrere Studien haben gezeigt, daß CMS-Patienten, die in einer kognitiven Verhaltenstherapie lernten, Denken und Verhalten zu ändern, sich deutlich besser fühlten als die Kontrollgruppe. Eine schrittweise Rückkehr zur Aktivität war ein wichtiger Teil des Behandlungsplans. Eine Beratung kann Ihnen bei der Neueinschätzung Ihres Lebensstils helfen und Streß bewältigen. Selbsthilfegruppen können ebenfalls helfen, seien Sie aber vorsichtig bei Gruppen, die nach innen gerichtet sind und sich auf Symptome fixieren, um Kernpunkten auszuweichen, die zur Entstehung des CMS beitragen. SEITEN 160–165

ENTSPANNUNGS- & ATEMTHERAPIE

Hyperventilation (schnelles Atmen) kann bei CMS vorkommen. Zwerchfellatmung verbessert die Durchblutung und hilft die Engbrüstigkeit vieler CMS-Patienten herauszuarbeiten. Entspannung vermindert Muskelverspannung und fördert den Heilungsprozeß. SEITEN 170–173

ENTSPANNUNGSÜBUNGEN
Schon einfache Übungen können helfen, besonders wenn sie täglich praktiziert werden

MEDITATION

Die Kombination von Körperentspannung und Konzentration des Geistes soll die Selbstheilungskräfte des Körpers unterstützen, die Kreativität fördern, die Energiereserven wieder aufbauen sowie die Kontrolle über das Leben und das Selbstbewußtsein zurückgeben. Idealerweise sollten Sie zweimal täglich für zwanzig Minuten meditieren. SEITEN 174–177

ANDERE HEILMETHODEN

Autogenes Training SEITE 168
Biofeedback SEITE 169

SCHMERZ

DIE INTENSITÄT VON „akutem Schmerz" reicht vom bohrenden Stechen bis zum qualvollen Ziehen. Schmerz ist das Signal des Körpers, daß etwas nicht in Ordnung ist. Er kann über Monate und Jahre anhalten. Fast zehn Prozent der Bevölkerung leidet unter chronischen Schmerzen. Sie können eine klare Ursache haben wie Nervenverletzung, Gürtelrose oder Knochentumor, sie können aber auch ohne körperlichen Grund auftreten. Schmerz kann durch geistige und physische Faktoren beeinflußt werden, so daß ganzheitliche Heilmethoden erfolgreicher sein können, als solche, die auf eine einzelne Ursache fixiert sind.

SCHLÜSSELSYMBOLE

FORSCHUNG	THERAPEUT
Gute wissenschaftliche Versuche mit positivem Resultat	Unentbehrlich
Einige Studien	Empfohlen
Nicht fundiert	Nicht nötig
	SELBSTBEHANDLUNG
	Selbstbehandlung möglich
	Keine Selbstbehandlung

ALTERNATIVE BEHANDLUNGSWEISEN

Körperübungen, Biofeedback, Meditation, Hypnotherapie, Diäten, Akupunktur und Entspannung steigern die Endorphinproduktion und helfen den Menschen bei der Schmerzbewältigung.

KONVENTIONELLE BEHANDLUNGSWEISEN

Bei kurzfristigen Schmerzen werden schmerzstillende Mittel vom Aspirin bis zu Opiaten verschrieben. Chronische Gelenkschmerzen können mit Massage, Wärme- und Kälteanwendungen, Vibration und Physiotherapie behandelt werden. TENS (Transkutane elektrische Nervenstimulation), bei der kurze, elektrische Impulse an die Nervenendigungen abgegeben werden, scheint die Schmerzsignale zu blockieren. Lokale Betäubungsmittel lindern den Schmerz für kurze Dauer. Nerven können chirurgisch durchtrennt werden.

Achtung: siehe auch Seite 204.

ÜBERTRAGUNG DES SCHMERZES

Sensible Nervenendigungen oder Rezeptoren gibt es im gesamten Körper, konzentrieren sich jedoch hauptsächlich an der Haut. Wenn sie durch Druck, Temperatur oder Prostaglandine (Chemikalien, die bei Zellzerstörung freigesetzt werden) stimuliert werden, werden die Signale über das Rückenmark an das Gehirn weitergeleitet, wo sie als Schmerz interpretiert werden. Der „Torwächter-Theorie" zufolge werden die Informationen, die über eine begrenzte Anzahl von Schmerzbahnen zum Gehirn geleitet werden, an diesen „Toren" reguliert. Verschiedene Faktoren schließen oder öffnen die Tore. Einmal aktiv gewesen, können

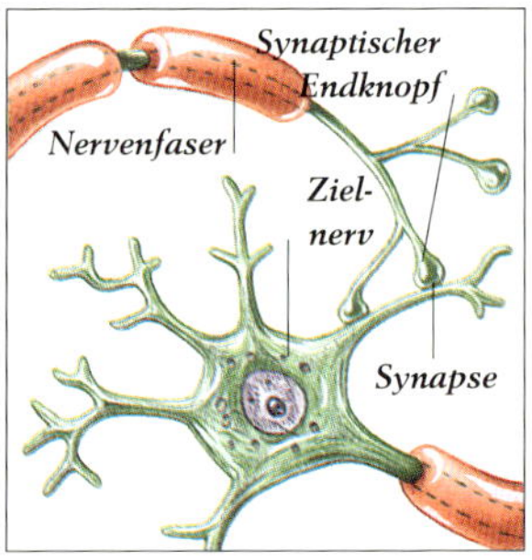

NERVENZELLEN *Die Impulse werden über die Nervenfasern zum synaptischen Endknopf geleitet. An dieser Verbindung zwischen den Nerven kann Endorphin die Weiterleitung des Schmerzes blockieren*

Schmerzbahnen, wenn das ursprüngliche Problem längst gelöst ist, leichter aktiviert werden. Endorphine, die natürlichen Schmerzmittel des Körpers, koppeln an Rezeptoren im Gehirn, Rückenmark und Nervenendigungen an und blockieren die Schmerzimpulse. Wie offen die Schmerztore sind und wie viele Informationen die Schmerzrezeptoren erreichen, ist abhängig von der Menge des zirkulierenden Endorphins. Diese Menge wird von der psychischen Verfassung beeinflußt: Emotionen können die Verarbeitung von Schmerz beeinflussen. Deshalb kann ein Soldat in der Hitze des Gefechts weiterkämpfen und seine schwere Verletzung nicht wahrnehmen. Entsprechend kann Schmerz als stärker empfunden werden, wenn die Person depressiv ist. Psychische Zustände können auch Körperregionen beeinflussen, die an Schmerzempfindungen gewohnt sind. In einem Experiment hatten Personen mit chronischen Rückenschmerzen eine Verspannung der Rückenmuskeln, wenn sie an ein schmerzhaftes Ereignis dachten. Schmerzmittel verhindern die Entstehung von Prostaglandinen oder blockiern die Schmerzimpulse im Gehirn.

CHRONISCHE SCHMERZEN

FÜNF VON SECHS MENSCHEN mit chronischen Schmerzen nehmen Schmerzmittel. Trotzdem haben etwa 70 Prozent weiterhin schwere Schmerzen, die stark belasten und enorme soziale und ökonomische Auswirkungen haben. Sie beeinträchtigen die Arbeitsfähigkeit und die Lebensführung und behindern Millionen von Menschen permanent. Immer mehr wird Dauerschmerz nicht als Symptom, sondern als Krankheit betrachtet.

Ursachen Krebs, Neuralgie, Arthritis, Gürtelrose und Muskelerkrankungen können alle lang anhaltende Schmerzen verursachen. Einige Erkrankungen und Verletzungen bilden ein Schmerzmuster, das lange nach Verschwinden des ursprünglichen Anlasses weiterbesteht. Streß und Angst davor können eine Muskelverspannung bewirken. Das kann die Schmerzempfindlichkeit steigern und einen Teufelskreis entstehen lassen.

Konventionelle Therapie Die Ursachen chronischer Schmerzen können nicht durch Methoden wie Röntgen, Bluttests und MRT aufgedeckt werden. Schmerzmittel scheinen bei chronischem Schmerz wenig zu helfen. Zusätzlich zu den konventionellen Methoden bieten viele spezialisierten Schmerzkliniken jetzt eine Reihe psychologischer und alternativer Behandlungsmethoden an, etwa Akupunktur und Massage.

KÖRPER- & BEWEGUNGSTHERAPIEN

Praktiker glauben, daß Körpertherapien und sanfte Übungen die Schmerzempfindung senken und die Endorphin-Freisetzung stimulieren.

MASSAGE

Studien haben gezeigt, daß Massage Muskelschmerzen, Schmerzen bei entzündlichen Darmerkrankungen und Gewebsverletzungen lindern kann. Die psychologischen Effekte der Massage können auch bei chronischen Schmerzen nützlich sein. SEITEN 56–61

AROMATHERAPIE

Ätherische Öle sollen die Endorphinproduktion stimulieren und bei der Massage die Entspannung fördern. Eukalyptusöl wird oft bei Muskel- und Kopfschmerzen empfohlen, Wacholderöl bei Arthritis und Majoran- und Lavendelöl bei Migräne und Muskelkrämpfen.

Einer im *Journal of Advanced Nursing* veröffentlichten englischen Studie zufolge soll die Massage mit Lavendelöl die Beschwerden nach der Geburt lindern. Synthetisches Lavendelöl und ein aromatisches Placebo waren jedoch gleich effektiv. SEITEN 62–65

EUKALYPTUSÖL
Auf die Haut gerieben, hat das Öl eine wärmende und schmerzlindernde Wirkung

CHIROPRAKTIK (SIEHE OSTEOPATHIE)

OSTEOPATHIE

Manipulationen an den Wirbelgelenken und der Muskulatur können Nacken- und Schulterschmerzen, Rückenschmerzen und Ischialgien lindern. Chiropraktik und Osteopathie kann bei akutem Rückenschmerz nützlich sein (siehe S. 254–255), weniger jedoch bei chronischen Rückenschmerzen. SEITEN 70–81

AKUPUNKTUR

Die Wirkung der Akupunktur soll zum Teil auf der Freisetzung von Endorphinen und prostaglandinhemmenden Kortikosteroidhormonen basieren. Das Setzen der Nadeln an entsprechenden Akupunkturpunkten kann auch Ängste und Depressionen lindern, die mit dem chronischen Schmerz in Verbindung stehen. Die Weltgesundheitsorganisation (WHO) empfiehlt die Akupunktur bei Arthrose (siehe S. 258) und bei 103 anderen Erkrankungen. Mehrere Studien haben gezeigt, daß Akupunktur erfolgreich Schmerzen im unteren Rücken und im Nacken lindern kann. Berichten der Canadian Dental and Medical Associations zufolge hat die Massage von Akupunkturpunkten an Händen und Armen mit Eis Zahnschmerzen zur Hälfte reduziert. Praktiker beobachten, daß die Behandlung bis zur merklichen Linderung um so länger braucht, je länger die Schmerzen bestehen. SEITEN 90–94

HEILEN

Heilen soll Kopfschmerzen reduzieren. In einem Versuch bei chronischem Schmerz konnte das Gefühl der Hoffnungslosigkeit gemindert werden, und die Patienten erlangten eine größere Selbstkontrolle, obwohl die Schmerzen selbst nicht gelindert wurden. SEITEN 104–105

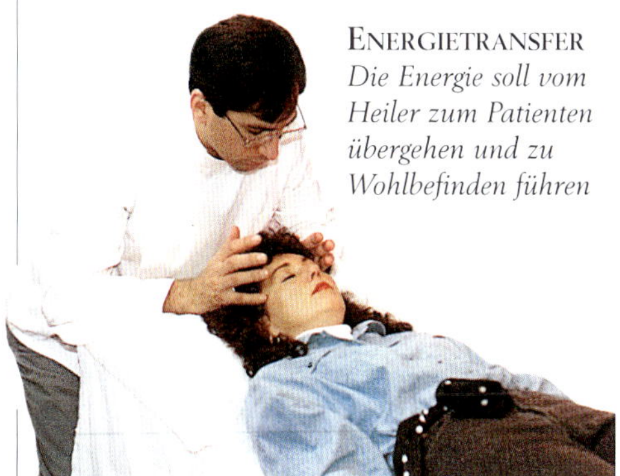

ENERGIETRANSFER
Die Energie soll vom Heiler zum Patienten übergehen und zu Wohlbefinden führen

ANDERE HEILMETHODEN

Reflexologie (FRZ)	SEITEN 66–69
Rolfing	SEITEN 82–83
Feldenkrais-Methode	SEITE 85
Alexander-Technik	SEITEN 86–87
Trager-Arbeit	SEITE 88
Qi Gong	SEITE 99
Therapeutic Touch	SEITE 106

MEDIZINISCHE THERAPIEN

Praktiker glauben, daß natürliche Behandlungsweisen mit Diät und Heilpflanzen die Vitalität und die Schmerztoleranz steigern können.

HYDROTHERAPIE

Übungen in beheizten Schwimmbecken sind eine wirksame Methode, um Gelenk- und Muskelschmerzen zu lindern. Eispackungen und kalte Kompressen können Entzündungsschmerzen reduzieren. Das holländische *Journal Pain* berichtete 1980 von einer Studie, wonach die Massage mit Eis bei Schmerzen am unteren Rücken ebenso gut wirkte wie eine TENS-Therapie. SEITEN 122–123

WESTLICHE PFLANZENKUNDE

Heilpflanzen wie gelber Jasmin, Piscidia erythrina und Eisenhut werden verwendet. In höheren Dosierungen können diese Pflanzen aber wichtige Körperfunktionen stören. Kalifornischer Mohn und wilder Salat sind sichere Alternativen. Creme mit Capsicain, dem aktiven Inhaltsstoff der Chillischote, hat sich in klinischen Studien bewährt. SEITEN 134–139

Achtung: Verwenden Sie gelben Jasmin und Eisenhut nur unter professioneller Aufsicht. Nehmen Sie kein Piscidia erythrina während einer Schwangerschaft oder bei Herzproblemen.

ANDERE HEILMETHODEN

Naturheilkunde	SEITEN 118–121
Homöopathie	SEITEN 126–130
Bachblüten	SEITEN 132–133
Chinesische Pflanzenheilkunde	SEITEN 140–143

MENTALE & EMOTIONALE THERAPIEN

Psychologische Techniken, die das Gefühl der Kontrolle und die Selbstachtung stärken, können wertvolle Waffen im Kampf gegen den Schmerz sein.

PSYCHOTHERAPIE & BERATUNG

Unsere Gedanken, Stimmungen, Gefühle und Überzeugungen werden als eine Art „Lautstärkeregler" beschrieben, die den Schmerz hoch- und herunterfahren können und unsere Schmerztoleranz bestimmen. Kognitive Verhaltenstherapie verhilft zu einer positiven Grundeinstellung, die Beherrschung und Kontrolle stärkt. SEITEN 160–165

BIOFEEDBACK

Forschungen haben gezeigt, daß Biofeedback bei 40–60 Prozent der Menschen mit Kopf- oder Kieferschmerzen helfen kann. In anderen Studien hat Biofeedback sich bei chronischen Rücken- und Muskelschmerzen als nützlich erwiesen. SEITE 169

ENTSPANNUNGS- & ATEMTHERAPIE

Muskelentspannung ist möglicherweise die effektivste Methode, Schmerz zu kontrollieren. Forscher haben festgestellt, daß diese Therapie bei Spannungskopfschmerz, Migräne und Rückenschmerzen wirksam ist. SEITEN 170–173

VISUALISIERUNG

Geistiges Vorstellen hilft vom Schmerz abzulenken und scheint am besten in Kombination mit anderen Entspannungstechniken zu wirken. Man kann sich eine friedvolle, schmerzfreie Umgebung vor Augen führen oder sich vorstellen, daß der Schmerz eine bestimmte Farbe oder Form hat, die dann von einer anderen Farbe oder Form kontrolliert wird. SEITEN 178–179

ANDERE HEILMETHODEN

Hypnotherapie	SEITEN 166–167

ERSTE HILFE

ALTERNATIVE HEILMITTEL spielen bei der Schmerzlinderung eine wichtige Rolle, unterstützen die Selbstheilung und können zur Behandlung alltäglicher Erkrankungen und geringfügiger Verletzungen angewendet werden. Es ist wichtig, ruhig zu bleiben, damit Sie den Zustand des Patienten beurteilen und entsprechend handeln oder bei Bedarf professionelle Hilfe anfordern können. Ein Erste-Hilfe-Kasten sollte folgendes enthalten: ein gutes Erste-Hilfe-Buch; Verbände und ein Thermometer; konventionelle Medikamente wie Paracetamol, Telefonnummern für den Notfall und die unten beschriebenen alternativen Heilmittel.

SCHLÜSSELSYMBOLE

FORSCHUNG
- Gute wissenschaftliche Versuche mit positivem Resultat
- Einige Studien
- Nicht fundiert

THERAPEUT
- Unentbehrlich
- Empfohlen
- Nicht nötig

SELBSTBEHANDLUNG
- Selbstbehandlung möglich
- Keine Selbstbehandlung

ALTERNATIVE MITTEL

Pflanzen: Aloe-vera-Gel, Arnikacreme, Echinacea-Tinktur oder -Kapseln, schwarzer Holundertee, Knoblauchkapseln, Kamillentee, Ringelblumensalbe, Johanniskraut-Tinktur, Rotulmenpuder, Baldriantabletten, Hamamelis virginiana (S. 139). **Ätherische Öle:** Kampfer, Eukalyptus, Geranie, Lavendel, Pefferminze, Rosmarin, Teebaum (S. 63). **Homöopathische Mittel:** (separat von ätherischen Ölen lagern) Arnica, Aconit, Apis, Arsen alb., Belladonna, Bryonia, Chamomilla, Hypericum, Pulsatilla, Rhus tox., Silica, Urtica urens-Creme (S. 130). **Ernährung:** Vitamin C, Vitamin-E-Öl **Bachblüten:** Rescue Remedy (Notfalltropfen)

KONVENTIONELLE MITTEL

Antihistaminika, antiseptische Creme, Paracetamol, Aspirin, Verbandsmaterial, Calamina-Lotion, Mittel gegen Insektenstiche, Heftpflaster, Thermometer, Pinzette.

ERSTE HILFE-KASTEN

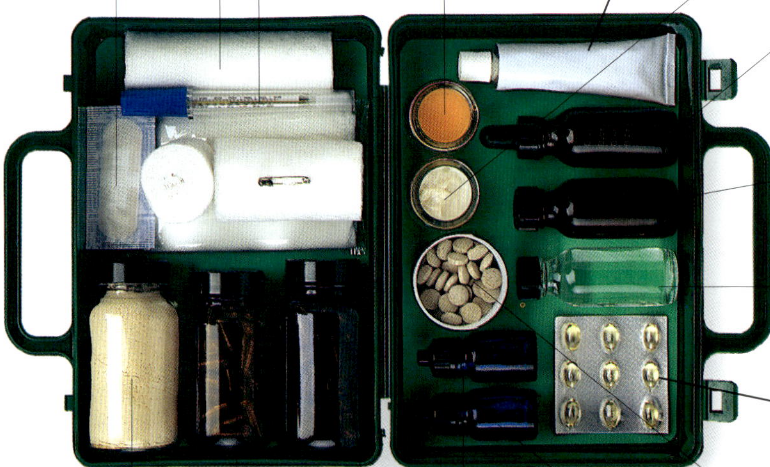

KLEINE SCHNITTWUNDEN UND PRELLUNGEN

Erste Hilfe Heben Sie das verletzte Körperteil möglichst an, und drücken Sie bis zu zehn Minuten zur Blutstillung auf die blutende Stelle. Tragen Sie eine antiseptische Creme auf, und decken Sie die Wunde mit einem Verband ab. Bei Prellungen Eispackungen für 15–20 Minuten.

Achtung: Rufen Sie einen Arzt, wenn die Blutung nicht zum Stillstand kommt, wenn die Wunde tief ist oder eitert, wenn Schmutz nicht entfernt werden kann oder wenn ein Bluterguß nicht verschwindet. Denken Sie an Ihre Tetanus-Impfung: eine Auffrisch-Impfung wird alle 5–10 Jahre empfohlen.

ALTERNATIVE THERAPIEN

Nachdem die grundsätzliche Erste Hilfe durchgeführt wurde, können alternative Heilmittel genutzt werden.

AROMATHERAPIE

Teebaumöl wirkt gegen Bakterien, Viren und Pilze, lindert den Schmerz und hat heilende Eigenschaften. Geben Sie ein paar Tropfen in Wasser, und reinigen Sie damit die Wunde. Lavendelöl und verdünntes Geranienöl haben ebenfalls antiseptische und heilende Eigenschaften. SEITEN 62–65

HOMÖOPATHIE

Hypericum C6 hilft, wenn eine Abschürfung empfindlich ist. Arnica C6 (Globuli oder Creme) wird bei Prellungen, Aconitum C6 bei Ängsten angewendet. SEITEN 126–130

WESTLICHE PFLANZENKUNDE

Die antiseptisch und adstringierend wirkende Ringelblumen-Tinktur wird mit warmem Wasser verdünnt und hilft bei der Blutstillung. Die Pflanze kann auch als Creme aufgetragen werden. Johanniskraut kann als verdünnte Tinktur oder Salbe bei der Wundheilung helfen. SEITEN 134–139

BISSE & STICHE

Erste Hilfe Gehen Sie nach Tierbissen zum Arzt. Um einen Bienenstachel zu entfernen, kratzen Sie ihn mit dem Daumennagel heraus. Eine Pinzette drückt noch mehr Gift ins Fleisch. Waschen Sie den Stich mit Wasser und Seife ab, und legen Sie eine Eispackung an. Calamina-Lotion oder Antihistaminika-Creme können Juckreiz und Reizung lindern.

Achtung: Allergische Reaktionen können zum Kollaps oder zum Tod führen. Rufen Sie unverzüglich medizinische Hilfe, wenn Lippen, Zunge und Hals anschwellen oder das Atmen schwierig wird.

ALTERNATIVE THERAPIEN

Natürliche Heilmittel jeder Art können bei Bissen und Stichen nützlich sein.

NATURHEILKUNDE

Bienenstiche und Ameisenbisse sind sauer. Das Auftragen einer alkalischen Substanz wie Soda neutralisiert sie. Wespen- und Hornissenstiche sind alkalisch und können mit einer Säure wie Zitronensaft neutralisiert werden. Vitamin-E-Öl kann den Schmerz lindern. Nach Kontakt mit Quallen spülen Sie die betroffenen Stellen mit Meerwasser, Alkohol, Essig oder Ammoniak ab. SEITEN 118–121

WESTLICHE PFLANZENKUNDE

Praktiker empfehlen, auf den Einstich für etwa zehn Minuten eine halbe rohe Zwiebel aufzulegen, um das Insektengift zu deaktivieren. Destillierte Hamamelis virg., zerstößelte Basilikumblätter und frisches Aloe-vera-Gel werden ebenfalls angeraten. SEITEN 134–139

ALOE VERA
Das Gel wird durch Auskratzen eines Blatts gewonnen

OHNMACHT

Erste Hilfe Eine ohnmächtige Person sollte auf dem Rücken gelagert werden. Lösen Sie enge Kragen, heben Sie die Beine 30 cm hoch. Stellen Sie sicher, daß die Atemwege frei sind: Ziehen Sie den Unterkiefer nach vorne und nach oben.

Achtung: Rufen Sie den Rettungsdienst, wenn der Patient nicht in zwei Minuten zu sich kommt.

ALTERNATIVE THERAPIEN

Natürliche Mittel können die Erste Hilfe unterstützen.

AROMATHERAPIE

Geben Sie einige Tropfen Rosmarin-, Kampfer- oder Pfefferminzöl in ein Tuch, und halten Sie es zur Inhalation unter die Nase. SEITEN 62–65

WESTLICHE PFLANZENKUNDE

Praktiker empfehlen, Ingwertee schluckweise zu trinken, nachdem der Patient das Bewußtsein wiedererlangt hat. Holunder- und Rosmarintee mit Honig und Ingwer sind ebenfalls traditionelle Heilmittel. SEITEN 134–139

Achtung: Verwenden Sie keinen Ingwer bei peptischen Geschwüren.

SCHOCK

EIN SCHOCK kann auf eine Verletzung folgen. Die Blutversorgung des Gehirns und des Darms ist eingeschränkt, was Übelkeit, schnellen Puls, blasse, kaltschweißige Haut und in manchen Fällen Bewußtlosigkeit und Tod zur Folge haben kann.

Erste Hilfe Rufen Sie den Rettungsdienst. Heben Sie die Beine 30 cm an, schauen Sie, ob die Mundhöhle frei ist, und drehen Sie den Kopf zur Seite. Halten Sie den Patienten warm.

Achtung: keine Speisen oder Getränke bei Schock!

ALTERNATIVE THERAPIEN

Alternative Mittel können helfen, dürfen aber nicht die konventionelle Behandlung stören.

RESCUE REMEDY
Eines von Dr. Bachs Blütenmitteln, das nach emotionalem Schock beruhigen soll

AKUPRESSUR

Konstanter Druck auf den Akupressurpunkt , der zwischen Oberlippe und Nase auf dem Konzeptionsgefäß-Meridian liegt, kann bei der Wiederbelebung helfen. SEITE 95

BACHBLÜTEN

Nur bei emotionalem Schock sollten vier Tropfen von Rescue Remedy auf die Zunge gegeben werden. SEITEN 132–133

ANDERE HEILMETHODEN

Homöopathie SEITEN 126–130

VERBRENNUNGEN

ERSTGRADIGE VERBRENNUNGEN wie Sonnenbrand zerstören die Hautoberfläche und verursachen Schmerzen, Rötung und Schwellung. Zweitgradige Verbrennungen zeigen zusätzlich Blasen, bei drittgradigen Verbrennungen kommt es zur Zerstörung aller Hautschichten.

Erste Hilfe Kühlen Sie sofort mit fließendem, kaltem Wasser für mindestens zehn Minuten. Tragen Sie keine Fette auf. Geben Sie viel zu trinken.

Achtung: Rufen Sie unverzüglich den Rettungsdienst bei drittgradiger Verbrennung. Geben Sie kein Wasser auf die verbrannten Areale, und versuchen Sie nicht, an der Haut klebende Kleidungsreste zu entfernen. Decken Sie das Gebiet mit einem sauberen, trockenen Tuch ab. Rufen Sie den Arzt, wenn eine zweitgradige Verbrennung vorliegt, die größer als die Handfläche des Patienten ist.

ALTERNATIVE THERAPIE

Natürliche Mittel können die Heilung beschleunigen und Schmerzen lindern.

NATURHEILKUNDE

Empfohlen wird die stündliche Einnahme von 1 g Vitamin C in den ersten 2–3 Stunden. Vitamin-E-Creme oder Aloe-vera-Gel können die Heilung beschleunigen. SEITEN 118–121

DER RICHTIGE THERAPEUT

Einen guten Therapeuten zu finden, ist nicht leicht, manchmal klappt es erst nach mehreren Versuchen oder nach persönlicher Empfehlung. Zwei Dinge sind bei der Auswahl entscheidend: Der Therpeut muß absolut vertrauenswürdig sein, und Sie als Patient müssen überzeugt sein, zu diesem Therapeuten oder zu dieser Therapeutin eine echte Beziehung aufbauen zu können. Wichtig ist natürlich auch die fachliche Kompetenz, über die der Therapeut verfügt.

Die Ausbildung zum Therapeuten kann sehr unterschiedlich sein, die Spanne reicht von einem Fernkurs am Wochenende bis zum drei- bis vierjährigem Studium. Eine anspruchsvolle Ausbildung anzubieten, ein entsprechendes Berufsethos zu entwickeln und die einzelnen Wissenszweige zu profilieren, ist seit Jahren ein ungelöstes Problem der alternativen Medizin. Es ist also noch vieles im Fluß, was auch bedeutet, das man nur wenige Möglichkeiten hat, sich zu beschweren, falls mal etwas schiefgehen sollte.

Auf jeden Fall sollten Sie sicher sein, daß der Therapeut eine schwerwiegende Krankheit erkennen kann, falls sie bei Ihnen auftritt, und daß er Sie dann zu einem Arzt schickt, wenn er dem Problem nicht gewachsen ist.

Da die Chiropraktik, Osteopathie oder Akupunktur auch von der konventionellen Medizin anerkannt werden, weiß vielleicht auch Ihr Arzt einen erfahrenen Therapeuten in Ihrer Umgebung. Fragen Sie ihn! Einige konventionelle Ärzte haben auch selbst eine zusätzliche Ausbildung in Homöopathie oder Akupunktur genossen, das muß allerdings nicht zwangsläufig bedeuten, daß sie qualifizierter sind als erfahrene Alternativtherapeuten.

AUSBILDUNG UND ZEUGNISSE

Wenn Sie einen Therapeuten ins Auge gefaßt haben, scheuen Sie sich nicht, Patienten von ihm zu befragen, besonders, wenn es sich um „klinische Fachrichtungen" wie Chiropraktik, Osteopathie, Homöopathie, Akupunktur, Pflanzenheilkunde oder Naturheilkunde handelt. Bei all diesen Therapien werden physische Verfahren oder invasive Techniken angewendet (d. h., Sie nehmen Medikamnete ein, oder es werden Nadeln eingeführt), die Schaden anrichten können.

Scheuen Sie sich auch nicht, den Therapeuten direkt zu fragen:

◆ Welche Qualifikation hat er? Welche Ausbildung hat er wie lange erhalten?

◆ Welche Zeugnisse oder Abschlüsse kann er vorweisen?

◆ Seit wie vielen Jahren praktiziert er?

◆ Unterrichtet der Therapeut Ihren Arzt von der Behandlung, die Sie bei ihm erhalten?

BERUFSORGANISATIONEN

Für einige alternative Therapiezweige gibt es Berufsorganisationen, die für ihre Mitglieder eine reguläre Ausbildung garantieren, Standesregeln vorgeben und ein Mitgliederregister führen.

Klären Sie folgende Fragen:

◆ Ist der Therapeut Mitglied in einer solchen Berufsorganisation und führt diese Organisation ein öffentliches Register?

◆ Schreibt dieser Verband bestimmte Regeln vor?

◆ Gibt es in dieser Berufsorganisation Beschwerdemöglichkeiten oder Schiedsstellen?

◆ Kann der Therapeut Ihnen Telefonnummer und Adresse der Organisation geben?

FINANZIELLE ÜBERLEGUNGEN

Klären Sie vor Beginn der Therapie unbedingt die Kostenfrage.

◆ Was kostet die kurzfristige, und was kostet die längerfristige Behandlung?

◆ Können Sie die Behandlung bei Ihrer Krankenkasse abrechnen? Kann Ihr konventioneller Arzt Ihnen die Alternativtherapie vielleicht zusätzlich anbieten?

◆ Wie viele Sitzungen werden Sie benötigen?

◆ Ist Ihr Therapeut über eine Haftpflichtversicherung abgesichert, die Ihnen eine Entschädigung zahlt, falls er fahrlässig handelt?

BEZIEHUNG ZUM THERAPEUTEN

Gehen Sie nie zu einem Therapeuten, bei dem Sie sich nicht wohl fühlen. Ohne Vertrauen und Einfühlungsvermögen hat eine Behandlung kaum Erfolgsaussichten. Die Behandlung wird oft in Einzelsitzungen durchgeführt, bei der die Kleidung abgelegt werden muß und es zu Berührungen kommen kann.

Meiden Sie Therapeuten, die ihre eigene Behandlung zu sehr anpreisen oder gar eine Heilung garantieren. Keine Behandlung – weder die alternative noch die konventionelle – ist perfekt, Wunder dürfen nicht erwartet und auch nicht versprochen werden.

Stellen Sie sich nach der ersten Sitzung folgende Fragen:

◆ War das Verhalten des Therapeuten professionell?

◆ Hat er Ihre Fragen klar und deutlich beantwortet?

◆ Hat er Ihnen weitere Informationen nach Hause mitgegeben?

◆ Wollte der Therapeut die konventionelle Therapie Ihres Arztes verändern? Meiden Sie Therapeuten, die Ihre Medikation verändern wollen, ohne vorher Ihren Arzt zu konsultieren.

WICHTIGE ADRESSEN

AKUPUNKTUR

Arbeitsgemeinschaft für
Klassische Akupunktur
und Traditionelle
Chinesische Medizin e.V.
Starnberger Str. 3
82131 Gauting
Tel. 089/850 72 35

Deutsche Akademie für
Akupunktur und
Aurikulomedizin e.V.
Connollystr. 26
80809 München

Internationale
medizinische Gesellschaft
für Elektroakupunktur
n. Voll
Weinstr. Süd 45
67098 Bad Dürkheim

Arbeitsgemeinschaft für
Klassische Akupunktur &
Traditionelle Chinesische
Medizin e.v.
Badallee 2
25832 Tönning
Tel. 04861/18 10

Internationale
Medizinische Gesellschaft
für Elektroakupunktur
n. Voll e.V.
Am Sender 3
47533 Kleve
Tel. 02821/278 33

• ÖSTERREICH

Österreichische
Gesellschaft für
Akupunktur und
Aurikulotherapie
Huglgasse 1–3
1150 Wien
Tel.0222/98 10 42 61

• SCHWEIZ

Schweizerische
Ärztegesellschaft für
Akupunktur und
Chinesische Medizin
(SAGA)
Hus am Sportplatz
8134 Adliswil
Tel. 01/710 90 70

• GROSSBRITANNIEN

British Acupuncture
Council
Park House
206–8 Latimer Road
London W10 6RE
Great Britain
Tel. 44 181 964 02 22
Fax: 44 181 964 03 33

• NORDAMERIKA

American Association for
Acupuncture and
Oriental Medicine
4101 Lake Boone Trail
Suite 201
Raleigh
North Carolina 27607
USA

ALEXANDER-TECHNIK

Ausbildungszentrum für
F.M.Alexander-Technik
Danny McGowan
Borstellstr. 42
12167 Berlin
Tel. 030/795 21 45

• GROSSBRITANNIEN

Society of Teachers of the
Alexander Technique
20 London House
266 Fulham Road
London SW10 9EL
Great Britain
Tel. 44 171 351 08 28
Fax: 44 171 352 15 56

• NORDAMERIKA

Canadian Society of
Teachers of the
Alexander Technique
PO Box 47025
No.19–555 West 12th
Avenue
Vancouver
British Columbia V5Z
3XO
Canada

AROMATHERAPIE

Förderverein
Aromatherapie
c/o Martin Henglein
Westenriederstr. 24
80331 München
Tel. 089/29 62 44

• SCHWEIZ

Bonsana
Lohwisstr. 16
8123 Ebmatingen-Zürich
Tel. 01/980 25 36

• GROSSBRITANNIEN

Academy of
Aromatherapy and
Massage
50 Cow Wynd
Falkirk
Sterlingshire FK1 1PU
Great Britain
Tel. 44 1324 612658

International Federation
of Aromatherapists
Stamford House
2–4 Chiswick High Road
London W4 1TH
Great Britain

International Society of
Professional
Aromatherapists
ISPA House
82 Ashby Road
Hinckley
Leics OE10 1SN
Great Britain
Tel. 44 1455 637987
Fax: 44 1455 890956

Tisserand Institute
65 Church Road
Hove
East Sussex BN3 2BD
Great Britain
Tel. 44 1273 206640

• NORDAMERIKA

American Alliance of
Aroma Therapy
PO Box 750428
Petaluma
California 94975–0428
USA

AUSDRUCKSTHERAPIEN

Deutsche Gesellschaft für
Musiktherapie e.V.
Prof.-Kurt-Huber-Str. 7
82166 Gräfelfing
Tel. 089/854 28 42

Deutsche Gesellschaft für
Psychoanalytische
Gestalttherapie e. V.
Mittelweg 146
20148 Hamburg
Tel. 040/410 76 97

Deutsche Gesellschaft für
Musiktherapie e.V.
Weichselstr. 48
12045 Berlin
Tel. 030/624 73 64

Deutsche Gesellschaft für
Tanztherapie e. V.
Königsberger Str. 56
50259 Pulheim
Tel. 02234/83008

Institut für Musik &
Atemtherapie
Waldhüterpfad 38
14164 Berlin
Tel. 030/813 50 80

Arbeitskreis für thera-
peutisch angewandte
Musik & Malerei
Schumannstr, 3
81679 München
Tel. 089/47 93 60

• ÖSTERREICH

Österreichischer
Berufsverband der
Musiktherapeuten
Schwarzpanierstr. 13
1090 Wien
Tel. 0222/408 80 73

• SCHWEIZ

Berufsbegleitende
Ausbildung
Musiktherapie
Industriestr. 44
5000 Aarau
Tel. 064/24 84 10

• GROSSBRITANNIEN

British Psychodrama
Association
8 Rahere Road
Cowley
Oxford OX4 3QG
Great Britain
Tel/Fax: 44 1865 715055

Institute for Arts in
Therapy and Education
2–18 Britannia Row
Islington
London N1 8QG
Great Britain
Tel. 44 171 704 2534

Laban Centre for
Movement and Dance
Laurie Grove
New Cross
London SE14 6NH
Great Britain
Tel. 44 181 682 4070
Fax: 44 181 694 8749

• NORDAMERIKA

American Art Therapy
Association
1202 Allanson Road
Mundelein
Illinois 60060 USA

AUTOGENES TRAINING

UGB Verband für
Unabhängige
Gesundheitsberatung
Deutschland e.V.
Keplerstr. 1
35390 Gießen
Tel. 0641/777 85

• ÖSTERREICH

Ärzteforschung für
Naturheilverfahren
Eschenbachgasse 3
5020 Salzburg
Tel. 0662/62 52 07

• SCHWEIZ

Gesellschaft
Schweizerischer
Naturärzte (GSN)
Bruggereggstr. 16
9100 Herisau
Tel. 071/52 30 60

• GROSSBRITANNIEN

British Association for
Autogenic Training and
Therapy
Heath Cottage
Pitch Hill
Ewnhurst, Near
Cranleigh
Surrey GU6 7NP
Great Britain

AYURVEDA

Transzendentale
Meditation & Ayurveda
Hauptzentrum Berlin
Tempelhofer Ufer 23/24
10963 Berlin
Tel. 030/2159324

Maharishi Ayur-Veda
Center
Gymnasiumstr. 7-9
88400 Biberach
Tel. 07351/735 71

Deutsche Gesellschaft für
Ayurveda
Am Berg 5a
49143 Bissendorf

Deutsche Gesellschaft für
Ayurveda e. V.
56841 Traben-Trabach

• ÖSTERREICH

Österreichische
Gesellschaft für
Ayurvedische Medizin
Biberstr. 22/2
1010 Wien
Tel. 0222/513 43 52

• SCHWEIZ

Ayurveda-Clinic
Dorf 1283
9428 Walzenhausen
Tel. 071/44 94 44

• GROSSBRITANNIEN

Maharishi Ayur-Veda
Health Centre
24 Linhope Street
London NW1 6HT
Great Britain
Tel. 44 171 724 6267

Maharishi Ayur-Veda
Health Centre
The Golden Dome
Woodley Park
Skelmersdale
Lancashire WN8 6UQ
Great Britain
Tel. 44 1695 51008

• NORDAMERIKA
American Association of Ayurvedic Medicine
PO Box 598
South Lancaster
Massachusetts 01561
USA

BACH-BLÜTEN-THERAPIE

Dr. Edward Bach-Centre
Eppendorfer Landstr. 32
20249 Hamburg

Institut für Naturheiltherapien Bach-Blüten
Eisenzahnstr. 62
10709 Berlin
Tel. 030/892 66 60

• ÖSTERREICH
Dr. Edward Bach Centre
Österreichisches Büro
Seidengasse 32
1070 Wien
Tel. 0222/526 56 51

• SCHWEIZ
Dr. Edward Bach Centre
Schweizer Büro
Alte Landstr. 57
8700 Küsnacht
Tel. 01/911 09 11

• GROSSBRITANNIEN
Dr. Edward Bach Centre
Mount Vernon
Sotwell
Wallingford
Oxon OX10 0PZ
Great Britain
Tel. 44 1491 834678

• NORDAMERIKA
Nelson Bach USA Ltd.
Wilmington Technology Park
100 Research Drive
Wilmington
Massachusetts
01887–4406 USA

BIOFEEDBACK

Deutsche Gesellschaft für Organo-Biotherapie
Am Zuckerberg 8
50668 Köln

Deutsche Gesellschaft für Biomedizinische Technik
Markgrafenstr. 11
10969 Berlin
Tel. 030/251 10 88

Natur und Medizin Fördergemeinschaft für Erfahrungsheilkunde
Am Michaelhof 6
53177 Bonn
Tel 0228/35 25 03

Salem Bio-Akademie e.V.
Salem-Siedlung
95346 Stadtsteinach
Tel. 09225/80 90

Institut für Bioenergetik
Pfortefeldstr. 28
64521 Groß-Gerau
Tel. 06152/512 70

• ÖSTERREICH
Ärzteforschung für Naturheilverfahren
Eschenbachgasse 3
5020 Salzburg
Tel. 0662/62 52 07

• SCHWEIZ
Gesellschaft Schweizerischer Naturärzte (GSN)
Bruggereggstr. 16
9100 Herisau
Tel. 071/52 30 60

• NORDAMERIKA
Association for Applied Psychophysiology and Biofeedback
10200 West 44th Avenue
Apt 304
Wheat Ridge
Colorado 80033–8436
USA

BLÜTENTHERAPIE

Salem Bio-Akademie e.V.
Salem-Siedlung
95346 Stadtsteinach
Tel. 09225/80 90

• GROSSBRITANNIEN
Flower Essence Fellowship
Laurel Farm Clinic
17 Carlingcott
Peasedown St John
Bath BA2 8AN
Great Britain
Tel. 44 1761 434098
Fax: 44 1761 434905

Flower Remedy Programme
PO Box 65
Hereford HR2 0UW
Great Britain
Tel. 44 1873 890218
Fax: 44 1873 890314

BOWEN-TECHNIK

Deutsche Gesellschaft für manuelle Medizin
Markgrafenbstr. 14
12623 Berlin
Tel 030/513 16 86

CHIROPRAKTIK

Chiropraktik Schule Berlin
Leiter: D. Ranchod (USA)
Wielandstr. 18
10629 Berlin
Tel. 030/327 56 93

Arbeitsgemeinschaft für Chiropraktik/Osteopathie u. Neuraltherapie Deutscher Heilpraktiker e.V.
Wartburgstr. 52
10823 Berlin
Tel. 030/782 16 94

Deutsche Gesellschaft für manuelle Medizin
Heerstr. 162
56154 Boppard
Tel. 06742/800 10

Deutsche Gesellschaft für manuelle Medizin
Markgrafenstr. 14
12623 Berlin
Tel 030/513 16 86

• SCHWEIZ
Schweiz. Chiropraktoren-Gesellschaft (SCG)
Sulgenauweg 38
3007 Bern
Tel. 031/371 03 01

• GROSSBRITANNIEN
Anglo-European College of Chiropractic
13–15 Parkwood Road
Bournemouth BH5 2DF
Great Britain
Tel. 44 1202 436275

British Chiropractic Association
29 Whitley Street
Reading
Berks RG2 0EG
Great Britain
Tel. 44 1734 757557
Fax: 44 1734 757257

European Chiropractors' Union
The Waldegrave Clinic
82 Waldegrave Road
Teddington
Middx TW11 8LG
Great Britain
Tel. 44 181 943 2424

Chiropractic Association of Ireland
28 Fair Street
Drogheda
County Louth
Irish Republic
Tel. 353 41 305999
Fax: 353 41 51863

• ASIEN
Chiropractic Association (Singapore)
Box 23
Tanglin Post Office
Singapore

• NORDAMERIKA
American Chiropractic Association
1701 Clarendon Boulevard
Arlington
Virginia 22209 USA

CRANIALE OSTEOPATHIE

• GROSSBRITANNIEN
Cranosacral Association
Monomark House
27 Old Gloucester Street
London WC1N 3XX
Great Britain
Tel. 44 1285 821 648

DARMSPÜLUNG

Deutsche Gesellschaft für alternative Medizin e.V.
Bungenstr. 31 b
21682 Stade
Tel. 04141/445 04

• ÖSTERREICH
Gesellschaft für alternative Medizin
Schubertgasse 22
1090 Wien
Tel. 0222/319 65 54

• SCHWEIZ
Bio-Medica Fachschule
Landenbergstr. 18
8037 Zürich
Tel. 01/272 64 11

• GROSSBRITANNIEN
Colonic International Association (CIA)
16 Englands Lane
London NW3 4TG
Great Britain
Tel. 44 171 483 1595

• NORDAMERIKA
International Association for Colon Hydrotherapy
2051 Hilltop Drive
Suite A-11
Redding
California 96002 USA

DIÄT U. ERNÄHRUNGS-THERAPIEN

• GROSSBRITANNIEN
British Nutrition Foundation
High Holborn House
52–4 High Holborn
London WC1V 6RQ
Great Britain
Tel. 44 171 404 6504

College of Natural Therapy
133 Gatley Road
Gatley
Cheadle
Cheshire SK8 4PD
Great Britain
Tel. 44 161 491 4314
Fax: 44 161 491 4190

Institute for Optimum Nutrition
13 Blades Court
Deodor Road
London SW15 2NU
Great Britain
Tel. 44 181 877 9993
Fax: 44 181 877 9980

• NORDAMERIKA
American Association of Nutrition Consultants
1641East Sunset Road,
Apt B-117
Las Vegas
Nevada 89119 USA

FARBTHERAPIE

Forum für angewandte Psychologie
Balthasarstr. 79
50670 Köln
Tel 0221/739 23 62

Mandel-Institut
Hildastr. 8
76646 Bruchsal
Tel. 07251/80 01 40

• GROSSBRITANNIEN
Colour and Reflexology
9 Wyndale Avenue
Kingsbury
London NW9 9PT
Great Britain
Tel. 44 181 204 7672

Hygeia College of Colour Therapy
Brook House
Minchinhampton HIll
Avening
Near Tetbury
Glos GL8 8NS
Great Britain
Tel. 44 1453 832150
Fax: 44 1453 835757

FELDENKRAIS

Feldenkrais-Gilde
Theresienstraße 102V
80333 München

• GROSSBRITANNIEN
Feldenkrais Guild UK
PO Box 370
London N10 3XA
Great Britain

• NORDAMERIKA
Feldenkrais Guild
524 Ellsworth Street
PO Box 489
Albany
Oregon 97321–1043
USA

FERNÖSTLICHE MEDIZIN

Zentrum für chinesische Medizin
Mittenwalder Str. 5
10961 Berlin
Tel. 030/694 21 38

Ausbildung in chinesisicher Medizin
Beate Wulff
Bemmersweg 1 a
44269 Dortmund
Tel. 0231/46 96 50

Ausbildung in altchinesischer Medizin
Otto-Dix-Str. 46
78244 Gottmadingen
Tel. 07734/16 92

• ÖSTERREICH
Österreichische Gesellschaft für Akupunktur und Aurikulotherapie
Huglgasse 1-3
1150 Wien
Tel.0222/98 10 42 61

• SCHWEIZ
Schweizerische Ärztegesellschaft für Akupunktur und Chinesische Medizin (SAGA)
Hus am Sportplatz
8134 Adliswil
Tel. 01/710 90 70

• GROSSBRITANNIEN
British Complementary Medicine Association
39 Prestbury Road
Cheltenham
Glos GL52 2PT
Great Britain
Tel. 44 1242 226770
Fax: 44 1242 226778

College of Integrated Chinese Medicine
19 Castle Street
Reading
Berks RG1 7SB
Great Britain
Tel. 44 1734 508880
Fax: 44 1734 508890

Feng Shui Network
PO Box 2133
London W1A 1RL
Great Britain
Tel. 44 171 935 8935
Fax: 44 171 935 9295

Register of Chinese Herbal Medicine
PO Box 400
Wembley
Middx HA9 9NZ
Great Britain
Tel. 44 181 904 1357

Shiatsu Society
31 Pullman Lane
Godalming
Surrey GU7 1XY
Great Britain
Tel/Fax: 44 1488 860771

Tse Qigong Centre
Qi Magazine
PO Box 116
Manchester M20 3YN
Great Britain
Tel. 44 161 434 5289

• FRANKREICH
Dr Yves Requena
Institut Européen de Qi Gong
La Ferme des Vences
13122 Ventabren
France
Tel. 33 42 92 56 10
Fax: 33 42 92 56 40

• ASIEN
World Academic Society of Medical Qigong
No.11 Heping Jie Nei Kou
Beijing 100029
China

• NORDAMERIKA
American Association of Oriental Medicine (AAOM)
433 Front Street
Catasauqua
Pennsylvania 18032 USA

GANZHEITSMEDIZIN

Gesellschaft zur Förderung der Ganzheitsmedizin e.V.
Zeißstr. 63
30519 Hannover
Tel. 0511/984790

Gesellschaft zur Förderung der Ganzheitsmedizin e.V.
Volkartstr. 70b
80636 München
Tel. 089/123 16 24

DURA MATER
Gesellschaft für alternative Medizin
Sonnenstr. 8
86307 München
Tel 089/78 29 16

Freier Verband Deutscher Heilpraktiker e.V.
Sonnenstr. 19
80331 München
Tel. 089/592451

Union Deutscher Heilkpraktiker e.V.
Ipfweg 5
73614 Schorndorf-Oberbeken
Tel. 07181/62846

Fachverband Deutscher Heilpraktiker e.V.
Maarweg 10
53123 BonnTel. 0228/627360

• ÖSTERREICH
Österreich. Gesellschaft für ganzheitliche Medizin
Gablenzgasse 7
1150 Wien
Tel. 0222/982 57 60

• SCHWEIZ
Birvani AG Studio für Naturheilkunde
Kohlenberggasse 21
4011 Basel
Tel. 061/281 90 40

• GROSSBRITANNIEN
British Holistic Medical Association
Trust House
Royal Shrewsbury Hospital South
Shrewsbury
Shropshire SY3 8XF
Great Britain
Tel. 44 1743 261155

Holistic and Creative Therapy Association
2A Burston Drive
St Albans
Herts AL2 2HR
Great Britain
Tel. 44 1727 674567

Holistic Health Foundation
2 De La Hay Avenue
Plymouth
Devon PL3 4HH
Great Britain
Tel. 44 1752 671 485

• NORDAMERIKA
American Holistic Health Association
PO Box 17400
Anaheim
California 90017–7100
USA

GEISTHEILUNG

Dachverband Geistiges Heilen (DGH)
Im Weißen Falsch 26
49419 Wagenfeld-Ströhen
Tel. 05774/13 94

• SCHWEIZ
PSI-Zentrum Basel
c/o Matthias Güldenstein
Güterstr. 144
4053 Basel

• GROSSBRITANNIEN
National Federation of Spiritual Healers
Old Manor Studio
Church Street
Sunbury on Thames
Middx TW16 6RG
Great Britain
Tel. 44 1932 783164

GESPRÄCHSTHERAPIE

Psychotherapeutisches Institut
Tagungshaus Vogelsberg
Mittel-Seemer-Str. 4-6
63688 Gedern
Tel. 06045/28 82

Arbeitsgemeinschaft Köln für psychotherapeutische Weiterbildung e.V.
Grafenmühlenweg 109
51069 Köln
Tel. 0221/68 20 48

Deutsche Gesellschaft für Analytische Psychologie
Wedellstr. 16
12247 Berlin
Tel. 030/774 55 61

Deutsche Gesellschaft für Psychoanalyse, Psychotherapie, Psychosomatik und Tiefen
Johannisbollwerk20
20459 Hamburg
Tel 040/319 26 19

Gesellschaft der Ärzte für Erfahrungsheilkunde e.V.
Heinrich-Lampert-Akademie für Erfahrungsheilkunde
Fritz-Frey-Str. 21
69121 Heidelberg
Tel. 06221/406 20

• GROSSBRITANNIEN
British Association for Counselling
1 Regent's Place
Rugby
Warwicks CV21 2PJ
Great Britain

• NORDAMERIKA
American Counseling Association
5999 Stevenson Avenue
Alexandria
Virginia 22304-9800
USA

GESTALT-THERAPIE

Gestalt-Institut-Frankfurt e.V.
Wilhelm-Hauff-Str. 5
60325 Frankfurt
Tel. 069/74 06 99

• GROSSBRITANNIEN
Gestalt Centre London
64 Warwick Road
St Albans AL1 4DL
Great Britain
Tel. 44 1727 864806
Fax: 44 1727 838891

• NORDAMERIKA
Gestalt Center for Psychotherapy and Training
510 East 89th Street
New York 10128 USA

HELLER-ARBEIT

• GROSSBRITANNIEN
Hellerwork Inc. (Rose-Marie Amoroso)
1 Finsbury Avenue
Broadgate
London EC2M 2PA
Great Britain
Tel. 44 171 247 9982
Fax: 44 171 247 0082

• NORDAMERIKA
Hellerwork International
406 Berry Street
Mount Shasta
California 96067 USA

HOMÖOPATHIE

Centrum für Klassische Homöopathie
Postfach 1109
63881 Miltenberg
Tel. 0971/20 59

Clemes v. Bönninghausen-Gesellschaft für Homöopathie e.V.
Am Knill 7e
22147 Hamburg
Tel. 040/645 47 95

Deutsche Gesellschaft für Klassische Homöopathie e.V.
Grundvigtstr. 39
33330 Gütersloh
Tel. 05241/34 06 21

Homöopathie-Forum e.V.
Grubmühlerfeldstr. 14a
82119 Gauting
Tel. 089/850 03 56

Bremer Gesell. f. Homöopathische Medizin e.V.
Osterdeich 107 a
28205 Bremen
Tel. 0421/498 77 01

Bundesverband Patienten für Homöopathie e.V.
Patientenberatung
Lange Str. 47
37181 Hardegsen
Tel. 05505/10 70

Freies Homöopathische Zentrum
Blutenbergstr. 112
80636 München
Tel. 089/12 39 39 10

Lehr- und Forschungsinstitut für Homöopathie
Hörnleweg 36
82418 Murnau
Tel. 08841/44 55

• ÖSTERREICH

Österreichische Gesellschaft für homöopathische Medizin
Mariahilferstr. 110
1070 Wien
Tel. 0222/526 75 75

• SCHWEIZ

Homöopathischer Ärzte-Verband (HAV)
Sennweidstr. 45
6312 Steinhausen
Tel. 042/42 13 60

• GROSSBRITANNIEN

British Homoeopathic Association
27A Devonshire Street
London W1N 1RJ
Great Britain
Tel. 44 171 935 2163

Society of Homoeopaths
2 Artisan Road
Northampton NN1 4HU
Great Britain
Tel. 44 1604 21400

• FRANKREICH

Centre d'Etudes Homeopathiques de France
228 Boulevard Raspail
75014 Paris

Société Medical de Biotherapie
62 rue Beaubourg
75003 Paris

NORDAMERIKA

American Foundation for Homeopathy
1508 S. Garfield
Alhambra
California 91801 USA

HYDROTHERAPIE

Kneipp-Bund e. V.
Adolf-Scholz-Allee 6
86825 Bad Wörishofen

• ÖSTERREICH

Österreichischer Kneippbund
Kunigundenweg 10
8700 Leoben
Tel. 03842/216 82

• SCHWEIZ

Schweizer Kneipp-Verband
Seftigenstr. 57
3007 Bern
Tel. 031/372 45 43

• GROSSBRITANNIEN

UK College of Hydrotherapy
515 Hagley Road
Birmingham B66 4AX
Great Britain
Tel. 44 121 429 9191

• NORDAMERIKA

Aquatic Exercise Association
PO Box 1609
Nokomis
Florida 34274 USA

HYPNOSE UND HYPNOTHERAPIE

Milton-Erickson-Gesellschaft für klinische Hypnose
Konradstr. 16
80801 München
Tel. 089/336256

Deutsche Gesellschaft für Hypnose e.V.
Druffels Weg 3
48653 Coesfeld
Tel. 02541/700 07

Deutsche Gesellschaft für Hypnose und Hypnoseforschung e. V.
Kaiserstr. 2a
66955 Pirmasens
Tel 06331/737 74

Arbeitsgemeinschaft für Hypnose- und Psychotherapie AHPSY e.V.
Sitz Köln
Johannes-Müller-Str. 50
50735 Köln-Riehl
Tel. 0221/76 95 95 und 760 55 85

• ÖSTERREICH

Ärzteforschung für Naturheilverfahren
Eschenbachgasse 3
5020 Salzburg
Tel. 0662/62 52 07

• SCHWEIZ

Gesellschaft Schweizerischer Naturärzte (GSN)
Bruggereggstr. 16
9100 Herisau
Tel. 071/52 30 60

• GROSSBRITANNIEN

British Hypnotherapy Association
67 Upper Berkeley Street
London W1H 7DH
Great Britain
Tel. 0171 723 4443

National Register of Hypnotherapists and Pyschotherapists
12 Cross Street
Nelson
Lancs BB9 7EN
Great Britain
Tel. 44 1282 699378
Fax: 44 1282 698633

• NORDAMERIKA

American Association of Professional Hypnotherapists
PO Box 29
Boones Mill
Virginia 24065 USA

KOGNITIVE THERAPIE

Deutsche Gesellschaft für Psychoanalyse, Psychotherapie, Psychosomatik und Tiefen
Johannisbollwerk20
20459 Hamburg
Tel 040/319 26 19

Deutsche Gesellschaft für Individualpsychologie e.V.
Marktstr. 12
99867 Gothe
Tel.03621/296 91

Deutsche Gesellschaft für Analytische Psychologie
Wedellstr. 16
12247 Berlin
Tel. 030/774 55 61

Arbeitsgemeinschaft Köln für psychotherapeutische Weiterbildung e.V.
Grafenmühlenweg 109
51069 Köln
Tel. 0221/68 20 48

Psychotherapeutisches Institut
Tagungshaus Vogelsberg
Mittel-Seemer-Str. 4-6
63688 Gedern
Tel. 06045/28 82

GROSSBRITANNIEN

Association of Cognitive Analytic Therapists
Munro Clinic
Guy's Hospital
London SE1 9RT
Great Britain
Tel. 44 171 955 2906
Fax: 44 171 955 2984

British Association for Behavioural and Cognitive Pyschotherapies
Dept of Clinical Psychology
Northwick Park Hospital
Watford Road
Harrow HA1 3UJ
Great Britain
Tel. 44 181 869 2325
Fax: 44 1 869 2317

KRÄUTERHEILKUNDE

Gesellschaft der Ärzte für Erfahrungsheilkunde e.V.
Heinrich-Lampert-Akademie für Erfahrungsheilkunde
Fritz-Frey-Str. 21
69121 Heidelberg
Tel. 06221/406 20

• GROSSBRITANNIEN

School of Herbal Medicine/Phytotherapy
Bucksteep Manor
Bodle Street Green
Near Hailsham
Sussex BN27 4RJ
Great Britain
Tel. 44 1323 833 812/4
Fax: 44 1323 833 869

• NORDAMERIKA

American Herbalists Guild
PO Box 1683
Soquel
California 95073 USA

KRISTALL- UND EDELSTEIN-THERAPIE

Gesellschaft der Ärzte für Erfahrungsheilkunde e.V.
Heinrich-Lampert-Akademie für Erfahrungsheilkunde
Fritz-Frey-Str. 21
69121 Heidelberg
Tel. 06221/406 20

• GROSSBRITANNIEN

Affiliation of Crystal Healing Organizations (ACHO)/International College of Crystal Healing
46 Lower Green Road
Esher
Surrey KT10 8HD
Great Britain

School of Electro-crystal Therapy
117 Long Drive
South Ruislip
Middx HA4 0HL
Great Britain

School of White Crystal Healing
Grylls Rose
Court Mill Lane
Wadeford
Chard
Somerset TA20
Great Britain

Spiritual Venturers Association
72 Pasture Road
Goole
North Humberside DN14 6HE
Great Britain

Earthworks
43 Wessex Trade Centre
Poole
Dorset BH12 3PG
Great Britain

Guild of Vibrational Medicine
Waveney Lodge
Hoxne
Suffolk IP21 4AS
Great Britain
Tel/Fax: 44 1379 668848

MASSAGE

Deutsche Gesellschaft für Gesundheitsvorsorge e.V.
25980 Westerland
Tel. 04651/20 14 55

Deutsche Gesellschaft für Gesundheitsvorsorge e.V.
Driescher Hecke 19
51375 Leverkusen
Tel. 0214/567 44

Deutsche Gesellschaft für manuelle Medizin
Heerstr. 162
56154 Boppard
Tel. 06742/800 10

Deutsche Gesellschaft für manuelle Medizin
Markgrafenstr. 14
12623 Berlin
Tel 030/513 16 86

Vereinigung naturheilkundlicher Therapeuten e.V.
Geschäftsstelle
Bahnhofsstr. 21
86150 Augsburg
Tel. 0821/31 25 36

• ÖSTERREICH

Österreichische Ärztegesellschaft für Manuelle Medizin
Speisinger Str. 109
1134 Wien
Tel. 0222/80 18 25 33

• SCHWEIZ

Gesellschaft Schweizerischer Naturärzte (GSN)
Bruggereggstr. 16
9100 Herisau
Tel. 071/52 30 60

• GROSSBRITANNIEN

Academy of Aromatherapy and Massage
50 Cow Wynd
Falkirk
Sterlingshire FK1 1PU
Great Britain

London College of Massage
5 Newman Passage
London W1P 3PF
Great Britain

Massage Training Institute
24 Highbury Road
London N5 2DQ
Great Britain

• NORDAMERIKA

American Massage Therapy Association
820 Davis Street
Suite 100
Evanston
Illinois 60201-4444 USA

NATUR UND MEDIZIN E.V.

Fördergemeinschaft für Erfahrungsheilkunde
Am Michaelshof 6
53177 Bonn
Tel 0228/35 25 03

HvB Institut für Ganzheitsmedizin nach Hildegard von Bingen
Zeller Str. 17
86672 Baar
Tel. 08276/12 04

Vereinigung naturheilkundlicher Therapeuten e.V.
Geschäftsstelle
Bahnhofsstr. 21
86150 Augsburg
Tel. 0821/31 25 36

• ÖSTERREICH

Gesellschaft für alternative Medizin
Schubertgasse 22
1090 Wien
Tel. 0222/319 65 54

• SCHWEIZ

Bio-Medica Fachschule
Landenbergstr. 18
8037 Zürich
Tel. 01/272 64 11

NATURHEILKUNDE

Deutsche Gesellschaft für Naturheilanwendungen e.V.
Winzerer Str. 47 d
80797 München
Tel. 089/3001311

Forum für systemische Analyse und persönliches Wachstum
Textorstr. 64
60594 Frankfurt
Tel. 069/61 69 49

Weg der Mitte
Zentrum für ganzheitliche Gesundheit e.V.
Milinowskistr. 35
14169 Berlin
Tel. 030/813 10 40

DNB
Deutscher Naturheilbund (Prießnitz-Bund) e.,V.
Bundesgeschäftsstelle
Kreuzbergstr. 45
74564 Crailsheim
Tel. 07951/55 04

Institut für Naturheilkunde
Räcknitzstr. 16
01069 Dresden
Tel. 0351/4954602

Bürger für Naturheilkunde
Theaterstr. 22
37073 Göttingen
Tel. 0551/42103

Gesellschaft für Naturheilkunde Deutschland e.V.
Postfach 402027
80720 München
Tel. 089/3086626

Vereingung naturheilkundlicher Therapeuten e.V.
Geschäftsstelle
Bahnhofsstr. 21
86150 Augsburg
Tel. 0821/31 25 36

Naturheilverein Memmingen e.V.
Zangmeisterstr. 5
87700 Memmingen
Tel. 08331/42 22

Privates Institut für Naturheilverfahren
Weststr. 2
30519 Hannover
Tel. 0511/838 60 87

• ÖSTERREICH

Ärzteforschung für Naturheilverfahren
Eschenbachgasse 3
5020 Salzburg
Tel. 0662/62 52 07

• SCHWEIZ

Gesellschaft Schweizerischer Naturärzte (GSN)
Bruggereggstr. 16
9100 Herisau
Tel. 071/52 30 60

• GROSSBRITANNIEN

British College of Naturopathy and Osteopathy
Frazer House
6 Netherhall Gardens
London NW3 5RR
Great Britain
Tel. 44 171 435 6464
Fax: 44 171 431 3630

General Council and Register of Naturopaths
Goswell House
2 Goswell Road
Street
Somerset BA16 0JG
Great Britain
Tel. 44 1458 840072
Fax: 44 1458 840075

• NORDAMERIKA

American Association of Naturopathic Physicians
PO Box 20386
Seattle
Washington 98102 USA

OSTEOPATHIE

Deutsche Gesellschaft für Gesundheitsvorsorge e.V.
25980 Westerland
Tel. 04651/20 14 55

Deutsche Gesellschaft für Gesundheitsvorsorge e.V.
Driescher Hecke 19
51375 Leverkusen
Tel. 0214/567 44

Deutsche Gesellschaft für manuelle Medizin
Heerstr. 162
56154 Boppard
Tel. 06742/800 10

Deutsche Gesellschaft für manuelle Medizin
Markgrafenstr. 14
12623 Berlin
Tel 030/513 16 86

Vereingung naturheilkundlicher Therapeuten e.V.
Geschäftsstelle
Bahnhofsstr. 21
86150 Augsburg
Tel. 0821/312536

Ärztegesellschaft für funktionelle Medizin
Weinstr. 25
77815 Bühl-Eisental
Tel. 07223/26455

• SCHWEIZ

Schweizerische Chiropraktoren-Gesellschaft (SCG)
Sulgenauweg 38
3007 Bern
Tel. 031/371 03 01

• GROSSBRITANNIEN

General Register and Council of Osteopaths
56 London Street
Reading
Berks RG1 4SQ
Great Britain
Tel. 44 1734 576585

• NORDAMERIKA

American Academy of Osteopathy
3500 DePauw Boulevard
Suite 1080
Indianopolis
Indiana 46268-139 USA

POLARITÄTSTHERAPIE

• GROSSBRITANNIEN

UK Polarity Therapy Association
Monomark House
27 Old Gloucester Street
London WC1N 3XX
Great Britain

Zero Balancing Association UK
36 Richmond Road
Cambridge CB4 3PU
Great Britain
Tel/Fax: 44 1233 315480

• NORDAMERIKA

American Polarity Therapy Association
2888 Bluff Street
Suite 149
Boulder
Colorado 80301 USA

PSYCHOSYNTHESE

CIRCADIAN
Institut für systemische Körperintegration
Im Hilgersfeld 60
51427 Bergisch Gladbach
Tel. 02204/635 95

• GROSSBRITANNIEN

Institute of Psychosynthesis
65A Watford Way
London NW4 3AQ
Tel. 44 181 202 4525

PSYCHOTHERAPIE

Psychotherapeutisches Institut
Tagungshaus Vogelsberg
Mittel-Seemer-Str. 4-6
63688 Gedern
Tel. 06045/28 82

Arbeitsgemeinschaft Köln für psychotherapeutische Weiterbildung e.V.
Grafenmühlenweg 109
51069 Köln
Tel. 0221/68 20 48

Deutsche Gesellschaft für Analytische Psychologie
Wedellstr. 16
12247 Berlin
Tel. 030/774 55 61

Deutsche Gesellschaft für Psychoanalyse, Psychotherapie, Psychosomatik und Tiefen
Johannisbollwerk 20
20459 Hamburg
Tel 040/319 26 19

• ÖSTERREICH

European Association for Psychotherapy (EAP)
Rosenbursenstr. 8/3/7
1010 Wien
Tel. 43 1 512 7090
Fax: 43 1 512 7091

• GROSSBRITANNIEN
UK Council for Psychotherapy
167–9 Great Portland Street
London W1N 5FB
Great Britain

RADIONIK

Arbeitskreis Radionik und Schwingungs-Medizin e.V.
Waldstr. 20
23611 Bad Schwartau
Tel. 0451/265 59

• GROSSBRITANNIEN
Radionic Association
Barelein House
Goose Green
Deddington, Banbury
Oxon OX15 0SZ
Great Britain
Tel/Fax: 44 1869 338852

REFLEXZONENTHERAPIE

Deutsche Gesellschaft für Gesundheitsvorsorge e.V.
25980 Westerland
Tel. 04651/20 14 55

Deutsche Gesellschaft für Gesundheitsvorsorge e.V.
Driescher Hecke 19
51375 Leverkusen
Tel. 0214/567 44

Deutsche Gesellschaft für manuelle Medizin
Heerstr. 162
56154 Boppard
Tel. 06742/800 10

Deutsche Gesellschaft für manuelle Medizin
Markgrafenstr. 14
12623 Berlin
Tel 030/513 16 86

Institut für Reflexzonentherapie
Hauptsr. 4
65779 Kelkheim
Tel. 06195756 86

Vereingung naturheilkundlicher Therapeuten e.V.Geschäftsstelle
Bahnhofsstr. 21
86150 Augsburg
Tel. 0821/31 25 36

• NIEDERLANDE
Bond van Europese Reflexologen (Society of European Reflexologists)
Netherlands Section
PO Box 9009
1006 AA Amsterdam
Netherlands

• GROSSBRITANNIEN
Association of Reflexologists
27 Old Gloucester Street
London WC1N 3XX
Great Britain

Association of Vacuflex Reflexology
PO Box 93
Tadworth
Surrey KT20 7YB
Great Britain

British School of Reflexology and Holistic Association of Reflexologists
92 Sheering Road
Old Harlow
Essex CM17 0JW
Great Britain
Tel. 44 1279 429060
Fax: 44 1279 445234

International Federation of Reflexologists
76–8 Edridge Road
Croydon
Surrey CR01EF
Great Britain
Tel. 44 181 667 9458
Fax: 44 181 649 9292

International Institute of Reflexology
15 Hartfield Close
Tonbridge
Kent
Great Britain
Tel/Fax: 44 1732 350629

Irish Reflexologists Institute
c/o 11 Fitzwilliam Place
Dublin 2
Irish Republic
Tel. 353 1 760137
Fax: 353 1 610 466

Scottish School of Reflexology
2 Wheatfield Road
Ayr KA7 2XB
Scotland
Tel. 44 1292 287142

• NORDAMERIKA
Association of Vacuflex Reflexology
1951 Glenarie Avenue
North Vancouver
V7P 1XP Canada

REIKI

Reiki-Center Gesellschaft für esoterische Schulung
Altvaterstr. 2
14129 Berlin
Tel. 030/803 18 24

• ÖSTERREICH
Reiki-Zentrum
Hamerlinggasse 5
1140 Wien
Tel. 0222/979 22 01

• SCHWEIZ
Reiki-Zentrum Langnau
Hansenstr. 14
3550 Langnau i.E.

• NORDAMERIKA
Center for Reiki Training
29209 Northwestern Highway #592
Southfield
Michigan 48034–9841
USA

ROLFING

Rolfing Association e.V.
Heinrich-Zeller-Str. 6
72119 Ammerbuch
Tel. 07073/6454

Rolf Institute: European Branch Office
Herzogstrasse 40
80803 München
Tel. 089/39 68 02

• NORDAMERIKA
The Rolf Institute
205 Canyon Boulevard
Boulder
Colorado 80302-4920
USA

SCHAMANISMUS

• GROSSBRITANNIEN
Sacred Hoop
28 Cowl Street
Evesham
Worcs WR11 4PL
Great Britain
Tel/Fax: 44 1386 49680

• NORDAMERIKA
Cross-Cultural Shamanism Network
PO Box 430
Willits
California 95490 USA

STRESS-THERAPIE

• GROSSBRITANNIEN
Association of Stress Therapists
5 Springfield Road
Palm Bay
Cliftonville
Kent CT9 3EA
Great Britain
Tel. 44 1843 291255

TRAGER-ARBEIT

• NORDAMERIKA
The Trager Institute
21 Locust Avenue
Mill Valley
California 94941-2806
USA

TRANSAKTIONALE ANALYSE

• GROSSBRITANNIEN
Institute of Transactional Analysis
BM Box 4104
London WC1 3XX
Tel. 44 171 404 5011

TRANSZENDENTALE MEDITATION

Das Lebensrad
Institut für kreative, ganzheitliche & systemische Therapie
Segeberger Str. 21
23827 Krems
Tel. 04557/18 25

Hauptzentrum für Transzendentale Meditation un d Ayurveda
Tempelhofer Ufer 23
10963 Berlin
Tel. 030/215 93 24

• ÖSTERREICH
Österreichische Gesellschaft für Ayurvedische Medizin
Biberstr. 22/2
1010 Wien
Tel. 0222/513 43 52

• SCHWEIZ
Ayurveda-Clinic
Dorf 1283
9428 Walzenhausen
Tel. 071/44 94 44

• GROSSBRITANNIEN
Transcendental Meditation
Freepost
London SW1P 4YY
Great Britain
Tel. 44 990 143733

NORDAMERIKA
Maharishi University of Management
Fairfield
Iowa 52557 USA

TRAUMARBEIT

Heil-Kunde-Zentrum Johanniskirchen
Schornbach 22
84381 Johanniskirchen
Tel. 08564/819

• NORDAMERIKA
Association for the Study of Dreams
PO Box 1600-NY
Vienna
Virginia 22183 USA

YOGA

Förderverein für Yoga und Ayurveda e.V.
Weidener Str. 3
81737 München
Tel. 089/637 10 12

Berufsverband Deutscher Yogalehrer e.V.
Geschäftsstelle
Heinrich-Grob-Str. 48
97250 Erlabrunn
Tel. 09364/47 97

• ÖSTERREICH
Verein der Yogafreunde
Schmidgasse 2
1080 Wien
Tel. 0222/408 46 40

• SCHWEIZ
Madras Yoga University
Seilerstr. 24
3011 Bern
Tel. 031/382 18 10

• GROSSBRITANNIEN
British Wheel of Yoga
1 Hamilton Place
Boston Road
Sleaford
Lincs NG34 7ES
Great Britain
Tel. 44 1529 306851

Institute of Iyengar Yoga
223A Randolph Avenue
London W9 1NL
Great Britain
Tel/Fax: 0171 624 3080

Sivananda Yoga Vedanta Centre
51 Felsham Road
London SW15 1AZ
Great Britain

• NORDAMERIKA
BKS Iyengar Yoga National Association of the US
8223 West Third Street
Los Angeles
California 90088 USA

GLOSSAR

Worte in GROSSBUCHSTABEN werden an anderer Stelle des Glossars definiert. Verweise führen Sie zu weiteren Erklärungen von Begriffen.

ACTH (Adrenocortikotrophes Hormon) Eines der Hormone, die vom Körper bei Streß freigesetzt werden. Es kontrolliert den KORTIKOSTEROIDE-SPIEGEL im Blut und wird oft in der Rheumatherapie eingesetzt

Adrenalin Ein Hormon, das von den NEBENNIEREN bei Streß, Körperaktivität oder Emotionen wie Angst freigesetzt wird

Aerobic Fitneßtraining, das die Sauerstoffaufnahme erhöhen soll

Akupunktur oder Akupunkturpunkt Punkt auf einem MERIDIAN, an dem der Fluß von Qi erreichbar sein soll

Akut Beschreibt eine Störung oder Erkrankung, die plötzlich eintritt. Siehe auch unter CHRONISCH

Allopathie Konventionelle Medizin, bei der Medikamente zur direkten Bekämpfung von Symptomen einer Krankheit eingesetzt werden

Amenorrhoe Ausbleiben der Menstruation

Aminosäuren Organische Substanzen, die zur Bildung von Eiweißen nötig sind. Essentielle Aminosäuren kann der Körper selbst nicht produzieren, sie müssen über die Nahrung zugeführt werden

Amphetamine Stark suchterzeugende Drogen, die das Nervensystem stimulieren

Anatomie Wissenschaft über den Bau des Körpers; bildet zusammen mit der PHYSIOLOGIE die Basis der konventionellen Medizin

Angriff-oder-Flucht-Reaktion Physiologische Reaktion des SYMPATHISCHEN NERVENSYSTEMS in einer für den Körper bedrohlichen Situation, die diesen auf Flucht oder Kampf einstellt

Antazidum Medikament, das die Magensäure neutralisiert

Antibakteriell Wirkung eines ANTIBIOTIKUMS gegen Bakterien

Antibiotisch Zerstört oder hemmt Mikroorganismen

Antigen Substanz, die der Körper als fremd und möglicherweise gefährlich ansieht; löst eine IMMUNANTWORT und die Produktion von ANTIKÖRPERN aus

Antihypertensiv Reduziert den Bluthochdruck

Antikoagulanz Verhindert die Blutgerinnung

Antikörper Eiweiß, das im Blut zirkulierende ANTIGENE zerstört

Antioxidant Substanz, die freie RADIKALE neutralisieren kann

Asana Körperposition im Yoga

Atopisch Beschreibt eine Neigung zu diversen allergischen Reaktionen

Aufguß Flüssige medizinische Zubereitung, bei der Blüten, Blätter oder Stiele einer Pflanze zu einem Tee gekocht werden

Aura Unsichtbares Energiefeld, das alle Lebewesen einhüllen soll

Autoimmunerkrankung Störung im Immunsystem, bei dem nicht mehr zwischen körpereigenen und fremden Substanzen unterschieden werden kann und ANTIKÖRPER gegen den eigenen Körper gebildet werden

Autonomes Nervensystem Teil des Nervensystems, das für unwillkürliche Abläufe wie Herzschlag und Atmung verantwortlich ist

Bakterien Gruppe von einzelligen Mikroorganismen. Nur wenige der vielen verschiedenen Arten sind Krankheitserreger

Betablocker Medikament, das den Herzrhythmus regulieren kann

Bioflavonoid Verbindung, die die Durchlässigkeit der Zellmembran reguliert; Zitrusfrüchte enthalten reichlich Bioflavonoide

Biopsie Entnahme einer Probe von lebendem Gewebe zur Laboruntersuchung

Chakren Energiezentren im Körper, die PRANA aufnehmen und abgeben (Ayurveda)

Cholesterin Fetthaltige Substanz im Blut und den meisten Geweben. Hohe Cholesterinspiegel im Blut können die Gefäßwände schädigen

Chronisch Langwährender Zustand mit langsamen Veränderungen. Siehe auch AKUT

Computertomographie (CT) Diagnostische Röntgenmethode, bei der mit Hilfe des Computers Querschnitte des Körpers abgebildet werden

Craniale Manipulation Osteopathische Technik, bei der sanfte Manipulationen am Schädel angewendet werden, besonders bei Kindern

Dan Tien Teil des Bauchs, in dem der Traditionellen Chinesischen Medizin zufolge Qi gespeichert wird

Demulcens (Einhüllmittel) Kleidet Körperoberflächen wie die Magenschleimhaut aus und schützt sie

Detoxifikation Entgiftung, z. B. durch Fasten

Diastolischer Blutdruck Druck in der Ruhephase des Herzens zwischen den Herzschlägen, zeigt den Widerstand aller kleinen Körperarterien an und die Last, gegen die das Herz arbeiten muß

Diathermie Wärmeanwendung mittels hochfrequenter elektrischer Ströme. Wird benutzt, um die Durchblutung zu steigern und tiefsitzende Schmerzen zu lindern, z. B. bei rheumatischen oder arthritischen Erkrankungen

Dickdarm Teil des Verdauungstrakts, der Wasser aus den Nahrungsresten resorbiert

Digoxin Substanz, die die Herzkraft steigert. Wird aus dem Fingerhut gewonnen

Diuretika Stimuliert die Urinproduktion

DNS (Desoxyribonukleinsäure) Hauptmolekül, welches die genetische Information bei fast allen Lebewesen in sich trägt

Dünndarm Teil des Verdauungstrakts zwischen Magen und Dickdarm

EEG (Elektroenzephalogramm) Aufzeichnung der elektrischen Gehirnaktivität

EKG (Elektrokardiogramm) Aufzeichnung der elektrischen Herzaktivität

EKT (Elektrokrampftherapie) Anlegen eines elektrischen Stroms an das Gehirn zu therapeutischen Zwecken

Endokrine Drüsen Körperdrüsen, die Hormone produzieren und ins Blut abgeben

Endokrines System Die Gesamtheit der hormonproduzierenden Drüsen im Körper

Endorphine Dem Morphin ähnliche körpereigene Substanzen, die schmerzstillend wirken

Enzym Vom Körper produzierte Eiweiße, die als Katalysatoren biologische Reaktionen beschleunigen. Sie sind wichtig für eine gesunde Funktion des Körpers

Ergotamin Medikament, das die Blutgefäße zusammenzieht; wird bei Migräne angewendet

Essentielle Fettsäuren Eine Gruppe von ungesättigten FETTSÄUREN, die für das Wachstum wichtig sind; müssen über die Nahrung zugeführt werden

Expektorans Medikament, das das Abhusten von Schleim aus Hals und Brust fördert

Faszie Schützende Gewebeschicht, die Muskel und Organe umkleidet

Feinstofflicher Körper Nicht-physischer Körper, der eine Person umgibt und durch den der esoterischen Philosophie zufolge die Lebensenergie fließen soll

Fettsäuren Fundamentaler Bestandteil vieler Fette und Öle. Einige Fettsäuren können nicht vom Körper produziert werden und müssen über die Nahrung zugeführt werden

Freie Radikale Natürliche Nebenprodukte des Stoffwechsels, die instabil und potentiell gefährlich sind, da sie die DNS schädigen, das Immunsystem schwächen und CHOLESTERIN im Blut steigern können

Freudsche Psychoanalyse Von Sigmund Freud begründete Form der Psychoanalyse; geht davon aus, daß das Unbewußte durch die individuellen primitiven Instinkte gelenkt wird

Geburtshilfe Medizinische Fachrichtung, die sich mit der Schwangerschaft, der vorgeburtlichen Betreuung, der Geburt und der nachgeburtlichen Pflege beschäftigt

Gesättigte Fette Hochkonzentrierte Fette, die FETTSÄUREN und CHOLESTERIN enthalten, meist aus tierischer Nahrung

Heilungskrise Vorrübergehender Rückfall im Heilungs- oder Behandlungsprozeß; z. B. Kopfschmerzen bei ENTGIFTUNG

Hippocampus Teil des LIMBISCHEN SYSTEMS im Gehirn, zuständig für Lernen und Langzeitgedächtnis

Homöostase Prozeß, bei dem der Körper ein konstantes inneres Gleichgewicht von Funktionen aufrechterhält, auch wenn äußere Bedingungen variieren

Hormonersatztherapie Behandlung mit synthetischen oder natürlichen Hormonen, um einen Hormonmangel auszugleichen, meist als Östrogentherapie zur Behandlung von Symptomen in den Wechseljahren

Hyperglykämie Übermaß an Glucose im Blut; kann ein Koma verursachen

Hypertension Anomal hoher Blutdruck

Hypophyse Drüse, die für die Kontrolle und die Freisetzung von Hormonen anderer ENDOKRINER DRÜSEN verantwortlich ist.

Hypothalamus Teil des LIMBISCHEN SYSTEMS im Gehirn, der die Kontrolle über das SYMPATHISCHE NERVENSYSTEM ausübt

Immunantwort Antwort des IMMUNSYSTEMS auf ANTIGENE

Immunität Fähigkeit des Körpers, einer Infektion mit Hilfe der ANTIKÖRPER und weißen Blutkörperchen zu widerstehen

Immunsystem Die Gesamtheit der Körperorgane, die für die IMMUNITÄT verantwortlich sind

Jungsche Analyse Psychoanalytische Theorie nach C. G. Jung, die auf den Begriff „Archetyp" aufbaut, das sind Ideen, die aus der Vergangenheit vererbt und von allen Menschen im Sinne eines „kollektiven Unbewußten" geteilt werden

Kampo Japanisches Medizinsystem, das sich aus der Traditionellen Chinesischen Medizin herleitet

Kardiovaskulär Bezieht sich auf das Herz und die Blutgefäße

Karma Buddhistisches Prinzip der Gerechtigkeit, verbunden mit dem individuellen Zustand der Reinkarnation

Karminativum Substanz, die Blähungen lindert

Ki Japanische Schreibweise von Qi

Klistier Darmspülung über den Anus mit einem Rohr

Knorpel Dichtes, schützendes Bindegewebe

Körperarbeit Manipulierende Therapien oder Techniken wie Massage

Kollagen Eiweißbündel, die das Bindegewebe formen

Kolon Hauptanteil des Dickdarms, endet am Rektum

Kortikosteroid Substanz, die von den NEBENNIEREN gebildet wird und den Salz-Wasser-Haushalt des Körpers reguliert

Kortisol Hormon, das von den NEBENNIEREN produziert wird, wichtig für die Abwehr von Entzündungen und Allergien

Limbisches System System von Nervenbahnen im Gehirn, die für den Ausdruck von Instinkten, Trieben und Gefühlen sowie für Gedächtnismuster verantwortlich sind

Lymphe Dem Blutplasma ähnliche Flüssigkeit, die alle Gewebe umspült, bevor sie in den Blutstrom gelangt; spielt eine wichtige Rolle im IMMUNSYSTEM

MAO-Hemmer (Monoamino-Oxidase) Eine der zwei Hauptgruppen von Antidepressiva

Melatonin Von der Zirbeldrüse während der Dunkelphase produziertes Hormon, das den Wach-Schlaf-Rhythmus steuert

Meridiane Energiekanäle, die im Körper auf und ab verlaufen und die Vitalenergie Qi transportieren. Jeder Meridian ist einem YIN- oder YANG-Organ zugeordnet

Metabolismus (Stoffwechsel) Überbegriff für die chemischen Prozesse im Körper. Der Grundumsatz ist die Energie, die der Körper bei Ruhe benötigt

MRT (Magnetresonanztomographie) Diagnostische bildgebende Technik, bei der der Körper mit hochfrequenten Radiowellen stimuliert wird; besonders zur Untersuchung des Nervensystems

Nebennieren Zwei Drüsen oberhalb der Nieren, die ADRENALIN und andere Hormone produzieren, die den METABOLISMUS beeinflussen

Neurologie Zweig der Medizin, der sich mit der Diagnose und Behandlung von Nervenerkrankungen beschäftigt

Neuropeptid Mehrere PEPTIDE, die im Gehirn vorkommen, fungieren als NEUROTRANSMITTER oder Hormone

Neurotransmitter Chemische Substanzen, die an den Nervenendigungen die Impulse an die nächsten Nervenzellen oder Muskeln weiterleiten

Noradrenalin Siehe ADRENALIN

Nosode Von Samuel Hahnemann entwickeltes, homöopathisches Heilmittel, ursprünglich aus Körpersekreten, jetzt aus vielen Körpergeweben hergestellt

Okkultes Blut Geringe, unsichtbare Mengen von Blut, die nur mit dem Mikroskop oder im chemischen Test nachgewiesen werden können

Parasympathisches Nervensystem Teil des AUTONOMEN NERVENSYSTEMS, das aktiv ist, wenn der Körper in Ruhe ist (hauptsächlich aktiv bei der Verdauung und Aufrechterhaltung der Körperfunktionen)

Peptid Eine Verbindung von zwei oder mehr Aminosäuren

Peristaltik Unwillkürliche, wellenartige Aktion in bestimmten Röhrensystemen des Körpers, z. B. des Darms, wobei der Darminhalt fortbewegt wird

PET (Positronenemissionstomographie) Bildgebendes diagnostisches Verfahren, bei dem dreidimensionale Bilder produziert werden, die die Aktivität der untersuchten Organe wiedergeben

Physiologie Lehre von der Funktion des Körpers , einschließlich der körperlichen und chemischen Prozesse von Zellen, Geweben und Organen und ihrer Wechselwirkungen

Physiotherapie Therapieform, bei der physikalische Methoden wie Wärme oder elektrischer Strom, Massage oder Manipulationen zu Heilzwecken angewendet werden

Pilates-Methode Eine körperformende Technik, die die Muskulatur stärkt und die Flexibilität erhöht

Placebo Chemisch unwirksame Substanz, die oft in klinischen Studien anstelle eines wirksamen Medikaments gegeben wird

PMS (Prämenstruelles Syndrom) Kombination von körperlichen und geistigen Symptomen, die bei Frauen ein bis zwei Wochen vor der Menstruation auftreten.

Polypen Gewöhnlich gutartige Tumore, die aus einer Schleimhaut herauswachsen

Prana Vitale „Lebensenergie“ in der ayurvedischen Medizin, ähnlich dem Qi

Probionten Nützliche Bakterien im Darmtrakt, die bei der Verwertung von Vitaminen und Enzymen helfen und die Verdauung verbessern

Prostaglandin Medikament oder natürlich vorkommende Substanz im Körper, die für mehrere Körpervorgänge benötigt wird, etwa für Muskelkontraktionen und die Schleimproduktion im Magen

Qi „Lebensenergie“ der Traditionellen Chinesischen Medizin, die in die Akupunkturpunkte des Körpers eintritt und dort beeinflußt werden kann. Sie soll bei der Empfängnis erworben und auch durch Nahrung und Luft aufgenommen werden

Radioemissionstherapie Überbegriff für Methoden, bei denen Radiowellen zu Heilungszwecken angewendet werden

Remission Sichtbares Verschwinden oder zeitweiliges Außer-Krafttreten von Symptomen einer Krankheit

Salbutamol Medikament, das bei Asthma die Atmung verbessert

Schädelnähte Verbindungen der einzelnen Schädelknochen, bei der Geburt flexibel, bei Erwachsenen fest verbunden

Schwermetalle Dichte Metalle wie Blei und Kadmium, die sich im Körper anreichern können und dann als TOXINE gelten

Serotonin Substanz, die in Blut, Darmwänden und ZENTRALNERVENSYSTEM vorkommt. Ein NEUROTRANSMITTER, der Informationen zwischen den Nerven weiterleitet

Skoliose Seitliche Verkrümmung der Wirbelsäule

Spurenelemente Eine Gruppe von Elementen, die der Körper in geringen Mengen braucht und die nur über die Nahrung zugeführt werden kann (u. a. Chrom, Kupfer, Selen und Zink)

Steroidmedikamente Gruppe von Medikamenten, darunter die KORTIKOSTEROIDE, die den von den NEBENNIEREN produzierten Hormonen ähnlich sind und anabole Steroide, die eine den männlichen Hormonen ähnliche Wirkung haben

Streptokokken Bakterien, die für viele Erkrankungen wie Scharlach verantwortlich sind

Stressor Faktor, der Streß verursacht

Symphatisches Nervensystem Teil des AUTONOMEN NERVENSYSTEMS, das den Körper hauptsächlich für Aktivitäten vorbereitet

Systolischer Blutdruck Druck, der während der Herzmuskelkontraktion aufgebaut wird

Talg Ölige Substanz, die aus dem Haarfollikeln an die Haut gelangt, die Haut einfettet und einen ANTIBAKTERIELLEN Effekt hat

Tanden Gebiet im Bauch, in dem der japanischen Medizin zufolge das Ki gespeichert wird

Taoismus Chinesische Religion, bei der Einfachheit im Leben und eine schicksalsgläubige Lebenseinstellung im Mittelpunkt stehen

TENS (Transkutane elektrische Nervenstimulation) Stimulation von Körpergeweben mit niedrigen elektrischen Spannungen zur Schmerzlinderung

Thalamus Graue Substanz oberhalb des Stammhirns, Relaisstation für sensorische Informationen

Thrombose Zustand, bei dem es in einem Blutgefäß zur Blutgerinnung oder Verstopfung kommt; Thrombose in einer Arterie behindert die Versorgung der Gewebe oder Organe mit Blut und Sauerstoff

Thymus Drüse, Teil des IMMUNSYSTEMS, liegt hinter dem Brustbein

Tinktur Alkoholische Zubereitung eines Heilmittels

Toxin Umwelt- und Körpergift

Triggerpunkt Sekundärer Punkt einer Muskelverspannung, verursacht durch Wirbelsäulenschmerzen und Bindegewebe, der sich beim Abtasten als harter Knoten darstellt

Übertragung Technik aus der Psychoanalyse, bei der der Therapeut den Patienten ermuntert,Gefühle auf ihn zu richten, bzw. auf ihn zu übertragen, um sie danach zu diskutieren und so Probleme zu lösen

Ungesättigte Fettsäuren (mehrfach ungesättigte Fettsäuren) FETT, das FETTSÄUREN, aber kein CHOLESTERIN enthält.

Urtinktur Mischung medizinischer Extrakte, Alkohol und destilliertem Wasser als Ausgangslösung für homöopathische Heilmittel

Vasodilator Medikament, das eine Erweiterung der Blutgefäße bewirkt und dadurch die Durchblutung steigert; oft benutzt zur Senkung des Blutdrucks

Vibrationstherapien Therapien, die auf eine Ausbalancierung und Stärkung der „Körpervibrationen“, der Lebensenergien oder feinstofflichen Energien hinzielen, mit bestimmten Frequenzen durch die Zellen und Organe schwingen sollen. Hierzu gehören Radionics, Reiki, Kristallheilen und Farbtherapie

Virus Kleinster bekannter infektiöser Mikroorganismus, der zur Vermehrung lebende Wirtszellen braucht

Yin und Yang Hauptenergien in der Traditionellen Chinesischen Medizin; alle Dinge sollen eine Manifestation von Yin oder Yang sein

Zentralnervensystem Gehirn und Rückenmark; es empfängt und analysiert sensorische Informationen und veranlaßt eine Antwort

Zerebrospinale Flüssigkeit Klare, wäßrige Flüssigkeit, die um das Gehirn und im Zentralkanal des Rückenmarks zirkuliert

Zirbeldrüse Erbsengroße, kegelförmige Drüse im Gehirn, die das Hormon MELATONIN produziert

Zystoskopie Untersuchung der Harnröhre und Blase mit einem Instrument, das in die Harnröhre eingeführt wird

STICHWORTVERZEICHNIS

A

B

I

J

K

U

V

W

Y

Z

DANKSAGUNGEN

Danksagungen des Autors
Wir sind vielen Menschen überaus dankbar, die uns bei diesem Buch in verschiedenster Weise unterstützt haben. Für ihren fachlichen Rat danken wir Penelope Best, Jill Dunley, Andrew Ferguson, Michael Copland-Griffiths, Clare Harvey, Fiona Hunter, Mark Kane, Dr. Simi Khanna, Peter Mansfield, Judith Morrison, Tuvi Orbach, Anne Palmer und Caroline Stevensen (The Royal London Homeopathic Hospital). Ein besonderer Dank geht von David an Sheelagh Taylor, Moira Jenkins und Pamela Prentice für ihre Hilfe und Unterstützung und von Anne an Hilary Boyd, Debbie Cole und Vicky Peterson für die unermüdliche Hilfe bei den Recherchen und an Vivienne Williams (Faculty of Health Sciences, Victoria University ~~of~~ Technology), Wendy Symonds und Prue Carpenter für die Informationen aus dem Gebiet Asien und Australien. Wir sind außerdem Herrn Professor Edzard Ernst dankbar für die Erlaubnis, aus seinem Buch *Complementary Medicine: An Objective Appraisal* zitieren zu dürfen.

Zum Schluß ein ganz herzliches Dankeschön an alle aus dem Dorling-Kindersley-Team, besonders an Stephanie Farrow, Claire Benson, Penny Warren und Christa Weil für ihre Geduld, ihr Durchhaltevermögen und ihren Humor in jeder Situation.

Danksagungen des Verlags
Dorling Kindersley möchte sich bei folgenden für die redaktionelle Unterstützung bedanken: Ruth Midgley, Caroline Radula-Scott, Lesley Riley, Lorna Damms und Joy McKnight. Vielen Dank auch an Fred und Kathie Gill für das Korrekturlesen und an Sue Bosanko für das Stichwortverzeichnis. Für die Designhilfe möchte Dorling Kindersley Tracey Clarke und Grace Brennan danken, und für die Illustrationen geht der Dank an John Woodcock, Roy Flooks und Lydia Umley. Vielen Dank auch an Joanne Beardwell, Alison McKittrick und Catherine Edkins für die Bildrecherchen; an Alistair Hughes für Zusatzfotos; an Gary Ombler für die Assistenz bei Andy Crawfords Fotoaufnahmen; und an Kirsty Young, Ellen Kramer und Sue Sian für das Make-up.

Dorling Kindersley möchte insbesondere folgenden Personen und Institutionen für fachlichen Rat danken: Tracey Alderman, Beatrice Allegranti, Diana Asbridge, Talia Levin Bar-Yoseph, Cyril Blau (Larkhall Green Farm), Laurena Chamlee-Cole, The Confederation of Radionic und Radiesthesia Organizations, Primrose Cooper, Jacyntha Crawley (The London Biorhythm Company Ltd.), Agni Ecroyd, Simon Fielding, The Hale Clinic, The Gestalt Centre, Richard Holding, Stuart Hudson (The Oxford College of Chiropractic), Ann Gillanders, Theo Gimbel, The Goldhurst Terrace Project, Charles Hunt, Adam Jackson, Olwen Jenkins, Anne Mamok, Matthew Manning, Guy Mason, Clare Matthews, Professor Man Fong Mei (AcuMedic Foundation), David Montgomery, Garet Newell, Colin Nicholls, Katrina Patterson, Tony Pinkus (Ainsworth's Pharmacy), Jill Purce, Dr. Shelagh Smith (The National Hospital for Neurology and Neurosurgery), Aditi Silverstein, Mike Trundley, Tyringham Naturopathic Clinic, Paul Vick, Louise Walker, Dr. Lily Hua Yu.

Vielen Dank auch den folgenden für ihre freundliche Hilfe mit Requisiten bei den Fotoaufnahmen: HNE Akron, Ipswich, Suffolk; Aleph One Ltd., Cambridge; BioLab, London W1; East-West Herb Shop, London WC2; Futon Express, London NW1; Highly Sprung, London SW11; Lunn Antiques, London WC2; Magnecare, Christchurch, Dorset; Magnetic Health, London SW7; Parker Knoll Contracts, Frogmoor, Buckinghamshire; Ultramind Ltd., London EC1; VEGA Grieshaber KG, Schiltach, Germany.

Bildnachweis
Der Verlag dankt folgenden Personen und Institutionen für die Erlaubnis, ihre Bilder zu drucken:

c=mitte; t= ganz oben; b=unten; l=links; r=rechts; a=oben

AKG, London: 18/19c, 118bl, 118bc, 160cl, 181cl; Erich Lessing 134cr; National Maritime Museum 148bc; **Allsport**: Richard Saker 179bc; **Ancient Art & Architecture**: 12bl; Ronald Sheridan 90br, 98bl, 174cra, 200tr; **Art Therapy Clients**: 182cr/crbelow/br; **Bridgeman Art Library**: Eton College, Windsor 134bl; Nasjonal Galleriet, Oslo: *The Scream* 1893 Edvard Munch, ©DACS 182cl; Oriental Museum, Durham University 174bc; Spink & Son Ltd, London 108bl; **British Association for Autogenic Training and Therapy**: 168cl; **British Chiropractic Association**: 70bc; **British School of Osteopathy**: 76bc; **Carroll & Brown**: 43crbelow; **Marian Chace Foundation of the American Dance Therapy Association**: 112cl; **Jean-Loup Charmet**: 104b; **Christie's Images**: 95cl, 99cl; **Corbis/ Bettman**: UPI 178c; **CRCS Publications**: 102cl; **Mary Evans Picture Library**: 56bc, 62bc, 96cl, 122bc, 166bc/cl, 194crbelow, 198tr; **Parfumerie Fragonard**: B. Touillon 62br; **Phyllis lei Furumoto**: 107cl; **Glasgow Museum**: St. Mungo Museum of Religious Life and Art 176cl; **Goodheart, Zatkin, Hack & Associates**: 196tr; **Sally & Richard Greenhill**: 105b, 315c; **Sonia Halliday**: James Wellard 38tl; **Robert Harding Picture Library**: Rob Cousins 21tr; Simon Harris 145cl; Tom Mackie 45cr; Rainbird 12/13c; Adina Tovy 179cr; **Harvard Medical School**: Margaret Kois 170bl; **Hutchison Library**: Melanie Friend 140cr; Felix Greene 100bl; **Image Bank**: 179cbelow; Antonio M. Rosario 167br; Dag Sundberg 179c; **Images Colour Library**: 167bl; Charles Walker Collection 184cl; **Impact**: Brian Harris 145cr; Brian Rybolt 38tcl; Rajesh Vora 186cl; **The International Institute of Reflexology**: 53bl, 66bc; **The International Sivananda Yoga Vedanta Centre**: 176crbelow; **Tony Isbitt Photography**: 177br; **Bernard Jensen International**: 195tr; **Sandra Lousada**: 56cla, 57bl/bc/clbelow/cbelow, 58b/c/cr, 59bl/c/tl/tc/tr, 60tl/cl/bl/c, 61c/tl/tr/cr, 62cl, 64b/cbelow/ crbelow; **The Billie Love Historical Collection**: 178bl; **Guy Mason**: 201tr/bl/br; **Natural History Photographic Agency**: John Shaw 179crbelow; **The Nordoff-Robbins Music Therapy Centre**: Chris Schwarz 181bc/cra; **Park Attwood Clinic**: Glyn Lewis 125c/br, 307br; **Powell-Cotton Museum**: 176clbelow; **Rex Features**: 105cr; **Rolf Institute**: 82cl/cr; **Science Photo Library**: Michael W. Davidson 153c; BSIP Ducloux 18bl, 26c, 27tl, 63tc; Carlos Goldin 154cbelow; Thomas Hollyman 153cla; Dr. Gopal Murti 150bl; National Library of Medicine 160bc; D. Phillips 26bl, 27tc,120bl; David Scharf 16/17c, 154c; BSIP VEM 149bl; M. I. Walker 153bc; Hattie Young 183c; **Society of Teachers of the Alexander Technique**: 86cl; **Spectrum**: 37tl, 145c, 154bc; **Frank Spooner**: Gamma, Zoja Pictures 45br; **The Rudolph Steiner House, London**: 124bc/cl; **Tony Stone Images**: J. McDermott 179br; **Chris Turner**: 26br, 27tr, 72br; **John Walmsley Photo Library**: 180bc; **Wellcome Institute Library, London**: 90bc, 126bl, 134r, 140bl, 144bl, 154cl, 192tr, 193tr, 194tr, 199tr; **Michael Wolgensinger**: 85c/b; Zefa: 16tl

Jacket: **Sandra Lousada**: Titelbild bc/bcl/br

Der Verlag hat sich bemüht, alle Fotorechte zu klären. Sollte ein Urheber nicht berücksichtigt sein, bitten wir um Entschuldigung und werden das in weiteren Auflagen ändern.